Georges Simenon

Intime Memoiren
und
Das Buch von
Marie-Jo

Deutsch von
Hans-Joachim Hartstein,
Claus Sprick, Guy Montag
und Linde Birk

Diogenes

Titel der Originalausgabe:
›Mémoires intimes suivis du livre de Marie-Jo‹
Copyright © 1981 by Georges Simenon
Die Kapitel 1–51 wurden von Hans-Joachim Hartstein übersetzt,
die Kapitel 52–63 von Claus Sprick und 64–73 von Guy Montag;
›Das Buch von Marie-Jo‹ übersetzte Linde Birk.

Inhalt

Intime Memoiren   9
Das Buch von Marie-Jo   899
Anmerkungen   1079

Intime Memoiren

I

Mein kleines Mädchen,

ich weiß, daß du tot bist, und dennoch ist es nicht das erste Mal, daß ich dir schreibe. Du hattest unauffällig fortgehen wollen, ohne irgend jemanden zu stören. Nun, dein Tod hat ein ganzes Räderwerk an administrativen und anderen Dingen in Bewegung gesetzt, und noch heute bemühen sich Notare und Anwälte, Probleme zu lösen, die die Halsstarrigkeit deiner Mutter aufwirft und die früher oder später vielleicht von den Gerichten entschieden werden.

Doktor Martinon, unser lieber Freund aus Cannes, mit dem du für Freitag, den fünfzehnten, eine telefonische Verabredung hattest, war es, der Alarm schlug. Dein Telefon läutete vergebens. Martinon rief ununterbrochen bei dir an und begriff schließlich, daß die Leitung unterbrochen war. Bei Tagesanbruch rief er Marc an, denjenigen deiner Brüder, der am nächsten bei Paris wohnt. Marc und Mylène eilten zu den Champs-Elysées und fanden deine Wohnung von innen verschlossen. Da der Concierge keinen Zweitschlüssel besaß, blieb ihm nichts anderes übrig, als den Kommissar des Viertels anzurufen, der sogleich kam und einen Spezialisten alarmierte.

Deine Wohnung befand sich in tadelloser Ordnung und war sauber, als hättest du, bevor du fortgingst, eine gewissenhafte Reinigung vorgenommen, einschließlich das Waschen und Bügeln deiner Kleider und deiner Wäsche. Alles war an seinem Platz, und du lagst auf deinem Bett, ein kleines rotes Loch in deiner Brust.

Woher kam die 22er Pistole plötzlich? Wer hatte die Patronen gekauft?

Eine gerichtliche Untersuchung begann: Gerichtsmediziner, Staatsanwaltschaft, Sachverständiger des Erkennungsdienstes; und ich wohnte, von meinem kleinen Haus in Lausanne aus, diesem Durcheinander bei, das ich sooft in meinen Romanen beschrieben habe. Als die Ermittlung an Ort und Stelle abgeschlossen war, wurde dein Leichnam ins gerichtsmedizinische Institut gebracht. Ich konnte dir die Autopsie ersparen, bat aber den Kommissar telefonisch, doch bitte deine beiden Türen amtlich zu versiegeln.

Die Siegel sind vor fast einem Monat für einige Stunden entfernt worden, um eine amtliche Inventarisierung durch einen staatlichen Auktionator zu ermöglichen, in Anwesenheit eines Notars, eines Gerichtsvollziehers, des

Kommissars, des Anwalts deiner Mutter und desjenigen, der uns vertrat, sowie deiner drei Brüder, schließlich deiner Mutter und Aitken, die an meiner Statt da war, weil ich nicht mehr reisen kann; und alle gingen hin und her, um dein Bett herum, das in dem Zustand belassen worden war, wie man es vor fast zwei Jahren vorgefunden hatte.

Danach wurden die Siegel wieder angebracht, und ich weiß nicht, wann sie endgültig entfernt werden. Es ist ein wenig so, als wäre dein Leichnam noch warm, nach fünfhundertsechs Tagen!

Da ich es nicht persönlich tun konnte, holte Aitken, neben dem Fahrer des Leichenwagens sitzend, dich nach Lausanne zurück, wie du es gewünscht hattest. Ich erwartete dich, und du wurdest in dem Raum eines Beerdigungsinstituts der Stadt aufgebahrt, wo ich niedergeschmettert fast eine Stunde alleine mit dir verbrachte.

Ich habe deinen letzten Willen, der auf deinem Bett gefunden wurde, peinlich genau befolgt. Keine Trauerfeier. Am nächsten Tag waren nur einige Personen an deinem Sarg versammelt, während der Organist leise Johann Sebastian Bach spielte, den wir beide liebten. Blumen in Überfluß. Von mir kam unzählig viel weißer Flieder, der in meinen Augen dem kleinen, fröhlichen Mädchen entsprach, das ich gekannt habe.

In der ersten Reihe der linken Bankseite standen vier Männer Schulter an Schulter: deine drei Brüder, Marc, Johnny und Pierre, und ich neben dem schmalen Gang.

Auf der anderen Seite deine Mutter und eine Dame, die ich nicht kannte.

Hinter deinen Brüdern und mir Mylène, Boule und Teresa, dahinter zwei oder drei deiner Freunde, die einzuladen du mich gebeten hattest.

Zwanzig Minuten Unbewegtheit und Musik. Auf das Zeichen des Mannes hin, der für die Organisation verantwortlich war, ging ich als erster hinaus, nachdem ich mich für den nächsten Tag mit deinen Brüdern verabredet hatte. Draußen traf ich wieder auf Teresa, die mich nach Hause brachte; ich war wie betäubt, als wäre ich plötzlich ein sehr alter Herr geworden.

Als wir am Kamin saßen, wußten wir, daß in eben diesem Augenblick dein Leichnam im Krematorium eingeäschert wurde, und ich hatte, wie du mich mit Nachdruck gebeten hattest, dafür gesorgt, daß der goldene Ring dir nicht abgenommen würde, den ich dir auf dein Flehen hin gekauft hatte, als du acht Jahre alt warst, und den du mehrmals hattest erweitern lassen.

Am Tag darauf, frühmorgens, brachte uns der Vertreter des Beerdigungsinstituts die Schatulle, die deine Asche enthielt, und als wir alleine waren, erfüllte ich deinen letzten Wunsch: diese weiße Asche in dem kleinen Garten unseres rosa Hauses zu verstreuen.

Ein wenig später kamen deine Brüder. Die Sonne schien hell, das Gras war von einem schönen Grün.

Zum letzten Mal bewegte ich mich wie im Traum, wie in meiner Kinderzeit, aber sobald ich den Garten betrachtete, machte der heftige Schmerz, der mich während dieser langen Woche des Wartens niedergedrückt hatte, einem Gefühl von Zärtlichkeit Platz, das ich immer noch jedesmal dann empfinde, wenn ich den Garten und die dort herumpickenden Vögel sehe, was wegen des Platzes, an dem mein Sessel steht, den du so gut kennst, hundertmal am Tag vorkommt.

Ich habe die Gewohnheit angenommen, dir einen guten Morgen zu wünschen, wenn die Fensterläden geöffnet, einen guten Abend, wenn sie geschlossen werden, auch habe ich mir angewöhnt, mit dir zu sprechen.

Es hat lange gedauert, bis ich mich wieder daran gewöhnt habe, so wie alle anderen zu leben.

Auf dem weißen Bücherregal neben meinem Schreibtisch haben sich später dicke Ordner aus Karton, wie man sie bei den Notaren sieht, aneinandergereiht und sogar gestapelt, Hunderte von deinen und meinen Briefen, deine ersten Schulaufsätze, deine Tagebücher und deine unzähligen Fotos, deine Notizbücher, deine Entwürfe, deine persönlichen Aufzeichnungen, alles, was von meiner kleinen Marie-Jo geblieben war, befand sich dort, unter meinen Augen, und ich wartete auf den Moment, wo ich in der Lage sein würde, es zu berühren.

Es brauchte beinahe zwei Jahre, bis ich mich stark genug fühlte, in deine Vergangenheit, in dein ganzes Leben und dadurch auch in meine Vergangenheit einzutauchen, in der du einen so wichtigen Platz einnimmst, was ich dabei mehr denn je bemerkte.

Deine Geheimnisse, die du mir offenbartest, als wir einander gegenübersaßen, jeder in seinem Sessel, als du mir deine verwirrenden Gedichte vorlasest, als du mir, dich selbst auf der Gitarre begleitend, Lieder mit Melodien vorsangst, die wir sehr gern mochten und für die du den Text auf englisch verfaßt hattest, die letzten Kassetten, die du mir geschickt hattest, von denen einige mir das Herz zerrissen, all das, was das Wesen deines leidenschaftlichen Lebens ausmachte, habe ich endlich verstanden, mein kleines Mädchen, und ebenso deinen Wunsch, daß diese Zeugnisse deiner strahlenden Existenz, deiner dunklen Stunden, deiner Kämpfe nicht verstreut werden oder verschwinden mögen.

Ich habe dir einmal gesagt, ich glaube sogar, es geschrieben zu haben, daß ein Mensch nicht ganz und gar stirbt, solange er im Herzen eines anderen Menschen lebendig bleibt. Nun, du bist lebendig in mir, so lebendig, daß ich dir schreibe und zu dir spreche, so als würdest du mir etwas vorlesen oder mich hören und mir antworten, wobei du mich mit deinen Augen voller Vertrauen und Liebe ansähest.

Je länger ich in deiner Privatsphäre lebe, desto mehr habe ich die Gewißheit, daß du ein außergewöhnlicher Mensch warst, von seltener Hellsichtigkeit, angetrieben von einem beinahe grausamen Willen, deine Wahrheit zu entdecken. So war dein Tod ein gleichsam heroischer Akt, und – du weißt es sehr wohl und hast es mir zaghaft zu verstehen gegeben – all das kann nicht umsonst gewesen sein.

Aus diesem Grunde beginne ich heute, nachdem ich lange darüber nachgedacht und meine Kräfte abgewägt habe, deine Geschichte mit der Hand zu schreiben, in Hefte, die deinen sehr ähnlich sehen und die ich eigens dafür bestellt habe, die Geschichte eines Menschen, den ich über alles liebe und der für niemanden mehr tot sein wird.

Einst im Jahre 1941, in einem großen Renaissanceschloß, das ich in der Vendée gemietet hatte, stellte ein Arzt bei mir eine falsche Diagnose. Er gab mir höchstens noch zwei Jahre zu leben, unter der Bedingung, nicht zu arbeiten, mich, ich weiß nicht wie viele Stunden am Tag, auf meinem Bett auszuruhen, nicht zu rauchen und sexuell enthaltsam zu leben. Ich war achtunddreißig Jahre alt. Dein Bruder Marc war zwei. Ich ging in die Schreibwarenhandlung der kleinen Stadt in der Nähe und begann für ihn, wenn er erwachsen sein würde, die Geschichte seiner Familie zu schreiben, seiner Eltern, seiner Großeltern, Onkel, Tanten, Cousins und Cousinen.

Mit derselben kleinen Handschrift wie heute schrieb ich vier Hefte voll, die André Gide lesen wollte. Ich vertraute ihm eine Kopie des Manuskripts an, und nachdem er es gelesen hatte, riet er mir, nicht in der ersten Person fortzufahren, sondern die Geschichte, wie einen Roman, mit der Maschine zu tippen, woraus dann Pedigree* geworden ist. Was die Hefte betrifft, so sind diese unter dem Titel Je me souviens *(den ich nicht gewählt habe) erschienen.*

Einen anderen Pedigree *beginne ich in diesem Augenblick. Nicht mehr meinen, sondern deinen, in deiner Umgebung, vor allem deine Jugendzeit, die deiner drei Brüder und deiner Mutter.*

Dieses Mal bin ich entschlossen, mich von niemandem beeinflussen zu lassen, um so mehr als der größte Teil des Buches nicht von mir, sondern von dir stammen wird: deine Briefe – nicht alle, denn sie würden mehrere Bände füllen –, deine Gedichte, deine Lieder, deine Aufzeichnungen. Ich werde mich nur so unauffällig wie möglich einmischen. Nicht um zu urteilen, sondern damit es verständlich wird. Du kennst doch meinen alten Wahlspruch, den du in deine Unterlagen aufgenommen hast:

»Verstehen und nicht urteilen.«

---

*In den ›Anmerkungen der Übersetzer‹ sind die Titel der bis heute vorliegenden deutschen Ausgaben aufgeführt.

*Ich werde niemanden verurteilen. Ich werde nichts anderes tun, als dich in
deiner Familie und deiner Umgebung vorzustellen.*

Dieses Buch wird nicht mein, sondern dein Buch sein.

*Du hattest während deiner Kindheit ein beinahe quälendes Bedürfnis, dich
auszudrücken, sei es durch das geschriebene Wort, durch die Malerei, den
Tanz, das Theater oder durch das Kino. Deine wahre Berufung war es zu
schreiben. Du hast es später gespürt, und du hast es getan. Und ebenso hast du
Marie-Jo wieder zum Leben erweckt, besser als ich es tun könnte.*

Bis morgen, mein kleines Mädchen.

2

»Er war lang,
er war dünn,
große Füße, große Nase,
hungrige Augen.
Er war lang,
er war dünn,
wie lächerlich er war, Juchhe!«

Immer ein wenig hungrig, sicher, wie alle die Belgier, die nicht reich
waren und sich keine Lebensmittel auf dem Schwarzmarkt besorgen
konnten. Ich war etwas älter als fünfzehn Jahre, und unser Hausarzt hatte
mir mitgeteilt, so wie es mir selbst später irrtümlicherweise mitgeteilt werden sollte, daß mein Vater nur noch zwei Jahre zu leben habe. Bei ihm
jedoch war es wirklich ernst, denn er litt seit langem an einer Angina pectoris, die zu der Zeit noch nicht heilbar war.

Und dennoch hatte dieses kleine Gedicht, an dessen weitere Zeilen ich
mich nicht erinnere und das ich in der Dachkammer, wohin ich mich
zurückzog, auf ein Stück Papier gekritzelt hatte, dieses Gedicht hatte,
trotz meiner unendlich großen Bewunderung, ja beinahe Verehrung für
meinen Vater, einen lockeren Unterton.

Das war im Sommer 1917, und da ich wußte, daß ich die zwei Jahre,
die mich von meinem Abitur trennten, nicht bei den Jesuiten in der Rue
Saint-Gilles würde verbringen können, streifte ich so oft wie möglich früh
am Morgen und spät am Abend in den belebten Straßen oder auf den grünen Hügeln umher.

Ich hatte Hunger, jawohl, Hunger auf alles, auf die Spuren der Sonne
an den Häusern, auf die Bäume und die Gesichter, Hunger auf alle

Frauen, deren Weg ich kreuzte, und deren wippender Hintern genügte, um bei mir fast schmerzhafte Erektionen zu verursachen. Wie oft habe ich diesen Hunger mit Mädchen gestillt, die älter waren als ich, in der Tür eines Hauses, in einer dunklen Straße? Oder aber ich ging verstohlen in eines dieser Häuser, an dessen Fenster eine mehr oder weniger fette und begehrenswerte Frau ruhig strickte und die gelbliche Gardine zuzog, sobald ein Kunde hereinkam. Andere Gardinen ließen mich nach Einbruch der Dunkelheit träumen, wenn ich hinter ihrem kaum beleuchteten Schleier wie bei einem chinesischen Schattenspiel einen Mann und eine Frau erblickte, die hin und her gingen, so als befände sich das Paar, das sie bildeten, dort vor der Welt mit ihrer Wirklichkeit in Sicherheit.

Ich hungerte nach Leben, und ich streifte auf den Märkten umher, betrachtete hier das Gemüse, dort das farbenfrohe Obst, an anderer Stelle die Blumenstände.

»Große Nase«, jawohl, meine kleine Marie-Jo, denn ich sog das Leben durch die Nasenflügel, durch alle Poren ein, die Farben, die Lichter, die Gerüche und die Geräusche der Straße.

Ich habe das alles schon früher einmal in einem anderen Zusammenhang erzählt, und jetzt rufe ich die Erinnerung daran wach, für dich, bei der das, dessen bin ich sicher, bestimmte Fasern in Schwingung versetzen wird, und auch für deine Brüder, die mich weniger gut gekannt haben als du.

Wir waren arm. Nicht wirklich arm, nicht ganz unten auf dieser sozialen Leiter, die der bürgerliche Mittelstand, die Wohlhabenden, die Reichen überall auf der Welt erfunden haben und die bei mir Empörung hervorrief. Waren wir nicht alle Menschen?

Ganz unten auf der Leiter standen damals die Fabrikarbeiter, deren Kinder, die lärmend auf der Straße spielten, meine Mutter als Strolche bezeichnete. Auf der nächsthöheren Sprosse standen die Handwerker, denn auch sie arbeiteten mit ihren Händen, auch sie machten sich schmutzig. Wir dagegen befanden uns auf der Sprosse darüber, auf der drittuntersten. Mein Vater war Angestellter, Buchhalter, immer dunkel gekleidet, würdevoll und makellos rein. Man nennt sie heute die »weißen Kragen«. Damals sagte man »Intellektuelle«, weil sie ihren Lebensunterhalt mit Kopfarbeit verdienten. Hatte er nicht, im Gegensatz zu seinen Brüdern, sein altsprachliches Abitur gemacht?

Diese Intellektuellen damals waren in Wirklichkeit ärmer als die Handwerker und die Arbeiter. Um sich davon zu überzeugen, genügte es, am Nikolaustag morgens durch die Straßen zu gehen, am Fest der Kinder, aus dem die Amerikaner, indem sie den Namen des Heiligen übersetzten, »Santa Claus« gemacht haben, der mit seinem rentierbespannten Schlitten über die Dächer fährt.

Auf den dichtbevölkerten Straßen sah ich die Kinder stolz mit ihren vernickelten Tretautos, mit Kinderfahrrädern, mit komplizierten *meccanos* spielen, während ich, außer dem traditionellen Lebkuchen, den Teller mit Trockenobst, auf dem in der Mitte eine Apfelsine lag, und die Farbtuben bekommen hatte, die in meinem Malkasten, den ich schon jahrelang hatte, die leeren Tuben ersetzten. Denn ich malte leidenschaftlich gerne, so wie du es getan hast, aber ich beschränkte mich darauf, ohne viel Phantasie Ansichtskarten zu kopieren.

Verstehst du, warum ich sehr viel später, als ihr, du und deine Brüder, zu Weihnachten eure prächtigen Geschenkpakete öffnet, manchmal unbewußt sehnsüchtig lächeln mußte? Ihr wart reich. Nichts verzauberte euch, und darum hattet ihr weniger Glück als ich. Ich hatte oft Angst um euch. Manchmal bedauerte ich euch. Im Grunde ist es ein Glück, arm geboren zu werden und den Wert einer einfachen Apfelsine schätzen zu können.

Ich arbeitete als Gehilfe in einer Buchhandlung, und ich schämte mich ganz und gar nicht, meine Freunde vom Collège Saint-Servais zu bedienen. Danach wurde ich ein junger Reporter und konnte mir endlich das Fahrrad kaufen, von dem ich seit meiner frühesten Kindheit träumte. Sicher, meine Mittel blieben weiterhin sehr begrenzt, ich trug immer noch Kleider, die an den Schaufensterpuppen elegant aussahen, aber die nach dem ersten Regen einliefen, so daß mir meine Hosen zu kurz, meine Jakken in den Schultern zu eng waren.

Das war nur ein leichter Schatten in dem Leben, das ich fest umklammerte, ein Leben, in dem alles wichtig war, eine kaum wahrgenommene Frauengestalt, die Gesichter, die vorbeigingen wie die auf den Bildern einer Ausstellung, die Gelbfärbung der Blätter und das seidige Grün der Rasen in der Sonne.

Hast du, habt ihr das gekannt, ihr vier, in den weitläufigen Gärten, die unsere Häuser oder unsere Schlösser umgaben? Ich würde es nicht beschwören, und ich fühle mich daran etwas mitschuldig. Ein Chauffeur fuhr euch im Auto zur Schule oder zum Collège und brachte euch wieder nach Hause. Ein Kindermädchen oder eine Gouvernante empfing euch, wenn ihr nach Hause kamt, bereit, eure Wünsche zu erfüllen.

Welches Schicksal wartete auf mich? Ich wußte es nicht, und diese Frage rief in mir oft ein unangenehmes Angstgefühl hervor.

Trotzdem habt ihr diese Frage alle vier gekannt. Bei mir wurde nicht von Geldnöten gesprochen, sondern von Erbschaft, und aus dem Buch eines Professors, der durch drei Provinzen gereist ist, um meiner Herkunft nachzuspüren, habe ich erfahren, daß meine frühesten bekannten Vorfahren seit dem siebzehnten Jahrhundert Leute vom Land waren, keine wohlhabenden Bauern, sondern Landarbeiter, die ihre Arbeitskraft wöchentlich, monatlich oder jährlich verkauften.

Das sind auch eure Vorfahren, wenigstens väterlicherseits. Mütterlicherseits sind sie ebenso von Bedeutung, aber was Tigy, meine erste Frau, oder meine zweite Frau aus Kanada angeht, so sind meine Kenntnisse darüber weniger vollständig.

Du hast Tigy bei Marc kennengelernt, mein kleines Mädchen, und wie deine Brüder hast du sie liebevoll *Mamiche* genannt. Du bist wahrscheinlich zu ihr gefahren, in das Haus in Nieul-sur-Mer im Département Charente-Maritime, wenige Schritte von La Rochelle entfernt. Wißt ihr, meine Söhne und meine Tochter, daß ich dieses sehr alte Haus, das vor Jahrhunderten eine Priorei war, eingerichtet habe, wobei ich daran dachte, daß meine Enkelkinder dort eines Tages ihre Ferien verbringen würden? Das ist mehr oder weniger eingetreten, aber ich bin nicht mehr dort, um euch zu sehen, weil wir geschieden sind, Tigy und ich, obwohl wir gute Freunde geblieben sind.

Ich habe sie getroffen, als . . . Das scheint nur Marc und seine Kinder zu betreffen, aber in Wirklichkeit betrifft euch das alle vier, denn ich bin davon überzeugt, daß unsere Umgebung, daß alle Kontakte, die wir in unserer Kindheit und unserer Jugendzeit gehabt haben, einen Einfluß auf unseren Charakter und unser Schicksal haben.

Als Reporter bei der ›Gazette de Liège‹ war ich durch Zufall auf eine Gruppe junger *rapins* getroffen, wie man damals sagte, das heißt also junger Maler, die frisch von der Akademie kamen oder dort gerade ihr Studium beendeten. Durch sie lernte ich ein junges Mädchen kennen, Régine Renchon, deren Vornamen ich nicht mochte und die ich in Tigy umtaufte, ein Wort, das nichts Bestimmtes bedeutet, auf jeden Fall nicht »Königin«!

Sie war ziemlich groß, trug einen unförmigen braunen Mantel und Schuhe mit flachen Absätzen. Auf ihren ebenfalls braunen Haaren, die in der Mitte gescheitelt waren und glatt herabfielen, saß eine braune Baskenmütze aus demselben Stoff wie der Mantel. Keine Spitzen, keine Stickerei, kein Firlefanz. Sie ging mit großen, energischen Schritten, ohne um sich zu blicken, und ihre von dichten Brauen beschatteten Augen blickten starr geradeaus.

Sie besaß eine wache Intelligenz, umfassende Kenntnisse, vor allem auf dem Gebiet der Kunst, und in unserem kleinen Kreis, den meine Freunde und sie gebildet hatten, waren alle beeindruckt von ihren bissigen, immer heiteren Erwiderungen, die manchmal von einer Ironie ohne Bösartigkeit gefärbt waren.

War es bei mir Liebe auf den ersten Blick? Nein, aber ich suchte ihre

Nähe, ich träumte immer von zwei Schatten hinter einem schwach beleuchteten Vorhang, und ich stellte es mir gut vor, mich mit ihr hinter diesem Vorhang zu befinden, einer dieser zwei Schatten zu sein.

Nach drei Monaten, während derer wir einen Abend in der Woche in ihr Atelier gingen, das an die Stelle der *caque* trat, von der ich so oft erzählt habe, nahm ich die Gewohnheit an, um neun Uhr abends vor der Tür der Kunstakademie auf sie zu warten, wo sie einen Kurs in Aktmalerei besuchte. Arm in Arm brachte ich sie durch die am schwächsten beleuchteten und unbelebtesten Straßen nach Hause, und wenn wir auch manchmal stehenblieben, um uns zu küssen, so sprachen wir doch vor allem über Phidias und Praxiteles, über Rembrandt und van Gogh, über Platon, Villon, Spinoza und Nietzsche.

Liebe? Ja, zweifellos, aber vor allem auf geistigem Gebiet, wobei das Fleisch am Ende dennoch seine Rolle gespielt hat, ohne Leidenschaft oder Ekstase.

Sie wohnte mit ihrer Familie in einem geräumigen und eindrucksvollen Haus, mit einem Portal, das aus der Zeit stammte, als es noch Pferdegespanne gab, einem riesigen Portalvorbau, ehemaligen Pferdeställen im hinteren Teil des Hofes und einer breiten Marmortreppe mit doppeltem Aufgang, die in Hochparterre führte. Die Familie lebte vor allem in der zweiten Etage, in die ich bald jeden Abend hinaufstieg, um bis zehn Uhr dort zu bleiben.

Ein Salon mit Stilmöbeln, Tita, eine junge Schwester, deren Zöpfe noch auf dem Rücken baumelten, am Klavier, während ihr Vater, der das Aussehen eines wohlhabenden und gemütlichen Bürgers hatte, die Seiten der Noten wendete. Ihre Mutter, klein und breit, immer in Bewegung, und ein kleines Mädchen, schön wie eine chinesische Porzellanfigur, das für sich alleine tanzte und das sehr früh sterben mußte, weil es mongoloid war.

Mein zukünftiger Schwiegervater war von fast gleicher Herkunft wie die Simenons. Früh Waise geworden, hatte er seinen Lebensunterhalt als Tischlerlehrling verdient, und eine Familie aus der Nachbarschaft mit vielen Kindern hatte ihn adoptiert. Einer mehr, wenn man bereits sieben oder acht hat und keine Erbschaft zu verteilen ... Meine zuküünftige Schwiegermutter war eins von diesen fünf oder sieben Kindern, und sie verliebte sich in den Jungen, der von ihrer Familie aufgenommen worden war.

Der Vater war ein ziemlich ungewöhnlicher Kerl. Als er Arbeiter oder Werkmeister in einer Kesselfabrik in Valenciennes auf der anderen Seite der belgischen Grenze war (denn er liebte es, mit den Seinen umzusiedeln), hatte er ein neues System erfunden, die Kessel zu reinigen, das weitgehend übernommen wurde. Nun, Erfinder geworden, lebte er ab sofort von seiner Erfindung, hatte jede Erwerbsarbeit aufgegeben und verbrachte seine Tage mit ernster und nachdenklicher Miene in seinem Sessel. Wenn man ihn fragte, woran er dachte, antwortete er einfach: »Ich erfinde . . .«

Leider erfand er nichts mehr, und es kam der Tag, an dem er eine Beschäftigung suchen mußte, die es ihm ermöglichte, den Topf wieder zum Kochen zu bringen. Da er eine schöne Baritonstimme hatte, wurde er Vorsänger in der Pfarrkirche. Seltsames Zusammentreffen: der Vater meiner zweiten Frau, die ich D. nennen werde, wie ich es seit fünfzehn Jahren tue, war ebenfalls, allerdings in Kanada, kurz nach seiner Heirat Vorsänger in der Kirche.

Was meinen Schwiegervater Renchon betrifft, so stieg er, nachdem er geheiratet hatte, schnell auf, und als ich ihn kennenlernte, war er, als Innenausstatter und Dekorateur, gleichzeitig Kunsttischler von Luxusmöbeln, die er selbst entwarf, der angesehenste der Stadt, und mein Onkel Henri-de-Tongres, Henri-der-Reiche, ein Bruder meiner Mutter, hatte sich, wie so viele andere, an ihn gewandt, als er sein Schloß in Limburg ausgestattet und möbliert hatte.

Mein Schwiegervater hatte vier Kinder, so wie ich vier gehabt habe: er hat eins davon, ein Mädchen, verloren, so wie ich eins verloren habe. Aber haben wir sie wirklich verloren? Ist das fehlende Kind nicht in uns lebendig geblieben, wie es oft der Fall ist? So war es bei meinem Schwiegervater. So war es bei mir, mein kleines geliebtes Mädchen.

Ich war siebzehn Jahre, als ich Tigy begegnete. Ich war achtzehn, als ich, den Wehrdienst vorzeitig ableistend, in einem eisigen Winter mit den Besatzungstruppen in die Root Kasern (die rote Kaserne) nach Aachen geschickt wurde, wo ich die Frauen auf dem Markt einkaufen sah, die einen Schubkarren voller Geldscheine von hundert, tausend und dann von Millionen Mark vor sich herschoben, und wo wir, meine Kameraden und ich, mit unserem Sold von fünfundzwanzig belgischen Centimes, kahlgeschoren, in den prächtigsten Restaurants der Stadt aßen.

Jeden Tag schrieb ich, trotz meiner eiskalten Hände, einen langen Brief an Tigy, manchmal zwei, und ich nehme an, daß sie sie aufbewahrt hat. Sie stellten eine Hymne an die Liebe dar, weil mein Herz davon überfloß. Später habe ich begriffen, daß es mehr eine Hymne an die Frau als eine Hymne an eine bestimmte Person war. Ich würde gerne, ich gestehe es ein, diese leidenschaftlichen Sätze wieder lesen, die romantischsten, die ich, glaube ich, in meinem Leben geschrieben habe.

Um nicht von Tigy weiterhin getrennt zu bleiben, bat ich um meine

Verlegung nach Lüttich in die Caserne de Lanciers, weniger als vierhundert Meter vom Hause meiner Mutter entfernt, was auch bewilligt wurde, und jeden Abend stieg ich um acht Uhr die beiden Stockwerke zum Salon meiner zukünftigen Schwiegereltern hinauf.

Mein Vater starb, als ich mich in Antwerpen, wohin die ›Gazette‹ mich geschickt hatte, mit einer entfernten Cousine in einem Stundenhotel vergnügte, und als ich in Lüttich aus dem Zug stieg, sah ich Tigy und ihren Vater, die mich erwarteten, um mir die Nachricht schonend beizubringen.

Mein Vater lag aufgebahrt, vollständig angezogen, die Hände auf der Brust gefaltet, und ich mußte mich überwinden, meine Lippen auf seine kalte Schläfe zu drücken.

Ich war neunzehn Jahre alt. Wenige Tage später verließ ich Lüttich in Richtung Paris, wo mir eine Anstellung als Sekretär bei einem Schriftsteller in Aussicht gestellt wurde, der damals sehr bekannt war, heute aber vergessen ist.

Dies, ich vergesse es nicht, Marie-Jo, ist dein Buch und folglich auch das Buch deiner Brüder. Ich bitte um Verzeihung, daß ich so weit in meine Vergangenheit zurückgegangen bin. Ich denke, das war notwendig, selbst wenn ich mich auch an manchen bereits gesagten Dingen aufgehalten habe. Obwohl viele Jahre verflossen sind bis zur Geburt von Marc, deinem älteren Bruder, bei dem du so oft Zuflucht gesucht hast, so gelange ich doch schließlich zu ihm.

Gute Nacht, kleines Mädchen.

3

Eine kurze Zusammenfassung, meine Kinder, von dem, was seit meiner Abreise aus Lüttich mein Leben in Paris und anderswo war, bis zu dem Zeitpunkt, als ich schließlich »Familienvater« wurde, ein Ausdruck, den ich nach Marcs Geburt benutzte, als ein Journalist mich fragte, welches ich als meine hauptsächliche Tätigkeit betrachte.

»Familienvater!«

Ich war stolz darauf, und ich verspürte in meinem Innern tatsächlich das, was dieses Wort an Freuden, Verantwortung und Unruhe beinhaltet.

Ein schlecht beleuchteter Bahnsteig, nachts in Lüttich, Nebel, der die Szenerie noch mehr dramatisierte. Auf dem Bahnsteig Tigy und ihr Vater, deren Gesichter und Abschiedsgesten ich undeutlich durch die schmutzigen und feuchten Fensterscheiben sah. Das war am 14. Dezember 1922, ein Datum, das euch sehr weit zurückliegend erscheinen muß und das mir dennoch ganz nah scheint.

Im Morgengrauen die Vororte von Paris, Häuser wie Felswände zu beiden Seiten der Gleise, ärmliche und graue Häuser, deren Fenster zum größten Teil erleuchtet waren und in denen kleine Leute sich eilig anzogen, um zu ihrem Arbeitsplatz zu hasten. Die Gare du Nord, abscheulich, auf die ich weiß nicht wie viele Züge ihren Inhalt ausspuckten, halbwache, mürrische Menschen, die scharenweise zu den Ausgängen strömten.

Es regnete, und das eiskalte Wasser drang sofort durch meinen Baumwollregenmantel und meine abgelaufenen Sohlen. Mein Koffer aus Kunstleder, der alles enthielt, was ich besaß, war schwer und zog mich an einer Seite hinunter. »Pardon, Madame, hätten Sie wohl ein Zimmer frei, nicht zu teuer?« – »Alles belegt.«

Während der Nachkriegszeit war überall in den Pariser Hotels alles belegt.

Um mich herum Häuser, die anders aussahen als die, die ich kannte, ein unglaublicher Verkehr, Straßenbahnen, Pferdedroschken, Taxis, alles durcheinander. Eine lange, abschüssige Straße. Fünf, sechs, vielleicht zehn mehr oder weniger ansprechende Hotels.

»Alles belegt!« Die Antwort kam schroff und gefühllos, und die feuchte Kälte durchdrang mich immer mehr.

Ein runder Platz. Ein Boulevard zur Linken, der Boulevard Rochechouart, dessen Name mir dank der Romane, die ich gelesen hatte, geläufig war. Also Montmartre! Ein grauer und schmutziger Montmartre.

»Pardon, Madame . . .«

Eine Windmühle auf der anderen Seite des Boulevards. Moulin Rouge. Leere oder geschlossene Cabarets, Le Rat Mort, l'Enfer et le Paradis . . . Place Pigalle. Place Blanche. Ich schleppte mich weiter, die Hand, die den Koffer trug, wurde steif vor Kälte, aber ich fühlte mich glücklich.

Place Clichy. Gasthaus Weber, wo so viele berühmte Maler und vor allem Schriftsteller auf der Terrasse gesessen hatten. Im Dezember war die Terrasse abgebaut, und durch den Regen hindurch sah man nicht einmal Lichter im Inneren des Lokals.

. . . Boulevard des Batignolles. Ein alter Refrain, den ich an den Straßenecken von Lüttich gehört hatte:

»Maria, Maria, der Schrecken der Batignolles . . .«

Eine Straße zur Rechten, ein Hotelschild. »Pardon, Monsieur, haben Sie . . .« Ah! Ja, es war ein Zimmer frei, eine Mansarde, in einem Stockwerk, an dessen unteren Treppenabsatz der rote Läufer endete.

Ich stellte meine Last ab. Ich eilte zu der Adresse, die mir der Schriftsteller, dessen Sekretär ich werden sollte, schriftlich mitgeteilt hatte. Am

Ende einer Sackgasse ein kleines, verwahrlostes Haus. Die Tür stand weit offen. Eine Stimme rief mir von oben zu: »Kommen Sie herauf!«

Alles war grau, alles war schmutzig, alles war trübe wie bestimmte Verwaltungsgebäude mit Publikumsverkehr. Zwei junge Frauen, ein Mann mit rotem Gesicht und roten Haaren, ein anderer, älterer Mann mit gepflegterem Äußeren und einem schmalen, braunen Schnurrbart.

Er stellte sich vor: »Capitaine T . . .«

»Ich bin wegen der Stelle gekommen . . .«

»Sind Sie der junge Belgier? Sprechen Sie Französisch?«

Ich würde niemals der Sekretär des Schriftstellers werden. Eine der beiden jungen Frauen mit dem langen Madonnengesicht und den hellen Augen hatte diese Stellung inne, und was man hier suchte, das war ein Bürogehilfe. Schade um meine Träume. Ich war schon glücklich, in Paris zu sein und hier meinen Lebensunterhalt zu verdienen, im Gegensatz zu so vielen jungen Männern und Mädchen, die von den Zügen aus der Provinz jeden Tag auf die Bahnhöfe der Hauptstadt ausgespuckt werden.

Paris! Das war alles, was zählte.

»Sie werden sechshundert Francs monatlich verdienen.«

»Ja, Monsieur.«

»Nennen Sie mich Capitaine . . .«

Ich war nämlich in Wirklichkeit im Dienste einer politischen Vereinigung der extremen Rechten, deren Präsident mein Romanschriftsteller war. Er wohnte im Erdgeschoß.

Man zeigte mir meinen Platz. Ein Küchentisch, bedeckt mit Packpapier, das mit Reißzwecken befestigt war. Zwei Stunden später wurde ich ins Allerheiligste vorgelassen, und ein großer Mann mit rauher Stimme und einem Monokel im Auge betrachtete mich von Kopf bis Fuß.

»Sie sind der kleine Belgier?«

»Ja, Monsieur.«

»Capitaine T . . . wird Ihr Vorgesetzter sein. Ich habe Ihre Referenzen gelesen.«

Eine vornehme Geste mit der Hand, die zur Tür zeigte. In der folgenden Zeit würde ich nur noch ein einziges Mal dieses Zimmer betreten, das für die in der ersten Etage, zu denen ich in Zukunft gehörte, etwas Heiliges an sich hatte.

Ich hatte Hunger. Ich würde immer Hunger haben, diesmal nicht mehr wegen des Krieges und der Besatzung, sondern weil ich nur sechshundert Francs im Monat verdiente, und weil ich zweihundertfünfzig davon meiner Mutter versprochen hatte. Ich ernährte mich vor allem von Brot, von Camenbert oder Kaldaunen à la Caen, mit deren fetter Brühe man eine große Menge Brot hinunterbekommen konnte.

An der Ecke des Boulevard des Batignolles zog mich ein großes Lebensmittelgeschäft unwiderstehlich an. Ein ganzes Schaufenster stellte kalte Speisen aus, Langustensalate, halbe Hummer in Gelee oder Mayonnaise, Platten mit gemischten Wurstwaren, und wie meinen Pferden in der Kaserne nach dem Reiten lief mir, die Stirn gegen die Scheibe gedrückt, das Wasser im Munde zusammen.

Eines Tages . . .

Ich war nicht ehrgeizig. Ich würde es während meiner Karriere, die so bescheiden begann, nie sein. Heute bin ich über diese mehr als bescheidenen Anfänge glücklich, die mich den kleinen Leuten meines Viertels in meiner Geburtsstadt näherbrachten. Ich war nicht in der Gare du Nord ausgestiegen, »um Paris zu erobern«, wie mir stolz ein Landsmann sagte, der Frankreich zwei Monate später verließ und seine Hoffnungen aufgab. Ich kam, um . . . Im Grunde deshalb, weil Tigy Malerin war und gerne in die Atmosphäre von Montparnasse eintauchen wollte, wo man damals mit Malern aus aller Welt in Berührung kam.

Wir lernten sie im Dôme kennen, im Coupole, im Jockey, und einige von ihnen, wie zum Beispiel Vlaminck, Derain, Kissling, Picasso, sollten unsere Freunde werden.

Drei Monate vorher: Briefe und Pakete wiegen und frankieren, sie zur Post bringen, Briefumschläge adressieren für den Fall, daß sich die Aktivisten der Vereinigung dringend versammeln sollten.

Die Streiks zum Beispiel, wie der der Métro und der Straßenbahn, als die Absolventen der Ecole polytechnique in Uniform und mit weißen Handschuhen die Wagen fuhren, bis die Streikenden wieder zur Arbeit zurückkehrten.

Mein Romanschriftsteller empfing mich wieder im Allerheiligsten.

»Möchten Sie Privatsekretär eines unserer großen Freunde werden, der soeben seinen Vater verloren hat? Er trägt einen der größten Namen Frankreichs, und . . .«

Also gut, auf zum Aristokraten! Ich läutete an seiner Wohnung, einem beeindruckenden hochherrschaftlichen Haus in der eleganten Rue de la Boétie. Concierge in Livree. Weitläufige, mit echten Stilmöbeln eingerichtete Eingangshalle. Ein Salon, durch dessen Tür ich einen Ballsaal erblickte, der zweihundert Personen aufnehmen konnte, mit vergoldeten Stühlen und Sesseln rundherum und Kronleuchtern, deren mit der Zeit matt gewordene Kristallgehänge zu klirren begannen, sobald ich einen schüchternen Schritt wagte.

Ich befand mich nicht mehr in der Gegenwart, sondern in einer Vergangenheit, die ich mir nur mittels Saint-Simon, Stendhal und Balzac vorstellen konnte. Alles stammte mindestens aus der Zeit von Louis XIII und von Louis zu Louis bis hin zum enthaupteten Louis. »Wenn Monsieur mir folgen wollen . . .« Ein Kammerdiener, jung und blond, nach Land riechend, dem man schwarze Hosen und eine gestärkte weiße Weste angezogen hatte, führte mich in ein anderes Zimmer, das ein Büro hätte sein können, wo mich ein schöner Mann mit offenem Gesicht erwartete, etwas älter als fünfundvierzig Jahre, mit weißen Haaren an den Schläfen. Um elf Uhr morgens trug er einen seidenen Morgenmantel, darunter einen helleren Seidenpyjama, und er betrachtete mich mit einer gewissen Sympathie.

»Zwanzig Jahre?«

»Ich werde im Februar zwanzig.«

»Nicht verheiratet, nehme ich an?«

»Ich werde im März heiraten.«

Sein Gesicht verfinsterte sich.

»Ich reise viel, und mein Sekretär muß mich begleiten. Ich verbringe einen Teil des Jahres in einem meiner Schlösser.«

Er prahlte nicht damit. Für ihn war es selbstverständlich. Seine Familie gehörte seit dem dreizehnten Jahrhundert zum Adel. Er selbst, als Vicomte geboren, war Comte geworden, als sein älterer Bruder im Krieg gefallen war, und jetzt, nach dem Tod seines Vaters, vor kurzem Marquis.

»Ich möchte keine Frau mit auf Reisen nehmen . . .«

»Meine Frau und ich sind vor allem gute Freunde. Sie ist Malerin und hat ihre Karriere vor sich . . .«

»Unter diesen Umständen stelle ich Sie auf Probe ein . . . Aber Sie müssen mir versprechen, daß . . .«

Ich versprach. Ich kaufte den Smoking einem jungen Mann aus Lüttich ab, der Generalprokurator des Königs wurde, dann Mitglied der Académie de Belgique, was er mich eines Tages meinerseits zu werden veranlaßte, wobei er mein Bürge wurde.

Eine ziemlich schlichte Hochzeit, trotz des stattlichen Hauses der Renchons. Drei Droschken warteten vor der Tür. Tigy und ihr Vater fuhren mit der ersten, ihre Mutter und Großmutter in der zweiten, und meine Mutter und ich in der dritten. Während der Fahrt hatte ich meiner Mutter, die leise schniefte, nichts zu sagen, und um sie auf andere Gedanken zu bringen, erklärte ich ihr die französische Art, die Pommes frites mit Öl anstatt mit Schweineschmalz zuzubereiten.

Die Kirche Sainte-Véronique. Keine lauten Orgelklänge. Nur einige wenige Kirchgänger in den Bankreihen. Die Renchons waren Atheisten und schwörten nur auf Zola.

Übrigens waren wohl auch der älteste Sohn Yvan, seine Frau und Tita anwesend, aber daran erinnere ich mich nicht.

Da Tigy nicht getauft war, hatte sie drei Wochen lang privaten Katechismusunterricht nehmen müssen. Sie war gestern getauft worden, ging heute früh zur ersten heiligen Kommunion, und jetzt wurde sie kirchlich getraut, wie meine Mutter es verlangt hatte. Aus diesem Grunde habe ich, ungläubig wie ich bin, die Vorsichtsmaßnahme getroffen, euch, meine Kinder, alle vier taufen zu lassen.

Im Rathaus eine Menge Leute, denn hier war ich der kleine Sim, der Reporter, der drei Jahre lang täglich ziemlich scharfe Artikel geschrieben hatte. Meine Kollegen waren anwesend. Der erste Kommunistische Beigeordnete in der Geschichte der guten alten Stadt Lüttich hielt für uns eine sehr lange Rede, wobei er manchmal das Wallonische gebrauchte, und er traute uns. Meine Kollegen hatten Geld zusammengelegt, um uns ein großes Herz aus geschliffenem Kristall in Rot und Weiß zu schenken.

Die Droschken. Jetzt fuhr ich mit Tigy zusammen und nicht mehr mit meiner Mutter, die sich wohl in einem Wagen zusammen mit den Leuten der feindlichen Sippe befand. Sie hatte die Renchons nie gemocht, auch Tigy nicht. »Mein Gott, Georges, wie häßlich sie ist!« rief sie aus, nachdem ich ihr meine Verlobte vorgestellt hatte.

Und über die Bewohner des großen hochherrschaftlichen Hauses in der Rue Louvrex: »Das sind *grandiveux*.« Ein wallonisches Wort, das nicht so einfach zu übersetzen ist. Es war nicht der Fehler meines Schwiegervaters, wenn er so aussah, wie man sich einen Großbürger vorstellte, und durch seinen Beruf gezwungen war, bei den besten Schneidern arbeiten zu lassen.

Mittagessen mit höchstens zehn Personen, nur die Familie. Meine Mutter hatte rote Augen und deutete manchmal ein gezwungenes Lächeln an. Die Unterhaltung schleppte sich mühsam dahin.

Glücklicherweise nahmen Tigy und ich den Nachmittagszug und mußten uns, zum ersten Mal, zusammen in ihrem Zimmer umziehen. Hinter der Tür hörten wir meinen Schwiegervater schwer atmen, der seine Kinder, insbesondere Tigy, vergötterte.

Vier Kinder hatte er, wie ich sie haben sollte, dann nur noch drei. Im Gegensatz zu mir träumte er davon, aus jedem einzelnen einen Künstler zu machen, und das Seltsamste daran war, daß er es schaffte.

Yvan, sein ältester Sohn, ungefähr zehn Jahre älter als ich, war Architekt, einer der ersten, wenigstens in Belgien, die die Haltbarkeit des Stahlbetons studierten, in einer Zeit, in der die Hauptsorge der Architekten noch rein ästhetischer Natur war. Er setzte sich mit dem damals noch wenig bekannten Problem der Schalldämmung auseinander, was den Ausschlag dafür gab, daß er, als er sich nach einer Zeit bei seinem Vater in Brüssel niedergelassen hatte, der Architekt von Königin Elisabeth wurde, der Frau von König Albert, einer bedeutenden Förderin der Künstler, vor allem der Musiker, denn sie spielte Geige.

Ich habe sie als kleiner Junge, oben auf den Schultern meines Vaters sitzend, gesehen, in einem goldverzierten Landauer an der Seite ihres Gatten während ihres »Frohen Einzugs« in Lüttich. Ich sah sie erst viele Jahre später bei meiner Aufnahme in die Académie de Belgique wieder.

Yvan also baute für sie ein großes Gebäude mit schalldichten Räumen, das wohl so ähnlich wie »Königin-Elisabeth-Stiftung« hieß. Jedes Jahr wurden vielversprechende junge Musiker eingeladen, die sich dort, frei von materiellen Sorgen, vervollkommnen und in den verschieden großen Sälen Konzerte geben konnten.

Yvan, der nun seinerseits Kinder hatte, konnte noch, bevor er vor ungefähr zehn Jahren glaube ich starb, sehen, wie sein Sohn, den ich sehr mochte, ebenfalls Architekt wurde, der, wie man mir erzählte, einen guten Ruf hatte.

Für Tigy, die älteste Tochter, die Malerei, die Académie des Beaux-Arts, die Ausstellungen. Malt sie immer noch? Ich weiß es nicht, denn sie spricht nicht darüber in den freundschaftlichen Briefen, die sie mir trotz unserer Scheidung schreibt.

Tita, in die ich heimlich verliebt war, hatte ihren ersten Preis auf dem Konservatorium bekommen und danach Konzerte in zahlreichen Städten und im französischen Rundfunk gegeben. Sie heiratete einen . . . Klavierstimmer, den Sohn eines Polizeikommissars (o Maigret!). Als sie älter war, wurde sie Professor und ließ sich, inzwischen Witwe geworden, irgendwo in der Touraine nieder.

Zum letzten Mal sahen wir uns in Lüttich, als ich mit Teresa dort war. Ihr Mann lebte noch, was uns nicht daran hinderte, uns in einem Café gegenseitig um den Hals zu fallen. Teresa und sie haben sich mit mehr als Sympathie angesehen, mit einer komplizenhaften Art, und haben beide herzlich gelächelt.

Mein Marquis war ein echter Marquis de Carabas und besaß mehrere Schlösser in Frankreich, Weinberge an der Loire, Wälder, Felder und Pachtgüter (achtundzwanzig um eines seiner Schlösser), Grundstücke in der Umgebung von Paris, Reisfelder in Italien, eine große Villa im islamischen Stil in Tunesien, hochherrschaftliche Häuser in verschiedenen Städten . . . und was sonst noch alles!

Bis zum Tode seines Vaters hatte er seine Zeit vor allem zwischen dem Jockey Club, der Jagd und den Zusammenkünften in den aristokratischen Schlössern aufgeteilt, denn seine Familie hatte Zeit gehabt, aufgrund glänzender Verbindungen eng oder weitläufig mit dem gesamten alten Adel von Frankreich und anderswo verwandt zu werden.

Der Tod seines Vaters ließ ihn vor einem Wust von Akten und von Problemen zurück, von denen er nichts verstand. Und ich, der ich erst zwanzig Jahre alt war, fing nun an, in dem Haufen zu kramen.

Erste Etappe: Aix-les-Bains, wo er jedes Jahr eine Kur machte, und wohin er sich mit großem Aufwand einen Armeebungalow aus Indien hatte kommen lassen. Natürlich war Tigy ohne sein Wissen da, und ich angelte mit ihm zusammen im See Saiblinge.

Dann ein Schloß, das kleinste, das älteste, umgeben von einem berühmten Weinberg, wo sich im Laufe der Jahrhunderte Bücher angesammelt hatten, was ein Glück für mich war.

Tigy war immer da, in einem ausgezeichneten Gasthof auf der anderen Seite der Loire.

Und dennoch schrieb ich, denn ich empfand das Bedürfnis zu schreiben, wie ich schon vor meiner Abreise aus Paris geschrieben hatte. Aber jetzt schrieb ich, um zu leben, um zu essen, und es handelte sich nicht um Literatur, sondern um kleine Erzählungen für ›Le Rire‹, ›La Vie Parisienne‹, ›Sourire‹, ›Sans Gêne‹, ›Froufrou‹ und schließlich ›Le Matin‹, wo ich der großartigen Colette begegnen und dann ihr Freund werden sollte.

»Zu literarisch, mein kleiner Sim! Einfacher, noch einfacher . . .«

Sie, deren Handschrift die Anmut der Ranken der Weinreben hatte!

Ein anderes Schloß, das mit den achtundzwanzig Pachtgütern, den wildreichen Wäldern und den Teichen, die jedes Jahr geleert werden mußten, um aus ihnen Tonnen von Karpfen und Hechten herauszuholen.

Festessen nach der Jagd organisieren, jeden genau an den Platz setzen, den sein Rang verdiente, denn diese Leute sind empfindlich, das große Morgenmahl überwachen, während die Treiber warteten, die zehn Jagdaufseher des Marquis sich unten an der Freitreppe in Habtachtstellung aufhielten und die Hunde bellten.

Ich wußte noch nicht, daß ich eines Tages meine eigene Hochwildjagd im Wald von Orléans haben würde, daß mich das vom ersten Tag an, nachdem ich ein junges, verwundetes Reh erlegt hatte, anwidern würde und daß ich, gehalten an die Vergabebedingungen, diese wöchentlichen Jagden ein Jahr lang abhalten mußte, nicht persönlich, Gott sei Dank!, sondern indem ich mich durch meinen vorzüglichen Kumpan Constantin-Weyer vertreten ließ.

Telefonanrufe, manchmal des Nachts, mit einem Bankier nach Paris, London oder sonstwo, mit dem der Marquis über ein finanzielles Geschäft diskutieren wollte, das ihm soeben durch den Kopf gegangen war.

Ich habe auch gelernt, daß ein hochwohlgeborener Mann die Rechnungen von Cartier, van Cleef und Arpels, von seinem Schneider und denen der Marquise erst nach einem oder zwei Jahren Mahnens bezahlt. Und weiter, daß man die kleinen Lieferanten oder Handwerker nach einer bestimmten Frist nur so bezahlt, indem man die Zahlen auf den Rechnungen mit einem Rotstift durchstreicht und sie durch Zahlen ersetzt, die zehn oder zwanzig Prozent niedriger sind.

»Diese Leute setzen ihre Preise wegen unseres Namens nach oben . . .«

Ich habe erfahren, daß es höchst seltene Erstausgaben von Pascal und anderen berühmten Autoren in der unerforschten Bibliothek gab und es sie vielleicht noch gibt, die durch Jahrhunderte hindurch von den Vätern auf die Söhne vererbt wurden.

Ich habe in den zwei Jahren viele Dinge gelernt, und wenn mein Marquis mir freundlich gesonnen war, huschte ihm manchmal ein Lächeln à la Talleyrand über die Lippen, denn ich blieb beharrlich der kleine Junge aus Outremeuse, und meine Empörung war deswegen nur noch heftiger.

Ich empfand das Bedürfnis, in Paris zu sein, um weiterhin meine Geschichten zu schreiben, sie zu verkaufen, zu versuchen und, wer weiß, es zu schaffen, einen erfolgreichen Roman zu schreiben.

Tigy war immer dabei, inkognito, manchmal zwanzig Kilometer weiter weg, und abends fuhr ich mit dem Fahrrad zu ihr und war morgens um acht Uhr wieder im Schloß. Ich erinnere mich nicht, daß der Marquis sie jemals traf.

Wir trennten uns in aller Freundschaft, er und ich, und ich habe ihn mehrmals auf einem anderen Terrain wiedergesehen, einmal sogar, als ich mit dem Vorschlag zu ihm kam, eins seiner Schlösser von ihm zu kaufen, eines von den kleinsten, selbstverständlich.

Gute Nacht, Marie-Jo, gute Nacht, meine Jungen.

4

So weit ich in meinen Erinnerungen zurückgehe, ich finde dort einen nie gestillten Hunger danach, alles kennenzulernen, was lebt und was nicht lebt – aber lebt nicht alles, wie ich versucht wäre zu glauben? Ich wäre gerne nicht nur ich selbst gewesen, so jung und unbedeutend, sondern auch alle Menschen, die der Erde und die des Meeres, der Schmied, der Gärtner, der Maurer und die, die sich an die Sprossen der sozialen Leiter, von der so oft die Rede ist, klammern, vom kleinen Lehrling, der ich für meinen Marquis war, angefangen, vom höchsten und vom niedrigsten, bis hin zu der Prostituierten der heißen Viertel, die ich mit Widerwillen so nenne, da ich die abfälligen Bezeichnungen verabscheue, und bis hin zum Clochard an den Quais der Seine oder in den Seehäfen.

Erinnert dich das nicht an etwas, mein Mädchen?

Meinen Beruf erlernen, dem ich mich lediglich näherte, und mir die Lehrzeit auferlegen, durch die jeder hindurch muß, so wie die Virtuosen die Tonleiter üben und die Berufsathleten Jahre damit zubringen, jeden einzelnen ihrer Muskeln und ihrer Reflexe zu trainieren. Ich frage mich heute, mit siebenundsiebzig Jahren, ob ich mein Leben nicht dazu benutzt habe, Tonleitern zu erlernen und zu üben, die Schule der Straße zu besuchen und gleichzeitig alle Bücher bis zur Betäubung zu lesen.

Und ich empfinde hier wieder die Freude, mich auszudrücken, mit demselben Angstgefühl, das ich sechzig Jahre lang gekannt habe, nicht mehr bedingt durch das Hilfsmittel einer Schreibmaschine, auch nicht durch das eines Tonbandgerätes, nein, indem ich mit der Hand schreibe, verspüre ich bei mir eine wirkliche Begeisterung, als begänne das Leben noch einmal von vorn.

Vor kaum einer Woche wählte mich einer meiner ausländischen Leser, der mir sagte, er habe mein ganzes Werk gelesen, zum Schiedsrichter in einem Konflikt mit seinem Sohn und bat mich, ihm eine einzige Frage zu beantworten:

»Ist die Arbeit eine Freude oder, im Gegenteil, eine Strafe, die uns auferlegt worden ist und die wir nur mit stummer Auflehnung hinnehmen?«

Im Gegensatz zu der Bibel, die den Gott der Juden und der Christen sagen läßt: »Im Schweiße deines Angesichts sollst du dein Brot essen . . .« antwortete ich, daß die Arbeit uns gleichzeitig Freude und Stolz verschaffe, jedoch unter der Bedingung, daß wir eine Arbeit wählen konnten, die uns interessiert oder begeistert, was leider nicht jedem in unserer Gesellschaft gegeben ist.

Du kennst dich da aus, mein Liebling, du, die du dich sehr jung verschiedenen Disziplinen unterworfen hast, welche du, nachdem du sie manchmal ruhen ließest, während deiner letzten Tage wiederaufnahmst.

Ich habe dir am Anfang dieser Hefte angekündigt, daß ich von dir und deiner Umgebung, insbesondere von deiner Mutter und deinen Brüdern sprechen würde.

Nun, bevor ich zu all dem komme, was du in deinem kurzen, aber sehr reichen Leben geschrieben hast, halte ich es für notwendig, dich einzuordnen und all das zutage zu fördern, was aus dir den außergewöhnlichen Menschen gemacht hat, der du warst, der du für mich, sicher noch für einige andere weiterhin sein wirst. Ich muß also, für dich und für deine Brüder, in aller Offenheit sagen, was ich gewesen bin, denn das Bild, das man sich von seinen Eltern macht, ist notwendigerweise unvollständig.

Einige meiner vertraulichen Eröffnungen sind nicht neu. Ich habe in meinen Büchern oft von mir gesprochen, selbst mittels der Personen meiner Romane. Die Leute, die alles gelesen haben, was ich geschrieben habe, werden immer zahlreicher. Ihre Briefe beweisen mir, daß sie dennoch nicht dasselbe Bild von mir bekommen haben.

Nun, und die anderen? Und ihr vier?

Du hast wirklich alles gelesen, sogar mehrmals, und mit Randbemerkungen versehen, und die Fragen, die du mir stelltest, deine Überlegungen beweisen mir, daß du immer versucht hast, mich zu verstehen. Was deine drei Brüder angeht, so weiß ich nicht, was sie gelesen haben, denn sie sind Männer, und die Männer haben eine gewisse Abneigung dagegen, Fragen zu stellen und sich vertraulichen Eröffnungen auszuliefern. Sie haben mich mit den Augen von Kindern und Jugendlichen gesehen. Nicht sie sind es, die sich die Bilder, die sich ihnen unauslöschlich ins Gedächtnis eingeprägt haben, gewählt haben, und jetzt, gegenüber einem Greis, ist es schwieriger denn je, sich anzuvertrauen.

Habe keine Angst, geliebte Marie-Jo, ich werde nicht mehr lange von mir sprechen, obwohl es mir eine Freude ist, zwanglos mit euch vieren zu plaudern. Ich werde versuchen, das, was ihr von meinem Leben nicht oder nur teilweise lückenhaft gewußt habt, flüchtig zu streifen, nicht indem ich mich nach dem Kalender richte, sondern indem ich euch flüchtige Bilder zeichne, kleine Skizzen von dem, was meiner Meinung nach wichtig war.

Ich war bei meinem Marquis angelangt, von dem ich mich trennte, um ins Abenteuer davonzufliegen, wie ich aus Lüttich davongeflogen war. Er hat mir auf eine unauffällig herzliche Art viel beigebracht.

Ein einziges Bild noch, eine Geste, die euch alle an einige meiner Reaktionen erinnern wird. Während einer bestimmten Zeit in Lüttich, als ich mich unter die jungen Maler, die *rapins,* mischte, hatte ich den schwarzen, breitkrempigen Hut übernommen, die Künstlerschleife, ebenfalls schwarz, und ich ließ mir meine damals welligen und dichten Haare wachsen. Hieß das nicht, eine Uniform überziehen, und hegte ich nicht ein instinktives Mißtrauen gegenüber allen Uniformen, genauso wie gegenüber den Medaillen, den Diplomen, den Titeln, den Ehrungen?

Nun, als ich bei dem Marquis anfing, hatte ich meine Haare von neuem wachsen lassen, auf eine maßvolle Art verglichen mit den Hippies von gestern und vorgestern. Eines Abends, als wir in einem dieser hochherrschaftlichen Häuser zusammen zu Abend aßen – wir hatten beide eine Schwäche für Brathering, den wir bei seinem Hausdiener öfter bestellten als es schicklich war – eines Abends kam er zu mir und hob mit einer väterlichen Geste die blonden Locken leicht hoch, die meinen Nacken bedeckten. Ich kann nicht sagen, daß seine Geste ironisch oder verächtlich war, aber ich verstand, daß sie bedeutete: »Haben Sie das wirklich nötig?«

Am nächsten Tag ging ich zum Friseur.

Dafür hatte auch ich seiner Person gegenüber Gedanken, die ihm nicht gefallen hätten. Er hatte eine Zeitung im Berry geerbt. Warum entschloß sich dieser Mann der Vergangenheit, der mit seinen berühmten Vorfahren lebte und nur mit seinesgleichen verkehrte, mit fünfundvierzig Jahren dazu, Senator zu werden? Sicher, einer seiner Ahnen war Pair von Frankreich gewesen, aber das war unter einem König. Nun, dies hier, wonach er trachtete, war ein politisches Amt in einer Republik, die demokratischer war als heute, und ich schrieb, unter seinem Namen, richtige Wahlartikel, bevor er bemerkte, daß er nicht die geringste Chance hatte, gewählt zu werden.

Kleine Schwäche des einen. Kleine Schwäche des anderen.

Ich habe mich an den Abend mit den langen Haaren erinnert, und das hat mich getröstet.

Ein kleines Hotelzimmer in der Rue des Dames, in dem wimmelnden Quartier des Batignolles. Jetzt waren wir zu zweit, die zwar nicht richtig Hunger hatten, die aber auf viele Dinge verzichteten. Tigy, die noch nie gekocht hatte, wärmte auf der Fensterbank das Essen auf, das wir, schon gekocht, kauften, denn ein Schild unten im Treppenhaus besagte, daß es den Mietern bei fristloser Kündigung untersagt sei, auf den Zimmern zu kochen.

Meine Erzählungen mehrten sich, und ich hatte mir eine alte, klappernde Schreibmaschine geliehen, da ich nicht in der Lage war, sie zu kaufen. Die Zahl meiner Pseudonyme stieg in dem Maße, in dem die Zeitungen, für die ich arbeitete, zahlreicher wurden, und wir konnten sehr oft nach Montparnasse gehen, um mit den Malern in Berührung zu kommen, von denen alle Welt sprach, und um die Ausstellungen in der Rue du Faubourg-Saint-Honoré und in der Rue La Boétie zu besuchen.

Wie viele Bilder begeisterten mich, die ich so gerne gekauft hätte! Selbst die am wenigsten teuren waren zu teuer für meinen Geldbeutel, und heute ist es so, daß man sie nur noch in den Museen findet oder daß sie ein Vermögen kosten.

Die Stunde hatte für mich noch nicht geschlagen. Ich hatte nicht einmal das, was man eine Visitenkarte nennt. Ich konnte nicht sagen, daß ich schrieb, denn ich war erst nur ein Lehrling, der mit Gom Gut, Plick und Plock, Poum und Zette, Aramis zeichnete, Geschichten, um die sich die Sammler jetzt, da ich ein alter Mann bin, streiten.

Ich arbeitete sehr schnell. Es kam vor, daß ich acht Erzählungen an einem Tag schrieb, und so konnten wir ein großes Zimmer und ein kleineres mieten, im Erdgeschoß eines dieser wundervollen Häuser im Stile Louis

XIII an der ehemaligen Place Royale, die nach der Revolution aus Gründen, die ich nicht kenne, in Place des Vosges umbenannt worden war.

Kurze Ferien am Meer in der Normandie, wo wir bei einer neuen Freundin wohnten, die dort eine Villa, so frisch und verspielt wie ein Kinderspielzeug, besaß. Sie hielt uns zurück, bestand darauf, daß wir unsere Ferien in ihrem Dorf in der Nähe von Etretat verbrachten. Sie hatte kein Gästezimmer, und wir mieteten ein leeres Zimmer auf einem nahegelegenen Bauernhof.

Wir besaßen keine Möbel, und für ein paar Wochen würden wir uns keine kaufen, und sei es auch nur ein Bett. Daran sollte es nicht scheitern: ich bat die Bäuerin, die das alte Normannisch sprach, uns zwei oder drei Bündel Stroh zu überlassen, das wir, Tigy und ich, auf ebener Erde ausbreiteten. Sie lieh uns auch ein Paar Bettücher, einen weißen Holztisch, einen einzigen Stuhl, und schon waren wir für ein paar Monate eingerichtet, denn deine Mutter und ich, Marc, waren so glücklich, daß wir beschlossen, unseren Aufenthalt zu verlängern. Erinnert dich das nicht an etwas, mein Sohn?

Man könnte meinen, das Leben kopiere das Leben, sogar auf lange Sicht; ist es nicht so?

Die Bauersleute fragten sich, ob wir nicht aus dem Gefängnis kamen, weil wir damit vorlieb nahmen, auf dem Stroh zu schlafen. Da unsere zwei kleinen Fenster keine Vorhänge hatten und wir nur über eine schwache Petroleumlampe verfügten, kamen die Tochter der Bauersleute und ihre Freundinnen, einschließlich die, die später als Boule zu einem Teil unserer Familie werden sollte, in der sie heute mehr als ich den Mittelpunkt bildet, kamen also die Mädchen nach Einbruch der Nacht, um uns beim Liebesspiel zuzuschauen und mich dabei zu beobachten, wie ich mich danach in einer Waschschüssel, die vor dem Fenster stand, wusch.

»Womit hat das Ähnlichkeit, was meinst du?«

Sie suchten. Sie kamen überein:

»Mit einem Pilz.«

Boule, die Henriette hieß, war ein paar Stunden am Tage bei unseren Freunden beschäftigt. Mit dreizehn oder vierzehn Jahren hatte sie schon die Schule verlassen, um als Kindermädchen im Schloß zu arbeiten. Dennoch blieb sie den Dingen des Lebens gegenüber unwissend, außer dem »Pilz«, und ich empfand ihr gegenüber schnell Neugier, Zuneigung und Verlangen. Als wir im Laufe des Herbstes wieder zur Place des Vosges zurückkehrten, ging sie mit uns, und wir lebten alle drei in inniger Vertrautheit zusammen.

Tigy mit ihren dunklen und dichten Augenbrauen war kompromißlos in ihrer Eifersucht, und sie hatte mir angekündigt, daß sie an dem Tag, an dem sie erführe, daß ich sie betrog, Selbstmord verüben würde. Ich habe zwanzig Jahre mit dieser Drohung über meinem Kopf gelebt.

Während der ersten Jahre haben Boule und ich sie nur halb betrogen, dann zu drei Vierteln, dann zu neun Zehnteln, denn wir lebten zu dritt in zwei Zimmern.

Obwohl sich die Sitten seit meiner Jugend verändert haben, hatte und habe ich es immer vermieden, einem jungen Mädchen das zu nehmen, was ihr Ehemann eines Tages von ihr erhoffen würde. Als wäre es ein Recht, ohne Gegenleistung freilich.

Du mußt lachen, mein kleiner Pierre, der du einen Meter fünfundachtzig mißt, aber der Benjamin der Familie bist, du, der du die Frauen genauso brauchst wie ich, aber der das Glück hat, in einer Zeit zu leben, in der diese übertriebenen Ansichten verschwunden sind.

Ich hatte nur dreimal im Leben Geschlechtsverkehr mit Jungfrauen. Die erste war Tigy, meine erste Frau. Die zweite war Boule, in dem alten Schloß im Wald von Orléans, das wir in den dreißiger Jahren bewohnten. Die dritte war ein junges Mädchen mit festen Brüsten, mit der ich das zärtlichste Verhältnis hatte und die noch heute eine unserer besten Freundinnen, für Teresa und für mich, ist.

Als ich ihr den Grund meiner Zurückhaltung trotz unserer allerdings unvollständigen sexuellen Beziehung erklärte, lachte sie das schöne, warmherzige und witzige Lachen, das sie Jahre hindurch beibehielt, und drei oder vier Tage später, während wir uns umarmten, sagte sie mir triumphierend:

»Jetzt können Sie.«

Ich hatte verstanden. Um meine Skrupel zu überwinden, hatte sie sich entjungfern lassen, von . . . irgend jemandem.

Place des Vosges. Tigy hatte endlich den Platz, wo sie malen konnte. Damals fand draußen auf der Place Constantin-Pecqueur auf Montmartre das statt, was man die *foire aux croûtes* nannte, eine Bilderausstellung unter freiem Himmel, wo die jungen Künstler ihre Leinwand oder ihre Zeichnungen an den Bäumen befestigten oder an Stricken aufhängten, die zwischen den Bäumen gespannt waren.

Damit die Werke den möglichen Käufern gefielen, mußten sie gerahmt werden, und ich ging in die Rue de Bondy, um Rahmenholz am Stück zu kaufen. Her mit der Säge, dem Leim und den Nägeln. Es wurde nicht immer rechtwinklig, aber wen kümmerte es? Würde nicht von allen diesen Kleinbürgern, die von Maler zu Maler gingen, derjenige sein Glück machen, der den zukünftigen Renoir oder den zukünftigen Modigliani entdecken würde?

Die Modelle suchten wir bei den *bals musette* in der Rue de Lappe, die noch nicht auf dem Programm *Paris-by-Night* stand, und dort, ebenso wie in einer Kneipe von La Villette, war das zu finden, was man *gigolos* und *gigolettes* nannte, wirklich typische, oft junge Mädchen, die, kaum aus ihren Provinzstädten angekommen, am Boulevard Sébastopol auf den Strich gingen und zur Belohnung abends mit ihrem Kerl *java* tanzen gingen. Wir nahmen sie mit nach Hause, die Frauen für die Akte und, seltener, die Männer wegen ihrer »typischen« Gesichtszüge, die Tigy mit Kohle zeichnete.

»Du siehst so angespannt aus!« sagte Tigy auf der Place Constantin-Pecqueur zu mir. »Setz dich irgendwo auf eine Terrasse oder geh spazieren. Du machst den Kunden angst . . .«

Ich befolgte ihren Rat, setzte mich in der Rue Caulaincourt auf eine Terrasse und schrieb meinen ersten Groschenroman, *Roman d'une dactylo,* nicht ohne vorher einige gelesen zu haben, die bei demselben Verlag erschienen waren, um zu wissen, wie sie gemacht wurden.

Er wurde von Ferenczi angenommen, der mir weitere in Auftrag gab, von unterschiedlicher Länge und unterschiedlichem Format, und da ich fortfuhr, sehr schnell zu schreiben, dehnte ich mein kleines Unternehmen auf vier oder fünf Verlage in Paris aus, die sich darauf spezialisiert hatten.

Jede Serie hatte ihre Tabus. In einigen war das Wort Mätresse nicht gestattet, und in keiner einzigen wurde beigeschlafen, sondern »die Lippen fanden sich«, oder das Gewagteste war, von »Umarmung« zu sprechen.

Es gab Serien für die Jugend, und der *Grand Larousse,* den ich mir geschenkt hatte, lehrte mich alles über die Flora und die Fauna von irgendeiner Gegend in Afrika, Asien und Südamerika sowie über die eingeborenen Volksstämme. *Se Ma Tsien – der Opferpriester, Das U-Boot im Wald* und andere, viele andere Titel. Die ganze Welt kam darin vor, und wie mitreißend war diese Welt des *Grand Larousse!*

Romanzen für Midinettes, mit viel Leid. Aber viel Liebe und Hochzeit am Ende. *Die Braut mit den eiskalten Händen, Miss Baby,* denn ich war der »Freund«, wie man in jenen Romanen sagte, von Josephine Baker geworden, die ich geheiratet hätte, wenn ich es, so unbekannt wie ich war, nicht abgelehnt hätte, Monsieur Baker zu werden. Ich zog mich sogar mit Tigy auf die Ile d'Aix gegenüber von La Rochelle zurück, um sie zu vergessen zu versuchen, und wir sollten uns erst dreißig Jahre später in New York wiedersehen, beide noch immer so verliebt.

Bis zu achtzig maschinengeschriebene Romanseiten am Tag, so daß wir im Vergleich zur ersten Zeit fast reich wurden.

In der zweiten Etage unseres Hauses wurde eine Wohnung frei, wir mieteten sie und behielten die Erdgeschoßwohnung, die Tigys Atelier wurde.

Die Ausstellung für Kunstgewerbe faszinierte uns, und ich bestellte dort bei einem avantgardistischen Innenarchitekten die Ausstattung und die Möbel für unser neues Heim. Eine mit Mattglas verkleidete amerikanische Bar, die von unten von ich weiß nicht wie vielen Birnen beleuchtet wurde, was aus den Cocktailparties, wenn wir zu mehreren waren, ein wahres Feuerwerk machte.

Ich, als Barkeeper mit weißem Rollkragenpullover, schnappte mir eine Flasche nach der anderen und mixte die Getränke. Vertreter vom Montparnasse, von Foujita bis Vertès, und . . . Aber wozu soll ich sie aufzählen? Manchmal Josephine persönlich in all ihrem Glanz, russische Tänzerinnen, die Tochter eines asiatischen Botschafters, und um drei Uhr morgens lag eine gewisse Anzahl nackter Körper auf schwarzen Samtkissen ausgestreckt, wo sie den Rest der Nacht verbrachten, während ich mich um sechs Uhr morgens vor meine Maschine setzte, um meine achtzig Seiten Tagespensum zu schreiben . . .

Dann Porquerolles, wo es damals nur ein paar Feriengäste gab und wo wir mehrere Monate blieben dank Tigy, die einen großen Akt für achthundert Francs an einen armenischen Kunstliebhaber verkauft hatte. Und dort für mich, am Ufer des vollkommen klaren Wassers von Felsen zu Felsen wandernd, die Kontemplation, die Faszination des Lebens der Fische und anderer Meerestiere, immer wachsam, immer auf der Lauer, um nicht von anderen gefressen zu werden oder um sie zu fressen.

Farbenprächtige Fische, auf die nicht allein die Bouillabaisse wartete, Krabben, Muränen, Meeraale und Rochen, eine unendliche Fauna, die sich keinen Augenblick eine Ruhepause gönnt, die die kleineren frißt oder von den größeren gefressen wird. Ein unaufhörliches Schauspiel in dem von der Sonne schillernden Wasser, das in mir am Ende manchmal Schwindel erregte.

Und ich, der die von einem meiner Verleger versprochene und geschuldete Zahlungsanweisung nicht bekam, eine Woche lang an einer leeren Pfeife ziehend, weil ich die dreißig oder vierzig Centimes nicht hatte, um mir Tabak zu kaufen.

Na ja, der ewige Kampf ums Leben!

Porquerolles, wo ich später mein Haus und meine Schiffe haben sollte, ist einer der wichtigsten Orte in meinem Leben geblieben, ich kannte damals dort jeden der einhundertdreißig Einwohner. Ich fühlte mich zu Hause. Seit dem Krieg, so hat man mir erzählt, hat sich die Insel dermaßen verändert, daß ich nicht wage, dorthin zurückzukehren.

Die Fahrt durch Frankreich über die Flüsse und Kanäle. Tigy, Boule, der Hund Olaf (eine dänische Dogge) und ich an Bord eines kleinen

Schiffes, ein Zelt, das nachts als Unterschlupf für Boule und morgens mir als Büro diente. Meine Schreibmaschine auf einem Klapptisch. Mein Hintern ebenfalls auf einem Klappstuhl. Und ein Kanu im Schlepptau, das die Matratzen, die Vorräte und das Kochgeschirr enthielt.

Eine Seite meines Lebens, aber geschrieben können die Seiten unerträglich lang werden.

Gute Nacht, kleines Mädchen. Gute Nacht, meine drei großen Herren Söhne.

5

Wenn das Meer mit seinem intensiven Leben mich aufgewühlt hat, so hat es mich auch für sich gewonnen, und für lange Zeit sollte ich nur noch daran denken. Nicht an einen Platz am Sandstrand in der Sonne, zwischen fast nackten, von Sonnenöl glänzenden Körpern, nicht an das Meer der farbigen Sonnenschirme, der Kasinos und der von breiten Glasfenstern durchbrochenen Betonklötze, sondern an das ursprüngliche und ewige Meer, aus dem alles Leben gekommen ist, mit seinen Flauten und seinem Wüten, mit seiner ursprünglichen Unerbittlichkeit. Das Meer!

Ich, der ich neunzehn Jahre auf dem Pflaster einer schon nördlichen Industriestadt gelebt hatte, hatte es nur während einer kurzen Reise nach Ostende wie eine Postkarte gesehen, oder vielmehr nur undeutlich wahrgenommen. Jetzt war ich von ihm mit einer Leidenschaft besessen, die mich ganz und gar erfüllte, und kaum wieder in Paris zurück, beschloß ich, ein Schiff bauen zu lassen, ein richtiges, das fähig sein würde, ihm zu trotzen.

Es ging mir nicht mehr um ein Spielzeug zum Vergnügen, bei dem man von weitem die Manöver der weißen Segel verfolgt, noch weniger um diese kleinen Fahrzeuge mit starkem Motor, die schäumendes Kielwasser hinter sich führen, an deren Geschwindigkeit man sich berauscht. Diese Schiffe streicheln nicht das Meer, sondern scheinen es wütend zu zerreißen. Wovon ich dagegen träumte, was ich wollte, das war ein robustes, schwerfällig aussehendes Schiff, wie die der Fischer im Norden, geräumig genug, daß wir zu viert darin leben konnten, Tigy, Boule, Olaf und ich.

Ich eilte nach Fécamp, wo man schon am Bahnhof den starken Geruch nach Kabeljau und Hering riecht, und wo noch einige Neufundlandschoner zwischen den schwarzen Metallrümpfen lagen, die im Hafen aneinanderstießen und auf die große Ausfahrt warteten. Nur ein paar Kilometer weiter entfernt liegt Boules Dorf am Rande der weißen Steilküste. Ihr

Vater hatte etwa zwanzig Fischzüge nach Neufundland an Bord eines Schoners mitgemacht, der erst nach acht Monaten wieder in den Heimathafen zurückkehrte. Elfmal hatte er bei seiner Rückkehr seiner Frau ein Kind gemacht, bevor er wieder auf den kürzeren Heringsfang ging, der im Norden der englischen Küsten unternommen wurde, wobei man dem Hering auf seiner jährlichen Wanderung nach Fécamp folgte.

Ich stieg nicht in einem mehr oder weniger komfortablen Hotel ab, sondern in einer Hafenkneipe, wo die Seeleute verkehrten, und wo es nur zwei oder drei ziemlich einfache Zimmer gab. Tagsüber war ich auf der Werft, um mit dem Schiffsbauer über mein Schiff zu sprechen. Es würde aus dicker Eiche sein, mit einem ziemlich kurzen Mast, damit die schweren, tabakfarbenen Segel von einem einzigen Mann gehißt werden könnten.

In Paris vertiefte ich mich, ohne darüber meine Erzählungen und meine Groschenromane zu vernachlässigen, in das Handbuch der Küstenschifffahrt und in die Logarithmentafeln, deren Nützlichkeit ich, als man mir sie auf dem Collège beibringen wollte, nicht eingesehen und die zu lernen ich mich deshalb geweigert hatte. In der damals fast provinziellen Atmosphäre der Place des Vosges machte ich mich mit dem Gebrauch von Kompaß und Sextant vertraut, mit der Gezeitentafel, dem Log und der Berechnung der Driftung, mit der Anfertigung eines Notruders im Falle eines Schadens, schließlich und vor allem mit der Handhabung der Segel, auch wenn mein Schiff mit einem Hilfsmotor ausgerüstet sein würde, um die Fahrt in die und aus den Häfen zu erleichtern.

Kein weißer Rumpf, keine Segel, die wie Möwen aussehen und deren anmutige Manöver man, im Sand liegend, beobachtet. Etwas Schweres, Solides, rotbraune, mit einer gummierten Schicht überzogene Segel, die dem heftigen Ansturm einer Böe widerstehen und dem Verrotten vorbeugen konnten.

Manchmal fuhr ich alleine nach Fécamp und verbrachte dort zwei oder drei Nächte, die ich meiner Leidenschaft für die Frauen widmete, die meiner jüngsten Liebe zum Meer gleichkam.

Das Schiff nahm Form an, und weil es die Rauheit unserer frühen Vorfahren hatte, taufte ich es »Ostrogoth«. Es besaß Kojen ohne Sprungfedern, einen Tisch mit einem Wasserhahn, der mit dem Trinkwasserbehälter verbunden war, einen kleinen, niedrigen, aber wuchtigen Kohleherd, auf dem Boule fast zwei Jahre lang kochen sollte, jene zwei Jahre, die, was ich erst später erfahren sollte, mein Leben veränderten.

Wir kauften uns gelbe Segeljacken, Stiefel mit Holzsohle, die uns bis zum halben Oberschenkel reichten, und Südwester.

Es war kein Spiel an dem Tag, als wir aus dem Hafen ausliefen, mit großer Beflaggung, denn auch das Meer hat seine traditionellen Bräuche.

Le Havre. Wir fuhren die Seine bis Rouen hinauf, schlängelten uns zwischen den Frachtern hindurch, die uns wie Berge erschienen. Die Seine hinauf bis nach Paris, wo wir an der Zunge des Vert-Golant festmachten, mitten unter dem Pont-Neuf, wo das Schiff traditionsgemäß von dem Pfarrer von Notre-Dame inmitten einer Menge von Freunden und Neugierigen getauft werden sollte. Drei Tage Feiern und Trinkgelage, während derer das Schiff vom Deck bis zum Bauch voller Menschen war und man nicht mehr wußte, mit wem man seine schmale Koje teilte.

Abfahrt. Über die Kanäle gelangten wir auf die Maas, nach Belgien, mit einer kurzen Unterbrechung in Lüttich. Holland, Maastricht. Das flache Land, das Brel so gut besungen hat, aber nicht besser als du, Marie-Jo, noch bei deinem letzten Besuch, so kurz vor dem Abschied, als du auf meiner Sessellehne saßest und die Tränen mir in die Augen stiegen.

Siehst du, aus dem flachen Land, dem belgischen und holländischen Limburg, leite ich meine Ursprünge ab, die der Seite meiner Mutter so wie der meines Vaters. Der Himmel hier ist unendlich weit, weil es keine Hügel gibt. Die Ferne liegt hier weiter weg als anderswo, mit den weißen und roten Flecken der kleinen Häuser, die weit auseinanderstehen und wie Spielzeug aussehen.

Immer breitere Kanäle, und schon Hochseeschiffe. Amsterdam, mit dem ich euch alle drei bekanntgemacht habe, denn Pierre war noch nicht geboren. Der Zuidersee, damals ein richtiges Meer, denn man hatte ihn noch nicht durch einen riesigen Deich abgesichert, um Ackerboden zu gewinnen und dabei nur einen See übrigzulassen. Auf der Mitte des Zuidersees sahen wir zum ersten Mal kein Land mehr, und mit aufgeblähten Segeln nahmen wir Kurs auf Friesland, auf einen kleinen Hafen, Stavoren, wo wir den Winter verbringen wollten. Bald darauf mußte man jeden Morgen das Eis mit Hilfe eines Pickels zerschlagen, um zu verhindern, daß das Holz unter seinem Druck zerbarst.

Du hast, zusammen mit zweien deiner Brüder, diese Landschaften dort gesehen, als ich ein holländisches Schiff mietete, um euch Friesland zu zeigen, seine Kühe, die über die Kanäle zu den Weiden gefahren werden, seine Pappeln, die die großen Bauernhöfe, die so massiv sind wie Festungen, gegen den Nordwind schützen.

Wir kamen nach Delfzijl in die Trichtermündung der Ems, dann in den großen deutschen Hafen Emden. Die Stadt empfing uns herzlich, trotz unserer französischen Flagge, denn ein Schiff trägt die Flagge des Landes, wo es gebaut wurde, und der ausländische Eigentümer, wie in unserem Fall, darf nur einen dreieckigen Wimpel anbringen.

Wilhelmshaven, bereits oben in der Nordsee, ein ehemaliger Kriegshafen, wo ungefähr hundert aufgelegte Unterseeboote langsam vor sich hin rosteten. Warum sollte ich nicht an diesen Wracks festmachen, da ich keinen Platz am Kai fand? Leider erwischte uns die Hafenpolizei und wies uns streng an, ihnen zu einem anderen Anlegeplatz zu folgen. Studenten schlenderten an den Kais entlang, und Boules weibliche Figur zog ihre Blicke unwillkürlich an.

Ich arbeitete. Für ›Detective‹, eine Zeitschrift, die zu Gallimard gehörte und von meinen Freunden, Jef und Georges, den Brüdern Kessel, geleitet wurde, schrieb ich Kriminalgeschichten, bei denen die Leser versuchen mußten, die Lösung herauszufinden. *Les treize mystères,* die erste Serie von dreizehn Geschichten, brachten der ›Detective‹ so viel Post ein, daß die Briefträger sie säckeweise brachten, und etwa vierzig Personen mußten eingestellt werden, um die Antworten durchzusehen.

Jef bat mich um eine neue Dreizehner-Serie, die schwerer zu lösen sein sollte, wie er mir ausdrücklich sagte, um den Sieger unter weniger Rätselfreunden heraussuchen zu müssen: *Les treize énigmes.* Dann noch, immer schwerer, *Les treize coupables.*

Eines Abends, als Tigy und ich in unseren Kojen schliefen, tanzte Boule mit ich weiß nicht wie vielen Studenten auf dem Deck. Ein Professor, der zufällig vorbeikam, entrüstete sich, denn der Erste Weltkrieg war noch nicht lange vorbei, und er befahl ihnen mit Feldwebelstimme, sofort von Bord zu gehen, was sie nicht taten. Bedauerlich für unsere Pläne, denn wir hatten vor, nach Hamburg und dann vielleicht nach Belgien zu fahren.

Am nächsten Morgen verhörte mich ein Inspektor irgendeiner Polizei in Zivil zwei Stunden lang in unserer Kabine. Meine Schreibmaschine erweckte seinen Argwohn. Er verlangte zu lesen, was ich schrieb. Ich weiß nicht, ob er französisch lesen konnte, aber er nahm mich mit in ein großes Gebäude mit dunklen Mauern, wo ich nach langem Warten jemandem gegenübergestellt wurde, der wohl ein hoher Beamter war.

»Sie sind also Franzose?«

»Nein, Belgier.«

»Warum fahren Sie dann unter französischer Flagge?«

Ich erklärte es ihm.

»Warum sind Sie nach Wilhelmshaven gekommen, wo doch seit Kriegsende kein einziges französisches Schiff hier eingelaufen ist?«

Ich hatte den Begriff für Zeit verloren und versuchte, mich auf die meist unerwarteten Fragen einzustellen, denn er kam geschickt vom Hölzchen aufs Stöckchen.

»Und wie ist es zu erklären, daß Sie Telegramme mit der Unterschrift ›Detective‹ bekommen?«

Er sprach sehr gut französisch, trotz seines Akzents, und er war sicher bei den Besatzungstruppen gewesen.

»Sind Sie Detektiv?«

»Es handelt sich um eine Wochenzeitschrift mit Kriminalgeschichten.«

»Dann sind Sie Polizist?«

»Aber nein, ich schreibe Kriminalgeschichten.«

»Warum?«

»Weil ich den Auftrag dazu bekommen habe.«

»Dann erfüllen Sie also Aufträge, die man Ihnen gibt?«

Ich machte in gewisser Weise Bekanntschaft mit der »dritten Stufe«, und ich schwitzte stark. Ich erinnere mich daran, daß er auf einen Knopf drückte und daß ein Angestellter, ebenfalls in Zivil, hereinkam und einen kurzen Text aufnahm, den er ihm diktierte. War das ein Haftbefehl? Sollte ich in eines dieser Gefängnisse eingesperrt werden, die die französischen Zeitungen genüßlich beschrieben? Und meine Frau? Und Boule, Olaf, meine »Ostrogoth«?

Der wichtige Mann zog an seiner Zigarre und betrachtete mich neugierig, schweigend, und auch ich schwieg. Ich war noch keine fünfundzwanzig Jahre alt und sah noch jünger aus. Woran dachte er, als er mich mit seinen hellen Augen so anstarrte? Der Angestellte kam zurück und gab ihm einen getippten Text mit mehreren Durchschlägen. Zuerst schob er mir einen davon zu.

»Unterzeichnen Sie.«

»Aber ich kann nur wenig Deutsch.«

»Wo haben Sie es gelernt?«

»Im Collège in Lüttich. Aber ich war nicht gut im Deutschen.«

»Weil Sie unsere Sprache nicht mögen?«

Ich unterschrieb, um dem ein Ende zu machen. Er unterschrieb ebenfalls, drückte zwei oder drei verschiedene Stempel darauf. Eine weitere Kopie zu unterschreiben, dann noch eine andere. Er unterschrieb, stempelte, und das harte Geräusch des Stempels hallte in der Stille wider. Er erhob sich und teilte mir mit sachlicher, diesmal fast wohlwollender Stimme mit, daß ich den Befehl hätte, die deutschen Hoheitsgewässer am selben Abend noch zu verlassen.

»Aber das ist unmöglich! Ich muß Wasser nachfüllen, volltanken, und ich muß Lebensmittel einkaufen . . .«

»Ich drücke bis morgen mittag beide Augen zu. Ich benachrichtige die Hafenbehörde. Morgen mittag, vergessen Sie es nicht!«

Und am nächsten Tag wartete ich mittags darauf, daß die mächtige Brücke, auf der Straßenbahnen, Autos, Lastwagen und ein Schwarm von Fahrrädern hin und her strömten, hochgezogen würde. Der mittlere Teil der gewaltigen Brücke hob sich schließlich, und ich schlängelte mich in aller Bescheidenheit hinaus, zusammen mit den Schiffen, die wie meins die Flut ausnutzten. Wohin? Ich hatte nicht mehr die Erlaubnis, in deutschen Hoheitsgewässern zu segeln. Ich wagte mich nicht aufs offene Meer hinaus, um unsere Fahrt nach Norden fortzusetzen, was geheißen hätte, nach Norwegen durch Meerengen zu segeln, die immer stürmisch und oft von Nebel durchzogen sind.

Wir fuhren wieder zurück nach Delfzijl, wo ich entdeckte, daß mein Schiff, das aus grünem Holz gebaut worden war anstatt aus mehrere Jahre altem Holz, wie man es mir versprochen hatte, neu kalfatert werden mußte. Das bedeutete, daß die »Ostrogoth« an Land gezogen werden mußte und daß Männer in weißer Leinenkleidung eine Zeitlang mit lauten Hammerschlägen Werg zwischen die Holzplanken des Decks und der Bordwand treiben würden, was unsere Kabine so behaglich wie eine Glocke machte, und danach würden sie heißen Teer in die Fugen gießen.

Andere Schiffe neben uns erfuhren eine ebenso laute Behandlung, und trotzdem hätte ich es als eine Demütigung betrachtet, wenn wir ins Hotel gegangen wären. Darüber hinaus hatte ich das Bedürfnis zu schreiben, so wie ich das Bedürfnis dazu mit fünfzehn Jahren hatte und wie ich es noch mit siebenundsiebzig habe.

Abends kehrte wieder Ruhe ein, denn die Kalfaterer gingen nach Hause, und wir konnten in Ruhe essen und schlafen, vorausgesetzt, wir standen am nächsten Morgen früh genug auf, woran wir gewöhnt waren.

Ich fand die Lösung, als ich im Hafen herumstreifte. Auf der anderen Seite einer Schleuse entdeckte ich einen toten Kanal, der nur noch dazu diente, aus dem Innern des Landes Baumstämme zu befördern, die fast die ganze Breite des Kanals einnahmen. Eine alte Schute, die verlassen am Ufer eines grünen, mit kleinen rosa und weißen Häusern bebauten Kais lag.

Ich bitte um Verzeihung, meine Kinder, daß ich so langatmig war, aber für mich und auch für euch sind diese scheinbar unbedeutenden Ereignisse von großer Wichtigkeit.

In der halbverfaulten Schute, in der die Ratten herumschwammen, trug ich alte Kisten zusammen, stellte meine Schreibmaschine auf die größte, setzte mich auf eine etwas weniger hohe, und meine Füße stellte ich auf noch niedrigere, die kaum aus dem brackigen Wasser herausragten. Zwei Tage später begann ich einen Roman, der vielleicht wie die anderen ein Groschenroman, vielleicht auch etwas anderes werden würde, und das war, mit *Pietr le letton*, die Geburt eines gewissen Maigret, von dem ich noch nicht wußte, daß er mir so viele Jahre hindurch keine Ruhe lassen und mein Leben von Grund auf ändern würde.

Zwei Jahre später, als die Serie dieser Romane monatlich zu erscheinen begann, würde ich kein Anfänger mehr sein, sondern ein Romancier, ein richtiger Berufsschriftsteller. Und wieder zwei Jahre später würde ich mich vom Kriminalroman befreien, um die Romane zu schreiben, die in mir entstanden: *La maison du canal, Les gens d'en face, L'âne rouge, Les Pitard* und ich weiß nicht, was noch alles.

Ihr würdet nicht, wie ich das Glück gehabt hatte, unter den kleinen Leuten geboren werden, was ich oft bedaure, sondern ihr würdet, ob ihr wolltet oder nicht, Papas Tochter und Söhne werden. In Delfzijl wußte auch ich es noch nicht. Nicht mit dieser Absicht hatte ich Maigret erschaffen, den man mich immer wieder in den Dienst zurückzuholen zwang, sooft ich ihn in den Ruhestand versetzte.

Das Geld von ›Detective‹ diente Tigy und mir dazu, zum Eismeer zu fahren, nicht an Bord der »Ostrogoth«, sondern eines großen Schiffes, an dessen Deck sowohl Kühe als auch Schweine und Kabeljaufässer befördert wurden. Es fuhr gemächlich von Hafen zu Hafen entlang der Küsten Norwegens und brachte uns am Nordkap vorbei nach Kirkenes, von wo aus man mit dem Fernglas jenseits eines kleinen Streifens von Finnland die russischen Soldaten an ihrer Grenze entlang patrouillieren sehen konnte.

Um dorthin zu gelangen, hatte unser Bug sich eine Fahrrinne in das Eis brechen müssen. Von Rentieren gezogene Schlitten brachten uns durch Lappland, von einem Zelt aus Rentierhaut zum anderen, in der weißen Unendlichkeit, und wir waren auch wie Lappen gekleidet, nicht wegen des malerischen Aussehens oder des Erinnerungsfotos, sondern weil wir anders die Kälte von fünfundvierzig Grad unter Null nicht ertragen hätten.

Tigy und ich sollten im Laufe der Jahre abwechselnd kalte und heiße Gegenden durchqueren, mehrere Male auf verschiedenen Ozeanen über den Äquator fahren, nach und nach die fünf Kontinente kennenlernen, und meine Schreibmaschine, die nicht mehr die alte, in der Rue des Rosiers geliehene Maschine war, sollte uns in einem verstärkten, eigens für sie gebauten Kasten überallhin folgen.

Denn ich schrieb immer, in Panama wie auf Tahiti oder in Australien.

Was war unser Ziel? Wohin fuhren wir? Überallhin. Nirgendwohin.

Auf der Suche wonach?

Auf jeden Fall nicht nach dem Malerischen, sondern auf der Suche nach Menschen. Wir waren nicht auf Reisen, denn wir waren überall zu Hause. Das Flugzeug überquerte noch nicht die Kontinente und die Ozeane. Die Passagierdampfer brauchten fünfundvierzig Tage von Sydney nach London, mit vielen Zwischenstationen in Asien, im Nahen Osten und im Mittelmeer.

Ich schrieb. Nicht über das, was ich sah. Meinen Romanfiguren war ich während meiner Kindheit in Lüttich begegnet, danach in Paris und in der französischen Provinz, wo ich mich, bald in einem Schloß, bald auf einem Bauernhof, wie für ein ganzes Leben niederließ.

Bei der Rückkehr fanden wir wieder die treue Boule und den braven Olaf vor, zusammen mit Kisten von Post. »Aber wohin laufen sie?« Denn wir liefen beinahe ohne Ende hinter dem Menschen, hinter dem Leben her, wir liefen, um zu lernen, und wenn ich jetzt auch nicht mehr laufe, so höre ich nicht auf zu lernen.

Euch drei kennenzulernen, zum Beispiel? Warum nicht? Seid ihr nicht das Wichtigste, was ich hinterlassen werde?

Ich werde wieder in eure Kindheit eintauchen. Jetzt, da ihr weit verstreut lebt, und da du, Marie-Jo, auf immer in meinem kleinen Garten bist, wo ich dich eines Tages wiedertreffen werde.

Was die Figur angeht, die schließlich mein Freund wurde, so existiert sie immer noch, allerdings in Bronze, größer als in Natur, an genau dem Ort, wo er vor fünfzig Jahren geboren wurde, am Ufer eines stillgelegten Kanals, wo die Schute, die ihm als Wiege diente, sich wohl nach und nach in dem brackigen Wasser in ihre Bestandteile aufgelöst hat. Ich schulde ihm großen Dank, denn mit seiner Hilfe habe ich aufgehört, ein Anfänger zu sein, und bin für lange Zeit ein Romancier geworden.

Jetzt habe ich aufgehört, es zu sein. Ich bin ein Vater, der seinen Kindern schreibt, so wie alle Väter, nehme ich an, ihren Kindern schreiben. Nicht so langatmig wahrscheinlich. Vielleicht auch nicht so liebevoll.

Gute Nacht, ihr vier.

6

Mein ganzes Leben lang war ich auf alles neugierig, nicht nur auf den Menschen, den ich überall auf der Welt beobachtet habe, auf die Frau, die ich fast schmerzhaft verfolgt habe, so quälend wurde manchmal das Bedürfnis, mich mit ihr zu vereinigen, ich war neugierig auf das Meer und auf das Land, das ich respektiere, wie ein Gläubiger seinen Gott respektiert und verehrt, auf die Bäume, auf die kleinsten Insekten, auf das kleinste, noch gestaltlose Wesen, das in der Luft oder im Wasser lebt.

Ich hatte Hunde und Katzen, wie jedermann, dazu Pferde, und mit einem von ihnen haben sich echte Bande von gegenseitiger Zuneigung geknüpft, einem arabischen Vollblut, das ich in einem Zirkus gekauft hatte, weiß und hellgrau, feurig, genauso ungeduldig wie ich, und wir sind so enge Freunde geworden, daß er niemand anderen aufsitzen ließ, nicht einmal Tigy. Ich berührte sein Zaumzeug nicht, hatte weder Sporen noch Reitpeitsche, ich sprach zu ihm mit meiner Stimme, mit meinen Schenkeln, die an seine Flanken gedrückt waren, und er antwortete mir durch Bewegungen mit seinen Ohren.

Wir lebten in La Richardière, nicht in einem Schloß, sondern in einem alten Herrenhaus nicht weit von La Rochelle, mit einem engen Turm und einer Treppe darin aus weißem Stein, was man früher einen Taubenschlag nannte.

Wenn wir nach Hause kamen nach einem manchmal stundenlangen Ritt am Meer entlang, auf den flachen und schwammigen Wiesen der Vendée, die von Kanälen durchzogen sind, die man mit einem großen Sprung überqueren mußte, sattelte ich ihn ab und nahm ihm das Zaumzeug ab, bevor wir in den Hof gingen, und er rollte sich wollüstig auf dem Rasen. Niemand störte ihn dabei, bis er sich der Küche näherte und ein paarmal mit der Schnauze leicht gegen die Fensterscheibe stieß, um von Boule seine Brotstücke zu verlangen – manchmal kleine Kuchenreste –, wie er es gewohnt war. Es standen noch vier andere Pferde im Stall, die von einem jungen rothaarigen und lustigen Burschen gepflegt wurden.

In einem großen Teich, der bei Flut von Meerwasser gespeist wurde, planschten fast fünfhundert Enten, die grüngestrichene Häuschen auf einer kleinen Insel hatten. Hinter dem Gemüsegarten züchteten wir weiße Kaninchen mit roten Augen, die von alten Frauen aus dem Dorf regelmäßig geschoren wurden. Ungefähr fünfzig weiße Puten bewegten sich friedlich zwischen den Gänsen und den Hühnern, und der größte, der mächtigste Puter hatte den Spitznamen Maigret, denn er schritt ehrfurchtgebietend ein, wenn sich ein Kampf zwischen zwei anderen Putern ankündigte. Man hätte meinen können, er sei mit der Aufsicht auf dem Hühnerhof betraut worden. In den Wäldern züchteten wir Fasane, die wir niemals geschlachtet haben und die uns aus der Hand fraßen.

Aus Ankara hatten wir drei junge Wölfe mitgebracht. Einer hatte die Pfote gebrochen, und die Behandlung des Veterinärs rettete ihn nicht. Das Weibchen, das bis dahin so niedlich gewesen war, wurde am ganzen Körper von einer Art Ekzem befallen. Sie weigerte sich, sich mit der verschriebenen Salbe einreiben zu lassen, wurde bissig, gefährlich, und wir mußten ihr eine Spritze geben lassen.

Blieb noch Sazi, ein großes, starkes männliches Tier, das uns an der Leine auf unseren Spaziergängen entlang eines schmalen Kanals, der zum Meer führte, begleitete. Oft verbrachte es seine Abende in dem großen Studio, das uns als Salon und als Büro diente, wo es sich wohlfühlte.

Für meinen Traber hatte ich einen Sulky gekauft, und zu meinem Vergnügen fuhr ich in diesem Gefährt zum Markt nach La Rochelle.

Tigys Atelier über dem Studio diente lange Zeit als Quartier für ich weiß nicht wie viele exotische Vögel, die wir paarweise auf Malta gekauft hatten, damals der große Vogelmarkt. Bei geschlossenen Fenstern flogen sie frei im ganzen Zimmer umher, und wenn wir lüften mußten, kehrten sie, ohne sich nötigen zu lassen, in die große Volière zurück. Woher waren wir gekommen, als wir diese farbenprächtigen Vögel gekauft hatten? Aus der Türkei, oder vom Schwarzen Meer und aus Rußland?

Ich war ein leidenschaftlicher Sammler von Wiesenpilzen, die in der Morgendämmerung noch feucht waren, und von Waldpilzen, und du begleitetest mich in der kühlen Morgendämmerung, Marc, als du erst vier Jahre alt warst, wobei du die Steinpilze noch vor mir zwischen den welken Blättern entdecktest.

Ich habe geboxt, und noch bis vor kurzem habe ich überall, wo ich gelebt habe, jeden Morgen ein wenig am Punchingball trainiert. Später bekamt ihr alle drei Boxhandschuhe, meine drei Jungen, und einen Punchingball in euer Spielzimmer, und ich brachte euch die Grundbegriffe in dieser Kunst bei.

Mit siebzehn Jahren in Lüttich fuhr ich auf den Straßen der Ardennen auf großen amerikanischen Motorrädern, die man heute *gros cubes* nennt und die damals Namen hatten wie Indian, Harley Davidson . . . Diese Motorräder gehörten selbstverständlich nicht mir, sondern der ›Gazette‹, die sie für Werbezwecke erhielt.

Ich angelte in der Seine, oberhalb von Morsang und in der Nähe der Schleuse von la Citanguette, mit dem Netz fischte ich Hechte an den Schilfufern dieses Kanalabschnitts, und im Léman versuchte ich mich im Forellen- und Saiblingfang, ohne jedoch jemals welche zu erwischen.

Ich spielte Golf, Volleyball und fuhr Kanu . . .

Ich . . .

Es beginnt, einer Litanei zu gleichen, der längsten, der Allerheiligenlitanei – ich habe wiederholt die Bibel und die Evangelien gelesen. Tauchsport in Porquerolles, noch bevor Cousteau von sich reden machte, dann berufsmäßiges Angeln mit meinem »Dreispitz« und meinem Matrosen Tado, mit der Leine, mit allen Arten von Netzen, eingeschlossen für den Langustenfang, ganze Nächte hindurch, mit dem großen Schleppnetz, für das ich sechs Hochseefischer mit starken Armen brauchte.

Wir, Tado und ich, verbrachten ganze Nächte in unmittelbarer Nähe der Inseln der Levante, und als unser Kamerad Olaf an Altersschwäche starb, versenkten wir ihn auf hoher See im tiefen Wasser. Zu der Zeit war es mein Wunsch, an dem Tag, der so weit entfernt wie möglich sein sollte, ebenfalls in die lebendige Wiege des Meeres gelegt zu werden.

Ein kleines Bauernhaus während des Zweiten Weltkrieges, in den Hügeln der Vendée, sofort nach dem Renaissanceschloß. Drei Kühe, die ich eigenhändig melkte, und ein riesiger Gemüsegarten, den ich mit Hilfe eines achtzigjährigen Gärtners bestellte, der nie in seinem Leben sein Dorf verlassen hatte, nicht einmal, um in die benachbarte kleine Stadt zu fahren. Er war auch noch nie mit dem Zug gefahren, den er mit mißtrauischem, ja sogar feindseligem Blick von weitem vorbeifahren sah. Ein anderer Gärtner, irgendwo anders, rauchte nicht und kaute keinen Tabak, aber er mußte immer einen Veilchenstengel im Mund haben, so daß ich gezwungen war, zu jeder Jahreszeit im Treibhaus welche zu ziehen.

Ich habe das Mittelmeer an Bord eines Schoners mit Marssegeln durchquert, der dreißig Meter lang war und gewöhnlich Alteisen beförderte. Ich hatte ihn für ein Jahr von einem italienischen Reeder gemietet, zusammen mit der gesamten Mannschaft, alle mit nacktem Oberkörper und einem an vier Ecken geknoteten Taschentuch auf dem Kopf. Und in jedem Hafen, wo wir vor Anker gingen, forderten wir die Boule-Mannschaft heraus. Wir spielten damals auf Weite, weil die *pétanque* den alten Männern vorbehalten war, und wenn ich es auch nie zu einem guten Werfer gebracht habe, so war ich doch ein ganz guter Spieler.

Bis zu fünfmal pro Woche zog ich den Frack an und band die weiße Schleife um, als wir in Paris in einer viel zu prachtvollen Wohnung auf dem Boulevard Richard-Wallace wohnten und ich den Scharen der Großen dieser Welt, der erfolgreichen Künstler und derjenigen, die jede Generalprobe besuchten, folgte, den Großen der vornehmen Soupers in den sehr exklusiven Nachtlokalen wie Chez Florence, das man nur betreten konnte, wenn man sich vor einem livrierten Portier entsprechend auswies.

Ich fuhr meinen Chrysler, der geradewegs aus Amerika gekommen war und der zu der Zeit überall, wo wir parkten, Neugier erregte, oder meinen offenen Delage mit der sehr langen Schnauze. Ich hatte meinen Tisch bei Fouquet's und bei Maxim's, und ich war Mitglied in ich weiß nicht wie vielen Feinschmeckerclubs, die jede Woche oder jeden Monat zusammen bei renommierten Küchenchefs aßen.

Und dennoch schrieb ich Roman auf Roman, ich weiß nicht wann, ich weiß nicht in welchem Zustand, und wenn ich meinen geheiligten Gang machen wollte, der mir die noch vage Idee eines neuen Buches liefern sollte, dann ging ich über die Brücke gleich nebenan und drang tief in die dichtbevölkerten und lebendigen Straßen von Puteaux oder von Billancourt ein, wo ich in Bistros mit einer richtigen Theke mit den Arbeitern von Renault oder von anderswo anstieß, bei denen ich mich wohler fühlte als bei meinen Freunden.

Ich habe oft mit den menschlichen Wracks im Quartier Mouffetard zu tun gehabt, wo die alten Männer noch »am Seil« in der ersten Etage des Kneipenwirts schliefen. Ein richtiges Seil wurde vor ihnen gespannt, auf das sie sich stützten, um ein paar Stunden zu schlafen, nachdem sie meistens etwas aus den Papierkörben gegessen hatten, und sobald die Sonne aufging, nahm der Patron das Seil Reihe um Reihe ab, um die Schlafenden aufzuwecken, deren Kopf vornüber auf einen harten Tisch fiel.

Ich lernte die Bankiers, die Eigentümer von Zeitungen, die Produzenten kennen, deren Namen heute noch erwähnt werden, außerdem die ausgekochten Gauner wie Oustric, Mutter Hanau, Stavitsky, der bei dem Spielen mit gezinkten Karten in den Luxushotels von äußerst korrekt aussehenden Herren begleitet wurde, um die reichen Ausländer oder die Industriellen aus der Provinz hereinzulegen.

Ich kleidete mich bei einem bekannten englischen Schneider ein und kaufte meine Hüte in London, meine Krawatten in Mailand.

Ich lernte André sehr gut kennen, als er Besitzer der Kasinos von Deauville, Touquet, La Baule und Cannes war, wo ein berühmter Grieche bis zum Morgen bis zum Alles-oder-nichts am Tisch blieb, während seine Yacht abfahrbereit im Hafen lag, um es ihm zu ermöglichen zu verschwinden, im Falle, daß er Pech haben sollte. André war kein Abenteurer, sondern ein Mann, der lange studiert hatte, er sprach ich weiß nicht wie viele Sprachen, und bei jeder Karte spielte er im Kopf blitzartig die Möglichkeiten nach der Methode des Mathematikers Painlevé durch.

Die Nervenanspannung, die Anstrengung vor den beiden *tableaux*, auf denen sich die Spielmarken im Werte von mehreren Millionen stapelten, war so groß, daß der Augenblick kam, wo er das Bedürfnis empfand, sich zu entspannen. Dann sah man, wie er einem Stellvertreter den Platz überließ, eine kleine Tür aufstieß, hinter der ihn ein schönes Mädchen erwartete, niemals dieselbe, die für ihn bereitzuhalten irgendein Freund beauftragt war. Weniger als zehn Minuten später sah man ihn seinen Platz vor dem grünen Läufer wieder einnehmen, frisch und munter, als wäre er einem Jungbrunnen entstiegen.

Die schönsten Frauen der Halbwelt waren nur dann in den Spielsälen zugelassen, wenn sie einen Hut trugen, den sie für sehr viel Geld bei der Modistin gekauft hatten, die im Privatleben die Gattin des *chef des jeux* war.

Ich spielte, manchmal mit ziemlich hohen Einsätzen, aber André, der mich sehr mochte, führte mich von den Tischen für Chemin de fer oder Roulette weg, indem er mir die großen kristallenen Kronleuchter zeigte, die die Säle beleuchteten.

»Sehen Sie, Simenon, wenn die Spieler eine Chance hätten zu gewinnen, wären diese Kronleuchter, die dort seit fünfzig Jahren hängen, schon längst versteigert worden . . .«

Ich habe nicht mehr gespielt. Ich habe auch kein Opium mehr geraucht, wenn meine Freundinnen mich dazu einluden, denn ich sah sie, nur mit einem Kimono bekleidet, neben mir liegen, wie sie unter der Wirkung der Droge die Gipfel der sexuellen Erregung erreichten, wohingegen die Männer die entgegengesetzten Wirkungen verspürten.

Ich verkehrte hinter den Kulissen der Theater und speiste mit den Autoren und den Bühnenstars.

Hier und da hatte ich Swimmingpools, in Amerika, in Frankreich sowie in der Schweiz, wo ich mir den schönsten auf meinem Grundstück in Epalinges bauen ließ, dessen Pläne ich liebevoll zeichnete, weil ich glaubte, daß ich mich für immer dort niederlassen würde.

Schwimmbad und Haus sind nun leer, und ich überlasse meinen Kindern, die dort einen Teil ihrer Jugend verbracht haben oder die, wie Marc, mit meinen Enkelkindern dorthin gekommen sind, die Sorge, über das Schicksal des Besitzes zu entscheiden, an dem vorbeizugehen ich vermeide, außer, um von Zeit zu Zeit teilnahmslos die Birken zu betrachten, die ich damals pflanzte, ohne die Hoffnung, sie eines Tages stolze und mächtige Bäume werden zu sehen. Sie sind es geworden. Und glücklicherweise habe ich nicht den Rat eines befreundeten Chirurgen befolgt, der beobachtete, wie das Haus gebaut wurde.

»Keinen Aufzug?«

»Nein. Warum?«

»Ich rate allen meinen Patienten Ihres Alters, die sich ein Haus bauen, einen Aufzug mit einzuplanen . . . für später.«

Ich habe das Alter dieses verschämten »Später« erreicht und sogar überschritten, und ich hätte dennoch keinen Aufzug gebraucht, wäre ich in dem Haus geblieben, das mir heute wie eine große Hütte vorkommt.

Hatte ich Phasen von Snobismus? Versuchte ich, einigen Leuten Sand in die Augen zu streuen? Gefiel ich mir darin, eine bestimmte Rolle zu spielen, mich mit einem bestimmten Milieu einzulassen? Ich habe mir die Frage gestellt, und ich glaube, sie aufrichtig mit nein beantworten zu können.

Ich wollte alles sehen, alles versuchen. In einem der ersten Interviews, das ich vor fast fünfzig Jahren gab, fragte mich der Journalist:

»Wie kommt es, daß man in Ihren Romanen nie Leute von Welt oder bedeutende Persönlichkeiten findet?«

Ich war gezwungen zu überlegen. Bei meinem Arbeitgeber, dem Marquis, war ich mit der Aristokratie und der Finanzwelt in Berührung gekommen, hatte sie aus nächster Nähe gesehen. Dennoch antwortete ich:

»Ich werde die Romanfigur eines Bankiers erst dann erschaffen können, nachdem ich mit einem richtigen Bankier ein weichgekochtes Frühstücksei gegessen haben werde.«

Seither habe ich es getan, mit einem der bekanntesten. Ich habe es mit allen möglichen Leuten getan, deren Namen man in den Zeitungen liest und die in der Gesellschaftschronik und dem Jahrbuch des Adels vorkommen. Ich bin in beiden selbst verzeichnet gewesen. Ich lernte Minister und

Staatschefs kennen. Mußte ich nicht überall den Menschen suchen, auf allen Etagen der berühmten Leiter?

Ihr werdet von diesen Leuten in meinen Romanen ziemlich wenig wiederfinden, meine Kinder, und wenn Maigret in seiner Funktion als Beamter unbedingt dazu verpflichtet war, mit ihnen in Berührung zu kommen, so tat er es nur widerstrebend und fühlte sich unwohl. Nun, es war nicht aus Schüchternheit.

Das führte mich wieder zu meiner Suche nach dem Menschen zurück. Habe ich ihn schließlich gefunden? Kann ich nach so vielen Jahren mit dieser anstrengenden Suche aufhören?

Der Mensch, dem ich den Vorzug gebe, befindet sich nicht in den Salons, auch nicht unter denen, deren Bild auf den Mauern der Stadt kleben, und noch weniger in diesen Burgen, die man Banken nennt. Schon gar nicht in den Palästen der verschiedenen Staaten.

Die Bauern, falls es noch welche gibt? Die Arbeiter? Die Wissenschaftler? Die Intellektuellen mit ihrer hochgestochenen Sprache?

Meine Vorliebe gilt, um offen zu sein, dem Menschen mit schwarzer, glänzender Haut, den ich noch in seinem Stamm mitten im Busch oder im Urwald am Äquator treffen konnte und der zu jener Zeit fern von den Weißen lebte, ohne die Bedeutung des Wortes Geld zu kennen.

Er war nackt, schlief in einer Strohhütte, die man zu mehreren an einem Tag auf dem Boden baute, der allen gehörte, und morgens, kurz vor Sonnenaufgang, entfernte er sich, mit seinem kleinen Bogen und seinen kleinen, sehr spitzen Pfeilen versehen, ohne das leiseste Geräusch mit seinem geschmeidigen und vorsichtigen Gang zu machen, auf der Lauer, aufmerksam auf das leichteste Zittern des hohen Grases oder der Blätter achtend, während seine Frau oder Frauen, nackt und glänzend in der Sonne wie er, von Gören mit großen Augen umgeben, die Hirse in den mit dem Flint direkt ins Holz gehauenen Mörsern zerstampften.

Bei diesem Mann, bei diesen Frauen entdeckte ich eine menschliche Würde, der ich nirgendwo sonst begegnet bin. Man sah und hörte sie kaum in der Natur, mit der sie verschmolzen und in deren Rhythmus sie lebten.

Riechen sie schlecht, wie einige Leute behaupten? Wenn sie dem Weißen begegnen, werden sie ihrerseits von einem Geruch belästigt, der sie an den Geruch der Toten erinnert. Sie haben dicke Lippen und krauses Haar. Aber wer hat denn die Regeln der menschlichen Schönheit festgelegt? Wenn ich für meinen Teil eine Venus zeigen sollte, die sich mit der griechischen Venus messen könnte, würde ich sie in Afrika suchen, sofern es sie dort noch unverfälscht gibt.

Kommt es vor, daß sie Menschen essen? Sind es Kannibalen?

Und wir, waren wir es nicht in längst vergangener Zeit? Ich bin vier

Seeleuten begegnet, darunter einem Kapitän, die auch Menschen gegessen oder vielmehr von dem noch warmen Blut getrunken haben, um zu überleben. Vor drei oder vier Jahren haben die Zeitungen uns davon berichtet, daß eine Gruppe junger Männer, deren Flugzeug in den Anden, fernab von jeglicher Hilfe, eine Panne hatte, die schwächsten ihrer Kameraden gegessen haben. Es waren junge Männer aus guter Familie, wie man so sagt, wohlerzogen, Hochschullehrer obendrein, und alle waren fromme Christen.

Mich beschäftigt die Rassenfrage nicht. Ich kenne mich damit nicht aus. Und vor Millionen Jahren hätte ich zweifellos an den Ufern der Seine, des Rheins, des Po, der Donau und des Dnjepr den Menschen gefunden, den ich so sehr gesucht habe, der das Leben nicht zwischen Mauern, sondern in der so viel echteren Schule der Natur erlernt hatte.

Wir waren alle nackte Menschen oder, in weniger mildem Klima, bekleidet mit dem Fell von Tieren, die man damals nicht nur einfach so tötete, ohne Hunger zu haben, nur aus Lust zu töten oder um sich seiner Überlegenheit und seiner Macht zu vergewissern. Waum schämen wir uns unserer frühen Vorfahren? Sie haben trotz allem tiefe Spuren in uns hinterlassen, und bei einigen von uns kehren die ehemaligen Reflexe plötzlich wieder.

Was machen wir mit diesen Menschen, die uns dennoch ähneln? Wir belegen sie mit Namen, die in jedem Krieg erfunden werden, um den Feind zu demütigen oder um uns gute Gründe zu liefern, sie zu töten, ohne Gewissensbisse, im Gegenteil, mit Stolz, so wie unsere Flieger bei jedem Flugzeug, das sie abgeschossen hatten, einen Stern auf ihrem Flugzeug hinzufügten, oder wie unsere Infanteristen jedesmal, wenn sie einen Menschen getötet hatten, eine Kerbe in den Kolben ihres Gewehres schnitzten.

Der nackte Mensch dagegen begnügte sich damit, im Rhythmus der Erde, des Meeres und des Himmels zu leben, und wenn er einen Gott suchte, wählte er sich einen Stern oder ein vertrautes Tier.

In meiner Schublade liegt die Silbermarke eines Kommissars der Kriminalpolizei, die ich tatsächlich für meinen Freund Maigret bekommen habe und die die Nummer 0000 trägt, während die des Polizeipräfekten die Kennummer 0001 trägt. In Arizona überreichte man mir, wie allen Ranchers, den Stern eines *deputy-sheriff,* und ich hatte im Handschuhfach meines Autos immer einen Colt mit langem Lauf.

Ich habe nie geschossen.

Wenn ich manchmal meinesgleichen verfolgt habe, so waren es Frauen, denn ich war immer auf der Suche nach Liebe, nach körperlicher Liebe und Zärtlichkeit.

49

Das ist die ermüdendste Jagd, und auch die entmutigendste, denn in der Gesellschaft, die wir geschaffen haben, oder die vielmehr andere, schlauere und habgierigere für uns nach und nach erschaffen haben, und die von Jahrhundert zu Jahrhundert immer beengender geworden ist, in dieser unserer Gesellschaft sind Liebe und Zärtlichkeit seltener als der Diamant, diese heilige Zärtlichkeit vor allem, von der wir alle träumen, die unser Körper so sehr braucht, und der Mangel daran schafft immer mehr eine Welt von unzufriedenen, labilen Menschen, von Automaten und Unglücklichen.

Ich habe ... ich ...

Ein selbstgefälliger Dummkopf namens Boileau, wenn ich mich nicht irre, hat ernsthaft gesagt, daß das Ich hassenswert sei.

Nun, Monsieur mit der weißgepuderten Perücke, der Ihr Euch vor Eurem Großen König verneigt, meine Kinder haben in sich einen kleinen Teil von mir, und sie haben das Recht, mich kennenzulernen, so wie man zu Eurer Zeit, wenn man ein Großer dieser Welt war, seine Ahnentafel, echt oder gefälscht, einrahmte, und wie man sich durch einen Maler, der gerade in Mode war, porträtieren ließ, ordentlich herausgeputzt, in einer Pose voller Würde und Größe. Es ging darum, groß zu sein, von Großen abzustammen, immer größer zu werden durch entsprechende Verbindungen oder auch, indem man seine Frau dem Monarchen lieh.

Meine Kinder dagegen brauchen kein schmeichelhaftes Bild ihres Vaters und ihrer Ahnen. Sie müssen zum Beispiel wissen, daß ich dieselben Schwächen, dieselben Fehler gehabt habe, deretwegen sie erröten und derer sie sich folglich nicht zu schämen brauchen. Sie müssen mich kennenlernen. So wie ich bin, so wie ich in den verschiedenen Abschnitten meines Lebens war, und nicht so, wie sie mich vielleicht immer noch in ihren Erinnerungen als Kinder sehen. Und sie haben auch das Recht auf die Fehler, die ich begangen haben kann, als ich ihre Schritte während ihrer frühen Jahre mehr oder weniger geschickt lenkte.

Mit diesem Bekenntnis, das endlos scheinen kann, das ich aber für wichtig halte, habe ich mit meinem hassenswerten Ich abgerechnet, Monsieur Boileau.

Von ihnen soll ich jetzt sprechen, von den Umständen ihrer Geburt, von den Jahren der tastenden Versuche, die sie vor meinen Augen durchlebt haben, bevor sie das wurden, was man Erwachsene nennt. Erwachsene, was nur ein Mythos ist, denn würde man auch hundert oder tausend Jahre leben, so wäre man, am Ziel angekommen, dennoch nicht erwachsen.

Unbedeutende Menschen. Unbedeutende Menschen, die lieben, die leiden, die zögern und tastend ein labiles Gleichgewicht suchen.

Ich habe euch nichts zu lehren. Ich habe durch euch vier mehr gelernt, als ihr durch mich. Wir sind ähnlich und verschieden, ihr und ich, und ihr seid es wiederum unter euch.

Gute Nacht, meine Kinder, morgen will ich damit beginnen, euch ganz klein zu begegnen, in eurer Umgebung, die ebenfalls eine Rolle zu spielen hat, mit euren ersten Tränen und eurem ersten Lachen.

Sagt nicht, daß ich schwafele. Man sagt es von allen Greisen, und ich bin einer von ihnen. Und manchmal wird es einem warm ums Herz, wenn man schwafelt. Laßt mir meine Illusionen.

7

Werdet nicht ungeduldig, meine Kinder. Jetzt seid ihr an der Reihe. Aber es mußte doch sein, nicht wahr, daß ich euch zunächst erzählte, woraus ihr hervorgegangen seid.

Neulich wart ihr alle vier zufällig bei mir versammelt – aber ja, denn wenn ihr Marie-Jo auch nicht gesehen habt, so war sie doch ebenfalls anwesend, in meinem Haus, das mir kleiner denn je erschien, ein Haus, wie ihr es in eurer Jugend nicht gekannt habt und das plötzlich überzufließen schien, während ich mir wie ein kleiner Greis vorkam, der euch kaum ein wenig höher als bis zur Schulter reichte.

Ich beobachtete euch. Ich hörte euch zu. Ich behaupte nicht, wie so viele Väter, bei euch offensichtliche Ähnlichkeiten mit mir zu finden, aber bestimmte Blicke, bestimmte Posen, bestimmte Ticks, bestimmte Charakterzüge waren mir vertraut, und sie erinnerten mich an eure Kindheit und Jugendzeit.

Ich habe euch lange, zu lange von mir und von Tigy erzählt, weil ihr eure Ursprünge erkennen solltet, die zum Teil Fragen beantworten können, die ihr euch über euch selbst stellt.

Nun zu dir, mein großer Marc, denn du warst ja der erste, der geboren wurde, und der zehn Jahre lang aus Gründen, die du verstehen wirst, das einzige Kind blieb. Um von deiner Geburt zu sprechen, muß ich erst noch von einem Haus sprechen, denn wenn du auf die Welt kamst, so war es zu einem großen Teil wegen eines Hauses. Ich bitte um Verzeihung, wenn es eine ziemlich lange Geschichte ist, aber ich verspreche dir, mich so kurz wie möglich zu fassen.

Gegen Mitte des Jahres 1937, als ich in meiner luxuriösen Wohnung auf dem Boulevard Richard-Wallace wohnte, wurde ich plötzlich von Auflehnung gegen das, was mich umgab, erfaßt, gegen den Hampelmann, dessen

Rolle ich spielte in einer Welt von Hampelmännern, in die ich eingedrungen war, um sie kennenzulernen. Ich war angewidert von dem Leben, das ich führte, und ich frage mich noch heute, wie ich seit der Zeit der »Ostrogoth« sechs Romane pro Jahr für Gallimard schreiben konnte, trotz meiner Reisen quer durch Europa und die fünf Kontinente. Nicht nur Romane, die keine Kriminalromane waren, sondern das, was ich »schwierige« Romane nannte, sondern auch Novellen, Reportagen und dazu mehrere Monate im Jahr das Fischen in Porquerolles, wo es so heiß war, daß ich, wenn ich schon um vier Uhr morgens ein Kapitel in meinem Minarett begann, ganz nackt war, wenn ich es beendete.

Eines Morgens sagte ich zu Tigy:

»Ich möchte woanders arbeiten, in einem kleinen Haus, das mir entspricht, fern von den Städten, fern von den Touristen, ganz nah am Meer.«

Im August oder September fuhren wir in unserem offenen Wagen weg und überließen Boule die Pflege der Wohnung. Ich erinnere mich ziemlich genau an jenen Morgen, an die milde Luft, das schwache Rauschen der Blätter im Bois de Boulogne, und in meinem Rückspiegel sah ich in einer Reihe hintereinander vor unserem Haus die Hispano-Suizas, die Rolls und die Packards der Mieter stehen, alles Stars oder Filmproduzenten. Ich sollte nie wieder meinen Fuß in dieses Haus setzen.

Folgendes Problem war zu lösen: ein weitab gelegenes Haus am Meer finden, ein nicht zu großes Haus, in das ich mich zurückziehen würde, um zu schreiben. Vor allem fernab von der Menge der Touristen, die ich Jahr für Jahr in Porquerolles einfallen gesehen hatte, denn der Ansturm auf das Meer hatte begonnen, so wie später der Ansturm auf den Schnee beginnen sollte.

Du wirst es nie erraten, mein Marc, wo wir unsere Suche nach dem Glück begannen. Auf dem direktesten Weg kamen wir nach Delfzijl, ganz im Norden von Holland, denn das Land unserer Träume konnte irgendwo liegen, ganz gleich wo. Und von dort aus fuhren wir langsam in kleinen Etappen am Meer entlang nach und nach hinunter in den Süden. Selbstverständlich keine Strände mit ihren alle im gleichen Stil erbauten Hotels und ihren Scharen von Sommergästen. Wir konnten auch nicht in einer Dünenwüste bauen lassen, von wo aus wir sehr weit hätten fahren müssen, um uns zu versorgen.

Nichts in Holland, in diesem Holland, das ich liebe – ihr habt alle vier holländisches Blut in euren Adern –, auch nicht in Belgien, dessen Küstenstreifen nur ein riesiger Strand ist, der durch drei oder vier Häfen unterbrochen wird.

Wir hatten es nicht eilig, aber unsere Begeisterung wurde geringer, während wir so weiterfuhren ... Die französische Grenze ... Nichts zu

verzollen? . . . Nein, Monsieur, nichts außer Enttäuschungen. Calais . . .
Die Küsten im Norden . . . Dünkirchen . . . Boulogne . . . Fast überall
wurden Städte im englischen Stil und Kasinos gebaut.

. . . Die Normandie . . . Fécamp mit so vielen Erinnerungen . . . Die
Tage, die Wochen vergingen, denn wir wollten keine Gelegenheit auslassen, und oft mußten wir, um ans Meer zu kommen, ganz kleine Straßen
befahren . . . Cotentin, die Bretagne . . . Städte, Häuser oder ein immer
gegen die steilen Felsen ankämpfendes Meer . . .

Saint-Malo . . . Nantes, von wo aus, so hatte man mir erzählt, ein Vor-
fahre, der deiner, eurer hätte sein können, vergnügt Napoleon zur Eroberung Rußlands gefolgt war. Legende! Ich habe es erst vor vier oder fünf
Jahren erfahren. Wir kommen alle aus Limburg, die Simenons aus dem
belgischen Limburg, die Brülls aus dem holländischen und dem deutschen
Limburg. Hier handelt es sich nicht um eine Legende, sondern um das
Ergebnis einer gründlichen und unermüdlichen Untersuchung, die ein
Professor aus Lüttich in den Rathäusern und den Pfarrämtern der Dörfer
gemacht hat.

Wir stammen also seit Jahrhunderten von Bauern ab, und der älteste
Vorfahr im siebzehnten Jahrhundert war ein Tagelöhner, das heißt ein
kräftiger Mann, der tageweise oder für die Dauer der Feldbestellung oder
der Ernten seine Arbeitskraft an Bauern vermietete.

Das Land oder das Meer! Für mich ist beides dasselbe . . .

. . . Die Vendée . . . ein flaches Land endlich, wie Limburg, und folglich
ein weiterer Himmel als irgendwo anders. Eine besondere Helligkeit, die
Vermeer so gut auf seinen Bildern wiedergegeben hat . . . Ich spürte, daß
ich mich dem Ziel näherte. Von Zeit zu Zeit mußten wir, da die Straße
nicht an der Küste entlangführte, einen Umweg machen, um zehn oder
zwanzig Kilometer weiter wieder ans Meer zu gelangen.

An einem klaren Morgen (warum sind meine Erinnerungen fast alle
morgendliche und sonnige Erinnerungen?) stieß ich plötzlich auf eine
kleine Bucht, und ich sah ein Haus mit Türmchen, das ich sehr gut
kannte, Wiesen, auf denen ich so oft entlanggeritten war, einige weiße
Bauernhäuser: La Richardière lag vor uns, hinfällig, mit seinen größtenteils geschlossenen Fensterläden. Tränen rannen mir die Wangen hinunter, und die Brust preßte sich mir zusammen.

Endlich hatten wir es gefunden, nach sechs Wochen oder zwei Monaten Suche.

Hier war es, wo ich leben wollte, in der Nähe von La Rochelle, wohin
ich zweimal in der Woche mit Boule gefahren war, um auf dem Markt
einzukaufen. Wir stiegen in dem Hotel ab, das uns aufgenommen hatte,
als wir, von der Côte d'Azur kommend, ein Haus suchten.

Ein Anruf zu Doktor Bécheval nach Nieul, dessen Patientenkreis sich auf vier oder fünf Gemeinden im Umkreis erstreckte und der unser großer Freund geblieben war. Mittagessen bei ihm. Seine Überraschung, als wir ihn ängstlich, noch vor dem Dessert, fragten:

»Wissen Sie ein Haus, das zu kaufen ist? So abgeschieden wie möglich.«

La Richardière wurde von seinem früheren Besitzer bewohnt, der sich immer geweigert hatte, es uns zu verkaufen. Mit seiner Frau zusammen hatte er sich in zwei oder drei Zimmern eingerichtet und ließ den Rest verfallen. Bécheval dachte nach, nickte mit dem Kopf.

Es gäbe wohl das Haus von Père Gauthier.

Ein Bauer, dessen Tochter lange Zeit bei uns gearbeitet hatte.

»Es liegt fünfhundert Meter vom Meer entfernt. Man sagt, er habe die Absicht, es zu verkaufen und sich bei einem seiner Kinder in Lagord niederzulassen. Wenn das stimmt, wird viel Arbeit zu machen sein.«

Wir sahen uns mit leuchtenden Augen an, deine Mutter und ich. Das Haus war sehr groß und wurde von einer alten Mauer und einem niedrigen Gebäude verdeckt. Man sah es kaum vom Weg aus, der zu den Austernparks und zu den Muschelbänken führte. Es war aus dem schönen weißen Stein der Gegend gebaut, und man betrat das Grundstück durch eine ganz kleine Tür, hinter der man einen riesigen Maulbeerbaum inmitten eines Pfarrgartens erblickte.

Ein weiterer, noch viel weitläufigerer Garten auf der anderen Seite des Hauses, der von einer mit Spalierbäumen verzierten Mauer eingegrenzt wurde, und dazu, Stolz der Leute in der Charente-Maritime, denn es ist das Zeichen des milden Klimas, eine Palme, die bis zum Dach reichte.

Es mußte lange diskutiert werden, wie es auf dem Lande üblich ist. Bald verkaufte Père Gauthier, bald, am nächsten Tag, war er nicht mehr sicher. Einen Monat später jedoch wurde der Kaufvertrag in einer Straße mit Arkaden in La Rochelle unterzeichnet. Ich erinnere mich, daß ich sehnsüchtig zu Tigy sagte, als wir aus dem Büro des Notars herauskamen:

»Ein richtiges Großmutter-Haus, wo die Enkelkinder während der Ferien zusammenkommen . . .«

Haben diese Worte auf deine Mutter einen Einfluß gehabt? Ich weiß es nicht.

Unruhige Monate mit alten Arbeitern aus der Gegend, die sich in allen Winkeln zu schaffen machten. Deine Mutter reiste mehrmals nach Paris, um von dort aus die Möbel nach Nieul zu schicken, die uns hier nichts nützen würden, die wir aber irgendwo aufstapelten.

Als wir zusammen mit dem weißhaarigen Maurer die Mauern mit leichten Hammerschlägen abhorchten, entdeckten wir drei oder vier Fenster, die vor langer Zeit zugemauert worden waren, wie es im letzten Jahrhundert auf dem Land gemacht wurde, da die Steuer nicht nach dem Einkommen, sondern nach der Anzahl der Türen und Fenster berechnet wurde. Wir förderten auch eine riesengroße Tür, umrahmt von alten Skulpturen, zutage, denn das Haus war, wie ich später erfuhr, früher einmal eine Priorei gewesen, und in dem Zimmer, das später mein Büro wurde, entdeckten wir Nischen, in denen Statuen von Heiligen gestanden hatten.

Eine sehr alte Linde. Ein vielversprechender Gemüsegarten. Ein verschlammter Wasserlauf, zwei oder drei Meter breit, den man über eine Brücke aus Bohlen überquerte, Apfelbäume und Bambusstöcke, die so dicht beieinanderstanden, daß Boule diesen hinteren Teil des Gartens Kongo taufte.

Während der Arbeiten sind wir sehr viel herumgereist, auf der Suche nach Möbeln, die diesem Hause angemessen sein würden, das drei oder vier Jahrhunderte alt war. Vor allem Louis XIII-Möbel, schwer, wuchtig, die uns als Frachtgut folgten. Auf dem Boden des Erdgeschosses wurden Terrakottafliesen gelegt, diese kleinen Pflastersteine von einem schönen Rot, die in Südfrankreich üblich sind.

Deine Mutter, Boule, Olaf und ich ließen uns für die Dauer der Arbeiten in einer kleinen Villa, »Mon Rêve«, am Rand von La Rochelle nieder, und morgens, wenn die beiden Frauen nach Nieul fuhren, um sich allen möglichen Arbeiten zu widmen, schrieb ich; keine Romane, die zu viel Aufmerksamkeit verlangt hätten, sondern Novellen von fünfzig Seiten, eine pro Tag, die später unter dem Titel *Le petit docteur, Maigret revient* und schließlich *Les dossiers de l'agence O* erschienen sind.

Mittags, wenn ich meine Arbeit beendet hatte, eilte ich nach Nieul, wo mich das Mittagessen erwartete, und verbrachte den Nachmittag mit Graben, Pflanzen, Nageln, was weiß ich noch alles. Wir arbeiteten alle gleich fieberhaft und schnell, und wenn die Sonne unterging, gingen wir alle drei im nahen Meer baden.

Indem wir im Nachhinein hochgezogene Mauern wieder einrissen, machten wir aus der ersten Etage ein riesiges Zimmer, das von einem gewaltigen, fein verzierten Kamin aus weißem Stein beherrscht wurde. Wir mußten eine Klärgrube ausheben, den alten Brunnen wieder ausschlämmen, von einem Handwerker einen stattlichen Küchenherd wie den in der Rue Puits-en-Sock anfertigen lassen, der außerdem heißes Wasser für ein Badezimmer liefern sollte, das durch Fenster von drei Seiten Licht bekam. Mein Punchingball, mein Rudergerät, meine Hanteln fanden dort genug Platz (aber ja, Marc, Hanteln, die in dir sicherlich die Leidenschaft für das Muskeltraining hervorriefen), und alles mögliche.

Die Arbeiten dauerten Monate, während derer wir unsere ersten Blumen erblühen sahen. Die Spalierbäume trugen riesige Birnen und Äpfel, und ein sonniges und geschütztes Beet im Garten war für alle möglichen Sorten von Gewürzkräutern reserviert, die Boule munter drauflos benutzte.

Das Haus einer Großmutter!

Schmuck von außen, war es endlich hell und komfortabel im Innern, und in einer Halle vor meinem Büro standen an den Wänden vom Boden bis zur Decke unsere Bücher. Es gab jetzt sogar ein Treibhaus hinter dem Gemüsegarten, und damit die Wespen unser Obst nicht beschädigten, hüllte ich es einzeln in kleine Zellophanbeutel, in denen es geschützt reifen konnte.

Im August war alles fertig, eingeschlossen das Lager für das Obst, das ich mit Schubladen aus Latten gebaut hatte, und eine Waschküche in dem Gebäude, das früher ich weiß nicht was gewesen war und das uns von dem Weg zum Meer abschirmte.

Der Schmied des Dorfes, jung und voller Ideen, hatte mit viel Ausdauer zwei schöne Gittertore geschmiedet, die wir zusammen entworfen hatten und die die beiden Gärten voneinander trennten. Einmal im Schwung, hatte er für die große Allee Arkaden angefertigt, an denen sich bald Weinstöcke verschiedener Sorten ranken sollten.

Immer so wie bei Großmutter. Und eines Tages im August (an einem Morgen?), als alles fix und fertig war, sagte deine Mutter ganz einfach zu mir:

»Jetzt möchte ich gerne ein Kind machen.«

Sie mußte es mir nicht noch einmal sagen. An jenem Tag, vielleicht noch in derselben Stunde, bist du empfangen worden, in dem Zimmer im ersten Stockwerk, das eine Art geschnitzter Kommunionbank von unseren beiden Betten trennte, die tagsüber in Sofas verwandelt wurden. Empfangen, aber noch nicht geboren, Marc, denn du solltest noch, bevor du das Licht der Welt erblicktest, viele unfreiwillige Reisen und Abenteuer kennenlernen.

Das Haus in Nieul steht immer noch, noch genauso, nehme ich an, und Tigy, inzwischen eine flotte Großmutter geworden, lebt noch dort. Deine beiden Kinder verbrachten und verbringen immer noch dort ihre Ferien. Deine Brüder und deine Schwester, die sehr viel später geboren werden sollten, wurden und werden noch heute dort aufgenommen, und obwohl sie von einer anderen Mutter geboren wurden, nennen sie Tigy liebevoll *Mamiche*.

Wie du siehst, bist du nicht nur der Sohn eines Mannes und einer Frau, sondern darüber hinaus der eines Hauses, wenn ich so sagen darf, denn ohne Nieul, wie wir zwanglos sagen, so als handle es sich um eine Person, hättest du vielleicht nicht existiert.

Welch eine Suche, von Delfzijl nach La Rochelle, um bei dir anzulangen! Und wieviel weitere Verwicklungen! Man schrieb das Jahr 1938, und du wurdest 1939 geboren, Daten, die für dich ebenso wie für die Geschichte ihre Bedeutung haben.

<h2 style="text-align:center">8</h2>

Ein blendend heller August. Die Sonne schien durch alle Fenster in unser Haus, und ich mußte einen Roman schreiben in meinem neuen Büro, in dem ich mich wie ein Gott fühlte. Ich erinnere mich vor allem an den Garten und an den Hühnerhof in nächster Nähe, wo wir nur Leghorn züchteten wegen ihrer weißen Federn.

Ich hatte eine neue Sekretärin, sehr jung, mit großen, fröhlichen Augen und einem genießerischen Mund, denn sie aß gerne, alles, nicht nur was eßbar war, sondern sie verschlang auch die Sonne, Bewegung, Farben, und ich sehe sie noch, wie sie eines Nachmittags von dem Bauernhof gegenüber Schubkarren voll warmen Stallmist ankarrte, den wir auf die Beete verteilten.

Denn alle arbeiteten im Garten, Tigy, Boule, die Sekretärin, die Annette hieß, und ich. Alle vier im Overall, unter dem wir wegen der Hitze nackt waren. Wir beeilten uns, den Garten bei deiner Geburt blühen zu sehen.

Ein Herr brüllte bereits mit rauher und befehlender Stimme im Radio, in einer Sprache, die keiner von uns verstand, und wahrscheinlich schlug er dabei mit der Faust auf den Tisch. Ich bin nicht sicher, denn es gab noch kein Fernsehen. Einen Städtenamen konnte man aus seinen Reden heraushören: Danzig, durch das wir gekommen waren, Tigy und ich, während wir nach Lettland fuhren, dann nach Polen, nach Ungarn, nach Rumänien und nach überallhin in Europa. Wir hatten weder die Stadt noch den Hafen gesehen, denn der Zug fuhr mit verschlossenen Türen und heruntergelassenen Vorhängen durch die Stadt, während bewaffnete Männer in Uniform mit entsichertem Gewehr auf den Gängen Wache hielten. Ein schmaler Streifen von Polen, der einzige Zugang dieses Landes zum Meer, schnitt Deutschland in zwei Teile.

Wir waren weit davon entfernt zu glauben, daß das Gebrüll dieses Herrn, der sich so stark ereiferte, uns, die wir uns soeben eingerichtet hatten, bereits aus unserem Freudentaumel reißen könnte.

Du warst winzig klein, mein großer Marc, noch nicht weit entfernt von der Samenzelle, die ich deiner Mutter übertragen hatte, und die Monat für Monat ihren Bauch anschwellen lassen sollte. Du erinnerst dich zweifellos nicht an deine pränatalen Reisen, obwohl heutzutage einige Wissenschaftler behaupten, daß wir ohne unser Wissen ein bestimmtes Erinnerungsvermögen an diesen Zeitabschnitt haben, während dem wir wie kleine Fische in einer flüssigen Welt herumschwimmen.

Wurden wir von der jähzornigen Stimme dieses Herrn mit Namen Hitler für einige Zeit aus unserem kleinen Paradies herausgerissen? War es im September? Oktober? Du wirst es wissen, wenn du in einem Geschichtsbuch nachschlägst, denn diejenigen, die die Zeit erleben, kennen sie schlechter als die, die sie nach den Ereignissen niederschreiben.

Anschläge in den Farben der Trikolore an den Häuserwänden, an dem Rathaus unseres kleinen Dorfes Nieul. Frankreich rief bestimmte Reservistengruppen zu den Fahnen, und England, das nicht die Wehrpflicht kannte, warb alle jungen Männer an, um seine Berufsarmee zu unterstützen.

Bedeutete das Krieg? Jeder glaubte es, und ein Wort ging durch aller Munde, meistens wütend hervorgestoßen:

»Für Danzig sterben!«

Wo lag dieses berühmte Danzig, das dieser Wahnsinnige mit der drohenden Stimme immer häufiger in den Mund nahm? War morgen Krieg, oder übermorgen? Würde die Generalmobilmachung ein paar Tage später auf die Teilmobilmachung folgen? In diesem Fall würde ich nach Belgien einberufen werden, weit weg von Nieul, und es bestand dann die Gefahr, daß ich deine Geburt nicht miterleben würde! Die Unruhe machte Kopflosigkeit Platz, und die Autos auf den Straßen wurden immer zahlreicher. Warum nicht, solange es noch möglich war, mit Tigy nach Belgien fahren, wo ihre Familie sie und, wenn der Augenblick gekommen sein würde, dich ebenfalls aufnehmen würde?

Wir hatten noch den großen Chrysler, den wir 1932 oder 1933 gekauft hatten, einen schweren und starken Wagen, wie man sie heute nicht mehr baut, und auf dem wir hinten ein kräftiges Gestell aus Stahl für die Weinfässer hatten anbringen lassen, die wir damals bei kleinen Weinbergbesitzern in der Bourgogne, der Loire oder in Bordelais kauften. Wir zogen es vor, unseren Wein so mitzunehmen, um sicher zu sein, daß es genau der sein würde, den wir in den Weinkellern probiert hatten.

Ein schwarzer Überseekoffer, den zwei Männer nur mit Mühe tragen konnten, wenn er voll war – und wie voll er war! –, fand auf diesem Gepäckträger Platz. Der Wagen wurde mit allem vollgestopft, was uns nützlich erschien für einen sehr langen Zeitraum. Weder Boule, die wirklich zu unserer kleinen Familie gehörte, noch Annette, noch unsere bretonische Zugehfrau, noch Olaf kamen mit auf die Reise. Vor der Abreise wollte ich mich von meinem Büro verabschieden, das kaum benutzt worden war, und ich war überrascht, ein Rotkehlchen dort zu sehen, das mein Anblick nicht aufscheuchte.

Zwischenstation in Niort, um unseren Durst zu löschen und Pipi zu machen. Das Gasthaus mit den weißen Marmortischen war in heller Aufregung, die Blicke waren angespannt, denn dieser Herr schnauzte ständig in einer wirklich bedrohlichen und sogar wilden Art und Weise herum.

Wir fuhren die ganze Nacht hindurch, langsam, denn es gab noch keine Autobahnen, und deine Mutter durfte nicht zu sehr geschüttelt werden. Jenseits der Loire trafen wir auf eine richtige Prozession von Autos, die ebenso beladen waren wie unseres, die sich aber gen Süden bewegten. Wir wurden verständnislos angesehen, weil wir die einzigen waren, die nach dem Norden fuhren, in den der Feind von einem Tag auf den anderen einzufallen drohte. Auf den Dächern von einigen Autos sah ich zum ersten Mal Matratzen, die von Stricken gehalten wurden. Zum ersten Mal auch fuhr ich dreiundzwanzig Stunden ohne Pause, aufgehalten von immer dichter werdenden Verkehrsstaus.

Das Meer bei Calais, dann in den Sanddünen bei La Panne die Grenze. Ein Zöllner kam, prüfte unsere Papiere und sah uns mit besorgter Miene an.

»Wohin fahren Sie?«

»Nach Brüssel oder nach Lüttich. Ich rechne damit, eingezogen zu werden, und meine Frau hat ihre gesamte Familie dort.«

Ein anderer Zöllner wurde durch das Telefonklingeln ins Büro gerufen und eilte hinein. Sein Kollege, der noch immer meinen Paß in der Hand hielt, sagte zu uns:

»Warten Sie . . .«

Ich hatte den Eindruck, daß irgend etwas im Gange war. Er ging zum Büro, und die Minuten verstrichen, während die belgischen Autos, die nach Frankreich fuhren, ungeduldig wurden. Es war ungefähr fünf Uhr nachmittags, und eine rote Sonne beschien die Szenerie.

Endlich erschien mein Zöllner oben auf der Treppe, meinen Paß noch immer in der Hand haltend.

Freudestrahlend brüllte er:

»Es ist Frieden!«

Alle sahen sich ungläubig an.

»Sie haben soeben einen Vertrag unterschrieben, in München, Chamberlain, Daladier, Mussolini, Hitler . . .«

Er murmelte mir zu, indem er mir meinen Paß reichte:

»Sie können nach Haus zurückkehren.«

Ich dachte sogleich an das Rotkehlchen, das sich über meinen Schreibtisch gebeugt hatte, als wir Nieul verlassen hatten, und auch in dem kleinen Haus in Lausanne, wo ich in diesem Augenblick schreibe, haben wir ein Rotkehlchen, das im Garten umherhüpft und uns zuzublinzeln scheint.

Wir drehten um, schliefen in La Panne, wo man uns der damaligen Tradition gemäß zum Frühstück noch warme Krabben mit frischem Brot und Butter servierte. Dann machten wir uns auf den Weg, wieder gegen den Strom, wobei wir denselben Wagen mit den Matratzen begegneten, die wir nach Süden fahren gesehen hatten.

Anscheinend stieg Daladier in demselben Augenblick, in dem der Zöllner uns die gute Nachricht mitteilte, aus seinem Flugzeug, von der Menge herausgezogen, die sich in Bourget versammelt hatte, auf die Schultern gehoben und zum lärmenden Beifall weitergereicht. Nun, ein paar Minuten vorher hatte er bei dem Gedanken an das, was die Franzosen für ihn bereithalten würden, vor Angst gezittert.

Aber du tust besser daran, deine Geschichtsbücher zu befragen, mein lieber Marc, denn wenn ich auch unsere Abreise, die dunklen Schlangen der Autos und die Szene in La Panne wieder klar vor mir sehe, so erinnere ich mich niemals an die Daten, und ich glaube nicht einmal daran, daß die Zeit vorübergeht. Der Beweis dafür ist, daß ich immer noch dem kleinen Jungen aus dem Quartier d'Outremeuse gleichgeblieben bin und daß ich dich vor drei Tagen hier als kleinen Jungen gesehen habe, der mir auf Schritt und Tritt folgte, wenn wir Pilze sammeln gingen.

Endlich unser Haus, Boule, Annette, die Bretonin, wie Boule sie nannte, und Olaf. Kein Rotkehlchen in meinem Büro, auch nicht im Garten. Ich habe es nie wieder gesehen. Es hatte seine Rolle wohl als beendet betrachtet.

Der Herbst war mild und sonnig. Vielleicht hat es von Zeit zu Zeit geregnet, aber in meinen Erinnerungen gibt es wenig grauen Himmel und Regen, so als wischten die Sonnentage alles aus.

Du wurdest größer, und der Bauch deiner Mutter wurde von Woche zu Woche dicker. Am Ende schien er zu schwer zum Tragen zu sein, was Tigy jedoch nicht daran hinderte, sich im Garten zu betätigen. Es war die Zeit der Apfelernte, und wir fingen mit dem alten Apfelbaum neben dem Bach an, der, obwohl verkrüppelt, duftende Renetten trug, von einem schönen Goldgelb mit dunkleren kleinen Punkten. Man konnte sie nicht mit der Hand pflücken, denn man hätte die Äste abbrechen können, und so ließ ich am Ende eines Bambusstocks eine Schere anbringen, die man mit Hilfe einer durch Ringe gezogenen Schnur bewegte, genauso wie bei den Angelruten. Die Früchte fielen nacheinander in eine Tüte direkt unter der Schere und liefen so nicht Gefahr, beschädigt zu werden.

Ich hielt das andere Ende des Stockes, und eine der vier Frauen stand ein paar Schritte von mir entfernt, einen Korb neben sich, damit betraut, die Äpfel aus dem Beutel zu nehmen (es waren nur drei oder vier gleichzeitig darin) und sie in den Korb zu legen. Dann kamen die Spalierbäume an die Reihe, deren Birnen und Äpfel die Größe und die Schönheit von denen hatten, die man auf den Seiten der illustrierten Zeitschriften findet.

Endlich wurde mein Obstlager gebraucht, und die vielen Schubladen mit den Lattenrosten füllten sich, versehen mit Etiketten, auf denen die Sorte stand. Sobald man die Tür aufgemacht hatte, trat einem sofort ein süßlicher und würziger Geruch entgegen, ein Duft, den ich nie mehr im Leben vergessen würde, denn man mußte alle zwei oder drei Tage zum Obstlager gehen, um die Früchte zu wenden und diejenigen auszusortieren, die verdorben waren.

Während der Flut hörte man schon früh am Morgen das Getrappel der Pferde, die alte Karren zum Meeresufer zogen; ein Mann oder eine Frau stand darauf und hielt die Zügel. Das waren die Muschelbauern, die Muschelzüchter kurz gesagt, die mit Gummistiefeln in dem Maße hinausgingen, wie das Meer zurückwich, und ihre Muschelfelder bestellten, oft auch ihre großen, quadratischen Felder mit Austern, die man weiter draußen ganz klein fing und dicker und fetter werden ließ.

Denn zwischen La Rochelle und der Landzunge von Aiguillon ist der Bauer nicht nur ein Mann der Erde, sondern auch ein Mann des Meeres. Ich sah ihnen gerne bei der Arbeit zu, und die Frauen, sogar die alten und die schwangeren, trugen weite Hosen und dicke Pullover, den Tragkorb auf dem Rücken, den Kopf mit farbenfrohen Kopftüchern bedeckt, während die Männer teilweise im Schlick eingesunken oder mit Hilfe eines leichten Prahms die mit Muscheln bedeckten Faschine überwachten und die Muscheln, so wie sie fetter wurden, an eine andere Stelle setzten.

Fünf bis sechs weißgekalkte Schuppen standen nebeneinander auf der grasbewachsenen Böschung, und eines Tages erfuhr ich, daß ich mit dem Kauf des Hauses in Nieul das Recht erworben hatte, solch einen Schuppen zu bauen. Mein alter Maurer mit den weißen Haaren und dem immer noch roten Gesicht machte sich an die Arbeit. Ich wollte einen Kamin, kaufte zwei Bänke und einen mit der Zeit blankgewordenen Holztisch und legte auf die Terrakottafliesen einen Teppich aus Pandane, den ich früher einmal aus Tahiti mitgebracht hatte. Ein einziges Fenster zeigte aufs Meer, und ich dachte, daß ich eines Tages gerne hierher kommen würde, um zu schreiben, und daß du hier dein erstes Boot unterbringen würdest, deine Eimer und Schippen ...

Unser kleiner Schuppen hat nur ein- oder zweimal dazu gedient, uns darin zu entkleiden und unseren Badeanzug überzustreifen.

Nur die Sonnentage gruben sich in mein Gedächtnis ein? Ich sehe dennoch den Schnee fallen und leise die Erde und die Bäume bedecken, und es kam jener Winter, der kälter war als in dieser Gegend üblich, so kalt, daß ich eine Mütze aus schwarzem Otterfell trug, die ich in Norwegen gekauft hatte.

Eines Morgens sahen wir unsere spindelförmigen Bäume nicht mehr von Früchten, sondern von großen, bräunlichen Vögeln bedeckt, die unbeweglich dasaßen. Ein Reiher, unser erster Reiher in Nieul, war auf dem vereisten Bach festgefroren. Deine Mutter war es, nehme ich an, die sich als erste den Vögeln mit den aufgeplusterten Federn, den Drosseln, näherte. Von der Kälte durchdrungen hatten sie nicht mehr die Kraft sich zu bewegen, und sie verendeten langsam. Hatten sie sich in stiller Hoffnung in der Nähe eines Hauses niedergelassen, in Reichweite, wie um Hilfe zu erbitten?

Wir brachten sie in die Küche, mehrere gleichzeitig, ohne sie jedoch dem Küchenherd zu nahe zu bringen. Wenn man auch das Herz unter ihren weichen Brustfedern schlagen fühlte, so blieben sie doch steif, regungslos.

Tigy und ich erinnerten uns daran, wie wir unsere Perlhühner gepflegt hatten, als wir in La Richardière wohnten. Boule machte Rotwein heiß, der gezuckert und stark gewürzt wurde, und die ganze Hausgemeinschaft machte sich daran, ihn Schluck für Schluck in die Schnäbel der Vögel einzuflößen. Nach einer gewissen Zeit fingen ihre Augen, die vorher leer schienen, wieder an zu glänzen und uns neugierig und furchtlos zu beobachten. Ein paar Schlucke noch und die kleinen Körper zitterten, krallten sich in die Finger, die sie hielten.

Die Vögel, die als erste gepflegt worden waren, hielten sich aufrecht, noch schwankend, auf dem Fliesenfußboden der Küche, und wir pflückten andere vom Baum, so als pflückten wir das Obst. Bald gab es keine dunklen Flecken mehr auf den Sträuchern, sondern Drosseln, die in der Küche ihre ersten Schritte und ihr erstes Flügelschlagen versuchten.

Alles war weiß draußen. Die Schneeflocken fielen immer noch, aber die Luft war milder geworden. Als die kleine Truppe wieder kräftig genug war, brachten wir sie in einem Wäschekorb in den Kongo, wo die Vögel Schutz in den Bambusstöcken fanden, und auf dem Weg halfen wir einer Schnepfe, daß sie wieder davonfliegen konnte.

Ich erinnere mich nicht, mein lieber Marc, daß wir dir diese so banale Geschichte erzählt haben. Du warst noch nicht amtlich geboren, konntest also wohl nichts sehen oder hören. Wie oft solltest du, später und noch jetzt, kranken Tieren helfen, nicht nur Vögeln, sondern auch kleinen oder großen Säugetieren und sogar Schlangen!

Zu der Zeit war ich fünfunddreißig Jahre alt. Deine Mutter dagegen war achtunddreißig. Sie hatte noch nie Kinder ausgetragen, und ich befürchtete manchmal eine schwierige, ja sogar riskante Geburt. Unter vier Augen teilte ich unserem Freund Doktor Bécheval meine Bedenken mit und fragte ihn, ob es in La Rochelle eine gute Klinik gebe, denn damals waren die Krankenhäuser den Bedürftigen vorbehalten. Sieh an! Ein Wort, das ich in meiner Kindheit so oft gehört hatte und das aus meinem Wortschatz fast verschwunden war. Bécheval schüttelte den Kopf.

»Ich wüßte Tigy lieber in Paris oder anderswo . . .«

Er redete frei und offen über seine Kollegen. Ich verstand sein Kopfschütteln und seine Antwort.

»Ihr Freund Pautrier, den Sie mir vorgestellt haben, der Professor in Straßburg ist, könnte besser Auskunft geben als ich.«

Das Krankenhaus in Straßburg war nicht für die Bedürftigen reserviert, es war nicht einmal ein Krankenhaus wie die anderen. Ich kannte es gut. Ich hatte dort einen Vortrag gehalten und zahlreiche Professoren getroffen, unter anderem einen der besten Chirurgen jener Zeit. Ein weitläufiger Park am Ufer des Saint-Nicolas-Kanals, fast im Zentrum der Stadt. Kleine Gebäude, die weit auseinander standen, Hörsäle und für jeden Professor zwei oder drei Privatzimmer in seinem eigenen Pavillon.

Diese Aussicht begeisterte mich, und ich besprach es mit Tigy, die darüber nicht weniger erleichtert war als ich. Am selben Abend telefonierten wir nach Straßburg, und Pautrier war glücklich über unseren Plan.

»Sie werden lauter Freunde um sich haben, und Professor Keller, der Gynäkologe und Geburtshelfer, ist in der ganzen Welt bekannt. Ich werde mit ihm darüber sprechen, und er wird, dessen bin ich sicher, glücklich sein, Tigy aufzunehmen. Wenn ich Sie Weihnachten besuchen komme, werde ich Ihnen mehr davon erzählen.«

Er war ein alter Freund, den wir jeden Sommer in Porquerolles sahen. Weihnachten kam er nicht alleine, sondern mit seiner Frau, seiner Tochter, einem jungen Mann und dessen Eltern, so daß bei uns die Verlobung seiner Tochter mit dem jungen Mann stattfand.

Hohe Flammen tanzten lustig in dem großen Kamin aus weißem Stein, und eine Stunde, nachdem unsere Gäste gegangen waren, wurden Tigy und ich von einem Geruch geweckt, den wir nicht kannten, dem von einem Kaminbrand. Die Feuerwehrleute von Nieul kamen eilig herbei, und ihr Hauptmann, der auch unser Lebensmittelhändler war, stieg als erster auf das schräge Dach. Nicht groß, dieser Hauptmann, fand er dennoch sicher keinen Gürtel in seiner Größe, denn er wog seine einhundertzwanzig Kilo, was ihn nicht daran hinderte, so gewandt zu sein wie ein Akrobat im Zirkus.

Sie arbeiteten kaum eine Stunde lang, und genauso lange erfrischten sie sich mit dem weißen Landwein, den ich vom Faß zapfte.

Eine Flucht nach Belgien, eine von einem Feuerwerk gekrönte Verlobungsfeier. Du siehst, mein guter Marc, und dazu die neue Reise, die wir noch unternehmen sollten, diesmal in Begleitung von Boule, und immer wieder in diesem Chrysler, einem richtigen Waggon, in Richtung Elsaß. Wir erwarteten, daß du im April zur Welt kommen würdest, aber da wir eine vorzeitige Geburt befürchteten und von Ungeduld gedrängt wurden, begaben wir uns schon Anfang März auf den Weg, und wir mußten lange auf kleinen Landstraßen das Schloß von Scharachbergheim suchen, das Professor Pautrier für uns gemietet hatte.

Wir hatten schon andere Schlösser bewohnt und, in dem Wald von Orléans, eine Zisterzienser-Abtei, wo man noch im Park das Gerippe der ehemaligen Kirche sehen konnte, von der Mauerflächen und Turm noch standen. Dieses Schloß jedoch, das wir vor uns sahen, ließ uns mit offenem Mund dastehen. Es erhob sich aus rotem Stein auf einer Grünfläche, inmitten von Schloßgräben mit blaugrünem Wasser, die man über eine funktionierende Zugbrücke überqueren konnte.

Im Innern erneutes Erstaunen: die Wände waren so dick, daß ich in der Vertiefung eines Fensters einen Tisch für meine Schreibmaschine und einen Stuhl sowie einen kleinen Aktenordner unterbringen konnte. Und so war es bei allen Fenstern, die durch ihre kleinen grünlichen Scheiben Licht in die Räume ließen, die so groß waren, daß die alten Möbel darin wie Kinderspielzeug aussahen.

Du würdest also in Straßburg geboren werden und deine ersten Wochen in diesem Feudalschloß verbringen. Am nächsten Tag waren wir in Straßburg, wo ein kleiner, runder Mann, rosig und leicht ergraut, deine Mutter untersuchte und uns dann mit einem gutmütigen Lächeln beruhigte. Es war Professor Keller, der Erfinder, wenn man so sagen kann, der salzlosen Ernährung während der letzten Schwangerschaftsmonate. Tigy hielt bereits diese Diät ein, denn Pautrier hatte uns angerufen und uns ins Bild gesetzt.

Tigy war kräftig, und ich habe sie niemals krank gekannt außer einiger unpäßlicher Tage, vor allem während der stärksten Hitzeperioden in Porquerolles.

Wir machten einmal wöchentlich den Weg nach Straßburg wegen der pränatalen Untersuchungen. Ich hatte Annette herbeigerufen, die mir fehlte, und so hütete die Bretonin alleine unser Haus. Wir lasen keine Zeitungen, vor allem nicht hier, wo die meisten auf deutsch geschrieben waren, genauer gesagt auf elsässisch. Allerdings lasen wir auch in Nieul keine Zeitungen. Wir hatten keine Zeit dafür, und für uns war Danzig nicht wichtig und auch das Sudetenland nicht, eine weitere Marotte des Herrn, der so laut schrie.

Ich schrieb immer noch meine Romane, denn Gallimard veröffentlichte sechs davon pro Jahr. Sogar während des bewegten Lebens in Paris fand ich die Zeit, ich weiß nicht wie, einen Vertrag zu erfüllen, der aus dem Jahre 1934 stammte und den wir jedes Jahr erneuerten.

In Nieul, wo ich mich gleichzeitig um die Äpfel und die Drosseln, um die Aussaat in dem kleinen Treibhaus, um die Hütte am Meeresufer kümmerte, schrieb ich zuerst *Chez Krull* und *Le bourgmestre de Furnes,* die zufällig beide in Belgien spielten. Im Januar, als deine Ankunft näherrückte, hatte ich ein Buch über die Vaterschaft geschrieben: *Les inconnus-dans la maison.* Hier, umgeben von den Wassergräben, hinter denen sich ein grasbewachsener Park mit alten Bäumen erstreckte, machte ich mich daran, *Malempin* zu schreiben, die Geschichte eines Vaters und seines Sohnes.

Dazu in dieser Sammlung hier und da einen Maigret, um mich zu entspannen, aber ich bin mir dessen nicht sicher, denn ich datierte meine Manuskripte noch nicht, und Aitken war es, die mir soeben die Titel und die Daten der Romane gegeben hat, die ich nannte.

Hier, ich muß es zugeben, war der Himmel oft grau, und ich zählte nicht die Regentage.

Ich mache zögernd eine kleine Pause, um dir ein Geständnis zu machen. Ich hoffe, es wird dich nicht bekümmern, so wie D.s Buch Marie-Jo bekümmert und sogar verzweifeln lassen hat. »Ich weiß sehr wohl, daß ich nicht erwünscht war«, schrieb sie mir in einem ihrer zahlreichen Briefe, und sie sagte es mir wiederholt während unserer nicht weniger zahlreichen Telefongespräche.

Von mir, bestimmt und sehnlichst erwünscht. Von ihrer Mutter, meiner zweiten Frau, weiß ich es nicht. In ihrem Buch erzählt sie in der Tat, daß sie Marie-Jo »wie eine Kanonenkugel« aus ihrem Bauch herausgestoßen hat und daß der Arzt gerade die Zeit hatte, sie aufzufangen.

Das stimmt. Ich war dabei. Es stimmt auch, daß eines von D.s Beinen noch nicht festgebunden war. D. erzählt auch, daß sie nur einen Koffer, vollgestopft mit Geschäftspapieren, in die Klinik mitgenommen hatte und daß sie eine halbe Stunde nach der Geburt mit irgendwem in New York telefonierte, um über versicherungstechnische Fragen oder über eine Klausel in einem meiner Verträge zu diskutieren.

Diese Bitterkeit von Marie-Jo, die nicht ohne Gewicht auf ihre Entscheidung zu sterben war, erinnert mich an die über zwanzig D.M.C.-Alben, die die verschiedenen Stickereien aller Länder in Farbe reproduzieren. Diese Alben, Marc, besitzt deine Mutter immer noch.

Warum war ich darauf gefaßt, eine Tochter zu bekommen, wo doch die meisten Männer nur von einem Jungen träumen? Wer hat diesen Gedanken in mein Unterbewußtes gepflanzt? Meine Liebe zu den Frauen, zu der Frau, die aus meiner Kindheit stammt? Der Wunsch, die Kleider für ein kleines Mädchen auszusuchen? Ich glaube vielmehr, daß es ein Vorgefühl war, ein Vorgefühl, das mich täuschte, worüber ich sehr glücklich sein sollte.

So! Die Tage in Scharachbergheim flossen friedlich dahin, mit ein wenig Nervosität meinerseits, denn ich verabscheue es zu warten, und ich konnte es kaum erwarten, bis du endlich da warst, sichtbar, greifbar, Mädchen oder Junge.

Nun, eines Nachmittags, so um den zehnten oder fünfzehnten März herum, ich weiß es nicht mehr, kam unser Freund Pantrier überraschend ins Schloß, mit ernstem Gesicht und nicht lächelnd, wie es sonst seine Gewohnheit war.

»Ich habe soeben mit dem Präfekten gesprochen. Er weiß über Ihre Anwesenheit hier Bescheid. Er weiß, daß Sie ein Kind erwarten . . .«

Ich spürte ein stechendes Angstgefühl in der Brust.

»Er wünscht, daß Sie so schnell wie möglich abreisen . . .«

Ich starrte ihn mit weit aufgerissenen Augen an, als hätte man mich angeklagt, etwas Böses getan zu haben.

»Im Vertrauen, er hat in der vergangenen Woche den zweiten Briefumschlag geöffnet.«

Pautrier erklärte mir, daß jeder Präfekt in seinem Tresor mehrere versiegelte Briefe aufbewahrte, die er nur auf Anweisung der Regierung öffnen durfte. Wegen des Polnischen Korridors bei Danzig, den der Versailler Vertrag nach dem Krieg von 1914 zugunsten Polens aus dem deutschen Kaiserreich herausgeschnitten hatte, auch wegen der Sudeten, das heißt der ehemals deutschen, jetzt der Tschechoslowakei einverleibten Gebiete, hatte der Herr, der nicht mehr brüllte, ungewöhnliche Bewegungen von Truppen und furchterregenden Fahrzeugen veranlaßt, die mehrere Grenzen bedrohten.

Ich war wohl überrascht gewesen, vergangene Woche in Straßburg eine unterschwellige Nervosität zu spüren und auf den Straßen mehr Soldaten als üblich zu sehen.

»Der zweite, bereits geöffnete Umschlag ist nur eine Vorstufe zum ersten und ordnet außergewöhnliche Vorsichtsmaßnahmen an.«

»Und der erste, für den der Präfekt in Kürze den Befehl zum Öffnen erwartet?«

»Die Generalmobilmachung.«

Pautrier machte eine Pause, dann mit dumpfer Stimme:

»Und den organisierten Exodus aller Bewohner aus dem Grenzbereich. Der Präfekt hat keine Lust, eine Frau auf dem Hals zu haben, die auf ihre Niederkunft und auf Sie wartet.«

Wir sprachen lange Zeit nicht, Pautrier, deine Mutter und ich.

»Wann raten Sie uns abzureisen?«

»Heute nacht. Das Kind kann jeden Tag geboren werden.«

»Mit welchem Ziel?«

»Belgien ist immer noch neutral. Es ist also nicht an die Verträge gebunden, die England und Frankreich binden.«

»Belgien wurde 1914 überfallen, und ich war mit meinen Eltern im Keller und hörte die Ulanen, die auf ihren Pferden die Straße entlangritten, und den Kanonendonner gegen Lüttichs Festung.«

»An höherer Stelle ist man auf einen Angriff auf die Maginot-Linie gefaßt, wenn der Krieg erklärt wird.«

»Wie denkt Professor Keller darüber?«

»Einer seiner ehemaligen Assistenten und Schüler, in den er genauso viel Vertrauen setzt wie in sich selbst, hat sich in Brüssel niedergelassen und operiert in der besten Klinik Europas: der Edith-Cavel-Klinik.«

Dieser Name erinnerte mich an den Ersten Weltkrieg, den ich mit zwölf bis sechzehn Jahren erlebt hatte. Edith Cavel, Oberschwester in einem Brüsseler Krankenhaus, war eine Engländerin, die drei Jahre lang ein Nachrichtennetz zugunsten der Alliierten organisiert hatte. Von den Soldaten von Wilhelm II. gefoltert, hatte sie nicht ein Wort verraten, keinen einzigen Namen genannt, und man hatte sie erschossen, wobei ihr die Augenbinde verweigert worden war, mit aufrechtem Körper stand sie da, den Blick starr auf die uniformierten Männer gerichtet, die auf Kommando schießen würden.

»Da man nicht wissen kann, ob Tigy auf dem Weg nicht ihre ersten Wehen bekommen wird, wird seine beste Krankenschwester Sie mit vollständiger Ausrüstung begleiten.«

Wir blickten uns an, Tigy und ich. Tigy zuckte nicht mit der Wimper, erbleichte nicht einmal bei dem Gedanken, im Auto niederzukommen – was schwierig gewesen wäre – oder wahrscheinlicher am Straßenrand. Wir begaben uns beide nach Straßburg, während Boule im Schloß die Koffer packte und Annette für sich telefonisch einen Platz im Zug reservierte. Professor Keller war mit seiner Untersuchung zufrieden.

»Haben Sie keine Angst. Die Hebamme, die Sie begleiten wird, hat mein vollstes Vertrauen.«

Eine weißgekleidete, überall runde Frau mit hellem Haar, blauen Augen und einem gutmütigen Lächeln auf den Lippen. Ich habe ihren Namen vergessen. Ich kaufte Straßenkarten. Wir mußten den kürzesten Weg nehmen. Wo, verflixter Marc, würdest du endlich geboren werden? Wir reisten bei Einbruch der Dunkelheit ab, und ich fuhr behutsam, aus

Furcht, deine Mutter zu schütteln. Sie saß neben mir, mit ihrem Bauch, der jeden Augenblick zu platzen schien. Wir begegneten einigen noch sehr wenig zahlreichen Panzerfahrzeugen.

Die belgische Grenze.

»Die Pässe, bitte . . . Nichts zu verzollen?«

Und während ich die berühmte Instrumententasche vergessen hätte, sagte unsere Begleiterin energisch:

»Doch.«

Er sah sie erstaunt an, schielte nach dem großen schwarzen Koffer hinten auf dem Wagen. Ich nahm die Instrumententasche. Er warf nicht einmal einen Blick auf Tigy, denn er blieb neben meiner Tür stehen.

»Wir müssen ins Büro gehen«, sagte ich und stieg aus. »Ich brauche eine Bescheinigung.«

Er folgte mir, ohne zu verstehen, wobei er an den Spitzen seines rötlichen Schnurrbarts kaute. Eine Glühbirne hing von der Decke herab. Packpapier war mit Reißzwecken auf einem Tisch befestigt.

»Meine Frau wird jeden Augenblick niederkommen. Darum begleitet uns die Krankenschwester, die Ihnen geantwortet hat . . .«

Das Köfferchen, das ich auf den Schreibtisch gestellt hatte, faszinierte ihn.

»Was ist da drin?«

»Chirurgische Instrumente.«

»Machen Sie auf.«

»Die Geräte sind steril, und sie könnten nicht mehr benutzt werden, wenn der Koffer geöffnet würde.«

»Was geht mich das an?«

»Wir fahren nach Brüssel, wo die Geburt theoretisch stattfinden soll . . .«

»Und?«

»Wenn von hier bis nach Brüssel nichts passiert, wird die Krankenschwester, die gleichzeitig Hebamme ist, sofort mit den Instrumenten zurückkehren . . .«

Er verstand nichts.

»Ich brauche eine Bestätigung von Ihnen, die besagt, daß diese Instrumententasche von Frankreich nach Belgien mitgeführt worden ist, so daß keine Zollgebühren erhoben werden, wenn die Krankenschwester damit wieder nach Frankreich zurückkehren wird . . .«

Verblüfft stand er vor diesem Problem, das ihm noch nie begegnet war. Und doch trug er Ärmelstreifen, und er nahm zwei untere Dienstgrade, die auf einer Bank saßen, als Zeugen.

»Wenn ich richtig verstehe, bitten Sie mich zu bescheinigen, daß Gegenstände, die zu sehen ich nicht das Recht habe, hier über die Grenze befördert worden sind, damit sie zollfrei wieder zurückgebracht werden können.«

»Ja.«

Meine Knie zitterten ein wenig. Die Zeit verging, und ich dachte ständig an eine Frühgeburt.

»Kommen Sie mit mir«, sagte ich.

Ich ging mit ihm zum Wagen, öffnete die Tür auf der Seite, wo Tigy halb zurückgelegt, den Anblick einer Frau mit einem riesigen, fast bergigen Bauch bot. Der Zollbeamte sah sie an, nickte zögernd mit dem Kopf, und ich fügte hinzu, von Zorn gepackt: »Wenn Sie mir diese Bescheinigung nicht unterschreiben, bewegen wir uns nicht von hier fort, und dann wird in Ihrem Büro die Geburt stattfinden . . .«

Er wurde blaß.

»Aber warum?«

»Weil es anders nicht möglich ist.«

Wir gingen wieder den Weg zu dem kleinen Zollgebäude zurück.

»Wie bezeichnen Sie das?«

»Schreiben Sie Hebammentasche . . .«

»Ist das teuer?«

»Sehr teuer. Fügen Sie hinzu: steril, wenn Sie wollen.«

Er schrieb brummelnd. Die anderen Zollbeamten verstanden nichts. Ich nahm das Schriftstück, las es, dankte ihm und reichte ihm die Hand, die er nur widerstrebend nahm.

Als wir abfuhren, standen alle da und sahen uns zu, und bald kamen Wälder, so weit das Auge reichte. Wieviel Kilometer? Tigy hielt die Karte auf ihrem Bauch wie auf einem Notenpult.

»Die erste Straße rechts . . .«

Der Himmel wurde fahl, dann gelb, und endlich sah man große Bahnen Blau. In dem Augenblick, als wir in die Brüsseler Vororte fuhren, beleuchtete die Sonne die Ziegelsteinhäuser. Ich fand leicht die Gare du Nord, die ich gut kannte, das Palace, in dem wir uns eine Wohnung hatten reservieren lassen. Wir frühstückten alle vier, alle fünf, wenn man dich mitzählt, und die Krankenschwester, die das Bett ablehnte, das ich ihr anbot, damit sie sich ausruhen konnte, ging zum Bahnhof. Ich telefonierte mit dem Arzt, der eine sympathische Stimme hatte und der uns für den Nachmittag in sein Sprechzimmer bestellte. Boule packte den Schrankkoffer und die anderen Koffer aus. Sie war sehr beeindruckt von der Reise.

Der Arzt war groß, hatte ein offenes Gesicht. Er ging mit Tigy in sein Untersuchungszimmer, und als er wiederkam, war er zuversichtlich.

»Ihrer Frau und dem Baby hat die Reise nicht geschadet, und es wird vielleicht noch eine Woche bis zur Niederkunft vergehen.«

Ich vergaß zu erwähnen, daß wir uns, als wir durch ein fast neues Viertel der Stadt kamen, einen Moment bei Yvan Renchon aufhielten, Tigys Bruder. Der Frühstückstisch war für fünf gedeckt. Nur Yvan und seine Frau saßen schon am Tisch, aber die drei Kinder, ein Junge, der Älteste, und seine beiden Schwestern, kamen bald aus ihrem Zimmer hinunter, Schlaf in den Augen, mit zerknittertem Schlafanzug, noch nach dem warmen Bett riechend. Sie küßten ihre Mutter und ihren Vater, dann uns. Ich sah sie sehnsüchtig an und hoffte dabei, daß vielleicht eines Tages ... Denn ich fühlte mich bereits als Vater.

Du hättest in La Rochelle geboren werden können, mein lieber Marc, dann in Straßburg, und nun war es in Uccles, einer der zahlreichen Gemeinden, die das große Brüssel bilden, wo du das Licht der Welt erblicken solltest. Bald! Sehr bald, hoffte ich, denn ich hatte jahrelang auf dich gewartet. Es war schön, dich so nahe zu spüren und zu wissen, daß ich ein Kind bekommen würde, Sohn oder Tochter, denn ich hatte mit meinen Vorahnungen Schluß gemacht.

Wenn es ein Junge würde, nun gut! Dann würden wir eben auf die Stickereien verzichten, außer bei dem Taufkleid. Und er würde eines Tages Blue jeans tragen, die man damals nur bei den Cowboys des *far west*, besonders in Arizona, kannte.

Ich sah nicht voraus, daß du mit acht Jahren den Cowboys folgen würdest, zu Pferd wie sie, gekleidet wie sie, langsam die großen Herden quer durch die Wüste treibend.

9

Der volkstümliche Glaube will es, daß eine gute Fee jede Geburt behütet. Ich bin nicht sicher, ob ich an Feen glaube, aber es gibt dennoch eine, die uns dabei half, deiner Mutter und mir, auf dich zu warten, dann den kleinen Mann noch nach Nieul zurückzubringen, der dort empfangen worden war und für den das Haus eingerichtet worden war. Ich bin, trotz meines Alters, immer noch ungeduldig wie die Jugend, und wenn ich etwas wünsche, dann wünsche ich es sofort. In Brüssel angekommen, warteten wir also schon seit neun Monaten auf dich, und die Nervosität, die ich vor Tigy zu verbergen suchte, schlug fast in Angst um.

»Wann wird er sich wohl entschließen, geboren zu werden?«

Ich ging ungeduldig hin und her. Deine Mutter dagegen behielt ihre Ruhe, die ich sie nur selten habe verlieren sehen, und sie sah mich mit einem mitfühlenden, wenn nicht belustigten Blick an. Glücklicherweise hatten wir im Hause von Yvan Renchon Station gemacht. Seine Frau Yvonne (Yvan und Yvonne, wie in einem Lied) nahm während der zwei Wochen, die wir noch mit Warten zubringen mußten, die Dinge in die Hand, ohne daß sie viel Aufhebens davon machte.

Ich hatte sie in dem großen Haus der Renchons in Lüttich kaum kennengelernt, wo das junge Paar wie zurückgezogen im Zwischenstock gewohnt hatte. Die Erinnerung, die ich von ihr zurückbehalten hatte, war ziemlich vage. Ein hübsches, dunkelhaariges Mädchen, gewiß, das sich aber immer unwohl zu fühlen schien und selten lachte.

Am Tage, nachdem wir uns im Palace eingerichtet hatten, rief sie bereits an, um uns zu fragen, ob sie uns besuchen könne, und ich konnte sie in Ruhe beobachten, weniger flüchtig als während des familiären Frühstücks am Vortag, wo ich sie kaum angesehen hatte, denn ich war von den Kindern zu sehr beansprucht gewesen.

Yvonne, die etwa so alt sein mußte wie ich, war eine richtige Frau geworden, selbstsicher und gleichzeitig sanfter, und ihre drei Mutterschaften hatten ihr, anstatt sie vorzeitig altern zu lassen, eine Vollkommenheit der Formen und eine Ausgeglichenheit verliehen, der ich selten begegnet war. Mutter war sie instinktiv, sie versah ihre Aufgaben, ohne jemals zu murren oder sich zu beklagen, und sie schien mit den Hausarbeiten, die sie ganz alleine erledigte, zu jonglieren, wobei es ihr überdies gelang, Mußestunden für sich zu reservieren.

Dein Gewicht hinderte Tigy nicht daran, munter drauflos zu marschieren, und Yvonne gewöhnte sich an, sie jeden Nachmittag abzuholen, um mit ihr durch die Geschäfte zu bummeln, wo sie dir alles kauften, was ein Kind braucht, wobei Yvonne Ratschläge erteilte. Wie alle guten Brüsselerinnen saß Yvonne, die, als sie uns traf, die Stadt gut kannte, oft in einem der Cafés oder der Konditoreien, wo die jungen und weniger jungen Damen der Stadt sich üblicherweise trafen, wenn sie ausgingen, beladen mit Paketen aus den großen Geschäften.

Wie viele Sahneteilchen sie damals verschlangen! Und welch ein Lachen erhob sich an diesen Orten, die so gut rochen! Nach und nach wurden sie dicker! Sie brachen in Lachen aus, denn die Frauen wie Bohnenstangen waren noch nicht Mode.

»Es ist besser so, nicht wahr? Und außerdem schmeckt es so gut! Man lebt nur einmal, jawohl!«

Yvonne war nicht dick, und wenn ihre Formen weicher geworden waren, so war sie deswegen nur hübscher anzuschauen, vor allem weil sie ihre Geschmeidigkeit behalten und seit Lüttich an Lebhaftigkeit gewonnen hatte. Sie wollten mich bei diesen täglichen Spaziergängen nicht dabeihaben, vielleicht weil meine Nervosität zu offensichtlich war, wie auf der *foire aux croûtes,* als deine Mutter mich wegschickte mit der zutreffenden Behauptung, daß ich die Käufer in die Flucht schlagen würde.

»Kennst du die Avenue Louise, Georges?«

Sicher kannte ich die Avenue Louise, die berühmteste Straße in Brüssel.

»Auf der linken Seite wirst du ein Geschäft mit drei Schaufenstern finden, das dich interessieren wird . . .«

Ich ging dorthin, mich fragend, ob Tigy nicht soeben Fruchtwasser in einem dieser Geschäfte verlor, aus denen sie mit Sachen zurückkam, die ich nicht kannte, einem ganzen Schrank voll feiner und duftiger Wäsche, das am Ende eine richtige Kinderausstattung darstellte, nicht mitgerechnet die rosa Dosen mit mehr oder weniger duftenden Puder, Cremes und Ölen.

Das Geschäft auf der Avenue Louise erschien mir schon beim ersten Anblick wie das Schönste der Welt, und ich glaube, daß es zu der Zeit das einzige seiner Art war. Später habe ich nie etwas Ähnliches gesehen, weder in Paris noch in London, noch in New York.

Drei große Etagen mit Dingen aller Art, von großen Kinderwagen, von Sportwagen und Sicherheitssitzen, die man auf dem Autositz befestigen konnte, bis hin zu den verschiedensten Kinderzimmermöbeln, Spielzeugen, Badewannen für Babys mit allem Zubehör. Sofort beim ersten Mal kam ich von dort vollbepackt zurück, und die beiden Frauen lächelten, als sie mich stolz meine Käufe auspacken sahen.

Ich bedauerte es, vor der Abreise aus Nieul in einem kleinen Geschäft in La Rochelle gekauft zu haben, was für dein zukünftiges Kinderzimmer notwendig sein würde. Hier schien mir alles so viel schöner! Trotzdem war ich stolz, wenn ich an die Überraschung dachte, die dich bei uns erwartete und die ich wohl lange vorher gekauft hatte: eine Badewanne, eine richtige Badewanne für Säuglinge, fest an der Wand angebracht, so daß deine Mutter sich nicht zu bücken brauchte und alles Notwendige für die Kindertoilette in Reichweite hatte. Hier gab es rosafarbene, hellblaue, und einige waren mit Blumen oder Tieren verziert.

Ich kam fast jeden Tag hierher und kaufte immer irgend etwas, was vielleicht nie gebraucht werden würde, mir aber so schien, als könnte es dir gefallen. Tigy und Yvonne hatten ihrerseits schon das traditionelle Taufkleid gekauft, selbstverständlich aus Brüsseler Spitzen. War dies nicht ein Mittel, dich bereits bei uns zu spüren?

Eines Nachmittags verlor deine Mutter, als sie mit Yvonne heimkam, plötzlich Fruchtwasser, ohne sich dessen bewußt zu werden, überrascht über das, was ihr passierte, und ich atmete endlich auf. Das Verlieren von Wasser, so hatte man mir gesagt, war das Anzeichen für die bevorstehende Geburt, genauer gesagt für die Wehen, die dieser vorausgehen,

schmerzhafte Wehen, die eine unbestimmte Zeit dauern, bis zur endgültigen Entbindung.

Anruf beim Gynäkologen. Ich war so aufgeregt, daß der ruhige Arzt
glauben mußte, ich verlöre den Kopf.

»Fahren Sie sie zum Cavel, wo ihr Zimmer reserviert ist. Ich werde sie
im Laufe des Abends besuchen.«

Ein wunderbares, fast neues Krankenhaus am Rande des bekannten
Bois de la Cambre, dem Bois de Boulogne von Brüssel. Ich betrachtete
bewundernd das Hauptgebäude, aber man führte uns alle drei, denn deine
gute Fee begleitete uns immer, in einen kleineren, von Grün umgebenen
Pavillon.

Alles war hell und freundlich, und die Krankenschwestern und Hebammen trugen ein bezauberndes Cavel-Häubchen. Ich sollte erfahren, daß
dem Haus eine Schule für Kinderpflegerinnen und Hebammen angeschlossen war, von denen viele Arzttöchter waren, und als Internatsschü-
lerinnen mußten sie die Tracht vom Cavel sogar tragen, wenn sie Ausgang
hatten.

Es schien mir, als wären sie alle hübsch und fröhlich. Es hatte nichts
von der Atmosphäre eines Krankenhauses oder einer Klinik, und manch-
mal hätte man glauben können, man sei in einem Mädchenpensionat.
Die Leiterin der Entbindungsstation hatte, trotz der sehr strengen
Disziplin des Hauses, ebenfalls eine sanfte Stimme und ein mütterliches
Lächeln.

Die Sonne ging unter. Während all dieser Tage in Brüssel schien,
soweit ich mich erinnern kann, die Sonne von einem blauen Himmel. Falls
es dennoch regnete oder windig war, bemerkte ich es wohl nicht, oder
aber mein Gedächtnis weigerte sich, wie fast immer, sich das Graue einzuprägen.

»Glauben Sie, Madame, daß ich hier auf einem Feldbett schlafen
kann?«

Sie sah mich an, so wie man ein Kind ansieht.

»Liegt Ihnen sehr viel daran?«

Ich wollte mich nicht von dir trennen, mein lieber Marc, vor allem jetzt
nicht, und genausowenig wollte ich in meinem Zimmer im Palace von
einer Stimme geweckt werden, die mir mitteilen würde, daß du geboren
warst.

»Das ist möglich . . . Unter der Bedingung, daß Sie die Klinik morgens
um sechs Uhr zu verlassen haben.«

»Das stört mich nicht.«

War ich nicht schon seit meiner Kindheit früher als alle im Hause aufgestanden, eingeschlossen meiner Eltern, und später, um mich schon um
sechs Uhr vor meine Schreibmaschine zu setzen?

»Auch müssen Sie mir versprechen, leise zu sein . . .«

Ich versprach es, aber ich bin mir nicht sicher, ob sie wirklich an mein Versprechen glaubte.

». . . und anständig mit meinen jungen Mädchen zu sein.«

Selbstverständlich. In einem solchen Augenblick . . .

»Heute abend schon?«

Sie wandte sich an eine der Krankenschwestern und sagte ihr, sie solle ein Feldbett bringen. Ich war also nicht der einzige.

»Guten Tag, Doktor . . .«

Man warf uns hinaus, Yvonne und mich, und wir gingen auf dem Rasen spazieren. Tulpen, meine Lieblingsblumen, begannen aufzublühen.

Der Arzt kam etwas später zu uns heraus.

»Es ist alles in Ordnung . . . Ich glaube jedoch, daß es ziemlich lange dauern wird . . .«

Ich hatte ein Feldbett, sicher, aber man brachte mir kein Essen. Ich suchte also ein kleines Restaurant in der Umgebung, und ich fand eines, blitzend vor Sauberkeit, an der Ecke einer ruhigen und bürgerlichen Straße. Meine erste Nacht auf der Entbindungsstation, auf meinem Feldbett, das mir nicht einmal unbequem zu sein schien; Tigy schnarchte wie die meisten der Entbindenden, wie man mir sagte, bewegte sich oft und ließ manchmal einen schwachen Seufzer hören. Ich war schon um fünf Uhr auf den Beinen.

»Hast du Schmerzen?«

»Ein wenig. Nicht viel. Wie Krämpfe, die nur ein paar Minuten dauern.«

Ich war kaum angezogen, als eine Krankenschwester hereinkam.

»Nicht zu sehr mitgenommen?« fragte sie mich amüsiert.

»Kaum.«

»Sie können gegen halb elf zurückkommen . . .«

Ich sprang in meinen Wagen und fuhr quer durch die Stadt, um in mein Hotel zu kommen, wo Boule ungeduldig wartete.

»Ist er schon geboren?«

»Noch nicht.«

Boule, die Kinder vergötterte, war sehr beeindruckt von Babys, vielleicht, weil sie ihr zu zerbrechlich erschienen. Ich nahm mein Bad, rasierte mich, ging Kaffee trinken, aß einen Krabbensalat als Frühstück und trank dazu, nach kurzem Überlegen, ein Glas Bier.

Cavel um genau halb elf. Tigy saß in ihrem Bett, und eine Krankenschwester, die ihr Gesellschaft geleistet hatte, zog sich zurück, wobei sie mir nicht ohne freundliche Ironie sagte:

»Ich sehe, Sie kommen rechtzeitig zur Ablösung.«

Ich hatte den Eindruck, daß diese Mädchen, genauso wie ihre Leiterin, mich wie ein Kind behandelten.

»Tut dir etwas weh?«

»Nein. Im Moment nicht.«

»Ist der Doktor gekommen?«

»Die Hebamme. Und du, hast du gegessen?«

»Krabben.«

Sie lächelte, und auch sie behandelte mich mit freundlicher Nachsicht.

»Yvonne hat mich angerufen. Sie wird um drei Uhr hier sein.«

»Bewegt es sich viel?«

»Man könnte meinen, es habe sich ein wenig gesenkt.«

Die Babys, hatte man mir gesagt, treten gewöhnlich in den letzten Monaten gegen den Bauch ihrer Mutter. Ich hatte noch nie Babys kennengelernt, außer einer Nichte von den Simenons, bei der ich mit zwölf Jahren Pate geworden war, die ich aber erst während der Feier in der Kirche richtig gesehen hatte.

Seit wenigstens zwei Monaten fühlte man deine Bewegungen, wenn man die Hand auf den Bauch deiner Mutter legte. Man sah, wie dieser sich stellenweise hob. Nicht heftig. Tigy sagte mir eines Abends, daß es nicht wehtat, sondern mehr einem kleinen Gruß ähnelte. Ich kannte dich gut, mein kleiner Marc, den ich oft meinen sanften Marc nannte, vor allem, wenn ich dich mit verträumtem Blick den Himmel betrachten sah und du aus weiter Ferne zu kommen schienst, wenn du meine Stimme hörtest. Was träumtest du in dem warmen Bauch deiner Mutter? Man hätte glauben können, daß es dir darin gefiel und du nicht darauf aus warst, ihn zu verlassen, um in die Welt der Erwachsenen einzutreten. Ich war nicht weit davon entfernt zu glauben, daß du schon träumtest.

Wie dem auch sei, du hieltest uns noch drei Tage und drei Nächte in Atem. Drei Tage und drei Nächte in der gleichen Routine. Mittags setzte man mich vor die Tür, und ich ging zum Essen in das kleine Restaurant an der Straßenecke, in dem Biergeruch vorherrschte, denn es war vor allem ein Bistro, in das die Stammgäste aus dem Viertel ebenfalls zu einer bestimmten Zeit zum Kartenspielen kamen. Ich ging langsam durch die wohlhabenden, fast ausgestorbenen Straßen wieder zurück ins Cavel, wo ich mich neben das Bett setzte.

»Nichts Neues?«

»Es tut etwas mehr weh, aber es ist erträglich.«

Um zwei Uhr Yvonne, immer gut gekleidet, mit ihrem aufmunterndem Lächeln, das Vertrauen einflößte.

»Geh an die frische Luft, Georges. Ich bleibe bis fünf Uhr hier, so habe ich genug Zeit, das Souper vorzubereiten.«

In Belgien hat man die Angewohnheit, um sechs Uhr oder halb sieben zu »soupieren«, wie man es auch hier in der Schweiz macht.

Ich kehrte in mein »Paradis des Enfants« in der Avenue Louise zurück, und der Geschäftsführer ließ mich wissen, daß er nicht nur in Serie hergestellte Möbel verkaufte, sondern daß er auch auf Bestellung Möbel anfertigte, in dem Holz und dem Stil, wie es der Kunde wünschte. Zwanzig Jahre später sollte ich mich an dieses Geschäft erinnern, während ich auf die Geburt deines Bruders Pierre wartete, und ich entwarf die Möbel für ein Kinderzimmer, die bis zum Alter von sechs Jahren benutzt werden konnten; und ich wählte Kirsche, eine von den Holzarten, die ich besonders gerne mag, weil sie freundlich aussieht.

Ich spazierte auch durch die Straßen im Stadtzentrum, dann, um mich frisch zu machen und mich umzuziehen, ging ich ins Hotel, wo Boule mich ständig fragte:

»Immer noch nichts?«

Das ging mir auf die Nerven. Eine Kleinigkeit ging mir schon auf die Nerven, weil ich anfing, unruhig zu werden. Aber war ich es nicht schon seit neun Monaten? Warum bewegte sich das Kind nicht stärker, und warum hatten die richtigen Wehen noch nicht eingesetzt? Der Arzt beruhigte mich, als täte er es routinemäßig, und ich fragte mich jedesmal, ob er mir die Wahrheit sagte.

Als ich an einer offenen Tür vorbeiging, erblickte ich eine weißhaarige Frau, die auf einem Bett neben einer Wiege lag. Sie warf mir einen kurzen Blick zu und drehte schnell den Kopf zur Seite, so als schämte sie sich. Und tatsächlich, eine der kleinen Cavels erzählte es mir im Vertrauen: Wenn sie sich auch nicht direkt schämte, so war sie zumindest verlegen vor den Leuten und anscheinend sogar vor ihrem Mann.

»Wie alt ist sie?«

»Zweiundfünfzig Jahre. Sie hat schon zwei große Kinder, die Tochter ist verheiratet. Als sie hier ankam, war sie ganz rot und murmelte:

›In meinem Alter! Wer hätte das für möglich gehalten?‹«

Eine treusorgende Mama, die sich seit Jahren als eine alte Frau betrachtete und die mit so viel Überraschung und Zärtlichkeit dieses kleine Ding betrachtete, das sie soeben zur Welt gebracht hatte, während ihre Tochter vielleicht schwanger war!

Wir plauderten an jenem Abend ein wenig, sie und ich, während man Tigy irgendeiner Behandlung unterzog.

»Es ist vor allem vor den Bekannten und den Nachbarn . . . Sie haben wohl hinter meinem Rücken gelacht oder geglaubt, ich sei von ich weiß nicht welcher Krankheit befallen, als sie mich dicker und dicker werden sahen . . . Ich habe das im Anfang auch geglaubt . . . Mein Mann übrigens auch . . .«

Ich traf ihren Mann, einen Mann mit dichtem, grauem Haar und rosa Wangen, der nicht verlegen war, sondern im Gegenteil sich stolz auf seine Leistung gab.

»Das ist doch was, nicht wahr? In unserem Alter . . .«

Und er brach in das laute Lachen eines echten Brüsselers aus.

Abendessen in meinem kleinen Restaurant-Bistro, wo der Patron zu mir zum Plaudern an den Tisch kam. Schon am zweiten Tag fragte er mich:

»Ihre Frau ist im Cavel?«

Sah man mir das also an?

»Wann ist es soweit?«

»Ich weiß es nicht. Wir warten . . .«

»Hier sind wir daran gewöhnt, wissen Sie. Sie sind nicht der erste!«

Kann man sagen, daß deine Mutter krank aussah? Sie litt, die Hände auf dem Bauch, und es mischten sich leise, klagende Schreie unter ihre Seufzer. Ich rief die diensthabende Krankenschwester, die mich fragte, als verstünde sich das von selbst:

»In Abständen von wieviel Minuten?«

Ich war ein neuer Familienvater, ein Anfänger.

»Die Wehen . . .«

»Ich weiß es nicht. Vielleicht alle halbe Stunde . . .«

»Nun, dann haben wir Zeit. Wenn sie alle drei Minuten schreit . . .«

Mein Feldbett, von dem ich oft aufstand, um die Minuten zu zählen. Immer noch etwa alle halbe Stunde, wonach Tigy jedesmal in eine Art unruhigen Schlaf fiel. Die Nachtschwester öffnete manchmal die Tür einen Spalt und stellte mir dieselbe Frage, auf die ich antwortete:

»Dreißig Minuten . . .«

»Es wird noch lange dauern.«

Was der Arzt mir am späten Morgen bestätigte, als ich vom Palace zurückkam.

»Ist das normal, Doktor? Jetzt sind es zwei Tage . . .«

»Das ist häufig so bei den Erstgebärenden in ihrem Alter . . .«

Und die alte Dame von nebenan? Wie lange hatte ihr Mann gewartet?

»Ich werde heute nachmittag wieder hereinschauen. Sie ist in guter Verfassung.«

Ich wiederholte für mich das Wort »Erstgebärende«, das ich zum ersten Mal gehört hatte und das mir eher aus der Sprache der Veterinäre zu kommen schien. Verflixter Marc!

Eines Nachmittags endlich setzte mich die Hebamme vor die Tür, wobei sie mir mitteilte, daß die Wehen begonnen hatten und daß sie jetzt den

Arzt anrufen würde. Ich meinerseits rief deine gute Fee an, die auch meine und die deiner Mutter war und die kam, nachdem sie ihre Kinder ins Bett gelegt hatte.

»Ist es heute nacht soweit?«

»Der Doktor ist da. Sie warten, aber es kann nicht mehr lange dauern.«
Sie betrat den Pavillon.

»Hat man sie noch nicht in den Kreißsaal gebracht?«

»Sie ist bei vier Zentimetern . . .«

Vier Zentimeter wovon? Vier Zentimeter Öffnung. Öffnung wovon? Wir gingen im Mondschein über den Rasen, und ich blieb stehen, um die gelben Tulpen anzuschauen, so als bäte ich sie, ein gutes Vorzeichen zu sein. Yvonne verließ mich von Zeit zu Zeit, um in den Pavillon zu gehen, aus dem ich heute nacht verbannt war, und während sie wieder einmal nicht da war, glücklicherweise, erbrach ich mich plötzlich auf den Rasen.

»Hat sie große Schmerzen, Yvonne?«

»Es ist ein schwerer Augenblick, den man durchstehen muß, aber hinterher denkt man nicht mehr daran.«

Damals war es den Ehemännern untersagt, bei der Entbindung ihrer Frau dabeizusein, denn man befürchtete, daß sie die Krankenschwestern und den Arzt mehr benötigen als die Kreißende. Ich war damals noch ein »Grüner«, wie man bei der Armee sagt, aber viel später konnte ich befördert werden und, mit einer weißen Mütze auf dem Kopf und mit dem Chirurgenkittel bekleidet, der Geburt eines deiner Brüder und deiner Schwester beiwohnen. Ich störte niemanden. Im Grunde war es beunruhigender, hinter den Kulissen zu bleiben, selbst wenn diese Kulisse ein schöner grüner Rasen mit blühenden Gänseblümchen und Tulpen war.

Endlich, als ich schon nicht mehr auf meine Uhr zu sehen wagte, erschien Yvonne auf der Außentreppe und rief mir freudig zu:

»Komm schnell!«

Es gab gar keinen Grund zur Eile. Ich stürzte zum Zimmer, wobei ich die Krankenschwestern rempelte, und stieß die Tür auf, während Yvonne hinzufügte:

»Es ist ein Junge . . .«

Und während ich Tigy ansah, die, sehr bleich, nichtsdestoweniger lächelte, dann die kleine rechteckige Wiege, in der du strampeltest, packte mich die Lust zu weinen, während in meinem Kopf, ohne daß ich mir dessen bewußt wurde, Bruchstücke eines Liedchens erklangen, das ich zehn Jahre zuvor in Paris gehört hatte:

»Der kleine Junge, der war ich, ich kam aus einem Ko-o-o-o-ohl . . .«

Du warst nicht grün im Gesicht, wie, nach Großmutter Simenon, ich es bei der Geburt war. Du warst rot und heultest. Ich fotografierte dich, ganz nackt, auf dem Tisch liegend, wohin dich die Krankenschwester gelegt hatte, dann bat ich sie um die Erlaubnis, dich auf den Arm zu nehmen.

Du warst geboren, mein Sohn. Du wogst, so wird gesagt, dreieinhalb Kilo, und deine Stimme war viel durchdringender als heute.

»Bist du glücklich, Georges?«

Sah man das denn nicht? Ich war wie trunken. Man hatte dich wieder in deine Leinenwiege zurückgelegt.

»Jetzt lassen Sie sie sich ausruhen. Kommen Sie am frühen Nachmittag wieder, aber gehen Sie nicht in das Zimmer, ohne vorher die Erlaubnis eingeholt zu haben, denn möglicherweise schläft sie.«

»Ist alles gut abgelaufen?«

»Sie sehen doch das Ergebnis . . .«

»War es nicht notwendig, die . . .«

Ich wagte nicht das Wort »Zange« auszusprechen, das mich so sehr verfolgt hatte.

»Es war nichts nötig, nur die Anstrengungen seiner Mutter . . .«

Tigy schloß manchmal erschöpft die Augen. Ich fuhr im Wagen fort, ohne mich um die Fee Yvonne zu kümmern, die ich zurückließ, und als ich so daherfuhr, hupte ich von Zeit zu Zeit kurz, wobei ich mit lauter Stimme sang:

»J'ai un ploustiquet en brique,
en brique, en brique . . .«

Ich wiederholte diese Worte unendlich oft. Es mußte aus den tiefsten Tiefen meines Gedächtnisses kommen, aus der Zeit, als ich Kind in Lüttich gewesen war. Ein *ploustiquet* dort ist ein kleiner Junge, und wenn er *en brique* ist, dann bedeutet das wohl, daß er kräftig ist wie Ziegelstein, aus dem die Häuser in meinem Land gebaut sind.

»en brique . . .«

Kräftig wie Ziegelstein. Ich hatte ein Kind, so kräftig wie ein Ziegelstein mit zwei Armen, zwei Beinen, einer kräftigen Stimme, wie man nach seinem Schreien beurteilen konnte, und einem wohlgeformten Kopf, ohne die Spur dieser verdammten Zange, an die ich so oft gedacht hatte. Hup . . . Hup . . . Wie bei den Wagen der Jungvermählten. Man drehte sich um. Ich pfiff darauf.

»Un ploustiquet . . .«

Ich kam ins Palace und brüllte schon an der Tür der Wohnung:

»Er ist geboren! . . . Ein Sohn!«

Boule wurde blaß vor Rührung, und niemand hätte vorausahnen können, daß sie sehr viel später den Sohn und die Tochter dieses Sohnes hier aufziehen würde.

Das tut gut, Marc! Uff!

Aber du kennst das genauso gut wie ich, weil du es ja ebenfalls durchgemacht hast. Du warst zwanzig Jahre alt. Deine Frau auch. Ich dagegen war fünfunddreißig, und ich betrachtete mich als einen älteren Mann. Weißt du, was ich seit mehreren Wochen, wenn nicht seit mehreren Monaten, gemacht hatte? Intensive Gymnastik, damit du nicht enttäuscht wärest, wenn du mich zum ersten Mal sähest!

Auf ging's! Denn wir mußten dich wieder herumschleppen, und wenn auch nur nach Nieul, was dein wirkliches Nest war. Nicht sofort, zu meinem großen Bedauern. Zu der Zeit, als du geboren wurdest, blieben die Wöchnerinnen noch zwei Wochen im Bett, dann im Zimmer, und unser guter Doktor empfahl uns, dich nicht mit auf eine Reise zu nehmen, bevor du wenigstens einen Monat alt warst, wenn möglich älter.

Und wenn man bedachte, daß die ersten Blumen, die wir im Garten für deinen Empfang gesät hatten, wohl schon blühten! Es war der 19. April. Du wurdest am 18. April geboren, und am Nachmittag mußte ich dich auf dem Standesamt von Uccles anmelden, wozu die Edith-Cavel-Klinik gehörte.

Was machte ich bis dahin? Wo aß ich? Ich habe es vergessen. Unwichtig. Ich hatte einen Sohn, »un ploustiquet en brique« die Sonne stand am Himmel und beschien die Stadt wie für ein Fest, und ich . . . ich weiß es nicht mehr. Ich war glücklich, so wie ich es heute bin. Ich glaube sogar, daß auch heute die Sonne scheint. Wenn sie nicht scheint, dann ist es schade für sie.

10

Es tut gut, den Frieden des Körpers und des Geistes zu spüren, wenn man soeben eine lange Nervenanspannung ertragen und manchmal eine dumpfe Angst gefühlt hat, die ins tiefste Innere geflüchtet ist. Man wird von einer etwas friedlichen und köstlichen Mattigkeit ergriffen, und alles ringsherum wird schön und gut. So vergingen die Tage sehr viel schneller als vor der langen Nacht der Geburt, und wir warteten ruhig ab, deine Mutter und ich, und dachten nur an deine endgültige (?) Übersiedlung in dein Haus in Nieul-sur-Mer, das mit leidenschaftlicher Begeisterung eingerichtet worden war und das jetzt auf uns wartete, schmuck, nicht weit vom Meer, das deine Kinderaugen entdecken sollten.

Deine Mutter, mein lieber Marc, konnte dich mit ihrer Milch nur ein paar Tage lang stillen, was nicht weiter schlimm war, denn nach dem, was die Ärzte sagten, war es wichtig, daß du ihre erste Milch gesaugt hattest, die das Cholestrum enthielt, das die Neugeborenen brauchen. Eines Morgens, als ich aus meinem kleinen Bistro zurückkam, sah ich im Cavel, wie sich eine Krankenschwester mit einem häßlichen Apparat abmühte, der an Tigys Brust angeschlossen war, aber diese Art von »Sauger« hatte nicht mehr Erfolg als du, worüber ich heimlich erleichtert war, denn andernfalls hätte ich vielleicht monatelang diesen unmenschlichen Apparat bedienen müssen, und ich fühlte mich dem nicht recht gewachsen.

Die Renchons kamen aus Lüttich, und die erste Reaktion deiner guten Großmama mit den grauen Haaren war es, dich auf ihren Arm zu nehmen und zu küssen. Spontan, zu spontan und vielleicht zu heftig griff der junge Vater, der ich war, ein und erklärte, daß ein Neugeborenes so wenig Kontakt wie möglich mit Leuten, die von draußen hereinkommen, haben dürfe. Selbstverständlich verärgerte ich damit deine Großmutter, die als Älteste ihrer Familie mehrere ihrer Geschwister aufgezogen hatte. Theoretisch hatte ich recht, denn heute auf den Entbindungsstationen und damals schon in den Vereinigten Staaten sahen die nächsten Angehörigen, der Vater eingeschlossen, ihr Kind während der ersten Tage nur hinter einer dicken Glasscheibe, mitten unter den anderen Kindern, und sie erkannten ihr eigenes nur mit Hilfe der Nummer, die am Fuße eines jeden zu sehen war.

Ich bereute diese zu heftige und unkontrollierte Bewegung, aber Mutter Renchon war mir eine ganze Zeit lang böse, verzieh mir aber, als ich ihr meine Unerfahrenheit und meine Sorge eingestand.

Du erschienst mir wie ein so kostbares Gut, mein lieber Marc, und ich hatte fast zwanzig Jahre lang auf dich gewartet! Daß andere dich berühren, mit dir umgehen, aus dir ihr eigenes Hab und Gut machen sollten, schien mir, wenn es auch noch so selten geschah, ein Sakrileg zu sein.

Kam auch meine Mutter? Ich kann mich nicht erinnern. Sie kam bestimmt vorbei, auf den Zehenspitzen, sich im Hintergrund haltend, wie es ihre Gewohnheit war, und falls sie sprach, so nur mit zurückhaltender Stimme ohne viel Herzlichkeit. Gehörtest du bei deiner Geburt für deine Großmutter nicht der feindlichen Sippe an?

Was Boule betrifft, so brauchte ich eine gewisse Zeit, um ihre Reaktion zu verstehen. Ich erwartete von ihr Begeisterung. Nun stand sie stumm da, sah dich an und fand nur abgedroschene Worte:

»Er ist schön. Ja, das ist wirklich ein schöner Junge . . .«

Gute Boule, die vor nahezu zwanzig Jahren bei einem jungen Paar ein neues Zuhause gefunden hatte, dem sie sich ein für allemal verschrieben hatte, wie sie es noch heute unter Beweis stellt. Auch hatte sie, in ihrem kleinen Fischerhaus oben auf der Steilküste in der Normandie, zahlreiche Geschwister zur Welt kommen gesehen. In ihrer Familie war es Tradition, daß eine Tochter von sechs oder sieben Jahren sich um das Letztgeborene kümmerte, da die Mutter es nicht schaffen konnte, elf Kinder aufzuziehen. Und fast jedes Jahr, nach der Ankunft der Neufundlandschoner und während der kurzen Zeit, die der Vater bei den Seinen verbrachte, machte er der Mutter ein Kind.

Man mußte das Wasser aus dem Brunnen pumpen, Sommer wie Winter, das Holz hacken und das Feuer in dem ärmlichen Häuschen versorgen, wo ein Kessel, der am Ende einer Kette hing, dazu diente, die Mahlzeiten zu kochen. Ein neues Kind war dort ein gewöhnliches Ereignis, das man als selbstverständlich hinnahm. Nun, wir hier umgaben, nach so langen Jahren, die Ankunft eines Babys mit einer Feierlichkeit, die an diejenige erinnert, die die Geburt eines Thronfolgers begleitet. Welchen Platz würde er jetzt in der Familie und in unserer Liebe einnehmen?

Ich weiß nicht mehr, ob sie wieder zurück nach Nieul fuhr, um alles mit der Bretonin für unsere Ankunft vorzubereiten, oder ob sie mit uns nach Tervueren kam. In diesem Fall erinnere ich mich auch nicht mehr, ob sie das Kind, das du warst, im Zug begleitete, zusammen mit Tigy und der Fee Yvonne, die darauf bestand, bis zum Schluß über dich zu wachen. Was mich betrifft, so mußte ich mit dem Gepäck im Wagen zurückfahren, und vielleicht begleitete Boule mich schließlich. Entschuldige bitte diese Gedächtnislücke, Boule.

Wir waren übrigens noch nicht abgereist, und seit deiner Geburt durfte ich nicht mehr auf meinem Feldbett schlafen. Ich ließ mich also im Schloß von Tervueren nieder, ganz alleine, buchstäblich ganz alleine, denn ich merkte schnell, daß es keinen anderen Gast als mich gab. Habt ihr euch jemals alleine in einer Kathedrale aufgehalten?

Alles war zu groß, die Korridore, auf denen man im Auto hätte fahren können, die Zimmer, in denen jeweils, mit einigen Zwischenwänden versehen, eine Wohnung Platz gehabt hätte. Die Schritte hallten in all dieser Leere wider, unter den Decken, die für Riesen vorgesehen waren, und man traf nur ab und zu steife Figuren, Oberkellner ganz in Schwarz mit weißer Krawatte, Kellner in weißer, gestärkter Jacke, die wie Brustharnische aussahen, die hier besser am Platze gewesen wären, Zimmerdiener mit gelb-schwarzer Weste und mit roten Haaren (vielleicht hatten sie nicht alle rote Haare, aber so sehe ich sie vor mir), Zimmermädchen mit Häubchen und weißer Spitzenschürze über einem schwarzen Kleid und, wenn man hereinkam oder hinausging, ein Riese in Uniform mit Goldlitze, auf dem Kopf einen Zylinder mit Kokarde. Was machte er unten an der Freitreppe, bei jedem Wetter? Er hielt Wache, aber was bewachte er?

Am ersten Morgen bestellte ich zunächst Kaffee auf mein Zimmer, in dem ich mir ganz klein vorkam.

»Mit Brötchen?«

»Nein. Ich komme zum Frühstück in den Eßsaal hinunter.«

Ein Eßsaal, der ... Nein. Ich bin es müde, Attribute zu finden. Auf jeden Fall standen dort wenigstens vierzig Tische, mit makellosen Tischdecken bedeckt, mit Tellern aus zartem Porzellan und Bestecken aus massivem Silber.

Ich suchte mir ein Eckchen neben der Tür, denn wenn ich mich auch in der Menge verloren fühle und wenn sie mir ein wenig Angst macht, so entdeckte ich, daß man sich in der Leere noch unwohler fühlt, unter den Augen von vier oder fünf steifen Oberkellnern und Kellnern. Man reichte mir würdevoll eine in Leder gebundene Karte, die ich mir nicht einmal ansah, und ich sagte mit beinahe selbstsicherer Stimme:

»Zwei Rollmöpse, Brötchen und zwei Glas Bier.«

Die Wachspuppe zuckte nicht mit der Wimper und entfernte sich gemessenen Schrittes. Zehn Minuten verstrichen, eine Viertelstunde, und Tigy erwartete mich wohl in der Klinik, denn was dich betrifft, so kanntest du noch nicht die Sklaverei der Zeit. Schließlich brachte man mir feierlich Heringsfilets, garniert mit hartgekochten Eiern, Oliven, etwas Rotem und niedlichen Mayonnaise-Pyramiden, sowie zwei bauchige Gläser Bier.

»Haben Sie keine richtigen Rollmöpse?«

Du mußt wissen, mein lieber Marc, daß Rollmöpse in Belgien eine nationale Spezialität sind und man sie in allen Lebensmittelgeschäften und auf dem Tisch in allen Imbißstuben in Gläsern sieht. Es sind rohe Heringsfilets, um eine dicke Gurke, Zwiebelringe, Gewürze und ich weiß nicht was noch gewickelt und lange in einer Sauce eingelegt, die sich aus Heringsmilch und Essig zusammensetzt. Hatte ich absichtlich, als Herausforderung, dieses volkstümliche Gericht in diesem strengen und stillen Schloß bestellt? Vielleicht zum Teil. In Wirklichkeit aß ich für mein Leben gern Rollmops zum Frühstück.

Ich aß ohne ein Wort meine Luxusheringe und ging dann wieder zu deiner Mutter und dir. Ich erzählte meine kleine Geschichte, und Tigy lachte über die Situation.

»Was wirst du tun?«

»In einem Lebensmittelgeschäft das größte Heringsglas kaufen, das ich finden kann, und es morgen früh in den Eßsaal bringen ...«

Wie so oft lächelte sie mir zu wie einem Bengel, dem man seine Frechheiten durchgehen lassen muß.

Der Tag verging wie gewöhnlich, nur daß ich in ein Lebensmittelgeschäft des Viertels ging, und am nächsten Morgen, wie ich es deiner Mutter angekündigt hatte, stellte ich das riesige Glas auf die bestickte Tischdecke meines Tisches. Der Oberkellner zwinkerte höchstens.

»Wie viele soll ich Ihnen servieren?«

»Zwei, mit zwei Glas Bier.«

Ich nickte bekräftigend, und sie sahen mir zu fünft oder sechst beim Essen zu. Vielleicht lief ihnen letztlich das Wasser im Mund zusammen, denn trotz ihrer anerzogenen Würde entstammten sie ebenfalls nur einem menschlichen Schoß.

Deine Mutter kam in dem großen, unverwüstlichen Wagen, zusammen mit Yvonne und wahrscheinlich Boule, und du warst die kostbarste Fracht, die der alte Chrysler jemals transportiert hatte. Aus diesem Grunde fuhr ich langsam, vermied Erschütterungen, meine Pfeife in der Tasche, denn ich zündete sie in deiner Gegenwart nicht an. Ist ein Neugeborenes nicht zerbrechlich?

Ein anderer Rhythmus löste den vom Cavel ab. Wir nahmen unsere Mahlzeiten alle in der Wohnung ein, und ich hatte die notwendige Ausrüstung zur Sterilisierung der Fläschchen gekauft. Eines Tages erlaubte man mir, es dir zu geben, und wenn ich mir auch linkisch vorkam, so erfüllte mich doch eine große Freude.

Wie lange blieben wir in Tervueren? Zwei Wochen vielleicht? Vielleicht auch etwas länger? Der Arzt kam dich alle zwei Tage besuchen und untersuchte deine Mutter, was ihn zufriedenstellte. Ihr Bauch war verschwunden, und sie trug neue Kleider, die sie mit Yvonne gekauft hatte, um mich damit zu überraschen.

Nachmittags war deine Tante von zwei Uhr an immer da, und wir fuhren dich in deinem vorläufigen Kinderwagen spazieren, denn ein blitzblanker englischer Landauer wartete zu Hause auf dich. Gepflegte Rasen, eindrucksvolle Statuen, Bäume, die von Gärtnern beschnitten wurden, wie ein Friseur euch die Haare schneidet. Die Wälder, die Wasserbecken, der Fluß, alles war genauso steif wie das Personal im Schloß, aber wir lächelten in der Sonne, vor der wir deine noch zarte Haut schützten.

»Jetzt können Sie abreisen. Mit dem Zug, nicht wahr?«

Unsere erste Trennung, Marc, die allerdings kurz war, mir aber trotzdem zu schaffen machte. Aus Angst vor möglichen Infektionen hatte ich euch ein ganzes Abteil reservieren lassen.

Im Grunde frage ich mich heute noch, ob ich glaubte, daß du wirklich da warst! Ich brachte dich zur Gare du Nord, und ich sah euch schweren Herzens abfahren, dann machte ich mich auf den Weg, nicht mehr singend, vom rhythmischen Hupen begleitet: »*J'ai un ploustiquet en brique, en brique . . .*«, sondern auf die Kilometersteine an den Seitenstreifen spähend und die Kilometer zählend.

Ich kam als erster in unserem neuen Flachland mit den weißen Bauernhäusern an, mit den roten Dächern und dem Meer als Bildhintergrund. Ich frage mich, ob ihr in Paris Zwischenstation machen mußtet, um euch auszuruhen, du und deine Mutter. Wahrscheinlich, denn es gab keine Direktverbindung. Weißt du, wozu ich die Nacht benutzt habe? Um den Fußboden im ersten Stockwerk mit Bohnerwachs einzureiben, wie die berufsmäßigen Einwachser, nicht alleine, selbstverständlich, sondern mit der Hilfe von Boule und der Bretonin.

Wir hatten im Garten eine Reihe Rosenstöcke gepflanzt – alle von einer verschiedenen Sorte –, und einige begannen zu blühen.

Der Wachs war schwer zu zerdrücken an der Spitze der Holzgabel, mit der man es hielt, und noch schwerer zu verteilen, aber es roch gut, und du würdest diesen Geruch von Bienenwachs einatmen, den ich allen anderen vorzog.

Wie, um welche Uhrzeit kamst du in dein neues Heim? So seltsam es auch erscheinen mag nach einer langen Wartezeit und unvorhergesehenen Ereignissen, aber ich finde davon keine Spur in meinem Gedächtnis. Auf jeden Fall warst du da, bei dir, bei uns zu Hause, in der Spitzenwäsche deiner Wiege, dann in deinem Kinderwagen, in dem sich die Sonne unseres Gartens widerspiegelte, denn in meinen Augen war die Sonne dort nicht dieselbe wie die Sonne woanders.

Deine Fee fuhr ab, wobei sie ein paar Tränen vergoß, und wir würden sie wahrscheinlich für lange Zeit nicht wiedersehen. Ich fuhr sie zum Bahnhof und kam wieder zurück.

Wir waren zu dritt, zu viert mit Boule, die jetzt »ihren Frosch« gerührt lächelnd ansah. Fast wärst du ihr Kind gewesen und nicht das unsere, und sie erlaubte der Bretonin nicht, dich anzufassen.

Angenehme Wochen, ein heißer Sommer, die größer gewordene Hausgemeinschaft. Waschmaschinen gab es noch nicht, und der Gedanke, unsere Wäsche, deine Wäsche, einem elektrischen Motor anzuvertrauen, hätte uns die Haare gesträubt. Wir hatten jedoch einen Frigidaire, den wir als erste am Boulevard Richard-Wallace gekauft hatten. Ich sage »Frigidaire« und nicht *réfrigérateur,* weil es dieses Wort noch nicht gab und Frigidaire damals meines Wissens nach die einzige Firma in Europa war, die Kühlschränke herstellte und exportierte. Boule, die wie ich mit Petroleum aufgewachsen war, betrachtete diese elektrischen Apparate mit Mißtrauen, und ich hatte die Angewohnheit, aus La Rochelle immer neue technische Spielereien mitzubringen!

Wir stellten zuerst eine Wäscherin ein und bald darauf, da sie dem Waschen und Bügeln nicht gewachsen war, ihre Tochter von ungefähr fünfzehn Jahren, schön und mit unschuldigen Augen wie ein Engel der italienischen Renaissance.

Vom Garten aus gingst du auf dem Weg zum Meer, und du lächeltest die unendliche Weite an. Denn du lächeltest oft, ein schwaches, verträumtes Lächeln, das du mit vierzig Jahren immer noch hast, ein inneres Lächeln, sagte man.

Ich schrieb immer noch Romane in meinem Büro; deine Mutter stand vor mir auf, um, bekleidet mit ihrem Malerkittel, deine Fläschchen zuzubereiten. Sie hatte ihre ganze Kraft wiedererlangt, die du heute noch bei ihr kennst, und die Fläschchen waren ihre Hauptbeschäftigung. Auf den Rat unseres Freundes, Doktor Bécheval, den wir unter uns den kleinen Doktor nannten, versuchten wir es mit Eselsmilch. Sie war nicht leicht zu besorgen, und ich mußte sie von einem kleinen Bauernhaus der nahen Vendée holen. Der Versuch schlug fehl. Du zogst die Brüsseler Lösung vor, und wir hielten uns daran.

Eine Zeitlang war deine Taufe das große Ereignis. Wir waren nicht gläubig, weder deine Mutter noch ich. Nichtsdestoweniger habe ich alle meine vier Kinder taufen lassen, denn das Schicksal schenkte mir sehr viel später noch drei weitere. Deine Mutter, ich habe es dir bereits erzählt, war gezwungen, mit dreiundzwanzig Jahren ihren Katechismusunterricht zu nehmen und am selben Tag oder am Vortag unserer Hochzeit ihre Taufe, ihre Erste Beichte und ihre Erste Heilige Kommunion zu empfangen, denn meine Mutter, fromm bis zum Äußersten, hätte eine einfache standesamtliche Trauung nicht akzeptiert. Wenn du auch nicht christlich erzogen worden bist, so wurdest du doch getauft, um dir dieselben Unannehmlichkeiten zu ersparen, wenn du zufällig ein katholisches Mädchen heiraten würdest.

Deine Taufe war für uns eine Gelegenheit, dich unseren besten Freunden vorzustellen, und ich legte Wert darauf, daß es ein schönes Fest würde.

Wir luden alle ein, die uns mochten, ungefähr vierzig, Männer und Frauen. Professor Pautrier war dein Pate, und da Vlaminck wie seine Frau Protestanten waren, wurde ihre älteste Tochter deine Patin. Ich hatte Kontakt zu einem reizenden Pfarrer und zwei Violonisten der Gegend aufgenommen, die eine Sonate für zwei Violinen spielten, die mich immer schon begeisterte und mich heute noch begeistert.

Die kleine Kirche von Nieul war voller Blumen, auch voll von Menschen, denn die Leute aus dem Dorf waren da, standen auf dem Kirchenvorplatz und auf dem Kirchhof. Der Pfarrer hatte mir vorgeschlagen, einer sehr alten Tradition zu folgen, die darin besteht, daß die Patin das Kind für einen Augenblick auf den Hochaltar legt, und genau in diesem Augenblick erfüllte das Spiel der beiden Violinen die Kirche.

Ein weiterer Brauch war es, Bonbons zu werfen, rosafarbene bei Mädchen, weiße bei Jungen, und ich bat den Konditor, kleine, durchsichtige Päckchen zu machen, um zu verhindern, daß die Bonbons in den Staub fielen.

Boule fand einen Augenblick Zeit, sich vom Küchenherd loszumachen und war selbstverständlich auch da, sie weinte vor Rührung. Du aber hast nicht geweint, nicht einmal das Gesicht verzogen, als man dir ein wenig Salz zwischen die Lippen schob, auch nicht, als man dir das Weihwasser über den Kopf goß. Du sahst dir wie im Traum alles an, was um dich herum vorging.

Bäuerinnen aus der Nachbarschaft halfen Boule, die Mahlzeit für vierzig Personen zu bereiten. Ich hatte mehrere Kisten Champagner bestellt und hatte wohl »zu groß gesehen«, wie man in meinem Land sagt und wie es meine Angewohnheit ist, denn wir hatten noch zwei Jahre später davon.

Du hattest jede Menge gute Feen um dich herum, gute Feen beiderlei Geschlechts, soweit es männliche Feen gibt. Alle waren sehr fröhlich. Alle waren im Garten, wo die Blumen ihre unschuldigen Farbtupfer beisteuerten.

Wurde unser kleiner Doktor dringend zu einer Entbindung gerufen? Das passierte ihm unaufhörlich, vor allem des Nachts, und besonders im März, einem Monat, in dessen Verlauf er bis zu zwanzigmal gestört wurde, fast immer nachts. Er war Comte, und seinem Namen ging ein kleines »de« voraus, das nicht auf seinem Briefpapier stand. Ich entdeckte es nur wie durch ein Wunder. Er war fröhlich, geistvoll und offen zu seinen Kranken.

»Du wirst verrecken, mein Lieber. Ich gebe dir noch einen Monat, falls du dir weiterhin deine acht Flaschen Wein am Tag hinunterschüttest.«

Er war es auch, der mich augenzwinkernd fragte:

»Wissen Sie, warum man soviel heißes Wasser während einer Geburt braucht?«

»Weil . . . weil . . .«

»Nein! Um die Frauen der Familie, vor allem die Großmütter zu beschäftigen und sie auf diese Weise davon abzuhalten, in das Schlafzimmer einzufallen und den Arzt mit Ratschlägen zu überhäufen.«

Vlaminck, eine Art Gargantua in Reithosen und Stiefeln und einem roten Tuch um seinen Hals, machte sich von einem Ende des Gartens zum anderen mit seiner dröhnenden Stimme und durch seine kategorischen Behauptungen bemerkbar. Du aber schliefst wohl, und deine Mutter ging von einer Gruppe zur anderen.

Dann der Friede im Haus, die täglichen Arbeiten im Garten, im Obstgeschäft, der Geruch vom Bügeln, der aus dem Zimmer drang, das als Waschküche diente und dessen Tür immer offenstand. Du krochst auf deinem Teppich aus Ziegenfell herum, und du drehtest dich sehr stolz zu deiner Mutter oder zu mir, als wolltest du sagen:

»Seht ihr, was ich machen kann . . .«

Du wurdest mollig, und deiner Gesichtsfarbe sah man die Landluft und das Meer an.

Während jener Zeit, fern von unserem kleinen friedlichen Kreis, hörte man kaum noch etwas von dem Herrn mit der zänkischen Stimme, aber er schob seine Truppen in braun oder grau wie Bauern auf dem Schachbrett an die Grenzen seines Landes. In den Kanzlerämtern Europas und anderswo stellte man sich Fragen. Man ergriff unauffällig Maßnahmen, von denen das einfache Volk nichts wußte. Das Leben ging weiter, oder? Es war noch kein Jahr her, daß in München ein Vertrag unterzeichnet worden war, von diesem Herrn und seinem Kollegen aus Italien, von Daladier und Chamberlain, die man nicht mehr bei ihrer Rückkehr auf ihren jeweiligen Flughäfen im Triumphzug davontrug. Man sah immer mehr Flugzeuge mit der trikolorefarbenen Kokarde im Sommerhimmel, und plötzlich: krach!

Die Deutschen marschierten in Polen ein und überfielen schnell das Land.

Am 3. September war ich gegen zehn Uhr morgens mit meiner jungen Sekretärin nach La Rochelle gefahren, um irgendwelche behördlichen Formalitäten zu erledigen. Ich erinnere mich nicht daran, jemals einen so wolkenfreien, so zärtlichen Himmel gesehen zu haben. Wir gingen in ein Bistro, um etwas Erfrischendes zu trinken, und plötzlich wurde die Tangomelodie, die aus dem Radiogerät erklang, unterbrochen, es folgte ein Knacken, ein Gurgeln, bevor eine ernste Stimme sagte:

»Übereinstimmend mit den Verträgen, die sie mit Polen verbünden, haben die Regierungen Großbritanniens und Frankreichs heute morgen dem Deutschen Reich den Krieg erklärt.«

Die Leute um uns herum blickten sich an, versuchten zu begreifen. Ein Fischer, noch in Gummistiefeln, war der erste, der losbrüllte:

»Also schickt man uns los, um für Danzig zu krepieren?«

Und, indem er sein Glas in einem Zug austrank:

»Scheiße.«

Niemand antwortete ihm. Annette schob ihre zitternde Hand in meine. Wir gingen ohne ein Wort hinaus, und das Auto fuhr in einem Satz bis zum Haus in Nieul. Wir hörten dort selten Radio. Keiner wußte hier etwas. Tigy sterilisierte im weißen Kittel Babyfläschchen. Ich suchte nach Worten . . .

»Es ist . . . Es ist . . .«

Und endlich, sehr schnell, ohne Umschweife, platzte ich heraus, um es los zu sein:

»Es ist Krieg . . .«

»Bist du sicher, Georges?«

Dann, nach einer Pause:

»Glaubst du, daß man dich einziehen wird?«

»Noch nicht... Nicht jetzt. Belgien ist neutral...«

Wie es 1914 neutral gewesen war, als wir als erste von den Kaiserlichen Truppen überfallen worden waren.

Sie war erschüttert. Ich auch. Um unsere düsteren Gedanken zu verjagen, holte ich eine Flasche Champagner, von denen, die von deiner Taufe übriggeblieben waren, und wir stießen an, nicht wie bei einem Fest, sondern um uns Mut zu machen, der Zukunft ins Gesicht zu blicken. Ich mußte noch eine Flasche holen, denn Boule und die anderen Mitglieder der Hausgemeinschaft mußten auch Bescheid wissen, und als wir tranken, hatten wir alle Tränen in den Augen.

Außer dir, mein kleiner Marc, der du in deinem Landauer im Schatten der Linde lächelnd dem Rauschen der Blätter über deinem Kopf folgtest. Welche neuen Irrfahrten erwarteten uns noch? Du wußtest nicht mehr als wir, die sich über dich beugten und versuchten, dich anzulächeln.

Würde man uns in Frieden lassen, verdammt nochmal?

I I

Es war Krieg, na gut! Ich würde nicht behaupten, daß man sich am nächsten Tag damit abfand. Zunächst war man betroffen, empört, manchmal gab es Wutausbrüche und geballte Fäuste, Gesichter wurden hart, sowohl bei den Leuten vom Land als auch bei denen aus der Stadt.

Für jeden einzelnen bedeutete das nichtsdestoweniger, seinen täglichen Beschäftigungen nachzugehen, die Tiere zu versorgen, sie auf die Weide zu treiben oder in La Rochelle rechtzeitig ins Büro, in die Werkstatt oder ins Geschäft zu gehen, und der Markt fand immer noch zweimal wöchentlich auf dem Platz und entlang der Arkadenstraßen statt. Die Schiffe fuhren aufs Meer hinaus, wenn die Flut kam, und kehrten mit ihren braunen, straffen Segeln wieder zurück, um den Fisch vor der Halle abzuladen.

Seit mehreren Monaten hätte ich besorgt sein müssen durch die Vorzeichen, wie z. B. die Schlangen sehr langer und sehr schwerer Lastwagen, die aus dem Norden oder dem Osten kamen, um in der Ebene Teile von Masten und anfangs geheimnisvolle Metallplatten abzuladen, zwischen Nieul, dem nahegelegenen Dorf Laleu und dem Hafen von La Pallice, dem Zwillingshafen von La Rochelle, wo endlich die große Mole fertiggebaut worden war, die sich weit ins Meer bis ins tiefe Gewässer vorschob.

Man sprach seit zwanzig Jahren von ihr. Man diskutierte sozusagen schon ewig im Café und in den Gemeinderäten darüber. Und nun war sie endlich fertig, mit ihrer Eisenbahnlinie und ihren mächtigen Hebekränen, die das Be- und Entladen der größten Schiffe, wenn nötig der Überseedampfer, ermöglichte. Gleich nebenan befand sich ein Trockendock für die Reparaturen.

Ich hatte nicht darauf geachtet. Und doch ging ich oft in das einzige Café von Nieul, um Karten zu spielen mit den Bauern, dem stellvertretenden Bürgermeister und dem Fleischer. Man sprach manchmal leise darüber, aber ich hörte kaum zu. Um ehrlich zu sein, seitdem ich Familienvater geworden war, interessierte ich mich nur noch für unser weißes Haus, für den Garten, für die kleine Welt, die dort lebte und deren Mittelpunkt du warst.

Vor allem der Mittelpunkt meiner Aufmerksamkeit, denn ich konnte endlich die Reaktionen eines kleinen Menschen beobachten, der nun nach neun Monaten Gefangenschaft im Freien war, seine Reaktionen auf seine Umgebung, einem Universum von Schatten- und Sonnenflecken, mit den Blättern eines großen Baumes, der leise rauschte und voller Vogelgezwitscher war, mit dem stolzen Krähen des Hahnes und den Gesichtern, die sich über dich beugten.

Im Hause galt deine erste Aufmerksamkeit den Fliegen, die um dich herumflogen und denen du mit einem schon ernsten und neugierigen Blick folgtest. Und wenn eine von ihnen sich zufällig auf die Spitzenwäsche deiner Wiege setzte, strecktest du deine kleine, mollige Hand aus, mit einer sehr sanften Bewegung, so als hättest du schon gelernt, daß die Lebewesen, vor allem die ganz kleinen, leicht verscheucht werden können.

Wenn die Fliege davonflog, während deine Hand ganz nah war, glaubte ich auf deinem rosigen Gesicht Enttäuschung und Verständnislosigkeit zu sehen. Warum entfernte sich dieses dunkle, leichte Lebewesen, wo du ihm doch nichts Böses tun wolltest, im Gegenteil, nur Bekanntschaft mit ihm suchtest?

Unser Elektriker aus La Rochelle, der schon in La Richardière für uns gearbeitet hatte, schickte uns einen Lehrling, als ich ihn wegen einer kleinen Reparatur angerufen hatte. Da wir Freunde waren, war ich erstaunt und fragte den sehr jungen Mann im Arbeitsanzug:

»Konnte Ihr Chef nicht kommen?«

»Er ist gestern abgereist. Er ist Soldat der Reserve und muß eine Brücke bei Charron bewachen . . .«

In dem kleinen Café des Ortes gab es die ersten Lücken. Der Hufschmied teilte uns mit, daß er hier am Ort stationiert worden war, denn für die Feldarbeit brauchte man Pferde. Jedenfalls in Charente, denn wenn man auch von Traktoren gehört hatte, so hatte man doch noch keine gesehen. Die jungen Landwirte waren ebenfalls bis nach dem Pflügen und der Aussaat am Ort stationiert. Danach würden sie wie die anderen an die Front gehen. Die Alten und die Jungen würden dann schon alleine fertig werden.

Du wurdest zusehends größer, und du warst ganz pummelig geworden. Es war hinreißend und rührend zu sehen, wie deine Augen, die sehr viel heller waren als die von Tigy und mir, sich auf die kleinsten Gegenstände, auf die einfachsten lebendigen Dinge hefteten.

Ich überraschte dich oft dabei, wie du in deinem Park, den wir dir unter der Linde angelegt hatten und wo ich Margeriten, meine Lieblingsblumen, wachsen ließ, eine Biene betrachtetest, die damit beschäftigt war, Honig zu sammeln. Du warst genauso geduldig wie sie, und als sie übersättigt zu ihrem Bienenstock zurückflog, warst du enttäuscht, nahe daran zu weinen.

Du weintest selten. Du schriest auch nicht, sogar wenn du nachts wach wurdest und geduldig wartetest, bis deine Mutter kam und deine Windeln wechselte. Nur ein unaufdringliches Rufen, so als wüßtest du, daß man kommen würde.

In Polen war der Krieg in vollem Gange. Die Zeitungen informierten uns darüber, daß ganze Bevölkerungen niedergemetzelt wurden und daß Städte brannten. Würden dieses Kriegsgeschrei und dieses Wüten bis in unser friedliches Dorf dringen? Der Verstand zwang uns zu der Antwort, daß alles möglich sei, aber der Lebenstrieb, das Festhalten an denen, die uns lieb und teuer waren, an unserem Garten, an unser Haus, machte uns taub und ließ uns uns egoistisch in unserer kleinen Gruppe von Menschen verkriechen, die wir miteinander bildeten.

Ich konnte noch so genau wissen, daß Belgien nicht ewig neutral bleiben würde, daß nicht wieder ein fast überirdischer Zöllner auf der Außentreppe seines kleinen Zollamtes erscheinen würde, wie in La Panne, um uns triumphierend zuzurufen: »Es ist Frieden!«

Eines schönen Tages würde ich abreisen müssen, und da ich schon ein älterer Jahrgang war, da ich nie eingewilligt hatte, befördert zu werden, da die Armee keine Pferde mehr benutzte und ich in der Kaserne nur gelernt hatte, aufzusitzen, hatte ich alle Aussichten, unter den letzten zu sein, die an die Reihe kamen.

Weißt du, wovon man in dem kleinen Café des Ortes unter lautem Gelächter sprach? Von einem dicken Bauern aus Marsilly, der kleine Jungen in eine halbverfallene Hütte am Ufer des Meeres mitnahm. Die meisten Kinder flüchteten. Eines Tages beschlossen alle gemeinsam, dem guten Mann einen Streich zu spielen. Einer von ihnen, der pfiffigste, folgte dem Bauern bis zur Hütte, während die anderen, versteckt in der Dunkelheit, sich bereithielten, um einzugreifen.

»Du bist sehr nett, mein Kleiner, laß deine Hose herunter . . .«

»Erst, wenn Sie Ihre Hose und Ihr Hemd ausgezogen haben . . .«

Der Mann tat das, und als er fast nackt war, drang die Bande in die Hütte ein. Einige Minuten später lag der dicke Plumpsack von Bauer auf der Erde, außer Atem von dem Kampf, und sie schmierten ihm den Hintern mit heißem Teer ein. Danach steckten sie ihm trotz seines Gebrülls Hühnerfedern in den After, und dann rannte die kleine Bande hinaus in die Natur, wie Springinsfelde, einen nackten, mit Teer beschmierten Mann mit Federn im Hinterteil zurücklassend. Er hatte große Schmerzen, ging in diesem Zustand nach Hause und rief den kleinen Doktor an, der den Teer vor der wütenden Bäuerin mit einem ganzen Klumpen Butter aufweichte und die Federn herauszog. Unser Freund Bécheval bestätigte mir den Fall, ohne einen Namen zu nennen, aber im Café des Ortes kannte ihn jeder.

Immer noch wurden die Polen hingemordet. Indessen schienen es die Deutschen nicht eilig zu haben, in Frankreich einzudringen und auch nicht nach Belgien wie 1914. Von der Siegfried-Linie bis zur Maginot-Linie konnten sich die Truppen des Führers und die französischen Truppen ohne Feldstecher sehen. Niemand schoß. Die einzigen Kämpfe spielten sich über die Lautsprecher ab, die auf jeder Seite der Grenze aufgestellt waren.

Wie der Präfekt es angekündigt hatte, wurden im Elsaß Dörfer und Städte evakuiert, samt ihrem Bürgermeister, ihrem Pfarrer, ihrem Pastor, und einige waren schon fünfzig Kilometer von La Rochelle untergebracht.

Die deutschen Lautsprecher riefen zu den Klängen der berühmten »Lili Marlen« die Franzosen auf, die Waffen niederzulegen. Humorvoll schickten die Engländer dieselbe Melodie mit anderen Parolen zu den Soldaten gegenüber wieder zurück, während die Franzosen die alte Madelon vom letzten Krieg wiederaufleben ließen.

Ein anderes Ereignis erhitzte die Stammgäste des Cafés, und einige unter ihnen liefen Gefahr, in eine häßliche Geschichte hineingezogen zu werden.

Am Rande von Nieul stand ein verwahrlostes Häuschen, in dem eine dicke, schon etwas ältere Frau wohnte, die stark trank, obwohl sie für ungefähr zehn Kinder zu sorgen hatte, von verschiedenen Vätern, die meist aus Nieul oder Umgebung stammten. Man nahm an, daß sie Polin war, und der stellvertretende Bürgermeister, der ihre Papiere gesehen hatte, bestätigte es. Eines Samstag abends versorgten sich ein halbes Dutzend Gäste des kleinen Cafés, stark angetrunken, mit zwei oder drei Dutzend Flaschen und klopften bei der Säuferin, wie sie von den Kindern des Dorfes genannt wurde, an.

Das sollte der Kumpanin keine Angst machen, sie trank mit ihnen aus der Flasche, zog sich aus und versuchte, mehr schlecht als recht zu tanzen. Schließlich fiel sie hin, stockbesoffen, und nach dem, was getuschelt wurde, stieg einer der Männer über sie, dann ein anderer. Bevor der dritte das gleiche machte, steckte er einen Flaschenhals tief in das Geschlecht der Frau, und als er sie so gereinigt hatte, erledigte er seine Sache. Alle lachten und schlugen sich auf den Bauch oder auf die Schenkel.

»Los, Hubert, du bist dran . . .«

Und der vierte wiederholte das mit der Flasche. Er mußte wohl zu stark zugestoßen haben, denn die fetten und bleichen Schenkel der Polin wurden mit Blut bedeckt, und er ging als erster nach Hause und legte sich unruhig schlafen, plötzlich nüchtern geworden.

Jemand, man wußte nicht wer, alarmierte den kleinen Doktor, der die Frau in einem so ernsten Zustand vorfand, daß er seinerseits das Krankenhaus in La Rochelle alarmierte, nachdem er ihr Erste Hilfe geleistet hatte . . . Dort mußte man wohl die Behörden unterrichtet haben, so daß man die Gendarmen von Bauernhof zu Bauernhof, von Haus zu Haus gehen sah. In dem kleinen Café schaute man sich von der Seite an. Einige spielten Belote mit weniger Schwung als gewöhnlich, und ein paar Monate später, als das Dorf bereits besetzt war, ging die Sache vors Landgericht, und vier Männer wurden hart verurteilt. Der fünfte der Bande, der nur gewartet hatte, bis er an der Reihe war, kam mit einem strengen Verweis des Gerichtshofes davon.

Es war Krieg! Der seltsame Krieg, wie die Geschichtsschreibung ihn nennen sollte. Ein unbeweglicher Krieg mit Hilfe von Parolen, während die wuchtigen Benzintanks uns umgaben, einer weniger als hundert Meter von unserem Bach entfernt.

Ich erinnerte mich an den Krieg von 1914, an die Jahre, in denen ich immer die Stiche des Hungers verspürt hatte, an die Schlangen vor den Schulen, die in Verteilungsstellen für Lebensmittel umgewandelt worden waren, wo man auf dem Hof die Suppe an das Volk ausgeteilt hatte, so wie es mein Vater in meiner eigenen Schule gemacht hatte, in alle möglichen Behälter, die die Menge hinhielt.

Schlange stehen! Wir lösten uns ab, meine Mutter und ich, und zu

Hause wurde das Schwarzbrot von einem Kilo in vier Stücke geschnitten. Jede Ration wurde sogar gewogen. Und was machte es schon aus, daß mein Vater, ein Meter sechsundachtzig groß, der den ganzen Tag arbeitete und viermal am Tag eine halbe Stunde zu seinem Büro und wieder zurück ging, mehr Kalorien benötigte als wir? Er hatte schließlich auf dieser Aufteilung in gleichgroße Stücke bestanden.

Wegen dieser Erinnerungen riß ich eines Morgens die Blumen des Gartens Beet für Beet heraus. Wir legten sie in große Körbe, die Boule, Annette und das junge Mädchen mit dem Engelsgesicht in die Kirche des Dorfes stellten. Nicht aus religiösen Gründen. Nicht um von der Heiligen Jungfrau oder von irgendeinem Heiligen eine besondere Gunst für die Zukunft zu erlangen. Einfach nur, weil wir nicht wußten, was wir damit machen sollten, und wir keine Familienmitglieder auf dem Friedhof liegen hatten. Du sahst uns von weitem aus deinem kleinen Park zu, und du mußtest dich fragen, was dieses farbige und duftende Gemetzel dieser ganzen lebendigen Welt, die wir doch für dich geschaffen hatten, sollte.

Es war Krieg, und schon am nächsten Tag waren wir alle bei der Feldarbeit, wir harkten, wir säten die Gemüsesamen, die ich in dem Geschäft gekauft hatte, wo ich den Samen für die Blumen gekauft hatte. Erbsen, Bohnen, Kartoffeln, an beiden Seiten der Bögen, an denen die Weinranken zu klettern begannen. Rüben, aber auch Melonen und Erdbeeren. Tigy steckte die Nase in Gartenbücher und ging von einem zum anderen.

Eines Morgens, als wir nicht darauf gefaßt waren, ereignete sich etwas, das für dich wesentlich war. Wir waren in deinem Zimmer, wo wir dich soeben gebadet hatten, und ganz nackt, ganz rosig und ganz mollig fingst du an, auf deinem Ziegenfell herumzukrabbeln, auf ein Ziel zu, das du dir in den Kopf gesetzt zu haben schienst.

Das war in der Zeit, in der wir lebten, ein so tröstliches Bild von Unschuld und Reinheit, daß ich meine Leica aus dem Nebenzimmer holte. Deine Mutter saß in einem Sessel und folgte dir mit den Augen, denn du hattest deinen kleinen Körper noch nie mit soviel Energie und soviel Entschiedenheit voranbewegt. Du schienst einem bestimmten Ziel zuzustreben, während ich Fotos machte, woran du seit langem gewöhnt warst.

Das Möbelstück, das du ansteuertest, war das einzige aus der Wohnung des Boulevard Richard-Wallace, das in dem Hause Platz gefunden hatte. Es gehörte früher zum Schlafzimmer und war mit elfenbeinfarbenem Pergament überzogen, so daß alles bei dir weiß war. Dieses Schlafzimmer gab dir deine Mutter nach deiner ersten Hochzeit, denn Nieul und alles, was darin war, würde ihr gehören.

Es war ein langes, riesiges Möbelstück mit abgerundeten Ecken und drei Zierleisten aus Mattgold (aufgemalt selbstverständlich und nicht aus dem Metall, hinter dem heute die Leute in allen Ländern der Welt herlaufen). Die neun breiten und tiefen Schubladen enthielten deine Kinderwäsche. Es ist unerhört, wieviel Wäsche ein so kleines Wesen benötigt.

Du erreichtest endlich dein Ziel, und du setztest dich hin, um Atem zu schöpfen. Da begannen wir zu verstehen, was du vor uns vollbringen wolltest. Zuerst auf den Knien, klammertest du dich zunächst mit beiden Händen an die erste vergoldete Leiste, dann machtest du eine Pause, drehtest dich um, als wolltest du uns fragen, ob »das nicht gut war, hm?« Wir mußten lächeln, nicht ohne eine gewisse Sorge, denn wir befürchteten für dich eine Enttäuschung.

Eine Hand tastete weiter, erreichte die zweite Goldleiste. Deine Bewegungen waren langsam und vorsichtig. Bei jeder Etappe machtest du eine Atempause. Eine weitere Anstrengung, dich mit soviel Energie an der Leiste festhaltend, daß deine Gelenke weiß hervortraten, und du standest fast aufrecht. Ja, du standest aufrecht, und du drehtest dich mit triumphierendem Blick zu uns um.

Welche Eingebung hatten wir, daß wir uns nicht auf dich stürzten, um dich zu küssen? Du sahst uns nicht mehr an. Deine ganze Aufmerksamkeit war auf dieses mehr als zwei Meter lange Möbelstück konzentriert, und da setztest du unsicher einen Fuß vor, hobst den anderen hoch, die Hände immer noch verkrampft, machtest deinen ersten Schritt. Das lief wie ein Film in Zeitlupe ab, denn du schienst es nicht eilig zu haben; so als wolltest du dir unbedingt alle Chancen sichern. Ein Fuß. Der andere. Ein zweiter Schritt und wieder ein Blick zu uns.

Eine lange Pause, ein dritter Schritt. Noch eine Pose, und dann ein vierter. Es waren kleine, zögernde, behutsame Schritte. Ich zählte sie nicht mehr, und meine Leica klickte ständig. Du mußt jene Fotos haben, mein lieber Marc, die von deinen ersten Schritten im Leben. Am Ende der Kommode angekommen, noch ein Blick, und dann rutschtest du langsam an der Kommode herunter und fandest dich auf deinem Teppich wieder.

Wenige Zeit später gingst du, von einem Geschirr gehalten, im Garten im Gras umher.

»Haben Sie meinen Frosch gesehen, mein kleiner schöner Monsieur?«

Denn so nannte mich Boule, die mir eng verbunden war, in dessen Herz du aber immer mehr Platz einnahmst. Als du deinerseits einen »Frosch« bekamst, deinen Sohn Serge, der heute achtzehn Jahre alt ist, bat sie mich um Erlaubnis, zu dir in die Umgebung von Paris zu gehen.

Es war Krieg, und vor den Lebensmittelgeschäften gab es die ersten Schlangen. Wie die anderen legte ich mir Vorräte in Zucker, Mehl, Kaffee, getrockneten Erbsen, Bohnen und Makkaroni an. Man sagte einen Blitzkrieg voraus, der höchstens ein paar Monate dauern würde. Ich hatte das in meiner Kindheit gehört, und der Krieg hatte mehr als vier Jahre gedauert. Ich neigte nur allzusehr dazu, überreichliche Vorräte anzulegen, die deine Mutter annahm, wenn ich so sagen darf, und sie legte die Teigwaren in Keksdosen und deckte über deren Deckel Zellophanpapier. Wir hatten viele Dosen, viele Säcke, davon einer mit grünem Kaffee.

Ich konnte nicht mehr tun, und ich beschloß, einen Roman zu beginnen, dessen Titel der eines zärtlichen Schäferliedes war, das jedoch während der Französischen Revolution geschrieben worden war:

> *Il pleut, il pleut, bergère,*
> *Rentre tes blancs moutons.*
> *Rentrons dans la chaumière,*
> *Bergère, vite, allons.*
> *J'entends sur le feuillage*
> *L'eau qui tombe à grand bruit.*
> *Voici, voici l'orage,*
> *Voilà l'éclair qui luit.*

Ich behielt nur den ersten Vers und dachte an den Autor dieses Liedes, einen Kameraden von Robespierre, den eben dieser Robespierre ins Gefängnis und dann aufs Schafott schicken sollte. Während der Autor dann auf die Stunde der Guillotine wartete, schrieb er dieses Lied, das Kinder heute noch kennen.

Meine Hauptfigur sollte ein kleiner Junge sein, nicht so klein wie du damals, Marc, sondern ein Knabe. Auf diese Weise konnte ich, über meine Schreibmaschine gebeugt, für ungefähr zehn Tage meine Gedanken vom Krieg ablenken, der nicht lange der »seltsame Krieg« bleiben sollte.

Der Winter ging vorbei, und man erfuhr, daß die deutschen Truppen in einem blitzartigen Vorstoß in ein friedfertiges, fast unbewaffnetes Norwegen in Narwick ganz im Norden einmarschiert waren und daß Reynaud triumphierend verkündete: »Die Eisenbahnstrecke ist unterbrochen.«

Ich hatte noch Zeit, einen weiteren Roman, *Oncle Charles s'est enfermé,* zu schreiben, bevor ich erfuhr, daß Belgien, zu Recht beunruhigt, die Spezialisten zu den Waffen rief. Dann, Wochen später, wurden die jüngeren Jahrgänge einberufen, während Zehntausende von Soldaten sich immer noch die Beine in den Bauch standen, ohne auch nur einen einzigen Schuß abzugeben, die einen auf der Maginot-Linie, die anderen auf der Siegfried-Linie.

Du warst ein kleiner Junge geworden, ein sehr kleiner Junge noch, den wir jedoch schon an dem kleinen Strand von La Rochelle im Meer badeten. Bei deiner ersten Berührung mit dem Salzwasser weintest du nicht, auch wenn du ganz stark die Hand deiner Mutter drücktest.

Die Sonne schien hell, das Wetter war mild, als das Radio am 10. Mai durchgab, daß Holland angegriffen worden war und, um Zeit zu gewinnen, einen Teil des Landes überschwemmt hatte, indem es die Deichschleusen öffnete, die das Land vom Meer trennten. Am selben Tag drangen deutsche Panzer in Belgien ein, das sie, so gut es ging, aufhielt, und jetzt wurde die Generalmobilmachung befohlen. Ich war an der Reihe.

12

Ich war auf einen Schock gefaßt, auf heftige Emotionen, auf irgend etwas, aber nicht auf die Ruhe, auf eine Gelassenheit wie die aller Tage, auf ein Mittagessen, während dem keine Rede von meiner Abreise war, obwohl doch die ganze Hausgemeinschaft im Bilde war.

Millionen von Männern in ganz Europa hatten vor mehr oder weniger langer Zeit ihr Heim verlassen, ohne zu wissen, wann sie es wiedersehen, oder sogar, ob sie es überhaupt eines Tages wiedersehen würden. Reagierten sie genauso wie ich? Ich weiß es nicht. Allerdings war ich seit langem darauf gefaßt gewesen, ohne daß es irgend etwas an meiner inneren Verfassung geändert hätte. Meine Sorgen waren nur materieller Natur, wie die Umwandlung unseres blühenden Gartens in einen Gemüsegarten und der Kauf von Vorräten.

Auch der Nachmittag verlief ruhig, bis auf eine halbe Stunde, während der wir die Schränke, die Aktenordner und sogar alte Kisten voller Papiere durchwühlten, auf der Suche nach meinem Wehrpaß, den ich seit meiner Abreise aus Lüttich nicht mehr gesehen zu haben mich erinnerte. Endlich bekamen wir ihn dort zu fassen, wo wir ihn am wenigsten vermutet hätten. Vergilbt und nicht sehr sauber, trug er die schlechte Fotografie eines Gespenstes, eines blassen, dünnen und verkrampften jungen Mannes, den ich nicht wiedererkannte.

Theoretisch mußte ich mich, gekleidet in der Uniform, die man mir einst anvertraut hatte, in irgendeiner Kaserne in Brüssel melden, von der ich nie gehört hatte. Wir fanden auch meine Polizeimütze mit dem kleinen Bommel wieder, der vor meiner Stirn baumelte. Wir lachten, als ich sie aufprobierte. Meine Uniform allerdings war im Laufe unserer zahlreichen Umzüge, von Motten zerfressen, verschwunden. Sie wäre übrigens zu nichts mehr nütze gewesen, denn meine Schulterbreite und sogar meine Größe waren nicht mehr die des Jünglings von früher, und ich hätte

Mühe gehabt, den Waffenrock überzuziehen und die Hose zuzuknöpfen. Auch von meinem Koppel keine Spur.

Wir mußten lächeln, als wir den einzigen Koffer packten, den ich mitnahm, denn in Zukunft würde die belgische Armee für mich sorgen.

Du schliefst friedlich unter der Linde, und du erschienst mir schöner als je zuvor. Nur die Bretonin schneuzte sich unaufhörlich und weinte, denn sie weinte bei der kleinsten Gelegenheit, wie zum Vergnügen, und es kam vor, daß sie vor Lachen weinte.

Boule war schweigsam, die Stirn in Falten, wütend, daß man ihr ihren »kleinen schönen Monsieur« wegnahm, und Annette sah mich ernst an, als wollte sie in ihrem Geist mein Bild festhalten. Wir tranken keinen Champagner, denn es sollte ein Nachmittag wie jeder andere sein. Und deine Mutter, die nicht die Gewohnheit hatte, ihre Emotionen nach außen zu kehren, zeigte ebenfalls ihr Alltagsgesicht.

Vielleicht ging ich häufiger als gewöhnlich hinaus, um dich beinahe heimlich anzuschauen. Waren alle anderen auch so abgereist, reisten immer noch ab?

Ich schlief ein, nachdem ich den Wecker gestellt hatte, denn ich mußte in aller Frühe den Zug in La Rochelle nehmen, wo ich bereits angerufen hatte, damit ein Taxi mich abholte. Deine Mutter wollte nie Autofahren lernen und sie machte erst sehr viel später den Führerschein.

Ich schlief. Der Wecker ließ mich aus dem Bett hochfahren, und ich rasierte mich. Boule brachte mir wie jeden Morgen eine riesige Tasse Kaffee, die, so sagte sie oft, wie ein Nachttopf aussah. Ich zog meine Reithose über, die ich in der Zeit von La Richardière bei einem bekannten Schneider bestellt hatte, meine weichen Stiefel, ein beiges Hemd, eine ebenfalls beige Jacke, was, außer der Jacke, als sehr militärisch durchgehen konnte, vor allem mit der in Belgien wie in Spanien vorschriftsmäßigen Polizeimütze.

Ich sah dich länger an als sonst morgens, ohne an irgend etwas zu denken, ich nahm dich auf meinen Arm, und meine Lippen berührten wie gewöhnlich vorsichtig deine wie immer zarte Haut.

»Auf Wiedersehen, Tigy . . .«

»Auf Wiedersehen, Georges . . .«

Keine sichtbare Gefühlsregung, so als ginge ich nach La Rochelle auf den Markt oder nach Paris, um einen Filmproduzenten zu treffen.

Das Taxi wartete. Ein verstohlener Blick zum Haus hin, zum Garten, auf die kleine Hausgemeinschaft, die mich wegfahren sah. Auf dem Bahnhof ging ich an dem Ortskommandanten vorbei, und ich war sehr erstaunt, mich in einem fast leeren Zug zu befinden.

Woran dachte ich während der Reise? An nichts Bestimmtes, vor allem nicht an die Zukunft, die ich, selbst wenn ich es gewollt hätte, nicht vorhersehen konnte. Kleine Bauernhöfe flogen vorbei, gruppiert in Dörfer oder in Weiler, manchmal abgelegen in der grünen Landschaft mit weißen und braunen Flecken von den Kühen, etwas weiter mit weißen und schwarzen, manchmal nur braunen oder weißen Flecken. Unschuldsvolle Kirchtürme ragten in den pastellfarbenen blauen Himmel.

Es war sehr schön, sehr rein. Ich sah bald Bilder früherer Maler vor mir, Holländer, Flamen oder Franzosen, mit ihrer genauen Linienführung, bald impressionistische Bilder, denen die kontrastreichen Farbflecken ein intensives und leuchtendes Leben verliehen.

Warum nicht an das Kinderspielzeug denken, an die kleinen bunten Tiere aus Holz, die wir vor kurzem für dich gekauft hatten, zusammen mit einem winzigen Bauernhof und drumherum Hühnern, kaum größer als Bohnen? Wir mußten uns oft auf den Boden legen, um sie unter einem Möbelstück wiederzufinden, unter das sie gefallen waren.

Manchmal kleine Dörfer, ein plötzliches Bremsen und ruckartige Bewegungen des Zuges, der sich aufzubäumen schien. Leute, die schnell einstiegen oder liefen. Taschentücher, die hier und da auf dem Land geschwenkt wurden, manchmal ein kleiner Mann hinter einem Paar Ochsen oder schwerer Pferde, alleine inmitten der unendlichen Weite. Ich war ergriffen. Meine Augen wendeten sich nicht von diesem Land ab, das draußen mit seinen unschuldig scheinenden Menschen vorbeizog.

Schließlich die Vororte, noch nicht mit den H.L.M. von heute, sondern gesprenkelt mit von Traumgärtchen umgebenen roten und weißen Häuschen. Montparnasse. War es wohl die Gare Montparnasse oder die Gare d'Austerlitz? Ich erinnere mich nicht mehr daran. Ich hatte nie zuvor diesen Zug genommen, und ich sehe nur noch ein Gedränge von hastenden Menschen vor mir, eine große Halle mit Schaltern zu beiden Seiten, dann die andere glasüberdachte Halle, wo unter dem rußgeschwärzten Glasdach Gleise aus blankem Stahl glänzten, die irgendwohin führten, egal wohin. Man mußte die Ellbogen gebrauchen, um ein Taxi zu bekommen, denn sie waren sehr selten und so gefragt wie ein Gewinnlos in der Loterie Nationale.

Einige neugierige Blicke auf meine Kleidung, aber es waren alle möglichen Soldaten zu sehen, daß man sich schon nicht mehr wunderte.

»Zur Belgischen Botschaft, Rue de Surène!«

Ich kannte nur die ehemalige Botschaft in der Rue de Berry, aber ich erkannte die Rue de Surène wieder, ziemlich kurz, begütert und ruhig, ganz in der Nähe der Madeleine, mit ihren hochherrschaftlichen Häusern, großbürgerlich oder aristokratisch und antiquiert. Das Taxi hielt an der Ecke der Rue Boissy-d'Anglas, wo eine dichte Menge die Zufahrt zur Rue de Surène verstopfte. Belgische Uniformen, nicht viele, denn alle hier hatten wenigstens mein Alter, und man sah zahlreiche dicke Bäuche.

Man hatte es nicht eilig, man blieb dicht beieinander gedrängt stehen, mit ausdruckslosem Gesicht, die Blicke auf das Botschaftsgebäude aus grauem Stein gerichtet, wo manchmal eine Gestalt auf dem Balkon flüchtig zu sehen war.

Auf dem Bahnhof hatte ich ein Schild gesehen mit den Worten: »Die einberufenen Belgier werden gebeten, ihre Botschaft aufzusuchen, bevor sie in ihr Land fahren.« Das hatte mich nicht überrascht. Wahrscheinlich noch ein Visum oder ein Marschbefehl.

»Wartet ihr schon lange?«

»Einige haben hier einen Teil der Nacht verbracht!«

Ich schlängelte mich unauffällig durch die Menge, wobei ich mich Hunderte von Malen entschuldigte. Ich kam bis vor die Tür der Botschaft, die von eindrucksvollen Polizeikräften bewacht wurde.

»Wohin wollen Sie?«

»Zum Botschaftsrat.«

Ich kannte ihn durch Zufall, genauer gesagt, weil sein Vater lange Zeit ein wichtiger Politiker gewesen war und aus Lüttich stammte, und ich ihn mehrmals während der Zeit bei der ›Gazette‹ interviewt hatte, wobei ich seinen Sohn kennengelernt hatte.

»Wir haben den Befehl, niemanden hier herein zu lassen.«

Ich bestand nicht weiter darauf, schrieb ein paar Worte auf die Seite eines Notizbuches und bat, es doch bitte dem Botschaftsrat überbringen zu lassen. Einige Minuten später entfernte man die Sperren, die aufgestellt worden waren, und führte mich in die erste Etage. Hier herrschte eine fieberhafte Geschäftigkeit, Angestellte und Schreibkräfte gingen in allen Richtungen hin und her, und endlich öffnete sich eine Tür zu einem großen, ruhigen Büro, wo nur eine elegante und vornehme Person saß, ganz Mann von Welt, mit Telefonieren beschäftigt.

»Setzen Sie sich, Simenon . . .«

Die Stille dieses Ortes hier beeindruckte mich mehr als die Unruhe auf den Fluren.

»Ja . . . Ja . . . Um wieviel Uhr?«

Er hörte zu, machte sich Notizen auf einem Block, wobei er mich beobachtete.

»Und der Minister?«

Ich hörte natürlich nicht die Antwort, und er hatte noch nicht aufgelegt, als ein anderer Apparat klingelte. Er seufzte:

»Das ist nun seit gestern so, und es ging die ganze Nacht durch . . .«

Er sah angegriffen aus, und seine ein wenig geröteten Augenlider zeugten von einer schlaflosen Nacht.

»Nein. Man hat mir soeben zugesichert . . .«

Er hörte zu und schüttelte den Kopf.

»Ich kann sie nicht länger auf der Straße stehen lassen . . . Man sagte
mir, drei Stunden . . . Im Ministerium, ja . . . Und der Führungsstab . . .«
Als er auflegte, stieß er einen langen Seufzer aus und kam, um mir die
Hand zu schütteln.

»Ich freue mich, daß Sie zu mir gekommen sind. Es herrscht dort ein
solches Durcheinander . . . Ich erhalte nur Befehle, die sich widersprechen. Man könnte meinen, in Brüssel haben alle den Kopf verloren. Bald
ordnet das Ministerium an, alle in die Züge steigen zu lassen, und ein
wenig später fleht uns der Generalstab an, niemanden mehr zu schicken.
Die Strecke sei schon unterbrochen, und zwei Züge hätten nicht rechtzeitig durchfahren können. Das Ministerium dagegen . . .«

Er wischte sich die Stirn mit seinem Taschentuch.

»Ich kann die Männer unter diesen Umständen nicht fahren lassen . . .
Hören Sie, das Beste wäre, Sie gingen in aller Ruhe bei Freunden frühstücken. Sie haben doch sicher viele in Paris. Kommen Sie um drei Uhr
wieder zu mir, denn ich habe erreicht, daß ich heute nachmittag zuverläs-
sige Anweisungen bekomme.«

Telefon. Händedruck, und ich ging auf leisen Sohlen hinaus, schloß die
Tür, und jenseits der Sperre schlängelte ich mich so unauffällig wie möglich durch die immer dichter werdende Menge. Es waren noch andere
angekommen. Es kamen immer noch weitere hinzu, und die Menschen-
masse quoll aus der Rue de Surène.

Da ich manchmal in der Sûreté générale gewesen war, wie man sie früher nannte, kannte ich in der Rue des Saussaies ein kleines Restaurant, wo
man sehr gut aß.

Ich wollte mich zum Frühstück bei niemandem aufdrängen, aber dennoch bekam ich Lust, die Wartezeit bei einem Freund oder einer Freundin
totzuschlagen. Wir hatten eine in La Rochelle, zu der wir oft gingen und
die oft zu uns kam. Wir wurden an demselben Tag desselben Jahres geboren, so daß wir ein wenig wie Zwillinge waren, was manchmal zu Scherzen Anlaß gab. Ich wußte, daß sie eine Wohnung in Paris hatte, und in
der Telefonzelle suchte ich ihren Namen aus dem Telefonbuch.

»Hier Georges.«

»Wie geht es dir?«

Oder »Wie geht es Ihnen?«, denn ich duzte nur wenige Leute, ich weiß
nicht warum, vor allem die Frauen. Nach so vielen Jahren enger Beziehungen duzte ich Boule nicht, und ich duze sie noch heute nicht.

Sie hatte Zeit. Sie erwartete mich sofort nach dem Frühstück. Sie war
eine junge, große Frau, dunkelhaarig, elegant und sehr schön. Ihr Mann,
ebenfalls sehr schön, verschwand wohl während des Krieges in dieser
geheimnisvollen Festung namens »Nacht und Nebel«, aus der niemand
lebend herauskam. Sie bewohnte eine sehr feminine und geschmackvolle

Wohnung in der Nähe des Quai d'Orsay, und die breiten Glasfenster zeigten auf die Seine.

War ich nicht lächerlich, mit meiner Polizeimütze und dem Bommel? Ich hätte sie in die Tasche stecken können, aber damals gingen die Männer noch nicht ohne Hut.

Wir küßten uns wie gewöhnlich auf die Wangen. Ich betrachtete sie, die so weiblich vor mir stand, und ich prägte mir ihr Bild ins Gedächtnis ein, damit ich es behielt für den Fall, daß . . . Eine wirkliche Freundschaft verband uns, die, wenigstens von meiner Seite aus, von herzlicher Zärtlichkeit gefärbt war.

Ich informierte sie über die Situation, erzählte ihr Neuigkeiten von Tigy und sprach viel von dir. Sie trug ein Kleid, das mich durch seine Einfachheit und gleichzeitige Raffinesse bezauberte, und ihre langen, seidigen Beine fesselten meinen Blick. Ich begehrte sie nicht. Diese Beine jedoch erschienen mir, in dem Augenblick, in dem sich mein Schicksal entschied, wie das Bild der Frau, das ich sorgsam bewahren wollte.

Zum Schluß gestand ich ihr offen meinen Wunsch, einen Augenblick diese Beine zu streicheln, bevor ich wegging, und ich spürte, daß sie es verstand, denn sie lächelte und bedeutete mir, mich ihr zu nähern. Wenn ich behaupte, daß meine Geste keusch war, würde man mir nicht glauben. Es ist dennoch die Wahrheit. Meine Hand hielt dort inne, wo das nackte Fleisch anfing, und beeilte sich, wieder hinunterzugehen, so als fühlte sie sich schuldig.

Ich stand zufrieden auf, vielleicht ein wenig rot, und an der Tür küßten wir uns wieder auf die Wange.

Rue de Surène. Das mühsame Durchschlängeln durch eine Menge, die ungeduldig und fast erregt wurde. Die Polizei hatte Verstärkung bekommen, aber diesmal ließ man mich durch, und mir schien, als sei die erste Etage ruhiger. Elektriker waren damit beschäftigt, einen riesigen Lautsprecher auf dem Balkon anzubringen, und Schnüre liefen quer durch den Flur. Man bat mich, einen Augenblick zu warten, dann sah ich zwei Männer, mit Sicherheit zwei Diplomaten, herauskommen und sich in verschiedene Büros begeben.

»Jetzt habe ich endlich eine Antwort, aber die Ungewißheit hat bis zehn Minuten vor Ihrem Kommen gedauert. Beginnen sie draußen zu demonstrieren?«

»Sie sind ungeduldig.«

»Wie ich es war. Der Generalstab hatte recht. Die deutschen Panzer dringen ins Land ein und richten ein Blutbad an. Die belgischen Truppen haben Widerstand geleistet, so gut sie konnten, aber der Feind rückt in immer größerer Zahl vor, auf die französische Grenze zu . . .«

Trotz der geschlossenen Tür hörte man eine seltsame, vom Lautsprecher verzerrte Stimme.

»Man teilt ihnen mit, nicht mehr weiterzufahren und bis auf weiteren Befehl in der Umgebung von Paris zu bleiben, in Kasernen, die der französische Kriegsminister uns zur Verfügung gestellt hat.«

Und von einem Gedanken zum anderen springend:

»Stehen Sie sich gut mit den Behörden von La Rochelle?«

Die dröhnende, metallene Stimme schwieg, und eine dumpfe Stille herrschte auf der Straße, wo die Männer sich wohl wortlos ansahen.

»Ich kenne den Präfekten ziemlich gut, er hat noch vergangenen Sonntag bei mir gegessen.«

»Und den Bürgermeister?«

»Wir stehen bestens miteinander, und vor ein paar Jahren ließ er unter den Arkaden gegenüber des Café de la Paix einen Eisenring anbringen, denn er hatte mehrmals gesehen, wie ein Stallbursche mein Pferd am Zaumzeug hielt, während ich meine Partie Karten spielte.«

Ich kannte auch seine gesamte Familie und einige seiner Enkelkinder.

»Warum fragen Sie mich das?«

»Weil mit dem Einverständnis der französischen Regierung die beiden Charente-Départements als Aufnahmegebiet für die belgischen Flüchtlinge bestimmt worden sind. Wir haben dort niemanden, nur den Vizekonsul mit französischer Staatsangehörigkeit.«

»Er ist mein Versicherungsagent.«

»Wir haben allerdings einen Generalintendanten und ungefähr fünfzig Mann in Uniform.«

»Ich weiß. Der General ist mein Uhrmacher und Juwelier in Paris.«

Ich war von diesen Zufällen verwirrt, ohne freilich zu sehen, welche Rolle ich in diesem Stück spielen sollte.

»Ich werde Mandel anrufen . . . (Damals französischer Innenminister, nachdem er der engste Mitarbeiter von Georges Clemenceau gewesen war.) Ich bin sicher, er wird mit mir einer Meinung sein, Ihnen die Aufgabe des *haut-commissaire* für die belgischen Flüchtlinge zu übertragen. Sie werden die Gegend sicher kennen, die sich bis Bordeaux erstreckt. Ich weiß, daß Tausende von Belgiern bereits unterwegs sind, und sie werden alle nach La Rochelle geleitet. Sie werden sie dort empfangen. Sie haben freie Hand, tragen Sorge dafür, daß sie auf das Gebiet verteilt werden, so gut es eben geht, und Sie haben das Beschlagnahmerecht. Fahren Sie schon heute abend ab, und setzen Sie sich mit dem Präfekten und dem Bürgermeister in Verbindung, die unterrichtet werden . . .«

Und er schloß, wobei er bitter lächelte, denn die Neuigkeiten waren nicht dazu angetan, Freude oder gute Laune aufkommen zu lassen:

»Das ist ein Befehl, Soldat Simenon.«

Ich nahm den Nachtzug, ein wenig erschrocken wegen meiner plötzlichen Verantwortung, aber ich sah nicht voraus, daß mehr als dreihunderttausend meiner Landsleute von mir erwarten würden, sie unterzubringen, ihnen Nahrung und Arbeit zu verschaffen, denn alle, die einen Beruf hatten, legten Wert darauf, an die Arbeit zu gehen. Ich sah vor allem die Züge nicht voraus, die für mich ankommen würden, unterwegs beschossen, die Toten und Verwundeten, die Frauen, die in ihrem Waggon niedergekommen waren und die, als die Eisenbahnstrecke unterbrochen worden war, kilometerweit hatten laufen müssen, manchmal auf einer Bahre getragen, bevor sie einen anderen Zug erreichten.

Bei Tagesanbruch betrat ich unser Haus in Nieul, wo Boule mich sprachlos vor Erstaunen ansah. Außer ihr schliefen alle im Hause noch, deine Mutter und du eingeschlossen. Ich war erstaunt, auf ihrem Nachttisch eine große Fotografie von mir zu sehen, als wäre ich schon tot. Während wir uns umarmten, sah ich dich über ihre Schulter hinweg an, und deine Lider begannen zu zittern, deine Augen öffneten sich. Ich nahm dich wieder auf meinen Arm, wie ich es tags zuvor getan hatte, und für dich begann ein neuer, sonniger Tag.

»Ich muß mir etwas anderes anziehen und so schnell wie möglich zur Präfektur gehen . . .«

Etwas später klingelte das Telefon.

»Simenon?«

Es war der Präfekt, bereits über meine Aufgaben unterrichtet.

»Wir haben hier vier große belgische Fischdampfer, die trotz der Absperrungen durch die französischen Schiffe in den Hafen eingelaufen sind, aus dem sie sich wegzubewegen weigern. Sie sprechen flämisch, und niemand versteht sie.«

»Ich komme sofort.«

Die Zeit für eine Dusche, für zwei oder drei große Tassen Kaffee und schon eilte ich hinter das Steuer meines Wagens. Erst als ich in die Stadt fuhr, merkte ich an der Leere der Straßen, daß es Sonntag war.

Der Präfekt bestätigte mir die Rolle, die ich spielen sollte, und dann nahm ich das Dringlichste in Angriff, ich ging zum Hafen, wo vier große weiße Fischdampfer, die das Wort »Ostende« am Bug trugen, die enge Fahrrinne zwischen den beiden Einfahrtstürmen fast verstopften.

Wie alle Wallonen hatte ich Flämisch in der Ecole primaire gelernt, aber es sind nur noch einige Brocken übriggeblieben. Es war sehr heiß. Das Glitzern des Wassers tat den Augen weh. Ich rief eines der Schiffe an, auf dessen Deck man einen Glasschrank, Tische, eine Nähmaschine sah, und später sollte ich entdecken, daß weitere Möbelstücke im Schiffsraum aufgestapelt waren. Die Seeleute hatten Frauen und Kinder an Bord geholt und waren, von Flugzeugen beschossen, bis nach La Rochelle

gefahren, wo sie es sich in den Kopf gesetzt hatten, sich nicht mehr fort-
zubewegen.

Das Palaver, genauso lang wie das Palaver bei den afrikanischen Stämmen, dauerte bis zum Mittag, und ich mußte unterdessen von einem
Bistro am Quai aus mit dem Präfekten, und dann mit dem Bürgermeister
von Charron, einem kleinen Hafen nördlich von La Rochelle, telefonieren.

Jetzt mußte ich nicht mehr schreien, die Hände zu einem Schalltrichter
geformt, um mich über ungefähr zehn Meter Wasserfläche verständlich
zu machen. Man holte mich im Kanu ab. Ein großer Mann mit weißen
Haaren und einem roten Gesicht empfing mich würdevoll, denn die anderen Kapitäne der Fischdampfer hatten sich freiwillig unter seine Befehls-
gewalt gestellt. Indem ich die beiden Sprachen miteinander vermengte,
erklärte ich ihm, daß er in dem kleinen Hafen von Charron vor Anker
gehen könnte, wo Unterkünfte für sie vorbereitet würden und von wo aus
sie zum Fischfang ausfahren könnten. Verstand er? Verstand er nicht? Er
schüttelte den Kopf und wiederholte einen Satz, den ich meinerseits nicht
verstand. Schließlich zeigte er auf meinen Wagen, der auf dem Quai stand,
berührte dann seine Brust mit dem Finger, und dann schließlich meine.

Er wollte es sehen, bevor er eine Entscheidung traf, und ich nickte mit
dem Kopf. Er erklärte den anderen, worum es ging, und stieg mit mir
hinab in das Kanu. Zwanzig Minuten später kamen wir in Charron an, wo
ihn ein Besuch beim Bürgermeister nicht interessierte und er direkt zu
dem winzigen Hafen ging. Er begutachtete ihn und nickte dabei langsam
mit dem Kopf. Dann zeigte ihm der Bürgermeister einige Zimmer,
wonach er endlich freundlich lächelte und mir seine Hand auf meine
Schulter legte.

Der Frieden war geschlossen. In der Nacht verließen die Fischdampfer
aus Ostende die Gewässer von La Rochelle, und der Präfekt stieß am
nächsten Morgen ein »Uff« der Erleichterung aus. Eine Woche später, als
schon drei- oder vierhundert Flüchtlinge in den provisorischen Baracken-
lagern gegenüber dem Bahnhof untergebracht waren, brachte mir der
große, kräftige, weißhaarige Bursche mit Hilfe seiner Matrosen drei
große Körbe mit Fischen, die in den Kesseln enden würden, in denen wir
die Suppe bereiteten.

Einige Züge waren von Bahnhof zu Bahnhof geschickt worden und hatten
drei Wochen gebraucht, um von Belgien hierherzukommen, und die
Menschen sahen ungläubig auf unsere Baracken und die Holzkojen. Der
Bürgermeister hatte mir einen grüngestrichenen Schuppen zur Verfügung
gestellt, der am Eingang des Camp, wie wir es nannten, aufgebaut worden
war und mir sowie meinen Mitarbeiterinnen als Büro diente, und wir hatten auch ein Telefon.

Freiwillige Mitarbeiter und Mitarbeiterinnen hatte ich viele, Franzosen und Belgier. Junge Mädchen aus der Stadt und eine Pfadfinderin kümmerten sich um das Büro, die anderen um die Flüchtlinge, für deren Aufnahme wir zu sorgen hatten. Eine Krankenschwester, bewundernswert in ihrer Aufopferung, ihrer Tüchtigkeit und guten Laune, half den Leuten beim Aussteigen aus den Zügen, verband die Wunden, wusch die Babys und die Kinder, versorgte die Frauen, die während der Reise entbunden hatten, denn das Krankenhaus war bereits völlig belegt, und die Ärzte waren überlastet.

Man hatte mir einen Vierkantschlüssel ausgehändigt, mit dem ich die Waggontüren öffnen und schließen konnte, und einige Züge, die »guten«, wurden zum Beispiel nach Saintes geschickt. Denn es gab gute und schlechte Züge, diejenigen, die ohne Zwischenfall angekommen waren, und diejenigen, die lange gebraucht hatten und beschossen worden waren.

Belgier kamen im Auto an, und ich gab ihnen einen Benzingutschein, damit sie an den Ort fahren konnten, der ihnen genannt worden war. Andere kamen im Lastwagen, im Autobus, und wir sahen einen Leichenwagen, der eine ganze, quicklebendige Familie transportierte.

Pfadfinder von Ostende, von fünfzehn bis achtzehn Jahren, hatten sich für den Ordnungsdienst angeboten, und sie waren wunderbar. Eine Dame der »vornehmen Gesellschaft« von La Rochelle fragte mich, ob sie mir helfen könne, zum Beispiel beim Kartoffelschälen in einem kleinen Zirkuszelt, das wir am Orte gefunden hatten. Tagelang putzte sie Gemüse, schabte die Möhren, die die Marktfrauen großzügigerweise den Pfadfindern gaben, die große Körbe bei sich trugen.

Eines Morgens hielt ein Lieferwagen einen Moment vor dem Lager, und man legte fünf Leichname von Greisen in grauen Kleidern auf den Bürgersteig und fuhr eilig wieder fort, bevor wir auf der Bildfläche erschienen. Die Greise waren unterwegs gestorben, eines natürlichen Todes, und sie hatten keine Papiere in ihren Taschen. Sie kamen wahrscheinlich aus einem belgischen Pflegeheim, aber es war uns unmöglich, sie zu identifizieren.

Einige Männer begannen ihre Arbeit in der nahegelegenen Flugzeugfabrik. Erstaunt über ihren Lohn, gaben sie mir freiwillig einen Teil davon für die Bedürftigsten. In den Vororten hatten Frauen aus der Gegend kleine Zentren eingerichtet, wohin ich die älteren Leute, die pflege- oder trostbedürftig waren, schicken konnte. Flugzeuge überflogen die Stadt und warfen manchmal Bomben, und wir mußten unsere gesamte kleine »Familie« sich bis zum Ende des Alarms an den Straßenrand legen lassen.

Eines Nachts, als ich nach Nieul zurückfuhr, wo ich nur selten war, denn es kam häufig vor, daß ich zwischen der Ankunft zweier Züge auf einer

Bank im Bahnhof schlief, sah ich ein Feuer in der Nähe unseres Hauses. Einer der Benzintanks brannte, und kleine Flammen versperrten die Straße. Ich fuhr schnell hindurch und mein Motor wurde nicht von den Flammen erfaßt. Die Frauen standen im Garten und sahen sich das Schauspiel an, und du, Marc, du schliefst friedlich. Das Feuer kam nicht bis zu uns, und drei Nächte später, als ich zu Hause schlief, schüttelte Tigy mich, um mich aus einem zu kurzen Schlaf zu wecken. Ich hörte, wie Granaten explodierten und wie Splitter in unsere Fensterläden drangen.

»Wir können nicht hierbleiben. Wir müssen uns in Sicherheit bringen.«

Das Haus hatte keinen Keller, und es gab keine andere Möglichkeit, in Deckung zu gehen, als sich in den Graben am Straßenrand zu legen. All das kann dir dramatisch vorkommen, aber wir waren Zeugen vieler Dramen. Wir wurden uns dessen nicht einmal mehr bewußt, nicht mehr als des Schlafmangels.

Die Stadt hatte kein Holz für die Öfen der Bäcker. Wie durch Zufall kam ein Zug aus den Ardennen an. Ich bat alle in dieser Provinz sehr zahlreichen Holzfäller, sich auf die eine Seite des Hofes für Eiltransport zu stellen. Am selben Tag brachten beschlagnahmte belgische Lastwagen sie in einen etwa fünfzehn Kilometer entfernten Wald; schon am nächsten Tag wurden die Bäcker wieder versorgt . . .

Es gab . . . kurz gesagt, die Auswirkungen des Krieges, unvergleichlich mit dem, was Bevölkerungen anderswo litten. Dann mischten sich nach und nach Franzosen aus dem Norden unter die Belgier, und am Schluß wurde aus La Rochelle ein überfülltes Lager: Menschen aus der Normandie, dann aus Paris. Ich erkannte im Vorbeigehen Freunde oder Kameraden wieder, Belgier wie Franzosen, und sogar einen Ehemaligen aus der »Caque«. Durch eine Anordnung des Innenministeriums wurde mir mitgeteilt, daß Royan für die Diamantenhändler aus Antwerpen reserviert war, die sich selbst verwalten würden.

Dann . . . die Übervölkerung aller Straßen, aller Landgebiete, die Unordnung, ein unentwirrbares Gewühl. Das war das Ende.

La Rochelle, das normalerweise fünfzigtausend Einwohner zählte, beherbergte zweihunderttausend, und genauso war es in allen anderen Städten und Dörfern der beiden Charentes.

Ich hörte kein Radio, aber ich vernahm das Geschrei aller Bewohner des Camp, die sich umarmten und vor Freude weinten: »Es ist Waffenstillstand!«

Ich glaubte, meine Aufgabe wäre beendet gewesen, aber als die Deutschen ankamen, mußte ich noch mit ihnen über die Mittel und Wege diskutieren, wie man meine ganze »Familie« wieder in ihre Heimat bringen konnte, wobei jeder es eilig hatte, nach Hause zu kommen. So viele

Züge . . . So viele Ärzte . . . So viele Abfahrtsbahnhöfe, so viel Brot, Butter, Schinken, Kaffee, Zucker, Babyfläschchen . . .

Als ich endlich richtig nach Hause kam und wieder mit deiner Mutter, Boule und den anderen zusammen war, konnte ich mich kaum aufrecht halten, und nun waren es die englischen Flugzeuge, die den Hafen von La Pallice ganz in der Nähe bombardierten, während deutsche Scheinwerfer sie am Himmel suchten. Ich hatte nichts mehr zu tun. Wir fuhren alle zusammen weg, auf der Suche nach einer Unterkunft im Wald von Vouvant in der nahegelegenen Vendée, wo wir ein kleines Bauernhaus mieteten.

Du warst wieder auf Reisen, mein armer Marc. Und das war nur ein kleiner Anfang. Was mich betraf, so wußte ich nicht, als ich von Nieul wegging, daß ich nicht mehr in unser Haus zurückkehren würde.

13

Ein richtiger Wald! Jahre zuvor, wahrscheinlich in der Zeit von La Richardière, war ich lange Zeit von einem kleinen Marktflecken namens La Châtaigneraie aus an ihm entlanggeritten. Als wir, Tigy und ich, im offenen Wagen auf der Landstraße spazierengefahren waren, hatten wir in einem Bistro angehalten, um uns mit einem kleinen Weißwein aus der Gegend zu erfrischen.

Dieser Wald hatte mich bezaubert. Im Gegensatz zu dem Wald von Orléans, aus dem ich wegen der Stille und der Eintönigkeit seiner Tannen, die wie eine Armee Napoleons in regelmäßigen Reihen standen, geflohen war, rauschte dieser bunte Wald mit seinen Bäumen aller möglichen Arten und einigen weißen Birken, die ihn noch freundlicher machten. Meine Erinnerung daran war ziemlich ungenau, aber ich sah auf der Karte nach und fand unseren Wald an seinem Platz, etwas hinter Fontenay-le-Comte, am anderen Ende von La Châtaigneraie als in meiner Erinnerung.

Wir waren vier, deine Mutter und du, Boule, ich am Steuer, ohne ein bestimmtes Ziel. Wir wollten Stille, Ruhe, wenn möglich geschützt vor aller Aufregung und vor dem Krieg.

Was den kleinen Bauernhof betrifft, auf dem wir mehrere Monate verbringen sollten, so mußte man uns wohl von ihm in dem Gasthaus von Vouvant, einem verlorenen Dorf mitten im Wald, erzählt haben. Man sprach noch nicht von diesen kleinen Landhäusern, die die Städter aufkaufen und wie Spielzeuge anstreichen, um daraus ihren zweiten Wohnsitz zu machen.

Es war wirklich ein ganz kleiner Bauernhof, ein Hof von armen Bauern, einen Kilometer von Vouvant entfernt. Der Mann, der als einer der ersten an die Front gegangen war, wurde vermißt. Seine junge Frau und sein Sohn, der noch blonder war als du, hatten sich in ein einziges Zimmer zurückgezogen, dann in den Stall, und sogar abends gehörte das Bauernhaus uns, das heißt, es stand uns zur Verfügung.

Wir befanden uns in einer Senke, die der Wald von allen Seiten umgab, und auf den Wiesen weideten nur vier oder fünf Kühe. Die Besitzerin war dünn, vergrämt wegen des Schicksals ihres Mannes, und sie kümmerte sich um alle Arbeiten.

Es war August, Ende August, wenn ich mich nicht irre. Die Bäume verfärbten sich bereits unter einer drückend heißen Sonne. Du warst ein kleiner Knabe geworden. Eine sehr große Küche ohne fließendes Wasser. Man mußte es aus dem Brunnen holen. Keine Toilette: nur eine Holzhütte, die wir mit der Bäuerin und ihrem Sohn teilten, mit dem du dich bald anfreundetest. Denn du brauchtest schon Freunde, der erste kleine Junge oder das erste kleine Mädchen, das du trafst, genauso wie ein Hund, eine Katze, eine Schnecke oder eine Ameise, die du zärtlich in die Hand nahmst.

Ich glaube, Boule schlief in einer kleinen Kammer, neben der Küche, wir in Dachkammern, die eigentlich Speicher waren, denn es war kein richtiges Stockwerk. Die Betten waren sehr hoch, mit zwei oder drei Federmatratzen, in denen man einsank, und anstelle einer Decke ein ebenfalls mit Federn vollgestopftes Oberbett.

Ich erinnere mich daran, von Zeit zu Zeit einen ganzen Nachmittag damit verbracht zu haben, alle möglichen Sorten von Gebäck für dich zu backen, die einen mit fein geriebenen Zitronen- oder Orangenschalen darin und mit einem Stück Engelwurz verziert, die anderen mit vier verschiedenen Gewürzen: Muskat, Zimt . . . und ich weiß nicht mehr womit, was mich an die »Spekulatius« meiner Kindheit erinnerte. Man füllte damit Blechdosen, wo sie sich einen Monat oder länger hielten, und du verlangtest drei- oder viermal am Tage welche, wobei du lange ernsthaft überlegtest, bevor du die Farbe wähltest.

Das ganze Haus roch dann gut nach Früchten, Zucker und Mehl, und mit Hilfe von kleinen Formen schnitt ich verschiedene Figuren aus dem Teig. Ausgezackte Kreise, Herzen und Umrisse von Tieren waren auf Fettpapier ausgebreitet, und man mußte sich beeilen, denn wenn der Ofen bis zur Weißglut erhitzt war, genügten wenige Minuten zum Backen. Du folgtest mir mit deinem ernsten und neugierigen Blick, und keine meiner Bewegungen entging dir.

Es kam auch vor, daß ich mich in unserem Dachbodenzimmer, in dem Wespen zwischen den Ziegeln und den Balken hausten, an den Tisch setzte, um mit der Schreibmaschine zu schreiben, und dort schrieb ich *La vérité sur Bébé Donge*, einen Roman ohne Krieg, ohne Krach, wenn auch nicht ohne Drama, voller Sonne und mit harmonischen Gärten.

Der Krieg ist, wie das Leben, ein Lotteriespiel, und man folgt seinem Schicksal, ohne zu protestieren. Die einen kämpften erbittert oder standen Angst bei den Bombenangriffen aus. Von einem Ende Europas zum anderen wurde gemordet und gefoltert, während ohne offensichtlichen Grund Inseln idyllischen Friedens existierten. Man schämte sich fast, sich in der Stille auf einer davon zu befinden, Gebäck zu backen, jeden Morgen einen ansteigenden Pfad, der die Wiesen durchzog, zu erklimmen, um in Vouvant auf dem Markt einzukaufen.

Die Frau in dem Gasthaus hatte einen Mann, von dem sie keine Nachricht erhielt, aber sie würde bald erfahren, daß er in Deutschland in Gefangenschaft war. Die deutsche Luftwaffe griff London an, wo die Sirenen jeden Tag die Einwohner aufforderten, in der Metro Schutz zu suchen. Die Häuser in allen Stadtvierteln stürzten ein. Bald würde man Seite an Seite in den unterirdischen Metrostationen schlafen.

Du folgtest dem Pfad, der uns nach Vouvant führte, deine kleine Hand in meiner, und du stelltest wenige Fragen. Man hätte schwören können, daß du die Antworten unbedingt selbst finden wolltest. Du hättest gerne die Kühe gestreichelt und den Esel, der dich aus großen, verträumten Augen ansah. Du hättest gerne alles gestreichelt, was lebendig war, du träumtest von einer Welt, in der alles freundlich zueinander wäre.

Eines Tages, als wir im Wald waren, batest du mich, dir einen Stock zu schnitzen, und ich suchte einen kleinen Ast aus, den ich mit Hilfe eines großen Klappmessers von seinen kleinen Zweigen befreite. Ich entfernte die Rinde und rundete ein Ende ab. Mein Messer rutschte weg, und dein zukünftiger Spazierstock schlug mir heftig gegen die Brust. Ich versuchte, keine Miene zu verziehen, denn der Schmerz war stark gewesen, aber deine Augen wurden ängstlich.

»Aua?«

»Nein, mein Sohn.«

Ich nannte dich selten »Marc«. Ich sagte lieber »mein Sohn«, ein Wort, das mir so schön erschien und das ich später auch bei deinen Brüdern gebrauchte, so wie mein Vater es bei mir getan hatte.

»Nein, mein Sohn!«

Ich zwang mich zu lächeln. Ich fragte mich, ob ich mir nicht eine Rippe gebrochen hätte, und Tigy rieb mich mit irgendeiner Salbe ein. Ich verbrachte eine schlechte Nacht. Am nächsten Morgen war der Schmerz dumpfer, beunruhigte mich aber noch mehr.

»Ich werde mich in Fontenay-le-Comte röntgen lassen.«

Denn in Vouvant gab es keinen Arzt. Deine Mutter schlug vor, mich zu begleiten, aber sie hatte so viel im Hause mit dir und Boule zu tun, von deinem kleinen Freund abgesehen, dessen rosiges Gesicht man ständig in einer der kleinen Fensterscheiben auftauchen sah.

Ich ging nicht durchs Dorf. Die Bäuerin hatte mich auf einen Pfad aufmerksam gemacht, der ein oder zwei Kilometer weiter wieder auf die Landstraße führte. Der Marsch verminderte den Schmerz. Ich brauchte fast zwei Stunden, um nach Fontenay-le-Comte zu gelangen, wo ich erstaunt war, elf Kilometer gelaufen zu sein, ohne zu ermüden.

Man zeigte mir das stattliche Haus des Radiologen. Ich sagte ihm lächelnd, wie um mich zu entschuldigen, daß ich wohl eine angeknackste Rippe hätte. Er war jung, jedoch ernst, selbstsicher, wenn nicht hochtrabend.

»Ziehen Sie Ihr Hemd aus und stellen Sie sich hier hin . . .«

Ich mußte mit nacktem Oberkörper hinter eine matte Scheibe schlüpfen, die mich gegen eine harte Trennwand drückte.

»Bewegen Sie sich nicht . . . Einatmen . . .«

Er saß auf der anderen Seite der Scheibe, die ein mattes Licht in der Dunkelheit verbreitete, und er gab mir kurze Anweisungen:

»Einatmen . . . Luft anhalten . . . Ausatmen . . . Ein wenig nach rechts drehen . . . Nicht mehr bewegen . . .«

Mit sorgenvoller Stirn holte er irgendwoher ein durchsichtiges Blatt Papier, das er auf die Scheibe legte, und er fing an, mit einem knirschenden Bleistift das zu zeichnen, was er im Inneren meines Körpers sah. Ich hatte noch nie eine Röntgendurchleuchtung über mich ergehen lassen. Ich betrachtete genau sein gespensterhaftes Gesicht, das mir immer besorgter zu werden schien. Es dauerte wenigstens eine Viertelstunde, wonach er aufstand und mich von der Glasplatte befreite, die mir den Oberkörper zerdrückte.

»Ziehen Sie sich wieder an.«

Ich hasse die Ärzte, die eine feierliche Haltung annehmen und die niemals an sich zweifeln. Er hielt ein großes Blatt Pauspapier in der Hand und ließ mich in ein großes, von der Sonne brüllend heißes Büro eintreten.

»Setzen Sie sich!«

Seine Bewegungen waren langsam und gemessen, alles geschah bei ihm wie in Zeitlupe. Der Wald, unser kleiner Bauernhof, sogar die jenseits der Fenster stille Straße schienen mir weit weg, in einer anderen Welt. Er dagegen kritzelte immer noch, dann zeichnete er mit Hilfe eines flachen Lineals geheimnisvolle Striche auf das Bild, das er von mir aufgenommen hatte, dann am Rande Zahlen. Es war genauso geheimnisvoll, genauso beeindruckend wie ein Hochamt für jemanden, der zum ersten Mal daran teilnimmt.

»Lebt Ihr Vater noch?«

»Nein.«

»In welchem Alter starb er?«

»Mit vierundvierzig Jahren.«

»Woran?«

»An Angina pectoris.«

Ein leichtes Lächeln, so als entzückte es ihn.

»Sind meine Rippen . . .?« begann ich.

»Mit Ihren Rippen ist gar nichts. Es ist viel ernster. Schauen Sie hier.«

Sein Lineal legte sich diagonal auf die Abbildung eines meiner Organe.

»Ihr Herz ist . . .«

Ich weiß nicht mehr, wieviel Zentimeter breit an seiner breitesten Stelle. Eine zu hohe Ziffer, jedenfalls versicherte er es mir.

»Ein großes Herz, sehen Sie. Das, was man gewöhnlich ein ›Sportlerherz‹ nennt. Und dies hier . . .«

Eine Art kleine Verdickung über dem Herzen. Ebenfalls schlimm!

»Rauchen Sie?«

»Pfeife.«

»Sie dürfen nicht mehr rauchen . . . Trinken Sie?«

»Wein.«

»Schluß damit. Von heute an . . . Arbeiten Sie viel?«

»Ich schreibe gewöhnlich sechs Romane im Jahr.«

»Ach! Sie schreiben Romane?«

Ich schämte mich fast meines Berufes.

»Sie dürfen nicht mehr schreiben.«

»Was soll ich tun?«

»Sich ausruhen. Und vor allem, keinen Geschlechtsverkehr.«

»Was habe ich genau?«

»Das Herz eines alten Mannes . . .«

Ich war siebenunddreißig Jahre alt und hatte soeben elf Kilometer zu Fuß zurückgelegt, ohne das Bedürfnis verspürt zu haben, stehenzubleiben und mich zu verschnaufen. Ich hatte auch einen Sohn, einen *ploustiquet en brique,* den ich soeben kennenzulernen begann.

»Ist es sehr gefährlich?«

»Ich gebe Ihnen noch zwei Jahre zu leben, unter der Bedingung, daß Sie meine Vorschriften befolgen.«

Er »gab« mir zwei Jahre. Und er war kein Mann, mit dem man handelte. Am liebsten hätte ich ihn unterwürfig gebeten: »Geben Sie mir fünf.« Es waren zwei Jahre, punktum!

»Auch keine körperlichen Anstrengungen. Gehen Sie langsam.«

Dieser feierliche und keinen Widerspruch duldende Mann, der Gottvater spielte, hatte mich behext. Sein Büro war beeindruckend, sein Gesicht, sein Anzug, seine bedächtige Stimme, die keinen Widerspruch zuließ.

»Wohnen Sie weit weg?«

»Im Wald von Vouvant.«

Taxis gab es nicht mehr.

»Leben Sie alleine?«

»Ich bin verheiratet und habe ein Kind . . .«

Er hob die Schultern, als könne er nichts dazu.

»Das wären dann zweihundert Francs.«

Er begleitete mich bis vor die Tür seines schönen Hauses, und ich ging automatisch zur Landstraße, wobei ich die Pfeife wieder in die Tasche steckte, die ich, ohne mir dessen bewußt zu sein, hervorgeholt hatte. In der Mittagssonne, die mir den Nacken verbrannte, legte ich die elf Kilometer wieder zurück, die mich von unserem provisorischen Zuhause, wie es alle unsere Zuhause waren, trennten. Diesmal machte ich einige Pausen, so als schlüge mein Herz, auf das ich die Hand legte, zu heftig.

Das ging wie die Kriegserklärung vor sich, wie meine Abreise nach Paris, die Rue de Surène. Nichts Dramatisches, so als hätte ich unter Narkose gestanden. Ich akzeptierte es ganz einfach. Zwei Jahre . . . Ich hätte vor kurzem bei einem der Bombenangriffe auf La Rochelle getötet werden können . . . Es kam mir nicht in den Sinn, einen anderen Arzt zu konsultieren. Würde er mir nicht dasselbe sagen wie sein allwissender Kollege?

Ich kehrte für einen Moment in dem einzigen Bistro auf dem Wege ein, und als ich gerade ein Glas Weißwein bestellen wollte, bat ich um ein Glas Mineralwasser.

Nicht mehr rauchen. Nicht mehr schreiben. Nicht mehr lieben. Nicht mehr . . . Aber ich würde leben! . . . Zwei Jahre . . .

Und du, mein Sohn, du würdest niemals die Jugendzeit deines Vaters kennenlernen, du würdest später nichts über deine Großeltern, über Lüttich, über deine Tanten, deine Onkel, deine Cousins und Cousinen wissen . . .

Auf dem Weg keimte ein noch vager Plan heran. Die Hunde, die Pferde, sogar die Stiere haben einen Stammbaum . . . Und du, du würdest deinen nur mütterlicherseits kennen. Von den Simenons, nichts! Von deinem Vater ein sicher unscharfes Bild, Fotografien, die vergilben würden, Romane, die du vielleicht lesen, in denen du jedoch nichts von mir wiederfinden würdest.

Der feierliche Herr hatte mir das Schreiben untersagt, weil ich ihm anvertraut hatte, Romancier zu sein. Aber nach und nach Erinnerungen niederschreiben in ein Heft, das ich dir hinterlassen würde? Ich kam auf unserem kleinen Bauernhof an, schon zufrieden und sogar ein wenig eingebildet auf die Lösung, die ich soeben entdeckt hatte. Innerhalb von zwei Jahren hatte ich Zeit dazu, selbst wenn ich nur eine Viertelstunde am Tag schrieb.

Tigy erwartete mich lächelnd, denn sie hatte am Abend zuvor meine Rippen abgetastet, und wenn sie mich nach Fontenay hatte gehen lassen, dann nur zu meiner Beruhigung.

»Nun?«

Du sahst mich ebenfalls mit deinen hellen Augen an, und Boule war mir ein sauberes Hemd holen gegangen, denn meins war durchnäßt.

»Nichts gebrochen?« fragte Tigy.

»Die Rippen sind nicht einmal angebrochen.«

Die anderen hatten schon gegessen. Ich bekam etwas auf einer Seite des Tisches, und ich weiß nicht, was ich aß. Du wurdest zum Mittagschlaf nach oben gebracht, und ich ging mit deiner Mutter in den Schatten der Bäume. Welch schöne Bäume! Wie die Blätter rauschten, und wie die Sonne mit ihnen ein wunderbares Spiel spielte!

»Hast du mir etwas zu erzählen?«

»Ja. Versprich mir, tapfer zu sein . . .«

Sie war immer tapfer. Meine Einleitung war unnötig, aber ich versuchte dennoch, sie »vorzubereiten«, wie man in den Familien sagt.

»Meine Rippen sind in Ordnung.«

»Ich dachte es mir.«

»Nur . . .«

»Bist du krank?«

»Ja.«

»Die Lunge?«

»Nein. Es ist das Herz. Anscheinend habe ich ein Sportlerherz . . .«

Sie konnte sich nicht enthalten zu lächeln.

»Und? Das ist doch gut, oder?«

»Das bedeutet ein zu großes Herz.«

»Ist es schlimm! Ist es heilbar?«

»Anscheinend ist es nicht heilbar.«

Jetzt beunruhigte sie sich und wurde blasser.

»Fühlst du dich nicht wohl?«

»Doch. Ich bin zu Fuß nach Fontenay und wieder zurück gegangen.«

»Sag mir die Wahrheit, Georges. Geh nicht um den heißen Brei herum . . .«

Und ich platzte endlich erleichtert heraus, denn sie hatte das Recht, Bescheid zu wissen, und sie hätte es ohnehin schnell begriffen.

»Wie mein Vater, oder fast so . . . Ich habe noch zwei Jahre zu leben . . .«

Sie wurde starr, was ihre Art war, ihre Emotionen zu zeigen.

»Bist du sicher?«

»Und noch etwas: Unter der Bedingung, daß . . .«

Ich erzählte von meiner Pfeife, vom Wein, von leichten Mahlzeiten, denn ich vergaß vorhin, die leichten Mahlzeiten zu erwähnen. Von der Keuschheit, von der Vermeidung jeglicher Anstrengung . . .

Wir gingen schweigend Hand in Hand hinein, und unser Miniaturtal war bezaubernder denn je, wie die Bilder der Weiden, die ich durch die Fensterscheiben des Zuges dahinfliegen gesehen hatte, der mich nach Paris und theoretisch nach Belgien gebracht hatte.

»Wir können nicht hierbleiben, wo es keinen einzigen Arzt gibt und wir weitab von allem sind.«

Boule vertrauten wir nur einen Teil der Wahrheit an, und sie fiel mir weinend um den Hals.

»Mein kleiner schöner Monsieur! . . . Ich will es nicht . . . Ich lasse . . .«

»Leise, Boule, Marc schläft . . .«

Eine Woche, vielleicht zwei Wochen gingen in dem Frieden unseres winzigen Tales dahin, und wir spielten, du und ich, unter dem schattigen Blätterdach des Waldes. Wie lebhaft du warst, sehr fest auf deinen kräftigen Beinen, mit deinem scharfgeschnittenen Gesicht, deinen Augen voller Träume! Wie schön du warst, Marc, während . . .

Fragtest du dich, warum ich dich nicht mehr hochhob und warum ich dich nicht mehr rittlings auf meine Schultern setzte? Man hatte mir befohlen, jede Anstrengung zu vermeiden, und ich gehorchte. Ich protestierte nicht. Im Grunde habe ich mein ganzes Leben lang den dümmsten Befehlen und Anordnungen gehorcht, selbst wenn ich mich innerlich dagegen auflehnte.

Ich fuhr mehr als fünfzig Jahre lang Auto nach den verschiedensten Regeln, auf allen Kontinenten, und ich bekam nie einen Strafzettel. Also warum sollte ich dem Schicksal gegenüber ungehorsam sein? Zwei Jahre? Millionen von Menschen hatten diese zwei Jahre nicht mehr zu leben, einige nicht einmal mehr einen Tag, eine Stunde, und sie hatten nichts getan, weshalb sie es verdient hätten, sie waren genauso gehorsam gewesen wie ich. Gerade eben weil sie gehorcht hatten . . .

Tigy war es, die sich nach Fontenay-le-Comte begab und dort ein kleines Haus mit Garten am Rande des Flusses namens La Vendée zu mieten fand. Dieses Haus . . . Aber es ist nicht nötig, es dir zu beschreiben, denn ich erzählte dir davon in den Heften, die ich für dich zu schreiben anfing, für später, wenn du groß sein würdest.

Auf der ersten Seite hatte ich einen kräftigen Baum gezeichnet, und jeder Ast trug den Namen einer deiner Vorfahren der Simenons. Der Titel, mit Tusche geschrieben, damit es gewichtiger aussah, lautete:

*mit dem Porträt seines Vaters, seiner Großväter und Großmütter,
seiner Onkel, seiner Tanten, seiner Cousins und Cousinen*

Ich schrieb in Hefte, die denen ähneln, die ich in diesem Augenblick voll-
schreibe, nur zwei oder drei Seiten am Tag, und meine Pfeife fehlte mir.
An dich richtete ich mich, und ich nannte dich »Ma'«, wie du dich selbst
nanntest, als es dir noch nicht gelang, das ›r‹ auszusprechen. In dieser Zeit
sprachst du von dir in der dritten Person:

»Ma' hat Hunger . . . Ma' will Pipi machen . . .«

Ich ging zu einem praktischen Arzt in der Stadt, der mich untersuchte,
seinen Kollegen, den Radiologen, anrief und mir empfahl, einen bekannten Kardiologen in Paris zu konsultieren. Gut! Aber es war Krieg und
darüber hinaus befanden wir uns in einem Département an der Küste. Wir
waren Belgier, also Ausländer, also verdächtig, und als solcher mußte ich
im Prinzip jeden Tag auf dem Polizeikommissariat erscheinen und mich
in einer Liste eintragen. Wir hatten nicht einmal das Recht, die übrigens
bezaubernde Stadt zu verlassen, in der wir uns befanden.

Ich angelte Aale vor unserem Haus, und du folgtest mir dabei mit den
Augen, voll Bewunderung an dem Tag, als ich einen riesigen Fisch aus
dem Fluß zog.

Ich durfte dennoch deinen kleinen Sportwagen schieben, wenn du
müde warst. Und sogar unseren kleinen Garten bebauen, wo du im Frühling voller Entzücken unser erstes Gemüse sprießen sahst.

Annette hatte in La Roche-sur-Yon ihren Vater wiedergetroffen, dem
die Beine zerschmettert worden waren, als der Bahnhof, dessen Vorsteher
er gewesen war, von den Engländern bombardiert wurde. Man hatte sie
ihm amputiert, und heute geht er noch mit fünfundachtzig Jahren auf seinen künstlichen Beinen und fuhr bis vor zwei Jahren Auto.

Zwei Jahre! Genau diese beiden Jahre, die ich noch zu leben hatte und
von denen ich nicht den geringsten Bruchteil verlieren wollte. Ich trennte
mich fast niemals von dir. Überall, wohin ich ging, nahm ich dich an der
Hand mit, und ich zeigte dir alles, was es zu sehen, zu beobachten gab,
die Spiegelungen auf dem Fluß, das seitenverkehrte Bild, das das Wasser
von der alten Steinbrücke zurückwarf, dann die ersten Fliederblüten.

»Das riecht gut, Marc . . .«

»Riecht gut . . .«

Du gehörtest noch mir, verstehst du? Und alles, was ich in meine Hefte
schrieb, schrieb ich deshalb, um später ein ganz klein wenig bei dir zu
sein.

Claude Gallimard kam mich besuchen. Er hatte einen Passierschein für die nicht besetzte Zone, und er mußte meinen Freund André Gide an der Côte d'Azur treffen. Gide hatte ihn schriftlich gefragt, was ich schrieb, und ihn gebeten, meine Manuskripte mitzubringen. Claude nahm also eine Fotokopie meiner Seiten mit.

Zur selben Zeit ließ uns jemand wissen, daß das Schloß von Terreneuve, das oben auf dem Hügel stand, zu vermieten war, was nicht ganz stimmte. Nur die eine Hälfte des Schlosses war zu vermieten, die andere Hälfte wurde weiterhin von den Eigentümern bewohnt. Wir zogen wieder einmal um. Warum sollte ich dir keine schönen Bilder in deinem Gedächtnis hinterlassen, solange ich es noch konnte?

Noch ein Schloß, wirst du mir sagen? Ich machte es nicht mit Absicht. Hier hattest du einen riesigen Park mit Wasserbecken und dichten Wäldern, wo wir nach dem Regen Schnecken von den Stämmen und den Blättern der Bäume »pflückten«. Du warst es, der sie immer als erster sah, genauso wie die Pilze.

»Dort, Dad! Noch eine . . . eine dicke . . .«

Es blieben mir nur noch anderthalb Jahre zu leben. Wir sprachen nie davon, deine Mutter, Boule und ich, und für meinen Teil dachte ich nicht mehr daran.

Gide ließ mich, immer durch Gallimard, wissen, daß ich meine Hefte nicht in der ersten Person weiterschreiben, sondern sie als Romancier, der ich war, wie einen Roman mit der Maschine tippen sollte. Ich folgte seinem Rat. Gehorchte ich nicht immer? Und ich nahm wieder meine Schreibmaschine, begann wieder mit dem Anfang in der dritten Person und änderte die Namen.

Eines Tages beobachtete ich dich lange, als du auf einer der Stufen der Außentreppe saßest und den Himmel betrachtetest, der dich zu faszinieren schien. Ich fragte mich, woran du wohl denken konntest, was dich in dem unendlich weiten Blau wohl in seinen Bann schlug. Vorsichtig näherte ich mich dir, und erst lange danach wandtest du dich, enttäuscht seufzend, mir zu:

»Sie ist verschwunden, die Wolke . . .«

Du sagtest »ve-schwunden«, und du suchtest über dir noch die kleine rosaweiße Federwolke, der du mit deinem Blick gefolgt warst, bis sie verschwunden war.

Wie ich . . . Aber nein! Ich hatte keine Zeit, daran zu denken.

14

Wir lebten ungefähr zwei Jahre ein ruhiges und behagliches Leben in dieser ebenfalls ruhigen und behaglichen *sous-préfecture* mit dem unaufdringlichen Zauber der meisten *sous-préfectures*. Man erzählt von Unterpräfekten auf dem Lande, die oft Dichter sind, und unsrer, den wir jeden Tag vorbeigehen sahen, jung und sehr blond, mit abwesendem Blick, mußte einer von diesen Dichtern gewesen sein, die sich in die Verwaltung verirren. Es war zur Zeit unseres engen Hauses am Ufer der Vendée, und das Gebäude der *sous-préfecture* befand sich hundert Meter weiter an demselben Ufer.

Zwei Jahre! Die zwei kümmerlichen Jahre, die mir der selbstgefällige Arzt gewährt hatte, der seine Diagnosen wie oberste Wahrheiten verkündete. Nach und nach vergaß ich, daß diese zwei Jahre meine letzten sein sollten. Zum Schluß glaubte ich daran, ohne daran zu glauben, oder genauer gesagt, ich lebte in den Tag hinein und genoß soviel wie möglich jede Stunde, die verstrich.

Ich arbeitete wenig; ich kann sagen, daß ich gar nicht mehr arbeitete, denn in der Nähe meines eigenen heranwachsenden Kindes meine Kindheitserinnerungen niederzuschreiben war mehr ein köstlicher Zeitvertreib, und ich glaube jetzt, daß dadurch, daß ich dich beobachtete, mein Erinnerungsvermögen geschärft wurde und die lebendigsten Bilder dort einflossen.

Von den ersten Tagen an raubte deine Gouvernante dich mir, eine noch junge und fröhliche Frau, da sie dir im Park und in den Wäldern des Schlosses Gesellschaft leistete. Als ich erfuhr, daß sie eine kleine Tochter hatte, die kaum älter war als du und von der sie mir aus Zurückhaltung nichts erzählt hatte, fragte ich sie, ob sie nicht Lust hätte, sie mitzubringen, und es war zwischen euch auf den ersten Blick die große Freundschaft. Ich habe ihren Vornamen vergessen, denn du hattest in der folgenden Zeit soviel andere Freundinnen und Freunde, die verschiedensten Kinder! Sie war mollig, lustig wie ihre Mutter, mit sehr lockigen Haaren, und ich ließ einen oder zwei Karren Sand kommen, der hinten im Garten ausgekippt und mit ein paar Brettern zusammengehalten wurde. Kleine, rote Strandeimer, verziert mit Kinderbildern. Kinderschippen und Kinderharken . . .

Ich hatte eine ärmliche Jugend gehabt, man hatte mir »eine gute Ausbildung« mitgegeben und mir beigebracht, die »schöne Hand« und nicht die linke zu geben, »merci« und »pardon« zu sagen, was ich noch heute in meinem Alter instinktiv sage, auch wenn man mich anrempelt oder mir auf den Fuß tritt.

»Pardon . . . Pardon . . .«

Meine Welt war eine ruhige Straße mit kleinen Angestellten, kleinen Beamten und bescheidenen Rentnern. Die Umstände des Krieges ließen dich in einem Schloß hoch über der Stadt leben, wo sich einst die Dichter der Pléiade getroffen hatten und wo Rabelais sich anscheinend aufgehalten hatte, was noch die Rue Rabelais ganz in der Nähe bezeugte. Der Krieg, für mich der Erste Weltkrieg, ließ in mir die Erinnerung an einen nie gestillten Hunger zurück. Ich wollte nicht, weil es mir hier möglich war, daß es für dich genauso würde.

Oft, wenn ich dich deiner Gouvernante, deiner Mutter, Boule und der Bretonin, die wieder zu uns zurückgekommen war, entführte, ging ich mit dir den steilen, kargen Kiesweg hinunter, der gesäumt war von Hütten aus früherer Zeit, die schräg gegeneinander standen, und wir sahen uns zusammen die verschiedenartigen Gespanne an, die an den Markttagen die Bauern aus der Umgebung in die Stadt brachten.

Die Pferde, der Geruch des Mistes, das Gewimmel auf dem Markt faszinierten dich, wie mich das alles in deinem Alter fasziniert hatte, und du rissest die Augen weit auf, um alles in dich aufzunehmen, die Farben der Lebensmittel, die an der Place Viète ausgebreitet waren, den Schatten der Bäume, und ich bin sicher, daß du begierig dem Gackern der Hühner und dem Schrei der Hähne in ihren vergitterten Käfigen lauschtest, den kräftigen Stimmen der Männer, den schrillen der Frauen, die die Kunden anlockten.

Ein großes Fest war für dich wie für mich der monatliche Pferde- und Viehmarkt auf dem anderen Ufer der Vendée, wo Hunderte von Tieren an den Absperrungen aus Eisen, die den Platz einzäunten, angebunden waren. Du hättest sie gerne alle gestreichelt, eingeschlossen die rosigen Schweine, und ich sehe dich noch, wie du sehnsüchtig ein Mutterschwein betrachtetest, das von einem Dutzend Ferkel umgeben war, die sich um die Zitzen stritten.

Du hättest gerne alles gewollt, Marc, alles, was aus der Erde kommt, von den Bäumen bis zu den Blumen, die Erde selbst, die du mit vollen Händen nahmst, wie einen wertvollen Schatz, und alles, was davon lebt. Schweigend, würdevoll, als handelte es sich um einen Kult, und du wußtest noch nicht, daß dies noch einer war in weitab gelegenen Gebieten, die für eine Zeitlang der Zivilisation entgangen waren. Diese Bilder, diese Gerüche, diese Geräusche, ich war begeistert, daß du dich damit überfüttertest, denn es würde es dir später ersparen, mürrisch, brummig oder unglücklich zu werden.

Ich verpaßte keinen Wochenmarkt oder Viehmarkt. Ich habe niemals einen versäumt, wohin ich auf der Welt auch kam, auch wenn ich die »pittoresken« Panoramen, die historischen Denkmäler oder die Museen vernachlässigte. Heute, da du deinerseits diese Zeit durchlebt hast, kennst du sicher die leidenschaftliche Begeisterung, die ein Vater empfindet, der mit seinem hingerissenen Sohn in der bunten Menschenmenge eines Marktes spazierengeht oder über eine noch feuchte Wiese oder durch einen Wald, wo tausend kaum wahrnehmbare Geräusche ein intensives, obwohl unsichtbares Leben ahnen lassen.

Die *sous-préfectures* sind meistens gutbürgerlich, und wir lebten in unserer ein bürgerliches und abgeschirmtes Leben. Fontenay-le-Comte zählte damals etwas mehr als fünftausend Einwohner, und allmählich kannte man fast alle Gesichter. Für mich begann es in dem wichtigsten Café der Stadt, dem Café du Pont, nehme ich an, denn es stand genau gegenüber der Brücke, die über den Fluß führte. Es war das typische Café der kleinen Städte im damaligen Frankreich, mit Spiegeln rundum, mit weißen Marmortischen auf geschraubten Eisenfüßen und neben einer der unvermeidlichen Säulen eine glänzende Metallkugel, die die Kellner in weißen Schürzen einen Moment öffneten, um die Lappen zum Abwischen der Tische herauszunehmen oder hineinzulegen.

Fast jeden Nachmittag traf ich dort einige der Notabeln des Ortes, einen Rechtsanwalt, einen Arzt (nicht denjenigen, der mir mein Glück oder vielmehr mein Unglück geweissagt hatte!), manchmal den Unterpräfekten und einen ehemaligen Ortskommandanten der Gendarmerie. Immer an demselben Tisch spielten wir ernst eine Partie Bridge, was uns bis zur Abendessenszeit beschäftigte.

Das hielt mich nicht davon ab, etwas weiter auf der Straße, fast gegenüber, noch ein anderes Café zu besuchen, lärmender und volkstümlicher, wo oft lautes Gelächter erscholl. Von Zeit zu Zeit kam es vor, daß ich mit verschämter Stimme, so als beginge ich eine Sünde, ein kleines Glas Weißwein bestellte; aus Trotz vielleicht oder als Herausforderung für meinen schulmeisterlichen Radiologen, der selbstverständlich in dem oberen, dem Großbürgertum vorbehaltenen Teil der Stadt wohnte und der sich weder in dem einen Café noch in dem anderen zu zeigen geruhte.

Samstag morgens widerstand ich nicht der Verlockung des verrauchten, wimmelnden Bistro du Marché, wo die Leute vom Lande dichtgedrängt nebeneinander an der Zinktheke standen und sich sehr laut beim Trinken unterhielten.

Die Hauptstraße, die Rue Clemenceau, war lang und breit, so daß man von der Brücke aus ganz am Ende einer sehr lang ansteigenden Strecke einen kleinen rot-weißen Bahnhof sah, den man für das Werk eines Sonntagsmalers hätte halten können. Alles war gut und schön. Kaum daß man die zwei oder drei Deutschen in Uniform vor einem Haus sah, ähnlich den anderen Häusern, aus dem die Besatzer ihre Kommandantur gemacht hatten. Die Truppen waren ziemlich weit weg von der Stadt, auf einem Plateau, auf der sie einen Flugplatz angelegt hatten. Manchmal hörte man von dort das Knattern von Maschinengewehren, ohne daß man dem Aufmerksamkeit geschenkt hätte.

Eines Tages, kurz nach Mittag, hörten wir, deine Mutter und ich, die Alarmsirene. Tigy lief in den Garten, um dich zu holen, und wir stiegen alle hinunter in den Keller, der nur durch ein winziges Kellerfenster Licht bekam. Wir warteten auf das Dröhnen der englischen Flugzeuge, auf das Explodieren der Bomben, auf das Donnern der Luftabwehr, aber nichts geschah. Es herrschte Stille. Du weintest nicht. Du stelltest keine Fragen. Du stelltest selten welche.

Es war unangenehm, in der Feuchtigkeit und der fast völligen Dunkelheit dazusitzen. Würden die Flugzeuge endlich angreifen? Die Stille war beklemmender als der Lärm eines Bombenangriffs oder eines Luftkampfes.

Ich war während der Bombenalarme nie in den Keller hinabgestiegen oder in Deckung gegangen, und in Nieul, in der Nacht, als der Hafen von La Pallice angegriffen worden war und Granatsplitter sich in unsere Fensterläden gegraben hatten, war ich im Bett geblieben und hatte geschlafen, während deine Mutter, böse auf mich, dich in Decken gehüllt und in den Straßengraben gebracht hatte.

So warteten wir also fast eine Stunde. Die Sirene verkündete immer noch nicht das Ende des Alarms. Ich stieg ins Erdgeschoß hinauf, ging in den Hof, wo ich Léontine sah, die Köchin unserer Vermieter, die einen Kochtopf ausscheuerte.

»Ist immer noch Alarm?«

»Er ist schon lange vorbei.«

»Aber die Sirene . . .«

Ich brauchte eine gewisse Zeit um zu begreifen, daß das Heulen, das uns alarmiert hatte, das Ende und nicht den Beginn des Bombenalarms ankündigte.

Ich war nicht mehr dazu verpflichtet, jeden Tag zum Unterschreiben aufs Polizeikommissariat zu gehen. Der Kommissar war ein Flüchtling aus den Ardennen, aus einer kleinen Stadt an der belgischen Grenze. Er war ein reizender Mensch, und er schlug mir als erster vor, da ich ja außerhalb der Stadt wohnte, nur noch einmal pro Woche zu unterschreiben, auch wenn ich dann siebenmal in einer Spalte seiner Liste unterschreiben mußte.

Als ich ihn fragte, ob er nicht jemanden kenne, der sich um den Gemüsegarten und das Geflügel auf einem Stück Land, das mir vorbehalten war, kümmern könnte, brachte er mich mit einem kräftigen, rotblonden

Burschen zusammen, der in seiner Heimatstadt Schieferbergmann gewesen war und jetzt hier mit seiner Frau und seinen neun Kindern lebte. Er hieß Victor und war ein überzeugter, aktiver Kommunist, was mich ganz und gar nicht störte, was ihn jedoch daran gehindert hatte, in Fontenay Arbeit zu finden.

Wir hatten also Hühner und Enten und Gemüse, das im Gemüsegarten wuchs, und Victor packte überall mit an, mit Vorliebe bei den schweren Arbeiten, denn dort oben in den Bergwerken seines Landes war er daran gewöhnt gewesen, mit Schieferblöcken von hundert Kilo oder mehr auf dem Rücken auf eine Leiter zu steigen.

Wegen des Ersten Weltkrieges hatte ich eine gewisse Erfahrung darin, was auf uns zukommen könnte, während die Franzosen noch an einen sehr kurzen Krieg glaubten. Genau unterhalb von uns auf dem anderen Ufer der Vendée gab es eine Fahrradfabrik. Da ich nicht mehr das Recht hatte, das Dienstfahrzeug zu benutzen, das der Präfekt von La Rochelle mir zur Zeit des Auffanglagers zur Verfügung gestellt hatte, hielt ich es für ratsam, uns ein anderes Fortbewegungsmittel zu besorgen. Ich wußte, daß die Fahrräder jetzt auf dem Schwarzmarkt verkauft wurden und daß Reifen fast nicht aufzutreiben waren. Ich versuchte nichtsdestoweniger mein Glück und stellte mich einem freundlich lächelnden Herrn vor, den ich bisher nur flüchtig im Café du Pont gesehen hatte, ohne zu wissen, wer er war.

»Entschuldigen Sie, daß ich Ihnen eine Frage stelle, die Ihnen sicher zehnmal am Tag gestellt wird. Ist es möglich, ein Fahrrad zu kaufen?«

»Aber ja, Monsieur Simenon. Sie sind doch der Schriftsteller, nicht wahr? Ich besitze ungefähr zwanzig Bücher von Ihnen. Meine Frau und ich gehören zu Ihren eifrigsten Lesern . . .«

Um mich herum in der großen Werkstatt lagen neue Ersatzteile wohlgeordnet nebeneinander.

»Möchten Sie ein Herrenrad?«

»Und ein Damenrad, wenn möglich . . .«

Ich wurde kühner. Der Mann war sympathisch, von Natur aus, und nicht, weil er mich las.

»Was würden Sie von einem Tausch halten?«

Man kehrte tatsächlich wieder zum Tauschhandel vergangener Zeiten zurück. Zum Beispiel wurde der Stacheldraht, den die Bauern brauchten, um ihre Weiden oder Felder einzuzäunen, nicht mit Geld, sondern mit Schinken oder Butter bezahlt. Sogar die Nägel wurden kostbar und gegen besonders notwendige Ware eingetauscht.

»Zehn von Ihren Büchern, handsigniert, wäre das in Ordnung?«

Ich schämte mich ein wenig des Wertes, den er meinen Romanen, die man tatsächlich nicht mehr im Buchhandel fand, beimaß.

»Ich gebe Ihnen dreißig für beide . . .«

»Und Ihr kleiner Junge? Ich habe Sie nämlich auf der Straße mit einem kleinen Jungen gesehen . . .«

»Er wird eines Tages eins brauchen, aber jetzt ist er noch zu klein.«

»Ich gebe Ihnen noch ein kleines Fahrrad dazu, für die Widmungen . . .«

Er sah mich mit einem schelmischen und freundlichen Blick an.

»Ist das alles? Brauchen Sie noch etwas anderes?«

»Da wäre noch Boule . . . ich wollte sagen, unsere Köchin . . .«

»Also ein Herrenfahrrad, ein Kinderfahrrad und zwei Damenräder . . .«

Er ging mit mir in den hinteren Teil der glasüberdachten Halle und zeigte mir ein kleines schwarzes, ganz neues Motorrad.

»Würde Ihnen das gefallen? Der Küstenpfad zum Schloß hinauf ist beschwerlich . . . Ich würde es Ihnen zum Selbstkostenpreis lassen . . .«

Ein Spottpreis in der Zeit, in der alles astronomische Preise erreichte.

»In diesem Fall gebe ich Ihnen eine vollständige Sammlung in Luxusausgabe.«

Damals belief sich die Sammlung auf ungefähr fünfzig Werke, und ich hatte zwei Luxusausgaben im Schloß.

Zwei Tage später wurden die Fahrräder heraufgebracht, und ich brachte Tigy das Fahrradfahren auf dem großen Platz des Viehmarktes bei, wo sie nicht Gefahr lief, gegen Fußgänger oder gegen eine Mauer zu fahren. Von nun an fuhr ich auf meinem kleinen »2-Gang«-Motorrad, das mich an meine Reportagen für die ›Gazette de Liège‹ erinnerte, in die Stadt hinunter.

Und das war nicht alles! Ein Pferdehändler fuhr in einem Sulky durch die Stadt, der von einem wunderbaren kleinen Pferd gezogen wurde, und . . . Nun, ja! Ich ließ mir beim Karosseriebauer einen leichten Wagen anfertigen, mit zwei großen gelbgestrichenen Rädern, wie man sie auf den englischen Stichen sieht. Dort nennt man das Buggy, und der Karosseriebauer, froh, etwas anderes zu machen als die immer gleichen schweren Ackerkarren, gab sich die größte Mühe.

Ich mußte nur noch ein Hochpony finden, denn die Pferde waren von der deutschen Armee beschlagnahmt worden, nicht aber die Ponys und Hochponys. Der gerissene Pferdehändler ließ welche aus den Pyrenäen kommen, ich weiß nicht wie, und verkaufte sie als Tarbais. In Wirklichkeit kamen diese Tiere, wie ich später erfuhr, aus Spanien, und viele hatten während der Revolution gedient.

Ich kaufte eins, das schon auf halber Höhe erschöpft war und gegen ein größeres, temperamentvolleres, für meinen Geschmack sogar zu temperamentvolles, eingetauscht wurde. Dessen helles Fell war so schön, und es zeigte sich dir gegenüber so anhänglich, daß ich es trotzdem behielt, wenn ich es auch nicht aus den Augen ließ. Die Ponys sind launischer als die Pferde, sogar als die Vollblüter, und sie haben auf dem Lande den Ruf, tückisch zu sein, ein Wort, das ich nie gebraucht habe, gleich ob es sich um ein Pferd, um irgendein Tier oder um ein menschliches Wesen handelte.

Nach einigen Tagen hatte ich es fest in der Hand, und du, Marc, von deiner Mutter gehalten, nahmst Platz auf der einzigen Bank des Buggy. Wir konnten von nun an die umliegenden Gebiete entdecken, die ungepflasterten Wege, die Bauernhöfe, die sich in eine Talmulde schmiegten.

Unser Arzt, der, mit dem ich Bridge spielte, fand dich etwas blaß, und er riet mir, dich für einen Monat oder zwei mit an die Küste zu nehmen, nach Aiguillon zum Beispiel, einem kleinen Fischerhafen weiter unten an der Bucht. Es gab dort kein Hotel. Darüber hinaus war die Küste für Ausländer, wer es auch sei, gesperrt. Der Dolmetscher der Kommandantur, gewappnet mit einer Bescheinigung unseres befreundeten Arztes, besorgte uns dennoch einen Ausweis, der es uns gestattete, zwei Monate in Aiguillon zu wohnen.

Titine, unsere Fischhändlerin, die ihre Ware bei den Fischern der Küste kaufte, fand für uns eine ganz kleine Villa weitab vom Dorf, sparsam möbliert, jedoch umgeben von Dünen. Du erinnerst dich wohl nicht daran. Das Meer rollte weniger als hundert Meter von uns entfernt, und ich schrieb in der Küche mit der Hand die Seiten von *Pedigree,* die ich am nächsten Tag in einem Hinterzimmer des Gasthauses am Hafen mit der Maschine tippte.

Ihr fuhr die Strecke mit dem Zug, deine Mutter, Boule und du, während ich in unserem Buggy abreiste und oft unterwegs anhielt, denn uns trennten mehr als fünfzig Kilometer von Aiguillon. Ich schlief auf halbem Wege in einem Gasthaus im alten Stil, wo man auf dem gepflasterten Hof Pferdeställe vorfand, dazu Stroh, Heu, Hafer und eine steinerne Tränke.

Die Sonne schien. Es war heiß. Ich badete jeden Morgen. Da das Meer allerdings sehr kalt war, begnügte ich mich mit ein paar Zügen, und meine neue Sekretärin, die uns begleitet hatte, erwartete mich am Ufer, um mir meinen Bademantel zu reichen und mir kräftig den Rücken abzureiben.

Du folgtest mir in die Dünen, wo du, genauso wie bei den Pilzen, immer vor mir den wilden hellgrünen Spargel fandest, an dem wir uns alle gütlich taten. Wir gingen auch zum Hafen, um die Fischer heimkommen zu sehen, und die noch zappelnden Fische faszinierten dich.

Eine zweimonatige Unterbrechung unseres Lebens im Schloß. Du hattest wieder deine gesunde Farbe bekommen. Die Tage vergingen, ohne daß wir sie zählten. Und immer noch *Pedigree,* denn es war ein dickes

Buch, das erst sehr viel später erscheinen sollte, weil ich fürchtete, daß das Bild, das ich von meiner Mutter zeichnete, ihr Kummer bereiten würde.

Vorsichtig, da ich wußte, daß alles mögliche geschehen konnte, ließ ich vier oder fünf Kopien davon anfertigen. Ich schickte eine an meine Bank in La Roche-sur-Yon, um sie im Tresor aufbewahren zu lassen, eine weitere an Gallimard, dem ich nicht die Rechte verkaufte, ihn aber als Freund bat, sie in Gewahrsam zu nehmen. Die anderen wurden ebenso verteilt, und ich hatte das Ende der schicksalhaften zwei Jahre erreicht, genauso gesund wie immer, wenn nicht gesünder und immer noch hungrig auf das Leben, wie ich es als Kind, dann als Jugendlicher, auf Nahrung gewesen war.

Dabei fällt mir ein, daß wir in Aiguillon eine Nacht draußen verbrachten, um den von Leuchtspurgeschossen durchzuckten Himmel zu betrachten, was ein richtiges Feuerwerk bildete, noch verstärkt durch die Scheinwerfer, die in La Pallice standen. Der Lärm war ohrenbetäubend, hat dich aber dennoch nicht aufgeweckt, während Boule uns anflehte, ins Haus zu kommen.

Wieder in Fontenay, wurden wir noch von einem kühlen und ein wenig düsteren Herrn besucht, der in Vichy Kommissar war unter einem gewissen Monsieur de Pellepoix, der mit Jüdischen Angelegenheiten beauftragt war, das heißt, diejenigen aufzuspüren, die sich versteckten, Männer, Frauen oder Kinder, und sie den Besatzern auszuliefern, die sie ihrerseits in die deutschen Lager schickten, aus denen sehr wenige zurückkamen.

Er sah mich mit seinen finsteren Augen an, und man verstand, daß dieser Kommissar niemals lächeln sollte. Er spuckte mir die Worte buchstäblich ins Gesicht:

»Sie sind Jude, nicht wahr?«

»Wir sind schon seit Generationen Christen und tragen das Wort Chrétien als einen unserer Vornamen.«

»Simenon kommt von Simon.«

»Ach!«

»Und Simon ist ein jüdischer Name.«

»Ich versichere Ihnen . . .«

»Ihre Versicherungen gehen mich nichts an. Ich brauche Beweise.«

»Ich kann Ihnen zeigen, daß ich nicht beschnitten worden bin.«

»Einige nichtpraktizierende Juden sind es auch nicht.«

Ich hätte mich nicht geschämt, Jude zu sein, nicht mehr, als wenn ich Neger, Chinese oder Irokese gewesen wäre. Aber ich bin keiner, und ich fühlte, daß mein Schicksal und das meiner Familie von diesem Mann mit den schweren Schultern und dem noch schwereren Blick abhing.

»Sie machen Schwarzmarktgeschäfte?«

»Ich habe nie etwas anderes verkauft als Autorenrechte . . .«

»Schinken . . . Butter . . .«

»Ich habe es für unseren Verbrauch gekauft, und nicht, um es zu ver-kaufen . . .«

»Sie sind Jude!«

Ich schwitzte, denn ich fühlte, daß ihn nichts von diesem Gedanken abbringen würde.

»Ich täusche mich nie. Ich rieche den Juden auf zehn Schritte Entfer-nung . . .«

Ich wußte nicht, daß ich irgendeinen Geruch verbreitete, außer viel-leicht den von Schweiß.

»Ich gebe Ihnen einen Monat, um mir die Geburtsurkunden Ihrer Eltern, Ihrer Großeltern und Ihrer Urgroßeltern zu beschaffen . . .«

»Meine Großeltern sind schon lange tot, mein Vater ebenfalls, und ich habe nur einen Urgroßvater gekannt, einen ehemaligen Bergarbeiter aus Lüttich, der fast hundertjährig und blind war, als er starb.«

»Beschaffen Sie mir trotzdem innerhalb eines Monats die Papiere, die ich Ihnen genannt habe . . .«

Die Stadt unter uns war so friedlich, so freundlich, und man sah Rauch aus einigen Schornsteinen aufsteigen, Fußgänger wie Ameisen auf den Straßen, den rot-weißen Bahnhof in der Ferne. Tigy war barsch aus dem Zimmer gewiesen worden.

»Was ich Ihrem Mann zu sagen habe, geht Sie nichts an. Pech für Sie, wenn Sie einen Juden geheiratet haben.«

Sie horchte wohl hinter der Tür, blaß und starr.

»Ich habe nicht die Erlaubnis zu reisen.«

»Ihre Mutter wohnt in Belgien.«

»Sie ist schon alt, und meine Familie mütterlicherseits sowie meine Familie väterlicherseits stammen aus Limburg. In ihrem Alter kann ich mir sie nicht vorstellen, wie sie von Dorf zu Dorf, von Pfarramt und Rathaus zu . . .«

»Um so schlimmer für Sie. Ich habe gesagt, einen Monat. Und versu-chen Sie nicht zu flüchten. Wir haben Sie im Auge.«

Er hatte seinen Hut nicht abgesetzt und mußte ihn also auch nicht wie-der aufsetzen. Ein letzter, drohender Blick.

»In einem Monat werde ich hier sein.«

Arme Mama! Ich spreche von meiner, nicht von deiner. Sie war ein klei-nes, nervöses und überempfindliches Wesen, das jeden Morgen vor der Statue der Heiligen Jungfrau in der Kirche Saint-Nicolas mit all ihren Kräften, die ihr geblieben waren, betete.

Ich war also gezwungen, ihr zu schreiben, wobei ich die Drohungen des Kommissars für Jüdische Angelegenheiten abschwächte. Sie machte sich mutig auf den Weg, mit welchen Verkehrsmitteln, weiß ich nicht, in Gegenden, wo die Bauernhäuser und erst recht die Dörfer sehr weit voneinander entfernt liegen. Glücklicherweise hatte sie mit ihren Schwestern weiterhin das Flämisch ihrer Kinderzeit gesprochen, oder besser gesagt eine Mundart, die man nicht in der Schule lernte.

Wie sehr muß sie gebetet, gezittert, gefleht haben und in gleichgültige Küster und Rathausangestellte gedrungen sein, damit diese in alten, irgendwo abgelegten Registern blätterten. Drei Wochen später erhielt ich mit Stempeln versehene Kopien von Taufurkunden und von Auszügen aus Familienbüchern, auf denen nur flämische Namen standen.

Mein Schwarzer Mann kam pünktlich zum Rendezvous und weidete sich im voraus an seinem Sieg. Ich reichte ihm die Papiere, oder genauer gesagt, er riß sie mir aus den Händen, rückte seine Brille mit den dicken Gläsern zurecht, machte es sich in einem Sessel bequem und zündete sich eine schlecht riechende Zigarre an.

»Welche Sprache ist das?«

»Flämisch. In der Provinz Limburg spricht man flämisch, und meine Großmutter mütterlicherseits ist im holländischen Limburg geboren.«

»Holländisch, hm!«

War das ein erschwerender Umstand? Waren die Holländer jüdischer als die Belgier?

Er las, schweigsam und schwerfälliger denn je in seinem Sessel, ein falscher Maigret, das Gegenteil meines netten Maigret.

»Ist das alles?« fragte er mich schließlich widerwillig.

»Sie habe mich gebeten, bis zur dritten Generation zurückzugehen. Meiner Mutter ist es gelungen, ich weiß weder wie noch in welchem Zustand.«

Ich war beinahe darauf gefaßt, so grimmig machte ihn sein Ärger, daß er eine Automatik aus seiner Tasche ziehen würde, um mir ein letztes Mal Angst einzujagen.

Er stopfte die Papiere in seine Tasche. Ich versuchte zu protestieren.

»Ich könnte es noch brauchen.«

»Das geht mich nichts an.«

»Ich werde in nächster Zeit Fontenay-le-Comte verlassen, und ich kann Ihnen meine neue Adresse geben . . .«

»Warum ziehen Sie um? Ist dieses Schloß nicht luxuriös genug für Sie?«

»Fontenay liegt am Rande des Sumpfes der Vendée. Die Luft hier ist sehr feucht und stickig im Sommer, und der Arzt hat uns geraten, wegen der Gesundheit meines Sohnes im Bocage zu wohnen, in einer bestimmten Höhe, wo die Luft trockener ist als hier . . .«

»Und wohin im Bocage gehen Sie?«

»Nach Saint-Mesmin-le-Vieux, in der Nähe von Pouzauges, ein Transportunternehmer von Fontenay besitzt dort eine Villa und hat sich bereit
erklärt, sie mir für die Dauer des Krieges zu vermieten.«

»Warum kehren Sie nicht wieder in Ihr Haus nach Nieul zurück?«

Er war unterrichtet, der Schuft, aber nicht genug.

»Weil die deutschen Offiziere in meinem Haus wohnen.«

»Mögen Sie deutsche Offiziere nicht?«

»Ich kenne sie nicht. Der stellvertretende Bürgermeister von Nieul hat
mir mitgeteilt, daß mein Haus vor einem Jahr beschlagnahmt wurde . . .«

»Saint-Mesmin-le-Vieux . . .«

Er sprach die Worte aus, als suchte er noch einen weiteren Grund, nicht
locker zu lassen.

»Ein kleines Dorf wie jedes andere . . .«

»Wie die, in denen sich die Widerstandskämpfer verkriechen?«

»Ich weiß es nicht. Ich habe noch nicht meinen Fuß dorthin gesetzt.«

Er sagte kein Wort mehr. Die Zähne auf seiner Zigarre zusammengebissen, die Hände tief in den Taschen, ging er aus dem Salon hinaus, und
ich sah ihn ein letztes Mal vor den vier hohen Fenstern vorbeigehen, zu
denen er sich nicht umzudrehen geruhte.

Ich habe ihn nie mehr wiedergesehen. Es stimmte, mein guter Marc, daß
du wieder einmal umziehen, deine kleine lockige Freundin verlassen solltest, aber du würdest dort ein Dutzend neuer Freunde finden, die Kinder
von Victor, denn mein Transportunternehmer hatte für sie ein unbewohtes Haus in der Nähe von unserem gemietet.

Du würdest keinen Mangel an Freunden haben, auch nicht an Tieren
oder Pilzen, ich wußte es noch nicht, denn wir fuhren, wie immer, auf gut
Glück ab. Ein neuer Abschnitt deines jungen Lebens begann, in einer
anderen Umgebung, mit anderen Menschen um dich herum, auch hier
eine andere Gouvernante, die du treuherzig Madame Nouvelle nanntest.

Ich für meinen Teil war kaum überrascht, aber sehr froh, trotz der
abgelaufenen Frist des hochtrabenden Radiologen noch zu leben. Denn
ich lebte! Ich muß hinzufügen: intensiver als je zuvor. Und *Pedigree* war
fertiggeschrieben! Und du warst nicht krank! Und unsere kleine Gemeinschaft . . .

Auf, auf, mein Sohn! Hab keine Angst. Wenn wir dort angekommen
sein werden, wird mich der Lastwagen, der uns mit all unseren Sachen
dorthin bringen wird, wieder nach Fontenay zurückfahren, um den Buggy
und das Pony zu holen, das ebenfalls dein Freund wurde.

15

Die Gelehrten, die Leute, die man mit Respekt und oft mit Ehrfurcht so nennt, als wären sie Auguren und Übermenschen, obwohl die berühmtesten unter ihnen, diejenigen, die die bedeutendsten Entdeckungen gemacht haben, in aller Bescheidenheit gestehen, daß sie desto weniger wissen, je mehr sie lernen, diese Gelehrten also sind in allen Disziplinen in zwei Lager gespalten. Die einen behaupten zum Beispiel, daß sich das Leben des Fötus diesem einprägt, und sprechen von einem »intra-uterinen Gedächtnis«, während die anderen dies ebenso energisch und aufrichtig bestreiten.

Ich für meinen Teil bin geneigt, an ein gewisses embryonales Gedächtnis zu glauben, von dem man nach der Geburt nur eine undeutliche Erinnerung bewahrt, die sich im Laufe der ersten Jahre immer mehr verwischt, dessen Eindruck jedoch der werdende Mensch später in seinem Unbewußten behält. Ist das einer der Gründe, weswegen ich dich so leidenschaftlich beobachtete, vor allem deine instinktiven Reaktionen?

In Saint-Mesmin-le-Vieux erreichtest du das Alter von vier Jahren, und es schien mir, als hättest du bereits so lange gelebt, als wärst du so viele Kilometer gefahren seit unserer ersten Flucht nach Belgien, die die Zollbeamten aufhielten, bis zu unserer Rückkehr in die Stille von Nieul-sur-Mer, unserem Kokon.

Dann der Krieg – in der Ferne, noch undeutlich für uns, und wieder die Landstraße, das mittelalterliche Schloß von Scharachbergheim, die nächtliche Abreise nach Belgien, das übliche Palace, das man in allen Hauptstädten und heutzutage in allen Großstädten findet, schließlich die luxuriöse Klinik, wo du zur Welt kamst, während ich zwischen den Tulpen des Parks spazierenging.

Ein weiteres Schloß, zu groß, zu leer, angeblich königlich, nun zum Gasthof geworden. Noch einmal Nieul. Entfernter Kriegslärm, aber man gewöhnt sich schnell an den Krieg, wenn er woanders ist.

In dem Moment, in dem ich jetzt schreibe, finden ebenfalls Kriege statt, blutig und unbarmherzig, wie sie es alle sind, Revolutionen, Lager, in denen Gefangene wegen ihrer Überzeugungen oder ihrer Rasse eingesperrt sind, wegen ihrer Hautfarbe, oder weil sie unglücklicherweise dabei waren, als ein Attentat verübt wurde, nach dem die »Ordnungskräfte«, wie wir sie nennen, wahllos diejenigen mitnahmen, die sie fangen konnten. Nicht zu reden von den Foltern, denen man seit frühesten Zeiten in allen Ländern der Welt ebenfalls im Namen der »Ordnung« Menschen aussetzte und noch aussetzt.

Ich dachte oft daran, in Nieul wie auch im antiquierten und großbürgerlichen Fontenay-le-Comte. Das Schloß von Terreneuve, wo du zwei Jahre gelebt hast, war imposant, und einige Stücke dort waren echt, wie der Pavillon mit den Säulen, in dem ich arbeitete. Die Türen des Salons stammten aus einem anderen Schloß, und darin sah man das geschnitzte Wappen von François I. Die übergroßen, aber wunderschönen Kamine stellten die Reste wieder eines anderen Schlosses dar, genauso wie die Statuen, die die Fassaden verzierten.

Du warst schweigend von den schattigen Arkaden von La Rochelle entzückt gewesen, von seinen Türmen aus der Zeit Louis XIII., vor allem von der Fischhalle, denn dein Blick fiel mit Vorliebe auf etwas Lebendiges, und du warst nicht müde geworden, den Markt in Fontenay oder den Viehmarkt in dich aufzunehmen, deine Hand fest in meiner.

In Saint-Mesmin solltest du eine neue Welt, eine neue Landschaft um dich herum entdecken, den Bocage, die Haute-Vendée, wie man sie auch nennt, mit ihren Hohlwegen, wo die Armeen der Revolution sich einst von den Chouanen hatten niedermetzeln lassen. Die Deutschen mußten wohl die Geschichte Frankreichs kennen, denn hier sah man sie nicht. Kaum daß von Zeit zu Zeit ein Auto mit dem Hakenkreuz sehr schnell auf der Landstraße vorbeifuhr. Bauern, die nicht so wie die anderen waren, gastfreundlich, aber eigensinnig und schweigsam, für die diese von dichten Hecken gesäumten Hohlwege keine Geheimnisse bargen.

Ich mußte nicht mehr zum Unterschreiben ins Kommissariat gehen, denn es gab keins in diesem Dorf, das man für unbekannt hätte halten können, auch nicht ins Rathaus, das ich mich nicht gesehen zu haben erinnere. Wenn es eins gab, so war es ein graues Haus, das sich durch nichts von den anderen der einzigen Straße unterschied, die zu einem winzigkleinen Bahnhof hinabführte. Die einzige Amtsperson war der Feldhüter, gleichzeitig Blechschmied, der sonntags neben der Kirche die Trommel schlug und mit dröhnender Stimme die Neuigkeiten verkündete. Wir wurden Freunde, er und ich. Du auch, fasziniert von seiner Trommel und seiner stattlichen Erscheinung.

Das ist jetzt ungefähr vierzig Jahre her. Es könnten auch gut hundert, zweihundert und mehr sein. Gab es Lebensmittelkarten wie überall in Frankreich und in den anderen kriegführenden Ländern? Niemand kümmerte sich darum. Ich frage mich, ob irgendwo ein unbeschäftigter Beamter darauf wartete, daß ein Einwohner bei ihm eine verlangen würde.

Während der ganzen Zeit, die wir dort lebten, habe ich nicht eine Zeitung gelesen, und ich habe niemanden eine lesen sehen. Wir waren wie eine Enklave, die vor der Unruhe der Welt durch ihre Hecken und ihre Hohlwege geschützt war. Jeder lebte mehr oder weniger von dem, was er erzeugte. Die Bauernhöfe waren nicht sehr groß, und man mußte sie in irgendeinem von der Landstraße her unsichtbaren Tal entdecken.

Unsere Villa war weder groß noch schön, von einem Städter am Rande der Ortschaft im Baustil des beginnenden Jahrhunderts erbaut, an der Straße nach Pouzauges auf dem höchsten Punkt der ersten Steigung, und diese Landstraße war von Kastanienbäumen gesäumt, deren Früchte jeder aufsammeln konnte. Zum Erdgeschoß führte eine übergroße und pompöse Außentreppe. Zur Linken ein Salon und ein Eßzimmer, das wir nur zu den seltenen Gelegenheiten benutzten, wenn wir Gäste empfingen.

Ein zu schmaler Flur, hinten die Toilette, rechts ein Zimmer, das durch eine Tür mit der Küche verbunden war und wo wir alle aßen. Ein Keller, wo ich den Wein auf Flaschen zog (denn wir tranken immer noch Wein bei Tisch) und in den Boule, die Angst vor der Dunkelheit hatte, nur mit dir hinunterstieg, so als hätte der kleine Junge, der du warst, sie beschützen können. Wovor? Sie antwortete einfach: vor dem Dunkel.

In der ersten Etage vier kleine Zimmer. Ich teilte mit deiner Mutter eins. Gegenüber hatte ich mein Arbeitszimmer eingerichtet. Nebenan dein Zimmer und das deiner Gouvernante, die hartnäckig darauf bestand, daß deine Tür während der Nacht offenblieb, damit sie dich hören konnte, wenn du sie brauchtest, während du noch hartnäckiger darauf bestandest, die Tür wieder zu schließen, denn du fürchtetest dich weder vor der Dunkelheit noch vor dem Alleinsein. Boule schlief in der Mansarde, und auf dem Dachboden vor ihrer Tür standen meine Bücherkisten.

Gleich nachdem wir uns eingerichtet hatten, hatte Tigy die Gelegenheit ausgenutzt, mit dem Lastwagen, den wir gemietet hatten, nach Nieul zu fahren, wo sie unser Haus, das in meinen Gedanken immer dein Haus war, von deutschen Offizieren bewohnt vorgefunden hatte. Sie hatten sie höflich empfangen und ihr gestattet, die Bücherschränke aus Ebenholz mitzunehmen, die ich zehn Jahre zuvor für die Wohnung am Boulevard Richard-Wallace entworfen hatte.

Übrigens, auch dort in Paris wohnten wir »am Rande«, gegenüber dem Bois de Boulogne und nur durch eine Brücke vom Industrievorort getrennt. In Nieul wohnten wir »am Rande« des Dorfes, ebenso im Elsaß und sogar in der Edith-Cavel-Klinik.

Deine Mutter brachte ich weiß nicht wie viele Bücher mit, die unser Victor, der uns mit seiner Frau und seinen neun oder zehn Kindern gefolgt war, ohne sichtbare Anstrengung auf seine Schultern lud und über die enge und steile Treppe hinauf auf den Dachboden trug. Victor bewohnte mit seiner Familie ganz in unserer Nähe ein kleines Haus von demselben Grau wie die anderen.

Wir stellten einen alten Gärtner ein, so alt, daß er ganz krumm ging, so als beugte er sich über die Erde, und er hatte in seinem Leben nur einmal das Dorf verlassen, um nach Pouzauges zu fahren und sich im Rathaus vorzustellen, als er das Alter für den Militärdienst hatte, von dem er freigestellt worden war. Seine Welt beschränkte sich auf das Dorf, auf die Wiesen und die Wälder in der Umgebung; er war nicht neugierig auf das, was jenseits dieser Grenzen geschah.

Der Gemüsegarten dehnte sich genauso weit aus wie der der Gemüsegärtner, der früher Paris umgab und die Hallen belieferte. Der Gärtner, dessen Namen ich vergessen habe, und Victor, für den dieser Beruf neu war, bestellten den Boden und teilten ihn in lange Beete auf, die durch schmale, mit Asche bestreute Durchgänge getrennt waren. Ich bestellte für die jungen Pflanzen Frühbeetfenster bei dem Tischler des Dorfes, zu dem ich oft zum Plaudern ging, weil er mir sympathisch war, aber vor allem auch, weil ich den Geruch des Holzes liebe, das gesägt, gehobelt und poliert wird.

Wir hatten einen Pferdestall und einen Stall neben einem zu der Zeit ungenutzten Nebengebäude, das unser Kornspeicher wurde, wohin ich mich in den Frieden des ersten Stockwerks zurückzog, um meine Siesta zu halten. Ich kaufte eine Kuh, denn zusammen mit dem Haus hatte ich zwei ziemlich große Wiesen gemietet, auf denen ich sie weiden konnte.

Die Kuh war nicht unser erstes Tier. Eines Tages sahst du einen alten Esel, den man bis zu seinem Tode auf einem Stück Land hielt und zum Fressen an den Hecken entlangführte, um ihn nicht zu töten.

»Ich möchte so gerne einen Esel haben, Dad!«

Deine Augen leuchteten, atemlos wartetest du auf meine Antwort.

»Ich werde versuchen, ihn zu kaufen . . . Komm . . .«

Du bekamst ihn, genauso wie einen gebrauchten Sattel mit verrosteten Steigbügeln. Victor putzte Sattel und Steigbügel blank, und wir hoben dich auf den Esel. Zum großen Schrecken aller rittest du am nächsten Tag über die Grenze des Gartens hinaus in Richtung Dorf, sehr aufrecht sitzend, sehr stolz, ohne nach hinten zu blicken, während ich dir von weitem folgte.

Eine Kuh also, aus Poitiers glaube ich, von einem schönen Rot, die ich morgens um fünf Uhr melkte, bevor ich zum Frühstück wie die Bauern der Umgebung eine kräftige Suppe und manchmal ein Steak aß. Die Kuh war Victors Alptraum, und es gelang ihm nie, sie zu melken.

»Dieses verdammte Tier will nicht . . .«, schimpfte er, während sie ausschlug.

Von unserem Pony aber war auch er beeindruckt, zum Schluß schirrte er es ein und aus, brachte es zurück in den Stall, um es zu striegeln.

Einer von Victors Söhnen, ein kleiner, stämmiger Kerl mit Bürstenhaarschnitt und einem Akzent aus dem Norden, der dem der belgischen Ardennen ähnelt, war dein Freund geworden, mit dem du ständig zusammen warst. Außer, wenn ich dich in unserem schicken Wagen mitnahm und wir ziellos auf den Wegen entlangfuhren, wobei wir auf den Bauernhöfen oder am Flußufer Rast machten.

Mich erstaunte es zu entdecken, daß es mir seit dem Urteilsspruch des Radiologen aus Fontenay gelungen war, so viel zu schreiben. Das Buch, das dir zunächst gewidmet war, erschien unter dem Titel *Je me souviens*. Dann die Geschichte meiner Kindheit und meiner Jugend in *Pedigree*.

In Fontenay hatte ich die Zeit gefunden, darüber hinaus sieben weitere Romane zu schreiben, die fast alle in einer kleinen Provinzstadt spielten. Trotz meiner Kühe, denn ich hatte schließlich drei im Stall, meines Pferdes, meines Gemüsegartens, wo ich einen großen Teil der Arbeit machte, sollte ich hier noch einige andere schreiben.

Ich hatte entdeckt (!), daß eine Kuh nur während einer gewissen Anzahl von Monaten, nachdem sie gekalbt hat, Milch gibt. Wir brauchten aber das ganze Jahr über Milch und Butter. Ich kaufte eine zweite Kuh von derselben Rasse wie die erste, und ich mußte Wiesen mieten, die sehr weit entfernt lagen.

Meine Freunde in Paris, denen es an allem fehlte, baten mich um Butter, die ich ihnen mit der Post schickte, in Keksdosen, die in mit Bindfäden genähtes Sackleinen eingewickelt wurden. Die einzige Bedingung, die ich an diese – selbstverständlich kostenlosen – Sendungen knüpfte, war, daß sie mir die leere Verpackung wieder zurückschickten, denn hier bekam ich das nicht. Wir kannten auch keine Rationierung von Fleisch, und ich machte es mit dem Fleisch genauso wie mit der Butter, genauer gesagt kümmerte sich Tigy darum, deren Domäne es geworden war.

Um mein Vieh zu füttern, brauchte ich Rüben, Topinamburen, Hafer und Mais für die Hühner, die Enten und die Puten. Du interessiertest dich für alles, zusammen mit deinem kleinen Freund und oft auch mit anderen Kindern aus dem Dorf. Wie wir brauchte auch seine Familie Butter und Milch, wofür ich sorgte.

Ich mochte Victor sehr. So wie ich deine Gouvernante verabscheute, die du Madame Nouvelle nanntest, wie du in Fontenay die Mutter deiner kleinen Freundin genannt hattest.

Sie war hundertprozentig bürgerlich, fast eine Karikatur der Kleinbürgerin, die vor Würde überfließt. Verheiratet, später verwitwet, hatte sie irgendwo ein Handschuh- und Schirmgeschäft, und in ihrem ganzen Leben hatte das Unglück sie heimgesucht. Lang und dünn wie ein gerupfter Vogel, immer in Schwarz gekleidet, bedrängte sie dich mit Ermahnungen, die Befehlen gleichkamen.

»Man sagt nicht . . .«

Denn du sprachst nicht immer so, »wie es sich gehörte«.

»Ein kleiner Junge tut das nicht . . .«

Ich griff ein, höflich aber bestimmt, denn du solltest frei erzogen werden, aber andererseits fand ich niemand anderen, der auf dich aufpaßte.

Wir hatten auf den Befehl der deutschen Behörden von La Roche-sur-Yon hin neben der Straße einen Graben ausheben müssen. Es war besser zu gehorchen. Der Boden war lehmig. Das Regenwasser stand unten im Graben, und eines Tages, als ich sehr weit weg im Garten arbeitete, hörte ich die schrille Stimme deiner Gouvernante, die ich purpurrot vor Zorn fand, sie, die immer blaß war.

»Sehen Sie sich ihn an, Monsieur!«

Sie schnappte vor Empörung nach Luft und zeigte auf dich unten im Graben, wo du, vollständig angezogen, fröhlich herumplanschtest.

»Ja, und?«

»Sich so zum Vergnügen schmutzig machen, gehört sich das? Man könnte meinen, ein kleiner Wilder . . .«

»Es ist nichts Böses dabei.«

»Und wer wird ihn wieder saubermachen?«

Ich sagte müde: »Ich! Komm, Marc . . .«

Du schienst verstanden zu haben, und du kamst zu uns hinauf, bis zu den Haaren voller Dreck.

»Kommen Sie mit, Madame Nouvelle . . .«

Ich hob dich auf meine Schulter und trug dich durch die Küche, in der es gut roch, in die erste Etage in das einzige Badezimmer.

»Nein, mein Sohn, zieh dich nicht aus . . .«

Ich öffnete die beiden Wasserhähne, und die Badewanne füllte sich. Ich setzte dich vorsichtig hinein, und das Wasser, das dir fast bis zu den Schultern ging, wurde braun, während deine Gouvernante innerlich kochte. Ein vollständig angezogenes Kind in der Badewanne! Ein Kind aus gutem Hause! Sie mußte sich fragen, woher ich kam, sie, deren Vater Arzt oder Rechtsanwalt gewesen war. Ich schüttete dir kannenweise Wasser über den Kopf und das Gesicht, stellte dich hin und zog dir nach und nach deine triefenden Kleider aus. Noch einige Kannen Wasser über deinen molligen Körper, und du warst genauso sauber wie ein »wohlerzogenes« Kind. Ich zog den Stöpsel heraus und ließ das Wasser über deine Kleider und deine Wäsche fließen.

»Die Erde, Madame, ist niemals ›schmutzig‹. Übrigens untersage ich Ihnen, dieses Wort zu benutzen.«

Ich rieb dich trocken, gab dir frische Kleider. Das war's. Es hatte keine Viertelstunde gedauert. Deine Augen strahlten vor Freude und Stolz. Ich glaube, du hast mich niemals so geliebt wie in jenem Augenblick.

»Er wird so oft in den Graben gehen, wie es ihm gefällt, und seine Freunde mit ihm . . .«

Durch Zufall bekamst du, als Ersatz für den Esel, ein Shetlandpony, kaum größer als du, das frei herumlief und Brotstücke in der Küche erbettelte. Ein Beet des Gartens hatte ich für Spargel reserviert, dessen Anbau langwierig und schwierig ist. Mist hatten wir genug. Du stiegst nicht auf das Miniaturpferd, sondern spieltest mit ihm wie mit einem Hund. Sein Vergnügen bestand darin, dir mit dem Kopf in den Rücken zu stoßen, während er bei Victor mit Vorliebe knabberte.

Du hattest im Garten eine Blindschleiche gefunden und zeigtest sie mir triumphierend.

»Eine Schlange, Dad. Sie ist nicht bissig.«

»Das ist eine Blindschleiche . . .«

Du wiederholtest:

»Blindschleicher . . .«

Du hieltest sie stundenlang in deiner Tasche. Du setztest sie dahin, wo es Salat und Ackerschnecken gab, und sie flüchtete nicht. Ihr verstandet euch so gut miteinander, daß du sie am Abend, bevor du ins Haus gingst, auf die Stufen der Küche setztest. Zu meiner Überraschung wartete sie am nächsten Morgen auf dich und nahm wieder in deiner Tasche Platz.

Wir hatten einen schwarzen Puter, der größer als die anderen war und den du hochheben konntest, ohne daß er sich wehrte. Als ich Besuch hatte, was sehr selten vorkam, zeigtest du zuerst, wie ein kostbares Gut, deinen »Schleicher«, dann gingst du durch den Garten, um den Puter zu holen, den du nur mit Mühe tragen konntest, und einige Leute wollten dich unbedingt in dieser Haltung fotografieren. Ich könnte schwören, daß dich die Tiere, welche es auch waren, verstanden, vielleicht weil du sie alle mit der gleichen Zärtlichkeit behandeltest, die du für die Menschen empfandest.

Eines Morgens versetzte ein wilder Stier die Gegend in Angst und Schrecken. Er riß Zäune und Stacheldrähte nieder und stürzte sich, Schaum vor dem Maul, auf alles, was sich bewegte. Irgend jemand, vielleicht der Feldhüter, telefonierte nach Pouzauges, denn niemand mehr besaß Waffen; diesmal hielt ein deutsches Auto im Dorf. Zwei Soldaten gingen auf der Suche nach dem Stier mit geschultertem Gewehr durch die Felder, und Boule kam zu mir, um mir mitzuteilen, daß zwei Offiziere an der Tür waren. Ich sagte ihr, sie solle sie hereinlassen. Einer von ihnen sprach sehr gut französisch und gestand mir, daß er nichts mit den Hinweisen der Leute aus der Gegend anfangen könne. Man hatte den Stier überall gesehen, und man fand ihn nirgendwo. Er fragte sich, ob man sich nicht über ihn lustig machte.

»Ich selbst habe ihn auch vorbeilaufen sehen«, antwortete ich.

Sie saßen alle beide im Salon, als du hereinkamst. Du sahst mit aufgerissenen Augen auf die Uniformen und verschwandest wieder im Treppenhaus, um zu deiner Mutter zu gehen und ihr zu sagen, daß die Deutschen gekommen wären, um mich festzunehmen. Ich antwortete, so gut ich konnte, auf ihre Fragen, gab ihnen die Richtung an, die der Stier genommen hatte, und sie gingen höflich grüßend hinaus.

Es wurde in Afrika gekämpft, und dort fanden entscheidende Schlachten statt. Rommel hielt sich gut, aber die Engländer vertrauten auf den Wüstensand. Als Narvik, nicht weit vom Eismeer entfernt, von den Deutschen eingenommen wurde, was der erste Angriff gegen den Westen war, hatte ich meinen Freunden in La Rochelle vorausgesagt, daß sich der Krieg bestimmt in Afrika abspielen würde. Ein Scherz? Ich weiß es nicht mehr. Aber ich sah keinen Grund dafür, daß er sich nicht als wahr herausstellen sollte.

Die Franzosen begannen an den Sieg zu glauben, und die Besatzer wurden nervös.

Um das Viehfutter von meinen Feldern nach Hause zu transportieren, hatte mir der Wagner des Dorfes einen Karren mit der richtigen Größe für mein Pony gebaut.

... Ein Junge, dann zwei fuhren den Abhang in Kisten auf Rädern hinunter, und ich besorgte mir eine für dich, lieber Marc, trotz der Beschwörungen und der Vorwürfe von Madame Nouvelle. Du warst ein kleiner Mann, oder? Auf der Straße fuhr nicht ein Auto pro Tag, und du hattest nichts zu fürchten. Ich brachte dir, wie deine Mutter, das Fahrradfahren bei, aber du wolltest unbedingt die kleinen Räder an den beiden Seiten behalten, die das Ding im Gleichgewicht hielten.

Die Tochter von Vlaminck, deine Patin, kam uns, kam dich besuchen. Du wolltest ihr deine Fahrradkunststücke vorführen, aber sie tat so, als wäre sie enttäuscht gewesen.

»Wenn du diese beiden kleinen Räder abgenommen hast, wirst du wirklich ein Junge sein.«

Sie war genauso groß, genauso kräftig wie ihr Vater, und sie war Bürgermeisterin ihres Dorfes geworden. Du sahst sie beeindruckt an, gleichzeitig beschämt und zögernd. Sie selbst schraubte dir die kleinen Räder ab.

»Jetzt fahr. Fahr ums Haus herum.«

Man konnte sich Edwige nicht widersetzen, und du fuhrst los, erst im Zickzack, dann geradeaus, stolz auf deine Heldentat.

Man schrieb mir aus Paris, daß ein junges unterernährtes Mädchen glücklich wäre, aufs Land zu kommen, um ein Kind zu beaufsichtigen. Ich ließ sie kommen. Sie war fröhlich, und sie nahm die Stelle von Madame Nouvelle ein, die ich nicht mehr ertragen konnte, weder mir gegenüber am Tisch noch von weitem, lang und düster, wobei sie deine Auseinandersetzungen mit deinen Freunden mit ebenfalls düsterem Blick beaufsichtigte. Sie erinnerte mich an einen Raben, obwohl ich nichts gegen Raben habe.

Ich glaube, deine neue Gouvernante – ich müßte sagen Freundin – hieß Yvonne. Nach einem Monat wurde sie schon rundlich, und ihr offenes Gesicht strahlte Gesundheit aus. Sie nahm sich all deiner Spielkameraden an, Jungen wie Mädchen, die du mit auf unsere Wiese brachtest, wo ein riesiger Kirschbaum einen ebenso riesigen Schatten warf.

Wir probierten niemals seine Kirschen, denn er war so alt und so hoch, daß eine Leiter nicht gereicht hätte, um sie zu pflücken. Victor, der vor nichts Angst hatte, außer vor Kühen, wollte unbedingt in den Kirschbaum klettern, aber er war Familienvater, und ich wollte nicht, daß er Kopf und Kragen riskierte.

So verlief das Leben in Saint-Mesmin-le-Vieux während des Krieges, von dem wir so gut wie nichts erfuhren, und ich trank meinen »Halben« Wein mit den Leuten aus dem Dorf und den Bauern, vor allem an den Markttagen. Es kam mir so vor, als gehörte ich zum Dorf, wie ich glaube, in Fontenay, in Nieul, in so vielen Orten, in denen ich gewohnt habe, dazugehört zu haben. Was mich betrifft, so habe ich mich nirgendwo als Ausländer gefühlt, weder im afrikanischen Busch noch auf den Inseln der Südsee, in Australien oder Indien.

Es gibt einen amerikanischen Ausdruck, der mein Gefühl genau ausdrückt: »to belong«. »Gehören.« In jedem amerikanischen Dorf »you have to belong«. Man muß gehören. Der Gemeinschaft.

Ich glaube, ich gehöre nicht nur einem Land, einem Kontinent, unserem kleinen Erdball, sondern dem Universum. Ich hoffte, daß es mit dir eines Tages genauso sein würde, mein lieber Marc, und ich glaube, daß mein Wunsch erhört worden ist.

16

Meine Freunde, sogar die ernstzunehmenden Fachleute, wundern sich über mein Gedächtnis. Ich gebe zu, daß ich ein sehr genaues Gedächtnis habe und daß ich aus der Vergangenheit eine Anzahl von Bildern bewahrt habe, die mich überraschten, bunte Bilder, die sich verändern, als ob sich ein Farbfilm nach Belieben in meinem Gehirn abspult, mit dem Vorteil gegenüber dem Film, daß meine Bilder von Gerüchen begleitet werden, von der Kühle, der Milde oder der Wärme der Luft. Ich vergesse meine Romane, sobald ich sie geschrieben habe. Wenn man jedoch in mir die Erinnerung daran wachruft, sehe ich wieder den Rahmen vor mir, der mich umgab, einige Szenen, ohne daß es mir möglich wäre, die Zeit oder den Ort zu bestimmen.

Ich wußte, daß ich in Fontenay-le-Comte ganz am Anfang in einem kleinen Haus am Meeresufer einen Roman neben einem Fenster geschrieben hatte. Indem ich in der chronologischen Liste meiner Bücher nachsah, wußte ich, daß es sich um *Le voyageur de la Toussaint* handelte und daß ihm drei Maigrets folgten: *Signé Picpus, L'inspecteur cadavre, Félicie est là*, alle vier Romane im Sommer geschrieben, dann, im folgenden Frühling, *La fenêtre des Rouet*.

Was mich am meisten erstaunt hat, als ich diese Liste durchlas, war, daß ich in unserem ländlichen Bauernhäuschen in Vouvant, wo ich damit begann, meine Erinnerung in Hefte zu schreiben, und mich, wie heute, an dich wendete, daß ich hier auch *La vérité sur Bébé Donge* schrieb.

Für den langen Zeitraum, in dem ich gewissenhaft Landwirt in Saint-Mesmin-le-Vieux spielte, kann ich kaum glauben, daß ich über die Korrektur von *Pedigree* hinaus *Le bilan Maletras, L'aîné des Ferchaux, Les noces de Poitiers, La fuite de M. Monde* und *Le cercle des Mahé* schreiben konnte, deren Personen, ihre Probleme und ihre Umgebung so stark mit unseren Beschäftigungen und der Umgebung um uns herum kontrastierten, vor allem weil ich eigentlich immer noch mit dem drohenden Urteil des schulmeisterlichen Radiologen lebte.

Um so mehr noch, weil wir uns in Fontenay in das Leben der Gegend eingefügt hatten und ich an Markttagen die Frauen mit ihrem Namen und die meisten Männer mit ihrem Vornamen ansprechen konnte. Was die tragischen Ereignisse angeht, die sich in der Welt abspielten, so wußte ich so wenig davon, daß ich mir, um diese Erinnerungen zu schreiben, eine Liste mit den wichtigsten Daten, die historische Daten geworden sind, aufstellen lassen mußte.

Einer unserer Nachbarn war ein fröhlicher Arzt vom Lande, der uns, dich und mich, zum Beispiel in die flachen Wiesen mitnahm, um in einem klaren Bach, in den ich hineinspringen konnte, mit dem Krebskorb zu fischen. Wir fingen bis zu zweihundertfünfzig Krebse in weniger als zwei Stunden, vor allem am Fuße der alten Weiden, deren Wurzeln ins Wasser eintauchten. Welche Begeisterung in deinen Augen bei diesem Gewimmel und welche Zärtlichkeit, wenn du mit deinen noch zarten Fingern einen Krebs nahmst, der dich kneifen wollte!

Man sagt, der Franzose sei als Jäger geboren, und in diesem verlassenen Dorf, in dem schon gleich am Anfang des Krieges die Gewehre beschlagnahmt worden waren, jagten die Bauern nachts in den Wiesen und den

Feldern mit Hilfe dieser Netze, die von langen Stöcken auseinandergehalten wurden und die sonst dazu dienten, Krabben im Meer zu fischen.

Was sie damit jagten? Rebhühner. Weder du noch ich begleiteten sie, aber sie schickten mir als Freunde Dutzende von Rebhühnern, während Boule die Arme hob und rief:

»Schon wieder! Was soll ich mit all diesen Tierchen machen?«

Wir schickten Freunden in Paris welche. Was haben wir außer der allwöchentlichen Butter und dem Fleisch nicht alles geschickt!

Ich erinnerte mich, daß in meiner Kindheit meine Mutter, trotz unserer Beinahe-Armut, mir Schuhe nach Maß anfertigen ließ, weil sie selbst oft Fußweh hatte. Ich erinnerte mich auch an einen Schuhmacher in Paris, in der Nähe der Madeleine, der sich auf Kinderschuhe spezialisiert hatte. Deine Mutter schickte ihm deine Fußabdrücke, deine Maße, und einen Monat später bekamen wir Schuhe, bei denen nicht die Gefahr bestand, daß sie dir die Füße verunstalteten. Der Schuhmacher wollte lieber mit Butter bezahlt werden, und so verdanktest du sie unseren Kühen.

Deine erste Lederjacke wurde ebenfalls in Paris nach deinen Maßen angefertigt, aus dem Fell der Schafe, die wir aufgezogen hatten.

Bewohner aus Paris kamen bis in die Vendée, um sich mit Lebensmitteln zu versorgen, und es tat weh, ihr fast schmerzbewegtes Erstaunen angesichts dieses Schlaraffenlandes zu sehen.

Ich erkundigte mich bei dem Feldhüter, ob es in dem Dorf eine Frau gab, deren Mann in Gefangenschaft war und die mühsam ihre Kinder großzog. Es gab nur eine, die die anstrengendsten Arbeiten verrichtete. Ihr Sohn war ungefähr in deinem Alter. Ich besuchte sie und bat sie um die Erlaubnis, ihm sowie seiner Schwester die gleichen Spielzeuge, die gleichen Leckereien zu schenken, die ich dir zu Weihnachten, zu Ostern, zu den Hohen Festtagen und zum Geburtstag schenkte. Sie hatten keinen Hunger. Niemand hatte in dieser Gegend Hunger, aber die Kinder haben andere Bedürfnisse als Nahrung.

Erinnerst du dich an den Gemeindebackofen? Es gab ihn vor dem Kriege, denn dort war es noch Brauch, daß man sein Brot selbst knetete, entweder der Mann oder die Frau. An einem Tag in der Woche war jemand damit beauftragt, den Ofen anzumachen, und zu einer bestimmten Uhrzeit kamen Gruppen von drei oder vier Leuten, ihren ganz weißen Teig in ein Tuch gewickelt. Das spielte sich an der Ecke eines kleinen Weges ab, den wir oft mit dem Buggy entlangfuhren, denn er führte zum Fluß, auf dessen anderer Seite wir körbeweise Röhrlinge pflückten. Auch dabei entdecktest du die schönen goldbraunen Pilze als erster zwischen dem welken Laub.

Bei dem Brot handelte es sich um das traditionelle Landbrot, aus reinem

Weizen gemacht, rund und ziemlich flach, das mehr als drei Kilo wog. Wir gingen jede Woche zu dem Ofen. Wir hatten auch Bienenkörbe, wie alle. Da ich mich nicht damit auskannte und Angst vor den Stichen hatte, bat ich einen benachbarten Landwirt um Hilfe bei der Honigernte.

Die Lebensmittel hatte deine Mutter in Gewahrsam, und in regelmäßigen Abständen überprüfte sie, wie meine Mutter es mit Eiern vor einer Kerzenflamme getan hatte, Makkaroni, Nudeln und Spaghetti, um sich zu versichern, daß sie nicht von winzigen weißen Würmern befallen waren.

Alle waren sehr beschäftigt, mein kleiner Marc, vor allem du, der alles sehen wollte, und aus diesem Grunde erinnere ich mich nicht daran, in dieser Zeit so sehr viele Romane geschrieben zu haben.

Niemand konnte die Zukunft voraussehen, ich hatte es bitter während des Ersten Weltkrieges erfahren. Wir hatten Elektrizität, gewiß, außer in den Nebengebäuden, aber es war von möglichen Stromsperren auf Anordnung der Besatzer die Rede.

Für diesen Fall hatte ich ein Faß Karbid und Lampen dazu gekauft sowie ein großes Faß Petroleum für die Sturmlaternen, die uns im Pferdestall und im Stall dienten. Ich hatte mir eine Werkbank besorgt, verschiedene Werkzeuge, eine Kiste voller Nägel und Haken, die knapp geworden waren und die man nur gegen Schinken eintauschen konnte.

Wir zogen ein oder zwei Schweine pro Jahr auf, fette Schweine, die bis zu zweihundert Kilo wogen, und der Metzger kam aus dem Dorf, um sie zu schlachten, während man dich weit weg brachte. Er war es auch, der in einem riesigen, gußeisernen Kessel davon »ein Essen kochte«. Wie in vielen Landgegenden war es Brauch, die schönsten Stücke sowie einen Teller Blutwurst seinen Freunden und Nachbarn zu schicken, die ihrerseits einem etwas schickten, wenn sie schlachteten.

Ich habe dir noch nicht von der wichtigsten Persönlichkeit der Gegend erzählt, denn ich lernte sie erst nach mehreren Monaten kennen. Es war ein Mann von sechzig Jahren, breitschultrig und klein, stattlich, mit dickem Bauch und einer immer blassen Gesichtsfarbe trotz des Lebens an der frischen Luft. Er sollte unser Freund werden, wie der Arzt des Dorfes und einige andere, und er ließ mich wissen, daß er an einer Angina pectoris litt, an der mein Vater sehr viel jünger gestorben war.

Seitdem hatte die Medizin Fortschritte gemacht, und wenn er einen Anfall herankommen fühlte, zog er aus seiner Tasche eine kleine Dose und schluckte eine Trinitrin-Tablette. So konnte er sehr lange leben und sich einer rastlosen Tätigkeit widmen. Tatsächlich war er es, der von allen Bauern weit und breit Weizen, Hafer, Gerste und Mais kaufte, und eine private Eisenbahnlinie verband seine Lager mit dem Bahnhof. Sein Verwalter ähnelte dem von Paray-le-Frésil, den ich zum Teil als Vorlage für die Romanfigur Maigret benutzte.

Sein Haus war groß und harmonisch, luxuriös eingerichtet, aber am stolzesten war er auf seinen Gemüsegarten, den der beste Gärtner bestellte, den er hatte finden können.

Bis dahin hatte ich ihn nur von weitem gesehen. Eines Nachmittags sah ich ihn in meinen Garten kommen, freundlich und ein wenig schüchtern, trotz der wichtigen Rolle, die er in der Gegend spielte.

»Entschuldigen Sie bitte die Störung, Monsieur Simenon . . .«

Während er sich vorstellte, betrachtete er meinen Gemüsegarten.

»Man hat mir erzählt, daß es Ihnen gelungen ist, schöne Auberginen zu ziehen. Das Klima hier und der Boden eignen sich nicht dafür, und mein Gärtner hat es nie geschafft.«

Unser Garten, der durch schmale Wege schnurgerade unterteilt war, hätte als Illustration in einem Katalog eines Händlers für Samen dienen können. Er befühlte die dicken Auberginen, deren violette Farbe golden schimmerte, und er traute seinen Augen nicht.

»Wie machen Sie das?«

»Ich habe die Anweisungen eines Handbuchs für Gartenanbau befolgt . . .«

Ich hatte nicht nur eins verschlungen, sondern ein halbes Dutzend.

»Sie müssen sich meinen Gemüsegarten ansehen kommen. Sie haben sogar Spargel!«

Diese brauchen drei Jahre, bis sie voll ertragreich sind. Ich aß keine von meinen, auch deine Mutter und Boule nicht, denn unsere Kultur war zu jung. In der Spargelzeit gingst du bei Sonnenaufgang hinaus, um den Streifen Land, der höher war als die anderen, zu begutachten, und eines Tages sahst du drei winzige violette Köpfe sprießen, die ich bestimmt nicht entdeckt hätte.

»Schnell! Das Messer, Dad . . .«

Das Spargelmesser mit der kleinen, waagerechten Klinge an der Spitze, die den Spargel ganz unten abschneidet. Du brachtest deine drei Spargelstangen Boule und batest sie, sie zu kochen, und das machtest du jeden Morgen während der Spargelzeit, du brachtest deine Trophäen in die Küche, bald fünf, bald acht, neun, bis zu zehn Stangen Spargel, die keine Mahlzeit hergeben konnten und für dich aufgehoben wurden.

Der Getreidehändler erinnerte mich an den »Reichen Mann« aus der Familie deiner Großmutter Brüll, auch er Getreidehändler, Schloßbesitzer, Händler für Düngemittel und für alles mögliche. Er lud uns für einen Samstagabend zum Essen ein. Er hatte eine sehr schöne Tochter, Mutter eines kleinen Mädchens, und ihr Mann, Professor für Neurologie an der Universität Nantes, kam nur zum Wochenende nach Hause.

Nach und nach bildeten wir einen Freundeskreis, der abwechselnd bei dem einen oder dem anderen zu Mittag oder zu Abend aß, und oft stand eine Partie Bridge in Aussicht. Der fröhliche Doktor gehörte auch unserem Kreis an.

Eines Tages erkühnte ich mich, mit dem Neurologen über meine ärztlichen Untersuchungen in Fontenay und über den Urteilsspruch des Radiologen zu sprechen.

»Hat er Ihnen eine Röntgenaufnahme gegeben?«

»Meines Wissens nach hat er keine gemacht. Ich erinnere mich nur an eine lange Durchleuchtung, während der ich so stark geschwitzt habe wie in meinem restlichen Leben zusammengenommen.«

Er untersuchte mich einen Augenblick.

»Das ist natürlich nicht mein Gebiet. Ich verstehe, daß Sie Gewißheit haben wollen. In Paris gibt es zwei berühmte Radiologen, die übrigens nicht immer einer Meinung sind. Wenn ich zu wählen hätte . . .«

»Als Ausländer, der im Küstengebiet wohnt, darf ich nicht nach Paris oder anderswohin fahren . . .«

»Sie können das Abenteuer wagen. Ich würde Ihnen eine Bescheinigung geben, die die Deutschen vielleicht akzeptieren . . .«

Ich hatte plötzlich Angst vor diesem Abenteuer, und meine Knie zitterten dabei. Und wenn mein Herz mir unterwegs einen Streich spielen würde? Ich wußte, daß selten Züge fuhren, daß sie erstürmt wurden und völlig überfüllt waren und daß man wegen zerstörter Brücken oft mühevoll umsteigen mußte.

»Wäre es Ihnen angenehm, wenn ich Sie begleiten würde?«

Ich wagte nicht, ja zu sagen, hatte aber feuchte Augen. Er war genauso jung wie ich, eleganter und hatte hellblonde Haare und blaue Augen.

»Sie müssen zwischen den beiden Chefärzten wählen . . .«

»Sie kennen sich darin besser aus als ich.«

Er nannte mir einen Namen, den ich wiederholt bei meinen Freunden in Straßburg gehört hatte, auch bei Professor Leriche.

»Es schreckt Sie doch nicht ab, daß er ein alter Mann ist?«

Er schrieb nach Paris, machte einen Termin aus, organisierte die Reise. Er regelte auch alles mit seiner Universität. Ich erinnere mich nicht an die Reise, auf der nichts Außergewöhnliches geschah, und die englischen und amerikanischen Flugzeuge bombardierten uns nicht. Es waren nicht die Bomben, vor denen ich Angst hatte, sondern der nahe Urteilsspruch, der diesmal endgültig sein würde. Während der Fahrt rauchte ich nicht und trank nur Mineralwasser.

Das George V und das Claridge, wo ich gewöhnlich abstieg, waren von der Kommandantur beschlagnahmt worden und für die deutschen Offiziere reserviert, wie die meisten großen Hotels. Wir stiegen im Bristol in der Rue du Faubourg-Saint-Honoré ab, gegenüber der englischen Botschaft, die selbst sehr *british* aussah. Die ersten Personen, denen ich in der großen Empfangshalle begegnete, waren zwei meiner besten Freunde, Marcel Pagnol und Jean Cocteau.

»Georges!«

»Jean!«

»Marcel!«

Wir fielen uns in die Arme.

»Woher kommst du? Wo warst du? Ich glaubte, du seist tot oder in Amerika ...«

Marcel war es, der sich so wunderte, denn ich hatte ihm vor dem Krieg davon erzählt, daß ich mich für ein paar Jahre in den Vereinigten Staaten niederlassen wollte, wenn ich ein Kind hätte, denn ich wünschte mir seit einer Reise, die Tigy und ich dorthin gemacht hatten, daß mein Sohn oder meine Tochter gleichzeitig eine amerikanische und europäische Erziehung genießen sollte. Als der Krieg ausbrach, wäre ich, wie so viele Leute, fast abgereist, aber ich wußte, daß man lange, oft Monate in Spanien oder Portugal warten mußte, bevor man sich auf eigene Faust nach Amerika einschiffen konnte. Du warst damals zu jung, als daß ich dich in dieses Abenteuer hineingezogen hätte. Pagnol erinnerte sich an mein altes Vorhaben.

»Warum bist du nach Paris gekommen?«

Ich erklärte es ihnen, und sie wurden ernst.

»Wann gehst du zu deinem großen Medizinmann?«

»In einer Stunde ...«

»Du wirst uns hier wiedertreffen ...«

Ich begab mich im Fahrradtaxi (ich wußte nicht einmal von ihrer Existenz) in eine ruhige, vornehme Straße nicht weit von der Abgeordnetenkammer.

Eine stille Wohnung, ziemlich dunkel, gedämpft, mit ihren altehrwürdigen Möbeln, die gut nach Politur rochen. Ein großer, sehr dünner Greis mit weißen Haaren und sanften Augen öffnete bald darauf die Tür seines Sprechzimmers und reichte mir seine knochige Hand.

»Es scheint so, als hätte man Ihnen Kummer gemacht? ... Sie haben einen kleinen Sohn, hat man mir geschrieben? ... Sie müssen sich in der Vendée wohlfühlen, bei den heutigen Zeitläuften ...«

Er half mir über meine Befangenheit hinweg, und nach und nach verflog mein Lampenfieber.

»Macht es Ihnen etwas aus, sich auszuziehen?«

»Ganz?«

Er antwortete lächelnd:

»Sogar die Strümpfe ...«

Welch ein Unterschied zu dem Mann, der ... den ... der einzige Mensch, glaube ich wohl, den ich jemals gehaßt habe ...

Dieser hier, bekannt in der ganzen Welt, oft an das Krankenbett von Staatschefs oder anderen Mächtigen gerufen, lächelte mit seinen feinen Lippen, wobei er mir die Elektroden an den Handgelenken, den Fußknöcheln und auf der Brust befestigte, und ich war erstaunt, an seiner Seite keinen Assistenten, keine Krankenschwester zu sehen. Ich überließ mich ihm vertrauensvoll, ohne Fragen zu stellen.

»Sie können Ihre Hose und Ihre Schuhe wieder anziehen. Lassen Sie den Oberkörper frei.«

Er horchte mich lange ab, dann ließ er mich durch die Wohnung gehen, auch durch das Eßzimmer, und ich kam in einen anderen Raum, in dem ein Mann saß, fast so alt wie der Professor und mit sehr langen, weißen Haaren wie ein Maestro. Der Professor sagte einen Namen, dann meinen.

»Ein junger Mann, der mir an einen Esel geraten zu sein scheint«, sagte er.

Dann, auf den Maestro zeigend:

»Der beste Radiologe von Paris, der nicht mehr lehrt und mir nur noch hilft, wenn ich eine meiner seltenen Konsultationen abhalte. Ich überlasse Sie ihm.«

Diesmal stellte man mich nicht mehr vor den Bildschirm, sondern der Radiologe mit den schelmischen Augen machte Röntgenaufnahmen, wobei ich zunächst stand, dann auf einem mit Englischleder bezogenen Tisch auf dem Bauch und auf dem Rücken lag.

»Ein wenig weiter nach rechts ... Atmen Sie tief ein ... Nicht mehr einatmen ...«

Ein Klicken.

»Sie können sich wieder anziehen. Gehen Sie dann eine halbe Stunde spazieren, und kommen Sie dann wieder zu meinem Freund.«

All das sah so wenig nach der Medizin aus, so wie ich sie kennengelernt hatte, daß ich zu träumen meinte. Ich ging wieder durch die ruhigen Straßen des Faubourg Saint-Germain und schaute zwanzigmal auf meine Uhr. Der bedeutende Chefarzt erwartete mich allein, in der Mitte des Salons.

»Haben Sie Ihre Pfeife in der Tasche?«

Errötend gestand ich:

»Ja.«

»Stopfen Sie sie und zünden Sie sie an.«

Seine Augen blickten freundlich und heiter.

»Haben Sie Freunde in Paris?«

»Ich habe insbesondere zwei, die im Hotel auf mich warten.«

»Gehen Sie wieder zu ihnen und laden Sie sie zu einem guten Essen ein, in dem besten Restaurant, das Sie kennen. Bestellen Sie einen guten alten Wein und ...«

Ich schrie beinahe oder glaubte zu schreien:

»Ich habe nichts am Herzen?«

»Ihr Herz ist völlig normal und in ausgezeichnetem Zustand. Schmeckt die Pfeife gut?«

Ich war von einem Glücksgefühl erfüllt, das ich selten, wenn überhaupt, gekannt hatte.

»Und das Sportlerherz?«

»Ich kenne dieses Wort ... Ihr Radiologe ist ein Narr, und er hatte nicht das Recht, Sie zu untersuchen. Sie sind nicht von einem Arzt zu ihm geschickt worden. Denken Sie nicht mehr daran. Eine vergnügte Mahlzeit Ihnen und Ihren Freunden, und meinem jungen Kollegen, der Sie begleitet hat.«

Ich weiß nicht mehr, wie ich sein Haus verließ, aber ich spüre immer noch seine trockene und knochige Hand in meiner feuchten.

Jean und Marcel erwarteten mich voller Angst, daß ich mich schämte. Als sie mich sahen, verstanden sie, und Marcel zeigte auf meine Pfeife.

»Verordnung vom Chefarzt?«

Auch der Professor für Neurologie war da.

»Weißt du«, scherzte Marcel, »daß Jean vor Unruhe beinahe umgekippt ist?«

Ein üppiges Abendessen, reichlich begossen, natürlich auf dem Schwarzmarkt besorgt. Ich konnte nicht einmal Tigy anrufen, wegen dieser verdammten »Küstenzone«, wo die Deutschen fieberhaft den Atlantikwall bauen ließen. War ich betrunken? Ich weiß es nicht. Ich glaube, wir waren es alle mehr oder weniger, und die Betten des Bristols waren uns willkommen.

Ich hatte keine Herzkrankheit, verstehst du, Filius? Ich fühlte mich wunderbar, und ich kehrte nach Saint-Mesmin zurück, meinen Koffer voll von schlechtem Tabak, den man nicht mehr in der Vendée bekam, sondern nur in Paris, jedenfalls noch auf dem Schwarzmarkt.

Zu Hause hatte ich zweihundert Fuß Tabak angepflanzt, illegal, denn man darf ihn nur berufsmäßig anbauen, und in regelmäßigen Abständen kommen Inspektoren von der Régie, um die Blätter zu zählen. Ich hatte in den Nebengebäuden einen Trockenapparat aufgestellt und den Blechschmied-Feldhüter gebeten, mir eine Art Trommel mit einer Handkurbel anzufertigen, um den Tabak zu »rösten«, wie es ein Handbuch empfahl.

Schließlich hatte ich fünf oder sechs junge Mädchen aus dem Dorf angestellt, die die gebräunten Blätter in Zigarrenform rollten. Der

Tischler des Ortes hatte mir eine Miniaturguillotine gebaut, und die jungen Mädchen steckten die noch feuchte Tabakrolle hinein, um sie in kleine Stücke zu schneiden. Wenn die Rollen getrocknet waren, zerbröselten sie und gaben einen Tabak her, der mehr oder weniger dem der Régie ähnelte.

Dachte ich im Zug an all diese unerlaubte Arbeit? Wie konnte ich es wissen? Wenn man bedenkt, daß ich so viele Stunden, so viele Wochen und Monate damit verbracht hatte, für dich einen *Pedigree* zu schreiben, den ich dir von nun an in aller Ruhe selbst erzählen konnte!

Ich sah euch von weitem auf dem Bahnsteig des kleinen Bahnhofs stehen. Ich fühlte mich leichtsinnig genug, um aus dem fahrenden Zug zu springen, aber ich wollte dir kein schlechtes Beispiel geben. Ich hätte dich beinahe erdrückt und deine Mutter auch, und nachdem wir uns gerührt bei unserem Freund, dem Neurologen, bedankt und ihn zu einem zukünftigen Abendessen eingeladen hatten, gingen wir die ansteigende Straße hinauf, du zwischen uns beiden, eine Hand in meiner, die andere in Tigys Hand.

Woran ich mich erinnere, ist der Kalbskopf in Schildkrötensuppe, eine belgische Mahlzeit aus meiner Kindheit, die ich für mein Leben gerne aß, genauso wie du.

»Holen Sie eine gute Flasche Bordeaux aus dem Keller, liebe Boule.«

Lachten wir? Weinten wir? Du sahst uns überrascht an, denn da du von unserer verborgenen Angst nichts gewußt hattest, mußtest du dich fragen, warum wir plötzlich so redselig waren und manchmal wie Kinder in schallendes Gelächter ausbrachen. Aber ja, mein Marc, die Erwachsenen bleiben Kinder, bis sie eines Tages alte Kinder sind.

Wie die beiden berühmten Greise in Paris, die uns soeben unsere nicht eingestandenen Ängste genommen und all unsere Wolken vertrieben hatten! Der Himmel war an jenem Tag bestimmt blau, dessen bin ich sicher!

17

Auf geht's, mein Marc! Man reist wieder ab. Diesmal auf eine kurze, fast eine Vergnügungsreise. Die Eltern in Tigys und meinem Alter ängstigen sich bei den geringsten Wehwehchen ihres Kindes mehr als die jüngeren Eltern, vor allem wenn sie nur eins haben. Du bekamst eine Angina, was nicht schlimm ist, und wir riefen unseren Nachbarn und Freund, Doktor Eriau, der mit einem großen knatternden Motorrad durch die Gegend fuhr, was für dich immer ein Grund zur Begeisterung war. Eriau war ein lustiger Bursche mit offenem Blick, bei dem es einem warm ums Herz wurde, und er war in einem dieser Bauernhäuser geboren worden, die er jetzt besuchte. Obwohl nur ein Landarzt, hatte er dennoch, seine Kollegen aus der Stadt fragten sich wie, eine Frau geheilt, die fast am ganzen Körper Verbrennungen ersten Grades erlitten hatte.

»Was können wir tun, um ihn so schnell wie möglich wieder auf die Beine zu bekommen?« fragte Tigy und zeigte auf dein blasses Gesicht.

»Ich kenne einen Automechaniker nicht weit von hier, der einen Holzvergaser auf einen alten Klapperkasten montiert hat und Sie nach La Bourboule fahren könnte. Das ist die Bäderstadt für Kinder im Puy-de-Dôme, die sich auf die Atmungswege spezialisiert hat. Eine Kur dort in der Höhenluft kann ihm nur guttun.«

Und eines Morgens hielt sehr früh eine seltsame Maschine vor unserer Treppe. Es war eine veraltete Mühle, die der Beschlagnahmung entgangen war, und an der Seite war ein breiter, hoher Zylinder aus schwarzem Blech montiert, der den Öfen auf den Bahnhöfen ähnelte. Man hatte mir gesagt, daß es klug wäre, einige Hühner mitzunehmen, die wir lebend in den hinteren Kofferraum pferchten und die bei jedem Zwischenhalt die Holzkohle, die das nicht aufzutreibende Benzin ersetzte, bezahlen würden. Denn das Geld war auf dem Lande nichts mehr wert.

Wir hielten alle zehn oder fünfzehn Kilometer, um den Behälter, der die Holzkohle erhitzte, mit Wasser aufzufüllen. Unser Gefährt glich einer Lokomotive, die ein kleines Kind gezeichnet haben könnte. Unser Arzt und Freund hatte uns eine Bescheinigung mitgegeben, die wir auf Verlangen vorzeigen sollten, aber niemand hielt uns an, außer einem französischen Polizisten am Ortseingang von La Bourboule. Er bestand darauf, daß ich, noch bevor wir uns ins Hotel begaben, wo wir zwei Zimmer reserviert hatten, mich mit dem Kommissar auseinandersetzen sollte.

In dieser Zeit mißtraute man allem. Ich gab also Erklärungen ab. Eine Viertelstunde später waren wir im Hotel und sofort am nächsten Morgen im Thermalbad, du und ich. Bald beim sogenannten Einpinseln des Rachens, bald in einem anderen Zimmer zum Inhalieren, was weiß ich noch alles, man behandelte dich mit dem Wunderwasser, das lauwarm aus der vulkanischen Erde hervorsprudelte. Da du darauf bestandest, daß ich dich jeden Tag auf deinem Rundgang begleitete, beschloß ich, weil ich ja ein starker Raucher bin, die Kur gleichzeitig mit dir zu machen. Dich brachte sie wieder auf die Beine, und ich trug eine schmerzhafte Stirnhöhlenvereiterung davon. Man hielt sie zunächst für eine Kiefervereiterung, und nach einer gründlichen Untersuchung meines Kiefers beschloß der Zahnarzt des Kurortes, mir meine einzige Brücke herauszunehmen und mir eine neue zu machen.

Unser Hotel lag auf dem Gipfel eines steilen Hügels, den man in einer alten hydraulischen Seilbahn hinauf- und hinunterfuhr. Meine Besuche beim Zahnarzt fanden um acht Uhr abends statt, und niemand war dann für die Bedienung der Maschine zuständig.

Man hatte mir beigebracht, sie zu bedienen, und obwohl ich Angst vor der Leere hatte, mußte ich jeden Abend in der Dunkelheit mit diesem schwindelerregenden Fahrzeug fahren.

Auch ließ ich eines von Tigys kleinen Schmuckstücken einschmelzen, denn ich mußte das Gold, das für die Anfertigung einer neuen Brücke, die nicht so gut war wie die alte, notwendig war, selbst beschaffen. In Wirklichkeit war mein Kiefer in hervorragendem Zustand, und es wurde zu spät entdeckt, daß es meine Stirnhöhlen waren, die behandelt werden mußten.

Es gab Pilze im Überfluß, darunter ein rosaweißer Pilz, der genau die Form eines erigierten Gliedes hatte. Nicht zur Belustigung beschwöre ich diese Erinnerung herauf, sondern weil sie zeigen, daß auch während des Krieges das Leben trotzdem weiterging.

Bei unserer Rückkehr in derselben Maschine mit den Hühnern, die von unserem Hof stammten, fanden wir dennoch die Atmosphäre in Saint-Mesmin etwas verändert vor. Rommel hatte die Wüstenschlacht in dem Moment verloren, als er sie gewonnen glaubte. Die Amerikaner, seit Pearl Harbor im Krieg, gingen in Nordafrika an Land und marschierten in Sizilien, dann in den Stiefel von Italien ein.

In dem Café an der Ecke, das von dem Fahrradhändler geführt wurde, sprach man leise davon, und man sah spöttisch auf die Anschläge, die die Deutschen in den Städten und Dörfern Frankreichs an die Mauern geklebt hatten. Sie zeigten die Panzer der Alliierten in Form von Schnekken, die sich mit der Langsamkeit dieser Tiere, die du so sehr liebtest, durch Italien fortbewegten.

Man hörte immer mehr Flugzeuge in der Ferne brummen, und eines Tages, als die Explosionen uns nah erschienen, erfuhren wir, daß die Engländer den Hafen von Nantes bombardiert, sich aber im Ziel geirrt und das größte Geschäft der Stadt zerstört hatten, was mehr als einhundertfünfzig Opfer gefordert hatte. Radio London forderte alle Franzosen aus dem Küstengebiet von der spanischen bis zur belgischen Grenze dringend auf, ihre Region zu verlassen. Eine Landung wurde vorbereitet, ohne daß man hätte erraten können, an welchem Punkt dieser Hunderte von Kilometern langen Küste.

Biarritz, Arcachon, Bordeaux, La Rochelle, Les Sables-d'Olonne, Nantes, dann die gesamte bretonische Küste, die Normandie, Le Havre, Fécamp, Dieppe, Calais, würden sich diese Gebiete, eingeschlossen die kleinen Häfen und die Dörfer, von allen Einwohnern leeren, und würden wir noch einmal bei dem bejammernswerten Strom von Autos auf der Landstraße dabeisein? Die Nachrichten widersprachen sich, und die Leute wurden skeptisch. Bei jedem Luftkampf behauptete jedes Lager, einhundert oder zweihundert feindliche Maschinen abgeschossen zu haben, während jede Seite wiederum eingestand, daß fünf oder sechs Maschinen »nicht zu ihrer Basis zurückgekehrt waren«.

Lange Zeit war der Krieg ein entferntes Ereignis gewesen, und jetzt fühlte man in unserem Bocage ihn herannahen. Die Gräben, die man uns neben den Straßen hatte ausheben lassen, bekamen ihren wahren Sinn. Es ging den Deutschen darum, sich im Falle der Landung der Alliierten Schützengräben zu schaffen. Sogar in unserem so freundlichen Garten! Würden wir nicht eines Tages fliehen und uns unter die zusammengewürfelten Horden mischen müssen, wie wir sie zu Beginn der Invasion in La Rochelle hatten ankommen sehen?

Unser Pony und der Buggy nützten uns nichts. Mein kleines Motorrad hatte ich an dem Tage, als Anschläge alle Besitzer von Motorrädern aufgefordert hatten, sich in der Kommandantur eintragen zu lassen, dem Metzger von Fontenay gegeben. Mißtrauisch geworden, zog ich es damals vor, mich von meinem zu trennen, wodurch ich jemand anderen glücklich machte.

Ich hatte noch, unter dem Stroh in der Scheune versteckt, das kanariengelbe Auto, das ich einige Monate vor dem Krieg gekauft hatte. Es hatte einen starken Motor, und in der Zeit, in der ich mich um die belgischen Flüchtlinge gekümmert hatte, hatte es bis zu zwölf Personen befördert, sogar auf dem Dach und auf der Motorhaube. Von Fontenay aus, als ich nicht mehr die offizielle Kokarde der *préfecture* von La Rochelle tragen durfte und mein Passierschein ungültig geworden war, hatte ich das Wagnis unternommen und es unter dem für unseren Pferdestall bestimmten Stroh versteckt. Ich hatte mir in der Folgezeit, immer gegen Nahrungsmittel, auch ein großes gut verstecktes Faß Benzin besorgen können. Aber wozu sollte ein Auto nützen, das von den Besatzern schnell ausfindig gemacht und konfisziert werden würde?

Der Frühling wurde immer strahlender, und mein Freund, der Fahrradhändler, den ich jeden Morgen in seinem Bistro sah, wo ich, wie die anderen, meinen Halben Landwein trank, fertigte für mich auf einem kleinen Aluminiumwagen eine Art bequeme Karosserie mit weichem Sitz und sogar mit einer Windschutzscheibe an. Das Ganze ähnelte, nur kleiner, den Fahrradtaxis, die ich in Paris gesehen hatte, und dieser Anhänger wurde fest hinter den Rahmen meines Fahrrads montiert.

Du warst davon so begeistert, du fühltest dich so wohl in diesem kleinen Fahrzeug, daß du mich überallhin begleitetest.

An einem Sonntag, an dem der Himmel von einem schönen Hellblau war, konnten wir sehr weit oben weiße Flugzeuge in geschlossener Formation fliegen und am Horizont verschwinden sehen. Ein erster Schwarm, dann, etwas später, ein zweiter, ein dritter, ein vierter. Wir zählten sie, und es kamen immer noch weitere, die die Luft wie die Haut einer Trommel vibrieren ließen.

Es waren, wie wir später erfuhren, amerikanische Flugzeuge, und was sie auf diese Weise, Schwarm für Schwarm, von so hoch oben, daß die Luftabwehr sie nicht erreichen konnte, bombardierten, war die reizende kleine Stadt Royan, wo die wohlhabenden Bürger von Bordeaux vor einigen Jahren gewöhnlich ihre Ferien verbracht hatten. Warum Royan, das kein Marine- oder Militärstützpunkt war? Ein Irrtum? Visierte man den Hafen von La Pallice an, mehr als einhundert Kilometer von dort entfernt?

Du lebtest trotzdem in einem Kokon von Ruhe und Freude inmitten deiner kleinen Freunde. Sonntags fuhr ich dich zur Kirche, nicht um an der Messe teilzunehmen, sondern um dich beim Hinauskommen mit dem Anblick eines mit einer weißen Tischdecke bedeckten Tisches zu erfreuen, auf dem Torten, Kuchen und alle möglichen Leckereien standen, die jeder Bauernhof von Saint-Mesmin nach alten Familienrezepten, so gut es ging, liebend gerne herstellte.

Dein Freund, der Feldhüter, schlug in Paradeuniform die Trommel und verkündete die Freigabe dieser Kuchen zur Versteigerung zugunsten der Kriegsgefangenen. Es war immer ein Kuchen dabei, der aus unserem Küchenherd kam und den Boules Hände geformt hatten. Ich ließ dich nach deinem Willen wählen, und du wähltest selbstverständlich den größten aus. Ich bot mit. Es war ein sonntägliches, vergnügtes Spiel, denn die Leute wußten, daß ich bis zum Schluß mitgehen würde, und sie trieben aus Spaß die Preise in die Höhe.

Das erinnert mich daran, daß ich kein einziges Manuskript der Bücher mehr habe, die ich vor dieser Zeit geschrieben hatte, denn diese Wohltätigkeitsversteigerungen fanden in jeder Stadt, in jedem Dorf statt, und von hier und dort wurde ich gebeten, ein Manuskript zu schicken. Was ist aus ihnen geworden? Wahrscheinlich dienten sie, von Pferdehändlern, Metzgern oder Lebensmittelhändlern ersteigert, dazu, Fleisch oder andere Waren einzuwickeln.

Eines Morgens, als ich nach Pouzauges hinuntergegangen war, sah ich von oben eine Draisine mit einem einzigen Mann am Steuer, der bestimmt die Strecke kontrollierte. Ein kleines Flugzeug mit doppeltem Schwanz kam wütend brummend vom Himmel herunter, sehr tief, ein Maschinengewehr ratterte, und der Mann in der Draisine brach zusammen, während das Fahrzeug, von allen Seiten durchlöchert, sich schließlich auf die Seite legte.

Der Krieg kam immer näher, auch wenn das Leben in unserem Haus seinen Gang ging und jeder sich dazu zwang, keine sorgenvolle Stirn zu zeigen. Große rote Pfeile wurden an den Bäumen und Telegrafenmasten auf den Straßen, den Wegen und sogar in den Wäldern angebracht. Jeder fragte sich, wozu sie dienen könnten, als neue Anschläge – sie kamen von weither, und unser Freund, der Feldhüter, mußte sie anheften – uns darüber informierten, daß diese Pfeile die Route anzeigten, der alle gesunden Männer folgen müßten, wenn der Befehl dazu gegeben würde.

Wohin sollte es gehen? Beabsichtigten die Deutschen, die französische Bevölkerung in ihr Land umzusiedeln, oder aber waren diese marschierenden Menschen dazu bestimmt, ihnen als Schild zu dienen?

In diesem Augenblick trat ein familiäres Ereignis ein, von dem ich lieber nicht sprechen würde, das aber im folgenden eine so große Bedeutung für unser aller Leben bekam.

Ich hatte die Angewohnheit, im ersten Stockwerk des kleinen Pavillons neben den Pferdeställen meinen Mittagsschlaf zu halten. Um drei Uhr kam Boule mit meinem Kaffee und weckte mich. Wir hatten, seitdem sie vor zwanzig Jahren in unser Leben getreten war, enge Beziehungen zueinander, sowohl gefühlsmäßiger als auch sexueller Natur. Heimliche Beziehungen natürlich, da deine Mutter ja sehr eifersüchtig war und mir oft gesagt hatte, daß sie, betröge ich sie, nicht zögern würde, sich zu töten.

Nun, während unseres gemeinsamen Lebens »betrog« ich sie fast jeden Tag, oft mehrmals am Tag, nicht nur mit Boule, sondern mit Hunderten von Frauen. Hatte sie einen Verdacht? Ich liebte Tigy sehr. Eine starke Freundschaft verband uns, so wie sie uns heute noch verbindet, aber zwischen uns gab es keine Leidenschaft.

Eines unglücklichen Nachmittags öffnete sich plötzlich die Tür des kleinen Zimmers, wo ich meine Siesta gehalten hatte und wo wir, Boule und ich, uns befanden. Vor unseren Augen stand eine Tigy aufrecht und starr im Türrahmen, wie immer mit ihrem beigen Overall bekleidet. Wir wagten nicht, uns zu bewegen, und sie brachte, vielleicht mühsam, mit einer Stimme, die ich nicht wiedererkannte, hervor:

»Wenn du wieder angezogen bist, komm hinunter in den Garten. Ich habe mir dir zu reden.«

War sie eine kühle Frau, wie viele von unseren Freunden dachten? Ich glaube es nicht. Sie hatte vor allem Selbstbeherrschung, und es gelang ihr, ihre Gefühle nicht nach außen zu kehren. Ein wenig später ging ich hinunter, eine völlig niedergeschlagene Boule zurücklassend, und ich fand deine Mutter vor dem Pferdestall auf und ab gehen. Ihre gedämpfte Stimme. Schneidend und abgehackt hervorgebrachte Worte:

»Du wirst mir den Gefallen tun, dieses Mädchen sofort vor die Tür zu setzen.«

Was mich sofort aufbrachte, das war »dieses Mädchen«, um einen Menschen zu bezeichnen, der uns völlig ergeben war, und ich sah, ohne es zu wollen, das große Steinhaus der Renchons wieder vor mir. Sie waren arm gewesen, auch sie. Sie hatten hart gearbeitet, ohne deswegen reich geworden zu sein, und dieses Haus, das an Großbourgeoisie erinnerte, war nur die notwendige Fassade für ihre Tüchtigkeit.

Dieses Mädchen . . .

Ich mochte die Großbürger nicht, und diese Worte schienen mir einen Augenblick lang nach Großbourgeoisie zu riechen. Entrüstet antwortete ich hart:

»Nein!«

»Wähle zwischen ihr und mir. Wenn sie bleibt, dann gehe ich . . .«

Mit dir, mein Marc? Würde sie erwägen, dich mir zu entreißen, in einem Augenblick, in dem man am engsten zusammenhalten mußte? Sie war wieder ins Haus zurückgekehrt und hatte die Tür hinter sich geschlossen. Ich ging zu der verängstigten Boule, um sie zu beruhigen, indem ich ihr versicherte, daß sich alles einrenken würde. Du gingst in die Küche, wie ich es dir geraten hatte. Wir aßen wie an den anderen Tagen, aber am Tisch herrschte so recht keine lebhafte Stimmung, nicht einmal eine gezwungene. Deine Mutter war ernst, hatte sich aber beruhigt, und ich war sicher, daß sie unter dem Einfluß des Schocks gesprochen hatte und daß sie sich nicht einmal mehr an die so hart ausgesprochenen Worte erinnerte.

Ich erzählte dir eine Geschichte zum Einschlafen, die Geschichte eines kleinen Chinesenjungen namens Li, der Tag für Tag der Held außergewöhnlicher Abenteuer war. Ich ging hinunter, nachdem ich die Tür geschlossen hatte, und wir trafen uns wieder im Garten, Tigy und ich:

»Wir können uns beide nicht von unserem Sohn trennen, weder du noch ich.«

Ich fügte hinzu:

»Du kennst die Bedeutung der roten Pfeile. Es ist möglich, daß ich von einer Stunde auf die andere weggehen muß . . . Zwei Frauen werden nicht zu viel sein, um den kommenden Ereignissen zu trotzen . . . Außer dir kannst du nur noch auf Boule zählen . . .«

»Ich weiß. Auch ich kann eines Tages abgeholt werden . . .«

Und um ihre Bitterkeit von Boule abzulenken, legte ich eine Generalbeichte ab:

»Es waren so viele andere, sogar unter deinen besten Freundinnen!«

»Wenn ich daran denke, daß ich nichts geahnt habe . . .«

Es wurde eine lange Unterhaltung, wie zwischen zwei soeben zerstritte-
nen Freunden, und sie ging auf den Alleen des Gartens weiter, während
die Nacht hereinbrach. Im Grunde hatte ich vielleicht diese feste und
treue Gefährtin, die sie während so langer Zeit gewesen war, nie so sehr
geschätzt wie in diesem Augenblick.

»Jetzt weißt du, daß ich mir immer eine gewisse Freiheit bewahrt habe,
sogar heimlich. Selbstverständlich gebe ich dir deine zurück. Offiziell
werden wir Mann und Frau bleiben, in Wirklichkeit aber Freunde sein,
und weder der eine noch der andere wird Marc verlieren . . .«

Hat sie in der Dunkelheit schwach gelächelt? Sie alleine könnte es dir
sagen. Auf jeden Fall gaben wir uns die Hand, bevor wir ins Haus zurück-
gingen. Wir hatten nur ein Bett, und eine bestimmte Zeit lang schliefen
wir Seite an Seite, ohne uns zu berühren.

Ein weiterer Grund hatte deine Mutter vielleicht dazu bewegt, diesen
Friedensvertrag anzunehmen. Unser Freund mit den Fahrrädern hatte
mich einige Tage zuvor beiseite genommen und mir mitgeteilt, daß er in
Kontakt mit der Widerstandsbewegung stand und daß diese Burschen, die
fast alle sehr jung waren, keinen Wein hatten.

»Ich bin bereit, ihnen zwei Fässer zu bringen. Aber wie kann man sie
transportieren?«

»Ich übernehme es, die Jungen zu benachrichtigen und einen Lieferwagen aufzutreiben.«

Er fuhr mich am Steuer des Lieferwagens, in dem die Fässer verstaut
waren, in einen kleinen Wald nur wenige Kilometer entfernt, den ich
kannte, in dem ich aber keinen Menschen vermutet hatte. Ich sah zunächst nur den Chef, einen schönen, braunen Jungen in leuchtend rotem
Hemd. Er pfiff, und es kamen einige Männer, um die Fässer abzuladen.
Seit dem Beginn unseres Aufenthaltes in der Vendée hatte ich nichts von
Partisanen oder Widerstandsgruppen in dieser Region gehört.

»Seid ihr viele?«

»Ziemlich viele.«

»Du kannst reden«, griff mein Freund ein.

»Etwas über hundert.«

Dennoch herrschte Stille in dem kleinen Wald.

»Braucht ihr sonst nichts?«

»Wir brauchen immer irgend etwas.«

»Butter, zum Beispiel? Geflügel?«

»Alles wird uns hier willkommen sein.«

»Wenn es so ist, werde ich wiederkommen . . .«

»Nein. Wir werden zu Ihnen kommen, einige Kameraden und ich. Wir
wissen, wo Sie wohnen.«

Sie sollten tatsächlich kommen, zu fünft oder sechst, in einem klapprigen Auto, und der Mann mit dem roten Hemd stand auf der Außentreppe, ein Maschinengewehr auf die Straße gerichtet, während seine Kameraden sich mit Geflügel, Butter, Eiern, Zucker, ich weiß nicht mehr womit noch versorgten. Ich sollte sie nicht mehr wiedersehen. Das ganze Dorf wußte Bescheid und schwieg. Aber würde nicht irgend jemand reden, und sei es auch nur aus Unvorsichtigkeit? In diesem Fall hätte man Tigy und mich Gott weiß wohin mitgenommen. Und du? Dachte sie daran, als wir unseren Friedensvertrag schlossen? Es ist möglich, für mich die wahrscheinlichste Annahme.

Nun, wir sollten sehr bald weitere Risiken eingehen. Eines Tages fragte mich unser Freund mit den Fahrrädern, der immer so unschuldig aussah, jedoch besser als alle anderen Dorfbewohner Bescheid wußte:

»Haben Sie noch Ihr Auto?«

»Gut versteckt unter dem Stroh, ja.«

»Würden Sie sich bereit erklären, es zu verleihen?«

»Wem?«

»Englischen Fallschirmspringern. Es sind mehrere in der Gegend, und sie brauchen ein schnelles Auto, um ihren Auftrag zu erfüllen.«

Ich war nicht darauf gefaßt, daß sie am nächsten Abend ankommen würden, als der Arzt bei uns zum Kartenspielen war. Männer in Uniform der Royal Air Force kamen herein und gaben uns die Hand, wobei sie sich nacheinander vorstellten. Sie sprachen ein akzentfreies Französisch, was nicht erstaunlich war, denn es waren Franzosen, die in der britischen Armee dienten. Um es sich bequemer zu machen, hatten sie ihre Waffen auf den Tisch gelegt, Maschinenpistolen, großkalibrige Automatics, Handgranaten, und als wir uns zu der Scheune begaben, um den Wagen herauszuholen, sah ich zwei bewaffnete Männer, die auf dem Hof Wache hielten.

»Sind Sie vor langer Zeit abgesprungen?«

»Vor ein paar Tagen.«

Sie blieben weiterhin noch vage in ihren Äußerungen, was ich verstand, und erst nach zwei oder drei Besuchen erfuhr ich, daß sie Uniform trugen, um, für den Fall, daß sie gefaßt würden, als Kriegsgefangene behandelt anstatt erschossen zu werden.

»Kennen Sie die Gegend gut?« fragte mich der Chef.

»Ziemlich gut, aber der Doktor kennt sie besser als ich.«

»Bis morgen abend.«

Unser großes gelbes Auto begeisterte sie, und ebenso das Benzinfaß, das sie nicht mitnahmen. Sie verschwanden und kamen am folgenden Abend wieder, wieder bewaffnet, friedfertig, und dann erfuhren wir, daß sie damit beauftragt waren, die Eisenbahngleise zu sprengen, vor allem an den Abzweigungen, um das für uns geheimnisvolle Hin- und Herfahren der deutschen Züge zu stoppen oder zu verzögern.

Man sah in der letzten Zeit viele vorbeifahren. Manchmal sah man sogar den langen Hals der Marinegeschütze. Die einen Züge kamen aus dem Landinnern und fuhren zum Meer, während andere voller uniformierter Männer in entgegengesetzter Richtung davonfuhren, was uns unerklärlich schien. Nach und nach wurden wir miteinander vertrauter. Der Doktor zeigte auf der Karte die Stellen, an denen man sich am besten den Gleisen nähern konnte, ohne gesehen zu werden.

»Das ist meine Aufgabe«, vertraute uns der Jüngste lächelnd an.

Er streifte tatsächlich eine Soutane über seine Uniform, setzte sich einen Pastorenhut auf und näherte sich am hellichten Tage, sein Brevier lesend, unschuldsvoll einem bestimmten Punkt, um dort an die Schienen ein Stück Plastik zu kleben, wovon er die Taschen voll hatte, und daran die Sprengkapseln zu befestigen. Einer seiner Kameraden vertraute uns an, daß er Oberleutnant bei den Spahis in Nordafrika gewesen war und daß sich hinter seinem Decknamen ein historischer Name verbarg.

Am zweiten Abend war mein Wagen nicht mehr gelb, sondern grün, und auf der Rückseite hatte man zwei getarnte Öffnungen herausgeschnitten, um die Läufe der Maschinengewehre hindurchzuschieben.

Auf der Strecke waren die Züge blockiert, und man hörte von Sprengstoffanschlägen in der Gegend. Eines Nachts wurde ein deutsches Auto drei Kilometer von Saint-Mesmin entfernt angegriffen und mit Maschinengewehren beschossen, und man fand dort drei Tote, darunter einen Obersten.

Am übernächsten Tag stand das nahe Dorf La Chapelle auf der anderen Seite des Flusses vollständig in Flammen. Die Deutschen waren mit vielen Soldaten im Morgengrauen angekommen, hatten die Bewohner aus ihren Häusern getrieben, viele aus ihrem Bett, und ohne ihnen zu gestatten, irgend etwas mitzunehmen, hatten sie sie, so wie sie waren, in ein benachbartes Dorf gebracht. Danach hatten sie die Häuser in Brand gesteckt, und die ganze Nacht über brannte das Dorf, während die Einwohner von Saint-Mesmin den Flammen in der Nähe zusahen.

Das war der Preis für einen deutschen Obersten. Wenig später traf ich einen der Bewohner des vernichteten Dorfes, einen Flüchtling mittleren Alters aus dem Norden, der sich in dieser Gegend sicher geglaubt hatte und dort geblieben war. Er war ein ehemaliger Bilderhändler. Mit Tränen in den Augen gestand er mir, daß in der Asche mehrere Renoirs waren, Gemälde von Léger, von Derain und andere Bilder, die er auf der Flucht gerettet hatte.

Sogar in unserem Gemüsegarten roch die Luft verbrannt. Du warst darüber erstaunt.

»Das riecht schlecht.«

Ich weiß nicht mehr, welche Erklärung wir dir gaben, deine Mutter und ich.

Die Landstraße vor unserem Haus lag nicht mehr verlassen da. Truppen marschierten in Kolonnen vorbei, Konvois und Wagen mit dem Hakenkreuz.

Eines Nachmittags gegen vier Uhr arbeitete ich hinten im Gemüsegarten, als Boule aufgeregt zu mir kam. Eine blonde Dame, die von einem deutschen Offizier begleitet wurde, hatte nach mir gefragt, und Boule hatte die Geistesgegenwart besessen, ihnen mit unschuldsvoller Miene zu antworten, ich sei nicht da.

»Wann kommt er zurück?«

»In ein oder zwei Stunden. Er wird zum Abendessen hier sein. Wir essen um sechs Uhr . . .«

Ich ging auf das Feld, das eine ziemlich hohe Hecke von unserem Garten trennte, und beauftragte Boule damit, den Fahrradhändler benachrichtigen und ihm mitteilen zu lassen, daß ich dringend weg müsse. Währenddessen mußte Boule mir den schweren Tornister bringen, den deine Mutter seit mehreren Wochen in Erwartung eines Ereignisses dieser Art für mich vorbereitet hatte.

Der Sack enthielt Wäsche, Lebensmittel und sogar eine kleine Schachtel mit Morphiumampullen für den Fall, daß ich sehr schmerzhaft verwundet würde. Tigy hatte das Morphium geteilt, so daß noch etwas davon im Hause blieb. Unser befreundeter Arzt hatte uns Ampullen und Spritzen besorgt, denn die Ärzte auf dem Land durften noch Medikamente an ihre Patienten ausgeben, weil es in der Umgebung keine Apotheken gab.

Tigy kam, um mir auf Wiedersehen oder Lebewohl zu sagen. Wir küßten uns sehr heftig auf beide Wangen. Dich dagegen sah ich nur von weitem in dem Garten mit einem von Victors Söhnen, und ich sagte dir still auf Wiedersehen. Der Fahrradhändler stieß lautlos zu mir, führte mich querfeldein zu einem Motorrad, das in einem Hohlweg auf uns wartete, und setzte mich eine halbe Stunde später bei einem befreundeten Bauern ab.

»Sie sind nur in der Scheune in Sicherheit. Sie müssen wohl auf Stroh schlafen. Ich werde Ihnen eine oder zwei Decken und Suppe bringen.«

Ich schlief dort nur zwei Nächte, und zwar, wie ich gestehen muß, sehr gut. Das erinnerte mich an meine Wachen im Pferdestall während meines Militärdienstes.

Mein Freund brachte mir Nachrichten. Die blonde Deutsche kam wie das erste Mal in Begleitung eines Offiziers wieder. Sie kam später noch einmal wieder, aber weil sie wahrscheinlich gezwungen war, den langen Konvoi, der weitergezogen war, wieder einzuholen, war sie schließlich abgefahren und weit weg. Nach den Beschreibungen, die Boule uns von ihr gab, meinten wir, daß es sich wahrscheinlich um das berüchtigte Fräulein Doktor handelte, von dem viel in den Zeitungen stand und das sich hier und dort im deutschen Geheimdienst auszeichnete, einschließlich in der Vendée.

Wie durch Zufall verschwand an demselben Tag ein Dorfbewohner, der zweihundert Meter von mir entfernt alleine lebte und einen sehr schlechten Ruf hatte.

»Es ziehen immer noch Gruppen von Soldaten und Autos mit Offizieren und sogar Zivilisten vorbei. Kennen Sie den Bauern Maurice?«

Derjenige, der mich mit Feldhühnern versorgte!

»Wissen Sie, wo sein Bauernhof liegt?«

»Meine Kühe sind nacheinander dorthin gegangen . . .«

»Ich vergaß, daß er einen Stier hatte. Ihre Familie ist nicht in Sicherheit . . .«

»Dann ist es die des Doktors auch nicht, denn er war da, als . . .«

»Ich weiß Bescheid. Ich werde auch ihn warnen. Sie werden auf einer Wiese von Maurice auf uns stoßen, die fast nicht zu finden ist, und ich werde mit einem Karren so viele Matratzen und Decken wie nötig bringen . . .«

Die alliierten Truppen waren in der Normandie an Land gegangen, und Paris hatte sie jubelnd empfangen. Südlich der Loire wurde noch gekämpft, und der Admiral, der die Truppen von La Rochelle kommandierte, versicherte, daß er standhalten würde, je nachdem, wieviel Alkohol er getrunken hatte. Nüchtern geworden, versprach er abzuziehen, aber da er fast sofort wieder trank, lebten die Bewohner von La Rochelle unter größter Anspannung.

Die Wiese, an einem leichten Abhang gelegen, war von dichten Hecken umgeben, wie in der Vendée üblich; die Matratzen mit den Decken wurden gegen eine von ihnen nebeneinandergelegt. Nahrungsmittel fehlten nicht, auch keine Getränke. Wir waren ungefähr zehn, mit der Familie von Doktor Eriau, seiner Frau und seinen Töchtern, die alle Seite an Seite auf diesem riesigen, improvisierten Bett schliefen.

Wir fühlten uns so sehr in Sicherheit, daß jede Unruhe verschwunden war. Tagsüber spieltest du mit der jüngsten Tochter des Doktors, während die Erwachsenen sich Geschichten erzählten. Auf der Wiese war ein dicker Ackergaul, der sich sehr gut mit unserer Anwesenheit abfand. Du konntest ihn streicheln, ohne daß er zusammenzuckte. Er war bereits dein Freund. Eines späten Nachmittags sprang ich, vielleicht ein wenig, um dir zu imponieren, auf seinen Rücken, wie man es mir bei der Armee beigebracht hatte, ohne Sattel, ohne Zaumzeug, ohne Steigbügel, und ich ritt mit ihm um die Wiese, erst im Schritt, dann im Trab, schließlich im schweren Galopp, wobei ich ihn mit den Schenkeln und den Waden dirigierte. Die Sonne ging langsam sehr rot unter, und ich hielt endlich an, denn das Pferd war schweißbedeckt. Ich ebenfalls. Ich war ganz durchnäßt. Ich ging zum Bach, der unten an der Wiese vorbeifloß, um mich zu erfrischen.

Wir schliefen wie in den anderen Nächten. Am übernächsten Tag sagte uns unser Fahrradfreund, daß die letzten Deutschen vorbeigezogen waren und das Dorf ruhig sei. Wir wanderten zu Fuß durch die Felder und die Wiesen und kamen wieder zu unserem Haus und unserem Garten, wo du dich wieder einrichtetest, wie du von dort weggegangen warst, als ob das alles zu einem neuen Spiel gehörte. Etwas später brachte man uns Matratzen und Decken, unsere Töpfe und unsere Teller.

Ich erfuhr, daß unsere Widerstandskämpfer die Truppen, die La Rochelle besetzt hielten, angegriffen hatten und daß ein Drittel von ihnen getötet worden war. Man wußte nicht, wo sich die Überlebenden befanden.

Ich hatte die ganze Nacht Stiche in der Seite, und als der Arzt mich besuchen kam, sagte ich zu ihm:

»Ich glaube, ich habe eine Rippenfellentzündung.«

Ich hatte eine in Nieul gehabt. Ich war glühend heiß. Ein neuer Zeitabschnitt begann, nach dem wir wieder fortgehen sollten.

18

Während meines ganzen Lebens, das man ruhelos nennen könnte, habe ich immer nur voller Ungeduld und sogar mit Verdruß die Übergangszeiten ertragen, die auch Wartezeiten sind. In Saint-Mesmin wie anderswo hatte ich unser Haus eingerichtet, die Tiere, den Gemüsegarten, unsere Kulturen und unsere auf dem Land verstreuten Wiesen, hatte das Leben unserer kleinen Sippe organisiert, als ob es ewig dauern sollte.

Gewiß, im Innern meiner selbst wußte ich, daß all das nur vorübergehend war und daß die Zeit in Saint-Mesmin für uns nur so lange wie der Krieg dauern würde. Du warst dort ein richtiger Junge geworden, stämmig, neugierig auf alles, aufmerksam und vertraut mit dem, was dich umgab, und nun würden wir eines mehr oder weniger nahen Tages wieder einmal fortgehen.

»Sie ist ve-schwunden, die Wolke.«

In Saint-Mesmin war es, als ich mich eines Morgens, als du noch nicht angezogen warst, auf den Rücken legte, ebenfalls mit nackten Füßen, und dich, aufrecht stehend, auf meinen Füßen hochhob, ohne daß du das Gleichgewicht verlorst oder Angst hattest. So, mit der Begeisterung auf deinem Gesicht, warst du schön. Ich winkelte die Beine an, und du kamst mit ihnen herunter, dann hob ich sie wieder.

»Nochmal!«

Dann winkelte ich nur ein Knie leicht an, dann das andere, und dein Körper folgte, immer noch aufrecht, diesem Balanceakt. Schließlich, vor einer besorgten Tigy, die ihre Arme ausstreckte, saßest du, dann lagst du auf meinen Füßen. Ich ließ dich nicht um dich selbst drehen, wie man es im Zirkus sieht, du rührtest dich nicht, und wie stolz warst du auf dich, mein kleiner Marc!

Du batest mich oft um dieses Spiel, bis zu dem Tag, an dem ich dir gestehen mußte, daß du zu schwer für meine Beine geworden warst.

Das war Saint-Mesmin; das waren auch noch so viele andere Dinge! Ein ganzes Stück Leben, das für immer entschwinden würde, und es wurde schon damit begonnen, es abzubauen, so wie man im Theater ein Bühenbild abbaut.

Ich wohnte nie dieser Art von Zerstörung bei, die mir das Herz zerriß; egoistisch überließ ich diese Aufgabe immer deiner Mutter, die darin Experte gworden war. Gewöhnlich verließ ich die Orte vor der Auflösung und fuhr alleine vor, um unser neues »Zuhause« vorzubereiten, wo ich Stück für Stück unsere Möbel und unsere vertrauten Gegenstände entgegennahm.

Vielleicht schickte mir die Vorsehung diese Rippenfellentzündung, die mich in den vier Wänden, die ich in meiner Erinnerung gelb vor mir sehe, die es aber vielleicht gar nicht waren, ans Bett fesselte?

Das Fieber fuhr fort, meine Gedanken und Bilder in einem mir leer scheinenden Kopf ein wenig zu verwirren. Das Fenster zeigte nach Süden, und in diesem Monat August, dann zu Anfang eines besonders warmen Herbstes, war mein Zimmer ein Schwitzbad, in dem ich so sehr schwitzte, daß meine Haut an den Bettlaken klebte, so daß ich mehr an den Bläschen, die sich daraufhin bildeten, und an dem Juckreiz litt. Irgendwoher ließ man wohl ein rundes Luftkissen mit einem Loch in der Mitte kommen, wie man sie heutzutage den Kindern zum Plantschen in den kleinen Wellen des Meeres gibt.

Das Meer . . . selbstverständlich, aber ich brauche nicht wieder davon zu sprechen. Dann, sobald wie möglich, Amerika, wohin ich seit Jahren ein Kind mitzunehmen träumte, denn das, was ich davon gesehen hatte, ließ in mir das Bild eines Paradieses für die Jugend zurück. In der Zwischenzeit blieb ich geduldig in meinen vier Wänden, den ganzen Körper voller Puder, der ziemlich häufig erneuert werden mußte.

Morgens brachte mir Boule meinen Kaffee und mein Frühstück, wobei sie mich teilnahmsvoll ansah. Ich hatte nichts mehr von ihrem »kleinen schönen Monsieur«, denn wenn ich am Körper zusehends dünner wurde, so erschien mir mein fiebriges Gesicht angeschwollen, als sie mir den Spiegel hielt und ich mich rasierte.

Dann war noch Tigy da in ihrem weißen Malerkittel, in dem sie wie eine Krankenschwester aussah, und genauso tüchtig war sie auch.

»Fühlst du dich besser?«

Sie wußte, daß ich schlecht Luft bekam und deshalb nur mit Mühe sprechen konnte, und sie stellte mir kaum Fragen. Auch erriet sie, daß ich von ihren Aktivitäten nichts erfahren wollte. Der demütigendste Teil des Tages begann mit dem Nachttopf, den sie unter mich an die Stelle des Gummiringes schob und den sie, mit einem Handtuch bedeckt, ins Badezimmer brachte.

Danach begann sie, mich wie ein Kind oder einen Schwerkranken im Hospital zu waschen, drehte mich auf den Bauch, auf den Rücken, seifte mich mit warmem Wasser ein, spülte und rieb mich ab, bevor sie mich mit Körperpuder einstäubte, so wie man in den Konditoreien die Torten bestreut.

»Brauchst du nichts?«

Die letzten Ereignisse hatten sich so sehr überstürzt, daß ich die Anwesenheit der Tochter eines Freundes aus La Rochelle auf unserer kleinen Zufluchtswiese vergessen hatte. Er hatte sie zu uns geschickt, als man die Wutausbrüche des Admirals mit den wechselhaften Launen und die englischen oder amerikanischen Bomben am meisten gefürchtet hatte.

Sie war ungefähr fünfzehn Jahre alt und war sofort wieder fortgegangen, ich weiß nicht wohin. An ihrer Stelle kam ihr Bruder ins Haus, ein Gymnasiast von kaum siebzehn Jahren, besessen von Jazzmusik. Er war sympathisch, aber er wurde nichtsdestoweniger mein Peiniger, denn stundenlang spielte er meine Platten, wobei er die Lautstärke voll aufdrehte, so laut, daß mein Fußboden davon bebte. Ich bin ein begeisterter Anhänger des New-Orleans-Jazz, und mein Plattenschrank war gut bestückt. Aber wenn einem der Kopf leer ist und man nach Luft ringt, wird die Musik in dieser Lautstärke zur Qual.

Mein Freund Eriau kam mich jeden Morgen besuchen, horchte mich ab, brachte mir Neuigkeiten von dem, was draußen vor sich ging. Die Alliierten marschierten schnell durch Italien, und zusammen mit den französischen Truppen, die unten aus Afrika gekommen waren, marschierten sie in Richtung Norden, auf Straßburg zu, sagte man.

Wenn Paris auch befreit war, so war der Krieg noch nicht zu Ende, und es wurde in den belgischen Ardennen wütend weitergekämpft, die ich gut kenne und die so malerisch sind.

»Übrigens . . .«

Er machte eine Pause, nahm seinen leichtesten Tonfall an, als handelte es sich um eine ganz unbedeutende Einzelheit, die er beinahe vergessen hätte.

»Ich habe mit einem Kollegen telefoniert, den ich von der Universität her kenne und der zur Zeit Facharzt für Lungenkrankheiten am Krankenhaus von La Roche-sur-Yon ist. Unglücklicherweise kann er nicht kommen, denn es fehlen überall Ärzte. Er riet mir auf alle Fälle zu einer Lumbalpunktion . . .«

Fast, als schämte er sich, gestand er mir:

»Da ich nie dazu die Gelegenheit hatte, hat er mir alle nötigen Erklärungen gegeben . . . Soll ich es morgen um dieselbe Zeit in die Hand nehmen?«

Der gutmütige, beleibte Riese fühlte sich nicht wohl in seiner Haut.

»Ich werde in Begleitung eines Arztes aus Pouzauges kommen, der etwas mehr Erfahrung hat als ich . . .«

Ich hatte keine Angst davor. Vor allem wollte ich unbedingt hierbleiben, bis wir unseren heimlichen Plan ausführen konnten.

Ich hatte unsere Kühe fortgehen hören, aber ich hatte nicht gefragt, an wen sie verkauft worden waren, genauso wie das Pony. Da ich die leisesten Geräusche im Haus und von draußen mitbekam, wußte ich ungewollt mehr oder weniger über Tigys Aktivitäten Bescheid. Meine Rolle war es immer gewesen, für eine bestimmte Zeit eine kleine familiäre Welt aufzubauen; ihre, sie zu zerstören, wenn der Augenblick gekommen war, denn ihre Nerven waren stark genug für diese Aufgabe, der ich mich nicht gewachsen fühlte.

Mehrmals am Tag öffnete sich die Tür einen Spalt, ohne daß ich Schritte auf der Treppe gehört hatte, und ich sah dein rosiges Gesicht, ernster als gewöhnlich, zärtlicher.

»Geht's dir gut, Dad?«

Das warst du, Marc, dem man irgendeine Erklärung für mein ungewohntes Liegen gegeben hatte. Auch hatte man dir wohl geraten, mich nicht zu umarmen und mir nicht zu nahe zu kommen, ohne dir zu enthüllen, daß es aus Furcht vor einer möglichen Ansteckung war. Das Penizillin, das mich in ein paar Tagen geheilt hätte, gab es erst in England und in den Vereinigten Staaten. Man bekam jedoch welches in Paris auf dem Schwarzmarkt von den amerikanischen Truppen, aber wir wohnten weit weg. Die Soldaten verkauften dort alles, erfuhr ich von dem Fahrradhändler, einschließlich ihre Waffen und ihre Militärrationen.

»Ist deine kleine Freundin unten?«

»Sie sieht komisch aus ohne ihre Vorderzähne . . .«

Denn die jüngste Tochter des Doktors, die du bereits mit Beschlag belegt hattest, wie du alle Kinder in deiner Reichweite mit Beschlag belegtest, war deine Spielkameradin geworden.

Du gingst wieder auf den Zehenspitzen hinaus, nachdem du mir einen Kuß auf deinen Fingerspitzen geschickt hattest, und dann hörte ich deine Stimme im Garten.

Ich wußte nicht, ob die Eisenbahnverbindungen nach Paris wiederhergestellt waren, aber ich wußte, daß wichtige Brücken zerstört waren. Unwichtig. Ich hatte Zeit. Zuerst mußte ich wieder gesund werden.

Der Hühnerhof war noch nicht leer, denn ich hörte das Krähen der Hähne. Ich wußte, wann Boule Gemüse schnitt, denn das war immer von Stimmengewirr begleitet.

Die Musik unter meinem Bett, hätte man meinen können, schrill, bedrängend ... Die Lumbalpunktion durch die beiden Ärzte, unserem und dem von Pouzauges, hager, ernst und selbstsicher. Ich war nicht auf eine Spritze gefaßt, die an ein Klistier erinnerte, vor allem auch nicht an eine Nadel, so groß wie ein Nagel.

Auf dem Bauch liegend hörte ich das Flüstern der beiden Männer und fühlte die tastenden Finger unten an meiner Wirbelsäule. Sie schienen mir unschlüssig. Ein erster mißlungener Versuch ließ mich einen Schrei ausstoßen, denn der Nagel hatte einen Wirbel oder irgend etwas Hartes getroffen oder gestreift. Neuerliches Geflüster, Finger, die sich in mein Fleisch gruben, wieder ein Schrei.

»Bewegen Sie sich nicht. Es ist gleich zu Ende ...«

Es schien mir, als pumpte man langsam und mühevoll den wesentlichen Stoff aus meinem Körper.

»So. Es ist geschafft ...«

Ein Geruch von Desinfektionsmittel, feuchten Tupfern, ein Verband am unteren Teil des Rückens.

»Wir werden Ihnen helfen, sich umzudrehen.«

Der Schweiß lief mir in Strömen von der Stirn. Ich zwang mich zu lächeln, aber es war mehr eine Grimasse.

»Alles scheint in Ordnung zu sein ... Wir werden in zwei oder drei Tagen Gewißheit haben.«

Entgegen meiner Erwartung war ich nicht ungeduldig. Ungeduldig nur in Bezug auf unseren Aufbruch, ungeduldig, diesen Zufluchtsort Saint-Mesmin zu verlassen, den ich so sehr genossen hatte und der für mich schon nicht mehr existierte. Verabschiedete ich mich wenigstens von meinen Freunden aus dem Dorf, die ich nicht mehr wiedersehen sollte, so wie ich das Haus in Nieul nicht wiedergesehen habe, das meinem Herzen so teuer war?

In der letzten Zeit hatte ich viele Besuche erhalten. Meine Fallschirm-springer, die, weit verstreut, andere mehr oder weniger weit entfernte Posten innehatten, kamen mich besuchen, und jeder bat mich um das gleiche: ein Buch mit Widmung. Es ist schwierig, im Bett liegend zu schreiben. Allerdings saß ich zum Schluß, immer noch auf meinem Gummiring. Einige Jungen aus der Widerstandsbewegung, die irrsinnigerweise die deutschen Truppen in La Rochelle angegriffen hatten, besuchten mich ebenfalls, und für alle signierte ich Bücher.

Ich ging herum. Ich betrachtete durch das Fenster eine fremd gewordene Umgebung. Ich war dünn und meine Beine zitterten. Ich nahm ein richtiges Bad, diesmal mit Boules Hilfe. Ich war kein Pflegefall mehr. Und Tigy mußte mit vielen Problemen fertig werden.

Da Victor wußte, daß unsere Abreise bevorstand, hatte er den Posten des Straßenwärters angenommen, den die Gemeinde ihm angeboten hatte. Seine Familie und seine Kinder durften noch ein Jahr in dem Haus bleiben, das ich für sie gemietet hatte.

Ein großer Wagen, ein richtiger, mehr eine Art Lokomotive, wie der, der uns nach La Bourboule gebracht hatte. Es war darin Platz für uns vier, für deine Mutter und mich, für dich und Boule, und wir fuhren nicht sehr weit, nur nach Les Sables-d'Olonne, ein Ort, der mir vertraut war und wo du wieder das Meer sehen würdest, ein noch weiteres Meer als in Nieul, einen Strand, hundertmal breiter und länger als in La Rochelle, mit einer Promenade um die Bucht herum entlang des Küstenstreifens, die Remblai hieß, denn es war in Wirklichkeit ein Deich, der verhinderte, daß das Wasser bei Hochwasser die tiefgelegenen Viertel überflutete.

Du betrachtetest »mit all deinen Augen«, wie meine Mutter sagte, diesen Ozean, den dich überqueren zu lassen ich eilig hatte, um ein neues »Zuhause« zu schaffen.

Ein kleines Hotel, Les Roches noires, ganz am Ende der Promenade, am Rande der Kiefernwälder. Wohlbeleibte Wirtsleute mit einem gutmütigen, liebenswürdigen Lächeln. Eine Nichte mit gut gefüllter Bluse, deren rosiges Gesicht die Erinnerung an die Fondants meiner Kindheit wachrief. Ein anderes junges Mädchen mit dunklen Haaren, die überall mit anfaßte. Wegen des Krieges waren wir die einzigen Gäste des Hotels, außer einigen Leuten, nie mehr als vier oder fünf, die zum Essen dorthin kamen.

Zwei Zimmer, eins für dich, denn du wolltest mit niemandem zusammen schlafen, ein anderes für Boule und mich, denn deine Mutter fuhr mit dem Auto, das uns hergebracht hatte, wieder zurück nach Saint-Mesmin.

Einer der Widerstandskämpfer, der mich besucht hatte, war nach Nieul gekommen, hatte unser Haus erkannt, das ich ihm beschrieben hatte, und war hineingegangen. Es beherbergte keinen einzigen Deutschen mehr, war leer und in Unordnung, der Garten verwildert.

Es erschien dir ganz natürlich, daß wir in demselben Zimmer schliefen, Boule und ich. Was sie betraf, so strahlte sie bei dem Gedanken, daß sie sich endlich alleine um dich kümmern konnte.

Die Wirtsleute, die mich bejammernswert dünn fanden, servierten uns Steaks, so groß wie unsere Teller. Sie waren uns gegenüber sehr aufmerksam und besorgten sich bei den Fischern dicke Seezungen, die unsere Abendmahlzeit bildeten.

Wir gingen langsam auf dem Remblai oder am Strand spazieren, wo du liebevoll deine Hände in den Sand grubst, so als wüßtest du, daß er lebendig war. Nur der Kiefernwald, so verführerisch und so nah, war dir verboten, denn die Deutschen hatten ihn vor ihrem Abzug mit Minen gespickt, und vier oder fünf Kinder waren dort schon zerfetzt worden.

Das Haus neben dem Hotel wurde von einer dunkelhaarigen Frau von ungefähr vierzig Jahren bewohnt, der man nach dem Abzug der Besatzung den Kopf kahlgeschoren hatte. Was sie getan hatte, ging uns nichts an. Sie war Lehrerin; ihre Haare wuchsen wieder, was bei ihren Brüsten nicht der Fall gewesen wäre, die man ihr beinahe abgeschnitten hätte und die sie nur durch ein Wunder gerettet hatte. Sie war deshalb nicht weniger heiter, ohne Haß gegen irgend jemanden, wer es auch war. Sie war einverstanden, dir in ihrem Haus Privatstunden zu erteilen, brachte dir das Lesen bei und begann, dir das Schreiben beizubringen.

Du hattest, wie die meisten Kinder, keine Bilderbücher mit lebendigen Farben gehabt, denn in Saint-Mesmin bekam man keine. Deine letzte »Mademoiselle«, wie du sagtest, hatte kaum Zeit dazu, dir die großen Druckbuchstaben beizubringen, denn, durch das Landleben wieder zu Kräften gekommen, war sie wieder auf gut Glück nach Paris verschwunden. Damals wußte man nicht, wo die Züge halten und einen absetzen würden, oft mitten in der Landschaft, am Ufer eines großen oder kleinen Flusses, vor einer wie ein Spielzeug zerbrochenen Brücke.

Ich hatte durch Zufall einen Mann wiedergetroffen, den ich vor langer Zeit kennengelernt hatte und der ein spindeldürrer und gutmütiger Greis geworden war. Nachdem er Rechtswissenschaft studiert hatte, hatte er auf großem Fuß gelebt, wie man zu seiner Zeit sagte, gierig auf alles, vor allem auf Frauen, auf erlesene Mahlzeiten und alte Weine, was ihn, als er ruiniert war, dazu gezwungen hatte, den Herrensitz mit den Ländereien, wo er geboren war, zu verkaufen. Er hatte eine Stellung als Friedensrichter in Les Sables-d'Olonne bekommen, denn er war ein Kind aus der Gegend, und jeder kannte seine Geschichte.

Als er pensioniert war, lebte er dürftig und spielte mit einigen Freunden Bridge in einem Café am Remblai. Er war einer der gebildetsten Männer, die ich je getroffen habe, und er sollte bald eine wichtige Rolle in meinem Leben spielen.

Genauso, wie eine Pfeife, eine einfache Pfeife und drei oder vier Dosen Tabak unvorhersehbare Folgen haben sollten.

Der erste Brief, den ich aus Paris bekam, trug den Briefkopf einer Vertriebsgesellschaft, die ich nicht kannte, und war mit einem dänischen Namen unterzeichnet, den ich noch weniger kannte. Der Brief kündigte mir die Sendung von Korrekturfahnen eines Buches an, das mich der Unterzeichnete zu lesen und, wenn ich der Meinung wäre, es sei der Mühe wert, das Vorwort dazu zu schreiben bat.

Die Korrekturfahnen kamen an, ich las sie und schrieb begeistert einen ziemlich langen Text. Der Autor war ein junger norwegischer Schriftsteller, dessen Namen ich vergessen habe. Der Inhaber der »Vertriebsgesellschaft für Bücher«, dessen Ziel es war, Verleger zu werden, hieß Sven Nielsen. Er schrieb mir aufs neue, um zu fragen, was er mir schuldete, und unschuldsvoll antwortete ich ihm, daß man sich ein Vorwort nicht bezahlen läßt, worin ich mich täuschte, denn berühmte Schriftsteller und Akademiemitglieder lassen sich ein paar lobrednerische Zeilen sehr teuer bezahlen.

Jedenfalls korrespondierten wir weiter miteinander, Sven Nielsen und ich, und sobald ich mich aus meinen Verträgen mit Gallimard lösen konnte, wurde er mein einziger Verleger in Frankreich. Heute ist es sein Sohn, zu dem ich das gleiche Vertrauen habe.

Der Patron des Hotels stellte mir ein leeres Zimmer in einem Nebengebäude zur Verfügung, und da ich mich für genesen hielt, schrieb ich einige Erzählungen, die später bei Sven unter dem Titel *La rue aux trois poussins* erschienen, denn es kamen in diesen kleinen Geschichten viele Kinder vor.

Eines Tages, als du mit Boule spazierengingst, beschnupperte dich ein schäbiger Hund, eine Promenadenmischung, und folgte dir. Er hatte dich adoptiert, und auch du hattest ihn bereits adoptiert. Ich glaube, daß dies das erste Drama deines Lebens war. Als du die Stufen des Hotels mit »deinem« Hund hinaufstiegst, sah der ansonsten so liebenswürdige Patron das Tier.

»Dieses widerliche Tier kommt mir nicht hier herein!«

Er kannte nicht deine Leidenschaft für Tiere, deine Liebe zu allem, was lebt, und er verjagte den Hund mit einem Fußtritt. Du bekamst einen solchen Schock, daß der Patron sich seines Tuns schämte, dich zu tätscheln versuchte und schließlich eine wunderschöne alte Pistole holte, Louis XIV oder Louis XV, fein geschnitzt und mit Silber verziert. Es kostete Mühe, sie dir in die Hand zu schieben, und ich glaubte, du würdest sie nicht annehmen.

Du nahmst sie dennoch, ohne dich zu bedanken. Du hattest soeben erfahren, daß die Menschen, sogar die besten, manchmal grausam sein können. Du hattest auch soeben deine Leidenschaft für Waffen entdeckt.

Das Verlangen, dich am Ufer des Ozeans im Sand spielen zu sehen, hatte mich eine medizinische Grundregel mißachten lassen. Allerdings begingen auch die Ärzte zu Anfang des Jahrhunderts diesen Fehler, indem sie die Tuberkulosekranken an die Côte d'Azur schickten.

Ich hatte keine Tuberkulose, ich hoffte es, aber meine Lungen waren nichtsdestoweniger angegriffen. Ich hätte also die Zeit meiner Genesung in einem trockenen Klima verbringen müssen, vornehmlich im Gebirge, aber vor allem nicht die feuchte Luft des Meeresufers einatmen dürfen. Ich bekam einen so schweren Rückfall, daß der Arzt des Krankenhauses, ein sympathischer und vortrefflicher Arzt, mir riet, einen bedeutenden Lungenspezialisten hinzuziehen.

Ich war in Bombay einem begegnet, den ein reicher Kaufmann herbeigerufen hatte, als man noch nicht mit dem Flugzeug, sondern mit dem Ozeandampfer reiste. Dieser Arzt war Diabetiker, und auf der gesamten Heimreise hatte er bei Tisch alles, was er aß, mit einer seltsamen, zusammenklappbaren Waage wiegen müssen, die er immer in der Tasche hatte, genauso wie ein oder zwei Stücke Zucker. Das hatte ihn nicht daran gehindert, fröhlich und optimistisch zu sein und nur Angst vor der Seekrankheit zu haben, die für ihn ernsthafte Folgen hätte haben können.

Da ich wußte, daß er leidenschaftlich gerne Bridge spielte, hatte ich mit Engländern tägliche Partien organisiert, die sich an den Tagen, an denen das Meer unruhig war, lange hinzogen. Ich hatte immer und überall Ärzte zu Freunden, denn die besten von ihnen besitzen als Menschen dieselbe Neugier und Begeisterungsfähigkeit wie ich. In Paris, wo er lebte, arrangierten wir vor dem Krieg Mittagessen mit anschließendem Bridgespiel, bald bei dem einen, bald bei dem anderen, und auf diese Weise lernte ich viele »bedeutende Chefärzte« sehr gut kennen, denen ich mich sonst nicht genähert hätte.

Mein Arzt aus Les Sables-d'Olonne rief ihn an, denn mir ging es wieder sehr schlecht in meinem Bett. Doktor Coulaud, der das Hospital für Tuberkulosekranke in Paris leitete, nahm die Mühe auf sich, mich unter schwierigen Umständen zu besuchen. Er verheimlichte mir nicht, daß es selten eine Rippenfellentzündung gibt, ohne daß die Lunge ernstlich angegriffen wird, ja sogar ohne den Beginn einer Tuberkulose.

Er untersuchte persönlich meinen Speichel in einem Laboratorium der Stadt und ließ mich für eine Stunde in ein nüchternes Gebäude bringen, von dem ich nur eine undeutliche Erinnerung habe, außer der von Kälte, denn das Gebäude war wegen Mangel an Brennstoff nicht geheizt, und ich war fast nackt.

Neuerliches Stehen in dem einzigen Lichtschein eines phosphoreszierenden Bildschirms, hinter dem ich vor Kälte mit den Zähnen klapperte, während ich den Urteilsspruch mit mehr Vertrauen erwartete als bei dem feierlichen Dummkopf aus Fontenay-le-Comte. Er schaltete wieder das Licht ein, und ich sah ein gutmütiges Lächeln, das Vertrauen einflößte.

»Gar keine Beeinträchtigung. Nicht der kleinste Schatten. Sie müssen sich trotzdem sorgfältig pflegen.«

Er hatte für jeden Fall etwas des so kostbaren Penizillins mitgebracht, das er bei einem Fleischer in Paris gekauft hatte, denn die Fleischer mit ihren Eisschränken waren die einzigen, die über dieses Medikament verfügten, das sich nur in der Kälte hält.

Ich wurde in meine Decken gewickelt, und wenig später lag ich wieder in meinem Bett, an dessen Fußende der Arzt von Les Sables und mein Freund Coulaud über meinen Fall und die Behandlung, die ich bekommen sollte, diskutierten.

Coulaud fuhr wieder zurück nach Paris und nahm große, saftige Seezungen mit, die ich dem Patron des Hotels verdankte. Das Penizillin verschaffte mir schnell Linderung, aber ich mußte noch lange Zeit im Bett und dann im Zimmer bleiben.

Mein Freund, der Friedensrichter, brachte mir, um mich zu zerstreuen, dicke, gebundene Bände mit gelblichem Papier, die die Nummern der ›Gazette des Tribunaux‹ aus der zweiten Hälfte des letzten Jahrhunderts enthielten. Ich vertiefte mich genußvoll darin und lernte so alle aufsehenerregenden Fälle kennen, die einst vor den Pariser Gerichten verhandelt und oft durch Laborie und seine ebenso berühmten Kollegen, deren Namen ich vergessen habe, vertreten worden waren.

Nachmittags kam der Friedensrichter mit dreien oder vieren seiner Freunde in mein Zimmer, und die Zeit verging mit nicht enden wollenden Bridgepartien. Der Patron der Roches noires fütterte mich heraus und holte für mich und meine Besucher seine ältesten Weine aus dem Keller.

Du bekamst weiterhin Stunden im Nachbarhaus bei der Lehrerin, die beinahe ihre Brüste verloren hatte. Du gingst oft und bei jedem Wetter mit Boule hinaus, und es ging dir bestens, während ich mich langsam wieder erholte.

Deine Mutter schickte uns aus Saint-Mesmin und Nieul, wo sie hin und her pendelte, Pakete mit rotem Fleisch, das man hier nur schwer bekam. Du stattetest mir längere Besuche ab, denn es bestand keine Ansteckungsgefahr mehr.

Ich weiß nicht, wann ich wieder meine ersten Schritte mit dir draußen machte; sicher schien die Sonne.

Tigy besuchte uns von Zeit zu Zeit und brachte alles nach Nieul, was noch nicht dort war. Ich mietete eine möblierte Wohnung zur Mitte des

Remblai hin, wo wir in der Nähe des malerischen Herzens der Stadt und nahe der Fischhalle waren.

Schließlich kam deine Mutter wieder zu uns und bekam ihr eigenes Zimmer. Boule dagegen hatte wieder ihre Töpfe und bereitete uns freudig köstliche Mahlzeiten.

Ich mußte eine Sekretärin einstellen, denn meine Korrespondenz fing an, überhandzunehmen, nicht nur die aus Frankreich, sondern aus einigen Ländern, wo ich übersetzt wurde, unter anderem aus England, den Vereinigten Staaten, Spanien und Südamerika.

Sie war ein strahlend schönes Mädchen von zwanzig Jahren, deren Namen ich vergessen habe und die ich Odette nennen werde. Sie hatte goldblondes Haar, ihr Gesicht strahlte immer, und ihr Körper war so verführerisch, daß sich alle Männer nach ihr umdrehten.

Ich versuchte einen Wagen zu kaufen, was schwierig, wenn nicht unmöglich war in jener Zeit, und schließlich trieb ich einen sehr alten, kleinen Peugeot auf, in dessen Dach sich ein Rechteck nach Belieben öffnen ließ. Die Reifen waren glatt, aber andere waren in Les Sablesd'Olonne unmöglich aufzutreiben. Ein liebenswürdiger Polizeikommissar besorgte mir eine Fahrerlaubnis von der Préfecture und den französischen Militärbehörden, auf die ich allerdings mehr als einen Monat warten mußte.

Ich fuhr als Kundschafter für diesen neuen Zeitabschnitt voraus und ließ dich in den Händen deiner Mutter und Boules zurück, die sich jetzt sehr gut verstanden.

Der Frühling kam früh. Wir machten uns auf den Weg, meine Sekretärin und ich, in dem kleinen, klapprigen Auto, und wir wußten nach langen und vielversprechenden Blicken, die wir miteinander tauschten, was uns erwartete.

Wir mußten wegen eines geplatzten Reifens in einer ganz kleinen Stadt anhalten, deren Namen mir entfallen ist. Die Stadt sah freundlich und schmuck aus, ohne irgendeine Spur vom Krieg, und unser Reifen hatte seinen Atem vor einem kleinen Hotel mit traumhafter Fassade ausgehaucht. Der Garagist in der Nähe versprach uns einen neuen Reifen, vielleicht zwei, ebenfalls gebraucht, aber weniger abgenutzt als unsere, zu einem Schwarzmarktpreis, versteht sich.

Wir verlangten nur ein Zimmer, das einfach aber schmuck und sauber war. Da es kein Badezimmer hatte, sondern einen Waschtisch von früher, marmorbedeckt, mit seiner Schüssel und seinem Krug aus rosageblümten Steingut, mußten wir uns nacheinander mit ziemlich oberflächlichen Reinigungen begnügen.

Gegen Mitternacht fragte mich meine Begleiterin, wo sich »das Örtchen« befände. Wir irrten in den verlassenen Korridoren umher, klopften in unserer Verzweiflung an eine Tür, hinter der wir das Zimmer der Wirtsleute vermuteten, weil sie keine Nummer trug.

Eine verschlafene Stimme antwortete.

»Entschuldigen Sie, Madame. Können Sie uns sagen, wo die Toiletten sind?«

»Hinten im Hof natürlich, wie überall.«

Es gab nichts, womit wir hätten leuchten können. Wir stolperten in Eimer und andere laute Gegenstände. Endlich fanden wir eine Holzbaracke, wie es sie noch auf dem Lande gab. Wir waren deswegen nicht weniger glücklich.

Am nächsten Tag hielten wir noch zweimal an, um nicht ohne Mühe andere gebrauchte Reifen zu kaufen. Wir schliefen nicht weit entfernt von Paris, und mittags endlich hielten wir vor dem Claridge, wo ich so oft abgestiegen war.

Ein neuer Zeitabschnitt begann. In der Halle traf ich Jean Gabin, dessen Haare die amerikanischen Filmemacher blond gefärbt hatten. Er war in Begleitung von Marlene Dietrich, die besitzergreifend seinen Arm hielt. Stürmische Begrüßung. Viele Uniformen von den verschiedenen Armeen der Alliierten, viele Tressen, einschließlich auf der Uniform eines Rechtsanwaltes, den ich vom Fouquet's kannte, überrascht, ihn jetzt als Obersten wiederzutreffen.

In der ersten Nacht schliefen wir in einer luxuriösen Suite, wo ich gleich nach meiner Ankunft in Paris im Jahre 1922 einen belgischen Premierminister, einen Freund der ›Gazette de Liège‹, interviewt hatte.

Wir trauten unseren Augen nicht, zu Recht, wie sich zeigen sollte.

19

Vor deiner Empfängnis hatte ich die Welt durchstreift, getrieben von dem unwiderstehlichen Verlangen, endlich dem Menschen überall und nirgends zu begegnen, so daß ich eine große Zahl mehr oder weniger vorübergehender Nester gehabt hatte. In der Zeit darauf, mehr als fünf Jahre lang, war es anders gewesen, denn es waren die Ereignisse, die mich dazu gezwungen hatten, meinen Standort zu wechseln. An jedem dieser Orte hatten wir ein neues Nest, ein neues Zuhause um dich herum erbaut.

Jetzt befanden wir uns in einer neuen Situation, wie in einem Vakuum, und warteten auf diese Neue Welt, die ich nur flüchtig gesehen hatte und in der ich dich für Jahre, wenn nicht für immer verwurzeln wollte.

Ich bin nicht in der Lage, genau zu sagen, in welchem Monat des Jahres ich im Claridge ankam, von wo aus ich für dich und für unsere kleine Sippe eine Bleibe suchen sollte, die ich mir sehr provisorisch vorstellte. Auf jeden Fall roch die Luft nach Frühling. März oder April, der berühmte Frühling in Paris, der so oft besungen worden ist?

Ich war alleine, nur mit dem Telefon, das mich mit dir verband, und ich mußte manchmal Stunden warten, um die Verbindung zu bekommen. Tigy war immer noch nicht da, denn sie hatte noch viel mit der Auflösung von Saint-Mesmin zu tun, mußte Kisten füllen, sie numerieren und in Notizbüchern den Inhalt jeder einzelnen anführen. Allein die Bücher füllten ungefähr vierzig Kisten, und wir wußten nicht, was wir über den Ozean mitnehmen könnten.

Ich fühlte mich alleine, in einer Art Leere, mit einem schönen Mädchen, gewiß, fröhlich und leidenschaftlich, aber nur für den Übergang.

Das Paris, das ich wiedersah, verwirrte mich durch sein rasendes Gewimmel und durch die Menge von Regeln, die ich nicht kannte. Am Tage nach unserer Ankunft führte mich der Hoteldirektor, den ich gut kannte, in sein Büro.

»Sie müssen heute eine Formalität erledigen, ohne die Sie nicht hierbleiben dürfen. Ich bitte um Verzeihung, aber die Behörden sind pedantisch. Ich habe für Sie einen Brief vorbereitet, der Ihnen nützlich sein kann.«

Er unterrichtete mich davon, daß man, um ein Hotelzimmer zu bekommen, sich an eine offizielle Stelle wenden mußte, deren Namen und Adresse ich vergessen habe, um einen »Quartierschein« zu beantragen. Die Hotels waren in Kategorien unterteilt, die Bewerber um ein Zimmer ebenfalls, und die Privilegiertesten, die sich um einen »Bon« für ein Grandhotel drängelten, waren die hohen Militärs, die Diplomaten, die offiziellen Vertreter, die den befreundeten Regierungen angehörten, alle möglichen hohen Tiere, in seltenen Ausnahmen Normalsterbliche.

Da ich kein »hohes Tier« war, kam ich in die letzte Kategorie. In einer luxuriösen Wohnung in irgendeiner Avenue, wo man provisorisch Büros eingerichtet hatte, stand ich mir unbekannten Militärs und Zivilbeamten gegenüber, von denen ich abhängig sein würde. Ich stellte mich in die Schlange, denn man bildete überall Schlangen, vor allem vor den Stellen, wo man irgendeinen Stempel bekommen sollte.

Ein Militär las den Brief vom Claridge.

»Seit wann wohnen Sie dort?«

»Seit gestern.«

»Gedenken Sie lange zu bleiben?«

»Ich weiß es nicht. Das hängt von den Formalitäten für meine Visa ab.«

»Welche Visa?«

Vor dem Krieg war das so einfach gewesen!

»Wissen Sie, daß das Claridge eins der gefragtesten Grandhotels ist?«

Ich kenne mich nicht mit den Tressen aus. Mein Gesprächspartner war wohl ein unterer Dienstgrad, denn auf seiner Uniform war nur sehr wenig zu sehen.

»Bleiben Sie dort vorübergehend, aber Sie können von einem Tag auf den anderen in ein anderes Hotel verlegt werden, je nachdem, wie viele Anspruchsberechtigte unvorhergesehen eintreffen.«

Ich war also auch kein Anspruchsberechtigter. Und mein Freund Gabin? Er trug die amerikanische Uniform, denn gleich nach Pearl Harbor war er in die Marine eingetreten und hatte den Krieg damit verbracht, die Konvois zu begleiten.

Ich ging ins Hotel zurück, dessen Empfangshalle und Bar ständig von Leuten in Uniform belagert wurden, von dekorierten Leuten, von Leuten mit goldglänzenden Schirmmützen und von wenigen Zivilisten. Ich sagte dem Portier, demselben wie vor dem Krieg, meine Zimmernummer. Er händigte mir einen anderen Schlüssel aus, und überrascht sah ich auf die Nummer.

»Ich vergaß Ihnen zu sagen, daß man Sie in ein anderes Zimmer verlegt hat. Russische Generäle sind heute morgen angekommen, und wir mußten einige Wohnungen freimachen.«

Wir hatten nur ein sehr bescheidenes Zimmer, allerdings mit Bad, dessen Fenster auf eine kahle Mauer zeigte. Odette saß verwirrt da.

»Anscheinend zieht man hier ständig um, je nachdem, wer ankommt. Man geht hinauf, man geht hinunter. Die Zimmermädchen und Zimmerdiener haben sich um unseren Umzug gekümmert und alles hier an seinen Platz gestellt. Man sieht, daß sie Übung darin haben . . .«

Du brauchtest einen friedlichen Zufluchtsort, und mir wurde klar, daß das nicht leicht zu finden war. Nachmittags auf der belgischen Botschaft, wo ich niemanden mehr kannte, man allerdings sehr liebenswürdig war, teilte man mir zunächst mit, daß mein Paß ungültig war und man mir in drei Tagen einen neuen ausstellen würde.

»Welche Adresse?«

»Das Claridge.«

»Sie haben Glück. Vergangene Woche wurde ein belgischer Abgeordneter in ein altes Hotel im 14. Arrondissement geschickt . . .«

»Ich warte auf ein Visum für die Vereinigten Staaten . . .«

»Das ist am schwierigsten zu bekommen. Es wird Monate dauern. Tausende von Leuten stürmen mit demselben Anliegen die Botschaft . . .«

Nichtsdestoweniger war es tröstlich, deine kleine Stimme am Telefon zu hören, mit dem umzugehen du lerntest.

»Wann fahren wir zu dir, Dad? . . . Fahren wir mit dem Zug?«

Denn wenn du auch den Zug vorbeifahren gesehen hattest, so war das doch ein Fortbewegungsmittel, das du noch nicht benutzt hattest.

Was erinnerte mich an die Place des Vosges, wo ich lange Zeit gewohnt hatte und die bis 1930 für mich ein Heimathafen gewesen war?

Als ich von dort weggezogen war, hatte ich den Mietvertrag einem Freund aus meiner ersten Zeit in Paris überlassen, Ziza, dem treuesten, ergebensten Freund, der diese Wohnung gerne wollte, weniger um darin zu wohnen, als um dort eine Bleibe in einer Umgebung zu haben, die in ihm wie in mir so viele Erinnerungen wachrief.

Er war stellvertretender Direktor der Geschäftsstelle einer großen Bank gewesen, bei der ich mein erstes, mehr als mageres Konto eröffnet hatte. Er hatte mein langsames Fortkommen im Bereich der Groschenromane verfolgt, und er hatte gesehen, wie ich das Pseudonym, unter dem ich zu der Zeit schrieb, in Grün auf die Tür malte: SIM. Er mochte mich sehr. Als er die Bank verließ, wurde er Geschäftsmann, und den letzten Neuigkeiten zufolge war er jetzt Direktor einer bedeutenden Firma an der Mittelmeerküste.

An der Place des Vosges traf ich die Concierge wieder, inzwischen eine alte Frau geworden, die uns gekannt hatte, Tigy, Boule und mich, und die uns immer zugetan gewesen war.

»Monsieur Sim! Sie! . . . Und Boule? . . . Und Ihre Frau?«

»Wir haben jetzt einen Sohn . . .«

»Werden Sie oben wohnen? Monsieur Ziza sagte mir, daß Sie vielleicht eines Tages kommen und dort oben wohnen würden . . . Er hat mir für Sie den Schlüssel dagelassen . . .«

War das endlich die Lösung? Sicher, mein Freund hatte vor dem Krieg diese Einladung oft ausgesprochen. Lebte er noch in Südfrankreich? Ich hatte große Mühe, ihn anzurufen.

»Sim! Wo sind Sie?«

»In Paris . . .«

»Mit Tigy und Boule?«

»Ich habe einen Sohn . . . Sie warten in der Vendée darauf, daß ich für sie eine Wohnung für den Übergang gefunden habe . . .«

»Sie wissen doch, daß Ihr ehemaliges Studio Ihnen immer zur Verfügung steht. Sie finden dort einen guten Tropfen, den Sie auf mein Wohl trinken können . . .«

»Meinen Sie wirklich?«

Herzlichkeiten. Wir mochten uns sehr gerne, er und ich.

»Wissen Sie, daß ich verheiratet bin? Ich muß Ihnen einmal meine Frau vorstellen . . .«

Er hat es sehr viel später getan. Inzwischen hatte ich für meine Familie wieder ein provisorisches und behagliches Nest gefunden, für dich, Marc, diese Place des Vosges, wohin die Kinder aus dem Viertel zum Spielen kamen.

Ich erreichte Tigy endlich am anderen Ende der Leitung.

»Das ist sehr schön, aber kann man sich in Paris leicht mit Lebensmitteln versorgen? Gibt es noch Lebensmittelkarten?«

Ich wußte es nicht.

»Glaubst du, du wirst schnell ein Visum bekommen?«

Auch das wußte ich nicht.

»Es ist besser, wir warten noch ein wenig. Das Klima von Les Sables bekommt Marc gut, und es fehlt uns an nichts. Vor Paris fürchte ich mich ein wenig wegen ihm . . .«

Sie hatte recht. Tags zuvor, als ich an der Place des Vosges aus der Conciergeloge getreten war, war ich in das kleine Café gegangen, in dem ich ein ständiger Gast gewesen war. Viele Leute, einige Geschäftsleute und auch das einfache Volk von Marais.

»Monsieur Sim!«

Die Gesichter waren ernster als im Claridge, und man hörte kaum fröhliche Stimmen wie früher. Bei diesen Leuten, die mühevoll ihr Brot verdienten, spürte man Mißtrauen, wenn nicht sogar Gehässigkeit. Sie hatten Hunger gehabt. Sie hatten gedacht, das Ende des Krieges würde ihnen ein neues Leben bringen. Sie hatten gesehen, wie sich die Großen mit Hilfe des Schwarzmarktes und schändlicher Machenschaften bereichert hatten. Nun, jetzt war es für einige Leute ein Fest, Überfluß, Überheblichkeit, während die Kleinen sich noch vor dem Bezirksamt die Beine in den Bauch stehen mußten, um ihre Lebensmittelkarten abstempeln zu lassen.

Auf den Champs-Elysées hatte sich seit der Vorkriegszeit nichts oder sehr wenig geändert. Im Fouquet's traf ich dieselben Gesichter wieder, ein paar Freunde, aber es gab leere Plätze, worüber man nicht sprach. In den Restaurants des Viertels fragte einer der Kellner nebenbei:

»Haben Sie Ihre Brotmarken?«

Er lächelte, um zu zeigen, daß er die Frage nur der Form halber stellte. Ich traf Pagnol wieder, der mir seine nächste Hochzeit und seine Kandidatur für die Académie Française ankündigte.

»Wir werden alle dort eintreten, du auch, und Cocteau, Achard, alle die Jungen, und wir werden einen Mordslärm machen . . .«

Ich sah Raimu wieder, immer noch der gleiche.

»Du hast mich reingelegt, hm?« brummte er, wie es seine Art war.

»Was?«

»Du hast einen Sohn bekommen, und du hast dir einen anderen Paten ausgesucht . . . Dabei hattest du mir versprochen . . .«

Ja. Einmal, als ich ein wenig getrunken hatte, hatte ich ihm versprochen, daß, wenn ich einen Sohn bekäme, er Jules heißen und Raimu sein Pate sein würde; wenn es eine Tochter würde, würde seine Frau Patin werden, und das Mädchen würde, wie sie, den Vornamen Esther tragen.

»Sei mir nicht böse, Jules. Wir waren weit weg . . .«

»Du warst so oft weit weg! Ist er wenigstens ein kräftiger kleiner Kerl?«

Wir aßen zusammen in einem dieser kleinen Restaurants, die mit dem Schwarzmarkt zusammenarbeiteten und deren Adresse man sich ins Ohr flüsterte.

Ich weiß nicht, wie oft wir das Zimmer gewechselt haben, Odette und ich, und wir wagten nicht, uns unter die lärmende Menge in der Bar zu mischen, die vollgestopft war mit amerikanischen Soldaten unterer Dienstgrade, die sich an alle Frauen heranmachten, sogar wenn sie in Begleitung ihres Mannes waren. Die meisten von ihnen hatten soeben bei einer höllischen Landung ihr Leben aufs Spiel gesetzt. War es nicht natürlich, daß sie sich austobten?

Genauso war es, vor allem nachts, in den Bars der Rue de la Boétie und der Rue Washington. An schönen Frauen fehlte es nicht. Manchmal sah man ein Paar sich im Stehen in einem Hauseingang lieben, ohne sich um die Passanten zu kümmern.

Es war ein Paris, das ich nicht kannte und wo ich mich fremd fühlte. Mein alter Freund Jean Rigaux, der Chansonnier, hatte ein paar Schritte von der Avenue George V. entfernt ein Cabaret aufgemacht. Umarmungen, wie bei jedem Wiedersehen.

»Du mußt heute abend kommen . . . Es ist spaßig . . .«

Es war vor allem deshalb spaßig, weil Rigaux, sehr feinfühlend, seine Wut und seine Empörung dadurch verbarg, indem er sich über alles mit einer Ausgelassenheit lustig machte, die sogar seine Opfer in schallendes Gelächter ausbrechen ließ. In einem kleinen Raum befand sich nur die Prominenz und dazu einige amerikanische Offiziere, die akzentfreies Französisch sprachen, da sie Frankreich und Paris seit langem kannten.

Rigaux stellte mich einem von ihnen vor, einem kleinen, dünnen und lebhaften Mann, der sich neben mir auf die Theke stützte.

»Colonel O'Brien . . . Stell dir vor, im Zivilleben ist er Professor für französische Literatur an der Universität Columbia . . . Jetzt ist er Colonel im Geheimdienst . . . Psst! . . . Trotzdem ein prima Kerl . . .«

Den Beweis dafür erhielt ich noch in derselben Nacht. Manchmal öffneten einfache amerikanische Soldaten, manche davon mit schwarzer Haut, die Eingangstür einen Spalt, erblickten die Tressen und schlossen unaufdringlich leise wieder die Tür hinter sich.

Eine kleine Gruppe von Marinesoldaten jedoch wagte sich kühn bis zur Bar vor. Sie waren alle betrunken. Als O'Brien ihnen erklärte, daß hier nicht ihr Platz war, versetzte einer von ihnen ihm einen so heftigen Fausthieb mitten ins Gesicht, daß der Colonel von seinem Hocker fiel und sich auf dem Fliesenfußboden wiederfand.

Die anderen blieben voller Angst verdutzt stehen und wußten nicht, was sie tun sollten, während O'Brien, klein und eher dünn, scheinbar ungerührt aufstand. Rigaux und ich erwarteten strenge Befehle, einen Anruf zur M.P., der amerikanischen Militärpolizei, was geschehen wäre, wäre der Colonel ein Franzose gewesen.

Es kam anders. Nachdem O'Brien das Blut, das von seinen Lippen rann, abgewischt hatte, begnügte er sich damit, den erschrockenen Männern zu sagen:

Have a quick drink and go to bed. It's on me.

Er lud sie zu einer »schnellen« Runde ein und riet ihnen, danach ins Bett zu gehen.

Ich kam häufig mit ihm zusammen und er spielte eine wichtige Rolle in meinem Leben. Er war ein sehr gebildeter Mensch, und seine Frau, die nicht weniger gebildet war, machte mir später die Ehre, eines meiner Bücher zu übersetzen.

Es bleiben mir aus dieser Übergangszeit so viele verstreute Bilder, daß ich auf gut Glück aus der Unordnung welche auswähle, denn es ging damals alles sehr schnell.

Wir aßen oft mit Raimu und Esther, mit Pagnol und seiner jungen Frau, die ich kennengelernt hatte, als sie eine Hauptrolle in einem Theaterstück spielte, auf einer Tournee . . . in Fontenay-le-Comte.

Tigy schickte mir per Eilgut Fleischpakete, die das Claridge für mich im Gefrierschrank aufbewahrte.

»Mein Vater ist in Paris . . .«

Odette war es, die mir das aufgeregt erzählte.

»Hast du ihn gesehen? Was hast du ihm gesagt?«

Er war ein französischer Major, der soeben aus Deutschland repatriiert worden war.

»Ich kann ihn erst in zwei Tagen sehen. Sie werden in einer Baracke festgehalten, wo sie sich nackt ausziehen müssen, während man ihre Kleidung desinfiziert. Alle werden einer sorgfältigen Untersuchung unterzogen. Das nimmt zwei oder drei Tage in Anspruch . . .«

Ihr Vater wollte, daß sie mit ihm nach Les Sables-d'Olonne zurückkehrte. Am Tage ihrer Abreise stand ich, ich schwöre es, dem *girl-scout* gegenüber, die für mich im belgischen Flüchtlingslager so wertvoll gewesen war. Sie trug keine Uniform mehr und sah weniger burschikos aus.

»Sind Sie allein in Paris?«

»Im Augenblick ja.«

Ich sagte ihr, daß mich soeben meine Sekretärin verlassen hatte.

»Wollen Sie, daß ich ihre Stelle einnehme?«

»Wann?«

»Sofort. Ich hol mir nur schnell ein paar Sachen.«

Es war ganz einfach, vielleicht wegen des Krieges. Zu der Zeit verfügten wir über eine Suite. Glückliche Tage also, aber bald sollten wir uns in einer Dienstbotenkammer wiederfinden, eng, mit einem Eisenbett möbliert, die Toilette am Ende des Flures. Das *girl-scout* machte aus allem das beste. Ich ebenfalls. Eines Morgens, als wir noch schliefen, läutete das Telefon, sie hob ab und antwortete:

»Ja, Monsieur . . . Monsieur Simenon ist hier . . . Ich gebe ihn Ihnen . . .«

»Wer ist es?«

»Ein gewisser Gi . . . Gidas . . . Ich habe es nicht richtig verstanden.«

Es war André Gide, der von meiner Anwesenheit im Claridge gehört hatte und der am selben Abend mit mir essen wollte, um mich dem englischen Kritiker vorzustellen, der mich kennenlernen wollte. Er bat mich, das Restaurant auszusuchen, denn er kannte sich gar nicht aus.

Wer noch? Was noch?

Du, mein kleiner Marc, den ich so wie Tigy und Boule am Bahnhof abholte. Uff! Welche Erleichterung! Ich brachte euch alle drei unter, und da kein Platz mehr für mich war, ging ich wieder ins Claridge.

Kurze Reise nach London, nachdem mein *girl-scout* mehr als zehn Stunden mit Schlangestehen verbracht hatte, um mein Visum zu bekommen. Ein Filmvertrag wurde unterzeichnet. Ich traf dort Duvivier, der gerade *La tête d'un homme* drehte, und meinen Landsmann Spaak, der unter anderem das Drehbuch von *La grande illusion* für Jean Renoir geschrieben hatte. Alex Korda, einer der wichtigsten englischen Produzenten geworden, lud uns zum Abendessen in seine Wohnung ins Claridge ein, einem majestätischen und düster wirkenden Hotel, in dem schwarzer Marmor dominierte und wo vor allem die *lords* und *ladies* verkehrten.

»Wo ist Jean?«

Renoir war mein bester Freund, und ich wußte nicht, was aus ihm geworden war.

»In Hollywood . . . Er ist amerikanischer Staatsbürger geworden . . .«

Würde ich ihn nicht bald umarmen? Ich pendelte jeden Tag zwischen der Place des Vosges und dem Claridge. Als deine Mutter nach Nieul oder anderswohin – das ging mich nichts mehr an – abreiste, schlief ich mit Boule in dem großen Atelier. Du selbst hattest mich dazu aufgefordert.

»Warum schläfst du nicht mit Boule in dem großen Bett? Dann wären wir alle zusammen.«

Ich hatte endlich den Anfang des Fadens gefunden. Um schnell ein amerikanisches Visum zu bekommen, mußte man Sonderbeauftragter eines alliierten Landes sein.

Ein ehemaliger Redakteur des ›Journal‹, den ich sehr gut gekannt hatte, war Informationsminister oder so etwas in der Art geworden und bewohnte ein vornehmes Haus in der Avenue Friedland. Ich besuchte ihn. Er war jung, freundlich und schien selbst überrascht, diesen bedeutenden Posten innezuhaben.

»Sind Sie in Frankreich eingebürgert?«

»Nein. Ich habe immer noch meinen belgischen Paß.«

Das ließ ihn einen Moment zögern. Glücklicherweise hatte er nicht die Mentalität eines Beamten.

»Ach was!... Das kann man bewerkstelligen... Haben Sie Beziehungen zu den Vereinigten Staaten?«

»Meine Verleger.«

»Sind Sie dort übersetzt?«

»Mehr als zwanzig Romane...«

»Was würden Sie zu einem Auftrag bei angelsächsischen und kanadischen Verlegern sagen?... Die Kanadier sind wichtig, denn in Quebec wird französisch gesprochen...«

»Dort werde ich auch verlegt...«

»Ich werde Ihnen einen Sonderauftrag erteilen lassen...«

»Was für einen Auftrag?«

»Den, den Sie möchten... Von der französischen Literatur sprechen. Oder gar nichts, wenn Sie es vorziehen...«

Ein wichtiges Schreiben, sehr offiziell, »im Namen der französischen Republik«.

»Damit Sie nicht in der Schlange anstehen müssen, fragen Sie doch auf der Botschaft der Vereinigten Staaten nach einem Freund von mir namens...«

Er mußte den Namen in seinem Notizbuch suchen.

»Viel Glück!«

»Danke. Ich vergaß... Ich nehme meine Frau und meinen Sohn mit...«

»Nun, beantragen Sie für sie ein kanadisches Visum... Das ist leichter zu bekommen, und der Botschafter ist der reizendste Mensch der Welt...«

Alles ist schwierig. Man steht Schlange. Man stößt auf Mißtrauen und auf vage Versprechungen. Dann plötzlich wird durch Zufall alles leicht und mühelos, beinahe zu leicht.

In der amerikanischen Botschaft, die doch ein Stück Amerika in der Avenue Gabriel darstellte, ging alles so ruhig wie irgend möglich vor sich.

»Kommen Sie in vierzehn Tagen wieder. Alles wird fertig sein. Wir sind in jedem einzelnen Fall gezwungen, Erkundigungen einzuholen, aber in dem Augenblick, wenn Sie einen Sonderauftrag haben ...«

Ich frohlockte. Welchen Monat hatten wir? Es war heiß. Patton war seit langem in Deutschland einmarschiert, während die Russen vom Osten her vorrückten. Patton wollte als erster in Berlin ankommen, und er hätte es schaffen können. Er schäumte vor Wut, als er vom Oberkommando den Befehl erhielt, die Russen als erste in die deutsche Hauptstadt einmarschieren zu lassen, wo alle sich nach Hitlers Selbstmord versammelten.

Schließlich Hiroshima, worauf niemand sehr stolz war, und der Friedensmarsch auf den Champs-Elysées, wohin Leute mit Leitern kamen, während andere bis in die Kronen der Bäume kletterten, die auf diese Weise unerwartet Früchte trugen.

»Es ist Frieden!«

Der wirkliche diesmal, schien es, und wir, du, deine Mutter und ich, bewunderten aus nächster Nähe den Aufmarsch. Im Claridge bewohnte ich ein Zimmer ohne Balkon. Neue russische Generäle waren angekommen, von denen einer, der ein künstliches Bein und ein gutmütiges, gerötetes Gesicht unter seinen weißen Haaren hatte, jeden Abend mit zwei oder drei schönen Mädchen im Fahrstuhl nach oben fuhr. Er wohnte nicht in einer Dienstbotenkammer, und er schlief mit seinen Begleiterinnen nicht in einem zu schmalen Eisenbett, wie mein *girl-scout* und ich!

Überall Fahnen, in den Fenstern, auf den Dächern, über der Menge, die so dichtgedrängt stand, daß sie nur eine brüllende, bunte Masse bildete.

Der Balkon, auf dem wir standen, gehörte einem Filmproduzenten, den ich vor sehr langer Zeit beim Wintersport kennengelernt hatte. Seine Frau, die nichtssagend aussah, Typ Kleinbürgerin, bereitete kleine Mahlzeiten. Sie war zwanzigmal von englischen Flugzeugen abgesprungen, und jedesmal hatte sie in anderen Flugzeugen aus Gegenden, die mit Leuchtraketen befeuert worden waren, aus einfachen Waldlichtungen, Flieger mit nach London gebracht, die aus deutschen Lagern entwischt waren.

Auf ihrer sehr einfachen Jacke trug sie in den Knopflöchern ich weiß nicht wie viele Ordensbänder. Sie wußte nicht, was aus ihrem jüdischen Mann geworden war. Würde sie es eines Tages erfahren?

Deine Mutter lehnte es ab, Boule in die Vereinigten Staaten mitzunehmen, und drohte, mit dir in Frankreich zu bleiben, und natürlich gab ich nach. Nicht ohne Boule versprochen zu haben, sie etwas später dorthin nachkommen zu lassen.

Wir nahmen einen Berg Gepäck und Kisten mit, von denen nur Tigy wußte, was sich darin befand.

Ich hatte Pierre Lazareff getroffen, der aus Hollywood zurückgekehrt war, wo er eine Stellenvermittlung für die französischen Schauspieler eröffnet hatte. Es war ihm gelungen, allerdings nicht immer, für sie Beschäftigungen als Statisten zu finden.

Er hatte sich von Prouvost getrennt, mit dem er ›France-Soir‹ geleitet hatte, und jetzt stand er an der Spitze einer neuen Zeitung: ›Libération‹, für die er mich um einen Roman bat.

Bis zur Abreise blieb noch ein Monat, und wir gingen in die Nähe von Morsang, wo die »Ostrogoth« seit langem vertäut war. Ich schrieb eilig den Roman für Lazareff, mit dem ich in Paris debütierte.

Die Zeitungen hatten Namen, Besitzer und Redakteure gewechselt. ›Le Petit Parisien‹ hieß ›Le Parisien libéré‹. Alle Zeitungen waren befreit, alles war befreit worden, vor allem durch die Engländer, die Amerikaner und die Kanadier. Auch durch einige französische Regimenter, aber viele Leute würden diesen Ausländern nie verzeihen, daß sie ihnen die Freiheit verdankten. Allerdings hatten auch sie ihre Helden gehabt.

London! Man mußte nämlich über London fahren, wenn man nach Amerika wollte. Alle Schiffe lagen in einem *pool*, das heißt, daß sie ihre Anweisungen von einem Komitee bekamen, das in London saß und die verschiedenen Führungsstäbe der Alliierten zusammenfaßte.

Wir stiegen im Savoy ab, in dem wir schon oft abgestiegen waren, deine Mutter und ich, und in dem wir fast alle kannten, von den in ihren Uniformen glänzend aussehenden Portiers bis hin zum Direktor.

Jetzt ging es nicht darum, eine Wohnung mit Blick auf die Themse zu bewohnen. Deine Mutter und du bewohntet ein Zimmer im Untergeschoß, ich auch, aber wir waren durch lange, geheimnisvolle Flure voneinander getrennt, die ich nicht kannte.

Wir warteten. Wir waren auf der Liste eingetragen. Ich wußte nicht, auf welcher Liste. Man empfahl uns, uns nicht zu weit von unserem Hotel zu entfernen, wo man uns von einer Stunde auf die andere den Befehl geben konnte, nach Southampton oder zu einem anderen Hafen zu fahren, nachdem wir unsere Fahrkarten in aller Eile an den Schaltern einer Schiffahrtsgesellschaft, vielleicht der Cunard Line, abgeholt hätten.

Nein! Man konnte seine Fahrkarten nicht im voraus abholen, und so würden wir einen Monat warten. Ich sah meine Verleger, die meine Romane während des Krieges weiterhin veröffentlicht hatten. Sie schuldeten mir einen ziemlich hohen Geldbetrag, den ich eine kanadische Bank nach Kanada zu überweisen bat. Denn wir hatten beschlossen, deine Mutter und ich, uns zunächst im zweisprachigen Quebec niederzulassen, um dort Englisch zu lernen. Jetzt, da wir unsere Freiheit wiedererlangt hatten, würde ich mich ziemlich lange in New York aufhalten, wo mich viele Liebschaften erwarteten.

Du verbrachtest den größten Teil deiner Tage vor dem Hotel zusammen mit den beiden hünenhaften Portiers, die dich ins Herz geschlossen hatten. Wenn ein Gast herauskam, stieß einer von den beiden einige Pfiffe aus, um eins der Taxis zu rufen, die am Ende der Sackgasse parkten. Du wurdest bald befördert, Marc, denn man vertraute dir eines Tages eine Pfeife an, eine richtige, nachdem man entdeckt hatte, daß du dasselbe schrille Geräusch erzeugen konntest, indem du deine Finger in den Mund stecktest, wie die Ganoven von Montmartre und der Bastille.

In Paris hatte ich dir ein Akkordeon gekauft. Ein Lastwagen hielt vor einem kleinen Café nicht weit von uns, und Legionäre, die von einem Auftrag in Deutschland zurückkamen, verkauften an den, der wollte, Musikinstrumente, Radios, Fotoapparate, alles, was sie geplündert hatten. Um den Lastwagen herum herrschte ein heilloses Durcheinander. Man nannte einen Preis. Einer der Legionäre sagte ja oder nein. Ich bot fünfzig Francs für dein Akkordeon und brachte es dir zur Place des Vosges. Es mußte also irgendwo in dem Gepäck sein.

Ich nahm dich mit in die Nähe von Westminster, dessen Glockenschlag dich faszinierte, zu einem kleinen Dampfer, der durch ganz London fuhr und seine Passagiere bis zu dem berühmten London Tower brachte, wobei er sich durch Frachtschiffe und Passagierdampfer schlängelte, die eine richtige Prozession bildeten. Das Schauspiel auf den Docks faszinierte dich. Alles faszinierte dich. Du hattest nicht genügend Augen, um alles aufzunehmen. Wir fuhren so wenigstens zwanzigmal die Themse hinauf, und du wurdest dessen nicht müde.

Fast jede Nacht ging ich auf gut Glück los, und ich entdeckte, daß die Engländerinnen nicht die flachen und kühlen Frauen sind, wie ihnen nachgesagt wird.

Endlich kam der Telefonanruf. Am nächsten Tag sollten wir an irgendeinem Quai, ich weiß nicht mehr an welchem, in Southampton sein, um uns einzuschiffen. Ich benachrichtigte Tigy. Ich lief zur nahegelegenen Cunard, setzte mich ans Ende der Schlange vor einen Schalter. Als ich endlich an die Reihe kam, brachte man dem Angestellten Tee und Gebäck auf einem kleinen Wagen.

Ich reichte vergebens meine Papiere hinüber. Er sah mich nicht an. Während ich kochte, trank er in kleinen, genießerischen Schlucken seinen Tee und knabberte sein Gebäck. Wie lange dauerte das? Für mich eine Ewigkeit. Und wenn wir das Schiff verpassen sollten, das nicht auf uns warten würde?

Endlich füllte der Mann die leeren Stellen mehrerer bedruckter Seiten aus, bedächtig, gewissenhaft. Dann sagte er mir, wieviel ich schuldig war, und nachdem ich gezahlt hatte, stürzte ich zur Bank, wo ich das restliche Geld abhob, das ich dort deponiert hatte.

Als ich schweißgebadet ins Savoy zurückkam, hatte Tigy bereits Kisten, Überseekoffer, das Akkordeon und den Rest nach Southampton geschickt. Wir mußten nur noch den Zug nehmen, und die beiden Portiers kamen zum Taxi, das uns wegbrachte, um dir durch die heruntergelassene Scheibe die Hand zu drücken.

Großer Gott! Wie klein es war, unser Schiff! Ein schwedischer Frachter mit nur wenigen Kabinen für Passagiere. Du belegtest mit deiner Mutter eine Kabine mit zwei Betten, ich eine andere Zweibettkabine mit einem unbekannten Herrn.

Wir fuhren ab. Oder vielmehr, wir würden mitten in der Nacht abfahren, zehn Stunden später mit der Flut.

Der Frachter war leer, so daß er sich bei niedrigstem Seegang, bei schwächstem Wind zur Seite legte. Ich traf dort einen Franzosen und seine Geliebte, von denen ich nichts wußte. Dennoch vertraute er mir eines Tages, als wir auf dem Deck saßen, an, daß er zwei Liter Rosenöl mitnahm, aus denen man Tausende von Litern Parfüm gewinnen konnte, was sein Kapital darstellte.

Er bat seine hübsche, rothaarige Begleiterin, ihr Armband zu zeigen, ein breites, dickes Lederarmband. Darunter, als sie es verschob, nachdem sie sich vergewissert hatte, daß wir alleine waren, gab sie den Blick auf ein anderes Armband frei, dieses aus Diamanten gemacht.

»Ich beabsichtige, dort drüben Autorennen zu veranstalten«, vertraute mir dieser Zufallsfreund an.

Freund? Wie man es an Bord eines Schiffes ist, das nur zwölf Passagiere befördert, und wenn man sich nach der Überfahrt nicht mehr wiedersehen wird. Ich für meinen Teil fragte mich immer, wenn ich später zufällig an einem amerikanischen Gefängnis vorüberging, ob mein Mann mit dem Rosenwasser hinter den Mauern saß.

In dem kleinen Speisesaal bot ein Büfett deiner Eßlust eine Auswahl von *smørebrød* an, Butterbrote mit rotem Kaviar, Hering, Krabben, verschiedenen Wurstsorten, Schinken und so vielen anderen verlockenden Dingen, denen du nicht widerstandest. Du hattest noch nicht gemerkt, daß man, nachdem man so gegessen hatte, zu seinem Tisch ging, wo uns zwei oder drei verschiedene warme Mahlzeiten serviert wurden, und danach Kuchen mit Sahne.

Mitten auf dem Atlantik erhob sich ein Sturm und erreichte bald Stärke 10, so daß unser kleines Schiff, leer und zu leicht, mit dem Bug in die

Wellen, die über das Deck rollten, eintauchte, sich aufbäumte und in alle Richtungen tanzte.

Der Zugang zu den Decks war untersagt und die Türen hermetisch geschlossen; aber du bestandest darauf, wie an den anderen Tagen hinaufzugehen. Ich wandte mich an einen alten nordischen Seemann und erklärte ihm in irgendeinem Kauderwelsch, daß es genügen würde, dich an einem Tau anzubinden, dessen Ende er festhalten würde ... Fast alle blieben wegen der Seekrankheit in den Kabinen. Man ließ dich trotzdem am Ende deiner Trosse aufs Deck, und du konntest, ohne ins Meer zu fallen, wieder hineinkommen, aber nicht ohne von Kopf bis Fuß mit Salzwasser durchnäßt zu sein. Deine Mutter war nicht froh über meine Initiative. Allerdings war sie seekrank.

Nach zwei Tagen beruhigte sich der Ozean. Wir brauchten zwölf Tage und zwölf Nächte, um zur Freiheitsstatue zu kommen. Kleine Motorschiffe fuhren auf uns zu, kamen längsseits, und es entstieg zunächst ein Lotse, dann das Personal der Gesundheitsbehörde, der Einwanderungsbehörde und schließlich, wie üblich, eine Handvoll Journalisten und Fotografen.

Jemand anders war darunter, in der Uniform eines Colonels: mein Freund O'Brien.

»Ich bin demobilisiert«, vertraute er mir an. »Ich habe meine Uniform übergezogen, um die Dinge zu vereinfachen. Ich habe für Sie Zimmer in einem Hotel gefunden, das von einem Belgier geleitet wird, der derselben Abteilung angehört hat wie ich. Die Dockarbeiter befinden sich im Streik, die Taxis werden gestürmt, aber dank meiner Tressen werden wir schon zurechtkommen.«

Du betrachtetest mit offenem Mund die Hochhäuser, die Wolkenkratzer von dreihundert Metern und mehr. An jenem Abend schliefst du in der Park Avenue in einem Hotel, das nur achtzig Stockwerk zählte.

Welcome, boy!

Endlich!

20

Eine neue Übergangszeit, gewiß, aber diese jetzt ohne Ungeduld, ohne Nervosität. Sonst war ich dahin gegangen, wohin mich die Ereignisse getrieben hatten, wenigstens in den letzten Jahren. Dieses Mal erreichte ich endlich ein Ziel, das ich mir seit langem gesteckt hatte, und im Gegensatz zu dem, was oft geschieht, empfand ich keinerlei Enttäuschung. Eine tiefe Befriedigung, wie wenn man endlich zu Hause ankommt und sich genüßlich entspannt. Auch ausgelassene Freude.

Was dich betrifft, mein kleiner Marc von sechs Jahren, so drückten deine Augen nicht das geringste Erstaunen aus, und du warst nicht einmal von den Wolkenkratzern beeindruckt, auch nicht durch die Tatsache, daß wir in unserem Hotel in der vierzigsten oder fünfundvierzigsten Etage wohnten. Dank der Freundschaft des Colonel O'Brien, jetzt wieder Professor O'Brien, und dank der Freundlichkeit des Hoteldirektors bewohnten wir eine geräumige Wohnung, bestehend aus zwei Zimmern, eins für dich und deine Mutter, das andere für mich, und zwischen den beiden ein großer Salon im englischen Stil.

Die Zeitungen hatten meine Ankunft angekündigt und die ersten Interviews, die an Bord des Schiffes gemacht worden waren, veröffentlicht. Schon am ersten Abend erhielt ich den liebenswürdigen Telefonanruf eines berühmten französischen Schriftstellers, der den ganzen Krieg über in den Vereinigten Staaten gewesen war und mich für den nächsten Tag zum Abendessen ins Restaurant einlud.

Wieder Journalisten. Fotografen. Eine Pressekonferenz in unserem Salon. Du konntest nicht mehr deinen »Schleicher« oder deinen Puter holen gehen, um sie den Leuten zu zeigen, aber deine erste Fotografie zeigte dich, wie du auf dem Akkordeon spieltest (?).

Du warst still. Du nahmst, als wäre es die alltäglichste Sache der Welt, die Bilder in dich auf, die in einem beschleunigten Tempo an dir vorüberzogen. Und der Ausblick auf die ganze Stadt von der hundertundsoundsovielten Etage des Rockefeller Centers aus ließ in dir wohl nur die Erinnerung an Vogelschwärme zurück, die fast unmittelbar über den Köpfen vorbeiflogen.

Die Panoramen interessierten dich nicht. Deine Leidenschaft galt den kleinen Dingen, sogar den Kieselsteinen, vor allem dem, was lebte, den Grashalmen, den Vögeln, den Insekten, die du auf den ersten Blick entdecktest.

Ich war mit einem sehr präzisen Plan abgereist: nach Kanada zu fahren, nach Montreal oder Umgebung, damit deine Mutter und du euch mit dem Neuen Kontinent und einer neuen Sprache vertraut machtet.

Wie lange haben wir uns alle drei in New York aufgehalten? Zehn Tage? Fünfzehn? Ich sah meine Verleger und bereitete Verträge vor. Ich traf andere französische »Flüchtlinge«, einen Autor von Boulevardstücken, einen Maler, meinen alten Freund Kisling, den alle in Montparnasse Kiki nannten und der während des ganzen Krieges Porträts von Frauen der »Café-Society«, die später die »Jet-Society« werden sollte, gemalt hatte. Ich traf . . .

Es würde zu lange dauern, sie alle aufzuzählen. Was mich überraschte, war, daß mich alle in französische Restaurants einluden und daß sie es eilig hatten, wieder an den häuslichen Herd zurückzukommen. Niemand hatte sich dem amerikanischen Leben, das mir bereits vertraut erschien, angepaßt.

Wir nahmen den Zug nach Montreal, in einem Pullmanwagen, in dem die breiten und tiefen Ledersessel verstellbar waren, so daß man sich für eine Partie Bridge oder Poker um einen ebenfalls verstellbaren Tisch setzen konnte.

Kaum daß du einen Blick auf die vorüberziehende Landschaft warfst, auf die kleinen weißen Kirchen, die mit schwarzem oder rotem Schiefer gedeckt waren, auf den Hudson, auf dem richtige Frachter dahinglitten, auf die seltenen Städte, wo wir hielten.

Was dich in Montreal am meisten neugierig machte, war die Glastür des Bahnhofs, die sich automatisch öffnete, wenn man sich ihr näherte, und sich danach lautlos wieder schloß. In Europa waren die Fotozellen noch nicht in Gebrauch, und du gingst immer wieder hindurch, wie um dieses Geheimnis zu lüften. Im Grunde, ich gestehe es dir, war ich genauso verwundert wie du!

Es war Oktober, und alles war schneebedeckt. Ein anderes Hotel. Eine neue Wohnung. Weitere Journalisten. Nach zwei oder drei Tagen fragte mich einer von ihnen:

»Was suchen Sie in Montreal?«

»Ein Auto und eine Sekretärin.«

»Mit dem Auto wird es schwierig sein. Seit Kriegsbeginn werden keine mehr gebaut. Um die alten Autos reißt man sich und kauft sie zu jedem Preis, genauso wie die Reifen . . .«

Ich kannte das! Zu meiner großen Überraschung erhielt ich ungefähr einhundertachtzig Bewerbungsbriefe von Sekretärinnen, und um es zu vereinfachen, beschloß ich, sie alle am selben Tag nachmittags zu empfangen. Die Direktion des Hotels stellte mir liebenswürdigerweise einen kleinen Salon zur Verfügung, und in der Halle war genug Platz für die, die warteten, bis sie an der Reihe waren.

Es waren vor allem junge. Ich stellte ihnen Fragen und notierte manchmal ihren Namen und ihre Adresse. Man kann nicht mit einer Sekretärin zusammenarbeiten, die einem nicht sympathisch ist.

Eine von ihnen wurde von ihrem Vater, einem biederen Bürger, begleitet.

»Meine Tochter ist erst neunzehn Jahre, aber . . .«

Er zählte mir ihre Qualitäten auf. Gute Stenotypistin, zweisprachig wie die anderen, wie fast jeder in Montreal, wo die größte Zeitung damals ›Star‹ hieß und auf englisch gedruckt wurde. Das Mädchen war hübsch und hatte einen offenen Blick. Ich hätte sie bestimmt eingestellt, wenn der Vater nicht hinzugefügt hätte:

»Mir ist bekannt, Monsieur Simenon, was alles zu den Aufgaben einer *Privat*sekretärin gehört . . .«

Er betonte das Wort »Privat«, und auch wenn ich Namen und Adresse notierte, so hatte ich schon entschieden, sie nicht anzustellen.

Schließlich wählte ich keine dieser Sekretärinnen aus, und da ich mir einen Wagen hatte kaufen können, begab ich mich in die Laurentides, etwa vierzig Kilometer nördlich von Montreal, wo man Villen und Bungalows mieten konnte.

Der Schnee türmte sich zu hohen Mauern auf beiden Seiten der vereisten Straße und bildete so einen weichen Puffer, wenn das Auto sich um seine eigene Achse drehte.

Sainte-Marguerite-du-Lac-Masson. Ein Dorf, oder vielmehr ein Weiler, und rund um einen großen, zugefrorenen See Blockhäuser, wie sie in »Meine Hütte in Kanada« besungen werden. Zwei Zimmer zu beiden Seiten eines geräumigen *living-room*, Badezimmer, selbstverständlich mit allem Komfort. Aber wo hätte ich arbeiten sollen? Der Verwalter zeigte mir gegenüber eines dieser Bungalows »mit den Füßen im Wasser« ein einfaches Haus aus grauem Stein, und ich mietete es zusammen mit dem Bungalow; ich würde mein Arbeitszimmer darin einrichten und meine zukünftige Sekretärin dort unterbringen.

Ein junges Mädchen aus der Gegend, sechzehn Jahre alt, bot ihre Dienste an, und das kleine Haus konnte auch sie beherbergen. Sie war reizend und sang den ganzen Tag.

Mein Plan, mein berühmter Plan war es, nachdem ich euch untergebracht hatte, zwischen New York und hier hin und her zu pendeln und, da deine Mutter und ich jetzt wirklich frei waren, dort einige hübsche Frauen zu treffen.

Wir mußten uns vor allem erst in Sainte-Marguerite einrichten, und ich pendelte, fast immer alleine, nach Montreal, blieb dort oft drei oder vier Tage. Man hatte viel von mir auf französisch verlegt, und ich war mit den Bedingungen, die man mir vorschlug und die weit schlechter waren als die in Frankreich, nicht einverstanden. Nicht ohne Mühe bekam ich schließlich, was ich verlangte, und ein junger Verleger, der bereits ins Claridge gekommen war, um Kontakt mit mir aufzunehmen, schlug mir einen phantastischen Vertrag vor, den ich nicht unterzeichnete, glücklicherweise, denn zwei Jahre später sollte er Bankrott machen. Nichtsdestoweniger informierte er mich darüber, wo und wie ich wenig schüchterne Frauen treffen konnte, und bald darauf stellte ich fest, daß sie noch zahlreicher und zugänglicher waren als die in Paris.

Ich war frei. Ich brauchte mich vor Tigy nicht mehr zu verstellen, sie blieb für mich eine gute Kameradin, der ich meine Eskapaden erzählte, was sie jetzt amüsierte. Ich war zweiundvierzig Jahre alt.

Der zweite Verleger, von dem ich gesprochen habe, hatte eine Art Geschäftspartner oder rechte Hand, einen sehr sympathischen Buckligen, der mich sofort bei unserem ersten Zusammentreffen gefragt hatte:

»Haben Sie eine Sekretärin gefunden?«

»Noch nicht. Ich habe mich nicht entschieden.«

»Machen Sie sich keine Sorgen! Ich habe eine für Sie. Warten Sie, bis ich Kontakt mit ihr aufgenommen habe, denn sie ist im Moment in Philadelphia.«

Skier für uns drei kaufen, sehr warme Kleidung, denn mir wurden für Dezember Temperaturen von minus zwanzig, sogar minus vierzig Grad angekündigt.

So ging ein Monat vorüber, und du paßtest dich unserem neuen Lebensstil an, so wie du dich an alles angepaßt hattest. Du nahmst immer noch alles in dich auf, wie du es später beweisen solltest, als du mit deiner Frau und deinen Kindern eine Reise zu allen Häusern machtest, die wir in Übersee bewohnt hatten. Es waren viele, die einen für eine ziemlich kurze Zeit, andere für mehrere Jahre, im Norden, im Süden oder im Osten und im Westen.

Ich weiß nicht mehr, wer uns eine sehr junge, geduldige Lehrerin schickte, die im Bungalow wohnte und die, wenn sie nicht damit beschäftigt war, dir oder deiner Mutter Englisch beizubringen, Gitarre spielte und sentimentale Lieder sang, wobei sie Tigy mit verliebten Augen ansah.

Wir trafen auch eine junge Frau, die ich zur gleichen Zeit wie Boule in Bénouville kennengelernt hatte. Sie war nämlich die Tochter von Freunden, bei denen wir manchmal aßen und Krocket spielten, als wir, deine Mutter und ich, in dem Bauernhof gegenüber auf Stroh schliefen. Sie war verheiratet, hatte keine Kinder. Ihr Mann, Franzose, hatte in Montreal eine Fabrik für Luxuskartonagen gegründet, in der zahlreiche Frauen Schachteln für die Juweliere, die Parfümhersteller und die Schokoladenhändler anfertigten. Sie waren alle beide sympathisch und wurden häufige Tischgäste bei uns.

Eines Tages, auf dem Weg, der ins Dorf führte, drücktest du heftig meinen Arm und flüstertest mir zu:

»Sieh mal!«

Zwei junge Schwarzbären rollten sich im Schnee, und ihre Mutter stand dabei und beaufsichtigte sie. Ergriffen machtest du »psst!« zu mir, und wir konnten uns auf ungefähr zehn Meter nähern, was die Mutter wohl für genug hielt, denn sie ging mit ihren Kleinen ohne Eile ins Unterholz.

New York, wieder einmal alleine. Verleger. Diskussionen. Denn entgegen der allgemeinen Annahme in Europa werden diese Übereinkommen sehr langsam getroffen, und die wichtigen Verträge werden nur in Gegenwart der Rechtsanwälte beider Parteien unterzeichnet.

Ich traf ein Mannequin mit rotblonden Haaren, und wir aßen zu zweit in einem kleinen italienischen Restaurant. Ich war von ihr hingerissen, nicht nur so im Vorübergehen, sondern für zärtliche und vielleicht dauerhafte Beziehungen.

Nach dem Essen gingen wir, wie es hier üblich war, tanzen, dann lud ich sie zu einem letzten Glas in mein Hotel ein. Sie nahm an, und wir begnügten uns artig mit Küssen und oberflächlichen Liebkosungen. Man hatte mich schon belehrt, daß man eine Amerikanerin am ersten Abend nie drängen darf, sondern auf den zweiten Abend warten muß, bevor man weiter geht. Wir trafen eine Verabredung für ein weiteres Abendessen drei oder vier Tage später.

Nun, am nächsten Morgen weckte mich das Klingeln des Telefons aus dem Schlaf, und ich erkannte erst später die Bedeutung, die dieser Telefonanruf und das, was er nach sich ziehen würde, in meinem Leben, in deinem und dem deiner noch nicht geborenen Geschwister erlangen sollte.

Am anderen Ende der Leitung sprach der Bucklige aus Montreal.

»Ich habe die Sekretärin getroffen. Sie wird morgen in New York sein, und sie ist bereit, Sie zu treffen.«

Ich hatte den Buckligen und das Fräulein aus Philadelphia schon vergessen. Sicher, ich erhielt viel Post. Aber es war nicht das erste Mal, daß ich sie selbst beantwortete.

Ich war verschlafen und schlechtgelaunt.

»Welchen Tag haben wir?« fragte ich.

»Sonntag. Ich weiß, wo ich sie erreichen kann. An welchem Ort wünschen Sie sie zu treffen?«

Ich *wünschte* ganz und gar nicht, sie zu treffen, denn ich dachte nur an meine schöne Rothaarige, die meinen Namen so komisch aussprach, woran ich mich in den Vereinigten Staaten gewöhnen würde: »D'jordj . . .«

Ohne Begeisterung sagte ich aufs Geratewohl:

»Sagen wir im Brussel's, in der 78. Straße östlich.«

Ich aß dort fast jeden Nachmittag, wenn ich in New York war, und auch du hattest mit Tigy dort gegessen. Der Patron war Italiener und hatte in Brüssel lange Zeit eines der renommiertesten Restaurants betrieben. Nachdem er sich in New York zwei Schritte vom Central Park entfernt niedergelassen hatte, hatte er sich dort eine erlesene Kundschaft geschaffen, und ich versäumte es nie, als Hors d'oeuvre eine belgische Spezialität zu bestellen, die ich für mein Leben gerne aß: Aal mit Salat, wobei der Salat aus wilden Brennesseln bestand.

Am selben Sonntag erfuhr ich durch einen Telefonanruf, daß mein alter Freund Kisling krank war und das Bett hütete. Ich versprach, ihn am nächsten Morgen zu besuchen.

Wie in Paris bewohnte er außer einem großen Atelier, das zum Central Park zeigte, ein oder zwei Zimmer mit Badezimmer und kleiner Küche.

Es war schwierig, sich Kiki als Kranken vorzustellen, denn ich hatte ihn immer strahlend vor Lebensfreude, vor Gesundheit und Appetit gekannt, Appetit vor allem auf die Frauen, von denen ein kleiner Hofstaat ihn sogar beim Malen umgab. Nie habe ich eine offenere und lärmendere Fröhlichkeit als seine gesehen, und am nächsten Tag war ich um zehn Uhr bei ihm, wo drei oder vier Freunde um sein Bett herum versammelt waren.

Blasser als gewöhnlich bewahrte er seine gute Laune und imitierte in seiner komischen Art den amerikanischen Arzt, der ihm absolute Ruhe verordnet hatte.

Eine junge Frau unbestimmbarer Nationalität, dessen Rolle meinem Freund gegenüber ebenfalls unbestimmt war, bewirtete uns mit Wein. Wir plauderten über die verschiedensten Dinge. Wir beschwörten alte Erinnerungen von Montparnasse herauf. Die Zeit verging sehr schnell. Als ich auf die Uhr blickte, bemerkte ich, daß es bereits halb eins war. Nun, um diese Zeit hatte ich die Verabredung mit dem Schützling des Buckligen. Ich verabscheue es zu warten, denn letztlich stiehlt mir das meine Zeit. Es widerstrebt mir genauso, anderen die Zeit zu stehlen.

Ich umarmte Kiki, gab seinen Freunden die Hand, und als ich auf dem Bürgersteig stand, begann ich mit dem Arm zu winken, um ein Taxi anzuhalten. Alle waren um diese Uhrzeit besetzt, vor allem an diesem Tag, an dem Wahlen für den Kongreß stattfanden. Ich wurde ungeduldig und wütend auf den Buckligen. Ich ging zu einer Kreuzung in der Hoffnung, dort das ersehnte Taxi zu finden.

Schließlich fand ich mich damit ab, zu Fuß zum Brussel's zu gehen, davon überzeugt, daß es nicht sehr weit war. Trotzdem brauchte ich eine halbe Stunde, um dorthin zu gelangen, außer Atem, und die Dame an der Garderobe, eine ganz kleine, lustige und sympathische Frau, mit der ich manchmal plauderte, sagte mit schelmischem Lächeln zu mir:

»Eine hübsche Dame erwartet Sie an Ihrem Tisch . . .«

Hübsch oder nicht, in diesem Augenblick war mir das gleich. Wenn ich hier war, wenn ich meine Freunde ganz plötzlich verlassen hatte, dann deshalb, um den Buckligen nicht zu verärgern.

Sie wartete tatsächlich auf mich, eine sehr hübsche Frau, klein, in einem blauen Kostüm mit einem weißen Jabot oder etwas Ähnlichem.

»Man erwartete Sie ungeduldig«, teilte mir der Patron mit.

Und sie, ein wenig hochmütig:

»Ich warte jetzt eine halbe Stunde auf Sie. Das bin ich nicht gewohnt.

Wenn ich etwas anderes als einen Scheck in meiner Tasche gehabt hätte, wäre ich schon lange weggegangen. Aber man hat mir einen Cocktail und dann einen weiteren gebracht, und ich habe kein Geld bei mir, um sie zu bezahlen.«

Sie gab mir trotzdem die Hand. Irgend etwas hatte mich gewundert, ohne daß ich wußte, was es war, und erst während des Essens kam es mir wieder in den Sinn.

»Ein sehr hoher Scheck?«

»Zweihundert Dollar. Mein Monatsgehalt vom Konsulat.«

In der Zeit war der Dollar viel wert, aber ich wußte, daß man ihr ohne Zögern ihren Scheck eingelöst hätte, wie es in den Vereinigten Staaten üblich ist. Selbst in den Bistros in der Nähe der Fabriken haben Arbeiter und Angestellte die Angewohnheit, ihren Wochen- oder Monatsscheck dort einzulösen.

Sie trug ein weißes Hütchen und erklärte mir, daß ihr Rock und ihre Jacke wegen der Entbehrungen der Kriegszeiten so kurz waren.

Nun gut. Woanders als in einem großen Restaurant hätte sie weder ihre zwei Aperitifs noch den Wein und den Kognak trinken können, den man uns servierte, denn in den Vereinigten Staaten sind die Bars an Wahltagen bis sechs oder acht Uhr geschlossen.

»Ich bin nicht sicher, ob ich Ihre Sekretärin werde . . . Ich habe um halb vier im Hotel Astoria eine Verabredung mit dem Direktor der ›Air Liquide‹ für Kanada . . . Er sucht eine Sekretärin . . .«

Ich machte mich noch darüber lustig. Ich sage »noch«, denn als das Essen beendet war, bemerkte sie, daß ihr bis zu ihrer Verabredung noch Zeit blieb, und sie schlug mir vor, ein paar Schritte im Central Park zu gehen. Was haben wir uns erzählt? Ich erinnere mich nicht daran. Wir betrachteten lange eine Ente mit ihren Küken, die um Brotkrumen bettelten.

»Mögen Sie Tiere?«

»Sehr.«

»Ich auch.«

Obwohl sie in Quebec geboren war und dann in Ottawa gelebt hatte, wo englisch gesprochen wird, hatte sie gar keinen Akzent, weder in der einen noch in der anderen Sprache.

Sie war sehr stark geschminkt, trug sehr hohe Absätze, und ihr weißes Hütchen ging mir genau bis zum Gesicht. Eine Brünette mit rötlichem Schimmer im Haar, kastanienbraunen, dunklen Augen, die ständig ihren Ausdruck veränderte.

Ach! Diese Enten . . .

Ich verließ sie rechtzeitig für ihre Verabredung mit der Air Liquide, ging wieder in meine Wohnung und ließ mir eine Flasche Saint-Emilion hochbringen. Nicht, um sie alleine zu trinken, sondern um ihr welchen anzubieten, wenn sie zurückkommen würde.

Würde sie zurückkommen?

Sie hatte mir gesagt, daß, wenn sie mit dem Gast im Astoria einig würde, ich sie nicht wiedersehen würde.

»Warten Sie bis um halb fünf auf mich. Wenn ich dann nicht in Ihrem Hotel bin, habe ich die Stellung bei der Air Liquide angenommen . . .«

Ich betrachtete die vorrückenden Zeiger der Uhr in dem mit englischen Adams-Möbeln, das heißt im Stil des ausgehenden 18. Jahrhunderts eingerichteten Salon. Jetzt war ich an der Reihe, ungeduldig zu werden. Ohne rechte Überzeugung sagte ich zu mir selbst:

»Ich verschwende meine Zeit mit ihr.«

Und ich zwang mich dazu, an mein rothaariges Mannequin zu denken, die einen so schönen Körper hatte, denn die dünnen Frauen, die sich von Grapefruit ernähren, waren noch nicht Mode.

Fünf nach halb fünf. Der Portier teilte mir mit, daß mich ein Fräulein zu sehen wünsche. Ich antwortete ihm, er solle sie heraufschicken.

»Nun?«

Ich war über den ängstlichen Ton in meiner Stimme überrascht.

»Die grünen Ampeln haben entschieden . . .«

»Die grünen Ampeln?«

»Ja. Als ich das Astoria verließ, ging ich die Park Avenue hoch und nahm mir vor, daß ich zu Ihnen kommen würde, wenn ich nur auf grüne Ampeln stieße.«

»Und wenn nicht?«

»Wenn nicht, hätte ich den anderen Vorschlag angenommen.«

Nun, in New York schalten die grünen Ampeln in regelmäßigen Abständen automatisch auf Rot. Wenn man von einer ersten Ampel in dem Augenblick losgeht, in dem sie umschaltet, und wenn man mit gleichbleibenden Schritten weitergeht, wird man an jeder Straßenecke auf grünes Licht stoßen.

»Das ist ein Wunder!« sagte sie. »Das Schicksal hat entschieden.«

Ich entkorkte den alten Saint-Emilion, denn sie hatte mir begierig von französischen Weinen, insbesondere von Bordeauxweinen erzählt. Der Abend war hereingebrochen. Ich hatte nur die Lampe auf dem kleinen Schreibtisch angemacht. Wir tranken die Flasche leer und beschlossen dann, gemeinsam auszugehen. Wir gingen langsam zum Rockefeller Center und dann automatisch zum Time Square. Unterwegs kaufte sie mir eine Krawatte bei einem Straßenhändler.

Klein und dünn, dunkel, das ganze Gegenteil von meiner schönen Rothaarigen, deren seidige lange Beine ich mit soviel Vergnügen gestreichelt hatte. Aber waren ihre Augen genauso ausdrucksstark wie die dieser Frau, die mich jetzt begleitete? Ich hatte mit ihr am nächsten Tag eine Verabredung, aber ich wußte bereits, daß ich sie absagen würde.

Eine erste Bar. Sie bestellte einen Old Fashion, das heißt Scotch mit Eis, zwei oder drei Kirschen und einer Orangenscheibe. Eine zweite Bar, eine Wand, auf der eine riesige Fotografie von Churchill und eine von Eisenhower hingen.

Wir aßen in irgendeinem kleinen Restaurant im flackernden Schein von Kerzen, die auf jedem Tisch standen, und beim Klang eines Pianos, das Blues spielte.

Sie begleitete die Musik mit leiser Stimme:
»Kiss me once,
And kiss me twice...«
. . .
»It's been a long, long time...«
Ich lernte zum ersten Mal das kennen, was man Leidenschaft nennt, ein wirkliches Fieber, das niemand, eingeschlossen Psychologen und Ärzte, einer Krankheit gleichsetzen.

Der Abend fing erst an, und ich verspürte schon die ersten Symptome: Ich weigerte mich, daran zu glauben. Ich verteidigte mich, so gut ich konnte, aber sie sah mich mit ihren Augen an, in die sie alle Sehnsucht der Welt hineinlegte, und dabei summte sie:
»Kiss me once,
And kiss me twice...«
Ich, der nicht an Liebe auf den ersten Blick glaubte und der heute morgen noch an Kislings Krankenlager schallend lachte, als er seine Abenteuer erzählte!

Alles kam ins Schwanken. Mein Leben, deins, das deiner zukünftigen Geschwister, alles entschied sich in diesem Augenblick für lange Zeit, für Jahre und Jahre.

Das war die Frau, die ich jetzt D. nenne, mit dem Anfangsbuchstaben ihres Vornamens, und ihr habt das Recht, meine Kinder, alle vier, alles zu wissen, um so mehr, als D. ein Buch veröffentlicht hat, das mehr Ungenauigkeiten als Wahrheiten enthält, das Marie-Jo so weh getan hat und euch immer noch weh tut, meine drei Jungen.

Ich beklage mich nicht. Ich werde ohne Haß sprechen, ohne Bitterkeit. Bis jetzt wollte ich schweigen, aber es gibt Wahrheiten, die ihr kennenlernen müßt.

Bis morgen, ihr vier. Und verzeiht, wenn ich immer noch einen bitteren Geschmack im Mund habe.

21

New York ist eine Insel, jeder weiß es, oder dank seiner Brücken vielmehr eine Halbinsel, sehr breit nahe dem Festland, immer weniger breit in dem Maße, wie sie ins Meer hinausgeht. Ungefähr zehn Avenues unterteilen sie, von denen die meisten eine Nummer anstatt eines Namens tragen, wobei die wichtigste und geschäftigste die fünfte ist, die Fifth Avenue, wo die Luxusgeschäfte liegen. Zahlreiche gradlinige Querstraßen, die auch jede eine Nummer tragen, die diese Avenues durchteilen und sich vom East River bis zur Mündung des Hudson erstrecken.

Das elegante und reiche Viertel war und ist wohl immer noch das, das östlich der Fifth Avenue liegt, während es westlich davon kleinbürgerlicher und zu den Docks am Hudson River sehr volkstümlich und oft gefährlich wird. Ebenso ist es am oberen und unteren Ende der Stadt, obwohl man dort keinerlei Gefälle bemerkt. Man sagt »Up Town« zu dem Teil, der dem Festland am nächsten liegt, und »Down Town«, die untere Stadt, zu dem, der enger werdend an der »Battery« endet, dort, wo der Ozean beginnt.

An jenem Abend waren wir noch nicht richtig betrunken, trotz all dem, was wir seit unserem Zusammentreffen im Brussel's getrunken hatten, aber wir schwankten ein wenig. D. hatte eine dunkle Stimme, die hinten aus der Kehle kam, wie man sie in den Nachtlokalen, in den Cabarets hört, und diese Stimme betörte mich.

Wir hatten uns manchmal an der Hand gehalten, dann am Arm, und sie schlug nach dem Essen vor:

»Sollen wir ins Café Society tanzen gehen?«

Ich sagte zu allem ja. Dennoch behielt ich die unbedeutendsten Einzelheiten in Erinnerung, alle Bilder, die sich vor meinen Augen drängten. Zum Beispiel eine Frau auf dem Bürgersteig eines Abbruchhauses, eine füllige Frau mit einfältigem Gesichtsausdruck, die aus der Menge hervorgetreten war und auf einem erhöhten Sessel saß, angestrahlt von zwei elektrischen Scheinwerfern, während ihr ein Friseur Locken in die Haare drehte und der Menge erklärte, daß die Frisur X am praktischsten und am meisten sexy sei. Nicht nur in Paris und in den romanischen Ländern sieht man Gruppen von Schaulustigen. Wir sahen wie die anderen zu, und wir hörten die von einem Mikro verstärkte Stimme des Friseurs seine Waren anpreisen.

»Diejenigen, die diese neuartige Behandlung kostenlos ausprobieren möchten, brauchen nicht lange zu warten. Jede kommt an die Reihe.«

»Und Sie?« scherzte ich und drückte den Arm meiner Begleiterin.

Wenn ich nicht schon »Und du?« sagte, denn ich weiß nicht mehr genau, in welchem Augenblick des Abends wir uns duzten. Sie lachte ihr kehliges Lachen, das wie ihre Stimme von noch tiefer zu kommen schien, und ich war entzückt.

»Ich werde Sie ins Café Society führen, aber ich weiß nicht, welches wir wählen sollen.«

Denn es gab zwei sehr unterschiedliche Cafés Society, die demselben Besitzer gehörten. Das erste, sehr elegant, versammelte in der »Up Town« die reichen Leute, die »Goldsucherinnen« und die Künstler vom Broadway. Das Café Society »Down Town«, im Herzen von Greenwich Village gelegen, wo vor allem Künstler, Bohémiens und Außenseiter wohnten, war gemischter, und wohlhabende Bürger gingen dorthin, »um zu sehen« oder um sich »unters Volk zu mischen«.

Das wählte dann D. aus. In dem Taxi, das uns dorthin fuhr, rückten wir näher zusammen, schon sehr nahe. Währenddessen sagte sie zu mir:

»Anscheinend sind Sie ein ziemlich bekannter französischer Schriftsteller . . .«

»Ich habe bis heute erst etwa sechzig Romane geschrieben.«

»Ich glaube, ich habe einen gelesen, den ich im Bücherregal meines Vaters gefunden habe. Ich habe den Titel vergessen. Ich habe es im Zug durchgelesen . . . Ich lese eigentlich nur englische Bücher, denn meine Mutter zensiert noch immer meine Lektüre, und da sie nur mit Mühe englisch liest . . .«

Um die Wahrheit zu sagen, sie kannte wenige englische oder französische Schriftsteller, überhaupt keine russischen. Sie konnte mir als amerikanischen Schriftsteller nur Henry James nennen.

»Als ich jünger war, gab man mir vor allem die Romane der Comtesse de Ségur . . .«

»Und de Gyp?«

»Ich glaube ja.«

»Und de Delly?«

»Vielleicht. Warum sind Sie nicht ins Englische übersetzt?«

»Ich werde es seit mehr als zehn Jahren.«

»Und in den Vereinigten Staaten?«

»Etwa dreißig Romane.«

»Obwohl ich in Ottawa aufgewachsen bin, bin ich im Herzen Französin. Ich komme nur mit Franzosen zusammen.«

»Ich bin Belgier.«

»Der Bucklige hat mir das nicht erzählt.«

Enttäuschung? Ich weiß es nicht. Vielleicht machte mich das Trinken hellhöriger, anstatt mir die Gedanken zu vernebeln?

»Alle meine Vorfahren waren Franzosen. Die Familie meiner Mutter reicht bis zur Eroberung Kanadas zurück . . .«

»Und die Ihres Vaters?«

»Der Großvater war einer der bekanntesten Premierminister von Ottawa um 1850.«

Ich lachte nicht. Ich lächelte nicht. Ich sah sie im Halbdunkel des Taxis einfach an, leidenschaftlich.

Dann plötzlich die Hitze, der Lärm, die Menschen im Café Society, wo ein Schwarzer am Klavier Blues spielte. Die Gäste saßen dicht beieinander gedrängt, und nur mit Mühe konnten wir uns auf eine ziemlich harte Bank zwängen.

Wir tanzten, und ihre braunen Haare kitzelten mich am Kinn. Sie war dünn und geschmeidig, und je länger wir tanzten, je mehr Whisky wir tranken, desto enger schmiegte sie sich an mich.

Der Musiker machte eine Pause, während wir saßen. Er war ein schöner Schwarzer mit einem breiten Lächeln und großen, lustigen Augen.

»Warte einen Moment . . .«

Sie ging zu der kleinen Bühne und sprach den Musiker an, der auf einen Hocker neben sich wies. War ich bereits eifersüchtig? Ich glaube ja. Sie nahm ein Notizbuch oder eine Agenda aus ihrer Tasche, während sie lebhaft sprach, mit demselben verzückten Gesichtsausdruck, den sie beim Tanzen hatte.

Manchmal sprach der Schwarze seinerseits ein paar Worte und lachte auf. Ich saß wie ein Mauerblümchen da, wie man bei den Tanzvergnügen im Viertel sagt. Die Finger des Musikers streichelten die Tastatur, er summte einen Liedfetzen. D.s Augen strahlten.

Schließlich, nachdem er sein Glas Bier geleert hatte, mußte er seine Arbeit wieder aufnehmen, und sie kam wieder zu mir, erfreut über die Blicke, die ihr folgten.

»Er ist ein berühmter Pianist«, sagte sie zu mir und setzte sich.

»Kanntest du ihn?«

»Nur vom Namen her. Ich habe einige von seinen Schallplatten gehört.«

»Was hast du in dein Notizbuch geschrieben?«

»Irgend etwas. Ich habe mich für eine Journalistin ausgegeben, die damit beauftragt ist, ihn zu interviewen. Mein Vater war früher Journalist, Musikkritiker, und als ich klein war, nahm er mich zu den Konzerten mit . . .«

In dem Maße, wie wir tanzten, wie wir tranken, wurden wir immer lebhafter. Ich legte meine Hand auf ihre Knie. Neben uns hörte ich biedere Kleinbürger mit Blicken auf uns leise murmeln.

»Was sagen sie?«

»Daß es eine Schande ist, sich so schlecht zu benehmen, wie wir.«

»Und weiter?«

»Daß man sofort sieht, daß wir Franzosen sind . . .«

Ich glaube, wir starrten diese biederen Leute herausfordernd an. Wir waren zufrieden, stolz auf uns.

»Ich kenne ein anderes Lokal, das dir gefallen wird. Ich wohnte in dem Viertel, wo ich mit einer Freundin ein Zimmer teilte.«

»In Philadelphia auch?«

»Ja. Eine Freundin wohnt mit mir zusammen . . .«

Wir gingen durch die fast menschenleere Straße, und in einer Parallelstraße sahen wir ein unauffälliges Schild. Das Licht im Innern war so gedämpft, daß man sich nur wie durch einen Nebel oder durch beschlagene Brillengläser sah.

Eine große Bar. Weiche Sessel, Kanapees. Ein anderer Saal, ein Salon, würde ich sagen, ebenso gedämpft wie der erste, darin einige engumschlungene Paare. Sanfte, sehnsüchtige Musik. Wir tranken weiter. Es war nach zwei Uhr morgens.

»Gehen Sie gerne zu Fuß?« fragte ich sie, denn ich gehe leidenschaftlich gerne.

»Schrecklich gerne!«

Ich hatte noch keine Lust zu schlafen, aber ich brauchte frische Luft. Am Ende der Theke standen »Souvenirs« aus Holz oder Steingut nebeneinander, und ich entdeckte eine Entenmutter und ihre vier Kleinen, weiß, außer dem letzten, das schwarz war. Ich kaufte sie ihr als Andenken an die Enten im Central Park. Ich schlug vor, da sie gerne ging, zu Fuß ins Hotel zurückzugehen.

»Es sind mehr als fünfzig Blocks . . .«

Ein Häuserblock trennte zwei Querstraßen voneinander.

»Nun, dann essen wir zuerst eine Kleinigkeit.«

Sie zeigte auf eine völlig freistehende Baracke, wo heiße Würstchen, Eier mit Speck oder Schinken und ich weiß nicht, was noch verkauft wurden. Sie bestellte einen Hot dog, den sie im Gehen aß, wobei sie aussah wie ein junges Mädchen aus gutem Hause, das sich unters Volk mischte.

»Ich esse auf der Straße schrecklich gerne *hot dogs* und *ice creams*.«

Anfangs ging sie tapfer auf ihren hohen Absätzen, und wir blieben oft stehen, um uns zu küssen.

»Meine Mutter gehört einer sehr reichen Familie an, und mit fünfzehn Jahren hatte sie ihr Reitpferd. Mein Großvater besaß eine ganze Straße in Montreal. Er verbrachte die Nächte in seinem Club, dem exklusivsten der Stadt, wo er mit hohem Einsatz spielte, was ihn ruiniert hat. Er war in der Metallindustrie.«

»Hochöfen?«

»Nein. Er verkaufte Metall en gros.«

Ich hätte beinahe gesagt:

»Schrotthändler?«

Aber wäre sie dann nicht beleidigt gewesen?

»Der Vater meines Vaters . . .«

»Der Sohn des Premierministers?«

»Sein Schwiegersohn. Er war ein *gentleman farmer,* und er durchstreifte zu Pferd die Gegend. Ein Träumer. Seine Pächter bestahlen ihn, ohne daß er sich darum kümmerte.«

»Bis zu dem Tag, an dem er ruiniert wurde?«

»Du wußtest es? Er hinterließ meinem Vater nur ein Landhaus, dreißig Kilometer von Montreal entfernt, wo ich, als ich jünger war, immer meine Ferien verbrachte, zusammen mit meinen beiden Großvätern und meiner gesamten Familie. Ein Großvater ist tot. Der andere gab mir immer Bonbons, die er wie aus einer Wundertüte aus seiner Tasche holte.«

Sie unterbrach sich. Wir gingen die Fifth Avenue hinauf, und sie zeigte auf ein Licht in einer Querstraße.

»Das muß eine Bar sein.«

Sie hatte Durst. Vielleicht wollte ich auch etwas trinken, aber als wir die Tür erreichten, verkündete uns ein Kellner in Hemdsärmeln:

»Wir schließen . . .«

»Fünf Minuten . . . Nur für . . .«

»Unmöglich.«

Enttäuscht ging sie weiter, hielt ein, nicht beim Sprechen, denn sie sprach ohne Unterlaß, sondern um mir eine kleine Kirche zu zeigen.

»Die Tür ist vielleicht offen.«

»Du willst hineingehen?«

»Ja. Einmal, als ich aus dem Zimmer eines Freundes kam . . .«

»Eines Freundes?«

»Eines Liebhabers, nahm ich ihn mit zu einer Kirche wie dieser hier, um zusammen beichten zu gehen . . .«

»Seid ihr katholisch?«

»Meine Eltern waren sehr gläubig. Vor allem meine Mutter, und sie ist es noch. Mein Vater ging seinerseits jeden Sonntag zur Messe. Nach seiner Heirat war er sogar Vorsänger in einer Kirche. Sie wohnten in Montreal. Er hatte eine sehr schöne Baritonstimme, und man bat ihn oft, bei einem Wohltätigkeitskonzert zu singen. Armer Papa . . .«

Übrigens hatte auch Tigy einen Großvater, der Vorsänger war!

»Er war ein schöner Mann, sehr groß, hielt sich aufrecht, und ich war sein Liebling. Er liebte die Musik, und er . . .«

Er nahm sie mit sich in die Konzerte, ich wußte es. Ich war deshalb nicht weniger rasend vor Verlangen, vor einer wahnsinnigen Lust, mich mit ihr zu vereinigen.

»Ich wurde in einem Nonnenkloster erzogen. Die meisten Schülerinnen, die den besten Familien von Quebec angehörten, waren Interne; das Kloster nahm nur wenige Externe auf. Die Schwestern waren sehr streng, sehr prüde. Weißt du, wie sie einen Hintern nannten? Einen »Seinerseits« . . . Ich habe dort auch eine Zeit als Interne verbracht . . .«

Das erinnerte mich an das Kloster der Ursulinen auf den Anhöhen von Lüttich, in dem meine Tante Nonne war.

»Ich war eine der besten Schülerinnen, vielleicht die beste.«

»Bis zu welchem Alter?«

Ich erinnere mich nicht mehr an die Zahl. Sechzehn Jahre, wenn ich mich recht erinnere. Vielleicht siebzehn?

»Mein Traum war es, eine Karriere am Theater zu machen. Ich habe in einem Laientheater gespielt.«

Irgendein Stück jedenfalls. Sie hatte darin die zweite Hauptrolle gespielt, und ich las am Rande die Anweisungen, die der Regisseur gegeben hatte.

»Hast du nie Lust gehabt, fürs Theater zu schreiben?«

»Ich bin nur Romanschriftsteller . . .«

»Richtig. Aber haben einige Romanschriftsteller nicht auch Stücke geschrieben?«

»Einige.«

Ich unterbrach sie durch Küsse, und wir waren beide sehr stark erregt.

»Mit achtzehn Jahren gründete ich in Ottawa einen Jungmädchenclub, und wir veranstalteten Bälle. Ich bin immer noch Vorsitzende.«

Und ich, ich Blödmann, ich verschlang alles, all das, was ich verabscheute! Ich liebte blonde und mollige Frauen. Sie war dünn und dunkelhaarig. Ich liebte einfache Frauen, und jetzt war ich auf die komplizierteste getroffen, der ich jemals begegnet war.

»Ich habe drei Brüder und eine Schwester, die Älteste der Familie.«

»Wie alt ist sie?«

»Bald vierzig Jahre. Sie hat nie geheiratet, da sie den Mann nicht traf, der ihr gefallen hätte.«

»Und deine Brüder?«

»Der älteste ist Rechtsanwalt in Montreal, verheiratet, und hat zwei Kinder. Er ist ein ausgezeichneter Rechtsanwalt, und seine Frau ist die Tochter von . . .«

Ich weiß nicht mehr von wem. Von irgend jemand Blendendem auf jeden Fall.

»Mein zweitältester Bruder hat eine bedeutende Stellung bei Radio

Canada. Während des Krieges begleitete er die Truppen bis zur Front, und seine Sendungen waren berühmt.«

»Verheiratet?«

»Seine Frau ist die Tochter des größten Schuhfabrikanten Kanadas. Er hat alle Soldaten mit Schuhen versorgt. Sie haben ebenfalls zwei Kinder. Meine junge Schwägerin ist ganz reizend. Mein dritter Bruder hatte weniger Glück. Er war mehrere Jahre krank, von seinem siebzehnten Lebensjahr an. Ich war es, die ihm am häufigsten Gesellschaft geleistet hat.

Als der Krieg ausbrach, verpflichtete ich mich beim Roten Kreuz, und ich arbeitete in einem Hospital in Ottawa. Mein Vater war Chefübersetzer im Parlament geworden. Er war es, der die Gesetze von einer Sprache in die andere übersetzte, und er hatte den Rang eines Ministers.«

Ich lächelte nicht einmal. All das stimmte so ungefähr, war kaum ausgeschmückt, ich konnte mich in der Folgezeit davon überzeugen, denn ich lernte die ganze Familie kennen, das Haus in Ottawa und das auf dem Lande bei Montreal, das vom Großvater geerbt worden war.

Eine typisch großbürgerliche Familie, superspießig, in der jeder in der nachfolgenden Zeit Beamter wurde. Der Rechtsanwalt, den ich sehr mochte, verließ die Anwaltskammer, um in den Staatsdienst zu gehen, wo er eine glänzende Karriere gemacht hat. Die Schwester war Sekretärin eines Senators. Sie hatte den starken Akzent von Quebec beibehalten und war sehr geistreich. Der zweitälteste Bruder, der Journalist bei Radio Canada in Quebec, wurde Programmdirektor in Ottawa. Was den dritten angeht, so trat er trotz seiner Behinderung in die Fußstapfen seines Vaters, und vor seiner Pensionierung war er stellvertretender Chef oder irgend so etwas des Übersetzerbüros im Kongreß.

»Es stört dich doch nicht, wenn ich meine Schuhe ausziehe? Sie tun mir weh, und wir haben noch zehn Blocks zu gehen. Ich mußte heute abend den Zug nehmen, aber wegen dir habe ich ihn verpaßt, und es ist unmöglich, ein Hotelzimmer zu finden . . .«

Vielleicht wurde nicht alles in dieser Nacht gesagt, denn es folgten noch viele andere Nächte, aber als sie jetzt auf ihren Strümpfen ging, fuhr sie dennoch mit dem Erzählen fort.

»Die Engländer haben mich gebeten, eine Abteilung im Konsulat von Philadelphia zu leiten. Mein Vater starb plötzlich, auf der Straße, an einer Herzkrankheit, und man brachte ihn in eine Apotheke. Er war der Mensch, den ich am meisten auf der Welt liebte.«

Auch mein Vater wurde, allein in seinem Büro, vom Schlag getroffen.

»Ich bin damit beauftragt, an so viele Kinos wie möglich englische Propagandafilme zu verteilen, Kriegsfilme. Als der Krieg zu Ende war, wollte man mich nach Texas schicken. Ich habe es abgelehnt, und Ende des Jahres werde ich das Konsulat verlassen.«

»Um zu mir zu kommen?«

»Vielleicht. Ich bin noch nicht sicher . . .«

Endlich mein Hotel, wo der Nachtportier so tat, als sähe er die Frau in meiner Begleitung nicht, denn Amerika war immer noch puritanisch, und die Hausordnungen waren streng. Ich hatte ein Zimmer mit zwei Betten, und sie sagte:

»Versprich mir, daß nichts geschehen wird. Kannst du mir einen Pyjama leihen?«

Sie ging ins Badezimmer und kam in meinem Pyjama zurück, der viel zu lang und zu breit für sie war.

»Versprichst du es wirklich? Ich brauche keine Angst zu haben?«

Ich versprach es noch einmal und zog mich aus. Bevor ich mich hinlegte, erlaubte ich es mir trotzdem, sie intimer zu streicheln als im Café Society Down Town.

Ich hatte um zehn Uhr eine Verabredung mit einem der wichtigsten Verleger der Vereinigten Staaten für die Ausgabe meiner Bücher, die ich für die Amerikaner geschrieben hatte, jedoch . . . auf französisch. Ich bat um einen ziemlich beachtlichen Vorschuß, der im Prinzip gewährt wurde, und wir mußten noch einige Klauseln des Vertrages festsetzen, was in Amerika sehr kompliziert ist.

Wie spät war es? Nach vier Uhr. Ich ließ mich um halb neun wecken.

Wir blieben, jeder in seinem Bett, noch einen langen Augenblick schweigend liegen. Schließlich seufzte ich:

»Schläfst du?«

»Nein.«

»Findest du nicht, daß wir uns idiotisch benehmen?«

»Vielleicht. Aber du hast versprochen . . .«

»Du könntest mich von meinem Versprechen entbinden . . .«

Sie antwortete nicht, aber sie schlug die Decke zurück und protestierte nicht, als ich ihr ihren (meinen) Pyjama auszog. Sie war nackt noch dünner, als ich geglaubt hatte. Sie hatte Brüste wie ein ganz junges Mädchen, und quer über ihren Bauch verlief eine breite, fast grellrote Narbe.

Ich warf mich auf sie, und kaum war ich in sie eingedrungen, als sie aufstöhnte, an all ihren Gliedern zitternd. Das Stöhnen wurde zum Schrei, und man mußte sie im Nebenzimmer hören. Dann, als ein Krampf sie schüttelte, verdrehte sie ihre Augen, und ich bekam beinahe einen Schrecken, als ich nur noch das Weiße davon sah.

Ich hatte viele Frauen gekannt, aber ich hatte keine es so sehr genießen sehen. Einen Augenblick fragte ich mich, ob es tatsächlich echt war, und ich hatte nicht Unrecht, denn ich sollte mehr als sechs Monate warten, bevor sie es tatsächlich genoß.

»Mit einundzwanzig Jahren war ich noch Jungfrau. Ich war es, die einen Freund, der bei der französischen Botschaft arbeitete, bat, mit mir zu schlafen. Ich ging in sein Hotel, und ich habe verlangt, daß er mir alles beibrachte, was ich kennenlernen wollte. Ich sehe ihn wieder vor mir, wie er ein Frotteehandtuch über das Bettlaken breitete . . .«

Nun gut. Nein, das kühlte mich nicht ab, und wir fingen wieder an, einmal, dann noch einmal, jedesmal mit ihren glasigen Augen, ihren Schreien, ihrem Zittern, ohne irgendein wirkliches inneres Zeichen von Freude. Ihr Freund von der Botschaft war ein erbärmlicher Lehrer gewesen. Ihre anderen Liebhaber ebenfalls. Denn sie hatte noch andere gehabt, siebenundzwanzig, wenn ich mich nicht irre, denn sie hat sie mir aufgezählt, wie um mich herauszufordern.

»Als ich gestern in New York ankam, kam ich mit dem Gedanken an Selbstmord. Dieser Gedanke verfolgt mich schon lange. Weißt du . . .«

Sie fing an zu weinen, zu schluchzen. Trotzdem sprach sie.

»Ich weiß, daß ich mein Leben verpfuscht habe, daß ich zu nichts gut bin, daß die Männer mich wie ein Spielzeug behandeln. Ich habe ein kleines Paket mit Briefen meiner Liebhaber gemacht, habe es mit einem Band zugeschnürt, und ich habe ein hübsches Kästchen gekauft, um sie darin einzuschließen . . . Lach nicht.«

Ich lachte nicht. Ich hatte den Eindruck, daß ich anfing zu verstehen.

»Kennst du Karsh?«

»Den Fotografen?«

»Ja. Man sagt, er sei einer der größten der Welt. Churchill kam für das Bild, das man überall sieht, zu ihm nach Ottawa. Er hat die Berühmtheiten der Welt fotografiert. Ich habe ihn besucht. Ich wollte von ihm mein Porträt machen lassen. Mehr als zweihundert Dollar. Er gestattete mir, es in Monatsraten zu zahlen. Zusammen mit meinen Briefen ist das alles, was ich hinterlassen werde, denn sogar meine Kleider habe ich gebraucht gekauft. So werden meine Nichten und Neffen erfahren, daß ihre Tante kein unattraktives, ältliches Mädchen war und daß die Männer sie zu schätzen wußten.«

Sie weinte, lächelte. Und ich, ich war ergriffen, denn ich wußte, daß ihre Verzweiflung echt war, obwohl sie von dem Moment an, als ich sie im Brussel's getroffen hatte, bis jetzt unaufhörlich Komödie gespielt und von einer Sekunde auf die andere die Rollen gewechselt hatte, wobei in jeder von ihnen ein Kern von Aufrichtigkeit lag.

»Welche Operation hast du durchgemacht? Wann?«

»Vor einem Monat. Eine Eileiterentzündung. Einer der Eierstöcke war entzündet, und man mußte ihn mir herausnehmen. Ich werde für die Fortpflanzung bestimmt nicht mehr taugen.«

Jetzt lachte sie.

»Ich weiß nicht, wer von den französischen Schiffsoffizieren in Philadelphia der Schuldige ist.«

»Wie viele sind es?«

»Ich habe fünf gekannt. Ich lernte auch einen englischen Lord kennen, der in der Nähe von Philadelphia ein wundervolles Landgut besitzt, denn er ist sehr reich.«

»Verheiratet?«

»Selbstverständlich. Weißt du, was er mir zur Erinnerung geschenkt hat? . . . Reich mir mal meine Tasche, ja?«

Sie nahm ein silbernes Eindollarstück heraus. Es war innen hohl und enthielt eine winzige Klinge.

»Das Komischste ist, daß er mir sagte: ›Das hatte ich meiner Frau geschenkt. Ich habe es ihr für dich stibitzt‹.«

Sie war stolz darauf. Sie lachte.

»Willst du dich damit umbringen?«

»Dummkopf! Darüber habe ich meine eigenen Vorstellungen. Ich habe mit niemandem darüber gesprochen, und es wird mein Geheimnis bleiben.«

Ich sah sie an, wie ein Bernhardiner einen Touristen ansehen muß, der sich im tiefen Schnee verirrt hat.

»Vielleicht wirst du dich nicht umbringen . . .«

»Wirst du mich davon abhalten?«

Ich weiß nicht mehr, ob sie in dem Augenblick, als sie einschlief, lachte oder ob sie weinte. Um halb neun war sie sehr still, ganz Vorsitzende eines Jungmädchenclubs in Ottawa. Sie bestellte Kaffee, Eier und Speck und aß mit großem Appetit.

»Mein Zug geht in einer Stunde. Ich habe immer noch nur meinen Scheck bei mir. Kannst du mir etwas Geld leihen?«

Ich gab ihr zweihundert Dollar. Ich fragte:

»Seh ich dich bald wieder?«

»Ich weiß es nicht. Vielleicht am nächsten Wochenende. Vielleicht nie.«

»Versprich mir . . .«

»Ich verspreche dir nichts. Ich muß nachdenken. Ruf mich abends in der Woche an. Ich bin manchmal zu Hause; meistens bin ich auf Abendgesellschaften.«

Sie ging weg in ihrem kleinen blauen Kostüm, auf dem Kopf ihr weißes Hütchen, und ich rasierte mich, duschte, zog mich an, ernst, und versuchte dabei Ordnung in meine Gedanken zu bringen. Alles, was ich wußte, war, daß ich entschlossen war, sie um jeden Preis wiederzusehen, was auch immer danach kommen würde.

Mit einem Brummschädel, der mich etwas benommen machte, ging ich zu der Verabredung mit meinem Verleger, einem bestimmt puritanischen und kleinlichen alten Herrn mit weißem Bart. Glücklicherweise war mein Rechtsanwalt dabei, der die aufgesetzten Verträge verlas und mir manchmal einen Blick zuwarf, um meine Zustimmung einzuholen.

Ich nickte jedesmal mit dem Kopf und unterschrieb mit unsicherer Hand den Vertrag, einen der besten in meiner Laufbahn, wonach der Rechtsanwalt und ich ein Glas in einer Bar trinken gingen, und mittags, mein lieber Marc, rief ich dich an, wobei ich mich zwang, Fröhlichkeit in meine Stimme zu legen.

»Wann kommst du zurück, Dad?«

»Ich weiß es nicht.«

Ich wußte es tatsächlich nicht. Überhaupt nichts wußte ich. Außer, daß sich die Richtung meines Lebens geändert hatte.

22

Ich nahm noch am selben Abend den Nachtzug, denn als ich deine Stimme gehört hatte, überkam mich das unwiderstehliche Verlangen, dich mit deinen schönen, hellen Augen zu sehen, dich in meine Arme zu schließen, den Schnee wieder überall zu sehen, auf den Wegen, auf den Bäumen des Hügels, auf dem zugefrorenen See, die kalte Luft einzuatmen, in der unser Atem eine leichte, transparente Wolke bildete.

Ich fühlte mich in Sainte-Marguerite zu Hause, und ich war überrascht, dort alles unverändert vorzufinden, sowohl deine Mutter, die mir lächelnd die Hand gab, als auch unser kleines Hausmädchen mit den zarten Brüsten unter ihrem schwarzen Kittel, die einen so starken regionalen Akzent hatte, daß wir sie manchmal kaum verstanden.

Du strahltest vor Freude und strotztest vor Gesundheit in dieser glitzernden Welt, und du warst immer draußen, mit deinen großen Stiefeln, deiner Jacke und deiner rotkarierten Mütze, die dir die Ohren bedeckte.

»Du siehst müde aus, Georges.«

»Ich bin müde.«

Ich arbeitete am ersten Tag die Post durch, die auf mich wartete in meinem neuen Arbeitszimmer in der Blockhütte, wo die riesigen Holzscheite brannten.

Abends konnte ich mich nicht enthalten, Tigy in scherzhaftem Ton zu sagen:

»Diesmal bin ich wirklich verliebt.«

»Ein junges Mädchen aus New York?«

Ich sagte träge ja. Ich wollte noch nicht alles erzählen, wie aus Aberglaube, und D. ging mir nicht aus dem Sinn. Am Donnerstag abend, glaube ich, als ich es nicht mehr länger aushielt, rief ich sie aus meiner Hütte an, und der Apparat klingelte lange, bevor sie antwortete.

»Wer spricht?«

»Ich bin's.«

»Georges?«

»Ja.«

Ihre Altstimme erschien mir am Telefon noch erregender.

»Sie haben Glück. Ich bin gerade dabei, mir die Haare zu waschen, weswegen ich nicht ausgegangen bin.«

Sie sagte »Sie« zu mir. Das war ihr mehrere Male auf unserem langen Spaziergang passiert, ebenso wie mir. Wir gebrauchten abwechselnd das »Du« und das »Sie«, aber am Telefon rückte das »Sie« sie noch weiter weg.

»Störe ich Sie?«

»Nein.«

»Haben Sie am Wochenende Zeit?«

»Ich glaube . . . ja . . . Ich werde es einrichten . . .«

Wen hätte sie am Samstag oder Sonntag wohl treffen können? Ihre französischen Marineoffiziere? Ihren englischen Lord? Andere, von denen sie mir nichts erzählt hatte?

»Ich will dich nicht lange aufhalten, denn ich nehme an, daß du nasse Haare hast . . .«

»Ja.«

»Sing mir nur: *Kiss me once . . .*«

Schon gehörte diese Melodie uns, die sie mir in der Bar, die, wie ich mich erinnerte, Le Churchill hieß, und dann in unserem Hotelzimmer vorgesummt hatte.

Ich lauschte, überrascht, mich so verwirrt zu fühlen.

»Liebst du mich ein wenig?«

»Ich weiß es noch nicht.«

»Ich bin in Sainte-Marguerite.«

»Geht es deiner Frau gut? Und deinem Sohn?«

Ich war enttäuscht. Sie war immer weiter weg.

»Samstag, bestimmt?«

»Ich werde den Zug nehmen, der um elf Uhr in Pennsylvania Station ankommt.«

Ein Bahnhof, den ich nicht kannte. Ich haßte bereits Philadelphia und alles, was damit zusammenhing.

»Ich werde dort sein.«

Ich spielte viel mit dir, und wir gingen Hand in Hand im Schnee, der uns dazu zwang, die Füße hochzuheben, spazieren. Wenn man dich sah, hätte man glauben können, daß du seit Monaten, wenn nicht seit Jahren dort wärest. Ich trug ebenfalls eine rotschwarz karierte Jacke aus grober Wolle und eine dazupassende Jägermütze. Ich hatte mir riesige Schaffellstiefel gekauft, außen glatt, aber innen mit Rehwolle gefüttert, die ich über meine Schuhe zog.

»Bleibst du lange hier?«

»Ich fahre Freitagabend weg und werde bestimmt Montag wiederkommen.«

Morgens gingen Tigy und ich zur Post, um die Briefe abzuholen.

»Wie findest du Marc?«

»Sehr gut. Ist seine Lehrerin nicht zu streng?«

»Sie ist ein liebes Mädchen, trotz ihres unvorteilhaften Gesichts.«

Sie schlief alleine in der Blockhütte und hatte große Angst. Fast jeden Tag fragte sie Tigy:

»Wann wird die Sekretärin Ihres Mannes wohl in dem zweiten Zimmer wohnen?«

»Ich glaube, er sucht noch eine. Was seine Sekretärinnen betrifft, ist er sehr schwierig. Er nimmt gewöhnlich sehr junge, damit er sie formen kann, denn er haßt es, wenn sie woanders irgendwelche Gewohnheiten angenommen haben.«

Der Nachtzug, in einem komfortablen Schlafwagen, wo ich alleine ein Abteil belegte. Ich ging ins Hotel, um ein Bad zu nehmen und Wäsche zu wechseln. Ich band die Krawatte um, die sie mir geschenkt hatte und die mir nicht gefiel, denn ich bin immer schon schwierig bei der Wahl meiner Krawatten gewesen, von denen ich Dutzende besitze.

Der Bahnhof von Pennsylvania war weit entfernt, und er erschien mir größer als Central Station, wo man sich leicht treffen kann. Fußgänger-überführungen verwirrten mich. Überall Gleise, Bahnsteige, und ich hatte befürchtet, mich zu verlaufen, ich fragte zehnmal, ob ich richtig war. D. hatte mir angekündigt, daß sie etwas nach elf Uhr ankommen würde. Die bleiche Uhr über den Köpfen zeigte elf Uhr, und ich sah den großen Zeiger, der ruckartig jede Sekunde vorrückte.

Und wenn sie nicht kommen würde? Wenn sie sich über mich lustig gemacht hatte? Wenn . . . Gab es bei ihr nicht mißverständliche Verhaltensweisen und Sätze? In bestimmten Augenblicken hatte ich sie zu verstehen geglaubt. In anderen hatte ich daran gezweifelt, das Schlimmste vermutet. Nun, alles, was ich jetzt wußte, war, daß ich sie brauchte, daß ich ein sehnsüchtiges Verlangen nach ihr hatte, wer immer sie auch war.

Elf Uhr zwanzig, zweiundzwanzig, dreiundzwanzig . . . Überall

Züge . . . Menschenmassen, die sich auf fast alle Bahnsteige zubewegten. Endlich ihr Zug, ein schwarzes, grollendes Ungeheuer, das nicht anhalten zu wollen schien. Fieberhaft suchte ich in der Menge der Reisenden einen weißen Hut, und schließlich entdeckte ich sie in ihrem blauen Kostüm, das ich an ihr kannte, vor einem Kiosk stehend, wo irgend etwas verkauft wurde.

Ich schloß sie in meine Arme, als hätte ich sie seit Jahren nicht gesehen, und sie schob mich lächelnd von sich, gleichzeitig sanft und entschieden.

»In Amerika macht man das nicht . . .«

Die Leute sahen uns tatsächlich im Vorübergehen mißbilligend an, wie das gutbürgerliche Paar im Café Society, wo wir, wie mir jetzt klar wurde, die Regeln des Anstandes überschritten hatten.

Wir mußten lange auf ein Taxi warten, denn eine Schlange von Reisenden wartete vor uns. Ein gelbes, geräumiges Taxi. Alle Taxis von New York waren zu der Zeit gelb.

Ich wollte meinen Arm um ihre Schulter legen, sie gierig küssen.

»Nicht hier . . .«

Hatte sie sich seit unserer verrückten Nacht verändert? Endlich das Hotel. Sie trug eine große Hutschachtel in der Hand, was mich neugierig machte. Plötzlich schüchtern geworden, wagte ich nicht, sie nach dem Inhalt zu fragen. Ein uniformierter Page wollte sie ihr aus der Hand nehmen, und sie lehnte es entschieden ab.

Dann, im Zimmer, brach sie in Gelächter aus, als hätte sie soeben einen Streich gespielt. Mir?

Das »Du« kam ihr in dem Appartement, das sie kannte, wieder auf die Lippen.

»Weißt du, warum ich ihn nicht meine Hutschachtel tragen ließ?«

»Nein.«

»Nimm sie.«

Ich nahm sie an der Schnur und ließ sie beinahe fallen, so schwer war sie, obwohl sie leicht aussah.

»Die Hotels sind sehr streng, dieses hier mehr als die anderen. Ich kannte es vom Namen her . . .«

»Nur vom Namen?«

Ich war bereits eifersüchtig.

»Ja. Es steht in dem Ruf, die vornehmste Kundschaft zu haben, einerseits aus Boston, andererseits aus den Südstaaten. Sie weigern sich, Juden aufzunehmen, und deshalb kann man hier, außer wenn man bekannt ist, keine Suite oder Zimmer schriftlich reservieren lassen. Viele Juden tragen einen englischen Namen. Deshalb wollen sie mit eigenen Augen sehen . . .«

Ich hörte zu, ich sagte mir sogar, daß sie für eine Jüdin hätte gehalten werden können, aber ich erwartete etwas anderes. Sie schien mir weiter weg zu sein als am Montag, und sie redete und redete . . .

»Wenn ich meinen Bumskoffer mitgebracht hätte, hätten sie mich bestimmt nicht hinaufgehen lassen.«

»Deinen . . .?«

»Bumskoffer. Ein ganz kleiner Koffer, den die Frauen mitnehmen, wenn sie das Wochenende mit einem Mann verbringen.«

»Hast du einen?«

»Wie jede.«

Sie verhöhnte mich, machte sich über meine Verlegenheit lustig. Also war ich nur eine Wochenendbekanntschaft wie die anderen, und wenn sie ihren . . . nun, das Wort schockierte mich, machte mich traurig, wenn sie ihn also nicht mitgebracht hatte, dann nur deshalb, weil das Hotel in dem Ruf stand, in dieser Beziehung streng zu sein.

Sie bürstete sich die Haare, die sie kurz und lockig trug, legte Lippenrot auf, zog mit einem bläulichen Stift Striche auf ihre Augenlider.

»Ich bin müde. Ich bin sehr früh aufgestanden. Ich hätte beinahe den Zug verpaßt.«

Was hätte ich in dem Fall gemacht, alleingelassen auf einem Bahnsteig?

»Bist du spät ins Bett gekommen?«

»Ich weiß es nicht mehr. Zwei Uhr? . . . Ich war auf einer Party.«

Ich kannte diese Parties vom Hörensagen, auf denen man viel trank und *canapés* und Sandwiches aß oder man sich auch gegeneinandergedrückt auf gut Glück betatschte, wenn man sich nicht gerade schnell im Badezimmer paarte.

»Gehst du auf viele Parties?«

»Manchmal auf zwei am selben Abend.«

»Ißt du vorher?«

»Das ersetzt das Abendessen.«

Wieder ein kehliges Lachen.

»Das erinnert mich an ein großes Landgut, ein paar Kilometer von Philadelphia. Sehr reiche Leute. Politiker, Geschäftsleute, hübsche Frauen . . . Nach einer Stunde langweile ich mich und gehe in der Dunkelheit zum Schwimmbad, das mir der Hausherr bei meiner Ankunft gezeigt hat. Ringsherum Bäume, Büsche. Es packt mich die Lust zu schwimmen, denn ich war immer schon verrückt aufs Schwimmen. Ich habe sogar einen Silberpokal in Ottawa. Ich habe keinen Badeanzug, aber ich bin alleine und ziehe mich aus. Ich tauche, ich schwimme, begeistert, als plötzlich Scheinwerfer an jeder Ecke des Schwimmbads aufleuchten . . . Sie sind alle da und schauen mir zu, und ich schwimme weiter, denn ich will vor ihnen nicht aus dem Wasser steigen. Am Ende haben sie wohl verstanden und sind sehr fröhlich zum Haus gegangen . . .«

Sie machte es absichtlich, oder? Ich hatte Lust, sie zu ohrfeigen, aber ich hielt mich zurück.

»Wo essen wir?«

»Warum nicht hier? Die Bar und der Speisesaal sind sehr angenehm.«

»Du bist verstimmt. Bist du eifersüchtig?«

»Ja.«

»Schon? Ich bin es nicht und werde es nie sein. Haben die Männer nicht das Bedürfnis, sich zu bestätigen, indem sie Eroberungen machen, wie sie es nennen?«

Und die Frauen? Und sie? Ich küßte sie hart, fast bösartig, und hielt sie fest an mich gepreßt, so dünn, so zerbrechlich.

»Hör auf. Du zwingst mich dazu, mein Make-up zu erneuern.«

Wir gingen hinunter, und wir schwangen uns auf zwei der Hocker in der fast leeren Bar. Diesmal bestellte sie einen trockenen Martini, das heißt Gin mit einem Tropfen Wermut, eisgekühlt im Mixbecher. Die Beleuchtung war dezent, der Barkeeper großzügig. Als sie ihr Glas ausgetrunken hatte, rief sie:

»Ich habe vergessen, ihn zu bitten, eine kleine weiße Zwiebel hineinzutun . . .«

Ich bestellte zwei weitere, mit Zwiebeln, was man, wie ich lernte, »Gibson« nannte.

»Doppelt?« fragte der Barkeeper.

Ich sagte ja auf alle Fälle, und sie widersprach nicht. Es war sehr stark und machte einem die Wangen feuerrot. Ich sah ihre Augen glänzen, wie in der Nacht von Montag auf Dienstag in Greenwich Village.

»Was möchtest du essen?«

»Irgend etwas. Ich habe Hunger. Meistens begnüge ich mich mittags mit Spaghetti. Magst du die chinesische Küche?«

Ich antwortete mit einem Kopfnicken. Ich hatte in Cannes bei einem chinesischen Philosophen gegessen, und seine Frau hatte zwei Tage damit zugebracht, dieses Essen vorzubereiten, das ich sehr genossen hatte. Danach hatte ich ein renommiertes chinesisches Restaurant versucht, und ich hatte mir geschworen, nie wieder einen Fuß in ein derartiges Haus zu setzen. Übrigens kochte die Frau meines Philosophenfreundes leidenschaftlich gern, und sie erinnerte mich an Madame Maigret, deren Rundungen und vertrauensvolles Lächeln sie hatte; der Philosoph ging dann wieder in sein Land zurück, das mitten in der Revolution steckte, nachdem er in den Vereinigten Staaten, in London und in Paris gelebt hatte.

Was aßen wir in dem schwach beleuchteten und sehr eleganten Speisesaal des Hotels? Auf jeden Fall einen Hummer, dazu einen alten Pouilly fumé, der aus den Weinbergen meines ehemaligen Chefs, des Marquis, stammte.

Dann eine sehr erlesene Speise, in Sahnesauce, die sicher ausgezeichnet, denn D. aß mit Appetit, mir jedoch ein wenig zuwider war. Alter Burgunder. Kaffee. Ein erlesener Napoleon aus einer staubigen Flasche, der in Probiergläschen serviert wurde.

»Sollen wir hinaufgehen?«

Sie schien nicht mehr müde zu sein.

»Man könnte meinen, du seist nicht zufrieden.«

Ich widersprach. Ohne Überzeugungskraft. Der Fahrstuhl, der Eingang, der Salon, das Schlafzimmer, wo sie sich auszog, wie es eine Stripteasetänzerin im Cabaret getan hätte, wobei sie mich aus den Augenwinkeln beobachtete. Bildete ich mir das alles nur ein? Und wenn sie Jungfrau gewesen wäre? Ich hätte mich nicht mit ihr ins Bett gelegt, wir hätten uns nicht so wild umarmt, daß sie stöhnte:

»Du tust mir weh!«

Ich drang in sie ein, als wollte ich sie durchbohren, und ihre Augen verschleierten sich, wurden nach und nach meergrün, wie in der Montagnacht. Diesmal begnügte sie sich nicht mit Seufzern und Röcheln: sie schrie, schrie richtig und stieß zwischen zwei Schreien aus:

»Mon Amoûrr . . .«

Sie rollte nämlich das ›r‹ wie die Burgunder, wie die große Colette, mit der Heftigkeit einer Opernsängerin, wie in Carmen zum Beispiel . . .

»Wenn du mich nicht liebst, ich liebe dich.«

Liebte sie mich ein ganz klein wenig? Sie schien die Kontrolle über sich zu verlieren, und bei der zweiten Umarmung schrie sie keuchend lauter denn je.

Wir befanden uns in einer abgeschlossenen Welt. Nichts existierte außerhalb unserer vier Wände, wo das Telefon hartnäckig klingelte.

»Erwartest du einen Telefonanruf?«

»Nein.«

»Ich auch nicht. Niemand weiß, daß ich hier bin. Heb nicht ab.«

»Und wenn mein Sohn . . .«

Sofort schnürte sich meine Kehle zu.

»Monsieur Simenon? Hier ist der Portier. Anscheinend ist irgend etwas an der Heizung Ihrer Wohnung defekt. Der Mechaniker kommt herauf, um nachzusehen. Entschuldigen Sie bitte die Störung.«

Sie streifte mißmutig meinen Morgenmantel über, in dem ihre Füße sich verfingen, während ich einen Pyjama anzog. Schon wurde an der Tür geläutet. Ein Mann im blauen Arbeitsanzug erklärte etwas, was ich nicht verstand. Er ging zuerst zum Heizkörper im Salon, den er hier und da beklopfte, dann ins Schlafzimmer, wo er beim Anblick des zerwühlten Bettes verlegen schien.

»Was sagt er?«

Mein Englisch steckte noch in den Anfängen, und der Mann brummte vor sich hin.

»Er sagt, daß alles in Ordnung ist und daß es sich wohl um eine andere Suite handelt.«

Sie lachte auf, kaum daß die Tür wieder geschlossen war.

»Hast du begriffen?«

Und da ich sie erstaunt ansah:

»Ein Nachbar muß wohl unsere Schreie gehört haben.«

Ihre Schreie, denn ich hatte nicht geschrien.

»Sie haben sich gefragt, ob du nicht gerade dabei warst, mich zu erwürgen, und sie haben sich der Ausrede mit dem Klempner bedient.«

Ich lachte ebenfalls. Klang mein Lachen nicht ein wenig unecht?

»Ich liebe dich, Georges.«

Es gab Augenblicke, in denen ich mich fragte, ob ich sie liebte oder ob ich sie haßte, währenddessen ich sie ansah, wieder nackt und zerbrechlich, mit der Narbe, die wie eine offene Wunde quer über ihren Bauch verlief.

»Gehen wir wieder ins Bett?«

»Wie du willst.«

»Ich bin nicht mehr müde. Ich möchte an die Luft.«

Als wir an dem Portier vorbeigingen, sah er uns auf eine seltsame Art an.

»Was habe ich dir gesagt?«

Später erfuhr ich von ihrer Schwester und ihren Brüdern, daß sie sie, als sie noch ganz klein war, »La Diva« nannten. Aber an jenem Samstag ging ich nicht so weit wie ihre Familie, und ich tappte noch im Dunkeln.

Wir gingen wieder um den See im Central Park herum, Arm in Arm, und wir versuchten vielleicht beide, die Frische unseres ersten Spaziergangs wiederzufinden.

»Was hast du mit den kleinen Enten gemacht?«

»Ich habe sie der Größe nach auf meinem Bücherregal aufgestellt. Ich mag die letzte furchtbar gerne, die kleine, die fast schwarz ist.«

Wieder Bars. Straßen. Avenues. Sie gab nicht mehr vor, gerne zu gehen, und wollte sich oft ausruhen. In einer Bar. Wohin sollten wir auch sonst gehen? In einer von ihnen sagte der Barkeeper vertraulich zu ihr:

»Wie geht es Ihnen, Mademoiselle D.?«

Abendessen in einem »Steak House«, wo man sich sein Stück Fleisch in einer verglasten Kühltruhe aussuchte.

»Ich habe keinen großen Hunger.«

Die Steaks bedeckten, wie in allen Restaurants dieser Art, fast den ganzen Teller. Wein. Wir waren nicht weit vom Time Square entfernt, und ich erinnere mich an eine Bar, wohin man mich auf meiner Durchreise durch New York 1935 geführt hatte. Die Leute dort hatten rechte Gal-

genvogelgesichter gehabt, und der Freund, der mich begleitet hatte, hatte
zu mir gesagt:

»Ich rate Ihnen nicht, nach Mitternacht hierher zu kommen. Die Iren
insbesondere lieben es, sich unter irgendeinem Vorwand zu schlagen. Vor
allem, wenn einer von ihnen angetrunken ist und Ihnen ein Glas anbietet,
lehnen Sie nie ab, denn er wird es als eine schwere Beleidigung auffassen.«

Ich erinnerte mich an jene Nacht, an die Männer mit den breiten Schultern und den Boxergesichtern, die einem plötzlich mit schwerer Zunge
sagen:

»*This one is on me!*«

Was man übersetzen könnte:

»Diese Runde zahle ich!«

Ich erzählte es D. und fügte hinzu, daß ich gerne Lokale dieser Art wiedersehen würde.

»Komm!«

Sie führte mich in düstere und ärmliche Straßen, sehr weit weg, hatte
ich den Eindruck, auf große, erleuchtete Adern. Sie zögerte nicht, stieg
einige Stufen einer Steintreppe hinunter, stieß eine Tür zu einer Welt von
Rauch, Alkoholdunst, saurem Bier und Stimmen auf.

»Hast du keine Angst?« fragte ich sie.

Die Männer pfiffen, als sie sie sahen, und ich hatte den Eindruck, daß
sie es gewohnt war. Einige riefen ihr Worte im Slang zu, und sie lächelte,
ohne etwas zu erwidern, ging zur Bar.

»Was sagen sie?«

»Zu grobe Worte, als daß ich sie wiederholen möchte.«

Drei, vier, vielleicht fünf Bars. Bier oder Whisky.

»Vor allem, trink dein Glas leer, sonst denken sie noch, wir seien
Voyeure.«

Bald gingen wir Stufen hinauf, bald hinunter. Hier traf man vor allem
Marineinfanteristen, die sie mit den Blicken auszogen, dort Soldaten, die
frisch aus Europa oder von den Philippinen angekommen und nicht weniger unverschämt waren.

»Bist du häufig an diese Orte gegangen?«

Ich hatte in Antwerpen, in Hamburg und in Stavanger in den gleichen
verräucherten Kneipen verkehrt. Später auch in Bombay, in Port-Said, in
Kairo und anderswo. Die Atmosphäre erstaunte mich nicht. Was mich
überraschte, war zu sehen, wie sie sich hier so wohl fühlte.

»Manchmal . . .«

»Mit wem?«

Eine vage Handbewegung.

»Immer noch eifersüchtig? Vielleicht verstehst du jetzt, warum ich entschlossen war zu sterben? Ich bin es immer noch . . . Ich weiß es nicht . . .«

Und der Blick, den sie mir zuwarf, war wie ein Hilferuf.

»Im Grunde bin ich nur eine Hure . . . Das ist es doch, was du denkst, oder?«

»Nein. Ich glaube vielmehr, daß du eine junge Frau bist, die Angst hat.«

»Vor wem?«

»Vor sich selbst.«

Mit einem Mal war sie nicht mehr das kleine Fräulein in Blau aus dem Brussel's, und ohne ihr übertriebenes Make-up hätte ich sie für ein kleines Mädchen halten können, das es nicht wagt, dem Leben ins Gesicht zu sehen.

Hatte sie nicht das Bedürfnis, beruhigt zu werden, das Bedürfnis vor allem nach Zärtlichkeit, um die zu bitten sie nicht gewagt hatte, aus Furcht, für eine Internatsschülerin gehalten zu werden, und die ihr die Männer nicht geschenkt hatten?

Ich hatte Mitleid und auf dem Rückweg legte ich meinen Arm um ihre Taille.

»Ich bin nicht viel wert. Ich weiß, daß du zu verstehen versuchst, wo es nichts zu verstehen gibt. Ich bin nur eine . . .«

»Sprich dieses Wort nicht wieder aus, bitte.«

»Glaubst du es nicht?«

Tränen hingen an ihren Wimpern.

»Ich bin sicher, daß du es nicht bist.«

»Halt mich sehr fest . . .«

Und sie murmelte, noch halb weinend:

Kiss me once, and kiss me twice . . .

Ich konnte mich nicht zurückhalten, sie zu küssen, sanft unter einer Straßenlaterne in der Fifth Avenue, der hellsten Straße von New York.

»Am letzten Montag hast du mich auch unter einer Laterne geküßt.«

Also erinnerte sie sich daran?

In einem letzten Cabaret, einem eleganten diesmal, sang eine Mexikanerin:

Bésame, Bésame mucho . . .

Ich sah, wie D.s Lippen sich im Rhythmus des Liedes bewegten.

»Kennst du es?«

»Ich habe sogar die Schallplatte gekauft.«

»Ich freue mich darauf, am Ende des Jahres . . .«

»Ich werde die Feiertage in Ottawa verbringen.«

»Bei deinen Eltern?«

»Auf einem großen Ball, der vom Club der jungen Mädchen gegeben wird, in dem ich immer noch Vorsitzende bin. Das ganze französische Lager wird dort sein.«

»Auch dein erster Liebhaber?«

»Ich weiß es nicht . . .«

»Und wenn er da ist, wirst du . . .«

Ich hatte nicht die Zeit, meinen Satz zu beenden.

»Vielleicht . . .«

Meine Hand war schneller als meine Gedanken und knallte an ihre Wange. Sie war nicht überrascht. Ich würde schwören, daß sie darüber erfreut war, daß es in ihren Augen ein Sieg war.

Der Sonntag war ruhig und träge bis zu dem Augenblick, als ich sie zum Bahnhof zurückbrachte, *ihrem* Bahnhof, von dem aus die Züge nach Philadelphia fuhren, wo sie noch mehrere Wochen bleiben würde.

Wir sahen uns, immer im Hotel, jedes Wochenende wieder, zwischen denen ich mich bei dir, mein kleiner Marc, erholte. Einmal brachte ich dir eine winzige Schildkröte mit, schön grün, und du streicheltest sie, bevor du sie in eine mit Wasser gefüllte Glasschale setztest.

»Was frißt sie, Dad?«

Ich zog aus meiner Tasche kleine Beutel mit Pulver hervor, wie sie fast überall in New York verkauft wurden.

»Sie braucht nur täglich einen halben Löffel voll davon . . .«

Dann das Kaufen von Spielzeug in einem Geschäft, deren drei oder vier Stockwerke voll waren von elektrischen Eisenbahnen, Kanus und sogar Motorbooten, elektrischen Autos, von allem, was man sich vorstellen konnte. Diese Weihnachtsgeschenke wurden bis zu dem großen Tag versteckt, den das Radio mit den immer gleichen Liedern ankündigte, die in den Straßen von New York aus den Lautsprechern dröhnten.

Ich hatte dir selbstverständlich eine Cowboy-Ausrüstung mitgebracht, denn du verschlangst gierig die Alben (nur die Bilder) mit den Heldengeschichten von Cowboys und Indianern. Ich glaube, du bekamst auch eine Indianerausrüstung. Du sammeltest auch die Comics, die wöchentlich erschienen, vor allem ›Little Loulou‹ und ›Denis-la-Menace‹.

Du verschlangst alles, das Leben, die Bilder, den Schnee, und du fuhrst mit den Skiern einen kleinen Abhang hinunter, der an dem zugefrorenen See lag, auf dem die Piste endete. Du fielst oft hin, und wenn du wieder aufstandest, verkündetest du stolz:

»Es tut nicht weh.«

Ich hatte einen großen Radioapparat gekauft und dazu einen Stapel Schallplatten, von denen ich am häufigsten *»Kiss me once«* und *»Bésame mucho«* spielte. In Sainte-Marguerite vermied ich es zu trinken, um die Sehnsucht nicht zu verstärken, die immer in mir wohnte. Ich fuhr jeden Samstag nach New York, und jeden Montag, wenn ich dich wiedersah, fühlte ich mich schuldig. Das hielt mich nicht davon ab, nach Philadelphia zu telefonieren, und mein erstes Wort war jetzt:

»Sing . . .«

Sie sang die beiden Lieder, die zu unseren geworden waren.

»Bist du gestern ausgegangen?«

»Du weißt es doch.«

»Liebst du mich?«

»Vielleicht. Wenn ich es weiß, werde ich es dir sagen.«

»Samstag, um dieselbe Uhrzeit?«

»Wenn ich Zeit habe.«

Im Gegensatz zur Liebe, die wir als Wort benutzten, weil wir kein anderes fanden, nährt sich die Leidenschaft auch von Gewalt. Ich war jetzt sicher, daß sie absichtlich meine Geduld bis zum äußersten trieb, damit ich sie mißhandelte. Denn ich mißhandelte sie in dieser Zeit, als wir es nötig hatten zu trinken, um unser inneres Feuer nicht ausgehen zu lassen. Oft, wenn sie ihr Ziel nicht erreichte, war sie es, die mich ohrfeigte. Ich tat nichts, und sie rief mir zu:

»Siehst du, wie es dich aus der Fassung bringt, wenn man dir die Stirn bietet? Ich weiß alles über Männer, mußt du wissen, und du bist nicht anders als die anderen . . .«

Das war falsch. Die »anderen«, deren Namen ich zum Schluß auswendig kannte, hatten aufgehört, sie nach drei Nächten, einer Woche oder einem Monat zu treffen, auch wenn sie ihr glühende Briefe geschickt hatten, die sie, mit einem Bändchen zusammengeschnürt, »für ihre Nichten und Neffen« in einem Kästchen aufbewahrte.

Ich dagegen war überzeugt, sie wild und heftig zu lieben, sie glücklich machen zu wollen, indem ich all das aus ihren Gedanken verscheuchte, wessen sie sich schämte, alles, vor dem sie Angst hatte, auch ihr Auflodern von Stolz und ihre Tränen.

Das junge Mädchen, das ich früher über den Klippen von Etretat kennengelernt hatte und dessen Mann Straßenwärter geworden war, war jetzt Tigys und meine Freundin geworden. Sie kam uns oft mit ihrem Mann besuchen. Sie hatten keine Kinder, und sie sahen dir mit einem Anflug von Neid beim Spielen zu. Tigy fuhr mehrmals mit ihr nach New York, und ich hatte allen Grund zu glauben, daß sie sich gut amüsierten.

Das letzte Wochenende vor den Feiertagen. Erleuchtete Tannenbäume überall in New York, die riesige, traditionelle Tanne am Ende der Fifth Avenue, überall Weihnachtsmänner, auf den Bürgersteigen und in den Kaufhäusern. Die Lautsprecher:

»Jingle bells, jingle bells . . .«

Worauf der vom Bürgersteig gegenüber antwortete:

»Santa Claus is coming to town . . .«

New York im Fieber. Ich auch. D. vielleicht auch? Diesmal hatte sie Philadelphia endgültig verlassen, und ihr Gepäck, das sie nach Kanada mitnahm, gab unserem Salon ein Aussehen, das ich an ihm nicht kannte, etwas Provisorisches.

Und war für uns nicht alles provisorisch?

»In der französischen Botschaft wird auch eine Abendgesellschaft gegeben.«

»Wirst du hingehen?«

»Ich bin dazu verpflichtet. Mein Vater war ein Freund des Botschafters, zu dem ich ihn oft begleitet habe.«

Wir liebten uns sehr heftig, wie um uns zu zerreißen, und es kam immer noch der Moment der Schreie und der weißen, verdrehten Augen, bei denen es mir unbehaglich war. Hatte sie es bei den anderen gelernt, um sie zu beeindrucken? Oft hatte ich Lust, ihr zu sagen: »Zwing dich nicht. Ich weiß Bescheid . . .«

Was hätte ich damit ausgelöst? Schluchzen oder Ohrfeigen, oder sogar die endgültige Abreise des »hübschen Fräuleins«, wie die Garderobenfrau sie im Brussel's genannt hatte?

Sie war zu unberechenbar, und ich konnte nicht mehr ohne sie auskommen. Ich brachte sie mit ihren Koffern zum Zug, diesmal zur Central Station, wo ich mich wohler fühlte. Unter anderem gab es in der Nähe der großen Bahnhofshalle eine Austern- und Muschelbar, wo ein halbes Dutzend Schwarzer in ihren tadellos sitzenden, weißen Uniformen nicht aufhörten, die Muscheln zu öffnen.

»Wann wirst du nach Sainte-Marguerite kommen?«

»Vielleicht im Januar. Ich hab mich noch nicht entschieden. Vielleicht am 4. oder 5. Januar? Wenn mich meine Mutter und meine Brüder nicht festhalten . . .«

»Vielleicht nie?«

Sie antwortete nicht, und als der Zug abfuhr, berührten sich flüchtig unsere Lippen. In der Nacht rief ich ein *call-girl* an, aus Trotz oder um mich zu entspannen. Sie gab mir ihre Adresse, und wir verabredeten uns. Ich fand kein Vergnügen daran, trotz ihres begehrenswerten Körpers und ihrer guten Laune.

»Hat *sie* dich verlassen?« fragte sie mich unumwunden. »Das ist immer so, wenn eine Frau dich sitzenläßt . . .«

Hatte D. mich sitzengelassen? Hatte sie die Stelle bei Air Liquide angenommen, und hatte ich nur dazu gedient, eine Lücke auszufüllen?

Das Weihnachtsfest in Sainte-Marguerite war fröhlich. Unsere Freunde hatten für dich eine Ladentheke mitgebracht, einen Meter fünfzig lang, aus Sperrholz, mit einer Registrierkasse und dahinter Regale, in denen alle möglichen Töpfchen und Päckchen nebeneinanderlagen. Ich öffnete mehrere Flaschen Champagner, trank aber nicht. Trotz der Neckereien deiner Mutter hielt ich stand.

»Er denkt an seine große Liebe aus New York«, sagte Tigy mit einem gönnerhaften Lächeln, als bemitleidete sie mich.

Und ich war in der Tat zu bemitleiden. Bis das Telefon um Mitternacht klingelte. Ich lief hin und hob ab. Alle sahen mich schweigend an. Eine etwas rauhe Stimme, die ich gut kannte.

»Kiss me once, and kiss me twice...«

Dummkopf, der ich war! Ich fühlte, daß ich drauf und dran war zu weinen, vor allen anderen.

»Bésame, bésame mucho...«

Ich öffnete den Mund, um Worte hervorzubringen, die nicht bis zu meinen Lippen kamen, als ich ein kurzes Klicken am anderen Ende der Leitung hörte.

Du warst schon ins Bett gebracht worden.

»Singt sie auch?« fragte mich deine Mutter.

Merry Christmas!

23

Es war ein Morgen wie jeder andere, und der Schnee, der alles bedeckte, glitzerte in der sehr kalten Luft. Mein Schlafzimmer und mein Badezimmer waren nicht in der ersten Etage unserer Villa, sondern im Zwischenstock gelegen, den eine Terrasse verdeckte.

Ich war früh am Morgen in mein Büro in die Blockhütte an die Arbeit gegangen, und kurz vor Mittag ging ich hinauf, um mich zu erfrischen, denn es nahte der Augenblick, sich zu Tisch zu setzen. Ich fühlte mich nervös und wehmütig, als ich deine Schritte im Treppenhaus und dein Klopfen an der Tür hörte. Du schienst aufgeregt zu sein.

»Sie ist unten!« verkündetest du fröhlich. »Ich habe sie in den Salon gebeten. Deine neue Sekretärin.«

Du gingst mit mir hinunter. Es stimmte. Ich weiß nicht mehr, ob wir den dritten oder den vierten Januar hatten, aber sie war da, in einem weiten Mantel aus Wildkatze, eine Pelzmütze auf dem Kopf, und sie schien verloren in dieser für sie zu großartigen Kleidung.

»Bist du überrascht?« fragte sie mich strahlend.

Dann, als sie Marc erblickte, verbesserte sie sich:

»Ihr Sohn hat mich sehr galant empfangen und hat mir einen Sessel angeboten.«

Sie trug Stiefel, und die Kälte der Laurentides hatte ihren Teint belebt, ihre braunen Pupillen glänzen lassen. Ich brannte darauf, sie in meine Arme zu nehmen, aber ich mußte noch mehr als eine Stunde lang meinen Schwung in Zaum halten.

Ich nahm ihr Pelz und Hut ab.

»Setz . . . Setzen Sie sich . . .«

Denn ich wollte Tigy noch nicht mitteilen, daß sie die junge Frau war, von der ich ihr erzählt hatte. Für sie, für Marc war D. die Sekretärin, die ein Freund aus Montreal für mich gefunden hatte. Alles übrige mußte eine Zeitlang ein Geheimnis zwischen D. und mir bleiben, und wir hatten beide unseren Spaß dabei.

Ich rief Tigy. Ich machte die beiden Frauen miteinander bekannt. Ich öffnete keine Flasche Champagner, sondern fragte jede, was sie zum Aperitif wünschte. Der Tisch war bereits gedeckt, und bald trug unser junges Dienstmädchen das Essen auf.

»Was kann ich Ihnen anbieten?«

»Ein Gläschen Jérez oder Wermut, wenn Sie welchen haben.«

»Und du, Tigy?«

Deine Mutter betrachtete sie lächelnd von Kopf bis Fuß. Sie war gewöhnlich scharfsichtig. Diesmal täuschte sie sich, und das erheiterte uns, D. und mich. Es war, als wäre endlich ein sanfter Frieden wieder eingekehrt, und alles an jenem Tag war eitel Freude.

Wir saßen zu fünft am Tisch, und Tigy hatte sich mir gegenübergesetzt, du, Marc, an meine Seite neben deine Lehrerin, und D. auf die andere Seite.

Tranken wir Wein? Ich höre noch die Stimme deiner Mutter erklären:

»Es ist seltsam. Seitdem wir in Amerika sind, trinken wir bei Tisch keinen Wein mehr, wie wir es in Frankreich gewohnt waren.«

Ich war verwundert, D. so ruhig, so entspannt, so natürlich zu sehen, und ich hätte schwören können, daß sie endlich kein Theater spielte. Sie beobachtete dich, beobachtete vor allem Tigy, so wie diese sie beobachtete. Für einen Außenstehenden gaben wir das Bild einer friedlichen Familie ab.

»Möchten Sie, daß ich Ihnen ein Glas Wein bringe?«

»Danke, nein. Bei meinen Eltern war ich es ebenfalls nicht gewohnt.«

Ich entspannte mich, überzeugt, daß die Aufregungen sich gelegt hatten, und die Wochen gingen fast ruhig und heiter vorüber. Sicher, es gab noch einige Stürme, ja sogar einige Orkane, Heftigkeit und Konfrontation lebten vereinzelt wieder auf, aber insgesamt paßte sich unser Leben der weißen Umgebung, dem fast immer blauen Himmel und der frischen und erholsamen Luft an.

Wir mußten warten, bis ich sie in den Bungalow brachte, wo die Holzscheite den ganzen Tag über im Kamin brannten; erst dann konnte ich sie in meine Arme schließen, und in dem Moment, als ich sie küßte, machte ich eine Entdeckung: Unsere Lippen elektrisierten sich, wenn sie sich berührten, was sie zum Lachen brachte.

»Das ist immer so im Norden. Du wirst vielleicht ein Nordlicht sehen.«

»Du bist gekommen!«

»Weiß deine Frau Bescheid? Glaubst du nicht, daß sie es erraten hat?«

Ich betatschte sie. Ich hatte Lust, sie zu verschlingen. Sie trug ein einfaches schwarzes Wollkleid, in dem sie ohne ihr Make-up wie eine Internatsschülerin ausgesehen hätte.

Wie weit entfernt die D. von New York schien! War es nicht die wirkliche D., die ich so sehr gesucht und endlich gefunden hatte?

Wir liebten uns in ihrem Zimmer, ohne uns auszuziehen, und sie hatte die Geistesgegenwart, mich zu fragen:

»Ist die Tür abgeschlossen?«

»Nein, aber niemand wird hereinkommen. Marc weiß, daß dies mein Arbeitsplatz ist.«

»Und Tigy?«

Sie nannte sie bereits ganz selbstverständlich so. Unsere Umarmung war kurz. Sie schrie nicht. Ihre Augen verdrehten sich nicht.

»Du hast vom Make-up gesprochen . . . Magst du meines nicht?«

Ich gestand ihr, daß ich gar kein Make-up mochte, denn es verbirgt das wirkliche Aussehen einer Frau und macht sie darüber hinaus den anderen gleich.

»Hast du dich in Ottawa gut amüsiert?«

»Ich habe vor allem an dich gedacht. Erstaunt dich das?«

Zu singen bat ich sie nicht. Ich führte sie durchs Haus, das nicht groß war, und im Vorbeigehen schichtete sie die Holzscheite im Kamin auf.

»Ist das dein Arbeitszimmer?«

»Und deins.«

Durch ein breites Panoramafenster erblickte man den See, den Weg, der ins Dorf führte und den bewaldeten Hügel, wo alle Bäume wie Weihnachtsbäume aussahen.

»Dein Sohn ist hübsch.«

»Es geht ihm gut. Er ist hier glücklich.«

Tigy hatte wieder angefangen zu malen, in der ersten Etage, wohin ich nur abends hinaufging, um dir deine Geschichte zu erzählen und dich zu küssen, mein kleiner Marc.

Vom ersten Tag an schienst du D., die du bereits mit ihrem Vornamen ansprachst, angenommen zu haben, und du fordertest sie auf, mit dir zu spielen.

Wir schliefen noch nicht zusammen, D. und ich. Sie verbrachte die Nacht zusammen mit deiner Lehrerin in dem unteren Bungalow, ich in meinem Schlafzimmer im Zwischenstock. Ich begnügte mich damit, D. jeden Abend gegen zehn Uhr zu begleiten, was unseren verrückten und manchmal zerreißenden Nächten in New York überhaupt nicht glich.

Wegen dir vor allem, mehr als wegen deiner Mutter, wollte ich nichts überstürzen. Unsere Freundin von Etretat verbrachte manchmal alleine einige Tage im nahen Hotel, und dann stand sie für Tigy nackt Modell.

Morgens gegen zehn Uhr wollte Tigy mich unbedingt zur Post begleiten, wo uns die Briefe erwarteten. Tat sie es, um zu zeigen, daß sie trotz unserer Trennung immer noch Madame Simenon war? Es tat mir etwas weh, denn ich wußte, daß D. uns auf der Straße mit langen Schritten vorübergehen sah und uns mit den Augen folgte.

Als das Porträt unserer Freundin fertig war, fragte deine Mutter D., ob sie für sie posieren würde, und D. willigte ein. Nackt zu posieren, was ich erst am ersten Abend erfuhr. Und ich erfuhr von unserer Freundin, daß Tigy ihr nach der ersten Sitzung anvertraut hatte:

»Ich dachte einen Augenblick lang, daß *sie* es war . . .«

Sie, das war die junge Frau aus New York, in die leidenschaftlich verliebt zu sein ich ihr eingestanden hatte.

»Heute weiß ich, daß das nicht möglich ist. Georges wird niemals mit einer Frau schlafen, die eine noch rote Narbe auf dem Bauch hat.«

Unsere Freundin erzählte es mir mit einem Augenzwinkern wieder, denn sie war unsere Komplizin geworden. Mit sechzehn Jahren war sie in mich verliebt gewesen, aber nachdem ich ihr verstohlen eine Brust gestreichelt hatte, hatte ich eine Ohrfeige bekommen und nicht weiter darauf bestanden. Wegen ihres Alters wäre ich übrigens nicht weiter gegangen.

Ich erinnerte sie an diesen Zwischenfall.

»Ein Dummkopf warst du! Und ich hatte so große Lust darauf!«

»Aber die Ohrfeige?«

»Verstehst du denn gar nichts von den Frauen?«

Den ganzen Winter über sollte diese Freundin, deren Vorname so ungefähr wie Nina lautete, unsere, D.s und meine Vertraute sein, ohne aufzuhören, deine Mutter oft zu sehen.

Die Geschichte mit der Narbe reichte mehr als zwanzig Jahre zurück, bis hin zu unserer ersten Zeit an der Place des Vosges, als Tigy viel malte und mich bat, in Montparnasse Modelle für sie zu suchen. Eines Tages fand ich eine, blond mit porzellanblauen Augen, wie eine Puppe, mit einem schlanken und fein geformten Körper à la Botticelli.

Ich hatte sie posieren gesehen. Ich hatte die noch frische Narbe gesehen. Nur durch Austauschen von Blicken waren wir uns einig geworden, das junge Mädchen und ich, und als sie sich wieder angezogen hatte und ich sie zur Tür brachte, schob sie mir ein Stück Papier in die Hand mit ihrer Adresse und drei eilig hingekritzelten Wörtern:

»In einer Stunde.«

Deine Mutter fragte mich mit gerunzelter Stirn:

»Was habt ihr hinter der Tür getrieben?«

»Ich habe ihr ihre Sitzung bezahlt.«

»Nichts weiter?«

Das war die eifersüchtige Tigy aus jener Zeit, in der ich mich noch vor ihr verstellen mußte.

»Hast du ihre Narbe nicht gesehen?« antwortete ich. »Ich könnte niemals mit einer Frau schlafen, die eine Narbe auf dem Bauch hat . . .«

D. blieb also weiterhin eine Sekretärin, die ein Verleger aus Montreal zu mir geschickt hatte.

Nicht für lange. Wir machten weite Skiwanderungen, du, D. und ich. Es kam vor, daß du uns nicht begleitetest und wir alleine waren.

Das Thermometer zeigte wohl zwanzig Grad unter Null, und es war erfrischend. Wir wagten nicht, uns draußen zu küssen, nicht nur wegen der elektrisierenden Wirkung, die nicht unangenehm war, sondern weil unsere Lippen, behauptete D., vielleicht aneinander festgeklebt wären.

Eines Tages, als wir zu Fuß waren, D. im Pelz, ich im Skianzug, über den ich eine Lammfelljacke gezogen hatte, zeigte sie auf einen Schneehaufen entlang des Abhangs.

»Es wäre amüsant, sich im Schnee zu lieben . . .«

»Hast du es schon einmal gemacht?«

»Nein.«

Zu der Zeit glaubte ich alles, was sie sagte. Denn sie hatte auf ihr Make-up verzichtet, und ihr kleines Gesicht war das eines bläßlichen Mädchens.

»Sollen wir es versuchen?« schlug sie vor.

Ihr Wildkatzenmantel schützte sie vor dem Schnee. Es war kein menschliches Wesen auf einen Kilometer zu sehen, und wir liebten uns, stolz auf uns selbst.

Wahrscheinlich zog ich mir nicht an dem Tag eine Kehlkopfentzündung zu. Jedenfalls stieg meine Temperatur schnell an, und ich mußte das Bett hüten. Tigy wollte mich pflegen. Ich sagte nein.

»Weißt du, wir bilden kein Paar mehr. Wir schlafen nicht mehr zusammen. Mich pflegen, das heißt auch, mich waschen, in meinem Zimmer schlafen . . .«

»Willst du lieber, daß ich eine Krankenschwester rufe?«

Sie war ein wenig blaß.

»Nein.«

Diesmal hatte sie verstanden.

»Ist sie es?«

»Ja. Und sie wird mich auch pflegen . . .«

Von der Nacht an ging D. nicht mehr in ihr Zimmer in den Bungalow und du schienst darüber nicht überrascht zu sein, mein guter Marc. Auch du warst wie ein Komplize, vor allem weil D. immer bereit war, mit dir zu spielen.

Die Temperatur stieg noch weiter an, und ein Schneesturm wurde angekündigt. Der nächste Arzt wohnte in einem Dorf, das etwa zehn Kilometer jenseits des Hügels lag. Er kam nicht auf der Straße zu mir, sondern quer durch den Wald, auf Skiern. Sein Arztkoffer befand sich in seinem Rucksack, und er entnahm ihm die Medikamente, die ich brauchte, wahrscheinlich Antibiotika, denn ich hörte kaum, was er sagte.

D. brachte mir meinen Tee und meine Mahlzeiten hoch, schlief an meiner Seite, und während der fünf oder sechs Tage, die meine Krankheit dauerte, trennten wir uns praktisch nicht. Tigy schaute von Zeit zu Zeit nach mir und schien unser vertrautes Zusammensein selbstverständlich zu finden. Dir hatte man verboten, ins Zimmer zu kommen, aus Furcht vor Ansteckung, und du öffnetest, wie in Saint-Mesmin, die Tür einen Spaltbreit.

»Hallo, Dad! Wie geht's?«

Du strotztest vor Gesundheit, und dein zunächst rotes Gesicht wurde braun, was deine Züge unterstrich.

Als ich wieder auf den Beinen war, teilten wir weiterhin das Zimmer im Zwischenstock, D. und ich.

Ich arbeitete. Ich schrieb, um mich wieder daran zu gewöhnen, *Maigret à New York,* als hätte ich immer schon dort gelebt, und als der Roman später ins Amerikanische übersetzt wurde, warf mir kein Kritiker irgendeinen Irrtum vor, den ich begangen hätte.

Ich hatte D., weil sie doch ebensogut auch meine Sekretärin war, ein Ordnungssystem erklärt, das ich seit langem übernommen hatte und auf das ich Wert legte. Ich war in zahlreichen Ländern übersetzt worden, mit denen ich während des Krieges keinerlei Verbindung gehabt hatte. Die Korrespondenz flatterte mir daher von überall ins Haus.

Jedes Land hatte seinen Ordner für die Korrespondenz, wobei die Verträge Inhalt eines gesonderten Ordners waren, den ich später bei meiner Bank deponieren sollte, nur eine Kopie zurückbehaltend. Auch wenn ich damals in einem Land wie Frankreich, England oder den Vereinigten Staaten mehrere Verleger hatte, so befanden sie sich in einem Ordner unter dem Namen des Landes mit der Aufschrift: Veröffentlichungen. Ein anderer Ordner betraf den Film, wieder ein anderer Abdrücke in Zeitungen und Magazinen, usw.

Als ich meinen Maigret tippte, ordnete D. das, was zu ordnen war, und als ich den Roman beendet hatte, war ich überrascht, mein ganzes Ordnungssystem durcheinandergebracht zu sehen.

»So war ich es gewöhnt. Du wirst sehen, daß es praktischer ist.«

Die alphabetische Ordnung vermischte Länder, Film, Rundfunk und bald auch Fernsehen. Enttäuscht wie ich war, hätte ich beinahe einen Wutanfall bekommen, aber sie stand so unschuldsvoll vor mir, so stolz auf sich . . .

Ich wußte damals nicht, daß das ein erster Schritt war, dem viele andere folgen sollten. Hatte sie nicht ihren guten Willen und vielleicht ihre Liebe gezeigt, indem sie auf ihr Make-up verzichtet hatte? Sie ließ sich auch ihre dunklen Haare wachsen, worum ich sie schüchtern gebeten hatte.

Schade um die Ordnung! Schade um mich!

Unsere Freundin Nina schlug Tigy vor, ein paar Tage mit ihr in New York zu verbringen, und ich ermutigte sie dazu. Du warst jetzt ein großer Junge von beinahe sieben Jahren, und es war nicht nötig, daß man dich beaufsichtigte. Wenn wir die Tür offenstehen ließen, hörten wir den leisesten Ruf.

Nun, schon am ersten Abend entschied D.:

»Wir werden oben schlafen.«

Ich runzelte die Stirn. Oben war nur ein Bett frei, das von Tigy. Ich war nicht puritanisch, auch nicht kleinlich, aber zusammen in Tigys Bett liegen, jede Nacht sich darin lieben, während du nebenan schliefst, das schockierte mich.

Wieder einmal schwieg ich, willigte ein, und zu meinem großen Erstaunen fandest du das alles ganz selbstverständlich, wie du es selbstverständlich gefunden hattest, als ich an der Place des Vosges mit Boule in demselben Zimmer schlief wie du.

Ich schrieb Boule häufig. Ich hatte ihr seit unserer Ankunft geschrieben. Sie konnte mir nicht antworten, denn Tigy begleitete mich zur Post, und ich fürchtete, daß das sonst Boules Ankommen hinausgezögert hätte.

Eines Abends . . . Es war während eines anderen Aufenthalts deiner Mutter und Ninas in New York, von dem sie mit Paketen vollbepackt zurückkamen. Wir erlebten gerade das erste Nordlicht des Winters mit. Um Mitternacht hatte man den Eindruck, die Sonne am Horizont aufgehen zu sehen, und die Atmosphäre war mehr denn je von Elektrizität aufgeladen.

»Sollen wir das in großem Stil feiern?« schlug D. vor.

»Was meinst du damit?«

»Hast du deinen Frack hier?«

»Ja.«

»Champagner?«

»Ich glaube nicht, daß noch welcher da ist.«

»Ruf das Restaurant an, man soll uns zwei oder drei Flaschen schik-ken.«

Und als ich einwarf, daß um diese Zeit . . .

»Sie werden kommen. Sie sind daran gewöhnt.«

Ein Stich ins Herz. Woher wußte sie das?

»Und du?«

»Ich werde dich überraschen. Ich telefoniere. Geh und zieh dich um und kümmere dich um nichts.«

Sie küßte mich zärtlich und murmelte den ersten Satz von *Bésame mucho.* Ich ging in unser Zimmer, ein wenig beunruhigt. Wir konnten uns nicht damit entschuldigen, getrunken zu haben. Mich in den Frack zu werfen, beinahe mitten in der Wildnis . . .

Ich hatte Mühe mit meinem gestärkten Kragen mit den abgeknickten Spitzen. Sie hatte mich gebeten, sie zu erwarten. Also wartete ich mit gemischten Gefühlen. Bis sich die Tür öffnete und eine junge, sehr elegante Frau in einem Kleid im Stil von 1900 hereinkam und vor mir einen Knicks machte.

Es war das Kleid »Bovary«, das deine Mutter vor dem Krieg bei Jeanne Lanvin bestellt hatte.

»Wenn Sie mich begleiten wollen . . .«

Sie reichte mir den Arm. Als wir das Treppenhaus durchquert hatten, sah ich den Salon von Kerzen erleuchtet, eine Flasche Champagner in einem Eimer, Gläser, sie stellte das Grammophon an, und es erklang eine leise Musik.

»Kiss me once,
and kiss me twice . . .«

Ihre nackten Arme forderten mich zum Tanz auf, und wir drehten uns im Kreise, während ihr Kleid eine Blütenkrone um ihren Körper bildete und ihre kleinen Brüste in dem weitausgeschnittenen Dekolleté zu sehen waren.

Das erinnerte mich an die Zeit unseres mondänen Lebens, als wir am Boulevard Richard-Wallace wohnten. Ich erinnerte mich daran, zu welcher Gelegenheit wir dieses Kleid bestellt hatten: die alljährliche Galavorstellung im Theater Marigny des Yacht Motor Club de France, dem ich angehörte. Maurice Chevalier hatte dort gesungen und nach seinem Auftritt in seiner Loge zu mir gesagt:

»Sie haben nicht aufgehört zu schwätzen. Diese Leute von Welt glauben, daß sie dazu gezwungen sind, sich blasiert zu geben, und sie würden erröten, wenn sie sich für die Vorstellung interessierten . . .«

Ich trank sehr schnell.

»Ist Marc alleine oben?«

»Ich habe die Lehrerin gebeten, ihn für einen Abend zu beaufsichtigen.«

Sie zeigte mir den rosa-blau-violetten Himmel, wo das Nordlicht die Sterne verblassen ließ.

»Auf unsere Liebe . . .«

Ich kam erst nach der ersten Flasche ein wenig in Stimmung. Leerten wir drei davon?

»Schließ deine Augen. Versprich mir, nicht zu schauen . . .«

Sie legte eine andere Schallplatte auf den Plattenteller, »*Bésame mucho*«, und als sie mich rief, war sie nackt und tanzte im Rhythmus der gedämpften Musik einen improvisierten Tanz. Ich lachte nicht. Sie kam zu mir und schmiegte, immer noch nackt, ihren zuckenden Körper in meine Arme.

Es mußte nach fünf Uhr morgens sein, als sie, wieder angezogen, vor mir nach oben ging, wo die arme Lehrerin vollständig angezogen auf dem gemachten Bett schlief. Sie sah uns mit ihren naiven, bäuerlichen Augen an, denn sie kam aus einer weit entfernten ländlichen Gegend, und sie ging in den Bungalow, um sich richtig schlafen zu legen.

Das Kleid »Bovary« kam wieder an seinen Platz in Tigys Schrank, und wahrscheinlich liebten wir uns.

Ich fotografierte D. einige Tage später auf der Terrasse unseres Zimmers, und als sie die Abzüge sah, gab sie sich enttäuscht.

»Dieses Mädchen da bin ich?«

»Ganz und gar.«

Ein kleines, kaum hübsches junges Mädchen, etwas unsicher, etwas schmollend.

»Ich bin häßlich! Versprich mir, diese Fotos zu zerreißen.«

Ich habe sie erst fünfzehn oder sechzehn Jahre später zerrissen, denn so hätte ich sie immer gewollt.

Ein kurzer aber heftiger Sturm in Montreal, wohin wir gefahren waren, um der Premiere eines Theaterstückes eines Freundes beizuwohnen. Wenig Leute. Höflicher Beifall. Beim Hinausgehen blieben noch einige in Gruppen auf dem Bürgersteig stehen, und ein Mann in meinem Alter machte sich los, kam mit ausgestreckter Hand freudig auf uns zu.

»D. . . . Nach so langer Zeit!«

»Darf ich dir meinen Chef vorstellen? Simenon . . .«

»Ich habe gehört, daß du seine Sekretärin geworden bist.«

Er gab mir die Hand, wobei er mir einen komplizenhaften Blick zuwarf. Warum komplizenhaft? Ich verhielt mich kühl.

»Wie geht es dir, meine Liebe? Du siehst blaß aus.«

Er hatte sie bestimmt nie ohne Make-up gesehen. Nur mit einem dick aufgetragenen Make-up.

Ich ging mit ihr weg und nahm mechanisch ihren Arm.

»Noch einer?«

»Noch ein was?«

»Ein weiterer auf deiner Liste?«

»Ein einziges Mal. Er ist der französische Konsul, und wir sind gute Freunde.«

»Warum dieses eine Mal?«

»Ich weiß es nicht.«

»Gibt es viele eine Male? Nur so, im Vorbeigehen, unter Freunden?«

»Das geht nur mich etwas an.«

»Entschuldige. Jetzt geht mich das auch etwas an.«

Wir gingen durch die Straßen, die ich nicht kannte, und wir gelangten, nicht Arm in Arm, auf einen verlassenen Platz.

»Es wäre besser, du stelltest mir eine neue Liste auf. Eine von denen, mit denen du nicht geschlafen hast.«

Ich spürte die Ohrfeige kommen. Ich wich ihr nicht aus. Aber meine Hand prallte nun ihrerseits auf ihre Wange, einmal, zweimal, auf die eine, dann auf die andere. Es stimmt, daß wir in Montreal tranken. Whisky, wie in New York.

Junge Leute kamen von der anderen Seite des Platzes langsam auf uns zu, und sie zog mich weiter.

»Die Jungen sind fähig, dir eine Lehre zu erteilen . . . Hier sieht man es nicht gerne, wenn eine Frau geschlagen wird.«

»Man fickt sie und läßt sie fallen.«

Sie schwieg mit zusammengebissenen Zähnen, und wir gingen sehr lange schweigend weiter, um uns zu beruhigen. Irgendwo gingen wir in eine Bar. Ich war darauf gefaßt gewesen. Sie bestellte zwei doppelte Whisky, trank einen Schluck von ihrem und betrachtete unser Bild im Spiegel zwischen den Flaschen. Dann suchte ihre Hand meine.

»Entschuldige, Georges. Ich wußte nicht, daß es so schlimm war. Ich hätte dich anlügen können.«

Sie sah mich mit fast unschuldigen Augen an.

»Tut es dir sehr weh?«

»Ja.«

»Willst du, daß ich weggehe?«

»Nein.«

»Lächle mich an!«

Ich versuchte es. Der Sturm war vorüber, aber wir blieben beide verwundet.

Sainte-Marguerite. Unser Zimmer. Unser Bungalow und dein Empfang, Marc, dein fröhlicher und warmer Empfang. Tigy betrachtete aufmerksam D.s Wange, die vielleicht Spuren trug.

»Hat mein Mann Sie gebeten, sich nicht mehr zu schminken und sich die Haare wachsen zu lassen?«

Sie bestand auf »mein Mann«, denn sie war vor dem Gesetz noch immer meine Frau. Und D. antwortete unschuldsvoll:

»Ich liebe ihn.«

»Das ist Ihre Sache. Ich warne Sie nur, daß Sie nicht lange die einzige bleiben werden.«

»Ich bin nicht eifersüchtig.«

War das der Beginn des Kleinkrieges? Bei Tisch jedoch, wo die ganze Hausgemeinschaft versammelt war, plauderten sie, als wäre nichts geschehen.

Das junge Dienstmädchen schlief in einem kleinen Zimmer neben der Küche. Eines Abends, als wir aus dem Kino heimkamen, sahen wir ihre Tür offenstehen und sie vollständig nackt auf ihrem Bett liegen. Sie tat so, als hätte sie uns nicht gesehen, aber gleich nachdem wir zur Treppe gegangen waren, führte sie ihre Hand zu ihrem Geschlecht, um sich zu streicheln.

»Hast du gesehen?«

»Ja.«

»Hast du keine Lust hinunterzugehen?«

»Nein.«

Es erregte sie, und sie schlief wie in New York mit mir, mit verdrehten Augen, ohne indessen zu schreien, denn hier verbot es sich wegen dir, Marc.

Drei Monate später würde das kleine Dienstmädchen uns weinend gestehen, daß sie schwanger war. Nicht von mir, ganz sicher. Von einem Jungen aus der Gegend, der sie fallengelassen hatte.

Tigy und Nina, die sich immer mehr anfreundeten, fuhren immer häufiger nach New York. Was sie dort machten, ging mich nichts an. Was mich jetzt etwas anging, war D. Ich sah das Kästchen in ihrem Zimmer und wendete jedesmal den Blick ab. Es schneite. Wir waren alleine in dem Bungalow, wo das einzige Geräusch von dem Knacken der Holzscheite kam.

»Hättest du es gerne, wenn ich sie verbrenne?«

Woher wußte sie, daß ich an die Briefe dachte?

Sie holte das Kästchen, öffnete es mit einem winzigen Schlüssel und zeigte mehrere Päckchen von Briefen, die mit farbigen Bändern zusammengehalten waren.

»Gib zu, daß du sie gerne lesen würdest?«

»Ich weiß es nicht.«

»Dann würdest du es vielleicht besser verstehen.«

Sie löste den Knoten eines Bandes.

»Hier. Ich bring dir ein Glas.«

»Und du?«

»Mir auch, natürlich.«

Ich las widerstrebend, ohne fähig zu sein, es nicht zu tun.

»Meine kleine geliebte D.

Es ist acht Uhr morgens. Ich bin soeben auf mein Schiff gekommen, und mein Körper riecht noch immer nach deinem Parfüm . . .«

Wie albern ein Mann ist!

». . . Ich liebe deinen ganzen Körper, und vor allem seinen Geruch in der Freude, deine Augen, die dann nichts mehr sehen, außer . . .«

Armer Idiot. Nur drei Briefe waren von ihm da. Sein letzter Brief war kein Abschiedsbrief.

»Warum ging das zu Ende?«

»Ich weiß es nicht. Einfach so. Wir sahen uns wieder, als ich einmal an Bord kam, und es war, als hätte es nichts zwischen uns gegeben. Er war schön. In seiner Uniform sah er bewundernswert aus.«

Ich warf dieses Päckchen in die Flammen, und ohne zu sehen, wie es brannte, trank sie ihr Glas leer.

»Trinkst du nicht?«

Ich trank und nahm ein anderes Päckchen.

»Gestern die Nacht mit dir war unvergeßlich. Du bist die leidenschaftlichste Frau, die ich kenne. Ich hoffe, dich wiederzusehen, wenn ich wieder auf Urlaub komme . . .«

Ins Feuer!

Ein drittes, ein viertes Päckchen, zusammengebunden mit Bändchen wie Wiener Mandeln zur Taufe. Fünf Briefe und ein Foto eines Mannes mit Bürstenhaarschnitt, der ohne seine Offiziersuniform ein Nichts gewesen wäre. Er lehnte an einem der Windsäcke des Schiffes, die Zigarette im Mund.

». . . Weißt du, Chérie, wenn ich nicht verheiratet wäre und wenn ich nicht zwei Kinder hätte . . .«

Ins Feuer! Ich hatte Lust, gleichzeitig zu lachen und zu weinen.

Zwei Briefe auf Englisch, das ich noch nicht sehr gut verstand. »Darling« am Anfang; »Love« vor der unleserlichen Unterschrift.

»Ist das der Lord?«

»Ja.«

»Er hat nicht das Briefpapier mit seinem Wappen benutzt, und sein Name ist nicht zu entziffern. Er ist ein vorsichtiger Kerl!«

»Meinst du, ich hätte ihn erpressen können?«

Der nächste!

»Ich bin untröstlich zu erfahren, was dir passiert ist. Ich war jedoch vorsichtig. Aber weil du ja sicher das Nötige unternehmen wirst, schicke ich dir das Geld für . . .«

»Warst du schwanger?«

»Nein.«

»Hatte er die Schuld daran, daß du dich operieren lassen mußtest?«

»Auch nicht. Der bestimmt nicht. Er glaubte, daß . . .«

»Daß du schwanger warst?«

»Ja. Und er schickte mir dreihundert Dollar für . . .«

»Um abzutreiben. Du hast ihm weisgemacht . . .«

»Ich war in der Klemme. Ich hatte Schulden. Verstehst du jetzt, warum ich mich umbringen wollte, warum ich mich meiner schämte?«

Sie weinte lautlos.

»Ich habe dir von dem Foto erzählt, das ich von Karsh hatte machen lassen. Ich hol es dir.«

Sie verschwand in ihrem Zimmer, und ich hörte, wie sie einen Koffer öffnete.

»Ich wollte, daß man sich an mich erinnern würde, wie du mich darauf siehst.«

Ein Abendkleid aus weißem Satin. Sie saß in einem mit Stickereien bedeckten Sessel. Man sah, daß sie aus einem Frisiersalon gekommen war. Ein Arm lag lässig auf der Armlehne, und ihre Hand schien ihre Wange zu stützen, während sie mit verträumten Augen irgendwohin schaute. Als Hintergrund ein Flügel. Das Bild eines »jungen Mädchens aus guter Familie«, wie ich sie früher in meinen Groschenromanen beschrieben hatte.

»Siehst du dich so, wie auf diesem Bild?«

»So war ich. Vorher. Vergiß nicht, daß ich erst mit zwanzig Jahren angefangen habe . . .«

»Und vorher?«

»Ich war mystisch veranlagt. In einem geheimen Heft beschrieb ich die Zustände meiner Seele und meine Begeisterung.«

»Für Gott?«

»Lach nicht. Ich war sehr gläubig. Ich hatte einen Beichtvater, den ich jede Woche sah.«

»Im Beichtstuhl?«

»In seinem kleinen Arbeitszimmer. Er war Dominikaner.«

»In weißer Kutte! Jung?«

»Ziemlich jung. Zwischen uns geschah nichts.«

»Gabst du ihm deine intimen Hefte zu lesen?«

»Natürlich. Nur ihm alleine . . .«

»Legst du Wert auf dieses Foto?«

»Ich hatte es nicht für mich machen lassen, sondern . . .«

»Ich weiß. Für deine Nichten und Neffen.«

»Du bist boshaft, Georges.«

Ich warf das Foto ins Feuer und sah zu, wie das Bild immer schwärzer wurde. Ich warf auch die anderen Briefe fort, ohne sie zu lesen. Es war keiner von ihrer Familie dabei. Die hätte ich nicht verbrannt.

»Wenn mein Vater gewußt hätte . . . Im Grunde liebte ich nur ihn, und erst nach seinem Tod nahm ich diese Stelle in Philadelphia an.«

»Was dich in Montreal nicht daran hinderte . . .«

Sie ließ sich pathetisch vor mir auf die Knie fallen. Ich zog sie hoch und nahm sie in meine Arme. Sie weinte lange, und zum Schluß streichelte eine ihrer Hände sanft meine Wange.

»Hat dir das sehr weh getan?«

»Sehr.«

»Wie konntest du erwarten, daß ich mit fünfundzwanzig Jahren . . .«

»Ich hatte Unrecht, ich gebe es zu. Es ist stärker als ich. Deine Vergangenheit quält mich.«

»Was kann ich tun, um sie ungeschehen zu machen?«

»Alles zerstören, was mich an sie erinnert.«

»Reicht dir das nicht?«

Sie deutete auf den Kamin, wo das verbrannte Papier häßlich schwarze Flecken auf den Holzscheiten hinterließ und sie zu ersticken schien.

»Es bleibt noch das . . .«

Ich berührte ihr schwarzes Wollkleid, zeigte dann auf ihren Mantel, der an der Wand hing.

»Alles, was du anhattest, als du diese Männer trafst . . .«

Sie lächelte ein wenig traurig.

»Willst du mich nackt?«

Ein leises Lachen mit ihrer kehligen Stimme.

»Eingeschlossen also? Denn ich kann mir nicht vorstellen, wie ich mit nichts am Körper mit dem Zug fahre.«

»Wir fahren morgen nach New York und kaufen dir etwas zum Anziehen.«

»Wirst du auch meine ganze Kleidung verbrennen?«

»Alles. Und sogar deinen Koffer. Und deinen ›Bumskoffer‹.«

Uff! Ich war erleichtert: sie widersprach nicht!

»Das wird lange brennen . . .«

»Das kleine Dienstmädchen hat die gleiche Größe wie du. Wir werden ihr das Ganze schenken, auch den Koffer, unter der Bedingung, daß sie nichts davon hier trägt.«

Am nächsten Tag fuhren wir weg, und ich wußte, wohin wir zu gehen hatten: zu Sacks in der Fifth Avenue, eins der elegantesten Geschäfte von New York.

In dem Stockwerk für Damenbekleidung sagte ich zu ihr:

»Such aus . . .«

»Ich hätte lieber, wenn du das machtest.«

Ich wählte aus den Kleiderständern Kleider, zwei Mäntel, ein Kostüm aus. Wir gingen durch die Abteilungen, und in der Wäscheabteilung:

»Hier mußt du aussuchen . . .«

In demselben Geschäft kauften wir Schuhe und zwei Koffer. Endlich würde es nichts mehr geben, was mich ständig an die anderen erinnerte. Die Sitten und Gebräuche waren noch nicht dieselben wie heute, auch die Moral nicht, und bestimmt nicht die Träume eines Mannes, der der Leidenschaft ausgeliefert war.

»Du wirst dich ruinieren«, neckte sie mich.

Wir kehrten mit dem Auto voller Kartons wieder nach Sainte-Marguerite zurück, wie Tigy von ihren Reisen nach New York. Wir legten alles in ihr Zimmer in dem Bungalow, das ihr nur noch dazu diente, ihre Sachen aufzubewahren. Alle schliefen oben in der Villa.

»Sollen wir sie öffnen?«

»Du wirst diese Schachteln ganz alleine öffnen. Und du wirst alles, was du besitzt, in deine Koffer packen, die du der Kleinen schenken wirst.«

Ich war erleichtert. Mein Blick fiel auf das Goldhalsband, das sie immer noch trug. Ich berührte es.

»Es war auch immer dabei . . . bei . . .«

Ich wollte grausam sagen »bei deinen Bumsereien«. Die Leidenschaft ist grausam, und D. wußte auch, daß sie es manchmal sein konnte.

»Das war die Uhrkette meines Vaters. Mein ältester Bruder hat die Uhr geerbt.«

»Warum sollte er nicht auch die Kette erben?«

»Willst du es?«

Ich zog es vor zu schweigen, denn ich schämte mich meiner selbst. Hatte ich mich nicht mit achtzehn Jahren von der Uhr meines Vaters, den ich vergötterte, getrennt, für eine Nacht mit einer farbigen Frau, die ich heiß begehrte?

Wir gingen geräuschlos in die Villa und legten uns ins Bett.

Das war alles. Den nächsten Tag verbrachte sie im Bungalow, und sie kam in einem neuen Kleid zu Tisch. Am Abend war das kleine Dienstmädchen fröhlicher als in der letzten Zeit, und sie konnte es gar nicht fassen, daß sie so viele Geschenke bekommen hatte.

Die Halskette sah ich nicht wieder. Auf einer Reise schenkte ich ihr eine neue.

Ich war nicht stolz auf mich. Ich gestehe jedoch, daß ich von einer großen Last befreit war. Sie auch, schien mir.

24

Ein beinahe ruhiger Winter. Häufiges Skifahren mit dir, großer Marc, und es war eine Freude, zu sehen, wie du dich im Schnee abstrampeltest. Du hattest zu D. Zuneigung gefaßt, die immer bereit war, mit dir die verschiedenen, von euch erfundenen Spiele zu spielen, was bei deiner Lehrerin nicht der Fall war, die lieber neben dem großen Feuer des Bungalows strickte oder zur Begleitung ihrer Gitarre sang.

Tigy dagegen spielte, so weit ich weiß, nie, und ich fragte mich manchmal, ob sie früher wirklich ein Kind gewesen war. Sie war besessen vom Lesen, von Malerei, von Diskussionen über Kunst oder über Philosophie, was uns einander nähergebracht hatte.

Du respektiertest den Bungalow, der dem Arbeiten gewidmet war, aber sobald ich herauskam, riefst du:

»D.! Kommen Sie mit mir spielen?«

Sie war lächelnd dazu bereit, ein fröhliches Lächeln, das ich bei ihr in New York nicht gekannt hatte. Wenn sie in den ersten Tagen ohne Make-up blaß und fast mitleiderregend ausgesehen hatte, so wurde ihre Haut nun an der frischen Luft und der Sonne mit Leben erfüllt und bekam Farbe, und ihre Augen hatten einen Glanz, der von keinem Kunstgriff herrührte.

Abends verlangtest du zum Einschlafen »deine« Geschichte, eine Geschichte, die die vielfältigsten Wendungen nahm und die ich erfunden hatte, als du noch keine zwei Jahre alt warst. Ihr Held war Li, ein junger Chinese, dem je nach den Eingebungen des Augenblicks die unerwartetsten, nie brutalen, nie dramatischen Abenteuer widerfuhren, die ich amüsant zu gestalten versuchte, wobei ich schon beim Abendessen daran dachte.

Li war fröhlich, unbeschwert, wie du, und seine besten Freunde waren, ebenfalls wie bei dir, die Tiere, und wie du machte er viele Reisen, auf denen er sich in den verschiedensten Ländern verständlich zu machen versuchte.

Wir tranken wenig, D. und ich, in der einzigen Bar, die sich am Ende des Weges in der Nähe des Postamtes und des Kinos befand, wo an manchen Abenden getanzt wurde.

Eines Morgens erhielt ich von dem französischen Botschafter in Ottawa eine Einladung zu einem Galadiner »mit weißer Krawatte«, das heißt im Frack. Der Postbote brachte D. die gleiche Einladung. Ich sollte alsbald begreifen, daß unsere Situation bekannt war, sowohl in Montreal als auch in Ottawa, und daß sie stillschweigend akzeptiert wurde.

Wir fuhren also mit dem Zug einen Tag vorher nach Ottawa, denn wir mußten für D. Abendkleidung kaufen.

Im Château-Laurier nannte der Portier sie bei ihrem Namen, und der Zimmerkellner fragte sie wie einen Stammgast:

»Wie geht es Ihnen, Mademoiselle D.?«

Zu der Zeit war das größte Hotel der Hauptstadt ein riesiges Gebäude, mehr oder weniger nach dem Vorbild eines Schlosses von früher, dem es seinen Namen verdankte, und in Quebec trug ein anderes pseudo-historisches Hotel das Wort Château, gefolgt von einem Namen, den ich vergessen habe.

Ich wußte alles über das, was hier geschehen war, als D. beschlossen hatte, selbständig zu werden, und sie zeigte mir das Zimmer, das den Rahmen ihrer ersten Erfahrungen abgegeben hatte. Diesmal zuckte ich nicht mit der Wimper, und wenn mich das einen Moment berührte, so vermied ich, es zu zeigen. Zwischen uns war der Himmel ungetrübt.

Wir fanden das Kleid und die dazupassenden Accessoires, und bei dieser Gelegenheit vervollständigten wir in dem ausgezeichneten Geschäft ihre Garderobe.

War es auch jener Tag, an dem wir im Taxi in ein ruhiges Viertel fuhren, wo ich auf einem menschenleeren Platz wartete, bis sie von einem Termin bei dem Gynäkologen zurückkam, der sie operiert hatte?

»Ist er jung?«

»Er ist ein Freund meines Vaters.«

Ich bin annähernd sicher, daß sie mich nicht während dieser Fahrt ihrer Mutter vorstellte, aber ich habe ein schlechtes Gedächtnis für Daten und für chronologische Abfolgen.

Das Gebäude der französischen Botschaft in Kanada war zu der Zeit eines der modernsten und größten, ganz weiß, mit einfacher Linienführung, und das Essen wurde in einem freundlichen Zimmer für etwa vierzig Personen aufgetragen. Wir kamen zusammen an, was weder den Botschafter noch seine Frau erstaunte, die die Gäste empfingen. Er war ein Hauteclocque, ein Bruder des Comte de Hauteclocque, seit dem Krieg bekannter unter dem Namen General Leclerc.

Er mußte so alt sein wie ich oder etwas älter, und unsere Begegnung war herzlich, ohne eine Spur dieser distanzierten Höflichkeit der Leute der Diplomatenlaufbahn.

Seine Frau, Tochter und Enkelin von französischen Botschaftern, war in Peking geboren und hatte, ihren Eltern von Botschaft zu Botschaft folgend, in allen bedeutenden Hauptstädten gelebt. An jenem Tag hielt sie für uns eine Überraschung bereit.

Ihr Gatte ebenfalls. Bei Tisch saß ich ihm fast gegenüber, und am Ende des Diners rief er mir fröhlich zu:

»Sie können Ihre Pfeife rauchen, Simenon . . .«

Und, wie um mich zu ermutigen, zog er aus seiner Tasche eine gut eingerauchte Pfeife, die er mit Bewegungen, die einen Raucher nicht täuschen können, stopfte und anzündete. Also tat ich es ihm gleich.

»Ich weiß, daß das am Quai d'Orsay nicht üblich ist, aber ich kann nach den Mahlzeiten auf meine Pfeife nicht verzichten. Ihnen geht es doch bestimmt wie mir?«

»Das stimmt.«

»Hier haben sich die Leute daran gewöhnt und nehmen keinen Anstoß mehr daran.«

Er hatte einen blonden Schnurrbart und ein offenes Gesicht, das seiner Offenheit entsprach. Später, als die Tafel aufgehoben wurde, sagte er mir ganz selbstverständlich:

»Ich kannte D.s Vater sehr gut. Ich habe sie als ganz junges Mädchen gesehen. Ihr Vater war der Musik leidenschaftlich zugetan, und wir verstanden uns ausgezeichnet.«

Es schien mir, als steckten wir unter einer Decke und als verbreiteten sich die Neuigkeiten in diesem weiten Land genauso schnell wie in einer kleinen Stadt in der französischen Provinz.

So war man selbst in Ottawa über unsere Liaison auf dem laufenden, und man mißbilligte sie nicht, sondern nahm sie höchstens mit einem Lächeln auf.

Ich sollte an jenem Abend noch einen anderen Beweis dafür erhalten. Wir wurden nämlich in einen großen Saal geleitet, wo sich Hunderte von Gästen drängten. Manchmal traf ich D. in dieser Menge, und ich stand bei ihr, als Scheinwerfer an die Stelle der Kronleuchter traten und oben von einer gewaltigen Treppe herunter anmutig zu den Klängen eines nicht zu sehenden Orchesters ungefähr zwanzig Tänzerinnen herunterkamen, gekleidet wie die Tänzerinnen beim Cancan im Moulin Rouge des Toulouse-Lautrec.

Die Frau des Botschafters führte persönlich den Tanz an, und D. klärte mich darüber auf, daß die anderen Tänzerinnen, die ihre Beine in einem wilden Rhythmus hochhoben, ein Rad schlugen, auf die Hände zurückfielen und mit dem Spagat den Tanz beendeten, niemand anderes waren als die Damen des diplomatischen Korps. Sie hatten monatelang geprobt, und alle klatschten Beifall, sogar die steifsten alten Herren und Damen.

Anschließend tanzten die Gäste, weniger akrobatisch und in einer strengeren Haltung. Ich tanzte mehrere Male mit D., und niemand hätte erraten können, daß sie keinerlei Make-up aufgelegt hatte, denn ihre Wangen waren durch die frische Luft blühend geworden und ihre strahlenden Augen brauchten weder Stift noch falsche Wimpern.

Eine weiße Kutte aus grobem Stoff zwischen den schwarzen Fräcken. Ich begriff, daß dies mein oder vielmehr »ihr« Dominikaner war, ihr Beichtvater, der einzige Leser ihrer Tagebücher als junges Mädchen. Er war jung und sah schön aus in diesem Mönchskleid, zweifellos das bezauberndste von allen. Ich ging auf ihn zu, und er sah mich lächelnd an.

»Simenon«, sagte ich.

»Ich weiß.«

Sein Händedruck war freimütig. Er fügte hinzu, wodurch er mir zu verstehen gab, daß auch er auf dem laufenden war:

»Ich habe soeben D. gesehen.«

»Sie hat mir viel von Ihnen erzählt.«

»Ich fand sie verändert.«

»Zum Schlechten?«

»Zum Besseren . . .«

Wir sahen wie zwei Komplizen aus.

»Sie ist ein ziemlich kompliziertes junges Mädchen, nicht wahr?«

Jetzt war es an mir zu lächeln, ein ebenso vieldeutiges Lächeln wie seine Bemerkung.

»Sehr.«

»Sie hat auf mich den Eindruck gemacht, als sei sie glücklich.«

»Ich wäre froh.«

Wenn wir auch nicht viel sagten, so war doch jedes Wort bedeutungsschwer, und er sah mich mit wohlwollender Neugier an.

»War es nicht zu schwierig?«

»Jetzt nicht mehr. Ich hoffe es wenigstens . . .«

Man konnte sich in der Menge nicht lange absondern.

»Ich freue mich für sie . . .«

Er gab mir die Hand, wie um uns seinen Segen zu geben, und ich hatte schon beim ersten Kontakt verstanden, daß er D. besser kannte als ich.

Diese Begegnung tröstete mich, und das nicht wegen seines geistlichen Gewandes. Die Dominikaner gelten als der toleranteste aller religiösen Orden. Ich hatte früher einige von ihnen gekannt und hatte mich sehr gut mit ihnen verstanden, trotz meines Agnostizismus, der sie nicht störte. Niemals hatten sie versucht, mich wieder zu dem katholischen Glauben meiner Kindheit zu bekehren.

In meinem Leben kam mir nie der Gedanke, einer Frau gegenüber den Pygmalion zu spielen, welche es auch sei, denn ich habe zuviel Respekt vor der menschlichen Persönlichkeit.

Sehr jung hatte ich so viele Existenzen auf die schiefe Bahn geraten und im Drama enden sehen, daß ich mich gefragt hatte, warum es für die einen Moment lang schwachen Menschen kein Äquivalent der Ärzte gibt, die daran arbeiten, unsere Krankheiten zu heilen.

Ich hatte Freud noch nicht gelesen, den ich erst mit fünfundzwanzig Jahren entdeckte, und wenn ich in der darauffolgenden Zeit auch alle seine Werke und die seiner Schüler gelesen hatte, so mißtraute ich doch immer der Psychoanalyse, die in der folgenden Zeit eine so große Bedeutung erlangen sollte.

Ich dachte an etwas anderes, ziemlich Vages, Komplexes, an Menschen, die in der menschlichen Gesellschaft die Rolle eines »Wiederaufrichters des Schicksals« spielen würden. Rechtzeitig das junge Mädchen auf einer Brücke davon abhalten, sich in einer Weihnachts- oder Neujahrsnacht ins Wasser zu stürzen. Einen von seinen dunklen Gedanken verfolgten Mann gutgelaunt herausreißen.

Das war vage. Ich wagte nicht, darüber zu sprechen, aus Furcht, man könne über mich lachen. Später ließen mich der ständige Umgang mit der Kriminalpolizei am Quai des Orfèvres und die vertraulichen Gespräche mit den Kommissaren erkennen, daß einige von ihnen, eine kleine Minderheit, eine Rolle spielten, die derjenigen, an die ich gedacht hatte, in etwa glich.

Ich glaube, es war in einem meiner Maigrets, daß ich schließlich das Wort »Wiederaufrichter des Schicksals« gebrauchte und meinem Kommissar dasselbe unklare Verlangen gab, das ich hatte.

War es das, was gleich bei der ersten Begegnung mit D. in mir diese Leidenschaft hatte aufkeimen lassen, die ich noch nicht erlebt hatte und die mich verwirrte?

Ich glaubte zu fühlen, daß sie schwach und schutzlos war, ohne Halt, zerrissen zwischen widersprüchlichen Sehnsüchten, was vielleicht die Rollen erklärte, die sie nacheinander spielte, wobei sie sich manchmal von einer Stunde auf die andere veränderte, so wie eine Schauspielerin von einer Rolle in die andere schlüpft, mit derselben Überzeugungskraft. Ich wollte sie nicht verändern. Ich war davon überzeugt, daß ich mir Mühe gab, sie sich selbst entdecken zu lassen, die wirkliche D., die sich dazu gezwungen glaubte, so als hätte sie Angst gehabt, verschiedene Masken zu tragen.

Hatte ich recht? Hatte ich unrecht? Auf jeden Fall war ich aufrichtig, und der Ausdruck »Aufrichter des Schicksals« traf nicht zu. Mit mehr Bescheidenheit wollte ich sie ihre wirkliche Identität wiederfinden lassen, die zu viele Männerbekanntschaften, zu viele mehr oder weniger verrückte Parties, zuviel Whisky verschüttet hatten.

Hatte ich bei ihr nicht erreicht, daß sie ihre Kleidung aufgab, die sie so vielen »Goldsucherinnen«, wie sie in den Vereinigten Staaten genannt werden, so vielen *call-girls* ähnlich sehen ließ? Hatte sie nicht auch auf ihre Schminke verzichtet, die sie allen gleich machte, und hatte eingewilligt, sich mit ungeschminktem Gesicht zu zeigen?

War sie heute abend keine strahlende Erscheinung? Ich war den ganzen Abend über äußerst euphorisch, und ich fragte sie nicht, mit wem sie getanzt hatte. Sicher war sie unter all den Menschen einigen von den Männern begegnet, die . . .

Ich weigerte mich, daran zu denken. Wir schliefen spät ein, und am nächsten Tag fuhren wir im Zug wieder zu unserer Villa und unserem Bungalow, die immer noch im Schnee versunken waren. Du empfingst uns. Du warst schön. Du warst kräftig. Du lächeltest dein Lächeln des kleinen Mannes, der mit der Natur und mit allem, was ihn umgibt, in Harmonie lebt. Du unterhieltest mit dem Universum mysteriöse Beziehungen, die du als einziger kanntest und die dir dieses Lächeln verliehen, das ein wenig dem Lächeln der Mona Lisa glich.

Während deiner Kindheit fragte ich dich oft, woran du im Augenblick dachtest, und du antwortetest mir, als risse ich dich aus einem Traum:

»Ich sah die Holzscheite an . . .«

Oder den Himmel. Oder einen Baum, dessen Zweige durch den Schnee schwerer waren als die der anderen. Oder aber du warst in Gedanken versunken, und noch heute frage ich mich oft, welche Erinnerungen, welche Bilder, welche Empfindungen, welche »Schätze«, wie du sagtest, wenn du im Schloß Fontenay alles, was du fandest, eine Ameise oder einen Käfer, in der Erde vergrubst, welche »Schätze« du in deinem Innern anhäuftest.

Mit einundvierzig Jahren hat sich dein Lächeln nicht verändert.

Während einer kurzen Reise nach Montreal verabredeten wir uns mit dem ältesten Bruder von D. in der Bar unseres Hotels, und ich sah einen großen, athletischen Burschen auf uns zukommen, mit gesunder Gesichtsfarbe, freimütig und rauh, so wie man sich die Kanadier vorstellt.

»Nun, Schwesterchen . . .«

Er küßte sie, hielt sie mit ausgestreckten Armen von sich, um sie genauer zu betrachten, wandte sich dann neugierig mir zu.

»Haben Sie das gemacht? Haben Sie ihr das Gesicht mit einer Wurzelbürste gereinigt? So sieht sie aus wie ein Mädchen vom Lande.«

Sein Händedruck war fest und aufrichtig.

»Was trinken Sie?«

»Bier«, sagte ich.

»Für mich einen doppelten Whisky.«

Ich fühlte, daß wir schon Freunde waren.

»Immer noch in Sainte-Marguerite? Mein Schwesterchen verabscheut es zu schreiben, und wir hören nur durch Zufall von ihr . . .«

Wir sollten uns oft sehen, sogar in Arizona, wo er sie, nicht mehr erstaunt als heute, schwanger wiedersehen würde.

Sagte er an jenem Tag zu mir:

»Sie ist ein seltsames Mädchen, nicht leicht zu verstehen. Sie träumte vom Theater, und als sie ganz klein war, spielte sie schon ganz für sich Theater. Wir nannten sie ›La Diva‹ . . . Nicht wahr, D.?«

Sie lächelte und wandte sich mir zu. Hatte sie mir nicht aus freien Stükken davon erzählt? Sie hatte nicht mehr das Bedürfnis zu trinken. Ich auch nicht. Und ihr Bruder begnügte sich mit zwei Gläsern.

Ich sah ihn zusammen mit seiner Frau wieder, hübscher und bürgerlicher als er, in ihrem Haus am Hügel, der damals das »bessere« Viertel von Montreal darstellte. Ich lernte ihre drei Kinder kennen. Ich lernte auch D.s Schwester kennen, eine Bohnenstange offen gesagt, die einen starken kanadischen Akzent behalten hatte und voller Humor war.

Während eines anderen Aufenthalts in Montreal beauftragte mich D., einen Hut zu ihrer anderen Schwägerin zu bringen, den sie früher einmal von ihr ausgeliehen hatte. D. lag im Hotel mit Fieber im Bett. Es war abends. Ich befand mich in einer modernen Wohnung, wo eine fröhliche Party gegeben wurde und alle Leute, von denen ich niemanden kannte, mich sehr freundlich begrüßten. Der zweitälteste Bruder war kleiner als der andere, mit hageren Gesichtszügen, aber ebenso herzlich.

»Wie geht es meiner kleinen Schwester?«

»Sie ist heute abend ein wenig krank.«

Für alle war sie »die kleine Schwester«, die Jüngste, wie meine Mutter es gewesen war, worunter sie so sehr gelitten hatte. Hatte auch D. darunter gelitten? Hatte sie sich unter dem Gewicht der Älteren erdrückt gefühlt?

Ich blieb nur kurz, denn ich hatte es eilig, wieder ins Hotel zu kommen. Es war ein großes, überheiztes Gebäude, wo ich, eine nach der anderen, die Bewerberinnen um die Sekretärinnenstelle empfangen hatte. D.s Temperatur war gestiegen. Sie konnte nur mit Mühe atmen, lehnte es aber ab, einen Arzt zu rufen.

Wahrscheinlich war ich unvorsichtig? Aber lebte ich nicht, seitdem ich sie getroffen hatte, ein Leben außerhalb des Normalen?

»Ich komme sofort zurück.«

Ich machte eine kleine Apotheke ausfindig, die nachts geöffnet hatte und mit dem Hotel in Verbindung stand.

»Hören Sie, Monsieur. Ich weiß, daß das, worum ich Sie bitte, nicht den Vorschriften entspricht. Oben liegt meine Freundin, sie hat Temperatur. Wenn es morgen schlimmer wird, rufe ich einen Arzt.«

Er war nicht der Chef, sondern einer seiner Angestellten, dessen rötliche Haare und erstaunten Blick aus seinen hellblauen Augen ich wieder vor mir sehe.

»Ich hätte gerne zwei Sulfonamidtabletten. Vor einem Monat hatte ich die gleichen Beschwerden, und ich weiß, daß . . .«

Ich verhandelte. Ich kam aus dem Konzept. Ich wollte ihn mit aller Kraft überzeugen.

»Ich zahle Ihnen, was Sie wollen. Es ist sehr wichtig, daß sie morgen wieder auf den Beinen ist, denn . . .«

Wenn mich mein Gedächtnis nicht täuscht, mußten wir nach New York fahren, wo ich geschäftliche Verabredungen hatte.

»Nur zwei Tabletten. Sie wissen sehr gut, daß ihr das nicht schaden kann.«

Wie habe ich ihn endlich überzeugt? Ich weiß es nicht. Jedenfalls gab er sie mir schließlich in einem kleinen Tütchen.

Was mich am meisten beunruhigte, war, daß D. nicht schwitzte. Ihre Haut blieb trocken. Ich weiß nicht mehr, ob ich einen Zehn- oder Zwanzigdollarschein auf den Ladentisch legte, bevor ich flüchtete und den Aufzug hinter mir schloß.

»Du wirst sehen, daß du morgen gesund sein wirst . . .«

Sie sah mich erschöpft an, ohne daran zu glauben. Ich gab ihr eine der beiden Tabletten zu schlucken, dann legte ich mich nackt neben sie, ebenfalls nackt, denn wir waren es gewöhnt, so zu schlafen.

»Du mußt schwitzen.«

»Es ist nicht meine Schuld, Jo . . .«

Denn jetzt nannte sie mich, durch meine Schuld, Jo. Der Mann, mit dem sie die leidenschaftlichste und längste Beziehung gehabt hatte, fast zwei Monate lang, einer von den Marinesoldaten aus Philadelphia, hieß Georges, und ich hatte seine Briefe gelesen. Seitdem, wenn sie mir während ihrer leidenschaftlichen Ausbrüche diesen Namen sagte, hatte ich den Eindruck, daß sie sich vielleicht an den anderen wandte, und das tat mir immer noch weh.

Als ich es ihr sagte, fragte sie mich:

»Wie soll ich dich nennen?«

»Irgendwie, aber nicht Georges.«

Sie nannte mich Jo, was ich haßte, denn es ist nicht einmal die Abkürzung von Georges, sondern von Josef. Ich protestierte nicht dagegen, und ich sollte viele Jahre lang so genannt werden, glücklicherweise nur von ihr.

Ich massierte sie. Ich versuchte, ihr ein wenig Leben einzuflößen, und plötzlich kam mir der Gedanke, sie zu nehmen, sie heftiger denn je zu umarmen. Bis zu dem Augenblick, als ich spürte, daß ein wenig Schweiß auf ihrer Haut perlte. Bis zu dem Augenblick vor allem, wo sie mich heftig zurückstieß und ins Badezimmer lief, ohne die Zeit dazu zu haben, die Tür hinter sich zu schließen.

Ich hörte, wie sie würgte und sich ausgiebig erbrach. Es dauerte lange, ohne daß ich ungeduldig wurde. Sie hatte sich in New York häufig erbrochen, in den Nächten, in denen wir zu viele Bars besucht hatten, aber niemals so wie jetzt. Danach herrschte Schweigen. Sie schloß die Tür des Badezimmers, und ich wußte, daß sie nun ihren Darm entleerte.

Als sie sehr viel später wieder ins Schlafzimmer kam, liefen ihr immer noch Tränen aus den Augen, aber sie lachte, immer noch nackt.

»Das ist komisch, hm?«

»Was ist komisch?«

»Jemanden gesund zu machen, indem man mit ihm schläft . . .«

Sie schlief fast sofort ein, und am nächsten Morgen lag ihre Temperatur unter dem Mittelwert. Wir nahmen den Zug nach New York, wo ich einen Vertrag unterzeichnete, nicht mit meinem Verleger, dessen Bedingungen ich nicht akzeptierte, sondern mit einem anderen, ebenfalls sehr angesehenen.

Der Winter schied endlich, der Schnee schmolz, und mit Tigys Zustimmung setzten wir uns alle in meinen alten Wagen, um ans Meer zu fahren.

Noch eine Etappe, Marc . . . Eine sehr wichtige Etappe. Unser Gepäck kam im Zug nach. Über Straßen mit vielen Schlaglöchern in einer beinahe trostlosen Landschaft, wo man durch weiße Flecken noch an den Winter erinnert wurde, durchquerten wir den Staat Neubraunschweig, noch in Kanada, und erreichten die Küste bei Saint Andrews, einem sehr beliebten Urlaubsort.

Freunde hatten für uns wieder eine verheißungsvolle Unterkunft gefunden. Eine Dame der »vornehmen Gesellschaft« von Montreal hatte sich dort, fast am Ufer, eine Villa bauen lassen, und da sie in dem Jahr ihre Ferien in Europa verbrachte, vermietete sie sie uns gerne für drei oder vier Monate.

Ich hätte beinahe vergessen, daß ich in Sainte-Marguerite, das wir für immer hinter uns ließen, zwischen zwei kurzen Reisen und unseren Ski-

Nachmittagen einen Roman, keinen Maigret, geschrieben hatte, wo ich zum ersten Mal die Leidenschaft behandelte: *Trois chambres à Manhattan*.

D. behauptet, ich hätte *Maigret à New York* mit einer Flasche Whisky neben meiner Schreibmaschine geschrieben und daß alle meine Romane bis zu diesem nach Alkohol röchen. Nun, sie hatte nur einen zufällig im Zug gelesen. Ich habe manchmal »mit Weißwein« geschrieben, übrigens nicht unmäßig, manchmal »mit Bordeaux«, ich habe niemals mit Whisky geschrieben, meistens mit schwarzem Kaffee oder Tee, den ich auf einer Heizplatte warm hielt.

Was stimmt, ist, daß, als wir keine Heizplatte hatten und ich immer alleine in meinem Arbeitszimmer schrieb, sie es übernahm, mir den Tee warmzuhalten, während ich tippte, und sobald eine Tasse leer war, öffnete ich die Tür einen Spalt, um die volle Tasse zu nehmen, die sie mir reichte.

Um mich sind so viele erstaunliche Legenden geschaffen worden, daß eine mehr oder weniger ... Wahrscheinlich ist die Wahrheit zu einfach für die Journalisten und die Kommentatoren, die die Öffentlichkeit zu fesseln versuchen.

Also Saint Andrews. Ein kleiner Urlaubsort mit einem Kasino, wo nicht gespielt wurde und man keine alkoholischen Getränke servierte, so daß diejenigen, die welchen wollten, ihn in einem staatlichen Laden kaufen mußten. Denn wie die verschiedenen Staaten in Amerika hat auch jede Provinz Kanadas ihre eigenen Gesetze.

Unsere Villa war geräumig, komfortabel, nur daß der Salon dunkel, beinahe finster war. Dennoch sollten D. und ich unsere Abende dort in den antiken und ehrwürdigen Sesseln verbringen. Die großen Zimmer in der ersten Etage, die alles Licht bekamen, waren dir vorbehalten, das eine deiner Mutter, das andere dir, Marc. Am Ende eines Flures zwei kleine Zimmer und ein Badezimmer für das Personal.

In eines der Zimmer zog deine Erzieherin. D. und ich teilten uns das andere, wo nur ein Bett für eine Person stand, mit dem wir lachend Vorlieb nahmen. Man hatte für uns eine ausgezeichnete Köchin gefunden, die jeden Morgen sehr früh kam und abends in ein benachbartes Dorf nach Hause zurückkehrte. Ihre Spezialität war das Backen, was dich vom ersten Tag an freute, denn sie backte Kuchen, die weder du noch wir kannten und auf die sie sehr stolz war.

Der Hafen war klein und malerisch mit seinen Hummerreusen, die überall aufgestapelt waren, und seinen weißen Schiffen mit den farbenfrohen Bordwänden. Was dich am meisten beeindruckte, war eine Art Schwimmbad unter einem Holzschuppen, das in Wirklichkeit ein Bassin für Hummer war, die schwerfällig darin hin und her schwammen. Einmal kauften wir, wie als Herausforderung, den dicksten von ihnen, der fünf Kilo wog und den wir nicht aufessen konnten, nicht einmal an mehreren Tagen.

Einer deiner bevorzugten Besuche galt einem Zentrum für Küstenforschung, wo zwei gesunde, glänzende Seehunde auf einem eingezäunten Gebiet lebten, tauchten, wieder an die Oberfläche kamen, sich an Land schleppten und sich dir näherten, den sie zum Schluß kannten.

In Saint Andrews lerntest du schwimmen, nicht mit mir, mit einem Schwimmlehrer. Als ich in deinem Alter gewesen war, gab es das Kraulschwimmen noch nicht, und man lernte zuerst Brustschwimmen, dann Seitenschwimmen, Rückenschwimmen und »Trudge«, das dem Kraulschwimmen ähnelt, nur langsamer, denn man schwimmt mehr mit den Beinen. Der Schwimmlehrer hielt dich also am Ende einer Art Angel, und du machtest schnelle Fortschritte, obwohl du bläulich aus dem noch kalten Wasser stiegst.

Du angeltest, wir angelten zusammen in einer kleinen Bucht, wo wir vor allem Schollen fingen, denn an diesem Ufer des Atlantiks gibt es keine Seezungen, vor allem auch Teufelsfische mit riesigen Mäulern und einem sehr stacheligen Leib. Sie sind nicht genießbar, und wir warfen sie wieder zurück ins Wasser, wobei ich sie für dich vom Angelhaken befreien mußte.

Ich gab D. in unserem alten, klapprigen Schlitten Fahrstunden, und kurz darauf bekam sie ihren Führerschein. Deine Mutter nahm nun ihrerseits auch Stunden, bei D., denn sie fand mich zu ungeduldig. Auch du wohntest diesen Stunden bei, an einem Ende der immer leeren Straße. Ein Garagist aus Montreal versprach mir, einen Gebrauchtwagen für mich zu kaufen, wenn möglich in gutem Zustand, denn es gab auf dem Markt noch keine neuen Wagen.

Ich schrieb einen oder zwei Romane in unserem kleinen Zimmer, während D. sich im Garten von der Frühlingssonne bräunen ließ. Sie wurde endlich dicker und behauptete lachend – gerne? –, daß ich sie nudele, damit sie wie Madame Maigret aussähe. Sie wurde fast pummelig, und die Wahrheit war, daß sie großen Appetit hatte.

Keinen Whisky mehr. Nur noch Bier. Wir fuhren alle zusammen nach Calais, einer kleinen Stadt in den Vereinigten Staaten genau an der Grenze, wo es nur eine einzige Straße gab, in der man alles fand, sogar Dunhill-Tabak, an den ich seit mehr als fünfzehn Jahren gewöhnt war.

Einmal fuhr ich mit D. dorthin, um Kleider zu kaufen, denn ihre wurden ihr langsam zu eng. Einfache Kleider aus weißer oder bunter Baumwolle. Einige Kilometer von Calais entfernt, in Maine, einem Staat voller Wälder und Seen, entdeckten wir direkt am Meer einen kleinen Flughafen, wo junge Leute, ja sogar zwölfjährige Kinder, Flugstunden nahmen.

Du beobachtetest diese kleinen Flugzeuge, die am Himmel herumflatterten. Ich erriet deinen Wunsch. Niemand außer dem Piloten würde dich begleiten können, weil kein Platz und das Personengewicht begrenzt war.

»Wirst du keine Angst haben?«

»Nein.«

Du flogst davon, und wir folgten dir ein wenig ängstlich mit den Augen, deine Mutter, D. und ich. Als du eine halbe Stunde später wieder zur Erde zurückgebracht wurdest, warst du rot vor Aufregung, und du fandest nur schwer deine Sprache wieder.

»Das ist . . . das ist wun . . . wunderbar . . .«

Später gestandest du mir ein, daß du ziemlich große Angst gehabt hattest.

Pierre Lazareff telegrafierte mir, um mich um einige Artikel über Kanada zu bitten. Er bat mich auch um einen Bericht über das, was ich über eine Atomexplosion in Erfahrung bringen konnte, die in Kürze auf Bikini, einem Atoll im Pazifik, erfolgen sollte.

Pierre war wieder Direktor der ›France-Soir‹ geworden, deren Besitzer Prouvost nicht mehr war. Er war besser informiert als ich, denn wir lasen keine Zeitungen.

Ich schrieb zwei Artikel über das wenige, das ich über Kanada wußte, dann erfuhr ich telefonisch, daß mein Garagist aus Montreal für mich einen Wagen gefunden hatte. Ich traf mit ihm eine Verabredung und ließ zwei Plätze für das Flugzeug von Saint-John aus reservieren, einer bedeutenden Stadt an der Küste, etwa fünfzig Kilometer von uns entfernt.

In Saint-John erfuhren D. und ich, daß die Bombe von Bikini am Tage unseres Fluges explodieren würde, während wir uns oben am Himmel befänden. Einige sprachen von möglichen Katastrophen, von Flutwellen, die die amerikanischen Küsten heimsuchen würden, von schwerwiegenden atmosphärischen Störungen, von was weiß ich noch allem. Jedenfalls war das Flugzeug fast leer, als wir einstiegen.

Die Stunde der Explosion ging vorüber, und das Flugzeug setzte ruhig seinen Weg fort. Allerdings brauchten die möglichen Auswirkungen Zeit, um nach Kanada zu gelangen.

Unser Hotel. Die Werkstatt, wo wir einen Oldsmobile bewunderten, der viel neuer und in besserem Zustand war als mein Wagen. Wir beschlossen eine Probefahrt in kleinen Etappen zur Halbinsel Gaspe und nach Neuschottland. Es war Sommer. Alles war schön, vor allem Gaspe, die mit ihren weißen Fischerdörfern der Bretagne ähnelte.

Kleine Buchten. Kleine Hotels. Steinige Straßen, direkt an der Steilküste.

Du begleitetest uns nicht, und ich hatte es eilig, zurückzukehren und deiner Mutter das neue Auto zu übergeben, das wir in Saint-John auf Hochglanz bringen und überholen ließen.

Ich hatte Fortschritte im Englischen gemacht. Du radebrechtest und lerntest zu schreiben.

Der Herbst kam näher, und reich mit unseren zwei Autos, beschlossen wir, nach Florida zu fahren. Deine Mutter, die noch unsicher fuhr, würde zusammen mit der gitarrespielenden Erzieherin losfahren. Du dagegen fuhrst mit D. und mir.

Eine neue Abreise, mein armer Marc, diesmal für eine sehr lange Fahrt, denn wir folgten der Küste von Saint Andrews nach Miami. Ich nahm meine Schreibmaschine mit, meine Aktenordner, Koffer, Schrankkoffer. Das Auto war so beladen, daß die Stoßdämpfer ächzten.

Beinahe ein Abenteuer, nicht wahr? Vom Schnee zu den Palmen und den Kokospalmen. Du aber verzogst keine Miene. Du träumtest.

25

Bevor ich zu den Erinnerungen unserer langen und langsamen Fahrt komme, die uns über wiederholte Umwege bis zum Golf von Mexiko führte, will ich noch einige Bilder aufleben lassen, die mir aus unserem Leben in Kanada einfallen.

Zum Beispiel meine Begegnung mit D.s Mutter in ihrem Familienhaus während meiner zweiten oder dritten Reise nach Ottawa.

Ein Holzhaus, geräumig, patrizisch, wie man sie heute noch häufig sieht, sowohl im Norden als auch im »Deep South« der Vereinigten Staaten, von Quebec nach Louisiana. Das Haus machte einen friedlichen und familiären Eindruck mit seinem Garten, auf halber Höhe des Abhangs zwischen anderen, ähnlichen Häusern, die nach stolzer und selbstsicherer Bourgeoisie aussahen.

Ich wurde in einem sehr großen Salon empfangen, mit alten Möbeln der Familie, Silber aus der Zeit der Großeltern und vielleicht der Urgroßeltern, und durch die offene Flügeltür sah ich in ein ebenso anheimelndes und ruhiges Eßzimmer.

Was soll ich über die Frau sagen, die mich in diesem ziemlich düsteren Zimmer empfing?

»Mama, ich möchte dir meinen neuen Chef vorstellen.«

»Sehr erfreut, Monsieur. Setzen Sie sich doch.«

Ich nehme an, sie sagte das mit dem Akzent der Provinz Quebec.

Ich schaute sie überrascht an. Sie war genauso groß, genauso breit wie ihr ältester Sohn, dessen Statur mich in Montreal beeindruckt hatte, noch korpulenter, noch massiger als er. Trotzdem machte sie nicht den Eindruck, fett zu sein, sondern, im Gegenteil, daß ihre Körperfülle, die von säulenförmigen Beinen getragen wurde, aus Granit gehauen war.

Auch ihr Gesicht schien eher mit groben Hammerschlägen gehauen zu sein als fein modelliert. Ihre Haare waren silbergrau, und alles an ihr schien mir grau, unwandelbar. Sie war eine lebende Statue, eine richtige »Matrone«, nicht in dem Sinne, den man heutzutage diesem Wort gibt, sondern in der Bedeutung aus dem Alten Rom, wo man die Mutter als Hüterin des Herdes und der Traditionen der Rasse verehrte.

Ihr Gesichtsausdruck war auf den ersten Blick streng, der einer stolzen Großbürgersfrau. Wenn ich indessen ihre so hellen Augen betrachtete, ihren schmalen Mund, der manchmal unmerklich zitterte, glaubte ich, an ihr die Zeichen einer gewissen Verletzlichkeit zu bemerken, vielleicht auch einer Schüchternheit, die zu verbergen sie sich zwang?

Wußte auch sie, wie ihre Söhne, Bescheid, wie die meisten Leute, die ich in letzter Zeit getroffen hatte? Sie ließ sich nichts anmerken. Es war eine gesellschaftliche und schwierige Begegnung. Das kleine Dienstmädchen, von dem mir D. erzählt hatte und das das gesamte Personal des Hauses darstellte, war dagegen ganz klein, sah mit ihrem beinahe gebeugten Körper zerbrechlich aus.

Dennoch hatten diese beiden so verschiedenen Frauen damals für die Führung eines Hauses genügt, in dem fünf Kinder nacheinander geboren worden, wo sie alle aufgewachsen waren, zuerst eine Tochter, dann drei Söhne, schließlich D., die Jüngste.

Ich stellte mir die ganze Familie, die ernährt und gepflegt werden mußte, zu Lebzeiten des Vaters vor, um den Tisch herum sitzend, den ich im Eßzimmer erblickte.

Ich wußte nicht, wie viele Zimmer sich im Obergeschoß befanden. D. hatte mir anvertraut, daß sie eins mit ihrer Schwester geteilt hatte, was ihr aus einem unvorhergesehenen Grund Kummer bereitet hatte. Die Lieblingsfarbe ihrer Schwester war Grün. Sie wollte unbedingt, daß das Zimmer grün gestrichen wurde, einschließlich der Möbel, und all das Grün hatte D. zum Schluß so sehr gereizt, daß sie nichts Grünes um sich herum mehr duldete.

Beherrscht nicht das Grün die Natur, die uns umgibt?

Ich wußte auch, daß nur ein einziges Badezimmer existierte, wie in beinahe allen alten Häusern, und die Familie teilte es sich, jeder zu einer bestimmten Zeit, wenn er an der Reihe war, und jeder war auch dazu verpflichtet, es in sauberem Zustand wieder zu verlassen, nachdem er es benutzt hatte.

Ich begeisterte mich angesichts des schweren Silbers, was ein Lächeln auf den dünnen Lippen hervorrief.

»All das ist seit mehr als einem Jahrhundert in Familienbesitz.«

Jetzt waren sie nur zu drei Frauen in dem Haus: die Mutter, die ältere Schwester, ledig und eher bohèmehaft, und schließlich dieses kleine Dienstmädchen, alterslos, fast bucklig, das unverwüstlich schien.

Worüber sprachen wir? Schon beim Hinausgehen hätte ich es nicht mehr sagen können. Ich brachte meine Sätze nur vorsichtig hervor, beeindruckt und vielleicht ein wenig abgestoßen von dieser monolithischen Frau, die ihre Worte nur anstandshalber zwischen ihren kaum geöffneten Lippen hervorstieß.

Ich verließ diese Vergangenheit und dachte daran, daß sie zu dem gestörten jungen Mädchen geführt hatte, das ich eines Tages im Brussell's getroffen hatte und das meine Gefährtin geworden war, nach so vielen erschütternden Ausbrüchen ihrer- sowie meinerseits. Zu dem jungen Mädchen, das zu sterben beschlossen hatte, um sich zu läutern.

Ich dachte jedoch nicht im entferntesten daran, daß sie eines Tages meine Frau sein würde, denn ich hatte ihr erklärt, daß ich sie niemals heiraten würde.

»Ich würde es ebenfalls ablehnen«, hatte sie erwidert.

Dennoch würde dieser Monolith in einer immer näheren Zukunft meine Schwiegermutter werden, und zwischen uns würde sich eine gewisse Zuneigung entwickeln.

»Aber nein, D.«, würde sie später oft sagen. »Wirst du dir denn immer Geschichten ausdenken?«

Wie »La Diva«, von der mir der große Bruder erzählt hatte.

Wie oft hatte ich mich gefragt und würde ich mich noch jahrelang fragen, ob ich nicht auf eine geschickte Komödie hereingefallen war!

Nun gut! Ich akzeptierte diese Möglichkeit, wenn ich von dem Verdacht nicht loskam, und begnügte mich damit, die Zähne zusammenzubeißen oder einen Wutanfall zu bekommen, was bei mir nie vorgekommen war, bevor ich D. kennengelernt hatte.

Das ist das, mein Sohn, was man Leidenschaft nennt. Man hat nicht unrecht damit, wenn man behauptet, daß es eine Krankheit ist, von der man nicht leicht geheilt wird, wenn sie nicht gar tödlich ist, wie sie es beinahe in meinem Fall war.

Ein anderes Bild, eine andere Erinnerung steht dazu im Gegensatz. Ich habe dir erzählt, daß du mit deiner Mutter die Wohnung der »Herrschaft« in unserer Villa in Saint Andrews teiltest, während D. und ich ganz am Ende eines langen Flures in einem Zimmer für »Dienstboten«

schliefen, was ich gerne in Kauf nahm, denn du kamst in meinen Augen und in meinem Herzen an erster Stelle.

In dieser Zeit war es, daß du, genauso wie ich in demselben Alter, manchmal Anfälle von Schlafwandeln hattest. Du standest verstört auf, ohne Angst vor der Dunkelheit, und du riefst nach D., wie man um Hilfe ruft. Deine Mutter versuchte alles, um dich zu beruhigen und dich wieder ins Bett zu bringen. Als letzten Ausweg hatte sie die Gewohnheit angenommen, wenn einer deiner Anfälle begann, ein paar Schritte den engen Flur entlang zu gehen und zu rufen:

»D.«

Wir schliefen nackt auf unserem Eisenbett, und sie streifte hastig einen Morgenrock über, um zu dir zu gehen.

»Ich bin tot, D.! Sie sehen doch, daß ich tot bin!«

Warst du, wie ich, empfänglich für ihre singende Altstimme?

»Komm, Marc . . .«

Sie nahm dich bei der Hand, brachte dich ins Badezimmer bis zum Klosett, zog von deinem Schlafanzug dein *chuchette*, wie du es nanntest, herunter, und sofort fingst du ganz natürlich an, Pipi zu machen, während deine Züge sich entspannten.

Du sahst sie erstaunt an.

»Sind Sie's, D.? Wo bin ich?«

»In deinem Badezimmer.«

Du erkanntest die Wände, die vertraute Umgebung.

»Ah! Ja . . .«

Dann gingst du zu deinem Bett, wo du wieder einschliefst. Am nächsten Tag erinnertest du dich an nichts. Seitdem du vierzehn oder fünfzehn Jahre alt warst, bist du nicht mehr im Schlaf gewandelt, wenn ich mich nicht irre. Ich dagegen bin es noch mit über vierzig Jahren. Meine Eltern fanden mich an der Ecke der Rue Puits-en-Sock wieder, in meinem Nachthemd aus weißer Baumwolle, das mir bis zu den Füßen ging. Noch in Epalinges, als ich älter als fünfundsechzig Jahre war, hatte ich manchmal kurze Anfälle. War dein Sohn nicht ebenfalls Schlafwandler?

Aber jetzt sind wir weit von Amerika entfernt, über dessen Grenze wir fuhren, an Bord unseres klapprigen Autos mit den glatten Reifen und der mitgenommenen Federung, denn das Auto, das wir in Montreal gekauft hatten, wurde das deiner Mutter.

Wir fuhren durch Maine, und während wir aus Vorsicht sehr langsam dahinrollten, erklärte ich dir, als hättest du in der Schule gesessen:

»Dies ist der bewaldetste Staat der Vereinigten Staaten, dessen Wälder und Seen noch die Namen tragen, die ihnen von den Indianerstämmen gegeben worden sind, die dort gewohnt haben . . .«

Wir sollten sie sehen, diese Indianer, von denen du wie Millionen Kinder träumtest. Schon am ersten Tag sahen wir ein »Reservat«, wo Angehörige von irgendeinem Stamm zusammengepfercht waren. Man nahm an, daß sie in ihren traditionellen Tipis schliefen, die man, gruppiert wie in einem Park, sah; in Wirklichkeit verfügten sie, hinter einem dichten Vorhang von Bäumen versteckt, über weißgekalkte, mit Wellblech bedeckte Häuschen.

Sehr ärmlich, mit glanzlosem Blick, spielten sie für die Touristen eine Komödie, und ein geschnitzter, bunter Totem zierte den Eingang zu ihrem »Dorf«. Sie trugen ihren traditionellen Anzug, den der Film und die Comics bekannt gemacht hatten, und boten, vor ihrem Tipi kauernd, den Besuchern kleine Gegenstände an, die sie angefertigt hatten.

Du betrachtetest das alles mit deinen unergründlichen Augen. Ich wußte, was du in dich aufnahmst, aber ich würde nie erfahren, was du dachtest. Ich kaufte dir einen Tomahawk aus sehr leichtem Holz und ein buntes Tambourin, dessen Farben sehr schnell ausbleichten. Ich sorgte dafür, daß deine Träume nicht zerstört wurden, und sagte dir nicht, daß gleich, wenn die Besuchszeit beendet sein würde, die Indianer ihre Fransenkostüme gegen Blue-jeans und ein kariertes Hemd vertauschen und wieder in ihre Häuschen gehen würden.

Wir würden noch andere Reservate besuchen, bevor wir nach Miami kamen, auch das der Semiolen, die Silberschmuck verkauften und hinter den Bäumen komfortable Automobile versteckten!

Das war 1946, vergiß es nicht. Es war noch einige Jahre später so, aber ich habe gelesen, daß heute einige Stämme, unter anderem aus Oklahoma, Erdölquellen ausbeuten. Du weißt es besser als ich, denn du bist ja vor nicht langer Zeit mit deinen Kindern dorthin zurückgekehrt.

Wir fuhren, so gut es ging, an der Küste entlang, was nicht immer einfach war. Die Straßen in Maine, auf denen wir fuhren, waren nicht alle mit Schotter bedeckt, und oft verfuhren wir uns, denn es gab nur selten Wegweiser. Maine, so erklärte ich dir, während ich auf die Buckel und die Löcher der Straße achtgab, ist berühmt wegen seiner Sommercamps. In der heißen Jahreszeit – aber hörtest du mir zu? – schicken Tausende von Eltern ihre Kinder in eins der mehreren hundert Camps, wo junge Studenten ihre Betreuer und Betreuerinnen sind.

In den Wäldern oder am Ufer der Seen führen sie zwei oder drei Monate lang ein zauberhaftes Leben, fahren im Einbaum die Wildbäche hinunter, schwimmen im See oder segeln darauf, kochen auf offenem Feuer, was weiß ich noch alles? Jungen und Mädchen sind unter sich, ihr Betreuer kaum älter als sie.

Träumtest du? Beobachtetest du? Was sahst du, was dachtest du während unserer Fahrt?

Wie viele Pinkelpausen auf dem Weg! Wenn du in einem bestimmten Ton »Dad« riefst, wußte ich, warum ich mitten in der Landschaft anhalten mußte, und manchmal mußten wir wegen mir aus dem gleichen Grund anhalten. Soweit es möglich war, vermieden wir die großen Städte. Wir fuhren oft ans Meer: lärmende und belebte Strände, oft am Rande ein *carnival*, ein Jahrmarkt mit seinen Manegen, seinen Auto-Skootern, seiner disharmonischen Musik, seinen Gerüchen von *hot-dogs*, von Krapfen, Öl und Fett, auch von Sonnenöl, womit sich die Badegäste einrieben.

Die Auto-Skooter machten mich schwindelig, und so fuhr D. mit dir. Bald hattet ihr jeder ein eigenes, und du warst versessen darauf, das von D. zu rammen, die in ihr kehliges Lachen ausbrach.

Meistens schliefen wir in Motels, wo man über ein Häuschen verfügt, vor dem man sein vollbepacktes Auto stehenläßt. Im Norden waren sie eher dürftig, und wenn sie auch fast immer zwei miteinander verbundene Schlafzimmer und eine kleine Küche hatten, so waren weder ein Salon noch ein Schwimmbad zu sehen. Häufig nur eine Dusche anstelle eines Badezimmers, und das Wasser lauwarm.

Schon am zweiten oder dritten Tag waren wir in Massachusetts, wo die Straßen breiter wurden, die Autos aber auch im Gänsemarsch auf dem Schotter hintereinander herfuhren.

»Warum fährst du nicht schneller, Dad?«

»Weil das Auto alt und zu voll bepackt ist.«

Wir kamen nach Boston. In den ärmlichen und beunruhigenden Vororten platzte ein Reifen. Genau vor einer kleinen Werkstatt waren Geräusche im Motor zu hören. Der Garagist, der aussah wie ein Kinogangster, versprach uns, daß das Auto am Abend des folgenden Tages fahrbereit sein würde, und ein Taxi brachte uns in ein luxuriöses Hotel im Zentrum der Stadt.

Wir freuten uns darauf, dort einen gewissen Komfort vorzufinden, und ich betrat die Halle, näherte mich dem Pult, das von einer Menschenmenge umlagert war.

Ich hatte von draußen eine Schlange von ungefähr zwanzig Metern bemerkt. Ihr schautet mir beide von weitem zu.

»Im Augenblick findet eine *convention* statt . . .«

Mit anderen Worten ein Kongreß, vielleicht von Zahnärzten, von Industriellen, die mit Kautschuk, Kupfer oder sonst etwas handelten, von Handelsreisenden. Gutgekleidete Herren gingen selbstsicher umher, einen *badge* am Revers ihrer Jacke mit ihrem Namen und dem Staat, aus dem sie kamen.

Die ungeduldigen Leute am Empfang hier warteten auf den unwahrscheinlichen Fall, daß sie eins der verbleibenden Zimmer bekämen . . .

Wir versuchten es in zwei, drei, vier Hotels, alle ausgebucht, und man riet uns, in einem Privatquartier zu wohnen. D. bekam die Adresse einer Art Wohnungsvermittlung. Man schickte uns mit einem Pappkarton zu einem alten Haus, sehr weit entfernt vom Zentrum, wo uns eine alte Dame in einer ebenfalls altmodischen Wohnung empfing.

Wir schliefen dort in einem Zimmer, und am nächsten Morgen schrieb ich meinen Artikel. Denn ich hatte Lazareff kurze Berichte von unserer Tour versprochen, die in ›France-Soir‹ erscheinen sollten unter dem Titel, der nicht von mir stammte, *L'Amérique en Auto,* mit reißerischen Untertiteln, die ebenfalls nicht aus meiner Feder kamen. Auch nicht von meinem Freund Pierre, nehme ich an, sondern von einem Redaktionssekretär.

Ich will sie nicht wieder lesen, und ich werde dir auch keinen malerischen Bericht von unserer Reise geben. Ich werde mich mit einigen Bildern begnügen, die für mich lebendig geblieben sind, und vor allem mit kurzen Bemerkungen über dein Verhalten.

Denn seit deiner Geburt wurde ich nicht müde, dich zu beobachten, zu versuchen, dich zu enträtseln, so wie ich es später bei deinen Brüdern und deiner Schwester tat. Der »Vaterberuf« begeisterte mich, um einen Ausdruck zu benutzen, den ich oft wiederholte, denn ich fühlte mich mit all den Fasern meines Wesens als Vater, ich fühlte mich durch unsichtbare Fäden mit dir verbunden.

Ich hatte dich aufwachsen gesehen, als hätte ich vorher noch nie ein Kind gesehen. Sicher, du warst das erste Kind, das ich gezeugt hatte, aber ich würde die folgenden Kinder mit ebensoviel Leidenschaft beobachten, denn jedes Individuum ist anders, und ich würde entdecken, daß es bereits in dem Knaben oder dem Mädchen der ersten Lebensjahre vollständig enthalten ist.

Ich ging sogar so weit, eifersüchtig auf deine Mutter zu sein, als hätte sie mir einen Teil dessen gestohlen, was mir gehörte, was natürlich lächerlich ist, ich weiß es. Verkündete nicht einer deiner Brüder eines Tages:

»Mit dreißig Jahren möchte ich ein Kind haben . . .«

Nach kurzer Überlegung fügte er hinzu:

»Wenn ich nur eins haben könnte, ohne mich mit einer Frau zu belasten . . .«

Ich beobachtete dich noch immer, als wir zwei Tage später wieder abfuhren. Die Reparaturen waren anscheinend schwieriger als vorhergesehen, und man verlangte von mir eine sehr übertriebene Summe. Unterwegs bemerkten wir, daß man uns die Leica gestohlen hatte, die mit mir um die Welt gereist war und an der ich sehr hing.

Wir waren in Neuengland mit den hellen und freundlichen, manchmal üppigen Häusern, denn hier wohnte die alte Aristokratie Amerikas.

Weite Sandstrände zu unserer Linken, das schäumende Meer, ein Kap, das berühmte Kap Cod, wo die Pilger gelandet sind, die die Vereinigten Staaten gegründet haben, wobei sie die meisten Indianer ausrotteten, die vor ihnen in dem Land gelebt hatten.

Man hält hier und da einige Exemplare in den Reservaten, wie man in den Reservaten Afrikas bestimmte Tiere hält, die vom Aussterben bedroht sind. Wegen der Folklore indessen behält man überall die Namen bei, die den Flüssen, den Seen, den Wäldern und einigen Distrikten von den Eingeborenen gegeben worden sind.

Eines Tages würdest du in die »Indian Mountain School« eintreten, wo selbstverständlich kein einziger Indianer zugelassen war. Ich habe übrigens nicht einen von ihnen in der Gegend gesehen.

Wir beschlossen, um das Kap Cod herumzufahren, wo sich im Sommer die vornehme Gesellschaft von Boston aufhält. Fast an der Spitze der versandeten Halbinsel steht ein kleines Museum, das wir besuchten und das dich zu faszinieren schien. Man kann dort ein Modell des Schiffes sehen, das die ersten Pilger aus England hierher brachte, Trachten aus der Zeit und in einer Vitrine hinter Glas ein altes Buch, auf das du mit dem Finger zeigtest, als ich dir die Odyssee dieser Männer und Frauen erzählte, die aus religiösen Gründen ihr Land verlassen haben.

»Dad! Sieh mal! Das Telefonbuch der Pilger!«

Dieses alte, so kostbare Werk war nichts anderes als die altehrwürdige Bibel, aus der ein Pastor ihnen jeden Tag einige Verse vorlas, um sie im Sturm zu trösten.

Für dich, wie für mich vielleicht, existierte die Zeit nicht. Warum hatte man erst vor kurzem das Telefon erfunden? Warum nicht einige Jahrhunderte früher? Die Chinesen hatten das Schießpulver erfunden, lange bevor das Römische Reich existierte, aber sie hatten es benutzt, nicht um zu töten, sondern für das Feuerwerk, auf das du so versessen warst.

Ein langer Verkehrsstau. Denn es gab, sogar in Amerika, bereits Verkehrsstaus. Man konnte Providence mit den gewundenen Straßen nicht umfahren, und die Autos fuhren fast im Schrittempo. Du berührtest mich an der Schulter.

»Dad . . .«

Ich wußte Bescheid. Pipi. Ich auch. Keine Möglichkeit, anzuhalten und die Schlange zu verlassen. Wir sahen Bars an uns vorüberziehen, in denen es komfortable Toiletten geben mußte.

»Wenn wir aus der Stadt heraus sind . . .«

Darüber hinaus war Feierabend in den Fabriken.

»Dad! Ich kann nicht mehr . . .«

Aus der Tür heraus zu pinkeln war gefährlich, denn Amerika war noch puritanisch.

»Wenn es sein muß, mach im Wagen Pipi.«

»Mach dich nicht lustig.«

»Ich spreche im Ernst.«

Erst eine gute halbe Stunde später fuhren wir aus dem Stau heraus durch eine kleine Straße, die auf der Karte nicht eingezeichnet war. Wir gingen zusammen zur Toilette. Ich hörte deine klagende Stimme:

»Es kommt nicht mehr.«

»Entspann dich. Zwing dich nicht.«

Endlich gelang es dir, und du beruhigtest dich wieder. Ich für meinen Teil trank an der Bar zusammen mit D. ein großes Glas Bier, während du in gierigen Schlucken ein Getränk mit Kohlensäure trankst.

Wir fuhren durch Connecticut und schliefen in einem schmucken Gasthof, wo die Küche ausgezeichnet war. Keinen Whisky mehr, weder für D. noch für mich. Sie gab sich heiter und erfüllte dir jeden Wunsch. Du warst kein schwieriges Kind, wie man so sagt. Mit dir konnte man vielmehr sehr gut zusammensein, und Tigy hatte sich deswegen eine Zeitlang Sorgen gemacht.

»Er weint fast nie, bekommt keine Wutanfälle. Man könnte meinen, er lebe sich nicht aus wie alle Kinder, er lebt so in sich gekehrt . . .«

Ich dagegen glaube, daß du eine kleine Welt für dich alleine hattest, daß es dir darin gefiel, daß du sie wie dein kostbarstes Gut eifersüchtig hütetest. Es ist an dir zu urteilen, mein lieber Marc, den ich für meinen Teil mit den Jahren nicht sehr verändert finde.

Jeder von uns trug eine Welt in sich, und deine war voller Sonne, voller Bäche, die in den Wiesen und den Wäldern dahinplätscherten, voller sichtbarer und unsichtbarer Tiere, deren Gesang oder Schreie man manchmal des Nachts hörte, ein einzigartiges Universum in Übereinstimmung mit der Natur. Im Grunde bist du, obwohl ich dieses zu sehr abgenutzte Wort nicht mag, ein Dichter, und ich sehe voraus, daß du es dein ganzes Leben lang bleiben wirst.

Weißt du, daß die Dichter in früherer Zeit verehrt wurden und daß ihre Lieder für die primitiven Völker die Stimme der Götter verkörperten?

Wir umfuhren New York, denn wir wollten dort nicht haltmachen, wir durchquerten den Holland Tunnel, um nach New Jersey zu kommen. Wir beschlossen, in einem der großen Hotels von Newark zu übernachten, und es erwartete uns das gleiche Mißgeschick wie in Boston. Alle Hotels, die diesen Namen verdienten, waren randvoll belegt. Der Portier ließ einem nicht einmal die Zeit anzuhalten und bedeutete einem durch Zeichen: *convention!* Noch eine! Zwanzig Jahre danach haben diese Kongresse Europa erobert, wo alle großen Hotels jetzt einen Kongreßsaal haben, mit einer Anlage für Simultanübersetzung.

Die Nacht war hereingebrochen. New Jersey ist einer der bevorzugten Staaten der Mafia, die die prunkvollsten Häuser am Ufer des Hudson besitzt, während die kleinen Gauner sich überall in der Stadt verborgen halten.

Wir fanden uns in einem beunruhigenden Viertel wieder, mit schlecht beleuchteten Straßen, auf denen wenig vertrauenerweckende Gestalten vorübergingen. Das Wort »Hotel« in Leuchtbuchstaben. Wir gingen hinein, denn wir waren am Ende unserer Kräfte. Der Empfang war in der ersten Etage. Ein alter Mann, ebenso abgenutzt wie sein Anzug, gab uns einen Schlüssel. Es gab keinen Aufzug, was in Amerika selten vorkommt, und als wir unsere zwei oder drei Etagen hochstiegen, begegneten wir einer Blonden mit großen Brüsten, die einen betäubenden Parfümgeruch verbreitete. Wir sahen uns an, D. und ich. D.s Haare waren schon lang, und bald würde sie sie flechten und sich um den Kopf legen können.

Zwei Betten. Wenigstens das. Ein Badezimmer mit einer gelblichen Wanne. Ein Radiogerät, das nur lief, wenn man ein Zehncentstück in einen Schlitz steckte. Wir fragten uns lieber nicht, wer vor uns in den Betten geschlafen hatte, und streckten uns resigniert aus.

Ich dachte an Boule, die noch nicht ihr Visum erhalten hatte, und die, wegen der Einwanderungsquote, nicht mehr hoffte, es in Paris zu bekommen. Es wollten sich so viele Ausländer aus der ganzen Welt hier niederlassen, in dem angeblichen Schlaraffenland, daß die amerikanische Regierung Einwanderungsquoten festgesetzt hatte. Das bedeutete, daß jedes Land das Recht hatte, so und so viele Emigranten pro Jahr zu schicken, wobei die Zahl je nach seiner Politik und der Rasse schwankte.

Die Engländer zum Beispiel und die Dominions erfreuten sich einer sehr hohen Quote, die es vielen von ihnen erlaubte, sich in den Vereinigten Staaten niederzulassen. Die Skandinavier und die Holländer folgten, denn sie wurden derselben ethnischen Rasse zugerechnet.

Im Gegensatz dazu verfügten die Mittelmeerländer Frankreich, Italien, Griechenland usw. über eine weit niedrigere Quote. Was die Farbigen von den anderen Kontinenten anging, so hatten diese sehr wenig Chancen, außer den Menschen, die kulturell außergewöhnlich hochstanden.

Ich hatte mich bei den Behörden erkundigt, und man hatte mir geantwortet, daß Boule schneller einreisen könnte, wenn sie sich bereits an einer der Landesgrenzen Amerikas befände.

Wir fuhren gen Süden, nach Mexiko, und sie wartete nur darauf, daß wir uns endgültig irgendwo niederließen, damit sie dann in dieses Land fahren konnte. Endgültig? Lassen wir das! War es nicht immer endgültig, wenn ich mich niederließ?

Wir fuhren weiter. Wir fühlten uns schmutzig, und ohne die zweifelhaften Handtücher anzurühren, hatten wir uns mit unserer Wäsche vom Vortag abgetrocknet.

Wir fuhren über eine unendliche Eisenbrücke, und danach würden wir, wenn wir der Autobahn folgten, durch Philadelphia kommen, woran ich nicht denken konnte, ohne daß sich mein Herz zusammenkrampfte. Meine Wunde blutete nicht mehr, aber ich spürte sie immer noch, und das Glück war auf meiner Seite. Kurz vor der vom Rauch der Fabriken überzogenen Stadt standen Schilder mit der Aufschrift »Detour«, dasselbe Wort wie im Französischen, und schon fuhren wir wieder durch fette Weiden, die um stattliche Bauernhöfe herum lagen, die mich an Holland erinnerten. Sie sind tatsächlich holländisch. Dieser ganze Teil von Pennsylvania ist von Holländern urbar gemacht worden, die dort Nachkommen gezeugt hatten. Die Gegend sieht hübsch aus, wie in den flachen Ländern, nach denen ich die Sehnsucht behalten habe.

Manchmal sangen wir im Chor.

Ich begann:	*»Un canard, déployant ses ailes . . .«*
Du machtest:	*»Couin, couin, couin«*
Ich:	*»Disait à sa cane fidèle . . .«*
Du:	*»Couin, couin, couin . . .«*
Ich:	*»Il disait . . .«*
Du:	*»Couin, couin, couin . . .«*
Ich:	*»Il chantait . . .«*
Du:	*»Couin, couin, couin . . .«*
Ich:	*»Demain, nous irons à Berlin . . .«*
Du und D.:	*»Couin, couin, couin, couin, couin . . .«*
Ich:	*»Dis-moi oui, dis-moi non, dis-moi si tu m'aimes,*
	Dis-moi oui, dis-moi non, dis-moi oui ou non . . .«

Ich glaube, wir hatten in Fontenay-le-Comte begonnen, dieses Duett zu singen, und du legtest immer so viel Begeisterung in dein *»couin, couin«.*

Die Wegweiser kündigten uns an jenem Tag oder an dem darauffolgenden an, daß wir uns Washington näherten. Wir befanden uns wieder auf der Autobahn, und wir erblickten jetzt Drive-ins und prachtvolle Motels.

Jedes Gebäude war ein kleines Chalet und enthielt zwei Schlafzimmer, einen Salon, ein Badezimmer, manchmal eine gut ausgerüstete Bar in einer kleinen Küche, nicht zu reden von einem einladenden Schwimmbad mitten auf einem gepflegten Rasen.

Ich erfuhr später den Grund für diesen Luxus. In diese Drive-ins kamen die hohen Tiere von Washington, Senatoren, Kongreßmitglieder und andere, um die Nacht mit einem hübschen Mädchen zu verbringen, häufig mit einer ihrer Sekretärinnen. Das war diskreter als in den Hotels und anonym.

Wir fanden in der nächsten Zeit am Rande aller Hauptstädte der verschiedenen Staaten welche, und sie wurden immer eleganter, je weiter wir nach Süden vorstießen.

Einen Tag verbrachten wir in der Hauptstadt der Vereinigten Staaten. Das Weiße Haus; in bestimmten nahegelegenen Vierteln die hochherrschaftlichen Häuser der Bonzen; eine Menge Farbiger, von denen einige stolz in einem rosa Cadillac fuhren.

Virginia. Reiter und Reiterinnen von sehr britischer Eleganz in ausgedehnten Grünanlagen, und als Hintergrund die schon schneebedeckten hohen Berge.

Dann die beiden Staaten von Carolina, und es wurde immer heißer. Bäume, Eichen oder Nußbäume, von denen blaßgrüne Klumpen von spanischem Moos herunterhingen.

Wir überquerten die Grenze des Dixie Land, um die sich Süd- und Nordstaatler früher so heftig bekämpft hatten.

Tabakplantagen, Farbige in größerer Zahl als Weiße. Wir hielten in dem Grandhotel irgendeiner Stadt. Die Vorstellungen in den Nachtclubs begannen schon um acht Uhr abends, während das Abendessen serviert wurde, und gegen Mitternacht wurde eine zweite Vorstellung gegeben.

Du machtest dich fein. Wir uns auch. Wir wollten ein kleines Fest feiern. Ich erklärte dir:

»Von hier an, mein kleiner Marc, darfst du nie das Wort Neger in der Öffentlichkeit aussprechen.«

»Warum, wenn es doch Neger sind?«

»Weil für sie das Wort eine Beleidigung ist. Du kannst höchstens ›Schwarzer‹ sagen.«

»Ist das nicht dasselbe?«

»Nicht im Süden. Man sagt sogar besser: Farbiger.«

»Was bedeutet das?«

»Mit Farbe.«

»Und wenn ihre Farbe schwarz ist?«

»Egal.«

Wir gingen hinunter. Wir hatten einen Tisch für drei Personen reservieren lassen, in einem großen Saal mit dem Reiz der Südstaaten. Das Personal war schwarz und die weißen Uniformen stachen nur um so mehr ab.

Man reichte uns eine beeindruckende Speisekarte. Das Orchester spielte einen schmachtenden Walzer.

»Was möchtest du, Marc?«

Man nannte dir Speisen, die du nicht kanntest, und du stelltest dein Menü deshalb nicht weniger ernsthaft zusammen. Dann, in dem Moment, als der Oberkellner mit dem breiten Lächeln sich zurückziehen wollte, ändertest du deine Meinung:

»D., bitten Sie den Ne ... den N ...«

Sehr rot geworden sagtest du schließlich:

»... den Weißen ... mir ein Glas Wasser zu geben ...«

Der Oberkellner verstand. Er war nicht verärgert, sah dich im Gegenteil mit einem gerührten Lächeln an und antwortete dir auf Französisch: »*Oui, missié* ...«

Georgia erwartete uns, wo du deine größte Überraschung, vielleicht deine stärkste Aufregung erleben solltest.

Während wir aßen und die Tänzerinnen auftraten, fragte ich mich, wo in diesem Augenblick Tigy und die Erzieherin sein konnten. Waren sie vor uns, hinter uns? Hatten sie ebenso viele Umwege gemacht?

Tigy hatte vorher nicht gesagt, welchen Weg sie nehmen würde, da sie lieber aufs Geratewohl losfuhr, und sie hatte nur angekündigt, daß sie wenigstens einen Tag in New York bleiben würde.

Fuhren nicht auch wir aufs Geratewohl, ohne zu wissen, wohin wir fuhren, außer, daß wir uns mit deiner Mutter in Miami verabredet hatten? Nicht um dort zu leben. Nur um eine mehr oder weniger lange Pause zu machen, bevor wir weiterfuhren nach ...

Ich bin immer irgendwohin weitergefahren, und wir fuhren jetzt gemeinsam weiter, auch wieder irgendwohin, wohin, wußten wir nicht, vielleicht für immer, vielleicht vorübergehend.

Du applaudiertest aus Höflichkeit der rothaarigen Sängerin. Fast jedes Cabaret in Amerika präsentiert eine rothaarige Sängerin, die immer eine Altstimme hat, ein wenig rauh wie D., und manche nennen das eine »Vaginalstimme«.

D. war brav, und während der ganzen Reise würde es zwischen uns nicht die geringste Auseinandersetzung geben.

Sollte ich schließlich an etwas Endgültiges denken?

26

Augusta, am frühen Morgen, weiß und rot, eine kleine, bezaubernde Stadt in Georgia, mit ruhigen Straßen, gesäumt von Bäumen mit großen, leuchtend roten Blüten, die ich früher in Tahiti gesehen hatte, wo man sie *flamboyants* nannte. Keine Zurschaustellung von Reichtum, auch keine Zeichen von Armut: eine Art allgemeinen Wohlstands in der lähmenden Sonne. Ich hätte mich gerne hier aufgehalten und nahm mir vor, eines Tages hierhin zurückzukehren, aber die Überraschung, die ich für Marc bereithielt, war nur einige Meilen entfernt.

Ein rundes Gebäude, hoch und breit, mit den Füßen im Ozean. Ein langer Flur. Ich ließ Marc vor uns hergehen, und plötzlich blieb er gespannt stehen. Hinter einer riesigen Glaswand hatte man den Meeresgrund rekonstruiert, und Marcs Blick ging hin und her, in alle Richtungen, entdeckte Felsen, lebende Korallen, Sand, auch lebende Algen, die sich sanft hin und her bewegten.

Krabben, Hummer, Langusten kreisten umher oder lagen unbeweglich auf der Lauer, während Fische in allen Farben, in allen Größen auf ihrer endlosen Jagd ums Überleben hin und her schwammen. Ein Schatten huschte sehr schnell vorbei, riesig und schwarz: ein Hammerhai.

Das war kein Museum. Wir waren im »Marineland«, von dessen Existenz ich durch einen Prospekt erfahren hatte. Seither hat man, wie mir erzählt wurde, andere geschaffen, aber dies hier war das erste. Die natürlichen Lebensbedingungen des Meeres wurden strikt eingehalten.

»Aber Dad«, sagtest du, als du sahst, wie ein anderer Hai einen schon großen Fisch verschlang, »die Haie werden alle anderen Fische fressen . . .«

»Du siehst, es bleiben trotzdem noch welche übrig.«

Tatsächlich führten die kleinen Fische, silbern, rosa, gestreift, vor uns in Schwärmen ein richtiges Wasserballett auf, verschwanden in den sich bewegenden Algen oder verschwanden in den Korallen.

»Bist du sicher, Dad, daß . . .?«

Du warst genauso ergriffen wie ich, als ich von einem Felsen in Porquerolles herab verwirrt den erbitterten Kampf entdeckte, der unaufhörlich in dem klaren Wasser geführt wurde. Aber ich war zweiundzwanzig Jahre alt gewesen. Du warst erst sieben, und ich enthüllte dir nicht, daß man hier in Marineland durch Fische, die im Meer gefangen wurden, die fehlenden Arten wieder auffüllte.

Die Großen fressen die Kleinen, das trifft bei den Fischen zu, bei allen Tierarten. Das trifft auch bei den Menschen zu, und damit man sicher sein kann, daß immer genug von den Kleinen übrigbleiben, zahlen einige Länder den Eltern Prämien, die viele Kinder machen.

Du würdest es bald erfahren, mein hingerissener Marc. Denn du machtest eine Entdeckung nach der anderen.

Wir folgten einer sanften Steigung, ohne das gewaltige Aquarium aus den Augen zu verlieren, und auf jeder Ebene entdeckten wir andere Arten, wie im Ozean. »Ein Krake, Dad! . . . Und da . . . Eine Schlange?«

»Eine Muräne . . .«

Ein Seehund tauchte und schien dich neugierig durch die Scheibe zu beobachten. Du warst sprachlos, so sehr steigerte sich deine Erregung.

»Aber, Dad, wie haben sie das gemacht?«

Ich war selbst hingerissen, und D. schwieg überrascht. Der Meeresgrund lag jetzt unter uns, aber wir sahen sie noch.

Meeraale, Wolken von ganz kleinen, leuchtenden Fischen, denen ein paar Dorsche folgten. Tausend, zehntausend Arten? Ich weiß es nicht. Ein Schwertfisch mit bedrohlichem Schwert. Ein Sägefisch . . .

»Aber . . .«

Du glaubtest zu träumen. Deine Begeisterung steigerte sich immer mehr, und du warst ganz rot vor Aufregung, die ihren Gipfel erreichte, als Delphine das dicke Glas streiften, ebenso neugierig auf uns, wie wir auf sie waren.

Der Himmel über unseren Köpfen. Die Oberfläche dieses Miniaturmeeres, wo die Delphine, die uns soeben beobachtet hatten, hoch in die Luft sprangen. Eine Glocke. Ein Matrose in weißer Sommeruniform ging auf ein Sprungbrett, in der Hand einen Korb voller Fische, und jedesmal, wenn er einen sehr hoch über die Wasserfläche warf, sprangen die Delphine senkrecht in die Höhe.

Der Matrose nannte sie bei ihrem Namen, den sie zu kennen schienen, denn sie drängelten sich nicht und warteten, bis sie an der Reihe waren. Ein weiterer Korb, dann noch einer. Durch das klare Wasser konnte man noch den flüchtigen und schwarzen Schatten der Haifische wahrnehmen, die die Oberfläche mieden.

Die Mahlzeit der Delphine war beendet, und eine junge Frau im Badeanzug erschien auf dem Sprungbrett. Man hätte meinen können, daß die Delphine im Kreis auf sie gewartet hätten, und als sie tauchte, veranstalteten sie einen richtigen Tanz mit ihr.

Du stammeltest:

»Wenn ein Hai . . .«

Sie zeigten sich nicht, und das junge Mädchen, dessen blonde Haare wie Meerespflanzen schwammen, streichelte ihre Delphinfreunde, die ihr ihre Freude und ihre Zuneigung zeigten.

Wir gingen wieder hinunter, und du wolltest ein zweites Mal den sanften Hügel hinaufsteigen.

»Kommen wir nach dem Mittagessen wieder?«

»Ja, mein Sohn . . .«

Es war sehr heiß. Die Luft war feucht, und unsere Hemden waren naßgeschwitzt. Wir fuhren wieder nach Augusta zurück und aßen sehr gut zu Mittag. Wieder Marineland. Um vier Uhr fuhren wir weiter gen Süden, zu einem anderen Motel.

Die Erde in Georgia ist rot. Die Autobahn führte von nun an fast immer an der Küste entlang. Große, weiße Wolken an einem tiefblauen Himmel. Manchmal eine schwarze Wolke, die irgendwo niederging, manchmal auf unseren Wagen, was uns für einen Moment erfrischte.

Die Andenkenläden am Straßenrand nahmen zu. In Neuengland waren es »Antiques« gewesen, Antiquitätengeschäfte, wo man sowohl Petroleumlampen als auch rot- oder blaugeblümte Nachttöpfe sah.

»Benutzen sie immer noch Nachttöpfe, Dad?«

»Sie benutzen sie nur, um Grünpflanzen oder Blumen hineinzutun.«

Du dachtest angestrengt nach. Du wußtest nicht, daß zwanzig Jahre später die Europäer ihrerseits die alten Nachttöpfe mit Blumen oder Grünpflanzen in ihren Salon stellen würden.

Alles, was dich hier erstaunte, eingeschlossen die Motels und Drive-ins, würdest du eines Tages in Frankreich wiedersehen.

Wir fuhren über einen schlammigen Fluß, und dein Blick, aufmerksam gegenüber allem, was sich bewegte, wies auf eine Art Treibholz.

»Es hat die Schnauze aufgemacht. Das ist . . . Das ist . . .«

»Ein Alligator. Es gibt sie in allen Flüssen des Südens, in den Sumpfgebieten.«

»Und Krokodile?«

»Man findet sie vor allem in Afrika.«

Wir würden jedoch später welche sehen, in einer anderen »Touristenfalle« am Straßenrand, wo man gegen fünfzig Cents Echsen in einer Grube beobachten konnte, die so aussahen, als schliefen sie – wie ich so viele im Kongo gesehen hatte.

»Historische Waffen«. Du wolltest unbedingt alles sehen, und wir hielten oft an. Musketen, Gewehre aus dem Sessionskrieg, Revolver von früheren Cowboys, die die ersten Züge aus dem Westen angegriffen hatten, Bogen und Pfeile von Indianern.

Du verschlangst alles, gierig, und heute weiß ich, daß dich das für dein ganzes Leben zeichnen sollte.

Die dicken Motorräder, Indian oder Davidson, der Straßenpolizei überholten uns wie der Blitz, und sie faszinierten dich nicht weniger.

Jacksonville, erste Etappe in Florida, eine ziemlich nichtssagende, lärmende Stadt, wo du aber eine neue Erfahrung machen solltest. Ein einziges freies Zimmer. Kein Bett zu sehen. Der Zimmerkellner drückte auf einen Knopf, und ein Bett kam langsam aus der Wand hervor auf den Boden. Genauso war es bei dem zweiten Bett.

»Wie bei Dick und Doof!« begeistertest du dich.

Du hattest sie im Kino gesehen. Du erinnertest dich vielleicht an Laurel, dessen Bett sich nachts hochklappte und der sich unerschütterlich daraus zu befreien abmühte. Du legtest dich mit leichter Besorgnis hin.

»Bist du sicher, daß es nicht hochklappt?«

»Ganz sicher.«

»Aber in den Filmen . . .«

»In den Filmen müssen sie die Leute zum Lachen bringen, verstehst du?«

An diesem Abend aber schliefst du lange nicht ein.

Und am nächsten Tag würdest du eine weitere Erfahrung machen, diesmal mit Klapperschlangen, die sich auf dem Sand einer von einem Schutzwall umgebenen Bahn tummelten. Viele Touristen. Als eins der Reptilien den Kopf hob, stießen Frauen kleine Schreie aus. Angst? Erregung? Seit Eva spielt die Schlange im Geist der Frauen eine bedeutende Rolle.

Ein stämmiger Mann mit hohen Stiefeln und Lederhandschuhen ging zwischen den Tieren hindurch, von denen einige drohend den Kopf hoben und mit den Schwanzschuppen klapperten.

Er wählte eine aus, die er vorsichtig am Hals ergriff, öffnete ihr das Maul und entnahm ihr mit einer Spritze eine bestimmte Menge Gift. Eine der Frauen stieß einen schrillen Schrei aus, und der Mann lächelte ihr freundlich zu, warf die Schlange fort und nahm eine andere. Er »melkte« so drei oder vier, bevor er erklärte, daß das keine Zirkusnummer sei, sondern daß das so abgenommene Gift in ein Laboratorium geschickt werde, das daraus Impfstoff herstelle, was mir später bestätigt wurde.

War er nie gebissen worden? Oft genug, aber er hatte sich auf diese Weise geimpft, und die Bisse hatten bei ihm keine Wirkung mehr.

Ein zu eleganter Strand mit prachtvollen Villen, oft im Barockstil, riesige Yachten im Hafen. Hier verbrachten die Leute den Winter, die superreich, und das schon seit zu langer Zeit waren, um sich unter die gewöhnliche Menge von Miami zu mischen.

Wir kamen in dieser Stadt an und hielten erst einmal am Hauptpostamt, wohin ich mir meine Post hatte nachschicken lassen. Ein Brief von deiner Mutter, Marc. Es ging ihr gut. Die Reise war ohne Zwischenfälle verlaufen, und da sie auf das zu sehr überlaufene Miami verzichten wollte, erwartete sie uns in einem Hotel am Golf von Mexiko, in Sarasota.

Der zweite Brief war von meinem Freund Raimu, der einen Autounfall gehabt hatte und, obwohl nur leicht verletzt, in einer Klinik war. Er teilte mir seine Pläne mit und beklagte sich über die Dummheit der Produzenten und einiger Regisseure.

Weitere Briefe aus aller Herren Länder, die ich würde beantworten müssen. Zeitungen. Ich schlug eine auf, die in fetten Buchstaben von Raimus Tod berichtete.

Die eigentliche Stadt war zu belebt für uns, der Hafen überfüllt von lärmenden Schiffen. Wir überquerten die Brücken der kleinen Kanäle voller Schiffe mit Außenbordmotoren, dann eine sehr große Brücke und erreichten Miami Beach, einige riesige Hotels, die, so wurde erzählt, von den Milliardären und den Filmstars bewohnt wurden.

Wir fuhren daran vorüber und fanden einen Ort, der uns bezauberte:

ein Rasen von einem schönen Grün, mit Kokospalmen bepflanzt, und rundherum, außer an der Seite zum Ozean hin, weiße und sehr moderne Bungalows. Wir mieteten einen.

»Sie sind doch keine Juden, oder?« fragte uns der Geschäftsführer.

Denn in Miami Beach nahmen die Hotels keine Juden auf, und die Strände waren ihnen verboten. Ich spreche von 1946.

Damals hatten die Schwarzen im Süden keinen Zutritt zu den Restaurants, den Hotels, den Kinos und sogar dem Teil der Autobusse und Straßenbahnen, die den Weißen vorbehalten waren. Der sehr mächtige Ku-Klux-Klan nährte den gleichen Haß gegen die Juden wie gegen die Schwarzen, gegen die Katholiken und im allgemeinen gegen alle Ausländer, eingeschlossen die Nordamerikaner. Wie steht es im Augenblick damit, wo ich diese Zeilen schreibe?

Einmal fragte ich eine Dame mittleren Alters, die mit dem weichen Akzent der Südstaaten sprach und aussah wie eine brave Kleinbürgerin:

»Wie denken Sie über die Yankees?«

Das heißt über die Weißen aus dem Norden. Sie wurde abweisend und antwortete mir hochmütig:

»In meiner Familie wurde nur von den *damned yankees* gesprochen.«

Das war alles. Sie ging weiter.

»Verdammte Yankees.«

Ich telegrafierte Tigy, daß wir ein paar Tage in Miami blieben, daß es dir wunderbar gehe und daß die Reise ausgezeichnet gewesen sei. Ich wußte nicht, welche Straßen sie genommen hatte. Trotz ihrer Angst am Steuer war sie schneller als wir angekommen, wahrscheinlich mit weniger Unterbrechungen.

Alles in unserem Bungalow war weiß, der geräumige Salon, die Küche, die zwei Schlafzimmer, die zwei Badezimmer. Alles wurde von einem Bediensteten saubergehalten, zu einer Tageszeit, die uns genehm war. Ein Oberkellner stand Tag und Nacht zu unserer Verfügung, bereit, uns Getränke oder Mahlzeiten *à la carte* zu servieren.

Wir badeten in den hohen Wellen, die schäumend über uns zusammenschlugen, und wir trockneten uns im Sand. Wir gingen in ein Restaurant auf der anderen Seite einer Brücke zum Abendessen. Ein großes Becken aus Beton voller Meerwasser auf dem Bürgersteig enthielt große, lebende Schildkröten, wie ich sie auf Tahiti gesehen und gegessen hatte.

»Willst du probieren, Marc?«

»Ißt man sie?«

»Sie werden gegessen, ja.«

»Kocht man sie mit ihrem Panzer?«

»Nein.«

Man bereitete uns eine Schildkröte mit irgendeiner Sauce zu.

»Das schmeckt wie Kalbfleisch. Woher kommen sie?«

»Von hier, das Meer ist voll davon.«

Am dritten Tag, als ich Briefe diktierte, hörten wir das Geräusch der sich schließenden Fensterläden, obwohl der Wind eher schwach blies. Wir gingen nachsehen. Unser Geschäftsführer war gerade dabei, die Fensterläden mit lauten Hammerschlägen zu vernageln.

»Ein Tornado ist im Süden Mexikos angesagt worden, der nach Norden zieht. Wir sind daran gewöhnt. Vielleicht wird er nicht hier vorbeiziehen. Flugzeuge fliegen ihm entgegen . . .«

Er zeigte auf ein Radiogerät, das Bestandteil des Mobiliars war:

»Der Rundfunk wird Sie jede Stunde auf dem laufenden halten.«

Wir tätigten in einem nahegelegenen Lebensmittelgeschäft Einkäufe. Für drei Tage, wie es der Rundfunk empfahl, vor allem in Miami Beach, das eine Art Insel ist, und die Gefahr bestand, daß die Brücken abgeschnitten wurden.

Das rief alte Erinnerungen in mir wach. Vor dem Krieg hatte ich in der Wochenschau einen Tornado gesehen, der Florida, insbesondere Miami, verwüstet hatte, die kleinen Schiffe waren weit aufs Land geworfen, die Dächer abgedeckt, die Holzhäuser weggefegt und die Bäume mit einem Teil ihrer Wurzeln ausgerissen worden.

Wir legten uns schlafen. Gegen Mitternacht hörten wir Kokosnüsse auf den Boden fallen, den Wind pfeifen, die Wellen dreißig Meter von uns entfernt krachen.

Der Sprecher im Radio verlas eine offizielle Bekanntmachung, in der Ärzte, Krankenschwestern, Feuerwehrleute und noch andere Leute aufgefordert wurden, so schnell wie möglich den ihnen bekannten Sammelpunkt aufzusuchen.

Er berichtete auch noch, daß Hunderte von Wagen die Stadt verließen und nach Norden fuhren.

»Die Leute haben unrecht«, kommentierte er ruhig. »Niemand kann vorhersagen, wohin der Orkan ziehen wird. Er ist noch dreihundert Kilometer weit weg, und er kann genauso gut zum Meer wie ins Landesinnere treiben . . . Ein wenig Musik, und dann weitere Nachrichten.«

Diese Leute hier, man merkte es, waren daran gewöhnt und verloren nicht den Kopf. Auch wir verloren nicht den Kopf.

Am nächsten Tag war der Zyklon noch weit weg und näherte sich nur mit vierzig Meilen in der Stunde. Ein Flugzeug war mitten in den Wirbelsturm gelangt, wo der Wind mit einer Geschwindigkeit von zweihundert Stundenkilometern blies.

»Wo wir sind«, sagte der Pilot, »hat man nicht den Eindruck, sich zu bewegen. Es ist, als säße man im Mittelpunkt eines Riesenrades auf dem Jahrmarkt. Bis gleich.«

Musik. Eine neue Bekanntmachung.

»Die Autofahrer werden gebeten, das Radio und die Batterien aus ihrem Wagen zu nehmen, denn es besteht die Gefahr, daß der Strom ausfällt. Rufen Sie uns an und bitten Sie uns um die Lieder, die Sie hören möchten.«

Alles war so gut organisiert wie eine Militärparade. Die Nacht begann. Du schliefst ein. D. und ich blieben im Salon am Apparat.

Der Orkan war nur noch etwa hundert Meilen entfernt. Der Pilot des Flugzeuges, das sich mittendrin befand, sollte zu uns sprechen. Es knisterte ein wenig. Die Stimme war nicht gut zu hören. Der Mann langweilte sich, wie unbeweglich mitten in seinem Wirbelwind.

»Man könnte meinen, dieser blöde Zyklon wisse nicht, wohin er wolle. Bald habe ich den Eindruck, daß er gen Osten mitten auf den Atlantik treibt. Bald macht er eine Kehrtwendung. Zum Glück habe ich zu essen und zu trinken. Kein Buch zu lesen, leider, und der Lärm ist hier so stark, daß ich kein Radio hören kann.«

Wie konnte man mit solchen Leuten Angst haben? Das erinnerte mich an den Mann mit den Lederhandschuhen, der die Klapperschlangen scherzend melkte. Zehn Jahre später sah ich seine Fotografie in den Zeitungen und erfuhr, daß er durch den Biß einer dieser Schlangen gestorben war.

Auch der Sprecher scherzte.

»Jetzt habe ich alle Lieder gespielt, die Sie sich gewünscht haben, und ich werde mir die Freude machen, Ihnen meine Lieblingsplatte zu spielen . . .«

Was hörten wir dann in dem Lärm des Sturms? Die »Danse Macabre« von Saint-Saëns.

Wir aßen und tranken kühles Bier. D. erfand für dich Spiele, die du nicht kanntest. Du warst nur erstaunt, daß die Fensterläden geschlossen blieben.

Der Zyklon streifte uns nur, anstatt uns mit voller Wucht zu treffen. Kleine Boote versanken, Bäume knickten, Dächer wurden von Häusern in der Nähe gerissen und eine Brücke zerstört, aber keine von denen, die ins Stadtzentrum führten. Im Gegensatz dazu richtete der Wirbelwind, bevor er schwächer wurde, in den Dörfern im Süden ernsthafte Schäden an und erstarb dann von selbst.

Wir unsererseits suchten auf der Karte, wo sich Sarasota und deine Mutter befanden. Wir mußten den feuchtesten Teil des Landes durchqueren, ein weites Sumpfgebiet, wo sich das Meer so etwas wie Fjorde gegraben hat. Es wimmelte von Alligatoren, auch von Fliegen. Die Luft war stickig, und du sagtest oft:

»Ich habe Durst, Dad!«

Ich auch, aber es gab nur wenige Häuser und noch weniger Bars. So fuhren wir den ganzen Tag, und endlich trafen wir auf eine Häusergruppe mit einem Hotel im Zentrum. Wir waren wenigen Autos begegnet und hatten fast nur Kiefern an uns vorüberziehen sehen.

Am nächsten Tag verließen wir diese bedrückende Gegend, und wir sahen den blauen Himmel wieder, den festen Boden, den Golf von Mexiko und schließlich die kleine Stadt Sarasota. Deine Mutter war nicht im Hotel und hatte uns eine Nachricht mit ihrer Adresse hinterlassen, denn sie hatte bereits eine kleine Villa gefunden. Du freutest dich sehr, sie wiederzusehen, und wolltest ihr alles erzählen, aber du wußtest nicht, womit du anfangen solltest! Sie nahm mich zur Seite.

»Mir wäre es lieber, Georges, wenn wir hier getrennt wohnen würden. Marc wird bei mir bleiben. Seine Erzieherin ist weggefahren. Er wird zur Schule gehen, und du kannst ihn jedes Wochenende holen.«

Schweren Herzens willigte ich ein, denn es tat mir weh, nicht mehr mit dir zusammen zu leben. Nur an den Wochenenden . . . In Wirklichkeit würde ich dich oft in der Woche besuchen kommen, und die Wochenenden begannen hier Freitag abends.

Ich ließ dich in einer der seltsamsten Städte zurück, die ich jemals kennengelernt habe. Hier hatte nämlich der berühmte Zirkus Barnum, der zu der Zeit einem Mister North gehörte, sein Winterquartier. Die Tiere lebten dort in einem großen Zoo. Akrobaten spannten ihre Seile zwischen ihrem Haus und einem Baum, trainierten, zum Beispiel, mit dem Fahrrad darauf zu fahren, mit einer, zwei, bis zu vier Personen auf ihren Schultern. Mitten in der Stadt. Auf den Bürgersteigen begegnete man dem größten Mann der Welt, der dicksten Frau und ich weiß nicht wie vielen Zwergen, nach denen sich niemand umdrehte. Trapezartisten trainierten in ihrem Garten.

In dem Hafen sah man unzählige Schiffe, die die Fahrgäste aufs offene Meer brachten, wo sie den »Dicken« fingen. Der Dicke, das war der Tarpon, mehr als zwei Meter lang, mit einem bläulichen Rücken und einem weißen Bauch, um den alljährlich ein Wettbewerb veranstaltet wurde mit Preisen von mehreren zehntausend Dollar.

Der Angler saß auf einem festen Platz an Deck, und er konnte sich nach vorn und nach hinten bewegen. Seine Rute war vor ihm in einer Eisenmuffe befestigt, und anscheinend mußte man sich mehrere Stunden lang mit List und Tücke bemühen, um das Tier, das angebissen hatte, an Bord zu ziehen. Ein Fotograf wartete am Ufer, um das Bild mit dem Angler neben dem Fisch, der größer war als dieser, festzuhalten.

Wir suchten eine Bleibe, D. und ich, denn wir waren hier für eine unbestimmte Zeit. Etwa fünfzehn Meilen weiter entdeckten wir eine Insel, die durch eine sehr lange Brücke mit dem Festland verbunden war, Santa Maria Island, in der Nähe einer kleinen Stadt mit Namen Bradenton.

Die Insel war beinahe menschenleer, und die Küste an der breiten Seite war nur ein Strand mit einigen Dutzend Bungalows, mit einem Hotel, einem Friseur, einem Lebensmittelhändler und, in der Mitte, einem Andenken- und Muschelladen.

»Vermietungen – Verkäufe.«

Wir betraten die Agentur, und man führte uns bis zum Ende der Insel. Ein Holzbungalow erwartete uns, ganz weiß, sehr schmuck. Davor ein Strand von wenigstens einem Kilometer Länge, wo man niemanden sah. Der nächste Bungalow war zwei- oder dreihundert Meter entfernt.

Wir mieteten ihn und entluden unser altes Auto. Man hatte uns ein Lebensmittelgeschäft gezeigt, nicht sehr weit, wo wir alles kaufen konnten, Rindfleisch, frische Eier und Wurst.

Eine Art Ladentisch aus Kiefernholz trennte die Küche von dem Living-room. Zwei nicht sehr große Schlafzimmer, wie neu. In dem einen würdest du schlafen, öfter, als ich es erhoffte. Deine Mutter beschloß nämlich, eine Reise nach Europa zu machen, wo sie einige Dinge zu regeln hatte, und sie wollte sich vergewissern, daß in Nieul alles in Ordnung war.

Wir brauchten nur den Strand zu überqueren, um in dem für meinen Geschmack zu warmen Wasser zu baden. Es war heiß, und wir waren bald alle drei so gebräunt, daß der Ku-Klux-Klan uns mißtrauisch beobachtete.

Alles hier war zum Angeln eingerichtet. Auf der Brücke zum Beispiel, die zum Festland führte, waren Geländer angebracht, von wo aus die Angler ihr Glück versuchen konnten, mit gefrorenen Jakobsmuscheln, die in einer nahegelegenen Baracke verkauft wurden.

So freundetest du dich mit einem alten dicken Mero an, der sich immer an derselben Stelle des Meerarmes aufhielt und Vergnügen daran zu finden schien, die Angler zu beobachten. Das ist das zutraulichste Tier, das es außer dem Delphin gibt. Du warfst aus Spaß deine Angelschnur vor ihm ins Wasser, und er sah dich amüsiert an, näherte sich dem Köder bis auf einige Zentimeter. Du hattest nicht die geringste Lust, ihn zu fangen. Du necktest ihn, und er spielte mit.

Nicht weit von unserem Bungalow ging eine Anlegestelle ins Meer hinaus und endete in einem großen, überdachten Raum, wo Köder, kühle Getränke und Hot dogs verkauft wurden. Wir gingen beinahe jeden Tag dorthin und trafen immer dieselben Damen, die irgendwo herkamen und dermaßen von der Sonne verbrannt waren, daß ihre Haut blutig rot war.

Wir hatten uns in Bradenton Einhand- und Zweihandspinnruten besorgt, wo der Händler für Angelgeräte wohl sein Glück machte, denn man hätte meinen können, daß die Leute in diesen Teil Floridas nur kamen, um zu angeln.

Bei ihrem ersten Versuch zog D. einen *red fish* heraus, der nicht rot war, sondern einem Fisch ähnelte, den man am Mittelmeer Seewolf nennt. Sie angelte wenige Augenblicke später einen zweiten, denn sie schwammen in einer Reihe hintereinander her, und es war Hilfe nötig, um ihn aus dem Wasser zu ziehen.

Du dagegen warst fasziniert von wunderbar farbenprächtigen Fischen, die ich vergeblich mit einem Wurm zu locken versuchte. Man mußte einen ganz kleinen Haken benutzen, denn sie waren sehr flach und hatten ein winziges Maul. Du knietest bis zu einer halben Stunde auf den Planken, um sie anzulocken. Ich meinerseits würde nur noch Makrelen angeln, die sich auf jeden beliebigen Köder werfen. Pardon. Einmal warf ich meine Angelschnur sehr weit, während Pelikane wie gewöhnlich über uns hinwegflogen. Und als mein Haken noch in der Luft schwebte, schnappte ihn doch tatsächlich einer dieser netten, schweren Vögel.

Ich gab ihm die Schnur, soweit ich konnte, in der Hoffnung, daß es ihm gelingen würde, sich davon zu befreien. Er flog am Ende der Schnur im Kreis herum, wie in einer Zirkusmanege, und alle Leute kamen, um dem Schauspiel beizuwohnen. Ich holte ihn sanft herunter. Er war schwer, und meine Angelrute aus Fiberglas bog sich immer mehr. Ich hatte Angst, daß sie brechen würde, und mir gelang es, den Pelikan endlich bis auf Reichweite heranzuziehen.

Verstand er, daß man ihm nichts Böses wollte? Er ließ sich festhalten, und jemand, der geschickter war als ich, faßte mit der Hand in seinen Kropf, während ein weiterer Samariter ihm den Schnabel weit aufhielt. Er konnte dann wieder davonfliegen, und du kehrtest wieder zum Angeln zurück, auf den Knien, dann flach auf dem Bauch liegend, entschlossen, einen deiner farbenprächtigen Fische zu fangen.

Endlich gelang es dir, und du lächeltest bescheiden, aber triumphierend. Alle waren erstaunt, denn man hatte selten erlebt, daß einer von den Fischen geangelt worden war.

Du wolltest unbedingt alle Arten Fisch essen, die wir tagsüber angelten, und da D. nur Steaks mit Tee, anscheinend eine Spezialität ihrer Familie, zubereiten konnte, kochte ich abends endlos alles, womit du dich dann vollstopftest.

Eines Morgens fanden wir das Meer in einem komischen Gewand vor. Es war flach und seltsam rosa, was nicht an der Sonne lag. Und am Abend war es fast rot.

Am Morgen darauf war der Strand von einem Gürtel toter Fische überzogen, und man erzählte uns, daß das die »rote Flut« sei, was sich nur alle fünfzehn oder zwanzig Jahre ereignete. Vom Baden keine Rede mehr, noch weniger vom Angeln. Wir sahen betroffen auf diese Fische, deren Menge bald einen Meter Höhe erreichte, und Bulldozer kamen, um sie zu entfernen.

Man erzählte uns, daß der Grund dafür winzige Meerestiere seien, die, mit bloßem Auge nicht zu sehen, aus noch unbekannten Gründen plötzlich mit unglaublicher Geschwindigkeit losschwimmen und dem Wasser im Golf von Mexiko diese rötliche Farbe verleihen und seine Fauna töten.

Der Geruch im Haus wurde so unerträglich, daß wir nach Bradenton fuhren, wo wir drei Zimmer im Hotel mieteten. Am nächsten Morgen war mein Gesicht von Pickeln bedeckt, die mich daran hinderten, mich zu rasieren. Der Arzt schüttelte den Kopf und verschrieb mir eine klebrige, übelriechende Salbe. Mein Bart wuchs dicht, und ich wollte mich so nicht zeigen.

Du gewöhntest dir an, in der Bar im Erdgeschoß Sandwiches mit Schinken und Käse überbacken zu bestellen. Die Straße war ruhig. Ich folgte dir vom Fenster aus mit den Blicken, und kurz darauf sah ich dich von einer Schar kleiner Freunde umgeben.

»Dad, darf ich mit ihnen ins Kino gehen?«

Ich gab dir Geld. Ich hatte den Verdacht, daß du dich nicht damit begnügen würdest, deine Eintrittskarte zu kaufen, aber ich sagte nichts.

»Darf ich Bowling spielen?«

Es gab eine Bowlingbahn neben dem Kino. Zwei Bahnen waren den Damen vorbehalten, die mit kleineren Kugeln spielten als die Männer. Und schon hattest du eine neue Leidenschaft! Von Zeit zu Zeit kamst du mit lebhaftem Gesicht zu mir.

»Kann ich noch etwas Geld haben, Dad?«

Bowling war teuer, aber das war nebensächlich. Schon morgens warteten deine kleinen Freunde auf dich, und ich war nicht sicher, ob du ihnen keine Sandwiches kauftest.

Meine Pickel verschwanden langsam wieder. Weihnachten rückte näher. Deine Mutter, zurück aus Paris, verlangte nach dir.

Ich spürte, daß wir nicht mehr lange hier bleiben würden, daß wir bald wieder, nach den Feiertagen, weiterfahren würden. Immer noch stellte sich dieselbe Frage: Wohin?

Ich hatte keine Vorstellung. Vor sehr langer Zeit hatte ich im ›Geographic Magazine‹ Bilder von einem Staat Amerikas gesehen, an dessen Name ich mich nicht erinnerte. Das Gras dort war blau, und es schlängelten sich Bäche entlang. Ich sah auch wieder einen Fluß vor mir, an dessen Ufern große Bäume standen, und wo vor allem Pferde weideten. Es war irgendwo im Süden oder im Westen.

Weite Flächen. Pferde . . .

War das das Ziel meines langen Suchens? Oder würde es noch viele andere Etappen geben? Jedenfalls reisten wir ab, du, D. und ich, während deine Mutter darauf wartete, daß wir irgend etwas finden würden.

Irgend etwas Unbestimmbares, was es vielleicht nicht gab.

27

Wir schrieben Juni 1947, und wir hatten den Winter und das Frühjahr ohne Wolken in unserem kleinen, hübschen Bungalow am Meer verbracht, auf der Insel Ana-Maria. Ein immer blauer Himmel. Die immer heiße, manchmal zu heiße Luft, und du, Marc, warst oft bei uns, wir angelten am Ende der hölzernen Landungsbrücke oder drangen auf gut Glück ins Land oder in die Sumpfgebiete vor.

Erinnerst du dich an ein flaches Schiff mit einem Boden aus Glas, mein Sohn, der es erlaubte, unter uns die Unterwasserfauna zu entdecken? Dein begeisterter Blick, als ein fast nackter Mann tauchte und ohne Waffen, wie ein Ringkämpfer, gegen einen riesigen Alligator kämpfte, dessen bedrohliche Schnauze er schließlich mit Hilfe seiner Geschicklichkeit und seines Bizeps zudrückte, das Tier auf den Rücken drehte und dann an Bord stieg? Das war sein Beruf. Er wiederholte diese Leistung zwei- oder dreimal am Tag, nicht mit demselben Alligator, sondern mit dem erstbesten, und es wimmelte von ihnen.

Wir hatten von einem Tag auf den anderen beschlossen, Florida zu verlassen und nach Westen zu fahren, wie die Pioniere von früher, mit ihren Karren und ihren Gewehren mit nur einem Schuß.

Der Zufall wollte es, daß wir nicht in unserem alten Klapperkasten von vor dem Kriege reisten, bei dem nach jeder Meile die Gefahr bestand, daß er seinen letzten Schnaufer tat. Eines Nachmittags, als wir nach Bradenton fuhren, wahrscheinlich um Angelgeräte zu kaufen, denn wir waren unaufhörlich auf der Jagd nach besseren Rollen, nach gleichzeitig geschmeidigeren und haltbareren Angelruten, blieben wir wie angewurzelt vor dem Schaufenster einer Autowerkstatt stehen, wo das Modell thronte, das für uns den Traumwagen verkörperte.

Es war das erste Automobil, hochmodern, das nach dem Krieg gebaut wurde. Es war lang, lang, sehr tief, von einem gleichzeitig zarten und fröhlichen Himmelblau. Das Innere, mit rotem Leder ausgeschlagen, bezauberte uns noch mehr, um nicht zu sagen, es verschlug uns den Atem. Nicht nur das Getriebe war vollautomatisch: eine Reihe von verchromten Tasten gestattete es, alle Scheiben gleichzeitig oder nur eine einzige zu öffnen oder zu schließen. Eine weitere Taste klappte das beige Verdeck nach hinten, und es hob sich, bis es senkrecht stand, dann legte es sich wieder sanft auf die Windschutzscheibe. Schließlich ließ eine Taste warme Luft herein, eine andere frische, fast eiskalte Luft.

»Ich habe nur diesen hier«, vertraute uns der Verkäufer an.

Wir wollten es sofort genießen, aber er war vertraglich dazu verpflichtet, es noch fünf oder sechs Tage im Schaufenster stehen zu lassen. Wir kauften es dennoch am selben Tag und bezahlten es bar; zum großen Erstaunen des Händlers, denn dort wird alles auf Kredit gekauft.

»Wollen Sie es nicht lieber in der nächsten Woche auf der Straße ausprobieren?«

Ein entschiedenes »Nein«. Wir hatten solche Angst, daß man es uns wegschnappte, denn wir hatten uns darin verliebt.

»Hier sind die Leute mißtrauisch. Sie bewundern es, schütteln mit dem Kopf. Denn es ist zu neu für sie! Sie haben Glück. Holen Sie es sich in der nächsten Woche ab.«

Ich glaube, er bot uns vierzig oder fünfzig Dollar für unser altes, klappriges Auto an, das uns jedoch durch die Vereinigten Staaten vom Norden zum äußersten Süden gebracht hatte, quer durch ungefähr zehn Staaten.

Anderthalb Jahre war es her, daß wir Europa auf einem kleinen schwedischen Frachter verlassen hatten. Es war Ende September oder Anfang Oktober gewesen, in England, wo wir uns mehr schlecht als recht geduldet hatten, bis daß wir an die Reihe gekommen waren, den Atlantik zu überqueren.

Im Augenblick war wieder alles in der Schwebe. Wir waren darauf gefaßt, von einem Tag auf den anderen wieder abzureisen, ich nutzte die Gelegenheit aus, um eine Art Bilanz zu ziehen.

Im Oktober 1945 New York, das Hotel mit den wer weiß wie vielen Etagen, dann Montreal, meine mehr oder weniger kurzen Reisen in die Vereinigten Staaten, und in demselben Monat, entgegen allen Erwartungen, meine Begegnung mit D., die meine Pläne durcheinanderbrachte, die beinahe wütende Leidenschaft, die für lange Zeit auch mein Leben durcheinanderbringen würde.

Welch ein Unterschied zwischen der gekünstelten jungen Frau mit den vielfältigen und unerwarteten Rollen, bald grausam, bald zärtlich, und der D. von Ana-Maria! Ich kannte sie kaum wieder. Die Umwandlung war langsam, manchmal orkanartig vor sich gegangen.

Es begann mit dem Weglassen des Make-up, seit Sainte-Marguerite, wo sie sich auch einverstanden erklärt hatte, sich die Haare wachsen zu lassen.

Ich habe dir ihre Ankunft am 3. Januar an dem See geschildert, wo du sie so galant empfangen hattest. Nun, ich entdecke, daß es eben dieser Monat Januar war, als sich zwischen uns Krieg und Frieden abwechselte, daß ich meinen ersten Roman auf amerikanischem Boden schrieb: *Trois chambres à Manhattan,* in dem New York letzten Endes die Hauptrolle spielt.

Dann wurden ihre Haare lang, schwierig zu kämmen. Ich benutzte eine unserer kurzen Reisen nach New York, um ihr einen Zopf aus Naturhaar zu kaufen, den sie jeden Morgen an ihr eigenes Haar stecken mußte.

Das ging zum ersten Mal in demselben Hotel vonstatten, wo wir unsere erste Nacht verbracht hatten. Ich war mehrere Jahre lang Seemann gewesen, wenn auch als Amateur, und ich konnte gut eine Spleißung machen. Um ihre Haare mit den am Vortag gekauften zu verbinden, waren dieselben Handgriffe nötig, wie um die beiden Enden eines Falls oder einer Leine zu verbinden. Sie konnte um den oberen Teil ihres Kopfes einen dicken Zopf legen, der sie ein wenig wie eine Kaukasierin aussehen ließ.

Hat das, zusammen mit der fehlenden Schminke, dazu beigetragen, ihre Stimmung zu verändern? Manchmal fragte ich mich, ob es eine wirkliche Veränderung war oder ob es sich nicht um eine neue Rolle handelte, bewunderungswürdig von »La Diva« ihrer Kindheit gespielt.

Im März schrieb ich einen weiteren Roman, trotz unseres Hin- und Herfahrens, der immer umfangreicheren Post und unserer Skiausflüge: *Maigret à New York.*

Und ich bin überrascht zu bemerken, daß ich in Saint Andrews, wo wir den Sommer verbrachten, viel geschrieben habe:

Au bout du rouleau im Mai, dann: *Le clan des Ostendais, Maigret et l'inspecteur malgracieux.*

Du dagegen solltest eines Tages den einzigen Fisch des Tages angeln, einen Fisch von mehr als einem Meter, den ich nicht kannte, dem Kabeljau verwandt. Wir fingen nichts.

Im September nahmen wir Kurs nach Süden, und das einzige Mal, daß wir es in Florida regnen sahen, war in Miami während des Tornados, denn in dieser Gegend regnet es nur im Sommer während der fast täglichen Orkane.

Unser Bungalow. D. entdeckte, daß sie sich in der Nacht, die wir in dem schmutzigen Hotel in Newark verbracht hatten, Flöhe gefangen hatte, und sie brauchte mehrere Tage, um sie loszuwerden. Es waren ihre ersten Tränen seit Kanada. Ich erinnere mich nicht, sie auf Ana-Maria weinen gesehen zu haben.

Dort hatten wir ein junges Dienstmädchen mit schwarzer Haut, das morgens kam und von uns am späten Nachmittag ins Negerviertel von Bradenton zurückgebracht wurde. Sie hatte zwei Töchter. Einmal, als du ins Kino gehen wolltest, fragte D. sie:

»Wollen Sie Marc nicht mit Ihren Kindern dorthin bringen?«

»Ich würde gerne, aber . . .«

Sie geriet ins Stocken und stammelte:

»Man würde mich nicht hineinlassen. Die Schwarzen haben kein Recht dazu. Ich könnte draußen auf ihn warten.«

Auch deine Mutter war entspannt und, wie es schien, glücklich über ihre Freiheit. Sie hatte in Sarasota eine Frau in ihrem Alter gefunden, die ihr im Haushalt half und deine Erzieherin war. Du kamst sehr gut mit dem Englischen zurecht, zum Teil dank der kleinen Freunde, die du überall auftriebst und von denen du bald den Akzent übernahmst.

Jetzt hattest du den des Südens, einen weichen und singenden Akzent, der die Frauen des Landes so verführerisch macht.

Was das Verhältnis zwischen Tigy und D. anging, so hatte es sich sehr verbessert, und sie hielten sich nicht mehr in Verteidigungsstellung. Sie nannten sich beim Vornamen, obwohl sie sich nicht duzten.

Du trugst Kleidung aus *Seer-sucker*, das heißt aus sehr leichtem Rips mit blauen und weißen Seiten, wie sie in New York jedermann im Sommer trägt, welcher dort drückend ist.

D. ihrerseits gewöhnte sich an Baumwollkleider, einfach, weiß, gelb oder zartblau. Ich trug noch die Uniform der Offiziere aus den englischen Kolonien, die ich in einem Londoner Spezialgeschäft gekauft hatte und die mich nach Afrika, nach Südamerika, auf Tahiti, nach Australien und anderswohin begleitet hatte: Militärblusen aus feinem, beigem Gabardine mit kurzen Ärmeln, Bermudas aus dem gleichen Stoff und Baumwollstrümpfe bis zu den Knien.

Der einzige Unterschied zu meinen anderen Reisen in warme Länder war, daß ich anstelle der Militärmütze einen breitrandigen Strohhut trug.

Hier schrieb ich in der brütenden Hitze des Bungalows, ganz nackt vor meiner Schreibmaschine, um die Handgelenke Taschentücher geknotet, um zu verhindern, daß der Schweiß, der mir überall herunterrann, auf die getippten Seiten tropfte: *Lettre à mon juge, Le destin des Malou, Maigret et les petits cochons sans queue, Le passager clandestin.*

Macht acht Bände in ungefähr einem Jahr.

Die zufällige Begegnung mit einem Beamten der Einwanderungsbehörde sollte unsere Reise in den Westen um einen Monat verzögern und uns unter einen unerwarteten Himmel schicken. Ich war ein wenig beunruhigt wegen der Bemerkung in meinem Paß: »Government Official«. Ich fragte mich, ob ich trotzdem ein »Einwohner der Vereinigten Staaten« war, und mein Beamter der Einwanderungsbehörde bestärkte mich in meiner Sorge.

Es war mir wohl gestattet, als Beauftragter in dem Land zu bleiben, »für die Zeit dieses Auftrags«. Nun handelte es sich aber um einen Gefälligkeitsauftrag, und mein Gesprächspartner riet mir, in ein benachbartes Land zu fahren, um dort das endgültige Visum zu bekommen.

»Warum nicht Havanna?« schlug er uns vor. »Mit dem Flugzeug ist es nur ein Katzensprung von Miami nach Kuba. In zwei Tagen werden Sie ihre Aufenthaltsbewilligung erhalten.«

Und schon saßen wir alle vier in dem wundervollen Buick, nicht um gen Westen zu fahren, wie wir es uns vorgestellt hatten, sondern gen Osten, nach Miami, wo mehrere Flüge pro Tag nach Kuba gingen. Machten wir die Fahrt gemeinsam? Reiste deine Mutter in ihrem Wagen, der sehr viel neuer war als unser alter?

Ich erinnere mich nicht mehr daran. Ich sehe unser Hotel im Stadtzentrum wieder vor mir. Deine Mutter und du, ihr hattet eine hübsche Wohnung zur Straße hin. D. und ich sahen von unseren Fenstern aus nur auf ziemlich vergammelte Häuser, und Klatschbasen, die auf einer Terrasse ihre Wäsche wuschen oder bügelten, tratschten den ganzen Tag mit schrillen Stimmen.

Die Hitze war doppelt so drückend wie in Florida, und die Laken wurden feucht, kaum daß man sich hingelegt hatte. Nachts schliefen wir schlecht. Tagsüber konnte man wegen der Stimmen und des Gesangs der Frauen draußen nicht schlafen.

Der amerikanische Botschafter empfing uns liebenswürdig.

»In zwei Tagen haben Sie Ihre Visa.«

Die Stadt war laut, die Straßenbahnen kutschierten Trauben von Menschen herum, die man immer herunterfallen zu sehen fürchtete, die sehr alten Autos kreuzten sich in allen Richtungen, fuhren auf die Bürgersteige und schnauzten sich mit lautem Gehupe an. Der Radau war ohrenbetäubend.

Abends auf dem Prado dagegen gingen Scharen von jungen Mädchen, fast alle hübsch, spazieren, während Jungen in weißen Hemden sie neckten und in fröhliches Lachen ausbrachen.

Wir entdeckten ein ausgezeichnetes, sehr sauberes Restaurant. Batista war damals noch an der Macht; die eigentliche Macht aber war in den Händen der amerikanischen Syndikate, letztlich also der Mafia. Ihr gehörte das supermoderne, sehr elegante Hotel in dem reichsten Stadtviertel. Auch das Hotel, in dem wir wohnten, das Kasino, die Bar, die Nachtlokale.

Als wir aus dem Flugzeug gestiegen waren, hatten sich junge Mädchen in schmucken Uniformen allen Passagieren genähert und ihnen Cocktails auf Silbertabletts angeboten: »Daikiris«, ein eiskaltes Gemisch aus Baccardi-Rum und Saft von kleinen grünen Zitronen, die in Amerika *limes* genannt werden.

Auf Ana-Maria hatten D. und ich nur ein wenig Bier oder Jérez aus Californien getrunken. Hier gingen wir, wenn uns die Hitze den Atem verschlug, in eine klimatisierte Bar und tranken einen oder zwei Daikiris. Pah! Nur zwei Tage . . .

Wir gingen wieder zu dem immer noch liebenswürdigen, aber besorgten Botschafter.

»Sie haben mir nicht gesagt, daß Sie einen diplomatischen Auftrag hatten.«

»Ich glaubte, das sei auf dem Paß vermerkt.«

»Ich hatte nicht darauf achtgegeben.«

»Es handelt sich um einen so unbestimmten Auftrag . . .«

Er lächelte verschmitzt.

»Ich kenne das. Sie sind nicht der einzige. Ich habe unglücklicherweise nicht das Recht, Ihnen eine endgültige Aufenthaltsgenehmigung zu erteilen, ohne daß die Regierung diesen Auftrag für beendet erklärt. Man würde uns vorwerfen, ausländische Diplomaten zu unserem Vorteil zu ›klauen‹ . . .«

»Aber ich bin kein Diplomat.«

»Ich weiß. Telegrafieren Sie nach Paris. Die Dienststelle, die Ihnen diesen Auftrag erteilt hat, kann Ihnen per Kabel antworten, daß diese Mission beendet ist. Sobald ich dieses Schriftstück in Händen habe, werde ich Ihnen Ihr Visum ausstellen.«

Trotz der Klimaanlage war mir noch heißer als draußen. Ich erinnerte mich kaum an den Minister oder dessen Stellvertreter, der mir den Auftrag erteilt hatte. In den wenigen französischen Zeitungen, die mich manchmal erreichten, war von ihm nicht mehr die Rede.

Ich schickte Telegramm auf Telegramm. Niemand in Paris erinnerte sich an diesen Auftrag, der mir wie ein Wunder vorgekommen war. Wir warteten fast einen Monat, schrieben, telegrafierten, wandten uns an den französischen Botschafter, der unser Freund wurde. Er war Junggeselle, gebildet und Feinschmecker. Wir aßen mehrere Male bei ihm, und er vertraute uns an, daß sein Koch ein entflohener Sträfling war.

Es gab viele davon in Kuba, die einen anredeten, sobald man französisch sprach. Es gab auch viele »Häuser« derselben Gattung wie die zwei oder drei berühmten »Häuser« in Paris, wo alle Mädchen hübsch waren. Es waren hochherrschaftliche Häuser, elegant und diskret, deren Adresse uns unser Hotelchef gab. Dieser Mann gehörte dem »Syndikat« an, wo er einer der besten *gamblers* war, das heißt ein professioneller Spieler, die mit großen Summen in die Kasinos nach Europa oder Südamerika geschickt wurden, um aufs Ganze zu gehen und manchmal die Bank zu sprengen.

Viele Bettler auf den Straßen, vor allem Bettler in Lumpen mit einem weinenden Baby auf dem Arm.

»Sie mieten die Babys tageweise. Die Frauen haben eine Nadel in der Hand, mit der sie das Kind stechen, um es zum Weinen zu bringen, wenn sich ein wohlhabend aussehender Kunde nähert.«

In Havanna gab es die gleichen Vermögen wie die in Texas: die fünf oder sechs Zigarrenfabrikanten zum Beispiel oder die Besitzer der Zuckerrohrplantagen. Der Besitzer der berühmtesten Zigarrenmarke der Welt verheiratete seine Tochter während unseres Aufenthalts. Für dieses Fest ließ er die zwei bekanntesten Jazzgruppen aus den Vereinigten Staaten kommen. Man sprach davon, daß er nur für Blumen fünfzigtausend Dollar ausgab. Und das ganze Fest kostete ihn mehr als eine Million Dollar.

Wir telegrafierten immer noch. Der französische Botschafter telegrafierte.

Eines Nachmittags beschlossen D. und ich, eines der drei Luxusbordells zu besuchen. Hatten wir ein paar Daikiris getrunken? Vielleicht. D. fühlte sich ziemlich wohl und betrachtete mit Bewunderung ein großes Mädchen mit der schönsten schwarzen Hautfarbe und einem makellosen, nackten Körper.

»Warum schläfst du nicht mit ihr?«

»Ja, warum nicht?« Ich wußte noch nicht, daß D. dabei sein und sich nicht mit der Rolle einer Zuschauerin begnügen würde.

Einige Tage später erzählte sie mir von einem Haus, das von den Amerikanern sehr geschätzt wurde und das uns unser Hoteldirektor empfohlen hatte. Wir gingen dorthin. Es war weniger elegant als das erste, aber lebendiger, lebhafter, und im Patio tranken und plauderten Paare miteinander.

Wir suchten uns zwei junge Frauen aus, eine Blonde von irgendwoher und eine schöne, sinnliche Mulattin. Im Patio tranken wir etwas mit ihnen, und dann nahmen sie uns mit in ein Zimmer, wo wir fast zwei Stunden verbringen sollten. D. fand ein solches Vergnügen daran, daß wir zwei- oder dreimal oder noch öfter dorthin gingen und die Blonde uns errötend eine Fotografie von sich schenkte, großformatig und hüllenlos, die sie uns beiden widmete.

Während wir auf Neuigkeiten warteten, die erst mehrere Tage später eintreffen sollten, fuhren wir, du, Marc, D. und ich, in einem Taxi zu einem Strand dreißig Kilometer von der Stadt entfernt, den der Botschafter uns empfohlen hatte. Wir kamen durch so ärmliche Dörfer, daß wir, ohne es zu wollen, an die Hochzeit für eine Million Dollar denken mußten, die tags zuvor stattgefunden hatte.

Einige sehr reiche, zu reiche Leute, die Privatflugzeuge und kleine Yachtflotten besaßen. Vielleicht drei- oder vierhundert Halbreiche? Und Millionen von armen Leuten, richtig Armen.

Im Hotel spielten wir Bowling, und du freundetest dich mit anderen Kindern an und spieltest mit ihnen. Es waren alle Hautfarben vertreten, was dich wenig kümmerte, du schienst es nicht zu bemerken, was mich begeisterte.

Der Ozean war lauwarm, der Strand angenehm, und wir badeten mehrmals am Tag. Ich schrieb mit der Hand Briefe, wobei ich Kohlepapier benutzte, um einen Durchschlag zurückzubehalten, denn sie waren fast alle an meine europäischen Verleger gerichtet. Seit Jahren hatte ich die Angewohnheit, den Verlegern auf Französisch zu schreiben, in welches Land auch immer, und ich bat sie, mir in meiner Sprache zu antworten, was sie alle taten, sogar mein damaliger, sehr britischer Verleger in England, dieser allerdings nicht ohne zu murren.

Ich sprach jetzt Englisch, oder vielmehr Amerikanisch, ziemlich fließend, aber nicht gut genug, um zum Beispiel ein wichtiges Telefongespräch zu führen. Also antwortete D. für mich, aber ich legte Wert darauf, ihr meine Post zu diktieren, was sie dann übersetzte. Versuchte sie nicht, nach und nach mehr Bedeutung in meinen geschäftlichen Angelegenheiten zu erlangen, die ich ihr nicht zugestehen wollte? Ich erinnerte mich an ihre ersten Tage in Sainte-Marguerite, an das Umkrempeln meines Ordnungssystems . . .

Eines Abends, ein Orkan. Nicht am Himmel oder auf der Erde, sondern über unseren beiden Köpfen. Vielmehr eines Nachts. Ich erinnere mich nicht daran, was unsere Krise ausgelöst hatte. Ich sehe sie noch das Schlafzimmer verlassen, in kurzem Nachthemd. Ich folgte ihr von weitem. Sie verließ das Hotel, überquerte den Strand, ging, fast nackt, geradeaus weiter ins offene Meer, und ich warf mich ebenfalls ins Wasser. Sie war eine ausgezeichnete Schwimmerin, aber sie trieb immer weiter ins offene Meer, während ich sie anflehte, zurückzukommen.

Endlich holte ich sie ein. Sie wehrte sich, und ich brachte sie mit Gewalt zurück, während sie mit tonloser Stimme immer wiederholte, daß sie sterben wolle. Sie beruhigte sich erst, als sie wieder im Bett lag, und wurde von einer anderen Raserei gepackt, die mich an die verdrehten Augen unserer ersten Nächte erinnerte.

Sie hatte die Armbanduhr verloren, die ich ihr zu Weihnachten geschenkt hatte. Sie weinte. Endlich schliefen wir ein. Es war nur ein Alarmsignal, gewiß; ich war deswegen aber nicht weniger besorgt. Sie war also nicht vollkommen geheilt. Am nächsten Tag hatte sie aber wieder ihren liebevoll friedfertigen Blick, und wir kehrten nach Havanna zurück.

Noch ein paar Tage hier. Anscheinend sollte der französische Botschafter das Dokument erhalten, das meinen Auftrag für erledigt erklärte. Ein Abend im Kasino, das denen von Las Vegas ähnlich sah, in Begleitung des Botschafters, der uns in seinem Wagen zum Flugplatz bringen würde.

Wie der Botschafter der Vereinigten Staaten uns versprochen hatte, nahmen die Formalitäten nur einen Tag in Anspruch. Ich schämte mich fast, als ich die Schlange vor der Botschaft sah, wo die Hälfte der Leute die Nacht mit Warten verbracht hatten und wo sie vielleicht noch eine weitere Nacht verbringen mußten.

Ein letzter Daikiri. Herzlicher Abschied von unserem Freund. Miami. Unser schöner Buick, den wir dort wieder antrafen und der die Sümpfe mit den Alligatoren und den Schwärmen von Fliegen durchquerte.

Wir waren von nun an Ausländer mit ständigem Wohnsitz in den Vereinigten Staaten, beinahe Staatsbürger. Und wir würden den langen Marsch nach Westen antreten, in ein Land, dessen Namen ich nicht kannte, das Land mit den weiten Flächen, dem blauen Gras und den Pferden in freier Natur.

Wir reisten zuerst ab, Marc, D. und ich. Tigy wartete darauf, daß wir uns irgendwo fest niederließen, um uns dann im Wagen nachzufahren.

Du warst ans Abreisen gewöhnt, nicht wahr? Und du schienst nicht bewegt. Wir saßen alle drei vorne, denn der Wagen war breit, und wir ließen das Dach nur dann herunter, wenn die Sonne zu heiß wurde. Um dich von deiner rätselhaften Träumerei abzulenken, sangen wir.

Wir durchquerten Louisiana, fast ohne daß es uns bewußt wurde. Wir hielten oft an, um zu Mittag oder zu Abend zu essen, zu schlafen, und manchmal begnügten wir uns mit einer Etappe von drei- oder vierhundert Meilen, um dich nicht zu ermüden.

Die Landschaft interessierte dich nicht. Wenn wir vor einer Zapfsäule anhielten, blieben Schaulustige stehen, um unseren Wagen anzustarren, als wäre er ein Raumschiff. Sie beugten sich über all diese glänzenden Knöpfe, die sie verwirrten. Wenn wir uns unglücklicherweise vom Auto entfernten, drückten die Bengel aufs Geratewohl auf diese Knöpfe, begeistert davon, daß die Scheiben dem Kommando gehorchten.

Was für dich ein Mißgeschick war, mein armer Marc. Eines Morgens, nach einer Stunde Fahrt, beklagtest du dich über die Hitze.

»Es ist nicht heißer als gestern.«

»Es kocht . . .«

Du beklagtest dich so fast zwei Stunden, sogar als wir dich auf einen anderen Platz setzten, sogar als ich das Dach herunterließ.

»Wo kocht es?«

»Überall . . . Aber vor allem . . . vor allem mein Hintern.«

Ich hielt an, setzte mich auf deinen Platz, der tatsächlich kochend heiß war. Ich kam erst nach ein paar Minuten dahinter, denn ich hatte mich noch nicht an all diese Knöpfe gewöhnt. Ich überprüfte sie alle nacheinander, und ich merkte, daß die Bengel vom Morgen oder vom Abend zuvor auf den Heizungsknopf gedrückt hatten.

Texas. Dallas. Ein prächtiges supermodernes Hotel. Morgens entschlossen wir uns, du und ich, zum Friseur zu gehen. Wohlgenährte Herren mit rotem Gesicht plauderten mit lauter Stimme, selbstsicher, sicher, die wichtigsten Männer in einem Staat zu sein, der der wichtigste und reichste der Welt war.

Ich bemerkte, daß sie, während man sie frisierte oder rasierte, ihre breiten weißen Filzhüte jungen Mädchen anvertrauten, die sie in einem Nebenraum bügelten.

Ich wollte auch einen Stetson haben. Ich war früher einmal mit Madame Stetson, der Firmenerbin, an Bord eines Ozeandampfers gefahren, und sie hatte uns so lange beim Bridge im Salon festgehalten, daß wir damals kaum den Panamakanal gesehen hatten. Keinen weißen Stetson. Ich wählte einen von einem unauffälligerem Beige. Du trugst bereits seit New York einen Cowboyhut von der gleichen Farbe.

Wir verbrachten einen Tag und eine Nacht in Dallas, und wir waren erstaunt darüber, daß alle jungen Frauen hübsch waren, sogar die Serviererinnen in den Cafeterias. Ich stellte dem Oberkellner die Frage.

»Sie haben recht, Monsieur. Texas, ob nun in Dallas oder in Houston, versammelt die schönsten Mädchen der Welt. Auf diesem Gebiet kommen wir vor Hollywood. In Hollywood wollen sie für eine kleine Rolle von einem Talentsucher entdeckt werden. Hier sind die Männer reicher als irgendwo anders, und das ist mehr wert als eine Probeaufnahme in einem Studio . . .«

Ebenen, so weit das Auge reichte, Wiesen, Kühe, die friedlich zwischen den Bohrtürmen weideten. Überall der Gestank des Erdöls, der nicht für alle schlecht riecht.

Vor Texas waren wir anscheinend durch Alabama und Mississippi gekommen. Die Schwarzen hier zahlreicher als die Weißen, ärmer als die, die wir bisher im Norden gesehen hatten.

Seit wieviel Tagen fuhren wir? Wir rechneten nicht mehr nach. Die Landschaft zog vorbei. Die oft ärmlichen Städte und Dörfer. Weite Ebenen, gewiß, aber noch nicht die, von denen ich träumte seit diesem Bild, das ich in einer Zeitschrift gesehen hatte.

Bald trat Sand an die Stelle des Grases. Indianer mischten sich unter die Schwarzen. Wir waren in New Mexico und sahen den berühmten, fast ausgetrockneten Rio Grande aus den Liedern und den Western.

Wir hielten einen Nachmittag in Dos Pasos an der mexikanischen Grenze, wo wir, nachdem wir unsere Zimmer im Hotel reserviert hatten, über die Brücke, die als Grenze diente, fuhren und in ein mexikanisches Restaurant gingen, um zu Abend zu essen. Der Sand war rot, und die Ebene war von ebenfalls fast roten Hügeln gekrönt.

Wir kamen nach Arizona, wo mir der Raum weiter als irgendwo sonst erschien. Herden von mehreren tausend Tieren. Cowboys zu Pferd, die du hingerissen beobachtetest und die so aussahen wie in den Filmen oder den Comics, mit silberverzierten Satteln und Stiefeln.

Mittags hielten wir in einem chinesischen Restaurant einer Stadt, die man am Horizont erkennen konnte. Ihr bestelltet, du und D., ein chinesisches Menü, und ich begnügte mich mit einem Steak.

Um zwei Uhr kamen wir in der Stadt an, die in meinen Augen keiner anderen glich, umgeben von der Wüste, daß in manchen Straßen der Sand unter den Sohlen knirschte.

Tucson! Ein Hotel aus den Anfängen des Jahrhunderts, geräumig, solide. Wir gingen hinein. Alle trugen enganliegende Cowboyhemden, Stiefel mit hohen Absätzen und schwarze oder beige Sombreros wie ich.

Das Hotel hieß The Pioneer. Die Straßen waren breit. Reiter schlängelten sich zwischen den Autos hindurch.

Wir gingen in unsere geräumige, gut gelüftete Wohnung, und wenn es auch genauso heiß war wie in Florida, so war die Luft hier trocken und roch sozusagen nach Wüste. In meinem Kopf muß das Gras dort wohl blau gewesen sein.

Nach dem Abendessen setzte ich mich mit einem Seufzer der Befriedigung hin:

»Endlich haben wir es geschafft!«

»Das heißt, Jo? . . .«

»Daß wir hier bleiben.«

Du klatschtest in die Hände, Marc, denn du fühltest dich in dieser Umgebung genauso wohl wie ich.

»Für lange? Läßt du Tigy kommen?«

Wir hatten nicht einmal die Stadt besichtigt!

»Ich gehe hinunter, um ihr zu telegrafieren.«

Und du, entschieden:

»Ich auch.«

Im Aufzug sagte ich wieder zu dir:

»Wir sind endlich angekommen.«

»Wirklich?«

»Wirklich, ja!«

»Juchhu!«

Ein neuer Abschnitt begann. Ein wesentlicher Abschnitt, meine Kinder, für euch wie für mich. Für uns alle.

Es war an einem Sonntag.

28

Sag mir, mein lieber Marc, denn in diesem Moment wende ich mich nicht an das Kind, das du warst, sondern an den Mann, der in der nächsten Woche einundvierzig Jahre alt wird, sag mir, warum du glaubst, daß ich an jenem Sonntag, nachdem wir einen kleinen Teil von Arizona durchquert und am Rande von Tucson gehalten hatten, daß ich mit beinahe völliger Gewißheit verkünden konnte: »Wir sind angekommen!«?

D. verstand meine plötzliche Entscheidung nicht. Weite Ebenen hatten wir in Louisiana, in Alabama und in New Mexico durchquert, ohne zu reden von Texas, das genauso berühmt für seine Cowboys wie für seine Erdölvorkommen und seine Milliardäre ist.

Früher hätte uns Maine mit seinen Wäldern, seinen Seen und dem nahen Ozean verlocken können. Hatte ich für meinen Teil nicht immer geglaubt, nur am Meer leben zu können, was meine Wahl für Nieul nach ausgedehntem Suchen erklärt? Wir hätten uns in der Umgebung von Augusta niederlassen können, wo du dich so sehr angesichts der Meeresfauna begeistert hattest. Wir hätten ins benachbarte Kalifornien fahren können.

Du warst sicher ein Junge, der sich wenig durch Worte oder großartige Gesten ausdrückte, aber ich war überzeugt, aufgrund meiner Angewohnheit, deine Augen zu beobachten, daß du an jenem Sonntag ebenfalls wußtest, daß wir richtig angekommen waren, und wir täuschten uns beide nicht, denn es war in Arizona, sozusagen mitten in der Wüste, wo deine Persönlichkeit wahrhaft erblühen sollte.

Ein Instinkt? Eine fast tierische Vorahnung? Ich glaube an den Instinkt, vor allem an den der Tiere, die durch die Jahrhunderte weniger verdorben worden sind als der Mensch.

Vielleicht wären wir ohne die Ereignisse, die weder von dir noch von mir abhingen, noch heute in diesen weiten Wüstenebenen, wo einige Häuser noch in der Zeit der Pioniere erbaut worden waren. Ich würde es bedauern, denn ohne diese Unwägbarkeiten wäre ich nicht im späten Alter an das Ziel meiner endlosen Suche gelangt. Und du? ...

Die Männer trugen fast alle hochhackige Stiefel über ihren Jeans. Denn wenn die hautnahen Jeans erfunden wurden, dann für sie, die stundenlang jeden Tag zu Pferd saßen und einen engen Kontakt mit ihrem Reitpferd haben mußten, und nicht für die Männer und Frauen in den Städten.

Ein Zwischenfall kennzeichnete unser erstes Abendessen im Pioneer in dem nüchternen Eßsaal, der jedoch voll menschlicher Wärme war. Man hatte uns Tomatensaft serviert, und jedem Glas war eine halbe grüne Zitrone beigefügt.

Wie kam es dazu? Beanspruchte die Umgebung und die anderen Gäste meine Aufmerksamkeit? Jedenfalls rutschte mir die halbe Zitrone weg, als ich sie ausdrückte, beschrieb einen großen Bogen und landete im Glas einer jungen, elegant gekleideten Frau.

Auch sie trank einen Tomatensaft, und der Saft spritzte ihr ins Gesicht, hinterließ große rote Flecken auf ihrer Bluse und ihrem Rock. Ich war auf Proteste gefaßt, wenn nicht auf Schlimmeres. Die Menschen im Süden und im Westen gelten nicht als geduldig, vor allem wenn eine Frau davon betroffen ist.

Zu meiner großen Überraschung lächelte sie mich an, indem sie sich mit der Serviette abwischte, während mein Gesicht vor Verlegenheit rot wurde. Ich stand linkisch auf, näherte mich ihr und ihren Begleitern und stammelte etwas in meinem von einem starken Akzent entstellten Englisch.

Die Männer lächelten nun ihrerseits. Du mußtest wohl vor Angst sterben. Ich auch.

»Sind Sie Franzose?«

»Belgier . . .«

»Machen Sie sich vor allen Dingen um mein Kleid keine Sorgen. Seit wann sind Sie in Tucson?«

»Es ist unser erster Tag hier.«

»Haben Sie vor, hier zu bleiben?«

»So lange wie möglich.«

»Ich hoffe, daß dieser kleine Unfall Ihnen Glück bringen wird.«

Sofort am nächsten Morgen wandte ich mich an den Direktor, der sich in der Halle aufhielt. Wir waren zusammen, und wahrscheinlich sprach D. am meisten, denn sie war daran gewöhnt, und darüber hinaus verstand ich die Sprache weniger gut als sie, vor allem den Akzent des Landes.

»Wo finden wir eine Immobiliengesellschaft?«

»Um ein Haus zu kaufen?«

»Um eins zu mieten.«

Er war herzlich und lächelte amüsiert.

»Würde eine große Hazienda Ihnen zusagen?«

Mein Blick zu D. verriet ihm meine Begeisterung.

»Wollen Sie lange bleiben?«

»So lange wie möglich.«

Er bat uns in sein Büro mit Möbeln im reinsten Pionierstil.

»Dieses Haus ist nicht wirklich zu vermieten, und die Agenturen würden Ihnen nichts davon erzählen. Es gehört einer sehr reichen, aber originellen alten Dame, die dort die meiste Zeit alleine wohnt. Manchmal entkommt sie ihrer Einsamkeit und verbringt einige Monate bei einer Freundin, deren Haus ebenso groß ist, die aber viele Hausangestellte hat.

Die Frau, von der ich spreche, ist die Witwe eines sehr bekannten Malers, und wenn die Leute ihr gefallen, vermietet sie . . .«

Ich war schon ganz aufgeregt.

»Am besten ist es, sie am späten Vormittag zu besuchen. Nachmittags spielt sie mit ihren Freunden Bridge.«

Wir liefen, um nicht zu sagen wir flogen zu ihr. Wir entdeckten ein ruhiges Viertel mit menschenleeren Straßen. Weit auseinanderstehende, vornehme Häuser wurden von dichtem, halbtropischem Grün verborgen.

Wir läuteten mit klopfendem Herzen. Man hatte uns gesagt, daß die Eigentümerin Madame Kingham hieß und einer bekannten Familie aus Virginia angehörte. Das machte mir ein wenig Angst, denn die großen Familien aus Virginia, genauso, wenn nicht noch mehr als die aus New England, betrachteten sich als die Aristokratie der Vereinigten Staaten.

Eine sehr lebhafte alte Dame mit noch lebhafteren Augen öffnete uns schließlich und sah uns neugierig an. Ihr Aufzug war unerwartet. Über einem einfachen Baumwollkleid trug sie eine Küchenschürze aus grobem, blauem Leinen und hielt einen Scheuerlappen in der Hand, der den schäumenden Wassereimer erklärte, den wir in dem breiten, mit Steinplatten bedeckten Flur bemerkten.

»Entschuldigen Sie bitte, daß wir Sie um diese Uhrzeit stören. Man hat uns gesagt . . .«

»Wer?«

»Der Direktor des Pioneer . . . Er hat uns gesagt, daß wir sicher sein könnten, Sie am späten Vormittag anzutreffen.«

»Weil das die Zeit ist, in der ich den Haushalt erledige.«

Sie lächelte, fing unsere Blicke auf, die unweigerlich auf ihre knochigen Hände fielen. Sie trug drei oder vier Ringe mit großen Diamanten, die mit dem Scheuertuch und der blauen Leinenschürze eine seltsame Zusammenstellung waren.

Sie hatte verstanden. Sie verstand alles vom ersten Augenblick an, lächelte verschmitzt.

»Wenn Ben Sie geschickt hat, handelt es sich um eine Vermietung. Kommen Sie herein.«

Sie schloß die Tür hinter uns, und am Ende des Flures befanden wir uns in einem Zimmer von unerwarteten Ausmaßen, wo an drei Wänden vom Boden bis zur Decke Bücher standen.

»Wie lange haben Sie vor, in Tucson zu bleiben?«

»Lange.«

»Ich vermiete nur für einen bestimmten Zeitraum, denn ich liebe dieses Haus, in dem wir so glücklich waren, mein Mann und ich . . .«

Sie zeigte auf ein in Öl gemaltes Porträt, das einen Mann von ungefähr fünfzig Jahren darstellte, blond mit hellen Augen wie deine, Marc.

»Erstaunen Sie meine Diamanten? Ich trage sie nie, wenn ich ausgehe, nicht einmal zum Abendkleid. Ich liebe sie um ihrer selbst willen, und ich habe sie nur morgens an den Fingern, wenn ich saubermache. Das ist eine Schrulle einer alten Dame, wenn Sie so wollen . . .«

Wir saßen. Ihre strahlenden Augen schienen uns zu durchschauen.

»Sind Sie verheiratet?«

O je! In einem puritanischen Amerika!

»Nein. Wir leben zusammen . . .«

»Und die Mutter dieses Jungen?«

»Sie wird in einigen Tagen zu uns kommen . . .«

Das amüsierte sie. Man hätte schwören können, daß diese dubiose Situation ihr gefiel.

»Sehen Sie, ich bin nicht konservativ. Ich liebe es, einige meiner Bekannten vor den Kopf zu stoßen. Einige sagen von mir, daß ich eine verrückte Alte bin, und . . .«

Sie ließ uns die Hazienda besichtigen, die kein Stockwerk hatte, aber trotzdem riesig war. Rechts vom Salon befand sich ein geräumiges Zimmer, das Tigys und deins werden sollte, mein lieber Marc. Es war mit einem weiteren kleineren Zimmer verbunden, das von D. und mir, das auf einen Patio hinausging. Jedes Schlafzimmer hatte ein modernes Badezimmer.

Eine Außentreppe führte zu einer Terrasse, die an die Kommandobrücke eines Schiffes erinnerte, und in einem kleinen weißen Gebäude war noch ein Schlafzimmer mit Badezimmer.

Von außen war alles heiß. Hinten ein Garten mit Kakteen, Steinboden, Sand und Palmen.

Die Küche erinnerte in ihren Ausmaßen an eine Schloßküche, und das Kupfergeschirr an den Wänden glänzte matt.

Noch ein weiteres Zimmer im anderen Flügel, das von Madame Kingham, ein weiterer Patio mit weißen Mauern und Grünpflanzen. Ein Eßzimmer.

»Sie sehen, daß es ziemlich groß ist für eine einzige Frau.«

Alles war von einer erstaunlichen Sauberkeit, wenn man daran dachte, daß sie sich von niemandem helfen lassen wollte.

»Mieten Sie es für sechs Monate?«

»Wenn möglich, für länger.«

»Ich kann Ihnen nicht mehr als sechs Monate versprechen. Möglicherweise packt mich später die Lust, meine Cousins und Cousinen in Virginia zu besuchen, und da ich viele habe . . .«

Sie lachte nicht, aber ihr Lächeln war ein stummes Lachen, ein wenig wie deins, Marc . . .

Wir waren im Salon.

»Hat Ben Ihnen den Preis genannt?«

»Nein.«

»Er wird Ihnen sicher teuer scheinen. Achthundert Dollar pro Monat. So wie es ist, das Haus mit den Möbeln, dem Zubehör, den Büchern, dem Silber, dem Geschirr.«

Ich bekam einen ziemlichen Schock. Ich war nicht auf eine so hohe Summe gefaßt gewesen.

»Die Versorgung des Gartens obliegt Ihnen nicht. Mein Indianer kümmert sich darum. Er kehrt jeden Abend in sein Reservat zurück, ungefähr zehn Meilen von der Stadt entfernt. Er ist der Häuptling der Navajos, friedlichen und sanften Leuten.«

Wir sahen ihn, mit rundem, gutmütigem Gesicht, wie er langsam die Gittertore anstrich, die auf eine Sackgasse hinten am Garten führten.

»Ist es zu teuer für Sie?«

Sie sah uns mit Bedauern an, und es war nicht das Geld, das sie bedauerte, denn darum ging es ihr nicht. Wir waren ihr sympathisch. Sie war mir noch sympathischer, und ich wollte mit ihr nicht handeln.

»Einverstanden. Wann werden wir einziehen können?«

»Geben Sie mir eine Woche, um Ordnung zu schaffen.«

Es amüsierte sie, alles amüsierte sie. Sie war voller Vitalität und freute sich an jedem Augenblick, bestimmt auch an denen, die sie dem Putzen des Kupfergeschirrs in der Küche widmete.

»Wissen Sie, wie dieses Viertel von Tucson genannt wird?«

Unsere Augen verneinten.

»Snobs' Hollow . . .«

Die Ecke der Snobs. Wenn man das Wort Snob auf sie anwenden konnte, dann allerdings im gegenteiligen Sinne. Sie hatte nicht einmal ihre blaue Schürze abgebunden.

»Sie wohnen im Hotel? In diesem Falle werde ich Ihnen in zwei oder drei Tagen eine Nachricht zukommen lassen, und wir können dann einen Mietvertrag über sechs Monate unterschreiben.«

»Mit einer möglichen Verlängerung um sechs weitere Monate?«

Sie lachte.

»Möglich, ja. Ohne mich zu irgend etwas zu verpflichten.«

Als wir wieder auf der menschenleeren Straße waren, die deshalb nur um so breiter aussah, wären wir fast vor Freude in die Luft gesprungen. Eine traumhafte Hazienda, eine richtige, ohne Protzerei, nicht wie die, die für die *dudes* gebaut wurden.

Ein Wort, das wir noch nicht kannten, aber bald kennenlernen sollten. Ich habe keinerlei Vorstellung vom heutigen Arizona. Anscheinend ist Tucson eine sehr große Stadt mit Hochhäusern geworden, umgeben von Fabriken, mit einem internationalen Flughafen und einem Militärflughafen, wohin die Flieger der Natoländer kommen, um sich ausbilden zu lassen.

Das Tucson, in dem wir lebten, war anders, mit nur zwei Geschäftsstraßen, die sich im rechten Winkel schnitten, und außer den Villen gab es Häuser aus *adobe* im mexikanischen Stil und sogar aus Holz, mit der in früheren Zeiten üblichen Veranda.

Wir erkundigten uns nach einer Schule. Die beste lag fast außerhalb der Stadt. Das Gebäude war dabei unwichtig, hier und da waren in dem Sand, der es umgab – im Wüstensand – Dächer aus getrockneten Palmen auf Pfählen errichtet. Keine Wände.

Es regnete, wie man uns versicherte, nur fünfzehn bis fünfundzwanzig Tage im Jahr, sintflutartige Regenfälle, und die Flüsse, die meiste Zeit trocken, so daß man sie mit dem Auto durchquerte – denn es gab nur wenige Brücken –, schwollen so stark an, daß sie Autos, die sich hineinwagten, mitrissen und zerstörten und Pferde, Menschen und Vieh ertränkten.

Hier trank man keine Daikiris, sondern Bier, nicht zu reden vom Whisky aus Mais, den wir nicht häufiger anrührten als die schreckliche mexikanische Tequila.

Viele Leute, denen wir auf den Straßen begegneten, waren Mexikaner, die in einem der Stadtviertel wohnten. Tagsüber kamen auch die Indianer, nicht viele, keine Indianer mit den eckigen Gesichtern wie die von anderen Stämmen, sondern Menschen mit rundem Gesicht, freundlich und heiter.

All das erschien uns wundervoll, lieber Marc. Du würdest schließlich in eine Schule unter freiem Himmel gehen. Die Direktorin hatte uns mitgeteilt, daß ihr nach dem Mittagessen, das ihr draußen bekamt, dazu angehalten würdet, eine Stunde lang ausgestreckt auf schmalen Matratzen im Schatten zu ruhen, wenn's ging, zu schlafen.

»Und wenn ich nicht schlafe?«

»Dann sollst du dich ruhig verhalten . . .«

Die Sonne war stärker, trockener, heißer als in Florida, wo die heiße und feuchte Luft einem manchmal das Gefühl gegeben hatte zu ersticken. Wenn man den Wagen in der Sonne stehen ließ, und war es auch nur für eine Viertelstunde, ohne ihn zu bedecken – und es gab nur wenig Schatten –, verbrannte einem der Hintern, wenn man sich wieder hineinsetzte. Im Gegensatz dazu waren die Nächte so kühl unter einem immer klaren Himmel, daß man wenigstens eine Wolldecke brauchte.

Uns widerfuhr allen dreien ein seltsames Abenteuer. Obwohl wir eine Coca-Cola nach der anderen tranken, verging ein Tag, dann der zweite, dann der dritte, ohne daß wir ein einziges Mal pinkelten. Ich schwitzte auch nicht, während ich anderswo zwei- oder dreimal am Tag das Hemd wechseln mußte. Mit D. war es das gleiche. Ich vertraute mich Ben an, wie unser Hotelbesitzer hieß. Er brach in schallendes Gelächter aus.

»Hat man Ihnen noch nicht gesagt, daß man hier mehrmals am Tag eine kleine Salztablette schlucken muß, um ein Austrocknen zu vermeiden? Laufen Sie zum erstbesten Apotheker.«

Wir hatten also immer eine winzige Schachtel mit Salztabletten in der Tasche, so wie unsere Urgroßmütter überallhin ihr Konfektdöschen mitnahmen, wenn nicht ihr Tabakdöschen aus fein ziseliertem Gold.

Ich kaufte die Cowboystiefel in einem traumhaften Geschäft, wo man aufpassen mußte, nicht für einen *dude* gehalten zu werden. In der Landessprache ist das ein Fremder, Amerikaner oder nicht, der hierher kommt und Cowboy spielt, wobei er sich mit den unmöglichsten Verkleidungen schmückt, die er in den Kinowestern gesehen hat. Man vermietete an sie friedliche Pferde, die sie für Mustangs hielten, in deren Sattel sie mühsam ihren dicken Hintern hievten.

Sie wohnten in Hotels, die wie falsche Ranches gebaut waren, und ließen sich zehnmal am Tag mit ihrem Sombrero und ihren mexikanischen Stiefeln fotografieren. Selten waren es damals Ausländer, denn zu der Zeit hatten die Wogen des Tourismus noch nicht Arizona überschwemmt. Es waren biedere Amerikaner aus dem Norden, Yankees, die ohne offensichtlichen Spott aufgenommen wurden, aber von den Einheimischen deshalb nicht weniger verachtet wurden. In dem großen Geschäft neben unserem Hotel gab es Abteilungen für *dudes* und Abteilungen für die Ranchers, die Cowboys und die Leute des Landes.

Übrigens, zu den *dudes* fällt mir eine Anekdote ein, die die Fabrikantin für Sättel, tiefe Sättel, hinten hochgebogen, mit einem Knauf, an dem sich der Reiter festhalten konnte, und Steigbügel, so bequem wie Pantoffeln, die also diese Fabrikantin aus dem Westen von einem ihrer Kunden erzählte, der die Hälfte oder noch mehr der Matratzen der Vereinigten Staaten lieferte und dessen Namen auf allen Wänden geschrieben stand.

Seit langem kam er jedes Jahr nach Arizona, um hier seine Ferien zu verbringen. Er war bereits ein alter Mann, der in Chicago wohnte und nur davon träumte, durch die Wüste zu galoppieren. Er war ein wichtiger Kunde, denn seine Sporen sowie seine Stiefel, sein Sattel und das Geschirr waren mit echtem Gold verziert.

Was ihn nicht davon abhielt, sich bei derjenigen zu beklagen, die ihm seine Ausrüstung lieferte.

»Ich verstehe das nicht. Seit Jahren komme ich hierher. Die Leute kennen mich. Ich halte mich sehr gut auf dem Pferd. Ich möchte wissen, wann man aufhören wird, mich als einen *dude* zu betrachten . . .«

Und seine Gesprächspartnerin antwortete ihm gelassen ins Gesicht:

»Wenn Sie sich nicht mehr wie ein *dude* benehmen, werter Herr.«

Anscheinend hatte er nicht verstanden. Bei dieser Dame ließ ich dir deinen ersten Sattel anfertigen, der deine Initialen trug, nicht in Gold oder in Silber, sondern mit einem Brenneisen eingebrannt, wie bei dem Vieh.

Wir unterzeichneten den Mietvertrag. Ich hatte telegrafisch mein Geld von meinem Bankkonto in Bradenton auf eine Bank in Tucson überweisen lassen. Ich unterschrieb also den Scheck, und als Tigy eintraf, hatten wir uns in unserer Hazienda eingerichtet, nicht in einer unechten, sondern in einer echten, fast hundert Jahre alt.

Kam deine Mutter in dem alten Wagen, den wir in Montreal gekauft hatten, oder mit dem neuesten Modell von Chevrolet, das sofort großen Erfolg hatte? Ihr Wagen, der kleiner und wendiger war als unser langer Buick, aber sehr modern, und dessen überraschende Formen die Blicke auf sich zog, besaß ebenfalls eine automatische Schaltung.

Hatte ich ihn gekauft, bevor wir Florida verlassen hatten? Hatte ich ihn ihr hier gekauft? Das Haus gefiel ihr. Sie ergriff selbstverständlich Besitz von dem Zimmer der Herrschaft und gab ihre Anweisungen unserer Köchin, die wir hatten, bis Boule in die Vereinigten Staaten kommen würde, worum ich mich ständig bemühte. Bald würde sie in Nogales an der mexikanischen Grenze sein.

In den ersten Tagen fuhr ich dich mit offenem Verdeck zu deiner Schule, denn frühmorgens war es nicht zu heiß. Du aßest in der Schule zu Mittag und hieltest dort unter freiem Himmel Siesta. Deine erste richtige Schule, die der Ecole Primaire hier entspricht, und nachmittags gegen fünf Uhr holte ich dich dort ab. Nach drei oder vier Tagen sprachst du bereits von deinen kleinen Freunden und den kleinen Freundinnen, so als hättest du sie seit Monaten gekannt.

Deine Mutter und D. schienen sich zu verstehen. Wir entdeckten eine nicht asphaltierte Straße mit Sandboden, die Broadway genannt wurde, das heißt die »breite Straße«. Es war die schmalste von Tucson, wie zum Spott, und sie war von hübschen Villen und Gärten flankiert. Eine dieser

Villen gehörte einem französischen Paar, das seit der Vorkriegszeit hier ansässig war. Ich hatte in Paris den Vater der Frau sehr gut gekannt, und bald schlossen wir miteinander Freundschaft, luden uns gegenseitig ein.

Deine Mutter hatte ihrerseits ihre eigenen Freunde und Freundinnen. Wir sollten sie erst nach mehreren Monaten zusammenbringen, wenn wir einen Empfang für ungefähr hundert Personen geben würden, zu dem Alexandre de Manziarly, französischer Generalkonsul in Los Angeles, kommen würde, denn Arizona fiel auch unter seinen Amtsbereich. Zwei Professoren der Universität brachten ihre hübschesten Studentinnen mit, und es herrschte ein reges Treiben in den beiden Patios, in den Gärten, im Salon und auf der Terrasse in Form einer Schiffsbrücke.

Der Inspektor der Einwanderungsbehörde von Nogales war anwesend, und während einer sehr angenehmen Plauderei versprach er mir, Boule im geeigneten Augenblick zu ihren Visa zu verhelfen. Jetzt waren wir allerdings noch weit davon entfernt, obwohl der Augenblick näherrückte. Als Tigy ins Bild gesetzt wurde, akzeptierte sie die Rückkehr unserer Boule in die Familie, zu der sie ganz und gar gehörte.

Ich arbeitete. Im Kellergeschoß, aber auf gleicher Ebene mit einem der Gärten, befand sich ein Saal, der, ebenso groß wie der Saal eines alten Klosters, mit überlebensgroßen Steinfiguren verziert war. Man fühlte sich wie in einem Museum. Es war das Atelier des Malers, des Gatten von Madame Kingham, die jetzt einmal in der Woche nachmittags mit ihren Freundinnen zum Bridge kam.

Während einer dieser Partien erklärte uns unsere Vermieterin ernsthaft, nicht ohne ein Lächeln im Mundwinkel:

»Früher wollte ich keine alte Frau werden, und ich tat alles, um mich jünger zu machen. Wie dumm war ich! Ich wurde mir klar darüber, als ich beschloß, eine richtige Alte zu werden.

Seither macht es mir unaufhörlich Spaß. Nichts ist angenehmer, als eine alte Dame zu sein, denn es wird einem alles entschuldigt, die Hüte, die Kleider, selbst die exzentrischen, und vor allem das Verhalten und die Offenheit. Ich habe angefangen, alles zu sagen, was ich denke, und niemand ist mir böse. Im Gegenteil, man sieht mich mit einem zustimmenden Lächeln an und denkt, ich weiß es: ›Das ist eine alte Dame!‹

Welch ein Glück, es endlich zu sein, anstatt sich aufs Täuschen zu versteifen!«

Ihre beste Freundin, die in ihrem Alter war, nickte zustimmend. Sie hatte Möbellager in Tucson und ein Umzugsunternehmen geerbt, und man wußte, daß sie die Eigentümerin des einzigen großen Modegeschäfts der Stadt war, aber man sprach nicht darüber. Der Direktor ihres Möbellagers, ein unerschütterlicher Mann, war der vierte Mann beim Bridge, und es wurden Tee und Gebäck gereicht.

Niemals bei diesen Zusammenkünften, war es nun bei uns oder anderswo, sah ich Madame Kingham mit ihren Diamanten. Sie trug kein einziges Schmuckstück, außer wenn sie den Haushalt machte. War es nicht ihr Recht? War sie nicht »eine alte Dame«?

Der Saal im Kellergeschoß, von wo ich einen der Gärten und eines der Tore sah, war mein Arbeitszimmer geworden, und ich arbeitete oft dort. Ein *schoolbus* hielt um halb acht an der Ecke unserer Straße, und du stürztest mit zwei oder drei Freunden aus dem Viertel zu ihm hin, bevor er woanders wegen einer neuen Fuhre hielt.

Als wir am Weihnachtsfest durch die erleuchteten Straßen schlenderten, D. und ich, sahen wir eine ganz junge Katze, die sich an unseren Beinen rieb und dabei wie ein verlorenes Baby miaute. Wir nahmen sie mit nach Hause und tauften sie natürlich »Christmas«.

Sie hatte mehr den Charakter eines Hundes, denn wenn wir spazierengingen, begleitete sie uns, sprang von Zeit zu Zeit in einen Garten und kam bald darauf wieder zu uns.

Weißt du, Marc, daß du der einzige bist, der mich an einem Roman arbeiten gesehen hat? Trotz des *Do not disturb,* das an dem Riegel hing, durftest du in mein Kellergeschoß kommen, wo ich von sechs Uhr morgens an auf meiner Maschine tippte. Du kamst so leise, daß ich dich niemals hörte. Plötzlich spürte ich deine Lippen flüchtig auf meiner Wange, und wenn ich mich umdrehte, sah ich dich bereits wieder durch den Garten laufen.

Mein erster Roman in Tucson hatte das zum Rahmen, was mich umgab, was nur selten vorkam. Ich hatte ihn *La rue des vieilles dames* betitelt, so etwas wie eine sehr freie Übersetzung von *Snobs' Hollow,* dem Namen unseres Viertels. Sven Nielsen fand diesen Titel wenig verlockend, und ich war damit einverstanden, an dessen Stelle zu setzen: *La jument perdue.*

Ich ging nach dem Abendessen eine halbe Stunde alleine im Viertel spazieren, das mir vertraut geworden war, und wenn ich nach Hause kam, schrieb ich die ersten vier oder fünf Sätze des nächsten Kapitels für den folgenden Tag.

Nach diesem Roman folgten Schlag auf Schlag: *Les vacances de Maigret, Maigret et son mort.*

Christmas begann, mich auf meinen Abendspaziergängen zu begleiten, seit dem Roman: *La neige était sale,* der in meiner Vorstellung nicht im Norden oder Osten Frankreichs spielt, wie es die Kritiker glaubten, sondern in einer kleinen Stadt in Österreich, die ich sehr gut kenne.

Jetzt begnügte ich mich beim Heimkommen nicht mehr mit einigen Zeilen mit Bleistift auf dem gelben Schreibblock, sondern ich schrieb fast das ganze Kapitel, das ich, mit vielen Veränderungen, am nächsten Morgen tippte. Diese Angewohnheit sollte ich Jahre hindurch beibehalten, außer bei den Maigrets, die ich immer direkt in die Maschine tippte.

Christmas begleitete mich immer noch, kürzte den Weg über die Rasenflächen und durch die Grünpflanzen ab und wartete in einer anderen Straße auf mich, wo er wußte, daß ich kurz darauf durchkommen würde.

In Tucson hatten wir keine eigenen Pferde, was sehr kompliziert gewesen wäre. Am Rande der Wüste gab es eine Art Korrall, wo man Pferde vermietete, und wo richtige Cowboys Reitstunden gaben.

Du begleitetest mich manchmal, aber du nahmst vor allem Stunden. Ich meinerseits ritt mit einem der Universitätsprofessoren zwischen den Kakteen und den hohen, mit Stacheln bedeckten Grünpflanzen in Form von Kandelabern, deren Namen ich vergessen habe, die man in allen Westernfilmen sieht.

Ich hatte meinen englischen Sattel, meine Stiefel, die noch aus La Richardière stammten, und ich stellte mir jetzt eine Frage, die nur deine Mutter hätte beantworten können. Ich war schon in Florida überrascht gewesen, meine englische Offizierskleidung zu finden, die ich seit Jahren nicht mehr getragen hatte.

Woher kamen sie? Woher kam mein Sattel, meine Stiefel, mein Zaumzeug und meine Reithandschuhe? Ich wußte, daß Tigy in Frankreich Kisten um Kisten mit verschiedenen Dingen gefüllt hatte. Auf welchem Wege waren diese Kisten uns gefolgt? Und wie kam es, daß sie sich, zusammen mit Hunderten von Büchern, bereits in dem Lager von Madame Kinghams Freundin befanden?

De Gaulle sagte:

»Die Intendantur wird folgen!«

Deine Mutter wäre in diesem Falle eine wertvolle Intendantin gewesen, denn alles folgte, kam genau in dem Augenblick zum Vorschein, wenn man es brauchte, wie der Hase aus dem Hut eines Zauberkünstlers.

Ich hatte den großen Verdacht, daß diese sich wiederholenden Reisen nach Frankreich keine Geschäfts- oder Vergnügungsreisen mehr waren. Aus diesem Grunde war ich nicht überrascht, als ich bei unserer Rückkehr nach Europa erfuhr, daß das Mobiliar und die verschiedenen Gegenstände unserer Häuser sich alle in Nieul befanden, sorgfältig geordnet.

Ich bestand darauf, englisch aufzusitzen, was die Leute der Gegend erstaunte. Du dagegen stiegst im Stil des Westens aufs Pferd, und man hätte glauben können, du seist als Reiter geboren worden.

Abends, wenn ich nicht »am Roman« war, badeten wir in einem wunderschönen Schwimmbad, oder wir wohnten einem Baseballspiel bei, denn zwei der besten Mannschaften Amerikas trainierten den Winter über in Tucson.

D. zeigte ihre Begeisterung für meinen Geschmack ein wenig zu heftig. Bei jedem Torerfolg erhob sie sich aus einer Erschlaffung, klatschte Beifall und schrie lauter als die anderen Leute, die zu unserer Tribüne herüberschauten. Aber wie still, sanft und zärtlich war sie überall sonst . . . Konnte ich ihr diese Gesten nicht nachsehen, diese aufsehenerregenden Schreie, die aber böse Erinnerungen in mir wachriefen?

In Tucson hatte sie mich gebeten, für sie die Kleider in dem Geschäft auszusuchen, das Madame Kinghams Freundin gehörte. Zuletzt bestand sie darauf, daß ich alleine dorthin ging. Ich betrachtete die Verkäuferinnen und suchte mir eine aus, die beinahe die gleiche Größe und die gleiche Statur hatte wie D.

»Pardon, Mademoiselle, hätten Sie die Güte, diese drei Kleider anzuprobieren?«

Das klappte zweimal, dreimal. Die vierte, eine »Neue«, die mich nicht kannte, brach in so lautes Gelächter aus, daß sich ihre Kolleginnen nach mir umdrehten.

»Sagen Sie mal! . . . Hört mal, ihr Lieben! Hier ist einer, der eine neue Art gefunden hat, Frauen anzumachen . . .«

Und sie machte meinen Akzent nach:

»Hätten Sie die Güte, diese drei Kleider anzuprobieren . . .«

Rot vor Verlegenheit verbeugte ich mich und ging hinaus.

Nach Tucson kamen nur *dudes* und Baseballspieler. Wegen seines trockenen Klimas wurde es Leuten empfohlen, die schwach auf der Brust waren. Etwas außerhalb der Stadt gab es eine Höhere Schule mit Luxusausstattung, Schwimmbad mit olympischen Maßen und Pferdeställen, in denen Pferde für gleichzeitig zwei oder drei Klassen standen.

Man sah auch viele sehr reiche Greise, aber die waren aus einem anderen Grund hier.

In Arizona gab es nämlich die Erbsteuer nicht, die in anderen Staaten sehr hoch war. Wenn also der Besitzer eines großen Vermögens so alt wurde, daß man auf seinen baldigen Tod gefaßt war, schlugen seine Erben oder Erbinnen dem Hausarzt vor:

»Glauben Sie nicht, Doktor, daß ihm das Klima in Arizona gut tun würde?«

»Es schadet niemandem, im Gegenteil.«

In den meisten Fällen hatte der Arzt verstanden.

Wenig später fand sich der Alte in Tucson oder in Phoenix in einer luxuriösen Villa wieder.

Wie steht es heute damit? Ich weiß es nicht. Meine Erfahrungen stammen von 1947, 1948 und 1949. Auf jeden Fall wird mir meines Wissens niemand raten, nach Arizona zu gehen, um dort meine Tage zu beschließen.

29

Ich weiß nicht, an welchem Roman ich gerade arbeitete, als sich der Vorfall ereignete, aber ich weiß, daß dieser Roman in meinen Augen ziemlich wichtig und schwierig war. Vielleicht *La neige était sale?* Mein Gedächtnis ist präzise, was die Bilder, die Gerüche, die Klänge, sogar die gesprochenen Worte und das Gesicht meiner Gesprächspartner betrifft. Es ist weniger genau bei der chronologischen Folge, außer wenn ich Anhaltspunkte habe, und es kommt vor, daß ich ein nebensächliches Ereignis vor ein anderes setze.

Die Eigennamen konnte ich allerdings noch nie behalten, sogar in der Schule nicht, und so habe ich auch den von Madame Kinghams Freundin vergessen, mit der ich ein Jahr lang so oft Bridge spielte, und die eine der bedeutenden Persönlichkeiten von Tucson war. Nichtsdestoweniger sehe ich aber ihr rosiges Gesicht vor mir, ihre hellblauen Augen, ihr stets sanftes und überlegenes Lächeln. Ihr Vater war nicht weit von der Stadt von Apachen getötet worden, die seither systematisch ausgerottet worden waren, und von denen jetzt einige Gruppen in der unendlichen Weite der Mesas, das heißt der flachen Hügel mit stachliger Vegetation, zurückgezogen lebten und sich nie zeigten.

Manchmal auf unseren Touren zu Pferde entdeckten wir ein erloschenes, noch qualmendes Feuer, die Spuren eines Lagerplatzes. Die Apachen waren nicht weit weg, aber ich konnte nie einem von diesen ehemals stolzen und furchterregenden Kriegern von Angesicht zu Angesicht gegenüberstehen, die von den Weißen so schändlichst verraten worden waren.

Eines Nachts also hörte ich im Nebenzimmer deine jammernde Stimme, Marc, obwohl du nie jammertest. Ich hörte deine Mutter hin und her gehen und leise mit dir sprechen. Am nächsten Tag teilte sie uns mit, daß dein Hals gereizt war und schmerzte, und abends bestand kein Zweifel mehr, daß du eine Angina hattest.

Nicht in deiner Schule unter freiem Himmel hattest du sie bekommen. Tagsüber blieb die Temperatur draußen gleich, ohne einen Windhauch. Warst du an einem freien Nachmittag in ein zu luftiges Kino gegangen? Möglich, oder auch zu einem abendlichen Baseballspiel?

Alle meine Kinder haben von mir sicher eine gewisse Empfindlichkeit des Halses geerbt, und ich erinnere mich an meinen Vater, der, wenn er aus seinem Büro heimkam, sich einen feuchten Wickel um den Hals legte. Eine Angina wurde zu der Zeit, ebenso wie eine Grippe, nicht als Entschuldigung anerkannt, im Büro oder in der Schule zu fehlen, und ich höre noch unter den Geräuschen unserer Klasse, wo ich in dem großen, schwarzen Ofen ein Kohlefeuer in Gang hielt, Husten, Naseputzen, Räuspern, ebenso vertraute Geräusche wie das Kreischen der Kreide auf der schwarzen Wandtafel.

Abends hattest du also ein wenig Temperatur, und deine Augen glänzten. Zu Beginn der Nacht kam Tigy in unser Zimmer, im Nachthemd und Morgenmantel. Sie wandte sich an D. und erklärte:

»Hören Sie! Da Sie ja schon den Mann haben, holen Sie doch auch den Sohn.«

Eine Anwandlung von schlechter Laune, gewiß, die ich jetzt verstehe. Welche Geräusche zwangen wir sie nicht mitanzuhören?

Wurde ein Arzt herbeigerufen? Ich bezweifle es, denn ich erinnere mich an kein Bild. Ich schrieb an meinem Roman weiter. Drei Tage später warst du wieder auf den Beinen, aber noch eine bestimmte Zeit blieb dein Bett neben unserem, zur großen Freude von D., für die das wie ein Symbol ihrer offiziellen Anerkennung war.

In dieser Zeit etwa erhielt ich einen Brief von Boule, in dem sie mir mitteilte, daß sie endlich in Nogales angekommen war, auf der mexikanischen Seite, nur sechzig Meilen von Tucson entfernt.

Ich eilte dorthin, alleine und befreit von einer großen Last. Boule hatte in meinem Leben einen wichtigen Platz eingenommen, und sie nimmt ihn immer noch ein, wie in deinem Leben, Marc, bei dem sie jetzt wohnt. D. hatte sie nie gesehen, kannte aber nichtsdestoweniger die Bande, die uns seit Bénouville miteinander verbanden, als ich zwanzig Jahre alt war und Boule siebzehn. Ich hatte ihr viel von unserer Boule erzählt, und ich glaube, sie war von deren Ankunft bei uns nicht erbaut, nicht so sehr wegen der intimen Beziehungen, die ich immer mit ihr gehabt hatte, sondern weil sie ihrer Meinung nach zu viele Jahre mit mir geteilt hatte.

Was Tigy betrifft, so hatte ich sie seit langem auf dieses Kommen vorbereitet, und sie hatte sich damit abgefunden, wobei sie Gleichgültigkeit vortäuschte. Oder war diese Gleichgültigkeit doch echt? Blieb sie nicht trotz allem Madame Georges Simenon? Als wir unsere Freunde zu unserer großen Abendgesellschaft eingeladen hatten, hatte sie darauf Wert gelegt, daß auch die Einladungen so aufgesetzt wurden:

»Monsieur und Madame Georges Simenon
und Mademoiselle D . . .
(hier der Vorname und D.s Familienname)
haben die Ehre, Sie einzuladen . . .«

Das war etwas mehrdeutig. Aber D. war in der Tat meine Gefährtin, und Tigy kannte fast niemanden unserer Gäste. Deswegen hatte sie doch nicht weniger die Eigenschaft der Hausfrau inne und bestand auf diesem Vorrecht. Ich war ihr deswegen niemals böse, und ich verstand sie. Hatte sie nicht mehr als zwanzig Jahre lang mein Leben geteilt, die guten sowie die schlechten Tage?

Das ärgerte D., ich wußte es. Boules Ankunft ebenfalls. Boule, die mit mir fast ebenso alte Erinnerungen hatte wie Tigy.

D. zog es aber vor, gute Miene zum bösen Spiel zu machen, und ließ mich alleine nach Nogales fahren. Wir waren mehrmals diese breite und fast leere Straße gefahren, auf der es manchmal passierte, daß wir von dem einen Ende bis zum anderen nur einem oder zwei Wagen begegneten. Es war noch keine Autobahn, aber vielleicht die einzige Straße der Vereinigten Staaten, auf der die Geschwindigkeit nicht begrenzt war.

Einige mit Mais oder Erdnüssen bebaute Landstriche, dort, wo man Grundwasser gefunden hatte. Einige Häusergruppen. Keine richtigen Dörfer. Zwei oder drei große Ranches in der Ferne, in der weiten Sandebene. Wir gingen zusammen in dem mexikanischen Stadtteil von Nogales essen, in einem sehr bekannten Restaurant, Die Grotte, natürlich auf spanisch, wo man zu den Klängen der Gitarren und der Stimmen von drei schnauzbärtigen Sängern aß.

»Bésame, Bésame mucho . . .«

An jenem Morgen fuhr ich so schnell, wie es der starke Motor meines Wagens erlaubte, was sonst nicht meine Gewohnheit war. Zwei Jahre lang, wenn nicht mehr, hatte ich Boule nicht mehr gesehen und von ihr in seltenen Briefen nur ziemlich ungenaue Neuigkeiten erhalten.

Nogales war keine Grenzstadt wie jede andere, denn die Grenze verlief in Wirklichkeit mitten durch die Stadt und schnitt sie durch ein sehr hohes Gitter in zwei Teile, mit einem Tor, das ebenso gut bewacht wurde wie die Berliner Mauer.

Auf der einen Seite eine kleine Stadt, bürgerlich und wohlhabend, Geschäfte, wo man alles in Hülle und Fülle finden konnte. Auf der anderen Seite ein typisch mexikanisches Dorf, ärmlich, wimmelnd, mit vielen Bettlern, auf den Bürgersteigen Gemüse, Obst und Fleisch, das von blauen Fliegen bedeckt war. Einige größere Häuser jedoch, viele wenig einladende Cafés, und etwas weiter das Getto.

In Richtung Vereinigte Staaten – Mexiko begnügten sich die Autos damit, langsamer zu fahren, ein Gruß zu den Gendarmen und den Beamten der Einwanderungsbehörde, die zurückgrüßten. In der anderen Richtung, in einem kleinen Gebäude mit dem Sternenbanner, Durchsuchung, Überprüfung der Papiere, mehr oder weniger lange Befragungen.

Das Gitter teilte nicht nur die Stadt mittendurch. Es setzte sich durch hohe und feste Stacheldrahtzäune entlang der Grenze fort, an der Patrouillen mit Polizeihunden auf und ab gingen.

Das erinnerte mich an Khartum, eine Stadt im Sudan zur Zeit der englischen Herrschaft, Khartum, eine weiße Siedlung, ähnlich einem Dorf jenseits des Ärmelkanals. Keine Gitter, auch kein Stacheldraht. Dennoch Schwarze, die um die Stadt herum in Hütten lebten. Einige kamen jeden Morgen zu den Weißen, um zu arbeiten, aber sie mußten vor Sonnenuntergang wieder verschwinden.

Das Gitter oder die Hunde waren in Khartum nicht notwendig. Die Schwarzen waren so gut dressiert, daß man nur mit Mühe und Gewalt einen von ihnen nachts in die weiße Stadt hätte mitnehmen können.

Boule befand sich auf der anderen Seite des Gitters, durch das ich hindurchfuhr, wobei ich lediglich die Geschwindigkeit verminderte und grüßte. Ich suchte die Adresse, die sie mir in ihrem Brief mitgeteilt hatte, und entdeckte eine sehr behagliche Straße, ein kleines spanisches Haus mit beruhigender Fassade. Es war eine Familienpension, wo nur drei oder vier Mieter wohnten, und ich hatte sie in Verdacht, daß sie genauso wie Boule auf ihr berühmtes Visum warteten.

Eine fette und saubere Mexikanerin mit grauen Haaren empfing mich am Eingang, und ich hatte kaum Zeit, eine Erklärung abzugeben, als Boule auftauchte, deren Zimmer im Erdgeschoß lag. Unnötig zu sagen, daß wir uns gegenseitig um den Hals fielen, Tränen in den Augen.

Als wir alleine im Zimmer waren, die Tür geschlossen, weinte Boule immer noch vor Freude, und ich erfuhr, daß ihr Aufenthalt in Frankreich schlimmer gewesen war, als ich es mir vorgestellt hatte. Der Freund (aber in Paris nennt man sich schon bei der ersten Begegnung »mein Freund«), ein Freund, zu dem ich Vertrauen gehabt und den ich damit beauftragt hatte, unserer Boule monatlich eine beträchtliche Summe zu überweisen, hatte das nie getan.

Als die Summe, die ich Boule für die erste Zeit dagelassen hatte, erschöpft gewesen war, hatte sie bei der guten Madame Foncrier gewohnt, der Concierge von der Place des Vosges, die Rentnerin war und ein kleines Zimmer mit Küche in dem Viertel gemietet hatte. Beide hatten von Näharbeiten gelebt, wovon Boule mir in ihren Briefen nie geschrieben hatte, und auch jetzt noch gestand sie mir die Wahrheit nur zögernd ein.

Ich umarmte sie zärtlich, dann intimer, auf einem sehr sauberen Bett.

»Wird es noch lange dauern, mein kleiner Monsieur?«

Wir lachten und weinten gleichzeitig vor Freude.

»Haben Sie Ihren Paß beim Konsul der Vereinigten Staaten hinterlegt?«

»Ja. Er hat mir gesagt, ich solle warten.«

Wir gingen zusammen zu ihm, einem reizenden, noch jungen Mann, der uns sehr herzlich empfing. Ich hatte das Glück, daß er zu meinen Lesern zählte, und er fragte mich, ob ich mich in Tucson wohl fühle. Wir plauderten und tranken dabei Bier. Er sah Boule neugierig an. Ich erzählte ihm, seit wie vielen Jahren sie mit uns gelebt hatte, welche Zuneigung sie mit meinem Sohn Marc verband, was weiß ich noch alles? Ich mußte wohl sehr eifrig geredet haben, denn ich las in seinen Augen leichten Spott.

»Hören Sie, Monsieur Simenon. Ich verstehe Ihre Ungeduld und die Ihres Sohnes. Die Routine in der Verwaltung gibt es hier jedoch genauso wie in Frankreich, und Sie kennen das strikte System der Einwanderungsquoten. Mademoiselle Liberge ist jetzt die dritte auf der Liste . . .«

»Wie lange wird es dauern?«

»Das hängt von Washington ab. Ich würde sagen, einen Monat höchstens . . .«

Nach mehr als zwei Jahren Wartezeit erschien uns plötzlich ein Monat zu lang. Dennoch bohrte ich nicht weiter, denn die Beamten mögen es nirgendwo, wenn sie gedrängt werden.

»Kann ich in der nächsten Woche zu Ihnen kommen?«

»Es wird mir ein Vergnügen sein . . .«

Wir aßen, vielleicht in der Grotte? Ich brachte sie wieder zu sich nach Hause und fuhr in meinem eindrucksvollen Wagen mit dem Kennzeichen von Arizona in umgekehrter Richtung durch das Gitter.

Ich kam drei oder vier Tage später wieder, denn ich fühlte, daß Boule am Ende ihrer Kräfte war. Ich kam noch einmal, erlebte jedesmal wieder das Vergnügen unseres intimen Beisammenseins, und ich sah den Konsul wieder.

»Vielleicht in vierzehn Tagen, Monsieur Simenon?«

Wir plauderten wieder, tranken dabei kühles Bier, denn die Temperatur war hier höher als in Tucson, vielleicht wegen der roten Berge, die die Stadt umgeben. Man hatte hier ergiebige Silberminen entdeckt, und die Geschäfte boten kunstgewerblichen Silberschmuck an. Auch die Pesos waren aus Silber. Einer der Pioniere, die diese Minen entdeckt hatten, war ein Ingenieur aus Lüttich, der eines Tages auf gut Glück in ein von Indianern bewohntes Gebiet aufgebrochen war.

Zurück in Europa, sehr reich, hatte er sich im Mittelmeer eine Insel gekauft, wo ich ihn mit seiner Frau und seinen Kindern getroffen hatte. Er besaß auch – denn heute ist er tot – eine der größten Wohnungen der Avenue du Bois, der heutigen Avenue Foch.

Die Silberminen sind beinahe erschöpft, aber man entdeckte Kupfer, beinahe im Sand, was die rötliche Farbe der Mesas erklärt.

Du erwartetest Boule mit Ungeduld, mein wie ein Indianer sonnenverbrannter Marc. Ich glaube, deine Mutter wünschte ebenfalls ihr Kommen herbei, denn sie verstand sich nicht .gut mit der Köchin. Tigy hatte Schwierigkeiten mit dem Englischen, und ich habe allen Grund anzunehmen, daß es ihr mißfiel, D. um Hilfe zu bitten.

Diese wußte wohl sehr gut, daß meine Begegnungen mit Boule nicht platonisch blieben. Sie vermied es trotzdem, mit mir darüber zu sprechen. Zu Beginn unserer Beziehung hatte sie mir versichert, daß sie nicht eifersüchtig sei, und ich will noch heute glauben, daß sie es bis dahin nie gewesen war. Unsere »Bettgeschichten«, wie sie später sagte, berührten sie nicht. Hat sie jemals der körperlichen Liebe Bedeutung beigemessen? Selbst vor meiner Zeit?

Eine andere Sache war ihr Besitzstreben. Das »Madame Georges Simenon« von Tigy ärgerte sie, genau wie deren Beharren darauf, die Rolle der Hausfrau voll und ganz zu spielen.

Und Tigy ihrerseits . . .

Kein Sturm jedoch, auch nicht, als ich endlich Boule, mit all ihren Papieren versehen, triumphierend in unsere Hazienda führte.

Du warst sehr aufgeregt, Marc. Du verschlangst sie mit den Augen, aber deine Freude drückte sich nicht in Worten aus.

»Mein Frosch! Wie sehr du dich verändert hast . . .«

Boule betrachtete dich unaufhörlich, bewunderte das Haus, die Patios, die Gärten, aber sie blieb beim Anblick der mexikanischen Köchin abrupt stehen. Ich erklärte ihr:

»In einer Woche wird sie nicht mehr hier sein.«

Sie besichtigte die Zimmer, sah aber keins für sich.

»Wo werde ich schlafen?«

Ich stieg mit ihr die Außentreppe empor, und auf der Terrasse erblickte sie das weiße Häuschen, ihr Zimmer, ihr Bad.

»Das ist mein Zuhause?«

Ich war sicher am aufgeregtesten, denn hier stand ich nun mit drei Frauen, die ich dazu bringen mußte, in Harmonie zusammenzuleben. D. und ich nahmen Boule mit auf eine Stadtbesichtigung, und ich merkte, daß Boule sich fragte, welches ihr Verhältnis zu dieser jungen Frau mit den schwarzen Zöpfen sein würde, die sie nur durch meine Briefe kannte und die, genau unter ihr, in meinem Bett schlief.

Keinerlei Herzlichkeit, sondern Neugierde lag in dem Blick, den die beiden Frauen austauschten. Würde der Krieg ausbrechen, oder würde nur Kalter Krieg herrschen?

Eine Einladung zu einer Abendgesellschaft in Hollywood erreichte uns, unterzeichnet von Alexandre de Manziarly, dem Generalkonsul von Frankreich. Das Abendessen würde in dem berühmtesten Restaurant der Stadt, dem Romanoff, stattfinden, das von einem gewissen Romanoff

geführt wurde, der keinerlei Beziehungen zur Familie des Zaren hatte . . .
Die Zeitungen sprachen häufig darüber. Es war ein Lokal, in dem nur
Filmstars, Regisseure und Produzenten verkehrten, deren Namen in aller
Munde waren, und man mußte sich ausweisen, um dort hineingelassen zu
werden.

Eine gute Gelegenheit, um Tigy und Boule Zeit zu lassen, sich wieder
aneinander zu gewöhnen. Die Einladung war an mich sowie an Mademoiselle D . . . Q . . . gerichtet. Kein Wort über Tigy. Auch nicht die übliche
Bemerkung »schwarze Krawatte« oder »weiße Krawatte«, das heißt Smoking, hier *tuxedo* genannt, oder Frack.

Nun, da es sich hier um keinen offiziellen Empfang handelte und das
Essen in einem Restaurant stattfand, nahmen wir nur Straßenkleidung
mit.

Hundert oder zweihundert Meilen von Tucson verkündete ein Trans-
parent über der Straße: »Letzte Werkstatt vor der Wüste«. Da wir nur
Wüste vor uns sahen, hielten wir an. Wir würden tatsächlich mehrere
Stunden durch die Wüste fahren, alle zehn Meilen ein geplatzter Reifen
und manchmal ein Autowrack.

Es wurde vollgetankt. Man befestigte an unserem Kühler einen Plastik-
sack voller Eis. Man ließ etwas Luft aus unseren Reifen.

»Geben Sie vor allem acht auf die Reifen. Bei der Hitze wird sich die
Luft ständig ausdehnen, und Sie müssen mehrmals anhalten, um die Luft
nach und nach abzulassen, sonst platzen die Reifen.«

Der Mann fügte mit einem leichten Lächeln hinzu:

»Viele Autofahrer warten hier, um eine Gruppe von zwei oder drei
Autos zu bilden, damit sie sich im Falle einer Panne gegenseitig helfen
können.«

Wir waren optimistisch. D. strahlte bei dem Gedanken, Hollywood zu
sehen und im Romanoff an einem Abendessen für Stars teilzunehmen.
Wir vermieden es, zu schnell zu fahren, weil wir an unsere Reifen dachten, die man nicht zu heiß werden lassen durfte. Die Straße war manchmal unter dem Sand, der über sie hinwegfegte, nicht zu sehen, und wir
begegneten keinem Auto. Trotz des Verdecks waren unser Gesicht und
unser Nacken glühend heiß, was uns nicht daran hinderte, so fröhlich zu
sein, als leisteten wir uns eine Eskapade.

Ende der Wüste. Zwei oder drei Werkstätten. Unsere Reifen wurden
wieder aufgepumpt. Einige Kilometer weiter dann eine Schranke, wie an
einer Grenze, und das Wort »California«. Männer in Uniform gaben uns
ein Zeichen anzuhalten.

»Nichts zu verzollen?«

»Was könnten wir zu verzollen haben? Wir kommen nicht aus dem
Ausland, sondern von Tucson.«

Zu zweit durchsuchten sie den Wagen, warfen einen Blick in unser Gepäck, und ich verstand es immer noch nicht.

»Was suchen Sie denn?« fragte schließlich D. einen von den beiden.

»Orangen, Obst...«

»Warum?«

»Wegen der Orangen aus Florida.«

Kalifornien und Florida machten sich heftig Konkurrenz auf dem Gebiet von Orangen, Zitronen, *limes* und anderen Früchten. Nun, die Krankheiten, die diese Früchte in den beiden Staaten befallen konnten, waren anscheinend nicht die gleichen. Kalifornien schützte sich dagegen, und an dieser Schranke nahm man das kleinste Stückchen Orange einem Kind aus den Händen.

Anscheinend waren wir durch Yuma gekommen, ohne irgend etwas jenseits der Sandwüste gesehen zu haben. Dort sperrte man die gefährlichsten Häftlinge der Vereinigten Staaten ein.

Wir durchquerten auch eine kleine Stadt im spanischen Stil, die von der Hitze erdrückt wurde: El Centro.

Später sahen wir von San Diego nur die Masten der Kriegsschiffe und der Fischerboote. Wir fuhren sehr nah an der Küste entlang und kamen noch vor dem Abend in den Vororten von Los Angeles an, so daß wir noch die Bohrtürme von Long Beach sahen.

Von da an kreuzten sich die Straßen, führten übereinander hinweg. Der Straßenverkehr war so dicht, daß sich einem der Kopf davon drehte. D. hatte den Stadtplan vor den Augen und suchte die Wegweiser, um mich zu leiten. Rechts das Meer; links Häuser. Irgendwo Straßenbahnen, die, wie ich später erfahren sollte, die letzten waren in einer Stadt von einhundertfünfzig Kilometer Länge, wo jede Familie ein Auto besaß, häufiger zwei, wenn nicht drei!

An wen hätten wir uns wenden können, wenn wir nicht den Plan gehabt hätten? Es gab keine Fußgänger, außer in der Avenue mit der Straßenbahn. Grünflächen, blühende Gärten, Häuser aller Stilrichtungen nicht weit von alten, schmutzigen Wohnungen entfernt.

Endlich erreichten wir das Beverly Wiltshire Hotel, ein sehr verblüffendes Luxushotel, wo man von der Bar, vom Salon, vom Eßsaal, von überall her durch breite Glasfenster gebräunte Mädchen und Jungen sah, die im Schwimmbad tauchten und schwammen, während andere unter Sonnenschirmen *long drinks* schlürften.

Wir brauchten zwei miteinander verbundene Zimmer, die es meistens nur in den Suiten mit einem Salon gab. D. und ich waren nicht verheiratet. 1947 war Amerika noch puritanisch. Die amerikanischen Hoteliers riskierten hohe Strafen, wenn sie ein einziges Zimmer an ein ungesetzliches Paar vermieteten und sich so zum »Komplizen der Sünde« machten.

Seit Maine waren wir daran gewöhnt; aus diesem Grunde hatten wir meistens in weniger kleinlichen Motels geschlafen. Wir hatten uns oft gefragt, ob das nicht der wahre Grund für ihre Existenz am Eingang und Ausgang der Städte war.

Die Abendgesellschaft fand am nächsten Tag statt. Ich rief Manziarly an. Austausch von Höflichkeitsfloskeln. Manziarly war ein gepflegter Mann von Welt, der mit den Großen dieser Welt auf gutem Fuß stand. Er war in Hollywood beliebt, vor allem bei den Stars, denn anstatt sie im Generalkonsulat zu empfangen, schickte er einen seiner Assistenten zu ihnen, um deren Pässe abzustempeln. Unsere Wege sollten auf Jahre parallel verlaufen. Ich würde ihm als Haut-Commissaire für französischen Tourismus in New York wiedersehen, dann in der Schweiz, als Generalkonsul in Genf. Er würde mich zu Diners mit ehemals gekrönten Häuptern einladen und mir empfehlen, sie so oft wie möglich in der dritten Person anzureden und von Zeit zu Zeit die Worte »Sire« oder »Majestät« zu benutzen.

Im Augenblick begnügte er sich damit, mich zu fragen:

»Haben Sie Ihren Smoking mitgebracht?«

»Nein. Ich dachte nicht, Ihrer Einladung nach zu urteilen . . .«

»Es ist mir peinlich. Ich dachte in der Tat an ein Abendessen im kleinen Kreis. Im letzten Augenblick aber kamen noch andere Gäste hinzu. Nach dem Essen werden wir woanders hingehen, und ein Abendanzug ist unverzichtbar geworden. Es ist mir sehr peinlich. Haben Sie bis morgen Zeit . . .«

»Machen Sie sich keine Sorgen. Wir werden das Nötige tun.«

»Entschuldigen Sie bitte nochmals. Wenn Sie trotz allem noch einen Moment Zeit haben, kommen Sie doch bei mir im Konsulat vorbei. Ist Ihre Gefährtin bei Ihnen?«

»Ja. Sie haben sie eingeladen . . .«

»Wird sie sich ebenfalls darauf einrichten können?«

Erschöpft aßen wir dennoch mit großem Appetit und sahen dabei den schönen Badenden zu, denn wie in Texas waren auch hier die Mädchen wunderschön. Wir liebten uns heftig in dieser für uns neuen Umgebung und schliefen dann ein. Natürlich in einem der Betten unserer Suite.

Morgens ließen wir uns sofort von dem Portier die Geschäfte zeigen, wo wir die besten Aussichten hatten, Smoking, Abendkleid und alle nötigen Accessoires zu finden. Glücklicherweise waren die Vereinigten Staaten Europa um zehn, wenn nicht zwanzig Jahre voraus.

Hier konnte man schon »von der Stange« kaufen, Konfektionen mit den besten Etiketten, und die meisten Geschäfte lagen in zwei oder drei Straßen, durch die wir stundenlang liefen, die Augen auf die Schaufenster geheftet.

Was mich am meisten beunruhigte, war der Smoking. Seit der Zeit meiner Groschenromane hatte ich nie mehr Konfektionskleidung getragen, und ich konnte mich nur schlecht in einem Smoking von der Stange vorstellen. Zum Glück gab es hier die Kleidung in drei oder vier verschiedenen Größen, je nach der Breite der Schultern, der Länge der Ärmel und der Beine. Ich fand einen, bei dem keine Änderungen durchgeführt werden mußten, und in demselben Geschäft fand ich Seidenhemden und Seidenstrümpfe sowie Lackschuhe, die meinen Füßen nicht zu sehr weh taten. Dazu natürlich eine schwarze Krawatte.

Für D. war es schwieriger. Wir gingen von einem Geschäft in eine Boutique, und von Boutique zu Geschäft, wo sie unzählige lange Kleider anprobierte, denn die kurzen Abendkleider waren noch nicht modern.

»Wir könnten es bis morgen ändern . . .«

»Ich brauche es heute abend . . .«

Endlich ein Kleid, das ihr paßte, schwarz. Nun, schwarz stand ihr gut. Wir fanden auch die Unterwäsche und die passenden Strümpfe dazu. Man schlug uns vor, das Ganze ins Hotel zu liefern. Da wir fürchteten, daß die Schachteln dort zu spät ankommen würden, trugen wir jedesmal die Pakete in unseren nicht zu weit entfernt geparkten Wagen.

Blieb noch der Abendmantel oder das Cape, irgend etwas, das die Schultern und das großzügige Dekolleté bedeckte. Es war fünf Uhr nachmittags, als wir ein weißes Cape aus leichter Seide fanden, das für unsere Zwecke geeignet war.

Die Schuhe, die Strümpfe, die Handtasche . . . Wir gingen zehnmal durch dieselbe Straße, und um sechs Uhr abends hielten wir mit dem Buick vor dem Beverly Wiltshire. Keinen Schmuck. Trug Madame Kingham denn welchen, wenn sie auf eine Abendgesellschaft ging?

Einen trockenen Martini an der Bar. Der Page durchquerte die Halle mit unseren Schachteln, unseren voluminösen Paketen, die er in unsere Wohnung hinaufbrachte. Wir hatten nicht die Zeit gehabt, im Konsulat vorbeizugehen. Hatten wir uns die Mühe gemacht, zu Mittag zu essen? Bestimmt nur einen Hot dog in einer der zahlreichen Cafeterias.

Ein Bad. Eine Dusche. Wir ließen uns noch einen Martini dry hochbringen. Das ist fast reiner Gin mit nur einem Tropfen Wermut; manche Barkeeper behaupten, daß es reiche, den Gin (heutzutage den Wodka) an dem Wermutkorken riechen zu lassen und eine kleine Zwiebel hineinzutun.

Fertig. Wir lächelten uns zu, und D.s Augen hatten nie so gestrahlt. Ihre bis zum Ellbogen behandschuhten Hände hielten ein kleines goldenes Täschchen, das den Schmuck ersetzte.

Der Portier beschrieb uns den Weg, um zum Romanoff zu kommen, und D. führte mich. In dem großen Eßsaal waren bereits viele Leute, deren Gesichter fast alle vertraut erschienen, denn man hatte sie oft auf der Leinwand gesehen.

Manziarly begrüßte uns und geleitete uns zu einer riesigen Bar, wo wir noch bekanntere Gesichter sahen. Charles Chaplin war dort, dem man uns als ersten vorstellte, dann ein anderer Charles, Charles Boyer, der ebenso wie Chaplin einer meiner guten Freunde werden sollte.

»Jean!«

Mein alter Freund Renoir war so etwas wie mein Bruder, und sein sympathisches Aussehen hatte sich nicht verändert. Wir umarmten uns, und danach sahen wir uns häufig in seinem wunderschönen Häuschen in Beverly wieder, zusammen mit seiner zweiten Frau, einer sanften und kultivierten Brasilianerin mit einem singenden Akzent, die für Jean bis zu seinem Tode das sein würde, was Teresa seit fast zwanzig Jahren für mich ist. Keine Raffinessen. Augen, die nichts verbargen, weil sie nichts zu verbergen hatten.

»Nun, alter Georges?«

Jean-Pierre Aumont, den ich, ganz jung, in den zwanziger Jahren kennengelernt hatte und der in Porquerolles mein Gast gewesen war. Alle waren fröhlich, und ständig wurde einem ein eisgekühltes Glas in die Hand gedrückt.

»Georges!«

»Georges!«

Denn es gab hier zwei Georges. Der andere war Georges Kessel, der Bruder von Jef, den ich oft während der Zeit gesehen hatte, als beide für Gallimard die Wochenschrift ›Détective‹ herausgaben. Georges Kessel war der schönste Sohn der Familie und hätte sein Glück als Gigolo machen können.

Der Bruder von Jean-Pierre Aumont, der später Regisseur wurde. Ich stellte vor:

»D . . .«

Und sie wurde herzlich aufgenommen. Einige amerikanische Stars, männliche und weibliche, die Paris kannten und französisch sprachen. Wir wechselten von einer Sprache in die andere. Der Oberkellner führte uns an einen sehr langen Tisch, wo ich von D. getrennt saß, die ich nur hin und wieder erblickte. Ich glaube, wir hatten sehr viel an der Bar getrunken, ohne daß es uns bewußt geworden war. Monsieur Romanoff kam und drückte allen Gästen die Hand, küßte die der Damen. Er war ein kleiner, dünner Mann, verwachsen, der dennoch über alle Berühmtheiten herrschte, die den Saal füllten.

Wenn ich mich an eine Hummercrème erinnere, so habe ich den Rest des Menüs vergessen. Ich hatte Charles Boyer zum Nachbarn, der mich einlud, die »Boyer-Stiftung« zu besuchen, wo die amerikanischen Regisseure alles mögliche Material über Frankreich finden konnten. Er lud mich zu sich ein. Er hatte einen Sohn in deinem Alter, Marc, und du machtest bald darauf seine Bekanntschaft in Arizona, wo ich ihm eine Mineraliensammlung der Gegend schenkte, die er leidenschaftlich sammelte.

Wohin wurden wir danach geführt? In das Haus von Manziarly, glaube ich. Im Salon stand ein Flügel. Chaplin setzte sich davor, und fast eine Stunde lang sang er für uns alte englische Balladen.

Einige Gäste saßen auf Kissen, andere direkt auf dem Teppich, ganz zwanglos. Manziarly, dem während des Krieges ein Bein amputiert worden war, hatte ein künstliches Bein. Vom alten polnischen Adel abstammend, hatte er breite Backenknochen und die hellblauen, liebenswürdigen Augen der Menschen seines Landes.

Als großer Freund der Frauen hatte er viel Erfolg bei ihnen, die ihn exquis fanden. Auf dem Boden sitzend, spielte er auf der Gitarre und sang mit einer hübschen Stimme romantische Lieder.

Ich suchte D. mit den Augen, entdeckte sie mit drei oder vier Personen in einer Ecke. Sie war rot im Gesicht vor Zorn und weinte, wobei sie versuchte aufzustehen. Als ich besorgt näher kam, erklärte sie mir schluchzend:

»Ich möchte sofort gehen! Bleib hier, wenn du willst . . .«

Ich erkannte die D. von New York und den Anfängen in Sainte-Marguerite wieder. Sie saß zwischen dem Bruder von Jean-Pierre Aumont und Georges Kessel, die sich bemühten, sie zu beruhigen, vor allem Aumont, der ihr, arglos und schüchtern, wie mir schien, mit liebevoller Geste seine Hand auf die Schulter legte.

»Was ist dir geschehen?«

»Ich lasse es mir nicht gefallen, daß man mich beleidigt und verachtet.«

Die beiden Männer sahen mich an, als wollten sie sagen, daß nichts dergleichen passiert sei.

»Hier sind Leute, die ich nie mehr im Leben wiedersehen will, auch wenn es deine Freunde sind.«

Georges Kessel zwinkerte mir zu.

»Wir haben ein wenig gescherzt«, murmelte er. »Wir haben nichts Beleidigendes gesagt . . .«

Ich kannte Georges mit seinem trockenen Humor, sehr geistreich übrigens.

»Das ist ein Flegel!« schrie D. sehr laut, immer noch stehend und immer noch weinend.

Die anderen Gäste taten so, als bemerkten sie nichts, Manziarly sang immer noch. Man applaudierte. Die Gitarre wurde zärtlicher für ein neues Lied.

»Und du, du zuckst nicht mit der Wimper! . . . Du sagst nichts!«

Sollte ich mir mit meinen alten Freunden eine Schlägerei liefern? Denn D.s Blick gab mir zu verstehen, daß Georges der Schuldige war.

»Ich habe mir ein Wortspiel über die Kanadierinnen erlaubt . . . Ich spielte auf die Lammfellkleidung an, die *canadienne* heißt . . .«

»Sie haben zu verstehen gegeben . . .«

»Ich sage Ihnen zum zehnten Mal, daß ich nicht Sie damit meinte.«

Und, zu mir gewandt, erklärte er:

»Ich habe in etwa gesagt:

›Es ist gut, im Winter eine Canadienne auf der Haut zu haben, um sich warm zu halten.‹«

»Und ich sage Ihnen noch einmal, daß Sie ein Flegel sind.«

Ich sah sie vor mir wie während der heftigsten Stürme unserer Anfangszeit. Nur, daß wir hier Gäste waren und um uns herum, ohne daß es den Anschein hatte, nichts von dem Wortwechsel unbemerkt blieb.

Der Bruder von Aumont nahm sie am Arm, geleitete sie zur Tür, und ich folgte verlegen.

»Wollen Sie noch immer gehen?«

Wütend:

»Ja. Zu Fuß, wenn es sein muß. Der Weg macht mir keine Angst.«

Das erinnerte mich an das einzige Mal, wo sie wirklich marschiert war, ihre Schuhe in der Hand, von Greenwich Village bis zur 68. Straße.

Aumont war untröstlich. Er hatte vergebens versucht, den Bernhardiner zu spielen. Man fühlte, daß er von Natur aus einer war.

»Du brauchst mich nicht zu begleiten . . .«

Sie hatte ihr weißes Seidencape gefunden, und schon standen wir beide draußen. Sie schwankte auf dem Bürgersteig, und ich verhinderte es, daß sie hinfiel. Ich war ihr nicht böse, daß sie getrunken hatte. Ich hatte ebenfalls getrunken. Ich war ihr auch nicht böse, weil sie betrunken war, denn das war mir auch schon passiert.

Ich hegte ihr gegenüber keinerlei Groll. Nur ein wenig Mitleid, daß ich sie zu früh hierhin mitgenommen hatte. Letzten Endes war sie noch eine Genesende, und mir wurde klar, daß sie mehr Zeit brauchen würde, als ich gedacht hatte, für . . .

Wofür? Um die wahre D. wiederzufinden? Aber welche D.? Als wir ins Auto stiegen und zurück ins Hotel fuhren, fühlte ich mich hin und her gerissen zwischen Leidenschaft und einer Art Verzweiflung.

Als wir im Hotel waren und uns ausgezogen hatten, fragte sie mich beinahe unschuldig:

»Was werden deine Freunde denken? Bist du mir böse?«

»Nein . . .«

»Es war dieser Kerl mit den braunen Locken . . .«

»Ich weiß. Georges. Er neckt gerne die Frauen.«

Sie weinte leise, und wir liebten uns, so wütend wie früher.

Ich war traurig. Meine Leidenschaft war nicht erloschen. Morgen, wenn wir zurück nach Tucson fahren würden, würden wir so tun müssen, als wäre nichts geschehen.

30

Du lebtest mit drei Frauen um dich herum, mein Marc, die untereinander rivalisierten, dich mit Zeichen von Zuneigung und kleinen Aufmerksamkeiten überschütteten. Du warst ein großer Junge von acht Jahren, ein Schuljunge, und du sprachst von »Christophus Columbus«, wie die Kinder in Frankreich und sogar die jungen Schwarzen in den Kolonien Afrikas oder Asiens von ihren Vorfahren, den Galliern sprechen, von Vercingétorix, von Chlodwig oder Karl dem Großen.

Drei völlig unterschiedliche Frauen, von denen die eine deine Mutter war, die dich sicherlich liebte, aber die eine gewisse Steifheit behielt, so wie ich sie kennengelernt hatte, wegen ihrer Schwierigkeit, ihre Gefühle nach außen zu zeigen. Hatte sie jemals mit einem Kind gespielt? Sie hatte sich erst zu einem entschlossen, als sie auf die Vierzig zugegangen war, und ihr Verhalten blieb immer ein wenig linkisch.

Boule dagegen hatte dich, als du noch ganz klein warst, irgendwie adoptiert, an dem Tag, als sie dich »ihren Frosch« genannt hatte. In ihrer sehr kinderreichen Familie kümmerte sich eine Tochter mit fünf oder sechs Jahren um ein jüngeres Kind, das ihre »Schnecke« wurde, denn ihre Mutter konnte sich nicht um alles kümmern. Wenn sie dich nicht so genannt hatte, dann aus einer instinktiven Zurückhaltung, denn auch du warst auf allen vieren in deinem weißgestrichenen Laufstall herumgekrochen. Als sie in Paris und dann in Mexiko auf die Genehmigung gewartet hatte, durch das Gitter zu gehen, das sie von den Vereinigten Staaten trennte, hattest du ihr genauso gefehlt wie ich, und sie schrieb mir in allen Briefen von »ihrem Frosch«.

Hatte Tigy ihr den Schock von Saint-Mesmin-le-Vieux verziehn, das Bild vor ihren Augen, mein Geständnis, mit Boule seit Bénouville intime Beziehungen unterhalten zu haben?

Tigy war mehr als zwanzig Jahre lang meine Frau gewesen. Während unserer dreijährigen Verlobungszeit waren unsere Beziehungen dieselben wie nach unserer Heirat gewesen. Ich hatte mich im Alter von siebzehn Jahren verlobt, und sie wurde meine einzige legitime Gattin.

In Tucson ließ sie keinerlei Feindseligkeit gegenüber Boule durchblikken, die ihrerseits ihr nicht böse zu sein schien wegen der zwei Jahre, die sie, aufgrund eines »Diktats« deiner Mutter, alleine verbracht hatte.

Boule war an Kinder gewöhnt, verstand sie instinktiv, konnte mit ihnen sprechen und lustig sein.

Was die dritte Frau betrifft, so war sie – und würde es immer bleiben – für die beiden anderen die Neue, die Fremde, der Eindringling. Das war D., wie es deine Mutter am Tage deiner Angina gesagt hatte. Sie schlief in meinem Bett und begleitete mich überallhin.

Auch D. umgab dich mit Aufmerksamkeiten, mit Schmeicheleien; sie war es, die dir bei den Hausaufgaben half, denn Tigy meisterte trotz ihres guten Willens niemals völlig die englische Sprache, und auf diesem Gebiet kam Boule, ganz instinktiv, bald besser zurecht als sie.

Was dachtest du, mein großer Marc, angesichts dieser drei Frauen, die dir zulächelten?

Und über deinen Vater, der sie immer mit einem Rest Sorge beobachtete, aus Furcht, dieser Frieden, den er so zerbrechlich wußte, könne zerstört werden?

Gleich am ersten Abend legte ich Wert darauf, die Situation mit D. klarzustellen. In Pyjama und Morgenmantel verkündete ich ihr:

»Ich gehe noch einen Moment zu Boule. Sie muß sich dort oben allein fühlen . . .«

D. protestierte nicht. Hatte sie mir nicht schon bei unseren ersten Begegnungen versichert, daß sie nicht eifersüchtig war? Wenn es anders gewesen wäre, hätte ich bestimmt den Mut aufgebracht, mit ihr zu brechen.

Über die Außentreppe des Patios stieg ich auf die Brücke, wie ich es nannte, wo Boule alleine schlief, und wir verbrachten eine Stunde voll herzlicher Intimität.

Als ich ins Zimmer zurückkam, sagte D. auch nichts, sondern im Gegenteil, sie schmiegte sich zärtlich an mich. Nach langem Schweigen seufzte sie zögernd:

»Habt ihr miteinander geschlafen?«

»Ja.«

Danach wollte sie unbedingt an die Reihe kommen.

Ich bewahrte für Tigy, wie noch heute, eine Freundschaft, die von all den Erinnerungen gefärbt war, die wir gemeinsam hatten, zusätzlich zu einer vielleicht naiven Treue zu einem Wort, das ein ganz junger Mann, fast ein Junge, gegeben hatte.

Andere Bande, gleichzeitig fleischliche und zärtliche, bestanden zwischen mir und Boule, die fraulicher war als deine Mutter.

D. gegenüber blieb ich das Opfer einer Leidenschaft, die mich während einer unserer ersten Nächte in New York gepackt hatte und die mich nicht losließ. Dennoch war ich bei klarem Verstand. Wenn ich mich auch darauf versteift hatte, sie wieder ihre Einfachheit finden zu lassen, die ihr so sehr abhanden gekommen war, so hatte mir der Zwischenfall in Hollywood soeben bewiesen, daß ich weit vom Ziel entfernt war.

Hatte sie nicht immer eine Rolle gespielt, nicht nur vor den anderen, sondern auch vor sich selbst, um sich zu beweisen, zum Beispiel, daß sie in der Lage war, einen Mann zu beherrschen, wenn auch nur einen flüchtigen Liebhaber, und war das nicht das Bild, das sie ihren Nichten und Neffen hinterlassen wollte, indem sie ihnen ihre Liebesbriefe vermachen wollte, als sie aus Abscheu vor sich selbst den Entschluß zum Selbstmord gefaßt hatte? War jener nicht ausgeführte Selbstmord nicht eine dramatischere Rolle gewesen als die anderen?

Andererseits hatte sie sich damit einverstanden erklärt, nicht mehr diese modische Frisur zu tragen, mit der ein Friseur jeden Tag wer weiß wie viele gleiche Puppen fabrizierte. Sie hatte es auch akzeptiert, die einfachen Kleider zu tragen, die ich ihr kaufte, und nur eine verliebte und zärtliche Gefährtin zu sein.

Welches war die echte D.? Ein erster Kontakt mit einigen meiner Freunde in einem Milieu, in dem ich mich wohlfühlte, zu dem sie aber keinen Zugang gehabt hatte, hatte genügt, daß sie sich dagegen auflehnte.

Fühlte sie sich unterlegen? Wem? Ich für meinen Teil glaube nur an den Menschen, wie er auch sei, und ich habe niemals die Überlegenheit eines Individuums über ein anderes anerkannt, die von der sozialen Klasse herrührt, in die man ihn künstlich einsortiert hat.

Ich wollte ihr Vertrauen zu sich selbst geben, und ich sollte dazu Gelegenheit bekommen. Eins der großen Studios in Hollywood bat mich um die Filmrechte eines meiner Kurzromane: *Sept petites croix dans un carnet.*

Wir kehrten also in die künstlichste Stadt der Welt zurück, wo jeder nur nach dem Wert der Gagen beurteilt wird, die er bekommt, und wo jeder, auch wenn es gegen seinen Geschmack geht, das Leben führen muß, das dieser Gage entspricht.

Man sagt dort häufig: »Wieviel ist Soundso wert? – Eine halbe Million Dollar . . .«

Pro Jahr! In Texas und anderswo ist es die Ziffer des Vermögens, die zählt, und ein Mann, der eine Milliarde wert ist, verachtet denjenigen, der nur eine halbe wert ist.

Was den höchsten Gipfel betrifft, diejenigen, die bei Hunderten von Milliarden angelangt sind, so stehen diese vier oder fünf so hoch auf der

sozialen Leiter, daß sie mit niemandem mehr verkehren und ihre hochmü-
tige Einsamkeit vorziehen, die von komplizierten Alarmanlagen und einer
Armee von Gorillas beschützt wird.

In Hollywood, wo man sich am Türgitter der Studios ausweisen mußte
und wo ein bewaffneter Wächter telefonierte, um sich zu vergewissern, ob
man tatsächlich derjenige war, den der große Boß erwartete, entschloß
ich mich diesmal, D. freie Hand zu lassen. Mein Englisch, daß für das
tägliche Leben ausreichte, gestattete es mir nicht, den Wortlaut eines Vertrages mit der nötigen Genauigkeit zu diskutieren.
   Ich hätte mich von einem Dolmetscher begleiten lassen können, wie die
Staatsmänner im Ausland. Ich hatte stets meine geschäftlichen Angelegenheiten mit Verlagen, Film oder Rundfunk persönlich erledigt, ohne einen
Rechtsanwalt oder, mit noch größerem Recht, einen Bevollmächtigten in
Anspruch genommen zu haben. Nun würde D. nicht nur den großen Boß
vor sich haben, sondern einen spezialisierten Anwalt. Ich hatte ihr meine
Anweisungen gegeben, und ich war überrascht, daß sie sich so gut aus der
Affäre zog, so daß ich den Vertrag unterschrieb. War es falsch? War es
richtig, ihr diese Befriedigung und Selbstsicherheit zu geben?
   Durch eines dieser Paradoxien des amerikanischen Films wurde der
Film, dessen Handlung in Paris spielen sollte, nicht in den Vereinigten
Staaten, sondern in Mexiko gedreht.
   Es war ein Fest, zu meinem alten Freund Jean Renoir zum Essen zu
gehen, der in dem bescheidenen Haus, das er hatte bauen lassen, einen
Backofen eingeplant hatte, denn er legte Wert darauf, sein Brot à la fran-
çaise zu backen.
   Ein paar Freunde, die ich kannte, auch Amerikaner, ein sehr bekannter
Regisseur und ein Bühnenautor, dessen Werke ich bewunderte.
   Um Jean und Dido, seine Frau, herrschte immer eine herzliche und ent-
spannte Atmosphäre. Mit seinem ein wenig pausbäckigen Gesicht, seinen
Augen, die man für naiv hätte halten können, die aber deshalb nicht weni-
ger genau alle menschlichen Wahrheiten entdeckten, verstand er es, jedem
die Befangenheit zu nehmen, eingeschlossen D., die er unter seine Fittiche
zu nehmen schien.
   Ein kleiner Spaßvogel, der er war, spielte er an jenem Abend seinen
Gästen einen hübschen Streich. Würdevoll entkorkte er Flaschen großen
französischen Weins.
   »Was halten Sie von diesem Château-Latour?«
   Die Gäste waren »Weinkenner«, und jeder begeisterte sich.
   »Dieser Châteauneuf-du-Pape . . .«
   Man spendete Beifall. Man kostete beinahe andächtig. Am Ende der
Mahlzeit verkündete unser Jean schelmisch:

»Was ihr heute getrunken habt, meine Kinder, das sind Weine aus Kalifornien. Nicht die, die man in den Supermärkten findet, sondern die, die man sich bei den kleinen Weinbauern bestellen kann.«

Er holte die Originalflaschen, aus denen er den Wein in Flaschen mit französischen Etiketten umgefüllt hatte.

Ich könnte von Jean und Dido stundenlang erzählen, ohne zu ermüden, so wie auch er an Leute erinnern konnte, die er mochte.

D. und ich besichtigten Studios. Wir sahen die Häuser der Stars, nicht in dem Reisebus, der mit den Touristen herumfuhr, sondern auf gut Glück mit unserem Wagen, der hier nicht die Neugier der Schaulustigen erregte.

Zurück nach Tucson, das wir bald verlassen sollten, denn das Jahr war beendet und die reizende Madame Kingham wollte gerne wieder in ihr Haus zurück und dort, mit ihren Brillanten an den Fingern, saubermachen.

Auf dem Weg von Tucson nach Nogales lag (1948) ein Dorf, vielmehr ein Weiler mit wenigen Häusern, mit Namen Tumacacori. Innerhalb eines Jahres hatten D. und ich die Gelegenheit gehabt, Arizona in allen Richtungen zu durchstreifen. Mit dir, Marc, hatten wir das Dorf der Papagos betreten, deren Häuptling unser Gärtner war. Ich sage Dorf, denn hier erinnerte nichts an ein Reservat. Es war ein richtiges Dorf mit hübschen Häuschen, überragt von einer Kirche im Jesuitenstil, ganz weiß, die aus der spanischen Zeit stammte.

Die Indianer hier bebauten ihr Stück Land, besaßen Pferde und Kühe, trugen Blue Jeans und weißes Hemd, die Frauen geblümte Baumwollkleider. Sie waren liebenswürdig und gastfreundlich. Nicht weit davon kamen wir am selben Tag, als Kontrast dazu, in eine rote Stadt, von denen es so viele in der Wüste gibt. Sie waren einst von Gold- oder Silbergräbern erbaut worden. Die behelfsmäßigen Häuser waren aus Ton und rotem Sand, und man sah noch die Schilder der Cafés, der Spielhöllen und der Bordelle. Als die Gold- oder Silberadern erschöpft waren, gingen alle fort und ließen das, was ein Dorf oder eine Stadt gewesen war, verwahrlost zurück.

»Aber es ist gar nichts zerstört, Dad!«

»Aus dem einfachen Grund, weil es sich um ein unechtes Dorf handelte, das für einen Film aufgebaut wurde. Die Filmemacher hatten unter den zahlreichen verlassenen Dörfern eins aussuchen können, sogar in Kalifornien und dem nahen Nevada. Sie haben aber lieber eins mit allem Drum und Dran aufbauen lassen und es nachher so gelassen, wie es war.«

Das amüsierte dich. Du nahmst alles in dich auf, ohne viel zu sprechen.

Diesmal verließen wir Tucson nicht, um weiterzufahren, zu irgendeinem Ziel, wie wir es so oft getan hatten. Wir waren gekommen, um weite Ebenen zu finden, und Tucson, das mitten in der Wüste liegt, hatte uns bezaubert.

Was würdest du sagen, wenn du in der nächsten Zeit direkt in der Wüste leben, im Sand zwischen Kakteen und einigen verkrüppelten Sträuchern galoppieren und die Cowboys begleiten würdest, die die Herden von einem Ort zum anderen trieben? Das war genau das, was uns erwartete, mein Sohn, in Tumacacori, weniger als eine halbe Autostunde von Nogales und Mexiko, fünfzig Minuten von Tucson entfernt.

Ein paar verstreute Häuser um einen Laden, in dem alles verkauft wurde, unter anderem mehr als zwanzig Kognak- und etwa dreißig Whiskymarken, nicht zu reden von den französischen, italienischen, kalifornischen Weinen, den Likören, den Gewürzen, was weiß ich noch alles. Das Postamt? Es befand sich in einem Winkel des Geschäftes. Die Schule? Sie war von den Ranchers der Gegend für die Kinder ihrer Cowboys gegründet worden, und einige schickten auch ihre eigenen Kinder dorthin.

Du würdest kleine Freunde mexikanischer und indianischer Herkunft haben. In dieser Schule waren die Kinder wirklich zu Hause. So sehr, daß du uns, wenn wir dich abholen würden, bitten würdest:

»Noch eine Viertelstunde, Dad . . .«

Du warst wie alle anderen gekleidet, und Gott sei Dank machtest du keinerlei Unterschiede zwischen den Rassen, zwischen der Tochter eines reichen Ranchers und der eines mexikanischen Cowboys.

Wir zogen um, und diesmal hatte Tigy, der diese Aufgabe immer zugekommen war, eine Hilfe in Boule. Das Haus war nicht weit von der Ranch entfernt, ein bescheidenes Haus, das früher eine Schule gewesen war. Eßzimmer. Drei Schlafzimmer. Badezimmer. Rundherum Sand und Kakteen.

Das Haus des Ranchbesitzers, auf dessen Grund und Boden wir wohnten, stand drei- oder vierhundert Meter weiter, ganz weiß mit einem großen Patio mit kleinen Säulen. Die W.s waren sympathisch und ebenso gastfreundlich wie die meisten Ranchers. Wie weit reichte ihr Besitz? Wir haben nie dessen Grenzen kennengelernt, denn hier gab es keine Zäune.

Weil für D. und mich kein Platz war, wohnten wir jenseits eines Flusses, der im Augenblick ausgetrocknet war, in einem seltsamen Gebäude, sehr flach, mit Türen eines Pferdestalls, von denen man nach Belieben die obere Hälfte oder beide Hälften gleichzeitig öffnen konnte. Ein großes Zimmer mit vergitterten Fenstern, in dem mittendrin ein Baum stand, der durch das Dach und draußen weiterwuchs. Das war kein richtiges Haus. Es hieß »Stud Barn«, das heißt Pferdestall für Zuchthengste, wohin man die Stuten von weitem brachte, die beschält werden sollten.

In der etwas wurmstichigen Holzveranda stand der Kühlschrank. Das außen gelegene, sehr kleine Zimmer hatte wohl dem Stalljungen gedient. Ein Butangaskocher in einer Ecke, zwei oder drei Sessel, ein langer Tisch vor einem Fenster, der mir als Schreibtisch dienen würde.

W. war jung, sehr groß, dunkelhaarig, wie seine Cowboys mit Blue jeans und weißem Hemd bekleidet. Er hatte eine der hübschesten Mexikanerinnen geheiratet, die ich jemals gesehen habe, eine der charmantesten und natürlichsten. Sie interessierte sich leidenschaftlich für Kunst, Literatur und Musik. Vor allem für die Musik. In dem großen Salon standen Tausende von Schallplatten nicht weniger zahlreichen Büchern gegenüber.

Sie hatten eine kleine Tochter, die jünger war als du, ebenso bezaubernd wie ihre Mutter, und du spieltest bei ihr linkisch den großen Bruder.

Das war noch nicht alles, Marc. Man war gerade dabei, einen Pferdestall neben den Stud Barn zu bauen. Wir kauften Pferde. Das erste war ein richtiges Cowboy-Pferd, feurig mit rostbraunem Fell, das du Red tauftest. Das von D., die nicht so erfahren war wie du, war sanfter, und meins war ein goldgelber Palomino mit weißer Mähne und weißem Schweif, dem ich den Namen Sunday gab. War er nicht schön wie ein Sonntagspferd?

Deine Mutter, du und Boule schliefen in der ehemaligen Schule. Ich schlief mit D. im Stud Barn, aber wir aßen mittags und abends bei euch.

Du wurdest bald von Tigy, bald von uns in die Schule gefahren, wenn du den Weg nicht alleine machtest, zusammen mit deinen kleinen Freunden. Wie viele verschiedene Freunde du in deiner Jugend haben solltest!

Das Gelände zwischen unseren beiden Häusern bestand nur aus Sand, und man sah auf dem Weg nur ein einziges Haus, ganz weit links. Auf den Rat von W. hin, der schnell mein Freund wurde, kaufte ich eine Pistole, 38er Kaliber, wie die der Cowboys im Kino. Man verkaufte sie hier wie woanders Kaugummi, ohne nach einem Waffenschein zu fragen oder um Erklärungen zu bitten.

Ich hatte diese eindrucksvolle Pistole immer geladen im Handschuhfach unseres Autos oder im Hause in Reichweite. Im Stud Barn waren wir völlig abgeschieden, und man erzählte uns, daß manchmal Gefangene aus dem Zuchthaus von Yuma, dem sichersten der Vereinigten Staaten, ausbrachen und versuchten, koste es was es wolle, die mexikanische Grenze zu erreichen. Der Sheriff gab fast jedem das Abzeichen eines *deputy-sheriff*, denn manchmal, wenn ein Gefangener entwischt war, rief er jeden zu Hilfe, um eine Sperre zu errichten.

Lebtest du nicht wie in einem Traum? Sicher, es gab viele Klapperschlangen, nicht an deinem Haus, aber in der Nähe des Stud Barn.

Eines Tages sah Boule schwarze, nicht sehr große Spinnen mit einem weißen Kreuz auf dem Rücken, die, als sie näher kam, sich schnell in dem Entlüftungsschacht deines Zimmers versteckten. Sie erzählte es uns im Laufe des Mittagessens. Weder sie noch Tigy kannten diese Tierchen, und wir erbleichten, D. und ich. Es handelte sich nämlich um die Schwarze Witwe, deren Stich tödlich ist.

»Diese gemeinen Tiere!« rief Boule, die zu zittern begann.

Sie hatte die gleiche Abscheu vor Schlangen wie vor Spinnen. Vorsichtig, mit Hilfe eines Stocks, ließen wir aus dem Lüftungsrohr eine richtige Traube von Schwarzen Witwen fallen, und in der Woche darauf kam ein Desinfektionsunternehmen aus Nogales mit eindrucksvollen Apparaten und räucherte die ehemalige Schule und den Stud Barn aus.

Um zu uns zu kommen, nahmst du dein Pferd. Es gab zwei Absperrungen, durch die man reiten mußte, und jedesmal sprangst du geschmeidig auf die Erde, um sie zu öffnen und sie danach wieder zu schließen. Man hätte meinen können, du seist hier geboren. Schon in den ersten Ferien würdest du die Cowboys auf ihrer Suche nach den Herden begleiten. Natürlich hattest du unter ihnen schon Freunde gewonnen, und eines Tages sah ich dich, wie du, alleine auf Red, einige entwichene Rinder zurückbrachtest.

Du hattest den Akzent des Südens angenommen. Hier nahmst du, wie deine Freunde, schnell den mexikanischen Akzent an.

Ich kaufte eine Schreibmaschine für D., denn die amerikanische Tastatur unterscheidet sich von der meiner französischen Maschine, die mich überallhin begleitete und an der ich hing.

Deine Mutter hatte kein Pferd gewollt. Ich hatte ihr eins um 1932 in La Richardière gekauft, aber sie war kaum darauf geritten, und die Wüste verlockte sie nicht.

Bei den W.s, wo wir oft unterwegs hielten, um einen erfrischenden *mint julep* zu trinken, ein echtes Getränk des Südens und des Südwestens, dessen Zubereitung lange Zeit in Anspruch nahm, machten wir die Bekanntschaft von »benachbarten« Ranchers, was hier die Leute waren, die vierzig oder achtzig Meilen weiter weg wohnten.

Der Maßstab der Entfernungen hier ist nicht der des größten Teils der Vereinigten Staaten, und schon gar nicht der von Europa.

Man besuchte sich gegenseitig, wenn auch nur für einen *mint julep*. Auch aß und trank man. Man beschloß, den Abend auf einer anderen Ranch zu beenden, wo der Kreis größer wurde, dann wieder auf einer anderen.

Das konnte zwei Tage und zwei Nächte dauern, wenn nicht drei.

Ich schrieb meinen ersten Roman über die eigentliche Wüste, und Hollywood machte später daraus einen Film: *Le fond de la bouteille.*

Manchmal verließ ich alleine den Stud Barn, um dich abzuholen oder dich zu Pferd zu begleiten. In diesem Fall legte D. den eindrucksvollen Revolver neben ihre Schreibmaschine. Anfangs hatte sie große Angst vor den Mexikanern, die sehr oft vorbeikamen, um nach Kalifornien weiterzuziehen.

Das waren die Ärmsten der Armen, einige Halbindianer. Wie hatten sie ohne Papiere über eine so gut bewachte Grenze kommen können? Ich frage es mich immer noch. Sie vermieden die Straßen und marschierten endlos durch die Wüste, ausgedörrt, ausgehungert.

Der Zufall wollte es, daß der Stud Barn auf ihrem Weg lag. Wenn sie uns sahen, kamen sie zögernd näher, und wir gaben ihnen Brot, zwei oder drei Dosen Ölsardinen, ein paar Dosen Bier. Sie sprachen kein Englisch. Sie zogen weiter zu irgendeinem großen Baumwoll-, Orangen- oder Apfelproduzenten, der sie zu einem niedrigen Lohn beschäftigte, wobei er es ausnutzte, daß sie illegal hier waren. Sie wurden auf den Plantagen gebraucht. Die Arbeitsgenehmigungen waren rar, und diejenigen, die eine besaßen, ließen sich teuer bezahlen. Also . . .

Wenn D. und ich abwesend waren, ließen wir die Veranda offenstehen und kauften Sardinen, Brot und Bier in ausreichenden Mengen für die Herumirrenden, die wir nur selten sahen und die sich unauffällig bedienten.

Einmal, als zwei oder drei vorübergekommen waren und wir sie versorgt hatten, kam der Sheriff zu Pferd mit einem Gefolge von uniformierten Reitern.

»Haben Sie Mexikaner vorüberkommen sehen?«

Wir sagten weder ja noch nein. Auch wir waren Ausländer, und die Gesetze waren streng.

»In welche Richtung sind sie weitergegangen?«

Ich sah D. an, die besser log als ich, wobei ihr Gesicht unschuldsvoll blieb.

»Ich weiß es nicht genau. Ich habe Stimmen gehört, sehr weit weg . . .«

»Haben Sie sie nicht gesehen?«

»Undeutlich, nur schemenhaft, durchs Fenster.«

»Zu welcher Seite gingen sie?«

Sie schaute auf die Wüste.

»Ich bin nicht sicher, aber ich glaube, es war dort . . .«

Sie zeigte auf die Mesas in der Ferne. Der Sheriff und seine Männer ritten im Trott in die falsche Richtung. Guter Gott, wie gut sie log. In diesem Fall war ich glücklich darüber. Ich hätte wie sie geantwortet, aber mit weniger Natürlichkeit, und bestimmt mit weniger Erfolg.

Deine Mutter machte wieder eine Reise nach Europa, und da Boule alleine mit dir in eurem Haus Angst hatte, waren wir gezwungen, dort zu schlafen. Und ich mußte jeden Morgen in aller Frühe die Pferde striegeln, ihnen zu fressen geben und den Streu erneuern. Manchmal ritten wir, in Begleitung von W. und seiner Frau, alle drei bis zu den Mesas, nicht ohne hier und da auf die gebleichten Knochen einer Kuh zu stoßen, die von den Kojoten gefressen worden war.

Im Stud Barn umlagerten sie uns des Nachts in etwa hundert Metern Entfernung. Vom Mond beleuchtet, waren es bis zu fünfzig, die ihn anheulten. Sie ähneln Wölfen, nur kleiner, und sie besitzen eine so hohe Intelligenz, daß sie allen Fallen entgehen. Diese hier waren unsere Freunde, obwohl es uns lieber gewesen wäre, sie hätten uns schlafen lassen.

Die Tage vergingen friedlich. D. nagte Stück für Stück an dem, was ich als meine Vorrechte betrachtete, und sie gab mir Briefe zur Unterschrift, die ich ihr nicht diktiert hatte. Sie brauchte zwei Seiten, um das zu sagen, was ich auf einer halben Seite gesagt hätte, aber ich wagte nicht, sie zu entmutigen. Indessen wußte ich, daß es falsch von mir gewesen war, ihr so die Fäden in die Hand zu geben. Sie wollte, ich wußte es wohl, sich auch um meine europäische Korrespondenz kümmern, aber da alle meine Verleger dort Freunde waren, vor allem Sven Nielsen in Paris, gab ich in diesem Punkt nicht nach.

Deine Mutter war wohl einen Monat abwesend, und alles, was sie mir bei ihrer Rückkehr mitteilte, war, daß sie an Bord eines französischen Passagierdampfers die Bekanntschaft eines bekannten Schnulzensängers gemacht und sich sehr gut mit ihm verstanden hatte. Ich stellte keine Fragen. Sie war frei, so wie ich es war, und sie stellte auch keine.

Ich hatte eine Winchester gekauft, und du übtest neben der alten Schule schießen, auf eine Holztafel, an die ich Zielscheiben gehängt hatte. Du entpupptest dich alsbald als ein ebenso guter Schütze, wie du ein guter Reiter warst.

»Dad! . . . Könntest du mir nicht auch beibringen, mit dem Revolver zu schießen?«

Du warst rot vor lange unausgesprochenem Verlangen. Warum eigentlich nicht? In diesen Weiten bestand keinerlei Gefahr, irgend jemanden zu treffen.

»Weißt du, daß du einen sehr starken Schlag erhalten wirst?«

»Das macht nichts.«

Ich nahm meinen Revolver aus dem Handschuhfach, hing eine neue Zielscheibe auf.

»Du hältst sie so, und du hebst langsam den Arm, bis . . .«

»Ich weiß. Ich habe es gesehen.«

Drei Kugeln verirrten sich in der Tafel. Die vierte war in der Zielscheibe; ebenso eine von zwei weiteren. Du batest mich nicht, die Waffe nachzuladen, und ich wußte, daß dir der Arm bis zur Schulter weh tat.

Eines Morgens entdecktest du vor der Tür eine Spinne, groß wie eine Untertasse, die sich nicht bewegte und dich aus ihren vorspringenden Augen beobachtete.

»Soll ich das Gewehr holen, Dad?«

Es war eine Tarantel, weniger tödlich als eine Schwarze Witwe, aber nichtsdestoweniger gefährlich.

»Nicht du. Ich habe Stiefel an.«

Ich schoß aus nächster Nähe, einmal, zweimal, dreimal. Man sah die drei schmierigen Löcher in dem Körper der riesigen Spinne, die noch bedrohliche Stacheln auf mich richtete. Bei der sechsten Kugel war sie nur noch ein Brei, was sie nicht daran hinderte, mich aus ihren wildgewordenen großen Augen anzustarren. Ich mußte sie mit dem Gewehrkolben töten.

Im Stud Barn schrieb ich noch: *La première enquête de Maigret, Les fantômes du chapelier, Mon ami Maigret.*

Wir besichtigten die tote Stadt Toombstone, die eine Art Museum geworden war. Am Rande eines Plateaus über einem Tal gelegen, dem die Herden nach Kansas folgten, war die Siedlung im vergangenen Jahrhundert, als man dort noch Goldadern gefunden hatte, sehr bedeutend gewesen.

Alles war in dem Zustand von früher geblieben, obwohl die Häuser aus Holz gebaut worden waren. Das Theater war immer noch sehr hübsch mit seinen Logen, seinen Sesseln, seiner Galerie und der kleinen Bühne, auf der schöne Mädchen von überall her getanzt hatten, mit schwarzen Strümpfen und spitzenverzierten Büstenhaltern bekleidet. An den rot gestrichenen Wänden sah man die vergilbten Fotos der berühmtesten unter ihnen, auch die einiger Französinnen.

Auch die lange Bar, wo man sein Glück im Spiel versucht und sowohl Goldklumpen als auch Dollars gesetzt hatte, war nicht verändert worden. Die Einwohner waren nicht alle Goldsucher gewesen. Hier hatten auch die Rinderdiebe gehaust, die durch das Tal geritten kamen und die Cowboys angegriffen hatten, die Tausende von Rindern begleiteten.

Es hatte auf beiden Seiten Tote gegeben. Man hatte all die gehenkt, die das ungeschriebene Gesetz des Westens verletzt hatten. Das Gericht, gebildet aus den Notablen des Ortes, hatte in der Bar, umgeben von Whiskyflaschen, getagt, und man erzählte immer noch die Geschichte eines russischen Aristokraten, den das Leben in der Wüste angezogen hatte und der jedermanns Freund geworden war.

Zu jener Zeit, in Toombstone wie überall in der Gegend, war das Töten eines Pferdes als schwereres Vergehen betrachtet worden als der Mord an einem Menschen, und es hatte dem Täter das Hängen eingebracht.

Man hatte viel getrunken. Man hatte hoch gespielt. Der Russe war ein großer Trinker und großer Spieler gewesen. Eines Abends hatte er zu seinen Freunden gesagt, die mit ihm am Tisch saßen:

»Und wenn ich es wäre, der ein Pferd getötet hätte?«

»Man würde dich mit Bedauern hängen, mein Lieber.«

Der Russe war hinausgegangen und hatte das erstbeste Pferd niedergeschossen. Man hatte sich nicht die Mühe zu machen brauchen, ihn zu suchen. Er war zufrieden in die Bar zurückgekommen.

»Nun, und jetzt?«

Und das Gericht, zusammengesetzt aus seinen Spielkumpanen, hatte ihn zum Strang verurteilt. Sie hatten ihn gern gemocht. Wenn Männer ihres Schlages fähig wären zu weinen, hätten sie es getan.

Die Neuigkeit hatte sich verbreitet, und die gesamte Bevölkerung, Frauen eingeschlossen, hatten beim Mondschein der Hinrichtung des Russen beigewohnt.

War ein Pferd in der Wüste nicht wertvoller als ein Mensch? Man hatte den Leichnam des Gehenkten zum Friedhof von Toombstone gebracht, bestimmt der einzige dieser Art auf der Welt. Wie eine alte Holztafel noch verkündete, hatten nur die Männer das Recht gehabt, hier begraben zu werden, die »aufrecht stehend in ihren Stiefeln gestorben« waren. Diejenigen also, mit anderen Worten, die mit der Waffe in der Hand getötet worden waren, Banditen oder Verfechter der Gerechtigkeit. Man hatte sie aufrecht stehend begraben, in ihren Kleidern, und es hatte als Ehre gegolten, auf diesem Friedhof zu enden.

Wir fuhren überallhin, D. und ich, aber ich schreibe keinen Reiseführer. Du begleitetest uns oft, Marc, neugierig und beinahe ebenso unerschütterlich wie ein Cowboy.

Eines Tages schlug ich D. und dir vor, in einem Winkel der Wüste, der dafür geeignet schien, eine Art Reitstunde abzuhalten. Du brauchtest keine Stunde, aber D. führte ihr Reitpferd nicht mit der wünschenswerten Sicherheit.

Am Rande der Bahn stehend, die unsere Pferde in den Sand getrampelt hatten, spielte ich den Feldwebel und brüllte meine Befehle wie früher in Lüttich auf der Reitbahn der Kaserne.

»Schritt . . . Links halten . . . Trab . . . Langsam . . .«

Ihr rittet mit ungefähr fünfzig Metern Abstand hintereinander her.

»Leichter Galopp . . .«

Eine gewisse Zeit ging das recht gut. Die Sonne war so brütend wie gewöhnlich, aber das machte uns nichts mehr aus.

»Die Hand lockerer, D. Halt die Füße nicht nach außen . . . Trab . . . Trab . . . Galopp . . .«

D. hatte wahrscheinlich die Zügel zu fest angezogen. Ihr Pferd schüttelte den Kopf, und da sie es nicht bändigen konnte, wurde sie abgeworfen. Am Rande der Bahn lag nur ein Steinhaufen, und genau dort prallte sie auf.

Ich war weiter weg von ihr als du, Marc, und ich sah dich, die Zügel locker in der Hand haltend, vorbeireiten, geschickt neben sie springen und dich über sie beugen. Als ich dazukam, stöhnte sie, unbeweglich, das Gesicht mit Sand und rötlicher Erde bedeckt, Blut auf der Wange und an den Händen.

»Hol Hilfe von der Ranch, Marc . . .«

Du rittest zurück, während ich versuchte, D., die mich flehend ansah, zu trösten. Ich wollte sie nicht umdrehen, was gefährlich war: Ich hob ihr nur den Kopf hoch, an dem die Haare klebten.

In meinem Auto kamen Cowboys. Die Wirbelsäule schien nicht verletzt zu sein. Ich wußte, daß der Arzt von Nogales, dem nächsten Ort, seine vielen Kranken nicht im Stich lassen würde, um herbeizueilen. Ich nahm ein Risiko auf mich, dessen war ich mir bewußt. D. wurde auf die hintere Bank des Buick gelegt, und nachdem ich ihr das Gesicht abgekühlt hatte, fuhr ich mit ihr los. Einer der Cowboys hatte mir eine halbe Flasche Whisky mitgebracht.

Eine große Unvorsichtigkeit meinerseits. Ich war wahnsinnig vor Angst, denn sie stöhnte immer mehr, ich schob ihr die Flasche zwischen die Lippen, und nachdem sie getrunken hatte, wurde sie ruhiger.

Auf halbem Wege nach Nogales murmelte sie:

»Gib mir noch etwas zu trinken, Jo! Wenn du wüßtest, wie weh es tut . . .«

»Wo . . .«

»Im Kopf, am Arm, an den Rippen, überall . . .«

Ich hielt ihr wieder die Flasche hin und trank auch selbst daraus in der Hoffnung, mich zu beruhigen. Ich wußte, wo ein kleines Hospital war, das einem Kloster glich und von Schwestern geführt wurde.

Wie in einem Alptraum antwortete ich mechanisch auf die Fragen der Oberin, die sich Notizen machte. Als sie hörte, daß ich nicht denselben Namen wie meine Begleiterin hatte, runzelte sie die Stirn.

»Sie muß sofort von einem Arzt untersucht werden.«

»Die Krankenschwestern kümmern sich um sie.«

»Kann ich sie sehen?«

»Nicht jetzt.«

»Wann?«

»Wenn der Arzt kommen und wenn er es erlauben wird.«

Ich ging in die Grotte essen und kehrte wieder ins Hospital zurück, wo ich lange in einem nüchternen und stillen Saal wartete. Durch das Fenster gewahrte ich einen Patio und Grünpflanzen, im Obergeschoß Türen, die auf eine Galerie führten.

Der Arzt kam und sprach mit mir.

»Ich glaube nicht, daß es sehr ernst ist. Wir müssen sie jedoch einige Tage zur Beobachtung hierbehalten. Sie hätten ihr nicht zu trinken geben dürfen.«

»Ich weiß. Sie hatte so große Schmerzen.«

»Jetzt schläft sie und wird während der Nacht nicht aufwachen. Ich werde morgen früh wiederkommen.«

»Kann ich sie nicht sehen?«

»Das hätte keinen Sinn. Erzählen Sie mir jetzt, was passiert ist.«

Als ich es mit Worten erklärte, erschien mir mein Verhalten so lächerlich, daß ich verlegen wurde.

»Morgen, gegen neun Uhr.«

Was sollte ich in der Zwischenzeit tun? Ich mußte zunächst Marc beruhigen, Boule und Tigy Bescheid sagen.

Ich wußte nicht, daß eine neue Legende geboren werden sollte: von einer Schlange, die sich um das rechte Sprunggelenk des Pferdes gerollt hatte und so die Schuld daran trug, daß das Pferd durchgegangen war.

Eine schlechte Nacht. Und ich hatte den Feldwebel spielen wollen!

31

Ich verbrachte eine schlechte Nacht, seit langer Zeit alleine, in einem ziemlich ordentlichen Hotelbett in Nogales auf der Seite der Vereinigten Staaten. Ich sah das erschütternde Bild von D. wieder, und ich sollte es noch oft wieder vor mir sehen, D. bedeckt mit Sand, Erde und Blut, wie verrenkt und beinahe unkenntlich auf dem Steinhaufen. Die Worte des Arztes hatten mich nicht völlig beruhigt, und ich machte mir Vorwürfe, daß es mir nicht gelungen war, bei ihr zu bleiben.

Trotz meiner äußerlichen Sicherheit bin ich mehr ein ängstlicher Mensch, vor allem wenn es die Personen betrifft, die ich liebe, und ich neige dazu, mich für das verantwortlich zu fühlen, was ihnen zustößt. Der Gedanke daran, jemandem weh getan zu haben, wenn auch nur einem Unbekannten, genügt, daß ich Gewissensbisse habe.

Ich war durcheinander, benommen, und als die Sonne aufging, war ich erleichtert auf den Beinen. Während die kleine Stadt kaum erwachte, trank ich in einer Cafeteria viele Tassen Kaffee und zwang mich dazu, Eier mit Schinken zu essen, wobei ich unaufhörlich auf meine Armbanduhr schaute. Ich trug immer noch meine Reithosen und meine weichen Stiefel. Einige Blutflecken bedeckten mein zerknittertes Hemd.

Noch vor neun Uhr fand ich einen Laden, der geöffnet war, und ich kaufte auf alle Fälle ein paar Hemden und Strümpfe, Unterhosen und Taschentücher, und nachdem ich mich im Hotel umgezogen hatte, fühlte ich mich ein wenig sauberer.

War das nicht durch meine Schuld passiert? Wahrscheinlich wegen des Pferdes, das ihre Mutter seit ihrer Jugend besessen hatte, wollte D. sofort eine richtige Reiterin sein. Ich hatte sie das ruhigste, das älteste Reittier aussuchen lassen. Sie wollte uns unbedingt auf unseren Ausritten begleiten. Ich hätte sie bremsen sollen, ihr sagen, daß die Armee vor dem Krieg von 1914 fünf Jahre gebraucht hatte, um einen Reiter auszubilden, und daß diese Soldaten nach dem Kriege, zur Zeit meines Militärdienstes, achtzehn Monate bei den Fahnen geblieben waren, während sie in den anderen Waffengattungen nur ein Jahr verbracht hatten.

Ich fühlte mich trotzdem schuldig, und immer dieses Bild des von Blut und Erde beschmutzten, kaum wiederzuerkennenden Gesichtes und des scheinbar verrenkten Körpers.

Im Hospital mußte ich in dem kleinen, weißen Zimmer warten, dessen einziger Schmuck ein schwarzes Kruzifix war. Endlich kam der Doktor herein. Ich hatte ihn am Vortag nur undeutlich wiedererkannt. Wir hatten ihn einmal nach Tumacacori gerufen, damals wegen mir, gegen zehn Uhr morgens, wegen der Schmerzen in meiner Brust, meines Herzens, das von wiederkehrenden Krämpfen sich zusammenzuschnüren schien. Ich dachte noch immer, trotz allem, trotz der Versicherungen des alten Kardiologen in Paris, an die Angina pectoris meines Vaters, bei dem ich, erst als Kind, dann als Jugendlicher, die verschiedenen Stadien verfolgt hatte.

Es war nicht das erste Mal gewesen, daß ich dieses Unwohlsein verspürte, und ich hatte erfahren, daß nichts so sehr den Schmerzen einer Angina pectoris gleicht wie die, die durch die Aerophagie hervorgerufen werden.

Wir waren dennoch an jenem Tag beunruhigt gewesen, in unserem kleinen Zimmer im Stud Barn, durch das ein Baum wuchs. Telefonisch hatte D. meinen Zustand beschrieben. Der Arzt hatte ihr geantwortet, daß er so schnell wie möglich kommen würde. In der Zwischenzeit hatte ich ruhig in meinem Sessel sitzen, nicht rauchen und, wenn nötig, Brusttee trinken müssen.

Um drei Uhr nachmittags hatte ich mich viel besser gefühlt und mir meine Pfeife angezündet. Als er gekommen war, hatte er mich lange abgehorcht und mich gefragt:

»Schlucken Sie manchmal Luft?«

Ich hatte keine Angst mehr gehabt. Er war gewissenhaft, untersetzt, sehr braun gebrannt, und er hatte mir einen Termin in seinem Sprechzimmer gegeben, wo er ein Elektrokardiogramm gemacht hatte, was sich als normal erwiesen hatte.

Ich erinnerte mich an seine Einrichtung, mit einem Zimmer für die Radiographie. Sein Wartezimmer war brechend voll gewesen. Ich glaube mich zu erinnern, daß er damals der einzige Arzt in Nogales war und sich obendrein noch um das Hospital kümmerte.

»Nun, Doktor?«

»Ich habe die Röntgenaufnahmen ausgewertet. Nicht die geringste Spur eines Bruchs, weder am Schädel noch an einem der Gliedmaßen. Ihre junge Freundin hat allerdings überall am Körper verschiedene Prellungen. Am linken Bein, das am meisten abbekommen hat, befürchte ich eine Venenentzündung . . .«

»Besteht nicht die Gefahr einer Gehirnthrombose?«

»Wenn sich ein Blutgerinnsel bildet, besteht immer die Gefahr einer Thrombose, wenn es sich nicht auflöst. Ich habe ihr Medikamente verschrieben, um das Blut zu verflüssigen. Meiner Meinung nach brauchen Sie sich keine Sorgen zu machen . . .«

»Sollte man nicht ihrer Mutter oder ihren Brüdern telegrafieren? Wir sind in einer sehr heiklen Lage, sie und ich . . .«

»Ich weiß. An Ihrer Stelle würde ich darauf verzichten. Wenn Komplikationen einträten, wäre ich der erste, der Sie bäte, die Familie zu benachrichtigen. Übrigens, was ist das für eine Geschichte von einer Schlange, die sich auf das rechte Sprunggelenk ihres Pferdes gestürzt und sich dort herumgewickelt hat, wodurch das Pferd scheu wurde?«

»Hat sie Ihnen das erzählt?«

»Sie ist bei klarem Verstand und spricht viel. Um welche Art Schlange handelt es sich? Haben Sie sie gesehen?«

»Weder ich noch mein Sohn haben eine Schlange gesehen. Und wir haben sie nicht aus den Augen gelassen.«

Er lächelte.

»In meiner ganzen Laufbahn habe ich nie von einer Schlange gehört, die . . .«

Es gibt nur zwei Arten von Schlangen in Arizona. Die *rattle-snakes*, die zum Beispiel um unseren Bungalow in Florida herumstrichen, und Schlangen von kaum zwanzig Zentimetern Länge, mit einem weichen Körper, rötlich mit schwarzen Flecken, deren Namen ich vergessen habe und die giftig sind. Ihre Größe, ihre Trägheit würde sie davon abhalten, ein Pferd anzugreifen, und ihr Maul ist so klein, daß sie nur ein kleines Kind beißen könnten.

»Wann kann ich sie sehen?«

»Sofort. Ich empfehle Ihnen, nicht zu lange bei ihr zu bleiben, denn das Sprechen regt sie auf. Kommen Sie sie zwei- oder dreimal am Tag besuchen, wenn Sie wollen, aber im Augenblick rate ich Ihnen zu kurzen Besuchen. Eine ausgezeichnete Krankenschwester kümmert sich um sie. Wir sind in einem privaten Ordenskrankenhaus, und ich werde hier nur als Arzt hinzugezogen. Am Nachmittag komme ich wieder, sobald ich mit meinen Patienten fertig bin.«

»Wird sie lange im Hospital bleiben müssen?«

»Solange ihre Venenentzündung sich nicht bessern wird.«

Er lächelte mir optimistisch zu.

»Werden Sie in Nogales bleiben?«

»Ja. Ich habe ein Zimmer im Hotel.«

Eine junge und fröhliche Nonne begleitete mich.

»Ermüden Sie sie nicht.«

Sie öffnete eine Tür, und ich sah D. in ihrem Bett liegen, die Augen geöffnet, das Gesicht sehr blaß. Ihre Augen waren strahlender, zärtlicher denn je, und auch ich fühlte Zärtlichkeit, eine Zärtlichkeit, die ich nicht mit Worten ausdrücken kann.

»Hast du dir große Sorgen gemacht, Jo? Hast du in der Ranch geschlafen? Und Marc? Er war wunderbar. Um ihn hatte ich die meiste Angst, als ich ihn vom Pferd springen sah . . .«

»Ich habe im Hotel geschlafen. Wie fühlst du dich?«

»Ich habe am ganzen Körper Schmerzen, vor allem am Kopf. Was hat dir der Doktor gesagt? Ich hoffe, du hast meine Familie nicht angerufen?«

Ich hielt ihre Hand, die heiß und weich war, obwohl aus ihrem Gesicht das Blut gewichen war.

»Ich hätte es beinahe getan. Als ich dem Arzt die Frage stellte, hat er mich davon abgebracht und mir geschworen, daß keinerlei Gefahr bestehe.«

Ich hätte sie gerne geküßt, aber ich wagte es nicht, so schwach erschien sie mir. Ihr Körper unter der Decke schien abgemagert zu sein, beinahe leblos, und dennoch, wie mir gesagt worden war, sprach sie sehr lebhaft.

»Armer Jo! Hast du ein Hotelzimmer gefunden?«

»Ich habe sogar Wäsche für gut eine Woche gekauft!«

»Wird man mich eine ganze Woche hierbehalten? Bist du sicher, daß das nötig ist? Und wenn man daran denkt, daß ohne diese Schlange . . .«

Ich widersprach nicht, tat sogar so, als stimmte ich zu, aber ich würde noch jahrelang von dieser Geisterschlange hören. Im Augenblick machte mich das nicht ärgerlich. Im Gegenteil, mich rührte dieses Bedürfnis, eine spektakuläre Wahrheit zu erfinden. Denn für sie war das bereits eine Wahrheit, und nichts würde sie davon abbringen können.

Ich hatte unrecht gehabt. Genauso wie es nicht richtig gewesen war, sie in das kalte Wasser einer für sie unbekannten Welt zu werfen, ihr das Schauspiel meiner herzlichen Freunde um mich herum zu bieten. Das war viel zu früh gewesen. Ihr Unwille, das, was sie als eine Demütigung betrachtet hatte, hatte sich auf theatralische Art entladen müssen.

Ich liebte sie. Ich überzeugte mich an ihrem Krankenbett davon, und wenn man von Leidenschaft gesprochen hätte, wäre ich zornig geworden. Ich sah sie auch wieder auf der hinteren Bank des Autos liegen, schmerzgekrümmt, stöhnend, ihre Lippen an der Flasche, in der Hoffnung, ihren Schmerz zu dämpfen. Übrigens habe ich vergessen, es eben zu sagen: der Doktor hatte mit mir geschimpft.

»Sie haben einen großen Fehler gemacht, als Sie ihr Alkohol zu trinken gaben, Monsieur Simenon. Wenn ihr Zustand eine dringende Operation erfordert hätte, hätte ich ihr keine Narkose geben können.«

Ich erinnere mich jetzt an meine Antwort. Alles war so schnell gegangen, seit gestern nachmittag!

»Ihre Kollegen operierten in der ersten Hälfte des letzten Jahrhunderts ohne Anästhesie. Sie begnügten sich damit, den Patienten manchmal mit Faustschlägen zu betäuben oder ihm Rum einzuflößen, sogar wenn ihm wegen Brand das Bein abgenommen werden mußte . . .«

Ich erzählte D. nichts von alledem. Ich wollte sie umarmen, sie mit Zärtlichkeit ersticken, und auch ihr Blick war zärtlich. Sie sagte zu mir:

»Ich habe mich soeben daran erinnert, daß ich mit zwanzig Jahren einen Freund hatte, der bei einer Versicherung arbeitete. Er zwang mich beinahe dazu, eine Unfallversicherung abzuschließen. Ich habe die Prämien aus Aberglauben weitergezahlt. Du findest die letzte Quittung und die Adresse in meiner Schublade.«

Die junge Schwester mit den rosigen Wangen und den arglosen Augen klopfte an die Tür und riet mir, D. ausruhen zu lassen. Außerdem war es Zeit für ihre »Pflege«, ein Wort, das mir unangenehm war. War ich beruhigt? Machte ich mir, im Gegenteil, noch mehr Sorgen? Ich durfte im Laufe des Nachmittags wiederkommen. Der Patio mit den Grünpflanzen unter der ewigen Sonne war still, nur die schwarze Gestalt einer Nonne huschte lautlos hinter den Säulen des Erdgeschosses entlang.

Ich hatte in den nächsten Stunden nichts zu tun, und die Hitze erlaubte es nicht, in den fast leeren Straßen spazierenzugehen. Ich konnte aber auch nicht in meinem zu unpersönlichen Hotelzimmer eingesperrt bleiben. Ich hatte keine Lust zu lesen. Ich überquerte die Grenze, aß in der Grotte, was zur Gewohnheit werden sollte, und ich bat die drei Musiker mit den Schnurrbärten, *Bésame mucho* zu singen. Es wurde schnell zur Routine, mittags und abends, immer an demselben Tisch in derselben Ecke dieses in den Felsen gehauenen und von Kerzen erleuchteten Eßsaales.

Am Nachmittag schien mir D. weniger blaß. Als ich ihr von der Grotte erzählte, fragte sie:

»Hast du sie um *Bésame mucho* gebeten? Ich wußte es. Ich wußte auch, daß du in die Grotte gehen würdest . . .«

Ich wartete mit ihr auf den Arzt, der mich bat, draußen auf ihn zu warten, und es erschien mir lang. Ich stellte mir vor, wie er D.s entblößten Körper untersuchte. Ich war eifersüchtig, ich gestehe es ein, so wie ich, in einem verborgenen Winkel meines Herzens, auf ihre Vergangenheit eifersüchtig blieb.

Der Doktor beruhigte mich. Sie hatte tatsächlich eine Venenentzündung, die nicht schlimm zu sein schien. Nicht so schlimm, vertraute er mir an, daß sie stärkere blutgerinnungshemmende Mittel einnehmen müsse als die, die er ihr verabreichte.

»Wir müssen sie hierbehalten, für den Fall . . .«

»Sie befürchten eine Verschlimmerung?«

»Nein. Offen gesagt, nein. In der Medizin muß man alles ins Auge fassen.«

»Wann glauben Sie, daß . . .«

»Haben Sie es eilig, sie wieder auf die Ranch mitzunehmen? Ich verstehe Sie. Das hängt ein wenig von Ihnen ab . . .«

»Von mir? Ich verstehe nicht . . .«

»Wenn alles so verläuft, wie ich es mir denke, könnte sie in ungefähr zehn Tagen dorthin zurückkehren. Unter einer Bedingung. Sie müßten ein Krankenhausbett für sie mieten, das ist einfach. Ich meinerseits könnte für Sie eine Krankenschwester finden, die bei Ihnen wohnen müßte und der ich die notwendigen Anweisungen geben würde.«

»Ist das möglich?«

Ich war entzückt.

»Sie werden auch ein Feldbett für die Krankenschwester mieten, und da sie rund um die Uhr bei Ihnen bleiben wird, müssen Sie sie beköstigen. Übrigens: Ihre Freundin hat mir soeben gesagt, daß sie unfallversichert ist. Sie sollten die Gesellschaft benachrichtigen. Wenn Sie hinunterkommen, können Sie mit der Schwester Oberin darüber sprechen.«

Diese empfing mich zu meinem großen Erstaunen mit einem aufmunternden Lächeln.

»Doktor E. hat mir soeben mitgeteilt, daß unsere Kranke versichert ist. Ich muß mir das notieren und brauche den Namen und die Adresse der Gesellschaft. Auch bei den Nonnen gibt es Papierkrieg . . .«

Sie war also weniger prüde, als ich es tags zuvor gedacht hatte. Mitgenommen wie ich gewesen war, mußte ich wohl wirklich wie ein Halbwahnsinniger ausgesehen haben! Sie sprach von »unserer Kranken« und nicht gezwungen, wie mir schien, von dem »jungen Mädchen«.

»Ich fahre sofort nach Hause. Um wieviel Uhr könnte ich sie morgen früh sehen?«

»Nicht vor zehn Uhr. Sie müssen ihr Zeit für ihre Toilette geben, für ihre Pflege . . .«

Wieder das Wort »Pflege«, das ich zu verabscheuen begann, denn es rief in mir unangenehme Bilder hervor.

Von Nogales bis Tumacacori waren nur achtzehn Meilen, also ungefähr fünfundzwanzig Kilometer, auf einer fast leeren Straße zurückzulegen. Während der Fahrt sprach ich zu mir selber. In der ehemaligen Schule fand ich Marc, immer noch voller Sorge, Boule und Tigy, denen ich beruhigende Nachrichten brachte. Du batest mich um die Erlaubnis, mit mir zum Stud Barn kommen zu dürfen, und du stiegst ins Auto.

»Sie wird doch nicht sterben, Dad?«

»Aber nein, mein Kleiner.«

Ich scherzte. Auf eine deiner Fragen antwortete ich, daß Besuche noch nicht gestattet seien.

»Und du?«

»Das ist nicht das gleiche.«

Du sagtest ernst:

»Ich verstehe.«

In dem ehemaligen Pferdestall traf ich das kleine Dienstmädchen, das wir eingestellt hatten, seitdem wir im Stud Barn wohnten, eine junge reinblütige Indianerin, deren Vater eine Ziegelei besaß und in einem der Häuser in dem Weiler wohnte. Sie hatte ein etwas rundes Gesicht, hervorspringende Backenknochen; sie war deswegen nicht weniger hübsch, und sie lächelte immer.

»Wie geht es Madame?«

Ich beruhigte auch sie, kramte in der Schublade herum, die ich bisher nie geöffnet hatte und in der nur Briefe von ihren Eltern lagen. Ich erblickte die Versicherungspolice und die Quittung für die letzte Zahlung über achtzig Dollar. Die beiden Schreibmaschinen auf dem Tisch, einen Meter voneinander entfernt, waren mit einer Schutzhülle bedeckt, und das machte mich melancholisch.

»Wann kommt ihr wieder zurück, Dad?«

»In ungefähr zehn Tagen.«

Ich ging zum Besitzer der Ranch und fragte ihn, ob einer seiner Cowboys sich in unserer Abwesenheit um unsere Pferde kümmern könnte. Er bot mir den üblichen *mint-julep* an. Unsere junge Indianerin hielt weiterhin unseren Haushalt sauber, denn der Wüstensand drang überallhin, und auch den Schaben, von denen es wimmelte, gelang es, in die Kühlschränke zu krabbeln, man hatte nie erfahren wie.

»Kann ich trotzdem auf Red reiten?«

Wir schrieben Dezember 1948, und du warst ein großer, starker Junge von neun Jahren, der, ohne vor irgend etwas Angst zu haben, dennoch sehr vorsichtig war. Ich vertraute dir.

Behalte das Datum, denn es sollte eine große Bedeutung für unsere Zukunft haben, obwohl wir es beide nicht ahnten.

Ich kam wieder nach Nogales, zur Grotte, zum Hotel, zu meinem einsamen Bett. Jede Wartezeit fällt mir schwer, von jeher schon und auch jetzt noch. Ich fühle mich dann in der Schwebe, wie in einem Vakuum.

Am nächsten Morgen die Schwester Oberin: Versicherungspolice und Unterschriften. D. war lebhafter. Das Kopfende ihres Bettes war ein wenig angehoben worden, nicht viel, was ihr ein gesünderes Aussehen verlieh.

»Du langweilst dich sicher, Jo?«

»Und du? Das ist wichtiger . . .«

»Schwester Julia ist nett. Nur eins vertrage ich nicht: das Essen. Schon beim Anblick vergeht mir der Appetit . . .«

»Darfst du essen?«

»Alles, was ich will. Der Doktor legt Wert darauf, daß ich mich stärke. Ich darf meine Mahlzeiten von draußen kommen lassen.«

»Was zum Beispiel?«

»Steaks, Gemüse, Obst.«

»Ich kümmere mich darum. Weißt du, daß du bald . . .«

»Mit einem Krankenhausbett und einer Krankenschwester, ja. Du wirst nicht auf mich aufpassen müssen. Der Doktor kennt eine, eine sehr sanfte . . .«

Ich kaufte in einem Eisenwarengeschäft drei kleine Töpfe, die man ineinanderstellen konnte. In der nächsten Zeit würde ich sie, jeden Mittag und jeden Abend, mit einer vollständigen Mahlzeit füllen lassen, und das Obst brachte ich in einer Plastiktüte. Durch das Bereiten der Mahlzeiten waren wir auch beschäftigt, denn im Grunde hatten wir uns nicht viel zu erzählen. Die Unterhaltung war schwierig, angesichts eines Krankenhausbettes, zwischen einer Person, die lag, und einer anderen, die stand oder saß und die nicht zu sehr vom Leben draußen erzählen durfte.

»Fehl ich dir nicht zu sehr?«

»Das weißt du doch.«

»Ich meine . . .«

Sie lächelte vielsagend, was ich verstand.

»Warum gehst du nicht unsere Freundinnen auf dem Hügel besuchen?«

Ihr Lächeln wurde komplizenhaft, und es handelte sich tatsächlich um Komplizenschaft.

»Das würde mich freuen.«

»Ich habe keine Lust dazu. Ich bin noch nie alleine dorthin gegangen.«

»Du wirst ihnen erzählen, wie es mir geht. Sag ihnen, daß ich sie nicht vergesse.«

»Ich weiß nicht . . . Mal sehen.«

Ich ging zu ihnen. Nicht am gleichen Abend, aber am nächsten. Man hatte uns in der Grotte von diesem sehr merkwürdigen Haus erzählt, wo wir oft hingegangen waren, D. und ich. Auf halber Höhe ein sehr großes Gebäude aus roter Erde, wie der Hügel selbst. Eine noch längere Bar als die in Toombstone. Fünfzehn Meter? Ich habe Angst zu übertreiben, aber es war die größte Bar, die ich jemals gesehen habe.

Ein kühler Saal, an dessen Decke sich Holzventilatoren drehten. Um einen der Tische sechs, acht junge Mädchen, die in einer Sprache plauderten, die wir nicht kannten, weder spanisch noch englisch noch indianisch. Ein Gemisch. Einige unterhielten sich oder strickten. Alle waren hübsch und jung, sehr verschieden, je nachdem, ob das spanische Blut mehr oder weniger über das indianische und sogar das amerikanische Blut dominierte. Ziemlich zerstreute Kunden tranken im Männerkreis Tequila oder mexikanisches Bier und gingen manchmal mit einer der Frauen durch eine Tür.

Wir hatten dort viele Abende verbracht, und D. war von den Mädchen umgeben gewesen, deren Sprache sie bald darauf zu verstehen schien. Nach einiger Zeit hatte sie zu mir gesagt:

»Nun, Jo? Warum nicht Marina, die darauf brennt . . .«

Ich auch. Und D. war erregt, wenn sie mich mit Marina oder einer anderen verschwinden sah. Während ich mit jemandem geschlafen hatte, hatte sie, wie man sagen könnte, inmitten eines kleinen respektvollen und freundschaftlichen Kreises gethront.

Die Atmosphäre war hier entspannt, ohne schlüpfrig zu werden, so als hätte es die Sünde und die Scham in immerhin einem der katholischsten Länder der Erde nicht gegeben.

»Du hast noch nie mit einer Indianerin geschlafen, Jo, wetten?«

»Das stimmt. Nicht ganz. Ich habe eine kennengelernt, als ich einmal den Panamakanal durchquerte. Diese hier erscheint mir zu jung . . .«

Sie hatte mit dem jungen Mädchen geredet. Man muß ihr die Gabe lassen, sich in den meisten Sprachen verständlich machen zu können, was bei mir nicht der Fall ist.

»Sie sagt, sie sei dreizehn, aber schon seit langem geschlechtsreif. Ich war es schon mit neun Jahren.«

Sie würde mir noch oft von ihren neun Jahren und ihrer ersten Regel erzählen, ohne mich davon zu überzeugen.

»Ihre Schwester, die jetzt fünfzehn ist, hat mit zwölf Jahren geheiratet, als sie ein Kind erwartete. Seitdem hat sie noch zwei weitere bekommen.«

Die Kleine hatte riesengroße, schwarze Augen, die aufmerksam auf mich gerichtet waren, und ich hatte den Eindruck, darin eine Bitte zu lesen, die ich zu verstehen glaubte. Für sie war es ein Problem, vor den Älteren, deren Formen entwickelter waren als bei ihr und die sie lächelnd anblickten, nicht das Gesicht zu verlieren.

Ich nahm sie widerwillig mit. Ich hatte mich nie zu den ganz jungen Mädchen hingezogen gefühlt, nicht einmal zu den jungen Mädchen. Wenn ich der kleinen Indianerin folgte, deren Haltung schon sehr würdevoll war wie die der Schwarzen aus dem afrikanischen Busch, dann deshalb, um ihr keinen Kummer zu machen, aber ich wußte, daß unsere Beziehungen nicht weit gehen würden.

In dem weißgekalkten Zimmer, wo Christus den Ehrenplatz hatte und man auf der Kommode eine Jungfrau Maria unter Glas sah, ließ sie ihr rotes Baumwollkleid fallen, unter dem nur ihr kleiner Körper war, ihre gut geformten Brüste, ihr schon von einem leichten, schwarzen Flaum umschattetes Geschlecht.

Sie sprach zu mir, aber ich verstand sie nicht. Sie bedeutete mir, mich meinerseits zu entkleiden, und da ich mich nicht rührte, kam sie auf mich zu, gleichzeitig unschuldsvoll und stolz, holte mein Glied heraus und streichelte es. Verlegen, wütend auf mich selbst, gelang es mir nicht, eine Erektion zu verhindern. Dann legte sie sich triumphierend auf das Bett, machte die Beine breit und öffnete mit ihren braunen und zarten Fingern ihre Schamlippen.

Ich schüttelte den Kopf, und sie fing an zu schmollen. Ich zwang mich dazu, sie zu streicheln, und ich war erstaunt, daß sie so wie eine erwachsene Frau reagierte. Sie spielte nicht eine Rolle, denn meine Hand wurde bald feucht, und kurz darauf spannte sich ihr Körper in einer Aufwallung von Freude. Ich war nicht stolz darauf, gab ihr einen Wink aufzustehen und reichte ihr das Kleid. Sie gab mir einen flüchtigen Kuß auf die Lippen, bevor sie die Tür wieder schloß, und näherte sich dem Kreis ihrer Kolleginnen, wo sie wieder ihren Platz einnahm.

Hier nahm D. nicht an unseren Spielen teil, aber man fühlte, daß sie inmitten ihres kleinen Hofstaates entspannt und glücklich war.

»Warum nicht noch eine, Jo?«

Und jetzt schickte sie mich dorthin, auf den roten Hügel, und ich gestehe, daß ich nicht böse war. Beinahe bei jedem unserer Besuche traf ich eine oder zwei Neue, und an sie wandte ich mich meistens. Sie ähnelten in keiner Weise den Frauen, die man in den Freudenhäusern von Paris antrifft, auch in den nobelsten, wo die gutbürgerlichen Frauen ohne das Wissen ihrer Männer in einer Stunde das Geld verdienen, um ihre Garderobe aufzubessern.

Nichts Verstohlenes hier, auch nichts Affektiertes, keine Heimlichtuerei oder falsche Würde. Auch kein Theater. Lag das an dem Klima des Landes, an dem Gemisch der Rassen, an der nahen Grenze? Die Kunden waren fast alle Amerikaner mit blitzblanken Autos wie meins, und sie kamen manchmal von weither.

Sie waren überrascht, mich alleine zu sehen. Ich erklärte ihnen mehr schlecht als recht, daß D. das Opfer eines leichten Unfalls gewesen war.

»Die Ärmste!«

Zumindest verstand ich das. Die kleine Indianerin sah mich starr an, und um sie nicht zu enttäuschen, achtete ich diesmal darauf, sie zusammen mit einem Mädchen mit herrlichen Brüsten mitzunehmen.

»Nun?« fragte D. am nächsten Morgen. »Bist du hingegangen? Waren sie nicht überrascht, mich nicht zu sehen?«

»Ich habe ihnen von dir erzählt, und sie waren glücklich, daß es nicht schlimm ist.«

»Hast du zwei genommen?«

»Ja.«

»Wen?«

Ich sagte es ihr. Ich mußte es in allen Einzelheiten erzählen.

»Und die kleine Indianerin?«

Ich sprach und sprach, merkte, daß sie erregt war, die Hand auf ihrem Unterleib. Ich sah es an den Falten des Lakens.

Am nächsten Tag wurde ihr Bett auf die Terrasse in den Schatten gerollt.

»Ich habe dir diese Überraschung bereitet. Man hat es mir gestern versprochen.«

Ich mietete das Krankenbett, das bereits im Stud Barn stand, genauso wie ein Klappbett. Ich gab unserem Dienstmädchen, das sich über die Nachricht freute, Anweisungen.

Die Krankenschwester, etwa dreißig Jahre alt und gut gebaut, schien ihre Sache zu verstehen, und sie würde dem Arzt jeden Abend telefonisch ihren Bericht durchgeben. Ich fuhr alleine langsam vor dem Ambulanzwagen her, und als wir die ehemalige Schule, wo Boule und Tigy uns begrüßten, passiert hatten, hielt ich vor dem ausgetrockneten Flußbett, das man durchfahren mußte, weil es keine Brücke gab.

Der Ambulanzwagen fuhr vorsichtig den steilen Abhang hinunter und ebenso vorsichtig wieder hinauf, um Erschütterungen zu vermeiden. Unser Freund, der Rancher, grüßte uns von seiner Terrasse, die mit einem Moskitonetz versehen war. Wir fuhren durch den Sand, und dann kam der Stud Barn in Sicht, vor dessen Tür unsere Indianerin stand.

Das Krankenbett wurde in unser Zimmer und das andere Bett in ein gegenüberliegendes Zimmer gebracht. D. strahlte. Wir konnten uns seit mehreren Tagen das erste Mal umarmen, und ich durfte ihr die Brust streicheln.

Jeden Morgen fuhr ich zum Einkaufen in das Postamt-Geschäft. Ich half unserer Indianerin beim Zubereiten der Mahlzeiten. Sie war glücklich, denn sie war mit einem Indianer verlobt und würde wohl in einigen Wochen heiraten, wozu wir eingeladen waren. D. würde rechtzeitig wieder auf den Beinen sein.

Über ihrem Bett war jetzt eine Art Trapez, das ihr half, sich hochzuziehen, denn der Arzt legte Wert darauf, daß sie vorsichtig ein wenig übte.

Januar 1949. Immer noch wichtige Daten, mein großer Marc. Denn bald werde ich mich nicht mehr nur an dich wenden. Eine Zeitlang würdest du nicht einmal mehr die Hauptperson sein.

Die Tage vergingen ohne Zwischenfälle. D. bekam wieder Farbe. Von Zeit zu Zeit kam Boule uns besuchen, und auch ich hielt häufig bei der ehemaligen Schule, wenn du da warst.

Tigy zeigte keine Regung, obwohl sie freundlich war.

»Muß die Krankenschwester noch lange bleiben?«

»Wenigstens eine Woche. Der Doktor wird das entscheiden.«

Und er entschied es, als er zur Visite zu seiner Patientin kam. Die Gefahr einer Thrombose bestand seit langem nicht mehr, und das Blutgerinnsel war mehr als zur Hälfte zurückgegangen.

»Nächste Woche, wenn Sie bereit sind, sich um sie zu kümmern, vertraue ich sie Ihnen an; die Krankenschwester wird Ihnen sagen, was zu tun ist.«

So sympathisch und heiter die Krankenschwester auch war, ihre beinahe ständige Anwesenheit begann uns zu belasten. Als sie uns endlich verließ, waren wir alleine in unserem winzigen Haus, von fünf Uhr nachmittags an, das heißt, wenn unsere Indianerin bis zum nächsten Morgen nach Hause zurückkehrte.

Wir nutzten das sofort aus, zunächst vorsichtig, sehr oberflächlich. D. blieb immer noch im Bett, und jetzt war ich es, der ihre Toilette machte. Sie war noch nie so entspannt gewesen. Ihr Lächeln war das einer Genesenden, und sie wollte alles wissen, was außerhalb unseres Zimmers geschah, wo ich nun meinerseits auf dem Feldbett schlief, denn das andere hätte zuviel Platz weggenommen.

Ich nahm mir die Zeit, die dringendste Post zu beantworten, und sie wollte unbedingt die Briefe lesen, die ich erhielt.

Eines Abends, als ich sie zur Nacht fertig machte und sie nackt war, ohne eine Spur der blauen Flecken, fragte ich sie leise:

»Glaubst du, daß ich . . .«

Sie hatte verstanden. Sie strahlte.

»Natürlich, du Dummkopf! Das Bett ist stabil genug für uns beide.«

Ich nahm sie, vorsichtig, da sie mir so zerbrechlich schien. Ihr Körper reagierte kaum auf meinen, so als wäre er gefühllos. Ihre und meine Freude waren unverkrampft, ohne Zuckungen.

Seit dem dritten Monat in Sainte-Marguerite hatte ich beschlossen, nicht mehr vorsichtig zu sein. Hieß das nicht, die Verantwortung zu übernehmen für das, was geschehen könnte? Seitdem waren drei Jahre vergangen: drei Jahre, die ohne das geringste Anzeichen einer Schwangerschaft verlaufen waren.

Während der folgenden zehn oder fünfzehn Tage liebten wir uns jeden Abend, immer mit der gleichen Behutsamkeit.

Und nun bist du es, Johnny, an den ich mich jetzt wenden muß, denn es sprach alles dafür, daß du auf diesem Krankenhausbett, aber bei uns zu Hause, gezeugt wurdest. Im Stud Barn, wo früher der Zuchthengst gestanden hatte. Und weißt du, daß das Verhältnis eines Hengstes zu einer Stute sehr zärtlich ist, daß sie sich lange liebkosen, bevor er in sie eindringt?

Wegen des Unfalls von D. und ihrer Genesung waren unsere Beziehungen ohne Wolken, ohne Stürme, und in dieser Atmosphäre des Friedens und der kleinen Aufmerksamkeiten hast du das Leben erhalten, mein Junge.

Eine kurze Zeit lang wußten wir es noch nicht. Wir wußten auch nicht, daß deine Geburt den Lauf unseres Lebens verändern würde, das Leben von Marc, von Boule, von Tigy, auch das von Menschen, die wir nicht kannten und die noch für eine Zeit im Hintergrund bleiben sollten.

Salut! Mein werdender Johnny. In einem Monat sollte mir deine Existenz angekündigt werden, und ich würde dich ungeduldig erwarten.

32

Man sagt, daß die Genesung uns eine Erneuerung bringt, und das ist wahr, ich konnte es mehrmals im Laufe meines langen Lebens feststellen. Der Himmel war blau, die Luft heiß und trocken, die Nächte sinnlich erfrischend und vom Gesang der Kojoten erfüllt. Man gewöhnt sich an alles, und wir betrachteten sie jetzt als Freunde, die uns ein Ständchen brachten.

Alles war schön und köstlich, die ersten Schritte in unserem Zimmer, durch das ein Baum wuchs. Ein neues Bett, in Chicago bestellt, zwei Meter breit, mit weichem und glattem Rindsleder eingefaßt, hatte in dem Zimmer, aus dem das Krankenbett und das Klappbett der Krankenschwester verschwunden waren, seinen Platz eingenommen.

D. war abgemagert, und wenn die Nächte zu kühl waren, zündete ich ein paar Holzscheite im Kamin an, stand später noch einmal auf, um weitere nachzulegen. Das roch gut. Nach den ersten Schritten im Innern des Hauses, die ersten draußen in dem Sand, der uns umgab, und bald brachte uns der Wagen mittags und abends zu der alten Schule, zur gemeinsamen Mahlzeit.

Du existiertest, Johnny, aber wir würden es erst später erfahren, bald, in einer Woche. Wir ritten nicht mehr, aber ich hatte wieder begonnen, morgens und abends unsere drei Pferde zu striegeln. Marc aber kam an seinen freien Tagen, um Red zu holen, und die Cowboys fanden es ganz natürlich, daß er sie begleitete.

Wie sie hatte er gelernt, daß, wenn man neben den Tieren über die Weide ritt, man in Schritt fallen muß, um sie nicht zu erschrecken. Ich meinerseits hatte das in Charente und in der Vendée gelernt, und das brachte mir bei diesen freimütigen Männern ein Kompliment ein, das der reiche Matratzenfabrikant so gern gehört hätte. Sie waren schon erstaunt gewesen, als sie mich auf einem so kurzen, so schmalen Sattel ohne Stütze hatten reiten sehen. Als sie sahen, daß ich mit Sunday in Schritt fiel, sobald ich mich den Rindern näherte, sagten sie zu mir:

»Sie, Monsieur Simenon, Sie sind kein *dude*!«

Du auch nicht, Marc.

Was dich betrifft, Johnny, so bedaure ich es, daß die Menschenkinder ihr intra-uterines Leben vergessen, wie die Ärzte und die Psychologen sagen, obwohl diese unbekannte Zeitspanne anscheinend ihren Charakter beeinflußt.

Fünf Wochen später kamen D. und ich nach Tucson, und wir sprachen bei dem, wie man uns versichert hatte, besten Gynäkologen der Stadt vor. Ich hatte mich vorher erkundigt, ob es in der Gegend keine Gynäkologin gäbe, denn ich schätzte nicht die Einmischung eines Mannes in eine Intimsphäre, die ich gerne für mich allein gehabt hätte.

Ich wartete im Vorzimmer. Ängstlich? Als D. zu mir zurückkam, teilte sie mir mit, daß der Arzt nicht wage, eine definitive Aussage zu machen, und daß wir um drei Uhr nachmittags wiederkommen sollten.

Wir waren sehr aufgeregt. Wenn er zögerte, hatten wir Aussichten. D. hatte ihm eine Urinprobe dalassen müssen. Es würde kein Kaninchen mehr entscheiden, so wie früher. Auch kein Frosch. Bei den Kaninchen hatte man mehrere Tagen warten müssen, was eine Folterqual gewesen wäre. Bei einem Frosch hätten wir am nächsten oder übernächsten Tag eine Antwort gehabt. Anscheinend hatte man schnellere Tests entdeckt, denn in vier Stunden würden wir Gewißheit haben. Aus Aberglauben wagten wir kaum, davon zu sprechen, und, noch einmal, nur du kanntest in diesem Augenblick die Antwort.

Mittagessen im Pioneer. Wir waren ruhig und lächelten, aber dennoch sahen wir häufiger als gewöhnlich auf unsere Armbanduhr. Kaum, daß wir zu sprechen wagten, vor allem nicht von dir. Endlich drei Uhr. Der Arzt empfing uns beide in seinem Arbeitszimmer und sagte gutgelaunt zu uns, völlig unerwartet:

»*Guilty! Very, very guilty!*«

Ich höre noch sein volles Genießerlachen und seine Freude angesichts unserer ausbrechenden Freude. Der Satz, den er zu uns gesagt hatte, bedeutete wörtlich:

»Schuldig! Sehr, sehr schuldig!«

Das war ein Scherz, den dieser fröhliche Bursche wohl mit allen seinen Patientinnen machte, mit allen Paaren, die an seinen Lippen hingen. Er stand auf und gratulierte uns mit einem zu kräftigen Händedruck, daß uns die Knöchel schmerzten.

»Sie müssen in einem Monat wieder zu mir kommen. Dann jeden folgenden Monat, bis zum sechsten oder siebten, denn dann werde ich sie jede Woche sehen müssen. Bei jedem Besuch bringen Sie mir bitte eine Urinprobe mit.«

Er fügte hinzu:

»Machen Sie Gymnastik, aber kein Reiten mehr.«

Deine Mutter hatte ihm also davon erzählt.

»Ich rate Ihnen, nicht zu rauchen, weder zu gewürzt noch zu fett zu essen. So wenig Salz wie möglich.«

Ich war es, der fragte:

»Und sexuelle Beziehungen?«

»Bis zum dritten Monat, also noch zwei Monate. Danach, cher Monsieur, werden Sie den Gürtel enger schnallen müssen!«

Wir lachten über seine Gutmütigkeit. Er brachte uns zur Tür, und wir gingen geradewegs in ein kleines, sehr sauberes Hotel, das als tolerant galt. Man händigte uns den Zimmerschlüssel aus, und wir fielen uns gegenseitig um den Hals, gerührt, ein wenig nach Luft ringend. Kurz darauf waren wir nackt, und wir nutzten die Erlaubnis des fröhlichen Gynäkologen aus, bis wir außer Atem waren. Es war beinahe eine Art Begrüßung für dich, mein Johnny! Die Rückfahrt nach Tumacacori verlief heiter. D. fragte mich:

»Wirst du es ihnen sagen, Jo?«

»Morgen oder übermorgen. Sie haben ein Recht, es zu wissen.«

Dir, Marc, teilte ich als erstem mit, daß du einen kleinen Bruder oder eine kleine Schwester haben würdest. Mehrmals sagtest du:

»Warum machen Sie mir keinen kleinen Bruder, D.!«

Nun, es war einer, denn D. sagte entschieden:

»Es wird ein Junge, ich spüre es.«

Egal für mich, ob sie sich täuschte. Aber unser Cowboy Marc hätte lieber einen Jungen gehabt, mit dem er sich schon durch die Wüste reiten sah.

Ich nahm Boule beiseite und sagte leise zu ihr:

»Wir werden ein Kind bekommen, meine kleine Boule . . .«

Sie riß die Augen auf, aus denen Tränen hervorschossen. Es brach aus ihr hervor:

»Und ich?«

Ich verstand, was diese Worte an widersprüchlichen Empfindungen enthielten. So war es auch bei Marcs Geburt gewesen. Sie hatte sich damals gefragt, ob sie bei uns, bei mir weiterhin denselben Platz einnehmen würde.

Sie betet Kinder an. Sie fragte sich, wie sich all das mit Tigy regeln ließe, und ich wußte es auch nicht. Ich war zuversichtlich, und nichts konnte meine Freude dämpfen.

»Ich habe dir eine wichtige Nachricht mitzuteilen, Tigy . . .«

Sie wurde blaß, als hätte sie das Folgende erraten, als wäre sie darauf gefaßt gewesen.

»D. erwartet ein Kind.«

»Ach! Für wann?«

»Für den Herbst . . .«

Ich hatte die Monate nicht gezählt und auf gut Glück geantwortet.

»Wie hast du dich entschieden?« fragte sie mich ernst.

»Was gibt es da zu entscheiden? Wir machen so weiter wie bisher.«

»Denkst du nicht daran, dich scheiden zu lassen?«

Ich sagte leichthin nein. Ich hatte nicht daran gedacht. Waren wir nicht alle zufrieden so?

»Versprichst du es mir?«

Ich antwortete ja, ohne mir die Zeit zu überlegen zu nehmen. In Wahrheit habe ich nie an die Ehe geglaubt, und ich habe oft gesagt, sogar später im Fernsehen, daß es für Leute von zwanzig oder fünfundzwanzig Jahren, ja sogar für noch ältere Leute unsinnig ist, sich vor einem Bürgermeister, einem Sheriff oder einem Pastor dazu zu verpflichten, sich das ganze Leben hindurch zu lieben.

Wie soll man zu Beginn die Entwicklung des anderen kennen? Zwanzig Jahre später werden die Zellen nicht mehr dieselben sein; eine andere Frau und ein anderer Mann werden sich gegenübersitzen, durch den früher geleisteten Schwur aneinandergekettet. Tigy hatte auch nicht, als wir uns vereinten, an Schwüre geglaubt, an welche auch immer. Wir hatten geheiratet, weil unsere Eltern nicht erlaubt hätten, daß wir ohne diese Formalität zusammenlebten.

War es in Paris nicht ihr Traum gewesen, daß wir getrennt lebten, jeder für sich, und uns telefonisch verabredeten? Darüber hinaus war sie Atheistin, wie ihre ganze Familie, wie ich es seit dem Alter von dreizehn Jahren bin. Nur mit Rücksicht auf meine Mutter hatte sie sich damit einverstanden erklärt, mit dreiundzwanzig Jahren Kommunionunterricht zu nehmen, sich taufen zu lassen, dann, am Tage vor unserer Hochzeit, zu beichten und zur Kommunion zu gehen.

Nun waren es fünf Jahre her, daß wir uns wieder unsere Freiheit zurückgegeben hatten, ohne das Bedürfnis verspürt zu haben, einen unbeteiligten Beamten um Erlaubnis zu bitten.

»Nein . . . Nichts hat sich geändert . . .«

Ich erstattete D. von meiner dreifachen Mission und deren Ergebnissen Bericht.

»Glaubst du, sie wird es bereitwillig akzeptieren, mit uns und unserem Kind zusammenzuleben?«

»Marc freut sich sehr darauf. Boule wird sich daran gewöhnen . . .«

Die Tage und Wochen vergingen. Ich erinnere mich an D.s Ausruf, als wir vom Gynäkologen kamen:

»Er wird schön sein, Jo! Es wird behauptet, die Kinder der Liebe sind die schönsten!«

Ich dachte an unser Haus in Nieul, das »Großmutterhaus«, an den Nachmittag, als Marc gezeugt worden war. Ich war glücklich, begann jedoch, mir Fragen zu stellen. Es kam mir in den Sinn, daß zum Beispiel in Frankreich wie in Belgien der Mann nicht, im Gegensatz zur Frau, wegen Ehebruchs belangt werden konnte, aber daß er als schuldig angesehen wurde, wenn er »eine Konkubine unter dem ehelichen Dach aushält«.

Wie stand es in den Vereinigten Staaten damit? War ich nicht schon dazu verpflichtet, zwei Zimmer anstatt einem zu nehmen, wenn ich mit D. im Hotel abstieg? Das Land war immer noch puritanisch. Und wie war deine Stellung, Johnny, unter diesen Bedingungen?

Dennoch, vielleicht aus Atavismus oder wegen meiner Erziehung, hielt ich mich weiterhin an das gegebene Wort, wenn es auch widerstrebend gegeben oder nur ein Verwaltungsakt gewesen war. Mein Kopf war verwirrt, und ich zögerte, eine Entscheidung zu treffen, die mir, wie auch immer, unangenehm sein würde. Hatte D. mich beeinflußt? Ich kann es nicht behaupten.

Wir sahen den Arzt in Tucson, zweimal, dreimal, und jetzt sah man, daß D. schwanger war. Ihre Kleider waren zu eng, und wir gingen in ein Geschäft, wo nur Umstandskleidung verkauft wurde. An zwei Wänden des Geschäfts verdeckten Vorhänge die schmalen Umkleidekabinen. Damals wurden wohl noch viele Kinder gemacht, denn um zehn Uhr morgens waren dort vier oder fünf Kundinnen.

»Such du aus«, sagte eine beeindruckte D. zu mir.

Ich zeigte der Verkäuferin ein sehr freundliches Kleid. Ich war der einzige Mann in dem Geschäft, und man betrachtete mich mit Neugier, vielleicht auch mit Mißbilligung. Was kümmerte mich das! Würden wir nicht ein Kind zusammen haben?

Die Verkäuferin ging hin und her. D. war wohl mit dem Anprobieren der Kleider beschäftigt. Ich entschloß mich, den Vorhang ein wenig zur Seite zu schieben, um zu sehen, ob sie mit dem Kleid zufrieden war. Ich erblickte den nackten Hintern einer Frau, die ihre Schuhe wieder anzog, und ich gab ihr einen fröhlichen Klaps.

»Nun?«

Ein erzürntes, vor allem aber verblüfftes Gesicht drehte sich zu mir, ein unbekanntes Gesicht.

»*What?*«

Wie? Ich stammelte Entschuldigungen und zog mich zurück. Ich hatte mich in der Kabine geirrt und soeben freundlich auf das Gesäß einer mir unbekannten Frau gehauen. Ich wartete draußen und hoffte, daß mein Opfer keinen Skandal auslösen würde. Glücklicherweise erschien D. sofort wieder, und ich stürzte mich auf sie, ergriff ihren Arm. Die Unbekannte hatte verstanden und lächelte uns nun zu. Ich erzählte mein Versehen D., die ihr Lachen nicht zurückhalten konnte.

Schließlich, einige Tage später, mit ernsterem Gesicht, als ich es wollte, gestand ich Tigy unter vier Augen:

»Ich glaube, daß wir gezwungen sind, uns scheiden zu lassen. Andernfalls liefen wir Gefahr, als unerwünscht nach Europa zurückgeschickt zu werden. Vergiß nicht, wir sind Ausländer.«

»Ich verstehe dich.«

»Selbstverständlich nehme ich die Gesamtschuld auf mich. Ich werde an meinen Rechtsanwalt in New York schreiben, um ihm die Situation zu erklären und ihn um Rat bitten.«

Der Rechtsanwalt war Belgier wie ich, Sohn eines Antwerpener Diamantenhändlers, und er hatte sich auf das Internationale Recht spezialisiert.

Ich schrieb ihm einen langen Brief, ohne ihm irgend etwas zu verheimlichen, als Jean Renoir seinen Besuch ankündigte. Wir verbrachten mit ihm und Dido einen unvergeßlichen Tag. Seit meiner Ankunft in Paris, in der Zeit des Kinos der Avantgarde, war ich einer seiner Anhänger gewesen.

Ich hatte seine erste Frau gekannt, Catherine Hessling, die in *La petite marchande d'allumettes,* einem von Jeans ersten Meisterwerken, so erschütternd gewesen war. Beide hatten an unseren Gesellschaften an der Place des Vosges teilgenommen, bevor Jean uns in Ouistreham an Bord der »Ostrogoth« besucht hatte, um sich die Filmrechte für meinen Roman *La nuit du carrefour* zu sichern.

Wir hatten das Drehbuch zusammen geschrieben, in einer gemieteten Villa am Cap d'Antibes, und ich hatte seine beiden Brüder kennengelernt, Pierre, der der erste Schauspieler war, der Maigret darstellte, und den reizenden Claude mit seinen Babywangen. Ich hatte auch »Les Colettes« besucht, die Villa ihres Vaters, die zwischen jahrhundertealten Olivenbäumen lag.

Der Krieg hatte uns getrennt. Jean, damals beim Drehen in Rom, hatte das erste Schiff in die Vereinigten Staaten genommen. Er konnte nicht mehr eingezogen werden, denn als Flieger während des Ersten Weltkrieges hatte er Schrapnellsplitter abgekriegt, die nicht alle aus seinem Bein entfernt werden konnten, was seinen etwas ungewöhnlichen Gang erklärte.

Wieviel wir uns zu erzählen hatten, er und ich! Er war immer noch der gleiche, mit seinem scheinbar naiven, beinahe kindlichen Gesicht. Aber wer kannte so gut die Menschen und die Dinge!

In Hollywood war er mit offenen Armen empfangen worden, denn man betrachtete ihn als einen der Pioniere des Films, wenn nicht sogar als den talentiertesten. Dennoch wäre es für ihn schwierig gewesen, Filme zu drehen und die französische Staatsangehörigkeit zu behalten. Er maß dem keine größere Bedeutung bei als ich, war Amerikaner geworden, wie er ein Ehemann geworden war, genauso wie ich. Wir glichen uns beide so sehr, abgesehen von seinem Genie.

Wir aßen bei Tigy. Er kannte Boule schon seit langem, und diese bereitete uns ihm zu Ehren ein fürstliches Mahl. Unser Lebensmittel-Postamt hatte mir alte Weine aus Frankreich geliefert.

Später dann nahmen wir Jean und Dido mit zu uns. Er hatte sie in Amerika geheiratet, und ich hatte sie gleich bei unserer ersten Begegnung ins Herz geschlossen. Genauso schlossen alle beide D. ins Herz, deren Bauch immer mehr vorstand.

»Hör zu, Georges. Versprich mir, daß ich Pate werde, wenn es ein Junge wird. Wenn es ein Mädchen wird, wäre es für Dido eine große Freude, Patin zu werden.«

Wir versprachen es. Glücklich über dieses zusätzliche Band zwischen uns, sprachen wir viel. Jean stand auf und ging unaufhörlich hin und her, denn er unterhielt sich, wiederum wie ich, nicht gerne aus einem Sessel heraus.

Er trug amerikanische Hosen, die, sehr tief sitzend, ihm nicht den Bauch einschnürten, aber zu rutschen drohten. Dann hörte man Didos leise Stimme:

»Jean! Sie verlieren noch Ihre Hosen . . .«

Sie sagten »Sie« zueinander, wahrscheinlich nach brasilianischer Art. Auch Jean hatte seine Sorgen:

Seine Filme wurden überall ausgenutzt. Er wäre gerne von Zeit zu Zeit nach Paris gefahren. Nun, seine erste Frau, von der er nicht geschieden war, hatte eine Klage wegen Bigamie angestrengt. Sie war ein sehr unberechenbares Mädchen, deren Karriere beendet war, nachdem sie sich von Jean getrennt hatte.

»Weißt du, mein Lieber, hier wird so leicht geheiratet, innerhalb weniger Minuten, so daß ich mir nicht die Mühe gemacht habe, nach Europa zu fahren, um mich scheiden zu lassen. Es sind so viele Jahre her, seitdem Catherine und ich getrennt leben! . . . Meine Rechtsanwälte werden sich darum kümmern. Wenn ich in der Zwischenzeit meinen Fuß auf französischen Boden setze, wäre man gezwungen, mich ins Kittchen zu stekken . . . Kürzlich mußte ich nach Berlin fahren. Der normale Flug geht über Paris, wo das Flugzeug zwischenlandet. Ich mußte einen komplizierten Umweg in Kauf nehmen, um nach Berlin und wieder zurück zu kommen.«

Er lachte. Alles im Leben amüsierte ihn. Er erzählte mir von einem Roman einer Engländerin, den ich nicht kannte und den er verfilmen wollte, *Le fleuve,* der in Indien spielte, nicht weit von Kalkutta entfernt.

»Diese saublöden Produzenten wollen nichts davon hören. Sie haben immer noch ein wenig Angst vor mir. Aber eines Tages werde ich ihn drehen . . .«

Ein Tag? Zwei Tage? Ich weiß es nicht mehr. Ein Jungbrunnen der Brüderlichkeit, denn ich betrachtete Jean als meinen Bruder, und wir schrieben uns regelmäßig, bis zu seinem letzten Tag.

Ein Brief von meinem Rechtsanwalt, der mir die Notwendigkeit einer Scheidung bestätigte, falls ich weiterhin in den Vereinigten Staaten leben wollte. Allerdings mußten wir einen Scheidungsgrund finden, der gleichzeitig von den amerikanischen, belgischen, französischen Gesetzen und denen anderer Länder anerkannt werden würde, wo ich mich noch niederlassen würde. Er beschäftigte sich eingehend mit dieser gleichzeitig komplizierten und mißlichen Frage, um so mehr, da es darum ging, einen achtbaren Grund für Tigy und für mich zu finden. Er kündigte mir einen weiteren Brief an.

D. hatte ihrerseits ihrem Bruder Roger geschrieben, den ich bereits kannte, und ihn zu uns eingeladen.

»Hast du ihm gesagt warum?«

»Er wird es schon sehen, wenn er kommt«, sagte sie mit einem schelmischen Lächeln und streichelte ihren Bauch.

Sie rauchte nicht mehr, trank nicht mehr, war erstaunlich sanft und liebevoll geworden. Ich informierte Tigy über den Brief meines Rechtsanwalts, und sie wartete wie ich genauere Mitteilungen ab. Gegen ihre Gewohnheit schien sie gerührt und sagte nur:

»Eines Tages, Georges, wirst du zu mir kommen und mich bitten, dich zu trösten . . .«

Im Augenblick war ich ihr wegen dieses Satzes böse, antwortete aber nicht. Er sollte mir noch oft ins Gedächtnis kommen.

Der große Bruder kam unvermittelt an, wie gewöhnlich vor Leben überschäumend. Ein Blick auf seine Schwester genügte:

»Deshalb also, Schwesterchen!«

Unser Vermieter hatte für ihn ein Zimmer in einem der zahlreichen kleinen Gebäude der Ranch reserviert, ziemlich weit von uns entfernt.

»Wann ist es soweit?«

»September, wahrscheinlich.«

»Glücklich?« fragte er und umarmte uns mit einem einzigen Blick.

Er entrüstete sich nicht, war nicht überrascht. Das Land begeisterte ihn, und er konnte sich nicht von der Wüste losreißen, die unseren Stud Barn umgab.

»Wo wirst du entbinden?«

»In Tucson.«

Wir nahmen ihn zum Essen mit in die ehemalige Schule, und er machte die Bekanntschaft von Marc, Tigy und Boule. Seine lärmende Heiterkeit, sein Akzent von Québec eroberten alle.

Noch sprachen wir nicht mit ihm über die Scheidung. Würde er nicht selbst diese Frage aufwerfen? War er nicht, als Ältester, das Oberhaupt der Familie geworden, was in Kanada noch sehr viel zählte? Darüber hinaus war er katholisch, wie alle Québecois . . . Er war Rechtsanwalt . . .

Am nächsten Tag sollte in dem mexikanischen Teil von Nogales ein religiöses Volksfest in Landestrachten stattfinden, das die Angehörigen aller Rassen zusammenführte und zu dem man von weither kam.

Wir aßen in der Grotte, wo er dem Essen und Trinken tüchtig zusprach. Er kaufte von einem Jungen, der von Tisch zu Tisch ging, einen breitkrempigen mexikanischen Strohhut, den er sich auf den Kopf setzte. Er hatte ein wenig Schlagseite, was bei einem Kanadier nichts zu sagen hat.

Fanfarenklänge. Gesänge. Der Zug kam näher, und wir verließen das Restaurant, um uns den Aufmarsch anzusehen. Es war Nacht. Der Fakkelzug schritt langsam durch die bunte Menge. Wagen fuhren vorüber,

darin Leute mit grellen Kostümen, andere waren im Gegensatz dazu
schwarz gekleidet und trugen Leichenmasken. Die Musikkapellen, fröhlich oder melancholisch, vermischten sich, Menschen mit oft grotesken
Masken tanzten wie rasend.

Enthusiastisch riß Roger seinen breitkrempigen Hut vom Kopf und
schwenkte ihn, wobei er mit seiner mächtigen Stimme rief:

»Olé! Olé!«

Die Einwohner sahen ihn streng an, aber er machte sich nichts daraus.
Er war wie bezaubert von diesem Volksfest, von dieser, wie er glaubte,
jubelnden Menschenmenge. Bei jeder neuen Maske schwenkte er seinen
Hut und rief:

»Olé! . . .«

Er war ausgelassen, und man warf ihm immer finsterere Blicke zu. D.
flüsterte ihm ins Ohr:

»Für sie ist es ein religiöses Fest, Roger . . .«

Er brach in schallendes Gelächter aus.

»Mit diesen Masken und diesen Tänzen? Unsinn!«

Und er rief aufs neue:

»Olé! . . . Olé!«

Er klatschte in die Hände, gestikulierte, und ich bemerkte eine Bewegung in der Menge. Wir hatten die größte Mühe, D. und ich, diesen
Koloß durch die Reihen der Zuschauer zu schieben, wo einige Gesichter
einen drohenden Ausdruck angenommen hatten. Wir gingen zu unserem
Wagen und brachten Roger zum Gitter, auf dessen anderer Seite wir in
Sicherheit waren.

»Warum sollte ich nicht das Recht haben, mit ihnen zu tanzen? Hm?
Sag mir, Schwesterchen. Ich geh wieder zurück, so!«

Er war ein Mann, dem man nicht böse sein konnte. Ich verstand seinen
Irrtum. Er war soeben, beinahe buchstäblich vom Himmel in ein Land
gefallen, das ebenso geheiligte Traditionen hat wie die religiösen Traditionen Québecs. Und wenn dort angesichts der Heiligen Jungfrau aus Gips
oder eines jungen Mädchens, das die Rolle der Maria spielte, ein verrückter Kerl wie rasend seinen Hut geschwenkt und dabei aus vollem Halse
geschrien hätte:

»Olé! . . . Olé!«

Ich erklärte es ihm freundlich, aber ich wußte nicht, ob er zuhörte, und
wenig später ließen wir ihn allein in seinem Zimmer, um in den Stud Barn
zurückzukehren. D. zitterte noch immer.

»Ich hatte solche Angst . . .«

Ich auch. Was uns nicht daran hinderte, friedlich und zärtlich einzuschlafen. Am nächsten Tag kurz vor Mittag klopften wir an seine Tür. Keine

Stimme, die uns antwortete. Die Tür war nicht verschlossen, und wir fanden ihn schlafend, mit schweißbedecktem, aber ruhigem Gesicht. Er wachte auf, fuhr sich mit einem feuchten Handtuch durchs Gesicht, und schon war er so frisch wie ein Kind, ohne die geringste Spur eines Katers. Wir ließen ihm Zeit zu duschen, sich anzuziehen, und dann gingen wir zu Tigy zum Essen.

»Haben Sie sich gut amüsiert, Roger?«

Sie nannten sich bei ihrem Vornamen, denn sie waren sich gleich sympathisch gewesen.

»Komische Käuze, diese Leute! Anscheinend verstehen sie keinen Spaß, und ich habe den Clown gespielt . . .«

Tigy lächelte. Du, Marc, bewundertest seine breiten Schultern. Du wagtest zu fragen:

»Reiten Sie?«

»Ich habe es noch nie versucht. Ich mag diese Tiere nicht sehr.«

»Ich habe ein Pferd, das heißt Red. Dad hat einen ganz goldenen Palomino, und D. hat auch ein Pferd . . .«

»Das sie abgeworfen hat!«

Dennoch sollte er eine innigere und gründlichere Bekanntschaft mit dem Pferdevolk machen, als er es vorausahnen konnte.

Am Nachmittag war ein halbes Dutzend Stuten an einen der Zäune der Ranch festgebunden. Zum Beschälen. Unser Rancher überwachte die Zeremonie.

Zu Rogers Überraschung stülpte man über das Glied des Hengstes einen riesigen Kondom aus Plastik, bevor er die Stute beschälen konnte, die man ihm gezeigt hatte. Alle Cowboys waren dabei, bereit, ihre Aufgabe zu übernehmen. Die Beschälung dauerte nur einen Augenblick, und schon wurde der fast volle Präservativ dem Hengst abgenommen und weggebracht. Der Samen wurde in Ampullen gesammelt, und später tat man ihn mit hochgekrempelten Ärmeln sehr tief in das Geschlecht der Stuten.

Dieser Vorgang dauerte länger als der erste. Roger war der einzige unter diesen Männern des Westens, der eine Jacke trug, und der Rancher schlug ihm vor:

»Wollen Sie eine beschälen?«

Er reichte ihm eine der Ampullen, und der Anwalt spielte mit, zog seine Jacke aus, krempelte seine Ärmel hoch, denn es sollte nicht gesagt werden, daß ein Kanadier ein Feigling sei. Man sah, daß die Stute ihn beeindruckte. Man hielt sie fest, und ihre rosafarbene Vulva öffnete sich krampfartig. Dann versenkte er mutig den Arm bis zum Ellbogen darin, wie er es soeben gesehen hatte, und sein Gesicht wurde rot.

»Gut so?« fragte er.

»Sehr gut. Laßt uns ein Glas bei mir trinken . . .«

Der traditionelle *mint julep*. W.s Frau zeigte sich als vollendete Gastgeberin. Es war kühl hier. Man verweilte, man scherzte.

»Was sagen Sie zu dem, was meiner kleinen Schwester passiert ist?«

W. errötete, fügte gewitzt hinzu:

»Vergessen Sie nicht, daß sie im Stud Barn wohnt . . .«

Auch das Abendessen bei Tigy verlief fröhlich. Roger fragte sie ohne Umschweife:

»Haben Sie einen Wagen?«

»Ja.«

»Laden Sie mich für heute abend zu einer Spazierfahrt durch dieses gottverfluchte Land ein. Ich würde die Wüste gern ein wenig besser kennenlernen, und es scheint so, als dürfe meine Schwester nicht über unebenes Gelände fahren.«

»Mit Vergnügen, Roger . . .«

D. schien nicht zufrieden zu sein, eher beunruhigt, und die nahe, die ganz nahe Zukunft sollte ihr recht geben. Es war nicht mehr derselbe Roger, den wir am nächsten Morgen weckten.

»Luder!« rief er ihr zu, sobald wir ins Zimmer kamen.

»Schämst du dich nicht? Da lebt eine Familie friedlich vor sich hin. Daß du den Ehemann vernaschst, einverstanden. Aber daß du ihn so weit bringst, sich scheiden zu lassen . . .«

D. war blaß, und ihre Augen konnten sich nicht von dem purpurroten Gesicht ihres Bruders losreißen.

»Es war nicht sie, die . . .«

»Sei du still, Georges! Ich kenne meine Schwester besser als du.«

Er hatte mich noch nie geduzt.

»Du willst, daß er sich scheiden läßt und dich heiratet, nicht wahr? Das sieht dir ähnlich. Weißt du, was ich, dein Bruder, gestern abend zu Tigy gesagt habe? Daß ich bereit bin, wieder aus Québec hierher zu kommen, um ihre Verteidigung zu übernehmen. Du machst uns eine große Schande, mir und der ganzen Familie. Ich frage mich noch, wie ich das Mama beibringen soll . . .«

»Ich erwarte ein Kind . . .«

»Tigy hat auch eins . . .«

Es war ihm ernst damit, und zurück in Kanada schrieb er ihr einen langen, ebenso heftigen Brief, und gleichzeitig schrieb er Tigy.

Während jener Tage aßen wir weder mittags noch abends in der ehemaligen Schule. D. weinte unaufhörlich. Ich hatte mir Mühe gegeben, sie zu trösten, aber erst nach der Abreise ihres Bruders war es mir halbwegs gelungen. Es war nicht der rechte Augenblick, bei ihr heftige Erregungen hervorzurufen, und ich ging mit ihr in die Grotte essen, wo man für sie ihr

»*Bésame mucho*« sang. Die Mahlzeit war noch nicht beendet, als ein Indianer wie ein Wirbelwind ins Restaurant gelaufen kam und mehrere Male ein unverständliches Wort rief, wobei er mit dem Arm in die Richtung des Berges zeigte.

»Was sagt er?«

»Ich weiß es nicht. Ich werde ihn fragen.«

Amerikanische Touristen waren erstaunt, daß man ihnen ihre Rechnung gab, obwohl sie, wie wir, das Essen noch nicht beendet hatten. D. kam aufgeregt zurück.

»Wir müssen sofort wegfahren. Der rote Berg ist bedeckt, wie sie sagen. Das bedeutet, daß jeden Augenblick ein Wolkenbruch niedergehen wird, begleitet von einem starken Wind.«

Ich zahlte. Ich schloß das Verdeck des Wagens.

Was man uns erzählt hatte, stimmte. Wenige Minuten später würden Wassermassen den Fluß hinunterschießen und alles auf ihrem Weg mit sich reißen, und hier gab es keine Brücke nach Tucson. Ich fuhr schneller. Der Himmel hatte sich verdüstert. Manchmal sahen wir den Fluß, in dem bereits etwas Wasser floß. Auf halbem Wege zu uns gab es einen ersten Übergang, aber wir kamen zu spät: er wurde schon überflutet.

»Das ist jedes Jahr so. Es kann fünfzehn, zwanzig Tage lang regnen, und die Wassermassen schwellen unaufhörlich an.«

»Und wir werden abgeschnitten sein?«

Wir schwiegen. Ich drückte, so fest ich konnte, aufs Gaspedal. Wir mußten unbedingt Tumacacori vor den Wassermassen erreichen.

Unser Fluß, den wir nur ausgetrocknet gekannt hatten, führte schon eine bräunliche Flut von fünfzig Zentimetern Höhe mit sich. Wir kamen noch so eben auf die andere Seite. In einer halben Stunde, vielleicht weniger, würde der Strom eine Höhe von zwei Metern, wenn nicht mehr, erreichen. Die alljährliche Sintflut umgab unser kleines Haus, was nicht verhinderte, die Kojoten in der Nacht heulen zu hören.

Als wir wieder im Trocknen waren, hatten wir Lust, über unser Abenteuer zu lachen. Machte das nicht einen Teil des Lebens im *Far West* aus? Hatten wir das nicht in Filmen gesehen, ohne recht daran geglaubt zu haben? Die Regenzeit kam in diesem Jahr etwas spät, aber sie kam. Wir umarmten uns gegenseitig, keusch zur Zeit, wie zwei Liebende im Western, denn wir befolgten die Ratschläge des Arztes.

Auf ihren Bauch zeigend scherzte ich:

»Hoffentlich hat er da drinnen keine Angst gehabt . . .«

Du würdest nicht viele Erfahrungen mit dem Leben in der Wüste machen, Johnny, denn das Schicksal würde uns, genauso wie es die Wassermassen gemacht hatten, weit weg führen, immer weiter.

Gute Nacht, meine beiden Söhne!

33

Die Wassermassen waren vorüber. Während des Hochwassers hatte unser Freund, der Rancher, ein Stahlseil über den Fluß spannen lassen, mit einer Rolle, einem Fährseil, einem Tau, das in einem Pahlstek endete, wie an Bord eines Schiffes, und all das war mir vertraut. Morgens schickte ich das Tau ans andere Ufer, unsere kleine Indianerin setzte sich auf den Pahlstek, und ich zog sie sachte an unser Ufer. Um fünf Uhr begann ich wieder in entgegengesetzter Richtung. Die ersten Male zitterte sie vor Angst. Danach machte ihr diese Überfahrt über den wütenden Strom Spaß, und ihre Geschwister, sogar ihre Eltern, wohnten dieser Prozedur bei.

Das gehörte schon beinahe der Vergangenheit an. Das Wasser fiel. Ich konnte den Flußarm zu Pferd überqueren. Dann durchquerten D. und ich ihn abends zu Fuß, indem wir unsere Kleidung über den Kopf hielten, und nackt wie Adam und Eva durchquerten wir die zwei Kilometer Wüste, wo nicht die Gefahr bestand, daß uns jemand sah.

Das erinnerte mich, als die Sonne und die Hitze wie zu einer festgesetzten Zeit wiederkehrten, an meine guten Tweedanzüge von früher. Weder hier noch in Tucson hatten wir die Gelegenheit gehabt, Wollsachen zu tragen, und oft sehnte ich mich nach den Ländern, wo man vier Jahreszeiten genießt und wo Weihnachten den Schnee bringt. Eine kurze Sehnsucht, denn ich liebte unsere Wüste, unsere Ausritte, das Leben im Westen.

Wir lebten es weiter, so schnell, daß ich nur noch einige Bilder im Kopf habe, einige wichtige Ereignisse.

In einer nahegelegenen katholischen Kapelle, weiß und rot wie ein Spielzeug, abseits von der Straße, nahmen D. und ich eines Morgens an der Hochzeit unseres Dienstmädchens teil. Außer uns nur Indianer, korrekt in Schwarz gekleidet, mit weißem Hemd und dunkler Krawatte, wie in einem europäischen Dorf. Daß wir Weiße waren, schienen sie nicht zu bemerken. Die Zeremonie, das Weihrauchfaß, die Kniebeugen erinnerten mich an längst vergangene Zeiten, als ich in der Messe gedient hatte, und nachdem die Ringe ausgetauscht und die Worte des Sakraments verklungen waren, reihten wir uns ein, um den strahlenden jungen Eheleuten, die beeindruckt waren, zu gratulieren.

Besuche bei dem Arzt in Tucson. Er kündigte die Geburt des Kindes für August an, und die weite Entfernung bereitete ihm Sorgen.

»In einem Monat sähe ich Sie lieber in Tucson. Wenn ich auch überhaupt nicht beunruhigt bin, so ist es doch meine Aufgabe, alles ins Auge zu fassen ... Was sich auch plötzlich ereignen würde, ich wäre gezwungen, einen Hubschrauber in die Wüste zu schicken.«

Eine schnelle Reise nach Los Angeles. Ein selbständiger Produzent wollte gern die Rechte für meinen Roman *La tête d'un homme* erwerben, der in den dreißiger Jahren mit Harry Baur als Maigret verfilmt worden war. Jetzt schlugen sie mir für die Rolle des Maigret den unvergeßlichen Schauspieler von *Meuterei auf der Bounty* und von *Henry VIII.*, Charles Laughton, vor. Er wurde mir vorgestellt, eine enorme, lächelnde Masse, die er mit der Anmut einer Tänzerin bewegte. Unsere Beziehung war sofort freundschaftlich.

In Frankreich reisen die Produzenten oder Regisseure, um den Autor zu treffen. In Hollywood konnte man sich keinen der Kinomagnaten vorstellen, wie sie, zwischen zweien ihrer Leibwächter, einem Faulkner oder einem Steinbeck einen Besuch abstatteten. Ich unterschrieb. Wir kehrten zurück. Tigy fuhr ihrerseits nach Kalifornien, um dort einen berühmten Rechtsanwalt, einen Spezialisten für Scheidungsfragen, zu treffen. Ich weiß nicht, wer ihn ihr genannt hatte.

Bei Tisch sprachen wir immer weniger, und die arme Boule, die sich fragte, welches ihr Los sein würde, war offensichtlich beunruhigt. Ich konnte ihr noch so sehr versichern, daß sie auf mich bauen könne, sie brach in Tränen aus.

»Und mein armer Frosch?«

»Alles wird sich einrenken, Boule. Ich werde dafür sorgen, seien Sie sicher.«

Wir haben uns nie geduzt.

Ein Ereignis trat ein, früher als wir gedacht hatten.

»Er bewegt sich, Jo!«

Und in der Tat, du bewegtest dich tatsächlich in dem Bauch deiner Mutter, mein verflixter Johnny. Bald darauf solltest du deine Anwesenheit mit so viel Kraft offenbaren, daß es mit bloßem Auge sichtbar war.

Marc legte seine Hand auf D.s Bauch, gerührt, freudestrahlend. Man hätte meinen können, dein Bruder spreche mit dir. Ein paar Tage später, als die Schüler frei hatten, kam er in den Stud Barn, zusammen mit einigen Freunden, Mexikanern, Indianern und einem einzigen Weißen.

»Faß mal an . . .« sagte er zu ihnen.

Sie faßten auch alle nacheinander an. Marc war sehr stolz.

Die Briefe der Rechtsanwälte folgten aufeinander, meine wurden immer zahlreicher und eiliger, denn ich wurde ungeduldig. Ich habe es noch nie ertragen können zu warten, auch nicht, wie jetzt, in der Schwebe zu leben.

Um mich zu beruhigen, tippte ich den dritten meiner Romane in Tumacacori:

Mon ami Maigret.

Ein wenig wie eine Postkarte von Porquerolles, wo der Roman spielt und wo ich so oft gefischt hatte, so oft Boule gespielt hatte mit meinen Freunden aus Genua und Neapel, die, außer einigen Franzosen, die Mehrheit der Bevölkerung gebildet hatten. Zum Schluß hatte ich, genauso wie sie, ein Gemisch aus den Dialekten von Nord- und Süditalien gesprochen . . .

Meinem Anwalt und Freund aus New York zufolge, der mir meine Ungeduld vorwarf, machten die Unterschiede zwischen den verschiedenen Staaten Amerikas und den verschiedenen Ländern Europas das Problem unserer Scheidung beinahe unentwirrbar, denn die genauen Gründe, obschon vielfältig, waren fast alle für die eine oder die andere Partei entehrend.

Es hatte weder von der einen noch von der anderen Seite ein böswilliges Verlassen gegeben. Im Gegenteil, es lag noch »Aushalten einer Konkubine unter dem ehelichen Dach« vor, was mich und D. sowie dich, Johnny, der Gefahr ausgesetzt hätte, aus den puritanischen Vereinigten Staaten ausgewiesen zu werden. Diese Gesetze waren 1949 nicht dieselben wie heute, und es war nirgendwo die Rede von »Unvereinbarkeit der Charaktere« und noch weniger von »Gegenseitigem Einvernehmen«, wie gegenwärtig überall.

Dennoch eine gute Nachricht. Ich erhielt einen Auszug aus dem Gesetz des Staates Arizona in bezug auf die eheliche Geburt der Kinder. Ich machte mir nämlich Sorgen darum, nicht meinet-, sondern deinetwegen, denn ich kannte noch nicht deinen Charakter und noch weniger deine Gedanken. Wenn auch alle behördlichen Formalitäten mich anwiderten, so wollte ich doch das Beste für dich herausholen, was immer geschehen, was immer aus dir werden würde.

Wie das schwedische Gesetz, nur noch verständnisvoller als dieses, besagte das Gesetz von Arizona kurz gesagt:

»Jedes Kind, das von einem Paar geboren wird, wird als legitimes Kind betrachtet, auch wenn ein Teil der natürlichen Eltern, oder beide, mit einem anderen verheiratet sind.«

Zu der Zeit hatten nur noch zwei andere Staaten von ungefähr fünfzig dieses zutiefst menschenwürdige Gesetz erlassen, und ich machte Freudensprünge. Du warst also mein legitimer Sohn mit allen Rechten, die diese Bezeichnung dir verlieh.

Du bewegtest dich so stark, daß du uns an ein junges, wildes Tier erinnertest, das an den Gitterstäben seines Käfigs rüttelte. Man hätte dich für zornig halten können, weil man deine Befreiung hinauszögerte.

Wir befolgten die Ratschläge des Gynäkologen und suchten uns ein kleines Haus in Tucson. Wegen des heißen Sommers waren die Universitätsferien im Südwesten länger als im Norden. Einer der Professoren der

Universität hatte beschlossen, durch Europa zu reisen, und so war sein Haus bis September zu vermieten.

Es war hübsch, komfortabel, in einem Viertel, das, auf halber Strecke zwischen Stadtzentrum und Wüste gelegen, von Bürgern der Mittelschicht und von vielen Intellektuellen bewohnt wurde. Das Haus war in der gleichen Art möbliert wie alle die der amerikanischen *middle class:* viel Chintz in hellen Farben, bequeme Sessel, auch freundliche Zimmer im anglo-amerikanischen Stil. Wir wurden uns einig und zogen Ende Juni ein.

D. trug stolz, wie als Herausforderung, einen unförmigen Bauch vor sich her, und Tigy vermied es offensichtlich, sie anzusehen. Hatte sie vergessen, daß sie erst mit neununddreißig Jahren eingewilligt hatte, mir »ein Kind zu schenken«, als ich selbst sechsunddreißig gewesen war, und daß sie mich bis dahin zu unangenehmen Vorsichtsmaßregeln gezwungen hatte? Die Pille war noch nicht erfunden worden, auch nicht die Spirale, und die Studenten hatten auf den Straßen gesungen:

> *»Caoutchouc, ce n'est pas ça ma mère,*
> *Caoutchouc, ce n'est pas ça du tout...«*

Ich schrieb häufig meinen Freunden, unter anderem Jean Renoir und Dido, André Gide, der mir ebenfalls viel schrieb. Eines Tages kündigte er mir an, daß er mich in Arizona besuchen wolle, »unter der Bedingung, daß mein Aufenthalt in den Vereinigten Staaten geheim bleibt«. Ich fragte mich, wo ich ihn aufnehmen sollte und ob seine Anwesenheit wirklich unbemerkt bleiben könnte, als ein weiterer Brief mich wissen ließ, daß sein Arzt ihm eine so lange Reise untersagte.

Ich hatte ihm von meiner Leidenschaft zu D. erzählt, was ihn betrübte. Er behauptete, daß das Zusammenleben mit einer Frau dem künstlerischen Schaffen abträglich sei und es völlig versiegen lassen könne. Er stellte mir viele Fragen über dich, Marc, und er bewunderte dein freies Leben, das du als junger, blonder Bursche führen konntest.

Eine weitere, geheimnisvolle Reise Tigys. Bei ihrer Rückkehr teilte ich ihr mit, daß ich ins Auge faßte, eventuell in San Francisco zu leben, wovon es hieß, es sei die schönste Stadt der Vereinigten Staaten. Das war erst eine noch vage Idee. Wir würden uns einmal mehr irgendwo niederlassen müssen. Marc war zehn Jahre alt, und er brauchte eine andere Schule als die von Tumacacori. Warum nicht San Francisco?

Tigy reiste wieder ab. Ich hatte ihr nicht verheimlicht, daß ich auf keinen Fall akzeptieren würde, nicht ganz in Marcs Nähe zu sein. Das machte die Arbeit meines New Yorker Anwaltes noch schwieriger. Auch legte ich Wert darauf, daß meine Heirat unter der gesetzlichen Regelung der Gütertrennung vorgenommen würde, denn ich hatte zu viele Tragödien erlebt, die durch die Gütergemeinschaft entstanden waren.

Der Anwalt riet mir zu einer Scheidung und einer Heirat in Reno, in der Wüste von Nevada – der Stadt der Spiele und der Scheidungen –, wo die beiden Formalitäten am selben Tag erledigt werden konnten. Die Heiratsurkunde umfaßte keinerlei finanzielle Regelung, aber ihr konnte dem Gesetz nach eine Vereinbarung beigefügt werden, die diese Fragen regelte.

D. sagte zu mir:

»Ich wäre nicht damit einverstanden, wenn du mich unter der Regelung der Gütergemeinschaft heiraten würdest. Ich habe nichts mitgebracht, als ich zu dir gekommen bin. Alles, was ich besitze, gehört dir, weil du es mir geschenkt hast. Was deine Romane angeht, so hast du alleine sie geschrieben . . .«

Trotz der Ungeduld eine gewisse Euphorie. Tigy teilte mir im Laufe des Juni mit, daß sie mit Boule nach Kalifornien gehe und daß sie uns Marc anvertraue, bis sie sich irgendwo niedergelassen habe.

Sie fuhr nie gerne Auto. Wie die meisten Menschen, die es erst spät lernen, fühlte sie sich nicht sicher, und ich begrüßte es, daß sie mit Marc keinerlei Schwierigkeiten riskierte. Sie hatte alles eingepackt und in ein Möbellager nach Tucson geschickt. Ach! Marc, du solltest nicht lange bei uns bleiben. Was Boule angeht, so hatte sie schon seit mehreren Tagen den erschrockenen Blick eines Hundes, der seine familiäre Welt um sich herum Stück für Stück zusammenbrechen sieht und der sich fragt, was aus ihm werden soll.

Unser Rancher würde versuchen, unsere drei Pferde zu verkaufen, auch Red, der dich genauso liebte wie du ihn. Und schon solltest auch du weggehen. Ein Brief von Tigy aus Carmel-by-the-Sea teilte mir mit, daß sie dort ein Haus direkt am Meer gefunden hatte, daß du ein schönes Zimmer haben und in eine renommierte High School eintreten würdest, die unter anderem die Söhne von Bing Crosby, dem Sänger, und die Kinder von irgendwelchen anderen Berühmtheiten besuchten.

Sie schrieb mir die Nummer des Zuges, den du von Tucson nach Los Angeles nehmen mußtest. Es war ein Luxuszug, wo jeder Reisende über ein Abteil verfügte, in dem er den Tag und die Nacht verbrachte, und wo er sich seine Mahlzeiten servieren lassen konnte. Der Zug hatte, außer einem Speisewagen, auch einen Salonwagen mit Bar, den man wegen seiner breiten Fenster und seines Glasdaches einen Panoramawagen nannte, sowie eine Art Freideck mit Korbsesseln.

»Gib dem Schwarzen, der für den Wagen zuständig ist, ein gutes Trinkgeld und versichere dich, daß er sich um Marc kümmern wird.«

Du würdest uns nun deinerseits verlassen, mein großer Marc, und mir war das Herz schwer. Ich ließ ein Abteil für dich reservieren. Wir brachten dich zum Zug, und wir weinten beide nicht, wir wollten uns tapfer zeigen. Eine weitere Reise, alleine, für einen so großen Jungen wie dich! In Los Angeles würdest du deine Mutter treffen, und von dort würdet ihr in einen Zug nach Carmel steigen. Ich hatte wohl auf der Karte nachgesehen, um den Ort ausfindig zu machen. Es war eine sehr kleine Stadt. Ich erzählte W. davon, der sie dem Namen nach kannte. In ihr wohnten vor allem Künstler, Maler, Dichter oder Musiker, auch einige reifere Damen, verwitwet oder geschieden, die sich mehr oder weniger einer dieser Künste widmeten.

»Es scheint, daß es sehr ruhig dort ist. Keine Industrie. Kein Wirtschaftsleben oder so etwas. Dort werden Sie leben?«

Ich wußte es nicht. Wie während des Krieges waren es die Ereignisse, die mich hierhin oder dorthin führten.

Unser großes Bett machte, auseinandergenommen, den Weg zum Möbellager. Wir nahmen die Schreibmaschinen, unsere Kleider, meine Aktenordner mit.

Und schon waren wir in dem Haus des Professors, das Rasenflächen von benachbarten Häusern abgrenzte. Keine Mäuerchen, keine Gitter oder Stacheldrahtzäune. Eine unsichtbare Grenze teilte die Gärten ab, und die neuen, modernen Häuser, die in Europa Villen genannt würden, strahlten Wohlstand aus.

»Sieh mal, Jo!«

Sie hatte einen Schrank geöffnet und blieb verblüfft davor stehen. Männer- und Frauenkleidung hing dort, Kleider, Mäntel. Die Schubladen waren voll von Wäsche.

Man hatte mir bereits von dieser amerikanischen Angewohnheit erzählt, sein Haus während der Ferien oder anderer Ortswechsel zu vermieten. Hier hat man keinen Sinn für die Privatsphäre. Wenn wir abends langsam im Wagen spazierenfuhren, waren die Fenster erleuchtet, die Vorhänge zurückgezogen, und man konnte das Leben eines jeden beobachten.

Wir besuchten manchmal ein »Drive-in-Theater«, ein großes Freiluftkino, in das man mit seinem Auto hineinfuhr, und an einem Metallhalter fand man ein Mikrophon, das man an seiner Wagentür festmachte. Heutzutage gibt es auch in Europa Freiluftkinos für Autofahrer, aber 1949 war es das erste, das ich gesehen hatte. Die Leinwand war riesig. Ohne das Mikro sah man sich die Lippen der Personen ins Leere bewegen. Man brauchte nur das Mikro anzuhängen, und die Personen waren nicht mehr so grotesk stumm.

In der Mitte des Parkplatzes ein Restaurant, Toiletten. Das Seltsamste war, die Wageninsassen im Vorbeifahren zu sehen. Viele Frauen im Morgenmantel oder Nachthemd, viele Männer in Schlafanzughosen, mit nacktem Oberkörper. War das Auto hier kein Teil der Wohnung?

Auf der Rückfahrt richteten sich unsere Blicke automatisch auf ein bestimmtes Fenster in der ersten Etage eines Hauses, wo eine junge Frau sich sorgfältig die Haare bürstete. Ihre Lippen bewegten sich, obwohl sie alleine war. Sie zählte: sechzig, einundsechzig... Sie zählte wohl bis hundert, gemäß den Ratschlägen der Hygieniker: hundert Bürstenstriche jeden Abend.

Wie viele waren es an dem Abend, die sich die Haare bürsteten und dabei bis hundert zählten?

An demselben Tag, als wir Marc in den Zug gesetzt und ihn einem beruhigend lächelnden Schwarzen anvertraut hatten, schrieb ich ihm mit der Maschine einen Brief auf englisch; das erste Mal, daß ich in dieser Sprache schrieb, die ich so langsam fließend sprach. Ich hatte sie nicht aus Büchern gelernt, auch nicht in der Schule, sondern ich hatte sie wie die Kinder gelernt, indem ich sie sprach, ohne mich darum zu kümmern, ob es lächerlich klang. Ich hatte nie eine englische Grammatik aufgeschlagen, sondern ich las bis zu drei amerikanische Zeitungen jeden Tag, nicht mitgerechnet die Wochenzeitschriften. Dennoch bemerkte ich, als ich Marc schrieb, daß ich wenige Rechtschreibfehler machte.

An jenem Tag während unserer Trennung schrieb ich ihm einen, wobei ich jedes Zeichen von Heimweh und alles, was ihn hätte traurig machen können, vermied. Wenn ich ihm mit der Maschine schrieb, dann aus Furcht, daß er meine Schrift nicht lesen könnte. Ich wandte mich an ihn nicht wie an ein Kind, sondern wie an einen Jugendlichen, und ich hütete mich davor, ihm Ratschläge zu erteilen.

In der letzten Zeit hatte er sich für Baseball begeistert, und er spielte es häufig mit seinen Freunden, wobei er am liebsten Fänger war, natürlich der gefährlichste Posten, denn er riskierte es, einen Ball an den Kopf zu bekommen. Ich hatte ihm in Nogales einen richtigen Fänger-Handschuh gekauft, breiter und dicker als der der anderen Spieler.

Ich hielt ihn über die wichtigsten Spiele auf dem laufenden. Da die »Dodgers« seine Lieblingsmannschaft war, unterrichtete ich ihn von ihrem Abschneiden. Manchmal klebte ich eine lustige Zeichnung auf meinen Brief, die ich aus einer Zeitung ausgeschnitten hatte, oder ich erzählte ihm eine kurze humoristische Geschichte, die ich gelesen hatte.

Vielleicht würde ich später einige von diesen Briefen oder Auszüge davon veröffentlichen? Ich würde es später entscheiden. Er antwortete mir, ebenfalls auf englisch, denn er hatte nie seinen Fuß in eine französische Schule gesetzt.

Ein Gärtner kam jede Woche, um sich um unseren Rasen und die Beete mit halbtropischen Blumen zu kümmern. Der Professor hatte mich davon unterrichtet. Dieser Gärtner verwirrte mich. Er war sehr groß, sehr dünn, und ich wußte, daß er so, mit seinem Lieferwagen voller Gartengeräte, die Gärten vieler Villen pflegte. Nun war er, sogar in seinem blauen Overall, von einer erstaunlichen Eleganz, und ein populärer Romanschriftsteller hätte sein Gesicht bestimmt als aristokratisch bezeichnet.

Ich sprach mit ihm, lud ihn ein, sich bei einem Glas Bier oder Weißwein zu erfrischen. Ich erfuhr dabei, daß er nicht nur Franzose war, sondern daß er den Titel einer der berühmtesten Familien der Geschichte Frankreichs trug.

Der Comte de R. (er ließ sich R. nennen, ohne den Titel) war der Nachfahre in direkter Linie des Duc de Saint-Simon, des Verfassers der außergewöhnlichen, klassisch gewordenen *Mémoires*. Er war in einem eindrucksvollen Schloß der Zeit geboren worden und hatte dort gelebt, mit all dem dazugehörigen Personal, vom perfekten Haushofmeister, den seine Vorfahren Kammerherr genannt hatten, bis zu den Stallburschen und Hundeknechten.

Damals war er reich gewesen, müßig, begeistert für Reiterei, Geschichte und Literatur. Noch jung, hatte er unter der gesetzlichen Regelung der Gütergemeinschaft geheiratet, was für ihn ein schlechtes Ende genommen hatte. Das Paar hatte kaum ein Intimleben gekannt, und mit etwa vierzig Jahren hatte R. sich in eine Frau seines Alters verliebt, die von einem hohen Kolonialbeamten in Hanoi geschieden war. Dort hatte sie ebenfalls ein untätiges Leben gekannt, umgeben von ungefähr fünfzehn eingeborenen Boys, die jederzeit für sie da waren.

Die Liebe war entflammt, und der Comte de R. hatte versucht, sich scheiden zu lassen. Er war auf die Unnachgiebigkeit einer Frau gestoßen, die einen stärkeren Willen besaß als er und die der Verwirklichung seiner Träume alle möglichen Hindernisse in den Weg gelegt hatte.

Am Ende des Krieges hatte R., völlig entnervt, Schloß und Vermögen aufgegeben und war mit seiner Gefährtin, die er geheiratet hatte, nach Amerika gefahren. Die Botschaft hätte bestimmt für ihn eine Stellung entsprechend seinem Rang gefunden. Er war nicht einmal dorthin gegangen. Monatelang hatte er in einem Keller in New York Wein in Flaschen gefüllt, während seine Frau genäht hatte. Sie waren glücklich. Sie wurden sehr schnell unsere Freunde, und um unsere Ungeduld, die sie verstanden, zu beruhigen, kamen sie mehrmals pro Woche zum Abendessen und zum Bridge zu uns. Du warst so ungestüm geworden, guter Johnny, daß du wenigstens zweimal durch deine Stöße deiner Mutter die Karten aus der Hand schlugst, die sie fächerartig hielt und die auf dem Teppich verstreut wurden.

Madame de R. war eine gute Köchin und brachte für deine Mutter englische *cakes*, von denen sich D. ein oder zwei Stücke am Tag genehmigte.

Nicht nur ihr Bauch wurde immer umfangreicher, sie wurde überall so
dick, daß sie achtzig Kilo erreichte, während sie zur Zeit unserer Begegnung in New York kaum die Hälfte gewogen hatte.

Sie machte sich über sich selbst lustig:

»Ich werde wie meine Mutter aussehen. Ich habe mir immer gesagt, daß
ich eines Tages wie sie sein würde . . .«

Sie lachte. Ich hatte den Verdacht, daß in diesem Lachen Angst lag.

Der Monat August kam näher. Jede Woche gingen wir zu dem Gynäkologen, wohin jede Patientin in ihrer Tasche ihr Urinfläschchen mitbrachte.

»Soweit ich es beurteilen kann, wird es Ende des Monats sein.«

D. ging wiegend auf ihren schwer gewordenen Beinen. Gegen Ende des
Monats entschiedest du dich nicht dafür, die Freiheit zu kosten, trotz deiner Akrobatenstücke und deiner Wutausbrüche. Denn du schienst manchmal wütend zu sein.

»Fehlt es dir nicht zu sehr, mein armer Jo?«

»Es« hatte für uns eine bestimmte Bedeutung. Seit meiner Jugend war
ich daran gewöhnt, jeden Tag geschlechtlich zu verkehren, meistens zwei-
oder dreimal. In Tumacacori bot mir das Haus auf dem Hügel ein Ventil.
In Tucson gab es nichts Vergleichbares. Ich hatte wohl die Tür einer
gewissen Bar geöffnet, die mir vor der Stadt gezeigt worden war, aber ich
war zurückgeschreckt. Die Frauen, die um die hufeisenförmige Bar saßen,
waren hübsch und verführerisch, gewiß, aber die düstere Atmosphäre
machte mich vorsichtig, und das Verhalten der Männer hatte nichts Beruhigendes an sich.

Ich ging jeden Tag baden, und D., die das nicht mehr durfte, folgte mir
mit den Augen wie eine Henne.

Sie hatte nicht die geringsten Beschwerden, hatte keine »Maske«, wie
man bei einigen schwangeren Frauen sagt, deren Gesichtszüge starr werden. Es kamen ihr auch keine heftigen Gelüste nach Gürkchen, Sardellen
oder sonst irgend etwas. Pardon! Seit unserer Begegnung mit den R.s
wartete sie mit immer größerer Freßgier auf den wöchentlichen *cake,* und
unsere nette Freundin brachte ihr immer größere mit.

Der Arzt beruhigte sie.

»Sie werden nach der Entbindung wieder an Gewicht verlieren.«

»Innerhalb welcher Zeit?«

»Einige Monate. Das hängt von Ihrer Ernährung ab.«

Er ging nicht von seiner Meinung ab, daß das Kind im August geboren
würde, und ich dagegen war ebenso überzeugt, daß es im September sein
würde.

In der Zwischenzeit mußten wir noch einmal umziehen. In diesem gemütlichen Haus, wohin uns die Schwester unserer verheirateten Indianerin gefolgt war, hatte ich zwei Romane geschrieben, in der Garage, die mir als Zufluchtsort diente, zwischen den Schrankkoffern des Professors: *Les quatre jours du pauvre homme, Maigret chez le coroner*.

Dieses letzte Buch war fast eine Reportage. Wir hatten in dem Justizpalast mit den weißen Wänden, wo der einzige Schmuck das Sternenbanner war, zwei oder drei Tage lang gespannt einem Prozeß beigewohnt, der uns ganz besonders interessierte, denn es ging um den dramatischen Tod eines jungen Mädchens an einem Ort zwischen Tucson und Tumacacori, den wir sehr gut kannten.

Vier Soldaten waren darin verwickelt. Der Saal war nicht groß, die Zuschauer saßen auf einfachen Bänken. Keine Strenge, kein Zeremoniell. Der Richter, kaum an seinem Tisch, zog seine Jacke aus, und der *District Attorney* und die Rechtsanwälte machten es ebenso. Die vier Soldaten in Uniform saßen genau davor auf einer Bank, ohne einen Polizisten, der sie bewachte. Diese Jungen gaben zu, an dem Abend, an dem sie mit dem jungen Mädchen ausgegangen waren, stockbetrunken gewesen zu sein. Waren sie verantwortlich für ihren Tod unter den Rädern des kleinen Zuges an diesem Ort, der in der Nähe der Straße zwischen Tucson und Nogales lag?

Richter und Anwälte sprachen friedlich miteinander, wie unter alten Freunden, was vielleicht auch der Fall war. Ein Experte von der Eisenbahngesellschaft zeichnete Pläne auf seine schwarze Tafel, die auf einem Gestell stand.

Der *Coroner*, mit rotem Gesicht, auch er in Hemdsärmeln, berichtete von seiner Untersuchung.

In dem Saal plauderten die Leute, wetteten vielleicht um das Für oder Wider der Schuld der Soldaten. Von Zeit zu Zeit schlug der Richter mit seinem Hammer auf das Pult.

»Zwanzig Minuten Pause . . .«

Alle liefen hinaus, um Bier oder Coca-Cola in einer Bar im Innenhof des Justizpalastes zu trinken, oder sie standen vor den Toiletten Schlange.

Ich stellte mir Maigret vor, der sich so unwohl fühlte, als er in Paris vor Gericht aussagen mußte, in einem harmlosen Prozeß, in dem es aber immerhin um den Tod eines jungen Mädchens ging.

»Welcher von Ihnen hat mit ihr geschlafen?«

Sie schauten sich gegenseitig an.

»Ich«, sagte einer schüchtern.

»Wo?«

»Am Straßenrand . . .«

»Wo waren die anderen während dieser Zeit?«

»Im Wagen.«

Schließlich hatten sie es alle gemacht, und das junge Mädchen, das ihnen von der anderen Seite des Gitters in Nogales gefolgt war, wo sie gefeiert hatten, war dann genauso nackt wie sie.

Wie und warum war das Mädchen hundert Meter weiter von dem Zug enthauptet worden? Das ging mich nichts an. Ich wünschte, daß mein guter Maigret Bekanntschaft mit der Justiz des Westens machte, und aus diesem Grund schrieb ich diesen Roman, beinahe ein Verhandlungsprotokoll.

Das genügte nicht, um mir die Zeit zu verkürzen. Wir entdeckten an der Grenze zwischen der Stadt und der Wüste ein Gebäude, das weder ein Motel noch ein Hotel war. Drei Reihen von sehr gut möblierten Zimmern, meistens Wohnungen mit Living room, alle mit Badezimmer und Küche, wurden für mindestens einen Monat vermietet.

Unsere Wohnung war die nächste am Gitter, mit kahlen Backsteinwänden, ein Studio mit verglastem Dach. Wir wußten vom Arzt, und ich wußte es seit Marcs Geburt, daß wir noch einen Monat nach der Entbindung hierbleiben müßten.

Man erlaubte mir, ein nicht bewohntes Zimmer am anderen Ende des Innenhofs zu benutzen, und dort schrieb ich, nachdem ich früh aufgestanden war: *Un nouveau dans la ville.*

Wir aßen in einem Drive-in, wo man vor allem Brathähnchen und Steaks servierte. Einmal gingen wir in ein ungarisches Restaurant, wo wir uns ein leckeres Gulasch schmecken ließen, das von jungen Mädchen in ungarischer Tracht serviert wurde. Es war angenehm, behaglich.

Die Tage vergingen, der September war angebrochen, und beinahe der ganze Monat sollte ohne Alarmsignal vergehen. Wir besuchten eine Frauenklinik, die man uns als die beste bezeichnet hatte.

Wieder ein Kloster, nur gedämpfter, luxuriöser als das in Nogales. Der Fußboden im Eingang war aus schwarzem Marmor. Während die Angestellte am Empfang endlos einen ängstlichen Ehemann beruhigte, lasen wir den Text eines schwarzumrahmten Anschlages. Es setzte die Gebärenden davon in Kenntnis, daß durch einen Entschluß des Chefarztes und der Schwester Oberin im Falle einer Komplikation das Schicksal des Kindes vor dem der Mutter Vorrang habe.

Ein Schauer lief uns über den Rücken, und wir drehten uns auf dem Absatz um. Es blieb nur noch das Krankenhaus in Tucson, brandneu, mit seinen Pavillons aus rosa Ziegelstein und dem mit Sand bedeckten Garten. Die Frauenstation war in einem dieser hübschen Gebäude untergebracht, wo man weder Nonnen noch Jungfrauen aus Gips oder Kruzifixe an der Wand sah.

Dort, Johnny, wurdest du geboren, ohne daß ich die Erlaubnis erhielt, deiner Geburt beizuwohnen. Ich konnte jedoch bei deiner Mutter bleiben, bis die Krankenschwester beschloß, sie zum Kreißsaal zu bringen.

Es war der neunundzwanzigste September. Ich wartete fast zwei Stunden auf dem Korridor, wo der Geburtshelfer mir fröhlich mitteilte, daß alles bestens verlaufen sei und daß du ein Junge seist. Beinahe ein Wunderkind, denn du wogst mehr als fünf Kilo und warst das größte Baby, das jemals auf der Entbindungsstation geboren worden war.

Also hatte ich recht gehabt. D. hatte nicht einen Monat länger ausgetragen, wie es der Arzt behauptet hatte. Deine Größe und dein Gewicht hatten bei ihm diesen Eindruck erweckt.

»Kann ich ihn sehen?«

»Nur hinter der Glasscheibe.«

Er zeigte auf ein leeres Schaufenster.

»Jeden Abend werden die Babys dort hingelegt, und die Eltern dürfen sie von sieben bis acht Uhr sehen.«

»Kann ich seine Mutter sehen?«

»Die Besuchszeiten sind von drei bis vier und von sieben bis acht.«

»Wie geht es ihr?«

»Sie wird gleich schlafen.«

»Hat sie große Schmerzen gehabt?«

»Sozusagen keine. Ich mag meine Patientinnen nicht leiden sehen . . .«

Ich war gleichzeitig glücklich und enttäuscht. Ich hätte dich und deine Mutter gerne sofort gesehen. Man setzte mich vor die Tür, und da ich nicht wußte, was ich um diese Zeit in der Nacht tun sollte, lief ich zu unseren Freunden R., um ihnen die gute Nachricht mitzuteilen und ein Glas kühles Bier zu trinken. Dann verfaßte ich am Bahnhof frohlockende Telegramme an Marc, an Tigy, an meinen Rechtsanwalt in New York, an deinen zukünftigen Paten Jean Renoir, dessen Vornamen du trugst, und noch an andere.

Als ich wieder in unser Zimmer kam, wurde der Himmel rosa, und ich duschte mich, rasierte mich, zog mich an, kochte mir Kaffee, von dem ich unzählige Tassen trank.

Jean-Denis-Chrétien Simenon war geboren worden!

Ich wartete lange, bis daß ein Blumenladen öffnete, und ließ D. Rosen bringen, ich weiß nicht mehr wie viele. Viel zu viele, sollte mir die Oberschwester sagen, als sie mich sah.

»Die Zimmer der Wöchnerinnen sind keine Gärten . . .«

Um drei Uhr durfte ich ins Zimmer deiner Mutter, die gut aussah und mich strahlend anlächelte. Du warst nicht da. Ich hatte nicht das Recht, dieselbe Luft wie du zu atmen, bis zum achten oder zehnten Tag.

Ich schrieb Marc, dann schlief ich, was ich seit zwei Nächten nicht mehr getan hatte.

Um sieben Uhr nahm ich meinen Platz unter den Vätern und den Großeltern ein, die langsam an der Glasscheibe vorbeigingen, und endlich entdeckte ich deinen Namen auf einem Etikett.

Ein großer Junge mit dunklen Haaren und großen, kastanienbraunen Augen, die friedlich die betrachteten, die ihn betrachteten. Denn alle betrachteten dich. Du sahst aus wie ein Riese zwischen Zwergen. Ich hörte flüstern:

»Man könnte meinen, ein Baby von einem Monat . . .«

Ich besuchte wieder deine Mutter, die in meinem Blick zu lesen versuchte.

»Hast du ihn gesehen?«

»Ja. Er ist wunderschön. Ich verstehe diese kräftigen Fußtritte.«

»Findest du ihn wirklich schön, Jo? Bist du glücklich?«

Ich war es, Johnny, und stolz auf meinen neuen Sohn.

Und du, Marc, hattest einen »kleinen« Bruder.

34

Ein seltsamer Monat, mein lieber Johnny, für dich, der du soeben das Licht der Welt erblickt hattest, für deine Mutter und für mich, denn wir waren wieder einmal in der Schwebe. Es war Ende September, aber da es in diesem wunderbaren Arizona, wo wir immer noch lebten, keine Jahreszeiten gibt, kann ich nicht von Herbst reden, und wir wußten, daß wir in einem Monat, sobald du »reisefertig« warst, nach Kalifornien fahren und uns dort für eine mehr oder weniger lange Zeit niederlassen würden.

Es war also ein Zwischenspiel in unserem Leben, und die acht oder zehn ersten Tage, als du dich noch auf der Entbindungsstation befandest, waren für deine Mutter und mich voll inniger Freude und fast schmerzhafter Ungeduld.

Denk daran, daß ich dich während dieser Tage nur jeden Abend von sieben bis acht Uhr in einem Schaufenster sehen konnte, wo man dich wegen deiner Größe und deines Gewichts in die Mitte von ich weiß nicht wie vielen Babys plazierte, so als wärest du eine lebende Reklame für das Haus gewesen. Du wogst nicht nur fünf Kilo, sondern du warst auch gute fünf Zentimeter größer als alle anderen.

Ich hatte nach Marcs Geburt einen Monat Wartezeit kennengelernt, aber wenigstens hatte ich auf einem Klappbett neben seiner Mutter schlafen, ihn in meine Arme nehmen und zu jeder beliebigen Tageszeit sehen können. Du kannst nicht wissen, in welchem Maße ich darunter litt, keinerlei Kontakt mit dir zu haben, außer durch eine Scheibe, wobei ich die Kommentare meiner Nachbarn in bezug auf dich anhören mußte.

Deine Mutter hatte Milch und war stolz darauf. Sechsmal in vierundzwanzig Stunden, glaube ich, brachte man dich zu ihr; man ließ dich nicht lange bei ihr, und wenn ich vor Ungeduld verging, so tat sie es nicht weniger.

Ich glaube, ich habe dir erzählt, schon bevor du geboren warst, denn du warst schon seit langem sehr lebendig gewesen, daß wir zu der Zeit an einem eigenartigen Ort wohnten, der nicht ein richtiges Motel war, sondern ein riesiger Innenhof im Sand, der schon zur Wüste gehörte. Eine Art Kaserne zu ebener Erde, aber eine Luxuskaserne mit komfortablen Möbeln, in jedem Häuschen eine Küche und ein modernes Badezimmer, zwei hübsche Schlafzimmer und vor allem ein geräumiger Living room mit Wänden aus kahlen Ziegelsteinen von einem hübschen Rosa, was im Westen Amerikas Mode war und es dreißig Jahre später in Europa werden würde.

Es war sehr freundlich, dank des breiten Atelierfensters im Dach und auf der schattigen Seite, aber für mich war es das nicht während der Tage, in denen ich dort alleine wohnte. Dieses seltsame Gebäude stammte von einem etwa fünfzigjährigen Mann, gebildet, Professor, Arzt oder Rechtsanwalt im Norden, der, bezaubert von Arizona, alles verlassen hatte, um hier Hotelier zu werden. In Frankreich hätte man ihn für verrückt gehalten. Nicht so in den Vereinigten Staaten, wo ein Bankier, in der Zeit, als wir dort lebten, seine spätere Berufung erkannte und sich als Clown in einem Wanderzirkus einstellen ließ.

Warum kommt mir das in den Sinn? Weil diese Zeit für uns so verworren war und eine einzige Wolke Bedeutung gewann.

D. fand, wie ich, die Verwaltungsvorschriften der Städtischen Klinik ungerecht, die es ihr nicht erlaubten, dich mehr als ein paar Minuten täglich bei sich zu haben und mich nur zweimal zu sehen, um drei und um sieben Uhr. Sie beschwerte sich bei den Krankenschwestern, die keine Ausnahme machen konnten. Sie beschwerte sich, vielleicht sehr heftig, bei der Oberschwester, einer alten Jungfer, die drei Monate später in Ruhestand gehen würde und diese Gelegenheit ausnutzte, um sich strenger denn je zu zeigen.

Anscheinend hatte sie ihr gesagt:

»Sie wären wohl zu glücklich darüber, eine ledige Mutter wie Sie . . .«

Am zweiten Abend weinte D., denn sie betrachtete sich als ein Opfer der alten Krankenschwester. Um sie zu trösten, verabredete ich mich mit ihr vor ihrem Fenster, gleich nach dem Zapfenstreich.

Denn das Hospital, das sich aus vielen, weit voneinander entfernt liegenden, durch Sandflächen getrennten Gebäuden zusammensetzte, war ebenfalls am Rande der Wüste gebaut und durch kein Gitter eingezäunt. Ich wartete also, bis das Tagespersonal weggegangen und die Lichter ausgelöscht waren, und näherte mich dann lautlos dem Fenster, das, wie ich wußte, zu D.s Zimmer gehörte, wobei ich vorsorglich einen der Eisenstühle mitnahm, die überall herumstanden.

Deine Mutter öffnete ihr Fenster, und es war uns möglich, uns zu küssen und lange im Mondenschein miteinander zu plaudern. Schnell getröstet, erzählte sie mir von dir, von deinem Heißhunger, von deinem Geschrei, das man überall hörte, wenn du Hunger hattest, was ich weiß nicht wie oft am Tag geschah. Deine großen, braunen Augen waren gleichzeitig liebevoll und willensstark.

Ich schrieb Marc jeden Tag mit der Maschine einen Brief auf englisch, und in dem Telegramm, das ihm deine Geburt mitteilte, schrieb ich »Dein *kleiner* Bruder«, wobei ich das Wort »klein« unterstrich.

Ich erzählte ihm ein wenig später eine amüsante Anekdote, die ich von deiner Mutter hatte. Eines Tages, als sie sich bei der Krankenschwester beschwerte, daß man dich ihr noch nicht zum Stillen gebracht hatte, antwortete diese ironisch:

»Oh! Den braucht man Ihnen nicht zu bringen. Man muß ihn nur auf die Erde stellen, und er kommt von ganz alleine.«

Als wir endlich zu Hause waren, denn ich nannte immer die Orte, wo wir lebten, unser »Zuhause«, schrieb ich in einem dieser täglichen Briefe an Marc:

»Dein ›kleiner‹ Bruder ist so herrisch, daß er die besten Aussichten hat, eines Tages Diktator zu werden.«

Meine Tage waren lang. Morgens in der leeren Wohnung machte ich mir Kaffee, Eier, ich weiß nicht was noch. Dann wachste ich meine Schuhe ein, nahm ein Bad oder duschte mich, bevor ich mich dem Haushalt widmete. Dann tippte ich meinen Brief an Marc, der sich in Carmel-by-the-Sea aufhielt, in Kalifornien, ungefähr hundert Meilen südlich von San Francisco. Noch eine Wartezeit, eine längere. So schrieb ich einhundertdreiunddreißig Briefe, bevor ich ihn wiedersah und ihm endlich den Bruder vorstellen konnte, den er seit mehreren Jahren haben wollte. Schon in Florida fragte er mich beinahe flehend:

»Dad! Warum machst du für mich keinen kleinen Bruder mit D.?«

Jetzt, da er einen hatte, mußte er einen Monat warten, bevor er ihn kennenlernen sollte.

Er war zehn Jahre. In Carmel war er in die High School eingetreten, die den französischen Collèges oder Lycées entspricht. Er hatte viele Freunde gewonnen, mit denen er Abalonen und Krebse fischte. Die

Krebse züchtete er, wie er mir sagte, als er mich einmal in der Woche anrief, ebenso »züchtete« er Frösche in dem Garten der Villa, die Tigy gemietet hatte.

Ich ging viel spazieren, und eines Morgens stand ich vor dem Haus des Professors, der es uns für die drei Ferienmonate vermietet hatte, die er in Europa verbracht hatte. Ich sah den Laden, oder vielmehr die Bar, die Marc vor seiner Abreise aus alten Kisten und Latten an der Ecke der sandigen Straße gebaut hatte und die jetzt zerstört war.

Mit einem gleichaltrigen Freund – denn er freundete sich gleich in den ersten Tagen an, überall, wohin wir gingen – verkaufte er an die Passanten Coca-Cola in Plastikbechern. Zu der Zeit kostete eine Flasche Coca-Cola zehn Cents. Er verkaufte den Pappbecher für fünf Cents und machte aus einer Flasche drei oder vier Becher. Auch das ist amerikanisch, mein Johnny!

Manchmal, wenn ich dich durch die Scheibe betrachtete, bildete ich mir ein, daß du mich erkanntest, und ich machte dir Zeichen des Einverständnisses. Wie hättest du mich erkennen können zwischen all diesen Vätern, die ebenfalls ihrem Baby zuwinkten? Ich bemerkte, daß du einer von den wenigen warst, die während der Ausstellungsstunde nicht weinten. Du betrachtetest starr, beinahe unzugänglich diese unbekannten Gesichter, die sich gegen die Scheibe drückten, wie um sie herauszufordern. Hast du dich sehr verändert?

Wenn der Haushalt fertig und der Brief geschrieben war, irrte ich irgendwo umher, aß zu Mittag meistens zwei oder drei Hot dogs oder einige Hamburgers. Abends, bevor ich dich und deine Mutter besuchte, ging ich in das ungarische Restaurant, das wir entdeckt hatten, während wir noch auf deine Ankunft gewartet hatten.

Die jungen Serviererinnen in den bestickten und bunten Trachten hatten deine Mutter freundlich gefragt:

»Wann ist es soweit?«

»Morgen oder übermorgen . . .«

Die Tage gingen vorüber, ohne daß du dich entschlossen hattest. Sie lachten. Als sie mich alleine an unserem gewohnten Tisch sahen, verstanden sie.

»Mädchen oder Junge?«

»Junge! Fünf Kilo!«

Wenigstens fand ich dort einen vertrauten Winkel, und jeden Tag aß ich Gulasch, die Spezialität des Hauses, das ich nicht einmal mehr bestellen mußte.

Endlich nahm ich euch, deine Mutter und dich, mit in unser Haus, und nie hatte ich den großen Buick mit soviel Vorsicht gefahren.

Dort merkte ich, daß du dir Gehör verschaffen konntest und daß du nicht warten wolltest. Du hattest eine tiefe, so klangvolle Stimme, daß du bis in die hintersten Logen eines Opernhauses hättest gehört werden können.

Morgens kaufte ich Fleisch, Gemüse und Obst in einem Supermarkt ein, der wenigstens vier Meilen von uns entfernt lag. Hatten wir ein Dienstmädchen gefunden? Jedenfalls half uns eine Frau, als deine Mutter sich nach einem bösen Schnupfen ins Bett legen mußte. Wir gingen sehr zärtlich miteinander um, und wir verhätschelten dich, so gut wir konnten. Ich lernte, dir die Windeln zu wechseln und sie mit einer Sicherheitsnadel festzustecken. Diese Nadel machte mir Angst, denn sie war sehr groß und man mußte sich anstrengen, sie durch den dicken Stoff zu stoßen, und ich fürchtete immer, daß sie abrutschen und deine zarte Haut verletzen würde.

Warum mußten wir einen Kinderarzt rufen? Vielleicht weil du häufiger, energischer weintest? Vielleicht weil du dich weigertest, die Brust deiner Mutter loszulassen?

Er untersuchte euch beide. Es muß wohl kurz vor Mitternacht gewesen sein. Er war uns als der beste von Tucson und der Gegend empfohlen worden.

»Sie können ihn nicht mehr stillen, Madame. Sie haben nicht genug Milch für ein Kind von diesem Gewicht, das großen Appetit hat . . .«

Ich hörte ängstlich zu, da ich fürchtete, er könne von diesem Apparat sprechen, mit dem man den Frauen Milch absaugt, und der mich vor Marcs Geburt so sehr beeindruckt hatte.

»Ich verschreibe Ihnen ein Rezept.«

Er schrieb ein langes Rezept und wandte sich mir zu:

»Sie werden eine Apotheke finden, die nachts geöffnet hat. Kaufen Sie dort auch Fläschchen, einen Topf, um die Fläschchen zu sterilisieren und die Milch warmzumachen. Folgen Sie meinen Anweisungen. Ich komme in zwei oder drei Tagen wieder.«

Sechs oder acht Fläschchen am Tag? Ich weiß es nicht mehr. Nachdem er weggegangen war, tröstete ich zunächst D., die verzweifelt war, daß sie dich nicht stillen konnte, und ich scherzte:

»Das ist deine Schuld. Warum hast du ihn so groß und so dick gemacht?«

Als sie schließlich lächelte, eilte ich in die Stadt. Die Drugstores waren geschlossen, und man verwies mich an einen in Bahnhofsnähe, der bestimmt geöffnet hätte. Als ich von weitem die erleuchteten Fenster sah, war ich erleichtert, als wäre es eine Frage von Stunden oder Minuten gewesen.

Der Apotheker las das Rezept und sagte:

»Kommen Sie in etwa einer Stunde wieder. Dann wird es fertig sein.«

»Ich brauche auch Fläschchen, einen Topf und . . .«

»Ich weiß. Ich habe alles, was Sie brauchen. Sie sind nicht der erste, der ein Kind hat.«

Dann ging und ging ich endlos durch die dunklen Straßen. Ich stellte mir bereits vor, daß es mit dir bergab gehen, daß all das deiner Gesundheit schaden würde. Du weißt nicht, wie lang einem eine Stunde werden kann. Als ich in den Drugstore zurückkam, durchbohrte ich beinahe mit meinem Blick ein Paar, das sich vergnügt an riesigen Eisbechern gütlich tat.

Die hatten kein Kind, das darauf wartete, daß man seine Nahrung anfertigte! Und ich, ich mußte immer noch warten, dich warten lassen, bis der Apotheker mir einen Pappkarton mit weißem Puder reichte, mir erklärte, wie man es gebrauchen mußte, mir auch erklärte, daß die neuen Patentfläschchen, zu denen er mir riet, ein Ventil hatten, das verhinderte, daß das Baby Luft schluckte.

Ein seltsamer Monat! Eine seltsame Nacht vor allem! Bei meiner Rückkehr lasen D. und ich zwei- oder dreimal die Gebrauchsanweisung, dann sterilisierten wir auf dem Gasherd in der Küche die Flaschen, die berühmten Patentfläschchen, vermischten das Puder mit einer bestimmten Menge Wasser und warteten schließlich darauf, daß die auf diese Weise hergestellte Milch die vorgeschriebene Temperatur hatte.

Würdest du trinken, oder würdest du diesen Gummischnuller ablehnen, der so verschieden von der Brust deiner Mutter war? Du trankst gierig. D. war noch nicht kräftig genug, und so stützte ich dir sehr lange den Bauch, eine keimfreie Windel über der Schulter, denn du konntest dich nicht zu dem Rülpser entschließen, der anscheinend so notwendig für eine gute Verdauung ist.

Die Tage verstrichen. Sie erschienen mir lang, trotz der warmherzigen Atmosphäre, in der wir alle drei lebten. War das nicht schon besser als diese Entbindungsstation mit den halbmilitärischen Vorschriften?

Also entschloß ich mich, einen Roman zu schreiben, um den Monat schneller herumzubringen. Unmöglich, in unserer kleinen Wohnung zu schreiben, wo du soviel Platz einnahmst, vor allem durch deine Stimme. Die Vermieterin stellte mir eine leere Wohnung am anderen Ende des Patios, fast unserer gegenüber, zur Verfügung.

Ich stand um sechs Uhr morgens auf, trank meinen Kaffee, nahm noch einen Bol mit und ging, nachdem ich dich geküßt hatte, über den Hof, um mich in ein fast leeres Zimmer zu setzen, wo meine Schreibmaschine auf mich wartete.

So schrieb ich einen sehr langen Roman: *Un nouveau dans la ville.*

Warum diesen? Warum keinen anderen? Ich habe niemals den Grund für dieses oder jenes Thema meiner Romane gekannt.

Um neun Uhr morgens hatte ich mein Kapitel beendet, und ich lief wieder zu dir. Ich duschte mich eilig, zog mich an und fuhr dann an Bord unseres eindrucksvollen Buick zum Supermarkt. Wir hatten wohl eine Haushaltshilfe, denn eines Morgens konnte D. mich begleiten. Also war jemand im Hause, um auf dich aufzupassen.

Trotzdem ein sehr angenehmer Monat, ohne eine Wolke zwischen deiner Mutter und mir. Warst du nicht ein neues Band zwischen uns? Unsere Abreise kam näher. Der Kinderarzt fand deinen Zustand ausgezeichnet und erlaubte uns abzureisen. Er riet uns jedoch, keine so lange Fahrt im Auto mit einem Baby zu machen. Der Zug war schneller und bequemer, obwohl es nötig war, in Los Angeles umzusteigen und dort eine halbe Stunde auf dem Bahnhof zu verbringen.

Was sollten wir mit dem Auto machen? Unser Freund, der Comte und Gärtner, bot sich an, den Wagen nach Carmel zu fahren, zu dem Hotel, in dem abzusteigen wir uns nach dem Prospekt entschieden hatten. Er würde mit der Eisenbahn nach Tucson zurückkehren.

Eben waren die Papierwindeln auf den Markt gekommen, die ebenso weich waren wie Stoff. Wir deckten uns damit ein. Auch hatten wir in einem Geschäft für Reiseartikel einen seltsamen quadratischen Koffer entdeckt, mit Seide gefüttert, für die Frauen. Im Innern war nämlich ringsherum ein Streifen, ebenfalls aus Seide, der weiche Fächer bildete, in die man Parfümfläschchen, Eau de Toilette, Reinigungsmilch, Shampoo und was nicht noch alles stellen konnte.

Wunderbarerweise waren es genau acht Fächer, die dafür gemacht zu sein schienen, deine Fläschchen zu beherbergen. Der Kauf von Papierwindeln. Im Zug würden wir Wasser haben, um deine Flaschen aufzuwärmen.

Der Buick fuhr vor uns los. Ein Taxi brachte uns zum Bahnhof, wir nahmen dich freudestrahlend in einer Reisewiege mit uns. Du betrachtetest alles mit deinen leuchtenden Augen, und kaum war der Zug zwanzig Meilen gefahren, als du lauthals verkündetest, daß du feucht warst. Wir hatten, wie alle Fahrgäste in diesem Zug, ein Abteil für uns alleine, darin zwei Liegeplätze für deine Mutter und mich.

Wir zählten nicht die gefahrene Strecke in Meilen oder Kilometern, auch nicht in Stunden, sondern in Fläschchen und Windelwechsel.

Als wir in dem riesigen und vor Menschen wimmelnden Bahnhof in Los Angeles ankamen, hatte deine Mutter eine dringende Aufgabe zu erledigen. Dein Hintern war nämlich ganz rot, gereizt von diesen Papierwindeln, die wohl noch nicht ganz ausgereift waren.

Ich war alleine mit dir, dessen Wiege ich auf den Boden stellte, in der

Wandelhalle, die ihren Namen zu Recht trug, denn Hunderte von Reisenden gingen hin und her, drängten sich, eilten zu den Schaltern, den Bars, den Restaurants oder den verschiedenen Gleisen.

Es mußte hier auch einen Drugstore geben. In den großen amerikanischen Bahnhöfen fand man alles, und D. war auf der Suche nach weicheren Windeln für deinen kostbaren Hintern.

Ich machte eine Art Sperre für dich, denn ich fürchtete, daß die Leute, die es zu eilig hatten, deine Wiege umkippten. Dann fingst du plötzlich an zu weinen. So laut, daß die Leute stehenblieben und uns beide ansahen, sei es lächelnd, sei es mit Mißbilligung.

Du hattest wohl Pipi gemacht, und ich mußte deine Windeln wechseln. Ich hatte es gelernt, aber hier, vor deiner Wiege aus Segeltuch kniend, war es schwieriger, und die Menschenmenge machte mir Angst. Ich fühlte mich linkisch, beinahe fahrig. Vor allem, weil du nicht nur Pipi gemacht hattest. Ich mußte dich waschen. Glücklicherweise war auch eine Flasche mit Wasser in dem seltsamen Koffer.

Ich entblößte also deinen Hintern, angesichts von Tausenden von Menschen, wie mir schien, von denen die meisten empört waren. Ich wusch dich, salbte dich ein, und ich gestehe, daß ich erleichtert war, als ich deine Mutter mit einem großen Paket Windeln zurückkommen sah. Sie beendete dann die Aktion, gerade rechtzeitig, um noch den Zug zu erreichen.

Unser Zielbahnhof war Salinas, ungefähr zwanzig Meilen von Carmel entfernt, zu dem keine Eisenbahnlinie fuhr. Wir sollten gegen vier Uhr morgens dort ankommen und hatten dem schwarzen Steward aufgetragen, uns um drei Uhr zu wecken. Wir schliefen sehr spät ein, denn im Nachbarabteil hatten sich fünf oder sechs Männer zusammengefunden, um zu trinken und Karten zu spielen, sich mehr oder weniger schweinische Geschichten zu erzählen und schallend loszulachen.

Endlich schliefen wir, und plötzlich hörten wir auf dem Bahnsteig: »Salinas! . . . Drei Minuten Aufenthalt . . .«

Wir mußten uns zuerst um dich kümmern, dann um die Koffer, um die Schreibmaschinen. Der Steward entschuldigte sich und half uns, so gut er konnte. Das muß wohl wie eine Zirkusnummer ausgesehen haben. Wir hatten kaum unseren Fuß auf den Bahnsteig gesetzt, als der Zug sich in Richtung San Francisco in Bewegung setzte. Uff! Wir hatten es gerade noch vermieden, immer noch schlafend in diesem Zug zu sein.

Es war noch nicht Tag, und vor dem Bahnhof stand ein Taxi. Deine erste Reise, Johnny, ein wenig stürmisch, nicht wahr? Als wir fuhren, rötete sich der Himmel ein wenig, und als wir oben vom Hügel herab den Ozean und die roten Dächer von Carmel aus dem Grünen auftauchen sahen, war es beinahe Tag.

Das Hotel war komfortabel, und wir begannen damit, uns nacheinander zu baden, dann, als du erwachtest, machte D. deine Morgentoilette und bereitete dein erstes Fläschchen. Ein wenig später, nachdem ich hastig gefrühstückt hatte, ging ich vor einer Apotheke hin und her und wartete darauf, daß sie ihre Tore öffnete. Deine »Medizin« mußte nämlich erneuert werden, und ich mußte warten, bis daß sie fertig war.

Um acht Uhr telefonierte ich mit Marc, der, braungebrannt, herbeilief und sich bewundernd vor dir aufpflanzte.

»Nennen wir ihn Jean oder Johnny?«

»Johnny.«

»Wo werdet ihr wohnen?«

»Das wissen wir nicht. Ich werde eine Villa suchen . . .«

»Unsere ist groß genug für alle.«

Wie sollte ich ihm erklären, daß seine Mutter nicht mehr mit uns unter einem Dach leben wollte und daß unsere Scheidung bevorstand? In seiner Arglosigkeit verstreute er seine Liebe um sich herum, schloß seine kleinen Freunde mit ein.

»Ich muß zur Schule laufen. Um fünf Uhr komme ich wieder . . .«

Fanden wir noch an demselben Tag, dank dem Hoteldirektor, unsere Villa, am nächsten Tag, am übernächsten?

Carmel-by-the-sea war einzig in seiner Art in Kalifornien, wenn nicht in den Vereinigten Staaten. Von oben gesehen ähnelte es einem Märchendorf, mit seinen bunten, von Bäumen und Blumen umstandenen Häusern, die an der Seite eines ziemlich steilen Abhangs klebten.

Mehr ein großer Marktflecken als eine Stadt. Zwei Straßen liefen parallel zum Strand von einem Ende zum anderen, die Hauptstraßen, denn andere Straßen, die vom Hügel herunter zum Meer führten, kreuzten sie. Die Villen alle im gleichen Stil, dem von Neuengland, der hier, am Ufer des Pazifik, überraschte. Fast keine Geschäfte. Keine Leuchtschilder, keine Reklametafeln. All das ist (oder war) streng verboten von der ebenfalls überraschenden Einwohnerschaft. Alle waren reich oder ziemlich reich. Die Mehrheit der Einwohner setzte sich aus Damen reiferen Alters oder alten Damen zusammen, verwitwet oder geschieden, die meisten gebildet und den Schönen Künsten zugetan. Einige waren Musiker, andere Maler und wieder andere schrieben.

Die Männer waren mehr oder weniger Künstler, jung oder alt, unter ihnen der bedeutendste amerikanische Dichter jener Zeit, dessen Nachbar wir werden sollten, ganz am Ende der Stadt, wo diese abrupt endete, um der Steilküste und dem Sand Platz zu machen.

Ich erfuhr mit Erstaunen, daß hier die Post nicht in den Häusern verteilt wurde, sondern daß sich jeder gegen zehn Uhr morgens vor dem Postamt einfand, wenn der Bus ankam. Man erklärte mir:

»Der Stadtrat ist reich genug, um einen oder mehrere Briefträger zu bezahlen. Die Einwohner wollen aber keinen und gehen lieber zum Postamt; so bilden sie eine richtige Gemeinschaft.«

Die Autofahrer waren von einer Höflichkeit aus einem anderen Jahrhundert. Keiner versuchte zu überholen. Zwei Damen trafen sich, jede in ihrem Wagen, und blieben nebeneinander für einen langen Schwatz mitten auf einer der Hauptstraßen stehen. Man störte sie nicht. Man wartete. An den Kreuzungen mit den die Küste hinabführenden Straßen gab es keine Ampeln. Man fuhr langsam. Man gab dem anderen Fahrer ein Zeichen, als erster zu fahren.

Der Lebensmittelhändler zeigte in seinen Regalen Waren aus allen Ländern der Erde, und ich fand dort Schnecken in Dosen, zusammen mit einem Säckchen gereinigter Gehäuse. Ich fand dort auch, jawohl, Froschschenkel. Die Bibliothek war ein Treffpunkt wie die Post. Ich war überrascht, dort Werke in allen möglichen Sprachen zu entdecken, in der Mehrzahl Werke von Dichtern.

Mir schien, daß Marc gewachsen und breiter, daß seine Stimme tiefer geworden war.

»Nun, mein alter Johnny? Weißt du, daß ich dein großer Bruder bin? Eines Tages werde ich dir alle möglichen Spiele beibringen!«

Tigy aber kam uns nicht besuchen. Boule auch nicht, sie hatte sich noch nicht an den Gedanken gewöhnt, daß ich ein neues Kind hatte.

Unser *home* war recht eigenartig, nicht im New-England-Stil, sondern in einem ganz neuen Stil, der in San Francisco geschaffen worden war und in den folgenden Jahren das ganze Land erfassen würde; zehn Jahre später, wenn nicht zwanzig, Europa.

Am Hang des Hügels gebaut, hatte es auf der einen Seite, zum Ozean hin, ein Erdgeschoß, und auf der anderen Seite nur eine Etage. Die Villa war aus schillernder Kiefer aus Oregon gebaut, vor allem aber aus dickem Glas, das sich mit der Mauer abwechselte, so daß alles lichtdurchflutet war. Die Linienführung war neu, kühn, der Living room mehr als geräumig, das Schlafzimmer auch, und das Badezimmer, glücklicherweise mit mattem Glas, zeigte zum Weg. Erst mehrere Monate später bemerkte ich, daß man von draußen, wenn das Licht brannte, unsere nackten Körper deutlich hin und her gehen sehen konnte. Allerdings kam niemand vorbei.

Unser Schlafzimmer öffnete sich auf einer Seite zu einer schönen Terrasse, wo du, mein Johnny, den größten Teil deiner Tage verbringen solltest. Überall Blumen. Grün. Eine Küche, die uns den Atem verschlug, denn ich hatte noch nie etwas so Ultramodernes gesehen. Noch heute sieht man so etwas Ausgefeiltes nur in bestimmten Reklamen von Luxusgeschäften.

Uns gegenüber ein Wald. In diesem Wald ein seltsamer Turm. Das Haus mußte wohl am Fuße dieses Turmes sein, durch die Bäume verdeckt, und auf der anderen Seite das Meer, dessen weiße Wellen gegen die Klippen schlugen. Es war das Haus des Dichters, eines kleinen, weißhaarigen, obwohl noch ziemlich jungen Mannes, den ich nur einmal in seinem Garten sah.

Du warst in bester Verfassung, mein Johnny, und dein Appetit war der des Sohnes eines Riesen. Wir hatten eine farbige Zugehfrau. Sie fuhr einen Studebaker, der beinahe genauso lang und protzig war wie mein Buick. Die Garage auf der anderen Seite des Weges hatte nur einen Stellplatz.

»Und mein Auto?«

Sie schien darauf zu warten, daß ich ihr den Platz überließ. Davon abgesehen war sie ein braves Mädchen, immer vergnügt. Sie hatte ihr Schlaf- und Badezimmer im Erdgeschoß. Abends kam sie nach oben in den Living room, wo sie in einem der Sessel Platz nahm und fernsah. Unsere Anwesenheit störte sie nicht. Kaum, daß sie uns wahrnahm, und wenn ihr das Programm, das wir gewählt hatten, nicht gefiel, stand sie seufzend auf und drehte an dem Knopf, bis sie ein Programm nach ihrem Geschmack fand. Das schien ihr so selbstverständlich zu sein, daß wir ihr nicht böse waren.

Wir richteten uns ein, ich könnte sagen, daß wir uns um dich herum einrichteten. Zunächst für dich ein Kinderbettchen finden. In einer Nachbarstadt sahen wir eins, das uns außergewöhnlich zu sein schien. Dieses Bett aus weißlackiertem Holz, mit der richtigen Höhe, so daß man dich küssen konnte, ohne sich zu sehr hinunterzubeugen, hatte eine Art Deckel, dergestalt, daß, wenn er geschlossen war, das Bett aussah wie eine große Schachtel. Wohlgemerkt, der Deckel war ein Moskitonetz aus Kupfer, das dich vor den Insekten schützte.

Wir schoben es bald auf die Terrasse, bald, für die Nacht, in unser Schlafzimmer, schließlich in den Living room. Wir kauften dir einen Kinderwagen, und ich nahm die Gewohnheit an, ihn morgens um unser Haus herumzuschieben, von wo aus wir durch eines der breiten Fenster deine Mutter sahen, die, gekleidet wie eine Krankenschwester mit einem weißen Häubchen auf dem Kopf, die Fläschchen zubereitete.

Es war Oktober 1949, Johnny Boy, und es waren so viele Dinge, die du noch entdecken solltest vor dem Sommer, das heißt vor unserer Abreise (noch einer!) zu neuen Gestaden.

Das werde ich dir morgen erzählen, vielleicht auch noch übermorgen, denn es gab hier soviel zu sehen, und du würdest sehr bald ein Kind sein, neugierig auf alles.

Bye, mein Junge!

35

Ich werde dir etwas anvertrauen, mein Johnny, und ich hoffe, daß es dir keinen Kummer bereiten wird, wenn ich mich eines Tages dazu entschließe, es zu veröffentlichen: du warst nie ein richtiges Baby, ein Säugling, wie die meisten derjenigen, die dich in dem Schaufenster der Entbindungsstation in Tucson umgaben.

Vom ersten Tag an beobachtete ich dich mit ebenso aufmerksamer Zärtlichkeit, wie ich Marc bei seiner Geburt und dann die beiden anderen Kinder, die ich nach dir bekommen sollte, beobachtete. Ich habe euch alle vier mit leidenschaftlicher Neugier heranwachsen sehen, und der Zufall wollte es, daß ich euch so gut wie alleine erzogen habe, solange ihr klein wart, bis ihr am Ende eurer Jugendzeit aus dem Nest fortflogt, um in der Ferne eure Tätigkeiten oder euer Studium weiterzuführen.

In dem Schaufenster von Tucson ließest du keinen leeren oder gleichgültigen Blick über die Menschen schweifen, deren Gesichtszüge durch das dicke Glas verzerrt waren. Du blicktest ihnen starr in die Augen, ohne zu blinzeln, so wie du uns in unserem Haus am Rande der Wüste, dann im Zug, auf dem Bahnhof von Los Angeles und schließlich in unserem Bungalow in Carmel-by-the-Sea prüfend ansehen solltest, und ich könnte schwören, daß die, die dich beobachteten, mehr eingeschüchtert waren als du.

Dein Bruder Marc lächelte uns als Kind an, lächelte die Sonnenstrahlen an und alles, was er nach und nach von der Welt entdeckte. Er lächelte und träumte, erstaunt, wenn man seinen inneren Traum störte.

Psychologen – heutzutage sind es viele, die sich über die kleinen Menschenkinder beugen – werden sich vielleicht über mich lustig machen, wenn ich sage, daß du nicht träumtest, sondern über alles, was du aufmerksam entdecktest, nachdachtest. Warum, zum Teufel, sollte das, was wir ein Baby nennen, nicht nachdenken und seine Beobachtungen nicht verwerten?

Später sahst du bei uns in unseren zahlreichen »Heimen« junge, vertraute Tiere. Begannen sie nicht gleich, nachdem sie zu uns kamen, die Örtlichkeiten zu erkunden, herumzuschnuppern, sich ihren Winkel auszusuchen? Wir meinten sie zu dressieren, aber waren nicht sie es oft, die unsere Wesen und unsere Schwächen kannten und sie benutzten, um uns abzurichten?

Eine Erinnerung kommt mir in den Sinn. Als Marc erst ein paar Monate alt war, kam es manchmal vor, daß ich ihn in unserem großen Studio in Nieul, in das sich das Licht durch sechs Fenster ergoß, an mich drückte, wobei sein Kopf über meine Schulter sah, und er wußte, was geschehen würde. Mit meiner freien Hand drückte ich auf den Knopf des Phonographen, auf dem immer dieselbe Schallplatte lag, ein Lied von Arletty und Michel Simon aus einem damals neuen Film, *Circonstances atténuantes*. Es war ein Walzer, und ich summte die Worte mit, wobei ich mich im Rhythmus der Musik drehte.

>*Elle était jeune et belle,*
Comme de bien entendu,
Il eut l'béguin pour elle
Comme de bien entendu.
Elle était demoiselle,
Comme de bien entendu,
Il a fait en sorte qu'elle ne le soit plus,
Comme de bien entendu.«

Auch mit dir tanzte ich, nach den Worten und der Musik einer anderen Schallplatte, von Gershwin, in dem Living room in Carmel:

>*I am just a little boy,*
Who's looking for
A little girl,
Who's looking for
Boy
To love.«

Du blicktest weder verstohlen noch verträumt, noch abwesend, wenn meine Augen auf deinen ruhten: du *trotztest* meinem Blick, und ich hätte schwören können, daß du aus deiner Entdeckung eine Lehre zogst.

Wie ein junges Tier brauchtest du nur ein paar Tage, um die hintersten Ecken des Hauses zu »beschnuppern«, das Verhalten derer, die um dich herum lebten, von allen Blickwinkeln aus zu beurteilen, ihr Kommen und Gehen im Rhythmus der Stunden kennenzulernen. Zum Beispiel wartetest du nicht, bis du Hunger hattest, um dein Fläschchen zu verlangen, so als hättest du gewußt, daß du darauf warten mußtest, bis es warm gemacht wurde. Du schienst vorher, bewußt oder nicht, schon ebenso ungeduldig wie ich beim Warten. Um dein Schreien abzustellen, eilten wir in die Küche, und du lächeltest zufrieden, so als hättest du wieder einmal mehr die Partie gewonnen.

Weil du gierig trankst, hatte uns der Kinderarzt in Tucson geraten, dir das Fläschchen ein- oder zweimal pro Mahlzeit wegzunehmen, um zu vermeiden, daß du, wie in der ersten Zeit, spucktest. Deine Mutter oder ich, denn wir stritten uns um diese angenehme Aufgabe, taten unser möglichstes, um dir das Fläschchen zwischendurch aus dem Mund zu ziehen, aber dann wurde dein Körper so starr und dein Blick so eindringlich, daß wir uns nicht mehr trauten.

Auf ärztlichen Rat hin, der zu jener Zeit und vielleicht noch heute gegeben wird, legten wir dich, wenn du zu Ende getrunken hattest, an die Schulter – so wie wenn wir tanzten –, drückten ein wenig gegen den Bauch, bis du einen oder zwei Rülpser von dir gabst. Diese Haltung, dieser warme und liebevolle Kontakt, gefiel dir, und ich bin sicher, daß du die Rülpser so lange wie möglich zurückhieltest, um das Vergnügen zu verlängern, bevor du in dein ungewöhnliches Bett kamst.

Wenn Marc auftauchte, lärmend, die Kleider voller Sand und nach Meer riechend, warst du sofort hellwach, und du verschlangst ihn mit deinen Blicken, so als bewundertest und beneidetest du ihn um seine Freiheit.

Marc war damals in bester Verfassung, braungebrannt, voll unerschöpflicher Energie. Er küßte dich und betrachtete dich mit seinen lustigen Augen voller Zärtlichkeit. Eigentlich wohnte er, genauso wie Boule, bei seiner Mutter, aber er lief zu uns, sobald er einen Augenblick Zeit hatte, und wenn ihm unser Mittag- oder Abendessen zusagte, setzte er sich mit uns zu Tisch.

»Rufst du bitte Boule an, Dad, und sagst ihr, daß ich hier esse?«

Wie du hatte er einen unglaublichen Appetit. Er erzählte uns wenig von seiner Schule, außer von seinen vielen Freunden, darunter die Söhne von Bing Crosby. Manchmal brachte er zwei oder drei Mitschüler mit, mit denen er nach dem Unterricht angelte.

»Ist genug Icecream im Kühlschrank, Dad?«

Ich hatte seine Mutter in ihrer sehr viel imposanteren Villa als unserer besucht, zwei Schritte vom Meer entfernt. Ich würde nicht sagen, daß unsere Beziehungen kühl geworden waren, aber sie hatten durch die Umstände trotzdem etwas Unsicheres bekommen. Denn wenn wir auch keinerlei Feindschaft gegeneinander verspürten, so waren wir dennoch über unsere Rechtsanwälte Gegner geworden.

Tigy wußte sehr wohl, daß zwischen Marc und mir enge Bande bestanden, aber sie sollte bald das Pflegerecht zugesprochen bekommen. Würde sie mich von einem meiner Söhne trennen? Sie wußte, daß ich niemals darin einwilligen würde. Und trotzdem würde sie es tun können, sobald die Scheidung ausgesprochen sein würde.

Wir vermieden es, davon zu sprechen. Wir sprachen vor allem von Marc, dessen unwiderstehlicher Hang zum Fischen und den Spielen unter freiem Himmel ihr Sorge machten. War es falsch oder richtig von mir, seiner Gesundheit, seiner körperlichen Verfassung und seiner Ausgeglichenheit mehr Bedeutung beizumessen als seinen Schulnoten?

Ich gab mir Mühe, sie zu beruhigen, und Boule hörte uns schweigend zu, offensichtlich verwirrt. Ich hatte, ohne es zu wollen, eine heikle Situation heraufbeschworen, und ich versuchte, das Beste daraus zu machen, nicht für mich, sondern für meine beiden Kinder, die sich bereits im wahrsten Sinne des Wortes als Brüder erkannt hatten.

Solange D. nicht schwanger gewesen war, war das Leben unter einem Dach wie in Tucson oder in Kanada möglich gewesen. Tigy blieb vor dem Gesetz meine Frau, auf jeden Fall auf dem Papier, und sie hatte es recht bereitwillig akzeptiert, daß meine Sekretärin und Geliebte bei uns wohnte, hatte uns sogar Marc während ihrer Reisen nach New York oder nach Europa anvertraut. Letzten Endes behielt sie die Stellung, die ihr nach zwanzig Jahren Ehe zukam, und sie hatte gönnerhaft einen Teil ihres Platzes der Fremden überlassen.

Als D. schwanger wurde, hatte sie sogar gedacht, daß alles vielleicht beim alten geblieben wäre, und ich hatte es gedankenlos gehofft, bis zu dem Tage, als ich von Scheidung gesprochen hatte.

D. und ich hatten noch ziemlich lange unsere Mahlzeiten gemeinsam in der alten Schule eingenommen, hatten D.s Bruder und einige Freunde dorthin eingeladen.

Als deine Geburt relativ nähergerückt war, Johnny, war es nicht mehr so gewesen, und Tigy hatte beschlossen, mit Marc und Boule in Carmel zu leben. So hatte ich einhundertdreiunddreißig Tage ohne Marc zugebracht, und ich war seiner Mutter deshalb nicht böse.

Ich war auch D. nicht böse, als sie, Mutter geworden, nicht mehr mit ihrer fragwürdigen Rolle zufrieden war. War es nicht an mir, alle Sünden Israels auf mich zu nehmen?

In Carmel-by-the-Sea sahen sich die beiden Frauen nicht. Ich traf Tigy mehrere Male, einmal sogar mit dir, Johnny, als ich dich im Kinderwagen schob. Sie beugte sich herab, um dich zu betrachten, und sagte nur:

»Er ist hübsch.«

Und Boules Rolle in diesem Durcheinander? War sie nicht am schwierigsten zu bestimmen? Seit fünfundzwanzig Jahren hatten wir enge Beziehungen miteinander unterhalten, ebenso gefühlsmäßige wie sexuelle. Als Tigy uns in Saint-Mesmin *in flagranti* erwischt und mir befohlen hatte, sie vor die Tür zu setzen, hatte ich mich da nicht widersetzt?

Als wir später Frankreich verlassen hatten, hatte mich Tigy nicht daran gehindert, Boule mitzunehmen, indem sie damit gedroht hatte, in Europa zu bleiben und Marc bei sich zu behalten? Ich hatte so getan, als gebe ich nach, hatte trotzdem regelmäßig mit Boule korrespondiert und alles in Bewegung gesetzt, um sie mit einer endgültigen Aufenthaltsgenehmigung in die Vereinigten Staaten einreisen zu lassen.

Tigy hatte sie aufgenommen, indem sie eine lange Vergangenheit auslöschte oder wenigstens so tat, und von deiner Geburt an, mein Johnny, hatte sie sich bemüht, Boule, der ich immer zugetan gewesen war, zurückzugewinnen.

Das Wort Eifersucht ist nicht angemessen, um die Haltung der drei Frauen zu definieren. In der Villa in Carmel warst du es, Marc, dem Boule treu blieb, und sie sah mich mit traurigen Augen an, immer nahe daran, Tränen fließen zu lassen.

Die treue Boule, in Wirklichkeit die treueste der drei Frauen, hatte Marc erst einen Monat nach seiner Geburt angenommen. Hatte sie nicht instinktiv gefürchtet, daß ihr Platz in meinem Leben reduziert würde?

Genauso war es bei dir gewesen, mein Johnny. Ich hätte sie gerne in meine Arme geschlossen, sie beruhigt, ihr versichert, daß sich zwischen uns nichts ändern würde, aber ich war zu Besuch in einem fremden Haus, und wir konnten nur Blicke austauschen, ihre tief betrübt, als schäme sie sich, meine voller warmer Zärtlichkeit.

Sie kam nur ein- oder zweimal heimlich, um dich zu sehen, Johnny. Auch sie fand dich erstaunlich stämmig, aber sie verhielt sich gezwungen. Erst als ich sie hinausbegleitete, küßte ich sie unten im Treppenflur, bevor sie wegging, immer noch verwirrt, aber beruhigt.

Während ich mich leidenschaftlich mit deinem jungen Leben befaßte, dich spazierenfuhr, dir oft das Fläschchen gab, dich an meiner Schulter deinen Rülpser tun ließ, während ich dir eines deiner Lieblingslieder vorsang, schrieben sich die Rechtsanwälte der beiden Parteien, wie man sagt, schrieben uns, der eine Tigy, der andere mir, und es verging keine Woche, ohne daß Fragen auftauchten, neue Probleme, wenn nicht sogar neue Streitpunkte.

Für mich war das einzige Hauptproblem, meine beiden Söhne zu behalten, und ich setzte mein Vertrauen in meinen Freund aus New York. Tigy dagegen war mehrmals nach San Francisco gefahren und hatte die Sorge um ihre Angelegenheiten dem besten Scheidungsspezialisten von Kalifornien überlassen. Er befaßte sich vor allem mit den Scheidungen der Leute des gesellschaftlichen Lebens, für die Ruf und Vermögen auf dem Spiel standen, was bedeutete, daß er sehr teuer war. (Ich war es, der sein Honorar bezahlte!)

Er war vertraut mit den Geheimnissen der amerikanischen Gesetze und der Gesetze des Staates und hatty Tigy vorgeschlagen, mich ganz einfach ins Gefängnis zu schicken, was nach den kalifornischen Gesetzen möglich war. Tigy teilte es mir offen mit und fügte sofort hinzu:

»Selbstverständlich habe ich es abgelehnt . . .«

Du ahntest nichts von alledem, ungestümer Johnny. Ich gestehe, daß ich mir recht wenig Gedanken darum machte. Eines Tages erfuhr ich, daß mir eine meiner Novellen, *Sept petites croix dans un carnet,* die in einer Zeitschrift in New York erschienen war, den Edgar-Allan-Poe-Preis einbrachte, der jedes Jahr für die beste amerikanische Kriminalnovelle des Jahres vergeben wurde. Ich hatte nie von diesem Preis von zweitausend Dollar gehört und mich also nicht darum beworben.

Zwei Jahre später sollte ich, ebenso unerwartet, einen weiteren Preis erhalten, der von der Vereinigung amerikanischer Kriminalschriftsteller verliehen wurde, den Preis für den besten Kriminalroman des Jahres. Diesmal bestand der Preis nicht aus Geld, sondern aus einem Revolver aus dem frühen 19. Jahrhundert, also der des *Far West,* der auf einem Stück Holz befestigt war, mit einer goldenen Plakette, auf der mein Name und ein Spruch standen, der mir entfallen ist.

Du solltest mich viele Jahre später darum bitten, und vielleicht hast du noch diese »Trophäe«, um in der Sprache der Jäger zu sprechen?

In Tucson, als deine Mutter auf der Entbindungsstation lag, hatte ich den Besuch eines Verlegers aus New York erhalten, mit dem ich den ganzen Tag diskutiert hatte – auf englisch! –, bevor ich mich dafür entschied, den Verleger zu wechseln und die Veröffentlichung meiner Bücher in den Vereinigten Staaten meinem Besucher anzuvertrauen.

Was soll's? Was zählt, für dich sowie für D. und mich, war, zum Beispiel, daß wir dich vor der Insel mit den Seelöwen spazierenfuhren. Zwischen Carmel und Monterey, der benachbarten Stadt, erstreckte sich eine Halbinsel mit wunderschönen Bäumen, die Staatseigentum war, und die man nur unter strengsten Vorschriften durchwandern konnte. Die Straße, die sie an der Küste entlang durchquerte, war in den Vereinigten Staaten wegen ihrer malerischen Lage berühmt. Sie hatte einen Namen: »Seventeen Miles Drive«, was ungefähr die Straße von siebzehn Meilen, ihrer Länge, bedeutet, was mehr oder weniger fünfundzwanzig oder sechsundzwanzig Kilometer entspricht.

Wie oft, Johnny, solltest du sie entlanglaufen, aufmerksam, mit forschenden Blicken! Wenn man aus Carmel, das hinten in einer Bucht liegt, herauskam, ging man zunächst an einem Golfgelände entlang, dem hügeligsten und *most restricted* des Landes, wo der jährliche Beitrag zwanzigtausend Dollar betrug und nur bedeutende Persönlichkeiten aufgenommen wurden, Stars aus Hollywood wie Bing Crosby und sein Freund Bob Hope, bekannte Produzenten, Erdölmagnaten und Bankiers aus Los Angeles oder San Francisco.

Über einen steinigen Pfad konnte man das Gelände umgehen, und man gelangte zu deinem Lieblingsweg. Kaum hundert Meter von der Küste erhob sich ein großer Felsen, eine Insel, auf der nichts wuchs, sondern riesige Seelöwen in Freiheit lebten.

Die männlichen Tiere mit ihren fahlgelben Mähnen paßten auf ihre

Weibchen und ihre Jungen auf. Man hatte sie nicht von anderen Orten hierhergebracht. Sie bewohnten diese Insel schon vor den Menschen und waren dort zu Hause. Man sah sie tauchen, schwimmen und wieder verschwinden, um weit weg von uns wieder an die Oberfläche zu kommen, von wo aus sie uns gleichmütig beobachteten.

Am rührendsten waren die Weibchen, die mit ihren Jungen bis zum Wasser hinunterrobbten, sie sanft hineinschubsten und ihnen aus der Nähe folgten, so als gäben sie ihnen Schwimmunterricht. Man erkannte das Oberhaupt an seiner Größe und seiner Ruhe. Er, der älteste unter ihnen, beherrschte oben vom Felsen herab sein Untertanenvolk. Er war auch der Stärkste. Manchmal griff ihn ein anderer Seelöwe an, in der Hoffnung, seine Nachfolge antreten zu können, und dann konnte man einem gnadenlosen Kampf beiwohnen.

Ging der alte Chef als Stärkster hervor? Sein Gegner zog sich zurück, um seine Wunden zu lecken, und trat wieder in den Hintergrund. Bis zu dem Tag, an dem er stark genug sein würde, um den Chef besiegen zu können, der dann wegtauchen und irgendwohin schwimmen würde, sein Königreich verlassend.

Ich gestehe, Johnny, daß wir von diesem Schauspiel ebenso fasziniert waren wie du. Es gab sogar einen jungen Seelöwen, bei dem wir eine gewisse Ähnlichkeit mit dir feststellten. Sobald wir ankamen, suchten wir ihn, und wir interessierten uns für seine munteren Spiele, als gehöre er zur Familie. Wenn er sich zu weit entfernte, hätten wir am liebsten der Mutter zugerufen:

»Lassen Sie ihn nicht so weit wegschwimmen . . .«

Hier gab es Jahreszeiten, wenn auch weniger scharf gegeneinander abgehoben als in Europa. Von Dezember an wurde das Wetter grau, manchmal regnerisch. Ich konnte endlich die Tweedkleidung tragen, von der ich unter dem unerbittlichen Himmel von Arizona nur geträumt hatte.

D. dagegen trug ein Cape, das ich mir früher in Marsilly hatte schneidern lassen. Es war aus brauner Wolle, handgewebt in Irland, hatte sich aber als unbrauchbar für mich erwiesen. Auf D.s Größe und Schulterbreite geändert, begleitete es uns auf all unseren Spaziergängen. Dein Kinderwagen war zusammenklappbar, und wenn wir uns zum »Seventeen Miles Drive« begaben, nahm er im Kofferraum des Wagens Platz, du saßest auf den Knien deiner Mutter, ich hinter dem Steuer. Gegenüber der Seelöweninsel angekommen, wurde der Landauer auseinandergeklappt, und wir fuhren dich unter den großen Bäumen, deren Namen ich nicht kannte, spazieren.

Wir hatten uns angewöhnt, jeden Monat nach Monterey zu fahren und einen ziemlich jungen, schüchternen und vornehmen Kinderarzt zu konsultieren, der sich sehr viel Mühe mit dir gab. So wie du ihn ansahst, hätte man meinen können, daß ihr Freunde geworden wäret, und bei jedem Besuch war dein Gewicht deutlich angestiegen.

Wir gingen mit dir in Monterey spazieren, einem bedeutenden Fischerhafen, wo Seehunde, Tümmler und Delphine unverschämt herumschwammen und sich die Fische wegschnappten, die eine Konservenfabrik wegwarf.

Am Ende der Halbinsel ein schmuckes, rosa Haus aus den Anfängen des letzten Jahrhunderts. Eine Tafel erinnerte daran, daß es früher ein Hotel gewesen war, wo der englische Schriftsteller Stevenson einige Wochen verbracht hatte, bevor er sich an Bord eines Segelschiffs zur Südsee begab, wo er den Rest seiner Tage verbringen sollte.

Seit meiner Kindheit war ich ein begeisterter Leser seines Werkes gewesen, und im Jahre 1935 hatte ich in einer Lagune des Pazifik ein weiteres Andenken an ihn entdeckt: einen Silberpokal, den er einer protestantischen Kapelle mitten in der Einsamkeit geschenkt hatte und auf dem sein Name und ein Datum standen.

Auf der einen Seite des Hafens erstreckte sich ein »Pier«, das heißt eine lange und breite Mole, flankiert von Holzbaracken, Läden oder Restaurants, wo man Meeresfrüchte und Fisch essen konnte. Sogar die berühmten Abalonen von Marc! Muscheln, größer als die Jakobsmuscheln, schwarz und glatt, schwierig zu sammeln auf Felsen unter Wasser. Boule mußte lernen, sie zuzubereiten, und dein Bruder brachte ihr ständig welche!

Dein Blick aufs Meer, auf die Tiere und die Dinge war weder zerstreut noch verträumt. Du fixiertest einen bestimmten Punkt, mit nachdenklicher Miene, und versuchtest zu verstehen. Ich kannte jeden deiner Gesichtsausdrücke, alle deine Ticks, die Nuancen deiner Stimme. Auch ich versuchte zu verstehen, was hinter deiner hohen und breiten Stirn vor sich ging, so wie ich es bei Marc getan hatte, so wie ich es bei meinen zwei weiteren Kindern tun würde. Ist es mir gelungen? Vielleicht. Es war ehrgeizig von mir, mit ja zu antworten, aber die Zukunft würde mir meistens recht geben.

Von Dezember an arbeitete ich. Nicht um meinen Rechtsanwälten oder meinen verschiedenen Verlegern zu schreiben, sondern ich arbeitete an Romanen. Da ich niemals die Anwesenheit eines anderen im Zimmer ertrug, wenn ich sehr früh am Tag mein tägliches Kapitel mit der Maschine tippte, wurdest du mit deiner Mutter ins Schlafzimmer oder auf die Terrasse verbannt, während unser Dienstmädchen in der Küche oder im Erdgeschoß seine Ungeduld bekämpfte.

In jenem Dezember zwei Romane: *Maigret et la vieille dame, L'amie de Madame Maigret.*

Was mich nicht daran hinderte, um zehn Uhr deinen Landauer um unser Haus zu schieben, während deine Mutter die Fläschchen zubereitete. Nachmittags gingen wir in die Innenstadt, meistens zu Fuß, du in deinem Landauer. Solange der Boden eben war, schob ihn deine Mutter. Wenn wir einen Hang hinaufgingen, war ich an der Reihe, und außerdem, wenn D. in ein Lebensmittelgeschäft, in den Fleischerladen oder in andere Geschäfte ging.

Die Zeit floß sanft dahin und blieb sanft.

Im Januar (1950) einen weiteren Roman, diesmal nur einen: *Les volets verts*. Im Februar, als die Luft weniger feucht wurde und am Himmel oft die Sonne schien: *L'enterrement de M. Bouvet*.

Im Mai schließlich, während wir in einer geschützten Bucht im Meer, hundert Meter von uns entfernt, baden konnten, mein letzter Roman in Kalifornien: *Un Noël de Maigret*.

Vor langem schon hatten wir dir einen Laufstall mit lackierten Stäben gekauft, in dem du eifrig umherliefst. Wenn du murrtest, wußte ich, was dir fehlte, und ich ließ eine Schallplatte laufen, immer New-Orleans-Jazz, den ich vor langer Zeit, schon bei meiner Ankunft in Paris, entdeckt hatte.

Dennoch durfte ich keine falsche Platte auflegen. Du gestattetest Armstrong, seine Trompete und seine rauhe Stimme, aber nur für eine gewisse Zeit. Ich lernte, wann ich eine andere Platte auflegen mußte, nämlich eine von Benny Goodman. Zum Schluß wolltest du nur noch diesen Musiker hören, von dem ich mir die meisten Aufnahmen besorgte.

Wie konntest du, nur einige Monate alt, als du noch nicht laufen konntest, eine Musik von einer anderen unterscheiden und dich endlich nur für eine einzige davon entscheiden? Das blieb für mich ein Geheimnis, für dich auch, nehme ich an. Sobald du die Stirn runzeltest und einer deiner heftigen Wutausbrüche begann, brauchte ich nur einen Benny Goodman auf den Plattenteller zu legen, und schon beruhigtest du dich.

Wir ernährten dich jetzt nicht mehr nur von Milch. Vom Alter von drei Monaten an aßest du vom Löffel, auf den Rat des Arztes von Monterey hin, zunächst ein Gemisch aus Kalbsleber und Gemüse, dann Rindfleisch mit anderem Gemüse.

»Bereiten Sie diese Nahrung nicht selbst zu«, sagte der Kinderarzt zu deiner Mutter. »Sie finden im Lebensmittelgeschäft kleine Dosen, die die Portion der verschiedenen Mahlzeiten entsprechend dem Alter des Kindes enthalten. Es beginnt mit Püree, wechselt dann, wenn ich es Ihnen sagen werde, auf weniger feingehacktes Fleisch, und dann schließlich . . .«

Im Lebensmittelgeschäft traute ich meinen Augen nicht. Zehn Jahre später, wenn nicht mehr, würde diese Art von Babynahrung nach Europa gelangen, so wie alles andere, aber meine Freunde in Frankreich waren entrüstet, als ich ihnen in meinen Briefen deine Menüs beschrieb.

»Diese Lebensmittel werden streng überwacht. Sie können Vertrauen haben.«

Es war in der Tat wunderbar. Man hatte genug Auswahl, um jeden Tag in der Woche das Menü abzuwechseln. Marc sah dir neidisch beim Essen zu. Wenn du den kleinsten Bissen übrigließest, probierte er es unaufgefordert, und hin und wieder gestatteten wir ihm, sich aus der Sammlung der kleinen Döschen das Menü auszusuchen, das ihm am besten schmeckte, und er leistete dir freudig beim Essen Gesellschaft. Ihr paßtet sehr gut zusammen, und Johnny sah dich bewundernd an, zeigte dir stolz, daß es ihm gelang, sich hinzuknien, wobei er sich an den Stäben seines Laufstalles festhielt.

Bei diesen Gelegenheiten lächelte Marc glücklich und stolz wie ein Familienvater.

Ich erinnere mich an sein Geburtstagsessen im April, den er bei uns feierte. Wir kannten seinen Geschmack, seinen Appetit. Um in Schwung zu kommen, Schnecken, von denen er drei Dutzend aß, ohne mit der Wimper zu zucken. Er schätzte Täubchen, und wir kauften aufs Geratewohl ein halbes Dutzend. Das war unser Glück, denn er alleine verschlang drei und spülte sie mit mehreren Gläsern Milch hinunter.

Der Geburtstagskuchen war nicht weniger üppig, und Marc langte kräftig zu, wonach er vergnügt rülpste, von selbst, denn ich hätte große Mühe gehabt, ihn auf den Armen zu halten, wie ich es mit dir machte.

Manchmal brachte er uns einen oder mehrere Fische, die er geangelt hatte, Abalonen, die wir wohl falsch zubereiteten, denn sie blieben hartnäckig zäh wie Gummi.

Die Scheidung sollte im Prinzip im Juni ausgesprochen werden, in Reno, in der Wüste von Nevada. Tigy willigte ein, sechs Wochen vorher alleine dorthin zu gehen, denn einer der Ehegatten mußte nachweisen, daß er sechs Wochen in diesem Staat gewohnt hatte, damit die Scheidung stattfinden konnte.

Ich nahm selbstverständlich die Gesamtschuld auf mich. Mein Rechtsanwalt aus New York hatte einen Scheidungsgrund gefunden, der weder für Tigy noch für mich entehrend war: »Weigerung drei Jahre lang, die ehelichen Pflichten zu erfüllen.« Das war nicht erfunden, denn seit fünf Jahren hatte ich keine sexuellen Beziehungen mehr mit Tigy gehabt. Sie würde das Pflegerecht über das Kind haben, aber hier gab es einen gewissen Spielraum, den unsere Rechtsanwälte untersuchten.

Ich wollte diesmal nach dem Gesetz der Gütertrennung heiraten, und mein Freund kümmerte sich um den in diesem Fall notwendigen Heiratsvertrag.

Fast ein Jahr dauerten diese Verhandlungen, und zum Schluß war ich dessen überdrüssig, wenn nicht ein wenig angewidert. Ich hätte es lieber gehabt, wenn all das sich ohne mich unter Rechtsanwälten abgespielt hätte.

Für die Scheidung genügte alleine Tigys Anwesenheit vor dem Gericht in Reno, zusammen mit einem Rechtsanwalt von Reno, den der von San Francisco benannte.

Glücklich die heutzutage immer zahlreicheren Paare, die munter auf Bürgermeister und Pastor verzichten und ohne sie ihr gemeinsames Leben leben!

Seit meinem zwanzigsten Lebensjahr ungefähr war ich gegen all diese Verwaltungsformalitäten, die keinerlei Bedeutung haben und nur dazu dienen, das Leben schwerzumachen. Ich würde im Laufe meines Lebens sehen, wie viele Jugendträume, die eines Tages erfüllt zu werden ich nicht gehofft hatte, verwirklicht würden.

Eine größere Freiheit der Sitten und als Folge davon eine größere Freiheit des Individuums. Ich wage nicht zu sagen seine höchste Entfaltung, denn davon sind wir noch weit entfernt. Die sexuelle Freiheit wird nur noch von einigen Fanatikern verdammt, über die sich die Jungen lustig machen. Noch 1930 bezahlten es Ausländer und Leute aus der Provinz sehr teuer, in den Folies-Bergère vier oder sechs Frauen, unbeweglich wie Karyatiden, mit Federn auf dem Kopf, nackten Brüsten, aber den Bauch mehr als bis zur Hälfte bedeckt, ansehen zu dürfen. Die Polizeivorschriften gestatteten ihnen nicht die geringste Bewegung während dieser Zurschaustellung.

Im letzten Sommer drehte sich niemand nach den Frauen um, die sich mit nackten Brüsten, einige völlig nackt, am Strand in Lausanne in der Sonne bräunten, zweihundert Meter von meinem jetzigen Wohnsitz entfernt.

Die Heiratsformalitäten beanspruchen heute weniger als einen Monat, in Reno eine Stunde. Um sich scheiden zu lassen, braucht man häufig mehr als ein Jahr, und es ist sehr teuer. Nun, ein Paar von dreien läßt sich scheiden, und viele Männer, auch viele Frauen, lassen sich drei- oder viermal in ihrem Leben scheiden, wenn nicht häufiger.

Es hing mir zum Halse heraus. Glücklicherweise hatte ich dich nahe bei mir, mein Johnny, um an etwas anderes zu denken. Glücklicherweise konnte ich auch in meinen Romanen Zuflucht suchen! Und komme was wolle, ich war fest entschlossen, mich nicht von Marc zu trennen. Die Alimente, das war mir schnurzegal. Ich habe dem Geld nie Bedeutung beigemessen. Was für mich zählte, Johnny, war, dir den großen Bruder zu erhalten.

Meine vulkanartige Leidenschaft von New York, von Sainte-Marguerite hatte sich beruhigt. Zwischen D. und mir herrschte nicht mehr der Streit von einst. Sie provozierte mich nicht mehr. Sie schien kein Theater mehr zu spielen. Sie begab sich nicht mehr auf den Kriegspfad, unter der Maske eines geschickten Make-ups.

Ihr Teint war an der frischen Luft frisch und rosig geworden, und sie kleidete sich unauffällig. Sie gab sich immer mehr als eine einfache, liebende Frau. Selbst wenn mich manchmal ein Zweifel befiel, den aus meinem Kopf zu verscheuchen ich mich beeilte. Sie rauchte wieder, aber nicht mehr mit diesen Gesten, die man auf der Bühne oder auf der Leinwand sieht. Wenn eine Freundin sie fragte, wo sie nach dem Essen ihr Make-up erneuern könne, führte sie sie in unser Schlafzimmer zu ihrem Frisiertisch und sagte, vielleicht mit zu großem Nachdruck, einer zu perfekten Schlichtheit:

»Wissen Sie, hier im Haus gibt es an Puder nur Babypuder.«

Der Puder, um dir die Haut nach dem Baden zu behandeln, mein Johnny, und das Gesäß nach dem Pipimachen.

»Kein Lippenstift, Rouge für die Wangen, Stifte für die Lider und die Wimpern?«

»Nichts!«

Sie schien stolz darauf zu sein. Zu stolz? »*Retro, Satanas*«, wie man im Theater sagt.

Ich schloß mich in meinem Glück ein, wie ich es nannte, noch nicht in der inneren Ruhe. Ich war immer noch verliebt.

Es ging mir höchstens gegen den Strich, sie immer mehr in meine Vorrechte eindringen zu sehen, das heißt in die Verwaltung meiner Arbeit. Was meine Verleger und Produzenten in Europa betraf, legte sie keinen zu großen Wert darauf, aber wenn es um die Rechte in England oder Amerika ging, handelte sie zu oft so, wie es ihr gefiel. Jetzt war ich in der Lage, mit meinen Partnern selbst auf englisch zu verhandeln. Anfangs übersetzte sie die Briefe, die ich ihr auf französisch diktierte, dann wollte sie sie unbedingt schreiben und am Telefon antworten, lang und breit. Ich traute mich nicht zu protestieren, neue Konflikte heraufzubeschwören. Ich wollte glücklich sein. Ich wollte, daß alle um mich herum glücklich waren.

Eines Tages, kurz vor Juni, teilte mir mein Rechtsanwalt und Freund mit, daß er aus New York kommen wolle, denn es gebe Einzelheiten, die er unbedingt vor der Scheidung und der Hochzeit mit mir besprechen müsse. Ich freute mich, ihn wiederzusehen, denn ich mochte ihn sehr, und ich hatte vollstes Vertrauen zu ihm. Aber der Gedanke daran, noch einmal die monatelang durchgekauten Fragen zu besprechen . . . Pah! Das Ziel kam näher. Sein Besuch würde das Vorspiel zum Ende sein.

Ich empfing ihn beinahe fröhlich in unserem Bungalow. Er hatte mir mitgeteilt, daß er nur einen Tag in Carmel bleiben würde. Was war schon ein Tag mit Papierkram?

Danach, sehr bald, würde ich es geschafft haben, würde in andere Gefilde davonfliegen, ich wußte noch nicht, wohin. North und South Carolina hatten mich auf der Durchreise verlockt. Tigy dagegen träumte von Frankreich.

Uff!

36

Ein glorreicher Monat Mai, mein Marc und mein Johnny. In bestimmten Breitengraden wird er als der schönste des Jahres angesehen, trotz der Stürme und der Regenschauer. Hier am Ufer des Pazifik, insbesondere in Carmel, erschien er mir zauberhafter als irgendwo anders, ohne daß der Überschwang von dem Kontrast mit der Strenge des Winters herrührte.

Für Marc bedeutete es, daß das Meer, in das er sich munter vorwagte, wärmer und die Fischzüge reichlicher waren. Empfandest du schon das Spiel des Lichtes, die Wärme der Sonne auf deiner brauner werdenden Haut, die verschiedenen und durchdringenden Gerüche? Ich lauerte ständig auf die Reaktionen, überzeugt, daß du ohne dein Wissen alle Schönheiten der Welt in dich aufnahmst.

Die alten Damen, die den Kern der Einwohner von Carmel bildeten, trugen jetzt ein wenig zu sehr garnierte und bunte Strohhüte zur Schau. Ich mußte manchmal über ihre künstlerischen Ambitionen lächeln. Sie hatten jedoch eine heftige Leidenschaft, die von den meisten angelsächsischen Frauen, besonders mittleren Alters, geteilt wird: die Leidenschaft zu Blumen.

All diese hübschen Häuschen, bei denen die Farbe Rosa vorherrschte, waren von Gärten umgeben, ohne Mauern, ohne Hecken oder Zäune, und man wohnte am Hügel entlang einer Explosion von Blumen aller Arten bei, die sie mit Liebe und Stolz pflegten. Ich habe immer nur den Namen einiger Blumen, einiger Bäume und Sträucher gekannt. Diese Damen aber kannten sie alle und sprachen wie Experten darüber.

Der ganze Hügel blühte unter einer glühenden Sonne, und die Farben vermischten sich wie die Instrumente in einer Sinfonie. Das war schön. Die Seelöwen waren fröhlicher als im Winter, das fahle Fell der Männchen leuchtete kupferner, die Weibchen sahen aufmerksamer den kühnen Spielen ihrer Jungen zu, die sich bis zum Ufer vorwagten.

In Monterey aber, wo die Häuser nicht in einer Reihe hintereinander standen, sondern, außer in den wenigen Geschäftsstraßen, zwischen den Bäumen und Gärten verstreut lagen, herrschte eine verschwenderische Fülle von Klängen, Licht und Gerüchen, denn der Fischfang war in vollem Gange.

Ich, meine Kinder, holte meinen Rechtsanwalt am Flughafen ab, und bestimmt freute ich mich, ihn wiederzusehen, denn ich mochte ihn sehr. Ich war stolz, dich ihm, der zwei Töchter hatte, in unserem seltsamen Haus aus Glas und Holz zu zeigen.

Leider war die Ledermappe mit Papieren vollgestopft, er war hierhergekommen, um zu arbeiten, und wir begannen sofort damit. Er las uns zunächst den Vertragsentwurf für die Scheidungsklauseln vor, und auf einmal wurde Tigy, die so lange meine Frau gewesen war, rechtlich zum Gegner.

Ich betrachtete mich nicht als einen Gegner. Sie bestimmt auch nicht. Ihr ebenso berühmter wie kostspieliger Rechtsanwalt sprach für sie. Mit fünfzig Jahren hatte sie noch nie gearbeitet, um ihren Lebensunterhalt zu verdienen. Dennoch hatte es uns eines ihrer Bilder 1925 ermöglicht, das irdische Paradies in Porquerolles zu entdecken. Sie hatte mit mir die mühsamen Anfänge in Paris erlebt, wo wir es manchmal dadurch vermieden, eine oder zwei Mahlzeiten auszulassen, indem wir das Pfandgeld der leeren Flaschen einlösten. Auch Boule hatte diesen Abschnitt unseres Lebens kennengelernt.

Tigy verlangte viel von mir, sicher. Ich will damit sagen, daß ihr Rechtsanwalt viel forderte. Ungefähr alles, was ich besaß, angefangen bei dem Haus in Nieul, das ich so liebevoll für meine Kinder eingerichtet hatte und aus dem mich die deutschen Offiziere fortgejagt hatten.

Die Aktien, die ich besaß, wurden ihr Eigentum, die drei Möbel, die in den Nebengebäuden von Nieul gelagert waren, die Bilder, die ich in den fetten Tagen von den meisten meiner Malerfreunde gekauft hatte. Ein Utrillo aus der weißen Periode, zwei oder drei Bilder meines lieben Freundes Vlaminck, dessen Tochter Marcs Patin war, zwei Kislings, diesen anderen Freund von Montparnasse, den ich in New York wiedergetroffen hatte und wegen dem ich »um ein Haar« meine Verabredung mit einer unbekannten Sekretärin verpaßt hätte.

Aber du, mein Johnny, und du, mein großer Marc, wart ihr in meinen Augen nicht viel mehr wert als all das?

Die Unterhaltsrente belief sich, in damaligen Dollars, ungefähr auf das Einkommen eines *high executive*, etwas weniger als das eines Botschafters der Vereinigten Staaten.

Bei jeder Zahl explodierte D.:

»Es ist eine Schande. Sie nimmt ihm alles . . .«

Mein Rechtsanwalt bemühte sich, sie zu beruhigen.

»Sie vergessen die unverhofften Konzessionen, denen sie zum Schluß doch in bezug auf Marc zugestimmt hat. Nach den Gesetzen des Staates Kalifornien hätte sie das alleinige Sorgerecht über ihn haben müssen, mit einer Ausnahme für einen Besuch wöchentlich und einen Teil der Ferien . . .«

»Ich bin empört. Wenn mich ein Mann verließe, selbst nach zwanzig Jahren gemeinsamen Lebens, würde ich fortgehen, ohne irgend etwas von ihm zu verlangen, ohne ihm irgend etwas wegzunehmen, und ich würde jede Arbeit tun, um für meinen Unterhalt zu sorgen . . .«

Jene Worte, meine Kinder, klingen mir immer noch mit grausamer Deutlichkeit in den Ohren.

»Sie ist fünfzig Jahre alt . . .« murmelte mein Freund.

»Eine Frau sollte genug Stolz haben, um nichts von einem Mann anzunehmen, der sie nicht mehr liebt.«

Ich klammerte mich an meinen Sessel, denn ich wäre gerne wieder zu dir auf die sonnenbeschienene Terrasse gegangen.

»Mein Entwurf enthält, wie Simenon es von mir erbeten hat, eine wesentliche Klausel, und ich habe lange gebraucht, um meinem Gegner die Zustimmung abzuringen. Madame Simenon . . .«

D. unterbrach ihn:

»Madame Simenon, das werde ich sein!«

Der Rechtsanwalt war daran gewöhnt, und er blieb ruhig, seine Stimme war klar und deutlich.

»Pardon. Im Augenblick der Scheidung werden Sie immer noch die Geliebte sein.«

»Am nächsten Tag werden wir heiraten, oder?«

»Der nächste Tag ist nicht der Tag vorher.«

Endlich konnte er fortfahren:

»Das Sorgerecht für das Kind Marc Simenon wird seiner Mutter nur so lange zugesprochen, wie sie sich einverstanden erklärt, in einem Umkreis von sechs Meilen vom Wohnsitz des Vaters entfernt zu wohnen, wo immer das auch sei. Wenn nicht, werden die Rollen vertauscht, und das Kind wird beim Vater wohnen, wobei die Mutter nur noch das Recht auf wöchentliche Besuche und einen Teil der Ferien hat. Bleibt noch die Frage der Versicherung.«

Das war normal. Irgend etwas konnte mir zustoßen, was unverblümter »sterben« bedeutete, und Tigy würde mittellos dastehen.

»Sie denkt sogar an seinen Tod!« rief D. aus.

War das nicht normal?

Die vorgesehene Summe war für die Zeit hoch, so hoch, daß ich mich von zwei oder drei Spezialisten, die der Versicherer benannte, untersuchen lassen mußte. Und die Beitragsprämie entsprach den jährlichen Einkünften eines durchschnittlichen Amerikaners. Na und? Ich dachte an dich, an Marc, an die Sonne, die Blumen, die Seelöwen, an euren guten Appetit.

Nun wurde eine Inventarliste aufgestellt über das, was mir an eigenem Vermögen blieb:

»Eine Schreibmaschine, zwei Metallordner und das Bürozubehör . . . Die persönliche Kleidung des besagten Simenon . . . die . . .«

Sie tranken beide Whisky, ich Bier. D. hatte sich nach und nach wieder dem Whisky zugewandt.

»Sie entschuldigen mich bitte«, sagte ich. »Machen Sie weiter. Ich fühle mich nicht mehr in der Lage dazu . . .«

Ich erstickte in diesem verrauchten Zimmer, das nach Alkohol roch, in dem mit dem großen Geld und D.s eregten Protesten über mein Schicksal, und vor allem über das meiner Kinder diskutiert wurde.

Ich ging wieder zu dir, Johnny. Wenn du dein lautes Zeichen von dir gabst, gab ich dir deine Löffel mit Püree aus Fleisch und Gemüse und wartete auf die Zeit für das Fläschchen. Ich nahm dich aus deinem Bett mit den Rollen und dem Moskitonetz und ging mit dir ins Schlafzimmer, um dich umzuziehen. Ich hatte Übung darin. Die große Sicherheitsnadel machte immer noch Eindruck auf mich, vor allem seit dem Tag vor kurzer Zeit, als ich vielleicht ein wenig zu stark gestoßen hatte, weil die Windeln so dick waren.

Überzeugt davon, daß die Spitze deine zarte Haut verletzt hatte, hätte ich, von Panik ergriffen, beinahe um Hilfe gerufen, und D., die sich in der Küche aufhielt, war herbeigelaufen. Wir hatten dich ausgewickelt, und ich hatte kaum hinzusehen gewagt, da ich mir vorgestellt hatte, Blut auf deiner zarten Haut fließen zu sehen. Zum Glück war es nichts gewesen. Die Spitze hatte dich nicht verletzt, aber ich benutzte diese hervorragende Nadel nur noch voller Furcht; ich hatte ihr immer schon mißtraut, und sie war mein persönlicher Feind geworden.

Es wäre so schön gewesen, zum »Seventeen Miles Drive« zu gehen und dort zusammen den herumtollenden Seelöwen zuzusehen und dabei den guten Geruch des Ozeans einzuatmen, der sich mit dem der großen Bäume vermischte, von denen ich nicht einmal den Namen wußte!

Ich mußte dableiben, falls ich gebraucht würde. War mein Rechtsanwalt nicht soeben vom Atlantik zum Pazifik quer durch Amerika gekommen, um die Vertragstexte endgültig zu formulieren?

Das dauerte Stunden. Wir aßen Sandwiches. Ich weiß es nicht mehr genau. Ich hatte es eilig, damit fertig zu werden.

Ich mußte noch den Ehevertrag mit der Gütertrennung lesen. Das war einfacher, denn D. besaß keinerlei persönliches Vermögen.

Um zehn Uhr abends ging ich schlafen, während D. im *Living room* die endlich fertigen Unterlagen tippte und sich mein Freund, vollständig angezogen, auf dem Kanapee ausstreckte.

Von meinem Bett aus hörte ich das Klappern der Maschine, sonst hörte ich nichts mehr bis zum frühen Morgen, als dieses abgehackte Geräusch von dem Gesang der Vögel abgelöst worden war.

Das war erledigt. Ich mußte nur noch einmal die Dokumente lesen, die, nach der wahrscheinlichen Zustimmung durch den Anwalt aus San Francisco, endgültig sein würden.

»Ihre Frau, deren gesetzlicher Vertreter ich bin, wird also für ihren sechswöchigen Aufenthalt nach Reno abreisen . . .«

»Sie ist damit einverstanden, jawohl.«

»Und danach? Wo gedenken Sie sich niederzulassen?«

Ich wußte es tatsächlich nicht. Manchmal war die Rede davon gewesen, daß wir uns in San Francisco niederlassen würden. D. und ich waren im letzten Sommer dort gewesen, zwischen Marcs Abreise nach Carmel und deiner Geburt. Eine kurze Reise mit dem Flugzeug.

Die Stadt war wunderschön mit ihrer riesigen Reede, der »Golden Gate Bridge«, die, höher als die Masten der größten Schiffe, über sie hinwegführt, ihren steilen, weißen Hügeln, die die seltsamen kleinen Seilbahnen in Form von buckligen Straßenbahnen, auf die man während der Fahrt sprang, erklommen. Es war bei mir so etwas wie Liebe auf den ersten Blick gewesen, und ich liebte auch die Piers von San Francisco, ähnlich denen von Monterey, zahlreicher jedoch, belebter.

Wir hatten uns ein kleines, hübsches Haus angesehen, das sich an andere Häuser anlehnte, die ähnlich waren und sich ihrerseits an Häuser anlehnten. Es war komfortabel, gewiß, und das Viertel war ruhig, obwohl nahe dem Stadtzentrum. Jedes Haus hatte an der Rückseite sein Gärtchen, und das erinnerte mich an die Rue de la Loi, die Straße, in der ich als Kind zur Schule ging.

Ich hatte nein gesagt, ohne überlegen zu müssen. Der Immobilienmakler drängte weiter:

»Ich könnte für Sie etwas anderes finden . . .«

»Nein!«

Nein zu allem. Nein zu San Francisco, trotz des Saint-Francis, eines ausgezeichneten Restaurants, in dem wir zu Mittag gegessen hatten, trotz des wunderschönen Hotel Drake, das oben auf einem Hügel gelegen war, wo wir zu Abend gegessen hatten, in der ersten Etage in einem Eßsaal mit Panoramablick, von wo aus wir die Lichter der Stadt und die des größten Hafens der Welt gesehen hatten.

Woanders! Nicht hier! Vielleicht wegen des Hauses, das wir besichtigt hatten und das, immerhin neu und noch nie bewohnt, moderner und freundlicher war als das Haus meiner Kindheit.

Ich wollte Platz, für dich, Johnny, für Marc, für mich, der ich Gefallen daran gefunden hatte.

Tigy hätte es gerne gehabt, wenn wir uns einige Zeit in Europa aufgehalten hätten. Wenn ich sage »wir«, dann deshalb, weil wir, nachdem die Formalitäten ordnungsgemäß abgewickelt waren, durch eine unsichtbare Kette miteinander verbunden bleiben sollten, die *six miles*-Klausel, das heißt ein wenig mehr als zehn Kilometer, die den Standort der beiden Haushalte bestimmen würden.

Warum nicht Europa? Wenn ich nicht Frankreich sage, dann deshalb, weil ich es mir angewöhnt hatte, wie die Amerikaner an Europa als ein Ganzes zu denken: das andere Ufer des Atlantiks letztlich, wo man von hier aus nicht Franzosen, Engländer, Deutsche, Holländer, Griechen oder Spanier unterschied, nicht einmal Polen oder Tschechen.

In Salinas zum Beispiel, wo wir es beinahe versäumt hätten, aus dem Zug, der uns von Los Angeles dorthin gebracht hatte, auszusteigen und wohin wir mit dir zurückgekehrt waren, um dein seltsames Bett, deine zusammenklappbare Badewanne, deinen Kinderwagen und was sonst noch alles zu kaufen, dieses Salinas also war umgeben von flachem, fruchtbarem Boden, der sorgfältig bebaut war, und die Bauernhöfe wurden fast alle von Polen bewirtschaftet.

Man baute dort keine Orangen an, auch kein anderes Obst, sondern ausschließlich Gemüse, mit dem die großen Städte Kaliforniens versorgt wurden.

Um die Namen meiner Romanfiguren zu wählen, kaufte ich mir später die Telefonbücher der meisten Gegenden, insgesamt etwa sechzig, die ich in Ruhe durchblätterte. Fast keine französischen Namen, aber in jeder Stadt, vor allem im Osten, ein Überangebot an italienischen und irischen Namen. In Chicago waren es deutsche, russische, polnische Namen, und im *Middle West* holländische und deutsche Namen, die den Ausländeranteil beherrschten, während im *Deep South* die schottischen mit den spanischen Namen wetteiferten.

Die nordischen, vor allem die Schweden, waren in Boston und in Neuengland zahlreich vertreten, und es war erstaunlich, unter ihnen eine so große Anzahl von Ärzten und Zahnärzten zu finden.

Europa? . . . Warum nicht! Aber nicht für immer.

Und warum nicht einer dieser Südstaaten, wo der Akzent so weich und melodisch ist und die Schwarzen so zahlreich? Ich dachte vor allem an Nord- oder Südcarolina, die wir mit Marc so langsam durchquert hatten, und an die ich noch sehnsüchtig dachte.

Ich wußte es nicht. Ich war nicht fähig zu wählen. Diese Scheidungsgeschichte hatte mich zu sehr in Anspruch genommen, viel zu sehr, so daß ich am Ende geglaubt hatte, daß es nicht um mich gegangen war, daß ich in dieser unangenehmen Geschichte nur eine Schachfigur gewesen war, die andere nach ihrem Willen herumschoben.

Ich füllte dennoch die Formulare aus. Zum Beispiel hatte dich der belgische Generalkonsul bereits als belgischen Staatsbürger eingetragen, aber wir sollten auch bald deinen amerikanischen Paß erhalten, so daß du beide Staatsangehörigkeiten hattest. Es würde dir vorbehalten sein zu wählen, Johnny, zu einem Zeitpunkt, der mir weit weg erschien, wenn du einundzwanzig Jahre alt sein würdest.

Du warst nicht nur belgischer Staatsbürger und würdest diesen Paß besitzen, sondern ich ließ dich auch in dem Register des Standesamtes in Lüttich auf der Seite der Simenons eintragen.

Jean-Denis-Chrétien steht also auf derselben Seite wie mein Großvater Chrétien Simenon, wie ich selbst, wie dein Bruder Marc, und als Vornamen habt ihr alle den des alten Chrétien und anderer Simenons, die vor ihm gelebt hatten. Alle deine Cousins väterlicherseits stehen auf derselben Seite, alle haben den Vornamen Chrétien oder Christian vor ihrem Familiennamen.

Eine Familie von Bauern, Handwerkern, alles in allem kleine Leute, abgesehen von einem Bischof, auf den ich nicht stolzer bin als auf die anderen, im Gegenteil.

Siehst du, ich habe Outremeuse nie vergessen, wo ich meine Kindheit und meine Jugendzeit verbracht habe, den großen roten Zylinder aus Zink, der über dem Geschäft meines Großvaters hing, auch die Küche mit der Glaswand nicht auf der anderen Seite des Hofes, wo die Kinder und Enkelkinder der Simenons sonntags zusammenkamen und wo mein blinder Urgroßvater, ein ehemaliger Bergmann, der hundertjährig starb, uns auf seinen Knien hopsen ließ.

Wohl weil ich durch die Erfahrung gelernt habe, daß uns die Kindheit für unser Leben prägt, achtete ich so aufmerksam auf eure, und ich bemühte mich, euch den Kopf mit angenehmen Erinnerungen zu füllen. Aus demselben Grund habe ich mich heute, mit siebenundsiebzig Jahren, daran begeben, euch allen vieren – denn ihr würdet vier sein – eure Kindheit zu erzählen, Einzelheiten, die ihr bestimmt vergessen habt.

Alles zählt im Leben eines Kindes, eines kleinen Menschenkindes, jede Stunde, jeder Sonnenstrahl und das leise Trommeln des Regens an den Fensterscheiben, all die Bilder, unter denen unser junges Gehirn einige auswählt, ohne daß wir es merken.

Erledigt! Unser Rechtsanwalt war abgereist. Bevor ich mit dir zum »Seventeen Miles Drive« und vor die Insel mit den Seelöwen ging, eilte ich zu Tigy, die bereits über die aufgesetzten Texte Bescheid wußte und die, sobald sie ihren Rechtsanwalt aus San Francisco getroffen haben würde, bereit war, sich in eine der möblierten Villen zu begeben und so die Hunderte von zukünftig Geschiedenen zu treffen, die sich in Reno, wie in den Kurorten, für die sechswöchige »Kur« ablösten.

Marc blieb mit Boule in Carmel, und wir sollten ihn bis zu Tigys Rückkehr jeden Tag bei uns sehen. Mit zehn Jahren wußte er, was vor sich ging, aber für ihn war es ein Zwischenfall ohne Bedeutung im Vergleich mit seinem Tauchen nach Abalonen, dem Fischen und seinen Spielen mit seinen kleinen Freunden.

Ich besuchte oft Boule, die verstört und beunruhigt war wie eine Katze während eines Umzugs. Bei wem würde sie bleiben? Tigy hatte sie zu zwei Jahren Einsamkeit in Frankreich verdammt, aber trotzdem hatte sie viele Jahre mit uns zusammen verbracht.

Sie hatte sich noch nicht an D. gewöhnt und betrachtete sie mit einem gewissen Mißtrauen. Dich dagegen, mein Johnny, kam sie endlich, jetzt da Tigy weit weg war, besuchen, verblüfft über deine Kraft und deine Größe.

»Man könnte meinen, ein Kind von einem Jahr. Er wird bald laufen. Und sehen Sie, mit welch neugierigem Blick er mich mustert!«

Sie weinte und lachte gleichzeitig, hob dich schließlich hoch auf ihre Arme. Du lächeltest nicht. Du weintest auch nicht. Dein Blick suchte meinen, dann den deiner Mutter.

Ich besuchte sie auch alleine in der Stadt, wo wir uns »trafen«.

»Was wird nur aus uns, mein kleiner, schöner Monsieur?«

Jetzt nannte sie mich fast zwanzig Jahre so. Ich beruhigte sie, und wir entdeckten wieder unsere Intimität.

Marc brachte häufig den einen oder anderen seiner kleinen Freunde mit zu uns, die er uns nur mit ihrem Vornamen vorstellte, so daß wir sie schließlich verwechselten.

Eines Tages teilte er mir mit, daß der Vater eines von ihnen, der viel von mir gelesen hatte, mich gerne kennenlernen würde und mich auf ein Gläschen zu sich einlade.

»Sie sind nicht von hier«, sagte Marc, »aber ich weiß nicht genau, woher aus dem Norden, vielleicht aus Boston? Ja, ich glaube, es ist Boston. Obwohl er Oberst ist, trägt er Zivil, und sie sind für drei Monate hier.«

Ich ging also zu dem Obersten, einem großen Mann mit hellem Teint, blonden Haaren und blauen Augen, der mir sehr sympathisch war. Sicher, sein Auftreten war das eines Militärs, aber er hatte weder die Steifheit noch die Selbstsicherheit, die die Tressen verleihen, und seine Frau war ebenfalls sehr nett.

»Wie Sie«, sagte er zu mir, »sind auch wir nur vorübergehend hier. Ich für meinen Teil gehe in gewisser Weise zur Schule.«

An jenem Tag erzählte er mir nicht mehr darüber. Ich lud ihn meinerseits zu uns ein, und er wurde gesprächiger.

»In Monterey gibt es eine Militärschule, wo man in drei Monaten Griechisch, Russisch, Arabisch oder sonst irgendeine Sprache lernen kann. Eine harte Arbeit jeden Tag, von morgens bis abends, manchmal auch nachts. Unsere Lehrer kommen aus aller Herren Länder und bringen uns bei zu telefonieren, ohne Akzent oder mit einem aus einer fremden Provinz.«

Er seinerseits lernte Türkisch, denn am Ende seines Lehrgangs würde er nach bestandener Prüfung zum Militärattaché an der Botschaft der Vereinigten Staaten in der Türkei ernannt werden.

»Ist das nicht zu schwierig?«

»Nur der Akzent. Unsere Lehrer sind ausgezeichnet . . .«

Seine sehr zurückhaltenden Mitteilungen erinnerten mich an eine hohe weiße Mauer, ein wenig außerhalb von Monterey, die Tag und Nacht von Soldaten bewacht wurde. Das erinnerte mich auch an ein endloses Gitter an der Straße von Monterey nach Salinas, das scheinbar nur einen Wald umgab. Warum ein so hohes, so starkes und abgesichertes Gitter, um einen Wald zu schützen?

Später hörte ich aus einer anderen Quelle, was der Oberst mir nicht sagte und was heute bestimmt kein Staatsgeheimnis mehr ist. Die hohe Mauer, das Gitter schützten nicht nur eine Sprachenschule für Diplomaten. Es war auch eine Schule für Spione. Hierher kamen die zukünftigen Spione, die in dieses oder jenes Land eingeschleust wurden oder von einem Flugzeug absprangen, in ein Land, von dem sie nicht nur die Sprache und die Dialekte, sondern auch die genaue Topographie einer bestimmten Stadt kennengelernt hatten, die Namen der Straßen, der Geschäfte, alle Einzelheiten, die ein Mann kennen muß, von dem man annimmt, er habe einen Teil seines Lebens dort verbracht, auch die der wichtigen Familien und der städtischen Autoritäten. Was noch? Wozu dienten all diese Hektar Wald und Gelände?

Das ging mich nichts an, und ich habe nicht versucht, mehr davon herauszubekommen.

Was du dagegen am liebsten sahst, Johnny, war immer noch der Hafen, wo alle Arten von Schiffen, mit Segel oder Motor, zwischen den Walrossen und den Delphinen um die Fischkonservenfabrik hin und her fuhren. Es ist nicht nur die Stadt, von wo aus Stevenson zu seinem großen Abenteuer aufbrach, sondern auch die von John Steinbeck, der in Salinas geboren wurde, dem berühmten Romanautor von *Von Mäusen und Menschen*. Dieses Monterey der Fischereigründe und der Konservenfabriken zog »Originale« von überall her an, Außenseiter, wie man heute sagt, die er vortrefflich in einem anderen Roman beschreibt: *Cannery Row.*

Wir gingen viel mit dir spazieren. Vor unserer Abreise nach Reno um den 20. Juni mußten wir alles, was wir nicht im Flugzeug mitnehmen konnten, von Fuhrunternehmen abholen lassen. Ich mußte auch unseren Buick verkaufen, denn wir konnten auf keinen Fall mit dir die Vereinigten Staaten im Wagen durchqueren, um so weniger, da Reno inmitten einer noch heißeren Wüste als Arizona liegt und wir später die Rocky Mountains mit ihren schneebedeckten Gipfeln überqueren sollten.

Das Auto, ja sogar das Haus zu wechseln, ist eine der geringsten Sorgen der Amerikaner, deren Mentalität wir ein wenig angenommen hatten.

Monterey unter der Junisonne war faszinierend. Als wir nach Reno flogen, brauchte ich nur unseren Wagen bei dem Garagisten abzustellen, an den er bereits verkauft war. Ich verkaufte auch den von Tigy, die mich darum bat und ihren Scheck vorfinden würde, wenn sie den Wagen ihrerseits abstellen würde.

Ich verbrachte Stunden im Erdgeschoß damit, Hunderte von Büchern sorgfältig einzupacken und sie in Kisten zu räumen, die das Umzugsunternehmen am Tage X abholen würde.

Nichts von all diesem lärmenden Durcheinander störte dich. Dennoch hätte man schwören können, daß du unsere Aktivitäten mit dem Blick eines Vorarbeiters überwachtest. Du schriest immer weniger, vielleicht weil die abwechslungsreiche Ernährung deinem Appetit näherkam. Du versuchtest Wörter auszusprechen, nachdem du die Bewegung unserer Lippen beobachtet hattest. Ich behielt bis zum letzten Augenblick den Phonographen und die Schallplatten von Benny Goodman, die wir mitzunehmen beschlossen.

Tigy schrieb mir, daß sie sich gut eingerichtet habe und daß Reno eine komische Stadt sei, wo man, auch auf einen großen Geldschein, nur Silberdollars herausgebe. Denn Reno war nicht nur wegen seiner Scheidungen und seiner Blitzheiraten berühmt. Es war nach Las Vegas das zweite Spielzentrum, und es zog beachtliche Menschenmengen von überall her an, da die Glücksspiele woanders als in Nevada streng untersagt waren.

Wir waren nicht mehr ungeduldig, ich jedenfalls nicht. Nach einigen Tagen Bitterkeit glaubte ich, bestimmte Verhaltensweisen von D. während der Unterhaltung mit unserem Rechtsanwalt verstanden zu haben. Ich war ihr deswegen nicht böse. Mir gelang es, bestimmte Worte, bestimmte Urteile, bestimmte Blicke in die Tiefe meines Gedächtnisses zu verbannen. Wir fanden unser früheres Verhältnis wieder und bildeten wieder ein Paar, das über dich wachte. Ich wachte auch über Marc, über Boule, zu der ich oft gehen mußte, um sie wieder aufzurichten. Ich glaubte, alle drei Frauen zu verstehen, aber manchmal hatte ich den Eindruck, daß eine kleine Feder in mir gesprungen war.

D. und ich waren weiterhin verliebt ineinander, oder vielmehr Geliebte. Waren wir, vom ersten Tag an, vor allem, wenn nicht ausschließlich, Geliebte gewesen? Ich vermied es, mich zu sehr zu fragen, und zwang mich dazu, mich bis zuletzt am Zauber von Carmel zu erfreuen, an dem bunten Reiz von Monterey. Vor allem mich an meiner Vaterschaft zu freuen, die mein ganzes Leben lang die wichtigste Quelle meiner Freude und meine Hauptsorge bleiben sollte.

Der große Tag kam. Ein gelber Lastwagen hatte alles fortgebracht, was uns gehörte, außer unserem Handgepäck. Ich lenkte zum letzten Mal den Buick nach Monterey, wo wir ausstiegen, um uns zum Flugzeug zu begeben. Dein Koffer begleitete uns, nicht nur mit deinem Milchpulver, sondern auch mit den kleinen Töpfchen mit verschiedenem Fleisch und Gemüse für deine Ernährung. Ein Paket Windeln lag in der Mitte der elastischen Fächer aus Seide.

Es war deine erste Reise im Flugzeug, und du schienst nicht zu bemerken, daß wir zwischen Himmel und Erde schwebten. Man flog noch nicht in der Stratosphäre, auch nicht in zehntausend Meter Höhe wie heutzutage, und man konnte Landschaften vorüberziehen sehen, die sich jeden Augenblick veränderten. Bäume folgten auf mit Kühen gesprenkelte Wiesen. Dann die Wüste, Sand, soweit das Auge reichte, eine schnurgerade Straße, die schwarz und glänzend aussah und auf der Miniaturautos fuhren, wie du sie eines Tages sammeln würdest.

Als wir über der Wüste waren, verlor das Flugzeug an Höhe; man bat uns, unsere Sicherheitsgurte anzulegen und nicht mehr zu rauchen. Durch das runde Fensterchen erblickte ich schließlich ein wenig Grün, dann Bäume, endlich vier oder fünf Hochhäuser mit ich weiß nicht wie vielen Etagen und rundherum Spielzeughäuser.

Wir setzten auf. Das Flugzeug bremste, blieb stehen, und Gepäckträger mit Cowboyhüten und mexikanischen Stiefeln umringten uns. Wir hatten eine Wohnung in einem Hotel reservieren lassen, das uns empfohlen worden war und ein großes Luxushotel mit wenigstens sechzig Etagen zu sein schien.

Übermorgen würde meine Scheidung von Tigy ausgesprochen werden, aber ich brauchte nicht dabei zu sein. Am Tag darauf dann die Heirat vor einem Beamten im Gerichtsgebäude.

Du warst fast zu groß und verdammt schwer für deine tragbare Wiege, und ich trug dich. Während deine Mutter unsere Sachen einräumte – für drei Tage! –, kümmerte ich mich um ein Kindermädchen, denn wir konnten dich wohl kaum zu unserer Hochzeit mitnehmen.

Am nächsten Morgen stellte sich ein sehr junges Mädchen mit einem runden, rosigen Gesicht und großen, unschuldsvollen hellen Augen vor. Sie war an den Umgang mit Kleinkindern gewöhnt, und du protestiertest nicht, als sie dich auf den Arm nahm.

Um zehn Uhr, wie wir wußten, fand die Scheidung statt, in demselben offiziellen Gebäude, in dem D. und ich morgen in den Stand der Ehe treten würden. Wir sahen Tigy nicht in Reno. Wir erfuhren die Nachricht von unserem Anwalt am Orte, den wir besuchten. Er ließ uns einige Dokumente unterschreiben, gab mir seine Honorarforderung und sagte uns, wir sollten uns um nichts kümmern, nur um zehn Uhr morgen früh – wie Tigy heute – uns im Gerichtsgebäude einfinden.

Er empfahl mir, nach dem, was man nur schwerlich »Zeremonie« nennen konnte, dem Beamten unauffällig fünf Dollar zuzustecken, wenn er uns seine Glückwünsche aussprechen würde.

Wir gingen wieder ins Hotel zurück. Ich ging bald wieder weg, um Tabak und sonst noch irgend etwas zu kaufen, und ließ dich mit deiner Mutter und dem Kindermädchen alleine. Man gab mir als Wechselgeld große Silberstücke zurück, und als ich hinausging, verstand ich warum. Neben der Tür war ein Spielautomat angebracht, der nur Ein-Dollar-Stücke schluckte.

Ich kehrte ins Hotel zurück, das im Dunkeln lag, wo nur ein paar Kerzen flackerten. Es hatte einen Stromausfall gegeben, und ich dachte daran, daß der Fahrstuhl nicht funktionierte und wir in der zweiundvierzigsten Etage wohnten.

»Glauben Sie, daß es lange dauern wird?«

Der Portier antwortete mit einer unbestimmten Bewegung.

»Vielleicht eine Stunde? Vielleicht mehr?«

»Vielleicht die ganze Nacht?«

Schicksalsergeben hob er die Arme.

»In diesem Fall sollte ich wohl besser Lebensmittel hinaufbringen. Irgend etwas. Hamburger, Hot dogs, für drei Personen, dazu noch eine Platte mit kaltem Fleisch.«

»Einen Augenblick, Monsieur . . .«

Hinter mir hörte ich das Klicken eines Spielautomaten, den ein älterer Herr ängstlich ansah. Es gab noch drei oder vier andere in der Halle. Ich warf ein Stück ein und erhielt vier dafür. Noch ein Stück: ich erhielt zwei. Noch ein Stück, und der Automat warf sechs aus. Mein Nachbar, der jedesmal verlor, sah mich an, als verdächtige er mich, falsch zu spielen.

Man brachte mir eine große Silberplatte. Kaltes Fleisch, dazu Hot dogs und Hamburger.

»Wünschen Sie, daß man es Ihnen hochträgt?«

Ich spielte den Tapferen. Die Silberstücke klingelten in meiner Tasche, und ich begab mich mit meinem Tablett an den Aufstieg durch das Treppenhaus, das in jeder Etage von einer Kerze beleuchtet wurde.

Morgen früh würde es vorbei sein. Das kleine Kindermädchen war bis zum nächsten Morgen acht Uhr fortgegangen. Wir waren zu zweit, die, von Kerzen beschienen, sich an diesen Riesenschmaus setzten, das für sechs Personen gereicht hätte.

Ich hatte keinen Hunger und knabberte etwas, während D. mit großem Appetit aß. Du schliefst, mein Johnny.

37

Wir waren gerade mit dem Essen fertig, als alle Lampen in der Wohnung aufleuchteten und die gelben Flammen unserer Kerzen lächerlich erscheinen ließen.

Ich stand auf, zögernd, entschloß mich dann plötzlich, das zu tun, was ich immer getan hatte, ob mit Tigy oder mit D., wenn wir an einem neuen Ort angekommen waren. Ich empfand dann immer das Bedürfnis, alleine wegzugehen, um die neue Luft zu schnuppern, in eine Atmosphäre einzutauchen, die ich nicht kannte, während früher Tigy und, seit Sainte-Marguerite, D. unser Gepäck auspackte. Vielleicht wollte ich auch, am Vorabend der letzten Formalität, einem langen Beisammensein entgehen, da ich befürchtete, es könnte melancholisch oder leidenschaftlich werden.

»Entschuldige mich, ich muß weggehen . . .«

»Ich weiß«, sagte sie nur zu mir.

Ich küßte sie. Ich streifte deine Stirn, Johnny, in der Furcht, dich aufzuwecken, und dann wartete ich auf den Aufzug. Kaum daß ich das Hotel verließ, wurde ich von einer in allen möglichen Farben schillernden Welt fortgerissen. Es war wie der Time Square in New York, nur leuchtender, konzentrierter. Musik kam irgendwoher. Die Casinos drängten sich inmitten der Wüste von Nevada, überall blinkten Schilder, Bars, Geschäfte, die nie zu schließen schienen, eine aufgeregte Menschenmenge, die in den weit aufgerissenen Mund der Casinos strömte.

Wie auf einer Kirmes, einer traurigen Kirmes. Die Polizisten waren wie Cowboys gekleidet, dazu den silbernen Stern auf der Brust; auch die Touristen, die meisten Spieler, die von überall her kamen, waren mehr oder weniger verkleidet. Viele unauffälliger gekleidete Frauen; wenig junge Menschen; die Mehrheit über fünfzig. Derselbe starre Blick, ein Blick, der dem der Drogensüchtigen ähnelt, wobei die Droge, die man hier suchte, das Spiel war.

Ich folgte der Menge in das erstbeste Casino, hundert Meter von unserem Hotel entfernt, vom Bürgersteig bis zum Dach erleuchtet, und ich befand mich, wie verschlungen, in einer unvorstellbaren Welt, in einem Universum, das grenzenlos schien. Wo waren die Wände?

An vielen Trennwänden, über die hinweg man sehen konnte, was auf der anderen Seite geschah, hingen in endlosen Reihen Spielautomaten, die fast alle besetzt waren. Männer oder Frauen streckten mechanisch wie Roboter den Arm aus, warfen ein Geldstück in einen Schlitz, drückten einen ziemlich schweren Hebel herunter, bis durch einen Mechanismus in einem Rechteck Kirschen, Pflaumen, Aprikosen oder die kleinen schwarzen Schildchen mit dem Namen eines bekannten Kaugummis sichtbar wurden.

In die Schale darunter fiel nur etwas, wenn eine bestimmte Anzahl von Kirschen oder anderen Früchten erschien, und jeder hoffte auf fünf schwarze Schildchen, die den Automaten von seinem gesamten Inhalt leerten.

Das Ganze dauerte keine halbe Minute, kaum ein paar Sekunden, und entlang der Reihe hoben sich wieder die Arme, unaufhörlich, warfen ein Geldstück ein und drückten den schwarzen Hebel herunter.

Einige Automatenreihen nahmen nur die silbernen Ein-Dollar-Stücke an, andere fünfzig, fünfundzwanzig, schließlich zehn Cents.

Die Starrheit der Blicke, das Automatische der Bewegungen hatten etwas beinahe Unmenschliches an sich. Weiter hinten entdeckte ich die großen grünen Baccaratische, an denen in allen Casinos der Welt mit hohen Einsätzen gespielt wird, mit verschiedenfarbigen Spielmarken zu hundert, zu tausend Dollar.

Die Croupiers schoben die Spielmarken zum Gewinner, der neidisch angeblickt wurde, und genauso war es an den Roulettetischen, die von Spielern in drei oder vier Reihen umgeben waren.

Kleine Tunnel aus Plastik nahmen die Würfel von »Black Jack« in sich auf, einem amerikanischen Spiel, das erst sehr viel später zuerst in Monte Carlo, dann in den anderen Casinos Europas eingeführt wurde. Mir gelang es nicht, die Regeln dieses Spiels zu verstehen, und ich begnügte mich damit, die Würfel zu beobachten, die Gesichter der Gewinner oder der Verlierer, die nur noch entfernt menschliche Gesichter waren.

Im Zentrum dieses höllischen Treibens stand eine kreisförmige Bar, an der Cowboys mit hervortretenden Muskeln kostenlos alle Arten von Whisky servierten, Scotch, Rye, Bourbon, Four Roses und noch andere Marken. Auch hier drängte sich die Menge in mehreren Reihen, und man konnte, ohne einen Pfennig zu bezahlen, Hot dogs bestellen, Hamburger oder *doughnuts,* eine Art in Öl gebackener Krapfen, die in meiner Kindheit ein weißgekleideter Mann im Zirkus den Zuschauern unter dem

Namen »Berliner Ballen« verkauft hatte, und ich hörte noch die mono-
tone Stimme rufen:

»Berliner Ballen, zehn Centimes . . .«

Meine Kindheit sollte ich wie durch ein Wunder in einem friedlichen
Teil dieses grenzenlosen und lärmenden Bazars, wo die Stimmen von der
Musik aus den Lautsprechern verschluckt wurden, wiederfinden.

Frische junge Mädchen, gekleidet wie Cowgirls, warteten, jede vor
einem kleinen Tisch, auf einen Partner, in der Hand ein Päckchen Spiel-
karten. Hier spielte man, einander gegenübersitzend, 21, ein Spiel, das
mir unsere russischen Studenten in meiner Kindheit beigebracht hatten.
Ich hatte das auch mit meinen kleinen Freunden um Kirschkerne gespielt,
die wir vorher saubergemacht und gebürstet hatten. Damals war ich sehr
gut gewesen. Ich suchte mir also das ansprechendste von den Mädchen
aus, setzte mich ihr gegenüber und legte einen Dollar auf den Tisch.

Ich sagte:

»Neunzehn.«

»Einundzwanzig«, murmelte meine blonde Partnerin mit den gleichgültigen, blauen Augen und schob meinen Dollar zu sich herüber.

Ich verdoppelte den Einsatz, ohne mehr Erfolg, verdoppelte wieder und
verlor noch einmal. Beinahe alles Geld, das ich am Abend zuvor in der
Hotelhalle gewonnen hatte, ging wieder verloren.

Ich bin kein Spieler. Das Geld interessiert mich nicht, aber was sollte
ich hier anderes tun, als die anderen Leute nachzuahmen? Ich fand einen
freien Spielautomaten in einer Reihe zu einem Dollar, und beim ersten
Mal hatte ich drei Kirschen. Mechanisch nahm ich die Geldstücke aus der
Schale, und bald darauf waren meine Jackentaschen so schwer, daß ich
beschloß, sie im Hotel zu leeren. Dort wechselte D. gerade deine Windeln, und ich legte dich wieder in deine Wiege, die ein wenig klein für
dich war. Wie groß du geworden warst, wie schwer!

Ich warf die Geldstücke in eine Schublade, behielt nur einen kleinen
Teil und ging wieder in dasselbe Casino, während D. zu mir sagte:

»Siehst du! Heute ist dein Glückstag . . .«

Der Tag meiner Scheidung! Wo war Tigy um diese Zeit? Noch in der
Stadt? Oder war sie schon wieder in dem friedlichen, blühenden Carmel
aus dem Flugzeug gestiegen, das ich erst tags zuvor verlassen hatte?

Ich freute mich nicht über meine Glückssträhne. Ich wurde von den Ereignissen zu sehr erschüttert. Ich blieb weiterhin bei klarem Verstand, gewiß,
und nichts, was geschah, nichts, was morgen früh geschehen würde,
geschah gegen meinen Willen. Ich tat mein Bestes, fühlte mich unwohl,
und bevor ich zu meinem Spielautomaten zurückkehrte, machte ich einen
Umweg zu der gigantischen Bar, um einen Martini-dry zu trinken.

Herren im Smoking, deren harte Bizeps man ahnen konnte, gingen mit wachsamen Augen gemessen hin und her, und man erkannte unter ihren gutgeschnittenen Kleidern die Form des Pistolenhalfters. Hätte es auf diesem Jahrmarkt anders sein können, wo jede Nacht Hunderttausende von Dollars herumgewirbelt wurden? Und ich erfuhr von einem Nachbarn, daß diese Casinos durchgehend in Betrieb waren, wobei das Saubermachen beinahe unsichtbar Abteilung für Abteilung vonstatten ging.

Zu meiner großen Bestürzung gewann ich immer noch. Ich stand wieder an demselben Automaten zu einem Dollar, mein Nachbar zur Linken mit grauen Haaren und einem roten Gesicht, meine Nachbarin zur Rechten ganz in schwarze Seide gezwängt, beide sahen neidisch herüber.

Leute, menschliche Wesen, machten hier stundenlang dieselbe Bewegung, den Blick starr auf die leuchtende Scheibe mit Kirschen, Pflaumen und Aprikosen gerichtet.

Plötzlich, nach weniger als einer halben Stunde, ließ mein Automat ein Geräusch im Innern hören, eine Sirene heulte auf, und als die Silberstücke in die schon gefüllte Schale sprangen, ergossen sie sich über den Boden, ein Scheinwerfer richtete sich auf mich, während ich damit beschäftigt war, meinen Gewinn aufzusammeln.

Zwei Hausfotografen bombardierten mich, ein Cowboy, ebenso vom Hause, reichte mir einen Weidenkorb.

»Lassen Sie mich das machen«, sagte er zu mir.

Er hob für mich das Geld auf, und ein dickbäuchiger Herr mit kahlem Schädel, darauf vier oder fünf Haare, die wie mit Tusche gemalt aussahen, kam auf mich zu, reichte mir eine schwammige Hand und übergab mir, vor den Objektiven der Fotografen, feierlich ... einen kleinen Spielautomaten aus blankem Stahl mit der Erklärung, er funktioniere wie die anderen. Der Korb war fast voll. Eine kleine Menschenmenge hatte sich gebildet, und für einen Moment war ich eine Art Held, denn nicht jeden Abend erreichte jemand den Jack-Pot.

Es war alles sehr gut organisiert, und als ich meine Taschen mit diesem Haufen Geld füllen wollte, teilte man mir sehr freundlich mit:

»Der Korb gehört auch Ihnen.«

Was tun? Weiterspielen? Ich hatte keine Lust dazu. Ich hatte nur einen Wunsch: fort aus diesem Trubel, wieder zurück in den Schutz unserer Wohnung. Ich mußte dennoch ein Glas französischen Champagner aus den Händen des *big boss* annehmen.

Als ich, verdutzt und benommen, zwischen den Reihen der Spielautomaten alleine war und mich zum Ausgang begab, fragte mich einer der kräftigen Burschen mit den Pistolenhalftern:

»In welchem Hotel wohnen Sie?«

Ich sagte es ihm.

»Es wäre unvorsichtig, alleine dorthin zu gehen . . .«

Sein Blick deutete auf meinen von Dollars überfließenden Korb.

Ich weiß nicht mehr, ob er mich begleitete. Als ich in unserem Zimmer meine Ausbeute an Geld in eine Schublade der Kommode schüttete, traute D. ihren Augen kaum.

»Was habe ich gesagt? Heute ist dein Glückstag, der Tag deiner . . .«

Ich unterbrach sie. Meiner Scheidung, ich wußte es. Sie zählte lange die Silberdollars, bevor sie mir mitteilte, daß es sechshundertfünfundvierzig oder sechshundertfünfzig waren.

»Was wirst du damit machen?«

»Einige für die Kinder behalten . . .«

Und die anderen einwechseln, denn ich konnte mir nicht vorstellen, daß ich ins Flugzeug nach New York mit dieser Last steigen würde, auf die ich nicht sehr stolz war.

Ich glaube nicht, daß wir uns in jener Nacht liebten, denn ich war angespannt, nicht durch das Spiel, sondern wegen gewisser Gedanken, die mich bestürmten, und eines gewissen Schuldgefühls, das mich bis in den Schlaf verfolgte.

Du wecktest uns nur zweimal, mein ruhiger Johnny, denn du ertrugst es nicht, feucht zu sein, und stimmtest dein Kriegsgeschrei an, sobald du Pipi gemacht hattest.

Ich duschte, rasierte mich und zog mich an, wie jeden Morgen, und ich erinnerte mich an meine erste Hochzeit, meine Mutter alleine mit mir in einer Droschke, sich schneuzend und die Augen wischend, ich ihr erklärend, daß die Pommes frites in Frankreich in kochend heißes Öl gegeben werden, während man dafür in Belgien ein Gemisch aus Rinderfett und Schweineschmalz benutzt.

»Das ist sehr viel leichter als das Fett, Mutter. Du mußt es mal versuchen.«

»In meinem Alter ändert man seinen Geschmack nicht mehr.«

Sie war dreiundvierzig Jahre alt, ich zwanzig. Heute, mit siebenundvierzig Jahren, nahm ich keine Droschke, um mich ins nahe Gerichtsgebäude, nicht in die Kirche, zu begeben. Denn Reno war zu der Zeit nur ein kleiner Flecken in der Wüste, und man fragte sich, wie es möglich war, so viele Leute, soviel Licht, soviel Leidenschaft dort zusammenzupferchen.

Hatte nicht auch mich eine Leidenschaft hierher geführt?

Das junge Kindermädchen kam um acht Uhr. Um neun Uhr verließen D. und ich das Hotel, um uns die Beine zu vertreten und die Morgenluft zu atmen. Die Sonne war genauso heiß wie in Arizona, und der Sand drang überallhin.

Als wir am Portier vorbeigingen, fragte er uns:

»Wünschen Sie keinen Gottesdienst?«

»Nein. Warum?«

»Weil wir im Hotel eine Kapelle haben, wo man sich nach protestanti-schem, katholischem, jüdischem, orthodoxem oder mormonischem Ritus trauen lassen kann.«

An alles war gedacht. Dieser kleine Betonhaufen in der Wüste war ein Automat, um sich scheiden zu lassen, zu heiraten, zu spielen, und viel-leicht um noch andere Bedürfnisse zu befriedigen. Man erzählte, daß das Syndikat, das heißt die Mafia, diesen Handel meisterhaft lenkte. Ich für meinen Teil wollte das nicht so genau wissen.

Wir gingen in eine Apotheke, um irgend etwas zu kaufen, ich weiß nicht mehr was. Nichts Teures, denn wir mußten weniger als zwei Dollar bezahlen. Ich gab einen Zehndollarschein und bekam den Rest in Silber-stücken wieder.

Neben der Theke hing ein Spielautomat, und D. bestand darauf, daß ich spielen sollte. Ich brauchte nicht meinen Arm zu ermüden, denn in weniger als drei Minuten waren die acht Dollar im Bauch des Automaten verschwunden.

»Das ist merkwürdig, nicht wahr?« rief D. lächelnd, wie erfreut. »Ich halte das für ein gutes Vorzeichen. Am Tage deiner Scheidung gewinnst du Geld. Am Tage deiner Hochzeit gewinnst du das Glück . . .«

Ich sagte träge »ja«. Wir gingen in einem Garten spazieren, wo Palmen, Avokadobäume und andere Bäume von einem schönen Grün wuchsen.

Kurz vor zehn Uhr stiegen wir die Stufen eines Gerichtsgebäudes hoch, das so aussah wie alle Gerichtsgebäude der amerikanischen Kleinstädte.

Unser hiesiger Rechtsanwalt erwartete uns, übergab mir einige Doku-mente und führte uns durch weiße Flure zu einem leeren und sehr wenig feierlichen Saal.

»Möchten Sie, daß ich hierbleibe?«

»Ich möchte Ihre Zeit nicht beanspruchen . . . Sie sind doch sicher sehr beschäftigt.«

»Sehr, ja.«

Auch er war ein Automat, ein Automat für Scheidungen und Heirats-urkunden. Wie die anderen Automaten war er wohl Tag und Nacht in Betrieb. Er drückte uns die Hand und ließ uns auf einer Bank aus hellem Holz zurück, in dem kleinen, klimatisierten Saal, wo es so angenehm kühl war.

Wir waren alleine und blieben es bis Punkt zehn Uhr. Auch hier waren die Räder gut geölt. Ein sehr großer Mann mit weißen Haaren, auf dem Kopf einen weißen Stetson, gekleidet in einen Anzug aus beiger Seide, kam durch eine Seitentür herein, gefolgt von einer ziemlich jungen Dame, die neben ihm hinter dem Pult Platz nahm.

Mit seinem vollen Gesicht und den blauen Augen ähnelte der Gerichtsbeamte den würdevollen Vätern und den Richtern aus den Western mit einem Verhalten voll wohlwollender Autorität.

Die Sekretärin reichte ihm Papiere, die er ohne die Hilfe einer Brille las.

»Sind Sie Monsieur Simenon, Georges-Joseph-Christian?«

»Ja.«

Er wandte sich D. zu.

»Und Sie sind Mademoiselle . . .«

»Ja.«

Hinter uns leere Bänke aus hellem Holz, das auch die Wände bedeckte. Keinerlei Schmuck, außer einem Sternenbanner und dem amerikanischen Adler aus Bronze.

»Ich nehme an, Sie haben keine Zeugen mitgebracht?«

»Nein. Hätten wir das tun sollen?«

Auf einen Blick zu seiner Sekretärin drückte diese einen weißen Knopf. Kurzes Warten. Schweigen. Zwei riesige Cowboys mittleren Alters kamen herein und stellten sich neben uns, so als folgten sie einer lange geübten Routine.

Der Beamte mit dem makellosen Stetson stellte uns gegenseitig vor, dann las er uns die amtlichen Texte vor, während ich fasziniert seinen Hut ansah, den er jeden Morgen wohl aufbürsten und in Form bringen ließ, wie die Millionäre in Dallas.

Er las mit Begeisterung unseren Heiratsvertrag, gab uns schließlich ein Zeichen aufzustehen, stand selbst ebenfalls auf, eindrucksvoller und mit mehr Überzeugungskraft seine Rolle spielend als der beste Schauspieler.

»Wollen Sie . . .«

»Ja.«

Zu D.:

»Wollen Sie . . .«

»Ja.«

»Haben Sie die Ringe?«

Ich holte sie aus meiner Tasche. Wir hatten sie in Monterey gekauft, und in der anderen Tasche hatte ich den ehemaligen Ehering, den ich am Morgen vom Finger gezogen hatte.

Ich reichte D. den Goldring, steckte den anderen an meinen Ringfinger.

»Im Namen des Staates von Nevada erkläre ich Sie hiermit für vereint, in guten wie in schlechten Tagen.«

Ach ja! In guten wie in . . .

Mit bewegter Miene drückte er uns die Hand, und seine Sekretärin trieb das berufliche Pflichtbewußtsein so weit, daß sie zwei oder drei Tränen vergoß. Ich hatte nicht gewagt, dem Richter einen Fünfdollarschein in die Hand zu stecken. Vielleicht wegen seines weißen Hutes, seines Seidenanzuges, seines würdevollen Aussehens. Aus meiner Tasche hatte ich einen Zehndollarschein gesucht, den er, ohne mit der Wimper zu zukken, einsteckte. Jetzt sollten wir uns noch küssen, und wir taten es. Ich bezahlte die beiden Zeugen. Dann gingen wir hinaus, und die heiße Sonne stach uns in die Augen. D. nahm meinen Arm, und wir gingen in den Schatten des kleinen Parks.

»Welche Wirkung hat das auf dich?«

Ich hätte nur mit Mühe darauf antworten können. Vor allem war mir heiß, und ich hatte Durst auf ein Glas Bier.

»Weißt du, daß ich jetzt Madame Georges Simenon bin?«

»Ja . . .«

»Die einzige Madame Georges Simenon.«

»Nein. Ich habe einen Neffen in Belgien, dem mein Bruder, damals im Kongo, meinen Vornamen gegeben hat. Mein Bruder ist tot; sein Sohn ist im heiratsfähigen Alter, und seine Frau wird Madame Georges Simenon heißen. Andere von meinen Cousins könnten auch . . .«

Das erinnerte mich an eine peinliche Diskussion in Carmel, in Anwesenheit meines Rechtsanwaltes. Tigy, die zwanzig Jahre lang meinen Namen getragen hatte, unter dem sie alle unsere Freunde kannten, bat darum, ihn weiterhin tragen zu dürfen.

»Einverstanden«, hatte ich natürlich gesagt.

Es war üblich, daß eine geschiedene Frau den Namen ihres Exgatten trug. In den Vereinigten Staaten versuchten die Frauen, die drei- oder viermal verheiratet waren, den Namen des Mannes mit dem höchsten Ansehen beizubehalten.

D. griff ein, sichtbar unzufrieden:

»Simenon, wenn es sein muß. Unter der Bedingung, daß es nicht ›Madame Georges Simenon‹ ist . . .«

Ich akzeptierte diese Klausel. Tigy auch. Mein Rechtsanwalt warf mir einen amüsierten Blick zu.

Im belgischen Limburg, woher meine Familie stammt, müssen wohl noch einige Simenons übriggeblieben sein, darunter vielleicht ein oder zwei Georges. Soll ich ihnen den Prozeß machen?

Wir setzten uns auf eine Bank. D. zeigte auf einen winzigen Fleck Wasser inmitten des halbtropischen Grüns.

»Weißt du, was ich gehört habe? In Reno ist es Brauch, wenn man sich wieder verheiratet, seinen früheren Ehering in diesen Brunnen zu werfen, der sehr tief sein soll . . .«

Sie wartete auf meine Reaktion. Ich reagierte nicht; ich berührte in meiner Tasche den Ring meiner zwanzig Jahre.

Sie wartete auf eine Geste, ich wußte es. Ich stand auf. Sie auch. Wir gingen auf die grünliche Wasserfläche zu. Ich spürte, daß D. gespannt war, wie in der Schwebe, und sehr schnell nahm ich den Ring aus meiner Tasche und warf ihn in den Teich, danach ging ich, D. am Arm, zur Straße. Sie schien von einer großen Last befreit. Sie drückte sehr fest meinen Arm und sagte mit einer warmen, ein wenig rauhen Stimme:

»Danke, Jo! Danke für das, was du soeben für mich getan hast. Jetzt steht nichts mehr zwischen uns . . .«

In einer klimatisierten Bar, in der es, wie in allen Gebäuden in Reno, beinahe kalt war, fragte sie mich, während der Barkeeper auf unsere Bestellung wartete:

»Erlaubst du, daß ich einen Whisky nehme?«

Warum nicht? Ich trank Bier. Zwei Whisky und zwei Bier. Denn siehst du, mein Marc, siehst du, mein Johnny, ich habe niemals »mit Whisky« gearbeitet, wie D. euch später erzählen und den Journalisten erklären würde. Niemals hat jemand eine Flasche Whisky auf meinem Schreibtisch gesehen, auch nicht neben meiner Schreibmaschine. Als ich Kind war und Jugendlicher, hatte es bei meinen Eltern bei Tisch keinen Wein gegeben, und mit siebzehn Jahren gab mir ein Freund von der ›Gazette‹ englisches Bier zu trinken.

In Paris, als ich ungefähr einen Monat lang mittags ein »Dîner de Paris« aß, zu drei Francs fünfzig alles inbegriffen, Vorspeise, Tagesgericht, Käse und Dessert, bekam man dazu eine *fillette,* das heißt einen Viertelliter Rotwein.

Als ich später achtzig Seiten eines Groschenromans pro Tag schrieb, stärkte ich mich, wo es auch war, mit weißem Landwein.

Ich wechselte, wie Maigret, das Getränk, je nach der Gegend oder dem Klima, und in Porquerolles war es ein Rosé, der mir dabei half, meine Seiten zu Ende zu schreiben.

Später trank ich Bordeaux auf den Rat meines alten Freundes Professor Pautrier hin. »Zwei Flaschen Bordeaux pro Tag, nicht mehr, weder zu jung noch zu alt.«

In La Richardière tranken die Bauern in meiner Nachbarschaft bis zu zehn Liter Landwein täglich, und das schien für jedermann selbstverständlich zu sein.

Als ich meine »ganz kurzen Romane« schrieb, wie ich sie damals nannte, um sie von den Maigrets zu unterscheiden, arbeitete ich mit schwarzem Kaffee oder mit Tee, was mich wenig später nicht daran hinderte, ein oder zwei Glas Bier zu trinken. Danach verzichtete ich auf Bier, wenn ich an einem Roman schrieb, was mich nicht daran hinderte, mich mit einer Flasche Champagner zu belohnen, wenn einer dieser Romane beendet war.

In Frankreich erinnere ich mich nicht, Whisky getrunken zu haben, weder im Fouquet's noch anderswo, schon gar nicht bei mir zu Hause. Wenn wir im Freundeskreis etwas tranken, zog ich einen guten Weinbrand vor.

In New York erst trank ich Whisky, um D. Gesellschaft zu leisten, manchmal zuviel, aber dennoch weniger als sie. In Sainte-Marguerite-du-Lac-Masson auch, außer wenn ich »am Roman« war.

Ich will mich nicht verteidigen. Um mich herum sind viele Legenden geschaffen worden, und ich habe erfahren müssen, in welchem Maße sich die Gerüchte hartnäckig halten. Wenn ich mich zu diesem Exkurs habe hinreißen lassen, meine Kinder, ihr zwei und die beiden anderen, die später noch geboren werden würden, dann deshalb, weil diese Legende, von D. in Umlauf gebracht und aufrechterhalten, euch sehr weh getan hat.

Daran dachte ich an jenem Morgen, gleich nach unserer Hochzeit, als ich mein Bier trank, und aus diesem Grunde erzähle ich hier davon.

Wir aßen zu Mittag, gingen spazieren. Erst am Abend wollten wir unser morgendliches Glanzstück feiern.

Wir hatten für den nächsten Tag Plätze in einem Flugzeug reservieren lassen, das uns nach New York bringen würde. Am späten Nachmittag würden wir von Reno losfliegen.

Unser Hotel hatte, wie in San Francisco, ein Aussichts-Restaurant in der obersten Etage. Es war gleichzeitig ein Night Club, und unter den Attraktionen war eine, deren Namen ich behalten habe: »Les Arnivelds«.

Eure Mutter und ich tranken Champagner zum Essen. Eine wilde Gruppe kam auf die Bühne, drehte Pirouette um Pirouette zu einem schnellen Rhythmus. Fünf Männer und eine Frau, alles Akrobaten, verrenkten ihre Glieder, mit einer ausdrucksstarken Mimik und verwirrenden Einfällen. Sie tanzten, sangen, manchmal mit dem Kopf nach unten, und spielten die überraschendsten Instrumente. Manchmal riefen sie sich etwas zu, wie im Zirkus, und ich höre mich noch rufen:

»Aber das sind doch Belgier!«

Ihr Akzent täuschte mich nicht. Nicht nur Belgier, sondern Wallonen, vielleicht aus Lüttich?

»Freut dich das, Jo?«

»Ja . . .«

Das ist meine schönste Erinnerung an meine Hochzeit in Reno, und in der Folgezeit sah ich den Namen der »Arnivelds« in anderen Städten, in anderen Ländern.

Ich weiß nicht, welche Scheu mich davon abgehalten hat, an jenem Abend hinter die Kulisse zu gehen, um ihnen die Hand zu drücken. Ich hatte immer die Befürchtung, die Leute zu stören.

Als der Aufzug uns schließlich nach unten brachte, warteten zwei oder drei, vielleicht vier Männer auf unserer Etage und kamen auf uns zu.

»Entschuldigen Sie bitte, daß ich störe, Monsieur Simenon und Madame. Darf ich mich vorstellen: ›Time Magazine‹.«

Ein anderer reichte uns die Hand und murmelte:

»›Daily News‹, aus New York.«

»Ich lese sie, seitdem ich in den Vereinigten Staaten angekommen bin.«

Das stimmte.

»›Examiner‹, Los Angeles . . . Wir wollten Sie nicht früher stören. Wir wissen, daß Sie gestern geschieden worden sind, Monsieur Simenon, um heute morgen wieder zu heiraten . . .«

»Das ist richtig.«

Ein paar banale Fragen.

»Sie sind seine Sekretärin, nicht wahr. Kanadierin, wenn ich mich nicht irre . . .«

Wir standen auf dem roten Flurteppich, und ich wartete auf die eigentliche Frage, die dann auch kam.

»Stimmt es, daß Sie ein Baby haben?«

»Johnny Simenon, jawohl.«

»Ist er hier bei Ihnen?«

»Hinter dieser Tür. Um ihn nicht aufzuwecken, habe ich Sie nicht hineingebeten. Ich habe noch einen Sohn, Marc, von meiner ersten Frau . . .«

»Wir haben es gehört. Hier weiß man alles. Reno ist eine große Kleinstadt. Gestatten Sie, daß wir Sie zusammen vor Ihrer Tür fotografieren?«

Warum eigentlich nicht? Wenn wir es nicht gestattet hätten, hätten sie es heimlich gemacht.

»Legen Sie die Hand auf ihre Schulter . . . Nein . . . Auf die andere Schulter . . .«

Blitzlichter. Klicken.

»Wollen Sie sich nicht küssen?«

Ich scherzte:

»Ich bin kein Exhibitionist.«

»Wer hütet das Kind?«

»Ein sehr nettes junges Mädchen, das uns durch das Hotel besorgt wurde.«

Sie lächelten sich zu, und einer von ihnen bemerkte:

»Hier besorgen die Hotels alles.«

»Reno ist gut durchorganisiert.«

Es wurde gescherzt.

»Wann reisen Sie ab?«

»Morgen gegen Abend.«

»In welcher Richtung? Kehren Sie nach Carmel zurück?«

Sie waren gut informiert.

»New York.«

»Bleiben Sie dort?«

»Bestimmt nicht. Es ist mir unmöglich, in einer großen Stadt zu arbeiten.«

»Also nach Europa?«

»Vielleicht. Dann aber nur für einen mehr oder weniger kurzen Aufenthalt. Wenn wir nicht einen der Südstaaten wählen, durch die wir gekommen sind . . .«

»Also reisen Sie ohne ein bestimmtes Ziel ab . . .«

»Wie ich es immer getan habe.«

»Warum? Fühlen Sie sich nirgendwo wohl?«

»Im Gegenteil. Ich hätte in Arizona oder in Kalifornien bleiben können. Nur, es gibt immer noch ein ›anderswo‹.«

»Liefert Ihnen das den Stoff für Ihre Romane?«

»Ich suche ihn nicht. Er drängt sich mir auf.«

»Reisen Sie auch gerne, Madame?«

Es kam mir seltsam vor zu hören, wie sie Madame genannt wurde.

»Ich gehe überallhin, wohin mein Mann geht.«

»Werden Sie gleichzeitig seine Sekretärin und seine Frau bleiben?«

»Ich nehme es wohl an.«

»So sehr lieben Sie ihn?«

»Wenn nicht, wäre ich nicht hier.«

Wir gaben allen die Hand und gingen durch die Tür.

»Habe ich ihnen richtig geantwortet, Jo?«

»Sehr gut.«

Ich bin kein Märtyrer. Ich erlebte mit ihr die richtige Leidenschaft mit ihrem Feuer und ihren Stürmen. Wenn ich mich manchmal beunruhigt fühlte, dann gegen meinen Willen, und ich beeilte mich, mich wachzurütteln. Ich wollte, daß sie glücklich war, einfach nur glücklich, ohne gekünstelte Überspanntheit, ohne falschen Schein, und sie hatte Fortschritte gemacht in dieser Richtung, oder?

In jener Nacht liebten wir uns, und sie zeigte sich zärtlicher denn je.

Morgen, Abreise nach . . . dem Unbekannten! Wir hatten nur unsere Wohnung im Drake für eine unbestimmte Zeit reservieren lassen.

Dein kleines, so nettes Kindermädchen hatte uns verlassen, mein Johnny, hatte uns alle drei geküßt und uns beglückwünscht.

Wozu?

38

Ich hatte häufig in Europa kurze Flugreisen von Hauptstadt zu Hauptstadt gemacht (wie klein die europäischen Länder von hier aus erschienen!), oder um Afrika vom Norden zum Süden zu überqueren. Zu der Zeit waren es kleine Maschinen mit einem oder zwei Propellern, sogar die der Imperial Airways, mit der wir drei Tage lang den Nil, die Wüste, den Urwald und den Busch überflogen hatten. Das Flugzeug hatte damals eine Höhe von nur zweitausend Metern erreicht. Kein Druckausgleich. Zwanzig Personen insgesamt in einem engen Rumpf; Luken, die geöffnet worden waren, um frische Luft hereinzulassen.

Jetzt nahmen wir in einer Maschine Platz, die uns gigantisch erschien, und die wenigstens rund fünfzig Passagiere beförderte. Ich glaube, sie gehörte der Eastern Airways und flog von Los Angeles nach New York, wobei sie mehrmals landete, um ihre Tanks zu füllen. Das war noch kein Jet. Sie hatte vier oder sechs Propeller, vielleicht acht, ich sah sie mir nicht an, und nur die Dunkelheit hinderte uns daran, die Erde unter uns vorbeiziehen zu sehen.

Wir hatten zwei Plätze nebeneinander, und du schliefst bald in D.s Armen, bald in meinen, eingelullt von dem Brummen der Motoren. Wenn meine Brust dir nicht als Kopfkissen dienen mußte, schlief ich, im Sitzen, genauso ruhig und fest wie in meinem Bett.

Gegen Mitternacht schlief ich also gerade, als deine Mutter mich plötzlich heftig am Arm schüttelte.

»Merkst du denn nichts, Jo?«

Sie sah mich ängstlich an, und ein heftiger Donner begleitete ihre Worte, dann tauchte ein Blitz das Innere der Maschine in ein fahles Licht, wie das der Bogenlampen meiner Kindheit. Die Donnerschläge und die Blitze folgten aufeinander und schüttelten das Flugzeug, das sich bald nach rechts, bald nach links neigte und manchmal senkrecht nach unten zu fallen schien, wie ein Fahrstuhl.

»Ein Sturm«, sagte ich nur.

»Schau dich mal um.«

Im Gang holten Stewards und Stewardessen Schwimmwesten und Gummiboote aus einem Wandschrank und stapelten sie neben einem Notausgang auf.

»Aber wir sind doch nicht über dem Ozean?« bemerkte ich.

»Wir nähern uns dem Michigan-See, der ein richtiges Meer ist, wie mir die Stewardeß eben anvertraute.«

Die meisten der Passagiere übergaben sich, aschfahl, grünlich im Gesicht. Nur ein dicker Mann schnarchte auf seinem Sitz.

Je mehr Zeit verging, desto mehr verstärkten sich die Sprünge des Flugzeugs, wie über Afrika, als wir ein Luftloch durchflogen. Der Himmel war von so vielen Blitzen durchzuckt wie während des Krieges bei den Luftangriffen auf La Pallice. Auch Tigy hatte damals versucht, mich zu wecken und mich aus dem Bett zu ziehen, als die Granatsplitter sich in die Fensterläden unseres Hauses in Nieul gegraben hatten. Sie hatte sich, da wir keinen Keller hatten, mit Marc in einen Graben des Chemin de la Mer geflüchtet, und ich war, zu ihrer großen Entrüstung, im Bett geblieben.

Nicht aus Tapferkeit, auch nicht aus Gleichgültigkeit, sondern aus Fatalismus. Und damals war ich wieder eingeschlafen.

Durch die runden Fenster konnte man, trotz der Blitze, die Lichtkegel von starken Scheinwerfern sehen, nicht weit von den Lichtern einer großen Stadt: Chicago, zu der wir durch einen Luftwirbel hinunterflogen. Du, mein Johnny, schliefst fester denn je. Das Flugzeug setzte hart auf, hüpfte zweimal, dreimal und blieb endlich auf einem grell erleuchteten Platz stehen.

Die Stimme der Stewardeß teilte uns über den Lautsprecher mit, daß wir einen Aufenthalt von einer halben Stunde hätten: die Passagiere konnten aussteigen und sich am Büfett erfrischen.

Ich stieg die Leiter hinunter, dich auf den Armen, denn du warst sehr schwer. Erst jetzt empfand ich im Nachhinein eine gewisse Angst. Auf der Rollbahn waren Ambulanzwagen und, noch düsterer, Feuerwehrautos aufgereiht. Männer machten sich bald in dem zu grellen Licht, bald in der Dunkelheit zu schaffen. War dieses eindrucksvolle Aufgebot für uns auf die Beine gestellt worden? Hatten wir uns in einer so großen Gefahr befunden? D. ging von einem der Männer zum anderen auf das Gebäude des Flughafens zu, das als Büfett diente, und der Donner und die Blitze machten lustig weiter. Hier auf der Erde war es allerdings nur ein heftiger Sturm, und als wir im Büfett in Sicherheit waren, fragte ich D.:

»Was ist los?«

»In eben dem Augenblick, als wir über dem See zur Landung ansetzten, stürzte ein Flugzeug derselben Linie, das in entgegengesetzter Richtung nach Los Angeles flog, mit seinen etwas über fünfzig Passagieren in den See.«

Ambulanzwagen und Feuerwehrautos entfernten sich in einem düsteren Zug, während man das Heulen der Schiffssirenen auf dem Michigansee hörte.

»Warte einen Augenblick auf mich. Ich muß etwas trinken.«

Sie ging in die Bar, während ich auf einer Bank in so etwas wie einem Wartesaal sitzen blieb. Alles erschien mir so seltsam hier, die dramatischen, wie irren Blicke, schließlich unsere durchnäßten Kleider, in denen wir vom Flugzeug aus in das Gebäude gelaufen waren, wo wir uns in

Sicherheit befanden! Das war alles, was ich von Chicago, wohin ich niemals mehr zurückkehren sollte, kennenlernte.

»Du bist an der Reihe. Gib mir das Kind. Ich habe etwas zum Wechseln bei mir . . .«

Wie in Los Angeles, auf diesem Alptraumbahnhof, wo ich mich bemüht hatte, dir in der wogenden Menge den Hintern zu waschen! Ich trank irgend etwas, vielleicht Whisky jetzt, denn ich war von Angst erfüllt, und der Orkan verlor nichts von seiner Heftigkeit.

Wir sollten nur eine halbe Stunde auf dem Flughafen von Chicago bleiben. Von Zeit zu Zeit hielt uns der Lautsprecher auf dem laufenden.

»Schnellboote der Marine durchkreuzen den See in allen Richtungen. Der Abflug nach New York verzögert sich um eine Viertelstunde.«

Dann um eine weitere Viertelstunde.

»Bis jetzt hat man keine Spur von der Maschine und ihren Passagieren gefunden. Der sehr aufgewühlte See mit mehr als drei Meter hohen Wellen macht die Suche schwierig.«

Erneute Verspätung von einer Viertelstunde. Wie viele davon hatte es gegeben? Ich zählte sie nicht. Schließlich schien sich der von heftigen Windstößen begleitete Sturm zu beruhigen.

»Die Passagiere nach New York werden gebeten, sich wieder an Bord zu begeben und ihre Plätze einzunehmen . . .«

Der Start verlief fast normal, dann das Hinaufsteigen in den Himmel, schließlich der Flug in Normallage. Ich hielt dich auf den Armen, während D. endlich schlief, und ich wartete darauf, daß sie erwachte und wieder zu sich kam, um dich ihr anzuvertrauen.

Man hätte meinen können, daß der Sturm uns verfolgte, weniger heftig, aber immer noch mit plötzlichen Erschütterungen und Blitzen. Oder vielmehr, wegen der kurzen Beruhigungen zwischendurch, schienen wir von einem Sturm in den anderen zu fliegen, so als durchquerten wir eine richtige Kette von Orkanen.

Im Morgengrauen erschien mir die Landschaft sonderbar. Sie erinnerte mich an die Hügel und an die Vegetation im Süden.

Der Flugkapitän erklärte uns persönlich, daß er wegen der Unwetter, die in einem großen Teil der Vereinigten Staaten wüteten, gezwungen gewesen sei, südwärts zu fliegen, und daß wir soeben über Washington geflogen seien. Infolgedessen entschuldigte sich die Fluggesellschaft dafür, uns mit zwei Stunden Verspätung nach New York zu bringen.

Stille.

Überall fast unwirkliche Stille nach dem Lärm. Das Flugzeug glitt ohne Erschütterungen durch die Luft, und das Geräusch der Motoren war nur noch ein gleichmäßiges Brummen.

»Die Suche auf dem Michigan-See wird fortgesetzt, obwohl jede Aussicht, die Maschine und überlebende Passagiere zu bergen, verloren scheint. Einige Teile der Tragflächen konnten gefunden werden.«

So, Johnny! Das war alles für deinen zweiten Flug. Soweit ich mich erinnere, hast du dich sehr gut verhalten, kleiner Mann, und wir landeten ohne Zwischenfälle. Angehörige von Passagieren warteten ängstlich, denn die ersten Radiomeldungen hatten nicht genau gesagt, welche der beiden Maschinen, die sich über dem See gekreuzt hatten, buchstäblich vom Blitz erschlagen worden und mit Mann und Maus in das sehr tiefe Wasser gestürzt war.

Unsere Wohnung im Hotel, wo eine gewisse Nacht über mein Schicksal und das deiner Mutter und, folglich, über deins entschieden hatte.

Diesmal ging D. nicht mehr verstohlen hinein, eine Hutschachtel in der Hand. Wir richteten uns ein. Ein hübsches Bettchen aus Nußbaum war für dich bereitet worden. Es war hellichter Tag, mit einer schönen Junisonne, ohne eine Spur von den Stürmen der Nacht. Ich war nicht mehr müde. Ich überließ D. die Aufgabe, die Koffer auszupacken und alles einzuräumen, wie früher Tigy. Wir hatten in Carmel deinen zusammenklappbaren Kinderwagen zurückgelassen in der Hoffnung, einen schöneren von besserer Qualität in New York zu finden.

Ich ging zu einem Geschäft in der Fifth Avenue in der Nähe der Kirche Saint Patrick, das auf all das spezialisiert war, was die Kinder von einem Monat bis zu zwölf Jahren betraf.

»Schade, noch in der letzten Woche hatten wir welche, schöne, weißlackierte Landauer auf einem Gestell aus verchromtem Stahl.«

»Bekommen Sie nicht bald wieder welche herein?«

»Erst in einigen Wochen. Sie kommen aus England, und man schickt sie uns nur tröpfchenweise.«

»Wo kann ich wohl einen finden, was meinen Sie?«

»Schauen Sie doch bei Bloomingdale herein . . .«

Eins von diesen riesigen Geschäften, die ich nicht mochte, mit vielen Etagen, wo man alles verkaufte, Kleidung für Frauen, Männer und Kinder, Möbel, Haushaltsartikel, was weiß ich noch alles? Es war jedoch das einzige Geschäft in New York, wo man im Untergeschoß alle Käsesorten von Frankreich, Italien und Holland finden konnte, nicht zu reden von Walderdbeeren, die in Amerika nicht wachsen und die Bloomingdale jeden Morgen per Flugzeug erhielt.

Dort entdeckte ich einen Sportwagen aus marineblauem Segeltuch, mit dem ich mich begnügen mußte. Allerdings entdeckte ich auch einen Kindersitz fürs Auto, damals eine Neuheit, die, so garantierte der Hersteller, volle Sicherheit bot. Ich hatte kein Auto mehr, aber ich kaufte dennoch einen Sitz.

Ich ließ das Ganze ins Hotel liefern, und dazu Blumen und einen reichhaltigen Obstkorb, in der Mitte einen leckeren englischen *cake,* der an die Kuchen erinnerte, die deine zukünftige Patin in Tucson für deine Mutter gebacken hatte. Wenn ich sage deine zukünftige Patin, dann deshalb, weil du mit neun Monaten noch nicht getauft warst. Jean Renoir, der unbedingt dein Pate werden wollte, hatte mir telegrafisch mitgeteilt, daß er in Kalkutta, wo er am Ufer des Ganges seinen großen Film *Le fleuve* drehte, nicht genug elektrischen Strom vorgefunden hatte, um die Innenaufnahmen zu machen. Er hoffte ein Mittel zu finden, um diesen Mangel zu beheben, durch den er ein Jahr verlieren würde.

Tigy wartete in Carmel mit Marc und Boule auf eine Entscheidung, die ich noch nicht getroffen hatte.

Wohin? Wir waren vier Personen, die an der Frage interessiert waren, du nicht mitgerechnet, da du noch nicht deine Meinung sagen konntest. Tigy hatte sich so ungefähr an das amerikanische Leben gewöhnt, war aber durch die Sprache, die sie sich nur mit Mühe aneignete, gehandikapt. Deine Mutter dagegen bewegte sich hier wie ein Fisch im Wasser. Ihr Traum jedoch, seit ihrer Kindheit, der Traum aller Kanadier und Kanadierinnen mit französischer Muttersprache, war es, Frankreich zu entdecken. Boule paßte sich sehr gut an das amerikanische Leben an, und paradoxerweise kam sie besser mit dem Englischen zurecht als Tigy. Die Frage, die sich ihr stellte und sie betrübte, so daß sie häufig Tränen vergoß, war diese: bei wem werde ich in Zukunft leben?

Ich war nicht in der Lage, auf diese Frage zu antworten, genausowenig wie auf die erste. Ich war in den letzten Monaten zu sehr erschüttert worden, als daß ich jetzt nicht den Seelenfrieden an einem freundlichen Ort wünschte, vor allem für die Kinder.

Es war Juni. New York war glühend heiß, und in einigen Vierteln schliefen die Leute auf den Dächern, wohin sie ihre Matratzen brachten. Ich muß hinzufügen, daß die Dächer hier flach sind und kleine Mauern verhindern, daß man ins Leere fällt.

Ich hatte Verlangen nach Grün, nach Weite. Warum nicht ein paar Monate in La Rochelle verbringen, einer der Städte auf der Welt, die ich am meisten geliebt habe? Tigy und Marc würden in das Haus nach Nieul zurückkehren, das ich so liebevoll eingerichtet hatte und das mir nicht mehr gehörte. Deine Mutter, du und ich dagegen würden in der Gegend ein kleines weißgekalktes Haus finden, umgeben von großen Weiden, nicht weit vom Meer entfernt.

Ohne eine Entscheidung getroffen zu haben, ging ich aufs belgische Generalkonsulat, um unsere Papiere für eine lange Reise in Ordnung zu bringen.

»Wollen Sie wirklich mit einem Baby nach Europa reisen, Simenon?«

»Er ist groß genug, um die Überfahrt zu überstehen. Er hat bereits die Vereinigten Staaten von Westen nach Osten durchquert, unter schlechteren Bedingungen als die, mit denen ein Passagierdampfer zu kämpfen hätte.«

»Lesen Sie keine Zeitungen? Hören Sie kein Radio?«

Der Generalkonsul schien verblüfft zu sein.

»In der letzten Zeit nicht. Ich hatte andere Sorgen.«

»Haben Sie nicht von Korea gehört?«

»Ich weiß nur, daß Nordkorea gegen Südkorea kämpft. Das ist am anderen Ende Asiens, oder?«

»Hören Sie mir gut zu und überlegen Sie. Die Amerikaner kämpfen gegen die Südkoreaner. Die Nordkoreaner werden von den Russen unterstützt. Ich kann Ihnen nicht die streng geheimen Einzelheiten verraten, die uns von unserer Botschaft in Washington und der belgischen Regierung mitgeteilt worden sind. In Europa herrscht eine gewisse Panik, und viele Franzosen, die vom letzten Krieg noch genug haben, haben ein Visum für die Vereinigten Staaten beantragt. Ich kann Ihnen nicht mehr sagen, aber an Ihrer Stelle . . .«

Ich hatte verstanden. Ich hatte gewählt: keine Reise nach Europa.

»Wo wohnen Sie im Augenblick?«

»Im Hotel Drake.«

»Ich nehme an, Sie haben nicht die Absicht, sich mit Ihrer Familie in Europa niederzulassen?«

»Bestimmt nicht. Ich werde einen sehr ruhigen Landstrich suchen, ein Dorf oder eine kleine Stadt, wo die Kinder sich austoben können.«

»Kennen Sie Connecticut?«

»Ich bin dort durchgefahren, als ich von Kanada kam. Zu viele Städte, zu viel Verkehr auf den Straßen, für meinen Geschmack . . .«

»Ich spreche nicht vom Connecticut der *commuters* . . .«

Die *commuters* sind die Leute, die in New York arbeiten und jeden Tag, um dorthin und wieder nach Hause zu gelangen, fünfzig oder sechzig Meilen zurücklegen. Diejenigen von Connecticut gehörten einer ziemlich hohen sozialen Schicht an, korrekt gekleidete *high executives,* Leute von der Madison Avenue, das heißt die, die eine mehr oder weniger wichtige Rolle beim Rundfunk, Fernsehen oder in der Werbung spielten und eine Klasse für sich bildeten.

»Sie kennen nicht den Nordosten des Landes, ungefähr zweihundert Meilen von New York entfernt, am Fuße der Berkshires?«

Ich hatte viel von diesen Bergen gehört, von diesen Tälern, diesen Seen und den Konzerten, zu denen sich jeden Sommer die Musikbegeisterten zusammenfanden.

Als ich wieder zurück ins Drake kam, sah ich dich in deinem Sportwagen sitzen, auf dem Bürgersteig neben dem Eingang, wo ein schicker Portier in Uniform lächelnd auf dich aufpaßte. Auch du, Johnny, lächeltest ihn an, du lächeltest die Passanten an, die Sonne, den blauen Himmel, das Leben . . .

In dem Maße, wie du größer wurdest, lächeltest du immer mehr, ein offenes Lächeln ohne Geheimnis, das lediglich deine Zufriedenheit ausdrückte. Du wußtest noch nicht, daß dein Schicksal sich soeben entschieden hatte, diesmal für eine recht lange Zeit und nicht mehr für wechselnde »Provisorien«.

Als ich zu Fuß vom Generalkonsulat, das in ich weiß nicht welcher Etage des Rockefeller Centers lag, zurückgekommen war, hatte ich eine Straßenkarte von Connecticut gekauft. Ich teilte D. diese Neuigkeit mit, die diese Perspektive zu begeistern schien. Ich schrieb Tigy und Marc, um ihnen zu sagen, daß ich in wenigen Tagen Genaueres über unsere Zukunft wissen würde. Auch ein paar liebevolle Zeilen an Boule. Ich erzählte es dem Hoteldirektor, der ein ausgezeichneter Freund geworden war, und er pflichtete meinem Plan bei.

»Wissen Sie, daß die New Yorker im Herbst, während des sogenannten Indianersommers, Stoßstange an Stoßstange nach Connecticut fahren, um dort die Bäume mit dem Blattwerk zu bewundern, das von golden über die gesamte Farbpalette bis dunkelrot variiert? Sehen Sie es sich an. Nehmen Sie besser die kleinen Straßen als die Autobahn, außer für die ersten sechzig Meilen . . .«

Ich ging zu Sachs-Fifth-Avenue, einem der elegantesten Geschäfte der Stadt, um für D. Kleider zu kaufen, der die Umstandskleider nicht mehr paßten, denn nach und nach hatte sie ihre Figur wiederbekommen.

In einer beeindruckenden Umgebung ging ich von Verkaufsständer zu Verkaufsständer, befühlte die Stoffe, suchte freundliche Farbtöne und einfache Linien. Wenigstens sechs Verkäuferinnen, alle jung außer der Dame, die sie befehligte, sahen mir mit belustigtem Erstaunen zu.

Eine von ihnen kam auf mich zu.

»Was suchen Sie, Monsieur?«

»Kleider für meine Frau . . .«

Sollte ich in diesem prachtvollen Geschäft den Trick von Tucson wiederholen, der mir eine unangenehme Antwort eingebracht hatte? Ich entschloß mich dazu.

»Sie muß im Hotel bei unserem Kind bleiben. Ich bin es gewöhnt, ihre Kleider auszusuchen.«

»Was gefällt ihr?«

Ich zeigte auf drei, vier Kleider, dann auf ein fünftes.

»Kennen Sie ihre Größe?«

Ich zeigte auf eine der Verkäuferinnen.

»In etwa wie dieses junge Mädchen. Könnte sie vielleicht wenigstens eins der Kleider anprobieren, damit ich es beurteilen kann?«

Man sah mich hier nicht mißbilligend an, als wäre ich auf der Suche nach Abenteuern.

»Edna! Kommst du mal einen Augenblick?«

Sie erklärte ihr leise, was ich wünschte. Der Name des Hotel Drake war hier die beste Empfehlung, die ich geben konnte.

Nach einer kurzen Unterredung mit der älteren Dame, die zustimmte, verschwand Edna mit den Kleidern. Sie kam lächelnd zurück, trug eines der Kleider, und ich war entzückt.

»Ich kaufe es.«

Während sie sich wieder umzog, durchsuchte ich den Verkaufsständer, wo ich weitere Kleider fand, die mir gefielen.

Das dauerte lange. Glücklicherweise war die Luft klimatisiert. Alle jungen Mädchen schienen sich zu amüsieren. Letztendlich wählte ich fünf oder sechs Kleider aus, für Sommer und Frühling, und nun kam die alte Dame ihrerseits auf mich zu.

»Sagen Sie mir bitte Ihren Namen und Ihre Zimmernummer. Eine meiner Änderungsschneiderinnen wird morgen früh ins Hotel kommen, um diese Kleider anzuprobieren und die nötigen Änderungen vorzunehmen.«

Selbstverständlich war ich einverstanden. Da ich gerade dabei war, ging ich auf den Broadway in die Garage Chrysler. Ich erinnerte mich an meinen guten Chrysler von einst, der mir acht Jahre lang treu gewesen war, bevor ihn einer meiner Freunde in La Rochelle, ein Bauer, dem ich ihn geschenkt hatte, zu einem kleinen Lieferwagen umgebaut hatte.

Nun, ich kaufte keinen Chrysler im eigentlichen Sinne, sondern einen De Soto, ein neues Modell mit Namen »Town and Country« vom selben Hersteller.

Diese Autos »für Stadt und Land«, bei denen man die Rückenlehnen herunterklappen konnte, was heutzutage üblich ist, waren damals eine Neuigkeit.

»Kann ich ihn mitnehmen?«

Ich zog mein Scheckbuch aus der Tasche.

»Haben Sie die Absicht, ihn bar zu bezahlen?«

»Sicher.«

»Das ist falsch. Sie werden viel Geld verlieren.«

»Das verstehe ich nicht.«

»Die monatlichen Ratenzahlungen können Sie als Schulden von Ihren Einkünften abziehen, so daß sich Ihre Steuern verringern. Unsere reichsten Kunden machen es nicht anders.«

Ich hatte nur einmal in meinem Leben auf Kredit zurückgegriffen, in ganz jungen Jahren, als Tigy und ich bei Dufayel die Haushaltsartikel gekauft hatten, die für unsere Einrichtung an der Place des Vosges notwendig gewesen waren.

»Wenn Sie meinen . . .«

»Einen Augenblick bitte.«

Währenddessen kam schon ein Mechaniker zu meinem Wagen, polierte die Karosserie, überprüfte den Motor.

»In Ordnung«, verkündete mir der Verkäufer. »Sie sind nicht auf der schwarzen Liste.«

»Welche schwarze Liste?«

»Die der privaten Agentur, die alle Informationen sammelt und an die sich die Firmen wenden.«

Ich händigte ihm einen Scheck über die erste Rate aus.

»Habe ich keine weiteren Formalitäten zu erledigen?«

»Alles ist fertig. Hier sind Ihre Papiere, hier die des Autos. Die Nummernschilder sind angebracht, und es ist vollgetankt, Geschenk des Hauses. Würden Sie mir bitte nur diese Wechsel unterzeichnen, und kümmern Sie sich um nichts.«

Ich glaubte zu träumen. Wie einfach alles war in diesem Land.

»Kennen Sie die automatische Schaltung?«

»Ja. Ich hatte das in meinem Buick.«

Ich fuhr fort, beeindruckt, zum ersten Mal in New York zu fahren, fand mich leicht zurecht, und das Auto fuhr lautlos zum Drake.

Ich teilte D. mit:

»Morgen kommt jemand von Sachs, um dir deine Kleider anzuprobieren, die ich ausgesucht habe.«

Ich nahm dich auf den Arm, mein Johnny. Deine Augen leuchteten. Du hattest einige Wörter gelernt, und bald würdest du laufen.

»Komm mit.«

D. folgte mir erstaunt, beinahe beunruhigt.

»Wohin gehen wir?«

»Nach unten.«

Ich zeigte auf den hellbeigen Wagen am Bordstein.

»Er gehört uns. Ich habe ihn soeben gekauft.«

»Machen wir eine Probefahrt?«

»Steig ein. Nimm Johnny auf deine Knie.«

Und wir fuhren in aller Ruhe um den Central Park.

Zwei Tage später machten wir uns auf die Suche nach einem *home* in Connecticut, D. mit ihren neuen Kleidern, du zwischen uns auf deinem Patentsitz.

Wir fuhren alle drei über einen »Parkway«, dessen Namen ich vergessen habe, eine achtspurige Autobahn, auf der weder Lastwagen noch Motorräder zugelassen waren. Hohe Bäume zu beiden Seiten. D. studierte die Karte, die auf ihren Knien ausgebreitet lag.

»Nach ein paar Meilen müssen wir rechts abbiegen, wenn wir übers Land fahren wollen.«

Wir fuhren nicht schnell. In Connecticut war die Höchstgeschwindigkeit auf ungefähr einhundert Stundenkilometer begrenzt. Wir fuhren sechzig auf den kleinen Landstraßen, sahen Wälder, viele Wälder, die noch nicht vom Herbst berührt waren.

Überall in den Dörfern ließen Kinder Knallfrösche springen. In dem Gasthof, wo wir anhielten, um uns frisch zu machen und Johnny die Windeln zu wechseln, hörte man uns erstaunt zu, als wir von diesen Knallfröschen erzählten.

»Aber es ist doch der *Fourth of July!*«

Wir hatten nicht daran gedacht. Der Nationalfeiertag, der die Fülle von Sternenbannern und Fanfarenzügen, die uns hin und wieder die Straße verstopften, erklärte.

Ein See, still und blau. Wiesen, schwarze Kühe mit sehr kurzen Beinen im Grünen. Das war eine neue Rasse, die Black Angus, die durch fortlaufende Kreuzungen gezüchtet worden war, wie die Bassethunde.

»Welchen Nutzen kann man aus den Beinen ziehen?« wurde mir später gesagt. »Diese Rinder hier geben genauso viel Fleisch wie die anderen, denn ihr Körper ist ebenso kräftig und schwer. In den Schlachtereien sind die Beine zu nichts nütze.«

Sie hatten trotzdem noch keine Kühe und Rinder ohne Beine erfunden!

Die Landschaft bezauberte uns. Wir fuhren auf gut Glück weiter, und die Dörfer wurden seltener, die Leute weniger. Flüsse, Bäche, Bäume, immer wieder Seen.

Es war ein Uhr mittags, und wir hatten alle drei Hunger. Einem ziemlich großen See gegenüber hielten wir vor einem innen und außen ganz weißen Restaurant. Es war ruhig, der Patron sympathisch. Wir waren fröhlich, und die Steaks waren köstlich.

»Wo sind wir?«

»Die kleine Kirche, die Sie unten an der Straße sehen konnten, gehört zu Lakeville. Der See heißt Navoscopohnuk . . .«

»Wie?«

Amüsiert wiederholte er, wobei er die Silben getrennt sprach. Er fügte hinzu:

»Das ist ein indianischer Name, der beibehalten wurde. Er bedeutet wohl: ›die Milch der geliebten Frau‹.«

»Hörst du, Jo?«

»Ein anderer See auf der linken Seite heißt ›Indian Lake‹. Der Weg durch den Wald auf halber Höhe ist kein anderer als der ›Indian Track‹, der Pfad, dem die Indianer folgten, um ihre Pelze in New York zu verkaufen, damals noch eine holländische Stadt . . .«

Er hätte einen ausgezeichneten Reiseleiter abgegeben, und wir fühlten uns ein wenig wie Touristen, obwohl wir einen mehr oder weniger endgültigen Zufluchtsort suchten.

»Die Schule des Dorfes hat den Namen ›Indian Mountain School‹. Und das Gebäude, das Sie durch die Bäume hindurch links neben dem See sehen, ist eine der beiden renommiertesten Vorschulen der Vereinigten Staaten: ›Hotchkiss School‹ . . .«

»Wie die Automobile?«

»Die Automobile waren nur eine Notlösung. Am Ende des letzten Jahrhunderts hatten zwei Brüder ein Fahrradgeschäft in Lakeville. Es waren erfinderische entschlossene Burschen, die einen Apparat fertigstellten, den man Maschinengewehr nannte, und das erste trug ihren Namen. Sie boten den Vereinigten Staaten das Patent an. Washington wollte es nicht, da Amerika zu der Zeit davon überzeugt war, daß es niemals Krieg führen würde.

Die beiden Brüder begaben sich mit ihrem Patent nach Europa, und in Frankreich haben sie ihre Fabriken gebaut. Da das Waffengeschäft manchmal tote Zeiten kennt, haben sie den Wagen, der ihren Namen trägt, geschaffen, um ihre Arbeiter zu beschäftigen . . .«

Er lächelte immer noch schelmisch. Man hätte meinen können, er durchschaue uns. Das Land gefiel uns, und dieses Wort war nicht stark genug.

»Sie wissen nicht, ob hier Häuser zu mieten sind?«

»Zu mieten nicht, fürchte ich. Zu kaufen vielleicht. Das wird schwierig sein. Sie müssen sich an den Immobilienmakler C. B. wenden, der in Salisbury wohnt, drei Meilen von hier. Heute wird er geschlossen haben. Und ich glaube, daß es Zeit kosten wird.«

»Gibt es ein Hotel?«

»Im Zentrum von Lakeville. Ich würde Ihnen aber raten, sich in einem der Pavillons am Ufer des Sees einzumieten, mit dem Kind. Fahren Sie zurück und nehmen Sie den Weg rechts.«

Wir folgten seinem Rat, fanden ein Hotel mit Restaurant, das umgeben war von geräumigen Bungalows aus Holz mit schattiger Veranda. Wir mieteten sofort einen. Als wir wegfuhren, dachte ich Tigy einen Dienst zu erweisen, indem ich einen zweiten mietete, nicht zu nahe an dem ersten. Diese Bungalows waren komfortabel und neu, die Möbel rustikal einfach, aber praktisch.

Du warst vielleicht überrascht, mein Johnny, daß wir auf der ganzen

Heimfahrt sangen. Wir kamen spät nach New York zurück, und sobald die Nacht hereingebrochen war, wurden traditionsgemäß aus allen Gärten Feuerwerkskörper abgeschossen.

»Nun?« fragte mich der Direktor des Drake.

»Wir haben etwas gefunden.«

»Ein Haus?«

»Noch nicht. Aber schon den Ort. Ein kleiner Flecken mit einer kleinen weißen Kirche auf einem Hügel. Ein wunderbarer See . . .«

»Lakeville?«

»Ja.«

»Ich kenne es.«

Und verschmitzt:

»Wann reisen Sie ab?«

»Übermorgen.«

Wir hatten ungefähr das gleiche Alter, aber wie ein Älterer belächelte er meinen jugendlichen Überschwang.

»Ich glaube, daß Sie mit Ihrer Wahl zufrieden sein werden.«

Der Entschluß war getroffen. Es fehlte nur noch das Haus, die beiden Häuser, denn es war noch ein weiteres nötig für Tigy, Marc, vielleicht für Boule, weniger als sechs Meilen von unserem entfernt.

Ich blieb optimistisch.

39

Wenn man am See entlang fuhr, kam man auf die Straße, wo nur das kleine weiße Restaurant zu ebener Erde stand. Am 4. Juli hatten wir dort auf unserer Suche nach einem neuen Nest angehalten. Zweihundert Meter weiter ein sanfter Abhang; wir gingen an der kleinen Kirche mit dem Schieferdach vorüber, einer katholischen Kirche, in der du getauft werden würdest, Johnny, wenn dein großer Herr Pate eines seiner Meisterwerke in Indien am Ufer des heiligen Ganges beendet haben würde. Diese kleine Kirche, mehr eine Kapelle, stand auf einem Hügel mit einem Rasen, der mit Feldblumen übersät war. Zur Rechten ein schmaler Pfad mit ein paar bescheidenen Häusern, der irgendwohin führte.

Dann gleich dahinter, den See links liegen lassend, kamen wir ins Zentrum von Lakeville. Links ein rötliches Gebäude aus mehrmals gebrannten Ziegeln, offensichtlich verlassen, denn in den staubigen Fensterrahmen fehlten die Scheiben. Ich würde später erfahren, daß man hier während des Unabhängigkeitskrieges Waffen hergestellt hatte und daß nach mehreren Fehlschlägen seine Werkstätten leer geblieben waren.

Verdiente Lakeville den Namen »Dorf«? Höchstens den eines Weilers, denn die Main Street, die Haupt- und Geschäftsstraße, war nicht länger als drei- oder vierhundert Meter.

All das entdeckten wir zusammen, D., du und ich, bald in unserem Wagen, wo du auf deinem Sicherheitssitz throntest, bald zu Fuß, du in deinem Sportwagen aus blauem Segeltuch.

Du machtest nicht mehr so häufig deine Windeln naß, die jetzt von einer blauweiß gestreiften Hose und einem passenden Blüschen bedeckt wurden. Deine schwarzglänzenden Haare wuchsen, und deine Augen sahen immer neugieriger auf das, was dich umgab.

Links eine Apotheke, eine richtige, kein Drugstore im amerikanischen Stil. Ein richtiger Laden eines Apothekers, wie früher, mit seinen traditionellen Gläsern, das eine mit einer gelben, das andere mit einer grünen Flüssigkeit gefüllt. Ein alter Mann, der als »Original« bezeichnet wurde, lebte dort alleine vor sich hin, brummte kaum verständliche Worte, wenn er in seinen schwarz gewordenen Regalen Arzneien suchte oder auf seiner kleinen Kupferwaage Pülverchen wog.

Beinahe gegenüber das Landgasthaus aus rotgestrichenem Holz, mit einer Bar im Kellergeschoß. Das Gasthaus stammte aus dem Jahre 1748, und seine Küche galt als ausgezeichnet, denn man kam von weither.

Das war alles auf dieser Seite des Dorfes. Nur die Straße, die man in Frankreich *départementale* oder *communale* nennen würde und die nach Millerton, im Norden des Staates New York, führte. Kaum sechs Meilen.

Die rechte Seite dieser Straße wurde zum Herzen von Lakeville. Ein rotes Geschäft an der Ecke, ziemlich groß, aber altmodisch, ein »P. and A.« (Pazifik und Antlantik), gehörte zu einer bekannten Geschäftskette für Lebensmittel, die früher von einem Ozean zum anderen Niederlassungen besessen hatte.

Zwei kleine Häuser, dann das Postamt mit seinem Eingang mit den weißen Säulen und seiner griechischen Giebelfassade. Du würdest bald oft mit mir dorthin gehen. Gegenüber ein Laden, wo man Zeitungen, Bücher, Comics, Schallplatten und fast alles verkaufte, was man in den Gemischtwarenläden findet. Er gehörte einem Monsieur Hugo, der nicht von dem großen Dichter, Dramatiker und Romancier abstammte. Er war in ganz jungen Jahren aus einem fernen baltischen Land hierher gekommen. Er war klein und rund, fröhlich, und du solltest bald sein bester Kunde werden.

Nebenan beherbergte eine rosa-weiße Villa die Büros des einzigen Rechtsanwaltes der Gegend, Sam Beckett, nicht nur Rechtsanwalt, sondern auch Notar, Versicherungsagent und Grundstücksmakler. Seine Privatvilla auf der anderen Seite der Straße am Hügel. Der Laden eines Friseurs italienischer Abstammung, der in ein paar Monaten dir als erster die

Haare schneiden würde. Damit war man mit der Main Street schon so ungefähr am Ende. Alles hier war ein Wechsel von Hügeln und Tälern, Seen, Weiden und Wäldern.

Salisbury, das Geschäftszentrum, lag drei Meilen entfernt: ein Drugstore, in dem alles verkauft wurde, einschließlich Hot dogs, Coca-Cola, Seven-up und vor allem *ice-creams* in allen Farben, Spielzeug, Taschenmesser, Haushaltsartikel.

Gegenüber der Supermarkt in bescheidenen Ausmaßen, zwei Gänge, wo Konserven und Mehldosen, Gläser mit Kindernahrung aufgereiht waren, und hinten die Theke für Fleisch und Fisch, wo der Chef thronte, ein lustiger Bursche, Italiener, mit einem großen Schnurrbart.

Ein paar Häuser. Eine imposantere Kirche als in Lakeville, presbyterianisch, das heißt, daß sie der Glaubensrichtung angehörte, die als die aristokratischste in der protestantischen Hierarchie gilt.

Im Hintergrund ein ziemlich düsterer Berg, ein Dickicht ohne richtige Straße, mit einem Gipfel, auf dem nichts wuchs und der aus diesem Grunde der Kahle Berg genannt wurde.

Weiter . . . Wir wagten uns nicht weiter vor. Das hoben wir uns für später auf. Im Moment begnügten wir uns damit, den Kern unserer kleinen Welt zu entdecken, in der wir leben sollten.

Ich telefonierte mit Tigy, die immer noch in Carmel war. Ich informierte sie über die internationalen Neuigkeiten und die Kriegsdrohungen, denn sie las keine Zeitungen. Ich beschrieb ihr Lakeville und die Umgebung mit überschäumender, beinahe lyrischer Begeisterung. Alles ließ ich einfließen, die Hügel, die Seen, die Wälder, die Häuser, die in der Natur verstreut standen . . .

Als ich noch ein sehr junger Mann gewesen war, hatte dieser Enthusiasmus Tita sehr amüsiert, die jüngere Schwester Tigys, wenn ich meine »Verlobte« in der Rue Louvrex besucht hatte. Mit einem Blick hatte sie entdeckt, daß ich eine Hose, einen Hut, eine Jacke oder ein Paar Schuhe zum erstenmal trug. Dann hatte sie, ihre Schwester mit dem Ellbogen anstoßend, gesagt:

»Jetzt macht er Reklame!«

Jawohl, Johnny. Ich war dann so glücklich über meinen Kauf gewesen, daß ich daran alle möglichen Qualitäten entdeckt hatte, auch wenn die Hose beim ersten Regen einlaufen oder die Schuhe Wasser durchlassen würden.

Hatte ich mich geirrt, als ich an einem Sonntag mittag nach einer langen Tour in Tucson angehalten und mich in die Wüste verliebt hatte? Das hatte Marc und uns drei mitreißende Jahre geschenkt, die in deiner Geburt einen glänzenden Abschluß gefunden hatten. Der Reiz von Carmel-by-the-Sea, das ich nicht ausgesucht hatte, hatte mich, mit dem von Monterey, sofort ergriffen. Heute war ich sicher, dieses ruhige und grüne Land zu lieben, seine Hügel, seine Seen, seine Bäche. Wenn Tita mich am Telefon gesehen und gehört hätte, hätte sie wieder einmal gesagt:

»Er macht Reklame!«

Nicht wie ein Handlungsreisender, der seinen Spruch aufsagt. Mein Enthusiasmus war aufrichtig, tief empfunden, und ich vertraute auf meinen Instinkt.

»Soll ich den Bungalow behalten, den ich euch reserviert habe? Ich unterschreibe nichts ohne deine Zustimmung.«

Sie sagte mir, daß sie eine Woche später ankommen würde, mit einem Zug, der zwei Tage und zwei Nächte brauchte, um die Vereinigten Staaten in ihrer ganzen Breite zu durchqueren.

»Aber wie sollen wir ohne Auto dorthin kommen, wo sagst du?«

»Lakeville.«

Sie wiederholte den Namen, um ihn sich gut einzuprägen.

»Telegrafier mir den Tag und die Uhrzeit eurer Ankunft in New York, und ich werde euch im Wagen abholen.«

»Du hast schon einen Wagen gekauft?«

»Groß genug für euch drei und das Gepäck.«

Jetzt Marc.

»Wo bist du, Dad?«

»In einem Ort namens Lakeville, wo die Schule ›Indian Mountain School‹ heißt . . . Rundherum sechs oder sieben Seen . . .«

»Kann man fischen?«

»Nicht nur im See, sondern auch in den Bächen voller Forellen.«

»Prima!«

Armer großer Marc! Vor meiner Abreise hatte er mich betreten gefragt:

»Sag mal, Dad . . . Wann werde ich aufhören, die Schule und meine Freunde zu wechseln?«

Es hatte ihn wohl große Anstrengung gekostet, mir diese Frage zu stellen, denn er war noch schüchterner, noch befangener als ich.

»Bald . . .«

Die Zukunft sollte ihm zeigen, daß ich keine leeren Versprechungen machte.

Ich läutete in Salisbury an der Tür eines gutbürgerlichen Hauses, hübsch und komfortabel, wo ich den Immobilienmakler der Gegend traf, nicht wissend, daß ich mich an Rechtsanwalt Beckett hätte wenden können.

Der Mann war groß und blond, schottischer Abstammung, und als Vornamen hatte man ihm den Familiennamen seiner Mutter gegeben, was in den Vereinigten Staaten häufig vorkommt.

C. B. hörte mich an, stellte mir seinerseits Fragen. Wie viele Personen waren wir? Brauchte ich ein Arbeitszimmer, Zimmer für das Personal, oder sonst etwas?

»Geben Sie mir eine Woche, um Ihnen ein Haus anzubieten.«

»Ich lege vor allem Wert darauf, rundherum Platz zu haben.«

»Ich habe verstanden.«

Er hatte tatsächlich verstanden. Er machte mit uns in seinem Wagen eine Rundreise, und ich wurde mir klar darüber, daß Lakeville eine viel bedeutendere Kommune war, als ich gedacht hatte. Um die Main Street herum entdeckte ich, verdeckt von Bäumen und von Hügeln, am Ende von oft schmalen Landwegen, vereinzelte Anwesen, einige davon weitläufig und luxuriös. Überall waren welche.

»Sind viele davon zu verkaufen?«

»Praktisch keins.«

»Und nun?«

»Verlassen Sie sich auf mich.«

Ich fuhr alleine mit dem De Soto zum Grand Central, dem Hauptbahnhof von New York hinten an der Park Avenue, um Marc, Tigy und Boule abzuholen.

Der hintere Teil des Wagens war mit Koffern und Schrankkoffern vollgestopft. Marc und ich fielen uns gegenseitig in die Arme, auch Boule umarmte mich, ein wenig beruhigt über mein Schicksal.

»Ist es auf dem Land?« fragte Marc.

»Nicht so wie woanders. Rehe, Klapperschlangen leben in den Wäldern, ein paar hundert Meter von den Häusern entfernt. Auf dem Kahlen Berg hausen sogar weiße Wilde . . .«

»Keine Indianer?«

Ich erzählte ihm wieder, was C. B. mir mitgeteilt hatte. Vor einem Jahrhundert hatte eine sehr anspruchslose religiöse Sekte mit strengen Regeln es abgelehnt, Steuern zu zahlen, und war, da sie von den Behörden verfolgt wurde, auf den Kahlen Berg geflüchtet.

Mehrmals hatte die Polizei versucht, sie zu fassen, aber vergebens. Am Fuße des Berges erstreckte sich ein beinahe undurchdringliches Dickicht, und wenn die Vertreter der Ordnung ein Lager entdeckten, ein kaum erloschenes Feuer, dann waren die Leute schon verschwunden.

Diese »Wilden« lebten schon in der dritten Generation so, und niemand wußte, wie viele der Stamm zur Zeit zählte. Wovon lebten sie? Von wilden Tieren vor allem, von Beeren und Wurzeln. Etwa einmal im Monat erschien ein Mann in Lumpen wie ein Geist in Salisbury, auf der Schulter leere Säcke. Seine Haare waren lang, sein Bart ebenfalls, sein Gang leicht wie der der Indianer. Er ging in den Supermarkt, zeigte auf die Konservendosen, auf Mehl, Salz, Gewürze, auf getrocknete Erbsen und Bohnen, die er in seinen Säcken verstaute, und er bezahlte mit alten Silberdollars, die man hier seit langem nicht mehr gesehen hatte.

Sein Blick war sanft, und niemand kam auf den Gedanken, die Staatspolizei zu alarmieren. Dann verschwand er wieder im Dickicht, und es ging das Gerücht um, daß sie dort oben nackt lebten.

Wir würden gemeinsam dorthin gehen, meine Söhne. Wir würden keinen dieser weißen Wilden sehen, aber wir würden die Blätter rascheln hören, was bedeutete, daß uns Blicke folgten. Wir würden auch auf halber Höhe über einen Forellenbach springen, der wohl ein kostbares Gut für diese eigenartige Kolonie war.

Zehn Tage. Zwölf Tage. Unser Immobilienhändler ließ auf sich warten, und wir benutzten die Gelegenheit dazu, die Gegend zu durchstreifen. Tigy und D. vermieden es im gemeinsamen Einverständnis, sich zu begegnen. Jede kleine Gruppe lebte in ihrem weiten Bungalow.

Marc pendelte hin und her, und Tigy fuhr schnell nach New York, denn ein kleiner Zug fuhr von Millerton in die Metropole. Es war ein alter Zug, altmodisch und bezaubernd, den wir häufig nehmen würden. Sie kam im Auto zurück, einem ganz kleinen Renault, der ihr durch seine geringe Größe Sicherheit gab, denn immer noch machte ihr das Auto Angst.

»Wie findest du das Land, Marc?«

»O.K.! Vor allem den See. Und die Wälder. Ich habe meine Schule gesehen. Ich habe Rugby- und Baseballfelder entdeckt. Läßt du mich Rugby spielen?«

Du warst sanft und schüchtern, Marc, und dennoch zogen dich die härtesten und gefährlichsten Spiele an. So auch das amerikanische Rugby, unendlich brutaler als das europäische Rugby, bei dem die Spieler richtige Panzer anhaben, wie die Ritter im Mittelalter.

Mein Immobilienmakler zeigte sich endlich und erklärte mir selbstsicher, mit einem geheimnisvollen Lächeln:

»Ich habe gefunden, was Sie brauchen, und mir scheint es nicht notwendig, noch etwas anderes zu suchen. Kommen Sie.«

D. und ich, dazu du, Johnny, stiegen in den Wagen. Zu meiner Überraschung sollten wir nicht weit fahren. Am Fuße der kleinen weißen Kirche nahmen wir den Weg rechts, an dem vier oder fünf Häuser standen. Nach zweihundert Metern führte eine alte Holzbrücke, gerade breit genug für einen Wagen, ohne Geländer über einen schnell dahinfließenden Bach.

»Das Anwesen beginnt hier.«

Ein Schild verkündete:

»Privatweg. Zutritt verboten.« Zur Linken sah ich nur brachliegende Felder, eine schiefe Holzbaracke.

»Ist das . . .«

»Gleich . . .«

Noch ungefähr hundert Meter. Ein riesiger Felsen, aus dem Büsche und Bäume aufragten.

Etwas weiter ein weißes Haus mit grünen Fensterläden und Fenstern mit kleinen Scheiben. Es ist schwierig, von Etagen zu sprechen, denn man zählt sie nicht so wie in Europa. Hier bildet das Erdgeschoß die erste Etage. Ich werde also das Wort Geschoß verwenden, wie es heute in Europa üblich ist.

Das kleine schmucke Haus hatte also zwei Geschosse.

»Es stammt aus dem Jahre 1748, wie das Hotel, das Sie kennen. Sie sehen, daß es solide ist, obwohl aus Holz gebaut. Übrigens hat es zwei von Bohlen getrennte Holzschichten.«

Er zog einen Schlüssel aus seiner Tasche, öffnete, geheimnisvoller denn je, die Tür mit dem schweren, schmiedeeisernen Hammer.

Ein sehr großer Raum mit glänzendem Fußboden und einer Decke mit sichtbaren, echten Balken. Und auf einer Seite ein Kamin aus rohem Stein, auf dem man ein ganzes Kalb hätte braten können. Daneben eine dicke Eisenplatte.

»Was ist das?«

Jetzt war nicht ich es, sondern er, der »Reklame machte«, mit einer gleichbleibenden Stimme, als wäre alles ganz selbstverständlich.

»Der Backofen. Diese Art Kamin nennt man einen holländischen Kamin. Sehen Sie, unter dem Ofen eine breite Ablage für die Holzscheite.«

Auf der anderen Seite des Kamins ein sogenanntes Panoramafenster mit einem vergoldeten Stahlrahmen.

»Die Scheiben sind aus dickem Glas und doppelt, und dazwischen zirkuliert ein Gas, dessen Namen ich nicht kenne, das den Lärm, die Kälte und die Hitze abhält.«

Das war zu der Zeit neu, und es war es noch 1962 in der Schweiz, als ich die gleichen Scheiben für unser Haus in Epalinges nahm.

»Der gegenwärtige Besitzer hat Veränderungen vorgenommen.«

»Warum verkauft er?«

»Sie kennen bestimmt seinen Namen: R. I., der berühmte Journalist, der die Tageszeitung ›P. M.‹ (Nachmittag) in New York gegründet hat. Als die Zeitung ihr Erscheinen einstellte, leitete er eins der wichtigsten Magazine der ›Time‹-Kette.«

»Und jetzt?«

»Seine Frau ist hier gestorben, und er will nicht mehr an dem Ort leben, wo er mit ihr glücklich war. Er hat schließlich wieder geheiratet. Seine zweite Frau hat eine große Hühnerfarm in Virginia. Er kauft hier und da kleine Lokalzeitungen, die unter seinen Händen sehr rentabel werden.«

Ich verstand jetzt all diese Ahornregale, die das Zimmer an zwei weißen Wänden umgaben.

»Hier . . .«

Ein traumhaftes Eßzimmer, ganz mit feingemasertem Ahorn verkleidet. Ein alter Kamin, ebenfalls aus Holz. Zwei Fenster zum Garten hin, und hinten ein breites Fenster, das von Nischen mit Holzschnitzereien eingerahmt war.

»Für die Nippsachen oder das Silber«, verkündete mein Führer, der es nicht eilig hatte.

»Mir gefällt das Haus sehr gut.«

»Sie haben noch nichts gesehen.«

Wir kehrten wieder in das große Zimmer mit dem Kamin aus Stein zurück. Er stieß eine Tür auf.

»Die Bibliothek.«

Wieder mit Holz verkleidet, von oben bis unten mit Regalen ausgestattet. Glücklicherweise warteten etwa dreißig mit Büchern vollgestopfte Kisten in Tucson, weitere in Carmel.

Auch hier ein Kamin. Und wie im ersten Zimmer ein *bow-window,* ein großes Mittelfenster mit zwei Seitenfenstern, und darunter ein Kanapee, das sich den Konturen anpaßte.

»Die Küche?«

Eine andere Tür, ein langer Flur, eine Welt, die vorzufinden man dem Äußeren nach nicht erwartete. Viele Freunde würden sich in diesem Haus mit den zahlreichen Fluren verlaufen, das, am Hang des Felsens erbaut, zum Süden hin vier Geschosse hatte.

Ich bemerkte eine Treppe, die hinunterführte. Wohin?

Aber ich sah zunächst die Küche mit sichtbaren Balken wie der gesamte alte Teil des Hauses. Auf einer Seite, die von zwei Fenstern Licht bekam, waren alle modernen Küchengeräte untergebracht. Ansonsten Schränke, Regale in großer Zahl, dann ein Wirtschaftsraum, der als Waschküche diente, und hinter der Glastür ein Garten, nicht der einer Villa: eine endlose Fläche mit Bäumen und wildwachsendem Grün.

»Jetzt Ihr Schlafzimmer.«

Es war C. B., der hier selbstsicher mit ruhiger Stimme entschied. Ein Büfettschrank, dazu noch weiße Schränke. Eine weiße Tür öffnete sich, und wir wurden vom Licht geblendet: Die Sonne schien von überall her in das große, viereckige Schlafzimmer, das ebenfalls über ein *bow-window* verfügte.

Wieder ein Flur. Weitere Wandschränke. Das Badezimmer, dessen Fenster auf Rasen und auf einen Flügel ging, den ich nicht kannte, auf zwei Fenster mit kleinen Scheiben.

»Das ist für Ihr Söhnchen.«

Wir gingen wieder ins Schlafzimmer. Er öffnete eine Tür, die ich nicht bemerkt hatte. Eine große Terrasse, von einem weißen Geländer umgeben. Von hier aus sah man unten am Hügel einen Bach vorbeifließen. Weniger als fünfzig Meter weiter leuchtete eine Birke im Licht, mein Lieblingsbaum. Rechts sah ich ein in den Felsen gehauenes Schwimmbekken.

»Alles ist auf dem Felsen gebaut. Der Keller, den Sie noch sehen werden, ähnelt einer Grotte. Alles, was Sie hier in allen vier Himmelsrichtungen sehen, gehört zu dem Anwesen. Es umfaßt zwei Forellenbäche, einen Sumpf, ungefähr zwanzigtausend Bäume und schroffe Felsen auf der anderen Seite des Baches . . . Ursprünglich war das eine Mühle, und die eine Hälfte eines großen Zahnrades ragt aus dem Wasser. Während des Unabhängigkeitskrieges wurden hier kleine Kanonen produziert, und sie können noch eine sehen, in einem Baumstamm . . .«

Das war zuviel! Noch weitere Zimmer. Leuchtendes Weiß. Nichts Feierliches, auch nichts Protziges. Das Haus, so wie es jetzt hier stand, war langsam, Stück für Stück gewachsen, ausgehend von dem ursprünglichen Haus, dessen Schlichtheit und Stil respektiert worden waren.

»Bleibt noch, hinter den Tannen, das Häuschen, in dem die erste Madame I. ihre Bilder malte.«

Etwa dreißig Hektar Rasenfläche, Wald, Sumpf. Überall ging es hinauf und hinunter, wie in dem Haus.

Ich bemerkte ein Stück Eisenrohr in einem der Ahornbäume.

»Das war das Hobby von R. I. Er zapfte so den Ahornsirup ab, und in der Baracke, die Sie in der Nähe der Brücke gesehen haben . . .«

Er bestand darauf, mir unbedingt alles zu zeigen. Der *barn*, wie alle amerikanischen Ställe rotgestrichen, mit noch einem Ofen, einer elektrischen Milchzentrifuge und was weiß ich noch alles.

Eine Garage für zwei Autos; darunter ein Keller, alles noch in Felsen gehauen, wo Marc eines Tages Schlangen und Wasserschildkröten züchten würde.

Es war zu schön, ein Traum. Ich wartete darauf, den Preis zu hören, und als er ihn nannte, brach ich beinahe zusammen. Es war natürlich teuer, weit über meine Verhältnisse, in dem Augenblick, in dem ich soeben all mein Vermögen Tigy abgetreten hatte. Ich gestand es meinem Berater.

»Ich bin sicher, daß sich das arrangieren lassen wird. Wir haben morgen früh einen Termin beim Notar . . .«

»Rechtsanwalt Beckett?«

»Er kümmert sich um den Verkauf.«

»Und die Villa für meine erste Frau?«

»Sie hat mich angerufen. Ich soll ihr ein kleines Haus in einem reizenden Winkel zeigen, ›Salmon Creek‹, wo die Lachse nicht mehr laichen, seitdem zwanzig Meilen stromabwärts eine Sperre gebaut wurde.«

»Zu verkaufen?«

»Zu mieten. Es wurde von einem alten polnischen Maurer nach und nach gebaut, Jahr für Jahr, zur gleichen Zeit wie ein anderes, kleineres, für sich selbst.«

»Hat Tigy es besichtigt?«

»Noch nicht.«

»Ist es weit?«

»Vier Meilen von hier.«

Ungefähr sieben Kilometer. Ein Katzensprung. Gute Tigy, die ihrerseits zurechtzukommen schien.

Mein Arbeitszimmer und das von D. würden über unserem Schlafzimmer sein, vom Schwimmbad nur durch eine Glastür getrennt, und weiter unten würden wir über ein Zimmer für die Ordner verfügen, was mein Immobilienmakler das Archiv nannte. All das, wenn . . .

D. und ich zitterten bis zum nächsten Morgen. In Lakeville gab es eine Bank, eine bescheidene, wie man sie aus den Western von Einbrüchen her kennt und wo ich bereits ein Konto eröffnet hatte.

Am Morgen des nächsten Tages paßte Boule auf dich auf, während wir uns zu Beckett begaben, der einer meiner besten Freunde werden sollte, was er heute noch ist. Er hörte zu, überlegte, kritzelte Zahlen auf einen Block. Er war in meinem Alter, sympathisch, offen, wie die meisten Amerikaner, denen ich bisher begegnet war.

»Könnten Sie . . . monatlich zahlen, sagen wir . . . fünf Jahre lang?«

Ich überlegte, rechnete meinerseits, während D. mir zunickte.

»Die hiesige Bank ist nicht in der Lage, dieses Geschäft zu übernehmen. Wir müßten nach Torrington fahren, zu dem Direktor einer Bank, mit der ich häufig zusammenarbeite. Es ist weniger als eine Stunde von Lakeville entfernt.«

Letzten Endes fuhr D. dorthin. Ich neigte in meiner Begeisterung dazu, zu allem ja zu sagen. Der Anwalt ließ uns übrigens wissen, daß eine Frau mehr Chancen hätte, das zu erreichen, was sie wollte. Man hätte meinen können, er kannte D. bereits!

Ich blieb alleine bei dir, mein Johnny, und ich zwang mich dazu, weder ungeduldig noch nervös zu sein. Als sie zurückkam, hörte ich, daß der Vertrag abgeschlossen worden war. Ich brauchte nur noch eine große Anzahl an Papieren zu unterschreiben und eine bestimmte Summe zu überweisen, die ich noch besaß, und das Haus gehörte mir.

Drei Tage später würde der Kaufvertrag fertig sein, und R. I., der jetzige Besitzer, zur Zeit in New York, würde zur Unterzeichnung hierher kommen. R. I. war ein Riese mit breiten Schultern und grauen Augen wie seine Haare, der bei der Unterzeichnung des Vertrages seine Rührung nicht verbergen konnte. Er entschuldigte sich dafür:

»Es erinnert mich zu sehr an meine erste Frau und an die Jahre des Glücks, als . . .«

Ich schlug vor, zusammen in der Bar im Untergeschoß des Hotels Champagner zu trinken. Wieder einmal paßte Boule auf dich auf, mein Johnny, zusammen mit Marc, der dich immer liebevoll ansah. Ich vergaß nicht, daß er es war, der dein erstes Lächeln erhalten hatte.

Der Chef persönlich brachte uns eine Flasche, dann noch eine. Ich war soeben ernstzunehmende Verpflichtungen eingegangen, sicher, aber ich dachte vor allem an das wundervolle Geschenk, das ich euch beiden machte. D. und mir auch, sicher, aber in geringerem Maße. Eure Kinderaugen waren kostbarer als unsere.

Als ich, ein wenig angeheitert, denn eine dritte Flasche wurde geöffnet, und alle verabschiedeten sich mit einer gewissen Überschwenglichkeit, wieder in unseren Bungalow kam, drückte ich Marc fest an mich. Dann dich.

»Wann kann ich es sehen?« fragte mich Marc.

Ich zog einen großen, altertümlichen Schlüssel aus meiner Tasche, den vom Haupteingang des ursprünglichen kleinen Hauses. Es gab noch vier oder fünf weitere Türen im Haus, aber zu jener Zeit schloß niemand seine Türen für die Nacht ab, seitdem die Indianer keine Überfälle mehr auf einzeln stehende Häuser wagten. Und das war so lange her!

Ich hatte ein Haus gekauft, nun gut. Es gehörte mir. Aber das Haus war leer, außer den *bow-windows* und den Regalen. Und in der Hütte neben der Brücke, außer einem Kocher, um den Ahornsirup zu kochen, eine Menge trockenes Holz, das uns Jahre hindurch reichen würde, und ein paar hundert Blechkanister für den Sirup. Wo du die Dosen so mochtest, Marc! Du würdest sogar ein Schwimmbad haben, wo du in dem Wasser aus der Quelle schwammst, die auch das Haus versorgte.

Welchen Monat hatten wir? Ich werfe die Daten durcheinander. Ich vergesse sogar das meiner Hochzeit. Seit Monaten folgten die Ereignisse in einem Tempo aufeinander, das mich, sobald das Ziel erreicht war, schwindlig machte.

Wir hatten es eilig, in dieses Traumhaus einzuziehen, wo weder ein Bett noch ein Topf waren. Der Zufall kam uns zu Hilfe, denn wir erfuhren, daß in ein paar Tagen jemand eine komplette Einrichtung verkaufen würde. Die Versteigerung fand nicht in einem Gebäude statt, auch nicht vor dem Eingang einer Villa, sondern mitten auf einer großen Wiese mit wildwachsendem, hohem Gras. Der Auktionator zog seine Jacke aus und öffnete den Hemdkragen. Es war sehr heiß.

Die altertümlichen Möbel, die nebeneinander standen, würden uns für den Übergang dienen. Es waren kleine Gruppen von Neugierigen anwesend, und man betrachtete uns als die Neuen von Lakeville.

Entgegen meiner Erwartung wurde wenig geboten. Für fast nichts kaufte ich ein Schlafzimmer, grüngestrichene Möbel, verziert mit Blumen und Arabesken in allen Farben, wie in Tirol und einigen Kantonen der Schweiz. Ich mag Grün nicht. D. behauptete, daß die Möbel blau seien, und ich stritt mich nicht, da ich farbenblind bin.

Schaukelstühle, die an den *Deep South* oder an den Westen erinnerten. Für dich, Johnny, wollte ich ein neues Bett haben, und wir würden es in Millerton kaufen, ebenso wie andere Sachen. Ich wollte auch keine gebrauchten Haushaltsgegenstände. Auf der Versteigerung kauften wir »für die Zwischenzeit« noch zwei oder drei Tische, ein paar Stühle. Meine Intuition sagte mir, daß diese Zeit nicht lange dauern würde.

In Millerton gab es ein großes Geschäft, in dem man alles kaufen konnte, und wir versorgten uns dort mit Geschirr und schwedischem Stahlbesteck. Mein Silber sowie die beiden Services, das eine bei einem Handwerker in Nevers bestellt, das andere aus der Zeit des Boulevard Wallace, ein Werk eines berühmten Steingutmachers aus der Rue Royale in Paris, die beiden Services, die nur mit dem Buchstaben »S« gekennzeichnet waren, gehörten jetzt Tigy, und ich wußte nicht, wo sie geblieben waren.

Tigy richtete sich in dem möblierten Haus am Salmon Creek ein und nahm Marc und Boule mit dorthin.

D. und ich begannen mit der Reinigung der »Shadow Rock Farm« (das »Bauernhaus im Schatten des Felsens«).

D. unternahm es, die Lackschicht von den Balken der Decken, die dunkel geworden war, abzukratzen. Wir hatten eine Leiter und Werkzeug gekauft. Zum ersten Mal schliefen wir alle drei in dem Zimmer mit dem *bow-window* und der Terrasse.

Wir kratzten, rieben mit Stahlspänen, wobei wir irgendeine Säure benutzten. D. hielt sich drei Tage tapfer und brach dann zusammen. Da ich nicht alles alleine machen konnte, rief ich Boule zu Hilfe, und sie kam ohne Zögern, hingerissen von der supermodernen Küche, von den Wandschränken und den Regalen, von dem Ausblick, der sich von jedem Fenster aus bot und so, eingerahmt von diesen, strahlende Bilder darstellte.

Es war August, etwa Mitte des Monats, wenn ich mich nicht irre. Ich kaufte ein Fernsehgerät. Du interessiertest dich vor allem für deine Platten von Benny Goodman, die deinen Ohren so lieb waren. Bald würdest du mit ebensoviel Vergnügen andere hören. Monsieur Hugo verkaufte unter anderem kleine Schallplatten mit alten Kinderliedern, englischen, irischen und amerikanischen. Diese Platten kosteten fünfundzwanzig

Cents, der Preis für eine Zeitschrift, und du zeigtest mit dem Finger auf den Stapel, wenn wir zusammen die Zeitungen abholten.

Hugo bot mir auch einen Phonographen an, der einfach zu handhaben war, und mit einem Jahr würdest du, bereits aufrecht stehend, alleine deine Schallplatten auflegen. Alle hatten das gleiche grüne Etikett. Zu meinem Erstaunen würdest du aber deine Lieblingsplatten heraussuchen, indem du sie nacheinander untersuchtest. Du hattest zwar bei deiner Geburt fünf Kilo wiegen können, aber man würde mir nicht weismachen, daß du lesen konntest. Also? Das blieb für mich ein Geheimnis.

Als das Haus abgekratzt, poliert und immer wieder abgewaschen worden war, verließ uns Boule und ging zurück zum Salmon Creek, bewegt, immer ratloser.

Ich nehme an, daß ich bereits ein Arbeitszimmer und einen Vorrat an Papier und Kohlepapier hatte, denn ich stelle heute fest, daß ich im September desselben Jahres, einen Monat nach dem Kauf unseres Anwesens, zwei Romane schrieb: *Tante Jeanne, Les mémoires de Maigret.*

Den letzteren unter ganz besonderen Umständen, auch aus besonderen Gründen.

40

Es erstaunt mich jetzt, daß Shadow Rock Farm, anderthalb Monate früher leer, im September 1950 so präsentabel und einladend aussah, daß D. mit meinem Einverständnis ihre Mutter einladen konnte.

Am Tage nach meiner Scheidung hatte ich beinahe mittellos dagestanden. Jetzt war nicht nur mit einer Transportfirma unser großes, mit Rindsleder eingefaßtes Bett, das wir in Chicago bestellt hatten, zusammen mit anderen Kleinigkeiten angekommen, sondern auch meine Bücherkisten aus Tucson und Carmel-by-the-Sea. Bis hin zu deinem Bett und deinem kleinen Laufstall, Johnny, die in deinem Kinderzimmer am Ende des langen Flures mit den vielen Wandschränken Platz gefunden hatten.

Da du jede Nacht zwei- oder dreimal wach wurdest, sobald du feucht warst, hatten wir von einem Elektriker, der in dem ersten Haus hinter unserer Brücke wohnte, ein Intercom-System installieren lassen, das dich mit unserem Schlafzimmer, der Küche, den beiden Arbeitszimmern und der Bibliothek verband, so daß wir überall alles hören konnten, bis hin zu deinem Atem und dem leisesten Rascheln der Bettlaken. Wir waren auch mit Marcs Zimmer verbunden, wenn er bei uns war, und er hatte ziemlich häufig Anfälle von Schlafwandeln.

Das Eßzimmer war mit schweren italienischen Möbeln ausgestattet, die ein wenig überladen wirkten. Im Living room ein sehr langer, dicker Ahorntisch mit zwei rustikalen Bänken. Die Bücher waren noch nicht sortiert und füllten die Regale dieses Zimmers und der Bibliothek, deren Tür immer offen stand.

Was noch? Ach, ja. Die kleinen Zimmer oben in der ehemaligen Sägemühle, drei an der Zahl. Sie waren jetzt im Stile der Landgasthäuser möbliert, mit Vorhängen und Bettdecken aus geblümtem Kretonne.

Überall hingen Vorhänge. Wir waren zwei- oder dreimal nach Poughkeepsie, einer ziemlich bedeutenden Stadt etwa fünfzig Meilen entfernt, gefahren, um Lampen aus Kupfer zu kaufen, die unser Nachbar, der Elektriker, angebracht hatte. Das Haus lebte. Wenn auch noch nicht alles fertig war, so bot es doch schon ein einladendes und freundliches Gesicht.

»Durch welches Wunder?« würdet ihr mich fragen, Marc und Johnny.

Durch dasselbe Wunder, das sich zehnmal, zwanzigmal in meinem Leben ereignet hat.

Als ich mit neunzehn Jahren, kaum aus Belgien angekommen, in der düsteren und deprimierenden Atmosphäre der Liga, wo meine Rolle die eines Bürojungen war, Trübsal blies, bemerkte mich der Marquis de T., der die Liga finanzierte, in meiner Ecke, fragte mich und stellte mich als Privatsekretär ein.

Zwei Jahre später, als ich ihn von Schloß zu Schloß begleitete, erlaubte es mir der Erfolg meiner kleinen Erzählungen in den Zeitungen und Wochenzeitschriften, meine Freiheit wiederzuerlangen.

Der Verkauf eines Bildes von Tigy für achthundert Francs ließ uns Porquerolles entdecken, und später erlaubten uns meine Groschenromane, in Fécamp die »Ostrogoth« bauen zu lassen.

Der Auftrag von Jef Kessel für drei Serien von Novellen bezahlte uns eine Reise bis zum Eismeer und eine weite Tour im Schlitten durch Lappland.

Seit den ersten Maigrets spielte vor allem das Kino die Rolle der guten Fee. Als erster kam Jean Renoir nach Ouistreham, um mir die Filmrechte von *La nuit du carrefour* abzukaufen. Die Woche darauf kaufte Jean Tarride die von *Le chien jaune*, inzwischen der Verkauf von *La tête d'un homme*, dann von vielen anderen Romanen, was meinen großen Chrysler bezahlte, außerdem einen Aufenthalt in der schönsten Villa am Cap d'Antibes, die Einrichtung von La Richardière, in der Nähe von La Rochelle, und den Kauf von drei Pferden, schließlich eines Trabers und eines Sulkys.

Manchmal verkaufte ich zwei, drei Jahre keine Filmrechte, oder genauer gesagt, ich trat diese Rechte für sieben, acht oder höchstens zehn Jahre in einer einzigen Sprache nicht ab.

Einige Romane wurden bis zu dreimal im selben Land oder im Ausland verfilmt. Wie kurz vor deiner Geburt, Marc: *Monsieur la souris,* bereits von meinem Freund Raimu auf französisch gedreht, dann von dem besten Komiker Englands jenseits des Ärmelkanals.

Kaum war meine Scheidung ausgesprochen, als ich die französischen Rechte von *La Marie du port* und von *La vérité sur Bébé Donge* verkaufte, beide Filme mit Jean Gabin, der eine mit Danielle Darrieux als Partnerin, der andere ... Ich glaube, ebenfalls mit ihr; ich bin mir nicht sicher.

Das bedeutete die vollständige Einrichtung von Shadow Rock Farm und zwei Hausangestellte.

Die erste war ein junges Mädchen, lang und dünn, mit einem langen Gesicht und einem etwas reservierten Lächeln, die soeben mit sechzehn Jahren die High School beendet hatte. Du faßtest sofort Zuneigung zu ihr, und sie gab sie dir großzügig zurück.

Ihre Mutter, die sehr jung von den Antillen gekommen war, liebenswürdig, von lärmender Heiterkeit, wurde unsere Köchin. Sie wohnten auf der anderen Seite des Hügels in einer engen Talmulde, wie es viele davon um Lakeville gab. Der Vater, fast schwarz, Invalide infolge eines Arbeitsunfalls, lebte zurückgezogen in einem hübschen und sehr sauberen Haus, wohin die beiden Frauen abends nach dem Essen gingen.

Meine neue Schwiegermutter konnte also kommen, und wir holten sie auf dem Flugplatz La Guardia ab, denn den Kennedy-Airport gab es noch nicht.

Ich war ihr nur einmal während eines offiziellen Besuches in ihrem Hause begegnet. Damals war ich nur der Chef ihrer Tochter gewesen. Hatte sie andere Beziehungen zwischen uns vermutet?

Ihr Gesicht, das, wie ihre imposante Masse, in Granit gehauen zu sein schien, erinnerte an das bestimmter Indianerhäuptlinge.

Sie schlief in einem der kleinen Zimmer der oberen Stockwerke, sehr weit von unserem entfernt, und da D. wußte, daß sie ängstlich war, hatte sie von unserem Nachbarn eine elektrische Klingel legen lassen, mit deren Hilfe sie uns jederzeit in der Nacht rufen konnte.

Ich sehe sie wieder vor mir, bei Tisch, in der Bibliothek, vor allem in einem der weißen Sessel im Schatten eines Baumes.

Anfangs war sie überrascht, beinahe schockiert gewesen, daß ich sie »Mama« nannte, wie ich meine erste Schwiegermutter genannt hatte. Das fiel mir um so weniger schwer, da ich es gewohnt gewesen war, zu meinen Eltern »Vater« und »Mutter« zu sagen. Nun, in Kanada nennt ein Schwiegersohn seine Schwiegereltern »Monsieur« und »Madame«, und mein »Mama« mußte ihr wohl ungehörig erschienen sein.

Wie sollte ich von ihrem unbewegten Gesicht ablesen, was sie dachte?

Sie war es gewohnt, nicht vor ein Uhr morgens schlafen zu gehen, während ich seit jeher früh zu Bett ging. Das brachte ein wenig meinen Zeitplan durcheinander, denn sie las nicht, mochte nicht alleine bleiben und konnte stundenlang von ihren Freunden und Freundinnen aus Montreal oder Ottawa erzählen.

»Erinnerst du dich an Madame T., die immer . . .«

Oder:

»Weißt du, was dem Sohn unseres früheren Nachbarn passiert ist?«

Ich konnte nicht meine Tage und die langen Abende damit zubringen, ihr zuzuhören und höflich mit dem Kopf zu nicken. Ich konnte aber auch keinen Roman schreiben, der einen genauen Zeitplan und eine strenge Disziplin erforderte. Ich suchte ein leichtes Thema ohne dramatische Handlung, ohne Geheimnisse, und da kam mir der Gedanke zu *Les mémoires de Maigret*.

Es war für mich so etwas wie ein Brief an einen Freund, und es machte mir sehr viel Spaß. Marc kam weiterhin wie ein Wirbelwind mit Freunden zu uns und räuberte den Kühlschrank aus. Er mußte erst am ersten Montag im Oktober in die Indian Mountain School gehen, wenn alle Schulen wieder beginnen würden.

Wir bauten deinen Laufstall auf dem Rasen auf, Johnny, gegenüber dem Haus, und du begannst, dich aufzurichten, indem du dich an die Stäbe klammertest, das Gesicht vom Willen verzerrt, dann mit triumphierend leuchtenden Augen.

Zwischen D., meiner Schwiegermutter und mir fanden Gespräche zu dritt statt, und ich erinnere mich an eins, das später seine Bedeutung erlangen sollte.

Wir sprachen von D.s Großvater, über den sie mir eine sehr komische Anekdote erzählt hatte. Nach seinem Tod hatte man ihn für die Totenwache in einen reich mit Silber verzierten Sarg gelegt und diesen verschlossen. Nach D. hatte dieser Sarg eine unerwartete Besonderheit: in Höhe des Gesichts war er mit einer Art Klappe mit einem feinen Gitter versehen, die geöffnet wurde, wenn Besucher kamen.

Ich erzählte arglos meiner Schwiegermutter von diesem Detail. Wir saßen alle drei unter der Platane in den Gartensesseln, und es war sehr heiß. Dies eine Mal drückte diese Frau aus Granit lebhaftes Erstaunen aus, und sie sagte zu ihrer Tochter:

»Hast du ihm das erzählt?«

»Ja, Mama. Das stimmt doch, oder?«

»Ich versichere dir, daß diese Klappe nur in deiner Einbildung existiert hat. Dir fehlt es ja nicht an Einbildungskraft. Als du noch ein kleines Mädchen warst, spieltest du unaufhörlich Theater . . .«

»Ich schwöre dir . . .«

»Schwöre nicht, D. Wir haben nie an einen solchen Sarg gedacht.«

»Aber . . .«

»Ruf irgendeinen deiner Brüder an. Sie sind älter als du und haben mehr Sinn für die Realität.«

D.s Gesicht hatte sich verdüstert. Würde sie zu schluchzen anfangen? Wir lebten seit einer ziemlich langen Zeit im Frieden, und ich versuchte, ihr zu Hilfe zu kommen.

»Manchmal sind die Erinnerungen eines Kindes genauer als die der Erwachsenen . . .«

Das ist manchmal wahr; in diesem Fall glaubte ich nicht daran.

»Ach, hören Sie auf, Georges!«

Meine Schwiegermutter war wirklich in Zorn geraten, einen verhaltenen Zorn, bei dem Gedanken, daß ihr Vater mit einer Klappe und einem Gitter auf seinem Sarg aufgebahrt und beerdigt worden war.

»Außerdem gab es keine Fliegen im Haus. Ich achtete darauf.«

»Man sieht in den saubersten Häusern Fliegen.«

»Hör doch auf!«

Ich sollte noch oft ihr »Hör doch auf!« hören.

Wenn D. von einer Freundin ihrer Eltern sprach, sagte ihre Mutter mit ihrer immer gleichbleibenden Stimme, ohne daß sich ein Zug in ihrem Gesicht bewegte:

»Hör doch auf!«

Manchmal fügte sie hinzu:

»Du weißt doch, daß du immer ›phantasiert‹ hast. Diese Frau hatte nichts von dem, wie du sie karikierst.«

Das erinnerte mich daran, daß es fast fünf Jahre lang in meinem Kopf angesichts der einen oder anderen Verhaltensweise von D. geklingelt hatte. Ich mochte schließlich meine Schwiegermutter, und ich begann zu glauben, daß sich unter ihrem riesigen, starren Panzer eine zurückhaltende Frau verbarg, die von Kindheit an gelernt hatte, ihre Empfindlichkeit zu verbergen, die früher in den großbürgerlichen Familien als unanständig angesehen wurde.

Ich habe mich lange gefragt und frage mich heute noch, ob in ihren Adern nicht ein paar Tropfen indianischen Blutes flossen, wie in denen vieler kanadischer Familien. Waren die Frauen, im unsicheren Schutze eines Forts mit spitzen Pfählen, nicht oft von federgeschmückten Irokesen überfallen worden? Und waren einige, so wurde gemunkelt, nicht von sich aus über diesen Zaun gestiegen?

Psst! Das ist ein Thema, das man in Kanada besser nicht anschneidet, genausowenig wie man im *Deep South* auf die Tropfen schwarzen Blutes anspielt, die nur die Experten durch das Aussehen der Fingernägel entdecken.

Jeden Tag in der Frühe schrieb ich mit viel Spaß ein Kapitel des Buches, das kein Roman war, sondern eine Art Selbstkritik. Durch die Feder von Maigret machte ich, nur so zum Vergnügen, den »kleinen Sim« lächerlich, indem ich gleichzeitig einen jungen und verliebten, schüchternen Maigret im Hause seiner zukünftigen Schwiegereltern schilderte. Ich gab ihm einen Vater nach dem Bilde meines eigenen, eine Kindheit, die meiner ähnelte, und bereits das Verlangen, vielmehr den Traum, eines Tages eine Art »Wiederaufrichter des Schicksals« zu werden.

War es nicht ein »Schicksal«, das von seinem tragischen Lauf abzubringen ich mich seit fünf Jahren bemühte?

Nun! Die alte renovierte Sägemühle war so schön und lag so freundlich in der schwülen Septembersonne.

»Kommst du mit zum Schwimmen im See, Dad?«

Wir gingen dorthin, Marc und ich, oder aber wir sprangen in das tiefe und immer eiskalte Schwimmbecken. Marc fischte auch in unseren beiden Bächen, aber er angelte nicht. Unsere Angelgeräte hingen an einer der Wände im Living room, der dem Gemeinschaftsraum ähnelte, wo Herrschaft und Diener an demselben blanken Tisch ohne Decke aßen.

Neben den Angelruten verschiedener Größe hing mein Karabiner, Winchester 22, ebenso wie der große Revolver, Kaliber 38, den ich bei einem Eisenwarenhändler in Nogales gekauft hatte. Die beiden Waffen waren nicht geladen, und du sahst sie immer begierig an.

»Wann können wir schießen, Dad?«

»Wenn ich mein Buch zu Ende geschrieben habe.«

Du fischtest also mit bloßen Händen, nähertest dich in dem manchmal tiefen Wasser mit der Vorsicht eines Indianers auf dem Kriegspfad. Man hätte meinen können, daß du den Fischen zuläcteltest und daß diese sich fangen ließen, weil du sie in die Hand nahmst, sie streicheltest, zu ihnen sprachst und sie dann liebevoll wieder in das klare Wasser setztest.

Eines Nachmittags, als es sehr heiß war, erblickten wir durch das Fenster ein großes braunes Tier, das sich auf dem Rasen, der unser Zimmer von dem Kinderzimmer trennte, räkelte. Es war ein Biber, der ein wenig stromabwärts in einem unserer Bäche lebte. Seine neugierigen Augen waren ohne Furcht. Sicher kam er, um die neuen Gäste in dem lange unbewohnten Haus zu begrüßen? Er erschien mehrere Tage hintereinander, und du, Johnny, beobachtetest ihn lange, auf den Armen deiner Mutter oder auf meinen, und du schriest, sobald wir dich vom Fenster wegtrugen.

Marc hatte sein Zimmer nicht weit von deinem, zwei weitere warteten darauf, bewohnt zu werden, während ein drittes in eine Wäschekammer umgewandelt worden war.

Ich bekam bald darauf einen Schreibtisch aus Metall mit eingebauter Schreibmaschine. Ich brauchte nur an einem Hebel zu ziehen, damit meine Maschine links zum Vorschein kam, tiefer als der Schreibtisch, und um sie zu benutzen, mußte ich nur ein wenig meinen Bürosessel drehen.

Die Geographie- und Geschichtsbücher, die Wörterbücher und Enzyklopädien standen in den breiten Regalen meines Arbeitszimmers, in denen unten die zahlreichen Telefonbücher von Europa und den Vereinigten Staaten lagen, aus denen ich die Namen meiner Figuren heraussuchte. Was meine Siesta betrifft, die machte ich hier in meinem *bow-window,* das mit einem dicken gelben Stoff bezogen war.

Es kam vor, daß wir dreimal am Tag im Schwimmbecken badeten, denn selbst im Norden Connecticuts ist die Hitze manchmal schwer zu ertragen, und im darauffolgenden Sommer sollten wir eine Klimaanlage in unserem Schlafzimmer einbauen lassen, das gleichzeitig zum Süden, Osten und Westen zeigte, so daß die Sonne es von morgens bis abends durchflutete.

In New York, während ich irgend etwas anderes tat, ging D. mit ihrer Mutter in ein Modegeschäft für Übergrößen, wo sie für sie zwei oder drei weniger strenge Kleider fanden als die, die sie gewöhnlich trug. Mußten die alten Damen von früher, die »anständigen« alten Damen, nicht ausschließlich in Schwarz, Grau, höchstens in Mauve gekleidet sein?

Meine gute Schwiegermutter verwirrte es, sich in hellen Farben zu zeigen, aber ihre Augen ließen erkennen, daß sie dennoch froh darüber war, so als hätte sie soeben eine neue Frau in sich entdeckt.

»Meinst du, daß ich mich so in Ottawa zeigen kann? Was werden die Leute denken? Sie werden glauben, daß ich mich emanzipiere . . .«

So schien von Zeit zu Zeit das kleine Mädchen durch die Würde der alten Dame hindurch. In Anwesenheit von betagten Leuten suche ich automatisch die Spur des kleinen Jungen oder des kleinen Mädchens, das sie gewesen sind, denn bewahren wir nicht bis zum Ende ein wenig von unserer Kindheit?

Wir brachten meine Schwiegermutter wieder zum Flugplatz, und ich küßte sie ganz selbstverständlich.

Im Dezember wurde ich von der Universität Yale eingeladen, einen Vortrag zu halten (was man hier *lecture* nennt); was mich sehr interessierte, denn es war mein erster Kontakt mit der amerikanischen Jugend. Ein bedeutender Schriftsteller, Thornton Wilder, der einer meiner besten Freunde werden sollte, stellte mich vor. Dann sprach ich, wie es üblich war, etwas mehr als eine Viertelstunde. Im Hörsaal waren etwa tausend Studenten und Professoren. Wovon sollte ich reden? Ich kannte nur ein Thema: den Roman, und darüber sprach ich.

Traditionsgemäß konnte jeder, Professor oder Student, nach dieser Einleitung Fragen stellen, und dieses kleine Spiel begeisterte mich so sehr, daß ich es, sehr viel später, in England, Frankreich und Italien im Fernsehen mitmachte.

Hier versuchten die Zwischenrufer nicht wie in Frankreich, um zu zeigen, wie schlau sie sind, den Vortragenden »auf den Arm zu nehmen«, wie man im Volksmund sagt. Ich merkte, daß sie wirklich etwas lernen wollten. Sie gaben sich weder familiär noch distanziert, sie waren natürlich, wie in ihrem Verhältnis zu ihren Professoren. Ich entdeckte in ihnen einen Wissensdurst, dem ich anderswo selten begegnen würde, außer in Holland und in einigen Universitäten Italiens.

In den Vereinigten Staaten waren es nicht die Diplome, die zählten. Studenten und Professoren gingen fast wie Gleichgestellte miteinander um.

Ich bemerkte es, als der Vortrag mit anschließender Diskussion nach mehr als zwei Stunden Fragen zu Ende ging. Wir gingen woanders hin, in einen der Pavillons des Campus, wo ein Professor und seine Frau einen Empfang vorbereitet hatten, an dem ungefähr dreißig Schüler teilnahmen. Der Whisky und das Bier, das reichlich ausgeschenkt wurde, verhinderten nicht, daß die in dem großen Saal begonnene Diskussion fortgeführt wurde.

Der Ton wurde immer freier, die Herzlichkeit immer überschwenglicher, und bei Sonnenaufgang waren wir in Hochstimmung.

»Sollen wir in der Stadt Eier mit Schinken essen?«

New Haven. Eine der ältesten Städte in Amerika, nach Harvard, anscheinend um efeubedeckte Gebäude der Universitäten herum erbaut.

Auch Jean Renoir hielt *lectures* in den Universitäten Kaliforniens, und er lehrte dort sogar fast ein Jahr. Dafür waren keinerlei Diplome nötig. Was zählte, waren Erfahrung und Kenntnisse auf dem einen oder anderen Gebiet, und war Jean nicht der richtige Mann, um von Theaterinszenierungen oder Filmregie zu sprechen? Hätte man ihn an der Pariser Sorbonne das Wort ergreifen lassen?

Wir waren ein gutes Dutzend, die fröhlich ein kräftiges Frühstück zu sich nahmen, und einige brachten D. und mich zu unserem Wagen.

Nach ungefähr drei Monaten kam Boule, trotz Tigys Hartnäckigkeit, wieder in den Schoß der Familie zurück, und sie wurde wie der verlorene Sohn aufgenommen. Das Haus wurde kräftiger, wenn ich so sagen darf. Wir hatten bei einer offiziellen Organisation die Formulare ausgefüllt, um ein englisches Zimmermädchen zu bekommen, das jetzt in einem der oberen Zimmer wohnte. Boule zog in ihres und nahm ihren Platz in der Küche ein. Maria dagegen, die Frau aus Martinique, blieb der Hausgemeinschaft zugetan und vertrat die anderen, wenn es nötig war.

In Lakeville fand man in der Tat keine Zerstreuung. Das Personal hatte anstatt in der Woche lieber eine Woche im Monat frei, die sie irgendwo verbrachten, fast immer in New York. Maria vertrat sie in Zukunft. Und bald darauf verbrachten auch D. und ich jeden Monat eine Woche in New York oder in Boston. Auf die Anordnung des Arztes, Doktor Weiller, der seine Praxis in der »Hotchkiss School« hatte. Er war nämlich dort angestellt, konnte jedoch seine privaten Patienten empfangen.

Auch Doktor Weiller, wie die meisten meiner Ärzte in meinem Leben, wurde ein Freund und aß manchmal mit seiner Frau bei uns, während wir unsererseits in seiner entzückenden Villa aßen, wie man sie so häufig um Lakeville herum sah.

Er war groß, schlank, elegant, mit grauen Haaren und einem leichten Lächeln auf den Lippen. In Hotchkiss betreute er die Söhne der bedeutendsten Familien der Vereinigten Staaten, und wir wählten ihn nicht zufällig aus. Er hat dich behandelt, Marc, auch dich, Johnny, und mich.

Vor allem behandelte er D., die ziemlich häufig über verschiedene Krankheiten klagte, Kopfschmerzen, Halsschmerzen, Schmerzen in der Brust, was weiß ich? Dann zog er aus seinem Arztkoffer ein Fläschchen mit Tabletten, schüttete ein paar in ein Beutelchen.

»Morgens, mittags und abends eine mit ein wenig Wasser . . .«

Das kam drei-, viermal, fünfmal vor, und unerschütterlich gab er ihr ein paar Pillen, immer dieselben, oder verschiedene, oder Placebos, ich wußte es nicht. Eines Tages schließlich nahm er mich beiseite und riet mir, ohne daß er es erklären mußte:

»Fahren Sie einmal im Monat mit ihr in eine große Stadt, New York, Boston, irgendwohin, und bleiben Sie dort beide eine Woche, ohne die Kinder. Gehen Sie viel aus . . .«

Seine grauen Augen waren ausdrucksstark genug, daß ich verstand, und ich befolgte seinen Rat wortwörtlich. Auch D. mußte »frei« haben, sie brauchte »Lichter der Großstadt«, wie mein Freund Chaplin sagen würde, rauschende Nächte und träge Vormittage.

Wir wurden Stammgäste, nicht im zu nüchternen Drake, sondern im Hotel Plazza am Rande des Central Parks mit seinen vielen Restaurants und Bars, wo man Berühmtheiten von Hollywood, London, Berlin und Paris traf.

In einem Aufzug sah ich Fernandel wieder, der soeben in Paris einen Film von einem meiner Romane, dessen Titel verändert worden war, gedreht hatte: *Lettre à mon juge.*

Auch den Namen der Hauptperson, Alavoine, hatte man geändert, da er wegen des berühmten »Pferdegesichts« des Schauspielers zum Lachen gereizt hätte. Welchen Namen hatten die Produzenten gefunden? Cassegrain!

Eines Morgens mußte ich nach Canaan fahren, um Pullover und wärmere Kleidung zu kaufen. Der Indianersommer mit den leuchtenden Farben war vorüber, und die Luft wurde kühler. Ich hatte bereits einen Jeep mit Allradantrieb und Rädern mit tiefem Profil gekauft, der, wie man mir gesagt hatte, im Winter notwendig war.

Ich tätigte meine Einkäufe, fuhr den Weg wieder zurück, der beinahe zwanzig Meilen lang war, mit ziemlich steilen Steigungen, als der Schnee, dicht und dick, zu fallen begann und meine Windschutzscheibe zuschneite, die ich alle fünf Minuten abkratzen mußte.

Ich hatte noch nie, außer in Kanada, einen derartigen Blizzard erlebt, und schon an der ersten Steigung fuhr ich an mehreren Wagen vorbei, die mitten auf der Straße steckengeblieben waren. An dem Gefälle ließ ich den braven Jeep so schlenkern, wie er wollte, um ihn im richtigen Moment sachte wieder abzufangen, wie ich es in den Laurentides gelernt hatte. Als ich an unserer kleinen Holzbrücke ankam, war diese mit fast fünfzig Zentimetern Schnee bedeckt, und da sie kein Geländer hatte, ließ ich den Jeep dort stehen und setzte den Weg mühsam zu Fuß fort, wobei ich bis zu den Knien einsank.

Seit Oktober gingst du von Viertel vor acht Uhr morgens bis fünf Uhr nachmittags in die Schule, und du warst mit den Mahlzeiten zufrieden, mein stets hungriger Marc, und vor allem mit den unterrichtsfreien Nachmittagen.

Denn die Nachmittage waren dem Sport gewidmet, je nach der Jahreszeit, im Sommer Baseball, dann amerikanisches Rugby, dann die Wintersportarten. Um vier Uhr duschen. Schließlich eine Dreiviertelstunde »Lernen«, was euch den Abend freihielt, ohne Unterricht oder Hausaufgaben.

Der Direktor, dem ich dich vorgestellt hatte, war ein großer, breitschultriger, muskulöser Mann, ein wenig grob, mit einem eckigen Gesicht, das von einer strengen Disziplin hätte künden können, wenn nicht sein Lächeln dem übrigen Gesichtsausdruck widersprochen hätte.

»Unsere Schüler sind frei. Sie bedienen sich selbst bei Tisch. Der Sport am Nachmittag ist obligatorisch. Englischer Fußball bleibt denen vorbehalten, die von den Ärzten für rauhere Spiele als ungeeignet beurteilt werden. Andere schließlich, die Schwächsten, haben in den Wiesen und Wäldern Pflanzen zu sammeln und unser bescheidenes botanisches und zoologisches Museum zu unterhalten.«

Das war dir wie auf den Leib geschneidert. Du besaßest bereits die Grundkenntnisse von Baseball, und du streiftest die Kleidung über.

Im ersten Monat brachte dich deine Mutter zur Schule und holte dich wieder ab. Als der erste Schnee fiel, rief sie mich an.

»Hör zu, Georges. Ich muß alles im Haus alleine machen. Ich habe keine Zeit, Marc so weit zu bringen und wieder abzuholen.«

Das gehörte nicht zu meinen Pflichten, ganz im Gegenteil. Morgens um halb acht fuhr ich auf euren Hof und hupte kurz, worauf du von oben herunterkamst. Abends wartete ich vor dem Eingang der Schule auf dich und brachte dich wieder zum Salmon Creek zurück. Die Samstage, Sonntage und Feiertage verbrachtest du in Lakeville, wo du deine Freunde hattest und dein Zimmer, das bald mit den Wimpeln der großen amerikanischen Universitäten und der verschiedenen Sportvereine geschmückt war. Ich hatte deine Wände mit Kork verkleidet und, damit es nicht zu eintönig aussah, sie mit vertikalen Latten verziert. Der Kork gestattete es dir, alle Wimpel, die du wolltest, mit Hilfe einfacher Heftzwecken zu befestigen.

Ich hatte dir einen verglasten Bücherschrank aus Eiche gekauft, in dem sich vor allem Comics stapelten, dazu Muscheln, die du zuerst in Florida und dann in Carmel gesammelt hattest, eingeschlossen die hübschen Schalen der Abalonen.

Du warst entschieden ein Junge der frischen Luft, der rauhen Sportarten, der großen Weiten und unausgesprochenen Träume.

Du warst stolz auf deinen »kleinen Bruder«, sehr zärtlich zu ihm, und du zeigtest ihn voller Stolz jedem neuen Freund, wie du in Tumacacori die kleinen Mexikaner die Stöße von Johnny hattest fühlen lassen, der noch in dem Bauch seiner Mutter gewesen war.

Zu den Wintersportarten, die jetzt beginnen würden, hattet ihr keinen weiten Weg zu machen. Ihr würdet sogar auf dem Weg bleiben können, wo sich der Schnee bis zum Frühling türmen sollte.

Gegenüber dem Kahlen Berg von Salisbury lag noch ein anderer, der sich fürs Skifahren eignete und auf dem im Februar internationale Skisprungmeisterschaften von einer einhundertzwanzig Meter hohen Sprungschanze ausgetragen wurden. Du begannst mit Sprüngen von vier Metern, dann von sechs, und du warst dabei ganz aufgeregt.

Im November mußte D. mich am Steuer des Jeep vertreten, um dich von Salmon Creek abzuholen und dich wieder zurückzubringen. Neun Tage, damals die Zeit für einen Roman. Ich schrieb: *Le temps d'Anaïs.*

Dann, im Dezember, spielte das Radio unaufhörlich mit der Stimme von Bing Crosby, daß der Weihnachtsmann unterwegs sei: *»Santa Claus is going to Town«!*

Für dich, Johnny, der im Schnee herumpatschte, häufiger im Sitzen oder Liegen als aufrecht, der das jedoch liebend gerne tat, hatten wir einen braunen Regenanzug mit Kapuze gekauft, mit so dickem Fell gefüttert, daß du aussahst wie ein kleiner Bär.

D. und ich verbrachten drei Tage in New York außer Rand und Band. Alle Fassaden der Geschäfte waren erleuchtet, und in manchem stand man

Schlange. Wir kauften alle Arten von Spielzeug, Indianerausrüstungen, einen Schlitten, Geschenke für Boule, für dein wunderbares Kindermädchen, für Maria, für das englische Zimmermädchen. Wir hatten den Jeep vor dem kleinen Bahnhof in einer Garage stehengelassen und den Zug genommen, und wir warteten auf den nächsten Tag, um ganz unten die sperrigen Pakete zu verstecken.

Für Marc hatte ich eine komplizierte elektrische Eisenbahn mit vielen Schalthebeln gekauft, deren Waggons sich von selbst öffneten, und winzige Kühe gingen die Rampe hinunter. Der benachbarte Elektriker baute sie auf, denn sie hatte unter einer großen Sperrholzplatte so viele verschiedenfarbige Drähte, daß ich nicht damit zurechtkam.

Wir stellten eine Tanne in das Eßzimmer vor das breite Glasfenster, eine weitere mitten in den Garten, ebenfalls beleuchtet, die der Widerschein der ersten in den Scheiben zu sein schien. Girlanden in jedem Fenster. Nach amerikanischem Brauch einen Kranz von Stechpalmen an der Türfüllung.

Wir hatten eine Tannenschonung von fast einem Hektar, und ich erfuhr erst später, warum sie gepflanzt worden war. Die Tannenschonungen werden als eine Zufluchtsstätte für das Jungwild betrachtet, und darüber hinaus boten sie in dieser Hügellandschaft den Vorteil, das Regenwasser abzuhalten. Dank dieser Pflanzung, die der frühere Besitzer angelegt hatte, wurde mir also ein Teil der Grundsteuer erlassen.

Die Leute aus der Gegend, von meinem Rechtsanwalt über alle Bevölkerungsschichten bis hin zum Friseur, hatten das Recht, ihre Tanne hier auszusuchen, sie mit der Axt zu fällen oder sie abzusägen und dann mitzunehmen.

Mehrere Tage lang war es eine Freude, Männer, meistens von einem oder mehreren Kindern begleitet, vorbeigehen zu sehen, die sich würdevoll ihren Baum aussuchten und mit ihm durch den Schnee wieder fortgingen.

»Jingle Bells, jingle bells
Jingle all the day...«
Der große Tag war nah. D. war damit beschäftigt, Päckchen in goldenes, silbernes, rotes oder blaues Papier zu packen und mit nicht weniger verschiedenfarbigen Bändchen zu verzieren. Ich probierte in dem großen Zimmer die elektrische Eisenbahn aus, die sich nicht entschloß zu funktionieren. Es war ein Uhr morgens, als ich als letzten Ausweg unseren Elektriker anrief und ihn dringend um Hilfe bat.

Er mußte wohl ebenfalls beschäftigt sein, denn er hatte zwei oder drei kleine Kinder. Trotzdem kam er, schneebedeckt, zog seine Felljacke aus und untersuchte den kranken oder störrischen Zug. Auf dem Boden sitzend entwirrte er die Drähte, und nach einer guten halben Stunde setzte sich der Zug in Bewegung, erklomm einen Abhang, verschwand in einem Tunnel, bevor er vor dem Güterbahnhof seine Kühe und seine Fässer auslud.

Mitten auf der Strecke und rundherum wurden die Häuser auf Kommando erleuchtet, und der Zug pfiff, wenn man es wollte, und er spuckte sogar Dampf aus.

»Vielen, vielen Dank! *Merry Christmas* für Sie und Ihre Familie!«

Uff! Es ging noch einmal gut, Marc!

Wir legten uns gegen drei, wenn nicht vier Uhr morgens schlafen, und du, verflixter Johnny, bliesest um sechs Uhr zum Wecken. Wir waren ein wenig verschlafen.

Merry Christmas, meine Kinder!

Unser erstes Weihnachtsfest bei uns, auf der Shadow Rock Farm.

41

Bei uns! Wir waren endlich zu Hause. Sicher, in meinem Leben kam es häufig vor, daß ich glaubte, im Hafen angelangt zu sein, immer mit dem Gefühl eines endgültigen Einrichtens. Ich hatte eine ähnliche Freude kennengelernt, als ich 1931 La Richardière entdeckt hatte, alleinstehend, mit seinem »Taubenschlag« am Ende der Wiesen und der Felder, mit seinem von Vogelgesang erfüllten Wald und dem Meer in nächster Nähe.

Ich mußte es dennoch vier oder fünf Jahre später auf der Suche nach neuen Abenteuern verlassen, dorthin zurückkommen, es alt und verfallen wiedersehen, aber dann sollte ich zwei Kilometer weiter das Haus in Nieul ausfindig machen, wo ich meinen ersten Sohn zeugte, dich, mein Marc, der nicht ahnte, daß er ein *american boy* werden würde.

... Kanada, die Fahrt durch die Staaten an der Atlantikküste, von Norden nach Süden, Florida, Arizona, Tucson, Tumacacori, wo mein Johnny geboren wurde, noch tolpatschig, aber ebenso eigensinnig wie heute. Carmel war nur ein durch betrübliche Sorgen verdüsterter Übergang.

Hier in unserer alten Haus-Festung Shadow Rock Farm war ich verzaubert, davon überzeugt, daß es fürs Leben sein würde, denn ich fügte mich ganz selbstverständlich in das Leben eines Landes ein, dem anzugehören ich, vielleicht zum ersten Mal, die Illusion hatte.

Eine innige und herzliche Welt, in die wir uns alle einfügten. Ich wurde nicht müde, sie zu bewundern, denn vor allem im Winter ähnelte die Umgebung in dem Rahmen jeden Fensters den Gemälden von Grandma Moses, einer Bäuerin, die weniger als hundert Meilen von Lakeville entfernt wohnte und die im Alter von achtzig Jahren angefangen hatte zu malen, was sie um sich herum sah.

Eine naive und erfrischende Malerei, die mich entzückte, denn ich kannte ihre Werke seit New York, so wie sie Millionen von Amerikanern entzückte. Ihre Landschaften erinnerten mich an die Welt eines sehr alten Meisters meines Landes, Bruegel d. Ältere, und wie er hatte Grandma Moses, obwohl sie noch lebte und aktiv war, ihre Werke an den Wandleisten zahlreicher Museen auf der ganzen Welt hängen.

Ich liebte unsere Bäche unter ihrer Eisschicht, unsere Wälder, so verwildert, daß ich nur einen Teil davon entdecken würde, den Schnee und die Kälte des Winters, so wie ich die drückende Hitze des Sommers und das goldene, rote und rotbraune Blattwerk des Herbstes lieben würde.

Ich fühlte mich glücklich hier; ich wollte, daß ihr alle glücklich wart, Marc und du, dessen Bewegungen und Blicke zu beobachten ich nicht müde wurde. Ich wußte, daß ihr zufrieden wart, wie Boule, die ihren neuen Wirkungskreis heiter in die Hand genommen hatte, wie alle, die um uns waren und unseren bescheidenen Kreis von Menschen bildeten. Ich wollte das Glück aller, eingeschlossen Tigys, die ich manchmal in ihrem Haus in Salmon Creek besuchte, wenn ich ihr nach dem Unterricht Marc wiederbrachte, dem sie Schüsseln von Pommes frites oder Spaghetti mit *meat balls* kochte.

Ich war überzeugt davon, daß ich D. liebte, jetzt, da die zweifelhaften Feuer der Leidenschaft erloschen waren, und ich tat alles, was in meiner Macht stand, daß auch sie endlich glücklich war, einfach glücklich. Kurz gesagt, ich versank in meinem Glück, an dem ich euch alle teilhaben lassen wollte.

Zwischen sechzehn und neunzehn Jahren hatte ich in einem meiner täglichen Beiträge in der ›Gazette de Liège‹ einen Satz geschrieben, den ich oft in meinen Interviews wiederholte:

»Wenn es jedem Menschen gelänge, nur einen anderen Menschen glücklich zu machen, dann würde die ganze Welt das Glück kennenlernen.«

Ich denke es noch heute, mit siebenundsiebzig Jahren, obwohl ich erfahren habe, daß das manchmal schwierig, wenn nicht unmöglich ist.

In Lakeville war ich mehr denn je davon überzeugt, und ich bemühte mich, all die Meinen an meinen täglichen Freuden teilhaben zu lassen. Ich atmete durch alle meine Poren ein amerikanisches Leben ein, das ich nicht mehr in malerischen Bildern, sondern in seiner Tiefe entdeckte, ein einfaches Leben, sanft und herzlich, wo jeder die Persönlichkeit der anderen respektierte.

Alle, denen wir begegneten und die unsere Freunde wurden, waren herzlich, ohne große Worte oder Emphase. »*Call me Ted . . .*« Ob es sich um einen Rechtsanwalt, einen Arzt, einen Großbauern oder einen Lastwagenfahrer handelte, die man in einer Bar traf, war das ein typisch amerikanischer Satz.

»Nennen Sie mich Ted.«

Oder John, oder Bob, gleich welchen Vornamen oder Koseform.

Die Frau eines Freundes, wer sie auch war, würde einem ebenso beim ersten oder zweiten Zusammentreffen sagen: »*Call me Clara. I will call you George!*« Ebenso war es bei den Großen dieser Welt, bei hohen Beamten oder Senatoren.

Meine Tage waren reich an Freuden, die sich aneinanderreihten, und ich erinnere mich an so viele Freuden, daß ich nicht weiß, welche ich auswählen soll, und sie auf gut Glück herauspicke, wie aus einem Stapel alter Fotografien.

Unser Bürgersteig, zum Beispiel, der von unserem Haupteingang, dem der ehemaligen Sägemühle, zu unserem Privatweg führte. Er war aus unregelmäßigen Steinen, die so alt waren wie das Haus.

Als wir mit Rechtsanwalt Beckett den Stall besichtigten, der wie alle Ställe des Landes, wie auf den Gemälden von Grandma Moses, leuchtend rot gestrichen war, zeigte ich auf eine Art Holzschienen, die an einer Wand aufeinandergeschichtet waren, Bohlen von sechs Meter Länge, durch Bretter miteinander verbunden, die einen guten Daumenbreit Zwischenraum ließen. Ich fragte ihn:

»Wozu dient das?«

»Um sie im Winter auf Ihren Gehsteig zu legen, denn bei Schnee und Eis könnten Sie dort nicht entlanggehen.«

Nachdem Marc und ich den ersten Schnee weggeräumt hatten, legten wir diese Bohlen aneinander, und fünf Monate lang schaufelte ich morgens den Schnee von ihnen weg.

»Dieses hier sind andere Bohlen, die durch Eisenketten verbunden sind. Die schieben Sie in Ihr Schwimmbecken, damit es nicht zufriert.«

Alles war neu und aufregend.

»Es ist unbedingt nötig, daß Sie im Kofferraum Ihres Wagens im Winter eine Schaufel und Säcke mit Sand haben für den Fall, daß Sie unter dem Schnee festsitzen. Die Vorschriften verlangen das.«

Ich entdeckte später entlang den Steigungen, in diesem Land der Hügel und Täler, grüngestrichene Kisten am Straßenrand. Sie enthielten Sand für die, denen er ausgegangen war.

Ich wußte, daß die Straßen von Schneepflügen geräumt wurden. Aber meine, die vom Haus zur Holzbrücke führte?

»Ihr Eisenhändler verkauft Ihnen eine Stahlplatte, die Sie vorne an Ihrem Jeep anbringen können.«

Es war nicht einer von diesen kleinen Jeeps, die die Bevölkerung von Marseille verblüfft hatten, als die Amerikaner dort gelandet und mühelos die berühmten Treppen des Bahnhofs Saint-Charles hinauf- und hinuntergefahren waren. Unser Jeep, groß und komfortabel, ähnelte dem heutigen Land-Rover. Ich probierte die schwere, einen Meter fünfzig breite Platte mit dem Eisenhändler aus. Er erklärte mir, wie ich sie vorne an den Wagen aufschrauben mußte, um meinen Weg vom Schnee zu befreien, und wie ich sie dann wieder abmontieren mußte. Ich konnte mir schlecht vorstellen, wie ich früh am eisigen Morgen diese Arbeit ausführen würde, und ich habe keinerlei Begabung für technische Dinge.

»Fahren Sie doch zu Ihrem Garagisten.«

Zwei Brüder, Riesen mit hervortretenden Muskeln unter ihrem Overall. Sie hatten ebenfalls einen Jeep. Wir kamen überein: für eine Monatspauschale würden sie nach jedem Schneefall kommen und meinen Weg vom Schnee räumen.

Alles war einfach. D. und ich durchstreiften das Land. In Torrington, einer kleinen Stadt mit großem Warenangebot, fanden wir ein vollständiges Tafelgeschirr, freundlich und geblümt, aus englischem Steingut.

D. sagte mir, daß wir eine Nähmaschine brauchten. Wir kauften eine. Plötzlich brach sie in Entzücken aus:

»Sieh mal, Jo! Das ist genau das, was ich mir seit langem wünsche.«

Es handelte sich um einen Mini-Staubsauger.

»Für die Schubladen und die Schränke, wenn wir im Hotel absteigen.«

Wir stiegen oft im Hotel ab, eine Woche im Monat, gemäß dem Rat unseres Arztes. D. hatte das Bedürfnis, die Lichter und die Erregung der Großstadt zu spüren, und ich bemühte mich, sie in allem zufriedenzustellen.

Bis jetzt, bevor wir den Taschenstaubsauger hatten, folgte unserer Ankunft im Plazza ein unwandelbares Ritual. D. zog sich ganz aus, und wenn sie nackt war, ging sie mit dem Desinfektionsmittel, von dem wir ein Fläschchen in der Tasche hatten, über die Badezimmereinrichtung. Danach wurden alle Telefone der Wohnung desinfiziert, während ich die Hand auf die Gabel legte, um nicht den Telefonisten zu rufen.

Schließlich kamen die Schubladen an die Reihe, die Regale, die Wandschränke. D. zog das Schrankpapier heraus und legte neues Papier aus, wovon wir eine ganze Rolle bei uns hatten.

»Jetzt kannst du ein Bad nehmen und dich anziehen.«

Ein einziges Mal hatten wir wegen eines Kongresses in einem Hotel der dritten Kategorie geschlafen, wo sie das Pech hatte, sich Flöhe zu fangen. Das Plazza war ein Luxushotel von untadeliger Sauberkeit. Wenn uns das Papier ausging, klapperte ich die Umgebung ab auf der Suche nach einer Papierwarenhandlung oder einem Kramladen.

Hatte sie nicht immense Fortschritte gemacht seit unseren ersten Begegnungen und unseren dramatisch leidenschaftlichen Nächten?

Ich war entschlossen, bis ans Ende zu gehen. Ich liebte sie, und ich wollte nicht mehr die kleine Glocke in meinem Kopf beunruhigend klingen hören wegen einer Geste oder eines Satzes, der mich verunsicherte.

Unsere Nächte in New York verbrachten wir jetzt zum großen Teil in den Etablissements, in denen die *Jet-Society* verkehrte, wo man sich ausweisen mußte, um die dicke, rote Seidenschnur zu passieren, die den Eingang versperrte. Jemand im Frack fragte uns höflich:

»Haben Sie einen Tisch bestellt?«

Wonach er eine Liste durchging und sein Lächeln breiter wurde, wenn er unseren Namen fand, und er die rote Schnur zur Seite zog.

Der Stork Club, der exklusivste von New York, oder auch der Copacabana, zu dem der Zugang nicht weniger schwierig war, das Latin Quarter, wo man von acht Uhr abends während der ersten Vorstellung dinierte und um Mitternacht während der zweiten soupierte.

Es war ein wenig so, als atmete D. Sauerstoff ein. Ihre Augen leuchteten. Sie sprach lebhaft, lächelte mir mit strahlender Zärtlichkeit zu.

Wir gingen weiterhin ins Brussel's, wo die kleine Garderobenfrau uns mit Entzücken ansah:

»Ich hatte es Ihnen doch gesagt, Monsieur Simenon. Dieses kleine, hübsche Fräulein, das Sie haben warten lassen . . . Und jetzt . . .«

Wir gingen auch gerne ins Sardi, in dem die Stars von Theater und Film verkehrten, deren Fotos die Wände bedeckten. Oder auch in den Club Twenty-One, wo der Oberkellner im voraus wußte, was wir bestellen, der Weinkellner, welchen Wein wir trinken würden.

D. trug einen Wildnerz, der die Folge einer ziemlich merkwürdigen Geschichte war. Ein kleiner Filmproduzent hatte mich um die Filmrechte eines meiner Romane gebeten.

»Ich bezahle sie Ihnen nicht mit Geld, sondern in Naturalien. Einer meiner Freunde ist einer der besten Kürschner von New York. Gehen Sie zu ihm. Suchen Sie sich den schönsten Nerz aus, den Sie finden können, und ich werde die Rechnung begleichen, als Gegenleistung für Ihre Rechte.«

Es war das erste Mal, daß ich einen so überraschenden Vorschlag erhielt. Beinahe zum Vergnügen und vor allem, weil ich sah, wie D.s Augen leuchteten, willigte ich ein.

Zu der Zeit steckte die Nerzzucht erst in den Anfängen, und die schönsten wilden Nerze wurden selten. Besuch beim Pelzhändler, der uns wunderschöne Stücke zeigte.

»Ich mache Ihnen ein Leinenfutter und liefere Ihnen den Mantel einen Monat nach der Anprobe.«

Er lieferte ihn tatsächlich. Der Mantel war so außergewöhnlich, daß man sich nach D. umdrehte, selbst auf der Fifth Avenue, wo man Nerze in Hülle und Fülle sah.

Nur . . . Es war nicht der »Produzent«, der ihn bezahlte, sondern ich, unter dem Vorwand, wenn ich mich nicht irre, er habe nicht die entsprechenden Schauspieler gefunden. Ein Trick? Steckte er mit dem Kürschner unter einer Decke? Es amüsierte mich. Alles amüsierte mich. Ich sage es noch einmal: ich war glücklich und gedachte es zu bleiben, um welchen Preis auch immer.

Die Autobahn, die uns vertraut wurde, brachte uns ungefähr zwanzig Meilen von zu Hause fort. Für dich, Johnny, fanden wir auf einem Wohltätigkeitsbasar auf dem Lande einen ovalen Teppich aus Stoffresten in allen möglichen Farben, die Arbeit von Bauersfrauen während der Wintertage: Rot und Hellblau dominierten, und es war eine Freude für mich, dich auf diesem Teppich in meiner Bibliothek sitzen zu sehen, neben dem Phonographen, der für dich alte Kinderlieder spielte, denen du mit großem Ernst zuhörtest.

Hier war es, wo du zum ersten Mal richtig quer durch das Zimmer gingst, ohne dich an den Wänden oder den Möbeln festzuhalten, und danach warfst du uns einen triumphierenden Blick zu. Dann sprachst du, Englisch, denn du versteiftest dich darauf, nur in dieser Sprache zu sprechen.

Eine andere Freude war es, die Holzscheite in all diesen Kaminen brennen zu sehen, denn wenn die Temperatur auf zwanzig Grad unter Null sank, genügte die Heizung nicht. Draußen trugen wir schwere und dicke Kleidung, dazu Pelzmützen, die uns über die Ohren gingen.

Eines Nachts hörten wir Lärm auf dem Hof nahe der Küche, dort wo die Abfalleimer standen. Boule konnte noch aus ihrem Fenster der oberen Etage sehen, wie »große Tiere mit Hörnern« flüchteten; Rehe, die hungrig gewesen sein mußten. Unsere Wälder waren voll davon, und ich bestellte Heubündel, die wir auf den Rasen legten. Bei derselben Gelegenheit bestellte ich Salzsteine, wie in Europa für meine Kühe, und sie waren ganz versessen darauf.

Die Wildkaninchen dagegen, die von den amerikanischen Kindern so sehr geliebten *bunnies,* kamen am hellichten Tag bis vor unsere Tür, und du warfst ihnen Möhren oder Salat zu.

Im November 1950, als wir das Haus instandsetzten, schrieb ich nichtsdestoweniger: *Le temps d'Anaïs* und *Maigret au Picratt's.*

1951 dagegen war meine Produktion umfangreicher, trotz der Wochen, die wir in Boston oder in New York verbrachten, trotz der ziemlich weiten Fahrten nach Poughkeepsie, nach Canaan oder Torrington.

Ohne das Skifahren aufzugeben, widmetest du dich jetzt, Marc, in deiner Schule dem brutalsten und gefährlichsten Sport in den Vereinigten Staaten, vor allem in Kanada: dem Eishockey. Du sahst hübsch aus und warst stolz in deinem Panzer mit dem Helm, der dir beinahe das Gesicht verdeckte, aber ich gestehe dir, daß mich jedes Spiel gegen mehr oder weniger benachbarte Schulen zittern ließ. Die Eltern schauten nämlich diesen *matches* zu, die manchmal hundert Meilen von Lakeville entfernt stattfanden. Sie wurden gebeten, falls die Größe ihres Autos es erlaubte, drei oder vier Schüler mitzunehmen, deren Eltern keine Zeit hatten.

Ich erinnere mich an einen Winterabend, als du achtzig Kilometer von uns entfernt spieltest und der Jeep voller Schüler war. Es schneite stark, und ich fuhr vorsichtig, mir meiner Verantwortung bewußt. Als ich schließlich vor dem überdachten Stadion anhielt, merkte ich, wie es mir kalt über den Rücken lief, als ich einen Ambulanzwagen nicht weit vor dem Eingang sah. Nun ja, das war die Vorschrift, denn es gab häufig Verwundete, und ich sah ängstlich zu, wie du mit all deinem Ungestüm spieltest.

Die *matches* der Berufsspieler, zu denen Tausende von Anhängern strömten, waren so heftig, vor allem zwischen Kanadiern und Amerikanern, daß man die Menge brüllen hörte: »Kill him!«

Töte ihn! Und es gab manchmal tatsächlich Tote. Bekamen nicht die Brutalsten den meisten Beifall?

Ich beobachtete all das nicht mehr von außen. Gleich zu Anfang in Lakeville hatte man mir angekündigt:

»*Here, you have to belong*...«

»... Sie müssen dazugehören ... Ein Teil werden ...«

Und jetzt war ich ein Bestandteil dieses Amerikas, in das ich mich immer freudiger stürzte. Jeden Monat nahmen D. und ich im Gemeindehaus von Salisbury an den Elternversammlungen der Schule, an den Wohltätigkeitsfesten und an den Filmvorführungen teil.

In Hollywood hatte Jean Renoir mir erklärt:

»Verstehst du, Amerika bildet eine Art Club. Du wirst sehen, bald wird man dir vorschlagen, dich einbürgern zu lassen. Diese Einbürgerung hier hat nicht genau den Sinn wie in einem anderen Land. In einem Club wirst du für eine bestimmte Zeit als Gast anerkannt, dann kommt der Augenblick, wo dir diese Rolle nicht mehr behagt und du erwägst, deine Mitgliedskarte zu erwerben und deinen Beitrag zu zahlen ...«

Er fügte hinzu, mit Recht, wie ich wußte, denn ich las viele Zeitungen:

»Man spricht von mir nie als von einem amerikanischen Regisseur. Man schreibt: ›*the French born director Jean Renoir*‹!«

So war es auch bei den anderen eingebürgerten Künstlern, deren Herkunftsland ehrlicherweise genannt wurde.

War ich nicht fürs ganze Leben hier, und waren meine zwei Söhne nicht schon kleine Amerikaner? Anfang 1951 faßte ich den Gedanken, mich einbürgern zu lassen, ins Auge und, obwohl amerikanischer Staatsbürger, »*the Belgian born George Simenon*« zu werden. Ohne s bei George, denn im Englischen hat mein Vorname keins.

Warum nicht? Ich verschaffte mir die Bücher, die man kennen mußte, bevor man vor irgendeinem Rat eine Prüfung machte. So las ich aufmerksam die Verfassung, die wahrscheinlich am meisten die Freiheit des Individuums respektiert, so sehr, daß es in den Vereinigten Staaten keinen Personalausweis gibt (oder damals nicht gab) und man sich einen Namen seiner Wahl zulegen und mit ihm unterschreiben durfte, was die Zehntausende »John Smith« erklärt.

Eines Morgens erhielt ich den Brief eines der einflußreichsten Mitglieder der Académie Royale de Langue Française de Belgique; was mich in eine unangenehme Situation brachte. Ich habe es nämlich immer vermieden, irgendwelchen Organisationen anzugehören, einschließlich der Société des Gens de Lettres. Ich antwortete also sehr liebenswürdig, daß ich mich von der Ehre, die man mir erweisen wolle, sehr geschmeichelt fühle, daß ich jedoch in ein paar Monaten wahrscheinlich amerikanischer Staatsbürger werde.

Die Antwort verwirrte mich:

»Es macht nichts, wenn Sie amerikanischer Staatsbürger werden, *nachdem* Sie in die Académie aufgenommen worden sind, was wir für 1952 vorsehen. Wir bitten Sie nur, Ihre Einbürgerung bis dahin aufzuschieben.«

Nun, ich brauchte nichts aufzuschieben, denn wieder einmal entschieden die Ereignisse für mich. Im Frühling 1951, als der Schnee um uns herum schmolz und unsere Bäche sich in Wildbäche verwandelten, erhielt ein gewisser Senator McCarthy vom Senat den Vorsitz einer Kommission, vor der eine große Anzahl von Personen erscheinen mußte, die der Subversion angeklagt waren, das heißt Tätigkeiten, die nicht im Interesse des Landes lagen. Die Sitzungen dieser zu einem Tribunal erhobenen Kommission wurden vollständig im Rundfunk und im Fernsehen übertragen, und ich verbrachte Tage damit, die Übertragungen an meinem Fernseher zu verfolgen. Diese Epoche hat eine traurige Berühmtheit erlangt unter dem Namen der »Hexenjagd«.

Man sah vor einem gehässigen und aggressiven Richter, der von zwei kühleren Beisitzern vom Typ Fouquier-Tinville eingerahmt war, so verdienstvolle Männer wie Oppenheimer aufmarschieren, Professor der Physik an der Universität Princeton, sehr gebildet, musikalisch, Schüler und rechte Hand von Einstein, der persönlich an der Fertigstellung der Atombombe von Hiroshima mitgearbeitet hatte.

Was warf man ihm vor?

»Sagen Sie, Oppenheimer, kennen Sie unter Ihren Freunden und Ihren Schülern Leute, die der Kommunistischen Partei angehören?«

Oppenheimer war ein sehr großer, dünner Mann, ruhig, von natürlicher Eleganz.

»Ich frage weder meine Freunde noch meine Schüler, welches ihre politischen Ideen sind . . .«

McCarthy schimpfte, brüllte, schlug mit der Faust auf den Tisch:

»Sie haben nicht auf meine Frage geantwortet.«

Ein Katz-und-Maus-Spiel, das Stunden dauerte.

»Können Sie schwören, daß niemand von ihnen sich anti-amerikanischer Aktivitäten widmet?«

»Soweit ich weiß . . .«

Wenn mein Gedächtnis mich nicht im Stich läßt, dauerte dieser Prozeß mehr als einen Monat, und -zig anerkannte Intellektuelle und Künstler erschienen vor dem wütenden und dröhnenden Senator.

Ich war von dieser Sache gepackt, und wenn D. und ich aus dem Hause fortmußten, verfolgten wir im Auto die Verhandlungen am Radio. Das war im Frühling und mitten im Sommer, und das gesamte Amerika verfolgte diese Affäre, die die Schlagzeilen der Zeitungen beherrschte.

Große Regisseure aus Hollywood, weltweit berühmte Drehbuchautoren, gestern noch gefeierte Schauspieler tauchten unter. McCarthy verbreitete eine solche Angst, daß all denen die Studios verwehrt wurden, die von der Kommission vorgeladen worden waren oder noch vorgeladen werden konnten.

Mein berühmter Kollege Dashiell Hammett, dem ich zwei Jahre später wiederbegegnen sollte, zog das Gefängnis einem Eid vor, den er für verfassungswidrig hielt. Trotz seiner schlechten Gesundheit und seiner glänzenden militärischen Vergangenheit wurde er mehrere Monate lang eingesperrt. Aus den großen Studios verbannt, zog Dassin es vor, nach Europa zu fahren, so wie noch viele andere. Einige Drehbuchautoren schließlich, auf die Hollywood nicht verzichten konnte, verkrochen sich irgendwo und arbeiteten unter einem anderen Namen weiter.

Wir hatten bereits viele Freunde in Lakeville, aber man sprach nie über diese Affäre, so als fürchtete jeder, er könne sich in Gefahr bringen. Auch ich schwieg, obwohl ich mein Leben lang apolitisch geblieben bin, was in den Augen bestimmter Leute hätte verdächtig erscheinen können.

Die heftigen Wutausbrüche des Senators McCarthy, die manchmal schon komisch wurden, überraschten mich nicht. Was mich überraschte, war, daß seine Hexenjagd in dem freien Amerika stattfinden konnte, dessen Verfassung ich beinahe auswendig kannte, ebenso wie die berühmte »Eingabe« von Lincoln.

In Frankreich hatte ich den heftigen Kundgebungen der »Camelots du Roi« beigewohnt, ihren Angriffen auf ehrenwerte Männer, die nicht ihre Überzeugungen teilten. Ich hatte die Kampagnen des Obersten de La Rocque kennengelernt, der alle einsperren wollte, die nicht extrem rechts standen und dadurch zu Antipatrioten wurden.

Ich hatte in Belgien den Namen von Degrelle in riesigen weißen Buchstaben auf den Straßen und an den Wänden gesehen. Ich wußte, daß er mit seinen Anhängern den Einmarsch der Deutschen wie eine Befreiung aufgenommen hatte und daß er, nachdem der Krieg beendet worden war, im Spanien Francos Asyl gefunden hatte.

Auch hatte ich als Laufbursche der »Ligue des Chefs de Sections«, die von Binet-Valmer geleitet wurde, wer weiß wie viele Adressen auf Umschläge geschrieben, was dazu bestimmt gewesen war, eventuelle Streiks zu brechen.

War das nicht in allen Ländern vorgekommen, sogar im friedliebenden Norwegen, wo einer meiner Übersetzer Gauleiter geworden war?

Noch einmal: Wie war das hier möglich?

Meine Liebe zu dem Land hatte sich deswegen nicht verringert. Ich fühlte mich immer noch glücklich inmitten meiner Familie und dem Kreise meiner Freunde. Man zielte vor allem, wenn nicht ausschließlich, auf die Intellektuellen und die Künstler, die man linksradikaler Ideen verdächtigte.

Wie die Mehrheit der Amerikaner wohnte ich ohnmächtig dieser auflodernden Raserei bei, und ich fürchtete um einen meiner Freunde, einen talentierten Bühnenautor, den ich bei Jean Renoir getroffen hatte, und dessen Stücke nicht völlig konformistisch waren. Nicht mehr als die von O'Neill, dem größten amerikanischen Schriftsteller, dessen Tochter eines Tages Charlie Chaplin heiraten sollte. Dessen Name wurde häufig bei diesen Verhandlungen genannt, denn hatte er in seinen Filmen nicht die Partei des »kleinen Mannes« ergriffen, der mir so lieb war? Bedeutende Personen wurden ausgewiesen. Andere lernten das Gefängnis kennen. Andere wiederum sahen ihre Karrieren als Professor oder Künstler erledigt, oder zumindest doch für lange Zeit gefährdet.

Ich schwieg. Ich war McCarthy und seinesgleichen böse, daß sie »mein« Amerika beschmutzten.

»You have to belong . . .«

Einverstanden. Aber wozu sollte ich gehören?

Ich blieb dort. Ich führte mein kleines Leben weiter, bemühte mich, meine Hausgemeinschaft glücklich zu machen. Dennoch verzichtete ich auf meine Bitte um Einbürgerung, die mir vielleicht durch die Atmosphäre von Shadow Rock Farm und allem, was es umgab, in den Sinn gekommen war.

D. hielt sich stundenlang in dem Arbeitszimmer auf, das neben meinem lag, wo ich nur blieb, wenn ich ein Romankapitel schrieb und meine Siesta in dem *bow-window* hielt. Ich hatte von Washington eine riesige amtliche Karte der Vereinigten Staaten kommen lassen, sehr schön, sehr deutlich, die in einem einfachen Rahmen eine ganze Wand ihres Arbeitszimmers bedeckte.

Was machte sie dort, sogar abends, wenn ich fernsah, wodurch ich den Geschmack und das Leben des Landes besser kennenlernen sollte? Für mein Leben gern sah ich Vorstellungen von Cabarets, die damals sehr zahlreich waren und um Sketche herum gesendet wurden, deren Humor ich ebenso schätzte wie ich den englischen Humor geschätzt hatte.

Einige dieser Sketche waren im »Slang« geschrieben, ein Wort, das ich nur schwer übersetzen kann. Es ist kein Dialekt, obwohl seine Herkunft auf Brooklyn zurückgeht. Es ist aber auch nicht so ganz die Sprache der Gassenjungen oder Gangster. Eine direkte, bilderreiche Sprache, in der jedes Wort ins Schwarze trifft.

Im Anfang verstand ich nur einen Teil, dann machte ich Fortschritte, und gegen meinen Willen, beinahe unbewußt, vermischte ich Wörter aus dem Slang mit meinem Englisch oder genauer gesagt, mit meinem Amerikanisch.

Viele dieser Schauspieler waren Juden, und ich schätzte den jüdischen Humor außerordentlich. Zum Schluß, wenn ich die Leute auf den Straßen in New York oder anderswo sprechen hörte, erkannte ich an ihrem Akzent, ob sie aus Neuengland, aus dem Süden, aus dem *Middle West*, aus Texas oder Kalifornien kamen.

Aber was machte D. während dieser ganzen Zeit? Eigentlich weiß ich es nicht. War es für sie ein Mittel, sich abzusondern? Schließlich war das ihr gutes Recht. Sie beantwortete jetzt meine Post, außer der aus Europa und der von meinen alten Verlegern in den verschiedenen Ländern. Ihre Briefe waren lang und umständlich. Sie brauchte vier Seiten, die sie zwei-, wenn nicht dreimal von neuem begann, wo mir dreißig Zeilen genügt hätten.

Ein anderer Bereich, den ich mir trotz allem vorbehielt: meine Verträge, auch die mit den amerikanischen Verlegern, denn ich habe immer meine Verträge selbst verfaßt. Sie waren sehr viel kürzer als die gewöhnlichen Verträge, da ich aus Erfahrung wußte, daß, je mehr Klauseln ein Vertrag umfaßt, er desto mehr Stoff gibt für einen Prozeß. Nun, ich habe niemals in meiner ganzen Laufbahn mit meinen Verlegern, meinen Produzenten von Film, Fernsehen und Funk Prozesse gehabt.

D. arbeitete also. Eines Tages teilte sie mir mit, daß sie überlastet sei und eine Sekretärin benötige.

Warum nicht? Würde ihr das nicht Selbstvertrauen geben? Und würde das nicht ihr *standing* stärken, um eines ihrer Lieblingswörter zu gebrauchen?

Sie fand eine Sekretärin aus der Gegend, eine Frau von ungefähr vierzig Jahren mit einem vergnügten Gesicht, eine geborene Comtesse aus Österreich, die einen hohen ungarischen Würdenträger geheiratet hatte, der einer erlauchten Familie seines Landes angehörte. Madame V. sprach ein gutes halbes Dutzend Sprachen, wie die meisten gebildeten Leute Mitteleuropas. Sie hatte in glänzenden Verhältnissen gelebt, ein offenes Haus geführt, die hervorragendsten Persönlichkeiten der Vorkriegszeit empfangen.

Nach ihrer Scheidung lebte sie in der Nähe von Lakeville, zusammen mit ihrer siebzehnjährigen Tochter, die hier ihrem Studium nachging.

Die beiden Frauen verbrachten den Tag in dem Arbeitszimmer, in dem es still wurde, sobald ich hindurchgehen mußte. Zwei- oder dreimal überraschte ich die Sekretärin dabei, wie sie ihre Tränen trocknete. Warum? Das ging mich nichts an. Ich wiederhole, daß ich glücklich war, daß ich D. liebte und sie ebenfalls glücklich sehen wollte.

Ich empfing viele amerikanische Journalisten. Ein Team von ›Life‹, damals die größte Zeitschrift der Welt, verbrachte eine ganze Woche von morgens bis abends bei mir. Sie waren fünf, einschließlich der Fotografen, die mich in den Supermarkt begleiteten, wo ich gewöhnlich einkaufen ging, zu Hugo mit Johnny, zum Dickicht, das ich, zusammen mit Marc, mit Hilfe einer riesigen Schere beschnitt, zum Rasenmähen, wohin sonst noch?

D. tauchte oft auf, lächelnd, und küßte mich vor den Kameras, aber ich hörte dabei kein Klicken. Ich hätte die Leute gerne gebeten, sie in ihrem Büro zu fotografieren, wenn sie ihrer Sekretärin diktierte, aber ich wagte es nicht, denn sie machten nur das, was ihnen in den Kopf kam.

Sie machten wohl tausend Fotos, und als ›Life‹ erschien, bemerkte ich, daß sie nur sechs verwertet hatten.

Die ›New Yorker‹, eine Wochenzeitung, die ich begierig las, denn sie war die interessanteste von allen, schickte ihren Chefredakteur zu mir, um ein *profile* zu machen, das heißt, ein literarisches Porträt, sehr lang und ausführlich, was eine Bestätigung für mich bedeutete. Der Redakteur, selbst Schriftsteller und ein ausgezeichneter dazu, verbrachte vier oder fünf Tage mit mir zusammen, und er sollte einer meiner Freunde werden, denn mit seiner Frau und seinen drei oder vier Töchtern bewohnte er ein Landhaus in der Nähe von Canaan.

Das Leben floß friedlich dahin, ohne Krach, sehr angenehm, und bald sprach man nicht mehr von Senator McCarthy, der ein paar Monate später an einer Thrombose sterben sollte.

Ihr wurdet größer, meine Kinder. Marc bestand seine Prüfungen mit Erfolg, und wir fuhren zur Indian Mountain School zur Verteilung der Preise.

Die Zeremonie fand nicht in einem der Schulgebäude statt, sondern in einem Garten mit viel Rasen, an einem schönen und warmen Sommermorgen. Eltern und Schüler saßen im Gras. Der Direktor verlas nach einer kurzen Rede die Liste der Preisträger, wonach die Kinder in die Küchen stürzten und mit Papptellern, Hot dogs, kaltem Fleisch, Brötchen und Bechern mit nichtalkoholischen Getränken wiederkamen. Ein fast familiäres Picknick, außer daß wir mehr als sechzig Familien auf der Wiese waren, jede mit ihren Kindern.

Man zog die Jacken aus, und es wurde sehr lustig, denn es bildeten sich Gruppen, Familien schlossen sich zusammen, unsere mit der von Rechtsanwalt Beckett, einer von unseren engen Bekannten, dessen jüngster Sohn dein bester Freund war.

Ich erkannte Lakeville und die Vereinigten Staaten wieder, die ich liebte und nicht zu verlassen gedachte, außer im darauffolgenden Jahr, 1952, um nach Europa zu fahren und Mitglied der belgischen Académie zu werden. Warum eigentlich nicht, um so mehr, als man in dieser Académie keine Uniform trug?

Ein prächtiger Herbst. Weihnachten natürlich, nach den irren Ausflügen nach New York. Geschenke, Girlanden, ein Kranz über der Tür, Hunderte von Glückwunschkarten. Ich suchte Karten aus, die eines der Bilder von Grandma Moses wiedergaben.

42

Dein zweites Weihnachtsfest in unserem Haus in Lakeville, Johnny Boy, das dritte deines Lebens, in Wirklichkeit aber dein erstes Weihnachtsfest, da du in Carmel-by-the-Sea noch ein Baby gewesen warst.

Jetzt warst du kein Baby mehr, und deine Energie verblüffte mich. In deiner Winterkleidung mit dem dicken Fellfutter erinnertest du, kräftig und stämmig, an einen wilden Bären. In der Nähe unseres Anwesens gab es einen ziemlich großen Kramladen, um den herum eine Galerie lief.

Inmitten dieser Galerie thronte ein typischer Santa Claus, bärtig und gutmütig. -zig Kinder warteten darauf, von ihm auf die Knie genommen zu werden, um ihm die Liste der Geschenke anzuvertrauen, die sie sich wünschten, während die Eltern etwas weiter weg warteten, so auch deine Mutter und ich.

Ein paar Schritte von dir entfernt ein kleines blondes Mädchen mit lok-kigem Haar, einem rosigen Gesicht und blauen Puppenaugen. Warst du schon lange von ihrem Anblick gebannt? Jedenfalls stürztest du zu ihr, umfingst sie mit deinen Armen und bedecktest sie mit Küssen. Du warst dermaßen heftig, daß ihr auf den Boden rolltet, wo du sie weiterküßtest, auf ihr liegend, unter den mißbilligenden Blicken der dastehenden Eltern.

Das war deine erste Eroberung, mein Sohn. Ich hatte Mühe, dich von ihr wegzuzerren, und von da an blieb ich neben dir stehen, zwischen den wartenden Kindern. Ich wußte nicht, um was du den Weihnachtsmann bitten würdest, wie man ihn in Europa nennt. Vielleicht um das kleine Mädchen? Vielleicht um eine kleine Schwester? Auf jeden Fall hat sich dieses Bild tief in mein Gedächtnis eingegraben. Du warst noch keine zweieinhalb Jahre alt, kleiner Rohling!

Die Feiertage verliefen traditionsgemäß, die Tage, die Monate flossen dahin. Ich schrieb nacheinander in meinem Arbeitszimmer mit dem Pan-oramafenster: *Maigret en meublé, Une vie comme neuve;* und, im Mai, als der Schnee um uns herum wegschmolz: *Maigret et la grande perche.*

Etwa in derselben Zeit kümmerte ich mich um die Zukunft deines so sanften, so netten Kindermädchens. Sie war zu intelligent, zu strebsam, um ihr ganzes Leben von einem Haushalt zum anderen zu gehen, und ich riet ihr, Kurse für Kinderpflegerinnen oder sogar für Krankenschwestern zu besuchen. Sie verstand mich, kannte meine Sympathie für sie, und sie verdiente es, daß wir an ihre Zukunft dachten. Sie verließ uns also, küßte dich ein letztes Mal, wobei sie ihre Tränen zurückhielt, und ein junges Mädchen aus der Umgebung, die bereits ihr Diplom hatte, nahm ihre Stelle ein. Diese jetzt war nicht farbig und hieß Rita.

Sie war ein großes, sehr frisches Mädchen, gleichzeitig zärtlich und sanftmütig, das lange bei uns blieb und uns später, als sie verheiratet und Mutter geworden war, zu jedem Neujahrsfest schrieb und Fotos ihrer Kinder schickte.

Du gewöhntest dich schnell an sie, an ihr offenes Lächeln. Ich hatte den Verdacht, daß sie die Schlechtwettertage liebte, denn dann konnte sie sich in meinen grünen Schaukelstuhl vor den Fernsehapparat setzen, während du ernst auf dem bunten Teppich spieltest. Denn alles, was du tatest, tatest du mit Ernst, sogar spielen.

Jede Nacht, wenn du merktest, daß du feucht warst, stießest du durch-dringende Schreie aus, bis deine Mutter und ich zu dir kamen. Das Intercom-System am Kopfende unseres Bettes verstärkte deine dringliche Stimme, und wir konnten alles hören, bis hin zu dem Rascheln deiner Laken. Du schliefst auf dem Bauch, ohne Kopfkissen, wie es die amerika-nischen Kinderärzte empfahlen. Wenn du uns sahst, zeigtest du dich befriedigt darüber, daß man dir so schnell gehorcht hatte, und du lächeltest vor dich hin, wenn wir deine Windeln und dann deine Bettwäsche wechselten. Ich hatte es mir angewöhnt, dich zu tragen, deinen Kopf auf meiner Schulter, und auf und ab zu gehen, um dich wieder in den Schlaf zu singen:

> »Ch'val de bois, bois, bois...
> Ch'val de bois, bois, bois...
> Tourne, tourne, tourne, tourne...
> Ch'val de bois, bois, bois...
> (noch einmal)
> Tourne, tourne, encore une fois.«

Ein Lied, das ich früher in der Vendée gelernt hatte. Ich sang es dreimal, viermal, mit einer immer leiseren Stimme, und ich versuchte, dich wieder ins Bett zu legen. Du hattest Gefallen daran gefunden. Du protestiertest. Zwanzigmal, dreißigmal begann ich wieder von vorne, wobei ich in deinem Kinderzimmer herumging. Es kam vor, daß ich diesen Ohrwurm bis zu hundertmal sang, bevor du einverstanden warst, wieder einzuschlafen, und ich wieder in unser Zimmer zu deiner Mutter ging, wo ich mich triumphierend hinlegte.

Und beinahe sofort plärrte deine laute Stimme in dem Intercom. Ich sehe noch dein schelmisches Lächeln vor mir, wenn wir wieder zu dir kamen. Du hattest wieder Pipi gemacht, und alles fing wieder von vorne an, die Bettwäsche wechseln, deine Windeln, dann wieder eine Serie von *cheval de bois*.

Erinnerst du dich an deine Lampe? Wir hatten sie in Poughkeepsie gefunden und waren stolz darauf. Der Lampenschirm war mit einem kleinen Zug samt seinen Waggons verziert, und durch die Hitze der Birne fingen Lampenschirm und kleiner Zug an, sich langsam zu drehen. Ich habe Lampen in dieser Art nie mehr wiedergesehen und bedaure es, sie nicht aufbewahrt zu haben.

Im Durchschnitt riefst du zweimal pro Nacht. Ein einleitender Ruf, wenn wir dich abends hinlegten, bevor wir gegessen hatten. Kaum waren wir mit der Suppe fertig, fing der Intercom an zu vibrieren. Du natürlich! Wußtest du, daß wir friedlich aßen? Warst du darauf eifersüchtig? Also Pipi! Du machtest es nach Belieben. Das war deine Art, zu protestieren.

Ich hatte den Verdacht, daß du errietest, wann deine Mutter und ich uns liebten, denn du kamst unfehlbar mit deiner ganzen Autorität dazwischen!

Was dich betrifft, Marc, so warst du immer häufiger bei uns, mit deinem Freund Peter, dem Sohn meines Rechtsanwalts Beckett, und ihr bautet eine Hütte zwischen den Ästen eines großen Baumes. Ihr verbrachtet ganze schulfreie Nachmittage dort, versehen mit Sandwiches und Würstchen, und ihr kamt nur herunter, um euch mit *ice-cream* aus dem Kühlschrank zu versorgen.

Hier erreichte deine Liebe zu den Tieren ihren Höhepunkt. Du entdecktest manchmal in unserem Schwimmbecken *snapper-turtles,* ziemlich große Wasserschildkröten, deren Schnabel so hart und so scharf ist, daß sie einen Finger abbeißen können.

Du sammeltest sie im Untergeschoß unserer Garage, das bald ein Kleinzoo wurde. Du sammeltest auch alle Arten von Nattern, die du wie Kätzchen streicheltest und die Gefallen daran zu finden schienen. Es wurde erzählt, daß man, wie in Florida und Arizona, auch in unserem Wald Klapperschlangen fand. Ich für meinen Teil begegnete nie einer. Dafür sah ich oft Fasane, Auerhähne, die sich durch unser Kommen nicht verscheuchen ließen.

Unser schönes kleines Leben dauerte an, während wir im Juni unsere Reise nach Europa vorbereiteten. Du konntest uns nicht begleiten, mein großer Marc, denn du hattest keine Ferien. Johnny dagegen fuhr mit uns, ebenso wie Boule, die entzückt war, Frankreich wiederzusehen und Kindermädchen für dich zu spielen.

Auf der Hauptstraße, in dem einfachen Friseurladen des redseligen und herzlichen Italieners, ließ ich mir die Haare schneiden. Hierhin nahm ich auch dich in regelmäßigen Zeitabständen mit, um Ordnung in deinen dikken, schwarzen Haarschopf bringen zu lassen. Eines Nachmittags, als ich alleine dort war und darauf wartete, an die Reihe zu kommen, saß ein Kunde von etwa sechzig Jahren in dem üblichen Friseursessel. Er hatte schöne, silberweiße Haare, und eine jüngere Frau mit einem sanften und heiteren Gesicht wartete auf ihn.

Der Friseur sagte sofort zu mir:

»Kennen Sie ihn nicht? Und dabei haben Sie denselben Beruf, und ich sehe oft Ihre Namen in denselben Zeitungen.«

Er sagte mir den Namen seines Kunden, der in den Vereinigten Staaten und anderswo sehr bekannt war, denn der Mann mit den silbergrauen Haaren war kein anderer als der bedeutendste Humorist englischer Sprache. Er schrieb nicht nur amüsante Geschichten mit einem feinen Humor, sondern die ›New Yorker‹ veröffentlichte jede Woche mehrere seiner Bildergeschichten, die ich seit meiner Ankunft in Amerika bewunderte.

Mein berühmter Kollege drehte sich um, sah seine Frau an.

»Simenon? Ich habe kürzlich Ihr *profile* gelesen, und meine Frau hat mir mehrere Ihrer Bücher vorgelesen.«

Ich erfuhr, daß er fast blind war. Es blieb ihm jedoch genug Sehkraft, um seine Zeichnungen zu machen, die, in Bänden zusammengefaßt, Bestseller wurden, nicht nur in den Vereinigten Staaten, sondern auch in Kanada und England. Er gehörte der kleinen Truppe an, die nach dem Ersten Weltkrieg die ›New Yorker‹ gegründet hatte.

Wir wurden Freunde. Ich sah ihn bei sich auf rührende Weise arbeiten. Auf der Veranda, vornehmlich wenn die Sonne schien, stellte seine Frau eine große, schwarze Tafel auf. Und mit einem großen Stück Kreide zeichnete er mit Strichen von mehr als einem Zentimeter seine Comics, die in der Wochenzeitschrift abgebildet wurden. Keinerlei Bitterkeit war in ihm. Der Ausdruck seines Gesichtes war sanft, wie der seiner Frau, und er bewegte sich nur an ihrem Arm fort.

Viele Leute wie er, typisch amerikanisch, wohnten nicht weit von uns und wurden unsere Freunde. Einer von ihnen, der mit seiner Frau und seinen beiden Kindern in einer komfortablen, aber sehr einfachen Villa in Lakeville wohnte, war in meinen Augen ein Prototyp.

Seinen Vater hätte man den »König des Kaugummis« nennen können, denn er schuf die verbreitetste Marke in allen Ländern, in denen Kaugummi gekaut wurde. Er hatte die Tochter eines nicht weniger bekannten Mannes geheiratet, der seinerseits in den Drugstores und den Automaten die mit Nußmasse gefüllten Schokoladenriegel eingeführt hatte, auf die du so versessen warst, mein Marc. Im College war er ein schlechter Schüler gewesen, ganz Papas Sohn, sehr stutzerhaft, bis zu dem Tage, als der Lehrer für Naturwissenschaften lang und breit über Amöben gesprochen hatte. Er hatte sich so sehr dafür begeistert, daß er später glänzend sein Medizinstudium abgeschlossen hatte. Die Biologie, damals in den Anfängen, faszinierte ihn, und er hatte im Forschungsinstitut Rockefeller angefangen. Nach zwei oder drei Jahren genügte ihm die Laborarbeit nicht mehr, und er wollte den Menschen studieren, den Kranken, das eigentliche Ziel all seiner Arbeiten, denen er sich widmete.

Jetzt lebte er in Lakeville mit seiner Familie, ohne Hausangestellte, außer einer Putzfrau, die nur zwei oder drei Stunden jeden Morgen kam. Er hatte sich die Allgemeinmedizin ausgesucht und war Tag und Nacht dienstbereit. Seine Freunde erzählten mir von einem Fall, einer alten, armen, behinderten Frau, zu der er einmal wöchentlich ging, nicht nur um sie zu behandeln, sondern auch um ein wenig Ordnung bei ihr zu machen.

Wenige Leute in der Gegend wußten, welchen Familien er und seine Frau angehörten, und ihr einziger Luxus war ein Porsche, an dessen Steuer sie sich sonntags austobten, zusammen mit zwei oder drei anderen Ärzten, die sich ebenso leidenschaftlich für Technik und Schnelligkeit interessierten.

Drei Wochen bei uns zu Hause, in unserer familiären Atmosphäre, Diners mit Freunden wie diesen . . . Eine Woche in New York, ein Leben in Cabarets, Seite an Seite mit Berühmtheiten.

Auf Tahiti hatte ich die Gelegenheit gehabt, Tigy einen Opal zu kaufen, der nicht nur deshalb bekannt war, weil er der berühmten Sängerin Melba gehört hatte (jawohl, der Frau, für die die Pêche Melba kreiert worden war und die am Ende des letzten Jahrhunderts weltweit bewundert wurde), sondern auch, weil er einen Namen hatte, »Feuer Bush«, den alle Juweliere kannten.

Wir sahen uns gerne die Schaufenster der Fifth Avenue und von Madison an, D. und ich, und eines Nachmittags bewunderten wir in einem Juweliergeschäft einen Solitär von etwa drei Karat, in einem Ring gefaßt.

Warum sollte ich für D. nicht die gleiche Geste machen wie damals für Tigy? Wir gingen also hinein, erfuhren, daß dieser Brillant, ein geschliffener Diamant, völlig rein, ebenfalls seine Geschichte hatte. Wie durch Zufall hatte er einer amerikanischen Sängerin gehört, Jean Peter, die heute alt und in Vergessenheit geraten ist. Es war das erste richtige Schmuckstück, das ich D. schenkte, und ich erfreute mich an ihrer Freude, an dem strahlenden Blick, den sie mir zuwarf, nachdem sie sich den Ring an ihren Finger gesteckt hatte.

Etwas anderes kommt mir wieder in den Sinn. Eines Nachmittags, als es regnete und wir nicht wußten, was wir in unserem Zimmer im Plazza machen sollten, sagte D. plötzlich zu mir:

»Warum solltest du nicht zu dem Call-girl gehen, deren Telefonnummer man uns gegeben hat? Das wird dich zerstreuen.«

Zu der Zeit war New York noch sehr puritanisch, und die Prostitution, die Glücksspiele und die Rauschgifte wurden streng von der Polizei verfolgt. Ich spreche von New York, denn die Vereinigten Staaten kannten bereits die sogenannten »offenen« und die »verschlossenen« Städte, die Städte, wo die Polizei, aus Gründen, die mich nichts angingen, beide Augen zudrückten, oder die, wo sie sich unnachgiebig zeigte. Aus diesem Grunde wurden die *conventions,* das heißt die Kongresse, fast immer in den offenen Städten abgehalten, wie z. B. in Newark, Atlantic City, Miami, Chicago und einigen anderen.

Woanders wurden die Call-girls geboren, wenn ich so sagen darf, junge Frauen, im allgemeinen hübsch, elegant, häufig Intellektuelle, deren Telefonnummer man sich zuflüsterte. Vor allem New Yorker Geschäftsleute, die Kunden aus der Provinz empfingen, machten Gebrauch davon. Die Call-girls wurden zusammen mit diesen Kunden in die besten Restaurants eingeladen, in die berühmtesten Cabarets, und zu vorgerückter Stunde zogen sich die Geschäftsleute zurück. Ihre Kunden mußten dann mit ihrer im voraus bezahlten Begleiterin zurechtkommen.

Was es schwierig machte, eine dieser Telefonnummern zu bekommen, war die Tatsache, daß das Weitergeben dieser Nummern als Kuppelei angesehen und wie diese mit mehreren Jahren Gefängnis bestraft wurde. Ich hatte eine mit viel Mühe bekommen.

»Das könnte vielleicht interessant sein . . .«

Ich telefonierte. Ich mußte ein Losungswort sagen, das heißt den Vornamen eines fiktiven Oberkellners, und erhielt dafür den Namen eines Hotels und eine Zimmernummer.

Als ich zwei Stunden später wiederkam, sagte ich mit einem spöttischen Lächeln zu D.:

»Erstens bin ich an eine Kanadierin aus Montreal geraten, wie du, mit einem starken Akzent dazu. Zweitens ist sie klein und dunkelhaarig, wie du. Drittens hat sie in etwa den gleichen Körper und die gleiche Art zu lieben wie du. Also hätte ich eigentlich hierbleiben können . . . Ich werde in der nächsten Zeit andere kennenlernen . . .«

Juni kam näher, und damit unsere Abfahrt an Bord der »Ile-de-France«, denn D. bestand darauf, daß ihre erste Reise nach Europa an Bord eines französischen Schiffes stattfinden sollte. Ein beflisseneres, auch interessierteres Personal als auf den anderen transatlantischen Linien. Ich glaube, daß ich während dieser Reise zufällig Charles Boyer traf, der an die Überfahrt gewöhnt war.

Wir machten die Bekanntschaft mehrerer Paare, und D. erregte die glänzende Seite dieses Lebens, die sie hier entdeckte.

War es auf der Hin- oder auf der Rückfahrt, als wir während eines Galaabends die kleine Comtesse trafen? Unwichtig.

Abendtoilette vorgeschrieben, wie an den anderen Abenden, nur noch prunkvoller. Den ganzen Tag über war der Schiffsfriseur auf Trab, wußte nicht, wem der so vielen bedeutenden Persönlichkeiten er den Vorzug geben sollte. Wir saßen an dem Tisch des Kapitäns, zusammen mit ungefähr dreißig Gästen, durch das Protokoll gezwungen, nicht nebeneinander zu sitzen. Meine Tischdame war eine hübsche, mollige Blondine, eine »Klatschbase«, wie man zu Beginn des Jahrhunderts sagte.

»Sind Sie verheiratet?«

»Ja. Mein Gatte verläßt die Kabine auf der Überfahrt nur, um sich aufs Deck zu legen. Er ist sehr viel älter als ich, immer finster, und er kann stundenlang kein Wort reden.«

»Das ist nicht lustig für Sie.«

»Nein. Ich bin das genaue Gegenteil von ihm . . .«

War er wirklich ihr Gatte? War sie Comtesse? Gleichgültig. Ihr Dekolleté war großzügig, und nach einigen Gläsern Champagner drückte sich ihr Bein beharrlich an meines.

»Und Sie, sind Sie verheiratet?«

Ich zeigte auf D.

»Ist sie eifersüchtig?«

»Überhaupt nicht.«

Wir tanzten, wir tranken, waren sehr fröhlich, und D. warf mir einen aufmunternden Blick zu, als wir uns auf der Tanzfläche begegneten.

Sehr spät sagte ich zu der kleinen Comtesse:

»Warum kommen Sie nicht zu uns in die Kabine?«

»Ist das Ihr Ernst?«

»Mein völliger Ernst.«

Die Menge lichtete sich, D. und ich kamen wieder zusammen.

»Sollst du zu ihr kommen?«

»Nein. Anscheinend ist sie verheiratet. Ich habe ihr für alle Fälle gesagt, daß sie zu uns kommen kann, wenn sie Lust dazu hat.«

»Glaubst du, daß sie kommen wird?«

Sie kam, und es gelang ihr sogar ein sensationeller Auftritt. Mit einem munteren Tanzschritt ließ sie ihr Kleid heruntergleiten, unter dem ihr rosiger, molliger Körper zum Vorschein kam.

Ich drang sofort in sie ein, und sie genoß einmal einen Orgasmus, zweimal, und D. zog sich ihrerseits aus.

Als die Comtesse spürte, daß ich nun ebenfalls einen Orgasmus bekam, stieß sie mich sanft zurück:

»Nein. Für sie . . .«

D. war bereit.

Das war alles.

Die Reise verlief ebenso lustig, wie sie begonnen hatte. Eine Nacht machten wir eine Zwischenlandung in Plymouth im Süden Englands. Der Bordkommissar weckte mich, um mir mitzuteilen, daß ein paar französische und englische Journalisten an Bord gekommen seien und darauf bestünden, daß ich ihnen einen Moment gewähre.

»Später. Sagen Sie ihnen, daß ich schlafe.«

Ich schlief tatsächlich wieder ein. Als ich zum Frühstücken ging, waren sie da. Die Franzosen waren gekommen, um einen *scoop* zu landen, wie man bei der Presse sagt, das heißt, einen Vorsprung vor ihren Kollegen zu haben. Die beiden Engländer dagegen hatten es weniger eilig.

Ich kam wieder in die Kabine zurück, wo D. ihre Morgentoilette beendete.

»Was hast du ihnen gesagt?«

»Nichts.«

Ich war nicht gefaßt auf das, was in Le Havre geschah. Kaum hatte das Schiff festgemacht, als etwa dreißig Journalisten die Gangway stürmten und mich zum Salon zogen. Fragen. Immer weitere Fragen, auf die ich antwortete, so gut ich konnte. Unser Gepäck war schon ausgeladen und befand sich wohl schon in dem Zug nach Paris. Durch das Bullauge sah ich eine kleine Menschenmenge auf dem Quai, und Stimmen skandierten meinen Namen.

»So, Madame, Sie sind also Kanadierin?«

»Ja, Messieurs.«

»Mit englischer Muttersprache?«

»Französisch«, gab sie stolz zurück.

Endlich befaßte man sich mit ihr, und ich freute mich darüber. Sie strahlte. Die Formalitäten hielten uns so lange auf, daß der Bordkommissar uns mitteilte, der Zug fahre jeden Augenblick ab.

Ich fand euch auf dem Deck wieder, Johnny und Boule, mit weit aufgerissenen Augen angesichts dieses unerwarteten Schauspiels. Auch für mich unerwartet, und ich hatte Mühe, mir einen Weg durch die Menge zu bahnen. Endlich stiegen wir in den Zug, in dem ein Abteil für uns reserviert war. Die Fotografen beschossen uns unaufhörlich.

Ein junger Journalist des ›Figaro‹, der durch seine Romane berühmt und bald, nahm ich an, Akademiemitglied werden würde, nahm mich einfach so mit in ein leeres Abteil, an das er irgendwie gekommen war. Er war ganz klein, sehr blond, aber seine Augen sprühten vor Intelligenz.

»Ich brauche ein langes Interview. Mehrere Spalten.«

Und schon stellte er mir seine Fragen, während seine Kollegen ihre mißmutigen Gesichter hinter der Scheibe zum Gang zeigten.

Mein Gesprächspartner war kein Reporter, sondern Literaturkritiker, einer, dessen Urteil etwas galt, wie ich später erfahren sollte. Es war nun sieben Jahre her, daß ich eine französische Zeitung oder eine Zeitschrift gelesen hatte, und selten erkannte ich Gesichter.

Das Interview dauerte bis zu den Pariser Vororten. Auf der Gare Saint-Lazare ebenfalls eine Menschenmenge, und in der ersten Reihe erkannte ich Gaston Gallimard, Jean Fayard und selbstverständlich meinen Verleger und Freund Sven Nielsen.

Ich stieg aus dem Zug, dich rittlings auf den Schultern tragend, mein Johnny. Allgemeine Begrüßung. D. und Boule folgten mir. D. bekam rote Nelken geschenkt, und sie rief aus:

»Meine Lieblingsblumen!«

Ich wußte nichts davon, aber dieser Satz sprach sich herum, und D. würde überall mit roten Nelken überschüttet werden.

Ich stieg im Claridge ab, lieber als im George V, denn ich hatte D. versprochen, daß sie ihr Frühstück auf dem Balkon unserer Wohnung mit Blick auf die Champs-Elysées einnehmen würde!

Aber wir waren noch nicht beim Frühstück . . . Sven hatte für mich eine Überraschung bereit. Er hatte den großen Saal im Claridge gemietet, hatte mehr als hundert Einladungen verschickt, und ich sah alle meine Freunde wieder, von Pagnol bis Pierre Lazareff, von Achard bis Cocteau,

Fernandel, Michel Simon, Jean Gabin und viele andere, Männer und Frauen, Schauspieler, Journalisten, Schriftsteller, die unvermeidlichen Fotografen nicht mitgerechnet.

Ich erinnere mich vor allem an ein Foto, das gemacht wurde, als Fernandel und ich uns gegenseitig Grimassen schnitten. Ein üppiges Büfett, Champagner und Whisky aus nie versiegender Quelle. Auch der Rundfunk war dabei, vielmehr die verschiedenen Rundfunkanstalten, die mir ihr Mikrophon hinhielten:

»Sagen Sie unseren Hörern, wie es auf Sie wirkt, in Paris zu sein . . .«

Ich sagte das, was mir durch den Kopf ging. Jemand fragte mich, ob ich keine Angst habe, daß meine Frau mich ruiniere, indem sie die Modeschöpfer von Paris besuche. Ich umging eine Antwort durch einen Scherz:

»Nicht die Modeschöpfer machen mir Angst. Es sind vielmehr die Haushaltwarengeschäfte . . .«

Denn ich dachte soeben an den Reisestaubsauger, der sich im Gepäck befand.

Sven hatte für uns eine weiträumige Suite gemietet, die außer den Schlafzimmern und den beiden Salons ein Zimmer für die Sekretärin hatte, die er mir für meinen Aufenthalt zur Verfügung stellte.

Das Frühstück auf unserer Terrasse fand wohl statt, aber wir waren beide ziemlich mitgenommen. Wir sollten es auf unserer ganzen Reise sein, erschöpft, aber glücklich, von einem offiziellen Diner zu einem Souper unter Freunden eilend, von einem Rundfunkstudio zum anderen.

Schon am zweiten Tag erhielt D. Einladungen von den großen Modeschöpfern und wählte Lanvin, vielleicht weil Tigy sich dort einkleidete, vielleicht in Erinnerung an das Kleid »Bovary«, das sie eines Nachts in Sainte-Marguerite-du-Lac-Masson getragen hatte?

Ich gehörte namentlich zur Jury für den Preis des Quai des Orfèvres. Bei einem Mittagessen bei Lapérouse sah ich meinen alten Freund Maurice Garçon wieder, ebenso wie Doktor Paul, Gerichtsmediziner, Schlemmer, Feinschmecker, Lebemann und wunderbarer Geschichtenerzähler.

Er erklärte uns, daß er seine Leichen mit bloßen Händen seziere, die Zigarette im Schnabel (das beste Antiseptikum, ihm zufolge), wobei er manchmal innehalte, um ein Sandwich zu essen. Es machte ihm Spaß, während der offiziellen Diners, bei denen er Hahn im Korb war, genüßlich die makabersten Autopsien darzustellen. Guter Doktor Paul, Maigrets Komplize in so vielen meiner Romane! Maurice Garçon, ein glänzender Unterhalter mit einer manchmal ätzenden Ironie, wenn er sich an die hohen Beamten wandte, zeigte uns seine Brille und sagte scherzhaft:

»Ich muß wohl einen durchdringenden Blick haben, denn alle meine Gläser haben zum Schluß ein kleines Loch in der Mitte.«

D. sagte unglücklicherweise, nachdem sie die Brille untersucht hatte:

»Ich finde, daß die Löcher von außen größer sind. Meinen Sie nicht, daß Sie sie durchdringen, weil Sie sich im Spiegel ansehen?«

Ich erzitterte. Um den Tisch herum saßen nur alte Pariser, die an Rededuelle gewöhnt waren. Maurice Garçon war ein gefürchteter Gegner, und es gab nur wenige, die ihn anzugreifen wagten.

Er antwortete nicht, aber am selben Abend würde er sich noch rächen. Paul Colin, einer der Stammgäste an der Place des Vosges, lud uns zu einem Essen im Freundeskreis in seine Wohnung am Montmartre ein. Diner im engsten Kreise. Ein Dutzend alter Freunde, wo ich Pagnol, Achard, Lazareff wiedertraf, dazu einige andere der ersten Stunde und . . . Maurice Garçon.

Zu Anfang ging alles gut, und D. war entzückt, unter so vielen Berühmtheiten zu sein, die sie nur dem Namen nach kannte. Ich weiß nicht mehr, was sie sagte, aber schnell, sehr schnell gab Maurice Garçon ihr Contra, mit der gleichen Sicherheit, die sie wenige Stunden zuvor ihm gegenüber gezeigt hatte.

Verwirrt wußte sie nichts zu sagen, brach in Tränen aus, ging schluchzend auf die erstbeste Tür zu. Der gute Paul Colin, der schon ganz andere Dinge gesehen hatte, folgte ihr diplomatisch, und wir warteten ungeduldig auf sein Erscheinen. Als er endlich wiederkam, hatte er sein feines Lächeln auf den Lippen.

»Ich habe das in Ordnung gebracht«, verkündete er.

Wir plauderten ungezwungen, beschworen alte Erinnerungen herauf, als plötzlich die geheimnisvolle Tür, die keine andere als die zum Badezimmer war, mit einem Ruck aufging. D. kam herein, schlug sich mit der Hand auf den Mund und stieß rauhe Schreie aus, wie ein Indianer auf dem Kriegspfad.

Ihre Zöpfe, die sie gewöhnlich um den Kopf legte, hingen den Rücken herab. Sie hatte eine Hühnerfeder hineingesteckt, die einer Taube oder irgendeines anderen Vogels. In eine Decke gehüllt lief sie durch den Salon, einmal in der Runde, zweimal, dreimal, die Augen glänzender und schwärzer denn je, in einem Gesicht, das sie sich in allen Farben angemalt hatte.

Wir sahen uns zunächst gegenseitig an. Dann, als sie wieder verschwinden wollte, applaudierten alle höflich.

Bei Lanvin bestellte sie sich ein Abendkleid, oder vielmehr zwei Kleider. Nach zwei Anproben war sie nicht zufrieden, und sie erklärte einer Frau, die ein gutes Drittel der Damen der Pariser Gesellschaft einkleidete:

»Hier finde ich den Abnäher nicht tief genug.«

Dritte Anprobe, die die letzte sein sollte.

»Die Taille ist links zwei Millimeter enger als rechts.«

Darauf die Änderungsschneiderin:

»Ich bedaure. Entweder Sie nehmen die Kleider, wie sie sind, oder Sie lassen es . . .«

In Rom entschloß sie sich, bei einem italienischen Modeschöpfer, dessen Talent man ihr gegenüber rühmte, ihre Abendrobe zu bestellen. Aber wir waren noch nicht in Rom. Wir tranken viel, weil uns überall etwas angeboten wurde, vielleicht auch in der unsinnigen Hoffnung, gegen die Müdigkeit anzukämpfen und eine gute Figur zu machen.

Ein großes offizielles Mittagessen auf der Polizeipräfektur. Steinbutt Dugléré und Ente à l'orange. Ich mag diese beiden Gerichte sehr gern, aber der Zufall wollte es, daß man sie uns beinahe jeden Tag servierte, einmal sogar mittags und abends. Der Polizeipräfekt, umgeben von Kommissaren seiner Abteilungen des Quai des Orfèvres, überreichte mir feierlich eine silberne Kommissarmarke mit Maigrets Namen.

Ein wenig später vertraute er mir lächelnd an:

»Wissen Sie, daß einige meiner Polizisten froh sind, wenn Sie wieder weg sind?«

Da ich überrascht war, gestand er mir:

»Ihr Sohn wird auf Schritt und Tritt überwacht, wegen einer möglichen Entführung.«

Siehst du, Johnny? Morgens ging Boule gewöhnlich in den Garten der Champs-Elysées, wo man Esel mieten konnte, und du wurdest nicht müde, auf ihrem Rücken zu reiten. Nachmittags standen dir der Chauffeur und der Wagen von Sven zur Verfügung, und in Begleitung von Boule wurdest du in den Bois de Boulogne gefahren, mit obligatorischem Aufenthalt im Jardin d'Acclimatation. Du liefst hin und her, und du wußtest nicht, mein argloser Kleiner, daß dir überall hin Polizisten folgten.

Du liefst auch durch die Galerien des Claridge, wo ein Schaufenster den Fotos deines Vaters gewidmet war. Du batest mich, dir eine Pfeife zu kaufen, und von da an hattest du sie ständig im Mund, zum Spaß der Fotografen. »Der kleine Maigret!«

Alles erschien dir selbstverständlich. Man rekonstruierte, im kleinen, den *Bal anthropométrique,* der früher in der Boule Blanche gegeben worden war, den *Bal martiniquais* von Montparnasse, was den Anfang von Maigret darstellte. Auf dem richtigen Ball hatten sich mehr als fünfhundert Personen gedrängt. Diesmal waren wir etwa vierzig bei Tisch, darunter der Präfekt, bei dem es einem Zauberer, den ich von New York kannte, gelang, seine Uhr und seine Brieftasche verschwinden zu lassen.

»Ich würde Sie gerne einstellen, um meinen Inspektoren Unterricht zu erteilen.«

Viele hübsche Frauen. An Stelle der zwanzig Tänzerinnen aus Martinique von einst waren es jetzt vier; sie waren jung, schön und sinnlich wie die, die ich mit sechsundzwanzig Jahren kennengelernt hatte. Ich ging zu ihnen in die Garderobe, überraschte sie beim Umziehen. Ich nutzte die Gelegenheit, nicht bei vieren, aber bei zweien, während die anderen uns lächelnd zusahen, wobei sie ihre leuchtend weißen Zähne zeigten.

Ein verrücktes Leben. Ich wurde von einer sexuellen Raserei gepackt, die D. sehr amüsierte.

Pagnol hatte uns für ein paar Tage zu sich nach Monte Carlo eingeladen, wenn wir nach Rom fahren würden. Auch wenn er einen richtigen Palast bewohnte, er war immer noch der gleiche, herzlich und zu Späßen aufgelegt. Eines Abends kam Cocteau hinzu, und ihm gelang ein theatralischer Auftritt: in einem weißen Anorak kam er wie eine Diva die Treppe herunter. Achard war ebenfalls da. An einem anderen Abend aßen wir an Bord der Yacht von Alex Korda, die in Antibes lag, und Pagnol, der Schiffe und Flugzeuge verschenkte, sagte mehrmals während des Essens:

»Wir bewegen uns, Alex! . . . Ich bin sicher, daß dein Schiff sich bewegt . . .«

Er wollte mich in den Vereinigten Staaten besuchen. Ich wußte, daß er sich niemals auf den Atlantik wagen würde. Er schenkte D. einen Ring mit einem Topas, der an seinen ersten Triumph im Theater erinnerte. Seine junge Frau war nett, unauffällig und schüchtern, darüber hinaus sehr hübsch. Sie betete ihren großen Marcel an, verschlang ihn mit den Augen, und sie war stolz auf ihre kleine Tochter.

Rom. Das Excelsior. Der Modeschöpfer, bei dem D. die berühmte Abendrobe bestellte. Ich wollte sie nicht von ihrem Irrtum befreien, aber ich kannte den Belgischen Hof, wo jemand, der geschieden war, wenig Chancen hatte, empfangen zu werden, so wie es auch am Hofe Englands der Fall war.

Wieder Journalisten. Paparazzi. Und für mich, zum Ausgleich, einige schöne Römerinnen.

Wir kamen wieder zu dir nach Paris zurück, Johnny, wo du mit Boule geblieben warst. Sven und seine Frau begleiteten uns alle in den Zoo von Vincennes, wo du die Bekanntschaft mit Löwen, Tigern, Eisbären machtest . . . Damit du trotz der Menge etwas sehen konntest, saßest du hier wieder rittlings auf meinen Schultern, wie ich bei meinem Vater, während die Königsfamilie in Lüttich vorbeigefahren war. Einmal, als ich mich schlecht betrug, hatte meine Mutter zu mir gesagt:

»Gleich kommt der Gendarm!«

Es waren viele gewesen, die, Fellmützen auf dem Kopf, zu Pferd die Menge zurückgehalten hatten. Ich soll angeblich geantwortet haben:

»Soll er doch kommen! Ich hau ihn in zwei Teile . . .«

Du, Johnny, drohtest damit, sie in vier, in zehn Teile zu hauen, Löwen, Nilpferde oder Elefanten.

Unterwegs nach Lüttich. Ohne dich, leider, denn es würde dich zu sehr ermüden. Ich hatte mir vorgenommen, *inkognito* dort anzukommen, einen Tag früher als vorgesehen. Ich wollte D. ohne Journalisten oder Fotografen zu Fuß die Place du Congrès zeigen, die Rue de la Loi, das Hôpital de Bavière, wo ich in der Messe gedient hatte, den ganzen Rahmen meiner Kindheit.

Nielsen und seine Frau nahmen uns in ihrem Wagen mit. Ich war ziemlich bewegt, als wir die Grenze erreichten, und ich ließ, einem amerikanischen Brauch zufolge, D. auf meinen Armen über die Grenze fahren, wie man mit seiner neuen Frau die Schwelle des Brautgemachs überschreitet.

Wir kamen in die Vororte von Lüttich, und ich dirigierte Sven durch die Straßen, die mir vertraut waren. Ich ließ mich mit D. an der Place du Congrès absetzen, wo ich so oft mit meinen kleinen Freunden gespielt hatte, und verabredete mich mit Sven und seiner Frau an derselben Stelle, eine Stunde später.

»Komm . . .«

Ich nahm D.s Arm.

Klick!

Fotograf! Es war Daniel Filipacchi, damals Reporter des ›Match‹, mit seinem Team. Schluß mit dem Spaziergang zu zweit in meinem guten alten Quartier d'Outremeuse. Alles, was ich erreichen konnte, war, daß Filipacchi uns alleine und unauffällig folgte.

Vor dem Hôpital de Bavière sah ich einen neapolitanischen Eisverkäufer, der genauso aussah wie der aus meiner Kindheit, und ich kaufte bei ihm zwei Hörnchen mit Vanilleeis. Ich hätte schwören können, daß der Wagen, auf dessen einer Seite die Bucht von Neapel, auf der anderen der Vesuv gemalt war, der von einst war.

Zwei junge Mädchen drehten sich um, flüsterten, kamen näher und aßen uns gegenüber Eis, und am selben Abend würde die ganze Familie wissen, daß ich angekommen war, denn diese Mädchen waren Nichten, die ich nicht kannte, nicht einmal dem Namen nach.

Meine kleine Wallfahrt war verdorben, aber nichtsdestoweniger betrachtete ich melancholisch die große Pforte des Hospitals, zu der ich an den dunklen Wintermorgen wie zu einem sicheren Hafen geeilt war.

43

Ich wollte als erstes meine Mutter besuchen. Wir waren in ihrem Viertel. Es mußte sechs oder sieben Uhr abends sein, und ich bat Sven und Lolette, mit D. spazierenzugehen und mich ein wenig später an der Place du Congrès wieder zu treffen.

Wenn ich es vorzog, nicht mit D. zusammen zu diesem ersten Treffen zu gehen, dann deshalb, weil ich die Reaktion meiner Mutter auf diese Schwiegertochter fürchtete, die sie nicht kannte und die nicht einmal aus unserem Land stammte.

Meine Mutter war eine glühende Katholikin und schmückte jeden Morgen in der Kirche Saint-Nicolas den Altar der Heiligen Jungfrau. Ich aber war ein geschiedener Mann, was zu der Zeit die Exkommunizierung nach sich zog.

Meine Mutter hatte wieder geheiratet, sicher, Père André, wie sie ihn nannte, aber erst mehrere Jahre nach dem Tode meines Vaters, und Père André (das war sein Familienname) war ebenfalls Witwer. Sie waren vorschriftsmäßig verheiratet. Ich nicht.

Ich läutete nicht an der Tür dieses Hauses, in dem ich nie gewohnt hatte und das meine Mutter lange nach meiner Abreise nach Paris gekauft hatte. Ich hätte mich täuschen können, denn die meisten Häuser des Viertels ähnelten sich. Ich schlug gegen den Briefkasten, wie ich es gemacht hatte, als ich klein war. Ich hörte ihre Schritte hinten vom Flur kommen, wo sich die Küche befand. Die Tür öffnete sich.

»Du bist's, Georges!«

Sie war sehr gerührt. Ich auch. Ich umarmte sie und merkte, daß sie nahe daran war zu weinen. Sie sah mich mit diesem schüchternen, ein wenig zurückhaltenden Lächeln an, das ich immer an ihr gekannt hatte. Sie sah aus, als entschuldige sie sich, da zu sein, überhaupt zu existieren, vielleicht weil sie das dreizehnte Kind eines deutschen Vaters und einer holländischen Mutter war. Man hätte meinen können, sie fühle sich überflüssig, sie sei immer noch die Fremde, die mit fünf Jahren nur ein paar Wörter Französisch gesprochen hatte, als ihr Vater gestorben war und sie alleine mit ihrer Mutter geblieben war, da ihre Geschwister, älter als sie, alle verheiratet waren.

»Komm herein. Ich wußte nicht, daß du heute angekommen bist.«

»Man erwartet mich erst morgen.«

Sie führte mich in den kleinen, düsteren Salon, der mit schweren, industriell verzierten Eichenmöbeln vollgestellt war.

Es war mehr als zehn Jahre her, seitdem ich zum letzten Mal hier gewesen war, vor dem Tod von Père André. Früher kam ich beinahe jedes

Jahr, aber der Krieg, dann meine Überfahrt nach Amerika hatten mich von ihr getrennt, und ich schrieb ihr ungefähr jeden Monat.

»Bist du nicht zu müde? Ich habe in der Zeitung alles gelesen, was du in Paris gemacht hast . . .«

Sie zögerte.

»Und deine Frau?«

»Ich werde sie dir morgen vorstellen. Ich wollte dich erst einmal begrüßen.«

Ein verlegenes Schweigen. Ich blickte mich um. Früher hatte es nur eine Glasvitrine gegeben, die aus der Zeit meines Vaters stammte. Jetzt standen hier zwei. Man hätte meinen können, alles sei doppelt, denn die Möbel von Père André hatten sich denen von früher zugesellt. Meine Mutter verwechselte sie, verwechselte selbst dieses Haus in der Rue de l'Enseignement mit dem, das wir in meiner Jugendzeit etwas weiter auf derselben Straße bewohnt hatten. An der Wand sah ich ein Porträt von mir, als ich neunzehn Jahre alt war, eine Kohlezeichnung von Tigy.

»Du trinkst doch ein Glas Wein?«

Ich wollte um diese Uhrzeit keins, aber ich wußte, daß ich sie beleidigen würde, wenn ich ablehnte. Sie lief in den Keller. Zur Zeit meines Vaters hatte es keinen Wein im Hause gegeben, und erst, als ich Reporter geworden war, hatte ich welchen getrunken. Ich wollte ihr helfen.

»Nein, Georges, laß mich das machen . . .«

Wir wagten nicht, uns zu lange ins Gesicht zu sehen.

»Du wirst mit mir essen, hm! Gute Suppe von deiner Mutter . . .«

»Früher aßen wir mittags Suppe. Du kochtest sie für zwei Tage mit einem Markknochen von Godard.«

Godard war unser Fleischer an der Place du Congrès gewesen und sein Sohn mein Mitschüler im Institut Saint-André.

Unsere Situation erinnerte mich an unsere Fahrt im Fiaker, als wir uns zur Hochzeit mit Tigy in die Kirche und dann ins Rathaus begeben hatten.

Meine Mutter trug, wie alle Hausfrauen von Outremeuse, ihre karierte Baumwollschürze.

»Du hast dich nicht verändert.«

»Du dich auch nicht, Mutter.«

Sie war immer noch so dünn, so lebhaft. Sie blieb nicht sitzen.

»Willst du nicht für immer nach Lüttich zurückkommen? Es ginge dir hier so gut.«

»Ich weiß.«

»Warum schläfst du mit deiner Frau nicht oben? Ich habe ein schönes Zimmer, und ich hoffte, ihr würdet es benutzen . . .«

»Das wäre schwierig, Mutter. Ich habe viele Verabredungen . . .«

Sicher, ich fand wieder die Atmosphäre meiner Kindheit vor, aber es hatte sich so viel verändert, wie zum Beispiel diese Möbel von Père André, die neben denen meines Vaters standen. Ich fühlte mich traurig, ohne zu wissen, warum.

»Es heißt, ihr fahrt nach Brüssel?«

Ich blieb eine halbe Stunde und hatte mein Glas nicht ausgetrunken. Ich kehrte wieder um, um den letzten Schluck zu trinken. Diese Atmosphäre, meine Mutter, das Porträt an der Wand . . . All das hatte für mich gleichzeitig etwas Dumpfes und Ergreifendes. Wenn ich länger geblieben wäre, wäre ich fähig gewesen zu weinen.

»Ich muß gehen. Ich werde erwartet . . . Bis morgen, Mutter . . .«

»Schon?«

Sie war ebenfalls erleichtert. Sie wartete vor der Haustür, bis ich in die Rue Jean-d'Outremeuse eingebogen war, in der ich jede Häuserfassade kannte, und ich sah den Wagen von Sven, Lolette und D.

»War es anstrengend?«

»Nicht sehr. Sie hätte es gerne gehabt, wenn wir bei ihr gewohnt hätten . . .«

Ich hatte meinen Freund Moremans, einen früheren Mitarbeiter von der ›Gazette‹, gebeten, mir eine Suite im Hôtel du Suède reservieren zu lassen, gegenüber dem Théâtre Royal, wo ich als junger Mann so viele ausländische Berühmtheiten interviewt hatte. Bevor wir dorthin gingen, wollte ich unbedingt Miesmuscheln und Pommes frites in einer kleinen Imbißstube in der Rue Lulay essen, wie früher mit meinen Freunden der »Caque«, nach Mitternacht.

Das Lokal hatte sich wenig verändert, aber der Patron hatte seinen Platz an einen ziemlich jungen Italiener abgetreten, und auch die Kellner waren Italiener. Papiertischdecken, Papierservietten. Man servierte uns die Muscheln in getrennten Pfannen, und ich aß sie nach Lütticher Art, wobei ich eine Schale wie eine Zange benutzte, um die Muscheln in den Mund zu befördern. D. imitierte mich, dann Sven und Lolette, der das Spaß machte. Die Pommes frites waren weniger fett als zu meiner Zeit, knuspriger. Ich ließ es mir schmecken. Es war ein Eintauchen in eine entfernte Vergangenheit, die mir gehörte.

Moremans erwartete uns im Hôtel de Suède, herzlich wie immer, denn er war einer meiner Treuesten. Er hatte mir mehrere Briefe geschrieben, um mir das Programm während meines Aufenthaltes in Lüttich darzulegen, und es wurde von Tag zu Tag reichhaltiger. Ich sollte zuerst im Rathaus empfangen werden, das, ich weiß nicht warum, »La Violette« genannt wurde und mir so vertraut war. Der Bürgermeister und die Beigeordneten würden danach mir zu Ehren ein Mittagessen im Museum Ansembourg veranstalten, dann . . . Mein guter Moremans las und las.

Mittagessen beim Gouverneur. Abendessen, veranstaltet von meinen Lütticher Kollegen . . .

»Hör zu, Moremans, du wirst mir das alles nach und nach erzählen. Ich bin todmüde . . .«

»Ich habe es so gemacht, daß du zwischen zwei Empfängen ein wenig Zeit hast, um dich auszuruhen.«

»Wenn man mir nur Zeit zum Pinkeln läßt!«

Ich scherzte. Nun, genau dafür sollte ich nicht immer Zeit haben. Der Empfang in meiner Geburtsstadt, eingeschlossen der bei den kleinen Leuten meines Viertels, wurde so herzlich, so liebevoll, daß ich von einer Rührung zur anderen wechselte, ohne meine Müdigkeit zu spüren.

Das Hôtel de Suède, das mir als der Gipfel des Luxus erschienen war, als ich dort Interviews machte mit Poincaré, mit Prinz Hirohito, der damals genauso jung war wie ich, aber König von Japan wurde, was er heute noch ist, mit Churchill, mit wem sonst noch? Dieses Hôtel de Suède also war verblaßt, selbst wenn man in der Halle die bewundernswerten Gewehre aus der Staatlichen Waffenfabrik sehen konnte.

Dort wurden nicht nur Gewehre, auch für den Krieg, hergestellt, sondern auch Maschinengewehre und noch mörderischere Waffen. Aus diesem Grunde waren nach dem Krieg von 1914–1918 so viele Staatschefs oder Minister nach Lüttich gekommen, unter dem Vorwand, der Helden von Fort de Loncin zu gedenken, die einen Monat der deutschen Armee standgehalten hatten, bis sie alle mit der Waffe in der Hand getötet worden waren.

Fünf oder sechs Reporter warteten im Salon auf mich, neue, junge, die die Zeitungen vertraten, bei denen ich so viele Freunde gehabt hatte.

»Ich konnte es nicht anders machen«, entschuldigte sich Moremans. »Du kennst den Beruf. Sie sind in dem kleinen Saal. Hast du gegessen?«

»In der Imbißstube in der Rue Lulay.«

»Das sieht dir ähnlich!«

D. und ich trennten uns von Sven und Lolette, die in demselben Hotel eine Suite hatten, und ich stellte mich meinen Kollegen. Freundlicherweise stellten sie mir diskretere Fragen als die, die ich zu der Zeit stellte, als ich an ihrer Stelle gewesen war. Ich bot Champagner an, und fast ohne mein Wissen begann ich, in Erinnerungen zu kramen, zu fragen, wie es unseren Chefs von einst ergangen war. Sie waren fast alle tot.

»Und Demarteau?«

Der bärtige Direktor und Chefredakteur, der mich, als ich sechzehn Jahre alt war, bei der ›Gazette‹ eingestellt hatte.

»Er ist wohlauf. Er kann es kaum erwarten, Sie zu begrüßen.«

Ich auch, denn jetzt war ich mir bewußt, welche Geduld er dem Bengel gegenüber gehabt hatte, der ich gewesen war.

Es war nach Mitternacht, als meine Kollegen mich verließen, denn sie hatten kaum Zeit, ihre Artikel zu schreiben, bevor sich die Rotationspressen in Bewegung setzten. D. hörte zu in ihrem Sessel mit der geraden Lehne, der sie ein wenig steif erscheinen ließ. Man hatte sie kaum befragt, und ich wußte nicht, ob man sie fotografiert hatte.

Man führte uns in die königliche Suite in der ersten Etage, von der ich nur den großen Salon gekannt hatte. Täuschte mich mein Gedächtnis? Alles erschien mir feierlich, gewiß, aber hinfällig. Das Hotel war älter geworden, wie ich. Es hatte bestimmt schon ein gewisses Alter gehabt, als ich es kennengelernt hatte, und jetzt zeigten sich an seinen Wänden und seinen perlgrauen Möbeln die Risse von etwas sehr Teurem und sehr Altem.

Am nächsten Tag . . . Zur Sache! Ich muß Ordnung in meine Erinnerungen bringen. Das Rathaus. Oben von den Treppenstufen zeigte ich D. den »Perron liégeois«, einen Springbrunnen aus Bronze, der die Freiheit der Stadt symbolisiert und von den bunten Körben der Blumenhändlerinnen umgeben war.

Menschen bildeten Spalier. Blumenhändlerinnen reichten D. rote Nelken, denn ihr Satz von Paris über ihre Lieblingsblumen war bis hierhin gedrungen. Auch unsere Wohnung im Hôtel de Suède war voller roter Nelken.

Der »Saal der verlorenen Schritte« mit dem schwarzen Marmorboden, seine strengen Säulen, die große Treppe, über die ich gegangen war, als ich Tigy geheiratet hatte. Man empfing uns im Saal für Eheschließungen, und er war schwarz vor Menschen. Am Eingang drückte mich Demarteau an seine Brust.

»Mein kleiner Sim! . . . Ich habe nicht gehofft . . .«

Wir waren beide gerührt. Sein Bart war weiß geworden, aber er hielt sich immer noch aufrecht.

Der Bürgermeister mit Schärpe. Die Beigeordneten. Nichts Steifes beim Empfang; eine warme Lütticher Herzlichkeit. Eine Rede, sicher, auf die ich mit Worten antwortete, die von Herzen kamen.

Man stellte mir die Honoratioren vor, viele Personen, die mir für die Ämter, die sie bekleideten, sehr jung erschienen. Es schien mir, als wären die Persönlichkeiten am Orte »zu meiner Zeit« älter gewesen. Weil ich damals ein Heranwachsender gewesen war, weiß Gott, und ich jetzt neunundvierzig Jahre alt war! Im Grunde war *ich* älter geworden . . .

Champagner und Teegebäck wie früher, aber auch, von Gruppe zu Gruppe, familiäres Geplauder, wie zwischen alten Freunden. Man zog mich von einem Ende des Saales zum anderen, und ich verlor D., die ich sehr viel später in Begleitung des braven Moremans wiedertraf, der Mädchen für alles spielte. Sven mußte mit Lolette hier sein, ich sah ihn nicht.

Man verfrachtete uns in Wagen mit Kokarde zu einer der ältesten Straßen der Stadt, die mit viel Sorgfalt sehr schöne hochherrschaftliche Häuser unterhielt.

Der Bürgermeister vertraute mir an:

»Wir werden für Sie zunächst ein zwangloses Mittagessen in der Ecole d'Hôtellerie geben, und Sie werden nur einheimische Gerichte essen.«

Lange Tische. Sehr junge Kellner, Schüler der Hotelfachschule. Forellen aus der Amblève, einem hübschen Fluß in den nahen Ardennen, wo ich häufig gefischt hatte. Dann die traditionelle Gans nach Art von Visé! Die Weine waren feurig, vor allem der Burgunder, den die Lütticher für ihr Leben gerne trinken. Man erzählte sich Geschichten, einige auf wallonisch; man lachte aus vollem Halse und rief sich von Tisch zu Tisch etwas zu. Ich erblickte Sven und Lolette in Begleitung von . . . von Moremans, selbstverständlich. Die Wangen röteten sich. Alle waren sehr fröhlich. Ich auch.

»Morgen«, vertraute mir der Bürgermeister an, »wird es ernsthafter zugehen, im Museum von Ansembourg . . .«

Ich kannte dieses ehemalige Haus der Comtes d'Ansembourg an den Ufern der Maas sehr gut, ein wunderschönes Gebäude im Stile der Maasgegenden, das zum Museum geworden war, in dem alles so geblieben war wie vor drei Jahrhunderten.

»Die Stadt unterhält es und empfängt dort seine ausländischen Gäste.«

»Ich bin kein Ausländer.«

Man lachte. Man lachte über alles und nichts. Der Bürgermeister war ein Genießer, ebenso wie seine Beigeordneten, sogar der für das Schulwesen, der zu meiner Linken saß und mir lächelnd gestand, daß er der erste kommunistische Beigeordnete der Stadt sei. Wenn alle Kommunisten so wie er sind, dann sind es fröhliche Gesellen.

»Sie müssen nach dem Mittagessen an dem Mahnmal für die Toten von Outremeuse an der Place de l'Yser einen Strauß niederlegen.«

Wohin ging ich danach? Wenn ich mich nicht irre, nahm mich Demarteau zusammen mit D. und dem Ehepaar Nielsen zur ›Gazette de Liège‹ mit. Sie befand sich nicht mehr in der Rue de l'Official in der Nähe der Place Saint-Lambert, sondern in der Rue des Guillemins, nicht weit vom Bahnhof.

Alle Redakteure waren versammelt, und ich sah den blutjungen wieder, der meinen Platz eingenommen hatte, nachdem ich fortgegangen war, und der jetzt drei oder vier Kinder hatte. Dennoch hatte er sein pausbäckiges Gesicht behalten, das ich sofort wiedererkannte. Die Setzer standen vor ihren Maschinen. Der älteste trat auf mich zu, rot vor Aufregung. Er war es gewesen, mit dem ich aus dem Kommissariat, das sich im Kellergeschoß des Rathauses befand, die Bücherkisten »gestohlen« hatte, die für die Bibliothek von Chiroux bestimmt gewesen waren und dort seit drei Jahren vor sich hingeschimmelt hatten. Fernand-le-Costaud lebte im Ruhestand und bestellte seinen Garten »auf der Anhöhe«. Es roch gut nach gegossenem Blei und Druckerschwärze, und ich konnte, über den Setztisch gebeugt, noch die frisch sortierten Buchstaben der Setzmaschine lesen.

Man prostete sich zu, und ich weiß nicht, was wir tranken. Ich weiß auch nicht mehr, wo wir aßen. Alles geriet in meinem Kopf durcheinander.

Am nächsten Morgen signierte ich in dem großen Saal des Suède die Bücher, die mir meine Mitbürger reichten. Das hatte nichts von einer Werbeveranstaltung. Hier wurden keine Bücher verkauft, und die, die mir die Bewohner Lüttichs brachten, waren manchmal vergilbt, hatten Eselsohren, darunter mein erster Roman, *Au pont des Arches,* von dem ich kein einziges Exemplar mehr besaß. Jeder schrieb seinen Namen auf ein kleines Stück Papier, und ich las zahlreiche Namen, die mir vertraut waren.

»Sind Sie der Sohn des Eisenwarenhändlers an der Rue Féronstrée?«

»Sein Enkel . . . Mein Großvater starb vor zehn Jahren.«

»Sind Sie auch Eisenwarenhändler?«

»Ich bin zur Eisenbahngesellschaft gegangen . . .«

Man stand Schlange. Auf einem der kleinen Zettel las ich:

»Sophie Simenon . . .«

Eine appetitliche junge Frau, hübsch gekleidet, die ein kleines Mädchen an der Hand hielt.

»Gehören Sie zu meiner Familie?«

Sie lachte.

»Selbstverständlich. Ich bin die Tochter Ihres Cousins Pierre . . .«

Ein Cousin, den meine Mutter als Baby mehrere Monate aufgenommen hatte, als meine Tante gestorben war.

Ich entdeckte auf diese Weise drei Simenons, von deren Existenz ich nichts gewußt hatte. Ich schrieb Widmung über Widmung; mir war heiß, ich zog die Jacke aus. Wo war D.? Irgendwo in einem der Salons des Hotels mit den Nielsens.

Wir hatten gerade Zeit, uns umzuziehen, dann brachte uns ein Wagen zum Museum von Ansembourg, das ich wieder einmal bewunderte. In einem mit poliertem Holz getäfelten Eßsaal ein Tisch in Hufeisenform. Vor jedem Platz eine Karte mit einem Namen. D. beugte sich über die Tischkarten der Ehrengäste, und ich sah, wie sie die Karte zu meiner Rechten mit der zu meiner Linken vertauschte.

Auf der ersten stand der Name meiner Mutter, auf der zweiten der von D. Mein Herz gab mir einen Stich. Hatte mir D. nach unserer Heirat nicht erklärt, daß es in Zukunft nur eine einzige Madame Georges Simenon geben würde, *sie?* Meine Mutter dagegen unterschrieb nur mit »Henriette André Simenon« und verband so die Namen ihrer beiden Männer.

Die Mahlzeit war erlesen, die Weine berühmt, und es würde keine Rede gehalten werden. Im Gegenteil, die Geigen des Théâtre Royal würden hinter einem unauffälligen Mauervorsprung während der ganzen Mahlzeit spielen, Grétry, Mozart und Bach.

Autos brachten uns bis unten zur Passerelle, und wir betraten Outremeuse, wo ich mit Verblüffung entlang der Bürgersteige weißgekleidete Schulkinder sah, die kleine Fähnchen von Lüttich und Belgien schwangen, als der Zug vorüberkam.

Place de l'Yser, die ich unter dem Namen Place Ernest-de-Bavière gekannt hatte, wo man zu Beginn der Prozession während des Gemeindefestes Böllerschüsse abgegeben hatte. Ein Denkmal aus Stein, das ich nicht kannte. Ein riesiger Kranz in den Farben der Stadt, Gelb und Rot, wurde mir in den Arm gelegt, und ich ging linkisch, alleine, zu der Stelle, wo ich ihn niederlegen sollte.

Nichts anderes, nur die Stille, die mich wie einen von Lampenfieber gepackten Schauspieler lähmte. Die Offiziellen machten Leuten aus dem Volke Platz, die gekleidet waren in alte Trachten, die Frauen in gestreiften Röcken und bunten Blusen, einen Korb auf dem Rücken.

Wir besuchten das Haus von Grétry, einem Lütticher Komponisten, der Kapellmeister am Hofe Louis XV im 18. Jahrhundert geworden war.

Sein Geburtshaus in der Rue des Récollets in der Nähe der Kirche Saint-Nicolas war schmal, hatte zwei Stockwerke; die in Blei gefaßten Fensterscheiben waren immer noch flaschengrün. Ein Haus, wie man es auf den Bildern der flämischen Meister sieht, im Halbschatten, mit einfachen, blankpolierten Möbeln. Ein Haus, wie ich es gerne gehabt hätte . . .

Genug Häuser! Es erweckte in mir Sehnsucht nach unserem in Lakeville. Bevor ich heute morgen hinuntergegangen war, hatte ich mit Johnny und Boule telefoniert, die Fernand-Voiture, wie Johnny den Chauffeur von Nielsen nannte, immer noch quer durch Paris und die umliegenden Wälder fuhr, gefolgt von einem Polizeiwagen.

Die Rue Puits-en-Sock. Die Rue Roture mit den weißgekalkten Häuschen, wo Tchantchet und Nanesse uns empfingen, die beiden Symbole von Outremeuse. Tchantchet und die junge Nanesse, gekleidet wie die Gruppe um uns herum, haben ein großes Mundwerk und stellen seit Jahrhunderten den widerspenstigen Charakter dieses Viertels dar.

Hier befand sich auch das berühmte Marionettentheater. Frauen mit Schürzen und Holzschuhen an den Füßen kamen aus ihren Häusern, um mich auf beide Wangen zu küssen, »ganz ohne Umstände«, und ich sagte ein paar Worte Wallonisch zu ihrer Begrüßung. Das Marionettentheater war das Tchantchet-Museum geworden, und eine große Tischgesellschaft erwartete uns in Trachten. Riesige »schwarze Torten«, das heißt Backpflaumentorten, wurden aufgetischt, ebenso Krüglein mit altem Landschnaps, der hier *péquet* genannt wird.

Wir mußten *péquet* trinken, Torte essen, die die Lippen und die Finger dunkel färbte. Es wurde Wallonisch gesprochen. Man schenkte uns Marionetten, die Tchantchet und Nanesse darstellten, und D. . . . rote Nelken.

Gleich würden wir an dem alten Hutgeschäft meines Großvaters vorbeikommen, wo nicht mehr sein roter Zylinder über dem Schaufenster hing und wo auch keine Hüte mehr verkauft wurden.

Wir waren wieder im Suède, ich wußte nicht wie, D., die Nielsens, Moremans und ich, und ich fragte Moremans:

»Was jetzt?«

»Wir essen in einem Restaurant, das du gut kennst, La Bécasse, und von dem du behauptetest, es sei das beste der Stadt.«

Ein teures und elegantes Restaurant, in das ich aus Geldmangel nicht oft den Fuß gesetzt hatte. Nierchen *à la liégeoise* wurden empfohlen.

»Und morgen?«

»Mittagessen beim Gouverneur, im Palais Provincial.«

Schliefen wir? Bestimmt, denn am Morgen waren wir auf den Beinen, und ich kaufte mir in der Rue Vinave-d'Ile Tabak.

»Morgen abend lädt dich die Presse in die Villa einer Freundin aus Embourg ein.«

Der Provinzpalast war prachtvoll und historisch, was bedeutete, daß alles dort weitläufig war. Ich wurde dem Gouverneur vorgestellt. Sein Name erinnerte mich an etwas.

»War Ihr Vater nicht Apotheker in der Nähe der Place Saint-Lambert?«

»Aber ja! Er hat mir oft von Desiré erzählt, mit dem er ins Collège Saint-Servais gegangen war.«

»Mein Vater hat mir auch von Ihrem erzählt . . .«

Wir waren also alte Bekannte. Trotz des eindrucksvollen Rahmens hatte das Essen nichts Steifes, und ich machte die Bekanntschaft von Persönlichkeiten, deren Namen mir vertraut waren.

Svens Wagen brachte uns nach Embourg, wo die Villen aus dem Boden geschossen waren, eine hübscher als die andere. Man brachte mich an meinen Platz neben der Hausherrin, einer jungen Frau von vierzig Jahren, hübsch, sehr elegant.

Meine Kollegen schenkten mir eine sehr schöne Pfeife mit einem Goldring. Die Villa war groß, modern und sah nach Reichtum aus. Man servierte einen köstlichen Schinken und exzellente kalte Pasteten mit weißem Pouilly fumé, den der Marquis de T. hergestellt hatte, als ich sein Sekretär gewesen war.

»Ich weiß viel über Sie«, sagte die Gastgeberin zu mir, wobei sie kokett lächelte.

»Was zum Beispiel?«

»Mein Großvater war der beste Freund von Ihrem . . .«

»Von meinem Großvater Simenon?«

»Von dem Vater Ihrer Mutter, Henri Brüll. Der Holzhändler, der in dem alten Schloß von Herstal wohnte und Lastkähne auf dem Kanal hatte.«

Sie machte mich absichtlich neugierig. Ich merkte, daß es ihr Spaß machte, und sie wurde immer koketter, um nicht zu sagen herausfordernd. Unter ihrem enganliegenden, schwarzen Seidenkleid ahnte man mühelos einen sinnlichen Körper, und ich war bereit, jawohl, ihr den Hof zu machen.

»Raten Sie, wer ich bin.«

Ich überlegte vergeblich.

»Mein Familienname wird Ihnen nichts sagen, aber mein Mädchenname wird Sie vielleicht interessieren . . . Haben Sie immer noch keine Idee?«

»Ich geb's auf . . .«

»Mein Großvater war der Chef der Städtischen Müllabfuhr . . .«

Ich fühlte, wie ich blaß wurde, ballte die Fäuste. Glücklicherweise war meine Mutter nicht hier, denn sie wäre meiner schönen und appetitlichen Nachbarin ins Gesicht gesprungen.

»Ist Ihr Mädchenname B. . . .?«

Ihr Lächeln wurde noch verführerischer, ein wenig ironisch.

»Genau. Sie haben gewonnen.«

Diese Frau, deren Gast ich war, war niemand anders als die Enkelin des Mannes, der meinen Großvater Henri Brüll ruiniert hatte, so sehr, daß dieser, als er gestorben war, seine Frau und sein dreizehntes Kind im Elend zurückgelassen hatte. War sie sadistisch? Hinten aus meiner Kehle kamen rauhe Worte.

»Wissen Sie, daß mein Großvater wegen Ihrem von einem Tag auf den anderen ruiniert wurde?«

»Das ist möglich.«

»Warum haben Sie mich eingeladen?«

»Nicht ich habe Sie eingeladen, sondern Ihre Freunde, die Journalisten, die auch meine Freunde sind . . .«

Um uns herum lachte und plauderte man, und viele Gäste gingen in den Salon. Ich wußte noch nicht, was ich machen sollte. Einen Skandal, der meine Kollegen, deren Gast ich in Wirklichkeit war, betrübt hätte? Ich nahm die Pfeife, die sie mir geschenkt hatten, und stopfte sie langsam, um mich zu beruhigen, nahm ein paar Züge. Ich stand auf und brachte mühsam hervor:

»Ich danke Ihnen, Madame B. . . .«

»Das ist nicht mehr mein Name. Mein Gatte sitzt Ihnen gegenüber . . .«

Ich deutete einen steifen Gruß an, suchte mit den Augen im Salon D. und die Nielsens.

»Was hast du?«

»Nichts. Es ist heiß.« Und zu Sven: »Wenn Sie nichts dagegen haben, fahren wir zurück.«

Sie verstanden, daß irgend etwas passiert war. Als ich Moremans die Hand gab, fragte er beunruhigt:

»Hat dir irgend etwas nicht gefallen?«

»Ich erzähle es dir morgen. Du kannst nichts dafür.«

»Ist deine Pfeife gut?«

»Ausgezeichnet.«

Diese Pfeife sollte ihre Geschichte haben. Ich legte sie für einen Augenblick irgendwohin und dachte nicht mehr an sie. Ich hatte es eilig, nach draußen zu kommen, andere Luft zu atmen.

»Sie haben dir eine schöne Pfeife geschenkt«, sagte D. zu mir. Automatisch suchte ich sie in meinen Taschen, erinnerte mich dann daran, sie auf einem Möbelstück liegengelassen zu haben, bevor ich meinen Hut genommen hatte und hinausgegangen war. Ich hatte keine Lust, noch einmal in die Villa zurückzugehen. Unterwegs erzählte ich die Geschichte von B. und den Brülls, und dann legten wir uns im Hotel schlafen.

Als ich Moremans am nächsten Morgen von der Pfeife erzählte, rief er vom Hotel aus unsere Gastgeberin vom Vorabend an. Sie antwortete ihm, daß ihre Hausangestellten bereits das Erdgeschoß gründlich saubergemacht und keine Pfeife gefunden hätten. Ich erzählte meinem Freund nicht von der Geschichte mit B., denn vielleicht hätte er sich schuldig gefühlt.

Er bestand auf der Pfeife. Die Antwort der Dame mißfiel ihm, denn meine Kollegen hatten zusammengelegt, um sie mir zu schenken. Er eilte nach Embourg und spielte Maigret, dessen breite Schultern er hatte. Er kam triumphierend und entrüstet zurück.

»Ich habe sofort dem Sohn mißtraut, der befangen zu sein schien. Also habe ich ihn einem kleinen Verhör unterzogen, wie du es nennst . . .«

Ich lächelte, denn ich konnte mir den friedlichen Moremans schlecht in dieser Rolle vorstellen.

»Wie alt ist er?«

»Achtzehn. Er ist Student. Er gestand mir schließlich, daß er ein begeisterter Leser deiner Bücher ist. Als er sah, wie du deine Pfeife hinlegtest, hat er sie an sich genommen, in der Hoffnung, sie als Souvenir behalten zu können.«

»Armer Junge! Hat sich das vor seiner Mutter abgespielt?«

»Ich frage mich sogar, ob er es ihr nicht erzählt hatte. Aber sie lügt besser als er.«

»Was hat sie gesagt?«

»Daß sie sich entschuldige. Es müsse dich doch freuen, so begeisterte Leser zu haben.«

Gemeine Person! Ich reinigte sorgfältig die Pfeife und rauchte sie. Es gab noch andere Mittag-, vielleicht Abendessen, an die ich mich nicht erinnere.

Am übernächsten Tag brachten uns Sven und sein Wagen mit Lolette und D. nach Brüssel, wo wir nur drei Tage bleiben sollten, denn ich hatte es eilig, Johnny und Boule wiederzusehen und dann nach Shadow Rock Farm und zu meinem großen Marc zurückzukommen.

Wir wohnten in einem alten Hotel an der Place de Brouckère, wo ich neun oder zehn französische Akademiemitglieder traf, unter anderem meine Freunde Maurice Garçon, Pierre Benoît, André Maurois und einige andere, darunter den ständigen Sekretär Georges Lecomte, der das achtzigste Lebensjahr lange überschritten hatte. War es Zufall, daß sie zur gleichen Zeit wie ich nach Brüssel eingeladen worden waren? Ich weiß es nicht. Auf jeden Fall bildeten wir eine fröhliche und sehr vertraute Schar, meine Freunde und ich.

Wie ich es vorhergesehen hatte, wurden sie vom König empfangen. Ich nicht. D. auch nicht, trotz der Abendrobe, die wir seit Rom in einem riesigen Karton mit uns herumschleppten.

Aufnahmesitzung im Palais des Académies. Ich hielt die Rede auf meinen Vorgänger, einen Schriftsteller aus Lüttich, den ich nie gesehen hatte, dessen väterliches Geschäft ich jedoch kannte, ein Uhrengeschäft gleich neben der Rue Léopold, wo ich geboren wurde. Königin Elisabeth war anwesend, ebenso wie die französischen Akademiemitglieder in Uniform.

Mein Freund Carlo Bronne, dem ich seinen Smoking für meine Hochzeit abgekauft hatte und der Staatsanwalt geworden war, hielt die Laudatio auf mich. Der Saal, obwohl groß, war gefüllt, und es war so heiß, daß ich die französischen Akademiemitglieder bedauerte, die in ihren dicken Uniformen schwitzen mußten.

Beim Hinausgehen Blitze der Fotografen und Interviews. D. und ich gelang es, uns abzusetzen und auf dem Boulevard spazierenzugehen; wir hielten auf der Terrasse eines kleinen Cafés an, wo ich eine Flasche

Gueuse-lambic bestellte, das berühmte Bier der Brüsseler, das ich D. probieren lassen wollte. Es war kühler hier als im Palais des Académies,
wohin ich nie mehr meinen Fuß setzen würde. Es war erholsam, in Ruhe
die Passanten vorbeiströmen zu sehen. D. verzog das Gesicht, denn das
Gueuse-lambic ist sehr bitter, und ich gestehe, daß auch ich nicht begeistert davon war.

Wir mußten ins Hotel zurückkehren, um ein Bad zu nehmen und uns
umzuziehen, denn der Premierminister gab für die beiden Akademien ein
Galadiner, das sich als sehr steif erwies. Die Franzosen waren wieder in
Paradeuniform. Einige von ihnen, die in einem anderen Hotel untergebracht waren, darunter der alte Lecomte, blieben fast eine Stunde lang mit
dem Aufzug stecken. Anscheinend sah man nur ihre Köpfe, und die
Feuerwehrleute mußten ihnen Sauerstoff geben. Trotz der Polizei konnte
ein Fotograf von diesem ungewöhnlichen Schauspiel ein Foto machen,
dessen Veröffentlichung am nächsten Tag in einer großen Zeitung einen
kleinen Skandal verursachen würde.

Wir aßen, die einen in Uniform, die anderen nicht. Seltsamerweise
waren die Frauen nicht zum offiziellen Essen eingeladen, sondern nur zu
dem Tanzabend, der danach in einem großen Saal stattfand.

Ansprachen? Ich nehme es an. Ich hörte nicht hin. Schließlich gingen
wir in den Saal, wo die Frauen auf uns warteten, fast alle in großer
Abendtoilette, vor allem D., die ihre Abendrobe trug, von der Taille
abwärts ausgestellt zu einem Reifrock.

Unmöglich, in dieser Garderobe etwas anderes zu tanzen als Menuett.
Unmöglich auch, sich auf einen Stuhl oder in einen Sessel zu setzen, denn
die Reifen stellten sich dann auf und enthüllten mehr als die Beine. Man
benötigte einen Schemel, aber in diesem sehr offiziellen Saal fand man
keinen.

Plötzlich näherte sich mir der Spaßvogel Pierre Benoît und flüsterte mir
zu:

»Drei oder vier von uns hauen ab . . . Wir treffen uns am Ausgang . . .«

Dort trafen wir, in Uniform, das Schwert an der Seite, auf dem Kopf
den Zweispitz, Maurois, Garçon, Pagnol und natürlich den unverbesserli-
chen Pierre Benoît, der uns mit in eine Bar nahm.

»Ihr werdet sehen, meine Lieben. Das ist prima . . .«

Wir kamen zum Rathausplatz mit den von goldenen Blättern bedeckten
Dächern, wo tagsüber der Blumenmarkt abgehalten wurde. Sven und
Lolette begleiteten uns.

Benoît stieß eine schwach beleuchtete Tür auf, führte uns eine ziemlich
steile Treppe hinauf, und wir sahen eine intime Bar, sehr amerikanisch
aussehend, die mehr einem privaten Club ähnelte, was es vielleicht auch
war.

Die Franzosen legten Schwert und Zweispitz ab, die sich auf einem der Tische stapelten. Wir setzten uns in einen Kreis, und Benoît bestellte eine Runde Whisky. Alle waren entspannt; jeder wollte die komischste Geschichte erzählen. Maurice Garçon, Pagnol und Benoît waren Spezialisten auf diesem Gebiet.

»Hoffentlich kommt kein Fotograf . . .«

Klick! Da war schon einer. Der Patron beruhigte uns. Es war der Hausfotograf. In einer Stunde würde er uns jedem einen Abzug bringen und den Film vor unseren Augen verbrennen.

Es war drei Uhr morgens, als wir in unser Hotel zurückkamen. Wie Kinder gingen wir auf den Zehenspitzen, um niemanden aufzuwecken. Schluß mit Brüssel und seinem Pomp. Morgen würden wir in Svens Wagen nach Paris zurückfahren, wo ich endlich meinen Johnny und die gute Boule wiedersehen würde.

Übrigens, wie hatte sich die Begegnung zwischen meiner Mutter und D. abgespielt? Sehr gut? Gut? Nicht schlecht? . . . Auf jeden Fall hatte uns meine Mutter versprochen, im August eine Zeit in Lakeville zu verbringen, und bevor ich auf der »Ville de Paris« losfuhr, reservierte ich für sie eine Kabine an Bord eines holländischen Passagierdampfers, wo sie sich wohler fühlen würde als an Bord der französischen Schiffe, zu mondän und zu prunkvoll für das dreizehnte Kind der Brülls.

Für uns verlief die Überfahrt ohne Vorkommnisse. Galadiner, Mensch-ärgere-dich-nicht und andere Gesellschaftsspiele, zu üppige Mahlzeiten, und schließlich das Verteilen der Trinkgelder.

Du schienst mir gewachsen zu sein, mein Johnny, und du wurdest immer selbstsicherer, so sehr, daß du die Seeleute für dich gewannst, die morgens die Decks reinigten und das Kupfer putzten.

Der Zoll ohne Probleme. New York und seine Journalisten. Unser Wagen, in dem ich euch an den heimischen Herd zurückbrachte.

Eine schöne Reise. Noch ein paar Meilen, und ich würde dich, Marc, mein *boy*, und die ganze Hausgemeinschaft wiedersehen.

44

Wie schön du warst, mein Marc, und wie gut es tat, dich wiederzusehen! Du warst brauner denn je, deine Haare sandfarben in der Sonne. Allerdings hattest du, während wir von Paris nach Rom und Mailand, von Lüttich nach Brüssel eilten, einen Teil deiner Ferien mit deiner Mutter auf der

Insel Nantuckett verbracht, ein Inselchen vielmehr, das die Urlauber noch nicht verdorben hatten, nicht weit vom Kap Cod entfernt. Erinnerst du dich an das Kap Cod, wo du die ehrwürdige Bibel der Pilger für ein Telefonbuch gehalten hattest?

Das hätte dir jetzt nicht mehr passieren können. Du warst dreizehn Jahre alt und hattest die Indian Mountain School sehr gut abgeschlossen. Du warst ein ausgezeichneter Skifahrer geworden, ein gefürchteter Spieler beim Baseball, beim amerikanischen Football, beim Eishockey und wo sonst noch.

Du warst entzückt, Johnny wiederzusehen, der jetzt wie ein kleiner Herr aussah in den Kleidern, die wir ihm bei Dominique in Paris gekauft hatten, was für Jungen und Mädchen Dior oder Lanvin entspricht.

Du hattest für deinen Bruder, von dem dich zehn Jahre trennten, immer eine fast väterliche Zärtlichkeit, auf die ich hätte eifersüchtig sein können, und mit dir fühlte er sich offensichtlich am wohlsten, dir gegenüber war er am zutraulichsten.

An einem dieser Tage stellte ich dich dem Direktor der Hotchkiss School vor, einer Schule, die aufs College oder auf die Universität vorbereitete, was es in Europa nicht gibt. Hotchkiss wurde als eine der zwei besten *Prep Schools* der Vereinigten Staaten angesehen und wählte daher ihre Schüler sorgfältig aus, forderte viel von ihnen, und sie mußten auf dem Campus wohnen, auch wenn die Eltern, wie wir, kaum fünfhundert Meter weiter wohnten.

Du zeigtest auf ein großes, blondes Mädchen von vollendeter Schönheit mit stolzen Brüsten, das eine der halbnackten Karyatiden der Folies-Bergère hätte spielen können.

»Wer ist das, Dad?«

»Das neue Zimmermädchen von D.«

Denn wir hatten sie auf dem Schiff mitgebracht, wo wir sie kaum gesehen hatten, da sie seekrank geworden war und ihre Kabine während der Überfahrt nicht verlassen hatte.

Svens Mitarbeiterinnen hatten sie für uns gefunden. Ein Mädchen aus der Normandie mit einem Teint wie Milch und Blut, wie einst die Dichter sagten, das den in meinen Augen kostbaren Vorzug hatte, immer guter Laune zu sein. Ich habe gerne Leute um mich, die lächeln, und ich fühle mich unwohl angesichts griesgrämiger Mienen.

D. hatte von nun an ein persönliches Zimmermädchen und ihre Sekretärin, der Arbeit zu geben ich mich hütete. Ich war glücklich darüber, denn würde ihr das nicht Selbstvertrauen geben, das ihr im Grunde immer gefehlt hatte, was ihre aggressiven Ausbrüche erklärte? Ich wollte, daß D. ausgeglichen war, zufrieden mit sich und dem Leben. Ich wollte, daß sie glücklich war, so wie ich von einer Welt träume, wo jeder glücklich ist.

474

Dein Zoo, mein Marc, hatte sich vergrößert, und du hattest neue Tiere entdeckt. Die Wälder waren zum Beispiel voll von *skunks,* von denen man in Europa nur den Pelz kennt. Sie ähneln großen Katzen mit spitzeren Schnauzen, leuchtenden, unruhigen Augen, und sie haben eine besondere Art, sich zu verteidigen. Vor dem Feind, ob Mensch oder Tier, begnügen sie sich damit, sich umzudrehen und einen Strahl einer übelriechenden Flüssigkeit von sich zu geben, der bis zu zehn Metern reichen kann.

Du erklärtest mir, daß man ihnen die Drüsen, die diese Flüssigkeit enthält, entfernen und so *pets* daraus machen könne, das heißt zahme Tiere, wie sie hier in vielen Häusern gehalten wurden. In Kanada nennt man sie *mouffettes.* Wenn ein Wagen den Verteidigungsstrahl abbekommen hat, kann man ihn erst Wochen später wieder benutzen, trotz aller Reinigungen, denn der unerträgliche Geruch hält sich sehr lange. Die Kleider dagegen verbrennt man am besten, wenn möglich unter freiem Himmel.

Die Ochsenfrösche, von den Indianern *wawarons* genannt, sind dicke Kröten, die auf den Bäumen leben und nächtelang weithin Posaunenklänge hören lassen, die sehr gut das Wort umschreibt: Wa-Wa-Ron . . . In den Bäumen um uns herum hausten welche. Wir gewöhnten uns schnell daran, und zuletzt schliefen wir ein wie bei einem Rhythmus eines Wiegenliedes.

Du hattest neue Freunde gewonnen, darunter den Sohn des Bestattungsunternehmers, der nicht weit von der Post wohnte. Da viele Amerikaner sich einbalsamieren lassen, findet man im Kellergeschoß einen Raum mit Marmortischen, auf denen der Einbalsamierer arbeitet, wie mein alter Freund Doktor Paul.

Es ist üblich, daß der »Erblasser« im Sessel aufgebahrt ist, im Smoking, mit geschminktem Gesicht, manchmal sogar die Zigarre im Mund, und seine Freunde sind glücklich darüber, daß er so lebendig aussieht.

Dein Freund gab kleine Gesellschaften, zu denen auch Mädchen in eurem Alter eingeladen wurden, und bei einer dieser Tändeleien solltest du, wie ich, mit dreizehn Jahren, vielleicht ein wenig früher, mit zwölfeinhalb Jahren, in das eingeführt werden, was man die körperliche Liebe nennt.

Bravo, mein Marc!

Das Leben ging also wieder weiter, mit einer Person mehr im Haus. Wenn ich mich nicht irre, hieß sie mit Vornamen Jeanine.

Wenige Tage vor der Ankunft meiner Mutter . . .

Hier muß ich mich wiederholen. Ich habe ein beinahe stereoskopisches Gedächtnis in bezug auf Ereignisse in ihren kleinsten Einzelheiten, Gesichtsausdrücke, Gesten oder Worte, die gesprochen wurden. Dieses Gedächtnis verschließt sich jedoch einer strikten Chronologie.

Da ich nie eine Agenda gehabt habe, auf die ich mich berufen könnte, mir nie Notizen gemacht habe, kommt es vor, daß ich mich in der Reihenfolge der Ereignisse irre. Während der Jahre an der Place des Vosges hielt ich große Notizbücher in Leinen, wo ich meine Erzählungen und meine Groschenromane mit Datum festhielt, dazu die Summe, die sie mir eingebracht hatten, was mir am Ende des Jahres bei meiner Einkommensteuererklärung half. Ich legte auf diese Notizbücher, Andenken an meine Anfänge, großen Wert, ebenso wie auf mein Adreßbuch, in dem jedes Jahr die Namen der Verstorbenen mit einem Kreuz kennzeichnete.

D. hatte alles verbrannt. Ich hatte nicht protestiert. Sie war nicht eifersüchtig auf meine Frauenbekanntschaften, zu denen sie mich ermunterte und die sie manchmal provozierte. Aber im Gegensatz dazu war sie sehr eifersüchtig auf meine Vergangenheit, auf alles, was ich vor ihr erlebt hatte. Mein Leben hätte ihr zufolge an dem Tag beginnen sollen, als ich sie getroffen hatte, und sie löschte wütend die Spuren meiner früheren Existenz aus. Sie haßte Tigy und ertrug nur schlecht die Anwesenheit von Boule, die reicher an Erinnerungen war. Was meine Mutter betraf, die ich erwartete ...

Aber hatte ich mich ihr gegenüber nicht genauso benommen? War das nicht ein ganz natürliches Gefühl? Ich konnte mich nur schwer dazu durchringen.

Ein paar Tage vor der Ankunft meiner Mutter wurde ich einer großen Freude teilhaftig, zum dritten Mal in meinem Leben. D. fragte mich eines Morgens:

»Hast du in den letzten Wochen nichts bemerkt?«

Was hätte ich bemerken können in dem Wirbel, der uns in Europa erfaßt hatte?

»Ich hatte schon einen Monat meine Regel nicht mehr.«

Wenn ich es auch gewohnt war, mit ihr jeden Tag geschlechtlich zu verkehren, so hatte ich doch nie die Tage »ohne« und die Tage »mit« gezählt, wie man es während des Krieges beim Alkoholausschank oder bei der Fleischausgabe gesagt hatte.

»Das hattest du doch schon häufiger, oder? Wie viele Frauen, ohne daß es notwendigerweise ein Vorzeichen ist ...«

Wenn schon! Wir beschlossen, einen Gynäkologen zu konsultieren, in Sharon, einer ganz kleinen Stadt, fünfzehn Meilen von uns entfernt. Ein reizender Ort mit rosa und weißen Gebäuden und traumhaften Villen. In einer davon ein gutmütiger Riese mit muskulösen, behaarten Armen wie ein Metzger. Wir brachten ihm eine Urinprobe. Ich war bei der Untersuchung dabei.

»Ich kann es nicht mit Bestimmtheit sagen, bevor ich die Ergebnisse der Analyse habe, aber ich neige dazu, ja zu sagen ...«

Meine Brust schwoll von einer Freude an, wie ich sie vor deiner Geburt kennengelernt hatte, Marc, dann vor deiner, Johnny. Warum war ich sicher, daß es ja war? Und warum hätte ich diesmal schwören können, daß das Kind ein Mädchen würde?

»Kennen Sie unser kleines Hospital? Das, wo Sie, wenn ich mich nicht irre, in einigen Monaten entbinden werden? Es ist kein Hospital wie die anderen . . .«

Dieser muskulöse und schwergewichtige Riese hatte gutmütige, fast naive Augen. Er strömte Lebensfreude und Sympathie aus.

»Wir haben es zu fünft gegründet, fünf Ärzte aus verschiedenen Fachrichtungen, alle von der Medizinischen Fakultät Boston. Wir sind nicht nur Freunde, sondern wir schätzen uns gegenseitig als Ärzte.

Der Zufall wollte es, daß wir uns hier in Connecticut wiedertrafen, und da kam uns die Idee, zusammen ein kleines Hospital, nicht so wie die anderen, zu gründen.«

Er nannte uns die Namen seiner Partner, unter ihnen der Doktor mit den Kaugummis und ein Kardiologe, den wir kannten. Der Chirurg hatte die Tochter eines Griechen geheiratet, der der größte Hersteller von Fernsehapparaten geworden war. Alle lebten bescheiden, begeistert von ihrem Unternehmen.

Man zeigte uns das rosaweiße Hospital mitten im Grünen. Kaum vierzig Zimmer, hübsch eingerichtet, mit einem oder zwei Betten. Junge und heitere Krankenschwestern, eine kleine Welt, in der sich alle beim Vornamen nannten.

Kein Chefarzt, kein »großer Boß«. Überall Blumen, und jeden Tag brachten Damen aus der Umgebung den Kranken Bücher.

»Zum zweiten Mal haben wir soeben den Preis für das beste kleine Hospital der Vereinigten Staaten bekommen.«

Ich war »bei den Engeln«, wie man in Lüttich sagt. Ich konnte es kaum erwarten, dich hier geboren werden zu sehen, Marie-Jo, denn dich trug deine Mutter in ihrem noch wenig gewölbten Bauch. Ein Hospital wie im Märchen. Wie ungeduldig ich war! Nur ein paar Villen oder Häuschen in der Nachbarschaft. Das Dorf lag weiter weg.

Den ganzen Weg über sang ich und betrachtete von Zeit zu Zeit gerührt D.s Gesicht.

»Du wirst sehen, es wird ein Mädchen. Ein kleines Mädchen für mich, das ich heranwachsen sehen und dem ich geblümte Kleider anziehen werde . . .«

Warum habe ich es im Grunde meines Herzens immer so betrachtet, daß meine Kinder mir gehörten? Männlicher Egoismus? Vielleicht. Ich glaube vielmehr, daß ich immer eine Ader zur Vaterschaft hatte, das Bedürfnis, meine Kleinen heranwachsen zu sehen, ihre Augen, die sich dem Leben öffneten, zu beobachten, sie in dem Maße zu entdecken, wie sie sich, jeden Tag ein wenig mehr, offenbarten.

Am nächsten Tag ein Anruf. Ein *yes*, sonor und fröhlich.

»Kommen Sie in ungefähr vierzehn Tagen zu mir.«

Und D. murmelte vernügt:

»Du wirst dich freuen, mich wieder dicker werden zu sehen.«

Sie war überzeugt davon, daß ich nur Frauen mit gut entwickelten Formen mochte, wegen der Romanfigur der Madame Maigret, die ich vor so langer Zeit geschaffen hatte. Die dünnen Frauen sind für mich ganz einfach nicht anziehend, vor allem dann, wenn sie nicht gesund sind und aufs Essen verzichten, um die Linie zu behalten, die gerade in Mode ist.

Ich liebe die natürliche Frau, ohne Raffinessen, die einfache, ungeschminkte Frau, die ihr Leben lebt und sich nicht dazu zwingt, eine andere zu sein. Das würde D. niemals verstehen. Allerdings verstehen das nur wenige Frauen, und die Zeitschriften, der Film, das Fernsehen und die Werbung in jeder Form, all das ermutigt sie, einem Prototypen zu ähneln, der von den Geschäftsleuten, die die Mode machen, geschaffen wird.

Nun! Ich hatte meine Mutter eingeladen, und wir holten sie von ihrem holländischen Schiff ab. Der Kapitän beglückwünschte mich zu ihrer angenehmen Art.

»Alle an Bord mögen sie. Sie ist so natürlich und so vergnügt. Ich hoffe, sie behält ihre Reise mit uns in guter Erinnerung . . .«

Ich bekam einen Schock, als ich meine Mutter sah, die ihre ältesten Kleider anhatte. Sie hatte nur zwei kleine Koffer mitgebracht und schien bescheidener denn je zu sein.

»Ich vermute, daß sie wegen dir, Georges, so liebenswürdig und so zuvorkommend zu mir waren. Alle sprechen von dir und scheinen deine Bücher zu kennen.«

Ist Holland nicht eines der Länder, wo ich, von Anfang an, am meisten gelesen wurde? Auch ist es eines der Länder, die mich am meisten reizen, vielleicht weil ich ein Viertel holländisches Blut in meinen Adern habe.

Meine Mutter betrachtete ohne Überraschung die Wolkenkratzer, dann die Autobahn, vierspurig in beiden Richtungen, eingerahmt vor allem von Wäldern. Sie zeigte keine Bewunderung. Sie betrachtete schließlich Lakeville. Shadow Rock Farm.

»Hier wohnst du?«

Sie kannte Boule. Sie hatte Marc nur als Baby und Johnny nie gesehen. Sie erschien kleiner und schmächtiger als in dem Haus in der Rue de l'Enseignement. Wir teilten ihr nicht mit, daß D. schwanger war, ich weiß nicht warum. Das Hin und Her der Hausangestellten erstaunte sie, brachte sie aus der Ruhe.

»Wozu brauchst du all dieses Personal?«

»Hör zu, Mutter, hier spricht man nicht vom Personal. Es sind Leute, die wie wir arbeiten, die uns helfen, einen Teil der Familie bilden.«

»Sie müssen dich wohl viel kosten.«

»Sie verdienen ihren Lebensunterhalt. Ich verdiene meinen, und ohne sie könnte ich nicht arbeiten . . .«

Sie machte sich jedoch weiter ihre Gedanken. Schon in La Richardière in der Nähe von La Rochelle, wohin ich sie zwanzig Jahre vorher eingeladen hatte, hatte sie sich genauso verhalten. Mißbilligend? Feindselig? Jetzt verstehe ich dich, Mutter. Du bist immer das kleine dreizehnte Kind geblieben, und du hast die Armut kennengelernt. Mit vierzehn Jahren warst du Kindermädchen bei deiner Schwester, die du verlassen mußtest, weil dein Schwager zudringlich wurde. Du stelltest dich schüchtern und ängstlich in der Innovation vor, wo du eine der jüngsten Verkäuferinnen wurdest. Du warst hübsch, hattest einen schönen Körper und blonde, dichte Haare. Du bewundertest den schönen Gang des langen Desiré, der dich heiratete. Ich wurde geboren, dann Christian, der, zu schwer für dich, bei dir eine Gebärmuttersenkung verursachte, an der du dein ganzes Leben gelitten hast. Du hast jeden Sou gespart.

Du warst arm, warst stolz auf deine Armut. Wußtest du nicht, daß auch ich arm gewesen war und, trotz meiner großen Häuser, meiner Schlösser manchmal, im Grunde meines Herzens immer zu den »kleinen Leuten« gehört habe? Ich versuchte, mich vor niemandem aufzuspielen wie dein Bruder Henri aus Tongeren, den du mit Recht haßtest und der sein Vermögen aufbaute, indem er hart war gegenüber allen, auch zu dir.

Dein kleines, so einfaches Zimmer mit den vielen Blumen, mit den geblümten Tapeten wie in meiner Kindheit, nahm es dich nicht für sich ein? Half es dir nicht zu verstehen?

Abends, wenn wir alleine waren, sagte D. bitter zu mir:

»Sie hat sich absichtlich wie eine arme Frau gekleidet.«

Das stimmte vielleicht, aber ich war meiner Mutter nicht böse.

»Wir müssen ihr anständige Kleider kaufen.«

Anständige Kleider hatte meine Mutter genug in Lüttich. Eine ihrer Kusinen väterlicherseits, zu Anfang ebenfalls arm, hatte die Idee gehabt, sich auf Kredit eine der neuen Strickmaschinen zu kaufen, und sie war dann so kühn gewesen, nach Paris zu Mademoiselle Chanel zu fahren, um das Recht zu bekommen, für Belgien zuerst ihre Pullover, dann ihre Kleider herzustellen.

Sie hatte zwei, sechs, zehn Maschinen gekauft, junge Mädchen eingestellt, Werkstätten eingerichtet, zuerst in Lüttich ein Modegeschäft eröffnet, dann ein weiteres in Brüssel, schließlich in allen großen Städten des Landes, Antwerpen, Ostende, Gent und wo sonst noch überall.

Anna hatte immer eine besondere Zuneigung zu meiner Mutter, die sich in ihren Geschäften aussuchen konnte, was sie wollte. Ich weiß, daß meine Mutter protestierte, wie sie auch protestierte, wenn ich ihr irgend etwas schenkte.

»Aber nein, Anna! Das ist viel zu viel! Was sollen die Leute denken, wenn sie mich so angezogen sehen?«

Ihr Mann war Herrenschneider und hatte für mich meine ersten Jungenkleider genäht. Gute Anna! Sie war eine Flämin mit einem Dickkopf, und sie bekam am Ende immer alles, was sie wollte.

Wir fuhren nach New York, um meine Mutter einzukleiden, so wie wir mit D.s Mutter dorthin gefahren waren. D. hatte das Zimmer mit den Blumen durchsucht und entdeckt, daß meine Mutter ein altes, unförmiges Korsett trug. Wir kauften ihr neue Korsetts. Wir kauften ihr alles, einschließlich Schuhe, die ihr an den Füßen schmerzten, denn meine Mutter hatte einen hervorstehenden Ballen, der ihr sehr weh tat.

»Aber nein, D.«

Ich sagte »wir«, obwohl ich bei diesen Einkäufen nicht dabei war. Ich dachte, daß es dadurch nicht besser würde, aber was konnte ich tun? War ich feige? Ich vermied es, mich zwischen die zwei Frauen zu stellen, um so mehr, als D. ein Kind trug, auf das ich brannte.

In den folgenden Tagen spielte sich ein kleines Drama ab. Meine Mutter trug eigensinnig ihr altes, ausgefranstes Korsett. Da stibitzte D., ohne es mir zu sagen, es ihr und warf es in den Müll, in dem Glauben, so das letzte Wort zu haben. Nun, nachts ging meine Mutter lautlos nach unten, öffnete den Abfalleimer und nahm ihr altes Korsett heraus. Das gleiche Spiel wiederholte sich zweimal, dreimal, und zu guter Letzt gewann D. die Partie, indem sie das Objekt des Streites in die Müllverbrennungsanlage der Gemeinde warf. Meine Mutter sagte mir nichts davon. Sie verbrachte den größten Teil ihrer Tage mit geschlossenen Augen in einem der Gartensessel, und wenn ich mich neben sie setzte, tat sie so, als fahre sie hoch.

»Du bist's, Georges? Weißt du, wegen mir laß dich nicht stören. Du hast so viel zu tun . . . Deine Frau auch, immer im Zimmer mit ihrer Sekretärin . . .«

Ich hatte den Verdacht, daß sie das Austauschen der Tischkarten vor dem offiziellen Mittagessen im Museum von Ansembourg mitbekommen hatte.

»Du kannst dir nicht vorstellen, wie nett sie in Lüttich zu mir sind. Sie nennen mich die Mama von Simenon und sind stolz auf dich. Wenn es im Theater eine Galavorstellung gibt, laden sie mich auf die besten Plätze ein und holen mich in einem schönen Wagen ab . . . Bist du glücklich, Georges?«

»Aber ja, Mutter.«

Ich war drauf und dran, ihr anzuvertrauen, daß wir ein neues Kind erwarteten. Wozu? Das Leben hatte sie gelehrt, allem und allen zu mißtrauen.

In La Richardière hätte sie einen Monat verbringen sollen. Nach acht Tagen hatte sie darauf bestanden, wieder nach Hause zu fahren.

»Als Witwe von Père André bekomme ich eine schöne Pension, und ich kann in ganz Belgien kostenlos mit dem Zug fahren.«

Wie lange würde sie hier bleiben? Ich fürchtete, daß sie ihren Aufenthalt wieder einmal abkürzen würde. Ich fuhr sie, ohne D., im Wagen spazieren, ließ sie die sieben Seen der Gegend bewundern, die Hügel, die Spielzeugdörfer.

»Das ist sicher schön, aber wir sind hier nicht zu Hause. Warum willst du nicht in Lüttich wohnen oder auf dem Land in der Umgebung? Man hat mir erzählt, daß du Amerikaner wirst. Ist das wahr?«

Ich hatte mit dem Gedanken gespielt. Tat ich es immer noch? Ich wußte es nicht mehr, aber ich antwortete aufrichtig:

»Ich werde immer Belgier bleiben. Meine Kinder sind beim Standesamt in Lüttich eingetragen, auf derselben Seite wie mein Vater und du . . .«

Sie sah mich an, und ich wußte, daß sie daran zweifelte. Nur bei Boule fühlte sie sich wohl, und die beiden Frauen konnten offen miteinander reden. Sie kannten sich seit langem, seit den ersten Besuchen meiner Mutter an der Place des Vosges.

»Wie geht es Tigy?«

Ich erklärte ihr, daß ich sie häufig sehe und daß wir gute Freunde geblieben waren. Sie zweifelte wieder. Sie würde ihr ganzes Leben lang zweifeln, vor allem an mir und an meinen Worten.

Wenn du mit ihr sprachst, mein Johnny, antwortetest du ihr, wie uns, auf englisch, trotz meiner Anstrengungen, dich dazu zu bringen, französisch zu sprechen.

»Was sagte er?«

Ich übersetzte.

»Spricht er nicht französisch?«

»Er kann es, aber er ist mehr ans Englische gewöhnt.«

Meine Mutter beschloß, nach zehn Tagen abzufahren, und diesmal wollte sie fliegen, um schneller wieder in ihrem kleinen Haus zu sein. Wir brachten sie zum Flughafen.

»Danke, Georges, ja? . . . Danke, D.«

Der Name kam ihr nur schwer über die Lippen. Man spürte, daß sie lieber Madame, vielleicht Mademoiselle gesagt hätte.

Besuche bei dem Arzt mit den Metzgerarmen.

»Alles in Ordnung. Soweit es sich vorhersagen läßt, müßten Sie im Februar niederkommen. Wahrscheinlich in der ersten Hälfte des Monats.«

Das freute mich. Und wenn du, Marie-Jo, an einem 13. Februar geboren werden solltest, wie ich?

»Glauben Sie, daß es ein Mädchen sein wird?«

Er sah mich amüsiert an.

»Diese Voraussage kann die derzeitige Wissenschaft noch nicht machen. Vielleicht wird sie eines Tages soweit sein? In sechs Monaten werde ich Anhaltspunkte haben.«

Ich hatte mich schon für deinen Vornamen entschieden, und D. war damit einverstanden. Ich konnte keinen meiner Söhne Georges nennen, wie es üblich war, denn mein Bruder, damals in Belgisch-Kongo, wo er zwanzig Jahre lebte, hatte seinen Sohn auf meinen Vornamen getauft. Es gab also bereits einen Georges Simenon in der neuen Generation, was ich bedauerte, denn ich war nicht benachrichtigt worden. Christian hatte geglaubt, mir eine Freude zu machen: er vergötterte mich.

Unmöglich, meine Tochter Georgette zu nennen. Warum nicht Marie-Georges, was hier zu Marie-Jo wurde? Dieser Vorname gefiel mir. Ich konnte nicht vorhersehen, ob er dir gefallen würde oder nicht. Ich versuchte mein Glück. Wenn es ein Junge würde, wünschte deine Mutter, ihn Patrick zu nennen, und ich hatte nichts dagegen. Ein irischer Vorname, der in Amerika gerade Mode war und seit kurzem auch in Europa. Es würde kein Junge werden, ich hielt an meiner Intuition fest.

Ich schrieb dich, Marc, in der Hotchkiss-School ein, und du begleitetest mich dorthin, wo wir uns zusammen der genauen Befragung durch einen sehr beeindruckenden Direktor mit einem unbewegten Gesicht unterwarfen.

Der Campus ähnelte dem der amerikanischen Colleges und Universitäten und lag am Rande des Womostoponuk-Sees. Auch hier waren alle Sportarten obligatorisch. Es gab sogar einen Golfplatz mit neun Löchern, der morgens, wenn die Schüler im Unterricht waren, für die Bewohner von Lakeville zur Verfügung stand. Ich spielte oft dort, denn es war ein hügeliges Gelände mit steilen Abhängen, wie ich sie liebe, da ich besser mit dem Eisen als mit dem Holz spielte.

D. und ich mußten zur Universität Harvard fahren, wo man mich zu einem Seminar eingeladen hatte. Das liegt ganz in der Nähe von Boston, und die Autobahn führte uns sanft dorthin. Es handelte sich um ein Seminar über den Roman, und wir waren ein halbes Dutzend Romanschriftsteller, darunter ein sehr talentierter Schwarzer aus Amerika und ein schon berühmter Ire.

Da der Direktor in Ferien war, wurde D. und mir seine sehr schöne Villa inmitten des Parks zur Verfügung gestellt. Morgens und nachmittags diskutierten wir. Ein Gesprächspartner spielte traditionsgemäß die Rolle des *Advocatus diaboli,* das heißt, er brachte die Gegenargumente ein. Das Seminar fand in einem hellen und geräumigen Zimmer statt.

D. traf mich zum Mittagessen in einem nahen Restaurant, zusammen mit meinen Kollegen, die ihrerseits nicht von ihren Frauen begleitet wurden.

Abends fand in einem großen Hörsaal eine Veranstaltung anderer Art statt, wo, wie in Yale, nach einer kurzen *lecture* eines jeden von uns Hunderte von Studenten und Professoren Fragen stellten. Es ging sehr lebhaft zu, und wir gingen kaum vor Mitternacht auseinander.

Ich wurde auch in eine nahe gelegene Universität eingeladen, die nur für junge Studentinnen bestimmt war. Das war ein richtiges Vergnügen. D. begleitete mich, und man empfing uns wie alte Freunde. Die Studentinnen, zum größten Teil hübsch, luden uns zum Mittagessen ein, zeigten uns ihre Zimmer, plauderten, stellten Fragen.

Gleich darauf folgte die *lecture* mit den Fragen, ein Spiel, das mir Spaß machte, wodurch ich die amerikanische Jugend kennenlernte. Fast alle Fragen zeugten von brennender Neugier und einer sehr offenen Geisteshaltung, und meine Zuhörerinnen waren von meiner Offenheit überrascht.

Wir warfen uns freundschaftlich die Bälle zu, ohne Heimtücke und ohne Fallen. Als wir wegfuhren, hatten wir den Eindruck, gute Kameraden zu verlassen.

Eine weitere *lecture* an der Columbia University in New York, wo mein alter Freund O'Brien *dean* war. Studenten, Studentinnen. Fragen, Antworten, ein herzlicher Empfang.

Der Monat August war vorüber, September weit fortgeschritten, und in einem kleinen Marktflecken von Connecticut wurde ein Stück gespielt von meinem Roman *La neige était sale,* den ich in Tucson geschrieben hatte. Es handelte sich um ein Theater der Avantgarde. Die Vorstellungen fanden in einer zum Theater umgebauten Scheune statt. Es war fast zu einer Institution geworden und zog *afficionados* aus allen Ecken der Vereinigten Staaten an.

Ich ging nicht hin. Es stört mich, die Filme und die Theaterstücke zu sehen, die von meinen Romanen gemacht werden. In Paris hatte Rouleau eine andere Version von *La neige était sale* in irgendeinem Theater inszeniert, und ein bekannter Regisseur mit »sky« am Ende, drehte gerade einen Film davon.

Dasselbe *La neige était sale* wurde in New York veröffentlicht, zuerst als *hard cover,* das heißt in gebundener Ausgabe, dann als *soft cover* oder Taschenbuchausgabe, wovon bereits zwei Millionen Exemplare verkauft worden waren.

D. kümmerte sich um die Besprechungen, empfing die Verleger in Lakeville, vorzugsweise, wenn ich abwesend war, und ich mischte mich nur ein, um die Punkte der Verträge aufzusetzen. Sie telefonierte gerne, lange, sehr lange, so wie sie schrieb. Jedem seine Art!

Du, mein Johnny, würdest ebenfalls nach Hotchkiss gehen, du arbeitetest dich sozusagen empor. Viele Lehrer lebten mit ihrer Frau und ihren Kindern auf dem Campus. Die Frauen taten sich zusammen und beschlossen, einen Kindergarten einzurichten, da es in der Gegend so etwas nicht gab, und es wurde ihnen dafür ein kleiner Pavillon überlassen. Die Damen paßten abwechselnd auf die Kinder auf, und diese Schule war ganz reizend.

Ich brachte dich bald jeden Morgen dorthin und holte dich mittags ab. Das flache Gebäude stand am Ende einer abschüssigen Wiese. Du verließest mich am Straßenrand, und du patschtest durch den Schnee tapfer auf den Pavillon zu, wo eine der Damen euch eure Winterkleidung und eure Stiefel auszog. Du weintest nicht, nicht einmal am ersten Tag. Kaum daß du dich ein- oder zweimal umdrehtest, um dich zu vergewissern, daß ich noch neben dem Jeep stand.

Wenn ich die Vergangenheit an mir vorüberziehen lasse, bin ich immer wieder überrascht, wie viele Dinge der Mensch in so kurzer Zeit vollbringen kann. Es ist wahr, daß auch das Leben der Pflanzen zum Beispiel überschwenglich ist, wenn nicht noch überschwenglicher.

Im Dezember 1951 schrieb ich: *La mort de Belle,* dessen Handlung bereits in Lakeville spielt. Das macht für dieses Jahr, indem ich so viel herumreiste, sechs Romane.

1952 schrieb ich allerdings nur vier, darunter einen weiteren »amerikanischen« Roman: *Le revolver de Maigret, Les frères Rico, Maigret et l'homme du banc, Antoine et Julie.*

Gut! Dann wurde ich plötzlich, ohne mein Wissen, zum Präsidenten der »Mystery Writers of America« ernannt, einer sehr bedeutenden Vereinigung der gesamten Vereinigten Staaten, die sich zum ersten Mal einen ausländischen Präsidenten aussuchte. Ich war gerührt. Ich gab zu bedenken, daß ich nicht an den Versammlungen des Komitees, die jeden Monat abgehalten wurden, würde teilnehmen können. Rex Stout, die beiden Cousins, die mit Ellery Queen zeichneten, die mir die Neuigkeit mitteilten, fegten meine Einwände beiseite, und ich nahm schließlich an, fuhr nach New York zur Generalversammlung, wo ich selbstverständlich eine Rede halten sollte.

Die drei Schicksalsmonate, nach denen ich nicht mehr mit D. schlafen durfte, waren vorüber. Ich hatte mich kaum um ihr Zimmermädchen gekümmert und mich damit begnügt, sie im Vorbeigehen zu bewundern. Eines Abends, als ich in die Küche ging, um irgend etwas zu holen, sah ich sie dort, völlig nackt, damit beschäftigt, einen Brief zu schreiben.

Ich erzählte D. davon, und sie antwortete:

»Worauf wartest du noch? Ich bin sicher, daß sie es absichtlich macht.«

Am nächsten Tag traf ich sie wieder nackt an, als wäre das selbstverständlich, und sie schrieb wieder an demselben Platz. Sie war mehr als appetitlich, und wir waren bald darauf in ihrem Zimmer. Sie war willig, sogar draufgängerisch und fachkundig. Sie machte das bestimmt gerne, aber ich hatte bald den Verdacht, daß es für sie weniger ein körperliches Bedürfnis als eine Zerstreuung war. Ich fragte mich sogar, ob sie nicht frigide und ihr Verlangen nach einem Mann nicht rein rationaler Natur war.

Sie legte jedoch deshalb nicht weniger ihr ganzes Feuer hinein, und ich hatte den Eindruck, für sie nur ein Objekt zu sein, dessen sie sich bediente, um sich zu zerstreuen. Das nahm mir viel von meinem Vergnügen; trotzdem ging ich häufig zu ihr, was mich nicht an meinen Besuchen bei Boule hinderte, die in der ersten Etage offensichtlich Bescheid wußte, aber nicht darüber sprach. Gute, teure Boule, die so viele vorbeigehen gesehen hatte und ihre Zuneigung zu mir bei allem und gegen alles bewahrte!

Worauf ich vor allem wartete, Marie-Jo, das war, daß du dich entschließen würdest, dich zu bewegen. Unser fröhlicher Gynäkologe antwortete mir, wenn ich ihm von meiner Ungeduld erzählte:

»Sie wollen doch eine Tochter, nicht wahr?«

»Sehnlichst.«

»Im allgemeinen bewegen sie sich später als die Jungen. Darüber hinaus sind ihre Bewegungen weniger heftig.«

»Ich habe also Aussichten?«

»Ich behaupte nichts . . .«

Weihnachten. Überall Schnee. Unser Gehsteig aus Holz. Marc kam uns an jedem Wochenende besuchen, und ich durfte ihn, einmal pro Woche, in seinem beinahe spartanischen Zimmer auf dem Campus besuchen.

Manchmal brachte er seine Freunde aus Hotchkiss mit zu mir, die sich das eine oder andere meiner Bücher in der englischen Übersetzung aussuchten, sich in einen Sessel setzten, wo sie stundenlang lasen.

Du, Marc, mein Boy, warst noch nicht neugierig auf das, was ich schrieb, ich fand das sehr gut so. So viele Dinge verlockten dich in deinem jungen Leben. Ich war Romanschriftsteller, so wie der Vater eines deiner Freunde ein großer Jazzpianist und der eines anderen Einbalsamierer waren. Jedem sein Beruf.

Eines Tages jedoch würdest du triumphierend zu mir sagen:

»Rate, was ich in dieser Woche lesen muß? Eine deiner Novellen. Im Französischkurs. Sie ist gut, weißt du . . .«

Zu Weihnachten wünschtest du dir keine elektrische Eisenbahn mehr, sondern Schlangen aus dem Süden, insbesondere eine *bull-snake*, und du machtest mit Freunden die Käfige in deinem Zoo unter der Garage fertig. Keine giftigen, aber ziemlich seltene Schlangen, die ich in einem Spezialgeschäft in Miami bestellte.

Die *bull-snake* war die beeindruckendste. Groß wie eine kleine Pythonschlange, hat sie die Angewohnheit, den Hals anschwellen und sich dann entladen zu lassen, wobei sie ein lautes Geräusch von sich gibt, das dem Ton einer Posaune ähnelt.

Geschenke. Für dich, Johnny, wieder Cowboy- und Indianerausrüstungen, von denen du nicht genug bekommen konntest. Gewiß noch weiteres Spielzeug, an das ich mich nicht mehr erinnere. Du konntest stundenlang deine Schallplatten hören, die du selbst auf den Plattenspieler mit der Kurbel legtest, denn ein elektrisches Gerät wäre zu gefährlich gewesen.

Die Stapel deiner Platten wurden immer höher, ebenso wie die der Bücher und Heftchen mit Comics, die wöchentlich herauskamen, von denen zwei, ich gestehe es dir, mich amüsierten. Ich las sie ohne dein Wissen. Das eine hieß *Little Loulou* und erzählte die Abenteuer eines ziemlich frechen, aber entzückenden kleinen Mädchens. Das andere war kein anderes als *Denys la Menace*, dieses schreckliche Kind mit dem naiven Blick, dessen Missetaten ich noch in den Schweizer Zeitungen las, denn diese Figuren sind langlebig.

Ein milder Winter von warmer Vertrautheit. Ich zählte die Monate. Du bewegtest dich, Marie-Jo, nicht so heftig wie Johnny, sondern sanft, schon schmuserig.

Die Zeit der wöchentlichen Besuche bei dem Gynäkologen in Sharon war gekommen, wohin jede Frau ihr kleines Fläschchen mit Urin brachte.

Noch eine Reise, nicht weit, auf die andere Seite der Grenze zwischen Connecticut und dem Staate New York, eine Fahrt von einer Stunde. *Lecture* im Smith College, glaube ich, das anders als andere Colleges war, wo vor allem die sonderbegabten Jungen und Mädchen angenommen wurden und das seltsamerweise freizügig war in einem immer noch puritanischen Amerika.

Schüler von zwölf Jahren waren schon in der Abgangsklasse. Alle genossen die völlige Freizügigkeit, und die Schlafräume der Mädchen hingen mit denen der Jungen zusammen. Die Atmosphäre war entspannt, und die Lehrer waren nicht viel älter als die ältesten Schüler.

Wir aßen dort im Speisesaal. Diese Sonderbegabten waren nicht ernst, sondern fröhlich, lachten manchmal kindisch. Während wir aßen, begann ein heftiger Schneesturm, und ich wurde unruhig. Meine *lecture* war kurz, und ich wurde ziemlich verlegen, als ich den Studenten und Studentinnen antworten mußte, die intelligenter als ich waren und alles zu wissen schienen. Wie aus Widerspruchsgeist bestand ich auf der hervorragenden Rolle der Intuition in der Kunst, ob es sich nun um Malerei, Literatur oder Musik handelte.

»Pardon, Monsieur. Sie vergessen, daß die Musik eine Form der Mathematik ist.«

Ich wußte es freilich. Ich hatte mich versprochen. Ich entschuldigte mich, fragte jedoch, ob die bedeutenden wissenschaftlichen Entdeckungen nicht aus der Intuition geboren seien. Ich nannte Pasteur . . . Das Buch von Nicol, seinem Schüler, über die wesentliche Rolle des Instinkts in der Naturwissenschaft . . . Ich nannte sogar Einstein, und der größte Teil meiner Zuhörer stimmte mir zu.

Waren nicht auch sie, die Hochbegabten, instinktiv handelnde Personen? Wenigstens zu Beginn.

Man brachte uns zum Portal. Der Schnee fiel dicht, und die Schneepflüge waren noch nicht vorbeigekommen. Auf flachem Gebiet ging es nicht schlecht. An jenem Abend erwartete man uns gegen halb zwölf in Lakeville.

Leider mußten wir über einen Hügel fahren, auf einer Straße, die quer durch den Wald führte, und wir waren gezwungen, wieder umzukehren. Zum Glück entdeckten wir ein kleines, sauberes Hotel, wo wir friedlich schliefen, nachdem wir Boule angerufen hatten, um sie zu beruhigen.

Du bewegtest dich, Marie-Jo!

Wie glücklich ich war, wie sehr ich dich bereits liebte, wie ich euch alle liebte!

Am nächsten Morgen hatte sich der Blizzard beruhigt, und die Schneepflüge waren vorbeigekommen.

Wir waren zu Hause. Auch du, die du so weich in dem Bauch deiner Mutter schwammst.

Jetzt zählten wir nicht mehr die Monate, sondern die Tage. Und weißt du, womit wir uns beschäftigten? Die Zeit auf die Minute genau auszurechnen, die wir, wenn es soweit war, brauchen würden, um in das liebe, kleine Hospital nach Sharon zu kommen!

45

Ich glaube, daß ich in Lakeville den Winter letztlich noch dem Sommer vorzog, sogar dem vielgerühmten Herbst mit seinen leuchtenden Farben. Ich genoß den Anblick und den guten Geruch der brennenden Holzscheite im Kamin.

Wie ein Kind sah ich die dicken Schneeflocken auf die Fenstersimse fallen und, wenn der Himmel sich aufklarte, das Glitzern all dieser Kristalle, die den Boden und die Zweige der Bäume bedecken. Welch ein Vergnügen, die Stiefel in den weißen Pulverschnee zu drücken und ihn bei jedem Schritt wie ein fröhliches Lied knirschen zu hören! Selbst die Tiere unserer Wälder, die sich im Sommer im dichtesten Blattwerk versteckt hielten, näherten sich ohne Angst dem Haus, wo Marc und Johnny Futter für sie ausstreuten.

Man sagt, daß dann die Natur im Schlaf liegt. Ich fand sie nie so lebendig, so nahe wie in dieser gedämpften Welt, wo Tier und Mensch sich solidarischer fühlen.

In diese Welt also solltest du geboren werden, kleines Mädchen. Denn unser Gynäkologe, der gutmütige Riese, neigte von Besuch zu Besuch, ohne sich endgültig festzulegen, mehr zu der Ansicht, daß es wahrscheinlich ein Mädchen würde.

»In den ersten Februartagen«, präzisierte er.

Deine Mutter bereitete sorgfältig ihren kleinen Koffer vor. Nicht weniger sorgfältig machte sie einen imposanteren Koffer fertig, der, mit Aktenordnern vollgestopft, der schwerere war.

Johnny, der kein Baby mehr war, zog in das Nachbarzimmer zwischen dem Kinderzimmer und Marcs wimpelgeschmücktem Zimmer um. Die kleinen Züge auf der Lampe drehten sich immer noch sanft und leise, wenn man Licht anmachte.

Deine Wiege wollte ich sehr mädchenhaft haben, mit Spitzenvolants und rosa Bändchen. War es denn so lächerlich, dem kleinen Persönchen, das bald geboren wurde, ein romantisches Schmuckkästchen zu bereiten?

Ich schrieb nicht, beschäftigte mich, so gut ich konnte. Wir kauften auf einer Versteigerung antike Feuerböcke und Funkengitter aus Kupfer, die ich gerne glänzend gehabt hätte, von denen ich jedoch nicht die Lackschichten entfernen konnte, die Generationen von Bilderstürmern aufgetragen hatten. Auf derselben Versteigerung ergatterte ich für fast nichts Teller und Tabletts aus Zinn, die niemand wollte. Nun, die Prägestempel bewiesen mir, daß es englisches Geschirr war und aus elisabethanischer Zeit stammte.

Mir sollte es erst im Frühling gelingen, Feuerböcke und Teller blank zu bekommen, wenn ich in dem Stall meine elektrische Schleifmaschine benutzen würde, die ich zu diesem Zweck kaufte.

Je mehr Tage vergingen, desto mehr wuchs meine Ungeduld, und ich ging nur noch für meine Siesta in mein Arbeitszimmer.

Der 10. Februar ging vorbei, und ich träumte davon, daß du, wie ich, am 13. geboren werden würdest, der in jenem Jahr nicht auf einen Freitag fiel, der aber dennoch ein 13. Februar war. Wäre es nicht wunderbar gewesen, wenn wir beide das gleiche Geburtsdatum gehabt hätten, in einem Abstand von fünfzig Jahren?

Der Dreizehnte ging vorüber, dann der Vierzehnte. Du aber wartetest in aller Ruhe in dem immer schwereren Bauch deiner Mutter. Sie war beinahe genauso dick wie bei Johnny. Während ihrer Schwangerschaft rauchte und trank sie nicht, jedenfalls soviel ich wußte. Ich beaufsichtigte sie nicht, und sie verbrachte immer noch den größten Teil der Zeit zusammen mit ihrer Sekretärin in ihrem Büro, wo ich nicht willkommen war.

Ich umsorgte sie, überhäufte sie mit kleinen Aufmerksamkeiten, als wäre sie ein zerbrechlicher und kostbarer Gegenstand. Zum zweiten Mal lieferte sie mir den Beweis dafür, daß es ihr nie so gut ging wie während ihrer Schwangerschaft.

Der Neunzehnte, Zwanzigste, Einundzwanzigste. Plötzlich, am Zweiundzwanzigsten, in aller Frühe, als D. von unserem sonnendurchfluteten Schlafzimmer ins Badezimmer ging, verlor sie Fruchtwasser.

»Zieh dich schnell an«, sagte ich ängstlich zu ihr.

»Wir haben noch viel Zeit.«

Einige Tage vorher hatte es einen Schneesturm gegeben. An diesem Morgen war der Himmel porzellanblau, und, was mich beruhigte, die geräumten Straßen waren von Schneehaufen gesäumt, gegen die der Wagen ohne Schaden stoßen könnte.

Wir würden, nach unseren Probefahrten zu urteilen, genau achtzehn Minuten brauchen, um das kleine Hospital in Sharon zu erreichen. Ich verstaute die beiden Koffer in dem De Soto, da die Straßen in ausgezeichnetem Zustand waren. Seit einigen Wochen vermied ich es, deine Mutter in dem Jeep mitzunehmen, da dessen harte Federung mir für eine Schwangere nicht geeignet schien.

Sie zog sich ohne Eile an, gab dem Personal und ihrer Sekretärin Anweisungen. Ich küßte Boule auf beide Wangen, eine Boule, die die Mutterschaft immer noch beeindruckte, obwohl sie so viele kleine Geschwister bei sich zu Hause hatte geboren werden sehen. Johnny war in der Schule, Marc irgendwo auf dem Campus, wo er irgendeinem Lehrer zuhörte.

Bäume, zugefrorene Bäche, Villen in den Talmulden. Wir begegneten nicht einem Wagen, und eine Krankenschwester führte uns lächelnd in das reservierte Zimmer, das so voller Sonnenschein war, daß sie die kremfarbenen Vorhänge zuziehen mußte.

»Haben Sie die ersten Schmerzen gespürt?«

»Noch nicht. Ich habe vor etwa einer Stunde Fruchtwasser verloren.«

»Ich werde die Hebamme rufen . . .«

Eine dicke Frau von etwa vierzig Jahren, die ihr fröhliches Wesen vielleicht dem Anblick so vieler Babys und glücklicher Eltern verdankte. Sie tastete D. ab, half ihr, sich auszuziehen, band ihr das Krankenhemd zu, das auf dem Rücken von oben bis unten geschlitzt war. Ich stellte den Aktenkoffer in eine Ecke gegen eine blaßgelb gestrichene Wand. Ist Gelb nicht meine Lieblingsfarbe?

»Ich werde dem Doktor Bescheid sagen. Er wird Sie bestimmt so bald wie möglich sehen wollen.«

Sie war kaum hinausgegangen, als D. stöhnte und die Wehen begannen. Ich rief die Hebamme. Sie ließ D. sich auf die Seite legen und massierte ihr sanft den Rücken.

»Sehen Sie?« sagte sie zu mir. »Wenn Sie wollen, können Sie das bei jeder neuen Wehe machen. Messen Sie die Zeit zwischen den Wehen und wenn es drei Minuten sind, ist der Moment gekommen, mich zu rufen. Ich werde hin und wieder einen Blick hereinwerfen . . .«

Sie war daran gewöhnt. Ich aber war aufgeregt, denn es war das erste Mal, daß man mir erlaubte, eine Aufgabe, wenn auch eine winzige, bei der Geburt eines meiner Kinder zu übernehmen.

Die Wehen kamen im Abstand von zehn Minuten, als der Gynäkologe kam und, seine Finger in Gummihandschuhen, D. untersuchte.

»Die Öffnung ist noch sehr klein. Erst wenn sie drei Zentimeter groß ist, wird Ihre Frau in den Kreißsaal gebracht.«

Der Riese fügte gutmütig hinzu, da er sah, wie angespannt ich war:

»In der Zwischenzeit fahren Sie mit dem Massieren fort, jedesmal, wenn es nötig ist. Bis Sie zu müde werden!«

Ich massierte. Während der Augenblicke der Ruhe, die auf die Wehen folgten, wie es die Hebammen aus Europa nennen, wenn ich mich nicht irre, drehte D. den Kopf und lächelte mir zärtlich zu.

Auch die Hebamme kam von Zeit zu Zeit und untersuchte mit Gummihandschuhen.

»Ein Zentimeter. Das kann noch lange dauern . . .«

Die Wehen wurden heftiger, und ich massierte gleichzeitig eifrig und sanft, denn ich fürchtete, meine kleine Marie-Jo, dir weh zu tun.

Elf Uhr . . . Mittag . . . Zwei Zentimeter. Vier Minuten Ruhe zwischen den Wehen.

Dann, gegen Mittag, nur noch drei Minuten und D.s Schreie. Ich lief zur Hebamme, die nicht weit weg war.

»Drei Minuten? Sind Sie sicher?«

Noch nie hatte ich die Minuten oder sonst etwas so gewissenhaft gezählt.

Der Doktor erschien in grünen Gummistiefeln, Handschuhen bis zu den Ellbogen. Er reichte mir einen Chirurgenkittel, eine weiße Mütze, wie er selbst eine trug.

»Sind Sie immer noch entschlossen, dabei zu sein?«

Eine Krankenbahre wurde gebracht. Der Kreißsaal erschien mir ganz weiß, und ich zählte außer der Hebamme zwei Krankenschwestern. D. wurde in einen seltsamen Sessel gelegt, nach hinten gekippt, und die Beine wurden ihr weit auseinandergehalten. Sie hatte immer größere Schmerzen, stieß einen durchdringenden Schrei aus, als eine Krankenschwester ihr erst ein Bein festgeschnallt hatte. Sie hatte keine Zeit, das andere festzumachen, als du buchstäblich herausschossest, mein kleines Mädchen, und der Doktor dich wie im Fluge auffing.

Blutverschmiert und schleimig wie alle Neugeborenen wurdest du, mit dem Kopf nach unten, herumgetragen. Du strampeltest ein wenig, nicht viel, dann spucktest du und stießest deinen ersten Schrei aus, genau in dem Augenblick, als der Doktor auf deinen kleinen, runden Hintern klopfte.

D. kam wieder zu Atem. Während du deinen ersten Atemzug tatest. Die Nabelschnur wurde abgeschnitten, und nachdem man dich gereinigt hatte, kümmerte man sich um deinen Nabel.

»Ein kleiner, gerader Nabel«, sagte ich, mir kaum bewußt, daß ich sprach. »Kein gedrehter Nabel wie meiner!«

D. litt immer noch, und früher, als ich dachte, befreite sie sich von der Plazenta.

Du aber strampeltest auf dem leinenbedeckten Tisch, auf den man dich gelegt hatte. Du hattest einen hübschen kleinen Körper, ein hübsches, kleines Gesicht, noch ein wenig rot, ein wenig runzlig, so wie die aller Menschenkinder, die auf die Welt kommen.

Der Doktor horchte dich ab, tastete dich ab, beruhigte mich:

»Alles ist in Ordnung. Ich habe selten eine so schnelle Entbindung gesehen.«

Man legte dich auf eine Waage.

»Dreieinhalb Kilo.«

Was die amerikanischen Gynäkologen als Idealgewicht ansehen.

Weniger als eine halbe Stunde später lag D. in ihrem Zimmer in ihrem Bett, ein wenig leidend, was sie nicht daran hinderte zu sprechen.

»Hast du keinen Hunger?«

»Nicht jetzt . . .«

»Wo ist das Baby?«

»Es wird jeden Augenblick gebracht.«

Man brachte es tatsächlich, ganz frisch, ganz rosa jetzt, in der üblichen Leinenwiege, die so hingestellt wurde, daß deine Mutter dich sehen konnte.

»Sie ist schön, nicht wahr?«

»Wunderschön.«

»Man könnte meinen, sie sei blond.«

Das freute mich. Ihre Haare, die die Krankenschwester saubergemacht hatte, waren so blond, daß sie fast weiß schienen. Hatte ich nicht immer von einem blonden, kleinen Töchterchen geträumt?

D. und ich sahen uns zärtlich an, und zu meinem großen Erstaunen fragte sie mich:

»Glaubst du, daß ich telefonieren darf?«

»Mit wem?«

»Mit meiner Mutter. Ich will ihr unbedingt die Neuigkeit mitteilen.«

Ich erkundigte mich bei der Hebamme, die überrascht schien.

»Warum nicht? Wenn sie möchte . . .«

Und D. rief in Ottawa an.

»Hallo! Mama? . . . Ich bin im Hospital, ja . . . Aber nein, ich warte nicht mehr darauf, ich habe vor weniger als einer Stunde entbunden . . . Ich fühle mich ausgezeichnet, bestimmt . . .«

Ich meinte, die Stimme meiner skeptischen Schwiegermutter ihr gewohntes »Ach, hör doch auf!« sagen zu hören.

»Ich versichere dir, daß ich mich nicht müde fühle. Ich habe sogar einen Koffer voller Akten mitgebracht. Ich habe viel Arbeit, weißt du . . .«

Ich war völlig sprachlos. D. schien zu triumphieren. Hatte sie nicht soeben eine Glanzleistung vollbracht?

»Ja, Jo ist hier. Er war die ganze Zeit dabei. Stell dir vor, meine Tochter wird blond, wenn ihre Haare nicht rötlich werden, wie die von Papa. Meine Brüder sind ebenfalls blond mit einem rötlichen Schimmer . . .«

Das hatte ich nicht von diesen Minuten erwartet, ich hatte sie mir voll sanfter Ruhe und Zärtlichkeit vorgestellt. Dich, Marie-Jo, betrachtete ich, du schliefst und atmetest friedlich. Von Zeit zu Zeit zuckten deine Wimpern, öffneten sich leicht, sahen sicher nur das goldene Licht, das das Zimmer erfüllte.

»Sage meinen Geschwistern Bescheid . . . Grüße Madeleine von mir . . . Geht es ihr gut? . . . Sag Roger, daß ich ihn gerne bald mit seiner Frau und seinem Sohn in Lakeville sehen würde . . .«

Roger war ihr Bruder, der Rechtsanwalt, der so sehr empört gewesen war bei dem Gedanken einer Scheidung zwischen Tigy und mir und der sich Tigy angeboten hatte, ihre Interessen zu vertreten.

»Ja, Mama . . . Ja . . . Es ist alles in Ordnung . . . Mach dir keine Sorgen . . . Bis bald . . . Sei ganz herzlich von mir umarmt . . .«

Sie legte den Hörer wieder auf die Gabel, und ihre kastanienbraunen Augen, in denen das Licht spielte, strahlten Zufriedenheit mit sich selbst aus.

»Mama wollte mir nicht glauben.«

»Du solltest dich ausruhen.«

»Ich werd's versuchen . . . Geh du doch etwas essen . . .«

Ich würde in diesem Zimmer, wo ich zu jeder Tageszeit ein und aus gehen konnte, nicht, wie in Brüssel, schlafen können. Auch du, Marie-Jo, würdest nicht neben deiner Mutter schlafen können. Als ich an dem Nachbarzimmer, dessen Tür weit aufstand und in dem zwei Betten standen, vorbeiging, sah ich eine offensichtlich schwangere Frau in ihrem hinten weit geschlitzten Krankenhaushemd stehen, die aus dem Fenster schaute.

Ihre Nachbarin saß auf dem Bett und sprach mich an:

»Ihre Frau hatte anscheinend eine so schnelle Entbindung, daß der Doktor das Baby im Fluge aufgefangen hat. Ein Mädchen, nicht wahr? Freuen Sie sich? Haben Sie noch andere Kinder?«

»Zwei Jungen.«

Sie waren sympathisch und vergnügt, ohne Komplexe, während sie beide, sehr jung, zum ersten Mal auf die Entbindung warteten. Ich ging hinaus. Ich ging durch den Schnee und sang. Ich weiß nicht, was ich sang, aber ich weiß, wohin ich ging, nachdem ich zwei oder drei Hot dogs gegessen und dazu kühles Bier getrunken hatte. Ich benutzte nicht den Wagen, denn ich brauchte Bewegung. Ich fühlte mich, ebenso wie D.s Nachbarinnen, sehr vergnügt, sehr beschwingt. Ich hatte eine Tochter!

An der nächsten Ecke aß ich drei Hot dogs. Zwei Glas Bier. Dann ging ich zu einem hübschen Haus, das ich bei unseren Besuchen beim Gynäkologen und bei den Erkundungen der Gegend ausfindig gemacht hatte.

Eine grauhaarige Dame mit sehr distinguierten Manieren, ganz »New England«, begrüßte mich würdevoll in ihrem Geschäft, das anders als andere Geschäfte war. Hier fand man nämlich nur Gegenstände, die vom Üblichen abwichen. Die Dame war ebenfalls keine gewöhnliche Geschäftsfrau, sondern eine Frau aus dem Großbürgertum, die Witwe geworden war und ihre Freizeit ausfüllen wollte. In der Gegend gab es viele solcher Geschäfte, wo Kunstliebhaber Dinge verkauften, die ihnen gefielen, ohne daß sie ihren Lebensunterhalt damit verdienen mußten.

Du, mein guter Marc, hattest in Tucson am Rande unserer sandigen

Straße Bistro gespielt. Jetzt wußtest du noch nicht, daß du ein Schwester-chen hattest. Ich war sicher, du würdest Marie-Jo unter deine Fittiche nehmen, wie du es bei deinem kleinen Bruder getan hattest. Ich sehe dich noch, wie du ihn liebevoll ansahst und dich bemühtest, ihn zum Lächeln zu bringen. Du würdest von nun an zwei liebhaben können, so als wärst du ihr Vater gewesen, womit du mich manchmal eifersüchtig machtest. Weißt du, ich frage mich manchmal, ob dieses Gefühl nicht den Simenons angeboren ist, denn mein Vater war so gewesen und mein Großvater, nehme ich an, ebenfalls. Sag mir vor allem nicht, daß das ein männlicher Stolz ist; heute, wo du zwei Kinder hast, weißt du es wohl.

»Ich möchte die zwei großen Puppen aus dem Schaufenster.«

Sie nannte mir zwei Namen, die ich jetzt vergessen habe, die von Figu-ren aus der amerikanischen oder englischen Folklore. Das kleine Mäd-chen, kein Baby mehr, trug wunderschöne Kleider, über und über bestickt, aus der viktorianischen Zeit, und ihre blonden Haare fielen in großen Locken zu beiden Seiten ihres Gesichtes herab. Auf dem Kopf hatte sie einen großen, marineblauen Hut, und in der Hand hielt sie eine kleine Börse aus vergangener Zeit. Der Junge war rothaarig, ebenfalls im viktorianischen Stil gekleidet. Er hatte Sommersprossen und hellblaue Augen.

Die Dame sah mich bekümmert an. Ich hätte geschworen, daß sie diese beiden Puppen liebte und es ihr in der Seele weh tat, sie zu verkaufen.

»Ich kann Ihnen noch andere zeigen, sehr hübsche . . .«

»Nein. Diese dort möchte ich haben.«

»Wie alt ist Ihr Töchterchen?«

»Sie ist soeben geboren worden.«

»Sind sie nicht ein wenig zu groß für sie?«

Ich schüttelte den Kopf, vertraute ihr aber nicht an, daß ich diese bei-den Puppen vor mehr als einem Monat entdeckt hatte. Ich hatte sie aus Aberglauben nicht gekauft. Wenigstens dreimal war ich an diesem merk-würdigen Geschäft vorbeigegangen, um mich zu vergewissern, daß sie immer noch da waren.

Sie nannte mir den Preis, und ich legte die Geldscheine auf die geschnitzte Ladentheke. Ungeduldig sah ich ihr zu, wie sie meine Käufe in Seidenpapier einwickelte und vorsichtig in Schachteln legte.

Als ich mit meinen beiden Paketen wieder ins Krankenzimmer kam, war deine Mutter mit Telefonieren beschäftigt.

Übrigens hatte auch ich telefoniert, von dem Würstchenstand aus, um Boule die gute Nachricht mitzuteilen und dir, Johnny, der mir wie ein Amerikaner antwortete:

»Ist sie O.K.?«

»Völlig O.K.«

»Wann kann ich sie sehen?«

»Morgen nachmittag. Ich werde dich mitnehmen . . .«

»O.K., Dad . . .«

D. sprach lange über Editionen, während ich dich ansah, »mein Mädchen«, mein kleines Mädchen.

Ich wußte, daß es nichts Wichtiges mit meinen amerikanischen Verlegern zu besprechen gab. Übrigens war ich gerade dabei, den Verleger zu wechseln, denn ich hatte von dem bedeutendsten Verleger jener Zeit, Doubleday, Angebote bekommen und schon meinen Vertrag mit dem vorhergehenden gekündigt.

Worüber konnte sie diskutieren, daß sie so außer Atem kam? Ich stand eine halbe Stunde mit hängenden Armen da. Sie sprachen von Übersetzungen, was warten konnte, weil der Vertrag ja noch nicht unterzeichnet war. D. hatte den Anwalt von Doubleday angerufen, und plötzlich brach sie in Lachen aus.

»Aber nein, ich erwarte kein Baby mehr. Meine Tochter wurde vor ungefähr zwei Stunden geboren. Warum entschuldigen Sie sich? Ich fühle mich sehr gut, und das ermüdet mich nicht. Außerdem habe ich alle meine Akten hier, und ich werde arbeiten, bis man mir erlaubt, nach Hause zu gehen . . .«

Sie lachte wieder, ich wußte nicht warum.

»Einverstanden . . . Wann Sie wollen . . . Ich gebe Ihnen die Telefonnummer des Hospitals.«

Als sie aufhängte, lachte sie immer noch.

»Armer Junge! Als ich ihm sagte, daß ich soeben entbunden habe, hat er gestammelt und wußte nicht, was er sagen sollte . . . Hast du gegessen?«

»Drei Hot dogs. Und du?«

»Der Arzt war da. Er wartet auf das Einschießen der Milch, zweifelt aber daran, daß ich sie stillen kann.«

»Ich dachte daran, eine Flasche Champagner mitzubringen, aber ich wagte es nicht, eben wegen der Milch . . .«

»Du weißt doch, daß ich keinen Champagner mag. Übrigens, eine meiner beiden Nachbarinnen ist gekommen. Sie ist ein liebes Mädchen. Ihre Zimmergenossin wird gleich kommen. Man könnte meinen, alle wären hier Freundinnen. Ich werde die Hebamme fragen, ob sie ein Glas Champagner auf Marie-Jos Gesundheit trinken können.«

Mit Bedauern verließ ich dich, mein kleines Mädchen, und ebenfalls mit Bedauern verließ ich deine Mutter: Johnny erwartete mich zu Hause, und nach sechs Uhr konnte ich mit Marc telefonieren.

Ich war glücklich. Du, Johnny, saßest vor dem Fernseher.

»Ist sie braunhaarig wie ich?«

»Nein. Sie ist blond.«

»Mit welcher Augenfarbe?«

»Das ist noch schwer zu sagen. Sehr hell. Blau oder grün . . .«

»Gibt es Leute mit grünen Augen?«

»Beinahe grün, ja.«

Nachdem ich Boule, der Tränen in den Augen standen, umarmt hatte, rief ich Marc an.

»Wie ist sie?«

»Ein schönes kleines Mädchen . . .«

»Ähnelt sie ihrer Mutter?«

»Sie ist blond mit hellen Augen wie deine.«

»Darf ich sie am Sonntag besuchen?«

»Ich werde dich hinbringen. Arbeitest du gut?«

»Ziemlich gut . . . Ich glaube . . .«

Guter Marc. Jeder war heute in meinen Augen gut.

Am nächsten Tag erfuhr ich, Marie-Jo, daß deine Mutter dich nicht stillen konnte, daß du aber ein wenig Colostrum gesaugt hattest, was anscheinend am wichtigsten war. Also machte man wieder Fläschchen fertig, wie für Johnny und für Marc. Die Zeit der Ammen vom Lande, wie ich sie noch in Paris im Park Monceau, wo die Soldaten ihnen den Hof machten, gesehen hatte, war vorbei. Ich fand das besser.

Ich sah dich intensiv an, und du öffnetest die Augen. Sahst du bereits etwas? Oder aber unterschiedest du eine undeutliche Form, wie durch einen Nebel? Ich glaubte, eine Anomalie in deinen Pupillen zu sehen. Du schieltest nicht, aber du hattest das, was man einen Silberblick nennt. Ich erzählte es dem Gynäkologen, als er kam, um euch beide zu untersuchen.

»Machen Sie sich um Gottes willen keine Sorgen. Das kommt bei Babys häufig vor. Nach und nach wird die leichte Abweichung des einen Auges verschwinden.«

Dieser große Mann konnte nicht lügen. Ich hatte Vertrauen. Endlich zeigte ich deiner Mutter die Puppen.

»Glaubst du, daß sie mit ihnen spielen wird?«

»Sie wird sie hüten, so wie Marc seinen Plüschbären hütete und Johnny seinen lustigen Clown, mit dem er immer noch schläft und bestimmt noch lange schlafen wird . . .«

»Was gibt's Neues zu Hause?«

Wir plauderten. Sie teilte mir mit, daß der Arzt erlaube, daß ich eine symbolische Flasche Champagner mitbrachte, unter der Bedingung, daß ihre Nachbarinnen und sie nur ein halbes Glas tränken.

»Glaubst du, daß sie hier Champagnergläser haben?«

Sie lachte. Wir lachten über alles und nichts. Ich ging zum Mittagessen nach Hause und kam mit Johnny in Winterkleidung wieder, was wir »als

Bär« nannten. Ich brachte auch eine Flasche Champagner und vier Gläser mit. Johnny sah dich an, als wollte er dich hypnotisieren, Marie-Jo. Du warst das erste so kleine Baby, das er sah, und ich fragte mich, was er wohl dachte. Als er dich zu Ende betrachtet hatte, begnügte er sich zu sagen:

»Well!«

Gut! Keine weiteren Kommentare. Du mußtest ihm wohl ziemlich klein und zerbrechlich vorkommen, ihm, der sich als einen großen Jungen betrachtete.

»Kann ich spielen gehen?«

»Wo?«

»Dort . . . Im Garten . . .«

Durch das Fenster, dessen Vorhänge jetzt zur Seite gezogen waren, erblickte man einen schneebedeckten Abhang, einen Miniaturhügel, zu dem wir dich hinlaufen sahen, manchmal stolpernd in dem tiefen Schnee. Du brauchtest keine kleinen Spielkameraden. Du genügtest dir selbst und konntest lange Zeit alleine spielen.

Im Augenblick rutschtest du nach unten, fielst auf den Bauch, standest wieder auf, machtest weiter, von Kopf bis Fuß mit Schnee bedeckt, sogar auf dem Gesicht und auf deiner Mütze mit Ohrenklappen.

Wann kamst du an die Reihe, Marie-Jo? Unsere Nachbarinnen nahmen unsere Einladung gerne an, und die drei Frauen schnatterten, während ich die Flasche öffnete und Champagner eingoß. Sie waren entzückt.

»Erlaubt es der Doktor?«

»Nur ein halbes Glas.«

»Dann trinken Sie den Rest!«

Sie lachten, alle lachten. Eine Dame kam herein, einen mit Büchern beladenen Wagen schiebend, und wandte sich an deine Mutter.

»Ich nehme an, Sie möchten kein Buch von Ihrem Mann? Was wollen Sie lesen?«

»Nichts. Ich habe Arbeit.«

»Arbeit, hier?«

Acht Tage vergingen schnell in dieser beinahe kindlichen Atmosphäre der guten Laune. Der Koffer mit den Akten war nicht geöffnet worden, aber ich wußte, daß D. viel telefoniert hatte. Das war eine Leidenschaft von ihr. Sogar auf weite, sehr weite Entfernung. In diesem Land ist diese Leidenschaft beinahe allgemein üblich, vor allem bei den Kindern und den jungen Leuten, die plauderten, als säßen sie sich gegenüber. Das geht so weit, daß Familien mit zwei oder drei Kindern eine zweite Leitung für sie legen lassen müssen, wenn die Eltern eine Chance haben wollen, selbst zu telefonieren.

Wir kehrten triumphierend mit dir nach Hause zurück, zu uns, zu dir, und wir legten dich in das Schmuckkästchen von Wiege. Jeder kam und bewunderte dich, und ich bot wieder einmal der ganzen Hausgemeinschaft Champagner an.

»Weißt du, was mich beunruhigt, Jo? Daß sie nicht weint. Sogar wenn sie feucht ist, was bei ihr viel seltener vorkommt als bei Johnny . . .«

Seit langem frage ich mich, warum man früher die Mädchen und sogar die Frauen im Pariser Argot *pisseuse* nannte. Kleine Mädchen und Frauen haben weit weniger häufig als Männer das Bedürfnis, ihre Blase zu entleeren, einige nur zweimal am Tag, während die Römer und nach ihnen die Pariser auf den Boulevards und den sehr häufig benutzten Straßen alle hundert Meter Pissoirs aufstellten – nur für Herren!

Du schliefst fast immer die Nacht durch, und wir hörten im Intercom das leise Geräusch deiner Bettwäsche. Manchmal riefst du unaufdringlich, gegen Morgen, wenn die Stunde für dein erstes Fläschchen nahte, einmal, sehr kurz, so als hättest du gewußt, daß wir sofort kommen würden. Kein »*Cheval de bois*« war nötig wie bei deinem verflixten Bruder. Nicht nötig, daß man dich, nachdem du dein Fläschchen langsam getrunken hattest, an die Schulter legte und lange drückte, damit du einen Rülpser machtest.

»Glaubst du, es ist normal, ein Baby, das nicht weint?«

»Ich bin kein Arzt. Ruf ihn an. Es ist Zeit, daß Weiller sie kennenlernt.«

Er kam sie besuchen, fand sie völlig normal und gesund.

»Man könnte sagen, daß sogar ihr Lächeln unaufdringlich ist . . .«

»Sie ist nicht im Alter, wo man in Gelächter ausbricht.«

»Ihre Augen, Doktor?«

»Machen Sie sich keine Sorgen. Sie wird nicht schielen. In ein paar Monaten wird diese kleine Abweichung vorbei sein.«

Dieses Mal, Marie-Jo, konnte ich in dem Spezialgeschäft für Kinderwagen in New York einen schönen englischen Kinderwagen kaufen, elfenbeinfarben, wie sie ihn bei der Geburt deines Bruders nicht vorrätig gehabt hatten.

Jean Renoir teilte mit, daß er mit Dido kommen würde. Er war endlich wieder aus Indien zurückgekehrt, denn sein Film *The river* war zu Ende gedreht, und er hatte ihn in den Studios von Hollywood schneiden können. Im Gegensatz zu vielen Regisseuren ließ er diese Arbeit nicht von den Cutterinnen erledigen, und er schnitt und klebte wochenlang, gewissenhaft, endlos, was die Studiodirektoren ungeduldig werden ließ.

Jetzt fuhr er nach Frankreich, wo seine Schwierigkeiten infolge seiner zweiten Heirat beendet waren. Man hatte ihm zugesichert, daß man ihn nicht wegen Bigamie verfolgen würde. Teurer Jean, der nicht ins Gefängnis gehen würde!

Die Zeremonie fand in der kleinen, weißen Kirche auf halber Höhe des Hügels statt. Der Pastor, den ich getroffen hatte, war jung und umgänglich. Marc bestand darauf, sein Schwesterchen während der Zeremonie auf den Armen zu tragen. Unsere Freundin aus Tucson, die für D. so köstliche *cakes* gebacken hatte, als diese Johnny erwartete, konnte nicht kommen, aber sie wurde trotzdem, wie wir es versprochen hatten, Johnnys Patin.

Es war spaßig, Johnny sehr würdevoll seinen dicken Paten zur Kirche führen und mit ihm die Stufen hinaufgehen zu sehen. Die Zeremonie war einfach. Die Luft hatte bereits die Farbe und den Geruch des Frühlings. Wir waren nur ein kleiner Kreis um das Taufbecken, und Johnny blieb unbeweglich, als man ihm das Weihwasser über seine dichten Haare goß, dann, als man ihm ein paar Körner Salz auf die Zunge legte.

Jean Renoir aber war gerührt. Der Atheist von einst, der sich über die »Pfaffen«, wie er sie nannte, lustig gemacht hatte, war Christ geworden, wahrscheinlich durch die Begegnung mit seiner brasilianischen Frau.

Ein üppiges Mittagessen erwartete uns zu Hause, und der zu kurze Tag ging in Freude vorüber. Nicht ohne Bedauern sah ich meinen Freund wieder wegfahren; er stieg am nächsten Morgen auf dem internationalen Flughafen ins Flugzeug, denn man erwartete ihn in Paris zur Premiere seines Filmes und der Wiederaufführung von *La grande illusion*. Dieser Film war nicht veraltet. Wie viele begeisterte Freunde und Bewunderer sollte Jean in Frankreich und in ganz Europa finden!

Bald, Marie-Jo, würdest du getauft werden. Marc wollte unbedingt dein Pate sein. Deine Patin dagegen, die junge und schöne Jacqueline Pagnol, würde nicht kommen können, da ihr Marcel, von dem sie sich nicht trennte, sich weigerte, an Bord eines Schiffes und erst recht einer, wie er es verächtlich nannte, »fliegenden Maschine« zu steigen.

»Die Menschen von heute halten sich für Vögel!« beliebte er zu scherzen.

So würde deine Patin, wie bei Johnny, vertreten werden, und dein Bruder Marc würde dich übers Taufbecken halten.

Die Tage vergingen. Johnny war vom Mittagessen an zu Hause und brauchte, lebhafter als du selbstverständlich, mehr Beaufsichtigung.

»Glaubst du nicht, Jo, daß zwei Kindermädchen nötig sind, eins für jeden?«

Also hatten wir zwei Kindermädchen, beide jung. Beide Amerikanerinnen, und eine von ihnen schlief im oberen Stockwerk, wo zwei Zimmer leerstanden.

Ihr solltet sogar drei Kindermädchen haben, dein Bruder und du, wegen der freien Tage und der Ferien.

Wie Maria aus Martinique, die abwechselnd das Personal vertrat, kam eine ehemalige Krankenschwester, die nicht weit von uns entfernt wohnte, um die Kindermädchen an ihren freien Tagen zu vertreten. Sie war ungefähr fünfzig Jahre alt, hatte silbergraue Haare und eine unveränderliche Geduld.

Wie viele Leute! Und »Marcs Bande«, wie ich sie nannte, die jedes Wochenende vorbeikam. Neue Freunde waren hinzugekommen, die »Rothaarigen«, wie man sie im Dorf nannte, dessen Schrecken sie waren, wie sie auch der Schrecken der armen Boule waren.

Drei Brüder mit karottenroten Haaren, sommersprossig, mit blauen Augen, die nie zu blinzeln schienen. Sie ähnelten alle ihrem Vater, von irischer Herkunft, und erinnerten an den Denys la Menace aus den Comics. In weniger Zeit als Boule brauchte, um einzugreifen, leerten sie den Kühlschrank und liefen mit Marc und den anderen quer durch den Wald zu einem steilen Felsen, wo sie sich hinsetzten und ihre Beine ins Leere baumeln ließen.

»Weißt du, Dad«, sagte Marc zu mir, »sie sehen schrecklich aus, aber im Grunde sind es gute *boys*.«

Wenn ich auch meine Kinder leidenschaftlich beobachtete, so habe ich ihnen doch niemals etwas verboten. Auch niemals gesagt: »Das ist schlecht,« oder »Das ist nicht gestattet.«

Wenn sie etwas taten, was ich verabscheute, begnügte ich mich zu fragen:

»Bist du stolz auf dich?«

Der eine oder andere schien nachzudenken, dann murmelte er:

»Das war nicht schön.«

»Wenn du dir selbst böse bist, dann bestraf dich so, wie du meinst . . .«

Fast immer schlossen sie sich für eine bestimmte Zeit in ihrem Zimmer ein, und ich brauchte mich nie über sie zu beschweren, was immer die Gegner der »permissiven Erziehung« auch sagen.

Ich liebe weder große Worte noch Strafpredigten.

Übrigens, Marie-Jo, im März, der auf deine Geburt folgte, schrieb ich einen Roman: *Maigret a peur.*

Aber ich war nicht Maigret, was immer man auch behauptet.

Folgten im selben Jahr 1953: *L'escalier de fer, Feux rouges, Maigret se trompe, Crime impuni, Maigret à l'école.*

Ich wechselte in England den Verleger, denn der frühere hatte sich vor allem auf die Poesie, die Philosophie, auf die Werke über Kunst und auf »Essays« spezialisiert. Ich fühlte mich unter diesen Leuten, die viel zu intellektuell für mich waren, nicht wohl.

Ich unterschrieb also einen Vertrag mit einem jüngeren Verleger, Hamish Hamilton, den ich erst nur durch Briefe kannte.

Wir machten . . . Wir machten in diesem Jahr noch viele Dinge, meine drei Kinder . . . Vielleicht zu viele . . .

Bis morgen.

46

Die Tage vergingen; die ersten Wochen deines Lebens, und ich wurde nicht müde, dich zu beobachten. Im Haus und überall in der Umgebung, wo nach und nach die letzten Schneefelder verschwanden, brach der Frühling aus. Immer mehr Stunden verbrachtest du draußen in deinem weißen Landauer, während dein sanftes Kindermädchen, das immer einem angenehmen Traum im Innern zu folgen schien, auf dich aufpaßte und strickte. Du hattest das Kindermädchen von Johnny geerbt, denn ihr Wesen paßte besser zu einem Baby, während die Neue, energischer, besser mit der Überschwenglichkeit eines schon großen Jungen zurechtkam, dem sie quer durch den Wald folgte.

In dem Maße, wie die Tage verstrichen, überraschte mich dein Wachsein, das mir schneller zu sein schien als das deiner beiden Brüder. Die Frauen vom Lande, die mächtigen Ammen im Park Monceau und in den schönen Stadtvierteln, behaupteten, wie ich wußte, daß die Mädchen sich früher dem Leben öffnen als die kleinen Jungen. Wir hatten lange Zeit mit den Achseln gezuckt und über die Ideen dieser Frauen gesprochen.

Inzwischen haben Kinderärzte und Psychologen das Problem studiert und nehmen an, daß dieses frühe Erwachen eine Tatsache ist, jedenfalls während einer gewissen Zeit.

Ich machte meine Erfahrung damit. Meistens wurde dein Kinderwagen in den Schatten unserer Platane geschoben, und wenn ich sage »unsere«, dann weniger, weil sie uns gehörte, sondern weil sie die einzige in der ganzen Gegend war.

Die griechischen Dichter behaupteten, daß der angenehmste Schatten der von Feigenbäumen sei, und ich erinnere mich an wundervolle Siestas im Schatten der Feigenbäume in Porquerolles. Nicht weniger mochte ich die Platanen, die das Licht fein filtern und nur einen warmen Goldstaub hindurchlassen, der die Haut liebkost.

Ich ging oft zu dir hin, vorsichtig, um dich nicht aus deinem Schlaf aufzuwecken. Manchmal glaubte ich, du würdest schlafen, und entdeckte dann auf deinem Gesicht ein sehr leichtes Lächeln. Die Lider öffneten sich einen Spalt, und du sahst mich vertrauensvoll an, wenn auch ein wenig zögernd.

Marc, der sanfte Marc, war der erste, dem du dein Lächeln schenktest.

Der kleine Rohling Johnny, der vor dir noch kein Baby gekannt hatte, amüsierte dich mit seinen Grimassen und seinen unterschiedlichen Schreien, und er brachte dich als allererster zum Lachen.

Ich dagegen fand in deinem Blick etwas beinahe Leidenschaftliches, so etwas wie ein Suchen. Du suchtest in allem, was dich umgab, ein Zeichen von Zuneigung, von Liebe, man hätte schwören können, daß du danach dürstetest. Ich spürte in dir, selbst wenn du das raschelnde Blattwerk der Platane betrachtetest, so etwas wie ein Bedürfnis nach Kontakt. Die Natur um dich herum blühte in Frieden und in Schönheit auf. Der Schnee, kaum von der immer goldeneren Sonne aufgesaugt, enthüllte ein zartgrünes Gras, und aus den Knospen sprossen Blätter von jugendlicher Heiterkeit.

Warst du glücklich, Marie-Jo? Marie-Jo, die bereits Papiere hatte, die sie offiziell in die menschliche Gemeinschaft aufnahmen. Ich hatte deine beiden Pässe erhalten, der eine amerikanisch, auf den du ein Anrecht hattest, weil du auf dem Boden der Vereinigten Staaten geboren worden warst, der andere belgisch, wegen der Staatsangehörigkeit deines Vaters.

Manchmal abends im Halbschlaf fragte ich mich, ob es richtig gewesen war, dich Marie-Georges zu nennen. Im Englischen ist es ein ziemlich häufiger Name: Marie-Jo. Ich sah die Zeilen deiner Pässe vor mir:

»Marie-Georges Simenon.«

Und darunter meine Unterschrift, denn man konnte nicht verlangen, daß du schriebst:

»ihr Vater: Georges Simenon.«

War es egoistisch von mir gewesen, dich so zu nennen, und würdest du mir nicht eines Tages böse sein? Deine Fotografie und die deiner beiden Brüder klebten in meinem Paß neben meiner, und wie Marc und Johnny standest du bereits auf der Seite »Simenon« des Standesamtes in Lüttich. Ich träumte von weiteren Kindern, die diese Seite füllen würden ... Ich träumte viel ... Ich verkroch mich in unserem Haus, in unserer Liebe, wie in einem Kokon ...

Du wußtest es nicht, und es hat keinerlei Bedeutung: Janine, das Zimmermädchen, das deine Mutter aus Europa mitgebracht hatte, verließ uns, wie ich es erwartet hatte. Nicht um in den Folies-Bergère eine mehr oder weniger nackte Karyatide zu spielen, aber beinahe so etwas.

Während ihrer freien Tage in New York hatte sie eine Französin getroffen, die eine kleine Bar in Greenwich Village hatte. Nach dem, was sie mir erzählte, war mir klar, um welche Art Bar es sich handelte. Seit unserer Abfahrt von Paris hatte ich den Verdacht gehabt, daß dieses hübsche Mädchen sich nur von deiner Mutter hatte einstellen lassen, um ihre ständige Aufenthaltsgenehmigung in Amerika zu bekommen, die sie sonst nicht erhalten hätte.

Eine weniger im Hause. Ich schrieb einen Roman. Ich beendete mein Kapitel gegen halb zehn morgens, denn ich stand sehr früh auf. Ich rasierte mich, duschte mich, zog mich an und fuhr im Auto ins Dorf, wo im Postamt die Post verteilt wurde, wie in Carmel. Hier gab es jedoch einen Briefträger, aber seine Runde endete bei uns, so daß wir unsere Post erst am Nachmittag bekommen hätten.

Das war die Zeit, in der dein Kindermädchen mit dir vom Spaziergang zurückkam. Ich fuhr langsam, denn ich wußte, daß ich euch an der Ecke der Straße begegnen würde, die zur Hauptstraße führte. Wenn ich euch sah, stoppte ich, sprang aus dem Wagen und beugte mich über dich, um dich zu küssen und dich ein wenig auf meinen Arm zu nehmen. Du lächeltest mich an. Das war einer der kostbarsten Augenblicke meines Tages, und ich trennte mich ganz fröhlich von dir, winkte dir durch die Tür zu. Das war zu einem Ritus geworden, und das Kindermädchen war unsere Komplizin, so als handelte es sich darum, das heimliche Treffen zweier junger Liebender zu beschützen.

Eines Morgens . . . Als ich in den Weg zum Dorf einbog, kam mir ein Wagen auf diesem ziemlich schmalen Weg entgegen. Wenn ich gebremst hätte, wäre einer der beiden Wagen gegen deinen Landauer gestoßen, und ich fuhr schnell weiter, um dich nicht zu gefährden.

Das war, durch höhere Gewalt, das erste Mal, daß ich nicht anhielt. Wurdest du, noch ein Baby, dir dessen bewußt? Ich fuhr zur Post, stopfte die Briefe in die Tasche und ging in eine kleine Bar, die ich vor kurzem entdeckt hatte und die wie eine Insel der kleinen Leute war, inmitten unserer Gegend, die der *high middle class* vorbehalten war.

Hier stand ich neben Lastwagenfahrern mit groben Händen und einer rauhen Sprache, Männer, die einfache Berufe ausübten und mir herzlich etwas zuriefen. Ich trank mein Glas Bier in dem starken Geruch dieser Bar, die mich an meine Bistros in Paris erinnerte, dann, nachdem ich bei Hugo die Zeitungen gekauft hatte, setzte ich mich wieder in meinen Wagen. Als Johnny noch nicht zur Schule gegangen war, hatte er mich begleitet, und oft hatten wir den Weg zu Fuß gemacht, am liebsten quer durch brachliegendes Land.

Ich dachte nicht mehr an unser verpaßtes Rendezvous, geliebte Marie-Jo, und ich bekam einen Schock, als ich vor dem Haus das Auto von Doktor Weiller erkannte. Boule, die mich vom Fenster aus gesehen hatte, stand schon verstört in der Tür.

»Schnell, Monsieur . . .«

Ich zitterte, durchquerte den Living room, die Bibliothek.

»In Ihrem Zimmer . . .«

Boule weinte, und meine Knie zitterten. Ich sah dich reglos auf dem Arm deiner Mutter, und der Arzt wandte sich mir zu.

»Nehmen Sie sie auf den Arm«, sagte er zu mir.

Ich tat es unwillkürlich.

»Was ist passiert?«

Hatte ich gesprochen? Dein Körper war weich, wie leblos, dein Gesicht weiß. Ich hatte Angst, dich zu fest zu drücken, ich tat es, ohne es zu wissen. Minuten? Sekunden? Ich weiß es nicht. Ich weiß nichts mehr. Ich wollte, daß du lebtest, daß du aus dieser Reglosigkeit erwachtest, die aussah wie . . . Nein! Nein! Ich würde es verhindern. Du würdest leben, mein kleines Mädchen. Ich sprach mit dir. Egal, was ich zu dir sagte. Du mußtest meine Stimme hören, mußtest aufwachen. Und da schlugen deine Wimpern, öffneten sich deine Lider ein wenig, sahen mich deine Augen einen Moment lang fest an, bevor sie sich wieder schlossen. Ich schwöre, daß ich dein Herz an meinem schlagen hörte, das heftig und schnell schlug.

Du hattest gelächelt, Marie-Jo, ein geheimnisvolles, kaum angedeutetes Lächeln, und deine Haut nahm wieder ein wenig Farbe an.

»Sehen Sie!« sagte der Arzt zu deiner weinenden Mutter. »Ich dachte es mir . . .«

Auch dein Kindermädchen war dabei und atmete endlich wieder auf, nachdem sie sich schuldig gefühlt hatte.

Jetzt sahst du mich an, und deine Finger krallten sich in den rauhen Tweed meiner Jacke. Sogar der leichte Silberblick deiner Augen machte deinen Blick pathetischer. Du sprachst noch nicht. Es waren keine Worte nötig, mein kleines Mädchen. Du sagtest flehend zu mir:

»Mach das nicht mehr, Dad . . .«

Du hattest mir dein Vertrauen geschenkt, und ich fuhr an dir vorbei, ohne dich zu sehen, so als hätte ich unser tägliches Rendezvous vergessen!

Der Arzt fühlte dir den Puls, und nach und nach beruhigte uns sein Lächeln. Das Kindermädchen hatte ihm von dem Vorfall um zehn Uhr morgens erzählt. Kaum war mein Wagen vorbeigefahren, als du blaß geworden warst, Marie-Jo, und die Augen geschlossen hattest. Du warst plötzlich weich geworden, regungslos in deinem Kinderwagen, und das gewöhnlich so ruhige Kindermädchen hatte dich, beinahe im Laufschritt, nach Hause gebracht.

»Madame! . . . Madame! . . . Schnell!«

Deine Mutter war aus ihrem Büro hochgekommen, hatte dich auf ihren Arm genommen, ihrer Sekretärin zugerufen:

»Rufen Sie sofort Doktor Weiller an . . . Sagen Sie ihm, es sei äußerst dringend.«

Man hatte ihm Bescheid gesagt. Er war ein ruhiger, besonnener Mann mit viel Lebenserfahrung und Erfahrung mit Menschen.

»Ihre Tochter ist äußerst sensibel, ich habe es vom ersten Tag an gewußt. Nur Ihr Mann . . .«

Mein ganzes Leben lang würde ich dieses übliche Glas Bier bedauern, und auch den Kauf meiner Zeitungen bei Hugo, wie jeden Morgen.

Zwinkertest du mir wirklich komplizenhaft zu, Marie-Jo? Du wolltest nicht von meinem Arm herunter. Wir standen in dem sonnendurchfluteten Zimmer, und die verängstigte Boule hielt sich verschüchtert neben der Tür auf.

»Tragen Sie sie auf die Terrasse . . .«

Wir gingen hinaus, du und ich, und du wußtest nicht, daß eine wunderbare Welt uns umgab, daß uns die Sonne ins Gesicht stach, wobei die Luft manchmal kühler wehte. Du lebtest! Du bewegtest dich! Wolltest du vielleicht gerne sprechen?

Der Arzt maß noch einmal deinen Puls und legte das Stethoskop auf deine Brust, dann auf deinen Rücken. Du schienst nicht einmal seine Anwesenheit zu bemerken.

»Tragen Sie sie vorsichtig zu ihrem Kinderwagen zurück.«

Ich verstand ihn: dich wieder an den Platz zurücklegen, wo du gewesen warst, als wäre nichts geschehen, als hätte ich dich nicht wegen eines unglückseligen Wagens verraten.

Ich setzte mich neben dich unter die Platane, und wie im siebten Himmel lächelnd, wie die Mamas von früher sagten, schliefst du friedlich ein.

D. kam zu mir. Wir flüsterten.

»Ich habe geglaubt, sie sei . . .«

»Sei still.«

»Stimmt die Geschichte mit dem Wagen, die das Kindermädchen mir erzählt hat?«

»Ja. Unmöglich anzuhalten, ohne zu riskieren . . .«

»Sie braucht dich . . .«

»Ich weiß.«

Ich hatte es immer schon gewußt, vom ersten Tag an, als ich gesehen hatte, wie du geboren wurdest, und ich dir die beiden viktorianischen Puppen gekauft hatte, die jetzt zusammen in einem Sessel saßen, so daß du sie von deiner Wiege aus sehen konntest.

Erinnerst du dich daran, Marie-Jo? Kann man sich an seine früheste Kindheit erinnern? Ich glaube es, trotz der Gelehrten, trotz der scheinbaren Eindeutigkeit, denn ich habe für jeden einzelnen der Meinen versucht, das behaglichste Nest, den heitersten und beruhigendsten Rahmen zu schaffen.

Das Leben ging weiter, wieder verzaubert, zum Geräusch des Baches, dessen Wasser bei der Schneeschmelze gestiegen war.

Marc hatte eine neue Leidenschaft entdeckt. Manchmal traf man in unseren Wäldern auf ein Opossumpaar, das mit dem Kopf nach unten mit dem Schwanz an einem Ast hing! Es sind die ruhigsten und faulsten Tiere der Welt, was ihren fetten, schweren Körper erklärt.

Marc pflückte sie wie reife Früchte, streichelte sie, strich mit der Wange über ihr graues Fell, ohne daß sie sich wehrten. Wußten denn alle Tiere, daß dieser große, athletisch gebaute Junge nicht gefährlich, daß er, wie sie, ein Teil der Natur war? Mit seiner angeborenen Zärtlichkeit setzte dieser große Junge sie wieder auf ihren Ast, von dem sie dann wieder herunterhingen und einschliefen.

Im Süden gibt es sie in rauhen Mengen. Leider ist ihr Fell begehrt, und in meiner Jugend war das der Pelz für junge Mädchen gewesen. Aber diese Tiere sind auch fett und zart, so daß Männer zu zweit dorthin fahren, um sie zu jagen. Der eine hält einen offenen Sack unter den Baum. Der andere schlägt mit einem Knüppel fest auf die Äste, und die Opossums fallen wie Nüsse in den Sack, der bald voll wird.

Johnny hatte noch nie das Meer gesehen, der August war sehr heiß in Lakeville, und Marc verbrachte einen Monat mit seiner Mutter auf der Insel Nantuckett. Warum sollten nicht auch wir zum Kap Cod in Ferien fahren?

Wenn ich alleine zu entscheiden gehabt hätte, wären wir nicht aus unserem Haus, wo ich so glücklich war, fortgegangen, aber ich wollte unbedingt, daß alle glücklich waren. Auch hatte D. das Bedürfnis, von ihrem Büro wegzukommen, wo sie sich immer noch mit ihrer Sekretärin einschloß.

Ich hatte einen Vertrag mit Hamish Hamilton unterzeichnet. Ich mochte den Stil seiner Briefe und die Liste seiner Autoren, mit denen ich mich in gewisser Weise verwandt fühlte.

Manchmal nahm ich D. nachmittags auf eine Spazierfahrt im Auto durch dieses traumhafte Land mit, wo alles mich begeisterte. Ich dachte laut:

»Schau, dieser See mit den kleinen Segelbooten, die ein seltsames Muster bilden . . .«

Ich sprach. Ich sagte irgend etwas. Manchmal beschwor ich meine Anfänge an der Place des Vosges wieder herauf, den guten Curnonsky, den König der Feinschmecker, dem ich zu der Zeit begegnet war, als wir in derselben Wochenzeitschrift kleine humoristische Erzählungen schrieben. Ich hatte ihn in Paris wiedergesehen, und D. war ihm mit spöttisch funkelndem Blick begegnet. Ich erinnerte sie daran, erzählte ihr die Anfänge von dem Mädchen Moineau, einem kleinen Blumenmädchen mit der deftigen Sprache und dem herausforderndem Blick. Zusammen mit einigen Freunden, darunter Pierre Lazareff, hatten wir sie entdeckt und sie auf die Bühne gebracht, wo sie durch ihre beinahe schmutzigen Lieder und ihre rauhe Stimme Karriere gemacht hatte.

Ein Multimillionär hatte sie geheiratet, sie mit Schmuck überhäuft, ihr eine Überseeyacht mit dreiundfünfzig Matrosen geschenkt. Sie benutzte sie, um nach New York oder auf die Bahamas zu fahren. Sie war dicker geworden. Bei jenem Mittagessen in der Nähe der Madeleine hatte man sie zu singen gebeten, und sie hatte es, trotz einiger Gedächtnislücken, getan. Immer noch appetitlich, hatte sie uns stolz verkündet:

»Es wird erzählt, daß ich niemals eine Unterhose trage. Das stimmt. In der Zeit, wo man sie auszieht, hat man schon manchmal eine Gelegenheit verpaßt . . .«

Sie hatte ihren marineblauen Rock hochgehoben und uns zu Zeugen gemacht, erst von hinten, dann von vorne.

»Erinnerst du dich, D.?«

Wozu reden? Sie schlief neben mir. Ich suchte vergebens Gesprächsthemen, die sie hätten interessieren können. Ich mußte glauben, daß ich nie das Richtige traf, denn bei jeder unserer Fahrten schlief sie ein.

»Sollen wir in dieser freundlichen Bar ein Glas trinken? . . . Weißt du? . . . Die, wo man nie jemanden sieht . . .«, murmelte sie, wenn sie die Augen öffnete.

Ich wußte. Ich kannte sie alle, die »freundlichen Bars«. Ich bestellte für mich einen Gin and Tonic oder einen Dry Martini, häufiger Bier, denn ich mochte das amerikanische Bier.

»Pabst Blue Ribbon . . .«

Das erinnerte mich an einen Schlager. Jeden Freitag bot diese berühmte Biermarke den Fernsehzuschauern einen Abend mit Boxkämpfen an, und der Boxsport, den ich in Paris in Maßen betrieben hatte, interessierte mich. Nach jedem Kampf hörte man einen Refrain, der mit »Pabst Blue Ribbon« endete. Auf dem Bildschirm sah man dann, wie dieses Bier in ein langes Glas geschüttet wurde, schaumig und frisch.

»Mesdames, Messieurs, das ist der Moment, Ihren Kühlschrank zu öffnen und sich mit einem großen Glas eiskaltem Pabst Blue Ribbon zu erfrischen . . .«

Ich gestehe, daß ich nach einigen Freitagabenden dieser Einladung oder vielmehr diesem Befehl gehorchte, und ich holte mir ein Glas . . . Aber ja! Wie Millionen andere Amerikaner . . .

Ebenfalls wie sie wechselte ich jedes Jahr das Auto. Man nahm es für sehr viel Geld in Zahlung, und da die Reparaturen so kostspielig waren, sparte man Geld. Ich ersetzte den De Soto durch einen stärkeren und ruhigeren Chrysler. Wir fuhren Anfang August los. D. saß neben mir, Marie-Jo auf dem Schoß, Johnny hinten mit dem unerschütterlichen Kindermädchen. Marie-Jo wechselte von Zeit zu Zeit von dem Schoß der einen Frau auf den der anderen.

Du warst sehr brav, Marie-Jo; du warst auch sehr lebhaft geworden, von einer Geschwindigkeit, die mich an die glitzernden Akrobaten im Zirkus erinnerte. Du bemühtest dich, ein paar Wörter auszusprechen, versteiftest dich darauf, schlossest dann aber die Augen.

Du weintest immer noch nicht. Zu Hause warst du nicht von Stäben umgeben wie deine Brüder, sondern wir setzten dich auf den Teppich, auf ein blütenweißes Bettuch. Es gelang dir, dich hinzusetzen, auf die Gefahr hin, daß du, ohne zu jammern, wieder auf den Rücken oder den Bauch fielst, wonach du es wieder versuchtest. Johnny neckte dich. Für ihn warst du eine Art Spielzeug, das ihm Spaß machte, und auch dir machte es Spaß, auch wenn er eine ungewollte Roheit in seine Bewegungen legte.

»It's funny, a little girl . . .«

Das ist lustig, ein kleines Mädchen!

Und wie zärtlich!

Die Autobahn war verstopft, und wir aßen unterwegs zu Mittag. Wir hatten alles, was du brauchtest, mitgenommen, und danach würdest du schlafen bis zu der Insel, die wir uns ausgesucht hatten, größer als Nantuckett, näher am Kap Cod, wo Schiffe die Autos über einen engen Meeresarm transportierten. Edgartown lag am Ende der Insel. Ein großes Hotel, einige Villen, noch strenger im Stile Neuenglands als die von Lakeville. Im Park zwei hübsche Bungalows, wo wir wohnen würden, wobei wir die Mahlzeiten im Restaurant des Hotels einnehmen würden.

Der Hafen war voll von weißen Segelbooten, noch nicht aus Plastik, sondern aus handvernietetem Teakholz oder Mahagoni. Das eigentliche Dorf war vier- oder fünfhundert Meter weiter weg. Wir gingen jeden Morgen dorthin, Marie-Jo in ihrem Sportwagen, den Johnny unbedingt schieben wollte, D., das Kindermädchen und ich.

Hundert Meter vom Dorf blieb Johnny stehen, übergab das Kommando dem Kindermädchen oder mir. Ich wußte, was er sagen wollte, denn es wurde schnell zur Gewohnheit:

»Darf ich, Dad?«

Zum Drugstore vorlaufen, den er schon in den ersten Tagen entdeckt hatte, wo er ein Hörnchen *ice cream* verlangte, das er mit Zehnern bezahlte, Zehncentstücken, von denen er die Taschen seiner kurzen Hose voll hatte. Er war selbständig geworden, selbstsicherer denn je. Was man ihm einmal gewährte, wurde ein Anrecht, und man tat besser daran, nicht zu diskutieren. Er würde dann laut, aber endgültig antworten:

»Why?«

Warum? Er interessierte sich für die Schiffe, für das Tauwerk, die Segel, die gehißt wurden. Jeden Sonntag wurden große Regatten veranstaltet, denn Edgartown war der Treffpunkt der überzeugten *yachtmen*.

Der Club hatte ein ausgezeichnetes Restaurant, wo abends getanzt wurde, rundherum eine Galerie, wohin sich die jungen Paare zurückzogen.

Wir machten die Bekanntschaft eines der Komiteemitglieder, der uns eine Zeitkarte besorgte, denn der Club war sehr exklusiv. Dieser Mann, der hier seit Jahren eine Villa besaß, war der Generaldirektor, wenn nicht sogar der Besitzer der Grace-Line, einer Schiffahrtsgesellschaft, die die Häfen der Karibik und der atlantischen Küste Südamerikas versorgte. Seine noch junge und hübsche Frau war die Tochter eines Bankiers aus Atlanta, Georgia. Nun, an Bord eines Schiffes der Grace-Line waren Tigy und ich 1935 von New York zum Panamakanal gefahren.

Man verbrüderte sich. Wir erfuhren, daß wir fast Nachbarn waren, daß er ein Anwesen zwischen Lakeville und Canaan bewohnte.

Er lud uns ein. Wie seine Frau kam auch er aus dem Süden und besaß dessen liebenswürdige Gastfreundschaft. Sein Haus war komfortabel und freundlich, der Empfang sehr schlicht, und man bot uns nicht Scotch, sondern Bourbon an. Wenn ich auch Whisky im allgemeinen nicht besonders mag, so habe ich doch eine Schwäche für Bourbon, auf der Grundlage von Mais.

Es war sehr fröhlich. Alles hier war fröhlich, ein wenig zu elegant für meinen persönlichen Geschmack. Ich zog unsere Spaziergänge morgens mit den Kindern vor. D. begleitete uns nicht immer, auch das Kindermädchen nicht, das ihr bei der Toilette half, und wenn Johnny nichts dagegen hatte, schob ich den Sportwagen. Wenn du deinen Bruder sein Eis lutschen sahst, Marie-Jo, strecktest du die Hand mit einer Geste aus, die ich verstand, und ich schickte Johnny los, dir ein Hörnchen zu holen, das aussah wie seines, aber ohne Eiskrem. Merktest du den Unterschied? Auf jeden Fall knabbertest du es gierig und blicktest mich dankbar an.

Zum Baden gingen wir nicht an den großen, zu überlaufenen Strand. Wir hatten einen ganz kleinen Strand zwischen den Dünen entdeckt, wo man ein paar Familien traf, die sich hier mit ihren Kindern bräunten.

Wir ließen den Wagen auf dem sandigen Weg zurück und zogen uns zwischen zwei Dünen aus. Du trugst nur eine Jungenbadehose, und als Johnny zum ersten Mal im Meer badete, hielten wir dich ein wenig ins Wasser, und du entdecktest die Freuden des goldgelben Sandstrandes.

Weißt du, daß du fast nicht mehr schieltest? Und wenn du auch einen leichten Silberblick behieltest, so konnte jemand, der es nicht wußte, es nicht bemerken.

Hier entdeckten wir eine andere Seite von Amerika, einen Brauch, der mit zehn Jahren Verspätung Europa erreichen würde. Der Hotelservice wurde von jungen Mädchen und jungen Männern übernommen, und alle, außer dem Oberkellner und den Etagenchefinnen, waren Studenten.

Nicht nur, wie man hätte denken können, Studenten, die die dreimonatigen Universitätsferien ausnutzten, um ihr Studium zu bezahlen. Viele unserer Kellner gehörten reichen Familien an und hatten bekannte Namen.

Hier stand es in sehr schlechtem Ruf (jedenfalls zu der Zeit), ein Playboy zu sein, Papas Sohn, ein Stutzer, und diese Jugendlichen, die uns umgaben, arbeiteten der Ehre wegen. Allerdings mußte in einigen Staaten Amerikas ein Familienvater nicht unbedingt sein Vermögen seinen direkten Nachkommen hinterlassen, und viele *Selfmademen* verewigten ihren Namen nicht durch ihre Kinder, sondern lieber durch die Schaffung eines Museumssaales, ja sogar eines ganzen Museums, eines Stipendiums in Harvard, in Yale oder anderswo, oder durch die Einrichtung eines Forschungslabors.

Diese Kellner und Kellnerinnen, diese Zimmermädchen traf man nachmittags während der freien Stunden am Strand, im Schwimmbad, beim Golf oder im Yachtclub. Wie sehr mich das begeisterte, und wie sehr ich hoffte, daß meine Kinder eines Tages . . .

Psst! Mußten sie nicht selbst entscheiden?

Wir erhielten einen Brief von Hamish Hamilton. Er bat mich, im Zuge einer breitangelegten Reklameaktion für meine Bücher im kommenden Herbst mit D. die großen englischen Städte zu besuchen, wo wir, so schrieb er, mit offenen Armen aufgenommen werden würden.

Ich verzog bei dieser Perspektive das Gesicht. Ich hatte nie eingewilligt, bei dieser Art Werbung mitzumachen, und meine einzige Autogrammstunde hatte in der Boule Blanche stattgefunden, als die Maigrets auf den Markt gebracht worden waren. Nach einer verrückten Nacht hatte es ein wohlverdientes Frühstück mit meinen Freunden von Montparnasse gegeben.

D. kannte England nur von einer nächtlichen Zwischenlandung in Plymouth, als wir nach Frankreich gefahren waren. In jener Nacht hatten wir unsere Kabine nicht verlassen, und sie hatte nur die Geräusche eines großen englischen Hafens hören können.

Ich spürte, daß . . .

Lassen wir unsere fröhlichen Ferien zu Ende gehen; Johnny und Marie-Jo hatten eine schöne Bräune angenommen, und Marie-Jos Haare waren niemals so blond gewesen.

Der »Labour Day« kam näher, der schicksalshafte Tag, an dem ganz Amerika wieder an die Arbeit ging. Fast eine Woche lang waren die Straßen mit Autos verstopft, die von überall her nach New York oder zu den anderen großen Städten eilten. Die Restaurants waren voll. Wir standen vor den Drive-ins Schlange, wo wir schließlich essen konnten, im Stehen oder im Wagen, Hot dogs oder Hamburger.

Wir hatten alles für dich vorbereiten lassen, Marie-Jo, und die Hausgemeinschaft von Shadow Rock Farm empfing dich, begeistert von deinem guten Aussehen.

Du warst wieder bei dir während des Monats Oktober. Viele Leute kamen uns besuchen, einige aßen bei uns zu Mittag, was mich nicht davon abhielt, einen Roman zu schreiben und stundenlang mit dir zu spielen.

Der Besitzer von Doubleday war gestorben und hinterließ nur eine Witwe und eine Tochter von etwas über zwanzig Jahren. Der Cheflektor heiratete sie, und wir waren zur Hochzeit eingeladen. Eine gute Gelegenheit, um zwar nicht die Abendrobe zu tragen, was hier lächerlich gewesen wäre, aber eines der Kleider von Lanvin, die D. schließlich ohne neuerliche Änderungen gekauft hatte.

Eine kleine protestantische Kirche zunächst, in der Park Avenue, wo sich gut und gerne zwei- oder dreihundert Personen drängten. Dann ein Essen mit Tanz in dem größten Saal des Waldorf-Astoria, ebenfalls in der Park Avenue.

Die gesamte Hautevolee von New York, Verleger, Schriftsteller, Millionäre und Milliardäre, lauter Berühmtheiten in dem gedämpften Licht. Es war ein Diner »an kleinen Tischen«, und zum Glück waren an unserem nur D. und ich. Kaviar in rauhen Mengen, so als produzierte die Firma Doubleday ihn zusammen mit den Büchern, in der kleinen Stadt in der Nähe von New York, wo die gesamte Bevölkerung an ihren Pressen arbeitete.

Wir tanzten den ersten Tanz und kehrten wieder an unseren Tisch zurück, wo der Champagner, ebenso reichlich wie der Kaviar, uns erwartete.

Die Männer waren im Frack, auch ich, von meinem steifen Kragen mit den abgeknickten Ecken gequält, die Frauen in großer Robe, für die viele von ihnen nach Paris gefahren waren.

In zwei Wochen ... Ich dachte an dich, hübsche Marie-Jo, auch an dich, mein Johnny, an meinen großen Marc, an unser Haus, vor dem es bei unserer Rückkehr Zeit sein würde, die Bretter über den Weg zu legen und die Fliegengitter abzunehmen, um den doppelten Scheiben Platz zu machen.

Ich liebe London, wohin ich beinahe jedes Jahr mit Tigy gefahren war, immer in dieselbe Wohnung im Savoy, gegenüber der Themse. Dort hatten wir auch einen Monat mit Marc auf das Schiff gewartet, das uns nach New York mitgenommen hatte.

Noch ein Besuch, der letzte, denn D. packte schon die Koffer für einen Aufenthalt von mehreren Wochen. Mein Besucher diesmal, denn er kam zu mir, war einer der Direktoren des »Book of the Month«, einer Organisation, die mehrere Hunderttausende von Abonnenten hatte, die jeden Monat zum herabgesetzten Preis den neuesten Bestseller erhielten.

»Wollen Sie einen für uns schreiben?«

Ich wußte noch nicht, daß diese Bestseller auf Bestellung geschrieben wurden, und glaubte, das Buch des Monats werde unter den Neuerscheinungen von einer Jury ausgewählt.

Mein vornehmer Gesprächspartner, *british* bis zur Melone und zum Regenschirm, sah mich ein wenig mitleidig an. Wie konnte man so naiv sein?

»Ich werde es Ihnen erklären. Sie schreiben ein Handlungsschema von etwa zehn Seiten, nicht mehr, denn das Komitee hätte sonst nicht die Zeit, alles zu lesen. Wenn der Handlungsablauf akzeptabel ist oder wenn wir Sie nur um ein paar Änderungen bitten müssen, schreiben Sie das erste Kapitel, das von einem unserer Experten begutachtet wird. Entweder geben wir Ihnen grünes Licht, oder nicht. Vergessen Sie nicht, daß wir für mehrere Zehnmillionen Amerikaner arbeiten (Aha! Sie waren es, die arbeiteten, während der Autor sich damit begnügte zu schwitzen). Wir kennen den Geschmack und das, was sie verabscheuen . . .«

Ich ließ ihn reden, gleichgültig, denn dieser so würdevolle Herr hätte meine Ironie nicht verstanden.

»Und so Kapitel für Kapitel . . .«

»Ich verstehe.«

»Von Änderungen zu Änderungen. Denn vielleicht wird man Sie bitten, ein Kapitel neu zu schreiben.

Natürlich haben wir *Re-Writers,* um gegebenenfalls den Stil zu korrigieren. Sie verdienen dabei ein kleines Vermögen, nicht mitgerechnet die enorme Reklame, die für Ihren Namen gemacht würde.«

»Ich danke Ihnen, daß Sie an mich gedacht haben.«

»Nehmen Sie an?«

Ich ließ ein beinahe wütendes »No!« fallen.

Man hätte meinen können, ich hätte ihm einen Kinnhaken versetzt. Er stand auf, suchte seinen Hut, und ich reichte ihm seinen Regenschirm. Als ich die Tür öffnete, gelang es mir zu murmeln:

»Sehr erfreut, Ihre Bekanntschaft gemacht zu haben.«

»Ebenfalls.«

Die Tür seines Cadillac schlug zu, soweit irgend etwas an einem Cadillac laut schlagen kann.

Jetzt wußte ich, was sich hinter einigen »großen Autoren« verbarg, deren Name so häufig in der Presse erschien.

Nun, meine Kinder, nur Mut! Und vor allem, meine kleine Marie-Jo, denke nicht, wie neulich, daß ich dich nicht liebe oder dich verlasse!

Der Rest ging für mich wie im Nebel vor sich, jedenfalls in meinem Gedächtnis. Die »Queen Mary« auf der Hinfahrt, die Reporter und unvermeidlichen Fotografen in Southampton. Die Bekanntschaft jedoch eines sicher sehr »britischen« Hamish Hamilton voller Herzlichkeit und Fürsorge. Seine Frau, eine Italienerin, war eine vorzügliche Gastgeberin.

Als wir in Begleitung eines jungen Mannes, der uns als Fremdenführer dienen sollte, zur großen Tournee aufbrachen, beschloß ich, mit dem Zug zu fahren.

Nun, wir begannen in Schottland, wo wir bei jedem Empfang alte Flaschen Scotch bekamen und ich fast einen Skandal verursachte, indem ich Wasser trank. Man mußte mich für schwerkrank halten. Wenn schon! Wo D. doch strahlte und für zwei redete!

Edinburgh, Glasgow, Liverpool, Manchester, das mich an Lüttich erinnerte, nur steifer und noch regnerischer. Andere Städte, deren Namen mir nicht mehr einfallen. Überall Journalisten, Kritiker, Fotografen und zu üppige Diners.

Die gesamte Reise im Zug. Nun, ich liebe England, verabscheue aber seine Züge. D. war begeistert. Ich tat mein Bestes. Hatte ich mir nicht geschworen, sie glücklich zu machen?

Zurück in London, war es noch nicht zu Ende. Ich war eingeladen, allerdings alleine, denn die Frauen hatten noch nie zu den hohen Stätten der Kultur und der englischen Aristokratie Zutritt, ich war also eingeladen von der Universität Oxford und am Tage darauf von der Universität Cambridge. Mein Cicerone, der ebenfalls nicht eingeladen war, leistete D. Gesellschaft.

Mittagessen in einem nüchternen Saal mit dem »Master« und den Professoren der verschiedenen Fakultäten. Ich war mir der Ehre, die mir zuteil wurde, bewußt, was mich nicht davon abhielt, in Gedanken weit weg zu sein, auf der anderen Seite des Atlantiks. Ich hielt meine Rede, besichtigte die geräumigen und spartanischen Zimmer der Studenten.

Dasselbe Spiel in Cambridge.

Schließlich, große Cocktail-Party in den Büros von Hamish in London, wo ich mir nach einem Monat strikter Enthaltsamkeit und Fügsamkeit so richtig einen hinter die Binde goß. Es war fröhlich, sympathisch, und ich glaube, daß ich eine hübsche, sehr aufreizende Frau ins Treppenhaus verfolgte, wo Hamish mich davon abhielt, einen kleinen Skandal zu provozieren.

Diesmal die »Queen Elizabeth«. Unvermeidliches Galadiner, wie auf der Hinfahrt. Wie tröstlich war es schon, die Freiheitsstatue und dann die Wolkenkratzer von New York zu sehen! Wir waren beinahe zu Hause. Zwei Stunden im Wagen auf der Autobahn, dann Millerton, die Grenze nach Connecticut, Lakeville . . .

»Wo ist meine Tochter?«

»Sie schläft.«

»Wie geht es ihr?«

»Sehr gut . . .«

»Sie hat nicht . . .«

Als hättest du, in deinem Alter, nach mir fragen können, schöne Marie-Jo. Ich ging auf den Zehenspitzen in das Kinderzimmer, hörte deinen ruhigen und gleichmäßigen Atem, sah dein kleines, entspanntes Gesicht – ein wenig rosig auf den Wangen. Ich wagte nicht, dich zu küssen, aus Furcht, dich aufzuwecken.

Nun zu Johnny, der ebenfalls schlief, geräuschvoller, und der beim Knarren des Parketts brummte.

Morgen, mein Junge, würde ich dich zur Schule fahren, und am Nachmittag würde ich Marc auf dem Campus begrüßen.

»Freust du dich?« fragte mich D. mit sehr sanfter Stimme.

»Ja.«

»War es nicht zu hart?«

Es gelang mir, jetzt, da es zu Ende war, ihr zu antworten, wobei ich sogar lächelte:

»Nicht zu sehr . . .«

Ich ging in unser Zimmer, sah Boule wieder, die auf uns wartete.

»Kam Marie-Jo sich nicht zu verloren vor?«

Auch Boule gelang es, mit einer Stimme, von der ich alle Nuancen kannte, zu antworten:

»Nicht zu sehr.«

Ich wußte, daß sie mir böse war, weil ich meine Tochter allein gelassen hatte.

Ich auch.

47

Das Jahr 1954 ist in meiner Erinnerung ein Jahr wie jedes andere, friedlicher und schöner, denn es war von wenigen Ereignissen gekennzeichnet, und außer meinen beiden Jungen gab es noch dazu ein kleines Mädchen, das größer wurde und mir schon als eine kleine Frau erschien.

Ein weißer Winter, wie alle Winter in Lakeville, mit Holzscheiten im Kamin und Marie-Jo, die zu laufen begann.

Marc war fünfzehn Jahre alt und besuchte von der Schule aus Bälle, die von den Prep Schools der jungen Mädchen gegeben wurden, im Smoking und Blume im Knopfloch. Auf dem Campus trug er einen strengen Anzug mit Krawatte, was ihn nicht daran hinderte, am Wochenende seine Blue jeans überzustreifen und mit seinen Freunden durch den Wald zu laufen.

Johnny hatte mit seinen fünf Jahren an Größe gewonnen und ein wenig seine kindliche Körperfülle verloren.

Am 13. Februar feierten wir im Familienkreis meinen einundfünfzigsten Geburtstag, und ich schämte mich beinahe meines Alters angesichts so junger Kinder.

Was D. anging, so verlor sie nicht so schnell ihr Gewicht nach ihrer Schwangerschaft, und sie wurde von der Aussicht gequält, eines Tages ihrer majestätischen Mutter zu ähneln. Über den Versandhandel hatte sie sich eine Agenda bestellt, in der auf jeder Seite dieselbe Frauengestalt abgebildet war, und punktierte Linien kennzeichneten die Knöchel, die Waden, die Knie, den unteren und oberen Teil der Oberschenkel, die Taille, den Oberkörper in Höhe der Brust, und schließlich den Hals. Die Idealmaße standen auf der linken Seite. Rechts daneben mußte man die Maße eintragen, die man jede Woche mit dem Zentimetermaß bei sich ermittelte.

Jede Woche nahm ich also diese genauen Messungen vor, und je nach dem Ergebnis verfinsterte sich D.s Gesicht oder es hellte sich auf, ohne daß ich daran dachte, mich über sie lustig zu machen. War es letztlich nicht ihr Recht, von den spindeldürren Figuren der Mannequins verlockt zu werden?

Sie aß viel Grapefruit und grünen Salat, vermied die Speisen mit den Saucen, die Boule vollendet gelangen, verzichtete jedoch nicht auf Whisky. Genausowenig wie ich auf das Pabst-Bier verzichtete oder bei Gelegenheit, vor allem in New York, auf einen eisgekühlten Dry Martini, bei dem man begann, den Gin durch Wodka zu ersetzen.

Marie-Jos Geburtstag folgte meinem, und sie saß jetzt in ihrem hohen Stühlchen und betrachtete ernst die Flamme der einzigen Kerze auf ihrem Kuchen. Ihre Brüder hatten sich fein gemacht, und das gesamte Personal teilte mit uns Kuchen und Champagner.

Die beiden Jungen gingen immer noch zum Unterricht auf den Campus der Hotchkiss-School, wohin ich sie fuhr, und sehr bald beschlossen wir, unser Töchterchen taufen zu lassen, das sein Pate Marc in Abwesenheit von Jacqueline Pagnol, der Patin, über das Taufbecken hielt.

Eine sehr schlichte Taufe im engsten Familienkreis, brennend vor Liebe, in der so hübschen Kirche, die sich im Schnee vergraben hatte.

An den Wochenenden begann Johnny mit dem Skifahren auf unserem Anwesen. Auch Marc und ich fuhren Ski. Ein ziemlich langer Abhang endete am Ufer des zugefrorenen Sees, wo Marc, schon stämmiger als ich, auf seinen Bruder wartete, um ihn rechtzeitig zu stoppen, während ich mich damit begnügte, neben einem Johnny herzufahren, der vor nichts Angst hatte und alles mit demselben überlegten Ernst tat. D. dagegen stand vor der Tür und applaudierte bei jeder geglückten Abfahrt, und Johnny war unermüdlich.

Der Kinderwagen war nicht mehr nötig und wurde, sorgfältig in einen Schonbezug verpackt, in der Scheune untergestellt, denn konnte uns nicht ein weiteres Kind geschenkt werden und so den Kreis der Familie vergrößern?

Ein Jahr ohne wichtige Ereignisse, ein Jahr also, das es gestattete, die alltäglichen Freuden zu genießen. Ein Jahr vor allem, das sich um dich drehte, mein kleines Mädchen, denn du warst in dem Alter, wo jeder winzigkleine Fortschritt von der Familie mit Beifall bedacht wurde.

Du gingst lautlos von einem Zimmer zum anderen, beaufsichtigt von deinem gutmütigen Kindermädchen, das sich Mühe gab, sich nicht zu zeigen. Du versuchtest zu sprechen, und deine ersten Wörter waren englisch, so wie es die anderen sein würden.

Wir ähnelten immer mehr den befreundeten Familien in der Umgebung, und ich hatte für mich das Gefühl, daß ich mich ganz natürlich in das amerikanische Leben einfügte.

Es war ein hübsches Schauspiel, das du, eingemummt in deinen weißen Pelz, in deinem Sportwagen botest, den du manchmal selber schobst, und nichts hielt mich mehr auf, wenn ich dich auf dem Weg zur Post an der Wegbiegung erblickte.

Ich schrieb viele Romane, aber man würde vergeblich etwas von meiner momentanen Verfassung suchen, selbst wenn man »zwischen den Zeilen liest«, wie einige Kritiker. Im ganzen Jahr fünf Romane, nicht sechs, denn ich widmete dir immer mehr Zeit: *Maigret et la jeune morte, L'horloger d'Everton, Le grand Bob, Maigret chez le ministre, Les témoins.*

Merkwürdigerweise ließ ich, der ich niemals die Bourgeoisie, vor allem die Großbourgeoisie, gemocht hatte, mich immer mehr mit der mehr als wohlhabenden Bourgeoisie um uns herum ein. Allerdings besaß sie hier nicht den Dünkel und die Engstirnigkeit der Großbourgeoisie, die ich in Belgien und Frankreich kennengelernt hatte.

Nicht selten kam es vor, daß man in einem der großen, superschnellen Aufzüge in New York, wo sich zwanzig Leute drängten, einen großen Boß sah, den seine Angestellten oder Arbeiter mit einem vertrauten »Hello! Fred . . .« begrüßten, was in Europa unvorstellbar wäre. Gewiß, es gab soziale Klassen, aber weniger ausgeprägt. So sah man einige, die noch in der Vergangenheit lebten und bei jedem Wetter Melone und eingerollten Regenschirm trugen, wie ehemals die Bankiers der Londoner City. Aber man betrachtete sie hier als Originale. Das individualistische

Amerika hat eine Schwäche für Originale, worin auch ihre Originalität besteht, und sei es auch, sich zu kleiden und die Schultern zu bewegen wie Humphrey Bogart, der auch in der Stadt die Haltungen und die Art der Gangster beibehielt, die er auf der Leinwand spielte.

Marc betrieb immer noch mit Begeisterung alle Sportarten, und öfter denn je begleiteten wir ihn, vor allem wenn seine Schule auf eine andere Mannschaft traf.

Ich hätte ihn auch gerne begleitet und bewundert, wenn er, immer mit seiner Klasse, im Smoking an den Tanzabenden in einem Institut für junge Mädchen teilnahm.

Ich machte die Bekanntschaft einer seiner Lehrer in amerikanischer Geschichte, wenn ich mich nicht irre, und wir schlossen Freundschaft. Er bewohnte mit seiner Frau eine gemütliche Villa in der Nähe des Campus'. Er war ein typisch amerikanischer Lehrer, wie er in den Filmen dargestellt wurde. Immer in Tweed gekleidet, seine Ärmel an den Ellbogen mit von den Jahren blankem Leder verstärkt. Braune Härchen wuchsen ihm aus der Nase und den Ohren, und seine buschigen Augenbrauen teilten sein Gesicht in zwei Hälften.

Wie viele Hochschullehrer war auch er *coach*, das heißt Sporttrainer, und sein Spezialgebiet war Baseball, wo Marc sich ganz besonders hervortat.

Wir luden ihn mit seiner Frau ein, und sie luden uns ihrerseits ein. Sie hatten keine Kinder und bedauerten es. Nach dem Abendessen ließen wir die Frauen alleine, und er nahm mich mit in seinen *den*, ein schwer zu übersetzendes Wort. Es ist kein Arbeitszimmer, auch kein Rauchsalon. Es ist ein kleines Zimmer, das der Mann für sich hat, wo er König ist, wo er sich einschließen und sich seinem »Hobby«, einem anderen unübersetzbaren Wort, widmen kann. Seiner Manie? Seiner persönlichen Aktivität, manchmal seinen Kinderträumen?

Es gab welche, die in ihrem *den* alleine mit Wurfpfeilen spielten, andere, ich habe welche davon gekannt, die mit bunten Vogelfedern die künstlichen Fliegen bastelten, die sorgfältig in samtgefütterte Schachteln gelegt und beim Flugangeln verwendet wurden.

Das Hobby unseres Freundes war die Herstellung von Pfeifen, mit Hilfe einer Drehbank, die er mir stolz zeigte.

Bald darauf kam ein anderer Lehrer, dieser in englischer Literatur, um mich fast drei Stunden lang zu interviewen, wobei er meine Worte auf Tonband aufnahm. Das Interview war für eine Monatszeitschrift bestimmt, die vor allem in Kreisen, wo man als Literaturkenner gelten wollte, gelesen wurde.

Dann entspannten wir uns, die Pfeife im Mund, und er erzählte mir seine Geschichte. Er war Professor in Harvard gewesen, als der Rektor des M.I.T. ihn zu seiner großen Überraschung um eine Unterredung bat. M.I.T., ganz in der Nähe von Harvard, war die Wiege der fortschrittlichsten Technologie und, ebenso berühmt wie die Nachbaruniversität, in der ganzen Welt bekannt für seine Entdeckungen auf den abstraktesten Gebieten, der Hohen Mathematik, der Physik, der Mikroelektronik, was weiß ich? Die Unterredung der beiden Männer aus so unterschiedlichen, wenn nicht gegensätzlichen Disziplinen, war nützlich gewesen, vor allem für mich.

»Sicher«, hatte der Rektor des M.I.T. belustigt gesagt, »wir lehren hier weder die Schönen Künste noch die Literatur noch irgend etwas, was aus den sogenannten exakten Wissenschaften hervorgeht, nicht einmal Wirtschafts- und Sozialwissenschaften.

Nun, was geschieht mit unseren ehemaligen Studenten? So um die vierzig Jahre erreichen sie im allgemeinen den Gipfel ihrer Karriere, und dann haben sie mehr Freizeit.

Es stellt sich ihnen ein Problem: Wie kann man seine Freizeit nutzen? Sie sind auf nichts, was nicht in ihre Disziplin fällt, vorbereitet, nicht einmal auf den Sport. Die Kunst hat sie nie interessiert, auch keine nichtwissenschaftlichen Bücher.

Wissen Sie, womit die meisten unter ihnen die Stunden ihrer Freiheit verbringen? Sich zu mehreren zu treffen, über den Beruf zu reden und ... zu trinken, leider sehr viel zu trinken.

Ich habe Sie also zu mir gebeten, um einen Versuch zu wagen: sie Literatur zu lehren, damit sie Gefallen daran finden, was sie zwar erst im reifen Alter befriedigen können, das ihnen aber dann eine große Hilfe sein kann ...

Ich biete Ihnen das Doppelte dessen an, was Sie in Harvard verdienen. Vielleicht werden Sie nur zehn, zwanzig Schüler haben, denn meine Studenten sind bereits überbeansprucht. Ich träume davon, daß Sie in zwei oder drei Jahren hundert haben werden ...«

Das Experiment hatte stattgefunden, denn mein Interviewer hatte diese Herausforderung angenommen. Tatsächlich hatte er im ersten Jahr nur zwanzig Schüler unterrichtet. Im dritten hatte er fast vierhundert gehabt, und man hatte für ihn einen größeren Hörsaal finden müssen.

Auch das war Amerika, das Amerika, das ich jedes Jahr mehr liebte, obwohl ich gleichzeitig beklagte, daß der Wert eines Menschen dort in Dollars gemessen wurde. Aber ist es anderswo nicht genauso?

Dieses Problem betrübte mich hin und wieder.

Mein wahres Leben, meine Kinder, kreiste um euch, vor allem um dich, Marie-Jo, denn du warst in dem Alter, wo du dich am schnellsten entwickeltest, während deine Brüder eine wichtige Grenze überschritten hatten.

Ich hatte mich nicht getäuscht, als ich gefühlt hatte, daß du als Baby hungrig nach Liebe und Zärtlichkeit gewesen warst. Es war bei dir genauso instinktiv wie bei den Tieren, die der Natur näherstehen als wir. Wenn eine neue Person in unser Haus trat, folgtest du ihr wie ein Hund, hätte ich beinahe gesagt. Du schnuppertest nicht, sicher, aber du sahst ihn mit deinen lange unentschiedenen Augen an. Und dann, wenn du für den Neuankömmling eine wirkliche Sympathie entdecktest, wurden deine Augen sanfter, dein Mund entspannte sich in einem noch schüchternen Lächeln.

Die Tiere irren sich selten. Dein Instinkt erschien mir ebenso sicher, und ich neigte dazu, denen zu mißtrauen, denen gegenüber dein Gesicht hart oder ausdruckslos blieb.

Du warst zart und akzeptiertest um dich herum nur Zartes. Muß Zärtlichkeit nicht auf Gegenseitigkeit beruhen? Waren es nicht diese Zärtlichkeit und das Bedürfnis nach Gegenleistung, was dich verwundbar machte?

Ich überwachte dich buchstäblich, so als fürchtete ich, daß ein gleichgültiger Mensch dir hätte weh tun können, ohne es zu wissen. Und dennoch strahltest du, mit deinen Haaren, die die Sonne widerspiegelten, deinem länglichen Gesicht und deinem so geschmeidigen und dennoch kräftigen Körper!

Bald gingen wir Hand in Hand spazieren, und es rührte mich immer, deine kleine Hand sich in meine schmiegen zu spüren.

Ich hatte deine beiden Brüder mit ebensoviel leidenschaftlicher Neugier beobachtet. Du aber warst ein kleines weibliches Wesen, eine zukünftige Frau, und ich wollte dich so sehr beschützen!

Es war das erste Mal in meinem Leben, daß ich das Erblühen eines kleinen Mädchens miterlebte. Als Kind hatte ich meine kleinen Freunde beneidet, die das Glück gehabt hatten, eine Schwester zu haben.

Ich behandelte dich nicht wie eine Puppe, aber ich wollte, daß du hübsch aussahst und zufrieden, es zu sein, und von jeder unserer Reisen nach New York oder anderswohin brachte ich dir ein geblümtes Kleid mit, ein Kinkerlitzchen, das ich unbedingt suchte, indem ich von Geschäft zu Geschäft lief.

Du warst ein kleines Mädchen, Marie-Jo, und ich hatte den Eindruck, daß du stolz darauf warst, gleichzeitig aber Angst vor deiner Weiblichkeit hattest.

Der Frühling verging voller Freude, und das Leben von mir und deiner Mutter kannte weder Schatten noch Reibereien. Sie war glücklich in ihrem Büro, glücklich auch, wenn sie morgens mit einer silbernen Gartenschere Blumen schnitt und sie in einen flachen Korb aus glänzenden Weidenruten legte. Dieses Bild erscheint vielleicht konventionell und überholt, es paßte aber zu dem Rahmen, zu den Narzissen, die auf den

Rasenflächen wuchsen, dann zu den Iris, den Pfingstrosen und so vielen anderen Blumen, deren Namen ich nicht kannte und die unter unseren Fenstern wuchsen.

Du wohntest einem Ereignis bei, das in der Natur beinahe feierlich ist. Wir kannten das Loch in einem Abhang, wo ein riesiges Murmeltier überwinterte. Eines Morgens, als wir Hand in Hand spazierengingen, streckte es den Kopf heraus, fand die Sonne warm genug und kam, trotz unserer Anwesenheit, mit dem ganzen Körper hervor, wobei es uns mit seinen großen Augen ansah.

Du hattest keine Angst vor Tieren, nicht einmal vor dem majestätischen Biber, der sich unter den Fenstern deines Kinderzimmers in der Sonne wärmte. Du hattest eigentlich vor nichts Angst, außer vor Menschen, bei denen du eine gewisse Reserviertheit oder die Spur einer Feindschaft erahntest.

Unser Freund, der Baseball-*Coach*, bekam dein Lächeln, trotz der dichten Härchen, die ihm aus der Nase und den Ohren wuchsen, seiner dichten Augenbrauen, seiner behaarten Hände, was in diesem Land ein Zeichen von Männlichkeit ist.

Ich bemühte mich, anhand geheimnisvoller Zeichen das große Mädchen zu entdecken, dann das erwachsene Mädchen, die Frau, die du eines Tages sein würdest und die, so hoffte ich, in voller Harmonie mit der Welt und der Natur leben würde.

Ich hatte es mir für deine Brüder erträumt. Marc war eine Art potentieller Dichter, und alles, was lebte, war ihm vertraut. Unser kleiner Rohling Johnny würde sich zu behaupten wissen, und ich mochte seine plötzlichen Bewegungen voll heftiger Zuneigung.

Wie im Jahr zuvor verbrachten wir unsere Ferien in Edgartown, wo wir unsere Freunde der Grace Line wiedertrafen, die uns im Winter besucht und uns in ihrem Haus in der Nähe von Sharon empfangen hatten.

Du reistest nicht mehr auf dem Schoß deiner Mutter oder deines Kindermädchens, das uns begleitete. Du saßest auf einem Sitz, der zwischen D. und mir festgemacht war, von wo aus du die Landschaft vorüberziehen sahst.

Ich hielt dich mit deinen anderthalb Jahren an der Hand und ging mit dir zu dem Drugstore, wohin Johnny uns vorgelaufen war, und ohne zu fragen, denn man kannte dich dort bereits, reichte man dir zwei Hörnchen anstatt einem – ohne *ice-cream*.

Das Meerwasser war für dich ein natürliches Element, und du blinzeltest kaum, wenn eine kleine Welle dir ins Gesicht spritzte.

Vom Herbst an bekam die monatliche Woche für deine Mutter und mich ihr Recht. Sie war nicht mehr nur mit Besuchen der Cabarets und

Nachtlokale, die gerade in Mode waren, ausgefüllt. Häufig sahen wir unseren Verleger. Wir hatten noch einen dazubekommen, der, auf Universitätsbücher spezialisiert, eine Sammlung meiner Novellen unter dem Titel *Tournants dangereux* herausbrachte. Es war ein dicker Band, der von vielen Universitäten angeschafft wurde und jahrelang im Programm blieb.

Warum *Tournants dangereux?* Weil in vielen meiner Romane die Personen, eine Familie, ein Paar oder einzelne Personen, sich plötzlich einem Ereignis gegenübersehen, das ihr Schicksal verändert.

Hatte ich Maigret nicht von einem Beruf träumen lassen, den es leider nicht gibt, dem eines »Wiederaufrichters des Schicksals«?

Das war auch ein wenig mein Traum. Ich litt zu sehen, wenn das Leben eines oder mehrerer Menschen plötzlich eine »gefährliche Wendung« nahm, als hätte ein Stein sie in dem Augenblick stolpern lassen, wo sie am wenigsten darauf gefaßt waren. Ich hatte auf diese Weise so viele Leben untergehen sehen, wie unter dem Schlag einer unerklärlichen Verwünschung.

Wir waren in Edgartown, wo die Sonne das Meer funkeln und die Segel der Schiffe weiß leuchten ließ.

Ich liebte dein von der Gischt bespritztes Gesicht. Ich liebte zu sehen, wie du deine *ice-cream-cones* ohne *ice-cream* knabbertest. Ich liebte es, Johnny mit den Augen zu folgen, der sich in ein Meer vorwagte, das ihn mißtrauisch machte, und er wollte nur vollständig angezogen hineingehen, so daß wir gezwungen waren, Kleider zum Wechseln mitzunehmen.

Beinahe jeden Abend, wenn ihr eingeschlafen wart, gingen wir in das so gemütliche Haus unserer Freunde.

Noch eine Besonderheit, die mich in Amerika bezauberte. Das Hausinnere der Klein- und Großbürger, ja sogar der wirklichen Reichen, hatte nichts Angeberisches, und jeder achtete vor allem auf Heiterkeit und Komfort.

Die Sessel, mit buntgeblümtem Chintz bezogen, regten zu guter Laune an, und ihre weichen Polster schufen intime Vertrautheit. Keine düsteren Holzvertäfelungen, sehr wenig Leder, außer farbigem Leder, dicke Teppiche, die das Geräusch der Schritte dämpften.

Auch keine ernsthaften Diskussionen. Man sprach nicht über Politik, und man gestaltete die Welt nicht neu. Man schnitt auch keine mehr oder weniger beängstigenden Themen an, was ein Mangel an Höflichkeit gewesen wäre. Man plauderte. Über alles und nichts. Über Regatten vom Vortag oder vom nächsten Tag, über Verschönerungen für die Einrichtungen des Yacht-Clubs, über Sport oder Gartenpflege, und nirgendwo habe ich so viele Küchenrezepte austauschen gehört.

Ein paar Meilen von Lakeville entfernt gab es, beinahe verloren in der Natur, eine Buchhandlung von einem eingebürgerten Ungarn. Man fand dort Bücher auf spanisch, italienisch, französisch. Mit größtem Stolz aber zeigte mir der Buchhändler ganze Regale von Kochbüchern. Ich habe nirgendwo eine so vielfältige Sammlung gesehen. Die Bücher über Weine waren nicht weniger reichhaltig, und ich zählte verblüfft nicht weniger als zweiundzwanzig Bücher, die sich dem Kognak widmeten.

Der aus Ungarn stammende Buchhändler schien wohlhabend zu sein. Also mußte man annehmen, daß diese so speziellen Werke zu verkaufen waren. Kann man sich solch eine Buchhandlung in Rambouillet, in Arles, ja sogar in Lyon oder in Bordeaux vorstellen?

Wie weit entfernt waren wir von den Vereinigten Staaten, wie man sie sich in Europa vorstellt!

Wir waren wieder zu Hause, und deine Haut, Marie-Jo, war brauner als im Jahr zuvor, und Johnnys ließ ihn wie einen Mulatten aussehen. Marc war nicht weniger gebräunt, als er aus Nantuckett wiederkam, wo er einen Teil seiner Ferien mit seiner Mutter verbracht hatte.

Tigy war beim ersten Schneefall nicht in der Lage, ihr kleines Auto zu beherrschen, das eine steile Böschung hinunterfiel und auf dem Dach landete. Zum Glück hatte der dicke Schnee den Stoß abgefangen, so daß Tigy nicht verletzt war, kaum ein wenig beeindruckt, aber nach zwei Tagen Reparatur war sie unsicherer denn je am Steuer.

Sie hatte zu spät Autofahren gelernt, hoch in den Vierzigern, und jetzt, mit vierundfünfzig Jahren, würde sie nie mehr Vertrauen in eine technische Maschine haben, was sie nicht daran hinderte, bis zu dem Tag das Steuer zu ergreifen, wo ich diese Seiten schreibe, also noch mit achtzig Jahren. Ich erkenne darin den unerschütterlichen Willen der Frau wieder, mit der ich zwanzig Jahre meines Lebens teilte und für die ich eine liebevolle Freundschaft bewahrte.

Ich besuchte sie von Zeit zu Zeit. Sie hatte sich an das Land gewöhnt, an das Häuschen, das ein alter Tscheche eigenhändig gebaut hatte, mitten in einem Garten. Auch sie pflückte morgens einige Blumen, aber sie mußte nicht mehr, wie in La Richardière, Hunderte von allem möglichen Geflügel füttern, nicht mitgerechnet unsere Wölfe, die wir aus Kleinasien mitgebracht hatten, unsere Fasane, unseren Mangusten, was weiß ich noch alles?

Weihnachten, ebenso vergnügt wie unsere anderen Weihnachtsfeste in unserem warmen, mit Lichtgirlanden geschmückten Haus in Lakeville. Neujahr.

Meine Abende verbrachte ich meistens damit, in meinem Schaukelstuhl fernzusehen. Alles begeisterte mich sehr, weil alles mich mehr ins amerikanische Leben eindringen ließ. Manchmal folgte ich aufmerksam den *soap-operas,* wörtlich übersetzt den »Seifenopern«, Sendungen, die von den großen Waschmittelfirmen bezahlt wurden und für die Hausfrauen bestimmt waren. Es waren lange, sentimentale Fernsehserien mit vielen Folgen, und einige dauerten schon zehn oder fünfzehn Jahre. Das Kind, das man einst in einem Elendsquartier gesehen hatte, war eine elegante junge Frau geworden, dann ein Filmstar, dem schmerzhafte Schicksalsschläge nicht erspart geblieben waren, schließlich eine desillusionierte alte Frau. Das erinnerte mich an meine Groschenromane von früher, nur länger, die es ebenfalls auf Tränen abgesehen hatten. Noch eine andere Seite von Amerika. Ich hatte den Eindruck, mit den zwölf Kanälen, die ich in Lakeville empfangen konnte, eine Entdeckung nach der anderen zu machen.

Im Januar schrieb ich *Maigret et le corps sans tête*.

Unsere Holzschienen lagen wieder auf dem Weg, und jetzt war es Marc, der im Lieferwagen das Holz aus der Hütte mit dem Ahornsirup holte, wo trockenes Holz für noch viele Jahre aufgestapelt war. Trotz seines Alters durfte er ohne Führerschein innerhalb unseres Grundstücks fahren, und er ließ es sich nicht entgehen. Er war es auch, der die Fliegengitter durch die doppelten Scheiben ersetzte, und er teilte mir mit, daß unser an den Hang gebautes Haus nicht weniger als zweiundfünfzig Fenster und Glastüren besaß.

Hamish Hamilton, mein englischer Verleger, stattete uns für einige Tage einen Besuch ab, und ich beobachtete ihn, wie er den Weg heraufkam, in einem dunklen, taillierten Mantel, einen schwarzen, seidengefaßten Homburg auf dem Kopf, so als ginge er auf den Straßen Londons spazieren.

Wir verbrachten drei sehr angenehme Tage miteinander, und er wohnte oben in dem »Zimmer für die Mütter«, das ihn, mit seinen geblümten Tapeten und Vorhängen, an das englische Landleben erinnerte.

Drei schöne Tage im Zeichen der Freundschaft. Wenn ich beschäftigt war, ging er im Haus oder draußen umher, immer ein Buch in der Hand. Das verwirrte Marc, und er fragte ihn:

»Wie kommt es, daß Sie immer dasselbe Buch lesen?«

»Das ist Shakespeare.«

»Wer?«

»Einer der größten Dichter der Welt.«

»Größer als mein Vater?«

Der gute Marc schien enttäuscht.

»Er ist schon lange tot«, antwortete Hamish ihm freundlich.

Dann die unerwartete Frage von Marc, die meinem Freund die Sprache verschlug:

»Who shot him?«

Wer hat ihn getötet? *Shoot* bedeutet genau »mit einem Revolver töten«. Das war so typisch amerikanisch, daß es auch mir den Atem verschlug.

Dieser Marc hatte mir, versessen aufs Fernsehen, zwei Jahre vorher gesagt:

»Die Filmschauspieler müssen wohl sehr gut bezahlt werden.«

Ihn begeisterten vor allem Western.

»Warum?«

»Weil sie zum Schluß immer getötet werden . . .«

Eines Abends, als Hamish und ich alleine in der Bibliothek waren, stellte mir mein Verleger eine unerwartete Frage:

»Welchen Grund haben Sie, Georges, in Amerika zu bleiben?«

Ich suchte. Ich sprach von meiner kleinen Brut, die so harmonisch in diesem Klima gedieh . . . Da ich merkte, daß ich ihn nicht überzeugte, fand ich andere Gründe, die Schulen, die Freunde, der Respekt vor dem Individuum.

»Das gibt es in England seit Jahrhunderten.«

Ich fand zehn, zwanzig Gründe, die ich für gut hielt, die ihn aber nicht zufriedenstellten. Er verließ uns ungern am nächsten Morgen, und ich brachte ihn an den kleinen Bahnhof nach Millerton.

Der Tag verging ähnlich wie die anderen. Um zehn Uhr aufs Postamt. Die Zeitungen bei Hugo, die Schallplatten, zu fünfundzwanzig Cents für Kinder. Die goldgelbe Siesta in dem *bow-window* meines Arbeitszimmers.

Am Abend saß ich alleine vor dem Fernseher, während D. wie gewöhnlich unten war.

Als sie gegen zehn Uhr nach oben kam, fragte ich sie so nebenbei:

»Wie lange würdest du brauchen, um die Koffer zu packen?«

»Das hängt von der Reise ab. Wohin willst du fahren?«

»Weit weg. Mit den Kindern.«

Sie sah mich erstaunt an.

»Für lange?«

Ich wagte nicht zu sagen:

»Für immer.«

Ich wußte es selbst nicht, und mir war nicht klar, was in mir vor sich gegangen war, auch nicht, seit wann dieser Gedanke in mir keimte.

»Für lange . . . Jahre . . .«

»Und Boule?«

»Wir nehmen sie mit.«

»Wohin, Jo?«

»Nach Europa.«

»Nach Frankreich?«

»Nicht unbedingt. Wir werden uns vorübergehend dort niederlassen, an der Côte d'Azur zum Beispiel, wo man so viele möblierte Villen zu mieten findet, wie man will . . . Und ausgezeichnete Ärzte . . .«

Ich dachte immer an Ärzte, wegen der Kinder.

»Und danach?«

»Wir werden sehen . . . Holland, Italien, England, wo das Land wunderbar ist . . . Ich weiß es nicht . . .«

»Und unser Haus?«

»Wir behalten es.«

»Warum?«

»Weil wir hier glücklich waren, die Kinder und wir, und weil später vielleicht . . .«

Wir waren beide tiefgerührt, und sie warf sich schluchzend in meine Arme.

»Bist du traurig?«

»Das ist aus Freude!«

Es war mehrmals in meinem Leben vorgekommen, daß ich mich plötzlich fremd fühlte in dem Rahmen, der mich umgab.

»Wann willst du abfahren?«

»Frag morgen deine Sekretärin nach den Abfahrtsdaten der nächsten Schiffe.«

»Ein französisches Schiff?«

Sie war sehr aufgeregt.

»All diese Bücher . . .«

»Wir schicken sie durch Eilgutverkehr.«

»Die Möbel . . .«

»Die bleiben hier.«

»Mußt du nicht mit Tigy darüber reden?«

»Sobald ich weiß, wann wir ein angenehmes Schiff haben werden. Erzähle den Kindern noch nichts.«

Ich war auf ihre Freude gefaßt gewesen, denn Europa spukte ihr im Kopf herum, vor allem seit unserer Reise nach Frankreich, Italien und Belgien. An diesem Abend war sie so heftig in der Liebe, wie sie es lange nicht mehr gewesen war, und sie sagte ganz leise zu mir:

»Danke, Jo.«

Ich kaufte ein neues Auto, einen riesigen Kombiwagen, in dem acht Personen und das Gepäck Platz fanden. Ich wußte, daß ich nichts Vergleichbares in Europa finden würde. Es war ein Dodge, der seit kurzem von Chrysler gebaut wurde, weiß, was mir gefiel.

Die »Ile-de-France«, die D. schon kannte, würde den Hafen von New York am 19. März verlassen.

Nach dem ersten Schrecken, den meine Entscheidung hervorgerufen hatte, zeigte Tigy sich ebenfalls froh, denn sie hatte sich nie wirklich in das amerikanische Leben eingegliedert.

»Du wirst Marc mitnehmen. Ich bleibe hier, bis du dich niedergelassen hast. Ich habe viel zu tun vor der Abreise.«

Und Marc sagte wie ein kleiner Amerikaner zu mir:

»Erlaubst du mir, während der Ferien in einem Hotel oder an einem Strand zu arbeiten?«

Ich versprach es ihm. Es gefiel ihm nicht schlecht, der strengen Disziplin von Hotchkiss zu entkommen.

Johnny hatte eine wunderschöne Erinnerung an Frankreich und an seine Spazierfahrten mit Fernand-Voiture zurückbehalten.

Du dagegen, mein kleines Mädchen, versuchtest nicht, das zu verstehen. Wenn wir nur alle zusammenblieben . . .

Du warst zwei Jahre alt und machtest dich auf englisch verständlich. Johnny war fast sechs Jahre alt. Marc war sechzehn, D. fünfunddreißig, und am 13. Februar feierten wir meinen zweiundfünfzigsten Geburtstag.

Die Wartezeit erschien mir lang. Ich sah nicht gerne, wie sich die Regale der Bibliothek, meine Schubladen, die Schränke leerten und die Schrankkoffer und Kasten vor uns in einem riesigen Lastwagen abfuhren.

Warum wegfahren?

Ich wußte es nicht.

Wohin?

Ich wußte es nicht.

Man mußte glauben, daß ich schicksalhaft immer auf der Suche nach irgend etwas war.

Aber wonach?

Am 19. März 1955 verließen wir Lakeville in den frühen Morgenstunden, und ich wagte nicht, zurückzuschauen. Der große Dodge rollte die vertrauten Straßen entlang, dann die Autobahn, und am Nachmittag gingen wir über die Gangway der »Ile-de-France«.

Die Sonne lächelte uns zu, und ich drückte ganz fest deine kleine Hand, Marie-Jo chérie.

Ich habe nie wieder meinen Fuß in unser Haus in Nieul gesetzt. Auch Shadow Rock Farm, das wir soeben verlassen hatten, würde ich nicht mehr wiedersehen.

48

Meine Kinder, wieder einmal war ich zwischen zwei Kontinenten auf dem Meer, wie ich es so oft war, daß ich manchmal die Passagierdampfer der French Line, wie damals die Compagnie Française Transatlantique genannt wurde, mit denen der Cunard, der Grace Line, den Linien des Pazifiks und Südamerikas verwechsele.

Ich weiß, daß ich diesmal an Bord der »Ile-de-France« war, die den Hafen von New York am 19. März 1955 verließ, und das erinnerte mich an eine andere Überfahrt, die ich gemacht hatte, ich hätte beinahe gesagt unschuldig, was das richtige Wort dafür ist, zehn Jahre zuvor, als der Krieg kaum beendet gewesen war, an Bord eines schwedischen Frachters, der uns in die Vereinigten Staaten hatte bringen sollen.

Damals waren wir zu dritt gewesen, ich müßte eigentlich sagen zu viert, weil unsere treue Boule uns ja folgen sollte. Du warst dabeigewesen, mein lieber Marc, kaum sechs Jahre alt. Tigy, deine Mutter, begleitete uns. Wir hatten uns zwei Jahre zuvor unsere Freiheit zurückgegeben, aber ich hatte nicht geglaubt, daß sich unser Leben dadurch sehr ändern sollte, denn eine freundschaftliche, liebevolle Beziehung verband mich mit ihr, die mehr als zwanzig Jahre meines Lebens geteilt hatte.

Waren wir für ein paar Jahre oder für immer weggegangen? Ich hatte mir diese Frage nicht gestellt. Ich wünschte vor allem, daß du wie die amerikanischen *boys* von damals erzogen werden würdest, daß du letztlich, wie ich es bereits gesagt zu haben glaube, einen Fuß auf jedem Kontinent haben würdest.

Ich würde Abenteuer mit Frauen haben, sicher, ich würde viele Frauen kennenlernen, denn ich hungerte immer nach diesen Kontakten, und es würde ganz offen vor sich gehen, ohne Täuschungsmanöver, ohne daß das die kleine menschliche Gemeinschaft, die wir vier bildeten, bedrohen oder zerstören würde.

Zehn Jahre später vergrößerte sich dieser kleine Stamm durch eine zufällige Begegnung, die kaum einen Monat nach unserer Landung stattgefunden hatte.

Jetzt überquerten wir nicht mehr zu viert den Atlantik, in entgegengesetzter Richtung, sondern wir waren sieben, denn ich hatte D. geheiratet, von der ich zwei Kinder hatte, Johnny und Marie-Jo, bis Pierre sich zu euch dreien gesellen sollte.

Man hat mir oft eine Frage gestellt, auf die ich, je nach der Laune des Augenblicks, unentschieden geantwortet habe, und heute empfinde ich das Bedürfnis, sie mir aufs neue zu stellen, denn mein ganzes Leben wurde von dem Sinn für Verantwortung beherrscht.

Das stimmt in dem Maße, daß ich noch 1980, während ich diese Zeilen schreibe, mit Tigy, die ich vor sechzig Jahren getroffen habe, in Verbindung stehe und daß ich ihr immer noch liebevoll nach Nieul-sur-Mer schreibe, zu dem kleinen Traumhaus, das für dich und meine weiteren Kinder eingerichtet wurde und wo ich sie glücklich weiß.

Warum hatte ich beschlossen, ein Amerika zu verlassen, in dessen Landschaften ich aufgegangen war, ebenso wie in dessen Bevölkerung, die mich ihrerseits als einen der Ihren aufgenommen hatte?

Warum wieder von einem Kontinent zum anderen wechseln, von einer Kultur zu einer anderen, wo ich doch in unserem Haus in Lakeville glücklich gewesen war, ebenso wie ihr, meine Kinder?

Als wir uns einschifften, warst du sechzehn, mein sanfter Marc, du, stürmischer Johnny, sechs und du, meine kleine Marie-Jo, erst zwei Jahre alt.

Gewiß, Tigy hatte sich nicht sehr gut an unser neues Land gewöhnt, dessen Sprache ihr teilweise fremd geblieben war. Du, Marc, hattest mir nur eine Bedingung gestellt:

»Ich will gerne nach Europa zurückkehren, wenn du mir erlaubst, in den Ferien dort zu arbeiten.«

Du, Johnny, akzeptiertest das Abenteuer, wie du es akzeptiert hättest, nach Rußland oder Japan zu gehen. Vielleicht ein Schatten jedoch auf deinem Gesicht: du würdest dich auf französisch verständlich machen müssen, während du zu Hause darauf bestanden hattest, wie in der Schule und mit deinen Freunden englisch zu sprechen.

Was dich betraf, Marie-Jo, wie Johnny von amerikanischen Kindermädchen aufgezogen, so kanntest du kaum ein paar Wörter Französisch.

Boule schließlich, die Treueste der Treuen – noch heute! –, sie wäre mir überallhin gefolgt.

Warum diese plötzliche Abreise? Heimweh nach Frankreich? Nein. Ich antworte offen mit nein. Übrigens wußte ich noch nicht, in welchem Land Europas ich mich mit meiner Familie niederlassen würde.

Ich erinnere mich an eine der ersten Geschichten, die ich bei den Patern der kirchlichen Schulen gehört habe: die Geschichte von dem Wassertropfen. Oder vielmehr von den Wassertropfen, die nacheinander langsam auf einen harten Stein fallen und ihn schließlich aushöhlen.

Wie die meisten Kanadierinnen mit französischer Muttersprache war D. im Geiste Frankreichs erzogen worden, und sie träumte von frühester Jugend an, dorthin zu kommen. Hatte unsere Reise von 1952, auf der sie Freunden begegnet war, denen sich zu nähern sie niemals gehofft hatte, Schriftstellern, Regisseuren, Schauspielern, Berühmtheiten aller Art, hatte diese Reise sie nicht berauscht?

Gewiß, sie hatte nach einer turbulenten Zeit das friedliche Leben auf unserem Anwesen in Connecticut akzeptiert, aber hatte mir unser guter Doktor Weiller nicht, taktvoll wie er war, geraten:

»Wenigstens acht Tage pro Monat fahren Sie mit ihr nach New York, nach Boston, in irgendeine große Stadt.«

»Mit den Kindern?«

Ich war noch naiv gewesen.

»Vor allem ohne die Kinder!«

Und es waren damals lange Wochen hemmungslosen, vor allem nächtlichen Lebens gewesen, in den angesehensten Grandhotels, in den Restaurants und den Nachtclubs, die gerade in Mode waren.

Ich wußte seit unserer ersten Begegnung, daß ihr Gleichgewicht labil war. Hatte sie mir nicht anvertraut, daß sie mehrere Wochen zuvor beschlossen hatte, Selbstmord zu machen, mit fünfundzwanzig Jahren, und alles vorbereitet hatte, um diesen Plan zu verwirklichen?

Monate, Jahre blinder Leidenschaft, Hochs und Tiefs, Schluchzen und Beleidigungen, die ich durchstand in der Hoffnung, sie eines Tages beruhigt, ganz einfach als Frau zu sehen.

Ich urteile nicht. Ich versuche zu verstehen. Ich unterhielt eine ständige Korrespondenz mit mehr oder weniger berühmten Freunden aus Paris, denen sie während unserer Reise begegnet war. Da strahlten ihre Augen. Dann kam ein Wort, eine Anspielung, ein sehnsuchtsvoller Seufzer.

Der Wassertropfen, die Wassertropfen fielen nacheinander.

Sie hielt sich geschaffen für ein glänzendes Leben. Ich nahm sie mit nach New York, gewiß, jede vierte Woche, aber für sie hatte das nicht die Erregung von Paris, das sie nur flüchtig gesehen hatte.

Sogar die Reise nach London, unsere große Suite im Savoy, wo ich ein alter Stammgast war, unsere Diners mit weltweit bekannten Schriftstellern hatten zu ihrer Sehnsucht beigetragen. Auch Mailand und Rom, wo wir nur durchgereist waren. Europa, alles in allem. Denn in den Vereinigten Staaten sprach man nicht von Engländern, Italienern oder Franzosen: man sagte »Europäer«, und ich gestehe, daß auch mir es in Manhattan passierte, sie durcheinanderzubringen.

Wassertropfen, viele Wassertropfen, unschuldsvoll vielleicht, die nichtsdestoweniger eine tiefe Unzufriedenheit offenbarten . . .

Die Hoffnung, D. endlich glücklich und freudestrahlend zu sehen, war es nicht diese Hoffnung gewesen, wegen der ich eines schönen Abends, als ich vor dem Fernseher saß, beschlossen hatte, nach Europa zurückzukehren?

Ich behaupte es nicht. Es ist nicht sicher. Jedenfalls waren wir hier an Bord der »Ile-de-France« und fuhren in Richtung Le Havre. Für D. war das schon ein wenig Paris: glänzende Abendgesellschaften, der Tisch des

Kapitäns, fast tägliche Cocktails, Bälle und Plaudereien bis zum frühen Morgen mit wichtigen Leuten.

Beinahe jedoch wären wir nicht losgefahren. Zehn oder zwölf Tage vor der Abfahrt hatte Johnny die Masern bekommen, und sein Gesicht hatte sich mit Punkten bedeckt. Kurz vor dem Tag, der für das Auslaufen des Schiffes festgesetzt worden war, hatte Marie-Jo die Stigmen getragen.

Würde man uns mit zwei Kindern an Bord lassen, die eine ansteckende Krankheit hatten? An Bord eines amerikanischen oder englischen Schiffes wäre das unmöglich gewesen. In dem Gedränge waren Johnny und Marie-Jo jedoch unbemerkt aufs Schiff gekommen, und wir hatten für sie eine große Kabine mit drei Betten reservieren lassen, nicht weit von unserer, und Boule hatte sie gepflegt.

Die Bordkrankenschwester wußte bald Bescheid, denn diese Kinder, die ihre Kabine nicht verließen, erweckten ihre Neugier. Verständnisvoll half sie Boule, die Kinder zu verhätscheln, und Johnny war der erste, der, das Gesicht beinahe ohne Flecken, sich auf das Deck wagte. Ich müßte eigentlich sagen, mein Johnny, daß du Besitz davon ergriffst, denn frühmorgens verfolgtest du mit deinem konzentrierten Blick die Arbeit der Matrosen, und einmal fand ich dich um zehn Uhr morgens alleine an der Bar sitzen, wo du genußvoll eine Coca-Cola mit dem Strohhalm schlürftest.

Es gab wohl ein herrliches Spielzimmer für die Kinder, aber ich konnte euch nicht dort hineinlassen. Trotz unseres heimlichen Einverständnisses wart ihr, vor allem in den ersten Tagen, wie blinde Passagiere.

Ich besuchte euch ich weiß nicht wie oft am Tage, und Boules gute Laune bewahrte euch vor jeder Ungeduld.

In Le Havre wart ihr gesund, oder beinahe. Unser Kombiwagen Dodge, fast ein Minibus, wurde ausgeladen.

Diesmal eine unauffällige Landung, denn ich hatte niemandem meine Ankunft mitgeteilt. Einige Unterhaltungen mit Journalisten der Lokalpresse, die die Schiffsankünfte »machten«.

Kaum zwei Tage in Paris, inkognito, bevor uns der Dodge nach Cannes brachte, wo wir im Hotel Miramar abstiegen, das ich gut kannte. Gleich in der ersten Nacht hörten wir das Weinen eines Babys. Wir wußten nicht, wer unsere Nachbarn waren. Am nächsten Tag sahen wir euch mit zwei Kindern in eurem Alter spielen, unter den Augen ihres Kindermädchens, das mit Boule plauderte.

Es waren die kleinen Chaplins, die Amerika einen oder zwei Tage vor uns verlassen hatten. Ein weiteres Kindermädchen sorgte für das leicht kranke Baby, während Charles und Oona eine Woche bei einem gemeinsamen Freund verbrachten.

Ein Tunnel, der unter der Croisette hindurchging, verband das Hotel mit einem Privatstrand, wo ihr euch von morgens bis abends tummeltet, als wäret ihr alte Freunde.

Marc hatte schon Arbeit am Strand gefunden. Er spannte die Sonnenschirme auf, stellte die bunten Liegestühle auf, er servierte den hübschen Badenden Sprudelwasser oder Cocktails.

Am Strand wurden kleine Segelschiffe vermietet. Die Vorschriften besagten, daß diejenigen, die nicht mit dem Sport vertraut waren, begleitet werden mußten. Und schon stiegst du, mein Marc, dank deiner Erfahrungen in Amerika zum Rang eines Matrosen auf!

Du erzähltest mir bald darauf, daß die Urlauberinnen diese kleinen Segelboote nicht so sehr wegen des Segelns mieteten, sondern mehr, um sich, weitab genug vom Strand, hüllenlos bräunen zu lassen. Du warst hübsch. Du warst sportlich. Häufig endete das Sonnenbad mit angenehmeren Übungen, bei denen du nie deine Mitarbeit verweigertest.

Manchmal sagtest du zu mir, unter guten Freunden, die wir waren:

»Weißt du, eine junge Norwegerin, die ich gestern gesegelt habe, hat viele deiner Bücher gelesen. Sie würde gerne deine Bekanntschaft machen. Es lohnt sich, glaube mir . . .«

Und ich, der Freund aller Stripteasetänzerinnen von Cannes, erwies dir einige Wochen später meinerseits dieselben Dienste.

»Eine hübsche Blonde, sehr gut gebaut (die Stripteasetänzerinnen sind notwendigerweise alle gut gebaut), der ich dein Foto gezeigt habe, wäre entzückt, dich kennenzulernen.«

In der Bar des Miramar sah ich zwei sympathische Herren wieder, die zwei der seltenen gekrönten Häupter Europas waren. Der greise König Gustav von Schweden, lang und dünn, spielte jeden Morgen drei oder vier Stunden Tennis ohne Anzeichen von Erschöpfung. Der jüngere König von Dänemark traf ihn kurz vor Mittag. Und immer trank der eine Carlsberg, der andere Tuborg, jeder das Bier seines Landes, ohne Konkurrenzdenken.

Wir blieben nicht lange im Miramar. Ein Immobilienbüro zeigte uns einige Villen, und wir entschieden uns für la Gatounière in Mogins, von wo man einen atemberaubenden Blick über den alten Teil von Cannes, den Esterel und das Meer hatte. Es war eine weiße Villa im Stile der Provence mit roten Ziegeln und grünen Fensterläden, auf einem pinienbewachsenen Hügel gelegen. Es hatte viele, aber sehr kleine Zimmer.

Wir waren am 26. März in Le Havre angekommen, und schon am 5. April zogen wir in die Gatounière ein.

Andere Zahlen, die Aitken gefunden hat, verblüfften mich.

Im Januar desselben Jahres hatte ich im Frieden der Shadow Rock

Farm *Maigret et le corps sans tête* geschrieben, ohne zu ahnen, daß mein nächster Roman drei Monate später auf derselben Maschine, aber auf einem anderen Kontinent getippt werden würde. Im April nämlich schrieb ich in der Gatounière einen amerikanischen Roman: *La boule noire*.

Die Villa war zu hellhörig, als daß ich dort hätte arbeiten können, und außerdem hatte sie kein Arbeitszimmer. Ich richtete mich in einem kahlen, weißgekalkten Zimmer ein, und jeden Morgen mußte ich die Villa verlassen, um dort hinzugehen. Da es kein Fenster hatte, ließ ich die Tür offenstehen, was mir die Aussicht auf die Bucht bot.

D. war schwanger. Während ich mich in meinen Roman vertieft hatte, bekam sie Schmerzen. Wir erkundigten uns nach dem besten Gynäkologen, und dieser riet ihr, in eine Privatklinik zu gehen, einer bezaubernden Villa im Grünen.

D. hatte den Namen des kommenden Kindes ausgesucht: Patrick, vielleicht weil es in Amerika gezeugt worden war, wo es viele Iren gab. Ich wollte ihr nicht widersprechen.

Ich schlief in der Klinik, die von Ordensschwestern geführt wurde. Früh am Morgen ging ich wieder in die Gatounière, um meinen Roman zu beenden und die Kinder zu begrüßen.

Wir hatten eine sehr junge Italienerin als Zimmermädchen eingestellt, Marioutcha, eine Waise, die bei den Nonnen großgeworden war und ausgezeichnet nähte.

Boule erklärte sich einverstanden, für eine gewisse Zeit ihre Küchenschürze abzulegen und sich nur um Johnny und Marie-Jo zu kümmern. Wir fanden eine Köchin aus der Gegend, und wir mußten uns wohl oder übel an die Küche der Provence gewöhnen.

Ich schreibe all dies ungeordnet auf, aber alles war Unordnung, alles geschah so schnell! Kaum hatten wir uns zum Beispiel in der Gatounière eingerichtet, als uns ein amerikanischer Regisseur bat, zu Ehren seines ebenfalls amerikanischen Stars in unserem Garten einen Empfang zu geben, mit ein paar Persönlichkeiten, die von Kameras verfolgt wurden.

Das geschah kurz bevor D. in die Klinik ging. Und eines Morgens kündigte der Gynäkologe mir an, daß er sie eine Stunde später operieren wolle.

Ich wartete ängstlich und ging im Park auf und ab, bis man mich rufen würde. Als der Arzt endlich erschien, zeigte er mir die starren Teile eines Fötus, der wohl nicht mehr als zehn Zentimeter maß. Alles, was von Patrick blieb, von dem D. von nun an zu Unrecht wie von einem sechs Monate alten Fötus sprechen würde, den sie in ihrem Bauch hatte sich bewegen fühlen.

Sie erzählte Johnny davon, auch Marie-Jo, wie von ihrem so hübschen

Brüderchen, das sie verloren hätten, und die Kinder, vor allem Marie-Jo, waren beeindruckt.

Um D. wieder aufzurichten, nahm ich sie mit nach Paris, diesmal ins George V, wo ich vor dem Krieg gewöhnlich gewesen war. Es war Juni. Ich traf alle meine alten Freunde wieder. Wir gingen viel aus. Wir tranken auch sehr viel, und ich erinnere mich an einen frühen Morgen, als D. und Michel Simon vor den Augen der hochnäsigen Straßenkehrer auf dem Bürgersteig der Champs-Elysées tanzten, wobei sie trällerten: »*La Seine coule, coule, coule . . .*«

Das war D.s Lieblingslied, und wenn wir in ein Cabaret gingen, in Paris wie in Cannes, empfingen die Musiker sie mit dieser damals modernen Melodie.

Ich lese in der Chronologie, die ich mir von Aitken erbeten habe: »Vom 5. bis zum 12. Juli, *Maigret tend un piège.*«

Die Garage von la Gatounière befand sich auf halber Höhe eines ziemlich schmalen Privatweges, wo ich nur mit Mühe wenden konnte. Unten am Hang eine Wiese, die zum Besitz gehörte. Boule saß im Gras, während Johnny und Marie-Jo auf der Wiese und im Pinienwald spielten.

Schon am 26. Juli fuhr ich mit D. weg, nicht nach Paris, sondern auf eine Art Erkundungsfahrt durch die französische Provinz. Wenn wir uns auch in Cannes niedergelassen hatten, so war es doch nur ein vorübergehendes Lager, bis wir irgendwo unser trautes Heim errichten würden, gleich wo, außer an der Côte d'Azur, die nur den Vorteil zahlreicher zu mietender Häuser und den der Anwesenheit ausgezeichneter Ärzte bot, was in meinen Augen sehr wertvoll ist, vor allem für die Kinder.

Tigy hatte sich mit Marc in einem Hotel nahe der Stadt eingemietet, und ich hatte zwei oder drei Lehrer aufgetrieben, vor allem für Französisch und Geschichte, denn da Marc in den Vereinigten Staaten aufgewachsen war, fehlten ihm unverzichtbare Kenntnisse, um in ein französisches Gymnasium zu gehen. Auf einem ganz neuen Motorrad fuhr er von einem Lehrer zum anderen, von Tigy zu uns.

Also, eine Reise durch Frankreich: Marseille, Sète, Bergerac, La Rochelle, Les Sables-d'Olonne, Luçon, Bourges, la Bourgogne, dann Lyon und schließlich Porquerolles, wo ich so lange gelebt hatte.

In unserem monströsen, mit Koffern vollgepackten Dodge, in kleinen Etappen. Für mich war das beinahe eine Wallfahrt, und ich fuhr ergriffen an dem Haus in Nieul vorbei, wo zu der Zeit niemand war.

In Porquerolles traf ich, älter geworden, alle meine Boulefreunde wieder, dazu die Kinder, die ich gekannt hatte und die jetzt junge Leute, wenn nicht sogar schon verheiratet waren.

Nirgendwo machte D. Anstalten, sich niederzulassen, und ich versprach ihr, woanders zu suchen.

Der Polizeichef von Nizza, der mich eines Tages mit meinem riesigen Dodge sah, riet mir, einen kleineren Wagen zu kaufen, ohne den es schwierig werden würde, die Straßen nach Antibes zum Meer zu befahren.

Ich kaufte drei Renaults 4 CV, damals neu auf dem Markt, und auf dem, der für D. bestimmt war, ließ ich alle möglichen Verzierungen anbringen, so daß er vor Chrom strotzte.

Ich hätte beinahe Marie-Jos erste Begegnung mit dem Kinderarzt vergessen, der einer meiner besten Freunde wurde, was er heute noch ist. Er war zu der Zeit Chefarzt der Kinderabteilung des Krankenhauses in Cannes, was ihn nicht daran hinderte, nachmittags seine kleinen Patienten zu empfangen und nachts aufzustehen, um einen Krankenbesuch zu machen, auch zwanzig Kilometer weit von der Stadt entfernt. Er ist der aufopferungsbereiteste und gewissenhafteste Arzt, den ich kennengelernt habe.

Ich sah ihn zum ersten Mal, als Marie-Jo an einer Angina erkrankt war, wie ich mich zu erinnern glaube, und sich noch weigerte, französisch zu sprechen.

Sehr vorsichtig, um sie nicht zu verschüchtern, sagte mein zukünftiger Freund mit liebevoller Stimme zu ihr:

»Nun, kleines Mädchen, zeig mir mal, wo es dir weh tut.«

Ich sehe dich noch vor mir, Marie-Jo, in einem weißen Kleidchen mit blauen Borten. Du sahst mit starrem und fast hartem Blick diesen Mann an, den du noch nie gesehen hattest und der sich zu dir heruntergebeugt hatte, um dich nicht zu sehr zu beeindrucken. Du schwiegst einen Augenblick, dann sagtest du mit einer Geste zur Tür:

»*Go away, you!*«

Wobei du das *you* betontest.

Mein guter Doktor wandte sich mir zu:

»Was sagt sie?«

Ich zögerte einen Moment.

»Sie sagt ... sie sagt .... ›Hau ab, *du!*‹«

Der Arzt errötete, denn er ist ein äußerst empfindlicher Mann. Er ließ sich aber nicht abschrecken. Ich weiß nicht mehr, wie er es anfing, aber zehn Minuten später warst du besänftigt und ließest dir den Hals untersuchen.

Übrigens, oben von der Stützmauer des Grundstückes saht ihr beide, zusammen mit eurer Mutter und mir, die Radfahrer der Tour de France zu euren Füßen vorbeifahren. Noch ein sehr deutliches Bild in meiner Erinnerung.

Wir hatten die beiden Stripteaselokale von Cannes entdeckt, und ich wurde der Freund aller Stripteasetänzerinnen. Eine Wendeltreppe führte in einem der beiden Cabarets in den Zwischenstock, wo sie sich für ihren Auftritt fertig machten.

Sie waren ebenso mit D. befreundet wie mit mir, und zwischen zwei Auftritten kamen sie an unseren Tisch und tranken ein Gläschen. Häufig sagte D. zu mir:

»Gehst du nicht hinauf?«

Ich ging hinauf. Und dort liebte ich bald die eine, bald die andere. Sie erzählten mir ihr Leben, luden mich zu sich in ihre möblierten Wohnungen ein, und ich spielte mit dem Baby von einer von ihnen.

Sie waren nicht verpflichtet, den Wünschen der Gäste des Cabarets nachzukommen. Eine von ihnen hatte die *Licence ès lettres.* Eine andere kochte mir ein ausgezeichnetes russisches Diner, denn sie war Russin, und bat mich höflich, mich mit ein paar Vertraulichkeiten zu begnügen.

D. begleitete mich immer, sowohl in das eine Cabaret als auch in das andere.

»Warum wendest du dich nicht an die da?«

Ich verkehrte in einer sehr eleganten Wohnung der Stadt, wo man ein Rendezvous mit liebenswürdigen Begleiterinnen bekommen konnte. Manchmal erhielt ich, ohne abzuwarten, bis eins der beiden Cabarets schloß, vom Patron die Erlaubnis, eine der Tänzerinnen mitzunehmen, unter der Bedingung, daß ich sie rechtzeitig zu ihrem nächsten Auftritt auf der Bühne zurückbrachte. All das war einfach und entspannt, formlos, und ich behielt an diese Frauen eine freundschaftliche und oft zärtliche Erinnerung.

Mein Freund Clouzot, der eigentliche Regisseur des Films von meinem Roman *Les inconnus dans la maison,* begleitete mich eines Abends mit seiner Frau Vera. Sie wohnten beide in Saint-Paul-de-Vence, aber sie kamen mich oft besuchen, und Georges bestand jedesmal darauf, daß ich mit ihnen in eins der Cabarets ging.

Eines Tages fragte er mich:

»Warum schreibst du kein Drehbuch für mich für einen Film mit dem Titel *Striptease*?«

»Weil ich kein Drehbuch schreiben kann. Ich kann einen Roman schreiben, und du kannst daraus einen Film machen.«

Ich schrieb also *Striptease.* Der Produzent von Georges kaufte mir die Rechte ab. Das Drehbuch war beinahe fertig, einige Darsteller gefunden, als ein sehr reißerischer Film mit demselben Titel herauskam, was Clouzot davon abhielt, sein Projekt zu verwirklichen.

Im September schrieb ich *Les complices,* immer noch in Mougins, in meinem fensterlosen Kabuff.

Einen Monat später bot man uns an, ein prachtvolles Anwesen im oberen Teil von Cannes zu mieten, »Golden Gate«, mit einer riesigen Bucht, beleuchteten Wasserbecken und einem in den Felsen gehauenen Schwimmbecken.

Hier konnten Johnny und Marie-Jo sich austoben. Mein Arbeitszimmer ging auf eine Art Kreuzgang, wo ich, wenn es regnete, spazierengehen konnte, bevor ich mich an die Arbeit setzte.

Wir engagierten einen Chauffeur, eine Sekretärin, ein zweites Kindermädchen. Tigy schrieb mir einen reizenden Brief, um mir mitzuteilen, daß Marc in dem Alter sei, in dem sie ihm nicht mehr von Nutzen sein könne und er seinen Vater brauche. Marc hatte also sein Zimmer neben unserem, und er jagte mir Angst ein, wenn er oben von einem steilen Felsen in das Schwimmbecken sprang.

Marie-Jo wollte zur Schule gehen, denn ihr Bruder ging jetzt ins Gymnasium von Cannes, es war sein zwölftes oder elftes Schuljahr.

Wenn der Chauffeur ihn dorthin brachte, so war ich es, der ihn nach dem Unterricht abholte. Wir waren einige Eltern, vor allem Mütter, die vor einem Gittertor warteten, und auf diese Weise machte ich die Bekanntschaft einer charmanten und sanften Frau, die keine andere als die Gattin von Marie-Jos Arzt war. Wir freundeten uns noch stärker an, und manchmal aßen wir bei uns oder bei ihnen in sehr angenehmer Atmosphäre zu Abend.

Was dich betrifft, Marie-Jo, so solltest du mich einmal mehr überraschen. Ich hatte dich mit weniger als drei Jahren in der Ecole maternelle angemeldet, einer der neuesten, schönsten und modernsten in Frankreich. Die Direktorin, die ich sehr sympathisch fand, erklärte mir, daß die Schule drei Klassen umfasse, die Kleinen, Jungen wie Mädchen, die Mittleren, und schließlich die Großen, die fünf oder sechs Jahre alt waren.

Ich brachte dich hin. Die Leiterin nahm dich mit und setzte dich in die Klasse der Kleinen, bevor sie in ihre eigene Klasse ging. Sie war verblüfft, dich eine Stunde später in der ersten Reihe ihrer Klasse, die der Großen, sitzen zu sehen.

Sie brachte dich wieder in deine. Kurz darauf saßest du wieder vor ihr, still und gelassen, und zeichnetest in einem Heft. Dieses kleine Spiel dauerte mehrere Tage. Ich versuchte, dir die Regeln der Schule zu erklären, aber du schütteltest den Kopf.

Du gewannst die Partie. Du unterbrachst nie den Unterricht. Du störtest niemanden. Du bliebst vor der Directrice sitzen, zeichnetest, hörtest manchmal zu, stelltest keine Fragen.

Außer wenn ich »an einem Roman« war, legte ich großen Wert darauf, dich morgens hinzubringen und dich abzuholen, bevor ich mit dir Johnny vom Gymnasium abholte. Du planschtest im Schwimmbecken, und Johnny zeigte sich vorsichtiger, ich würde sagen mißtrauischer als du gegenüber diesem Wasser, das vom Felsen herabspritzte.

D. und ich fuhren nach Italien, wo es sie nicht verlockte, sich niederzulassen. Wir versuchten es in der Schweiz, an die ich sehr schöne Erinnerungen hatte, denn vor dem Krieg war ich dort in Sankt Moritz Ski gefahren.

Ich hätte beinahe jemanden vergessen, der in eurer Kindheit einen wichtigen Platz eingenommen hat, meine Kinder: ein Hund. Vor dem Krieg war Olaf, eine große dänische Dogge, der Begleiter von Tigy, Boule und mir gewesen, und nach seinem Tod in Porquerolles hatte ich ihn in die Tiefen des Meeres versenkt.

Kurz bevor wir die Vereinigten Staaten verließen, hatten wir einen ganz jungen Hund gekauft, einer damals in Europa noch unbekannten Rasse: einen Königspudel mit einem silbernen Fell und einer Größe, die selten von Pudeln erreicht wird. Man fand ihn damals nur bei einem einzigen Züchter, einer Züchterin vielmehr, in Connecticut, der diese Rasse mit Geduld und Versuchen gelungen war.

Ganz jung, war er bereits so würdevoll, daß wir ihn Mister getauft hatten, mit anderen Worten Herr, und er war euer Spielkamerad geworden, machte alle eure Spiele mit. Er hatte mit uns den Atlantik überquert, hatte in Mougins gewohnt, wo er euch nicht einen Augenblick verließ.

Ich habe beim Schreiben so sehr an euch gedacht, daß ich unseren guten Mister vergaß, der in Cannes ebenfalls zur Schule ging. Die Königspudel, beinahe so groß wie die Polizeihunde, werden auf dieselbe Weise wie diese dressiert, und wir brachten Mister auf einen Dressurplatz. Wir zweifelten an seiner Folgsamkeit gegenüber dem Ausbilder, aber wir hatten unrecht. Schon nach einigen Tagen genügte es, wenn wir sagten:

»Mister, es ist Zeit für die Schule.«

Er wedelte sofort mit dem Schwanz und stürzte zum Auto. Wenn ich von euch beiden spreche, Johnny und Marie-Jo, müßte ich eigentlich »ihr drei« sagen, denn Mister gehörte wirklich zur Familie.

In Nizza bekam er den ersten Preis bei den Polizeihunden! Die Journalisten schrieben alle »Mystère«, da sie glaubten, er hätte diesen Namen wegen Maigret bekommen.

Im Februar, immer noch 1956, Reise nach Holland mit D., und Rückkehr über Lüttich. D. hatte auch keine Lust, sich in Holland niederzulassen.

Nach der Rückkehr schrieb ich *Un échec de Maigret,* dann, im April, *Le petit homme d'Arkhangelsk,* dessen Handlung in Wirklichkeit in dem Rahmen des wunderschönen Markts Forville in Cannes spielt, wohin ich fast jeden Morgen zum Einkaufen fuhr. Seit meiner Kindheit war ich immer von Märkten beeindruckt, und ich bin es heute noch.

Anfang Juni eine neue Reise, diesmal nach Lausanne.

Endlich!

49

Warum hatten wir Cannes als Raststätte gewählt, bevor wir uns einen Ort suchten, wo wir uns mehr oder weniger endgültig niederlassen würden? Aus praktischen Gründen, sagte ich, und auch wegen der Kinder. Schließlich, ich gestehe es, weil ich nicht gerne in einer großen Stadt lebe, und vielleicht auch wegen D.s Bedürfnis, um sich herum ein reges Leben zu spüren.

Ich hatte es in Shadow Rock Farm feststellen können, einem richtigen Paradies für meine Kinder und mich, in einer wunderschönen, aber für D. zu ruhigen Umgebung, so daß Doktor Weiller mir, wie ich bereits gesagt habe, zu unseren monatlichen Ausflügen zu zweit nach New York geraten hatte.

Ich bin kleinen Anzeichen gegenüber sensibel. Ob nun bei Marc, bei Johnny, bei Marie-Jo oder später bei Pierre: ich lauerte von ihrer Geburt an auf die geringsten Reaktionen, die es mir erlaubten, aus nächster Nähe die Bildung eines Charakters zu verfolgen.

Seit meiner Begegnung mit D. hatte ich im Laufe der Jahre nicht aufgehört, unfreiwillig diese Stimmungsschwankungen zu registrieren, die ich heute Anzeichen nenne.

Nun, wenn diese Anzeichen mich auch mehrmals täuschten, so hatten sie doch nie einen Einfluß auf mein Verhalten. Von dem Tag an, als ich mich ihrer annahm, wenn ich so sagen darf, hatte ich mir fest vorgenommen, sie glücklich zu machen, was ich als meine Aufgabe betrachtete, was immer das auch kosten würde.

In Cannes gibt es auf der berühmten Croisette zwischen dem Carlton und dem Kasino, das heißt auf kaum einem halben Kilometer, eine Reihe von Läden, an denen man, ohne es zu wollen, mehrmals am Tag vorbeigeht und vor denen ich mich nicht in acht nahm. Es war eine gefährliche Verführung, gefährlicher als alles, was ich kenne, gefährlicher als die Schaufenster auf der Fifth Avenue, denn hier konzentrieren sich die Versuchungen auf einen viel begrenzteren Raum.

Cartier stellt hier seine funkelndsten Geschmeide aus, wenige Meter neben Van Cleef und Arpels. Neben ihnen Jeanne Lanvin, daneben der bestechende Hermès. Überall wird Luxuswäsche ausgelegt, Lederwaren, Pelze von Weil und Parfüm aller großen Marken.

In den Vereinigten Staaten hatte ich bei D. erreicht, daß sie auf jedes Make-up verzichtete, denn für mich muß eine Frau so natürlich wie möglich sein, kein Mannequin oder Modestich. Ich hatte auch erreicht, daß sie ihre Haare wachsen ließ, braun mit einem rötlichen Schimmer, die sie in einem Zopf um den Kopf herum geflochten trug.

Sie hatte es nicht nur akzeptiert, sondern war stolz darauf gewesen, auch während unseres ersten Aufenthalts in Paris. Wenn unsere Freunde uns besuchten und manchmal fragten, ob D. sie nicht ihr Make-up erneuern lassen könne, antwortete sie augenzwinkernd:

»Ich kann Ihnen leider nur Babypuder anbieten.«

Salbe, um den gereizten Hintern der Babys einzureiben.

Ich erinnere mich an einen sonnigen Nachmittag auf der Croisette, wo wir einen Schaufensterbummel machten, während Johnny auf einem kleinen Fahrrad fuhr und Marie-Jo im schattigen Garten des Kasinos schaukelte.

Soll ich sagen, daß ich das folgende Ereignis seit langem hatte kommen sehen? Vielleicht. In diesem Fall, ohne daß ich es wußte. Sie blieb vor dem Schaufenster eines Friseursalons stehen, wo die Schminke einer modernen Firma ausgestellt war. Sie fragte nicht, sagte mir nichts. Dennoch verstand ich, nicht ohne daß es mir einen Stich gab, und öffnete die Tür:

»Geh hinein!«

»Meinst du?«

Ich lächelte ihr zu. Dennoch war es ein harter Schlag für mich, das erste Zeichen einer richtigen Auflehnung. Sie starb vor Verlangen, diese vergoldeten Stifte wie zu der Zeit, bevor sie mich kennengelernt hatte, zu handhaben, aus denen alle Farbtöne herauskamen, Rot, Rosa. Blaß oder Grünlich, diese dünnen Pinselchen für die Wimpern und die Augenlider, diese so eleganten Fläschchen mit den verschiedensten Parfüms.

Ich ließ sie aussuchen. Von Zeit zu Zeit warf sie mir einen Blick zu, der fragte:

»Darf ich?«

Aber ja! Sie konnte alles kaufen, all diese Crèmes, diese Salben, diese sogenannten Schönheitsprodukte, die sie so machen würden, wie sie sich sehen wollte, nicht so, wie sie war. Hatten ihre Brüder sie nicht »La Diva« genannt, als sie noch ein kleines Mädchen war?

Für mich war das ein Verzicht, aber hatte es nicht andere gegeben? Der erste lag schon weit zurück, als ich ihr erlaubt hatte, einen Teil meiner Post zu beantworten, mit meinen Verlegern oder meinen Produzenten zu verhandeln, ohne daß ich jedoch jemals einen Vertrag unterschrieb, den ich nicht persönlich aufgesetzt hatte.

In der folgenden Zeit war ich weitergegangen, hatte den Journalisten erzählt, daß sie mein »Geschäftsmann« sei, daß ich letztlich nur dazu diene, Romane zu schreiben. Die unbeantworteten Briefe konnten sich noch so sehr stapeln, manchmal drei Monate lang, ich begnügte mich damit, die Zähne aufeinanderzubeißen und zu warten.

So hatte ich drei oder vier Jahre einen Band mit dem Titel *Ich bin ein Chorknabe geblieben* diktiert. In gewissem Sinne stimmte das. Ich hielt meine Versprechen, was es mich auch kostete, auch das, das ich mir selbst gegeben hatte, ich wiederhole es, sie eines Tages glücklich zu machen.

Diese Schminke war ein erster Schritt. Cartier erhielt unseren Besuch, so wie Van Cleef und Arpels, wie Weil mit seinen Pelzen, wie Lanvin und Hermès . . . Sie hatte nicht ein, sondern zwei Diamantencolliers. Ich achtete jedoch darauf, ihr jedesmal, wenn ich ein Schmuckstück kaufte, zu sagen, daß diese Kapitalanlage eines Tages unseren Kindern gehören solle.

Ich liebe die schönen Dinge, vor allem schöne Materialien, das Gold wegen seiner Wärme, das Silber wegen seines Glanzes, das Schmiedeeisen wegen seiner Vornehmheit, das Holz wegen seiner lebendigen Maserungen. Der Diamant läßt mich so kalt, wie er selbst ist. Die Smaragde, die sogenannten Edelsteine, sind mir gleichgültig, während ich bestimmte Rohkristalle bewundere, die aus den Bergen herausgehauen sind.

Ich schätze Komfort, nicht den Luxus.

Die Geste, die ich soeben gemacht hatte, als ich in diese Parfümerie auf der Croisette ging, machte meinem Traum der ersten Tage, oder vielmehr der ersten Nächte von New York, ein Ende: zu einem Gleichklang des Geschmacks zwischen D. und mir zu gelangen, sie vor allem zu dem zu führen, was ich als das kostbarste Gut einer Frau, als ihre Vollendung ansehe: die Schlichtheit.

Im Grunde verzichtete ich an jenem Tag auf jeden Widerstand.

Die berühmten Festivals von Cannes steigerten noch D.s Verlangen, wichtig zu erscheinen, sich für wichtig zu halten, indem sie mit wichtigen Leuten zusammen war. Zwei Festivals folgten während unseres Aufenthalts aufeinander, und D.s Hang zum mondänen Leben wurde endlich voll befriedigt. Ich kannte Fabre-Lebret und die anderen Veranstalter. Ich kannte auch die meisten Produzenten, Regisseure und Stars, von denen viele an Filmen mitgewirkt hatten, die meine Romane zur Vorlage hatten. Die Mitglieder der Jury gehörten zu meinen Freunden, einige zu meinen besten Freunden seit zwanzig Jahren und mehr.

D. konnte also in der Bar des Carlton Cocteau verhätscheln, ihm irgendeine Tablette bringen, wenn er sich über die Wirkungen des Alkohols beklagte, ihm die Stirn abwischen und ihm mit der Zärtlichkeit einer jüngeren Schwester zulächeln. Sie konnte ihn Jean nennen (wie halb Paris), Pagnol und Achard duzen, sie konnte in unserem wunderbaren Heim, das nur gemietet war, William Wyler, der uns von seinen Anfängen erzählte, und Alex Korda mit seiner jungen, kanadischen Frau zum Mittagessen empfangen, amerikanischen Filmstars, die unser Schwimmbad verlockte, einen Bademantel ausleihen.

Im zweiten Jahr gab ich sogar im Golden Gate einen Empfang für ungefähr zweihundert Personen, für die gesamte Filmwelt. In jenem Jahr

hielt es Fabre-Lebret für genial, als französische Juroren sechs Akademiemitglieder auszuwählen, und D. konnte sie empfangen zwischen den Stars
und Starletts, darunter Mylène Demongeot, die später meine Schwiegertochter werden sollte. Seltsamerweise weigerte sich Marc, an diesem Empfang teilzunehmen, denn der Film interessierte ihn noch nicht.

Erinnerst du dich, Marc? Du gingst aufs Gymnasium nach Nizza, und ich
hatte dir wegen deiner Größe und deines Gewichts ein schweres Motorrad gekauft, mit dem du jeden Abend etwa dreißig Halbstarke trafst, die
ohne bestimmtes Ziel losfuhren, jeder mit »seinem Mädchen« auf dem
Rücksitz.
   Dein Mädchen war sehr hübsch, blutjung, mit großen braunen Augen.
Eines Tages erhielt ich den Anruf einer Dame, deren Name mir nichts
sagte.
   »Meinen Sie nicht, Monsieur Simenon, daß es Zeit wäre, daß wir uns
kennenlernten?«
   »Warum, Madame?«
   »Um über unsere Kinder zu sprechen. Es wird Ihnen nicht entgangen
sein, daß Marc seit mehreren Monaten mit meiner Tochter ausgeht . . .«
   »Ich wußte in der Tat nicht, daß es Ihre Tochter ist, und ich kenne nur
ihren Vornamen.«
   »Es ist nötig, daß . . .«
   Die Stimme und der Tonfall einer Person, die weiß, was sie will. Sie lud
mich zu sich in ein freundliches Haus ein, wo alles für einen sehr konven-
tionellen Tee vorbereitet war.
   »Ich bin so froh, daß Sie gekommen sind. Mein Mann wird auch sofort
kommen. Ich sage Ihnen, daß er ein wenig taub ist. Milch, Zucker?«
   Bourgeoisie, die sich ihres sozialen Ranges bewußt und darauf bedacht
war, wie bei D.s Eltern in Ottawa. Der Gatte, der ruhig und fügsam, ein
wenig abwesend auftrat, war ebenfalls ein ehemaliger Beamter.
   »Nun, Monsieur Simenon, was machen wir mit diesen Kindern?«
   Ich sah sie verblüfft an, eine hübsche Dame mit grauen Haaren und
einem frischen, glatten Gesicht.
   »Was sollen wir mit ihnen tun?« sagte ich lächelnd, mit einer Spur
Ironie.
   »Mir scheint, es ist Zeit, daß wir eine Entscheidung treffen . . .«
   Du warst achtzehn Jahre alt, mein Marc, und standest vor dem Abi,
seziertest sorgfältig Kröten und andere Tierchen, die dir in die Finger
kamen. Erinnerst du dich, daß du damals daran dachtest, Biologe oder
Ozeanograph zu werden?
   Ein paar Tage vor meiner Unterhaltung mit der Dame mit den silber-
grauen Haaren hatte mich der Polizeikommissar gebeten, in sein Büro zu

kommen. Ich kannte ihn und drückte ihm die Hand. Mit einem verschmitzten Lächeln legte er einen amerikanischen Totschläger aus Kupfer vor sich auf den Tisch.

»Wissen Sie, woher dieser Gegenstand kommt, der ebenso streng verboten ist wie das Tragen einer automatischen Pistole?«

Ich verstand, warum er sich amüsierte.

»Mein Sohn?«

»Jawohl! Ihr Sohn Marc gehört einer Motorradbande an, die uns viel zu schaffen macht. Fast jede Nacht fahren sie lärmend durch die Stadt und Umgebung, und es ist neben anderen Heldentaten vorgekommen, daß sie die Schaufenster einer Zeitung zertrümmerten, deren Meinung ihnen nicht paßte. Wir mußten ihre Personalien überprüfen und in Marcs Tasche haben wir dieses Ding gefunden . . .«

Er schob den Totschläger zu mir herüber.

»Nehmen Sie ihn als Andenken mit. Sie können ihn ihm später zeigen. Raten Sie ihm, vorsichtiger mit seinem Umgang zu sein. Davon abgesehen, verstehen Sie jetzt, wo Sie das heutige Cannes kennen, warum ich Ihnen geraten habe, nicht mehr mit Ihrem amerikanischen Ungeheuer herumzufahren? Übrigens, was haben Sie mit ihm gemacht?«

»Ich habe ihn wieder verkauft, nicht ohne Mühe, denn ich mußte eine Menge Formalitäten beim Zoll erledigen . . .«

Die Dame saß immer noch vor mir, zwischen uns der Teetisch, und der Gatte schüttelte seinen schönen Greisenkopf.

»Nun, was denken Sie davon?«

»Nichts.«

Sie wurde rot, wahrscheinlich vor Zorn.

»Wie, nichts?«

»Das geht nur Ihre Tochter und meinen Sohn etwas an.«

»Mir scheint aber, wir sollten der Situation durch eine Verlobung einen offiziellen Charakter verleihen.«

»Das ist Sache der Kinder, oder?«

»Und die Eltern, hm? Und ihre Pflichten?«

»Madame, ich bedaure. Meine Kinder, Söhne oder Mädchen, verfügen frei über ihr Schicksal, und ich werde es mir auf keinen Fall erlauben, mich einzumischen.«

Sie stand auf, jetzt blaß anstatt rot im Gesicht. Sie wollte etwas sagen. Ihre Lippen bewegten sich, aber sie war zu entrüstet, um die Worte auszusprechen, die ihr in den Sinn kamen. Der Gatte, der nichts verstanden hatte, lächelte immer noch gutmütig, während ich mich zur Tür begab.

Du solltest dennoch Francette heiraten, Marc, später, mit zwanzig Jahren, in dem Alter, als auch ich geheiratet hatte. Ihr bekamt zwei Kinder, dann trafst du Mylène, die du früher kennengelernt hättest, wenn du dich in Cannes für den Film interessiert hättest. Auch du solltest dich scheiden lassen, so wie ich es tun mußte.

Du siehst, Cannes spielte eine Rolle in unser aller Leben. Und deine Leidenschaft fürs Motorrad war zu einem gewissen Teil in der Wahl deiner Laufbahn enthalten.

D. und ich fuhren mehrmals nach Paris, von dem D. immer noch träumte, und sie ließ sich jetzt von Marioutcha begleiten, die sie »ihr persönliches Zimmermädchen« nannte und die ihre Uniform aus dem Waisenhaus gegen ein schwarzes Seidenkleid mit einer winzigen Schürze und dazu einem Spitzenhäubchen wie in den Boulevardstücken vertauschte.

Seit unserer Ankunft im George V, wo wir eine Suite bewohnten, hatte ich meine Rolle gekannt, und ich war in die Apotheke gegenüber geeilt, um Desinfektionsmittel und Seidenpapier einzukaufen. Wäre mein Freund, der Hoteldirektor von einst, den ich in Amerika wiedergetroffen hatte, errötet, wenn er erfahren hätte, daß D. und Marioutcha (denn jetzt war das nicht mehr meine Rolle) das Papier aus den Schubladen und den Schränken entfernten und es durch neues Seidenpapier ersetzten, nachdem sie mit dem Staubsauger über die Möbel gegangen waren? D., nackt wie im Drake und im Plazza in New York, desinfizierte danach Badewannen, Waschbecken und WC der beiden Badezimmer, bevor sie sich an die vier oder fünf Telefonapparate machte.

Auch das war ein Anzeichen, das ich unglücklicherweise verstand, wie einige Spezialisten es verstehen werden, wenn sie mich lesen.

Anstatt diesem Hin und Her beizuwohnen und einen Geruch einzuatmen, der mich ans Krankenhaus erinnerte, ging ich währenddessen lieber zu irgendeiner Madame Claude. Die wirkliche – von der viel gesprochen wurde – war nicht die einzige in Paris, und ich glaube, daß ich alle kennengelernt habe, die in den hochherrschaftlichen Privatvillen wohnten, eine in der Rue Paul-Valéry, alle in den »vornehmen Vierteln«.

Um nebenbei auf Legenden einzugehen, die aus mir einen Sexbesessenen machen, erlaube ich mir, darauf hinzuweisen, daß ich ganz normale Neigungen habe und ich nicht der einzige bin, der, seit meiner frühesten Jugend an, von zwingenden sexuellen Bedürfnissen getrieben wurde.

Ich habe von meiner Vorliebe für schöne Materialien gesprochen, von dem, was ich edle Materialien nenne. Gibt es eine herrlichere Materie als die Haut, das Fleisch einer Frau? Gibt es eine engere Verbindung zwischen zwei Wesen als die Paarung?

Ich habe fanatisch »die Frau« gesucht, die wirkliche Frau, so wie sie die Natur geschaffen hat. Ich habe mich zweimal getäuscht, und jedesmal trug ich die Verantwortung dafür.

Bei D. würde ich sie lange tragen, zu lange, weil mein Leben fast darin untergegangen wäre.

Noch sind wir nicht soweit, sondern erst bei den warnenden Vorzeichen.

Während wir noch immer in Cannes wohnten, entschloß ich mich, D. mit nach Lausanne zu nehmen, in der Hoffnung, dort für sie wie für die Kinder eine Insel des Friedens zu finden. Wir stiegen im Lausanne-Palace ab, das wie das George V im rechten Flügel eine »Résidence« hatte, wo man für einen Monat eine unabhängige Wohnung mieten und gleichzeitig, wenn man es wünschte, die Dienste des Hotels in Anspruch nehmen konnte.

War das endlich das heißersehnte Wunder? D. verliebte sich in Lausanne und die Umgebung. Allerdings wohnten alte Damen der »großen Welt« in einigen dieser Wohnungen, und andere, sehr bekannte, sehr reiche Damen, unter ihnen die alte Königin von Spanien mit ihrem kleinen Hofstaat, kamen nachmittags in einem Salon im Erdgeschoß zu einem sehr vornehmen Tee zusammen.

Wir mußten nur noch ein ziemlich großes Haus außerhalb der Stadt für unsere Sippe finden. Wir beschlossen, jede Woche zwischen dem Flughafen von Nizza und dem von Cointrin, eine halbe Stunde von Lausanne entfernt, hin und her zu pendeln. Der Flug dauerte kaum eine halbe Stunde, bei gutem Wetter zwanzig Minuten, wenn man die direkteste Strecke über den Mont Blanc nahm.

Ich bekam in Nizza einen kleinen Stellplatz in einem Flugzeugschuppen für einen unserer kleinen Renaults, den wir dort vor dem Abflug stehen ließen. In Cointrin stand ein anderes Auto, mit dem wir nach Lausanne fuhren. Es diente uns aber nicht zu unserer Suche nach einer Bleibe, denn wir kannten die Gegend nicht. Wir engagierten den ältesten Taxifahrer der Stadt, der mit einer Vorsicht fuhr, die mich beruhigte, und er brachte uns zu Villen und Schlössern in einem Umkreis von beinahe fünfzig Kilometern.

Eines Abends in der Bar, wo D. ihre unvermeidlichen doppelten Whiskys schlürfte, machten wir zufällig die Bekanntschaft einer jungen Frau, hübsch und lächelnd, die zu der Zeit die Sekretärin des Hotelbesitzers war. Als ehemaliger italienischer Maurer hatte sich der unternehmungslustige Mann aufs Filmgeschäft geworfen, indem er den Film eines der besten Regisseure der damaligen Zeit mitproduzierte, der viel Lärm machte, bevor er sich als künstlerisches Meisterwerk und gleichzeitig als finanzielle Katastrophe erwies.

Die Sekretärin hieß Joyce Aitken und hatte sich vor allem mit den Filmgeschäften ihres Chefs beschäftigt. Sie arbeitete bald in den Pariser Büros der Produktionsgesellschaft, bald in Lausanne.

Ihr Vater war Schotte, ihre Mutter Schweizerin. Außer Französisch und Englisch sprach sie fließend Deutsch und konnte sich auf italienisch verständigen. Als die Filmgesellschaft zwangsliquidiert wurde, hatte sie Zeit, um so mehr, da ihr Chef ruiniert war und bald das Palace verlassen würde. D. schlug ihr vor, »ihre« Sekretärin während der Tage zu werden, an denen wir in Lausanne waren. Ich durfte, während sie diktierte, in den Salon gehen oder in der Stadt spazierengehen.

Wir zögerten, ein Schloß zu kaufen, oberhalb des Tour de Peilz, zwei Schritte von Montreux. Aber wenn es auch genug Empfangsräume gab, so war doch wenig Platz für die Kinder und die Arbeitszimmer. Es war kurz die Rede davon, daß ich in den Wirtschaftsgebäuden arbeiten sollte.

Als wir wieder einmal nach Cannes zurückkamen, beklagte sich Johnny über Schmerzen im Unterleib. Martinon, unser Kinderarzt, riet uns, so bald wie möglich den renommiertesten Chirurgen von Cannes aufzusuchen, der ein schönes Haus auf der Croisette besaß, wo er über einen Operationssaal verfügte. Wir gingen zu ihm, Johnny war ein wenig beeindruckt, und D. und ich waren bei der Untersuchung anwesend.

»Das Beste wäre, ihn sofort zu operieren. Eine einfache Blinddarmentzündung. Eine Sache von höchstens einer Stunde.«

Wir waren sprachlos. Du, Johnny, hieltest dich tapfer, auch als man dich auf den Operationstisch legte. Wir zogen uns zurück. Wir warteten in einem Raum, der mit sehr geschmackvollen Bildern geschmückt war.

Weniger als eine Stunde später rief uns die Krankenschwester. Die Operation war vorbei, und Johnny kam wieder zu sich. Er starrte uns unruhig, beinahe erschrocken an. Als er endlich sprechen konnte, fragte er auf englisch:

»Warum hat man mir DDT gegeben? Wollte man mich töten?«

Niemand verstand ihn. Dann schlug sich der Chirurg gegen die Stirn.

»Als Ihr Sohn halb betäubt war, sagte ich das Wort ›Äther‹ zu dem Anästhesisten . . .«

Äther . . . Du hattest DDT verstanden, mein armer Johnny, und bevor du im Schlaf versankst, waren dir die Insekten in den Sinn gekommen, die man mit DDT tötet. Das war wahrscheinlich das einzige Mal in deiner Kindheit, daß du Angst empfandest, denn schon in ganz jungen Jahren hattest du es dir angewöhnt, den Dingen ins Gesicht zu sehen.

Bald darauf war es Marie-Jo, die uns Sorgen machte, und da ich fühlte, daß du zerbrechlicher warst, mein kleines Mädchen, war ich es, der erschrak. Unser Freund Martinon wollte sich vergewissern, daß deine Nieren normal arbeiteten, und schickte uns zum Radiologen. Die einzige Möglichkeit, deine Nieren auf der fotografischen Platte sichtbar zu machen, war, dir Jod in die Venen zu spritzen.

Du warst keine vier Jahre alt. Du schienst zart, und dein Lächeln hatte gleichzeitig etwas Angespanntes und Zerbrechliches. Der Radiologe machte einige Tests, entschloß sich dann, eine Urographie zu machen, und bald darauf verkündete er uns triumphierend, daß deine Nieren um so besser funktionierten, da du ... *drei* hattest!

Das war auch bei D.s Schwester der Fall, die nichtsdestoweniger vor Gesundheit und Energie strotzte.

Uff! ...

Lausanne ... Häuser ... Schlösser ... Unser alter Chauffeur zeigte uns eins, das mich bezauberte, denn es besaß Pferdeställe, und das flache Land, das es umgab, weckte in mir das Verlangen, wieder wie in Arizona, in Charente und im Wald von Orléans zu reiten. Ach! Das Schloß lag vierzig Kilometer von Lausanne entfernt, und ihr hättet einen zu weiten Weg zu machen gehabt, meine Kinder, um zur Schule, dann zum Collège zu kommen.

Manchmal sank mir der Mut. Zu klein oder zu groß. Zu nah oder zu weit von der Stadt.

Erneutes Zwischenspiel. D.s Mutter kam uns im Golden Gate besuchen, das sie beeindruckte, obwohl sie sich nichts anmerken ließ. Sie konnte nichts dafür, und ich war ihr deshalb nicht böse. Sie war so erzogen worden, nie ihre Gefühle durchscheinen zu lassen, nicht zu bewundern, auch nicht zu kritisieren.

Doch, eine Sache erstaunte sie dennoch, die zu erzählen ich vergessen habe. Das Zimmer, das D. und ich bewohnten, war groß und hell, mit einer Terrasse, von der man eine Postkartenaussicht hatte.

Das Zimmer nebenan, das ebenfalls zum Meer zeigte, war geräumig, und meine Absicht war es gewesen, es für Marc freizuhalten, denn Johnny und Marie-Jo bewohnten in einem Flügel des Hauses eine entzückende Wohnung, in der auch Boules Zimmer lag, und von dort hatten sie einen traumhaften Blick.

»Ich brauche dieses Zimmer für meine Kleider«, sagte D. sofort zu mir.

»Du könntest sie in das Zimmer gegenüber hängen.«

»Ich kann doch nicht über den Flur gehen, um ein Kleid zu holen!«

Denn sie hatte jetzt eine ansehnliche Menge davon, und sie bestellte ihre Schuhe nur zu sechs Paaren beim Schuhmacher. Und die Sammlung der Handtaschen, fast alle von Hermès, vergrößerte sich ständig.

Ich bestand nicht darauf, mein großer Marc. Verzeih mir meine Feigheit. Ich war auch noch bei anderen Gelegenheiten feige, was euch alle drei, dann alle vier betraf. Ich wollte sie, koste es, was es wolle, glücklich machen, verstehst du, bis ich mich ganz klein machte, denn ich wußte, daß sie das Bedürfnis hatte, den ersten Platz einzunehmen.

Wir hielten uns mit ihrer Mutter kurze Zeit in Paris auf. Wieder einmal das George V. Ich erinnere mich an das erste Mittagessen im Cochon d'Or, damals eins der besten Restaurants in Paris. Der Patron riß sich in Stücke, alle bemühten sich. Man servierte uns eine Mahlzeit, die des schwierigsten Gourmets würdig gewesen wäre.

»Wie finden Sie diese Rebhühner, Mama?«

»Ganz gut . . .«

Was hieß das? War es akzeptabel? War es weder schlecht noch miserabel? Ganz gut! So la la! Bourgeoisie verpflichtet . . .

Ich reservierte eine Loge in der Comédie Française, wo Robert Hirsch in einer Komödie von Feydeau einen überwältigenden Erfolg hatte. Nichts Schockierendes. Kein unanständiges Wort. Ich wußte, daß die Schauspieler von unserer Anwesenheit in Kenntnis gesetzt worden waren, wie es beim Theater üblich ist, wenn eine bekannte Persönlichkeit im Saal ist. Dann richten sie ihren Blick auf die entsprechende Person oder Personen. Einige haben mir anvertraut, daß sie sich bemühen, sich in ihrer Höchstform zu zeigen.

Jeden Augenblick brandete Beifall auf, Gelächter erschallte. Der Saal, vollbesetzt, reagierte bewundernswert. Außer meiner kanadischen Schwiegermutter, deren Gesicht versteinert blieb. Nur am Ende jeden Aktes berührten sich leicht, geräuschlos ihre Fingerspitzen.

Ich fragte sie leise:

»Macht Ihnen das keinen Spaß?«

»Doch.«

Und am Ende des Stückes riskierte ich die Frage:

»Warum haben Sie nicht applaudiert?«

»Weil das vulgär ist und man das nicht tut.«

Ende des Besuchs meiner Schwiegermutter, eurer Großmutter, Johnny, Marie-Jo und Pierre.

Allerdings würdet ihr viel später in Nieul eine Adoptiv-»Großmutter« haben, die ihr reizend »Mamiche« nennen und oft für ein paar Tage besuchen würdet: die Mutter eures großen Bruders Marc.

Wenn Tigy für mich auch nicht die »Natur«-Frau war, die ich mir so sehr gewünscht habe, so ist sie doch heute für meine Kinder eine richtige und bewunderungswürdige Großmutter, in einem Rahmen, den ich aus einer Art Vorgefühl heraus für kleine Kinder eingerichtet hatte.

In Cannes, das wir nun bald verlassen sollten, lebte D. in vollen Zügen, gierig, nahm an allen Galaempfängen teil, tanzte mit berühmten Persönlichkeiten, wie z. B. mit meinem Freund Picasso, der mir, ich weiß nicht warum, manchmal zuzwinkerte.

Vielleicht weil auch er nicht zu diesem Cannes gehörte, wo er mit nackten, behaarten Armen und Beinen zwischen einer Menge umherging, die er nicht sah.

Wenn ich mich dennoch gerne an diese Zeit erinnere, meine Kinder, dann wegen euch, mit denen ich oft zusammen war, die ich zur Schule brachte, denen ich abends eine unendliche Geschichte erzählte, wie früher Marc.

Wenn ich euch auch nie mit Süßigkeiten vollgestopft habe, aus Sorge um eure Gesundheit, so hatte ich es mir doch angewöhnt, vor meiner abendlichen Erzählung drei Anisbonbons auf euren Nachttisch zu legen.

Ich sehe euch wieder vor mir, in unserem Park, in unserem Schwimmbecken, hinter dem Gittertor des Collège oder der Ecole maternelle, auf dem Strand, auf dem Spielplatz.

Ein bereits ernster und selbstsicherer Johnny, den nur das DDT. beeindruckt hatte, eine Marie-Jo, deren helle Augen ein Verlangen nach Liebe ausdrückten, um die zu betteln sie ein instinktives Schamgefühl abhielt.

Hast du wenigstens bei mir welche gefunden, mein kleines Mädchen? Deine Briefe, deine letzten Telefonanrufe, die Lieder, die du komponiertest, um sie mir auf der Gitarre vorzusingen, antworten mir: ja. In meinem Innersten jedoch werfe ich mir vor, dir nicht noch mehr Liebe gegeben zu haben, dir nicht genug gegeben zu haben, um all die Löcher auszufüllen, die andere in dir zurückgelassen haben.

Wir würden dich bald, zusammen mit deinen beiden Brüdern, in ein Schloß mitnehmen, das wenigstens für dich ein Märchenschloß werden würde.

Bevor wir Cannes verließen, spielte ich in Nizza den Schlachtenbummler für deinen Bruder Marc, der dort die gefürchtete Abiturprüfung machte. Bei dem »Schriftlichen« wartete ich auf dem Hof des Gymnasiums auf ihn und ging mit ihm in ein ausgezeichnetes Restaurant an den Quais. Beim »Mündlichen« hielt ich mich auf der Galerie neben der Klasse auf, wo er geprüft wurde, und ich glaube, daß ich von uns beiden das meiste Lampenfieber hatte.

Bei Johnny lud man mich ein, in dem Zelt Platz zu nehmen, das mitten auf dem Hof für die Vertreter der Schule und der Gemeinde aufgestellt worden war. Als er an der Reihe war, einen Preis zu erhalten, überließ man es mir, ihn ihm zu überreichen. Rührung oder Herzlichkeit? Ich war ganz rot und schwitzte. Du, Johnny, blicktest mir gerade in die Augen, unerschütterlich wie ein Grenadier von Westminster.

Bevor wir abreisten, kaufte ich von dem Chirurgen, der dich operiert hatte, einen Mercedes, eine Sonderanfertigung, von dem nur sechzehn Modelle hergestellt worden waren, und dieser Gelegenheit konnte ich nicht widerstehen. Es war ein Sportwagen mit starkem und leisem Motor und einem offenen Verdeck wie bei meinem Delage vor dem Krieg. Die Karosserie war hellgrau, erschien in der Sonne weiß, die Sitze waren aus blauem Leder, richtiges Leder, das, wie der Tweed, noch nach Tier roch, und nicht nach Benzin.

Ich liebte den Wagen sehr, und im Schloß von Echandens erhielt er eine Zeitlang den Ehrenplatz in den Garagen, bis ich feststellte, daß das Klima der Schweiz nicht das der Côte d'Azur ist und daß ein Wagen mit offenem Verdeck hier ein Unsinn ist.

Ich hatte das Schloß in Echandens, siebzehn Kilometer von Lausanne entfernt, nicht gekauft, denn es war nicht zu verkaufen. Ich erhielt jedoch einen Vertrag über sechs Jahre, der nach Belieben erneuert werden konnte.

Vor unserer Ankunft hatten D. und ich die Antiquitätenhändler der Stadt und der Umgebung aufgesucht, denn moderne Möbel wären ein Anachronismus gewesen in diesem Schloß des 16. Jahrhunderts, das von oben bis unten gereinigt, die Mauern neu gestrichen, die Holzverkleidungen abgekratzt und neu lackiert werden mußten, nachdem man die Fenster so ungefähr wind- und regenfest gemacht hatte.

Man mußte . . . Glücklicherweise war ich daran gewöhnt. Wenn ich dieses Schloß ausgesucht hatte, dann nicht, weil es ein Schloß war, auch nicht wegen seiner Türmchen, seines Hauptturmes, seines mit alten Bäumen bepflanzten Parks, seiner Rasenflächen und seiner Steintreppe, die spiralförmig vom Erdgeschoß bis auf den Speicher führte.

Das Dorf um uns herum zählte damals nur etwas über dreihundert Einwohner, alles Weinbauern oder Landwirte, und eine hübsche Kirche erhob sich alleine auf einem Grashügel, wie in Lakeville.

Die elektrischen Leitungen neu legen, überall Steckdosen anbringen, freundliche Vorhänge aussuchen, vor allem für eure Zimmer, die alle nach Süden lagen und viel Sonne erhielten.

Alles war fertig, als ihr ankamt, und ich erzählte euch nicht sofort, daß die drei Kammern von zwei Metern Länge und einem Meter fünfzig Breite, mit den eisenbeschlagenen Türen und dem Steinboden, Gefängnisse aus der Zeit der Berner Besatzung waren. Ihr entdecktet es später und verstecktet euch dort, wenn ihr mit euren kleinen Freunden spieltet, so wie ihr einen seltsamen Trockenboden am Ende des Hofes benutztet, den man über eine wurmstichige Außentreppe erreichte.

Im Salon ein großer Konzertflügel, den wir auf einer Auktion gekauft hatten und den ein Klavierstimmer häufig in Ordnung bringen mußte.

Ihr solltet glücklich sein, meine Kinder, wie ihr es in Cannes gewesen wart. Aber wie würde D. reagieren? Und welcher würde nun endgültig mein Platz im Hause sein, außer dem eines Vaters?

Kleine Anzeichen? Es gab bestimmt welche, es gab zu viele, aber ich weigerte mich, sie zu sehen. Die Frage, die in der Luft hing und mich quälte, war immer dieselbe:

»Wird sie endlich glücklich sein?«

Es war Juli 1957. Während unserer Vorbereitungen hatte ich *Maigret s'amuse* geschrieben, dann *Le fils* und *Le nègre*.

Marc war achtzehn, Johnny acht und Marie-Jo vier Jahre alt, und bereits im Monat August, kaum daß wir uns eingerichtet hatten, schrieb ich *Maigret voyage,* im Oktober *Le président,* im Dezember *Les scrupules de Maigret.*

Aitken gehörte zur Hausgemeinschaft, kehrte mittags und abends in ihre Wohnung nach Lausanne zurück, auf ihrer Lambretta schwankend, was mich erschauern ließ.

Ich schrieb mehr denn je, trotz meiner zahlreichen Umzüge. Wollte ich im Grunde nicht fast wütend eine Lücke füllen, wie ich es seit meiner ersten Begegnung mit D. getan hatte?

Eine Lücke, die ich immer und trotz allem eines Tages zu schließen hoffte, so als stellte D. ein Ziel dar, das ich mir gesteckt hatte und das ich erreichen mußte.

Ihr wart da, glücklicherweise, ich hätte beinahe gesagt, wunderbarerweise. Und ihr würdet nie wissen, in welchem Maße ihr mir geholfen habt.

Danke.

50

Zu der Zeit, als ich in den Vereinigten Staaten war, waren die Amerikaner, und vielleicht sind sie es noch heute, zusammen mit den Leuten aus den nordischen Ländern, einschließlich Holland, die gastfreundlichsten Menschen der Welt. Sie öffnen buchstäblich ihr Haus dem Gast für einen Tag oder eine Woche, und nicht nur ihr Eßzimmer und ihren Salon.

Es ist dort fast ein Ritus, nach dem ersten Willkommenstrunk das ganze Haus zu zeigen. Das geschieht nicht, wie man meinen könnte, aus Eitelkeit, denn die Räume sind nicht immer luxuriös, sondern es ist eine Art, dem Freund anzuzeigen, daß er sich überall wie zu Hause fühlen soll.

Ich habe mich immer leidenschaftlich für Häuser interessiert, ob es nun meine waren oder die meiner Freunde, denn man kennt jemanden erst wirklich, wenn man ihn in seiner Wohnung sieht, und das überall auf der Welt.

Man hat meine gelben Umschläge vervielfältigt, diese großformatigen Umschläge aus dickem Papier, auf denen ich vor jedem Roman die Namen meiner Figuren notierte, ihr Alter, ihre Herkunft, die Schulen, durch die sie gegangen waren, den Namen der Lehrer, tausend Einzelheiten, von denen ich nur zwei oder drei während des Erzählens benutzte. Weniger bekannt ist es, daß ich darüber hinaus auf einem kartonierten Aktendeckel mit Bleistift oder mit Tinte den Plan der Wohnung oder des Hauses zeichnete, und ich mußte mich mit den Örtlichkeiten so eng vertraut machen, daß ich mit geschlossenen Augen eine Tür öffnen konnte, links oder rechts, je nachdem.

Da das Schloß in Echandens einen wichtigen Platz in meinem oder eurem Leben einnimmt, meine Kinder, habe ich das Bedürfnis, es, wie für meine Romane, zu beschreiben.

Ein hohes, schmiedeeisernes Gittertor, ziemlich eindrucksvoll, öffnete sich auf einen gepflasterten Hof. Links die Wirtschaftsgebäude, unter anderem die wacklige Treppe, die zum Trockenraum führte, und gleich daneben die schweren Eisentüren der Gefängnisse.

Hinten niedrige Gebäude, die als Garagen dienten. Daneben eine Lücke, die einen direkten Zugang zum Garten ermöglichte.

Rechts an der Ecke des Hauptgebäudes ein viereckiger Turm, und sofort daneben die Tür zum eigentlichen Schloß, schmal und niedrig. Wenn man diese durchquert hatte, ging man eine Stufe hinunter und befand sich einem sehr breiten, mit grauen Steinen gepflasterten Flur gegenüber, dessen Wände, ebenfalls aus Stein, dunkelrot gestrichen waren, belebt durch Lithographien und Stiche in winzigen Goldrahmen.

Die steile Wendeltreppe führte ohne Geländer nach oben, und ich hatte solch eine Angst um die Kinder, daß ich große Eisenringe anbringen ließ, durch die ein Hanfseil lief.

Erste Tür links, zum Garten hin, wie man im Theater sagt, aber hier nicht nur in der Einbildung, denn alle Fenster lagen zum Garten hin, der in Wirklichkeit ein kleiner Park war.

Ein kleines Zimmer enthielt einen Spültisch, einen Kühlschrank, eine Kaffeemaschine, und es wurde der Keller für Likör.

Dann eine Tür mit zwei Flügeln, die Tür zum großen Salon mit den holzvertäfelten Wänden, perlgrau, mit drei hohen Fenstertüren. Die Vorhänge waren rot, die Möbel, Louis XVI, mit Bronze überladen. Das war D.s Büro, und sie hatte sich dort »von Amts wegen« eingerichtet, wie mit vollem Recht und, ich füge es hinzu, um aufrichtig zu sein, mit meiner vollen Zustimmung. Dieser Raum war mit einem kleineren Büro verbunden, der durch eine Fenstertür Licht bekam und einen kleinen Kamin hatte. Eine Zeitlang war das mein Arbeitszimmer, wo ich einige Romane schrieb, gestört von D.s und Aitkens Stimmen.

Schließlich, immer noch zum Garten hin, ein riesiger, verglaster Raum, der wohl ein Wintergarten gewesen war. Ich hatte vor die beiden einzigen Wände vom Boden bis zur Decke Regale aus polierter Pappel gestellt, in denen alle meine Romane standen, sowohl in französischer als auch in vielen anderen Sprachen. Da die Zimmer im Erdgeschoß sehr hoch waren, war eine Standleiter nötig, um an die obersten Fächer zu kommen.

Mitten im Zimmer Theken mit Schubladen aus hellem Holz, die wir aufgrund der Modernisierung eines großen Geschäftes gekauft hatten. Ein Meterstab aus Metall war dort eingelassen, der früher dazu gedient hatte, Stoffe und Bänder zu messen.

Die lebhafteste Erinnerung an mein Arbeitszimmer ist die eines Tages, den ich vor einem Holzfeuer mit meinem alten Freund Michel Simon verbrachte. Er vertraute mir häufig erotische Dinge an. Von Zeit zu Zeit öffnete D. die Tür einen Spaltbreit, und Michel, schamhaft, was auch immer man von ihm sagte, schwieg sofort.

»Soll ich euch nichts zu trinken bringen?« fragte D.

»Wir haben uns schon bedient.«

Sie zog sich zurück, sichtlich verstimmt, und nach einem Augenzwinkern enthüllte Michel noch mehr seiner zumindest pikanten Erinnerungen. An jenem Tag aß er bei uns zu Mittag. Ich verzichtete auf meine gewohnte Siesta, und wir gingen wieder hinunter, Michel und ich, vor neue, knisternde Holzscheite, während es draußen schneite.

Ich habe soeben wieder von Augenzwinkern gesprochen. Es wurden oft welche zwischen meinen Freunden und mir ausgetauscht, ohne D.s Wissen, und auch Aitken und ich würden uns zuzwinkern. Sie hatte die Situation begriffen, spielte aber nichtsdestoweniger mit dem größten Ernst und viel Liebenswürdigkeit ihre Rolle als Chefsekretärin von Madame Georges Simenon.

Denn es gab bald darauf eine zweite Sekretärin, dann eine dritte, in den beiden Büros gegenüber meinem, zur Hofseite hin. Ich hatte das Mobiliar dafür beim Tischler des Dorfes bestellt, der alle Fenster des Schlosses repariert hatte und ein gewissenhafter Handwerker war.

Am anderen Ende des Flures, zum Hof hin, ein hübsches Schlafzimmer und ein modernes Badezimmer, das größte im Haus: Marcs Zimmer. Es hatte den Vorteil, mit der Straße durch einen eigenen Eingang verbunden zu sein, so daß er die Möglichkeit hatte, jeden bei sich zu empfangen, den er wollte.

Er machte eifrig Gebrauch davon, und ich war glücklich darüber. Er empfing häufig Francette, mehrere Male Tigy, denn seit unserer Scheidung weigerten sich meine beiden Frauen, sich zu begegnen. D. knüpfte sogar eine Bedingung an die Besuche von Marcs Mutter: diese durfte nur durch die geheime Tür hereinkommen und sich nicht im Flur zeigen.

»Lassen wir das!« möchte ich seufzend sagen.

Ich vergaß am anderen Ende des Flures eine riesige Glastür mit zwei Flügeln, die in eine Säulenhalle führte, die eines richtigen Schlosses würdig war. Jedes Jahr kamen die Schwalben, um dort ihr Nest zu bauen, ohne daß sie unsere Anwesenheit störte.

Rechts von der Säulenhalle eine Tür, eine Steintreppe, die sehr tief nach unten in einen gewölbten Keller führte, der sich unter das gesamte Schloß erstreckte, wo alte Fässer lagen.

Hier war der Heizkessel für die Zentralheizung untergebracht, mit dem Thermostat, der ziemlich häufig kaputtging, und in manchen Winternächten mußte ich in diesen wirklichen Eiskeller hinuntersteigen, um den Apparat wieder in Gang zu bringen.

Zwei oder drei Stufen bildeten die Außentreppe entlang der Säulenhalle. Der Park und rechts die Orangerie, in der keine Orangen wuchsen, sondern die gleichzeitig als Gewächshaus und als Geräteschuppen diente.

Hinten auf dem abschüssigen Rasen ließ ich ein Turngerüst aufstellen, mit Schaukeln, Ringen, Trapez und Knotenseil, was meinen Kindern viel Freude machte. Da die Kinder aus dem Dorf ihnen neiderfüllt über die niedrige Mauer hinweg zusahen, erreichte ich bei der Gemeinde, daß sie auf dem öffentlichen Platz das gleiche Gerüst aufstellte.

Erste Etage. Eine Tür links als Zugang zu einem Flur und einem merkwürdigen Zimmer mit gewölbter Decke und überraschenden Wänden, wo ich bald darauf mein Arbeitszimmer einrichten würde, das auch gleichzeitig mein Refugium werden sollte, denn der Tag war nahe, an dem ich ein Refugium brauchen würde.

Der Flur würde dann, in Regalen, meine Telefonbücher aus der ganzen Welt enthalten, wo ich die Namen meiner Romanfiguren fand, außerdem meine Land- und Straßenkarten, die amerikanischen, englischen, französischen und schweizerischen Medizinzeitschriften, auf die ich abonniert war, denn die Medizin blieb das, was die Angelsachsen ein »Hobby« nennen, das heißt meine hauptsächliche Zerstreuung, wenn nicht meine Manie.

Vom ebenfalls mit Stein gepflasterten Flur eine einfache Tür mit zwei Flügeln, dahinter ein ziemlich düsterer Raum, wo der Flügel thronte, den ich in der Hoffnung gekauft hatte, daß Marie-Jo sich eines Tages dafür interessieren würde, was auch eintraf.

Das nächste Zimmer war das Spielzimmer der Kinder, dessen verglaste Doppeltür auf eine Terrasse führte, die, ebenso groß wie der Salon, von einem schmiedeeisernen Gitter umgeben war.

Erinnert ihr euch daran, meine Kinder? Wenn ich soviel Nachdruck darauf lege, dann deshalb, weil ihr in diesem Rahmen die Jahre verbracht habt, wo ihr das, was uns umgab, am meisten in euch aufnahmt. Jeder von euch besitzt einen Ordner, der sowohl eure Fotografien von diesen Jahren als auch eure Zeugnishefte, eure Arztrezepte und die kleinen Briefchen enthält, die ihr mit euren kleinen Freunden austauschtet. Dazu kommen eure ersten Zeichnungen mit Farbstiften, dann die mit Wasserfarben und, bei Marie-Jo, ihr erstes Bild mit Ölfarbe.

Ich habe in der letzten Zeit Abzüge von den Fotografien gesehen, einige Zeichnungen, die ihr mir geschenkt habt, und ich gestehe euch, daß meine Augen feucht wurden, meine Kehle wie zugeschnürt.

Das Eßzimmer mit den roten Wänden, daran Bilder von Vlaminck, meinem besten Freund von einst, in ihren Goldrahmen.

Ein großer Ausziehtisch aus glänzendem Nußbaum, eine Anrichte und als Verbindung zur Küche eine sehr lange Durchreiche, denn die Wände waren hier ungewöhnlich dick.

Abwechselnd verstecktet ihr euch darin. Johnny und Marie-Jo spielten »Spione« und zögerten nicht, in die Durchreiche zu kriechen, was ihnen gestattete, die Worte zu hören, die in der Küche oder im Eßzimmer gesprochen wurden.

Eine sehr große Küche, verbunden mit einer Vorratskammer. Ein Tisch, an dem zehn Gäste Platz nehmen konnten.

Zweites Stockwerk, zum Garten hin. Über meinem zukünftigen Arbeitszimmer, das ich manchmal ironisch, aber ohne Bitterkeit, mein Gefängnis nennen würde, die Waschküche, die auch als Nähzimmer diente, mit den Holzpfosten, wo man die Wäsche zum Trocknen aufhängte. Eine kleine Treppe führte in eine Rumpelkammer, die ebenfalls eine andere Bestimmung bekommen sollte.

Dann vom Flur aus zwei miteinander verbundene Zimmer, die von Marie-Jo und ihrem neuen Kindermädchen, denn hier hatte Boule wieder ihren Platz am Herd eingenommen. Das hinderte sie nicht daran, sich viel um die Kinder zu kümmern, die sie ein wenig als ihre betrachtete, sie, die keine hatte und nie welche haben würde. War sie nicht die mütterlichste Frau im Hause? Sie verhätschelte die Kinder bis zum Schluß, bis heute, 1980, bei Marc, wo sie im Wald von Rambouillet so etwas wie der Kern der Familie geworden ist.

Dein Zimmer, Marie-Jo, war sonnendurchflutet und von dort aus sah man, quer durch große Bäume, auf ein Blumenbeet und einen Abhang mit Weingärten.

Dein neues Kindermädchen würde ebenfalls eine Rolle in eurer Kindheit spielen. Sie hieß Nana und kam aus der besten Kindergärtnerinnenschule des Wallis, die einen so guten Ruf in der Welt hatte, daß die zukünftigen Absolventen ein Jahr im voraus reserviert wurden, sogar von den wenigen noch bestehenden Königshöfen. Diese Besonderheit hatte D. beeindruckt, so wie alles, was Rang hatte, und auch wir hatten Nana fast ein Jahr vorher vormerken lassen, noch als wir auf der Suche nach einem Haus zwischen Cannes und Lausanne hin und her gependelt waren.

Die Uniform der Schule, die die Schülerin auch nachher noch trug, war kleidsam und freundlich, ein blau und weiß gestreiftes Kleid mit einem weißen Kragen; ein gestärktes, ebenfalls weißes Häubchen. Nana war ganz jung, noch schüchtern, und sie würde lange Zeit auf euch aufpassen.

Das schönste Zimmer mit der meisten Sonne, denn es hatte Fenster zum Süden und zum Westen, war das, was Johnny zufiel. Es war nicht mit den anderen verbunden, und Marie-Jo war noch zu klein, um es ohne Aufsicht zu bewohnen. Das sollte sich später ändern, mein armer Johnny, als Marie-Jo, älter geworden, ihren Platz einem neuen Brüderchen abtrat und der Verschlag über der steilen Treppe dein Nest wurde, nachdem wir ein winziges Badezimmer eingebaut hatten. Zu der Zeit würdest du allerdings alt genug sein, um dein Los widerspruchslos zu akzeptieren.

Eure Mutter und ich begnügten uns dagegen mit der Hofseite. Ein Boudoir gegenüber Johnnys Zimmer, dunkler, weil es erst nachmittags Sonne bekam. Ein Fenster zeigte auf einen Teil des Gartens, das andere auf eine schmale Straße, mehr ein Landweg, und auf das Dorf.

Ein schmaler Flur führte zu unserem Zimmer, das noch finsterer war, wo nur im Sommer am späten Nachmittag ein Strahl der untergehenden Sonne hingelangte. Im Flur war eine Vertiefung mit Regalen für meine Wäsche und einer Kleiderstange ausgefüllt. Die alten Schlösser halten so unerwartete Überraschungen bereit.

Von einem Fenster aus konnte man den Weg sehen, von einem anderen das, was D. den Ehrenhof nannte, wegen des Gittertores.

D. verfügte über ein rundes Türmchen neben ihrem Boudoir, wo sie ihre Kleider und ihre Dessous aufbewahrte. Unser Badezimmer aber war in dem anderen Türmchen eingerichtet worden, und man mußte sich bükken und eine Stufe hinuntergehen, um es zu betreten. Durch die beiden Fenster, mehr Schießscharten, konnte man die ersten Dächer des Dorfes sehen, die einen Anblick à la Vlaminck boten, und ich betrachtete es gerne, während ich mich rasierte. Eine Badewanne, WC und ein Waschbecken.

In dem Schlafzimmer thronte das große Bett, das wir in Chicago bestellt hatten, als wir noch in Tumacacori in der Wüste von Arizona gewohnt hatten. Es hätte vier Personen und mehr Platz bieten können, und in den Vereinigten Staaten nannte man diese Schlachtfelder »Hollywood Beds«.

Schlachtfeld der Liebe. Manchmal hatte es zu diesem Zweck gedient, wenn ich eine hübsche Frau mitgebracht hatte, und D. hatte sich aktiv an unserem Liebesspiel beteiligt, so wie sie in Kuba daran Gefallen gefunden hatte.

Es wurde immer weniger für Liebesspiele, auch zu zweit, verwendet, denn ich gewöhnte mir an, früh, um zehn Uhr, ins Bett zu gehen und um sechs Uhr morgens aufzustehen, während D. abends so lange wie möglich aufblieb und einen guten Teil des Vormittags im Bett oder in ihrem Boudoir verbrachte.

Von dort aus telefonierte sie. Wir hatten überall Telefonapparate anschließen lassen. Sie telefonierte leidenschaftlich gerne, vor allem auf weite Entfernungen, und sie rief für nichts und wieder nichts meinen Verleger in New York oder einen Produzenten in Hollywood an, plauderte über alles und nichts eine halbe Stunde oder länger.

Sie liebte es auch, Aitken hinaufkommen zu lassen, wenn sie ihre Toilette im Boudoir machte, um ihr mehr oder weniger nützliche Briefe zu diktieren. Ich sehe Aitken noch auf der Stufe zum Badezimmer sitzen und unerschütterlich ein Diktat aufnehmen, während D., wie Ludwig XIV, einen Meter fünfzig von ihr entfernt, ihre kleinen und großen Geschäfte verrichtete.

Fand D. Vergnügen daran? Sie würde diese Angewohnheit später in Epalinges beibehalten, und mein Schamgefühl, das ich von den Simenons und aus meiner Vergangenheit als Meßdiener geerbt hatte, wurde oft verletzt.

Das Personal wurde notwendigerweise zahlreicher. Ein Teil schlief in dem obersten Stockwerk mit Mansardenfenstern, wo ich ein wenig geräumiges Badezimmer einrichten ließ.

Insgesamt von Anfang an sechs Personen, darunter ein italienischer Gärtner, den die Besitzerin vor unserem Einzug einige Stunden pro Woche beschäftigt hatte.

D. liebte es, ihre kleine Welt in fast militärischer Art zu dirigieren, und jeder mußte eine bestimmte Arbeit zu einer bestimmten Zeit ausführen. Abends nach dem Essen versammelte sie das Personal um den Küchentisch für den »Rapport«, wie sie es nannte. Sie ließ es so lange wie möglich dauern, befragte jeden über seine Tätigkeiten während des Tages, stellte den Zeitplan für den nächsten Tag auf, diskutierte über die freien Tage der einzelnen und die Vertretung für diesen Tag.

Ich war von diesem Palaver, wie es die Schwarzen Afrikas nennen, ausgeschlossen, aber ich wußte, daß es manchmal Tränen und Auflehnungsversuche hervorrief.

So war es bei dem Gärtner Evolti. Er hatte in Wirklichkeit nicht genug Arbeit draußen, um seine Tage auszufüllen. Er war gerne dazu bereit, an den Tagen, wenn wir Gäste hatten, bei Tisch zu servieren, in schwarzer Hose und weißer Jacke. Er fand sogar Gefallen daran, und ich erinnere mich an einen Tag, als . . .

Wir hatten Freunde aus Cannes eingeladen, den Baron und die Baronin

Van Zeeland, die jeden Monat nach Basel zur Versammlung des Internationalen Währungsfonds oder einer anderen Institution dieser Art kamen, deren Sitz Basel war.

Van Zeeland, charmant wie seine Frau, trug einen ziemlich langen, graumelierten Bart, mehr weiß als schwarz. Wir plauderten vergnügt miteinander. Evolti bediente. Dann mußte er unserem Gast die Ente *à l'orange* in einer wohlriechenden Sauce reichen. Er machte das so, daß der Bart des bedeutenden Barons über die Platte strich und voller Sauce war.

Glücklicherweise lachte er. Wir lachten alle, und D. beeilte sich, den Schaden zu beheben.

Nach den Plänen, die von D. aufgestellt wurden, mußte Evolti eigentlich frühmorgens die Büros im Erdgeschoß saugen. Nach einigen Tagen erfuhr D., daß nicht der Gärtner diese Arbeit machte, sondern Yole, das Zimmermädchen, das eigentlich mit den Zimmern in der ersten Etage betraut war. Geplänkel. Am nächsten Tag saugte Yole trotzdem die Büros. Evolti versprach wieder . . .

Das dauerte eine gewisse Zeit. D. vergaß, daß Evolti Italiener war und daß ein italienischer Mann, vor allem wenn er die Funktion eines Gärtners hat, sich nicht zu Arbeiten für Frauen herabläßt. Letzten Endes gewann er die Partie, indem er erklärte, daß seine Lunge es ihm nur erlaube, wie ihm irgendein Arzt gesagt hatte, an der frischen Luft zu arbeiten.

Außer als Haushofmeister.

Ich glaube, das war D.s erste Niederlage, und das Personal lachte sehr, denn Evolti, der einzige Mann unter diesen Frauen, war sehr beliebt.

Ich erinnere mich nicht mehr, wann D. es für notwendig erachtete, eine zweite Sekretärin einzustellen, die sie Blinis taufte, denn sie liebte es, die Leute nach ihrem Geschmack zu taufen. Sie war dunkelhaarig, klein, mit einem Klumpfuß, aber sie behielt, was auch geschah, immer das angenehmste Lächeln bei, und sie verstand sich sehr gut mit Aitken.

Allerdings hatte diese die Gabe, sich mit allen gut zu verstehen, selbst wenn D. sie bis halb acht oder acht Uhr abends im Büro festhielt. Nicht um zu arbeiten. Um eine Entschuldigung zu haben, nicht mit uns zu Abend essen zu müssen. Auch um zu plaudern; endlich und vor allem, um vor dem Hinaufgehen zwei oder drei Whisky zu trinken, an den Tagen, an denen sie nicht die Gelegenheit gehabt hatte, sie in einer der vornehmen Bars von Lausanne zu trinken, insbesondere in der Bar des Lausanne-Palace, wo der freundliche italienische Barkeeper seine Gäste kannte und D. großzügig bediente.

Ich höre D. noch, wie sie, ihr Glas ansehend, zu ihm sagte:

»Mein Gott! Jetzt haben Sie es noch ertränkt.«

Er warf mir einen unauffälligen Blick zu und goß einen großen Schluck Scotch nach.

Ich habe von den kleinen Anzeichen gesprochen, die ich ohne Widerspruch, aber nicht ohne Kummer registrierte, denn ich hoffte immer noch, ich würde bis zum Schluß hoffen.

Ich erinnere mich an einen Barkeeper in Paris, der mir einmal anvertraute:

»Wissen Sie, warum so viele Frauen die diskreten Bars aufsuchen, vor allem zu der Zeit, wo diese fast leer sind?«

Ich wußte es nicht.

»Sie werden sagen, um zu trinken, was natürlich stimmt. Aber sie tun es vor allem, um ihr Herz auszuschütten, wobei sie erröten würden, wenn sie es bei irgend jemandem ihrer Kreise täten. Für sie sind wir keine Menschen, sondern anonyme Wesen, Untergebene, denen man alles anvertrauen kann.«

Wir hatten in vielen Bars dieser Art verkehrt, D. und ich. Und schon in New York hatte ich den Verdacht gehabt, daß ich in diesen Augenblicken nicht existierte. Sie sprach dann nicht zu mir, sondern zu dem Barkeeper. Sie kannte ihre Leute, merkte schnell, wer zuhören konnte. Ich konnte nämlich nicht zuhören, oder vielmehr, sie wußte mir nur Dinge zu erzählen, die sie schon hundertmal erzählt hatte.

Ich gewöhnte mir in Echandens an, sie nachmittags auf eine Autofahrt mitzunehmen, insbesondere auf das Plateau, das sich bis zum Fuß des Jura erstreckt und von wo aus man, so weit das Auge reichte, nur Weizenfelder und Weideland erblickte, unterbrochen von weißen Bauernhäusern.

Ich sprach mit ihr. Ich hatte ihr immer etwas zu erzählen, denn ich war älter als sie und hatte auf vielen Gebieten zahlreiche Erfahrungen gemacht. Ich bemühte mich, sie zu interessieren, und sei es auch nur für die hübschen braunen und weißen Flecken der Kühe in der Landschaft. Wenn ich dann keinerlei Echo vernahm, sah ich zu ihr hinüber und fand sie eingeschlafen.

Das war wiederholt in den Vereinigten Staaten geschehen, in atemberaubenden Gegenden. Hier wurde es zur Regel, und zum Schluß verzichtete ich darauf, sie herumzufahren und sie zu zerstreuen.

Kurz vor dem Kriege hatte ich einen Roman mit dem Titel *Les inconnus dans le maison* geschrieben, den Raimu wunderbar in einen Film umgesetzt hatte, und er gestand mir später, daß das in seinen Augen sein bester Film gewesen sei.

In Echandens war ich zwar kein Unbekannter im Hause, aber ich war jedenfalls eine unerwünschte Person, außer wenn ich, eingeschlossen in meinem Arbeitszimmer mit einem »*Do not disturb*« an der Tür, meine Romane schrieb. Wozu war ich sonst noch gut? Für die Liebe? Sie sehnte sich immer weniger danach, spielte keine Ekstase mehr vor, schuf sich *endlich* ihre eigene Welt unter der gesellschaftlichen Rechtfertigung »Madame Georges Simenon«. Die Madame genügte. Der Monsieur war überflüssig geworden und störte nur.

Manchmal, nach meinem morgendlichen Kapitel, ging ich in ihr Boudoir hinauf, wo ich sie plaudernd antraf, mit Aitken, mit ihrem Zimmermädchen, mit Boule oder ihrer Weißnäherin. Sie drehte sich halb zu mir um und fragte so nebenbei:

»Was willst du?«

»Dich küssen.«

Sie reichte mir resignierend ihre Wange hin, und ich, verstehe wer will, ich resignierte nicht.

Manchmal ging ich auch nach meiner Siesta in ihr Büro hinunter.

»Was willst du, Jo?«

»Dich!«

Sie seufzte, entschuldigte sich bei Aitken und ging in Marcs Zimmer voraus, das fast immer unbewohnt war, zog ihren Schlüpfer aus, legte sich hin.

»Mach schnell!«

Sehnte ich mich immer noch physisch nach ihr? Um ehrlich zu sein, ich glaubte es nicht, aber das gehörte dazu, was ich nur schwer erklären konnte.

Eines Tages – ich glaube, sie hatte verstärkt Whisky getrunken, was immer häufiger vorkam – eines Tages also ging ich in ihr Büro. Aitken stand neben dem Louis-XVI-Möbel. Der unvermeidliche Dialog:

»Was willst du?«

»Dich!«

An jenem Nachmittag begnügte sie sich damit, sich auf den Teppich zu legen.

»Mach schnell . . . Bleiben Sie, Aitken . . .«

Diese blieb. Ich bekam ein Augenzwinkern, was mich davon abhielt, hinauszugehen und D. auf dem Teppich liegenzulassen.

Marie-Jo und Johnny gingen beide zur Schule. Wir engagierten einen alten Chauffeur mit einem Bein, den einzigen der Stadt, denn die Vorschriften für Invalide waren streng. Er hieß Alphonse und hatte sein Bein verloren, als er, obwohl Schweizer, unter dem Befehl von Marschall Joffre an der Marneschlacht teilgenommen hatte. Dank eines persönlichen Briefes des greisen Marschalls an die Gemeinde von Lausanne hatte er seine Lizenz erhalten.

Für die Kinder hatte ich einen soliden Land-Rover gekauft, der alle Straßen aushalten würde. Wenn ich sie während meiner Romane auch nicht selbst zur Schule fuhr, so holte ich sie doch wenigstens ab, wie in Cannes, was einer der besonderen Momente meines Tages war.

Die Kinder vergötterten Alphonse, und die Polizisten der Stadt kannten ihn so gut, daß sie beide Augen zudrückten, wenn er an einem verbotenen Platz parkte. Alphonse ging auch auf den Markt, und bei den Händlern war er nicht weniger beliebt.

Er hatte das gerötete Gesicht eines Trinkers, und er war einer, aber einer, der bewußt trank und es sich gut einteilte. Während der Woche begnügte er sich mit einem »3 dl« Weißwein, wenn sein Arbeitstag beendet war. Samstags dagegen, wenn er von mittags an frei hatte, trank er sich in dem Dorfgasthof einen ordentlichen Rausch an, und häufig mußte er zwei Häuser weiter nach Hause getragen werden. Er rauchte nur Zigarre. Ich hatte mir angewöhnt, ihm zum Neuen Jahr ein Kistchen zu schicken, was ich auch noch tat, als er nicht mehr bei uns war. Noch heute, im Jahre 1980, schicke ich ihm alljährlich seine Zigarren.

Ich konnte noch so viel schreiben, fünf bis sechs Romane jedes Jahr, viel lesen, vor allem englische und amerikanische Zeitungen und Zeitschriften, es blieben mir immer noch leere Stunden, und um meinem Käfig zu entkommen, spielte ich wieder Golf, was ich vor dem Krieg und in den Vereinigten Staaten oft getan, in Cannes aber vernachlässigt hatte.

Der Golfplatz von Lausanne, in Epalinges, von wo aus man einen wunderbaren Blick hatte, nahm mich sofort gefangen.

Ich spielte viel, manchmal zwei Durchgänge hintereinander mit achtzehn Löchern, alleine, denn ich fand keinerlei Geschmack an den ziemlich versnobten und gespreizten Leuten, denen man dort begegnete, wie auf den meisten Plätzen Europas, England ausgenommen. Ich telefonierte am Abend, um für den nächsten Morgen um acht Uhr einen Caddy zu bestellen.

Ich war alleine mit ihm, ganz von den Schwierigkeiten des Geländes in Anspruch genommen, so stark, daß ich nachts aufwachte und mich fragte, welchen Fehler ich bei dem dritten oder elften Loch gemacht hatte.

Ich ging dorthin, wenn das Gras noch mit Tau bedeckt war, so als hätte es in Strömen gegossen, oder wenn der Wind, der über das Plateau wehte, die Bälle aus der Bahn trug. Wenn die Partie beendet war, setzte ich mich in einen Winkel der Bar, um mich mit einem holländischen Bier zu erfrischen, während damit begonnen wurde, die Tische für das Mittagessen zu decken.

Das erinnert mich daran, daß ich auch häufig in Villars-sur-Ollon Golf gespielt hatte, einem Höhenluftkurort oberhalb von Aigle.

Damals waren D. und ich hin und her gependelt, während die Kinder in Cannes geblieben waren. Unser Freund Martinon hatte mir Ende Juli gesagt:

»Hier ist es im August sehr unangenehm, und ich rate Ihnen, mit Ihren Kindern den Monat im Gebirge zu verbringen, wie es viele Leute aus Cannes machen.«

Martinon war es auch, der mir die Adresse eines Hotels in Villars gegeben hatte, nicht vom Palace, sondern von einem sympathischen Familienhotel, wo die Zimmer Jahr für Jahr von Stammgästen belegt wurden. Dank Martinon hatten wir welche für unsere kleine Familie bekommen, und die Kinder waren selten so glücklich gewesen wie in jenem Monat.

Ein großer Salon, der nichts Würdevolles an sich hatte, wurde für die Mahlzeiten in ein Eßzimmer umgewandelt, und die zahlreichen Kinder spielten dort.

Im Untergeschoß befand sich eine Art Cabaret, das meistens proppenvoll war und bis spät in die Nacht hinein geöffnet blieb, denn ein Animateur, Serge, ein Schauspieler der Music-hall, schaffte dort eine fröhliche Atmosphäre, er sang, erzählte komische Geschichten und brachte selbst die griesgrämigsten Paare zum Tanzen.

Selbstverständlich fand D. sofort Gefallen an Serge und der Atmosphäre des Cabarets, wo sie Wert darauf legte, zu den letzten Gästen zu gehören, manchmal bis zum frühen Morgen. Sie kehrte zum Leben zurück wie eine Pflanze, die kein Wasser bekommen hatte. Inmitten der Großbürger spielte sie den Star, und Serge wurde, ebenso wie der Barkeeper, ihr Liebling.

Nicht weit vom Hotel gab es einen Golfplatz mit neun Löchern, ein hügeliger Platz, wie ich es mag, wo man manchmal die Bälle über einen kleinen Zug hinweg schlagen mußte, der den Abhang erklomm.

Marc begleitete uns, hübsch, gebaut wie ein jugendlicher Liebhaber von Hollywood zu der Zeit, als der jugendliche Liebhaber wohl noch ein Adonis gewesen war. Eines Tages zeigte er mir eine Frau, die alleine an einem Tisch saß, hübsch, etwa dreißig Jahre alt, die ich schon in Begleitung eines kleinen Jungen gesehen hatte. Marc und ich spielten dasselbe Spielchen wie in Cannes, als er die Badenden zum hüllenlosen Sonnenbad, sehr weit von der Küste, gefahren hatte.

»Gefällt sie dir, Dad?«

»Ich würde nicht nein sagen.«

»Sie auch nicht. Ich gebe dir den Rat, mit ihr zu sprechen. Ich habe einen Teil der Nacht mit ihr verbracht, und ich versichere dir, daß sich die Mühe lohnt.«

Ich lud sie zum Tanzen ein, einmal, zweimal, dann forderte ich sie auf, eine Viertelstunde später, unauffällig zu mir in unser Zimmer zu kommen, dessen Nummer ich ihr gab. Nachdem ich D. davon in Kenntnis gesetzt hatte, die sich mit einem Lachen begnügte, ging ich hinauf, und wir verbrachten eine sowohl aufregende als auch erregte Stunde miteinander. Danach setzten wir uns, als wäre nichts gewesen, an unsere jeweiligen Plätze im Cabaret. Ich glaube, das erregte D., denn hinterher war sie sinnlicher, auf jeden Fall genießerischer.

Das Schönste an diesem Hotel waren die Vorstellungen, die Serge an regnerischen Nachmittagen für die Kinder in der Bar organisierte. Er hatte die Gabe, seine komische Art der Jugend anzupassen, und darüber hinaus besaß er ein wirkliches Talent für die Zauberei.

Die Eltern waren zu diesen Vorstellungen nicht zugelassen, außer um die ganz Kleinen zu begleiten. Ich beobachtete euch, Johnny und Marie-Jo, durch den Spalt einer Tür. Ich sah Johnny, der, gewöhnlich ernst, laut lachte, daß es ihn schüttelte. Deine Augen, Marie-Jo, drückten eine Art Verzückung aus.

Serge bildete Paare, die anfänglich schüchtern waren, jedoch zu tanzen anfingen, zuerst ein wenig linkisch, schließlich mit Begeisterung. Einmal dabei, hörten sie nicht mehr auf und riefen:

»Weiter!«

Der unermüdliche Serge erfand immer neue Spiele. An einem stürmischen Tag kündigte er einen Maskenball für die Kinder an. Sie hatten die Wahl zwischen verschiedenen Kostümen, ausgefallenen Kleidern und Hüten, die wohl jedes Jahr gebraucht wurden und worunter jeder mehr oder weniger das Richtige fand. Stapel von Masken, Schnurrbärten, Bärten . . . Serge half beim Anziehen und kümmerte sich nacheinander um jeden.

Ein Trubel, ein Tohuwabohu, ein kindliches Stimmengewirr, und als ihr, nachdem ihr gebadet hattet, zum Abendessen nach unten kamt, meine Kinder, mit noch lebhaftem Gesicht, fingt ihr an, vor Müdigkeit zu gähnen.

D. wollte, daß ich ihr eine komplette Golftasche schenkte, und wie gewöhnlich ließ sie ihre Initialen anbringen.

Ein »D«, wie auf dem kleinen Häuschen, das wir durch Zufall entdeckt hatten und das ich auf ihren Namen gekauft hatte, im oberen Teil von Cagnes-sur-Mer an einem abschüssigen Gäßchen, das für Autos gesperrt war, einen Steinwurf vom Palast der Grimaldis entfernt.

Ich hatte daraus ein Schmuckkästchen machen wollen. Ein großes Zimmer, in das man durch eine Außentreppe gelangte. Ich hatte bei einem Schmied, der, wie die meisten Schmiede, seine Kunst mit Begeisterung ausführte, ein Geländer mit dem Buchstaben »D« bestellt.

Mein alter Freund Marcel Vertès, treuer Gast der häufig verrückten Abende und Nächte an der Place des Vosges, hatte ein in die Mauer eingefügtes Keramikbild angefertigt, zwei Meter hoch, das ein nacktes junges Mädchen mit gleichzeitig liebebedürftigem und unschuldsvollem Aussehen darstellte.

Die Möbel waren von einem Tischler aus der Gegend im provenzalischen Stil entworfen worden. Eine große Bar nahm den hinteren Teil des Zimmers ein, teilweise verdeckt durch einen tiefen Zwischenstock, in dem sich das Bett und das Badezimmer befanden.

Die Silberbestecke waren, wie alles übrige, mit dem Buchstaben »D« gekennzeichnet.

Schließlich ging ein Kabel über das Gäßchen, das mit einer Klingel im Restaurant gegenüber verbunden war, was es uns erlaubte, in einem behaglichen Winkel zu essen.

Auch die Wäsche war mit einem »D« gekennzeichnet. Sie wurde nie benutzt, ebensowenig wie die Kristallgläser, das Bett, das Badezimmer. Ein einziges Mal äußerte D. den Wunsch, die Nacht in »ihrem« Haus zu verbringen. Das war im Winter. Ich rief den Gastwirt von gegenüber an, er solle ein Feuer im Kamin machen. Als wir in der Nacht ankamen, versperrten Feuerwehrleute die Gasse. Man hatte ein zu reichliches Feuer angezündet, und der Kamin sowie ein Teil der Decke hatten gebrannt.

Ich gab Anweisungen, die Dinge wieder in Ordnung zu bringen. Man tat das wohl. Ich bin nie mehr wieder mit D. dorthin zurückgekehrt. Ich weiß nicht, ob sie seit den sechzehn Jahren, die wir nun getrennt leben, dieses mit soviel Liebe eingerichtete Häuschen wiedergesehen hat. Ich glaube es nicht, trotz all dieser »D« überall.

Für euch schreibe ich dies alles, meine Kinder. Ihr werdet euch vielleicht sagen, daß euer Vater ein Idiot war.

Vielleicht naiv. Auf jeden Fall dickköpfig.

Der, ohne euer Wissen, sehr viel gelitten hat.

51

Meine Kinder.

Für euch vier, für meinen großen Marc, der uns bald verlassen sollte, für Johnny und Marie-Jo, ebenso wie für Pierre, der 1959 in Echandens geboren wurde, habe ich mich gestern bemüht, das Schloß zu beschreiben, das für jeden von euch eine mehr oder weniger wichtige Rolle in eurem Leben gespielt hat.

Die Anordnung der Zimmer, der Platz jedes einzelnen waren nicht ohne Einfluß auf die Erinnerungen, die euch geblieben sind. Vielleicht auch nicht auf ein Drama, das bereits schwelte und eines Tages ausbrechen würde, wovon euch fernzuhalten ich mich, nicht immer mit Erfolg, so sehr bemüht habe.

Seht in den Seiten, die ich geschrieben habe und die ich noch schreiben werde, vor allem nicht die geringste Bitterkeit in bezug auf irgend jemanden. Meine Devise, sofern ich eine habe, ist genug wiederholt worden, und ich habe mich immer daran gehalten. Es ist die, die ich meinem guten Maigret geliehen habe, der mir in bestimmten Punkten ähnelt,

»Verstehen und nicht urteilen«.

Nun, wenn ich diese Memoiren schreibe, indem ich mich ohne Zorn, ohne Haß, ohne Verachtung vortaste, dann deshalb, um zu versuchen, das, was passiert ist und was ich damals erst ahnte, besser zu verstehen.

Das Schloß in Echandens, weder schön noch häßlich, in dem früher die Berner Vögte geherrscht hatten, hat in unser aller Leben eine Rolle gespielt. Es war nötig, daß ich ihm seinen Platz einräumte.

Als wir uns dort im Juli 1957 niederließen, warst du, Marc, achtzehn Jahre alt, und dein Leben wie deine Laufbahn sollten sich dort entscheiden. Du glaubtest immer noch, wie du mir in einem langen Brief voller Klarheit und Zuneigung schriebst, dich den Naturwissenschaften zuwenden zu wollen, und du besuchtest die Vorlesungen an der Universität Lausanne, wo du dich eingeschrieben hattest.

Als kleiner Junge warst du der Natur schon sehr verbunden gewesen. Erinnerst du dich an die Pilze, die du mit mir in Saint-Mesmin-le-Vieux in der Vendée gesammelt hast, in der morgendlichen Kühle und dem Tau? Erinnerst du dich an deine Blindschleiche, die du in deiner Tasche hattest und die nachts vor der Küchentür auf dich wartete? An den riesigen Puter, den du auf dem Arm trugst und der genauso schwer war wie du?

An dein Pferd in Arizona, an die Forellen, die du mit der Hand fingst, ohne daß sie verscheucht wurden, so als spürten sie, daß du nur ihren hellen und zarten Bauch streicheln wolltest, bevor du sie wieder in unsere Bäche warfst? An die Wasserschildkröten, die du sammeltest, auch die, die dir mit einem Biß ihrer spitzen Schnauze einen Finger hätten abbeißen können? An die Schlangen, um die aus den tropischen Gegenden kommen zu lassen du mich batest?

Man hätte meinen können, daß du in direkter Verbindung mit der Natur standest, die deinen Augen, so hell in deinem gebräunten Gesicht, einen oft träumerischen Ausdruck verlieh, so als wärest du, wie es einer deiner Lehrer in Hotchkiss sagte, plötzlich der Klasse entkommen, um durch die Weiten zu hüpfen.

Auch das Meer zog dich an, das Tiefseetauchen, diese von Leben wimmelnden Tiefen, die du zwischen Algen und Felsen entdecktest. Naturgeschichte bedeutete für dich eigentlich Ozeanographie, das Studium, die Entdeckung einer wunderbaren Welt, die das Kino und das Fernsehen noch nicht zu etwas Alltäglichem gemacht hatten.

Um dich auf dein Universitätsstudium vorzubereiten, zwangst du dich dazu, in der Ecole Lemania in Lausanne, die sich noch in den grünen Park von Montbenon schmiegte, deine Kenntnisse in der Mathematik, Physik und Chemie zu vervollkommnen, die das *sine qua non* des Studiums waren, von dem du träumtest.

Ein abschreckendes und strenges Vorzimmer für den Palast deiner Träume, den zu betreten du es eilig hattest.

Ich beobachtete dich, wenn du in deinem für dich zu kleinen Wagen zu verschiedenen Uhrzeiten zu weiteren Privatstunden fuhrst.

Ich sah, wie sich dein Gesicht in dem Maße verdüsterte, wie die Wochen und Monate verstrichen. Deine Laune beunruhigte mich, deine Müdigkeit, tausend kleine Wehwehchen, die dich körperlich plagten.

Ich sprach mit deiner Mutter darüber, als sie in einem komischen Hotel nicht weit vom Schloß abstieg oder dich durch die Hintertür besuchte. Auch Tigy hatte diese Veränderung bemerkt und sorgte sich wie ich.

Ich versuchte schüchtern, etwas aus dir herauszubekommen. Vergebens, denn du hattest immer Angst, mir Kummer zu machen oder mich zu enttäuschen. 1959 dann vertraute ich mich einem befreundeten Neurologen an, einem lebensfrohen Mann mit offenem und fröhlichem Gesicht, hinter dem ein gewissenhafter Diagnostiker steckte.

Er riet mir, dich zu ihm zu schicken, nicht in seine Sprechstunde, sondern abends, wenn er im Fernsehen die Fußballspiele sah, denn er war ein begeisterter Anhänger dieses Sports.

Du gingst mehrere Male zu ihm. Ihr plaudertet bei einer Flasche Bier. Nach und nach öffnetest du dich ihm, und eines Tages bat er mich, ihn meinerseits zu besuchen, ebenfalls abends, zur Fernsehzeit, jeder ein Glas Bier in der Hand.

Er sagte mir ohne Umschweife:

»Ich habe endlich die Sorgen Ihres Sohnes herausgefunden. Die Mathematik und die sogenannten exakten Wissenschaften stoßen ihn ab . . .«

Ich hatte es seit langem geahnt, aber ich wartete ängstlich auf das, was folgte.

»Ihr Sohn Marc, der Sie geradezu verehrt, will Ihnen um keinen Preis Kummer machen. Er hat sich in den Kopf gesetzt, daß Sie unbedingt wollen, daß er studiert . . .«

Armer Marc! Hattest du noch nicht begriffen, daß ich niemals ehrgeizige Ziele verfolgt hatte, nicht für mich, und schon gar nicht für meine Kinder? Du hättest mir sagen können, daß du Klempner werden wollest, ohne daß ich enttäuscht gewesen wäre.

Das Folgende aber sollte mich überraschen, denn nichts hätte mich bisher auf die richtige Spur bringen können.

»Marcs Traum ist es, Filme zu machen.«

Ich dachte zuerst, daß du Schauspieler werden wolltest, denn du hattest das Äußere eines verführerischen jugendlichen Liebhabers.

»Er wäre gerne Regisseur, wagt aber nicht, es einzugestehen.«

Nun war ich an der Reihe, Marc, fröhlich zu dir zu sagen:

»Dummkopf!«

Du hast eine Dichterseele, eine grenzenlose Phantasie.

»Sind Sie enttäuscht, Simenon?«

»Im Gegenteil, hocherfreut. Ich werde gleich morgen meinen alten Freund Jean Renoir anrufen, der im Augenblick in Paris ist, wie ich weiß.«

Jean Renoir, auch er ein Träumer, ein Dichter, der nach Meinung aller den Film revolutioniert hat.

»Bist du nicht verärgert? Bist du mir nicht böse?«

»Morgen rufe ich Jean an. Er beginnt wohl in nächster Zeit mit einem Film . . .«

Mit einemmal warst du nicht mehr derselbe wie in der letzten Zeit. Ich telefonierte mit Paris, hatte Jean an der Strippe. Seine gutmütige, warmherzige Stimme beruhigte mich.

»Ich nehme ihn sofort als Volontär. In zwei Tagen beginne ich mit den Dreharbeiten zu *Le déjeuner sur l'herbe* auf den ›Colettes‹, dem Besitz meines Vaters. Dein Sohn muß morgen früh hier sein, denn auch bei der Einstellung eines Volontärs sind eine Menge verdammter Formalitäten zu erledigen.«

»Er wird dort sein.«

»Kennt er sich ein wenig mit Motorrädern aus? Meine Frage hört sich idiotisch an, aber in meinem Film kommen viele Motorräder vor, und meine Assistenten verstehen nichts davon. Und kannst du dir etwa vorstellen, wie ich auf einem Motorrad sitze?«

Renoir hatte nichtsdestoweniger als Flieger im Krieg von 1914 gekämpft, und lange Zeit war er in einem Bugatti über Frankreichs Straßen gerast. Trunken vor Freude packte Marc seine Koffer, und Aitken ließ ihm einen Platz im Schlafwagen des Nachtzuges reservieren.

Vierzehn Tage später rief mich Jean von den »Colettes« an:

»Weißt du, daß dein Sohn ein toller Kerl ist? Ich brauchte für eine wichtige Szene etwa dreißig Motorradfahrer in Lederjacken, jeder mit einer Freundin an die Schultern geklammert. Ich dachte, es würde mich mehrere Tage kosten, um sie zusammenzubringen. Marc fuhr nach Cannes und kam mit dreißig Jungen und ebenso vielen Mädchen auf Motorrädern zurück . . .«

Natürlich! All deine Freunde, Marc, deine Freundinnen, bereit, nur so zum Vergnügen Statisten zu spielen.

»Ein anderes Mal«, fuhr Jean fort, »brauchte ich einen kräftigen Wind, und natürlich wehte kein Lüftchen. Weißt du, wie beim Filmtheater (Renoir weigerte sich, das Wort Kino zu benutzen, das er barbarisch fand) die Stürme gemacht werden?«

»Mit einem Flugzeugmotor und seinem Propeller.«

»Marc fuhr mit dem Lastwagen weg und kam ein paar Stunden später mit einem noch funktionierenden Flugzeugmotor wieder.«

Es gab damals in Cannes einen kleinen Flughafen für Sportflugzeuge. Ich fragte mich, ob er noch benutzt wurde. Marc fuhr geradewegs dorthin und fand das, was mein guter Jean suchte.

Später versicherte mir Renoir:

»Du kannst Vertrauen zu ihm haben. Ein Jahr als Volontär, ein paar Jahre als dritter, zweiter, dann als erster Assistent, und er wird etwas selbst machen können.«

Das übrige ist deine Sache, mein Marc. Nur von deiner Jugend und von deinen Anfängen wollte ich dir erzählen.

Was mich noch interessiert, ist, daß dein kleines Haus im Wald von Rambouillet heute alle möglichen, oft unerwartete Arten von Tieren beherbergt und daß du dich in den Ferien auf Korsika oder bei deiner Mutter in Nieul fachmännisch dem Tiefseetauchen widmest.

Dreh Filme, mit Höhen und Tiefen, wie alle Cineasten heutzutage ...

Fahre fort zu träumen, bewahre deine Dichterseele ...

Als wir uns in Echandens niederließen, wo wir sechs Jahre zu bleiben gedachten, war Marc, ich habe es schon gesagt, achtzehn, Johnny acht, Marie-Jo vier Jahre alt, und Pierre war weder geboren noch gezeugt. D. dagegen war siebenunddreißig Jahre alt und ich ... vierundfünfzig, sie und ich waren also siebzehn Jahre auseinander.

Unser Einzug fiel mit dem Sommer und den Schulferien zusammen. In diesem Jahr fuhren wir nirgendwohin, und ich versuchte, euch die Gegend entdecken zu lassen, zunächst, Johnny und Marie-Jo, indem ich mit euch jede Woche an den Markttagen, das heißt mittwochs und samstags, nach Morges fuhr, der nächstgelegenen Stadt.

War es die Tatsache, daß meine Mutter mit mir, sobald ich mich auf meinen Beinen halten konnte, auf den Markt ging, weswegen ich in meinem ganzen Leben eine Vorliebe für dieses Schauspiel hatte, für die Bauern und Bäuerinnen, die hinter ihren Körben mit Gemüse und Obst sitzen? Wegen der lebhaften oder zarten Farben von all dem, was aus den Gemüse- und Obstgärten kommt, wegen der Gerüche, die sich bei jedem Schritt verändern, wegen aller möglichen Stimmen und Töne, auf einigen

Märkten das Gackern der Hühner, das Krähen eines Hahnes, das Grunzen der jungen rosa Schweinchen?

Überall, wohin ich auf der Welt kam, war es nun in der französischen Provinz, im Herzen Afrikas, auf den Inseln im Pazifik, in Asien oder in den nordischen Ländern, eilte ich begierig auf die Märkte, die überall verschiedene Farben boten, mehr oder weniger bunt je nach den Breitengraden, dazu verschiedene Klänge, frisches Gemüse und Obst.

Der Markt in Morges, der sich auf eine sehr breite Straße mit alten Häusern, darunter einige historische Gasthöfe, konzentrierte, bezauberte mich mit dem Geplätscher seines Springbrunnens in der Mitte aus Stein und Bronze.

Wir fuhren alle drei dorthin, manchmal nur mit einem von euch beiden, in dem Land-Rover voller leerer Körbe. Zu der Zeit war es noch möglich, mitten auf dem Markt zu parken, und wir schlängelten uns durch die Menge, füllten nach und nach den ersten Korb, den wir dann in den Wagen stellten, um einen leeren herauszunehmen.

Johnny war ein Vielfraß, und sein Appetit reichte an den von Marc in seinem Alter heran, wenn er nicht noch größer war. Marie-Jo aber heftete ihre beinahe durchsichtigen Augen auf die jungen oder runzligen Gesichter der Bäuerinnen oder der Gemüsehändler; sie wurde vor allem von den bunten Blumensträußen gefesselt, die sie bis zum Ende ihres jungen Lebens malen würde.

Ich kaufte Blumen in den wärmsten Farben, die sie am liebsten hatte, und Korb folgte auf Korb, denn die Hausgemeinschaft war groß, und die Blumen brachten Freundlichkeit in alle Zimmer.

Das Kolonialwarengeschäft, lang und duftend, Kaffee, Gewürze, Säcke mit Reis und Trockengemüse neben der Theke . . .

Der italienische Laden schließlich, seine Schinken aus Parma, seine Ravioli, seine Würste, seine Salami . . .

»Sag, Dad, darf ich . . .«

Aber ja! Kuchen und sogar Rosinenbrot, das D. für ihr Leben gerne aß. Ich erinnere mich nicht daran, sie mit uns auf dem Markt gesehen zu haben. War sie nicht zu sehr mit den Geschäften, mit meinen Geschäften, befaßt? Nirgendwo übrigens, nicht einmal auf dem prachtvollen Marché Forville in Cannes, finde ich ihr Bild.

Endlich das Café an der Ecke, das es nicht mehr gibt, wo die Bäuerinnen und die Gemüsebauern etwas tranken und aßen, wobei die Männer einen »3 dl« weißen Landweines tranken. Alle sprachen laut, riefen sich über die Tische hinweg etwas zu, mit dem ein wenig schleppenden Akzent der Gegend, den ihr euch, Johnny und Marie-Jo, für eine lange Zeit angewöhntet, als ihr mit den Kindern unseres Nachbarn, Anne und Charlie, spieltet.

Habt ihr wenigstens einige Bilder vom Markt in Morges in Erinnerung behalten, dann, später, von dem in Lausanne, der die Place de la Riponne einnahm, sich durch eine schmale Straße bis zum Rathaus ergoß, wo er breiter, dann wieder enger wurde, die Rue Centrale übersprang, um den steilen Abhang von Saint-François zu erklimmen, und linksherum in die elegante Rue de Bourg eindrang?

Das Haus, das dem Schloß am nächsten lag und an die Wirtschaftsgebäude grenzte, war der große Bauernhof der Moinats, deren Ställe und Pferdestall unseren Fenstern gegenüberlagen.

Der Junge, Charlie, lang und schüchtern, träge auf den ersten Blick, aber nur auf den ersten, war in Johnnys Alter.

Anne, das Mädchen, lebhafter und quirliger, sollte die enge, unzertrennliche Freundin von Marie-Jo werden. Und bald tollte ihr im Spielzimmer herum, im Garten, in den Wirtschaftsgebäuden.

Vor allem zwischen Anne und Marie-Jo war es eine enge Freundschaft, und Marie-Jo war die erste, die, ohne daß es ihr bewußt wurde, den köstlichen Akzent des Waadtlandes ihrer Freundin nachahmte.

Zwischen Johnny und Charlie herrschte eine andere Beziehung. Ich werde dich nicht verstimmen, mein Johnny, wenn ich sage, daß du im Grunde ein weiches Herz hast und haben wirst. Der Junge von damals aber neigte in gewisser Weise dazu, Autorität zu beweisen. Meistens bestimmtest du die Spiele, die ihr spielen wolltet. Manchmal gelang es dir. Manchmal auch zog sich Charlie, ohne ein Wort zu sagen, ohne zu widersprechen, alleine in das Spielzimmer zurück, wo er sich in ein Buch vertiefte.

Marie-Jo war eitel, und ich war noch eitler mit ihr. Ich hatte die Angewohnheit, mit ihr in ein Geschäft auf der Rue de Bourg zu gehen, das nur Kleider und Wäsche für Kinder verkaufte. Ich liebe die kleinen hellen Kleidchen, vor allem weiß und geblümt, und in jener Zeit liebtest du sie auch. Ich ließ dich auswählen. Mit einem sehr sicheren Instinkt zeigtest du auf die Kleider, die dir gut standen.

Die Geschäftsfrau, eine gebürtige Belgierin, war jedesmal verblüfft über deine schnellen Entscheidungen und deine sichere Wahl.

»Darf ich auch dieses nehmen, Dad?«

»Ja, Marie-Jo.«

Die Verkäuferin kannte deine Größe für die Unterwäsche und die Strümpfe, und beladen mit Paketen kehrten wir nach Echandens zurück.

Du dagegen, Johnny, weigertest dich entschieden dagegen, deine Kleider anzuprobieren, die oft zu Hause geändert werden mußten. In eben dieser Rue de Bourg gab es ein Geschäft, das man ohne Übertreibung das Kinderparadies nennen konnte, für Kleine und Große, von Plüschtieren angefangen bis zu den kompliziertesten elektrischen Eisenbahnen. Dieses

Haus, das Zweigstellen in Zürich, Basel und anderswo hatte, belieferte sogar das größte Spielzuggeschäft in New York an der Ecke Fifth Avenue – Central Park, das es, wie ich vor kurzem erfahren habe, heute aufgekauft hat.

Hier gingen wir vor Weihnachten zusammen hin, um eure Geschenke und die eurer Freunde auszusuchen.

Dort war es auch, wo Marie-Jo ihre Leidenschaft fürs Theater entdeckte, die sie ihr ganzes Leben lang beibehalten würde. Es begann mit Kasperlfiguren, die man bewegt, indem man die Hand wie in einen Handschuh schlüpfen läßt. Es gab nicht nur Männer und Frauen, Polizisten und Diebe, sondern auch alle möglichen Tiere, die man mit den Fingern bewegte. Ihr beschäftigt euch stundenlang damit, Anne und du, mein kleines Mädchen, diese Figuren sich bewegen zu lassen, wobei ihr die Dialoge erfandet.

Was mich auf den Gedanken brachte, den Bühnenbildner des Städtischen Theaters zu bitten, für Weihnachten aus Sperrholz ein richtiges Kasperltheater anzufertigen, wie der auf den Champs-Elysées, mit seinem roten Vorhang und drei oder vier verschiedenen Dekors: eine Bauernstube, wo sich der Bauer und die Bäuerin stritten, ein tropischer Wald, wo Löwen, Tiger, Giraffen, Elefanten und was sonst noch alles miteinander sprachen.

Diese Figuren, diese Tiere waren auf den Regalen im Spielzimmer aufgereiht, und die beiden Mädchen schickten uns, wahrscheinlich mit der Hilfe ihrer Brüder, eine Einladung zu einer »Vorstellung um 3 Uhr im Spielzimmer des Schlosses von Echandens«. Die Eltern und die sympathischen Großeltern Moinat erhielten die gleiche Einladung, ebenso unser Personal.

An diesem Morgen hörten wir hinten im Flur der ersten Etage viel Lärm, ein Hin und Her. Um drei Uhr erschienen alle, neugierig gemacht. An der Tür kontrollierte Anne würdevoll die Einladungen, die wir bei uns haben mußten. Marie-Jo, als Platzanweiserin in Schwarz gekleidet, mit einem weißen Häubchen auf dem Kopf, setzte jeden in die Reihen der Stühle, die sie sich von überall her geholt hatten.

»Hierher, Monsieur ... Der zweite Stuhl hinten in der Reihe ...«

Als jeder auf seinem Platz saß, wurde es dunkel, denn die Vorhänge waren zugezogen: Johnny und Charlie standen neben dem Lichtschalter.

Der Vorhang hob sich, die Bauernstube wurde von einem Scheinwerfer beleuchtet:

»Mesdames, Messieurs ...«

Es war die Stimme von Marie-Jo, die mit Anne unter der Bühne versteckt war.

»Das Schauspiel, das Ihnen vorzustellen wir die Ehre haben, wurde inszeniert von Anne Moinat und Marie-Jo Simenon. Wir beginnen mit einem Stück mit dem Titel ›Der Bauer und die Bäuerin‹ . . .«

Die Figuren kamen auf die Bühne, der Mann von einer Seite, die Frau von der anderen, und die beiden Mädchen spielten eine Eheszene, die sehr glücklich mit einer stürmischen Umarmung endete.

So ging die Vorstellung fast eine Stunde weiter, mit einer Pause, während der die beiden Mädchen durch die Reihen gingen und riefen:

»Limonade . . . Coca Cola . . . Fünf Centimes . . .«

War es in unserem ersten oder zweiten Jahr in Echandens? Unwichtig. Es sind Bilder, an die ich mich deutlich erinnere.

Wie an das der ansteigenden Gasse zwischen Gärten mit Bäumen, wo man mit Mühe eine kleine Privatschule entdeckte, die Les Lutins hieß. Die Vorschriften des öffentlichen Schulwesens sind in allen Ländern verschieden, in manchen verändern sie sich mit jedem neuen Minister für das staatliche Bildungswesen.

In der Schweiz befassen sich die privaten und öffentlichen Schulen mit den Kindern von vier bis zehn Jahren. In diesem Alter legt der Schüler in einem Collège eine Aufnahmeprüfung ab, nach der er sechs Jahre lang dem Unterricht, altsprachlicher oder mathematischer Zweig, folgen darf. Danach braucht er, wenn er sein Studium fortsetzt, zwei oder drei Jahre, um sein Abitur und die Berechtigung zum Studium in dem Kanton zu bekommen.

Johnny und Marie-Jo verbrachten einige Wochen in Les Lutins, und wenn ich sie dort abmeldete, dann einzig und allein wegen der Schwierigkeit, in der Gasse zu parken, um am Ausgang auf sie zu warten.

Danach waren sie ein Jahr auf einer ausgezeichneten Schule im Stadtzentrum, die von einer erfahrenen Lehrerin geleitet wurde, aber diese Schule mußte wohl abgerissen werden, um einem Betonbau zu weichen, und ihre bereits betagte Leiterin zog es vor, in den Ruhestand zu gehen, anstatt woanders zu arbeiten.

Beide traten also in die Ecole Cadichon ein, die von einer Mutter und ihrer Tochter geleitet wurde, die dort auch unterrichteten. Meine Kinder waren natürlich nicht in derselben Klasse.

Johnny war ein aufmerksamer und glänzender Schüler. Marie-Jo dagegen stand auf, wenn sie Lust dazu hatte, um eine Frage zu stellen oder mit einer Mitschülerin zu sprechen. Das hinderte sie nicht daran, eine ausgezeichnete Schülerin zu sein, und ihre Zeichnungen wurden immer gut sichtbar ausgestellt, wenn die Eltern an der Preisverleihung teilnahmen.

Das Klavier, das ich zufällig auf einer Versteigerung gekauft hatte, spielte die Rolle, die ich heimlich erhofft hatte. Marie-Jo erklärte nämlich bald:

»Dad, ich möchte gerne Klavierstunden nehmen.«

Aitken fand für sie eine Dame, die nur im Hause Unterricht erteilte. Mehrere Monate ging alles sehr gut, aber aus einem Grunde, den ich nicht kenne, wurde die Dame meiner Tochter wohl unsympathisch.

»Ich will keine Stunden mehr nehmen. Ich mag diese Frau nicht . . .«

Was mich an meine Kindheit erinnerte. Meine Eltern hatten mir eine Kindergeige gekauft und ließen mir Stunden von einem Lehrer erteilen, der im oberen Teil der Stadt in der Nähe des Friedhofs wohnte. Meine Geige hatte keinen Kasten, und wir waren nicht reich. Ich trug sie in einem Pappkarton, der, zu kurz für den Bogen, ein Stück davon hervorschauen ließ.

Ich brachte, wie jeder Anfänger, natürlich nur Töne hervor, die an ein Tier erinnerten, das gequält wird. Und die Finger meiner linken Hand begannen zu bluten, weil sie so stark auf die Saiten gedrückt werden mußten.

Weder der eine noch der andere Grund hatten meine Entscheidung bestimmt. Mein schwächlicher Lehrer hatte einen so schlechten Atem, daß er mich damit belästigte, vor allem, weil er, wie die meisten, die daran leiden, ganz nah an mich herankam, wenn er mit mir sprach.

»Ich will nicht Geige spielen lernen, Mutter!«

Ich sagte nicht, warum. Ich nahm vielmehr bei einer sehr häßlichen jungen Frau Stunden in Harmonielehre, und ich hielt ein Jahr lang durch.

Zur Angelzeit fuhr ich sonntags, wenn D. »arbeitete« oder vielmehr »sich zu Tode arbeitete«, wie sie es jedem sagte, der es hören wollte, mit Johnny und Marie-Jo zum Hafen nach Morges, wo wir uns in einer kleinen grüngestrichenen Baracke Fleischfliegen besorgten. Jeder hatte seine Rute, seine Angelschnur. Wir gingen auf die Mole und angelten alle drei in dem Hafenbecken, wo das Wasser noch klar war.

Johnny zog als erster einen Weißfisch heraus, aber er weigerte sich, ihn vom Haken zu nehmen, so wie er auch keine Fliege aufspießen wollte. Er angelte mit einer nie erlahmenden Aufmerksamkeit, so wie er alles machte, und er war es, der die meisten Fische mitbrachte.

Marie-Jo verlor anfangs den Mut, aber dann erwischte sie eine Glückssträhne, so daß wir mit einem Netz voll silbriger Fische zurückkehrten. Die Kinder wollten sie unbedingt zu Mittag essen, zum großen Unwillen von Boule, die »all diese kleinen Tiere«, wie sie sagte, abschuppen und ausnehmen mußte.

Ich hatte die Gelegenheit, ein Motorboot zu kaufen, und zusammen mit Johnny widmete ich mich hartnäckig eine Zeitlang dem Angeln von Barschen mit vier Angelhaken.

Häufig kam es vor, daß wir drei rosa schimmernde Fische gleichzeitig herauszogen. Oft genügte eine halbe Stunde, um zwei Kilo Fisch zu angeln, und wenn wir kurz vor dem Mittagessen nach Hause kamen, verlangte Johnny, daß wir eine Suppe mit Safran und kleinen Nudeln kochten, wie in Südfrankreich.

Jedes Vergnügen dauerte fast eine Saison lang. Hinter den Wirtschaftsgebäuden verengte sich der Garten, umstanden von Platanen, die mich an die Provence erinnerten. Ein Teil des Bodens war mit Asche bedeckt und gab ein ausgezeichnetes Gelände fürs Boulespiel ab. Ich kaufte für die ganze Familie verchromte, glänzende Kugeln, die man *Intergrales* nennt, und alle begeisterten sich für dieses Spiel, und es kam sogar vor, daß D. daran teilnahm.

Ich hoffe, meine Kinder, daß ihr glücklich wart in Echandens, ebenso glücklich wie ich es mit euch war. Ich hoffe auch, daß die Weihnachtsfeste euch viel Freude bereiteten.

Eine große Tanne wurde in eurem Spielzimmer aufgestellt, und am Vorabend halft ihr mir, sie mit kleinen elektrischen Kerzen, mit goldenen, silbernen, roten und gelben Kugeln, schließlich mit Girlanden und künstlichem Schnee zu schmücken.

In meiner Kindheit wurde nicht Weihnachten gefeiert, sondern der 6. Dezember, Nikolaus, das Fest der Kinder. Das einzig Festliche waren am 25. Dezember die eindrucksvollen Stapel mit Crêpes, die in Lüttich *bouquettes* heißen und die wir mit Zucker bestäubten, bevor wir sie gierig verschlangen.

Für mich wurde die Nacht auf Weihnachten leider zu einem Alptraum. Eure Mutter bestand darauf, jedes Geschenk, die größten wie die kleinsten, ein Schaukelpferd wie einen Wasserfarbkasten, gemäß der amerikanischen Sitte in Papier in allen möglichen Farben einzuwickeln und sie dann mit Bändern zu versehen, von denen ich große Vorräte anlegen mußte.

Sobald ihr im Bett wart, machte sich D. an die Arbeit, nicht ohne vorher mit ihren Sekretärinnen Weihnachten mit einer bestimmten Menge Whisky gefeiert zu haben.

Es ist nicht einfach, ein Schaukelpferd oder eine Hobelbank in Seidenpapier einzuwickeln. Ich für meinen Teil, aber das ist ein persönliches Gefühl, ich finde dieses Einwickeln überflüssig, und ich blieb dabei, das Spielzeug oder die anderen Geschenke so, wie sie waren, unter den Baum zu legen.

Die Stunden vergingen nicht ohne Aufregung. D. war wieder zur Flasche zurückgekehrt, und da sie nicht gerne alleine trank (»das tut man nicht«), mußte ich ihr Gesellschaft leisten.

Um Mitternacht, wenn die Arbeit zur Hälfte getan war, fingen wir an, mehr oder weniger verletzende Worte zu wechseln, deren Ton mit der

Zeit lauter wurde. Wie viele Pakete mußten noch gepackt werden? Ich versuchte, sie zu zählen, und D. wurde durch meine Ungeduld ungeduldig, ich durch ihre, weshalb wir noch mehr tranken.

Es war fast immer vier Uhr morgens, wenn wir endlich ins Bett gingen. Es kam sogar vor, daß wir uns gar nicht hinlegten, sie nahm dann ein heißes Bad, ich duschte eiskalt, dann zogen wir einen Morgenmantel über und weckten euch.

Kleine Weihnachtsbäume schmückten auch eure Zimmer, den Salon, die Küche.

Ich vergaß eine Kleinigkeit. Das Personal ging vollzählig zur Mitternachtsmesse, und D. baute für sie auf dem Küchentisch ein kaltes Büfett auf, Sektgläser und Flaschen Champagner warteten im Kühlschrank. Auch der Tisch war geschmückt, ein Palmenzweig an die Decke des Korridors gehängt.

Als unsere kleine Gemeinschaft zurückkam, tranken wir in der Küche »auf den Weihnachtsmann«. Manchmal wurde es fröhlich. Selten, wenn ich meiner Erfahrung und der Erinnerung an die, die an dieser »Zeremonie« teilnahmen, glauben kann.

Zurück ins Spielzimmer. Goldpapier, Silberpapier, Seidenpapier, Bänder und Bindfäden.

Ich glaube, daß ich in manchen Nächten alleine hochging, ohne das Ende der Einpackerei abzuwarten. Wir waren dann ein wenig blaß, ein wenig unsicher auf den Beinen, wenn wir euch dann nacheinander in euren Betten weckten, aus denen ihr heraussprangt, um im Pyjama zum Baum zu eilen.

»Frohe Weihnachten!«

»Frohe Weihnachten!«

Leider trank D. immer mehr, und ich wäre der letzte, der es ihr vorwirft. Schon vor langer Zeit haben die Ärzte erkannt, daß der Alkoholismus kein Laster ist, sondern eine Krankheit, die wie eine andere behandelt werden muß und keinerlei Schande bedeutet.

Ich habe ebenfalls getrunken, vor allem in den Vereinigten Staaten und in Kanada. Allerdings trank ich nur zeitweise, denn ich zwang mich zur Abstinenz, wenn ich einen Roman vorbereitete, schrieb oder korrigierte. Bei den durchschnittlich fünf oder sechs Romanen pro Jahr, wie viele Wochen blieben mir, in denen ich mich gehen lassen konnte?

Darüber hinaus wußte ich fast immer, wann ich aufhören mußte, selbst wenn ich schlafen gehen mußte.

D. war unglücklicherweise dazu nicht fähig. Ich erinnere mich an einen Abend, wo man sie in einem bejammernswerten Zustand hinlegen mußte, wobei sie immer wieder sagte, während sie sich übergab:

»Das ist wegen Cocteaus Tod . . .«

Ich war ein alter Freund von Jean, den ich sehr mochte. Sein Tod hat mich berührt, gewiß, aber ohne daß mich das zum Trinken verleitet hätte.

Ich habe schon gesagt, daß ich sie seit New York heilen wollte. Sie von sich selbst heilen. Sie heilen von dem Bedürfnis, das auf ihre Kindheit zurückging, anders zu sein als sie war. Sie heilen von dem Bedürfnis zu glänzen, das ihr bei ihren Brüdern den Spitznamen »La Diva« eingebracht hatte. Das Bedürfnis, das ich nach und nach in ein Bedürfnis zu dominieren sich verwandeln sah.

Daher ihre fieberhafte Suche, einerseits nach Kontakt mit bedeutenden Persönlichkeiten, die sie in ihren eigenen Augen selbst wichtig werden ließen; andererseits nach dem Gegenteil, das Bedürfnis, mit denen zusammen zu sein, die sie als ihre Untergebenen betrachtete.

Bedürfnis nach Prestige, Bedürfnis zu dominieren, ich bin sicher, sie litt an diesem Teufelskreis, der sich um sie schloß, und je mehr sie litt, desto mehr war sie versucht zu trinken.

Eines Abends, als ich mich zeitig hingelegt hatte, alleine in unserem großen Bett, denn ich hatte ein wenig zuviel getrunken, fand sie mich schnarchend, mit halb geöffnetem Mund. Sie holte daraufhin das gesamte Personal, führte diese unfreiwillige Prozession in unser Schlafzimmer und sagte, indem sie verächtlich auf mich zeigte:

»Das ist Ihr Chef!«

Ich nehme an, daß sie an jenem Abend, wie an so vielen anderen, betrunkener war als ich.

Ich verurteile sie nicht, meine Kinder, und ihr dürft sie auch nicht verurteilen.

Ich auch nicht, der ich mich wild daran klammerte, sie zu heilen.

Wie schön er war, der Markt in Morges. Die Weißfische vom Sonntagmorgen glitzerten in der Sonne. Wir hatten viel Spaß dabei, uns in unserem Garten im Schatten der Platanen bei unseren Boulepartien zu streiten.

Nicht wahr, meine kleine geliebte Marie-Jo?

52

Es ist kein Zufall, daß sich meine Erinnerungen, als ich meine Memoiren zu schreiben beschloß, in meinen Gedanken ganz von selbst an den Häusern orientierten, die ich bewohnt hatte und deren Mauern, deren Farbe und deren Umgebung ich wieder deutlich vor mir sehe.

Bis jetzt waren es fast immer meine Häuser gewesen, die die Epochen kennzeichneten, die einander folgten. Ich habe meine Archive, die sich in meinem Sekretariat befinden, nicht zu Rate gezogen; die wichtigen Ereignisse wie meine Hochzeit mit Tigy, das Erscheinen Hitlers, mein erstes Kind, unsere Überfahrten von einem Kontinent zum anderen und andere persönlichere Ereignisse dienten mir als Anhaltspunkte hinsichtlich der Daten.

Kürzlich habe ich mir von Aitken eine genaue, chronologisch exakte Dokumentation erstellen lassen, die zweifellos sehr wertvoll für mich ist, weil ich unfähig bin, mir Daten und manchmal auch Namen zu merken, der ich aber, das muß ich gestehen, bei meinem Bericht nicht immer folge.

Die sechs Jahre in Echandens zum Beispiel bilden für mich eine Einheit, und manchmal überspringe ich einige Jahre oder blende zurück, wie es mir gerade in den Sinn kommt.

Echandens stellte einen ebenso wichtigen Abschnitt dar wie New York oder Kanada, aber mit einer ganz anderen Atmosphäre, denn es gab dort, wie in jedem Menschenleben, mehr oder weniger sonnige Perioden, aber auch andere, die düster und stürmisch waren.

Was hatte Echandens mir bedeutet? Im Grunde genommen lebte ich dort mehrere Leben zugleich. Zunächst das innige und herzliche, begeisternde Leben mit meinen jungen Kindern, das mir ermutigende und beglückende Bilder zurückgelassen hat. Ich habe schon von den Märkten in Morges und Lausanne erzählt, die ich zusammen mit Johnny und Marie-Jo besuchte, von den Nachmittagen, an denen ich von Geschäft zu Geschäft lief, um meine kleine Tochter, die mir endlich geschenkt worden war, in frohe Farben zu kleiden, und von ihren Spielen und meinen.

Zwei Bilder kommen mir wieder in den Sinn, die dazu beitragen, den bedrohlichen Himmel jener Jahre aufzuhellen. Beide betreffen meinen Johnny.

Wir hatten die Gewohnheit, um sechs Uhr zu Abend zu essen, und meistens war D., die ihre Nachmittage im Büro so lange wie möglich ausdehnte, nicht bei uns. Lärmende Fröhlichkeit herrschte dann unter uns, während die junge Yole uns amüsiert zusah und in ihrer schwarzen Uniform, die D. dem Personal aufgezwungen hatte, neben der Durchreiche stand und auf den rechten Moment wartete, uns die verschiedenen Gänge zu servieren.

Marie-Jo ging anschließend in ihr Zimmer hinauf, um sich ihren Aufgaben zu widmen, denn sie setzte ihren ganzen Ehrgeiz daran, die Klassenbeste zu sein, und um halb neun wurde sie zu Bett gebracht.

Wir hatten dann, mein Johnny, von acht Uhr bis halb neun unsere Stunde ganz allein für uns, denn du legtest Wert darauf, zusammen mit mir die Nachrichtensendung um acht Uhr im Fernsehen zu sehen.

Der Bildschirm war in ein altes, monumentales Möbelstück eingebaut, einen mit Putten im Holz verzierten Kirchenschrein, in dem auch der Plattenspieler, die beiden Lautsprecher und die Schallplatten untergebracht waren.

Jeden Abend, wenn die Zeit gekommen war, dich auf deinen Stuhl neben meinen Sessel zu setzen, hattest du, mein unwiderstehlicher Johnny, wie ich dich manchmal nannte, gezögert.

»Darf ich, Dad? Bist du nicht zu müde?«

Wir verstanden uns. Dein Lieblingsplatz war auf meinem Schoß. Häufig murmeltest du noch zaghafter:

»Möchtest du vielleicht eine Zigarre rauchen?«

Ich bin ausschließlich Pfeifenraucher, aber in meinem Arbeitszimmer lagen immer einige Kistchen mit Havannas für die Gäste bereit. Ich hatte immer ja gesagt, und deine Freude, den Duft der Zigarren zu schnuppern, machte mein Mißvergnügen, sie zu rauchen, mehr als wett. Alle möglichen Nachrichten interessierten dich, sogar die politischen, und manchmal fragtest du mich halblaut:

»Was hat de Gaulle damit gemeint?«

Die ersten Male hatte ich dir darauf geantwortet. Eines Abends erklärte ich dir, daß wir in der Zeit, in der ich dir antwortete, interessante Dinge verpaßten.

»Nimm dir doch einen kleinen Block und einen Bleistift. Schreib deine Fragen kurz auf und stell sie mir nach der Sendung.«

Das hattest du seitdem auch getan. Im Grunde, Johnny, warst du ein sanfter Typ, trotz deiner unkontrollierten Wutausbrüche. Nach etwa zehn Minuten zum Beispiel sagtest du leise:

»Ich glaube, ich bin zu schwer auf deinen Knien . . .«

»Bleib nur . . .«

Trotzdem rutschtest du kurz darauf verstohlen auf deinen Stuhl hinüber. Erinnerst du dich noch, mein sanfter und doch heftiger Johnny? Denn du hattest oft, selbst bei Tisch, sobald dir eine Kleinigkeit nicht paßte, plötzliche Wutausbrüche. Dann sprangst du auf, ranntest im Flur auf und ab und machtest deinem Ärger lauthals Luft.

Du hattest dich niemals mit Worten entschuldigt. Die berühmte Scheu der Simenons, auch bei dir! Aber abends in meinem Zimmer, wenn ich dir beim Zubettbringen schon gute Nacht gesagt hatte, hörte ich ein leises Rascheln von Papier auf dem gebohnerten Fußboden. Und ich wußte, daß du es warst, der mir unter der Tür einen Brief durchschob, in dem du mich mit einer Demut und einer Zärtlichkeit um Verzeihung batest, derer dich niemand für fähig gehalten hätte. Ich habe diese Briefe sorgsam aufgehoben, von denen einige sehr bewegend sind und die den wahren Johnny zeigen.

Eine andere Erinnerung. Ihr gingt häufig auf dem Trockenboden spielen, auf der anderen Seite des Hofes, zu dem diese wurmstichige Treppe führte, die mein Alptraum war. Ihr hattet die Angewohnheit, euch dort zu verstecken, die beiden Mädchen, Charlie und du. Eines Nachmittags sah ich einen dünnen Rauchfaden aus der halboffenen Tür aufsteigen. Ich kletterte die Treppe hinauf, ohne viel Lärm zu machen, und fand euch, Charlie und dich, wie ihr eine brennende Zigarette hinter dem Rücken verstecktet.

Das erinnerte mich an Marc und den Rauch, der aus einem Gebüsch auf der Shadow Rock Farm aufgestiegen war. Hier bekam ich es mit der Angst, denn das, was man aus einem mir unbekannten Grund den Trokkenboden nannte, enthielt alles mögliche, Pappkartons, Holzkisten und andere brennbare Gegenstände.

Trotz meiner Angst war meine Haltung die gleiche, die ich Marc gegenüber eingenommen hatte, und ich hielt ihnen die gleiche Predigt:

»Ihr braucht eure Zigaretten nicht zu verstecken, meine Jungen. Ich hindere euch nicht zu rauchen, außer hier, wo es zu gefährlich ist.«

Ich glaube nicht, daß ihr – ebensowenig wie damals Marc – noch lange weiter geraucht habt, denn nun war es kein verbotenes Spiel mehr. Dieser Zwischenfall war eine Lehre, die mir die Brandgefahr vor Augen führte. Das Schloß war alt, die Fußbodenbretter knarrten unter den Füßen, und überall waren Holzvertäfelungen. Die einzige Möglichkeit, die oberen Stockwerke zu erreichen oder sie zu verlassen, stellte die steinerne Wendeltreppe dar, die rasch ein gefährlicher Kamin für das Feuer werden konnte.

Nun schliefen wir alle in der zweiten Etage und das Personal im oberen Stockwerk. Ich betrachtete die Örtlichkeit mit neuen Augen. Über dem Erdgeschoß mit seiner sehr hohen Decke befand sich die Terrasse, die sich ganz über die Westseite erstreckte. Kein Zweifel – man konnte von dieser Terrasse nicht hinunterspringen, ohne sich auf den Fliesen des Säulengangs die Knochen zu brechen.

Von der zweiten Etage aus wäre es demgegenüber nicht zu gefährlich, auf eine über die Terrasse herabgeworfene Matratze zu springen, ebenso wie von den Mansarden des Personals aus.

Eilends, als sei jedes Zögern gefährlich, bestellte ich eine richtige Strickleiter, die mit starken Haken am Sims der Terrasse befestigt wurde. Diese aufrollbare Leiter blieb von nun an in Reichweite und zerstreute so meine Befürchtungen für das ganze Haus. Es hätte nicht viel gefehlt, und ich hätte euch Rettungsübungen machen lassen, wie auf großen Schiffen.

Ich habe von drei parallelen Leben erzählt, die ich führte. Das zweite betraf natürlich meine Beziehungen zu D., und ich spürte, daß sie sich immer mehr verschlechterten, mit unerwarteten Stürmen, mit Aufheiterungen und mit eintönig grauen Zeiten, die von einer unausgesprochenen Drohung überschattet wurden.

Ich bringe jetzt nicht den Mut auf, dieses Thema anzuschneiden, und ich hätte es auch nie angeschnitten, wenn es nicht dramatische Konsequenzen für uns alle hätte haben sollen, insbesondere für den Menschen, den ich – das gebe ich zu – am liebsten hatte, meine kleine Marie-Jo, die noch fröhlich und voller Leben war.

Mein drittes Leben ergab sich aus dem Beruf, den ich als noch Heranwachsender gewählt hatte, ohne zu ahnen, daß er mir außer der Freude des Schreibens auch etwas einbringen würde, das ich als Last betrachtete. Ich hatte nie den Ehrgeiz, »Karriere zu machen«, und über den Erfolg meiner Maigrets war ich selbst am meisten überrascht, vor allem über das, was darauf folgen sollte.

Dieser Erfolg war mir nicht zu Kopf gestiegen und hatte auch meine Einstellung zu den Menschen und zur Gesellschaft in keiner Weise verändert. Ich hatte von ihm profitiert, weil er mir die Möglichkeit gab, die Welt zu bereisen und mit dem Alltag fast aller Völker in Berührung zu kommen, denn ich spürte den immer unbezähmbarer werdenden Drang, den Menschen zu entdecken, ohne sein Getue, ohne seine Masken, den nackten Menschen, wie ich ihn nenne, den Menschen, so wie er ist, gleichgültig wo.

Ich bin nicht so überheblich zu behaupten, daß ich ihn gefunden hätte. Aber ich sage mir schließlich, wenn meine Leser in Nord- und Südamerika, in Tokio, in Indien, im Nahen Osten, von den verschiedenen Kulturgemeinschaften Europas ganz zu schweigen, mich in ihrer Sprache lesen, so zeigt das doch, daß sie sich in meinen Personen mehr oder weniger wiedererkennen, denn sonst würden sie sich für meine Romane nicht interessieren, die selten atemberaubende Geschichten erzählen.

Dieser Erfolg, der mir vergönnt war, hatte für mich auch Pflichten und Aufgaben mit sich gebracht. Ich war, ohne es zu merken, eine Persönlichkeit des öffentlichen Lebens geworden, und ich war der Auffassung, daß meine Leser das gleiche Anrecht auf mich hatten wie auf die Politiker und die Künstler.

Ich hatte als Journalist angefangen und erinnerte mich an die schmerzliche Enttäuschung, wenn eine Persönlichkeit, die ich interviewen wollte, mir ihre Tür verschloß. Es war also nicht Eitelkeit, sondern Bescheidenheit, wenn ich mich überwand und manchmal auch in Augenblicken, in denen ich das Bedürfnis hatte, allein zu sein, die Zeitungsreporter empfing, die Leute vom Rundfunk oder Fernsehen und die zahlreichen Studenten, die mich zum Gegenstand ihrer Dissertation gemacht hatten und damit den Grundstein ihrer Karriere zu legen hofften.

Ich beklage mich nicht über die Zeit, die sie mir stahlen, sobald ich in Paris ankam, in London, in Amsterdam, in Rom, in den Staaten oder wo auch immer, und obwohl sie häufig in mein Privatleben eindrangen und mich daran hinderten zu reisen, wie es mir gefiel, obwohl sie seit vierzig Jahren und mehr in meine verschiedenen Häuser eingedrungen sind, hieß ich sie willkommen und beantwortete ihre Fragen, manchmal zu ihrer Verwunderung, mit einer Offenheit, die an Naivität grenzte.

Ich erinnere mich an einen von ihnen, in London, einen sehr kultivierten und sympathischen Mann, der mich in meinem Appartement im Savoy interviewte und beim Hinausgehen, nach einem langen, auf Tonband aufgezeichneten Gespräch, verlegen schien.

Er war einer der brillantesten Mitarbeiter des ›Daily Express‹, den ich viele Jahre lang Tag für Tag gelesen hatte, ohne freilich seine konservativen Ansichten zu teilen. Erst später sollte ich erfahren, daß Lord Beaverbrook, der Verleger, einer meiner eifrigsten Leser war.

»Ich zögere, Ihnen eine Frage zu stellen, die Sie wahrscheinlich indiskret finden werden . . .«

»Ich werde sie wie die anderen beantworten, ebenso freimütig.«

Er schien daran zu zweifeln, ließ dann aber doch die Katze aus dem Sack:

»Mister Simenon, können Sie sich leiden?«

Die Antwort, die ich ihm gab, war sehr kurz und machte die Runde durch die Weltpresse. Ich habe sie sogar in einigen Biografien wiedergefunden, die man über mich geschrieben hat:

»Ich verachte mich.«

Er hatte nicht gewagt, nach dem Grund zu fragen, und heute nenne ich ihn.

Ich verachte mich, genauer gesagt: ich schäme mich ein wenig wegen des Lebens, das zu führen der Erfolg mich zwang. Ich hatte mich, weil ich die Leute darin empfangen mußte, an die Paläste gewöhnt und an ihren Luxus, den ich mir oft zu eigen machte. Was das Personal betraf, das mich – in immer größerer Zahl – umgab, so war es ebenfalls eine Begleiterscheinung meines öffentlichen Lebens, ermöglichte mir aber zugleich die Isolation, die für meine Arbeit erforderlich war.

Seit meiner Jugend, seit meiner Kindheit hatte ich eine Vorliebe für schöne Materialien, die es damals in meiner Umgebung nicht gegeben hatte, aber ich betrachte weder Kirschbaumholz noch Ahorn als Luxus, ebensowenig wie das Schmiedeeisen, das ich eine Zeitlang in La Richardière auf dem Amboß bearbeitet hatte.

Ich liebe Steingut mehr als Porzellan und hatte es gesammelt, bis meine alten Teller aus Nevers, Marans und anderen Orten in der Klärgrube zerstört wurden, in der einer meiner Freunde sie in Sicherheit gebracht zu haben glaubte. Von der einzigen Bombe, die auf die Insel Porquerolles gefallen war!

Trotz seiner Entfernung von den wichtigsten Hauptstädten hatte Echandens mich nicht mehr isoliert als meine früheren Wohnsitze. Zwischen zwei Romanen gaben sich die Journalisten im steten Rhythmus die Klinke in die Hand, manchmal zwei oder drei in der Woche; die Fernsehteams von überall her nahmen das Schloß mit ihren sperrigen Apparaturen und ihren Aufnahmetrupps von sechs bis zehn Technikern in Beschlag.

Damals benötigte das Fernsehen noch die enorme Beleuchtung der »großen Pötte«, wie man sie nannte, monströse Scheinwerfer, die meine Besucher in einem Spezialgeschäft in Zürich ausliehen.

Die Stromversorgung war für solche Verbraucher nicht ausgelegt, und jedesmal mußte Aitken das Elektrizitätswerk anrufen, das seine Leute schickte, um dicke Kabel zu legen, die die Straße überquerten und über die Dächer geführt wurden.

Manche Sendungen nahmen nur einen einzigen Tag in Anspruch, aber das waren Ausnahmen. Die englische BBC mit ihrem Perfektionismus verlangte eine ganze Woche für eine Sendung von anderthalb Stunden.

Johnny und Marie-Jo liebten es, sich in einer Ecke auf den Fußboden zu setzen, und blieben dort unbeweglich und schweigend während der Dreharbeiten sitzen, von denen sie sich nicht das geringste Detail entgehen ließen.

Die Abkürzung BBC erinnert mich an eine amüsante Einzelheit. Ich sprach in der Tat, als Antwort auf eine mir gestellte Frage, über die Materialien, die ich liebte, in meinem kleinen Arbeitszimmer im Turm, das an eine Mönchsklause erinnerte. Mein Tisch war alt, im spanischen Stil, und in einer Ecke stand ein schwerer, mittelalterlicher Tisch, den ich meine Werkbank nannte, weil ich dort – vor einem Porträt meines Vaters – meine Romane in die Maschine tippte.

Ich sprach also über Holz. Man ließ mich meine Werkbank streicheln. Dann erinnerte sich der Produzent an den großen Kirchenschrein mit den Putten im Salon, und man schleppte die »Pötte« und die Apparate dorthin. Waren die Putten nicht fotogener, aussagekräftiger, wie diese Herren sagten, als meine Werkbank ohne Zierleisten? Ich streichelte sie. Ich sprach über Schmiedeeisen, und schon waren wir auf der Terrasse, deren Geländer ich bewundern mußte. Und kam es mir nicht in den Sinn, von Misthaufen zu sprechen und zuzugeben, daß ich auf meinen Spaziergängen bisweilen vor dem Misthaufen neben einem Bauernhof stehenblieb? Das stimmte. Als Erinnerung an den Misthaufen, den ich während meines Militärdienstes mit der Forke bearbeitet hatte, und an den warmen Geruch der Pferdeställe, die ich später besaß. Ist denn ein Misthaufen nicht eine lebende Materie, reich an Farben, mit schillernden Reflexen in der Sonne?

Nun gut! Ich mußte ihnen, mehr als einen Kilometer entfernt, einen nahen Bauernhof mit einem schönen Misthaufen zeigen, und wir begaben uns für eine Einstellung von wenigen Sekunden Dauer dorthin.

Ich hatte von der Anziehungskraft der Märkte gesprochen. Ich mußte mit einem Korb in der Hand über den Markt von Morges schlendern, verfolgt von einer Stange, von der ein Mikrofon herabhing, während der Kameramann rückwärts vor mir herging. Ich kaufte Gemüse und Obst, und die guten Marktfrauen, die mich kannten, hatten alle Mühe, ernst zu bleiben. Ich mußte auch vor dem Auge der Kamera einen Kaffee im Bistro an der Ecke trinken, mitten in der Menge der Gemüsehändler.

Vom Montag bis zum Freitagabend! Es kamen verschiedene Teams aus Frankreich, aus Deutschland, aus Dänemark, Holland und Italien. Die italienische Truppe war die zahlreichste und fröhlichste. Natürlich schenkten wir jedesmal Getränke aus, denn die Hitze der Spotlights machte die Kehlen trocken.

D. war bei den Dreharbeiten nicht dabei und begleitete uns auch nicht zu den Außenaufnahmen. Sie arbeitete ostentativ mit ihren beiden Sekretärinnen, aber sobald die Aufnahmen fertig waren, wurde sie wieder die Dame des Hauses und übernahm den Vorsitz beim Abschiedsgelage.

Hatte sie nur »gearbeitet«, als die Italiener da waren? Jedenfalls war sie besonders aufgekratzt und redselig inmitten meiner ausgelassenen Italiener. Die Autos und die Lastwagen erwarteten sie im Hof, und sie blickten von Zeit zu Zeit auf die Uhr. D. hielt sie weiterhin fest, indem sie die Gläser füllte, auch das ihre. Als wir endlich hinuntergingen, war es Nacht geworden, und der Hof wurde nur von den beiden großen Laternen (aus Schmiedeeisen!) erleuchtet, die rechts und links vom Eingangstor standen.

Und da sah ich sie, wie sie ihren Rock ganz hoch hob und vor meinen verdutzten Gästen einen besessenen Cancan tanzte. Aitken war noch geblieben, vielleicht aus Vorsicht, und sie war es, der es schließlich gelang, sie taktvoll dazu zu bringen, wieder ins Haus zu gehen.

Übrigens war auch das kanadische Fernsehen mehrere Male da, denn dort lief eine Maigret-Serie mit Schauspielern aus Montreal.

Wir aßen viel mit Freunden zu Mittag oder zu Abend, mit meinen Verlegern aus den verschiedenen Ländern. Mein alter Freund und französischer Verleger Sven Nielsen besuchte uns ein- oder zweimal im Jahr mit seiner charmanten Frau Lolette, aber über unsere Verträge sprach Sven mit mir. Ich sage nicht verhandeln, denn es hat in den ganzen Jahren niemals Verhandlungen zwischen Sven und mir und erst recht keine Mißstimmigkeiten gegeben. Jetzt, da er tot ist, habe ich die Zuneigung und Treue, die mich mit dem Vater verbanden, auf seinen Sohn übertragen, der seine Nachfolge angetreten hat.

Ein Detail mag erklären, warum ich niemals Streit mit meinen Verlegern hatte. Viele Schriftsteller behandeln die Verleger gern als Halsabschneider. Das war bei mir nie der Fall. Obwohl ich dem Geld keinerlei Bedeutung beimaß, legte ich doch Wert darauf, daß jeder bekam, was ihm zustand, der Verleger ebenso wie der Autor. Ich hatte mich oft anspruchsvoll gezeigt, aber ich hatte stets darauf geachtet, daß keiner meiner Verleger – und mit den Schulausgaben, den Buchclubs, den Taschenbüchern und den Gesamtausgaben sind es an die hundertfünfzig – meinetwegen auch nur einen Centime verlor.

Als der alte Fayard 1930 beschloß, eine Serie von Maigrets herauszugeben, hatte ich mich bei den besten Quellen über den Preis und das Gewicht des Papiers, die Druck-, Binde- und Transportkosten, die Titelfotos und sogar über den Prozentsatz der unverkauften Exemplare erkundigt.

Ich kalkulierte einen Verkaufspreis von sechs Francs pro Band, was in der Mitte zwischen den Groschenromanen und den »literarischen« Romanen lag.

»Schlechter Betrag«, bemerkte Fayard. »Die Leute zahlen nicht gern mit einem Schein zu fünf Francs, zu dem sie dann noch ein Francstück aus der Tasche ziehen müssen. Wir brauchen eine runde Summe. Fünf Francs.«

Er staunte nicht schlecht, als er mich einen Zettel aus der Tasche ziehen sah, auf dem ich meine Berechnungen zusammengefaßt hatte.

»Bei fünf Francs«, sagte ich, »müssen Sie am Einband sparen und selbst dann entweder mir einen zu niedrigen Prozentsatz geben oder selbst drauflegen.«

Er überprüfte meine Zahlen, schüttelte den Kopf.

»Ich weiß nicht, warum Sie fünfhundert Francs für den Umschlag ansetzen. Ein guter Zeichner macht uns einen für hundert Francs, ein durchschnittlicher für fünfzig. Außerdem habe ich noch keine Bücher mit einem Foto als Titelbild gesehen.«

»Das ist es ja gerade, warum ich mich für diese Lösung entschieden habe.«

Ich hatte zwei oder drei Nachmittage damit verbracht, die Auslagen der Buchläden und Bahnhofsbüchereien zu studieren. Zu jener Zeit galt noch der gelbe Umschlag als »seriös«. Nur die Ausgaben der N.R.F. zeichneten sich durch einen weißen Einband mit einem dünnen roten Strich darum aus. Gezeichnete oder bunte Umschläge waren den Groschenromanen vorbehalten: da kannte ich mich aus.

Die Maigrets waren die ersten Bücher mit einem Umschlagfoto, das nicht nur die Titelseite einnahm, sondern sich um den Buchrücken herum bis zur anderen Umschlagseite erstreckte.

Diese Fotos waren das Werk eines großen Künstlers, André Vigneau, der die Auslagen der Geschäfte durch seine silhouettenhaften Mannequins verändert hatte, die ebenso stilisiert waren wie die Frauengestalten von Modigliani.

Mein Freund Man Ray hatte einen solchen Umschlag geschaffen, für den Band *Un crime en Hollande,* mit Hilfe eines Bootes und einer Windmühle aus Papier.

Ich träumte davon, diese Fotografien zu kaschieren. Man hat das versucht, aber die Mittel, die es damals gab, ließen das Papier brüchig werden, während heutzutage alle Schutzumschläge von Büchern mit hervorragenden Verfahren kaschiert werden.

Unter den Gästen von Echandens und später auch von Epalinges gab es einen, dem meine Kinder nicht ohne Grund den Spitznamen »Santa Claus« gegeben hatten, mit anderen Worten »Weihnachtsmann«. Er war mein guter und getreuer holländischer Verleger, Abs Bruna, einer der größten und mutigsten Verleger seines Landes. Er hatte meine ersten Maigrets, ebenso wie die Norweger, sofort nach ihrem Erscheinen in Frankreich veröffentlicht, aber bis zu unserer Rückkehr aus den Staaten hatten sich unsere Beziehungen auf die Briefe beschränkt, die wir wechselten.

Er hatte sich angewöhnt, uns mindestens einmal im Jahr zu besuchen, oft aber auch häufiger, und die größte Freude dieses jovialen, überaus herzlichen Mannes war es, Geschenke zu machen.

So hatte er mir eines Tages einen sehr schönen alten Tabaktopf aus Delfter Porzellan mitgebracht, der lange Zeit oben auf meinem Bücherschrank stand und den ich noch heute besitze. Er hatte mir auch Kacheln aus der gleichen Porzellanfabrik geschenkt, mit Darstellungen alter niederländischer Schiffe, wie man sie nur noch in den Häusern der Reeder und Schiffskapitäne findet, für die sie bestimmt waren. Sie werden schon seit langem nicht mehr hergestellt und sind äußerst selten. Diejenigen von Bruna waren beim Abriß eines Hauses, das früher einmal der Kapitän eines Überseeschiffes bewohnt hatte, unter einer Putzschicht gefunden worden. Abs hatte diese neun Kacheln in ein Mörtelbett eingießen lassen, so daß sie eine richtige Platte bildeten.

Sobald die Kinder seinen schwarzen Mercedes im Hof erblickten, gab es Freudenschreie. Denn unser Santa Claus aus den Niederlanden brachte schwere Kartons mit, die Schokolade, typisch holländische Leckereien und vor allem Spekulatius enthielten, den man auch in Lüttich bekam und den ich mir früher gegönnt hatte, wenn mein Taschengeld dafür reichte. Erinnert ihr euch noch, meine Kinder? Dieses trockene, knusprige Gebäck, das so gut nach den Gewürzen aus Übersee roch, die es reichlich enthielt? Und die Hopjes, diese Karamelbonbons mit Kaffee, die man so lange lutschen konnte?

Ich hingegen tat mich an den nur ganz wenig geräucherten holländischen Würsten gütlich, die unter anderem den Rebhühnern mit Kohl oder Sauerkraut einen ganz besonderen Geschmack verleihen.

Wir hatten Abs im Kreise seiner Familie in einem schönen und stillen Haus in Utrecht, in seinen Büros nahe am Kanal besucht.

Eines Abends hatten wir einen ganzen Kongreß von Kinderärzten zu Besuch, der damals in Genf tagte. An einem anderen Abend ...

Woher nahm ich die Zeit zum Schreiben? Und außerdem noch für die Reisen, mal nach Paris, mal nach London, nach Amsterdam, Brüssel und Lüttich?

Fünf Romane, 1957, trotz der Ausbauarbeiten im Schloß und einer Reise nach Mailand, um euch zu Weihnachten in einem Laden, den ich kannte, Spielzeug zu kaufen, das nirgendwo sonst zu finden war.

In diesem Jahr übrigens, anläßlich des Festivals in Cannes, dessen eifrige Zuschauer wir waren, hatte Fabre-Lebret mich gebeten, im nächsten Jahr Präsident der Jury zu sein. Ich hatte ihm geantwortet, daß ich in meinem ganzen Leben noch keinen Preis entgegengenommen habe, noch Mitglied oder Präsident irgendeiner Vereinigung gewesen sei.

Gegen Ende des Jahres mußte ich, mehr gezwungen als freiwillig, meiner Maxime untreu werden. Ein belgischer Minister, der aber sonst sehr sympathisch war, eröffnete mir, daß 1958 anläßlich der Weltausstellung in Brüssel ein großes Filmfestival stattfinden würde. Im Gegensatz zu dem, was in Cannes üblich war, würde sich die Jury nur aus Belgiern zusammensetzen, und man hatte einen Präsidenten gesucht, der im Ausland bekannt war und fließend englisch sprach, denn die amerikanische Beteiligung würde bedeutend sein.

»Wir haben nur Sie gefunden. Die maßgeblichen Herren des Ausstellungskomitees und der Regierung bitten Sie inständig, anzunehmen.«

Ich hatte versucht, mich zu drücken, hatte meine Absage an Fabre-Lebret ins Feld geführt.

»Ja, aber diesmal geht es um Belgien, und Sie sind doch Belgier, nicht wahr?«

Im Januar dieses Jahres der Weltausstellung hielt ich einen Vortrag in Morges. Im Februar schrieb ich *Le passage de la ligne*. Im Mai machte ich mit Johnny einen Abstecher nach Paris; aus welchem Anlaß, weiß ich nicht mehr.

Schließlich waren D. und ich in Brüssel. D. nahm eine Garderobe wie ein Filmstar mit, und Marioutcha begleitete uns. Als wir von unserem Appartement aus den Boulevard Anspach entlangschritten, folgte sie uns, mehr Zofe als je zuvor, durchquerte die Halle in gemessenem Abstand hinter uns, trug D.s Handtasche und half ihr, in den Wagen zu steigen.

Ein Festival, in dessen Verlauf ich nichts trank, höchstens Coca-Cola, und schon von der ersten Zusammenkunft der Jury an war ich überwältigt, ja beinahe beschämt von den Kenntnissen und dem Filmverstand der Jury, der ich vorsitzen sollte; sie hatten alles gesehen, alles analysiert, kannten die Filmgeschichte aus dem Effeff, hatten den Stammbaum der Regisseure ebenso im Kopf wie den der Schauspieler.

Die großen Stars waren da, von Sophia Loren mit ihrem Mann Carlo Ponti bis zu Silvia Mangano mit ihrem Mann Laurenti und den amerikanischen Stars, darunter Orson Welles, der mein Freund geworden ist.

Wenn die Männer eine Jury bildeten, um den besten Film zu ermitteln, warum dann nicht auch ihre Frauen? Das war die Idee, die D. sich in den Kopf gesetzt hatte, und sie ließ nicht locker, sie zu verwirklichen. Die Frauen meiner Kollegen waren brave Hausfrauen und Mütter, sehr einfach, die keine Abendkleider trugen. Aber hatte D. nicht schon immer erreicht, was sie wollte? Sie fand eine Ecke, in der Nähe der Bar, wo sie die Frauen nach der Vorführung um sich scharte, während wir uns in einem reservierten Saal einschlossen.

An einem der letzten Abende saß auch König Baudouin in der ersten Reihe, und einer seiner Begleiter, ein Adjutant wahrscheinlich, sprach mich mit leiser Stimme an.

»Seine Majestät wünscht Sie nach der Vorführung in seinem Salon zu sehen, den Sie am Ende des Ganges rechts finden . . .«

Von D. sagte er nichts. Ich ging also allein hin und traf den König an, der mich liebenswürdig empfing, ebenso wie einen Moment später Sophia Loren (ohne ihren Mann), die in Begleitung eines damals sehr bekannten Filmschauspielers erschien, der extra aus Amerika gekommen war.

Man reichte Champagner. Ich bemerkte, daß der König schüchtern war, gelegentlich errötete und zu meiner großen Überraschung kein Englisch sprach. Sophia Loren konnte damals noch kein Französisch, der amerikanische Star auch nicht, so daß ich als Dolmetscher fungierte. Ich weiß daher bis heute nicht, ob ich zu diesem Zweck oder aber als Präsident der Jury eingeladen worden war.

Der König erwies sich jedenfalls als herzlich und wurde jedesmal rot, wenn Sophia durch meine Vermittlung das Wort an ihn richtete.

Wie alle königlichen Audienzen dauerte auch diese nicht lange, kaum eine halbe Stunde, und ich traf D. wieder, die in der verlassenen Halle auf mich wartete, wo nur ein Saalwächter mit einer Silberkette sie in ihrem Galakleid, mit einer Chinchillastola um die Schultern, hatte auf und ab gehen sehen.

»Bist du sicher, daß ich nicht eingeladen war?«

»Carlo Ponti auch nicht . . .«

In großer Abendkleidung machten wir in einer Art volkstümlicher Pizzeria halt, in der Nähe unseres Hotels, wo man zwischen allen möglichen leckeren Fleisch- und Wurstsorten wählen konnte.

Es war nicht das erste Mal, daß wir dort die Aufmerksamkeit auf uns zogen, während wir im Stehen einen Sandwich mit ich weiß nicht was aßen. Der Chinchilla erinnert mich an die Szene, die D. mir bereitete, als ich ihn ihr schenkte. Sie hatte die Pelze bei dem renommiertesten Kürschner der Stadt ausgesucht, dessen Kunden wir waren. Wie üblich hatte man sie gebeten, jedes Fell mit ihren Anfangsbuchstaben zu signieren, um ihr die Gewähr zu bieten, daß keine anderen als die ausgewählten Felle verarbeitet würden. Dann kam der Tag, an dem der Kürschner mir die Stola in einer aufwendigen Verpackung lieferte. Ganz aufgeregt brachte ich sie D., die noch im Bett lag.

Sie öffnete das Paket, nahm den Pelz heraus, drehte ihn um und runzelte die Stirn.

»Der ist ja gefüttert! Wie soll ich denn prüfen, ob es die Felle sind, die ich signiert habe?«

An jenem Tag muß ich sehr ironisch aufgelegt und mit viel Mut ausgestattet gewesen sein, denn ich antwortete ihr in Gegenwart einer ihrer Sekretärinnen:

»Ach du, bist du denn nie zufrieden? Wenn man dir den lieben Gott auf einem silbernen Tablett brächte, würdest du immer noch maulen, daß er einen Pickel auf der Nase habe . . .«

Als das Festival zu Ende war, machten wir einen Umweg über Cannes; ich erinnere mich nicht mehr, warum. Wahrscheinlich, um den Schuhmacher Baroni aufzusuchen, von dem D. behauptete, er sei der einzige, der Schuhe machen könne, die ihr paßten. In Cannes verbrachte sie mehrere Stunden bei ihm, während ich um den Häuserblock spazierte, weil ich in dem engen Laden keine Luft mehr bekam. Sie bestellte vier oder sechs Paar Schuhe auf einmal, in allen Schattierungen, um sie auf ihre Kleider und Kostüme abzustimmen; es mußten also nur noch die passende Handtasche und die passenden Handschuhe dazu ausgesucht werden, die Handtasche natürlich nur von Hermès.

Bei Hermès war es auch, im Faubourg Saint-Honoré, daß wir eines Tages vor einem Toilettenköfferchen aus Krokodilleder stehenblieben, das ganz allein in der Mitte eines Schaufensters ausgestellt war, wie ein kostbares Stück.

Und kostbar war es in der Tat. Es war, wie uns der Verkäufer sagte, das Schwesterstück zu der Toilettentasche, die die Königin von England bestellt hatte. Groß und lang, sehr schwer, außen aus Kroko, der Verschluß und das Namensschild aus feuervergoldetem Silber.

Das Innere war mit rotem Leder ausgekleidet und enthielt Flacons aus geschliffenem Kristall für die Parfüms und Duftwässer sowie andere

Behälter, jeder in seinem gepolsterten Fach, ebenfalls aus geschliffenem Kristall mit Verschlußkappen aus feuervergoldetem Silber. Die Bürsten und Kämme waren aus Elfenbein und auch mit feuervergoldetem Silber eingefaßt.

Ich kaufte die Tasche, ich gestehe es zu meiner Schande. Ich hätte den Mond gekauft, wenn er zu haben gewesen wäre und ich gewußt hätte, daß ich ihr damit hätte helfen können, ihren Seelenfrieden wiederzufinden.

Auf die Verschlußkappen, das Namensschildchen der Tasche und auf das Lederstück, das die Schutzhülle aus grobem grauem Leinen zierte, wurden die Initialen D.S. graviert, und trotz des Gewichts ließ D. es sich von nun an nicht mehr nehmen, dieses wundervolle Necessaire selbst zu tragen, sogar auf den manchmal recht großen Entfernungen, die zwischen den Salons der Flughäfen und der Maschine lagen.

Wir waren um den zwanzigsten Juni nach Echandens zurückgekehrt. Vom sechsundzwanzigsten Juni bis zum dritten Juli schrieb ich einen Roman, *Dimanche,* und am siebzehnten Juli fuhren wir alle zusammen weg, meine Kinder, mit noch jemandem, der Masseuse aus Lausanne, die eure Mutter eingeladen hatte.

Wir würden in Brüssel nur vom siebzehnten bis zum vierundzwanzigsten Juli bleiben, Zeit genug, um euch die Ausstellung besuchen zu lassen; danach wollten wir an Bord einer Yacht, die ich durch Vermittlung von Bruna gemietet hatte, eine Tour durch den Norden der Niederlande machen, durch die Zuidersee, Stavoren, die Kanäle und die Seen, wie ich sie 1928 und 1929 mit Tigy und Boule an Bord der »Ostrogoth« gemacht hatte.

Marc begleitete uns, denn er hatte, wie ihr, Ferien. Ich fuhr euch zum Rathausplatz, zu den alten Häusern, deren Dächer mit feinem Gold überzogen waren wie die Flacons eurer Mutter. Wir gingen alle dorthin, als gerade der Blumenmarkt stattfand, und für euch drei galt es zu zeigen, wer von euch die meisten dieser berühmten Brüsseler Waffeln verdrücken konnte, die ganz leicht waren und deren sämtliche Vertiefungen man mit Crème Chantilly füllte.

Was euch auf der Ausstellung am meisten beeindruckte, das war nach dem Sputnik auf dem russischen Stand (wo man euch Miniatursputniks aus silberglänzendem Metall schenkte, die noch lange eure Kommode schmücken sollten) das Dorf aus den Ardennen, ein originalgetreu rekonstruiertes Dorf mit Häusern, in die man richtig hineingehen konnte, mit richtigen Schenken alter Art, in denen man trank, und mit Dorfbewohnern in Kostümen von damals.

Ich hatte nicht mit dem Empfang gerechnet, den man uns bereitete. Die

Verwaltung des Dorfes erwartete uns am Ortseingang, die Männer mit Zylinderhüten, die Frauen in Kleidern aus dem vorigen Jahrhundert.

Man ließ uns, D. und mich, in einen großen, blumengeschmückten Landauer einsteigen, euch in einen Landauer, der uns folgte, und weitere Kutschen standen für die Stadtväter bereit. Eine kostümierte Blaskapelle schritt uns voran. Das Dorf war groß, sehenswert und für viele der Höhepunkt der Ausstellung.

Die Dorfbewohner standen Spalier, frische und lächelnde Gesichter, und junge, liebenswürdige Frauen, gutgewachsen, warfen Blumen in unsere Wagen, die von troddelgeschmückten Pferden gezogen wurden.

Die Sonne schien. Alles leuchtete. Die Musik war beschwingt und lud zum Tanzen ein. Und tatsächlich tanzten Paare Walzer auf dem Dorfplatz, der von Gaslaternen aus der Zeit der Jahrhundertwende umsäumt war.

Ich drehte mich oft um, um eure Reaktionen zu beobachten. Marc lächelte glücklich, Johnny konnte sich gar nicht sattsehen und Marie-Jo sprang immer wieder auf und klatschte in die Hände.

Man hatte euch drei schön gemacht. Ihr wart schön, fröhlich und ausgelassen wie die Menge selbst. Der Zug hielt vor dem altertümlichen Rathaus, einem richtigen Rathaus, in dem der Bürgermeister und seine Beigeordneten uns empfingen.

Der Bürgermeister hielt eine Rede, und alles applaudierte. Alle drehten sich zu mir um, und ich verstand. Ich sprach meinerseits, bewegt, das gebe ich zu, von diesem ungekünstelten und herzlichen Empfang und auch von der Freude, die man euch dreien ansah.

Danach stießen wir alle miteinander an, wie es der Brauch ist, aber nicht mit Bier, denn Marc mochte kein Bier, sondern mit Weißwein, und ihr beiden Jüngsten mit Sodawasser mit irgendeinem Fruchtgeschmack.

Der Zug formierte sich wieder und führte uns zum Eingang des Dorfes zurück. Unsere Augen leuchteten, selbst die von D., der man die roten Nelken geschenkt hatte, die seit unserem Besuch in Lüttich vor sechs Jahren Tradition geworden waren.

Ein schöner Tag, meine Kinder, den ihr hoffentlich in Erinnerung behalten habt. Das war mein Land und das eure, das euch so empfangen hat, fröhlich, ohne Zeremonie, »ohne Umstände«, wie man dort sagt. Unsere liebenswerte Masseuse war begeistert. Es fehlte nur Boule, die wir aus Gründen, die ich nicht mehr weiß, in Echandens zurückgelassen hatten.

Eine hübsche holländische Yacht erwartete uns in Amsterdam, am Fuße des Hotels Amstel, das ich gut kannte. Der Zug würde uns durch flaches land, durch Weiden, die mit weißen und schwarzen holländischen Kühen übersät sind, dorthin bringen. Ich sah die schmucken und reichen Bauernhöfe des Landes wieder, das auch ein wenig das meine ist und dessen Bewohner ich ebenso bewundere wie die Landschaft, die Ruysdael unsterblich gemacht hat.

Wir aßen zu Abend und schliefen im Hotel, von dem aus wir »unsere« Yacht sehen konnten mit ihrem Kapitän und dem Matrosen, und bevor wir am nächsten Morgen den Anker lichteten, hatte Bruna einen Empfang an Bord und auf dem grasbewachsenen Kai organisiert.

Hattet ihr nicht allen Grund, ihn Santa Claus zu nennen?

Die Kreuzfahrt begann mit einer Grachtenfahrt quer durch die Stadt und dann durch den Hafen, wo Hunderte von Schiffen aus allen Himmelsrichtungen kamen und in alle Himmelsrichtungen fuhren.

Aber wie würde sie enden?

53

Unsere Reise, die mit einem ziemlich kurzen Aufenthalt in Brüssel begonnen hatte, einem Auftakt wie ein Feuerwerk und Volksfest, sollte sich leider in einer weniger farbenfrohen und begeisternden Atmosphäre fortsetzen, was für mich eine bittere Enttäuschung war. Vielleicht, weil ich mich im voraus zu sehr darauf gefreut hatte?

Darauf gefreut, euch drei, meine Kinder, wie auch D., diese Art Wallfahrt durch Friesland machen zu lassen, wo ich im Alter von vierundzwanzig bis sechsundzwanzig zwei der schönsten Jahre meines Lebens verbracht hatte, die, ohne daß ich es wußte, das Sprungbrett meines Erfolges werden würden, denn dort sollte Maigret geboren werden, ohne daß ich dem Bedeutung beigemessen hätte.

Holland, seinen nördlichsten und in meinen Augen schönsten Teil, hatte ich am Ruder meines Kutters entdeckt, der »Ostrogoth«, auf der ich die Rolle des jungen Kapitäns spielte, mit Tigy und Boule als Matrosen, die sich nicht scheuten, kräftig zuzupacken.

Warum nahm Boule an diesem Vergnügen nicht teil, und warum war an ihrer Stelle D.s Masseuse an Bord? Früher hatte ich noch ein Wörtchen mitzureden, war fast wirklich Kapitän gewesen. Jetzt war D. es, die bestimmte, während ich mich fügte und ihr fast nie widersprach. Madame B. war übrigens eine junge und sympathische Vierzigerin von angenehmer Wesensart, in deren Gegenwart ich mich wohl fühlte.

Bei der Einfahrt in die Zuidersee waren wir alle unter dem großen weißen Segel versammelt, das sich unter einer vielversprechenden Sonne blähte. Die Yacht, die Bruna für uns ausgesucht hatte, war eine »Tjalk«, ein Boot, das nur in Holland gebaut wird, seit unvordenklichen Zeiten, und das man auf den Gemälden der ältesten holländischen Meister sieht.

Der Kiel wird durch eine Art von Seitenschwertern ersetzt, die man in tieferem Wasser ausstecken und in den seichten Küstengewässern der Nordsee, in den Kanälen und in den Seen, die das Land wie ein Schachbrett zerteilen, wieder einholen kann.

Unsere Yacht war elegant, weiß gestrichen, mit weißem Großsegel, weißer Fock und Bordinstrumenten aus blitzblankem Messing. Ich habe ihren Namen vergessen, wie auch den des Kapitäns und des Matrosen, zu deren Aufgaben es gemäß den vor dem Auslaufen getroffenen Vereinbarungen auch gehörte, die Mahlzeiten zu bereiten und die Kabinen sauberzuhalten.

Die Brise, die uns über die leichten Wellen vorantrieb, sollte sich in weniger als einer Stunde in einen heftigen Sturm verwandeln, während Wolken den blauen Himmel überzogen und die Schaumkronen die Wasseroberfläche bedeckten.

Das Boot legte sich schräg, zur großen Freude von Marc, der auf seine Bitte hin das Steuerrad übernahm, die Augen auf den Kompaß geheftet. Das Schlingern wurde sogleich heftiger, und ich sah, wie Marie-Jo ziemlich bleich auf einem Haufen Tauwerk saß, mit starrem Blick und einem immer glasiger werdenden Aussehen.

D. hielt sich tapfer, Madame B. auch, und Johnny zuckte nicht mit der Wimper.

Gischt begann den Bug des Schiffes zu bedecken, während man die Ufer nicht mehr sehen konnte und der Kapitän das Steuerrad aus den Händen eines enttäuschten Marc wieder übernahm.

Als wir Kurs nach Norden nahmen, um zu dem winzigen Hafen von Stavoren zurückzukehren, dem Tor zu Friesland, kam zum Schlingern das Stampfen hinzu, und Marie-Jo, die sich tapfer zeigen wollte, biß die Zähne zusammen.

Man reichte etwas zu trinken, ich weiß nicht mehr was, und endlich sah ich mit klopfendem Herzen den schlanken Kirchturm von Stavoren, der sich von der noch grauen Linie der flachen Küste abhob.

Es lagen weniger Fischerboote als damals im Hafen, und wir passierten die Schleuse, um in den Kanal einzufahren. Olaf begleitete uns an Bord der »Ostrogoth«; oft lag er auf seinen langen Pfoten am Rand des Kais und erwartete die Fischerboote, die kleiner als unseres und bis zum Bordrand mit noch zappelnden Heringen beladen waren. Die Fischer, die ihn kannten, machten sich einen Spaß daraus, ihm einen Hering zuzuwerfen, den er im Fluge auffing und sofort verschlang, wie ein Kormoran. Ich hatte ihn Schlag auf Schlag acht bis zehn Heringe verschlingen sehen, sehr zur Verblüffung der Einheimischen.

Ich führte euch, meine Kinder, zu dem Brückenzolleinnehmer, vor dessen Haus wir damals einen Winter lang festgemacht hatten und jeden Morgen mit einer Spitzhacke das Eis um die »Ostrogoth« herum hatten brechen müssen. Er hatte zwei Töchter, Aaltje und Beetje, die damals so alt waren wie Marie-Jo heute und die wir zusammen mit Tigy, Boule und mir auf einer Fotografie auf dem Kaminsims entdeckten. Sie lebten jetzt beide in Amerika, waren verheiratet und hatten selbst Kinder.

Hatte ich einen Fehler begangen, diese Rückkehr in eine Vergangenheit zu wählen, von der D. ausgeschlossen war? Ihre Stimmung verschlechterte sich, je länger wir die Kanäle entlangfuhren, auf denen man ab und zu Kühe sah, die mit flachen Booten von einer Weide zur nächsten gebracht wurden.

Wir erreichten Sneek, das – wie Venedig – mehr Kanäle als Straßen zählte und wo der Markt am Rande des Hafens stattfand, der von Booten aller Art wimmelte, in einem Geruch nach Dieselöl und in dem unaufhörlichen Lärm der tuckernden Motoren.

Marc mußte uns hier verlassen und nach Lausanne zurückfahren, wo er sich auf Prüfungen vorbereiten mußte. Ich kaufte Angelruten für alle, vor allem für euch beide und mich, und Schnüre mit zehn oder zwanzig Haken, die man abends auslegte und morgens wieder einholte, um Aale zu angeln.

Wir blieben zwei oder drei Tage auf dem Kanal und machten an einem der Kais der Stadt fest, wo ihr euch über die ersten Fische freutet, die ihr in Holland aus dem Wasser holtet. Ich hatte euch auch Pullover gekauft, richtige Seemannssweater, denn trotz des Sommers war es frisch, und es gab viele Regenschauer.

Ich wußte nicht, was sich unter der Brücke abspielte, in den Kabinen und in der Kombüse. Ich hörte manchmal mehr oder weniger wütende Stimmen, aber ich war durch euch beide und durch das Angeln zu sehr abgelenkt und machte mir keine großen Sorgen. Auch in Echandens hatte es oft Auseinandersetzungen zwischen eurer Mutter und dem Personal gegeben.

Eines Tages – wir hatten in freier Natur am Ufer des Sees von Sneek festgemacht, der voller Segel war – sah ich Madame B. hochkommen, die ihre Tränen mit Mühe zurückhielt.

»Monsieur Simenon, ich muß fortgehen und entschuldige mich dafür bei Ihnen. Madame Simenon hatte mich gebeten, sie als Gast zu begleiten und nicht als Mädchen für alles, wie es sich in Wirklichkeit herausgestellt hat. Ich habe versucht, mich zu gedulden, aber jetzt halte ich es nicht mehr aus . . .«

Unter der Brücke hatten sich Dinge abgespielt, die mir, ich wiederhole es, verborgen geblieben waren. Wenn ich recht verstand, weigerte sich der Kapitän, die Kabinen zu säubern und die Betten oder vielmehr die Kojen zu machen. Und dafür war Madame B. nicht mit uns gekommen. Sie war gern bereit, mit anzufassen, aber nur, wenn man sie nicht als Dienstmädchen behandelte.

Ich war nicht König Salomon. Mir stand kein Urteil zu. Mir wurde klar, daß unsere schöne Reise durch wiederholte Krisen überschattet werden sollte. Mir blieb nichts anderes übrig, als unseren Gast, den ich sehr schätzte, gehen zu lassen. Was die beinahe täglichen Streitereien zwischen eurer Mutter und dem Kapitän betraf, so versuchte ich, euch herauszuhalten. Als ob Kinder, sogar die kleinsten, nicht weit sensibler als Erwachsene auf die Atmosphäre reagierten, die sie umgibt! . . . Der Kapitän versuchte, mich als Zeugen für seinen guten Willen zu gewinnen, in einem Englisch, das mit einheimischen Vokabeln gespickt war. D. forderte mich auf, von ihm die Dienste zu verlangen, für die er angeheuert worden war.

Der Kapitän hatte immer einen kleinen Krug Genever in Reichweite. Was D. trank, wußte ich nicht, aber sie war schon am frühen Morgen auf neunundneunzig.

Ich half, die Kabinen und die Kojen in Ordnung zu bringen, nachdem ich euch auf der Brücke postiert hatte, mit einer Angel in der Hand. Anschließend kam ich zurück, um mit euch zu angeln, und ich mußte zugeben, daß Johnny, der das Wasser betrachtete, als wollte er die unsichtbaren Fische hypnotisieren, den Fangrekord hielt. Ich sehe uns beide noch, wie wir im Platzregen in dem feuchten Beiboot saßen, eine Kabellänge von der Yacht entfernt, steif und starr in unseren Regenmänteln, was uns aber nicht davon abhalten konnte, unsere Angeln auszuwerfen.

Wenn wir fuhren, spielte ich den Fremdenführer und zeigte euch die Windmühlen, die sich noch drehten, die stattlichen Bauernhöfe, die sich hinter Pappelwänden vor dem Wind versteckten, der fast das ganze Jahr hindurch wehte. Ich erklärte euch, daß nicht hier, aber an Bord der »Ostrogoth« . . . Aber ich war nicht mit dem Herzen dabei, nicht einmal in Groningen, wo die Boote in einer langen Schlange darauf warteten, die bedeutende Schleuse mitten in der Stadt zu passieren.

Auch ich trank. Bestimmt gab es zwischen D. und mir einige leidenschaftliche Umarmungen in unserer Kabine, die sich am Bug befand, aber auch Zornesausbrüche, die wegen der Gegenwart der Kinder auf der anderen Seite der Zwischenwand gedämpft blieben.

Delfzijl war ein wichtiger Hafen geworden, aber die Stadt, die zum Schutz vor der Springflut von Mauern umgeben wurde, war noch immer rosa und weiß wie eine Spielzeugstadt.

Ich zeigte meinen Kindern den alten, stillgelegten Kanal, wo ich in einem Kahn mit durchgefaultem Boden den ersten Maigret geschrieben hatte. Das Denkmal Maigrets stand noch nicht auf dem Kai, an dem dieser Kahn damals festgemacht war. Und als ich es später einweihen sollte, umringt von vierzig meiner Verleger aus aller Welt, würde D. nicht mehr bei mir sein.

Leute aus Delfzijl, vor allem die alten, erinnerten sich an mich und meine beiden weiblichen Matrosen in ihren Seemannshosen, um die es soviel Klatsch gegeben hatte.

Es war in Delfzijl, mein Johnny, wo wir die meisten Aale fingen, weißt du noch? So viele, daß wir uns daran leidgegessen hatten. Auf der Rückfahrt, nicht durch die Zuidersee, sondern auf der Drenthe und dem Rhein, angelten wir auch viel, so als wüßten wir nichts von den täglichen Reibereien zwischen D. und unserem Kapitän, der genauso stolz und eigensinnig war wie sie.

Eine graue Kreuzfahrt mit vielen Wolken und vereinzelten Freuden, die zu genießen wir uns beeilten. Ab und zu ein Bad in den Seen, aber das Wasser war zu kalt, um lange darin zu schwimmen. Am 14. August fuhren wir in den Hafen von Amsterdam ein und verloren keine Zeit, wieder nach Echandens zu kommen.

Schon im September nahm ich eure Mutter nach Venedig mit, um sie auf andere Gedanken zu bringen. Sie kannte die Stadt der romantischen Liebespaare noch nicht, die mir so vertraut war. Auf der Rückfahrt machten wir einen Abstecher nach Cannes, in einer entspannten Atmosphäre, und diese ziemlich kurze Reise hatte in meinen Augen eine große Bedeutung, auch für dich, mein Pierre, der du in einer dieser beiden Städte gezeugt worden bist, also in einer Zeit ungetrübter Freude.

Im Oktober mußte ich wieder nach Brüssel fahren. Ein anderer Minister hatte mich in Echandens besucht. Hatte zur Weltausstellung ein internationales Filmfestival gehört, dessen Vorsitz ich hatte übernehmen müssen, so mußten nun in dem ganz neuen Kongreßpalast fünf oder sechs »Grußbotschaften«, wenn ich so sagen darf, von Vertretern der wichtigsten Länder verlesen werden. Jean Cocteau überbrachte die französische »Grußbotschaft«, ein amerikanischer Nobelpreisträger die Botschaft der Vereinigten Staaten.

Man hatte darauf bestanden, daß ich Belgien vertrete, und ich sagte schließlich zu, ohne mich jedoch als eine Persönlichkeit zu betrachten, die in der Lage wäre, irgend etwas zu repräsentieren. Die »Botschaften« waren im Grunde genommen mehr oder weniger feierliche Vorträge, die anschließend veröffentlicht werden sollten.

Ich schlug also einen ernsten Ton an und schrieb etwas, das *Le roman de l'homme* wurde. Ich war etwas eingeschüchtert, als ich nach meinen berühmten, mit Ehren überhäuften Vorrednern sprach. Wenn ich mich recht erinnere, war ich im Smoking, vielleicht sogar im Frack?

Ich hatte Lampenfieber, obwohl meine Rolle jetzt darin bestand, einen Text zu verlesen, der schon geschrieben war. Geschrieben, muß ich hinzufügen, an einem Nachmittag in meinem seltsamen kleinen Arbeitszimmer in Echandens mit seiner merkwürdigen Decke und seinen eigenartigen Fenstern.

Der bis auf den letzten Platz besetzte Saal beeindruckte mich. Ich ging zum Pult, auf das ich meinen Text legen mußte, und las ihn, so gut ich konnte. Ich hörte kaum den Applaus, und schon zogen mich einige Offizielle fort in einen Salon, in dem Herren und Damen in großer Abendgarderobe, unter ihnen auch D., mich erwarteten, um den Champagner in Strömen fließen zu lassen. Ich wurde von Hand zu Hand weitergereicht und antwortete bald auf englisch, bald auf französisch auf die Fragen hochdekorierter Unbekannter.

Gewiß, ich trug selbst das Band des Kronenordens oder des Leopoldordens, die mir beide verliehen worden waren.

In New York hatte mich der französische Generalkonsul bereits zum Ritter der Ehrenlegion ernannt. Ich habe nie die Ehrenzeichen eines dieser Orden getragen, und ich entschuldige mich dafür bei denen, die sie mir verliehen haben. Ich bin allergisch gegen Dekorationen und Titel aller Art.

Dabei fällt mir der Galaabend des Filmfestivals wieder ein. Man hatte mir eine Stunde zuvor eine Ordenskette übergeben, die ich auf meinem Hemdeinsatz und meiner weißen Krawatte trug. Der Abend war fröhlich, und als Tischnachbarinnen hatte ich äußerst gutaussehende Stars, mit denen ich tanzte. Zum Schluß zündete ich meine Pfeife an, und eine nicht mehr junge, dafür aber um so aufgeblasenere Dame sagte mir im Vorbeigehen mit spitzer Stimme:

»Monsieur Simenon, wenn man die Auszeichnung trägt, die Sie tragen, schickt es sich nicht, Pfeife zu rauchen.«

Peng! Zwischen meiner Pfeife und der Ehre wählen zu müssen ...

Ich mußte denselben Vortrag, pardon, dieselbe »Grußbotschaft«, in Charleroi wiederholen, dann in Lüttich, wo ich gerührt meinen ersten und wohlwollenden Chef wiedertraf, Joseph Demarteau, der jetzt der Fotografie seines Vaters glich. Er umarmte mich, nannte mich »seinen kleinen Sim«, wie damals, als ich Reporter bei der ›Gazette de Liège‹ gewesen war, die er leitete.

Vom sechsundzwanzigsten Juni bis zum dritten Juli, zwischen dem Festival und der Kreuzfahrt in Holland und vor unserer Abreise nach Venedig und Cannes, schrieb ich *Maigret et les témoins récalcitrants,* auf der Schreibmaschine, wie alle Maigrets.

Im November brachten wir Marie-Jo in die Klinik Cecil nach Lausanne, wo unser Freund, Dr. Perrenoud, ihr Wucherungen entfernte. Gewiß, ich war immer beunruhigt, wenn eines meiner Kinder krank war. Ich war es um so mehr, wenn es sich um Marie-Jo handelte, weil ich zu Recht oder zu Unrecht spürte, wie zerbrechlich sie war und wieviel Zärtlichkeit sie brauchte. Eine Zärtlichkeit, um die sie nicht bettelte, aber ihr Bedürfnis danach konnte ich in ihren hellen Augen lesen. Ich brauchte mich nicht zu überwinden, ihr all die Zärtlichkeit zu geben, die ich für sie empfand, für sie, die immer mein kleines Mädchen bleiben würde.

Warum, zum Teufel, fuhren D. und ich im Dezember des gleichen Jahres nach Florenz? Wir mußten gewußt haben, daß D. schwanger war. Sie kannte allerdings diese einzigartige Stadt noch nicht, in der man auf Schritt und Tritt den Werken der Renaissance begegnet, deren Wiege sie gewesen war. Vielleicht war es der Wunsch, daß D., die ihr drittes Kind trug, mein viertes, sich an strahlenden und heiteren Bildern sattsehen sollte? Bestimmt zeigte ich ihr meinen kleinen singenden Engel, so feminin und unschuldig, über der Bronzetür der Taufkapelle von Giotto.

Weihnachten. Weniger dramatisch als die anderen Weihnachtsfeste, angesichts unserer Freude, ein neues Kind zu erwarten. Mädchen oder Junge? Das spielte für mich keine Rolle mehr, denn ich hatte ja schon ein Mädchen.

Das war die Zeit, in der Marc sich in Lausanne noch darauf vorbereitete, die mathematisch-naturwissenschaftliche Fakultät zu besuchen, und mir aus Schamhaftigkeit verschwieg, daß er nur vom Film träumte. Es war auch die Zeit, in der Marie-Jo Klavierstunden nahm, während sie vielleicht schon an ihre späteren Gitarren dachte.

Im Januar schrieb ich *La vieille*. Im April *Une confidence de Maigret,* im Juli *Le veuf.*

Das wichtigste Ereignis dieses Halbjahres, ja des ganzen Jahres, war die Geburt von Pierre, in der Klinik Montchoisi in Lausanne, unter der Leitung unseres sehr guten Freundes Prof. Dubuis.

Die Klinik war freundlich, mit Blick auf die großen Bäume und den See. Mein Zimmer war mit dem von D. verbunden, und ich verbrachte alle meine Nächte dort. Wir hatten das Ereignis nach einer Methode vorbereitet, die damals neu war: der »schmerzlosen Geburt«, deren Wirksamkeit wir zu schätzen wissen würden.

Während der letzten drei Monate besuchte D. die Kurse, die ein Mitarbeiter von Dubuis den werdenden Müttern gab. Eine Anzahl von Frauen mit schweren Bäuchen saßen vor dem Podium, und der Geburtshelfer brachte ihnen bei, ihre Atmung zu kontrollieren, ihre Unterleibsmuskeln, was weiß ich?

Ich nahm, wie den Ehemännern empfohlen wurde, an zwei oder drei dieser Stunden teil, und jeden Abend war es meine Aufgabe, die praktischen Übungen zu überwachen.

Am fünfundzwanzigsten Mai waren Dubuis und ich am Bett von D., die von der nahen Niederkunft nicht im geringsten beeindruckt war und uns stundenlang kanadische Geschichten erzählte, die uns zum Lachen brachten. Sie litt nicht, obwohl die Wehen eingesetzt hatten. Dubuis verfolgte ihren Fortschritt, und etwa in der Mitte der Nacht konnte er eine gewisse Unruhe nur schlecht verbergen.

Er erzählte uns seinerseits von Musik und Kunst, für die er sich begeisterte, mit seiner warmen und stets ruhigen Stimme. Dennoch spürte ich zum Schluß seine Nervosität. Es war fast zwei Uhr morgens, als er die Krankenschwestern rief, um D. in den Kreißsaal bringen zu lassen.

Ich zog mir einmal mehr einen weißen Kittel und eine weiße Haube über und folgte dem Zug, während Dubuis seine grünen Gummischuhe anzog und sich die Hände bürstete, bevor er sich die Handschuhe überzog.

Manchmal zuckte D. zusammen, legte die Hände auf den Bauch, aber der Arzt wartete immer noch, was mir ein wenig Angst machte. Ich hatte nämlich bei jedem meiner Kinder die gleiche entsetzliche Furcht vor der Geburtszange gehabt, selbst vor den sogenannten »kleinen Eisen«, mit denen man den Schädel des Kindes ergreift, um ihn aus dem Bauch der Mutter zu ziehen. Ich hatte in medizinischen Werken zu viele Geschichten von Geburtszangen gelesen, die Spuren hinterlassen hatten, manchmal für immer, und ich *wollte* meine Kinder vollkommen.

Endlich ein spitzer Schrei. D. wandte sich Dubuis zu und begann:

»...Ich glaube...Ich glaube, jetzt...«

Sie kam nicht dazu, den Satz zu beenden. Sie atmete tief ein und entspannte ihre Muskeln, wie sie es so oft geübt hatte.

Fünf Minuten später, mein Pierre, hielt Dubuis dich an den Füßen, mit dem Kopf nach unten, wie einen Hasen, und gab dir einen leichten Klaps auf deinen klebrigen Po.

Es war der sechsundzwanzigste Mai. Ich hatte nun vier Kinder: drei Jungen, die einander im Abstand von zehn Jahren folgten, und ein Mädchen, das sich schüchtern zwischen die beiden letzten geschmuggelt hatte. Du weintest. Du warst vollkommen gesund und kräftig, und du atmetest zum ersten Mal die Luft, die dich umgab.

Wie ich es mir eine Woche lang zur Gewohnheit machen würde, eilte ich nach Echandens, wo ich der noch ziemlich verschlafenen Hausgemeinschaft die Neuigkeit verkündete. Ich badete, rasierte mich, zog mich um. Und ich sang, falsch wahrscheinlich, wie üblich.

Wir besaßen ein neues, kleines Auto, das ich D. gekauft hatte, die aber nicht gern damit fuhr. Ich war es, der es für die Einkäufe in der Stadt benutzte, denn es fuhr sich wie ein Fahrrad. Der schwarze MG hatte nur zwei Plätze, und seine Karosserie war so niedrig, daß man sich zum Einsteigen zusammenkauern mußte. Wenn man jedoch erst einmal drinnen saß, genoß man einen perfekten Komfort und eine unvergleichliche Wendigkeit.

Du bist erstaunt, Pierre, daß ich dir von einem Auto erzähle, wo du doch gerade erst geboren bist? Das liegt daran, daß mir von meiner Rückfahrt nach Echandens, ganz früh am Morgen, die freudige Erinnerung an das Brummen meines Wagens geblieben ist.

Ich schlief weiterhin in der Klinik, in die ich Johnny mitnahm und Marie-Jo, die es am wenigsten erwarten konnte, ihren »kleinen« Bruder zu sehen, sie, die bisher selbst die »Kleine« gewesen war.

Sie war jetzt sechs. Wir stellten ein Kindermädchen ein, die Suzanne hieß und Belgierin war. Eine helle, flämische Hautfarbe, blaue Augen und eine bemerkenswerte Sanftheit und Geduld.

Marc war zwanzig Jahre älter als du, Johnny zehn. Sie waren ebenso stolz wie ich, und ich war beinahe eifersüchtig auf die väterliche Haltung, die sie dir gegenüber einnahmen, als gehörtest du ihnen.

Marie-Jos erste Reaktion war es, die gleiche weiß und blau gestreifte Tracht und das gleiche gestärkte Häubchen zu erbitten, wie Nana sie trug, und ich bestellte sie ihr.

Deine Mutter konnte dir nicht die Brust geben, ebensowenig wie deinem Bruder und deiner Schwester, und ebensowenig wie Tigy sie Marc hatte geben können. Meine vier Kinder sollten also mit der Flasche groß werden, und Marie-Jo in ihrer Uniform würde interessiert die Sterilisation der Fläschchen und die verschiedenen Handgriffe verfolgen, die erforderlich waren. Ich sehe sie noch vor mir, als du kaum einen Monat alt warst, wie sie dich übervorsichtig auf den Knien hielt und dir das Fläschchen gab, ohne ihre aufmerksamen Augen eine Sekunde lang von dir abzuwenden.

Ich entspannte mich, indem ich einen Maigret schrieb, wie jedesmal, wenn ich mich aus dem einen oder anderen Grunde nicht dazu aufgelegt fühlte, einen schwierigen Roman in Angriff zu nehmen. So war es mit allen Maigrets, abgesehen von den ersten achtzehn, von denen ich jeden Monat einen geschrieben hatte. Es stimmt, daß ich zwei Kapitel am Tag schrieb, eines am Morgen und das andere am Nachmittag, so daß manche meiner Romane in drei Tagen fertig wurden.

Das war für mich eine Erholung, mich an meine Schreibmaschine zu setzen und meinen wackeren Kommissar wiederzutreffen, ohne über den Ausgang seiner Ermittlungen bis zum letzten Kapitel mehr zu wissen als er.

Man hatte meine fünf Dutzend Bleistifte beschrieben, fotografiert und gefilmt, und ich mußte sie manches Mal mit meiner kleinen Maschine vor den Kameras anspitzen.

Daraus ist eine Legende entstanden, die jedoch einen wahren Kern enthält und die ich bei dieser Gelegenheit richtigstellen möchte. In den Vereinigten Staaten hatte ich am Abend, bevor ich mit einem Roman begann, die ersten Zeilen davon niedergeschrieben, die mir am nächsten Morgen, vor meiner Maschine, als Ausgangspunkt dienten.

Aus diesen wenigen mit Bleistift auf Blöcke gelben Papiers geschriebenen Zeilen war im Laufe der Zeit eine Seite geworden, dann zwei, fünf, und schließlich das ganze Kapitel, in einer zierlichen Schrift, die ganz spitze Minen verlangte.

Dieses »handschriftliche« Kapitel wurde also am Nachmittag oder am Abend geschrieben, und um sechs Uhr morgens tippte ich es, oft ohne das »Konzept« zu beachten, denn beim Schreiben auf der Maschine ergab sich ein ganz anderer Rhythmus.

Ich hatte lange Zeit fortgefahren, mich an dieses Schema zu halten, bis ich feststellte, daß man, wenn man mit der Hand schreibt, dazu neigt, die Sätze auszuschmücken, »auf literarisch zu machen«, was meinem Geschmack zuwider war.

Gewiß liebte ich es, meine Bleistifte anzuspitzen, sie extrem spitz zu machen, aber obwohl immer noch einige davon auf meinem Schreibtisch und auch neben dem Telefon standen, so dienten sie doch seit über fünfzehn Jahren nur noch dazu, Notizen zu machen, die nichts mit meinen Romanen zu tun hatten.

Nach dieser Anmerkung kehre ich zu unserer familiären Routine und zu unseren Aktivitäten zurück. Im Juni würde Marc, der endlich seinen Wunsch eingestanden hatte, sich dem Film zu verschreiben, in Paris mit Jean Renoir zusammentreffen und ihm nach Cannes folgen. Es rief merkwürdige Empfindungen in mir wach, sein Zimmer im Erdgeschoß leer zu sehen, aber es blieb nichtsdestoweniger sein Zimmer.

Marie-Jo begann auf den Gartenwegen vorsichtig den weißen Kinderwagen zu schieben, in dem du schlummertest, kleiner Pierre, oder das Laubwerk über dir mit Augen betrachtetest, die man verzückt nennen könnte.

D. hatte wieder zu ihrem Louis-XVI-Büro und zu ihren Sekretärinnen zurückgefunden, und wie schon zuvor war sie immer sehr beschäftigt.

Im Juli schrieb ich einen schwierigen Roman, einen sehr schwierigen sogar, mit dem Titel *Le veuf*.

Noch einen Exkurs, wie der über die Dutzende von Bleistiften. Seit langem haben Psychologen, Psychoanalytiker und Biografen aus verschiedenen Ländern, von denen die meisten mich nie gesehen und nur einige mir geschrieben haben, es sich in den Kopf gesetzt, anhand meiner Romane und meiner Figuren »die Wahrheit über mich herauszufinden«. Nun kenne ich mich gut genug, um zu versichern, daß sie sich alle getäuscht haben und daß nur einer oder zwei von ihnen zu einer Art Halbwahrheit vorgedrungen sind.

Wenn ich auch in der Zeit, in der ich an einem Roman schrieb, stets in die Haut meiner Personen schlüpfte, so sind doch meine Figuren, wenn ich so sagen darf, niemals in meine Haut geschlüpft, mit anderen Worten, keine von ihnen war mein Spiegelbild.

Es ist vorgekommen, daß ich in schweren Zeiten heitere und sonnige Geschichten schrieb, so wie ich auch in fröhlichen Zeiten tragische Werke verfaßt habe.

Man hat mich so porträtiert, ganz ernsthaft, in Werken und Doktorarbeiten, die mich vielleicht überdauern werden, was nicht ohne Befriedigung für mich ist. Ist das der Grund, warum ich meinerseits versuche, »meine« Wahrheit zu finden?

Genug davon! Ein Regisseur namens Hauduroy, dessen Vater ich gekannt hatte, wollte einen Dokumentarfilm über die Art und Weise drehen, wie ich der Inspiration (?!) nachjagte und wie ich schrieb. Ich sagte zu, denn es war mir immer schwergefallen, nein zu sagen, und im August fiel eine Mannschaft, die noch zahlreicher als die Fernsehteams war, über das Schloß her. Man drehte überall, und ich befolgte die Anweisungen, die man mir gab. Ein Kran schwenkte eine Gondel über Echandens hinweg, die an einem Kabel hing und von der aus ein Kameramann die Gesamtansichten filmte.

Zur Einführung hatte man das Gewächshaus, das zur Bibliothek geworden war, in einen langen Flur verwandelt, in dem auf schwarzen Tüchern meine Romane in den verschiedenen Sprachen ausgebreitet waren. D. fand heraus, daß das schwarze Tuch, deren versteckte Silberfransen sie entdeckte, bei einem Bestattungsunternehmen ausgeliehen worden war, das solche Tücher für die Leichenhalle verwendet.

Ein Riesenkrach. Der Produzent zog angesichts der aufgebrachten Beschimpfungen den Kopf ein und sah sich aufgefordert, das Haus auf der Stelle von dieser makabren Dekoration zu befreien.

Ich verstand D.s Ärger, obwohl ich gestehen muß, daß mich persönlich dieses Tuch, woher es auch kommen mochte, kalt ließ. Aus unerfindlichen Gründen ließ man mich des Nachts auf einer kleinen Straße im Kanton Fribourg fahren, wo gegen Mitternacht an einem schienengleichen Bahnübergang ein Zug vorbeifahren mußte. Meine Rolle bestand darin, zu fahren, in dem Moment anzuhalten, in dem die Schranken sich schlossen, die Gelegenheit zu nutzen, mir eine Pfeife zu stopfen und anzuzünden, um dann zuzuschauen, wie der Zug mit den erleuchteten Abteilfenstern vorbeifuhr, und nach dem Öffnen der Schranken wieder weiterzufahren.

Ich versuchte nie, die Motive der Regisseure zu ergründen, und gehorchte blind wie ein Statist in Hollywood.

Dieses Stückchen Dreharbeit nahm immerhin zwei bis drei Stunden in Anspruch, mitten in der Nacht, bis alles im Kasten war, und eine hilfsbereite Polizei, die ebensowenig davon begriff wie ich, übernahm es, die anderen Autos im entscheidenden Moment anzuhalten.

Man drehte auch in einem Badezimmer des luxuriösen Hotels Beau-Rivage, in dem man meine Schreibmaschine aufgestellt hatte, denn ich hatte Journalisten verraten, daß ich auf Reisen mit Vorliebe im Badezimmer schrieb, dem ruhigsten Ort eines Hotels, wo einen niemand stören konnte und wo es kein Telefon gab.

Für den gleichen Film waren wir nun in Mailand, in einem Hotel, in dem ich Stammgast war. Hier mußte ich mich auf den nahegelegenen Domplatz begeben und die glasüberdachten Galerien mit ihrem Marmorfußboden entlangschlendern. *Auf der Suche nach der Inspiration, verstohlen Passanten und Passantinnen beobachtend.*

Johnny begleitete mich und hatte viel Spaß. Man fing viermal, fünfmal von vorn an, immer bis zum Hotel, und dann gab man mir von weitem Zeichen, erneut loszugehen.

Ich würde so auch auf einem Uferpfad am See spazierengehen, in Vidy, während der Kameramann mir in einem Wagen auf einem Parallelweg folgte. Ich respektierte die Leute vom Fach, einschließlich der Regisseure, die viele meiner Romane mit Schauspielern, die ich bewunderte, verfilmt hatten. Diese Filme hatte ich mir nie angesehen, mit Ausnahme von zweien oder dreien, darunter den ersten, die Jean Renoir gedreht hatte und in denen sein Bruder Pierre die Rolle Maigrets spielte.

Der Grund dafür, daß ich mir weder die Filme noch die Fernsehfassungen meiner Romane angesehen hatte, ist leicht zu verstehen, obwohl kein Journalist – ich respektiere auch die Journalisten, selbst die, die mich verachten oder schlechtmachen – das je begriffen hat. Wenn ich einen Roman schrieb, sah ich meine Personen vor mir und kannte sie bis in die kleinsten Details, einschließlich derer, die ich nicht beschrieb.

Wie hätten ein Regisseur, ein Schauspieler dieses Bild wiedergeben können, das nur in meinem Inneren existierte? Jedenfalls nicht anhand meiner Beschreibungen, die immer kurz und summarisch waren, weil ich es gern dem Leser überlassen wollte, seine eigene Fantasie spielen zu lassen.

Wie würden Sie denn reagieren, wenn plötzlich eines Ihrer Kinder, durch die Zauberei der Schönheitschirurgie verändert, vor Sie treten würde? Nun, genau diese schmerzliche Reaktion ist die meine angesichts des besten Schauspielers, der die Rolle einer meiner Personen spielt. Warum sollte ich diese unangenehme Erfahrung auf mich nehmen?

Als ich *Le veuf* schrieb, rechnete ich nicht mit einem Drama, das mich überraschen sollte. Etwa Mitte September sah Pierre, der knapp über drei Monate alt war, beunruhigend bleich aus und reagierte kaum. Ich erinnere mich, daß D. ihn mir eines Tages in seinem Zimmer, auf dessen Vorhängen lustige Trommler abgebildet waren, mit tragischem Gesichtsausdruck fast leblos in die Arme legte und zu mir sagte:

»Jo, ich flehe dich an, hauche ihm dein Leben ein!«

Hatte sie »dein« oder »das« gesagt? Ich drückte den kleinen Körper an mich, als könnte ich ihm wirklich seine Lebenskraft zurückgeben. Unser Kinderarzt war besorgt und rief Spezialisten herbei, die zwei Stunden lang über deinen Fall diskutieren würden, mein Pierre, während deine Mutter und ich uns traurig und wie erstarrt im Salon aufhielten, in jener Nacht, in der wir nicht das geringste Geräusch über unseren Köpfen hörten.

Die Ärzte kamen schließlich wieder zu uns herunter, auch der Professor der Hämatologie, den man hinzugezogen hatte. Ich verstand, was sie befürchteten, und war leichenblaß, während ich ihnen zuhörte. Der Hämatologe, der optimistischste der vier oder fünf versammelten Spezialisten, lehnte es ab, eine Rückenmarksprobe zu nehmen, die er für überflüssig hielt. Er allein wies jeden Verdacht einer grausamen Krankheit zurück.

Der Professor der Kinderheilkunde in Lausanne befand sich auf einem medizinischen Kongreß in San Remo, in Italien. Man rief ihn vergebens an. Unmöglich, ihn aufzusuchen. Deshalb schlug unser Kinderarzt in aller Bescheidenheit vor, das Kind in die Kinderklinik nach Genf zu bringen, deren Leiter Professor Bamater war, den ich sehr gut kannte.

Am frühen Morgen brachen wir mit zwei Wagen auf. Nana begleitete uns in dem ersten, den ich zitternd lenkte, D. zu meiner Rechten und Pierre hinten auf den Knien des Kindermädchens.

Niemals ist ein Kleinod mit soviel Vorsicht behandelt worden, mein kleiner Pierre. Noch nie hatte ich am Steuer ein solches Gefühl der Verantwortung empfunden. Unser Kinderarzt aus Lausanne folgte uns in seinem Wagen, und der Professor aus Genf, den ich naßgeschwitzt erreichte, erwartete uns mit seinem Team.

Weder deine Mutter noch ich waren bei der Untersuchung zugegen, und wieder hieß es warten, wie in der Nacht in unserem Salon.

Der Professor kam mit sorgenvoller Miene zurück. Er war ein Mann mit offenem Gesicht, der frei und unumwunden sagte, was er dachte.

»Hören Sie«, sagte er und legte mir die Hand auf die Schulter. »Ich kann Ihren Sohn nicht in meiner Klinik aufnehmen, die alt und schlecht ausgerüstet ist und sich im Umbau befindet. Im übrigen wäre es ein Eingriff in den Zuständigkeitsbereich meines Kollegen aus Lausanne . . .«

»Er ist nicht da . . .«

»Er kommt morgen abend wieder. Das ist eine Frage des Standesrechts. Aber ich kann Ihnen einen Rat geben: fahren Sie sofort nach Lyon, wo Professor Jeune über bessere Voraussetzungen verfügt als wir, sich um Ihr Kind zu kümmern, und wo er auf die Unterstützung eines bedeutenden Hämatologen des Institut Pasteur jener Stadt zurückgreifen kann. Wenn Sie einverstanden sind, rufe ich Professor Jeune an, um ihm Ihre Ankunft anzukündigen und ihn zu bitten, ein Zimmer in einer hervorragenden Klinik, die ich kenne, freizuhalten . . .«

Ich sagte ja und bemühte mich, nicht in Schluchzen auszubrechen. Zum ersten Mal in meinem Leben, mein Pierre, erlebte ich die wirkliche Angst, die Angst, die einen lähmt, einem die Sprache und das Reaktionsvermögen nimmt. Deine Mutter war nicht besser dran als ich.

»Kennen Sie ein Hotel in Lyon?« fragte er mich.

»Das Carlton, in dem ich mehrfach abgestiegen bin.«

»Ich reserviere Ihnen ein Appartement. Am besten fahren Sie gleich los . . .«

Man hätte sagen können, daß alles in mir zu Eis erstarrte, und ich fragte ihn mit tonloser Stimme:

»Hat er eine Chance, Doktor?«

»Fünfzig Prozent, *mit sehr vielen Gebeten . . .*«

Unser Kinderarzt aus Lausanne, der schon Johnny und Marie-Jo betreut hatte, ließ es sich nicht nehmen, uns zu begleiten. Die Strecke Genf – Lyon war zu jener Zeit noch schlecht, mit vielen Kurven. Ich fuhr wie ein Schlafwandler, und ich weiß nicht mehr, wer von uns, deine Mutter oder ich, den Vorschlag machte, anzuhalten und ein Glas Alkohol zu trinken. Diesmal hatten wir es wirklich beide nötig, um bis Lyon durchzuhalten. Der Kinderarzt, der gute, sanfte Dr. Walther, blieb hinter uns auf der Schwelle eines Landgasthofs stehen. Er, der Abstinenzler, stimmte uns zu und trank ein Glas mit uns, lustlos und mit starrem Blick.

Professor Bamater hatte uns gesagt:

»Fünfzig Prozent . . . Mit vielen Gebeten . . .«

Diese Worte schwirrten mir während der ganzen Fahrt im Kopf herum. Wir hatten in dieser Nacht nicht geschlafen. Hatten wir gegessen?

Ich erinnere mich nicht mehr, um wieviel Uhr wir das Hotel Carlton erreichten, wo eine Nachricht von Professor Jeune für uns bereitliegen mußte. Die Nachricht war da und nannte uns eine Adresse auf der anderen Seite der Rhône, ganz am Ende eines dichtbevölkerten Stadtviertels, das wir ungeduldig durchquerten.

In einer ruhigeren Straße ein Garten mit Bäumen darin, in dem Kranke am Arm der Ordensschwestern spazierengingen. Die Mutter Oberin erwartete uns ebenfalls und führte uns in ein ganz weißes Zimmer, in dem ein Kinderbettchen und eine Couch standen.

»Ich rufe den Professor an . . .«

Er erschien wenig später, groß und schlank, in Begleitung seines Assistenten, der niemand anderer war als der Neffe unseres Freundes Martinon. Der Hämatologe mußte bald zu ihnen stoßen, während deine Mutter und ich noch einmal im Flur warteten.

Die drei Männer waren ein bißchen optimistischer, vor allem, wie in Lausanne, der Hämatologe, und unser guter Walther schien ein wenig beruhigt zu sein.

»Es ist zu früh, um eine genaue Diagnose zu stellen. Nach unserer Ansicht kann die Hypothese einer Sepsis bereits ausgeschlossen werden. Wir werden ihn mit Cortison behandeln, während wir das Ergebnis der Laboruntersuchungen abwarten . . .«

»Haben Sie eine Probe . . .«

Ich wagte das Wort Rückenmark kaum auszusprechen.

»Nein, nur eine Blutprobe. Wir kommen heute abend wieder. In der Zwischenzeit können Sie beide hier nicht helfen. Sie brauchen etwas zu essen. Fahren Sie in Ihr Hotel zurück und kommen Sie gegen sechs Uhr wieder.«

Dr. Walther aß mit uns; ein spätes und schweigsames Mittagessen. Dann fuhr er wieder nach Lausanne zurück, wo seine Patienten auf ihn warteten. Nana war in der Klinik geblieben. Deine Mutter und ich, mein Pierre, wagten uns kaum anzusehen und gingen hinauf in unser Appartement, wo wir uns mitten in dem kleinen Salon in die Arme fielen und unseren Tränen endlich freien Lauf lassen konnten.

Wir würden das Ende des Monats September, den ganzen Oktober und einen Teil des Novembers in Lyon verbringen und einander an deinem kleinen Krankenhausbett ablösen.

54

Gestern, mein Pierre, am zwanzigsten August 1980, in unserem kleinen Haus in der Avenue des Figuiers, wo ich mich seit Anfang des Jahres der Arbeit widme, die für euch – außer für Teresa – rätselhaft ist und die darin besteht, nicht so sehr den Film meines eigenen Lebens als vielmehr den des familiären und menschlichen Kerns zu rekonstruieren, der sich seit meiner frühesten Jugend um mich herum gebildet hatte, gestern also ereignete sich, während ich in eines meiner gelben Hefte schrieb, ein Zwischenfall oder besser ein Phänomen, das dich ganz besonders betrifft und von dem ich dir berichten will.

Du warst in diesem Augenblick zum Tauchen, sehr weit von hier, fast bei den Antipoden, auf den Seychellen, wo du deinen wohlverdienten Urlaub verbrachtest.

Den ersten Teil dieser Erinnerungen hatte ich ohne Vorbereitung geschrieben, ohne Tagebuch, denn internationale und andere Ereignisse dienten mir als Orientierungspunkte. Außerdem hatten die Daten der Vergangenheit kaum eine Bedeutung, denn damals war meine kleine Familie noch kaum mehr als eine Keimzelle.

Für die Zeit danach hatte ich mich an Aitken gehalten, die mir anhand unserer Akten, einschließlich eurer persönlichen Unterlagen, meine Kinder, und einschließlich eurer Krankenakten und eurer Zeugnisse von der Volksschule bis zum Abitur, eine präzise, unbestreitbare Chronologie zusammengestellt hatte, die ich um so eingehender zu Rate zog, je weiter ich in meiner Erzählung voranschritt.

Beim Monat Mai stieß ich auf eine Eintragung, die mich vor Freude strahlen ließ.

Sechsundzwanzigster Mai: Geburt Pierres.

Erinnerungen flogen mir zu, als wäre es gestern gewesen, Bilder, die meine überschwengliche Freude ausdrückten.

Dann ging ich zu deinem Bruder Johnny über, zu Marc, zu Marie-Jo, zu anderen Familienereignissen. Plötzlich, gegen Ende des Nachmittags, stieß ich auf eine Notiz, die mir die Kehle zusammenschnürte.

Ende September, Oktober, Anfang November: mit Pierre in Lyon.

Und nun überkam mich ein Alptraum, von dem ich nicht gewußt hatte, daß er so nahe war: das kaum drei Monate alte Baby, das fast regungslos geworden war und das deine Mutter und ich nach Lyon brachten, um es zu retten, koste es was es wolle.

Diese beinahe wahnwitzige Fahrt: ich beschrieb sie nicht nur, ich erlebte sie wieder, im buchstäblichen Sinne des Wortes, so sehr, daß ich mindestens eine Stunde lang kaum atmen konnte, während ich vor meinem kleinen Schreibtisch saß und noch einmal die Schrecken durchlitt, die ich vor einundzwanzig Jahren kennengelernt hatte. Ich erlebte sie mit einer solchen Deutlichkeit aufs neue, daß ich, als die letzten Worte aufgezeichnet waren und ich mich wieder aufrichtete, verstört war, mit tränenüberströmtem Gesicht, unfähig, mich zu bewegen, zu sprechen, bis das so lange unterdrückte Schluchzen endlich hervorbrechen konnte.

Deine Kinderkrankheit, mein Pierre, von der man dir zu oft in beängstigenden Worten berichtet hatte, die in deiner Erinnerung quälende Spuren hinterlassen würden und dich noch kürzlich beunruhigt haben, sollte ich also zweimal erleben, und das zweite Mal, gestern, mit der gleichen Intensität wie beim ersten Mal, 1959.

Deine Krankenunterlagen, wie auch die Unterlagen deiner Kindheit und deiner Schulzeit, stehen dir zur Verfügung, so wie auch deinen Geschwistern die ihren zur Verfügung gestanden haben.

Wenn ich heute fortfahre, so geschieht das in einer anderen Verfassung, denn ich kenne den Ausgang und weiß, daß wir, was dich betraf, bald beruhigt werden sollten.

Wir waren also in Lyon, deine Mutter und ich, in einem Hotel, das damals das beste in der Stadt war, aber veraltet, ein bißchen baufällig, und das nur noch die Erinnerung an prunkvolle Jahre bewahrt hatte. Wir hatten weder Kleider noch Wäsche zum Wechseln und auch keinerlei Waschzeug, denn wir waren von Lausanne aus zu einem kurzen Arztbesuch nach Genf aufgebrochen, im Glauben, am Nachmittag wieder in Echandens zu sein.

Aitken verbrachte noch die letzten Tage ihres Urlaubs auf Capri, und deine Mutter rief Rita an, das neue Zimmermädchen, um sie mit dem Nachtzug nachkommen und das Nötigste für uns und auch für dich mitbringen zu lassen.

Marc war in Paris oder »drehte« irgendwo in Frankreich, und wir konnten ihn nicht erreichen. Johnny und Marie-Jo warteten ängstlich auf uns, nach unserer überstürzten Abreise, und wir beruhigten sie, so gut wir konnten, über den Zustand ihres »kleinen Bruders«, der bereits einen wichtigen Platz in ihrem Leben einnahm.

Es war Marie-Jo, die trotz ihrer sechs Jahre die meisten Fragen stellte, mißtrauisch, und die am schwierigsten zu beruhigen war, zumal wir selbst es auch nur zum Teil waren.

Die ersten Tage, die erste Woche waren die härtesten, denn morgens und abends versammelten sich deine drei Ärzte um dein Bettchen und warteten auf die ersten günstigen Anzeichen.

Wenigstens konnte seit dem ersten Abend die schlimmste Diagnose, die einer Blutvergiftung, ausgeschlossen werden: die Blutanalysen, die man am Nachmittag durchgeführt hatte, eröffneten den Untersuchungen neue Wege. Wie der Professor der Hämatologie vom Institut Pasteur uns mit aller Deutlichkeit erklären würde, warst du »vollgestopft« mit goldglänzenden Staphylokokken, die so verheerend unter den Neugeborenen wüteten. Das war schlimm, gewiß, aber die Chancen einer Heilung lagen höher als die erschreckenden fünfzig Prozent ... mit vielen Gebeten.

Der Hämatologe, Profesor Revol, wie auch Professor Jeune und sein Assistent Dr. Béthenod, Kinderarzt und Neffe unseres guten Freundes Dr. Martinon aus Cannes, würden mehrere Wochen lang mit all ihrem

Wissen, ihrer Erfahrung und ihrer Hingabe einen erbitterten Kampf gegen deine Krankheit führen. Sie ließen nichts unversucht und nahmen sogar telefonisch mit einem der berühmtesten Hämatologen der Welt Kontakt auf, der in Paris wohnte, Professor Jean Bernard. Er würde deinen Fall aus der Ferne verfolgen. In der ersten Zeit würde ein Flugzeug Tag und Nacht in Orly für ihn bereitstehen, damit er an dein Krankenbett eilen könnte, falls dein Zustand sich verschlechtern sollte.

Er würde diese Reise nach Lyon nicht zu machen brauchen; sein Versprechen minderte aber nichtsdestoweniger meine Sorgen, denn ich hatte seine Werke gelesen und schätzte seine Ansichten. Ich würde keine Gelegenheit haben, ihn zu treffen, aber ich legte Wert darauf, meine tiefe Dankbarkeit und Bewunderung für den großen, wahrhaft großen Arzt und Biologen auszusprechen, der er außerdem noch war.

Unser bescheidenes Leben in Lyon, wo wir uns ein wenig verloren vorkamen, nahm Gestalt an. Die Klinik, in der du dich mit der jungen Nana befandest, lag am anderen Ende der Stadt, am linken Ufer der Rhône, in La Guillotière, auf der anderen Seite der Brücken, dem lebhaftesten und meistbevölkerten Viertel von Lyon, durch dessen verstopfte Straßen wir für lange Zeit von einem Ende zum anderen würden fahren müssen, bis zu viermal am Tag.

Deine Privatklinik nannte sich Hôpital Saint-Eugénie. Die Nonnen waren diplomierte Krankenschwestern und erwiesen sich vom Anfang bis zum Schluß als ebenso aufopfernd wie unsere Ärzte. Wie war ich dem Genfer Professor Bamater dankbar dafür, daß er uns schnurstracks nach Lyon geschickt hatte, ohne uns Zeit zum Verschnaufen zu lassen!

Morgens und abends trafen wir also deine drei Ärzte in der Klinik. Sie machten sich die verantwortungsvolle Entscheidung nicht leicht, dich einer Schocktherapie zu unterziehen, die schon gegen Ende der ersten Woche anzuschlagen schien, denn du reagiertest wieder und deine Teilnahmslosigkeit begann nachzulassen.

Welche Freude, aufs neue zu sehen, wie deine Augen sich auf uns richteten, als wolltest du uns eine Nachricht übermitteln, uns ankündigen, daß du nach und nach wieder Kontakt mit dem Leben aufnahmst!

Ich schäme mich, in diesem Moment, in dem nur du zähltest, mein Pierre, von mir zu sprechen, von den Auswirkungen des Schocks, den ich erlitten hatte. Seit dem Tag nach unserer Ankunft, an dem ich eine nahegelegene Apotheke aufsuchen mußte, merkte ich, daß meine Schritte unsicher waren, und als ich eine breite Straße überqueren wollte, wurde mir plötzlich schwindlig; ich blieb wie angewurzelt am Straßenrand stehen und wartete, bis eine größere Menschenmenge hinüberging, in deren Mitte ich mich schmuggeln konnte, um geschützt zu sein.

Diese Schwindelanfälle machten mir die ganze Zeit, die wir in Lyon verbrachten, und später auch in Lausanne zu schaffen, bis unser Freund Perrenoud mich nach Paris zu einem großen Ohrenspezialisten schickte, der mir nach einem ganzen Nachmittag voller komplizierter Untersuchungen mitteilen würde, daß ich an einem Menière-Syndrom litt, einer inneren, nicht ansteckenden Krankheit eines Ohres, in meinem Falle des rechten Ohres.

Wenn ich diesen Exkurs über mich ausdehne, Pierre, dann nur, um dich zu beruhigen, um dir zu bestätigen, daß du nicht die Ursache dieser Krankheit warst und daß der Schock, den ich bekommen hatte, als deine Mutter dich leblos in meine Arme legte und ich anschließend so um dein Leben bangte, sie nur ans Licht gebracht hatte.

Ich will dieses Thema rasch beenden, denn nicht nur dich, sondern auch deine Geschwister muß ich über das, was mich betrifft, beruhigen.

Zu Beginn unseres Aufenthalts in Cannes, 1955, spürte ich Beschwerden in der linken Schulter und im linken Arm, so sehr, daß ich nicht mehr mit der Maschine schreiben konnte; gleichzeitig war meine Kehle wie gelähmt und ließ mich nur noch mühsam und mit heiserer Stimme sprechen. Im Anfang hatte ich an eine Erkältung geglaubt. Ich hatte einen Monat gewartet, bis ich den jungen Arzt aus Mougins aufsuchte, der uns auch in Cannes weiterhin betreute.

Eines Abends beschloß er, mich nach Nizza mitzunehmen, um dort in der Gegend einen angesehenen Neurologen zu konsultieren. Ich lenkte mit einer Hand einen unserer kleinen Renaults. Der Arzt, dessen Namen ich vergessen habe, saß neben mir, D. auf der Rückbank. Ich war nicht besorgt. Ich scherzte sogar, mit meiner heiseren Stimme, und bestand darauf, vorher noch in der Bar des »Cintra« vorbeizuschauen, dessen Atmosphäre ich liebte, und wir tranken dort jeder ein Glas Champagner. Vielleicht sagte ich mir insgeheim, daß man mir keinen Champagner mehr erlauben würde, und kostete ihn mit ganz kleinen Schlucken.

Eine Viertelstunde später, im Sprechzimmer des Neurologen, setzte eine Assistentin mir ich weiß nicht wie viele Lockenwickler ins Haar, die mit Drähten in verschiedenen Farben an eine eindrucksvolle und gewaltige Maschine angeschlossen waren.

»Augen schließen ... Augen öffnen ... Schauen Sie auf das Licht vor Ihnen ... Augen schließen ... Öffnen ...«

Das Licht wechselte auch die Farbe, und ich fühlte mich von Schwindel ergriffen. Eine halbe Stunde später hatte ich mein erstes Enzephalogramm hinter mir.

Der Neurologe ließ sich für das Studium der großen, mit feinen Linien überzogenen Papierrolle, die aus dem Apparat gekommen war, sehr viel Zeit. Er schien verlegen, zögerte, als stehe er vor einem Problem.

»Wenn man den Lehrbüchern folgt, würde ich sagen, daß Sie an der sogenannten Coxsackie-Krankheit leiden. Sie ist erst kürzlich entdeckt worden, und ich hatte noch keine Gelegenheit, einen einzigen Fall davon zu behandeln. Das beste wäre, vorausgesetzt, daß er Sie empfangen kann, meinen Lehrmeister ... zu konsultieren (hier ein international bekannter Name, der mir aber wegen meines schlechten Namensgedächtnisses nicht einfallen will.)

Es gelang ihm, mir einen Termin zu beschaffen, und er begleitete mich nach Paris, wo ich in einer angenehm altmodischen Wohnung, hinter der Chambre des Députés, von einem kleinen, beinahe scheuen Mann, den man in einem Metroabteil erster Klasse hätte antreffen können und den die russische Regierung später unter außergewöhnlichen Umständen zu Hilfe rufen würde, lange untersucht wurde und ihm auf zahlreiche Fragen antworten mußte, nicht in seinem Sprechzimmer, sondern in einem behaglich eingerichteten Salon.

Nachdem er den Streifen meines Enzephalogramms studiert und sich halblaut mit seinem ehemaligen Schüler beraten hatte, wandte er sich mir zu, ruhig und vertrauenerweckend, so als säßen wir bei einer Tasse Tee zusammen.

»Es handelt sich tatsächlich um einen Coxsackie.« Ich erlaubte mir, ihn zu unterbrechen.

»Noch vor einem Jahr wohnte ich dreißig Meilen von einer kleinen amerikanischen Stadt entfernt, die diesen Namen trägt. Sollte es einen Zusammenhang ...«

»Nicht direkt. Die Krankheit trägt diesen Namen, weil sie vor einigen Jahren in einem Laboratorium dieser Stadt entdeckt worden ist, was nicht bedeutet, daß Sie sie dort in der Gegend bekommen haben müssen. Es handelt sich mehr oder weniger um eine milde Form der Kinderlähmung.«

Merkwürdigerweise fühlte ich mich nicht beunruhigt in dieser Umgebung, diesem so einfachen und beruhigenden Gelehrten gegenüber.

»Ihre Symptome täuschen nicht. Ich hatte Gelegenheit, wenn auch nicht oft, eine gewisse Zahl von Fällen zu behandeln, und die Heilung war stets vollkommen.«

»Welcher Behandlung muß ich mich unterziehen?«

Ich fürchtete, in Paris bleiben zu müssen, fern von meinen Kindern, und war überrascht, ihn mit seiner Stimme, die ebenso gedämpft klang, wie sein Salon es war, antworten zu hören:

»Gar keiner! Sie haben, ohne es zu wissen, die kritische Phase überstanden, und wenn Ihnen seit etwa zwei Monaten nichts Schlimmeres passiert ist, dann geht die Krankheit schon zurück. Ich sehe daher keinen Grund, etwas zu unternehmen.«

»Wird es lange dauern?«

»Einige Wochen, in deren Verlauf die Versteifung und die Schmerzen, die, wie Sie mir sagen, durchaus erträglich sind, langsam abnehmen werden . . .«

»Folgeschäden sind nicht zu befürchten?«

»Nach unseren derzeitigen Erkenntnissen nicht.«

Ich fuhr nach Cannes zurück, wo sich die Diagnose bald bestätigen sollte, denn drei oder vier Wochen später hatte ich wieder meine normale Stimme, und meine Schulter bereitete mit keine Beschwerden mehr.

Ich bin überzeugt, daß meine Schwindelanfälle, mein sanfter Pierre, nichts mit dem Schock zu tun hatten, den deine Krankheit bei mir ausgelöst hatte. Profesor Aubry zufolge, den ich später wegen meiner anhaltenden Schwindelanfälle in Paris aufsuchen würde, konnte dieser Schock allenfalls das auslösende Moment gewesen sein, das eine leichte Erkrankung des rechten Innenohrs zutage treten ließ, die letzte Nachwirkung meiner Coxsackie-Krankheit.

Aber damit genug von meinen Wehwehchen, die euch, meine Kinder, jetzt nicht mehr beunruhigen können. Ich leide schon seit einigen Jahren nicht mehr unter Schwindelanfällen. Sie haben mich nicht daran gehindert, ein normales, wenn auch häufig bewegtes Leben zu führen und ich weiß nicht wie viele Romane zu schreiben. Die Schwindelanfälle verschwanden von selbst, als ich auf dem erkrankten Ohr fast völlig das Gehör verlor, wie man es mir vorausgesagt hatte.

Gewiß, ihr habt einen etwas schwerhörigen Vater, was manchmal auch von Vorteil sein kann. Aber einen Vater, der sich mit gut siebenundsiebzig Jahren, abgesehen von diesem verflixten Ohr, noch eines uneingeschränkten Gefühlslebens erfreut, das lebhafter ist als je zuvor.

Rita, eine junge und korpulente Italienerin, bewohnte eines der Zimmer unseres Appartements im Carlton. Wir bewohnten ein anderes, D. und ich, in dem ich jede zweite oder dritte Nacht allein blieb, weil D. dann Nana ablöste, die eine Ruhepause brauchte. Was hätte ich, so linkisch und ängstlich wie ich war, am Bett eines kranken Kindes anfangen können? Und hatten die Ordensschwestern mir nicht erklärt, daß die Anwesenheit eines Mannes in dieser Etage und während der Nacht störend sei? Ich hatte Verständnis für ihren Standpunkt.

Aitken war aus dem Urlaub zurückgekehrt und verbrachte einige Tage in der Woche in Lyon, wo auch für sie ein Zimmer vorhanden war. D. bestand darauf, daß man ihr die Post brachte, die ich, wie ich es immer gemacht hatte, vorher durchlas, ehe sie beantwortet wurde, dabei jeden Brief mit Anmerkungen versah und den Inhalt der Antwort in wenigen Worten skizzierte.

D. würde nicht nach Echandens fahren, weil sie bei Pierre bleiben wollte. Wir hatten aber zwei andere Kinder dort. Ich hatte volles Vertrauen, daß Boule sie in bester Verfassung hielt, aber ich spürte dennoch das Verlangen, sie über die täglichen Telefonate hinaus einmal in der Woche zu besuchen, indem ich mit einem veralteten Bummelzug reiste, der die Strecke unendlich lang erscheinen ließ.

Mir wurde warm ums Herz, wenn ich euch wiedersah, Johnny und Marie-Jo. Ihr wußtet, um welche Zeit mich ein Taxi vom Bahnhof Lausanne herbringen würde, und hieltet vom kleinen Fenster des Wirtschaftsraumes aus nach mir Ausschau, und sobald der Wagen um die Kurve kam, sah man euch mit den Armen winken.

Jedesmal überbrachte ich euch bessere Nachrichten von eurem Bruder, und ich brauchte weder zu lügen noch die fühlbare Besserung zu übertreiben, die von Tag zu Tag deutlicher wurde. Pierre reagierte immer stärker auf die Behandlung, und die Ärzte, die ihm beistanden, erklärten mittlerweile, es sei nur noch eine Frage der Zeit.

In Lyon ging ich ihn zweimal am Tag besuchen, und jeden Sonntag brachte ich für die Ordensschwestern Kuchen mit, den ich in einer hervorragenden Konditorei kaufte, die ich an einer nahegelegenen Kreuzung entdeckt hatte. Da mir aus meiner Kenntnis des Klosterlebens bekannt war, daß die Ordensschwestern alles miteinander teilen müssen, wurden meine Kucheneinkäufe reichlicher und reichlicher, und bei meinen Reisen nach Echandens brachte ich immer kleine Geschenke aus Lyon für Johnny und Marie-Jo mit.

Bei Beginn des neuen Schuljahres würde Johnny zehn Jahre alt sein, alt genug, um zur höheren Schule zu gehen. Wir beide, mein Sohn, diskutierten darüber ernsthaft wie von Mann zu Mann.

Als Einwohner von Echandens mußten wir dich im Collège des Bezirks anmelden, das heißt im Collège von Morges. Ich hatte Gelegenheit, dessen Direktor bei Freunden in diesem Städtchen kennenzulernen. Ich stellte ihm ganz offen eine heikle Frage, auf die er mir mit der gleichen Offenheit antwortete.

»Das hängt von den Fächern ab, für die Ihr Herr Sohn sich entscheiden will. Wenn er meint, zu Beginn des dritten Jahres den humanistischen Zweig wählen zu sollen, würde ich Ihnen eher das altsprachliche Collège von Béthusy, in Lausanne, empfehlen, das darauf mehr spezialisiert ist als unseres. Wenn er hingegen . . .«

»Er ist entschlossen, Latein und Griechisch zu wählen . . .«

»Wenn das so ist, muß ich Ihnen zu meinem großen Bedauern antworten: Béthusy . . .«

Ich suchte den Direktor auf, der nichts einzuwenden hatte, und somit würdet ihr alle drei, denn Pierre sollte den gleichen Weg einschlagen wie seine älteren Geschwister, in Béthusy zum Collège gehen, das euch einen nach dem anderen aufnehmen würde und wo ihr fast alle die gleichen Lehrer haben solltet.

Ungefähr zwei Monate war mein Herz hin- und hergerissen zwischen Echandens und Lyon, wo wir sogleich mit unseren drei Ärzten, die seitdem unsere Freunde waren, die endlich gewonnene Gewißheit feierten, daß du, Pierre, geheilt warst.

Ich suchte ein kleines Restaurant aus, das noch von einer der »Mütter« von Lyon betrieben wurde, der letzten Repräsentantin derer, die vor nicht allzu langer Zeit die ›Compagnons du Tour de France‹ beherbergten, die Wandergesellen, die von Stadt zu Stadt zogen und Arbeit suchten, bevor ihnen die Meisterwürde ihres Fachs verliehen wurde, seien sie nun Schreiner, Schlosser oder Kupferschmiede . . .

Und war mein Großvater Simenon nicht auch auf der Walz gewesen, und zwar nicht nur als Geselle der Bruderschaft der Tour de France, sondern auch als Compagnon du Tour d'Europe, was ihm den Titel eines Hutmachermeisters eingetragen hatte?

Ein Abendessen unter Freunden, heiter und voller Herzlichkeit nach gemeinsam durchstandener Angst, mit dem Gefühl beruflicher Befriedigung auf der einen Seite und dem der Dankbarkeit auf der unseren.

Wenn Aitken in Lyon war und im kleinen Salon »Geschäftliches besprach«, schickte D. mich auf mein Zimmer, weil meine Anwesenheit sie störte, und ich verbrachte dort Stunden damit, zu lesen und zu warten.

An den Tagen, an denen sie im Hospital Wache hielt, fuhr ich sie mit dem BMW dorthin, den ich kurz zuvor gekauft hatte, und nachdem ich eine ganze Weile bei Pierre verbracht hatte, der mich jetzt erkannte, wenn er nicht gerade schlief, und mir seine kleinen Arme entgegenstreckte, kehrte ich ins Hotel zurück, um dann am frühen Morgen seine Mutter wieder am anderen Ende von La Guillotière abzuholen, wo ich alle Umwege und die meisten Geschäfte zu kennen begann.

Unsere drei treuen Ärzte verbrachten einen angenehmen Abend bei uns in unserem spärlich erleuchteten Salon, in dem die Freundschaft eine warme und herzliche Atmosphäre aufkommen ließ.

Professor Jeune, der mein Interesse für die Medizin kannte, lud mich ein, an einem seiner Praktika in seinem Hörsaal teilzunehmen. Ich war wie alle in Weiß gekleidet und trug ein Häubchen. Wir waren etwa dreißig, die in den stufenförmigen Sitzreihen saßen. Es herrschte eine Stille wie in der Kirche, als eine Nonne in der Tracht einer Krankenschwester ein kleines Mädchen von acht Jahren in die Mitte des Saales brachte, das auf einem Rollwagen lag und bis zum Kinn mit einem Tuch bedeckt war.

Ich sehe ihren unruhigen Blick wieder vor mir, angesichts all dieser Männer in Weiß. Ich begriff bald, daß sie unter dem Tuch nackt war, und als der große Chefarzt, das heißt unser Freund Jeune, fragte, ob einer sei-

ner Schüler eine Diagnose stellen wolle, hob ein großer rothaariger Junge
die Hand, kam die Treppen herunter und deckte den Oberkörper der
Patientin auf, die noch keine Brüste hatte und deren Blick verzweifelt hin
und her irrte.

Der Bauch war aufgetrieben, der Unterleib ebenfalls. Der Student beta-
stete vorsichtig einige Stellen, dachte nach, stellte eine Diagnose, die ich
vergessen habe, bekam einen roten Kopf und kehrte auf seinen Platz
zurück.

»Noch jemand?«

Ein sehr kleiner Student kam jetzt herunter, und das gleiche Spiel
begann: ein Augenblick des Nachdenkens, ein Zögern, eine Antwort, die
aus Unsicherheit kaum mehr als ein Flüstern war.

Es kam noch ein dritter an die Reihe, und dann ging der Professor
selbst zu dem Rollwagen, berührte die gleichen Stellen wie seine Studenten und noch zwei weitere Punkte des Körpers, um schließlich eine endgültige Diagnose zu stellen, für deren Erläuterung er sich ziemlich viel
Zeit nahm.

Der Blick des Kindes war apathisch geworden, so als wäre es jetzt
unbeteiligt an dem, was um es herum geschah, und sobald der Professor
das Tuch wieder über den kleinen aufgequollenen Körper gedeckt hatte,
kam die Ordensschwester und rollte den Wagen wieder fort.

Ich hatte auch, in Lyon, eine Erfahrung gemacht, deren Erinnerung
mich verfolgte. Dr. Béthenod hatte mir angeboten, die Abteilung zu besuchen, die er leitete. Wir gingen durch mehrere Zimmer, von denen einige
nur Säuglinge beherbergten, während in anderen Kinder verschiedener
Altersstufen in einer Reihe in ihren Betten lagen.

»Haben Sie den Mut, meine Wasserköpfe zu sehen?« fragte mich der
Arzt. »Ich sage Ihnen gleich, daß das kein angenehmer Anblick ist.«

Als ich bejahte, führte er mich zu einer Zwischenwand aus Glas. Hier
gab es keine Betten. Ein Dutzend menschlicher Wesen, zumindest der
Definition nach, waren im Raum verstreut; die einen saßen mit dem Rük-
ken an der Wand, andere hockten oder lagen herum. Sie waren nackt,
hatten große Köpfe mit ausdruckslosen Augen und Gliedmaßen, die sich
linkisch bewegten.

Ihr leerer Blick verriet, daß diese Wesen den Pflanzen näher standen als
den Menschen. Und doch lebten sie.

»Wie versorgen Sie sie?«

»Die Medizin kann nicht mehr für sie tun, als zu versuchen, sie sauberzuhalten und zu ernähren. Sie bleiben alle hier, bis sie sterben, und da
keine Institution sie haben will, müssen wir sie aufnehmen, ohne Aussicht,
sie heilen oder ihr Schicksal erleichtern zu können. Es gibt Altenheime,
Einrichtungen für Behinderte, für mißhandelte Kinder, Anstalten für

unheilbar Geisteskranke. Für diese hier nichts, außer diesem Raum, den Sie sehen. Niemand kommt sie besuchen. Niemand kümmert sich um sie, und der Staat bewilligt uns nur eine lächerliche Summe, um sie zu ernähren . . . und abzuwarten!«

Ich brauchte nicht zu fragen: »Was abzuwarten?« Einige waren, soweit man das beurteilen konnte, vier oder fünf Jahre alt und vegetierten hartnäckig weiter, ohne es zu wissen.

Welche Erleichterung, dich wiederzusehen, mein kleiner Pierre, lebendig, mit hellwachen Augen und einem Körper, der wieder kraftvoll war! Bei deinem Anblick, deinen Zukunftsaussichten schauderte ich, wenn an die anderen dachte, an jene, die seit ihrer Geburt nur Pflanzen in Menschengestalt waren, oder beinahe. Und Pflanzen sind wenigstens . . . Lassen wir das!

Freude erfüllte uns, die Freude, dich in unserem Wagen mitzunehmen, weit fort von den Kliniken, in dein Zimmer in Echandens, das ein weiches und gemütliches Nest war, mit seinen Tapeten, die mit Trommlern und Pfeifern geschmückt waren.

Du hattest eine Prüfung durchgemacht, die viele Kinder kennen. Eine Zeitlang kam unser Analytiker, Dr. Berenstein, noch zu uns, der Vorsicht halber, um dir ein wenig Blut abzunehmen und davon Präparate auf Glasplättchen herzustellen, die selbst zu untersuchen Professor Revol im Institut Pasteur in Lyon sich nicht nehmen ließ.

Er schickte uns seine Berichte, die immer beruhigender wurden, und bald würde diese schmerzliche Episode in unserem und deinem Leben nur noch eine Erinnerung sein.

Du bist heute ein großer Junge von einundzwanzig Jahren, kerngesund, athletisch gebaut. Und du brauchst dir keine heimlichen Sorgen zu machen! Wenn es bis zum Alter von fünf Jahren keinen Rückfall gegeben hat, wird es auch nie mehr einen geben; das sagen alle Ärzte. Du bist gesund »wie ein Fisch im Wasser«, um einen Ausdruck meiner Schwiegermutter Renchon zu gebrauchen.

Jetzt, da unser Nest komplett war, nahm das Leben seinen bewegten, für meinen Geschmack manchmal zu schnellen Rhythmus wieder auf.

Mitte November schrieb ich *Maigret aux assises,* den vierten und auch letzten Roman dieses Jahres.

Schon in Lyon hatte D. mich beunruhigt und beunruhigte mich nun immer mehr. Bei jeder Schwangerschaft hatte sie weit mehr zugenommen als der Durchschnitt der Frauen, und sobald das Kind geboren war, begann sie sich Sorgen um ihre Figur zu machen. Seit ich sie kannte, war das eine fixe Idee von ihr; sie war überzeugt, daß sie eines Tages ebenso monumental werden würde wie ihre Mutter.

Kaum hatte man uns in Lyon beruhigt, daß wir uns um deine Gesundheit keine Sorgen mehr zu machen brauchten, lief sie fieberhaft von einer eleganten Boutique zur anderen, um Kleider anzuprobieren und ich weiß nicht wie viele zu kaufen oder anfertigen zu lassen. Ich protestierte nie. Ich verstand sie. Sie hatte auch wieder ihre Gewohnheit angenommen, zu trinken, wenn auch nur mäßig, unter anderem in einem »Cintra«, wo man den Portwein aus Fässern servierte, die an einer der Mauern aufgereiht waren. Ich trank mit ihr. Sie aß immer weniger und ging bald zu einer Schlankheitsdiät über.

Es handelte sich um ein Pulver namens Metrecal, das angeblich nahrhaft war und das man in einem Glas lauwarmen Wassers auflösen mußte. Dazu nahm sie, spätabends, denn sie kam fast überhaupt nicht mehr zu den Mahlzeiten herauf, ein Sandwich mit Salat und Tomaten.

Mehr als je zuvor, um nicht in Versuchung zu kommen, wie sie sagte, blieb sie mit Aitken zusammen, die sie so lange wie möglich dabehielt. Aitken war mit einem bedeutenden Anwalt der Stadt verlobt, und beide waren begeisterte Theater- und Musikliebhaber. Konzerte, oft von hohem Rang, fanden regelmäßig im Großen Saal des Palais de Beaulieu statt. Sie waren eifrige Besucher dieser Konzerte und hatten ein Abonnement für die Freitagabende im Théâtre Municipal.

Normalerweise hatte Aitken spätestens um sechs frei, denn in der Schweiz machten die Büros um acht Uhr morgens auf, wie die Banken.

Um sieben Uhr, um halb acht, waren die beiden Frauen noch immer im Büro, wo D. Gesellschaft brauchte, um ihren Whisky zu trinken. Ich breche nicht den Stab über sie. Ich kenne die menschliche Schwäche aus Erfahrung. Manchmal klingelte um sieben oder um halb acht das Telefon. Aitkens Verlobter war um so mehr beunruhigt, als sie noch zu Abend essen und sich umziehen mußte, bevor sie zur Vorstellung gingen. Im Zustand der Euphorie fuhr D. dennoch fort zu erzählen und zu trinken, ohne daß es der armen und tapferen Aitken in den Sinn gekommen wäre, sich zu beklagen.

Wir hatten schon längst zu Abend gegessen, die Kinder und ich, selbst das Personal schon, wenn D. endlich nach oben kam, ihren Sandwich und ihr Metrecal zubereitete und sich dann in das Zimmer des schon schlafenden Pierre stürzte, in das von Marie-Jo, die bald ins Bett gehen würde, während Johnny und ich die Nachrichten im Fernsehen sahen.

D.s Überreiztheit am Abend beunruhigte mich. Sie hatte die Kinder tagsüber kaum gesehen und entschuldigte sich bei ihnen dafür, indem sie ihnen sagte, sie »komme um vor lauter Arbeit«, sie führe »ein Leben wie in der Hölle«. Manchmal hielt sie sie lange wach, viel zu lange, vor allem dich, Marie-Jo, der sie Dinge erzählte, die mir Sorgen machten.

Selbst Johnny ließ sich von den Bildern beeindrucken, die sie ihm von dem eigenwilligen und tyrannischen Mann zeichnete, der ich anscheinend bin und der sie zur Sklavin machte.

Sehr viel später, mein sanfter Johnny, der du uns beobachtet hattest wie alle Kinder und dem manch heftiger Wortwechsel nicht entgangen war, würdest du mir anvertrauen:

»Eines werde ich Mama nie verzeihen, Dad, nämlich, daß sie mich mehrere Jahre lang von einem Vater entfernt hat.«

Einige Mitglieder des Personals, die getreue Boule ausgenommen, ließen sich ebenfalls beeindrucken, denn sie warteten in der Küche darauf, daß D. zum sakrosankten Rapport herunterkam. Ohne mein Wissen waren zum Beispiel der riesige Garten und seine Winkel für die Bediensteten verbotenes Gelände, außer für Nana, die dort Pierre in seinem Kinderwagen und später in seinem Sportwagen spazierenfahren durfte. Angeblich konnte der »Maître« es nicht vertragen, daß jemand auf den Kieswegen des Gartens herumlief, wenn er sich in diesem Garten, den D. den Park nannte, die Beine vertrat. Er durfte durch nichts gestört werden, denn er »dachte«, und der Anblick eines menschlichen Wesens hätte ihn irritieren können. Und wenn ich, während ich einen Roman vorbereitete, in der Stadt spazierenging oder mich unter die Menge mischte, hinderten die Leute mich dann etwa am Denken? Damals wußte ich nichts von diesem Verbot, das man mir erst später von verschiedenen Seiten zur Kenntnis brachte, und alle Zeugenaussagen stimmten überein.

Gewiß, solange ich schrieb, das heißt für die Dauer von höchstens dreieinhalb Stunden, hing an der Klinke meiner Tür eine kleines Schild, das aus dem Hotel Plaza in New York stammte und die Aufschrift »Do not disturb« trug: Nicht stören. Ich war überrascht, eines Tages zu sehen, wie Johnny auf Zehenspitzen die Treppe heraufkam, sich zu seiner Schwester umdrehte, einen Finger auf die Lippen legte und »Pst!« sagte. Ich glaubte, das käme von ihm, und war ziemlich gerührt. Später habe ich den wahren Grund dieser Behutsamkeit erfahren, die ich für eine rührende Geste meiner Kinder gehalten hatte, während es in Wirklichkeit nur ein Gebot war, von dem sie glaubten, daß es von mir gekommen sei.

Es gab zwei Gründe für die fieberhafte Art, mit der D. sich jetzt um ihre Taille sorgte und von Couturier zu Couturier lief. Zwei Termine, die mir beide nicht behagten. Nach Jean Cocteau waren Marcel Pagnol und Maurice Garçon Mitglieder der Académie Française geworden, damals, als ich weit weg von Paris war. Marcel Achard, der mir ebenso teuer wie die drei anderen war, sollte im Dezember aufgenommen werden. Trotz meiner Abneigung gegen alle Feierlichkeiten, einschließlich Hochzeiten und Beerdigungen, konnte ich es Marcel nicht abschlagen, bei seiner Einführung und bei dem anschließenden prunkvollen Empfang dabeizusein.

Ein anderer Termin, unangenehmer, diesmal im Mai 1960 in Cannes. Fabre-Lebret hatte mich nämlich in Echandens besucht, und er war nicht nur ein liebenswerter Mensch, sondern ein geschickter Diplomat obendrein.

»Erinnern Sie sich, lieber Simenon, daß Sie mir, als ich Ihnen den Vorsitz der Jury beim Festival von Cannes antrug, geantwortet haben, sie seien noch nie Mitglied einer Jury gewesen und würden es auch niemals sein?«

Ich verstand.

»Sie waren inzwischen Vorsitzender der Jury des Filmfestivals in Brüssel, nicht wahr?«

»Ich konnte nicht ablehnen, denn Belgien ist mein Heimatland . . .«

»Und Frankreich?«

Ich stammelte:

»Frankreich . . .«

»War nicht Frankreich das Land, in dem Sie zu schreiben anfingen, das Land, in dem Sie Karriere machten? Sieht man Sie nicht als französischen Schriftsteller an? Wollen Sie uns jetzt verleugnen?«

Einem Diplomaten und Freund gegenüber bin ich hoffnungslos verloren. Ich führte einige Gründe an, von denen ich wußte, daß sie nicht stichhaltig waren, und gab schließlich nach. Cannes erwartete uns also im Mai, D. und mich, und D. bereitete sich darauf vor.

Damals gab es in Lausanne einen hervorragenden Couturier aus Mitteleuropa, der die »Crème« der Gesellschaft kleidete. Von Madame Chanel, die einen großen Teil des Jahres in der Umgebung wohnte und der man oft, ganz allein, an der Place Saint-François begegnete, hatte er das Exklusivrecht für ihre Stoffe und Modelle erhalten, die er für seine Kundschaft nachschuf. Außerdem hatte er im Kanton die Vertretung weiterer großer Modeschöpfer aus Paris übernommen, und D. war eine seiner Stammkundinnen geworden.

Fast ebenso pingelig wie D., ließ dieser Couturier, der inzwischen verstorben ist, sich auf Anproben von zwei Stunden und mehr ein, bei denen ihm seine Frau zur Hand ging, ein dunkelhäutiger Typ mit Gesichtszügen, die ebenso hart waren wie ihr Blick.

Ich fuhr D. in das Geschäft in der Stadtmitte, und während ich immer noch auf ein Wunder hoffte, ging ich auf der Straße spazieren und kam gelegentlich wieder herein, um den Vorhang ein wenig zu öffnen, der den Ankleideraum mit seinen vielen Spiegeln vom Ladengeschäft trennte.

Ich war nicht willkommen, das ließ man mich spüren.

»Komm in einer Stunde wieder . . . Es sei denn, du möchtest lieber, daß ich mit einem Taxi ins Schloß zurückkehre . . .«

Erneuter Spaziergang. Die Anproben dauerten um so länger, als D. sie zwei- oder dreimal unterbrach, um Ferngespräche zu führen, die angeblich dringend waren und kein Ende nahmen.

»Entschuldigen Sie mich. Aber ich habe dermaßen viel Arbeit . . .«

Manchmal warteten Kundinnen auf der anderen Seite des Vorhangs, unter ihnen die Gräfin Crespi, die mich noch nicht kannte, und Oona Chaplin, die häufig mit ihrem Mann und ihren Kindern zu Gast in Echandens war. Die Kinder der beiden Familien, die sich in Cannes kennengelernt hatten, freuten sich über ihr Wiedersehen. Ihr Chauffeur brachte sie kurz nach Mittag mit ihrem Kindermädchen zu uns, wo sie bis zu ihrem Abendessen, ziemlich früh am Abend, miteinander spielten, um dann kurz nach der Ankunft ihrer Eltern heimzufahren, die ihrerseits mit uns zu Abend aßen. Das waren nicht die beiden einzigen Kundinnen des Couturiers unter meinen Bekannten. Es gab andere, die mehr oder weniger lange hinter dem großen roten Vorhang hatten warten müssen, der sie vom Anproberaum trennte.

Auf diese Weise konnte ich zu meiner Verblüffung erfahren, daß ich, D. zufolge, ohne sie ein Nichts wäre, daß sie mich reich gemacht habe, dank einer Arbeit, die sie schließlich ausgelaugt und krank gemacht habe.

Die dunkelhäutige Frau des Couturiers versäumte nicht, allen diese vertraulichen Äußerungen weiterzuerzählen, die bald in Lausanne die Runde machten und mir, wie hätte es anders sein können, eines Tages zugetragen wurden. Wenn ich mir Sorgen machte, dann nicht um mich, sondern um D., deren Gleichgewicht ich mehr und mehr bedroht sah, und aus Angst, sie noch weiter den Abhang hinunterzustoßen, den sie meines Erachtens zu schnell hinabglitt, nahm ich alles hin.

Was unsere leidenschaftlichen oder schlicht sexuellen Beziehungen betraf, so spielte sich inzwischen nur noch sporadisch etwas ab, immer seltener, immer mechanischer und sozusagen nur noch der Form halber.

Wir besuchten recht häufig ein Striptease-Lokal, in dem mich D., wie in denen von Cannes, dazu ermunterte, Kontakt zu den jungen und fast immer hübschen Tänzerinnen aufzunehmen. Wir hatten dort unsere Loge, zu der man uns führte, ohne daß wir etwas zu sagen brauchten. Der Champagner war mehr oder weniger Pflicht, aber man servierte D. ihren bevorzugten Scotch, Black Label, während ich eine halbe Flasche Pommery bestellte, oder eine Cola, wenn mir danach war.

»Gefällt dir das Mädchen da nicht?«

Viele gefielen mir, aber sie waren nicht gehalten, auf meine Avancen einzugehen. Sie waren allerdings verpflichtet, sich nach ihrer Darbietung an die Bar zu stellen, hinten im Saal, um die Gäste zum Trinken zu animieren.

Ich traf dort mal die eine, mal die andere, und sie gaben mir ihre Telefonnummer, um eine Verabredung zu treffen, die ihnen und mir paßte.

In dem Telefonverzeichnis, das D. im Sekretariat führte, befanden sich unter den verschiedenen Rubriken mehrere Seiten mit Nummern und Adressen, sowohl in Paris als auch in Cannes, Mailand, Brüssel und anderswo, und darüber hatte D. in großen Buchstaben ein einziges Wort geschrieben: »Call-girls«.

Als ich dahinterkam, wurde ich böse, denn ich mag keine dieser Bezeichnungen, die die Frau erniedrigen. Dieses Mal gab sie nach und ersetzte das Wort »Call-girls« durch »Abenteuer«.

Am dreizehnten Dezember aber gab es, meine Kinder, bei uns zu Hause ein großes Fest. Mit großem Pomp wurde unser kleiner Pierre getauft, der erste, der von einem katholischen Priester mit Beistand des protestantischen Dorfpfarrers katholisch getauft wurde.

Da es in Echandens nur eine protestantische Kirche gab, dieses hübsche weiße Gotteshaus mit dem spitzen Kirchturm, in dem ich meinen jüngsten Sohn so gern taufen lassen wollte, hätte die Feier den Vorschriften entsprechend in der katholischen Kirche in Morges stattfinden müssen.

Ich kannte einen Benediktiner belgischer Herkunft, aus Verviers, der viele Jahre lang Professor für biblische Exegese gewesen war und nun seine alten Tage am Ende des Sees verbrachte, in einem Altenheim seines Ordens, das nur vier Bewohner zählte, die dort friedlich ihren Lebensabend verbrachten.

Als ich ihm mitteilte, daß das Bistum nicht zulassen wolle, daß Pierre in der Kirche von Echandens katholisch getauft würde, erklärte er mir voller Überzeugung:

»Hochwürden befinden sich auf dem Holzweg!«

Man würde ja sehen. Der Benediktiner nannte sich Pater Duesberg, und er war es, mein Pierre, der dir Salz auf die Zunge legte und einige Tropfen Wasser auf den Kopf träufelte, unter den Augen des protestantischen Pastors, und beide kamen zum Essen auf das Schloß, zusammen mit vierzig weiteren Gästen. Die beiden Büros im Erdgeschoß, zum Garten hin, von wo die Sonne hereinströmte, waren in einen Speisesaal verwandelt worden. Dein Pate Johnny, der Wert darauf legte, seine Rolle zu spielen, wie Marc es für ihn getan hatte, sah prächtig aus in seinem blauen Anzug. Deine Patentante war Juliette Achard, die mit ihrem soeben in die Académie Française aufgenommenen Mann gekommen war. Die jungen Chaplins waren auch da. Wenn ich mich nicht täusche, saßen eure Freunde Charlie und Anne neben der fröhlichen Marie-Jo in ihrem neuen, sehr femininen Kleid.

Tage ungetrübter Freude folgten denen der Traurigkeit und Beklemmung.

Ich möchte diesen ersten Abschnitt unseres Lebens in Echandens mit einem strahlenden Bild abschließen.

Weißt du, mein großer Pierre, daß du dasselbe Taufkleid aus Brüsseler Spitze trugst, das einst deine Brüder, Marc, der natürlich auch zu deiner Taufe gekommen war, dann Johnny, ebenso wie deine Schwester Marie-Jo getragen hatten?

Es hat also, über einen Zeitraum von zwanzig Jahren, meinen vier Kindern gedient, und es ist wie ein fühlbares Band zwischen euch geblieben.

55

Ich möchte, meine Kinder, in die Zärtlichkeit eintauchen, mit der ich euch heranwachsen sah und euren Weg durch die lange Lehrzeit der Menschenkinder verfolgte. Der zweite Abschnitt unseres Lebens in Echandens begann. Hatte das Barometer unseres Lebens in den ersten drei Jahren noch zwischen »Schön« und »Veränderlich« geschwankt, von den Schrecken einmal abgesehen, die Pierres Krankheit uns gebracht hatte, so sollte es nun mehr oder weniger von »Veränderlich« auf »Regen und Wind« fallen und unerbittlich bei »Sturm« enden.

Ich weiß nicht, welche Erinnerungen an diese Epoche ihr euch jeweils bewahrt habt, denn wenn ich alle eure Handlungen und Gesten leidenschaftlich registrierte, und das seit den ersten Augenblicken eures Lebens, so hattet auch ihr so manches registriert, ohne daß ihr und ich es wußten, und eine Scheu, die ich gut kenne, würde euch später daran hindern, diese Bilder mit den meinen zu vergleichen.

Ihr müßt wissen, daß ich jedem von euch alle Zeit widmete, die ich aufbringen konnte, und daß die Erinnerungen an diese Stunden die einzig sonnigen sind, die mir von diesem Abschnitt meines Lebens geblieben sind. Deshalb will ich euch, bevor ich mich gezwungen sehe, zu düstereren Erinnerungen überzugehen, meine Freuden ins Gedächtnis rufen, die, so hoffe ich, auch die euren waren.

1960 wurde Pierre bald ein Jahr, Marie-Jo war sieben, Johnny elf; was Marc betraf, so war er dem Nest entflogen, mit meinem vollen Einverständnis, und ich würde ihn bald verheiratet sehen, inmitten seiner neuen Freunde in Paris.

Ich sehe dich, mein Pierre, der du uns so sehr geängstigt hattest, wieder vor mir in deinem blauen Kinderwagen und dann in deinem Sportwagen, in den Alleen des großen Gartens oder auf den Wegen des Dorfes. Nana begleitete dich, und auch Marie-Jo in ihrer Kindermädchenuniform, wenn sie nicht gerade in der Schule war, und sie war stolz auf deine jetzt rosigen Wangen, deine drall gewordenen Ärmchen und Beinchen, deinen

Blick, der sich an alles heftete, an das Laub der Bäume, an die niedrigen Häuser von Echandens, an die Silhouette der Bauern, die vorbeigingen, mit der ganzen Intensität deiner erwachenden Intelligenz.

Nur Nana und Marie-Jo führten dich voller Stolz aus. Der sanfte Mister war immer dabei, er tauchte von irgendwoher auf, sobald du herauskamst, und folgte dir auf Schritt und Tritt mit dem unbestechlichen und wachsamen Blick eines Leibwächters.

Bald würdest du deine ersten Schritte machen, erst in deinem Zimmer, dann im Garten, und, wie deine Geschwister vor dir, dich nach jedem neuen Erfolg stolz zu uns umsehen.

Und du, Marie-Jo, erinnerst du dich an unsere Spaziergänge auf den Wegen rund um den spitzen Kirchturm, deine Hand fest in der meinen? Diese Spaziergänge teiltest du mit Johnny, genauer gesagt, ihr strittet darum. Ich legte nämlich Wert darauf, daß nur einer von euch beiden mich begleitete, um jedem das Gefühl zu geben, mich dann ganz für sich allein zu haben.

»Wer kommt mit mir?«

Einer von euch antwortete:

»Ich bin dran.«

Du warst hübsch, kleine Marie-Jo, ein bißchen zerbrechlich, und du lachtest oft, mit einem Lachen, das nicht das eines kleinen Mädchens war, sondern das Lachen eines ausgewachsenen menschlichen Wesens, das träumte und dachte, und das vor allem ganz von Liebe durchdrungen war. Denn du liebtest instinktiv, auch wenn du einen Neuankömmling erst einmal ernst betrachtetest, wie um ihn abzuschätzen. Und ebenso viel Liebe, wie du zu verschenken hattest, wolltest du auch von anderen wieder empfangen; das war mir schon klargeworden, als du noch ein Baby warst.

Ich fuhr wieder einmal mit dir nach Lausanne – du wolltest unbedingt, daß wir allein waren –, um dir Kleider zu kaufen, Schulhefte, alles, was du brauchtest, und du warst nun schon bald groß genug, um dich bei mir einzuhängen. Ich kaufte dir kleine Schmuckstücke aus Silber, verziert mit Steinen, die nicht kostbar, aber hell und fröhlich waren, und ich erinnere mich an den schulfreien Nachmittag, an dem unser Juwelier dir die Ohren durchstach, ohne daß du zittertest, denn du hattest deine Unerschrockenheit nie verloren. Wenn du einmal weinen mußtest, mein kleines Mädchen, dann geschah es heimlich und lautlos, und niemand im Haus hat je davon erfahren.

Bestimmt waren wir auch an manchen grauen und regnerischen Tagen nach draußen gegangen und hatten unsere Ausflüge gemacht. In meiner Erinnerung finde ich aber nur Sonne, die über die Stadt strömte und deinen Haaren ein besonders kostbares Blond verlieh. Eines Nachmittags blieben wir vor dem Schaufenster eines kleinen Juwelierladens stehen, den wir noch nie betreten hatten. Ich verstand, daß deine hellen Augen etwas suchten und schließlich gefunden hatten.

»Dad, ich möchte, daß du mir einen Ring wie diesen da kaufst . . .«

Ich glaubte zunächst, nicht richtig verstanden zu haben, denn was du zeigtest, war eine Reihe goldener Trauringe.

»Möchtest du nicht lieber einen mit einem Stein, in Blau zum Beispiel?«

»Nein. Einen von denen da möchte ich . . .«

Du fügtest ernst hinzu:

»Einen Ring wie du ihn hast . . .«

Ich war verwirrt, zögerte. Du warst acht Jahre alt, ich wiederhole es, und ich fragte mich, ob du wußtest, welche Bedeutung ein Trauring hat.

»Wir werden wahrscheinlich keinen finden, der auf deine kleinen Finger paßt.«

»Du könntest ihn enger machen lassen, oder?«

Wir betraten das Geschäft. Ich bat, den kleinsten Ring enger machen zu lassen. Du würdest später beweisen, daß du die Bedeutung dieses Schmuckstücks gekannt hattest, von dem du dich dein Leben lang nicht mehr trennen solltest und das mehrere Male nicht enger gemacht, sondern geweitet werden sollte. In einem deiner letzten testamentarischen Briefe batest du mich inständig, darauf zu achten, daß du mit dem Trauring deiner acht Jahre eingeäschert würdest.

Aber wir schreiben erst das Jahr 1960, mein Liebes, und ich erinnere mich nur an dein Lachen, deine Wißbegier, deine Freuden, deine Begeisterung. Ich würde später den Beweis haben, daß du dir alles, was du nun erlebtest, mit einer beinahe erschreckenden Klarheit und ohne etwas zu verlieren einprägtest, und mein Trost ist heute, daß ich immer versucht habe, dir ebenso wie deinen Brüdern nur glückliche Erinnerungen zu hinterlassen.

Was mir nicht immer gelungen ist; das mache ich mir zum bitteren Vorwurf.

Was dich betraf, Johnny, so hattest du im Collège von Béthusy einen glänzenden Start und zeigtest einen ungewöhnlich starken Willen. Abends um Punkt acht zündete ich nach wie vor meine Havanna an, deren Duft du, auf meinen Knien sitzend, genüßlich schnuppertest und dir dabei die Fragen notiertest, die du mir stellen wolltest, sobald die Nachrichtensendung zu Ende war.

Du versuchtest nicht, Freundschaften zu schließen, und du warst eher ein Einzelgänger, dem manchmal, insbesondere bei Tisch, wegen einer Kleinigkeit der Kragen platzte, solch eine heftige und unkontrollierte Wut hattest du. Mit Vorliebe ranntest du dann aus dem Eßzimmer und brülltest deine schlimmsten Schmähungen durch den weiten, steinernen Flur.

Ich schimpfte nicht mit dir, machte dir keinen Vorwurf. Die Vorwürfe machtest du dir selbst, und zwei Stunden später hörte ich ein Rascheln unter der Tür meines Zimmers. Ich rührte mich nicht und ließ dir Zeit, dich mit heimlichen Schritten zu entfernen. Ich wußte, daß ich auf dem Teppichboden ein Briefchen finden würde, in dem du mich voll kindlicher Liebe wegen des Kummers, den du mir bereitet hattest, um Verzeihung batest.

Erinnerst du dich, Johnny, an unsere Spaziergänge zu zweit auf der Anhöhe am Dorfausgang, an den Feldern der Moinats entlang, wo die Kühe auf uns zugelaufen kamen? Das war der Spazierweg, den ich ausgewählt hatte, um an meinen nächsten Roman zu denken, und du wähltest ihn deinerseits aus, du wolltest ihn mit mir teilen, während Mister uns begleitete.

Mein Baum, der unser beider Baum wurde! Am Ende der Wiesen befand sich ein kleiner Wald, eines der zahlreichen Wäldchen, mit denen die Landschaft um uns herum übersät war, denn in der Schweiz verehrt man die Bäume so sehr, daß man sie ebenso leidenschaftlich schützt wie anderswo die kostbaren Spuren der Vergangenheit.

Der erste Baum in diesem Wäldchen war eine Kiefer, hochgewachsen und schlank wie ein Jüngling. Ich hatte mir angewöhnt, dort bei meinen Spaziergängen »vor und während eines Romans« zu pinkeln. Ich hatte dir davon erzählt, dir den Baum gezeigt, und nun wolltest du unbedingt, daß wir jedesmal dort zusammen Pipi machten!

Seltsamer Johnny, der du freiwillig einsam bliebst, hart gegen dich selbst und gegen andere warst und dennoch so viel Zärtlichkeit bargst! Ich wüßte nicht, daß du Schulfreunde gehabt hättest. Abgesehen von Charlie brachtest du keine Kameraden mit nach Hause, und ich frage mich, ob ich nicht mehrere Jahre lang dein einziger Freund war.

Am Ende deines zweiten Jahres mußtest du dich zwischen dem altsprachlichen und dem naturwissenschaftlichen Zweig entscheiden. Du warst einer der wenigen, denen man, nach Erörterung im Lehrerkollegium, diese Wahl einräumte. Du fragtest mich um meinen Rat. Es war kein Rat im eigentlichen Sinne, den ich dir gab. Ich führte dir lediglich vor Augen, welchen Nutzen eine solide Kenntnis der Grundlagen unserer Kultur mit sich bringt. Du entschiedest dich für Latein und Griechisch, und drei Jahre später würdest du auf großen weißen Kartons, die du extra dafür kauftest, eine komplette Genealogie der griechischen Gottheiten aufstellen, die so vollständig war, daß dein Lehrer mich ins Lehrerzimmer rief, um mir seine Überraschung und Bewunderung mitzuteilen.

»Ich frage mich, wo er die Abstammung mancher obskurer Götter gefunden hat, von denen ich zugeben muß, daß ich noch nie von ihnen gehört habe.«

Du beschriebst dreißig Kartons, wenn nicht mehr, die an den Rändern aneinandergeklebt wurden und sich wie eine Ziehharmonika zusammenfalten ließen.

»Diese Arbeit wäre es wert, veröffentlicht zu werden, denn ich kenne nichts Vergleichbares.«

Seit langem hattest du keine Wutausbrüche mehr. Bei einem unserer Spaziergänge auf der Anhöhe hattest du mir urplötzlich verkündet:

»Dad, ich habe eine Entscheidung getroffen.«

Ich wartete beklommen.

»Ich werde nicht mehr wütend werden.«

Ich sah dich an, ein wenig skeptisch, denn ich kannte dein Temperament.

»Ab wann?«

»Ab heute, Dad.«

Du solltest Wort halten und deine Wut nur noch an dem Schlagzeug auslassen, an das du dich manchmal setztest, um das Haus mit einem sehr rhythmischen Lärm zu erfüllen, denn du hattest Schlagzeugstunden bei einem hervorragenden Lehrer genommen. Auf seinen Rat hatte ich aus einem Spezialgeschäft in Genf Jazzplatten kommen lassen, auf denen ein einziges Instrument fehlte: das Schlagzeug. Wie oft begleitetest du diese Platten hartnäckig, wie du alles machst, auf dem Schlagzeug!

Ich weiß, Johnny, daß eine Zeitlang Schatten auf deiner Jugend lasteten. Ich habe es dir schon gesagt, glaube ich. Du hast es mir gestanden. Du hast es deiner Mutter übelgenommen, ihr, der ich nicht mehr böse bin.

Und nun muß ich wohl oder übel wieder von dem sprechen, was ich die »Anzeichen« nenne, denen man überall in diesen Memoiren begegnet und die andere vielleicht Vorahnungen nennen würden.

Gab es nicht schon welche am ersten Tag meiner Begegnung mit D., 1945, in New York, vor allem in der ersten Nacht, als wir zu Fuß die ganze Seventh Avenue zurückmarschierten, vom Café Society Downtown aus, wo sie mich verlassen hatte, um einen schwarzen Pianisten zu interviewen, indem sie sich als Journalistin ausgab?

Das war das erste »Anzeichen«, und es sollte bald weitere, immer aufschlußreichere geben. Wenn ich sie erwähne, so deshalb, weil sie schwerwiegende Auswirkungen haben würden, nicht nur auf mein eigenes Leben – das ist am unwichtigsten –, sondern auf das meiner Kinder und unserer Umgebung. Außerdem würdet ihr andernfalls nicht die grauen Jahre verstehen können, die wir erleben sollten, mit ihren immer drohender werdenden Wolken, und auch nicht die Dramen, die sich daraus ergeben sollten.

Nicht nur D. allein und nicht nur meine Kinder beobachtete ich auf diese Weise, beinahe unwillkürlich. Das war ein Bedürfnis, das ich mein ganzes Leben lang verspürt habe, und dem ich es wahrscheinlich verdanke, daß ich ein Romanschriftsteller wurde. Wenn ich jemanden auf der Straße beobachtete oder in einem Café, irgendwo, dann fragte ich mich manchmal:

»Was zerfrißt diesen Menschen und läßt seinen Blick so starr werden?« Ich suchte »Anzeichen«. Litt er an einem Magengeschwür, einem inneren Leiden, oder war es der Kummer, der ihn zerfraß?

Die Gedemütigten waren diejenigen, die am meisten mein Mitgefühl erweckten, denn ich bin überzeugt, daß die Demütigung die härteste Strafe für einen Menschen ist.

Später, in den offiziellen oder mondänen Salons, beobachtete ich andere Menschen, die selbstsicher erschienen, und ich versuchte, ihre schwache Stelle herauszufinden. Wie viele arrogante Leute, die im Grunde nur ängstlich waren und sich zu verstellen suchten! Wie viele Eingebildete unter den »Großen dieser Welt«, die hinter ihrer selbstsicheren Fassade vom Gefühl ihrer Minderwertigkeit zerfressen wurden! Und wie viele Heldenhafte, die nichts anderes als Angsthasen waren!

Aus diesen »Anzeichen«, die ich bald da, bald dort sammelte, sind meine Romanfiguren entstanden.

Aus Gewohnheit erstreckte sich diese Suche nach der Wahrheit auch auf meine Verwandten, und *Pedigree* ist der Beweis, daß sie sich schon auf meine Eltern erstreckte, als ich noch ein Kind war.

Sind wir nicht alle betroffen von der Wahrheit der anderen, vor allem derer, die uns am nächsten stehen?

Ich finde heute keinen Gefallen daran, ebensowenig wie an den anderen Tagen, die oft häßlichen »Anzeichen« zusammenzustellen, und einige werden mir das vorwerfen. Es gibt keine Halbwahrheiten, sondern eine Wahrheit und sonst nichts, und auch die allergrößten Helden hatten ihre jämmerlichen Seiten.

In Cannes, wo wir immerhin »Golden Gate« bewohnten, ein riesiges und sehr luxuriöses Anwesen, hatte uns ein Personal von drei Frauen und einem Chauffeur genügt, wenn man von einem Gärtner absieht, den die Eigentümer zur Bedingung gemacht hatten und zum Teil auch selbst bezahlten.

Im ersten Jahr in Echandens zählte ich außer Aitken sechs Personen. Im Jahr darauf, 1957, immer noch sechs Personen, aber 1958 schon acht. 1959 waren es ebenfalls noch acht, 1960 neun, 1961 und 1962 elf.

Genaugenommen war keine von ihnen für mich da, und bei der Auswahl des Personals wurde ich nicht gefragt. Einige lebten ganz im Schloß, wo sie ihre Zimmer hatten, andere wohnten im Dorf. Einige würden nur vorübergehend dasein, um neuen Gesichtern Platz zu machen. Einige aber sollten bis zum Schluß bleiben und uns eines Tages nach Epalinges folgen.

Man wird sich über diese Art Statistik wundern. Mich erschreckte sie. Sie war nämlich ein Anzeichen für D.s Bedürfnis, sich zu bestätigen, indem sie immer mehr ihre Bedeutung, ihre beherrschende Rolle herausstrich. Denn sie herrschte tatsächlich über diese Leute, mit denen ich kaum sprechen durfte, regelte den Tagesablauf eines jeden von ihnen bis auf die Viertelstunde genau und zeigte allen, ohne Ausnahme, wie sie sich bei ihrer Arbeit anzustellen hätten.

Sie sprach in meinem Namen. Ich war es, meine Arbeit war es, die zu schützen alle verpflichtet waren. Und so waren viele von ihnen überzeugt, daß ich ein unnahbarer Mensch sei, der in Sphären schwebte, die den Sterblichen verschlossen blieben.

Einer gelernten Wäschefrau brachte sie das Bügeln bei, und den Zimmermädchen zeigte sie, wie man den Staubsauger führt, sie, die niemals etwas anderes in der Hand gehalten hatte als ihren Miniaturstaubsauger für die Schubläden in den Hotelzimmern.

Boule, die so viele Jahre lang zu meiner und auch Tigys voller Zufriedenheit gekocht hatte, brachte sie das Kochen bei – sie, die selbst nie gekocht hatte –, und sie stellte auch die Menüs für die Woche zusammen und schrieb vor, auf welche Weise sie zuzubereiten waren.

Was Aitken betraf, die eine solide humanistische Ausbildung besaß, so ließ D. ihr keinerlei Initiative, bis auf die Aufgabe, bei Zahnärzten, Ärzten, Couturiers und Schuhmachern anzurufen und ihnen auszurichten, daß »Madame Simenon durch einen wichtigen Anruf aus Los Angeles aufgehalten worden ist und zehn Minuten später kommen wird.«

Denn sie mußte unbedingt zu spät kommen, und ich, der sie fast immer fahren mußte, verging vor Ungeduld am Steuer meines Wagens, dessen Motor schon lief, während ich die Fenster beobachtete. D. organisierte und befahl nicht nur: sie überwachte auch jeden, was vielleicht erklärt, warum sie am Ende des Tages erschöpft war.

Nach der Geburt Marie-Jos in Lakeville hatte D. zu lange aus eigenem Entschluß die Leibesfülle behalten, die üblicherweise auf die Schwangerschaft folgt. Damals hatte ich jeden dritten oder vierten Abend mit einem Maßband D.s verschiedene Maße nehmen und in ein besonderes Heft eintragen müssen.

Dieses Spielchen fing nach Pierres Geburt wieder an. D. spielte es jetzt verbissener, und es war ein Drama, wenn die Zahlen sich nicht rasch genug verringerten. Sie aß immer weniger richtige Mahlzeiten, trödelte mit oder ohne Aitken im Erdgeschoß herum und erschien erst gegen Ende des Mittag- oder Abendessens zu Tisch.

»Entschuldigt mich, Kinder. Ich bin erledigt vor lauter Arbeit.«

Ein großes Glas Metrecal, ein Sandwich mit Salat und Tomaten . . .

Morgens hatte D. immer größere Schwierigkeiten, in Gang zu kommen, trödelte im Bett, klagte über ihre Gesundheit und nahm immer häufiger, statt eines Frühstücks, zu einem oder zwei Whisky Zuflucht.

Da sie empfindliche Venen hatte, behauptete sie, daß allein unser Biochemiker, der unsere Blutanalysen vornahm, in der Lage sei, ihr Spritzen zu setzen. Er war ein Mann, der seinen Patienten sehr viel Sympathie entgegenbrachte, und er willigte ein, jeden Sonntagmorgen zu kommen, um D. eine Spritze Dexedrin zur Stärkung zu geben.

Unser Hausarzt war einer der angesehensten und menschlichsten Ärzte Lausannes. Eines Tages, D. war im Bett geblieben, rief sie ihn an und bat ihn dringend zu kommen. Dieser ruhige, ausgeglichene und gewissenhafte Mann sollte eines Tages einen bedeutenden Posten im Gesundheitswesen der Stadt bekleiden.

Er untersuchte D. lange, und als er sich wieder aufrichtete, sagte er ihr sehr sanft:

»Sie sind viel zu mager geworden, mangels ausreichender Ernährung. Alles, was ich Ihnen raten kann, ist, mehr zu essen und zuzunehmen . . .«

Hatte D. an jenem Tag getrunken, und hatte der Arzt ihren Atem gerochen? Jedenfalls fuhr sie hoch, als hätte man ihr den Respekt verweigert, und beschimpfte ihn. Mit ausgestrecktem Arm wies sie auf die Tür:

»Verschwinden Sie, Doktor. Und betreten Sie dieses Schloß nie wieder.«

Meinem Schneider, der damals sehr angesehen war, ging es ebenso. Sein Sohn hatte sich auf Damengarderobe spezialisiert und vollbrachte unter der Aufsicht seines Vaters wahre Wunder. D. bestellte bei ihm auf einen Schlag drei oder vier ganz gewöhnliche Kostüme. Erste Anprobe: hier zwei Millimeter enger zu machen, dort ein Abnäher etwas zu vergrößern . . . Zweite Anprobe: die Jacke ist rechts einen Millimeter länger als links. Mein alter Schneider zwinkerte mir zu, pflichtete ihr bei, und bei der dritten Anprobe gab es die gleiche Szene, die sich damals bei Jeanne Lanvin in Paris abgespielt hatte. Wieder ging es um Millimeter. Auf einmal verlor der Schneidermeister die Geduld:

»Hören Sie, Madame, diese Kleider sind perfekt. Ich verbiete meinem Sohn, weitere Änderungen daran vorzunehmen. Sie können Sie mitnehmen, so wie sie sind, oder hierlassen. Ich lehne es ab, weiterhin für Sie zu arbeiten.«

D. nahm die Kleider mit. Ich hatte meinen Schneider verloren und mußte mir einen anderen suchen, ebenso wie ich den Arzt wechseln mußte.

Immer mehr »Anzeichen«, und ich teile davon nur die aufschlußreichsten mit. Ein Produzent des französischen Fernsehens bat mich um eine Sendung von einer Stunde über das Leben Balzacs. Wenn ich annahm, so deshalb, weil ich mit großer Bewegung dessen Briefwechsel mit den verschiedenen Frauen gelesen hatte, die sein Leben geprägt hatten, angefangen von seiner Mutter und seiner Schwester bis zu seinen Geliebten und schließlich jener Frau, die er eines Tages aus Polen holen würde, um einige Monate nach seiner Heirat zu sterben.

Ich las diesen Briefwechsel noch einmal und unterstrich dabei bestimmte Passagen. Da ich Aitken nicht einschalten konnte, die strikt für D. reserviert war, stellte ich für einen Monat eine Sekretärin ein, die sich in dem unbewohnten Zimmer von Marc einquartierte.

Auf drei großen weißen Kartons, wie die von Johnny, zeichnete ich Spalten, eine pro Jahr, von der Geburt des Dichters bis zu seinem Ende, und notierte in jeder die wichtigen Ereignisse seines Lebens und die Romane, die er in diesem Jahre geschrieben hatte.

Ich schrieb einen Entwurf von annähernd zweihundert Seiten, viel zu lang, der mir nur dazu dienen sollte, mein Gedächtnis aufzufrischen. Das Wichtigste waren für mich die Briefe, die oft widersprüchlichen Geständnisse, die er den Adressatinnen machte, gewisse Bekenntnisse wie jenes: »Manchmal, wenn ich allein vor meinem Schreibtisch sitze, breche ich in Schluchzen aus, ohne zu wissen warum.«

Und an anderer Stelle: »Mein Namensgedächtnis wird immer schlechter, und auch das für die Substantive, und das ist tragisch für einen Schriftsteller . . .«

Der Zufall spielte mir ein kleines Buch in die Hände, das ein Genfer Arzt über die Gesundheit Balzacs geschrieben hat. Um eine Diagnose zu stellen, stützt er sich unter anderem auf eine Fotografie, auf der Balzac nackt ist, mit krankhaft vergrößertem Hals und Nacken, die die Hodgkin-Krankheit erkennen lassen.

Das Fernsehteam brauchte einen Tag, um sich in meinem Arbeitszimmer einzurichten, in dem ich am Abend ein Kaminfeuer anmachte, denn es war Winter.

Ich stand, in Hemdsärmeln, vor meinen Kartons mit den einundfünfzig Spalten und improvisierte, ohne meinen Entwurf zu Hilfe zu nehmen, stützte mich dabei aber häufig auf die Angaben, die ich in meine Spalten eingetragen hatte. Ich sprach nicht von Literatur, denn für diese Rolle hielt ich mich nicht qualifiziert. Ich konzentrierte mich auf den Menschen, las lange Passagen aus seinen Briefen und unterbrach mich dabei gelegentlich, um ein Holzscheit wieder aufzurichten oder meine Pfeife wieder anzuzünden.

Als ich bei den letzten Tagen Balzacs angelangt war, konnte ich nicht verhindern, daß mir die Tränen über die Wangen liefen, und mit erstickter Stimme sprach ich die abschließenden Sätze.

Es war, glaube ich, der dritte März. Vom achten bis fünfzehnten dieses Monats schrieb ich *L'ours en peluche,* und am neunzehnten April heiratete Marc in Paris das Mädchen, das er in Cannes so oft auf dem Soziussitz seines Motorrades mitgenommen hatte.

Ich besuchte Marc und Francette in Paris, in ihrer Wohnung in der Rue Saint-Charles, kurz vor ihrer Hochzeit. Es war gut, Marc wiederzusehen, häuslich eingerichtet, voller Tatendrang und voller Projekte. Ich mußte ihm trotzdem sagen, daß ich an der Feier nicht würde teilnehmen können. D. bestand darauf, mitzukommen. Tigy würde da sein, und eine Begegnung der beiden Frauen an einem solchen Tag war nicht gerade wünschenswert.

Eines Abends teilte Aitken D. mit, daß sie es nicht länger aushalten könne und eine andere Stellung gefunden habe.

In einem anderen Kapitel habe ich einen chronologischen Irrtum begangen, den ich richtigstelle, denn er hat seine Bedeutung. Blinis, die zweite Sekretärin, hatte nicht 1959 bei uns angefangen, sondern Ende 1960.

Aitken war fort, und D. stand nun allein da, unfähig, sich in dem Durcheinander von Vorgängen zurechtzufinden, die sie in die Länge zog, indem sie sie nach Lust und Laune komplizierte. Außerdem hatte sie mit Aitken den Vorwand verloren, abends länger im Büro zu bleiben und dort mehr und mehr zu trinken.

Kurz zuvor hatten wir einen berühmten englischen Kollegen zu Gast, Somerset Maugham, den wir bei einer Bekannten auf einer früheren Reise nach London kennengelernt hatten. Er war ein Anhänger von Niehans, diesem sehr umstrittenen Arzt, dessen Klinik in der Nähe von Montreux alte Menschen aufnahm. Er behauptete, durch Injektion von Zellen neugeborener Lämmer das Leben verlängern zu können, so zum Beispiel das des damaligen Papstes, und er nannte in seinem Prospekt sogar den Namen Charlie Chaplin. Dieser protestierte, strengte einen Prozeß gegen den Arzt an und gewann ihn, denn er war niemals von Niehans behandelt worden. Meines Wissens hatte der Papst nichts gesagt. Was Maugham betraf, der für sein Alter auffallend rüstig war, so bekannte er sich dazu, Patient von Niehans zu sein.

Ich erinnere mich an eine Unterhaltung zwischen meinem berühmten Kollegen und D., die an seinen Lippen hing.

»Da Sie, Madame Simenon, sich um die Geschäfte Ihres Gatten kümmern, erlauben Sie mir, Ihnen einen Rat zu geben. Die Verleger, die Filmproduzenten sind in erster Linie Kaufleute, und wie alle Kaufleute lassen sie sich nur von ihrem Vorteil leiten. Das bedeutet, daß sie eine gewisse Neigung haben, zu schummeln und tüchtig zu jammern. Wenn Sie mit ihnen verhandeln, haben Sie keine Hemmungen, sich hart und unerbittlich zu zeigen. Zögern Sie nicht, anspruchsvoll zu sein. Sie können gar nicht genug verlangen, denn bei Autoren wie Ihrem Mann und mir, das weiß ich aus Erfahrung, geben sie am Ende doch immer nach.«

Er kam uns noch einige Male besuchen, und D. verlor keine Zeit, seinen Rat zu befolgen, was mich teuer zu stehen kam, denn bei den Produzenten stand ich bald in dem Ruf, der teuerste Filmautor zu sein, und die Zahl der Angebote nahm ebenso ab wie die Zahl der Verfilmungen meiner Werke.

D. übersetzte die Worte Maughams wie selbstverständlich durch eine treffendere und kompromißlosere Formel:

»Alle Verleger, alle Filmproduzenten sind Halsabschneider.«

Sie hatte sich angewöhnt, es ihnen schamlos ins Gesicht zu sagen, und ich habe mehr als einen meiner getreuen Verleger, unter anderem einen weißhaarigen Verleger aus Deutschland, weinend im Büro des Erdgeschosses angetroffen.

Ohne Aitken fühlte sie sich verloren, und sie nutzte ihr Talent aus, andere einzuwickeln. Sie rief sie nach der Tagesarbeit an, so betörend, aber auch so bejammernswert, wie sie sich geben konnte, wenn es darauf ankam, und die gute Aitken ließ sich überreden, ihr an zwei oder drei Abenden in der Woche zu helfen.

Habe ich schon den »Mann mit dem goldenen Hirn« erwähnt? Das ist eine Erzählung von Alphonse Daudet, die D. vor kurzem gelesen hatte und die sie nicht nur bei den widerspenstigen Verlegern und Produzenten, sondern auch dem Personal gegenüber anbrachte.

Den ersteren sagte sie:

»Kennen Sie die Geschichte von dem Mann mit dem goldenen Hirn? Jeder kommt und kratzt daran, um ein winziges Stück davon mitzunehmen, bis zu dem Tage, an dem kein einziges Gramm Gehirn mehr übrig ist. Nun, Sie alle kommen hierher, um ein wenig von diesem Gold abzubekommen, mit dem Sie Ihr Glück machen, ohne sich Sorgen darum zu machen, diese Quelle zu erschöpfen und mich mit unseren Kindern im Elend zurückzulassen . . .«

Als ich das von einem meiner treuen Verleger erfuhr, wurde ich rot vor Scham, aber trotz meiner Bemerkungen wurde diese alte sentimentale Geschichte meinen Besuchern weiterhin mit beabsichtigter Theatralik aufgetischt.

Genauso war es mit dem Personal, das mit seinem lautlosen Schutz den so kostbaren Menschen abschirmen mußte, der sich nach und nach verzehrte. Ich war ein zerbrechliches Objekt, und man hatte kaum das Recht, mich anzusprechen oder mir ins Gesicht zu sehen. Leider glaubten einige daran, vor allem, weil man ihnen wiederholte, daß diese Weisungen von mir stammten.

Im Mai dann das Festival in Cannes, weil ich mich dem ja nicht entziehen konnte, und wie in Brüssel nahm ich meine Rolle ernst. Eigentlich gingen die Reise- und Aufenthaltskosten der Jurymitglieder und ihrer Frauen zu Lasten des Festivals, aber das hatte ich für meinen Teil in Brüssel abgelehnt und lehnte es auch hier wieder ab.

Ich verließ euch erneut, meine Kinder, und sah eure kleinen Hände am Fenster des Wirtschaftsraumes winken, während ich uns am Steuer des Mercedes zur Schweizer Landstraße chauffierte, denn die Autobahn war irgendwo bei Genf noch im Bau.

Im Carlton hatte ich unser gewohntes Appartement im zweiten Stock reserviert, das sehr geräumig war und von dessen Fenstern aus man auf das immer wieder vielfältige Schauspiel der Croisette und des Strandes blickte.

Außer zahlreichen Tages- und Abendkleidern, meinem Frack und meinem Smoking nahmen wir das berühmte Necessaire von Hermès und ein weiteres, ganz neues Köfferchen mit, das D. sich bei einem Lederwarenhändler in Lausanne für ihren Schmuck hatte anfertigen lassen.

Dieses Köfferchen aus rotem Leder, wie das Necessaire von Hermès mit Monogramm, war Gegenstand stundenlanger Besprechungen zwischen D. und dem Lederwarenhändler gewesen, einem Mann von nicht zu leugnendem Charme, der den Charakter seiner Kundin erkannt hatte und sich Mühe gab, allen ihren Ideen zuzustimmen.

Im Inneren, das mit beigefarbenem Leder gefüttert war, befand sich eine ganze Reihe mit dem gleichen Leder bezogener Kästchen, von denen ein jedes eine Nummer trug und für dieses oder jenes Schmuckstück nach Maß gefertigt worden war. Es gab ein Kästchen für die Ringe, das wir ins Hotelbüro bringen ließen, eines für die Armbänder, eines für die Anhänger, die Halsketten, die Clips. Es gab sogar ein besonderes Kästchen für die Kämme.

D. hatte sich nämlich vor kurzem von ihren Haarflechten getrennt und trug jetzt einen Knoten. Ich hatte ihr Kämme aus Schildpatt machen lassen, in verschiedenen Größen, einige mit altgold schimmernden Perlen verziert, die man aus Indien kommen lassen mußte, andere mit verschiedenen Edelsteinen.

Ich weiß. Ich war dafür verantwortlich und bitte deswegen um Nachsicht, meine Kinder. Ich habe euch schon gesagt, daß ich die Verantwortung übernommen hatte, oder? Genug davon!

Erste Versammlung der Jury, in dem Saal, den man im Palais des Festivals für sie reserviert hatte. Fabre-Lebret begleitete uns, um eine kleine Begrüßungsrede zu halten, und gab bekannt, daß ich Präsident der Jury sei. Nach der Satzung des Festivals war der Präsident aber von der Gesamtheit der Juroren zu wählen und nicht von den Organisatoren.

Ich zählte gute Freunde unter den Mitgliedern der Jury, insbesondere Henry Miller, der sich nur einige Filme ansehen und sich während des ganzen Festivals dem Tischtennis widmen würde, seiner Lieblingsbeschäftigung. Simone Renant erwies sich als eine liebenswürdige und einfache Frau mit sicherem Geschmack, die daher im Gegensatz zu vielen anderen Künstlerinnen unbemerkt bleiben würde.

Zweite Versammlung der Jury, diesmal, um über die ersten Filme zu diskutieren. Wir kamen im Gänsemarsch herein, und ich war erstaunt, Fabre-Lebret mit in den Saal kommen zu sehen. Ich fragte ihn höflich:

»Was machen Sie hier?«

»Ich bin bei den Beratungen der Jury immer dabei.«

Ich hatte mir die Mühe gemacht, vorher die Satzung des Festivals zu lesen.

»Die Jury«, sagte ich, »ist in ihren Entscheidungen völlig frei; sie unterliegt keinerlei Einfluß von außen und ihre Versammlungen sind daher geheim . . .«

Fabre-Lebret war Diplomat, ich habe es schon gesagt. Er war auch ein Mann von ausgesuchter Höflichkeit. Er wurde rot, insistierte nicht und ließ mich anschließend im privaten Gespräch wissen, daß er zum ersten Mal in seinem Leben aus dem Saal der Jury gewiesen worden sei.

Wie in Brüssel hielt ich mich an Coca-Cola, denn ich mußte an zahlreichen Mittagessen, Empfängen und Diners teilnehmen, die von den einzelnen Delegationen und von lokalen Persönlichkeiten wie zum Beispiel der Begum gegeben wurden, die allabendlich ihren aufsehenerregenden Einzug in den Palast hielt, von dessen Stufen aus die Journalisten sie mit Fragen und Blitzlichtern überfielen. Was den Präfekten von Nizza betraf, so kam er fast jeden Abend in seinem Wagen, inmitten einer Motorradeskorte in feierlichen Uniformen. Er war trotz alledem ein netter Mann, der uns zu Ehren in der Präfektur ein Essen gab.

Verwirklichte D. endlich ihren Traum? Sie war bei allen Festen dabei, bei allen Empfängen, sie traf Jean Cocteau und viele meiner Freunde wieder.

Die Abendvorstellung, mit Smoking und langen Abendkleidern, fand um halb zehn statt. Seit sieben Uhr bereitete D. sich darauf vor und begnügte sich mit einem Sandwich mit Salat, Gurken oder Tomaten, den sie häppchenweise verschlang, während Claude, der Starfriseur, um den sich diese Damen rissen, sich um ihre Haare kümmerte, die Maniküre um ihre Fingernägel und die Kosmetikerin um ihr Gesicht.

Das spielte sich in unserem Schlafzimmer ab, in dem ich mir wie in Hollywood vorkam. Ich für meinen Teil dinierte unterdessen im Salon, reichlicher, nahm eine Dusche und zog meinen Smoking an.

Schließlich bemerkte ich zaghaft:

»Es ist zwanzig nach neun . . .«

Das Palais des Festivals war nur zweihundert Meter entfernt, aber man mußte sich durch die Menge der Schaulustigen drängen, die gespannt auf die Stars warteten, so wie man sich anschließend durch die Menge der Zuschauer und Fotografen drängen mußte, die die große Treppe und die Balkons verstopften, bevor man endlich seinen Platz erreichte.

»Geh schon runter! Warte unten auf mich. Deine Ungeduld macht mich nervös und hält mich nur auf.«

Auch vor dem Aufzug eine Menschenmenge, die sehen wollte, wie die Weltstars herauskamen, unter denen eine Art Wettbewerb herrschte: wer als letzte erscheinen würde. Ich brauchte zwei oder drei Abende, bis ich begriff, daß D. es darauf anlegte, diese letzte zu sein. War sie nicht auch ein Star? Jeden Abend trug sie ihren Knoten anders, mal mit Diamanten geschmückt, mal mit bernsteinfarbenen Perlen, dann wieder . . .

Was soll's? Ich hielt mich im Hintergrund. Sie war glücklich, wenn auch noch überreizt. Die Jury nahm die erste Reihe rechts ein, hinter den Logen des Balkons. Die Frauen plazierte man so nahe wie möglich in die folgenden Reihen.

Ich lernte Fellini und seine entzückende Frau Giulietta kennen. Ich begleitete ihn häufig auf dem Rückweg, während seine Frau sich diskret beiseite hielt. Ich interessierte mich sehr für diesen großen, breitschultrigen Mann, der zugleich einfach, aufrichtig und von seiner Arbeit besessen war.

Mit einigen der Juroren tranken wir ein letztes Glas an der Hotelbar und nutzten die Gelegenheit, einander im zwanglosen Gespräch auszuhorchen und unsere jeweiligen Reaktionen auf den Film zu erraten, den wir gerade gesehen hatten.

Da erinnerte sich D. an die »Jury der Frauen der Juroren«, die sie in Brüssel organisiert hatte. Hier gab es nur vier oder fünf. Dennoch versammelte D. sie in einer Ecke in unserer Nähe. Leider erwähnte die Presse sie mit keinem Wort.

Das Ehepaar Buffet war auch da, deren Hochzeitstag wir zusammen feierten, und ich nahm die Gelegenheit wahr, D. ein Gemälde zu schenken, das Annabel darstellte, wie sie am Strand stand, von hinten, in einem roten Badeanzug. Mir gefiel dieses Bild sehr, wie alles, was Buffet malte. Ich taufte dieses Bild »die Pisserin«, denn Annabel stand vor dem bleiernen Meer in einer Haltung, als ob sie gegen eine Mauer pinkelte. Das war das einzige Bild, das D. selbst gehörte.

Der Tag der feierlichen Preisverleihung. Fabre-Lebret flüsterte mir beiläufig ins Ohr, aus diplomatischen Gründen sei es unerläßlich, daß die Amerikaner mindestens einen bedeutenden Preis bekämen.

Unter den Juroren herrschte ein lebhafter Wettstreit zwischen den

Anhängern des Films von Fellini, *La Dolce Vita*, und denen eines Films von Antonioni. Ich war von *La Dolce Vita* begeistert, der einen ziemlichen Skandal verursacht hatte. Ein Mitglied der Jury, der Kapellmeister beim französischen Staatsfernsehen war, versuchte ein Komplott zugunsten des Films von Antonioni zu schmieden, der in seinen Augen »künstlerischer« war.

Dank der Stimme Henry Millers, dem es gleichgültig war und der beschlossen hatte, wie ich abzustimmen, und dank der Stimme eines weiteren Jurymitglieds erhielt *La Dolce Vita* den ersten Preis, und ich suchte Fabre-Lebret auf, der im Gang wartete, um ihm die Liste der Auszeichnungen zu bringen. Er war nicht allein. Ein Vertreter des Außenministeriums war auch dabei, ein gebildeter und filmbegeisterter Mann, dessen Idee es gewesen war, das erste Festival zu veranstalten, und den ich sehr schätzte. Aber erhielten sie nicht alle beide ihre Weisungen aus Paris?

Sie waren von unserer Liste der Preisträger nicht begeistert. Damals war es Aufgabe des Präsidenten der Jury, die Liste der Preisträger während des Galaabends zu verlesen, der die Festlichkeiten beschloß. Ich wurde ausgebuht, mit Trillerpfeifen ausgepfiffen, während Giulietta, die mit den Nerven fertig war, hinter den Kulissen auf mich wartete und sich an meiner Schulter ausweinte.

Man hat mich nie mehr gebeten, den Vorsitz einer Jury zu übernehmen, und ich bin froh darum.

Und befriedigt, daß Fellini, der mein bester Freund geworden ist, heute allgemein als der größte Regisseur unserer Zeit angesehen wird.

Ich rief euch jeden Tag an, meine Kinder. Ich wußte, daß ihr uns erwartetet. Auf der Rückreise mußten wir noch einen Abstecher machen und verbrachten vierundzwanzig Stunden im Schloß der Buffets.

Ich war ungeduldig. Wahrscheinlich ungeduldiger noch als ihr, denn ich sehnte mich nach euch.

56

Dieses Jahr 1960, von dem ich bis jetzt nur einen ganz kleinen Teil überflogen habe, sollte das reichhaltigste Jahr unseres Lebens sein, reich an allem, an Schlechtem und Gutem, an Sonne und bedrohlichen Wolken, an dumpfen Ängsten und heiteren Freuden. Aber geht es nicht mit allen Jahren so und allen Existenzen? Gibt es Sonne ohne Schatten?

Ein auch fieberhaftes Jahr, das einen schwindlig machen konnte, eine beinahe infernalische Symphonie, die sich vom Pianissimo zum Fortissimo steigerte, indem sie vom Andante, vom vielversprechenden Präludium mit dem fast heiteren Choral zur Fuge überging, so wie allein Shakespeare das Tragische mit dem Komischen und dem Burlesken zu verbinden verstand.

Ein Jahr, in dem es Wochen »ohne« und Wochen »mit« gab, wie man während des Krieges die Tage ohne oder mit Alkohol genannt hatte. Nicht nur für D., sondern gelegentlich, weniger häufig, auch für mich, der ich den Vorteil hatte, schlagartig aufhören zu können, wann immer ich wollte.

Unsere Beziehungen machten ebenfalls verschiedene Phasen durch, einschließlich der Phasen, die an die leidenschaftlichen Tage und Nächte der ersten Zeit erinnerten. Daß Aitken nicht mehr da war und D. nun keine Sekretärin mehr hatte, brachte sie durcheinander, und man hatte mehr als je zuvor den Eindruck, daß sie mit der Aufgabe überfordert war, die sie sich mit aller Gewalt hatte aufhalsen wollen, während sie andererseits meine Hilfe ablehnte.

Waren es die Tage »mit« oder die Tage »ohne«, an denen ihre Depressionen ausbrachen? Ich wußte es nicht und wollte es auch nicht wissen. Man hätte sie dann wieder für das ratlose und quasi nackte kleine Mädchen von damals halten können. Aus nichtigem Anlaß, manchmal wegen einer unbedeutenden Kleinigkeit, einer Enttäuschung, fing sie an zu weinen, ihr Knoten hatte sich aufgelöst, und in ihrem pathetischen Gesicht waren die Wangen wie marmoriert von den Tränenspuren, die die Wimperntusche gefärbt hatte.

»Mein Jo, ich flehe dich an, liebe mich, hilf mir, sieh mich an, wie du mich früher angesehen hast! Ich weiß, daß ich dir oft weh tue, daß ich dir immer weh getan habe, aber versteh doch, daß ich nichts dafür kann, daß es nicht meine Schuld ist, daß ich mir selbst böse deswegen bin. Niemand hat mir je geholfen, außer meinem Vater, der zu früh gestorben ist. Sehr früh schon habe ich gewußt, daß ich nichts wert bin, und ich verfluche fast den buckligen Verleger, der unser erstes Treffen arrangiert hat, in New York, in dem Augenblick, in dem ich alles vorbereitet hatte, mit dem Leben Schluß zu machen.

Ich war nur eine Unglückliche, die vergeblich ihren Platz im Leben suchte und die die Männer sich wie einen Ball zuspielten.«

Ihre verweinten Augen flehten. Ihre Stimme wurde heiser, und ihr Körper zitterte unter dem halb geöffneten Hemd.

»Bewahre mir deine Liebe, Jo, *mon amour*, der du dir soviel Mühe gegeben hast, mich glücklich zu machen!«

Sie sprach dieses »amoûrrr« mit einem Zirkumflex auf dem u und mehreren »r« am Ende aus, und ich konnte mich dagegen stemmen wie ich wollte, ich begann weich zu werden, nicht mehr an alle diese »Anzeichen« zu glauben, die ich unfreiwillig während so vieler Jahre gesammelt hatte.

»Du hast mir zu viele Hoffnungen gemacht, du hast mir alles gegeben, und ich wollte immer noch mehr. Ich bin mir dessen bewußt. Das ist doch nur, weil ich dich liebe, Jo, weil ich dich bewundere, weil ich deiner würdig werden möchte . . .«

Ihre Hand drehte mechanisch an ihren langen Haaren, die ihr in Strähnen auf die Schultern und auf das Hemd fielen.

»Jo, mein Jo, ich flehe dich auf Knien an . . .«

Ich hob sie hoch, drückte sie in meine Arme, und meine Kehle war wie zugeschnürt.

»Sprich nicht mehr . . .« sagte ich ganz leise, während ich sie in den Armen wiegte.

»Versprich mir, mich nie zu verlassen. Ohne dich bin ich nichts, du weißt es, und ich weiß, daß du es weißt.«

Ich habe diese Worte nicht aufgezeichnet, sie aber so oft gehört, daß sie wie eingraviert in meinem Gedächtnis haften blieben. Ich gebe sie nur verkürzt wieder, denn diese mit Schluchzen vermischten Monologe waren viel länger und wiederholten sich wie ein Leitmotiv.

»Ich tauge nichts . . . Aber ich liebe dich, Jo, ich liebe dich, hörst du?«

In jenen Augenblicken stellte ich mir nicht die Frage, welches die wahre D. war, jene, die mich verzweifelt und mit zerzaustem Haar anflehte, oder jene, die mich streng fragte, wenn ich ihr Büro betrat:

»Was willst du denn wieder hier?«

»Dich küssen.«

»Mach schnell . . .«

Das endete unweigerlich im Bett mit wilden, wie verzweifelten Umarmungen.

Manchmal, einige Tage oder eine ganze Woche lang, benahmen wir uns wie wahre Liebende. Diese beinahe deliranten Gefühlsausbrüche waren aber nur von kurzer Dauer, meine Kinder, und ich eilte rasch wieder zu euch, wie um aus euch den Mut zum Durchhalten zu schöpfen. In jener bald aufreibenden, bald friedlichen und beinahe fröhlichen Zeit begann ich, einer gewöhnlichen Schulkladde meine Gedanken und Gefühle anzuvertrauen, ohne ihnen einen Titel zu geben, denn ich hatte nicht vor, sie zu veröffentlichen; nach meiner Vorstellung sollten sie geheim bleiben. Ich schrieb nur einige Zeilen hinein, von Zeit zu Zeit, einige Seiten, der Stimmung des Augenblicks folgend, wenn ihr in der Schule wart, Pierre mit Nana im Garten spielte und ich mich in meinem Arbeitszimmer allein und wie vom Rest des Hauses verbannt fühlte.

Nichts wurde dort abgeschlossen, außer im Büro von D. und im Sekretariat. Ich hatte kaum begonnen, mich auf diese Weise meiner Kladde anzuvertrauen, als D. sie entdeckte und beunruhigt fragte:

»Warum schreibst du heimlich?«

»Ich schreibe nicht heimlich. Ich schreibe, wenn ich mich langweile.«

»Versprich mir, daß du mir dieses Heft immer hinterher zu lesen gibst, wenn du dich ihm anvertraust. Wir sind zwei, oder? Und ich lese deine Romane doch auch Kapitel für Kapitel.«

Das stimmte. Sie wußte nämlich, daß ich meine Manuskripte auf diese Weise Tigy zu lesen gegeben hatte, und sie wollte nicht hintanstehen. Ich wußte auch, was sie in diesen frisch mit der Maschine geschriebenen Seiten suchte. Erkannte sie sich in dieser oder jener Frauengestalt wieder? Sie war davon überzeugt und ließ nichts unversucht, solche aufschlußreichen Details zu entdecken, wie um meine Stimmungen auszuloten. Sie täuschte sich jedesmal, wie alle, die geglaubt haben, sich in den Figuren meiner Romane wiederzuerkennen, denn ich bin kein Porträtist.

Jedenfalls waren meine Geständnisse wegen dieser Verpflichtung, D. jeden kleinsten Absatz lesen zu lassen, von Anfang an verfälscht. Manche Passagen erweckten in der Tat ihr Mißtrauen, andere ihren Zorn, wieder andere führten zu Szenen wie der, die ich soeben beschrieben habe und die mir einen bitteren Nachgeschmack hinterließen.

Ich fuhr also fort, in meine Kladden zu schreiben, aber nicht mehr, um mein Herz auszuschütten, sondern im Hinblick auf D.s Reaktionen, und es geschah häufig genug, daß ich meine Gefühle leicht abschwächte oder übertrieb, so sehr, daß sie nicht mehr wiederzuerkennen waren.

Damals, in meiner Arbeitsklause im Turm, in die ich mich zurückzog, wenn die Kinder nicht da waren, ahnte ich noch nicht, daß diese Hefte, die geheim bleiben sollten, Jahre später, nach dem Besuch eines Freundes, doch ans Licht kommen würden.

Wenn er bisher noch nicht in unserem Leben aufgetaucht war, so würde er bald einer der wenigen regelmäßigen Gäste des Hauses werden. Er war ein Literaturwissenschaftler, der an einer Examensarbeit über Marcel Proust schrieb, denn er hatte Originalmanuskripte von ihm gefunden. Ich hatte absolutes Vertrauen zu ihm, und wir plauderten manchmal ganze Nachmittage lang in meinem Arbeitszimmer. Ich ging früh zu Bett, gegen zehn. Er hingegen ging sehr spät schlafen und verbrachte einen Teil seiner Nächte mit Lesen.

»Haben Sie kein neues Manuskript, das Sie mir heute abend anvertrauen können?«

Fast immer hatte ich in meiner Schublade einen Roman, der gerade fertig geworden war, und er nahm ihn mit ins Gästezimmer. Eines Abends, wir wohnten schon nicht mehr in Echandens, hatte ich nichts Unveröffentlichtes für ihn zur Hand und erinnerte mich der Hefte, die ich schon seit langem aufgegeben hatte.

»Ich wüßte nichts außer diesen Notizen, die ich für unwichtig halte und die kaum von Interesse sein dürften.«

Er nahm die Hefte mit auf sein Zimmer. Am nächsten Morgen gab er sie mir zurück und sagte:

»Sie müssen sie unbedingt veröffentlichen ... Das ist ein Dokument ersten Ranges ...«

Er verteidigte seine Ansicht mit solchem Eifer, daß ich mich überzeugen ließ, wie gewöhnlich. Der Text brauchte einen Titel. Ich fühlte mich viel jünger als damals in Echandens, als ich in dieses Heft geschrieben hatte. Ich schlug vor:

»Warum nicht: *Quand j'étais vieux?*«

Denn in Echandens war ich siebenundfünfzig gewesen und hatte mich wie ein Greis gefühlt. Das Buch erschien, ohne damals viel Aufsehen zu erregen. Biographen stürzten sich darauf und suchten nach Hinweisen, die es ihnen erlauben würden, mein wahres »Ich« zu rekonstruieren. Sie fanden sie natürlich, und die Journalisten folgten ihnen in Scharen auf dem Fuße, ohne zu ahnen, daß der größte Teil dieser Hefte geschrieben worden war, um eine Frau, die meine, davor zu bewahren, unwiederbringlich in den Abgrund zu rutschen.

Noch heute, 1980, wird dieses Buch, das nicht hätte erscheinen dürfen, häufiger zitiert als meine anderen Werke, und D. hat es weidlich ausgeschlachtet, nachdem unsere Trennung endgültig geworden ist, um neue Legenden über mich zu erfinden und mich schlechtzumachen.

Ich verteidige mich nicht. Ich beschränke mich darauf, zu sagen, unter welchen Umständen diese manchmal überspannten Seiten geschrieben wurden und vor allem zu welchem Zweck.

Ich komme zurück auf unsere Rückkehr aus Cannes, mit einem Abstecher zu den Buffets, im Château de l'Arc, wo ich Gelegenheit hatte, gigantische Gemälde zu bewundern, die ihren Platz nur in Palästen und Museen finden konnten. Sie hätten den geräumigsten privaten Salon erdrückt, und Buffet weigerte sich übrigens, sie zu verkaufen.

Der Empfang war herzlich. Wir badeten alle in dem herrlichen Schwimmbad unter dem blauen Himmel und der Sonne der Provence. Buffet, am Steuer seines Rolls, den Arm seiner Frau um die Taille, entführte uns zum Abendessen in ein malerisches Restaurant im Hafen.

Wir tranken viel, auch ich, und eines Nachts, als ich versuchte, mich im Dunkeln zurechtzufinden, brach ich mir ich weiß nicht mehr was im Badezimmer.

Als D. und ich endlich in der Dorfmitte von Echandens angekommen waren, gab ich einige Hupsignale, um Johnny und Marie-Jo unsere Ankunft anzukündigen, und beide stürzten uns in die Arme, sobald wir das Tor durchfahren und den Wagen angehalten hatten.

Ich habe, bevor ich die Filmfestspiele in Cannes erwähnte, einen Besuch in London vergessen, der sich als wichtig erweisen sollte. Ein Jahr zuvor hatte der offizielle Vertreter der BBC uns in Echandens mit der Absicht besucht, die Rechte der zweiundfünfzig Maigrets für das Fernsehen zu kaufen. Getreu den Ratschlägen Somerset Maughams hatte D. ihn kühl empfangen und seinen Vorschlag entrüstet abgelehnt.

Einige Monate später stellte sich eine andere Person vor, die sich ebenfalls als Vertreter der BBC ausgab. Der erste, abgewiesene, war hochgewachsen und schlank gewesen, wortkarg, sehr *british*. Der zweite, den D. nach seinen Papieren zu fragen vergessen hatte, war klein, sehr dick, jovial, mit dem Gesicht eines Sanguinikers, der bei dem geringsten Anlaß lauthals lachte und sich sogleich als eifriger Anhänger des Whiskys erwies.

Die Verhandlungen zwischen D. und ihm spielten sich zwei Tage lang vor einer Flasche ab, die durch eine neue ersetzt wurde, sobald sie leer war. Diesmal war ich so vorsichtig gewesen, einen Vertragsentwurf aufzusetzen, bei dem gewisse Klauseln *sine qua non*-Bedingungen waren. Mein Entwurf, wie alle meine Verlags- oder Filmverträge, trug den legitimen Interessen beider Parteien Rechnung.

Die Rechte der BBC sollten zum Beispiel nur für die englischsprechenden Länder gelten, mit Ausnahme der USA, und die Kopien mußten für die anderen Länder zur Verfügung gestellt werden, mit denen ich getrennt verhandeln würde, auf eigene Rechnung.

Der Vertrag war, wenn ich mich recht erinnere, für zwölf Jahre gültig und gestattete zwei Ausstrahlungen eines jeden Films über die verschiedenen Sender. Das war, bevor Aitken uns verlassen hatte; sie hatte meinen Entwurf ins Stenogramm genommen und begleitete uns zu Anfang des Jahres nach London, zur Vertragsunterzeichnung.

Nun waren die Aufenthalte in den Hauptstädten D. und mir aber nie gut bekommen, denn um nicht aus der Rolle zu fallen, mußte D. trinken, und wie bei unseren Touren in New York, in der Zeit von Lakeville, verführte sie mich, es ihr gleichzutun, so daß diese Reisen mir wie Alpträume in Erinnerung blieben. Der Typ mit dem scharlachroten Gesicht und der Figur eines Tabaktopfes erwartete uns und schloß sich sofort mit D. in unserem Salon ein.

Wir bewohnten ein sehr geräumiges Appartement mit Blick auf die Themse, dasselbe, das ich oft vor dem Krieg mit Tigy reserviert hatte, wenn wir Lust verspürten, die Londoner Luft zu atmen.

Stunden vergingen, und ich glaube, es war diese Reise, bei der wir Simone Signoret und Yves Montand trafen, die ein Appartement fast neben dem unseren bewohnten. Wir aßen dort gemeinsam zu Abend, in einer sehr herzlichen Atmosphäre, ohne zu wissen, daß Simone Signoret später die Hauptdarstellerin in drei Verfilmungen meiner Romane sein würde.

Dieses oder ein anderes Mal hatten wir auch Rossellini und Ingrid Bergman zu Nachbarn, mit denen wir enge Freundschaft schließen sollten. Ihr Sohn war so alt wie Johnny. Seine Geburt hatte in den Vereinigten Staaten, wo wir uns selbst fast in der gleichen Situation befunden hatten, viel Aufsehen erregt, und ich hatte ein Telegramm der Sympathie an das Paar, das von der gesamten Presse schlechtgemacht wurde, geschickt. Ich glaube, daß man sogar erwogen hatte, Rossellini und Ingrid auszuweisen, wenn nicht gar, sie gerichtlich zu belangen und hinter Gitter zu bringen, was nach den Gesetzen des Staates Kalifornien möglich gewesen wäre.

Kurzum, bevor wir an diesem Abend schlafen gingen, beschloß D., mir einen Vertrag von ich weiß nicht wieviel Seiten vorzulegen, der von der BBC ausgearbeitet worden war. Das Dickerchen und D. hatten sich für den nächsten Morgen verabredet, um weiter über seine Bedingungen zu verhandeln.

Dieser Vertrag wies eine merkwürdige Besonderheit auf. Ganze Seiten waren gestrichen und durch stenografierte oder mit der Hand geschriebene Zettelchen ersetzt worden, die an den entsprechenden Stellen eingeklebt waren.

»Ich werde ihn mir morgen noch einmal ansehen«, sagte ich, denn ich war müde vom stundenlangen Warten.

Der Dicke brachte die Zigarren mit, die er unablässig rauchte. Und die Whiskyfahne, die er verbreitete, war fast so stark wie in einem Londoner Pub.

Ein endloser Tag begann. Die Journalisten fielen über mich her, und ich gab Interviews. Vielleicht war es bei dieser Gelegenheit, daß ich auf eine direkte Frage antwortete:

»Nein, ich mag mich nicht! Ich verachte mich.«

Das stimmte für diesen Augenblick, vor allem bei dem Kater, den ich hatte. D. und ihr Tabaktopf aßen im Salon, ohne ihre Verhandlungen zu unterbrechen. Von Zeit zu Zeit brachte der Oberkellner ihnen eine neue Flasche, und D. berichtete mir anschließend nicht ohne Stolz:

»Wir haben die Geltung einiger Klauseln davon abhängig gemacht, wer als erster die Flasche leer hat.«

Ich erfinde nichts, leider! Am Ende des Nachmittags verkündete D. mir triumphierend und ein wenig schwankend, mit etwas zu glänzenden Augen, indem sie mir den Vertrag unter die Nase hielt:

»Jo! Ich habe gewonnen!«

Es war schwierig, sich zwischen den gestrichenen Passagen und diesen hier und da verstreut eingeklebten Zettelchen zurechtzufinden. Ich tat mein möglichstes. Ich war beruhigt, festzustellen, daß die unabdingbaren Klauseln, die ich redigiert hatte, respektiert worden waren:

Verkauf nur in den englischsprachigen Ländern, die Vereinigten Staaten ausgenommen. Recht der Verwertung der Filme, synchronisiert oder untertitelt, in allen anderen Ländern durch mich allein und ausschließlich auf meine Rechnung.

»Du brauchst morgen nur noch zusammen mit dem Vertreter der BBC zu unterschreiben.«

»Aber du hast doch den ganzen Tag schon mit ihm zusammengesessen!«

Konfuse, verlegene Erklärungen. Der Tabaktopf hatte weder direkt noch indirekt etwas mit der BBC zu tun. Er war ein Vermittler, der bei dieser Rundfunkanstalt unbekannt war, bis zu dem Tag, an dem er sich vorstellte und den Vertragsentwurf vorlegte, den er ausgehandelt hatte.

Darin fanden sich, wie in den Versicherungspolicen und in den Verträgen amerikanischer Verleger und Produzenten, sehr kleingedruckte Texte, die auf den ersten Blick unbedeutend erschienen, aber nichtsdestoweniger aus gutem Grund dort standen.

So stellte ich fest, daß unser Tabaktopf mit dem roten Gesicht als Mittelsmann einen bedeutenden Prozentsatz des Erlöses für die Rechte kassieren würde. Unglücklicherweise achtete ich nicht auf eine rigoros formulierte Klausel, die sich hinter einem der aufgeklebten Zettel befand.

Am nächsten Morgen also, in den Räumen der BBC, die ich gut kannte, weil ich häufig bei diesem Sender gesprochen hatte, der meiner Meinung nach der beste der Welt ist, unterzeichnete ich die Vertragsurkunde zusammen mit dem Bevollmächtigten der BBC, dem echten, denn unser Saufbold war nicht einmal da. Am Nachmittag großer Pressecocktail in den Räumen des Senders. Der Vertreter der BBC verkündete die Neuigkeit, und ich gab meinerseits meiner Zufriedenheit Ausdruck.

Ich war ziemlich überrascht, am nächsten Morgen in der Presse, vor allem der französischen, die beim Cocktail vertreten war, fette Titelzeilen zu lesen wie die sattsam bekannte Schlagzeile *Vertrag des Jahrhunderts* und in Frankreich: *Eine Unterschrift, die eine Milliarde Francs wert ist.* Alte Francs von damals, gewiß. Da der Vertrag die Zahlung in Pfund Sterling vorsah, habe ich nie nachgerechnet, ob die Zahl stimmte oder nicht.

Die Filme wurden in Frankreich gedreht, dort, wo meine Romane sich abspielten, und der walisische Schauspieler, den man für die Rolle Maigrets auswählte, Rupert Davies, war vielleicht der beste Kommissar von allen. Er wurde von einem Tag auf den anderen berühmt, so berühmt, daß ein späterer Ministerpräsident sich bei seiner Wahlkampagne von ihm begleiten ließ.

Es gab nur eine Klausel, die D. wahrscheinlich ebensowenig gelesen hatte wie ich und von der ich erst zehn oder zwölf Jahre später erfahren würde. Diese Klausel sah vor, daß mit Ablauf des Vertrages alle Kopien und Negative der zweiundfünfzig Filme unter notarieller Aufsicht vernichtet werden mußten, so daß von diesen zweiundfünfzig Maigrets heute nichts mehr existiert.

Ich für meinen Teil hatte die Rechte an diesen Filmen in Deutschland und in den meisten Ländern Europas und Lateinamerikas verkauft. Ich bestand darauf, allein mit diesen Ländern zu verhandeln, und die deutschen Rechte brachten unter dem Strich ebensoviel ein wie die englischen Erlöse, wenn nicht gar mehr.

Bei unserer Rückkehr nach Echandens fanden wir ein lärmerfülltes Schloß vor, eine Luft voller Staub und Räume, in denen unerträglicher Krach herrschte, den die mit Erde beladenen Lastwagen verursachten, die dicht vor unseren Mauern auf dem holprigen Weg in unaufhörlichem Rhythmus vorbeidonnerten, alle vierzig Sekunden einer.

Nicht nur, daß das bislang grünende Gelände hinter der Eisenbahnlinie, unterhalb der Weinberge, auf einer Fläche von ich weiß nicht wieviel Hektar aufgewühlt war, nein, es wurde auch von schweren Lastwagen und Bulldozern in beeindruckender Zahl von morgens bis abends in allen Richtungen durchpflügt. Wir hatten so die Bestätigung vor Augen, daß diese gigantische Baustelle einmal der größte Verschiebebahnhof der Westschweiz, wenn nicht der Schweiz überhaupt, mit nicht weniger als vierundfünfzig Gleisen werden sollte.

Unter unseren Fenstern! Fast am Rand unseres Gartens! Der Lärm war ohrenbetäubend, vor allem, weil sich unterhalb des Schlosses eine Eisenplatte als Abdeckung für irgendwelche Rohrleitungen befand und die schweren Fahrzeuge jedesmal, wenn sie darüberfuhren, ein donnerndes Geschepper verursachten, das uns hochfahren ließ.

Wir mußten uns darauf vorbereiten zu fliehen, um so mehr, als auch die Autobahn, das war amtlich, am Fuße der Weinberge unseres Schlosses vorbeiführen würde. Ein anderes Haus, ein anderes Schloß suchen, wie wir es 1955 und 1956 fast sechs Monate lang gemacht hatten? Es wieder in Schuß bringen, wie das fast immer erforderlich war?

Zum ersten Mal in meinem Leben kam mir der Gedanke zu bauen, statt etwas zurechtzuflicken. Ich hatte Epalinges entdeckt, als ich dort Golf spielte, und die Gegend, die noch mit Wiesen und Ackerland bedeckt war und eine unerwartete Aussicht auf die französischen Alpen, die Berner Alpen, über den See hinweg bis nach Genf bot, wo man bei klarem Wetter sogar die Wasserfontäne sah, diese Gegend hatte es mir angetan. Ich bat einen Architekten, uns aufzusuchen, und erläuterte ihm unser Projekt. In den Vereinigten Staaten, die Europa stets um zehn Jahre voraus waren, hatte ich gelernt, wie man ein Haus lärm- und witterungsgeschützt mit dem größtmöglichen Komfort baut.

Einige Tage später besichtigten wir ein mit Kohlrabi bepflanztes Stück Land, das sich aber für das, was mir vorschwebte, als zu klein erwies. Glücklicherweise stand ein angrenzendes Grundstück, das einem anderen Landwirt gehörte, zum Verkauf. Ich kaufte die beiden Grundstücke mit einer Option auf die benachbarten Ländereien, die den beiden Bauern gehörten.

Es war Zeit, Echandens zu verlassen, meine Kinder. Ich überließ dem Architekten die Skizzen des Hauses, von dem ich träumte, meinem ersten Haus, das wirklich mir gehören und für die Meinen entworfen sein sollte. Ich hatte die Aufteilung der Räume und ihre ungefähre Größe angegeben.

Wir fuhren nach Venedig, und du, Pierre, warst leider nicht mit von der Partie, ebensowenig wie Nana, die bei dir, Boule und einigen anderen in Echandens blieb. Es gab noch keine Flugverbindung nach Venedig. Das heißt, es gab nur eine einzige, die zweimal in der Woche von London aus startete und mit ziemlich kleinen Maschinen flog, die mir nicht ganz geheuer waren.

Der Zug hingegen brauchte zwölf Stunden, um die berühmte Dogenstadt zu erreichen, mit fast einer Stunde Aufenthalt in Mailand. Du warst zu jung, mein Pierre, als daß man dir diese Reise hätte zumuten können, die schon für Erwachsene anstrengend war. Babette, die unser Kindermädchen geworden war und sich vor allem um Marie-Jo kümmerte, fuhr mit uns. Du hingegen, Johnny, du brauchtest kein »Kindermädchen« mehr, denn du hattest dieses Stadium längst hinter dich gebracht.

Wir fuhren also zu fünft. Ich hatte es vorgezogen, obwohl dann ein Platz frei bleiben würde, ein ganzes Abteil mit sechs Plätzen zu reservieren, und die Hinfahrt verlief unter den bestmöglichen Bedingungen – trotz der Hitze, vor allem während des langen Aufenthaltes in Mailand in einem Zug, den man ohne Lokomotive stehen ließ und um den sich niemand zu kümmern schien.

Wir hatten beschlossen, uns im größten Hotel des Lido einzuquartieren, einer Insel mit weitläufigen Stränden, eine Viertelstunde mit dem Motorboot von der Stadt entfernt. Ihr wart beide hingerissen, seit der Abfahrt vom Bahnhof in einem der lackierten Motorboote mit ihren blinkenden Messingarmaturen, die sehr schnell sind und anderswo *criss-crafts* heißen. Ihr konntet euch nicht sattsehen an allen diesen Booten, die sich zwischen den überladenen *vaporetti*, die an Wasserstraßenbahnen erinnern, und den romantischen Gondeln hindurchschlängelten.

Unser Appartement war geräumig, die Küche hervorragend, und ihr kanntet bald alle Liftboys und alle Kellner der Bar, denn ihr hattet oft Durst. Am Strand waren die Kabinen keine Umkleidehäuschen wie fast überall sonst, sondern richtige Bungalows mit zwei Zimmern, in einer einzigen Reihe, mit Blick zum Meer und ziemlich weit voneinander entfernt.

Ihr hattet schnell Freundschaft mit den beiden Rettungsschwimmern geschlossen, die mit ihren großen, schwarzen Strohhüten unbeweglich vom Morgen bis zum Abend in ihrem Kahn saßen, den das Meer hin- und herschaukelte. Die Sonne hatte ihre Haut so verbrannt, daß ihr das erste Mal, aus der Entfernung, gefragt hattet, ob es Neger seien.

Morgens am Strand, dann essen, entweder im Speisesaal des Hotels oder in dem nach allen Seiten offenen Holzgebäude am Strand selbst.

»Nehmen wir ein Motorboot, Dad?«

Die Frage kam von Marie-Jo, oder von dir, Johnny, oder von euch beiden zugleich. Ihr wußtet, an wen ihr euch zu wenden hattet, um eins zu bestellen. Man ging an Bord, als hätte man das Hotel gar nicht verlassen, denn das Boot hielt am Fuß der Freitreppe. Manchmal begleitete eure Mutter uns. An anderen Tagen zog sie es vor, im Hotel zu bleiben, wegen der drückenden Hitze und der Sonne, die die Haut verbrannte.

Wie die Hunderte von Touristen, die auf dem Markusplatz herumwimmelten, füttert ihr die Tauben, die nicht weniger zahlreich als die Menschen waren, aber nicht so lächerlich wie die meisten von ihnen. Wir besichtigten den Dogenpalast, und ich hörte dich, meinen Johnny, rufen:

»Schau mal, Dad!«

Wir waren im Saal der Rüstungen. Unter jeder von ihnen befand sich ein kleines bedrucktes Kärtchen. Dir entging nichts, Filius, und wie gewissenhaft du warst!

»Glaubst du, daß ich in diese Rüstung hineinpassen würde?«

Ich nahm Augenmaß, bei der Rüstung und dir, und mußte zugeben:

»Nein. Bestimmt nicht.«

»Rate mal, wer die getragen hat!«

Du kamst mir zu Hilfe, denn ich hatte keine Ahnung.

»Ein sehr berühmter französischer König.«

»Ludwig der Vierzehnte?«

»Ludwig der Vierzehnte trug keine Rüstung. Also gut, ich will es dir sagen. Das ziemlich kleine und magere Kerlchen, das diese Rüstung trug, war niemand anderer als der berühmte Heinrich der Vierte. Lies mal das Schild!«

Ich wußte, daß er klein war, aber nicht so klein, und du sahst mich triumphierend an. Wir liefen durch die Gassen, die mehr oder weniger alle auf den Markusplatz führten. Eine sehr belebte Geschäftsstraße ohne Autos zog euch besonders wegen all der Dinge an, die wir euch dort kauften. Eure Mutter bestellte sogar für jeden von euch Maßschuhe aus ganz weichem Ziegenleder.

Strandspielzeug gab es am Lido, nicht weit vom Hotel. Wir fuhren mit der Gondel spazieren und glitten unter der Seufzerbrücke hindurch, deren Geschichte Johnny besser kannte als ich.

Das Stimmungsbarometer der ganzen Familie zeigte auf »Beständig«. Ihr schlecktet ein Eis nach dem anderen in euch hinein, meine Kinder. Johnny versuchte, kleine Segelschiffe zum Zusammenbauen aufzutreiben, denn das war seine Leidenschaft.

Du hattest begonnen, Johnny, mit einer Genauigkeit und Geduld, die man bei dir nicht vermutet hätte, Schiffsmodelle zusammenzubauen, die man bei Weber in Lausanne in Einzelteilen verkaufte. Du warst dann zu weniger einfachen Booten übergegangen, mit zwei Segeln und einigem Tauwerk.

Wir hatten ein laufendes Konto in diesem Geschäft und ich erlaubte dir, deine Spielsachen allein auszusuchen. Recht bald wagtest du dich an Marssegelschoner heran, dann an Dreimaster, nachdem du, ohne das kleinste Fall oder ein einziges Stag auszulassen, das berühmte Schiff nachgebaut hattest, mit dem die Pilgrims, die englischen Pilgerväter, halbverhungert am Kap Cod gelandet waren und von den Indianern, die man Wilde genannt hatte, freundlich empfangen wurden.

Manche deiner Nachbildungen hätten mit jenen konkurrieren können, die die alten bretonischen oder normannischen Fischer, Gott weiß wie sie das schaffen, in eine Flasche zaubern. Nach Angabe des Verkäufers von Weber brauchte man für diese Modelle eine gute Woche Arbeit. Als ich ihm sagte, daß du sie an zwei Abenden zusammenbautest, wollte er mir das erst nicht glauben.

»Er möchte etwas Schwierigeres.«

Denn darum hattest du mich gebeten. Er ging, einen riesigen Karton zu holen.

»Dieses hier ist mehr für Erwachsene gedacht, denn es ist sehr kompliziert und hat eine umfangreiche Takelage. Ihr Sohn wird dafür, sofern er damit fertig wird, einen Monat brauchen . . .«

Du hattest es in vier Tagen zusammengebaut und damit die Auswahl von Weber erschöpft; wir mußten etwas anderes finden. Diese Schiffe haben dein Zimmer bis zu deinem Auszug geschmückt, und ich glaube, sie sind noch im Möbellager, in einer oder zwei Kisten, sorgfältig in Stroh verpackt.

Dein Bruder Pierre hingegen würde Flugzeugmodelle bauen, die heute die Regale seines Arbeitszimmers in der Avenue de la Cour füllen, und die niemand anfassen darf, nicht einmal, um sie abzustauben.

Was dich betraf, Marie-Jo, so machtest du eine wichtige Entdeckung, an die du dich immer erinnern solltest. Auf der Terrasse am Lido kam jeden Nachmittag ein kleines Orchester von sechs oder sieben Musikern zusammen, zu dessen Klängen die Paare auf der Tanzfläche tanzten.

Du hattest dir eine Ecke in der Nähe der Musiker ausgesucht, die rasch deine Freunde und beinahe Komplizen wurden. Du warst etwas über sieben Jahre alt, aber schon seit langem hattest du einen eigenen Plattenspieler und Schallplatten in deinem Zimmer, wie dein Bruder in dem seinen. Du kanntest die Platten gut, denn du ließest sie oft spielen und hattest auch deine Lieblingsplatten. Eine von ihnen war der Tennessee Waltz, ein nostalgischer Walzer aus dem Süden der Vereinigten Staaten, den du schon als kleines Kind gehört hattest und in dessen Rhythmus du dich wiegtest. Sahst du nicht sehnsüchtig den Tänzern und Tänzerinnen zu, unter ihnen den »Blue Bell Girls«, die man für den Nightclub draußen auf der Hotelterrasse engagiert hatte?

Eines Tages fragtest du mich scheu:

»Möchtest du mit mir tanzen, Dad?«

Und so drehten wir beide uns zu den Klängen des Tennessee Waltz, den zu spielen du deine Freunde vom Orchester gebeten hattest. Ich mußte mich niederbeugen, um dich um die Taille zu fassen, und ab und zu richtete ich mich wieder auf und hob dich hoch, leicht wie du warst in deinem hübschen Kleid aus blauweiß gestreifter Baumwolle, das um dich herumschwebte.

»Nochmal . . .«

Aus deinen Augen strahlte Verzückung und auch die große Zärtlichkeit, die ich schon lange zuvor bei dir entdeckt hatte.

Von nun an hatten wir jeden Abend eine beinahe heimliche Verabredung, am ersten Tisch, in der Nähe der Musiker, die dein Lieblingsstück zu spielen begannen, sobald sie dich erblickten.

Das sollte eine meiner schönsten Erinnerungen sein, mein kleines Mädchen, unsere Tänze in der Sonne, die durch ein ockerfarbenes Zelt gefiltert wurde und deinen Wangen Farbe verlieh.

Hatten wir auch zu anderen Melodien getanzt? Wahrscheinlich ja, denn du wolltest immer wieder auf die Tanzfläche, und wir konnten die anderen Paare nicht dazu verdammen, immer nur zu ein und derselben Melodie zu tanzen.

Man schaute viel zu dir herüber, so als wollten alle um uns herum an deiner Freude teilhaben. Vielleicht sahen sie dich als niedliches und graziöses Püppchen an? Dann hatten sie aber deinen Blick nicht beachtet, dem nichts entging, deine Überlegungen, die erkennen ließen, daß du schon eine richtige Frau warst, die zu sehen, nachzudenken, zu urteilen und vor allem zu empfinden verstand. Denn seit deiner Kindheit warst du von einer extremen Empfindsamkeit, und wenn ich einen Schatten über deine Stirn huschen sah, ruhte ich nicht, bevor ich nicht den Grund dafür kannte.

Ein Nichts begeisterte dich. Aber auch ein Nichts, ein Wort, eine Ungeschicklichkeit schien dich mitten ins Herz zu treffen. Du weintest nicht. Du verlangtest auch nie, getröstet zu werden, aber es kam einem dann so vor, als hättest du dich ganz in dich zurückgezogen und dein Leben auf Sparflamme gestellt. Du vergingst. Du wurdest zum Schatten eines kleinen Mädchens mit dem Blick einer Erwachsenen, die litt oder Angst hatte.

Die Heimreise war schlimm für dich, meine kleine Tochter, trotz einer Abreise in bunten und übermütigen Farben. Es war acht Uhr morgens, und der *motoscafo* hatte uns am Fuße der Bahnhofstreppe abgesetzt. Wie auf der Hinfahrt hatte ich ein komplettes Abteil reserviert, in dem wir nur allzu bald Gefangene werden sollten. Bei jedem Halt stiegen nämlich Leute zu, die keine Plätze hatten, Bäuerinnen mit Gitterkörben, in denen sich Hühner oder Hasen befanden, und Männer, die sich mit Koffern und Bündeln abschleppten, um in Mailand oder anderswo Arbeit zu suchen.

Im Bahnhof von Venedig hatte weder Johnny noch du, Marie-Jo, der Lockung eines Hörnchens Eis widerstehen können, denn die Luft war bereits heiß. War es das Eis, das dir den Magen umdrehte? Jedenfalls warst du bleich, die Lippen zusammengepreßt. Als man dich fragte, ob du dich nicht wohl fühltest, begnügtest du dich mit einem Kopfschütteln und dem Versuch zu lächeln. Du hieltst lange durch, bis zu dem Augenblick, als du dich zu Babette umdrehtest und stammeltest:

»Ich muß brechen.«

Es war ausgeschlossen, zu den Toiletten zu gehen, denn die Menge, die Koffer und die Käfige bildeten eine undurchdringliche Mauer. Deine Mutter dachte zunächst an den Türvorhang, dann bemerkte sie den Haufen Zeitungen und Illustrierte, die wir im Bahnhof von Venedig gekauft hatten. Ein Glück! Denn du mußtest dich heftig übergeben, beinahe bis zu unserer Ankunft in Mailand. Eine zu einer Tüte gedrehte Zeitung oder einige Illustriertenblätter dienten als Behälter.

Zwischen zwei Krämpfen konntest du gerade noch murmeln:

»Die Vorhänge . . .«

Denn man sah dir zu, unter anderen eine brave dicke Bäuerin, die mit den Hühnerkäfigen. Wir schlossen die blauen Vorhänge auf der Seite zum Gang hin und glichen mehr und mehr Gefangenen. Johnny wagte nicht, dich anzusehen, denn er fürchtete angesteckt zu werden, und vertiefte sich verbissen in seine Lektüre. Die Tüten, die ihren Zweck erfüllt hatten, warfen wir aus dem Abteilfenster. Jedesmal fühltest du dich erleichtert und bemühtest dich, zu lächeln, um uns zu beruhigen. Aber zehn oder zwanzig Minuten später fingst du wieder an, dich zu übergeben. Eine Reise, an die du dich bestimmt erinnert hast, Marie-Jo, so wie ich selbst mich daran erinnerte, und zwar so deutlich, daß ich später einen Roman daraus machte, in dem du übrigens keine der Figuren bist.

In Mailand leerte sich endlich der Gang und auch so manches Abteil. Man hatte den Zug geteilt; die eine Hälfte fuhr ich weiß nicht wohin, und unsere wartete auf eine Lokomotive, die uns bis Lausanne ziehen sollte.

Du hattest dir den Mund und das Gesicht mit Sodawasser erfrischen können. Was uns betraf, so aßen wir auf dem Bahnsteig, vor deinen Blikken geschützt, denn du konntest keine Nahrungsmittel sehen, ohne erneuten Brechreiz zu riskieren.

Wir trafen Pierre und Nana, Boule und die ganze Hausgemeinschaft wieder, und mit der Farbe, die in dein Gesicht zurückkehrte, kehrte auch deine Lebensfreude wieder. Hatten wir nicht alle zusammen schöne und friedliche Ferien verlebt, abgesehen von der Rückfahrt im Zug?

Nach der Rückkehr aus Cannes und dem Besuch bei den Buffets hatte ich *Maigret et les vieillards* geschrieben. Ich war im Begriff, einen neuen Roman zu beginnen, als mich einige Tage nach unserer Rückkehr das Fieber ans Bett fesselte und ich heftige Magenschmerzen hatte. Ich tastete mich ab. Ich fühlte eine charakteristische Verhärtung und ließ unseren Arzt aus Morges eiligst herbeiholen. Ich hatte mich nicht getäuscht.

»Sie haben eine akute Blinddarmentzündung. An Ihrer Stelle würde ich einen Chirurgen zu Rate ziehen.«

Ich kannte einen, der eine Stunde später kam.

»Wir müssen operieren«, sagte er, nachdem er mich seinerseits abgetastet hatte. »Ich rufe Ihnen einen Krankenwagen. Ich operiere gewöhnlich in der Klinik Cecil . . .«

»Einverstanden mit der Klinik Cecil.«

Krankenpfleger brachten mich auf einer Trage nach unten, meine Kinder, während man euch im Spielzimmer beschäftigte. Um acht Uhr abends gab der Anästhesist mir eine erste Spritze. Etwas später schläferte man mich mit der Maske ein, und ich wachte allein in einem Bett auf, in einem Zimmer, das ich nicht kannte. Ich spürte keinerlei Schmerz, kein Unwohlsein. Ich klingelte nach der Krankenschwester und fragte sie:

»Wieviel Uhr ist es?«

»Sieben Uhr morgens.«

Ich spürte nicht einmal mehr etwas von der Narkose.

»Seien Sie so nett und reichen Sie mir meine Pfeife, meinen Tabak und die Streichhölzer, die in meiner Hosentasche sind.«

»Ich weiß nicht, ob ich das darf . . .«

»Ich bitte Sie. Ich bin ganz in Ordnung. Wenn Sie mir nicht geben, um was ich Sie bitte, werde ich aufstehen, sobald Sie weg sind, und mir die Pfeife und den Tabak selbst holen. Ich werde schon herausfinden, wo man meine Hose hingetan hat . . .«

Angesichts meiner Drohung zog sie es vor, mir meine Hose zu geben, aus der ich herausnahm, was ich brauchte.

Eine halbe Stunde später fand der Chirurg, flankiert vom Anästhesisten und der Oberschwester, mich Pfeife rauchend vor.

»Das ist das erste Mal in meiner Laufbahn, daß ich einen Operierten wenige Stunden nach einem solchen Eingriff Pfeife rauchen sehe. Verspüren Sie keine Übelkeit?«

»Nicht im geringsten . . .«

Sie betrachteten mich kopfschüttelnd von allen Seiten.

»Wußten Sie, daß Ihr Blinddarm so lang war, daß er fast bis zur Mitte des Rückens reichte? Ich werde ihn Ihnen zeigen, denn ich habe ihn aufgehoben. Jedenfalls war es höchste Zeit . . .«

Am Nachmittag rauchte ich immer noch meine Pfeife, in einem Sessel. Einige Tage später teilte man mir mit, daß ich wieder nach Hause dürfe. Der Arzt bestand lediglich darauf, daß ich einige Wochen an einem ruhigen und gesunden Ort verbringe.

»Versailles zum Beispiel?« sagte ich. »Ich kenne dort ein hervorragendes Hotel am Rande des Parks.«

Warum war mir das Wort Versailles über die Lippen gekommen? Ich hatte das Palace, von dem die Rede ist, nur von weitem gesehen, im Grünen versteckt. Marcel Achard hatte mir davon erzählt, denn dorthin zog er sich zurück, wenn er ein Stück zu schreiben hatte. Er hatte mir von der Ruhe, dem Komfort und der Liebenswürdigkeit des Direktors und des Personals vorgeschwärmt.

Und so waren wir auf dem Weg nach Versailles, D. und ich. Nach zwei oder drei Tagen konnte ich in den damals noch friedlichen und provinziellen Straßen der Stadt allein spazierengehen. Am Nachmittag gingen wir gemeinsam durch den Park, gemessenen Schrittes, und bald war ich wieder kräftig genug auf den Beinen, um allein in eine Nachtbar zu gehen, von der Achard mir, glaube ich, ebenfalls erzählt hatte.

Man saß dort dichtgedrängt, und ich machte Männer und Frauen aller Art aus, einschließlich gestrenger Spießbürger aus der Stadt neben Leuten mit nicht sehr vertrauenerweckenden Gesichtern.

Meine Nachbarin, die auch den Eindruck einer ehrsamen Hausfrau machte, war halb betrunken und schüttete mir ihr Herz aus. In ihrem Bedürfnis nach Ablenkung hatte sie Ehemann und Kinder in einer Avenue in der Nähe des Etoile verlassen. Sie nächtigte zur Zeit im gleichen Hotel wie ich. Ich hatte den Verdacht, daß sie nicht nur im Übermaß trank, sondern auch Drogen nahm, aber ich hatte keinen Beweis dafür und fragte sie nicht danach.

»Was ich morgen mache, in einer Woche, das ist mir sch . . . egal. Ich könnte nach Hause zurückkehren, und mein Mann würde mir verzeihen, daß ich ausgerissen bin, denn er ist kein nachtragender Mensch . . . Er ist ein hohes Tier . . . Ich habe selbst auch Geld. Und mir ist sch . . . egal, was wird, wenn ich keins mehr habe . . .«

Sie redete und redete, bestellte ein Glas nach dem anderen, immer doppelte Whisky, und der Barmixer beobachtete sie von fern mit einer Mischung aus Sorge und Mißbilligung.

»Alles, egal was, nur nicht dahin zurück, in diese große Wohnung, in der ich ersticke . . .«

»Ihre Kinder . . . Sie haben mir gesagt, daß Sie zwei Kinder haben . . .«

Sie schien einen Moment nachzudenken.

»Sind mir auch sch . . . egal. Die werden nämlich später mal genauso seriöse und stinklangweilige Männer wie ihr Vater . . . Ich . . .«

Sie schwankte gefährlich, und ihre Stimme wurde immer schriller. Ich nahm mir vor zu verschwinden und zahlte die Getränke, während sie die Augen geschlossen hatte.

»Sie wohnen im Palace?«

»Ja . . .«

»Kehren Sie dahin zurück?«

»Ja.«

»Wollen Sie mich nicht mitnehmen? Die Portiers sind dran gewöhnt . . .«

Ein Taxi ließ uns einsteigen. Als wir am Hotel ankamen, schlief die Frau, deren Namen ich nie erfuhr und die ich auch nicht wiedersehen würde, und schnarchte, den Kopf auf meiner Schulter. Der Portier wunderte sich nicht.

»Sehr liebenswürdig von Ihnen, sie zurückzubringen. Manchmal bringt die Polizei sie hier bis zur Tür . . .«

Im Oktober, nach einem kurzen Aufenthalt in Lyon, wo ich an einem Kongreß der Internationalen Kriminologischen Gesellschaft teilnehmen mußte, einer der wenigen Vereinigungen, denen ich angehöre, sah ich meine Kinder wieder, Johnny in seinem Zimmer, am Schlagzeug, und Marie-Jo, die im Salon herumklimperte.

Was für ein Jahr! Ich schüttelte die lästige Erinnerung an diese haltlose Frau von mir ab, die in Versailles gestrandet war und ich weiß nicht, welchem Schicksal entgegentrieb, indem ich einen Roman schrieb, dessen Hauptperson sie war und den ich *Betty* nannte. Diesen Roman würde D. aufmerksamer als die anderen lesen, leidenschaftlich sogar und mir eines Tages vorwerfen, sie als Vorbild für die Person Bettys genommen zu haben.

D. war ebenfalls einer Depression nahe, denn sie fühlte sich verloren angesichts der Post, die sich stapelte, verloren auch in ihrem großen Louis-XVI-Büro, in dem sie jetzt allein war und nichts anderes tun konnte, als das Personal, eine nach der anderen, antanzen zu lassen.

Sie rief Aitken an, die sich in ihrer großzügigen Art bereit erklärte, ihren Platz in den Büros wieder einzunehmen. Als wir uns wiedersahen, drückte ihr Blick Verständnis aus, der meinige Dankbarkeit.

Eine oder zwei Wochen später stellten wir eine zweite Sekretärin ein, Blinis, die nicht so hieß, von der D. aber behauptete, sie habe etwas Russisches an sich. Und Blinis waren nun einmal eine der beliebtesten Leckereien bei den Russen.

Es war beinahe schon Zeit, an Weihnachten und an die Geschenke zu denken, an den Baum, an die Tradition, die sich nach und nach herausgebildet hatte.

Fröhliche Weihnachten!

57

Wie üblich hatten wir uns am 1. Januar 1961 ein frohes Neues Jahr gewünscht. Und was war daraus geworden? Ein ruhigeres Jahr, gewiß, familiärer, ohne die zahlreichen Reisen, die uns im Jahr davor getrennt hatten.

Die Lastwagen donnerten immer noch unter unseren Fenstern und vor dem schmiedeeisernen Eingangstor zum Hof vorbei. Die Luft blieb stauberfüllt. Aber auch der unaufhörliche Lärm tat euren jungen Ohren nicht weh, die längst an die immer dröhnendere Musik eurer Platten gewöhnt waren.

Ich muß hinzufügen, daß die Baustellen, die jeden Tag mehr Gelände zu unseren Füßen verschlangen, nicht ohne Reiz für euch waren. Unsere Spaziergänge, auf denen Mister uns begleitete und bei denen wir die kleinen Wege den Straßen vorzogen, führten uns oft so nahe wie möglich an die Baustelle heran, wo die großen Maschinen euch faszinierten.

Was Mister betraf, so hatte er schlechte Gewohnheiten angenommen, wie man sagt. Er war schon immer unabhängig gewesen, wie Olaf damals, und das mißfiel mir durchaus nicht. Die Mauern des Anwesens waren niedrig, und er sprang mühelos über sie hinweg, manchmal auch nachts. Aber ich begann Klagen von Dorfbewohnern und den Bauern aus der Nachbarschaft zu hören. Bei dem einen war er, als ob er sich für einen Fuchs gehalten hätte, über einen Hühnerstall hergefallen und hatte zwei oder drei Hühner übel zugerichtet. Bei einem anderen fehlte ein Kaninchen im Stall. Ich verlangte nicht, das *corpus delicti* zu sehen. Ich glaubte diesen Leuten aufs Wort und zahlte, ich zahlte für die neuen Untaten Misters, der sich seine unschuldige und treue Miene bewahrt hatte.

Ich dachte oft an Marc und an seine kleine Wohnung, in der er die Lehrzeit seines Lebens zu zweit durchmachte, und ich erinnerte mich, daß ich mit achtzehn Jahren vom Leben eines jungen Paares geträumt hatte.

Um mir eine gewisse Fertigkeit im Schreiben anzueignen, hatte ich die *Contes de la vie à deux* geschrieben und über ein intimeres Thema, aber im selben Sinne, eine Reihe von kurzen Erzählungen unter dem Titel *Coïts*. Was ist aus diesen Erzählungen geworden, die allein Tigy gelesen hatte? Ich weiß es nicht. Wahrscheinlich vernichtet. *(Nein. Jetzt, während ich diese Seiten durchsehe, im März 1981, war Tigy so freundlich, mir eine Fotokopie davon zu schicken, ferner Kopien aller meiner Briefe, die ich ihr während meiner Militärzeit und anschließend in den Monaten geschrieben hatte, in denen ich mich in Paris kümmerlich durchschlug, während wir auf unsere Hochzeit warteten. Die gute Tigy, die nichts von unserer Vergangenheit vernichtet oder weggeworfen hat!)*

Marc schrieb uns wenig, wie das auch bei meinen anderen Kindern der Fall war, denn man ist sehr beschäftigt, wenn man ein neues Leben aufzubauen hat. Er rief mich ab und zu an, wie ihr alle, aber in Gedanken folgte ich ihm deshalb nicht weniger, so wie es später auch bei euch sein würde.

Ich wußte, daß er kein leichtes Leben hatte, und ich wollte es so. Als er uns verließ, um zu Jean Renoir zu gehen und sich in die Filmlaufbahn zu stürzen, hatte ich eine Entscheidung getroffen und eine Art Charta aufgestellt, nicht nur für ihn, sondern auch für meine anderen Kinder. Vor allem aber hatte ich mir selbst vorgenommen, sie nicht zu diesem oder jenem Beruf zu drängen, denn jeder Mensch muß seinen Weg nach seinem Geschmack und seinen Hoffnungen frei wählen.

Ich hatte mich also verpflichtet, meine Kinder bis zum Alter von sechsundzwanzig Jahren finanziell zu unterstützen, dem Alter, in dem man üblicherweise sein Studium abgeschlossen hat, aber das sollte unabhängig davon gelten, ob sie nun studierten oder nicht, ob sie heirateten oder nicht. Ich hatte mich erkundigt, wie hoch der Wechsel war, den Eltern aus der Mittelklasse einem Studenten in Paris oder anderswo gaben. Ich wollte nämlich vermeiden, meine Kinder, daß einer von euch sich als Sohn eines betuchten Vaters ein schönes Leben machte oder gar das würde, was man einen Playboy nennt, denn das war eine meiner großen Sorgen.

Mir war es gleich, ob eure Veranlagung euch dazu bringen würde, Akademiker, Handwerker oder Künstler zu werden. Mein Zuschuß sollte gleich hoch sein und bis zum gleichen Alter gezahlt werden, und ich hätte ihn auch demjenigen unter euch gewährt, der sich entschieden hätte, ein Leben außerhalb der Gesellschaft zu führen und das zu werden, was man einen *voyou* nennt, einen Rumtreiber oder Tagedieb, ein Wort, das ich ebenso hasse wie »Prostituierte« oder »Nutte«.

Ehrlich gesagt, wenn ich zwischen einem *voyou* und einem »Playboy« zu wählen hätte, so hätte ich dem *voyou* den Vorzug gegeben.

Ich stamme aus einer Handwerkerfamilie und betrachte mich als einen

Handwerker des Romans. Allen meinen Jungen hatte ich schon im Alter von zwei oder drei Jahren eine Werkbank gekauft, zunächst in einer ihrem Alter entsprechenden Ausführung mit Werkzeugen aus Plastik, die später durch eine richtige Werkbank mit soliden Werkzeugen ersetzt wurde.

Schließlich hatte ich selbst auch eine Werkbank besessen, erst in La Richardière, dann in Saint-Mesmin-le-Vieux, mit einem Sortiment von Werkzeugen an der weißgekalkten Wand, auf der die Umrisse eines jeden Werkzeugs mit einem weichen Bleistift aufgemalt waren. In La Richardière hatte ich mir sogar eine Feldschmiede geleistet, mit Blasebalg, Zangen, Eisen aller Art und einem Amboß.

Jeder meiner Jungen hatte auch beizeiten sein Paar Boxhandschuhe und seinen Punching-Ball bekommen, und ich hatte ihm mehr schlecht als recht die ersten Stunden gegeben, denn ich hatte das Boxen zwar bei einem Boxlehrer gelernt, mich aber nie an richtiges Kampfboxen gewagt. Ich wollte euch auch beibringen, meine Söhne, eure Atmung zu kontrollieren, die Grundvoraussetzung für alle Sportarten, und durch Beinarbeit und Verlagerung des Körpers euer ganzes Gewicht in einen Faustschlag zu legen. Nicht um zu kämpfen – ich habe noch nie einen anderen Menschen geschlagen –, sondern zur Körperbeherrschung und bei Bedarf zu eurer Verteidigung. Ihr hattet auch alle euren Medizinball und ich hatte euch gezeigt, wie man damit umgeht, um eure Brust und eure Muskeln zu stärken.

Was ich euch nicht beigebracht hatte, das war, wohlerzogene Kinder zu sein, »Guten Tag, Madame« und »Danke, Monsieur« zu sagen oder »die schöne Hand« zu geben, wie man es mir einst beigebracht hatte – so gut beigebracht hatte, mit all den anderen »guten Manieren«, daß ich heute noch, mit fast achtundsiebzig Jahren, automatisch »Verzeihung« sage, wenn man mich auf der Straße anrempelt.

Ihr habt das, was es zu lernen gab, allein und ohne Zwang gelernt, sogar, sich einer Fingerschale zu bedienen, deren Verwendung mir im Alter von sechzehn Jahren unbekannt war. Keiner von euch ist ein »Tagedieb« geworden, »Treibgut« der Gesellschaft, ja nicht einmal der gewaltlose Anarchist, der ich mein ganzes Leben lang geblieben bin.

Ich sehe schon, meine Kinder, daß ich den Jahren vorauszugreifen beginne, indem ich an den jungen Hausstand eures Bruders Marc in Paris denke.

Gegen Ende des Jahres 1960 hatte ich Gelegenheit, einen sehr langen Artikel über mich und mein Werk zu lesen, den ein gewisser Bernard de Fallois geschrieben hatte; sein Name war mir noch unbekannt, denn ich hielt instinktiv Abstand zu den literarischen Revuen, Magazinen und Zeitschriften sowie zu den Vereinigungen oder Zirkeln, die das Wort »literarisch« für sich in Anspruch nahmen. Ich verstand mich nämlich als Gegner alles »Literarischen«, das zumeist in die Form verliebt ist und das Leben verachtet, solange es nicht durch die Mühle der Philosophen und Denker gedreht worden ist.

Der Artikel von Bernard de Fallois überraschte mich durch seine Kenntnis meines Werkes und das Erfassen meiner Absichten. Es war sehr selten, daß ich einem Kritiker schrieb, um ihm für einen wohlwollenden Artikel zu danken, aber bei de Fallois tat ich es, und er antwortete mir. Ich habe schon im vorigen Kapitel von ihm gesprochen, aber zu jener Zeit hatte ich ihn noch nicht gekannt; das sollte erst im Januar 1961 geschehen. Er hatte übrigens die Absicht, ein zugleich kritisches und biographisches Buch über mich zu schreiben, und bat mich um ein Zusammentreffen.

Er war also zehn Tage lang unser Gast in Echandens und schlief im Zimmer von Marc, das jetzt das Gästezimmer war, ohne daß irgend etwas darin verändert worden wäre seit dem Auszug eures großen Bruders, der sich dort mehrere Male mit seiner Frau aufhalten würde, ohne sie durch die Hintertür hereinschmuggeln zu müssen.

Hatte de Fallois das Gehabe des Literaturkritikers und Akademikers, der er war? Meiner Ansicht nach kaum. Obwohl er ziemlich groß war, strich er seine Größe nicht heraus, und seine extrem, fast übertrieben einfache Kleidung zeigte, wie wenig er sich aus Äußerlichkeiten machte.

Er war brünett und hatte dunkle, kastanienbraune Augen, die seinen Gesprächspartnern wohlwollend, herzlich und wie amüsiert ins Gesicht blickten. Er konnte stundenlang zuhören, während er unbeweglich in seinem Sessel saß und eine Zigarette nach der anderen rauchte, deren Asche mit der Regelmäßigkeit einer Sanduhr auf den Fußboden fiel.

Er änderte seinen Ausdruck nicht, und mich machte sein Lächeln neugierig, von dem man zunächst das natürliche Wohlwollen wahrnahm, um anschließend eine unterschwellige Ironie zu entdecken.

Er wurde unser Freund und häufigster Hausgast. Soll ich erwähnen, daß er mir viele Fragen stellte, in meinem seltsamen Arbeitszimmer im Turm, wo die Scheite im Kamin loderten, denn es war Winter? Jedenfalls sagte er wenig, und wie es meine Art war, die ich mir stets vergeblich vorgeworfen habe, bestritt ich den Hauptteil unserer Unterhaltung.

Er hatte euch drei sofort für sich eingenommen. Er war zwar weder verheiratet noch Familienvater, aber er lebte viel bei seinem Schwager, der mit einer recht großen Familie das Appartement über dem seinen bewohnte.

Wie immer zeigte ich mich auch jetzt wieder so, wie ich war, ohne Scham und ohne eine Blöße zu verdecken, denn ich verabscheute jedes

Getue und die steifen und deshalb gekünstelten Unterhaltungen. Ich hatte selten einen Menschen getroffen, der so lange und mit soviel Aufmerksamkeit und Anteilnahme zuhören konnte, während er mir in die Augen sah, jedoch ohne daß man seine Gedanken hätte erraten können.

Wir wurden Freunde. Wir sind es noch. Er kehrte der Universität und ihrem akademischen Pomp den Rücken, ließ seine Examensarbeit über Marcel Proust unvollendet und trat ins Verlagswesen ein, wo er bei Hachette und später bei Presses de la Cité eine brillante Karriere machte und noch heute fortsetzt.

Der größte Teil seines Aufenthalts spielte sich nicht in meinem Arbeitszimmer, sondern im Erdgeschoß ab, in D.s Reich, wo sie ihm mit Aitkens Hilfe die Auskünfte gab, die er brauchte.

Er sollte davon geschickt und mit sehr viel Talent und Scharfblick in einem Buch mit dem Titel »Simenon« Gebrauch machen, das in einer angesehenen Reihe bei Gallimard erschienen ist. Man hatte viele Bücher über mich veröffentlicht, in zahlreichen Sprachen, viele Doktorarbeiten, aber fast alle, die nach Bernard de Fallois kamen, orientierten sich mehr oder weniger an seinem Buch.

Gleich nach seiner Abreise, Mitte Januar, brachte ich mich auf andere Gedanken, indem ich einen Maigret schrieb, wie meistens nach einer Periode der Anspannung. Ich lese in der Chronologie, die Aitken zusammengestellt hat, daß ich nach ihren Unterlagen mit *Maigret et le voleur paresseux* am siebzehnten Januar anfing und am Dreiundzwanzigsten des gleichen Monats damit fertig war. Dieser Maigret war also in sieben Tagen geschrieben worden.

Das bedeutete einen Wendepunkt in meinem Schaffen. Im Anfang hatte ich für einen Roman nämlich zwölf Tage gebraucht, ob es nun ein Maigret war oder nicht. Da ich mich bemühte, noch mehr zu straffen und meinen Stil von jeder Schnörkelei und allem Überflüssigen zu befreien, war ich im Laufe der Zeit von zwölf auf elf, auf zehn, dann auf neun Tage gekommen. Und nun erreichte ich zum ersten Mal die Zahl sieben (zufällig, nach der Dreizehn, eine meiner Lieblingszahlen), die wie die endgültige Form sein sollte, in die meine Romane von nun an gegossen wurden.

Am siebten März schrieb ich *Le train,* am ersten Juni *La porte,* beides »schwierige Romane«.

Trotz der lärmenden Bauarbeiten und des überall eindringenden Staubes fühlte ich mich in Hochform und hatte Zeit, mich meinen Kindern zu widmen. Lebte ich überhaupt noch in Echandens? In Gedanken schon nicht mehr, denn Tag für Tag entwarf ich unser zukünftiges Haus, das Haus meiner Träume, in dem ihr bereits einen sehr großen Teil einnahmt. Ich hatte damit begonnen, die Fassade zu zeichnen, fast nackt und einheitlich weiß, von der sich lediglich die schmale Einfassung und das Gesims der Türen und der Fenster aus goldfarbenem Metall abhoben, was Probleme aufwarf, gewiß, aber war der Architekt nicht dafür da, sie zu lösen?

Wir hatten häufige Besprechungen miteinander, bei denen ich höflich, aber bestimmt meine Vorstellungen verteidigte. Er war ein gutaussehender Mann, groß und schlank, mit einem Gesicht, das ich in den Groschenromanen meiner Anfangszeit als aristokratisch beschrieben hatte. Und ein Aristokrat war er tatsächlich, ein echter sogar, soweit man das bei Leuten polnischen Ursprungs beurteilen kann, aber das beeindruckte mich nicht. Er war elegant, ein Mann von Welt, der mit vornehm gedämpfter Stimme sprach, und dessen Auftreten Sympathie erweckte.

Er war von meinen Entwürfen nicht begeistert. Mein Idealhaus, das ich in den wesentlichen Zügen skizziert hatte, glich nämlich in seiner Schlichtheit den alten Bauernhöfen der Picardie oder der Bretagne, und ich bestand auf einem Schieferdach.

Das lief dem Geschmack meines Gesprächspartners zuwider, der wie die meisten Architekten jener Zeit Ästhet war. Die glatten Flächen erschreckten, ja schockierten ihn, und Schlichtheit war für ihn gleichbedeutend mit Monotonie, wenn nicht gar mit Ärmlichkeit.

Einer seiner Gegenvorschläge sah Mauerflächen aus roten Ziegeln vor, die zusammen mit Ziegeln gleicher Farbe um Türen und Fenster herum das ganze freundlicher gestalten sollten.

Er wäre eher ein Anhänger der ionischen, wenn nicht gar der korinthischen Säulen des alten Griechenlands als der einfachen dorischen Säulen gewesen, die ich stets bevorzugt habe. Mein Geschmack war ebenso einfach wie der seine raffiniert.

Da ich das war, was man den Bauherrn nennt, mußte er sich beugen, zwar elegant, aber widerwillig. Nach den sehr strengen Gemeindevorschriften stand uns nur eine bestimmte Bauhöhe zu, und das bedeutete ein Erdgeschoß, eine erste Etage und ein Dachgeschoß.

Wieviel bebaute Fläche wir in Anspruch nahmen, stand uns hingegen frei, und ich ließ es mir nicht nehmen, das auszunutzen.

Was die Aufteilung im Inneren betraf, so hatte ich eine Leitvorstellung, die die Grundlage sämtlicher aufgestellten Pläne blieb. Das Gebäude sollte in klar gegliederte Abschnitte aufgeteilt werden, um jedem seine Unabhängigkeit zu sichern.

Im Erdgeschoß fünf Büros, ein Raum zum Fotokopieren und Verpakken, schließlich eine Bibliothek, die meine Werke und ihre Übersetzungen enthielt. Für D. das große Eckbüro, in dem eine Verwaltungsratssitzung hätte stattfinden können. Dann ein schmaler Raum für die Aktenordner, der sowohl mit dem großen Büro als auch mit dem Büro von Aitken verbunden war. Ein weiteres Büro für eine Sekretärin, denn ich mußte drei Sekretärinnen vorsehen, dann der Fotokopierraum und gegenüber dem Hof das Büro von Blinis, in dem sich die Telefonzentrale befand. Links vom Gang die lange Bibliothek und gegenüber der Waschraum der Sekretärinnen.

Mein Arbeitszimmer, das bescheidenste, war mit einem Waschraum und mit dem großen Salon verbunden, durch den man zu einem Eßsaal gelangte, in dem sich zwanzig Personen zu Tisch setzen konnten.

Die Küche war einer der wichtigsten Räume, mit einem großen Herd in der Mitte, zwei in die Wand eingelassenen Öfen und was weiß ich noch. Ihr könnt euch bestimmt noch daran erinnern, meine Kinder.

Der Eßraum des Personals lag neben der Küche, und zwölf Personen konnten bequem darin Platz nehmen.

Wie stand es um euer Reich, Johnny, Marie-Jo und Pierre? Im Souterrain, das heißt in einem Zwischengeschoß englischer Art mit Fenstern und einer Tür zum Garten, erstreckte sich zunächst ein Spielzimmer über die ganze Länge des Hauses, mit weißen Wänden und einem Parkett aus einem zum Tanzen besonders behandelten Holz, wie in den Nachtklubs.

Ich sah dies alles wie in einem Traum. Ich zeichnete. Unser Appartement, für D. und mich, nahm einen Flügel des Gebäudes ein und bestand aus einem Boudoir, im Stil Louis XVI., einem beinahe unmäßig großen Schlafzimmer und einem Badezimmer, dessen Fußboden und Wände aus Marmor waren, schwarz für den Boden, beige für die Wände.

Zwei fast ebenso unmäßig große Garderoben, mit denen sich eure Mutter viel beschäftigen würde, und ein Massageraum, der als Krankenzimmer dienen sollte und aus dem die Legende, dank dem Geschwätz der Zeitungen, einen Operationssaal gemacht hat. Daneben ein Duschraum.

Euer Reich, abgesehen von dem Spielzimmer im Souterrain, war von uns nur durch einen Treppenabsatz getrennt. Ich brauchte ihn nur zu zeichnen und glaubte schon, ihn verwirklicht zu sehen; das war der Grund, warum ich das Gefühl hatte, schon nicht mehr in Echandens zu sein. Alles würde weiß sein, und überall ein dicker roter Teppichboden. Eure Zimmer und das von Nana lagen in einer Reihe nach Süden, vor dem grandiosen Panorama des Sees und der Berge.

Von unserem Appartement aus war das Zimmer von Pierre das erste. Er würde dort allein schlafen, aber durch eine kleine bewegliche Fensterklappe würde Nana, der das nächste Zimmer gehörte, ihn bei Bedarf überwachen können. Dann das Zimmer von Marie-Jo, dann das von Johnny und auf der anderen Seite des Flurs, auf der Nordseite, eure drei Badezimmer, eines für jeden, um Streitereien zu vermeiden.

Eine Tür, ein Treppenabsatz und dann, für euch drei, ein Radio-, Musik- und Fernsehraum.

Ich hätte fast dein eigenes Spielzimmer vergessen, Pierre, deinem Zimmer gegenüber, wo du lange Stunden mit deinen Freunden verbringen würdest, denn du solltest rasch Freundschaft schließen.

Im linken Flügel, über der Garage mit Platz für sechs Wagen, die Zimmer des Personals, zwei Badezimmer, eines rosa für die Frauen, eines blau für die Männer, wie die Bonbons, die man zur Taufe unter die Menge wirft.

Jeder hatte in Höhe seiner Tür an der gegenüberliegenden Wand des Flurs einen großen Wandschrank für seine Garderobe. Am Ende schließlich ein kleiner Salon, einige Sessel und ein Fernsehapparat.

Das war natürlich nicht alles. Ich hatte große Pläne, gewiß, aber nicht aus Eitelkeit, sondern weil ich Wert darauf legte, wenn ich schon einmal dabei war, endlich – in meinem Alter! – zu bauen, daß ein jeder seinen Platz fand und sich nach Belieben zurückziehen oder aber mit den anderen zusammensetzen konnte.

Ein Plan folgte dem anderen, und meine Phantasie kannte keine Grenzen mehr. Fast überall, außer in Echandens, hatten wir ein Schwimmbad gehabt. Ihr wart alle begeisterte Schwimmer, und eure Mutter und ich auch. Unser Haus würde sich in achthundertfünfzig Meter Höhe befinden, und ich hatte das Grundstück kaum gekauft, als ich feststellte, daß dort vier bis fünf Monate im Jahr Schnee lag.

Ein überdachtes Schwimmbad? Warum nicht aus Glasziegeln, mit einem Glasdach in Form einer Rotunde?

»Ich würde dir gern die Freude machen, schwimmen zu können«, sagte ich eines Tages zu D.

Daraus würde sie später den Schluß ziehen, ich hätte ihr dieses Schwimmbad geschenkt, und folglich schreiben, daß dieses Schwimmbad ihr gehöre. Und wir, meine Kinder? Sollten wir dort nur Gäste sein und um Erlaubnis fragen müssen, wenn wir darin baden wollten? Das Schwimmbad brachte technische Probleme mit sich, wie das Gewächshaus; man würde sie lösen.

Genug geträumt für heute. Sobald meine Pläne fertiggestellt und vom Architekten überarbeitet waren, würde übrigens nicht ich mehr mit ihm verhandeln, sondern eure Mutter, in ihrem Büro, in dem ich selten willkommen war.

Der Architekt hatte die Ausarbeitung der Details einem jüngeren Mitarbeiter überlassen, der das Schloß fast nicht mehr verlassen sollte und den D. schließlich dazu bringen würde, auf alle ihre Wünsche einzugehen. Unterwarf sie nicht alle Welt ihren Wünschen, mich einbegriffen?

»Kein Mann hat mir je widerstanden!«

Und die Frauen? Hatte sie sie nicht auch ihren Launen unterworfen? Einer der beharrlichsten Besucher, mit dem D. ganze Nachmittage lang verhandelte, war der elegante Lederwarenhändler. Auch er hatte ihr zwar nicht widerstanden, aber er hatte sie immerhin hereingelegt, und das auch noch auf meine Kosten.

Er schmeichelte den verrückten Ideen von D., einschließlich ihrer Manie, alles, was überhaupt nur in Betracht kam, mit rotem Saffianleder überziehen und mit ihren Initialen kennzeichnen zu lassen. Überall nur rotes Leder in ihrem Büro: die Schreibunterlage, der Löscher, das Etui für die Schere, die verschiedenen Kalender und sogar die Hülle für das Telefonbuch.

Eines Nachmittags, als sie mir einen neuen Gegenstand aus rotem Saffian mit ihrem Monogramm zeigte, wagte ich die scherzhafte Bemerkung:

»Wenn das so weitergeht, wirst du dir noch einen Mantel aus rotem Leder bestellen, den du an Regentagen anziehst . . .«

Ich glaube nicht, daß sie diesen Scherz gut fand, aber der Lederwarenhändler sorgte bald dafür, daß mir das Lächeln verging. Er hatte seinen gutgehenden Laden zu sehr vergrößert, war in die roten Zahlen gekommen und sah sich nun geplatzten Wechseln gegenüber.

»Er ist ein außergewöhnlicher Mann«, sagte D. ungefähr. »Er droht in Konkurs zu gehen, und niemand wäre in der Lage, ihn zu ersetzen . . . Um seine vorübergehenden Schwierigkeiten zu überwinden, fehlen ihm . . .«

Sie nannte eine mehr als stattliche Summe.

»Ich habe ihm versprochen, mit dir darüber zu reden.«

»Hast du ihm versprochen, daß ich ihm helfen würde?«

»Nicht ganz, aber . . . Es handelt sich nur um ein Darlehen . . . Er ist ein ehrlicher Mann, und er wird es dir auf Heller und Pfennig zurückzahlen . . .«

Ihr Blick war flehend und zärtlich. Ich zahlte die Summe, die den Konkurs nicht verhinderte, und würde nichts davon wiedersehen.

Mit der Wäschefrau sollte es nicht anders sein. Sie war mit einem charmanten Jungen verheiratet, der sich anscheinend nach Feierabend im Haus unersetzlich machte. Es fehlten ihnen zwanzigtausend Schweizer Franken, um den Bau eines Hauses in Italien fertigzustellen. Noch ein Darlehen für das »so sympathische« und so ergebene junge Ehepaar.

Ich fiel darauf herein. Und wenig später stellte man fest, daß diese vorbildliche Wäschefrau, die sich mit allen Arbeiten auskannte, fast jeden Abend Wäsche aus dem Haus hatte mitgehen lassen, sogar Bettlaken! Glücklicherweise zog uns ein Anwalt aus der Affäre, indem er sich unter der Drohung, Anzeige zu erstatten, eine Hypothek auf dem Haus in Italien eintragen ließ. Unsere Wäsche und unsere Laken befanden sich wahrscheinlich auch dort. Ich weiß nicht, ob wir eine andere Wäschefrau einstellten. Wahrscheinlich ja.

Marc besuchte uns mit Francette. D. schenkte ihm den schwarzen MG, den sie fast nie gefahren hatte. Ich war froh, meinen ältesten Sohn und seine Frau am Steuer dieses Wagens zurückfahren zu sehen, der ein wenig mein Spielzeug gewesen war, und als ich ihnen nachblickte, preßte es mir ein wenig das Herz zusammen.

Was am meisten zählen sollte, meine Kinder, das waren unsere Ferien auf dem Bürgenstock, die für mich etwas Wunderschönes waren und für euch auch, hoffe ich. Vorher muß ich aber von unseren Autos erzählen, nämlich denen, die uns an diesen bezaubernden Ort brachten, von dem aus man den Vierwaldstätter See und das weiße Luzern überblickte.

Zum erstenmal, im Frühling, fuhren wir frühmorgens zum Automobilsalon nach Genf. Es war der Tag der offiziellen Eröffnung, die gegen Mittag stattfinden sollte. Wir fanden die Tür halb geöffnet vor.

Ein Wärter sagte uns:

»Der Salon ist morgens nur für die Journalisten und Fotografen geöffnet. Die Öffentlichkeit ist erst ab zwei Uhr nachmittags zugelassen.«

Es war kaum zehn Uhr morgens. Ich war hartnäckig, nannte auf alle Fälle meinen Namen, und der Wärter ließ uns hinein. Einige Leute waren damit beschäftigt, die Schutzhüllen von den Wagen zu ziehen, auf die sich sofort die Fotografen stürzten, während an jedem Stand Blumen und andere Dekorationen angebracht wurden. D. hatte kein Auto mehr. Am Chrysler-Stand blieb ich vor einem großartigen, leuchtendroten Wagen stehen, einem brandneuen Modell.

In Frankreich hatte ich seit 1931 einen Chrysler gefahren. In Amerika hatte ich zwei oder drei gehabt und war immer damit zufrieden gewesen. Meines Wissens stellte die Firma nur drei Modelle her, die Limousine »Imperial«, die mein erster Chrysler in Frankreich war, den »New Yorker«, den ich in Lakeville gefahren hatte, und schließlich das Cabriolet »Town and Country«.

Das Profil des ausgestellten Wagens reizte mich. Ich sprach den Verkäufer an, der mich dem berühmten italienischen Designer Ghia vorstellte, dem Schöpfer dieses exklusiven Modells. Der Preis war beeindruckend, aber war die Karosserie es nicht auch? Ich kaufte den Wagen für D. und unterzeichnete einen Scheck, nachdem Ghia uns versprochen hatte, den Wagen auszuliefern, sobald der Automobilsalon beendet sein würde.

D. strahlte. Wir kauften noch ein Auto, ein kleineres und bescheideneres diesmal, um die Kinder zur Schule zu bringen, wenn das Wetter nicht den Einsatz des weniger komfortablen Land Rovers erforderte. Wir kamen am Stand von Rolls Royce vorbei, und D. flüsterte mir ins Ohr:

»Warum gönnst du dir nicht einen?«

Ich hatte schon mehrmals in meinem Leben mit dem Gedanken daran gespielt, denn mich faszinierte die Geschmeidigkeit des flüsternden

Motors, das Armaturenbrett aus edlem Tropenholz, das weiche Leder der Sitze und ihr Komfort. Ich hatte meinem Wunsch immer widerstanden, weil der Rolls ein Statussymbol geworden war, wie ein Aushängeschild für das »Prestige« seines Besitzers, ein Merkmal seiner gesellschaftlichen Klasse, und ich gehörte keiner Klasse an, vor allem nicht der der Rolls-Besitzer.

»Nein . . . Komm . . .«

Kein Mann habe ihr je widerstanden, das hatte sie gesagt, wiederholt und geschrieben. Der Rolls war kaum teurer als der Chrysler-Ghia und hatte den Vorzug, zehn oder auch zwanzig Jahre lang zu halten, ohne aus der Mode zu kommen oder an Wert zu verlieren. Irgendwo in der Ferne sahen wir den offiziellen Korso eine Allee entlangfahren. Wir aßen ein Sandwich an einer improvisierten Bar.

An den meisten Ständen konnte man sich in die Wagen setzen. Bei Rolls versperrte ein rotes Seil den Zugang. D. führte mich wie unabsichtlich zu diesem Stand zurück, fast ohne daß ich es merkte, denn man verlief sich leicht in diesem Labyrinth.

Wir blieben vor einem Lamborghini stehen, dessen Form und Geschwindigkeit mich nicht reizten.

Wie durch Zufall erkannte mich der Schweizer Repräsentant von Rolls; wahrscheinlich hatte er mich auf Fotos oder im Fernsehen gesehen.

»Treten Sie ein, Monsieur Simenon. Setzen Sie sich ans Steuer . . .«

Die Versuchung wurde immer größer, und als ich den Automobilsalon verließ, hatte ich den Rolls gekauft, den man mir ebenfalls nach Beendigung des Automobilsalons ausliefern würde. Zu jener Zeit hatte der Vertragshändler für die Schweiz nur Anspruch auf vier dieser Wagen im Jahr, und im Schnitt mußte man sechs Monate warten, um einen zu bekommen. Dieses Modell, das ich lange fahren würde und das nacheinander meine verschiedenen Chauffeure noch lange für mich fahren würden, dieses Modell, das ich zehn Jahre lang behalten sollte, ohne eine Panne und ohne einen Kratzer, nannte sich »Blue Mist«, der blaue Nebel, wegen seiner blaßblauen Farbe.

Wer würde mit mir zum Bürgenstock fahren? Wer würde im Wagen eurer Mutter sitzen? Wir nahmen zwei Kindermädchen mit, Nana, die eine ausgebildete Kinderschwester war, für Pierre, und Babette, die Marie-Jo Gesellschaft leisten sollte. Ich hatte vom Direktor des Hotels die Hälfte eines Flügels bekommen, in der zweiten Etage, mit acht Zimmern, wenn ich mich nicht irre, die alle ein eigenes Bad hatten und miteinander verbunden waren, dazu einen kleinen Salon.

Der Bürgenstock bestand in Wirklichkeit aus drei Hotels. Wir bewohnten das älteste und größte, in dem überall echte Gemälde bekannter Meister hingen, in den Speisesälen, in den Salons und sogar im Treppenhaus. Die Drahtseilbahn, die zum See führte, war vom Vater des jetzigen Besitzers erbaut worden, und es gab einen Zeitungskiosk, vier oder fünf Luxusboutiquen, einen Gebirgsgolfplatz, Tennisplätze und eine vielbesuchte Bar am Ende der Seilbahn. Ich hatte meine Golftasche mitgebracht, Johnny und Marie-Jo ihre Schläger und ihre Tennissachen, ebenso wie D., für die ich eine reichlich ausgestattete Golftasche kaufte; aber D. würde nicht oft spielen.

Eine Routine bildete sich heraus, deren Opfer du warst, meine arme Marie-Jo. Die erste Tennisstunde, gleich neben unserem Hotel, fand um acht Uhr statt. Das war deiner Mutter zu früh, und auch Johnny zeigte sich widerspenstig.

Du opfertest dich und standest als erste auf, um dich um acht Uhr auf dem Platz einzufinden, während noch ein leichter Nebel auf den Bergen lag, denn wir waren in tausend Meter Höhe, glaube ich. Ich folgte dir einige Minuten später und setzte mich auf eine der Sitzreihen, wo du nach mir Ausschau hieltst. Du warst bezaubernd mit deiner frischen Gesichtsfarbe, deinem flinken und gelenkigen Körper, deinem weißen Röckchen und deiner weißen Bluse. Du hattest den breitschultrigen Tennislehrer mit dem ebenso beeindruckenden wie behaarten Bizeps für dich eingenommen. Er war der Schweizer Champion, und alle Welt riß sich um ihn, denn er war ein ausgezeichneter Lehrer. Wenn du einen Ball verfehltest, drehtest du dich zu mir um und zogst eine komische Grimasse. Wenn der Lehrer dich aber beglückwünschte, ließ mich dein strahlendes Lächeln an deiner Freude teilhaben.

Nun war Johnny an der Reihe. Du gingst ins Hotel zurück, um dich umzuziehen, und ich marschierte fast einen Kilometer weit zu dem merkwürdigen Kiosk mit den gläsernen Vitrinen, der mich anzog, denn dort befand sich eine richtige Miniatur-Wetterwarte mit sehr präzisen Instrumenten. Ich schaute auf das Barometer, das seine Kurven auf eine rosa Papierrolle aufzeichnete, auf das Thermometer und das Hygrometer und gab mich gelehrten Prognosen hin, denn was wir unternahmen, hing davon ab, wie das Wetter würde.

Ein Glas Bier im Stehen, in der Nähe der Drahtseilbahn, während ich den See oder den blauen Himmel über der fernen Jungfrau betrachtete.

Anschließend schaute ich dem Spiel Johnnys zu, den D. bald ablöste, und danach hatte ich meine tägliche Besprechung mit dem Maître d'Hôtel, an der auch, soweit erforderlich, der Küchenchef teilnahm. Ich kannte den Geschmack eines jeden von euch. Ich wußte, welche Gerichte ihr nicht mochtet. Ich studierte die Speisekarte und nahm für euch die notwendigen Änderungen vor, denen der Küchenchef zustimmte oder die er für unmöglich erklärte.

Ich ging hinauf, um mich meinerseits umzuziehen, und kletterte dann einen ziemlich steilen Abhang hinauf, um ein sehr hübsches, nierenförmiges Schwimmbad zu erreichen, wo wir uns alle wiedertrafen, einschließlich Babette und Nana. Neben dem Schwimmbecken war ein Bassin für die ganz Kleinen, kaum dreißig Zentimeter tief.

Du weigertest dich hartnäckig, dich in eine Badehose stecken zu lassen, mein Pierre. Nach einigen Tagen warst du jedoch bereit, deine Beine ins Wasser zu tauchen, allerdings unter der Bedingung, daß du weder deine Schuhe noch deine Socken auszogst. Dieses Jahr würde es einen Monat lang so sein, und Babette würde jeden Morgen Socken, Turnschuhe und Hose zum Wechseln mitbringen müssen.

Die Kabinen waren geräumig. Bei schönem Wetter servierte man den Gästen das Mittagessen auf Wunsch auf einer Terrasse. Die Ober mußten dann in aller Eile ihre Sachen, Teller, Schüsseln, Tischdecken und Couverts heranschaffen und außerdem die in der Küche zubereiteten Gerichte heraufbringen. Für sie war die Frage, wie das Wetter würde, daher von großer Bedeutung, wie für unsere kleine Gruppe. Deshalb fragte der Maître d'Hôtel, der von meinen morgendlichen Besuchen am meteorologischen Kiosk wußte, mich jedesmal danach. Sollte man die Couverts vorbereiten oder nicht, sollte man riskieren, daß ein Wolkenbruch mitten während der Mahlzeit ein wildes Durcheinander auslöste? Ich nahm mich nicht ernst. Er mich wohl auch nicht. Aber jeden Morgen, wenn wir unser Menü besprochen hatten, fragte er mich:

»Und das Wetter, Monsieur Simenon?«

Ich teilte ihm meinen Optimismus oder meinen Pessimismus mit, manchmal auch meine Ungewißheit.

»Soll man alles hinbringen oder nicht?«

Der Weg vom Hotel zum Schwimmbad, meine Kinder, war anstrengend und steinig. Es wurde ein kleines Spiel zwischen uns daraus, und der Zufall wollte es, daß meine ersten Voraussagen sich als richtig erwiesen, so daß er sie für bare Münze nahm, was mich nun doch ein wenig beunruhigte. Die Kellner schlossen untereinander Wetten ab.

Nach dem Mittagessen – niemals am Schwimmbad, sondern im Eßsaal, in dem wir eine lange Tischreihe bildeten – eilte ich zum Golfspiel, oft mit dem Minibus, manchmal zu Fuß, denn der Golfplatz war ungefähr zwei Kilometer entfernt, am Ende eines Weges, den auf der einen Seite Bäume und auf der anderen sanft abfallende Wiesen säumten.

Oft ließ ich mich von dem Golflehrer begleiten, einem jungen, charmanten Engländer, der mir eines Tages eine ausgezeichnete Lektion in Lebensart erteilen sollte. Ich hatte einen Schlag verfehlt, der mir üblicherweise gelang, und ein lautes »Scheiße!« nicht unterdrücken können. Darauf sagte mein Engländer, der noch ziemlich jung war, sanft:

»Das ist aber nicht *gentlemanlike,* Monsieur Simenon.«

Ich fluchte nicht mehr, wenn ich einen Ball oder einen Putt verfehlte, und ich schlug auch nicht mehr wütend mit dem Schläger auf den Rasen ein.

Ich kaufte neue Schläger, denn meine waren sehr alt. Ich gab die alten Johnny, der seine ersten Lektionen nahm und dessen Fortschritte mich erstaunten.

Es stimmt, daß die Engländer behaupten, man sei nur dann ein richtiger Golfspieler, wenn man im Alter von sechs Jahren damit begonnen habe. Ich war dreißig, als ich damals anfing. Ich würde daher immer ein Amateur zweiter Klasse bleiben, was meine Begeisterung aber nicht schmälerte, vor allem nicht auf den Spielbahnen im Gebirge.

Ein Chalet, in dem man etwas trinken und einen Happen essen konnte, stand den Spielern zur Verfügung. Häufig kamen Marie-Jo und Babette zu Fuß dorthin und erwarteten mich. Eine junge blonde Kellnerin mit starkem Akzent hatte Marie-Jo in ihr Herz geschlossen, und da sie wenig zu tun hatte, versäumte sie es niemals, ihr in den nahen Wäldern eine große Schüssel Walderdbeeren sammeln zu gehen.

Weißt du noch, mein kleines Mädchen? Wir gingen alle zusammen wieder hinunter zum Hotel. Wir waren sehr fröhlich in dieser bezaubernden Landschaft, und du kostetest beim Gehen die Erdbeeren, die du in einer Schachtel mitnahmst.

Ab und zu machte deine Mutter ein Spiel mit mir. Sie spielte ernsthaft, konzentriert und verbissen. Ihre Ergebnisse waren nicht schlecht, im Gegenteil, aber im Vergleich zu denen des Lehrers, fühlte sie sich da nicht gedemütigt? Mußte sie nicht in allem unbedingt die Beste sein?

Spezielle Kleidung erlaubte es mir, im Regen zu spielen. Das war eine recht faszinierende Sache, selbst wenn man den Ball häufig aus den Augen verlor und selbst der Caddy, der darauf trainiert war, seine Bahn nicht verfolgen konnte.

Nach der Rückkehr duschte ich und zog mich um. Fast jeden Nachmittag hatte ich in diesem Augenblick, vielleicht weil wir beide ausgezogen waren, Lust darauf, mit D. zu schlafen. Entweder war D. resigniert damit einverstanden, oder aber sie seufzte:

»Oh nein! Nicht heute schon wieder . . .«

Ich las meine Zeitungen, ging zur Essenszeit hinunter und wußte, daß ich sie an der Bar finden würde, fast immer allein mit dem Barmixer, mit dem sie schwatzte. Bars und Barmixer hatten für sie eine unwiderstehliche Anziehungskraft, und ich nahm ihr das nicht übel.

Diner im großen Speisesaal mit den zahlreichen Tischen. Am vierzehnten Juli sah ich kleine französische Fahnen auf einigen Tischen und wußte also, daß dort Franzosen saßen. Am einundzwanzigsten Juli waren wir an der Reihe, eine kleine Fahne und dann einen Kuchen, ebenfalls in den belgischen Nationalfarben, gebracht zu bekommen.

Ich nahm eine letzte Gewohnheit an, und das war bald die Stunde meines Tagesablaufs, die ich am meisten schätzte. Ein Spaziergang bis zur Seilbahn, im Dunkel, das von einigen Lichtern durchbrochen wurde, ein Spaziergang zu viert. Diesen Ritus hattet ihr eingeführt, meine Kinder. Auf dem Hinweg marschierte Marie-Jo ziemlich weit vorn an der Seite ihrer Mutter, während Johnny und ich folgten. Alle beide hatten wir die Angewohnheit, uns zu einem kleinen Häuschen aus weißem Beton zu stürzen, so wie wir aus dem gleichen Anlaß in Echandens rituell vor »unserem« Baum haltmachten. D. und Marie-Jo warteten in der Nacht auf uns. Jetzt war Johnny an der Reihe, mit deiner Mutter vorzugehen, während Marie-Jo sich bei mir einhängte.

Es gab ein kleines Orchester, eine Bar und eine winzige Tanzfläche. Die Musiker kannten bald den Lieblingswalzer von Marie-Jo, und sobald wir uns vom Tisch erhoben, verfehlten sie nicht, »Tennessee Waltz« zu spielen. Du schienst in der Luft um mich herum zu schweben, kleines Mädchen, und ich hatte noch nie eine Partnerin mit einem so strahlenden Gesicht gehabt.

Wir entdeckten, daß in einem anderen der drei Hotels, zu dem auch eine Bar gehörte, ein Orchester zur Teestunde spielte. Eine weitere Gewohnheit, ebenso fröhlich wie die anderen. Ich lud dich zu einer Orangeade an dieser Bar ein. Und die Musiker, Freunde und Komplizen ihrer Kollegen aus unserem Hotel, begrüßten dich fast jeden Spätnachmittag mit der Melodie, die du so gut kanntest und deren amerikanischen Text du mitsummtest.

Was für ein herrlicher Monat, meine Kinder, selbst wenn es gelegentlich regnete und ab und zu ein Gewitter gab, fast immer am Nachmittag.

Wir bildeten eine ganz enge Gemeinschaft, ihr drei und ich, die so liebenswerte Babette und unsere Nana. Hatte eure Mutter wirklich an unseren Freuden teilgenommen? Ich zweifle daran, und ich schäme mich ein bißchen deswegen. Hatte sie nicht das Bedürfnis, ihr eigenes Leben zu leben, wenn man ihr schon für eine Zeitlang die große Hausgemeinschaft und die Sekretärinnen vorenthielt, die sie kommandieren konnte?

Am 11. September begann ich, *Maigret et les braves gens* zu schreiben. Wiederum sieben Tage. Ich hatte, wie die Rennpferde, den Parcours gefunden, der auf mich zugeschnitten war.

58

Etwa gegen Herbstanfang machten D. und ich einen Sprung nach Mailand, ich weiß nicht mehr aus welchem Anlaß.

Jedesmal, wenn ich in diese Stadt gekommen war, hatte ich mindestens einmal bei meinem alten Freund und Verleger Arnoldo Mondadori zu Mittag oder zu Abend gegessen, und das seit 1935, als Tigy an Stelle von D. mich begleitet hatte. Er war nämlich mein ältester Verleger, dem ich immer treu geblieben war, und nach seinem Tod würde ich seinem Sohn, später seinem Schwiegersohn treu bleiben. Das Haus Mondadori gibt noch heute meine Werke in Italien heraus, während in anderen Ländern mehrere Verleger einander aus dem einen oder anderen Grunde abgelöst hatten.

Klein, dickbäuchig, jovial, jeden mit seiner rauhen und sonoren Stimme willkommen heißend, verriet Arnoldo noch den italienischen Bauernstand, aus dem er hervorgegangen war, und er war stolz darauf, einen bescheidenen Bauern zum Vater gehabt zu haben, der weder lesen noch schreiben konnte. Ich kannte auch seine Familie; seine Frau, die seine Karriere von Anfang an voller Geduld verfolgt hatte, denn er war von einer alles verzehrenden Vitalität, lebt heute noch, und ich erinnere mich an ihre Villa am Lago Maggiore, zu der Zeit, als ich noch ausschließlich Groschenromane unter dem Namen Georges Sim oder verschiedenen Pseudonymen schrieb; Arnoldo und ich hatten einander dort bei der *boccia* herausgefordert, der italienischen Version des Kugelspiels, das man noch mit großen Kugeln aus Holz spielte.

Arnoldo Mondadori sprach kein Wort Französisch. Ich konnte kein Italienisch. Wie hatten wir uns fünfzig Jahre lang so gut verstanden und so viele manchmal homerische Gespräche geführt?

Im Verlaufe dieses Besuchs fragte ich ihn, ob seine Sekretärin nicht für D. ein italienisches Zimmermädchen finden könnte. Denn obwohl unser Personal einen »Kern« von Getreuen umfaßte, blieben die Zimmermädchen, die D. über eine Agentur rekrutierte, immer nur für kurze Zeit da, und D. war darüber verzweifelt. Die meisten von ihnen waren nämlich Frauen, die es gewohnt waren, für sehr reiche Ausländer zu arbeiten, Emire aus dem Nahen Osten oder exzentrische Amerikaner, die eine große Besitzung mieteten, um einige Monate am Ufer des Genfer Sees zu verbringen.

Jedenfalls versprach uns die Sekretärin, die zweisprachig war, eine Anzeige im ›Corriere della Sera‹ aufzugeben, der meistgelesenen Tageszeitung Italiens, und die Bewerberinnen selbst zu befragen, die ihrer Meinung nach für D. in Frage kamen.

Eine andere, ebenfalls sehr kurze Reise. Marc war umgezogen. Er bewohnte jetzt mit Francette ein weniger winziges Appartement ganz am Ende der Avenue de Versailles und lud uns dorthin ein. Er überraschte uns, indem er uns seine neuen Freunde vorstellte, alles junge Cineasten, von denen die meisten noch unbekannt oder kaum bekannt waren. Nur Vadim hatte sich als Regisseur schon einen Namen gemacht und ihn begleitete seine neue Entdeckung, eine Catherine Deneuve mit kindlichem Gesicht, die ganz erstaunt zu sein schien, ein Kind in ihrem dicken Bauch zu tragen. Man hätte sie für ein kleines Mädchen halten können, das sich fragte, was eigentlich mit ihr passiert war.

Auch Truffaut war da, mit kantigem und strengem Gesicht, der junge Lelouch, den die Öffentlichkeit noch nicht kannte, und, wenn ich mich nicht irre, der noch junge Godard. Die Atmosphäre war warm und herzlich. Alle diese jungen Menschen träumten von einer Zukunft, die sich gerade erst abzuzeichnen begann, und ich hörte sie über die Filmkunst diskutieren, wie wir uns einst in der »Caque« mit der gleichen Begeisterung über Malerei und Dichtung ereifert hatten. Marc und Francette bildeten ein noch etwas unbeholfenes Paar und spielten die Gastgeber in ihrem neuen Nest. Ein ermutigender Abend, der einen Platz unter meinen angenehmsten Erinnerungen einnehmen würde.

Rückkehr nach Echandens, wo ich meine anderen drei Kinder wiedersah. Die Lastwagen donnerten mit Getöse vorbei und verbreiteten den Staub, der uns verfolgte.

Ich schrieb einen neuen schwierigen Roman, *Les autres,* wiederum in sieben Tagen. Anfang Dezember teilte uns die Sekretärin von Mondadori mit, daß sie eine Bewerberin gefunden habe, die uns zusagen könnte und die sie uns gern vorstellen würde.

Wir verabredeten ein Treffen. Ein Sprung nach Mailand, noch einmal. Nachdem wir Arnoldo Mondadori in seinem großen Büro getroffen hatten, suchten wir das der Sekretärin auf, wo eine junge Frau uns erwartete. Eigentlich hätte ich nicht dabei sein sollen, denn ich hatte hier nichts mitzureden. Ich war nur eine schweigende Randfigur, die sich bescheiden in ihrer Ecke hielt und sich darauf beschränkte, das Geschehen zu beobachten.

Was mir als erstes bei der ausgewählten Kandidatin ins Auge fiel, war der Mantel, den sie trug, ein Tweedmantel mit Schottenkaros, der mich an den Überzieher von Burberry erinnerte, den ich bei meiner Ankunft in Paris so geliebt und mir seitdem immer wieder gern gekauft hatte. Das Rot und Gelb dominierten, mit einer Spur Grün, wie bei den meisten Tartans.

Die junge Frau stand, weder befangen noch arrogant, und mir fiel eine Art natürlicher Heiterkeit auf. Sie hatte ein offenes Gesicht, helle Augen, kastanienbraunes Haar, und ich war nicht überrascht, zu erfahren, daß sie aus Venedig stammte. Sie hatte Französisch an der Hochschule studiert und verstand es, hatte aber einige Schwierigkeiten, es zu sprechen. D., mehr große Dame als je zuvor, fragte sie lange aus, ohne daß die »Kandidatin« sich jedoch einschüchtern ließ.

Warum hatte ich, der ich mich doch um das Personal des Hauses nicht kümmerte, mir gewünscht, daß die Sache in Ordnung ginge? Vor allem, warum hatte ich in diesem recht farblosen und anonymen Büro, dessen Mittelpunkt D. geworden war, plötzlich die Intuition, daß diese Ausländerin eines Tages eine wichtige Rolle in meinem Leben spielen sollte? Ich mache mir keinen Spaß daraus, Legenden zu erfinden. Selbst Teresa würde Jahre später, als ich ihr unsere erste Begegnung in Erinnerung rief, einige Mühe haben, mir zu glauben.

Es ging alles klar. Teresa sollte in einigen Tagen zu uns nach Echandens nachkommen. Immer noch Intuition? Beim Hinausgehen zog ich einige Geldscheine aus der Tasche und drückte sie ihr in die Hand.

»Für Ihre Reisekosten.«

Sie hatte mich während dieses Examens, das mir unendlich und, das muß ich hinzufügen, oft indiskret erschienen war, kaum angesehen. Sie schien nur zu bemerken, daß ich da war, und sagte ein einfaches Dankeschön.

Echandens. Wieder ein Weihnachtsfest, ein Heiligabend, der etwas weniger dramatisch war als die anderen Abende, denn D.s Hang zum Alkohol nahm jetzt einen immer bedrohlicheren Verlauf. War das ihre Schuld? Auch ich hatte getrunken, manchmal sehr viel. Es kam vor, daß ich trank, aber wenn ich merkte, daß ich genug hatte, ging ich schlafen, um den endlosen Streitereien zu entgehen, die immer schärfer und heftiger wurden.

D. schien sich bewußt zu sein, daß ihr die Ereignisse über den Kopf wuchsen und daß die Rolle, die sie hatte spielen wollen – und die zu spielen ich ihr geholfen hatte –, ihre Möglichkeiten überstiegen. Die Post sammelte sich immer mehr an, über Monate hinweg. Wenn sie sich entschloß, ihre Antwortschreiben zu diktieren, brauchte sie oft eine Seite und mehr, um ihr Schweigen zu erklären: krankes Kind, dringende Angelegenheiten, wichtige Reisen . . . Sie hatte sich zwar zwei Diktiergeräte gekauft, eines für sich, das mit rotem Leder bezogen war, während das andere im Sekretariat blieb. Man brauchte nur ein breites Band zu besprechen, es in einen Umschlag zu stecken und nach Echandens zu schicken. Vielleicht würde sie es ein- oder zweimal machen? Nein, sie würde es vorziehen, Aitken nach Paris zu rufen, nach Cannes, nach London, überallhin, wo immer wir uns befanden.

Je weniger sie sich ihrer Aufgabe gewachsen fühlte, um so mehr setzte sie es sich in den Kopf, die Herrin zu spielen. Bald erblickte ich Teresa in einer schwarzen Uniform, mit der Schürze und dem Häubchen einer Kammerzofe, aber ich wußte nicht, welche Aufgaben ihr zugedacht waren, denn D. schnauzte mich unverblümt an, wenn ich es wagte, mich um das Haus zu kümmern, ja sogar, wenn sie mich in der Küche überraschte, wo ich meine treue Boule wiedertraf.

D. stellte die Menüs für jeden Tag der Woche zusammen, wie in manchen Restaurants. Der Montag war, aus welchem Grunde weiß ich nicht, der Tag des Purée Parmentier, an das ihr euch erinnern werdet, meine Kinder. Es gab den Tag der Lammkeule mit Bohnen und den des Rumpsteaks, den Tag des Steak Tartare und den der gefüllten Auberginen. Unabänderlich! Sie kannte weder die Früchte der Saison noch die Tage, an denen die Ware frisch auf den Markt kam, denn sie kaufte niemals selbst ein. Dann Apfeltorte, die Boule immer hervorragend gelungen war, mit noch etwas grünen Äpfeln, viel Zimt und einem Zuckersirup, auf amerikanische Art.

Wieder und wieder mußte Boule, die ihn das erste Mal in Lakeville zubereitet hatte, sich von D. sagen lassen, wie man Schinken aus Virginia auf Ananas macht.

Ich würde später nicht nur von Teresa, sondern auch von anderen erfahren, warum das Personal mich kaum ansah und zu ignorieren schien. Es existierte eine Art Katechismus, den ein jeder lernen mußte, sobald er in die Dienste des Hauses trat.

»Monsieur« war kein Mensch wie die anderen, sondern ein Mann, der schrieb und an seine Romane dachte. Der Garten war für alle verboten, außer für die Kinder, denn er könnte dort spazierengehen, um zu »denken«, und jede Begegnung könnte ihn stören.

Es war verboten, sein Büro zu betreten oder dort auch nur an die Tür zu klopfen, nicht nur, wenn das Schild »Do not disturb« an der Klinke hing, sondern auch zu jeder anderen Zeit des Tages, denn vielleicht dachte er gerade.

Es war verboten, ihn im Flur oder im Treppenhaus anzusprechen oder dort das geringste Geräusch zu verursachen. Verboten auch ... aber ja! Es war verboten, ihm ins Gesicht zu sehen, denn auch das ...

Von diesen so manches Mal wiederholten Anweisungen sollte ich erst viel später erfahren, als man dazu überging, offen mit mir zu sprechen wie mit einem menschlichen Wesen.

Das erklärte mir die »Seitenblicke«, die Teresa mir im Vorbeigehen verstohlen zuwarf. Mußte ich ihr nicht wie ein mürrisches und hochmütiges Wesen vorkommen, für das der Rest der Menschen kaum existierte und das niemanden an sich heranließ?

Vielleicht hielt sie mich auch, wenn sie, ohne es zu wollen, Fetzen der Unterhaltung zwischen D. und mir mitbekam, für einen Feigling, der alles mit sich machen ließ, ohne mit der Wimper zu zucken? Und immer noch war ich D. nicht böse. Der Lärm und der Staub der Lastwagen quälten sie, ebenso wie das neue Haus, dessen Details sie endlos mit dem geduldigen und folgsamen jungen Mann erörterte, der die rechte Hand unseres Architekten war. Sie wollte durchhalten, aber die Mittel, zu denen sie Zuflucht nahm, verschlimmerten ihre Verstörtheit nur noch mehr.

Ich wagte, ihr behutsam vorzuschlagen:

»Du lädst dir zuviel auf. Du solltest Aitken einen Teil der Post überlassen.«

Sie sah mich beleidigt an.

»Ausgerechnet du willst mir vorschreiben, was ich zu tun und zu lassen habe . . .«

Leider! Sie fing seitenlange Briefe bis zu drei- oder viermal von neuem an, wo zehn bis zwanzig Zeilen genügt hätten. Und selbst dann noch mußte Aitken, die viel mehr als sie auf dem laufenden war, diskret die eine oder andere Wendung korrigieren, die ihren Empfänger in Erstaunen versetzt hätte.

Hatte ich nicht versucht, um ihr seelisches Gleichgewicht wiederherzustellen, ihr das Gefühl ihrer Wichtigkeit zu geben? Das ging weit zurück, um Jahre, ich würde sagen bis 1945, bis auf den Tag, an dem ich sie kennengelernt hatte.

Und passierte es ihr nicht, daß sie in den Augenblicken ihrer Verwirrung mit zornfunkelnden Augen vor versammelter Mannschaft schrie, während sie mich haßerfüllt dabei ansah:

»Ich weiß, daß ich eine Nutte gewesen bin, daß ich heute noch eine bin und daß ich mein Leben lang eine Nutte sein werde . . .«

Was sollte man sagen, was tun, vor allem, wenn man sie ins Bett tragen mußte, wo sie zuckend liegenblieb, und man ihr die Waschschüssel halten mußte, in die sie sich unter heftigen Krämpfen erbrach, die Augen voller Tränen?

Noch einmal: was tun? Ich hatte Angst. Ich hielt den Mund und fuhr fort, auf dem Papier die Pläne des neuen Hauses auszuarbeiten, wo sie vielleicht endlich glücklich sein würde.

Der Architekt hatte seine Arbeit beendet. Als ich ihn um einen ungefähren Kostenvoranschlag bat, erklärte er mir, das könne man unmöglich vorher festlegen. Wir waren im Jahre 1962, und das Baugeschäft hatte einen großen Boom. Die Materialpreise stiegen mit schwindelerregender Schnelligkeit. Maurerkolonnen und Handwerker aller anderen Zünfte waren immer weniger aufzutreiben, denn sie wurden von allen Seiten verlangt.

Ich schlug vor, jedem Unternehmer etwas vorzuschießen, mit dem er im voraus die Materialien einkaufen konnte, die erforderlich sein würden und die anhand der Pläne abzuschätzen waren. Ohne Erfolg. Das sei nicht üblich, Punkt, aus.

Im Februar hatte ich eingewilligt, in London zusammen mit dem englischen Maigret, dem extravaganten Rupert Davies, den Vorsitz bei einer feierlichen Abendveranstaltung zu übernehmen, die mich amüsierte: dem Diner und jährlichen Ball der Pfeifenfabrikanten. Weißer Querbinder und langes Kleid waren obligatorisch. Man packte meinen Frack und was dazugehörte sowie die Galakleider von D. ein und überprüfte den Inhalt der Schmuckkassette.

Ich weiß nicht, ob Teresa schon das »persönliche« Zimmermädchen von D. geworden war; sie begleitete uns, ebenso wie Aitken.

Vor unserer Abreise spielte sich ein kleiner Zwischenfall ab, der wie so viele unbedeutende Begebenheiten weitreichende Konsequenzen haben sollte.

Eines Morgens, als ich Teresa allein über den Frisiertisch des Boudoirs gebeugt vorfand, ergriff mich ein heftiges Verlangen nach ihr, und ich hob ihr den Rock hoch, ohne daß sie sich rührte oder protestierte. Niemals in meinem Leben, das bekräftige ich, habe ich eine Frau auf die eine oder andere Weise gezwungen, meine Avancen zu akzeptieren. Ich habe auch nicht das praktiziert, was die Großbürger verächtlich »Dienstbotenaffären« nennen, zu denen sie sich übrigens als erste herabgelassen hatten, indem sie sich anmaßten, was die Landesfürsten von früher das *ius primae noctis* nannten.

Für mich ist eine Frau eine Frau und verdient daher Respekt, gleichgültig, welche Aufgaben sie erfüllt oder – um ein Wort zu gebrauchen, das ich hasse – welche »gesellschaftliche Stellung« sie hat.

Ich kannte den Katechismus nicht, den D. der Neueingestellten beigebracht haben mußte. Sie hatte mich eintreten und näher kommen hören, spürte meine Hand auf ihren Hüften und reagierte nicht, als ich ihr den Rock hochhob. Ich habe das in den kleinsten Einzelheiten in Erinnerung behalten. Kaum war ich in sie eingedrungen, da spürte ich, daß es ihr kam, und da auch ich kurz davor war, zog ich mich zurück. Gab es die Pille schon? Ich habe keine Ahnung, und wenn ich es gewußt hätte, so wäre mir immer noch unbekannt gewesen, ob sie sie nahm.

Sie sah mich anschließend mit einem ausdruckslosen Blick an, und ich verließ das Zimmer, zugleich verwirrt und glücklich.

Noch am selben Abend, nach dem »Rapport«, würde Teresa etwas länger bleiben, um D. sehr ehrlich über das, was geschehen war, ins Bild zu setzen.

»Ich bin bereit, das Haus sofort zu verlassen, wenn Sie es wünschen.«

D. lachte.

»Wissen Sie, meine Kleine, wenn ich eifersüchtig auf ›Monsieur‹ wäre, dann würde ich schon seit langem nicht mehr mit ihm leben.«

»Und wenn er wieder anfängt?«

»Wenn es Sie nicht stört . . . Was mich betrifft, so geht mich das nichts an, und Sie können meinetwegen weitermachen, wenn es Ihnen Spaß macht . . .«

Marie-Jo war hereingekommen, und D. setzte sie ins Bild.

Wir nahmen alle vier, Aitken, Teresa, D. und ich, das Flugzeug nach London, einer Stadt, die D. und mir nie etwas Gutes eingebracht hatte. Die Gelegenheiten zum Trinken waren dort zu zahlreich. Die Whiskyflasche stand immer auf dem Tisch des Salons, für die Journalisten, die sich die Klinke in die Hand gaben. Diesmal waren es so viele, die einen Termin wollten, daß eine der tüchtigsten und charmantesten Frauen, die ich kennengelernt habe, uns zu Hilfe kam. Zum »Savoy«, in dem die Berühmtheiten aller Art einander pausenlos abwechselten, gehörte auch ein wichtiger Pressedienst, den diese junge Dame mit Taktgefühl und Entschlossenheit leitete.

»Wenn Sie es wünschen, lasse ich alle Anrufe auf meinen Apparat legen und sortiere sie aus. Ich notiere die Termine, die Sie nicht absagen können, und gebe dem Portier Anweisung, niemanden ohne mein Einverständnis hinaufzulassen.«

Wie sehr war mir diese Frau lieb und teuer, denn sie kannte die Welt der Presse, des Rundfunks und des Fernsehens aus dem Effeff, ganz zu schweigen von der der professionellen Schnorrer, die es schafften, sich bis zur Bar des Hotels einzuschleichen. Übrigens war dies der Abend unserer Begegnung mit Simone Signoret. Ich erinnere mich plötzlich daran, denn sie war es, die mir den Knoten meiner weißen Fliege neu gebunden hatte.

Ein beeindruckender Saal. Ich saß mit Rupert und dem Vorstand der Vereinigung auf dem Podium. D. mußte sich ebenfalls am Ehrentisch befinden, aber es waren so viele Leute da, daß ich sie nur zwei- oder dreimal während des Balls sah, dem ein ausgezeichnetes Diner und einige Reden vorausgegangen waren, einschließlich des Trinkspruchs, den Rupert und ich auszubringen schuldig waren, während wir Pfeife rauchten, denn hier war die Pfeife zum Frack gestattet, und man hatte jedem von uns eine geschenkt.

Ein Trinkspruch folgte dem anderen. Es war heiß, um so mehr, wenn man tanzte, und meine gestärkte Hemdbrust wurde weich, genau wie mein abknöpfbarer Kragen mit den abgeknickten Ecken. Es war die Beauftragte des Pressedienstes, die mich mit dem Wagen zurückbrachte. Ich war ziemlich angetrunken und glaube, daß ich ihr Avancen machte, denen sie aber mit sehr viel Takt auswich. Ein anderer Wagen hatte D. zum Hotel zurückgefahren, wo ich sie schlafend vorfand, und am Morgen, während sie noch schlief, ging ich Teresa in ihrem Zimmer besuchen, das dem unseren gegenüberlag. Sie wies mich nicht zurück, ich weiß immer noch nicht warum, wenn ich bedenke, welches wenig attraktive Bild man ihr von mir entworfen hatte. Wir sprachen nicht. Hatten wir uns geküßt? Unsere Lust war harmonisch und vollkommen, wie beim ersten Mal.

Am gleichen Tag kündigte ein Telegramm mir an, daß ich Großvater geworden war. Marc und Francette hatten einen Sohn, der soeben geboren war und den sie Serge genannt hatten. Marc war wieder umgezogen. Er wohnte jetzt in der Rue Gros, im 16. Arrondissement. Würde er ein ebenso rastloses Leben wie ich führen? Glückwunschtelegramm, Blumen in Hülle und Fülle. Anruf bei den Kindern, die sehr jung, vor allem Pierre, Onkel und Tante wurden. Marie-Jo war stolz darauf. Johnny auch. Und Pierre, der kaum drei Jahre älter war als sein Neffe, wurde nichtsdestoweniger »Onkel Pierre«.

Rückkehr nach Echandens. Im Februar hatte ich *Maigret et le client du samedi* geschrieben. Sieben Tage. Im Mai schrieb ich *Maigret et le clochard*, im Juni *La colère de Maigret*. Sieben Tage!

Ich hatte auf Blättern aus kartonstarkem Papier, ich glaube, ich habe es schon gesagt, den Grundriß eines jeden Zimmers des Hauses aufgezeichnet. Ich setzte im gleichen Maßstab auch die Anordnung der Möbel ein, um mir einen Überblick über den verbleibenden freien Platz zu verschaffen. Ich konnte nämlich die mit Möbeln vollgestopften Zimmer nicht ausstehen, in denen man sich zwischen Tischen, Sesseln, Marmortischchen und zu allem Überfluß noch zwischen exotischen Pflanzen hindurchwinden muß, die einem beim Vorbeigehen das Gesicht kitzeln. Ich wollte Luft, viel Luft.

Ich legte auch Wert darauf, überall im Haus den Einfall des Sonnenlichts je nach der Tageszeit regeln zu können, so daß alle Fenster mit Jalousien ausgestattet waren, an die ich mich in den Vereinigten Staaten gewöhnt hatte. Außer den Jalousien Fensterläden aus Eisen, denn nachts sollte das Haus seine Bewohner sicher umschließen. Verkriechen die Tiere sich nicht auch in die tiefsten Tiefen ihres Baus?

In meinem Arbeitszimmer in Echandens standen schon einige englische Möbel aus dem ausgehenden 18. Jahrhundert, im Stil von Robert Adam. Schon seit langem war ich auf der Suche nach einem großen, dazupassenden doppelseitigen Schreibtisch und beauftragte einen Antiquitätenhändler aus Genf, der sich auf englische Möbel spezialisiert hatte, mir einen zu besorgen, egal zu welchem Preis. Er stöberte schließlich einen für mich auf, mit Schubläden an beiden Seiten, in der englischen Provinz, die er jedes Jahr mehrere Monate lang bereiste.

Die Louis-XV-Möbel des Boudoirs kaufte ich fast alle bei den Antiquitätenhändlern von Lausanne, und sie garantierten mir, daß sie echt waren, insbesondere ein helles provenzalisches Frisiertischchen mit nicht zu ausgeprägten Rundungen und ohne allzuviel Goldbronze.

Ich hatte mein Lebtag noch nicht so viele Antiquitätenhändler besucht, sowohl in Genf als auch in Lausanne. Zuletzt kannte ich sie alle, selbst die, die in den kleinen verschwiegenen Gassen hockten.

Ebenfalls in Genf, bei dem Händler, der mir meinen Schreibtisch besorgt hatte, kaufte ich ein englisches Eßzimmer, wiederum aus der Zeit Adams, das diesmal aus Schottland kam. In unserem Schlafzimmer, das riesig war, stand das Bett mit dem lederbezogenen Kopfende, das wir in Chicago bestellt hatten, als wir noch in Tucson wohnten. Sonst nur einige wenige Möbel aus hellem Kirschbaum, fast gelb, Charles X.

Ich fuhr fast immer allein, am Steuer meines Rolls, während D. andere Details mit dem Juniorarchitekten besprach.

Ich ließ in Plymouth in den Vereinigten Staaten Glasbausteine bestellen, wie ich sie in Connecticut gesehen hatte. Sie waren aus zwei Hohlziegeln geformt, die dicht zusammengeschweißt waren und ein Gas einschlossen, das weder die Wärme noch den Lärm durchließ.

Lange Zeit glaubte ich, die Doppelfenster, wie ich sie in Lakeville gehabt hatte, aus Amerika kommen lassen zu müssen, bis sich durch einen Zufall herausstellte, daß ein Fabrikant aus Zürich die Patente für die Schweiz erworben hatte, und an ihn wendeten wir uns.

Den Travertin, der die Flure, die Treppen und einige der Räume schmücken sollte, mußten wir aus Italien kommen lassen, denn wir würden davon enorme Mengen brauchen. Er glich einem hellen Marmor, gelb mit einem goldenen Schimmer und leicht ausgehöhlten Linien. Aus dem gleichen Travertin waren einst die römischen Paläste erbaut worden, und auch die Fassaden der schönsten Wolkenkratzer von New York sind mit solchen Platten verkleidet.

Jeden Tag, wenn es Zeit war, die Fensterläden zu schließen, wartete ich darauf, daß Teresa beinahe verstohlen zu mir kam. Es waren so viele Leute im Haus, daß unsere Gelegenheiten, uns heimlich zu lieben, ziemlich selten waren. Ihr Anblick tat mir gut und erfreute mich, vielleicht weil ich fühlte, daß sie unverfälscht und natürlich war. Ich fragte mich nicht nach meinen Gefühlen. Wir würden einander viele Jahre lang keine Fragen darüber stellen, weder sie noch ich. In meiner Quasi-Einsamkeit war sie für mich wie das Quellwasser, das man aus der hohlen Hand trinkt. Nichts, das kompliziert bei ihr gewesen wäre. Und auch nichts Grobes, Gewöhnliches.

Ferien auf dem Bürgenstock, meine Kinder, mit den beiden Wagen, dem gleichen Appartement, der Routine, die wir mit Freuden wieder aufnahmen. Immer häufiger traf ich D. an der Hotelbar an, um ihr zu sagen, daß wir alle beim Mittag- oder Abendessen auf sie warteten.

Du warst neun, liebe Marie-Jo, und obwohl du schlank und anmutig wie immer geblieben warst, hatte ich doch ein bißchen mehr Mühe, dich zu den Klängen unseres Walzers herumfliegen zu lassen. Die Musiker in den beiden Hotels waren dieselben wie im letzten Jahr und erinnerten sich an deine Lieblingsmelodie, mit der sie dich begrüßten.

D. sah ich weniger und weniger. Sie verbrachte einen großen Teil ihrer Zeit im Hotelzimmer, um mit Aitken zu telefonieren, oder nach London, nach New York, ich weiß nicht wohin noch.

Pierre ließ sich endlich die Schuhe und die Socken ausziehen und ging in das hübsche Kinderschwimmbecken hinein, aber er bestand hartnäckig darauf, seine Hosen anzubehalten. Unterhalb des Schwimmbades befand sich ein Rundweg, von dem aus man durch lange Fensteröffnungen, ein wenig über Kopfhöhe, den Schwimmern und Schwimmerinnen zusehen konnte, und du warst es, Marie-Jo, die dieses manchmal groteske, manchmal anmutige Schauspiel am meisten amüsierte.

Johnny nahm seine Golfstunden wieder auf, mit dem Ernst und der Ausdauer, die er für alles aufbrachte, was er tat. Tennis, Schwimmen, Golf, die Rückkehr über den Weg inmitten der grünen Wiesen, auf denen die Kühe weideten. Das gleiche junge Mädchen, ein bißchen pummeliger geworden, sammelte wieder Walderdbeeren für dich.

Unser Aperitif zu zweit in dem anderen Hotel. Einige Takte Walzer oder Java am Abend.

D. ließ Monsieur Martin, unseren Innenarchitekten, mit einem Wagen voller Muster kommen. Es wurde Zeit, die Vorhänge auszusuchen, denn die Stoffe sollten in Frankreich und in England bestellt werden, und manchmal mußte man mehrere Monate auf sie warten.

Zwei Tage lang war unser Salon vollgepfropft mit diesen großen Musterbündeln, und wir wählten aus, änderten unsere Meinung und fragten unsere Kinder, was sie für ihre Zimmer haben wollten.

Die Ausschachtungsarbeiten hatten begonnen, und ebenso lärmende Maschinen wie in Echandens wühlten die Erde auf und umgaben das, was unser Haus werden sollte, mit kleinen Erdhügeln. Wir fuhren euch hin, um das Schauspiel zu betrachten, und würden noch oft wiederkommen, denn ihr hattet viele Fragen zu stellen.

»Wird das Schwimmbad genau so groß wie dieses Loch?«

»Nicht ganz. Um das Wasser herum bleibt noch etwas Platz, der mit Antirutschsteinen gepflastert und elektrisch mit unsichtbaren Drähten beheizt wird.«

»Wird das Wasser auch nicht nach Chlor riechen?« sorgte sich Marie-Jo, die diesen Geruch nicht leiden konnte.

»Nein. Es wird elektrolytisch gereinigt . . .«

Schwer zu erklären. Ich verstand es selbst nicht ganz genau. Das Wasser würde ständig durch eindrucksvolle Maschinen laufen, in denen es auf seine einfachsten Moleküle zurückgeführt wird, wenn ich mich nicht irre, und aus denen es dann trinkbar und ohne eine Mikrobe zurückkommt. Johnny verstand das alles, denn er lernte Physik im Collège und lieferte uns genauere Erklärungen.

»Das ist nicht ganz richtig, Dad. Es gibt auch sehr feine Spezialfilter, die man jede Woche reinigen muß . . .«

Ich fragte sie nach den Möbeln, die sie sich wünschten, denn alles in allem würden wir nur wenige Sachen aus Echandens mitnehmen; die anderen sollten versteigert werden.

Würden nicht auch wir ganz andere Menschen werden? Und würde nicht sogar D. sich in einer anderen Umgebung versöhnt fühlen? Dieses neue Haus, dem ich alle meine Aufmerksamkeit widmete, erinnerte mich plötzlich an ein altes chinesisches Sprichwort:

»Wenn das Haus fertig ist, zieht das Unglück ein.«

Ich verscheuchte diesen Gedanken, der mich dennoch ein Jahr lang verfolgen sollte.

Bäume mußten gepflanzt werden, und ich wählte Birken, die mir am freundlichsten erschienen, wegen ihrer silbrigen Rinde, der Leichtigkeit ihres Blattwerks und außerdem, weil sie im Winter nicht wie Baumskelette aussehen.

Auch das erinnerte mich an ein Sprichwort, das kein chinesisches ist, sondern das uns, wenn ich mich nicht irre, der gute La Fontaine überliefert hat:

»Bauen geht ja noch an, doch in diesem Alter zu pflanzen . . .«

Ich war neunundfünfzig. Ich würde die Sechzig überschritten haben, wenn das Haus fertig ist.

». . . doch in diesem Alter zu pflanzen . . .«

Ich war überzeugt, es nicht mehr zu erleben, daß meine Birken die Höhe des Hauses erreichten.

»Und diese ganze kahle Fläche im Süden vor dem Haus und dem Schwimmbad?«

»Rasen, nichts als Rasen. Keine Bäume, keine Büsche, keine Blumenbeete. Die Kinder müssen dort ungehindert spielen können . . .«

Sogar Fußball, denn das Gelände übertraf die Größe eines Fußballfeldes.

Ende September machte ich einen Sprung nach Paris. Ein Roman ließ mir keine Ruhe. Ich brauchte zwei oder drei präzise Angaben über das Krankenhaus von Bicêtre. Ich stellte mich dort vor. Die Oberschwester in dem Anbau, der mich interessierte, fragte mich, ob ich nicht am Nachmittag wiederkommen könne, um vom Professor empfangen zu werden. Ich schüttelte den Kopf. Ich war nicht einmal in einem Hotel abgestiegen und wollte unbedingt noch am gleichen Abend mit dem Flugzeug zurück.

»Sagen Sie mir doch bitte, ob man von den Krankenzimmern aus die Glocken der Kapelle hören kann?«

»Die alte Kapelle existiert noch, aber sie hat keine Glocken mehr . . .«

Ich war sprachlos, denn das warf meinen ganzen Roman über den Haufen. Glücklicherweise fügte sie hinzu:

»Sie hören aber die Glocken der benachbarten Kirche . . .«

»Die neurologische Abteilung nimmt doch halbseitig Gelähmte auf?«

»In diesem Gebäude haben wir nur halbseitig Gelähmte.«

»Gibt es hier auch Privatzimmer?«

»Ein einziges. Es ist für Patienten reserviert, die der Professor isolieren möchte. Ich kann es Ihnen zeigen . . .«

Wir durchquerten das Stockwerk.

»Wenn die Tür im Zimmer dieses Privatpatienten geöffnet ist, sieht er also die anderen über den Gang gehen und die Krankenschwestern hin- und herlaufen?«

»Sehen Sie selbst.«

Gut! Ich war fast fertig.

»Um wieviel Uhr nehmen die Krankenschwestern ihre Mahlzeiten ein?«

»Um halb zwölf und um halb sechs . . .«

»Wo?«

»Hier . . .«

Eine Frage hatte ich vergessen, die meine Fremdenführerin verblüffte:

»Um wieviel Uhr werden die Mülleimer in den Hof gebracht?«

Auch dieses Detail hatte für mich eine große Bedeutung.

»Um sechs Uhr morgens. Ein Lastwagen fährt die einzelnen Gebäude ab. Er lädt die Tonnen im Hof ab, wo die Leute von der Müllabfuhr sie dann abholen . . .«

»Diese Männer in Braun, die dort umhergehen, das sind die Unheilbaren, nehme ich an?«

»Bicêtre war früher ein Heim für . . .«

Ich hatte die detaillierte Geschichte von Bicêtre gelesen.

»Sie sind in diesem Gebäude zur Linken untergebracht.«

»Und die Abteilungen für Heilgymnastik?«

»Kommen Sie . . .«

Wir gingen hinunter und gelangten in ein anderes Gebäude, wo Patienten auf Krücken, einige im Rollstuhl, darauf warteten, mit ihren täglichen Übungen an die Reihe zu kommen. Ich sah Apparaturen, deren

Verwendung ich kannte und von denen einige an Folterinstrumente erinnerten.

»Vielen Dank, Madame. Entschuldigen Sie, daß ich Sie gestört habe . . .«

»Der Professor wird es bedauern, Sie heute nachmittag nicht begrüßen zu können.«

»Bitte richten Sie ihm aus, daß ich meine Maschine bekommen muß.«

Das stimmte. Mir blieb gerade noch Zeit, im erstbesten Restaurant etwas zu essen und nach Orly zu eilen. Als ihr euch nacheinander in meine Arme stürztet, betrachtete ich euch mit einem neuen Gefühl. Ihr konntet eure kräftigen Gliedmaßen alle frei bewegen, und eure Lippen waren fest, hingen nicht schlaff herunter wie diejenigen der . . .

Am zweiten Oktober nahm ich einen Roman in Angriff, der eigentlich *Les cloches de Bicêtre* hieß. Das war der Titel, den er in den meisten Sprachen tragen sollte, außer in Frankreich, wo das Wort »cloche« noch eine zweite Bedeutung hat, die an Clochards, Idioten und Landstreicher denken läßt.

Jemanden »cloche« zu nennen ist eine gängige Beleidigung wie »Flasche« oder »Penner«. In den französischen Ausgaben wurden die »cloches« daher durch »anneaux« ersetzt, die an den Klang der Glocken erinnern, der sich in konzentrischen Ringen verbreitet.

Weißt du noch, Marc? Dir verdankte ich diesen Titel. Als kleines Kind hattest du vom Schloß von Fonteneay-le-Comte aus das Läuten der Kirchenglocken in der Stadt zu uns herüberschallen hören. Du unterbrachst dein Spiel und sagtest naiv:

»Die ›nanneaux‹ . . .«

Les anneaux. Erst am fünfundzwanzigsten Oktober hatte ich diesen Roman beendet, nach dreiundzwanzig Arbeitstagen. Diesmal hatte ich mich nicht an die Zeitspanne gehalten, die ich nicht mehr überschreiten zu können glaubte.

Als ich aus der Betäubung erwachte, in der ich diese Wochen verbracht hatte, fiel mir auf, daß D. noch aggressiver und überspannter war als je zuvor, und auch meine Angst stellte sich wieder ein.

»Wenn das Haus fertig ist . . .«

Ich war entschlossener denn je, das chinesische Sprichwort Lügen zu strafen.

59

Du warst vierzehn Jahre alt, mein Johnny, und ein kräftiger, umsichtiger Junge, der keine Wutanfälle mehr bekam, so wie du es vor nun schon langer Zeit versprochen hattest. Du sahst mit weit geöffneten Augen und bedächtiger Miene in die Welt.

Was dich betraf, Marie-Jo, so warst du eben erst ins Collège von Béthusy aufgenommen worden, wie dein Bruder, obwohl die Vorschrift verlangte, daß die Schüler das zehnte Lebensjahr vollendet haben mußten und dir einige Monate fehlten. Mehr noch als Johnny warst du für die Atmosphäre empfänglich, die dich umgab, wolltest alles genau wissen und fragtest einen jeden im Hause aus, das zur Zeit von einem Erdbeben erschüttert zu werden schien.

Eure Mutter stand kurz vor dem Zusammenbruch, meine Kinder, und unser letztes Weihnachtsfest im Schloß war dramatisch. Die Ausbrüche und Depressionen, die sich bei D. in herzzerreißenden Krisen äußerten, folgten einander in immer kürzeren Abständen, während die Atempausen immer seltener wurden.

Sie konnte nicht mehr stillsitzen und brauchte ständig jemanden, mit dem sie über irgend etwas diskutieren konnte, zum Beispiel über die Kleiderablagen oder die Wäscheschränke mit dem guten Monsieur Coutaz, unserem Kunsttischler, der eine Leidenschaft für schöne Hölzer hatte und genau wie ich für die Kleiderablagen, die die beiden Räume neben unserem Schlafzimmer einrahmen sollten, Kirschbaumholz empfahl.

D. stellte eine Berechnung nach der anderen an, durchwühlte die Schränke des Schlosses, um die Größe dieser Kleiderablagen in Kubikmetern von Kleidern und sogar von Hüten und von Schuhen zu errechnen. Monsieur Coutaz hörte ihr stundenlang zu, so geduldig wie der Architekt und sein Adlatus, den sie manchmal nachts um eins weckte, um noch einmal mit ihm zu besprechen, was sie am Abend zuvor erörtert hatten. Sie wollte alles in die Hand nehmen, alles bestimmen, sogar dem Elektriker gegenüber, der sich als ebenso geduldig erwies wie die anderen.

Spürten auch sie, daß sie zusammenbrechen würde, daß sie nicht mehr lange diese Rolle durchhalten konnte, die zu spielen sie sich in den Kopf gesetzt hatte, bei allen und gegen alle? Ich bemühte mich, ohne ihr Wissen, ihre extravaganten Forderungen abzuschwächen. Ich ging ihr beinahe aus dem Weg, denn meine Gegenwart allein genügte schon, sie zu reizen. Sobald ich das Pech hatte aufzutauchen, provozierte sie mich, und oft hatte ich Mühe, ruhig Blut zu bewahren, den Mund zu halten und den Kopf einzuziehen, in dem Bewußtsein, daß es sonst eine an Wahnsinn grenzende Szene geben würde.

Abends, wenn die Handwerker das Haus verlassen hatten, Aitken nicht mehr da war und das Personal heimgegangen war oder seine Zimmer aufgesucht hatte, weigerte sie sich, schlafen zu gehen, und blieb lange neben euren Betten sitzen, vor allem neben dem deinen, Marie-Jo, die du am wenigsten Widerstand leistetest.

Die akuten Alkoholkrisen wechselten sich in rascher Folge ab, und wenn ich das Gespräch behutsam darauf brachte, einen Arzt aufzusuchen, antwortete sie mir, daß sie an keinen von ihnen glaube.

Wieder ein Weihnachtsfest und ein neues Jahr, Neujahr 1962; eines Abends jedoch, in ihrem großen, von einem riesigen Kronleuchter aus Kristall erleuchteten Büro, beschloß sie plötzlich in einem Zustand überraschender Klarheit, in dem sie selbst vor dem schwindelerregenden Abgrund erschrak, in den sie hinabglitt, sich an einen hervorragenden Psychiater zu wenden, ohne daß ich ihn ihr gegenüber erwähnt hätte, nämlich an Professor Durand, der zu unseren Freunden zählte und eine der renommiertesten Kliniken Europas leitete, wenn nicht der Welt, in der die Leute, die am meisten im Rampenlicht standen, ihre Zuflucht suchten.

Ich hätte es nicht gewagt, ihr von ihm zu erzählen oder das Wort »Psychiater«, das Wort »Klinik« zu erwähnen, aber schon seit langem dachte ich voller Schrecken daran.

War es Absicht, daß ich dabei war, als sie den Hörer abnahm und mit einer Redseligkeit zu sprechen begann, die sich in der letzten Zeit immer mehr gesteigert hatte?

»Ich kann nicht mehr, Doktor. Ich bin am Ende meiner Kräfte. Ich muß Sie unbedingt sprechen . . . Ja, sofort . . .«

Die Klinik von Prangins war ungefähr dreißig Kilometer von Lausanne entfernt, an der Straße nach Genf. Der Arzt kam trotzdem noch am gleichen Abend, und D. verlangte, daß ich dablieb, während sie schweigend auf ihn wartete. War nicht auch das schon wieder eine neue Herausforderung, wenn sie darauf bestand, daß ich bei ihrem Hilferuf dabei war?

Der Psychiater war ein Franzose, dessen Erscheinung Ruhe ausstrahlte, mit einer sanften Stimme, und der Blick seiner blauen Augen ermutigte dazu, sich ihm anzuvertrauen. Sein Team bestand aus sieben oder acht Ärzten, die alle hochqualifiziert waren, Psychiater wie er, Neurologen und Psychoanalytiker.

Ich empfing ihn an der Tür, sobald ich seinen Wagen in den Hof hatte fahren hören. Als ich ihn ins Büro führte, sagte D. trocken zu mir:

»Du kannst uns allein lassen.«

Der Arzt hatte D. und mich mehrere Male bei Freunden getroffen und meine Begleiterin eingehend beobachtet.

Ich ging in unser Schlafzimmer hinauf, in dem ich eine Stunde lang hin-

und herwanderte. Was erzählte sie ihm? Es fiel mir nicht schwer, es zu erraten: das, was sie dem Personal erzählte, was sie den Kindern erzählte, auch dir, mein kleines und so sensibles Mädchen: daß ich sie mit Arbeit überhäufe, daß meine Einstellung sie seit langem beunruhige, daß sie bis zuletzt allein habe kämpfen müssen.

Bevor er ging, bat unser Freund, mich noch einmal zu sprechen.

»Hören Sie, Simenon. Es liegt auf der Hand, daß Ihre Frau absolute Ruhe braucht, in einer besänftigenden Umgebung. Ich habe es ihr gesagt und sie hat es verstanden. Ich wollte den Tag ihrer Aufnahme bei uns nicht festlegen. Es ist besser, wenn sie diese Entscheidung selbst trifft.«

Er vermied es, eine Diagnose zu stellen, und nannte keinen dieser gelehrten Begriffe, die einem Angst machen. Er sprach beinahe wie ein väterlicher Freund, für sie noch mehr als für mich.

»Sie sollen wissen, daß es immer ein freies Zimmer für Ihre Frau geben wird und daß ich mich persönlich um sie kümmern werde.«

Wundervoller Dr. Durand! Er schüttelte uns herzlich die Hand, denn bei ihm war alles herzlich, und ich hörte mit bedrücktem Herzen, wie der Wagen davonfuhr.

D. stand da, kalt und unbeweglich, in der Mitte ihres Büros. Sie sah mich an, als hätte sie mir soeben gehörig eins ausgewischt.

»Hast du gehört, was er gesagt hat, Jo? Ich soll entscheiden, ich allein, wann ich hinfahre! Also nie, wenn ich es nicht will.«

Ich ging in unser Schlafzimmer hinauf, ohne die zärtlichen Worte auszusprechen, die mir auf den Lippen lagen. Alles, was ich hätte sagen können, konnte gefährlich sein. Ich wartete oben darauf, daß sie auch heraufkam. Ich legte mich ins Bett und horchte. Ich war wie zerschlagen, jetzt, da sich verwirklichte, was ich so lange befürchtet hatte.

Einige Tage gingen vorüber, und sie trank noch mehr als gewöhnlich. Ich verstand sie und hielt mich im Hintergrund, selbst wenn ich sie um elf Uhr abends noch im Zimmer von Marie-Jo wußte. Ich werfe mir heute manchmal vor, mich feige gezeigt zu haben.

Sie wußte nun Bescheid. Hatte sie, wie ich, diesen beinahe fatalen Ausgang vorausgesehen? Und hatte sie nicht in der letzten Zeit alles getan, um so schnell wie möglich dahin zu kommen?

Am achtzehnten Januar sollte Teresa ihr helfen, ihre Koffer zu packen, als handelte es sich um eine Reise wie jede andere. D. überprüfte alles und vergaß weder die Seidenpapierrollen noch die geringste Kleinigkeit. Ich wäre gern in ihrer Nähe geblieben, aber sie schickte mich in mein Arbeitszimmer zurück.

Hatte sie sich etwas zu trinken hinaufbringen lassen? Ich weiß es nicht. Sie verbrachte den Nachmittag damit, zusammen mit Aitken die Akten vorzubereiten, die sie ebenso wie ihr Diktiergerät nach Prangins mitnehmen würde. Dann lief sie hin und her, gab jedem genaue Anweisungen und blieb am Abend noch lange im Schlafzimmer der Kinder.

Ich hatte diesen Tag wie in einem Nebel verbracht und dachte an die imposanten Gebäude von Prangins, die wir so oft durch das Grün der umstehenden Bäume hindurch gesehen hatten, wenn wir nach Genf fuhren.

»Hast du mir nichts zu sagen, Jo?«

»Ich liebe dich, D.«

Das waren die einzigen Worte, die ich fand. Ich hatte wieder und immer wieder versucht, ihr zu helfen, und jetzt gab es nichts mehr, was ich für sie tun konnte. Das Urteil war gefällt, denn daß es sich um nichts anderes als ein Urteil handelte, war mir klar.

»Ich komme bald zurück. Ruf mich jeden Morgen gegen zehn an. Nachmittags kannst du mich besuchen kommen, der Arzt hat es mir versprochen. Übrigens werde ich frei sein, frei zu gehen, wann immer mir danach ist. Morgen früh wird Teresa mit uns fahren und meine Sachen einräumen.«

Sie kam mir vor wie ein Phantom, wie jemand, der schon weit, weit weg war, und das war leider auch der Fall.

Am nächsten Morgen verabschiedete sie sich von allen, ohne die Kinder zu vergessen, die sie lange an sich drückte, bevor sie mit Alphonse ins Collège fuhren.

Ich hatte sie selten so ruhig, so augenscheinlich beherrscht gesehen. Ich setzte mich ans Steuer des Wagens, D. an meiner Seite. Teresa war mit den Kartons und den Koffern vorausgefahren.

Prangins bestand aus mehreren Gebäuden. Die Hauptgebäude lagen rechts von der Straße, am Ende eines abschüssigen Weges. In der Nähe des Sees, zur Linken, stand mitten im Grünen eine schmucke Villa mit dem Namen »Sanssouci«, dem Namen, den ihr Napoleon III. gegeben hatte, als er sie bauen ließ, um darin seine heimlichen Geliebten zu verstecken.

Unser Freund Durand, der benachrichtigt worden war, hatte mir am Telefon die notwendigen Hinweise gegeben. Lächelnde Krankenschwestern empfingen uns und führten uns in ein geräumiges und freundliches Zimmer mit Bad, das auf eine Terrasse hinausging. Nichts erinnerte an ein Krankenhaus, an eine Klinik. Die Farben waren hell, und das Eßzimmer hätte das einer alten Herberge in der Ile-de-France sein können. Der Park war riesig mit seinen Rasenflächen, seinen schönen Bäumen und den Schwänen am Ufer des Sees und lud zu erholsamen Spaziergängen ein.

D. erteilte Teresa weiterhin Anweisungen wie für einen Aufenthalt in einem Palast.

»Ruf mich an, sobald du wieder zu Hause bist... Und vergiß nicht, mich morgen früh anzurufen... Ruf mich auch am Abend an...«

Im Gegensatz zu den Gebäuden oben auf dem Hügel nahm »Sanssouci« vor allem die »Entziehungskuren« und die Rekonvaleszenten auf. Manche Türen blieben fast immer geschlossen. Es gab nur fünfzehn Zimmer, und man sah die Patienten im Garten auf und ab gehen. Einer von ihnen, ein bekannter Musiker, spielte im Salon Klavier. Einige ältere Frauen, in der Mehrzahl aber jüngere, darunter einige auffallend hübsch.

Das schwierigste war, beim Essen mit den Kindern natürlich zu bleiben. Ich gab mir Mühe, sie zu beruhigen. Ich fühlte, daß sie mich beobachteten. Was mochte ihre Mutter ihnen an den Abenden erzählt haben, an denen sie in ihrem Schlafzimmer geblieben war, vor allem an den letzten Abenden?

Genau einundfünfzig Tage lang sollte ich einer neuen Routine folgen. Um zehn rief ich »Sanssouci« an und hatte D. am anderen Ende der Leitung. Sie fragte mich nach allem, was im Haus geschah, obwohl sie wußte, daß ich am Nachmittag um drei bei ihr sein würde. Oft rief ich unseren Freund Durand an, der sie behandelte und mir sagte, daß sie ziemlich ruhig zu sein schien und wie ein Wasserfall redete.

Der Winter nahm dieses Jahr kein Ende, und es lag Schnee in der Ebene und auf den Straßen, die zwar geräumt wurden, aber glatt geworden waren. In dem Gemütszustand, in dem ich mich befand, stellte ich einen alten Chauffeur ein, denn ich traute meinen Reflexen nicht mehr. Wir brachen früh auf, denn ich bestand darauf, daß wir langsam fuhren. Ich brachte jedesmal Blumen mit. D. wünschte es so, und ich wollte ihr jede noch so geringe Enttäuschung ersparen.

»Hast du deinen Brief?«

Die wenigen Sätze, die ich ihr jeden Morgen schrieb, bevor ich Aitken half, mit der Post fertig zu werden, oder manchmal einen Handwerker oder den Architekten traf, die mich noch etwas zu fragen hatten. Denn das Haus wuchs, trotz des Winters. Die Mauern ließen schon die Räume unseres zukünftigen Hauses erkennen, und bald war die Betonplatte des Erdgeschosses fertiggestellt.

Fast jeden Tag brachte ich D. außer den frischen Blumen noch Wollsachen mit, um die sie gebeten und die Teresa vorbereitet hatte, sowie persönliche Gegenstände, die ihr fehlten.

»Wie geht es den Kindern?«

Ich hatte einige Mühe, D. wiederzuerkennen. Ich wußte nicht, ob man ihr Beruhigungsmittel oder andere Medikamente gab. Die fieberhafte D., wie ich sie so lange gekannt hatte, war jetzt von einer Ruhe, die mich fast ebenso erschreckte wie ihre Überspanntheiten. Sie sprach mit einer langsamen und gedämpften Stimme mit mir, als wäre ich ein Fremder.

Von den Krankenschwestern erfuhr ich, daß sie nachts oft in die Küche hinunterging, im Nachthemd und Morgenrock, um mit der Schwester zu schwatzen, die gerade Nachtdienst hatte. Sie sollte bald eine persönliche Krankenschwester verlangen, was unser Freund ihr bewilligte.

Eigentlich mußte ich um fünf zurückfahren, um mit den Kindern zu Abend zu essen, aber sie fand immer einen Vorwand, mich zurückzuhalten. Sie hatte mir »Sanssouci« bis zum letzten Winkel gezeigt. Manchmal gingen wir im Park spazieren, wo sie mir von den Gästen erzählte, denen wir begegneten. An anderen Nachmittagen, wenn das Wetter das nicht zuließ, setzten wir uns in den Salon oder in ihr Zimmer, und ich gab mir Mühe, ein fröhliches Gesicht zu machen.

Eines Tages ging ich einen Schritt weiter, und wie um sie aufzutauen, nahm ich sie in meine Arme und zog sie zu einer Couch, ohne daß sie sich rührte. Sie ließ sich von mir nehmen, ohne mit der Wimper zu zucken, ohne ein Wort, ohne zu erzittern, und angesichts dieses Reinfalls schwor ich mir, diesen Versuch nie mehr zu wiederholen.

Sie lebte in einer anderen Welt. Aber wo? Ich suchte, und eines Morgens fand ich etwas, das wie eine Antwort aussah. Sie hatte eine Wäschefrau aus Bern, die einmal für sie gearbeitet hatte, nach Sanssouci kommen lassen, eine kräftige Frau mit entschlossenem Ausdruck. Sie hatte zwei Koffer voller Unterwäsche und Spitzen mitgebracht, und ich wartete im Sprechzimmer auf das Ende der übergründlichen Anproben.

Sobald ich zu Hause war, rief ich sie an, wie versprochen. Dann brachte ich die Kinder zu Bett, zu verschiedenen Zeiten, je nach ihrem Alter. Sie waren ruhig und fragten mich immer weniger nach ihrer Mutter. Du hattest mir dennoch eine Frage gestellt, liebe Marie-Jo, die mir warm ums Herz werden ließ:

»Werden wir trotzdem unsere Ferien auf dem Bürgenstock verbringen können?«

»Vielleicht. Wahrscheinlich ja . . .«

Jean Cau kam, um mich für ich weiß nicht mehr welche Pariser Zeitung zu interviewen. Er hatte so sehr darauf gedrängt, daß ich zugesagt hatte, und da er erst am Nachmittag frei sein würde, verabredete ich mich mit ihm im »Sanssouci«, wo ich ihn im Salon empfing. Damals fing er gerade in diesem Beruf an, wenn ich mich nicht irre, und ich habe ihn nie wiedergesehen.

Wir hatten ein neues Zimmermädchen, ein zusätzliches Zimmermädchen, denn Teresa war Gott sei Dank immer noch da. Auch dieses Mädchen, Yole, war Italienerin, blutjung und nett, und kümmerte sich in Echandens um die Kinderzimmer, so wie später auch in Epalinges, denn sie sollte sehr lange bei uns bleiben.

Hatte ich in dieser wirren Zeit sexuelle Beziehungen zu Teresa gehabt? Ich bin mir nicht sicher. Wahrscheinlich. Bestimmt sogar, immer heimlich und ohne sentimentale Gefühlsduseleien. Ich hatte den Eindruck, daß Teresa mich beobachtete, nicht genau wußte, was sie von mir halten sollte, und sich ihrer selbst nicht sicher war.

Yole wurde die große Freundin von Johnny, der sich im Grunde gern verhätscheln ließ. Sie war es, die ihm den Rücken massierte oder die Füße, wenn er darüber klagte, daß sie ihm weh täten.

Abends schrieb ich einen letzten Brief an D., den ich ihr am nächsten Tag zusammen mit dem vom Vormittag bringen würde. Ich erwähnte darin nichts von meiner Verwirrung, meinem Kummer, meiner Angst vor der Zukunft, die mich nicht mehr verließ. Selbst dann nicht, als ich D. am einundfünfzigsten Tag, dem sechsten März, wieder nach Hause holte.

Professor Durand, der sie behandelte, vertraute mir an, daß es ein Versuch sei, aber er sprach weder von Heilung noch von einer spürbaren Besserung. Prangins war keine geschlossene, sondern eine »offene« Klinik, deren Patienten stets das Recht hatten, durch das Tor zu gehen, das von keinem Wärter bewacht wurde.

D. hatte beschlossen, nach Echandens zurückzukehren, zu ihren Sekretärinnen, den Handwerkern, dem ganzen Personal, das sie umgab. Ich fuhr sie mit den Kindern nach Epalinges, wo die Arbeiten so weit fortgeschritten waren, daß man sich die Anordnung der Räume vorstellen konnte. Sie war enttäuscht und machte dem Architekten gegenüber, der uns begleitete, kein Hehl daraus.

»Aber die Räume sind ja winzig!«

Wir waren verblüfft, der Architekt und ich, und sahen uns verständnislos an, denn alle Räume waren in Wirklichkeit geräumig, fast zu groß, wie das enorme Gebäude selbst, das aus der Erde emporwuchs.

Die Fundamente des Schwimmbades waren gelegt und Marie-Jo fragte ihrerseits.

»Wird das Becken genau so groß?«

Und Johnny:

»Bekommen wir auch ein Sprungbrett?«

Ich antwortete so gut ich konnte. Ich vergaß das chinesische Sprichwort nicht, das mich verfolgte. D. fand zu ihrer fieberhaften Art, die sie vor »Sanssouci« hatte, und auch zu der gleichen Abhilfe zurück, die sie eher aufregte als beruhigte.

Jeden Morgen kämmte Teresa sie und mußte die wenigen Haare, die im Kamm hängenblieben, in einer Papiertüte aufbewahren.

Ich schrieb derweil einen Roman, einen zugegebenermaßen ziemlich tragischen: *La chambre bleue*. Was hätte ich anderes tun können in einem Haus, das aufgehört hatte, das unsere zu sein, und wo ich nichts mehr zu suchen hatte, es sei denn in meinem kleinen, mittelalterlichen Arbeitszimmer?

Am achten Juni, dem Monat, der in der Schweiz der sonnigste des Jahres ist, rief D. Claude an, den früheren Friseur des »Carlton« in Cannes, der in Paris einer der zwei oder drei Coiffeurs geworden war, die gerade in Mode waren. Sie bat ihn, so schnell wie möglich nach Echandens zu kommen.

Er kam am sechzehnten Juni, und das war nun die große Herausforderung, die D. mir ins Gesicht schleuderte, wie um mir ihre Unabhängigkeit zu beweisen, die ich ihr aber doch niemals streitig gemacht hatte: ihre Haare, die sie hatte wachsen lassen, wie ich es ihr vor achtzehn Jahren in New York auf dem Höhepunkt unserer Leidenschaft, der meinen zumindest, vorgeschlagen hatte, ihre Haare, auf die sie lange Zeit so stolz gewesen war.

Heute nun ließ sie sie mit unerbittlichen Schnitten abschneiden. In meinen Augen war das ein Symbol. Die Reste dessen, was für mich eine Liebe verkörperte, fielen in kleinen, dunklen und weichen Häufchen auf den Teppich. Sie würde allerdings einen Zopf daraus machen, der in Seidenpapier eingewickelt und in einen Sarg in Form einer langen Pappschachtel gelegt werden sollte.

Claude sollte wenig später erneut herbeigerufen werden, denn D. war mit dem Friseur aus Lausanne nicht zufrieden. Claude mußte ihr in ihrem Boudoir in Echandens die Geheimnisse seiner Kunst verraten.

Ich mache mich nicht lustig. Die Königin von England läßt sich auf ihren Auslandsreisen von ihrem Friseur begleiten. Manche Filmstars rufen den ihren zu Hilfe, wo immer sie sich befinden.

Merkwürdigerweise hieß der Roman, den ich Ende Juni schrieb, *Maigret et le fantôme*. In Wirklichkeit hatte er, wie meine anderen Romane, nichts mit dem Drama gemein, das ich durchlebte. Der Roman war kaum fertig, als D. in einer plötzlichen Krise erklärte, daß sie nicht mehr in dem Lärm der mit Erde beladenen Lastwagen, der Traktoren und der Bulldozer leben könne. Sie wolle sich in der Stadt einquartieren, in einem hübschen Hotel, das damals von einem Mann geleitet wurde, den wir aus der Zeit des Lausanne-Palace kannten. Unter seiner Hand war das Carlton ein kleines Schmuckkästchen geworden. D. reservierte dort ein Zimmer. Wir fuhren sie mit ihrem Gepäck dorthin, in Begleitung von Aitken und Teresa.

Vom ersten Augenblick an fand sie das Zimmer zu klein und erklärte dem Hotelbesitzer, daß sie sich damit nur abfinden könne, wenn das Nebenzimmer in einen Salon umgewandelt würde.

Man begann, die Möbel umzuräumen und den Salon einzurichten. D. teilte mir mit, daß sie mich nicht mehr brauche, ebensowenig wie Aitken und Teresa. Wir kehrten also nach Echandens zurück. Essen mit den Kindern.

Um drei Uhr wurden Teresa und Aitken ins Carlton gerufen. D. fühlte sich in den beiden Räumen nicht wohl, und während Teresa wieder die Koffer packte, rief D. in Prangins an und erfuhr, daß dort kein einziges Zimmer mehr frei war. Dann wandte sie sich an das Hôtel du Golf, oberhalb von Epalinges, wo Aitkens Mutter früher hinfuhr, um sich auszuruhen. Würde sie wenigstens dort endlich ihre Ruhe finden? Leider war auch dort kein Zimmer mehr frei, und nun verlangte sie, Aitken solle sie in ihrem kleinen Appartement unterbringen, das diese allein bewohnte, nicht weit vom See, in einem ruhigen Viertel.

Ich war dabei, als wir das Appartement betraten, in dem Teresa sich gezwungen sah, das Badezimmer zu desinfizieren und ein Bett zu bereiten. Ich war unruhig. D. redete unablässig von den Spaghetti, die sie sich zubereiten würden.

Sie war so überdreht, daß ich ihr erklärte, ich würde sie nur unter der Bedingung hierlassen, daß eine Krankenschwester gerufen werde. Sie lehnte das ab. Deshalb schlug ich vor, Teresa solle bei ihr bleiben, für die ich ein Feldbett durch unseren Gärtner vorbeibringen lassen würde.

Das schien so abgemacht zu sein, aber das Feldbett war noch nicht unterwegs, als ich Teresa zurückkommen sah. D. hatte ihre Meinung erneut geändert. Sie verzichtete auf Aitkens Appartement. Sie würde heute abend nach Hause zurückkommen, hatte Teresa aber nahegelegt, mir nichts davon zu sagen.

Uff! Ich brachte die Kinder zu Bett und befand mich in meinem Arbeitszimmer, als D. die Tür aufstieß und höhnisch rief:

»Nun? Da habe ich dir einen schönen Streich gespielt, nicht wahr?«

Sie beunruhigte mich jetzt ebensosehr, wie sie mich im Carlton und bei Aitken beunruhigt hatte. Wir gingen hinauf, um uns schlafen zu legen, in unserem Bett aus Tucson, das so breit war, daß mehr als ein Meter uns trennte.

An den folgenden Tagen war sie abwechselnd bedrückt und aufgeregt. Dennoch ließ sie zur großen Freude von Marie-Jo, die, ohne recht zu begreifen, begeistert in die Hände klatschte, für den zwölften Juli unsere Appartements auf dem Bürgenstock reservieren. Was konnte ich anderes tun, als damit einverstanden sein? Es war vor allem die sehr lange Reise, die mir Sorgen machte. Wir brauchten zwei Wagen. Ich konnte D. nicht mit ihrem Wagen fahren lassen, wie sie es in den anderen Jahren gemacht hatte. Sie würde sich von mir aber auch keinen Chauffeur aufdrängen lassen.

Ich fand eine Lösung, indem ich zwei Lufttaxis mietete, jedes mit sechs

Plätzen, so daß wir die Koffer verstauen konnten. Babette und Nana begleiteten uns auch diesmal. Eine Schwierigkeit war aber noch zu überwinden. Damals gab es keinen Zivilflughafen in Luzern. Nur ein militärisches Fluggelände lag kaum zehn Kilometer von den drei Hotels entfernt.

Ich lief mir die Hacken krumm, um die Erlaubnis zu erhalten, dort zu landen, und erzählte von meiner kranken Frau, was nicht gelogen war. Schließlich bekam ich die Landeerlaubnis, aber unter der Bedingung, daß die beiden Flugzeuge uns diskret am Ende der Piste absetzten und wir das Gelände nicht weniger diskret mit dem Auto verließen, ohne den geringsten Kontakt mit den Militärbehörden.

Mit anderen Worten eine heimliche Landung. Die beiden Wagen, die wir bestellt hatten, erwarteten uns. Wir drängten uns alle hinein, und eine Viertelstunde später waren wir auf dem Bürgenstock, der uns so wundervolle Erinnerungen hinterlassen hatte.

Unser Leben nahm annähernd die gleiche Routine wie in den beiden anderen Jahren wieder auf. Vor allem für die Kinder und mich, denn D. nahm sehr wenig an unseren Aktivitäten teil.

Wenn wir allein miteinander waren, sie und ich, hatten wir einander nichts zu sagen. Sie sah mich an wie einen Fremden. Sie hatte entdeckt, daß in dem Häuschen, das dem Hotel fast gegenüberlag, ein Arzt und eine Krankenschwester wohnten, die zum Hotel gehörten. Sie machte es sich zur Gewohnheit, dort wegen ich weiß nicht welcher Beschwerden hinzugehen, denn dieser Arzt war weder Neurologe noch Psychiater.

Im August, etwa zehn Tage vor unserer Abreise, besuchte mich Claude Gallimard. Seit mehreren Jahren bestand zwischen uns eine Meinungsverschiedenheit über die Auslegung einer Klausel unserer Verträge. Diese räumte ihm das ausschließliche Recht ein, meine Werke in »buchhandelsüblichen Ausgaben« zu verlegen. Nun hatte ich einige meiner Bücher in Taschenbuchausgaben und Sonderausgaben von Buchklubs veröffentlicht. Er verlangte die Hälfte meiner Einnahmen aus diesen Rechten, was ich ablehnte. Diese Sache zog sich schon recht lange hin, und Claude, den ich sehr gern mochte, kam hierher, um sie ein für allemal zu bereinigen.

Als wir zusammen waren, verliefen unsere Verhandlungen herzlich. Aber D. beabsichtigte, diese Angelegenheit selbst in die Hand zu nehmen. Sie schloß sich fast den ganzen Nachmittag lang in unserem Salon ein; ohne Ergebnis. Claude kam am Abend wieder, und sie bestand darauf, daß ich nicht dabei sein solle.

»Such dir doch ein Mädchen in Luzern oder sonstwo. Damit kannst du dir die Zeit vertreiben.«

War das der Moment, sich mit ihr zu streiten? Ich fürchtete mich zu sehr vor den Folgen.

Ich fuhr den Berg hinab, in der Dunkelheit, am Steuer meines Wagens, und hielt mich eine halbe Stunde in einem seltsamen Tanzlokal mitten auf dem Land auf. Mädchen gab es, aber ich hatte überhaupt keine Lust darauf. Besorgt über das, was sich da oben abspielen mochte, kehrte ich zum Bürgenstock zurück, zu unserem Appartement, und öffnete die Tür zu unserem Salon.

Ich blieb wie angewurzelt vor dem Schauspiel stehen, das mich erwartete. Claude Gallimard saß in einem Sessel, mit verlegenem Ausdruck; zumindest hatte er allen Grund dazu. D., die mich nicht gehört hatte, kniete, in Tränen aufgelöst, im Nachthemd und Morgenrock, zu Füßen meines Verlegers.

»Ich flehe Sie an, Claude, nicht nur wegen meines Mannes, sondern auch unserer Kinder wegen . . .«

Sie schluchzte. Ich ging einen Schritt nach vorn, während sie die Hände faltete, als bete sie zur heiligen Muttergottes und klage ihr ihre Verzweiflung. Ich sagte nur:

»Gehen Sie, Claude . . . Es ist besser . . .«

Er ging hinaus, ohne ein Wort zu sagen. Wir verstanden uns. Ich half D. auf, die immer noch in Tränen aufgelöst war, und führte sie zu unserem Bett.

»Leg dich schlafen . . .«

Sie ließ mich ihren Morgenrock ausziehen und glitt zwischen die Laken, wo sie sogleich einschlief.

Ich sollte meinen Verleger von damals erst viel später wiedersehen und ihm im Gespräch unter vier Augen beweisen, daß ich juristisch gesehen recht hatte, und damit würde diese kleine Geschichte beendet sein.

Obwohl die Zukunft düster aussah, spielte ich Golf mit Johnny; vor dem Abendessen gingen Marie-Jo und ich ins Hotel nebenan, wo sie mit dem »Tennessee Waltz« begrüßt wurde.

Du warst zehn, mein kleines Mädchen, und nach dem Essen tanzten wir beide noch einmal deinen Lieblingswalzer zu der Melodie, zu der du Jahre später Verse finden solltest, die deinem Herzen entsprungen waren. Pst! . . .

Eines Nachmittags kehrte ich vom Golfplatz, wo ich trotz des Regens recht gut gespielt hatte, zum Hotel zurück, mit Johnny und Marie-Jo, wenn ich mich nicht irre. Wir marschierten munter drauflos. In dem Augenblick, in dem ich den rechten Fuß auf die erste Stufe der Freitreppe setzte, spürte ich einen heftigen Schmerz, der mich einen Moment lang bewegungsunfähig machte, zog mich die restlichen Stufen hinauf und ging dann leicht hinkend weiter. Auf dem Golfplatz konnte ich mir den Fuß nicht verstaucht haben, denn anschließend hatte ich ohne Mühe die zwei Kilometer zurückgelegt, die mich vom Hotel trennten.

Am nächsten Morgen hinkte ich noch mehr, und bei jedem Schritt spürte ich einen scharfen Schmerz. Ich ging über die Straße und klopfte an die Tür des Arztes. Er untersuchte mich und erklärte, daß ich in Wirklichkeit keine Verstauchung habe und daß er vielmehr den Verdacht habe, es könne eine Arthrose sein. Er riet mir, mich so rasch wie möglich nach Luzern zu begeben, wo einer der besten Spezialisten des Landes praktizierte.

Ich bekam einen Termin in einem seltsamen Krankenhaus. Dort röntgte man mir den Fuß, ließ mich eine Anzahl von Übungen machen und schickte mich anschließend in den Keller, der mir wie eine Hölle vorkam. Eine Schmiede, eine richtige Schmiede, war dort in Betrieb, während die Patienten warteten, mehr oder weniger gebeugte Greise und verwachsene und verschreckte Kinder, deren Mütter ihnen gut zuzureden versuchten. Ich sah dort, wie man Eisenkorsetts anprobierte, die auf der Schmiede nebenan mit schweren Hammerschlägen bearbeitet worden waren.

Als ich an die Reihe kam, paßte man mir Sohlen an, ebenfalls aus Eisen, die man mir in die Schuhe einlegte. Der Schmied nahm sie wieder heraus und ging zurück, um sie zu korrigieren. Schließlich kam ich mit schwer gewordenen Schuhen heraus, die mir einen merkwürdigen Gang verliehen.

»Humpelst du jetzt nicht mehr, Dad?«

»Nein. Ich habe nur das Gefühl, barfuß auf Nüssen zu gehen.«

Wieder die gleiche heimliche Reise an Bord unserer beiden Flugzeuge, die uns in La Blécherette absetzten.

Vom elften bis fünfundzwanzigsten September schrieb ich *L'homme au petit chien,* was kein fröhlicher Roman war. Am 20. Oktober brachten uns Marc und Francette den kleinen Serge mit, der, wie Pierre, in der kleinen Kirche von Echandens vom katholischen Pfarrer von Morges getauft wurde, diesmal ohne Einwand.

Marc und Francette waren stolz auf ihren Sohn, und ich war ihnen dankbar dafür, daß sie daran gedacht hatten, ihn hier taufen zu lassen. Die stolzeste von allen aber warst du, Marie-Jo, denn du warst die Patin und hattest dich auf dieses Amt vorbereitet, indem du das Credo auf Latein auswendig gelernt hattest. Das war dir um so leichter gefallen, als du, wie ich in deinem Alter, einen Text nur zweimal zu lesen brauchtest, um ihn zu behalten.

Der Pate war ein Freund von Marc, den ich bei ihm kennengelernt hatte.

Ein fröhliches Fest, mit euren Freunden, den Moinats, die ihr bald verlassen würdet.

Das Haus in Epalinges war fast fertig. Wir waren dabei, als der »Blumenkranz« oben am Kamin befestigt wurde, und gaben auf den Planen, die den noch nackten Beton bedeckten, das traditionelle Richtfest für alle, die an dem Bau mitgewirkt hatten.

Das chinesische Sprichwort verfolgte mich noch immer. Am achtundzwanzigsten Oktober faßte D. den Entschluß, nach Prangins zurückzukehren, wo diesmal ein Zimmer frei war, kleiner, aber gefälliger als das erste.

Ich besuchte sie erneut jeden Nachmittag, mit Blumen und den verschiedenen Sachen, die sie verlangte. Anruf am Morgen. Anruf, sobald ich wieder im Schloß war.

»Das wird lange dauern, sehr lange«, vertraute mir unser Freund Durand an.

Er ließ sie jedoch am zwanzigsten November gehen, und am neunzehnten Dezember fand der große Umzug statt. D. beschloß, ihn in einem einzigen Tag zu erledigen, mit so vielen Lastwagen wie nötig.

Das war ein Wirbelsturm. Sie überwachte in Echandens mit Hilfe des ganzen Personals das Beladen der Möbelwagen, während ich in Epalinges angab, wo die Möbel hingestellt werden sollten, sobald sie ausgeladen wurden.

Pierre hatte Halsschmerzen und ein bißchen Fieber. Das Personal kam in den Autos nach, während D. wie hypnotisiert darauf bestand, mit dem letzten Möbelwagen mitzufahren, mit Pierre auf dem Arm und mit Teresa, die ziemlich bleich neben ihr saß.

Die Nacht war hereingebrochen, und die Luft war sehr frisch.

Alle waren erschöpft und überdreht zugleich. Man aß hastig eine Kleinigkeit und machte in aller Eile die Betten. D. bestand darauf, Aitken dazubehalten, und spät abends machte sie eine fürchterliche Szene, die Aitken, ebenso erschreckt wie ich, miterlebte. D. drohte nämlich, allein nach Echandens zurückzukehren, und lehnte Epalinges ab. Ich wollte gerade in Prangins anrufen, als sie mir eine Ohrfeige gab und mich daran hinderte. Etwas später, als Aitken gegangen war, mußten Teresa und ich D. in die erste Etage hinauftragen, wo sie auf dem Teppichboden schlafen würde, neben dem Bett.

So bezog unser kleiner Clan das neue Haus, das noch keine Türen hatte. Man hatte dort Planen angebracht, und einige Zeit lang würden zwei Nachtwächter die Runde machen und lautlos unseren Schlaf bewachen.

Hier, im Schnee, würden wir Weihnachten feiern, meine Kinder. Würde ich den Mut haben, das traditionelle »Fröhliche Weihnachten« über die Lippen zu bringen?

60

Du weißt genau, meine kleine geliebte Marie-Jo, daß nichts von dem, was ich jetzt erzählen muß, ungenau oder übertrieben ist und daß ich im Gegenteil manchmal eher dazu neige, zu grausame Wahrheiten abzuschwächen und die Wiederholung sozusagen »chronisch« gewordener Szenen zu vermeiden.

Du hattest schon lange vor mir vorausgeahnt, daß ich es mir und auch euch eines Tages schuldig sein würde, diese Memoiren zu schreiben; deine letzten Briefe zeigen es mir, und deshalb hast du mir nicht nur deine Hefte anvertraut, sondern auch deine Briefe, deine Kalender, deine Gedichte und deine Cassetten, die du mir regelmäßig schicktest, bevor du diese Welt verlassen hast.

An dich wollte ich mich wenden, als ich meine Memoiren begann, und auf dem Deckblatt des ersten Heftes steht statt eines Titels dein Vorname, mit Filzstift geschrieben:

»Marie-Jo«

Ich habe dann nachgedacht und Bedenken bekommen. Wenn ich dir die Wahrheit über deine Geburt und deine Jugend schuldig war, schuldete ich sie dann nicht auch deinen drei Brüdern, und würden diese sich nicht eines Tages Gedanken über ihre Abstammung und über die Gene machen, die sie geerbt hatten?

1941, als ich erst einen Sohn hatte, deinen großen Bruder Marc, hatte ich begonnen, für ihn die Geschichte der Familie zu schreiben, aus der er hervorgegangen war, und dieser Text war zunächst nur zu einem Teil erschienen, unter dem Titel *Je me souviens,* und dann, erweitert, unter dem Titel *Pedigree.*

Ein dicker Band, meines Wissens der erste, der an dem Tage endete, an dem ich das Alter von sechzehn Jahren erreichte. Wenn es damals keine Fortsetzung gab, so lag das an den zahlreichen Prozessen, die man gegen mich angestrengt hatte.

Dieses Buch, diese *Mémoires intimes,* wie ich es ganz banal zu nennen beabsichtige, ist in gewisser Weise die Fortsetzung davon, während ursprünglich du allein der Mittelpunkt sein solltest.

Du erscheinst also recht spät, nach Marc und Johnny, in diesem Bericht, der nichts Erfundenes enthält und sich gewissenhaft und sogar schonungslos an die Wahrheit hält. Obwohl meine Erinnerungen lebhaft sind, mögen sie die eine oder andere Ungenauigkeit enthalten, insbesondere was Daten und Namen angeht, für die ich nie ein gutes Gedächtnis hatte.

Ich wiederhole es: Aitken hat sich die Mühe gemacht, lange in allen unseren Unterlagen zu forschen, die sehr umfangreich sind, in der Korrespondenz, den Terminkalendern und selbst den Arztberichten über jeden von euch.

Wenn deine Brüder morgen erstaunt sein sollten, gewisse Wahrheiten zu erfahren, die ihnen entgangen sein mögen, so stehen ihnen diese Unterlagen zur Verfügung, und nichts von dem, was ich vorbringe, ist das Produkt meiner Phantasie. Erstaunt über die Ungeheuerlichkeit mancher Tatsachen, von denen du mir erzähltest, hatte ich, das räume ich ein, auf Zeugenaussagen zurückgegriffen, die über jeden Zweifel erhaben waren und die bestätigten, daß es stimmte.

Vor allem für dich, mein geliebtes kleines Mädchen, schreibe ich jetzt, ohne Freude, und bürde es mir Tag für Tag auf, die beklemmenden Stunden erneut zu durchleben, die du nur zu gut kennst. Du bist es, die mir die Kraft gibt, mich dieser oft herzzerreißenden Aufgabe zu unterziehen.

Seit unserer Ankunft in Epalinges, niemand weiß das besser als du, hatte deine Mutter sich geweigert, in unserem Schlafzimmer zu schlafen. Nicht nur am ersten Tag, sondern fast jede der übrigens nicht sehr zahlreichen Nächte, die sie dort gelebt hatte. Sie war es, um die ich mir Sorgen machte, wegen ihrer zunehmenden Labilität und des zu grausamen Schicksals, das auf sie lauerte. Dreimal hatte sie im Laufe des Jahres 1963 Zuflucht in Prangins gesucht, dreimal hatte sie Professor Durand gebeten, sie in seine Klinik aufzunehmen, weil sie sich am Rande des Abgrunds fühlte.

Ich litt, ich sorgte mich um sie. Ich wußte noch nicht, daß ich mir um dein Schicksal, mein Liebes, hätte Sorgen machen müssen.

»Ich *hasse* dieses Haus!« hatte sie am ersten Abend erklärt.

Was sie haßte, das war nicht so sehr das Haus, um das sie sich unbedingt hatte kümmern wollen. Dieses Haus war vielmehr ein Symbol, und ihr Haßgeschrei richtete sich in Wirklichkeit gegen mich.

Pierre hatte eine Angina, aber sein Zustand hatte nichts Besorgniserregendes, und der sanfte und schüchterne Dr. Walther kam ihn ein- oder zweimal am Tag besuchen, wenn deine Mutter ihn rief. Sie brauchte jemanden, dem sie ihr Herz ausschütten konnte, und aufgrund seiner Schüchternheit, seiner Geduld und seiner Güte war Walther der ideale Partner. Sie hielt ihn ganze Stunden lang auf, und dieser Mann, der die Frauen wenig kannte, der sein Leben aus Furcht vor den Erwachsenen den Kindern gewidmet hatte, wie viele Kinderärzte, hatte lange Zeit zu Unrecht geglaubt, was sie ihm erzählte.

In der Folgezeit schlief sie auf der Couch, die im Spielzimmer von Pierre gestanden hatte und die sie am Fußende deines Bettes aufstellen ließ, und lange Zeit überschüttete sie dich mit ihren Phantasmen.

Sie wartete, bis deine Brüder eingeschlafen waren, und rief dann Teresa, Yole und sonst noch wen vom Personal, um sich die Couch geräuschlos in dein Zimmer bringen zu lassen. Das Haus war schallgedämmt, aber dank der Telefonanlage, die fast alle Zimmer miteinander verband, und der Wechselsprechanlagen, die sie hatte installieren lassen, war es kein Problem, jemanden von irgendeinem Zimmer aus zu rufen.

Hätte ich einschreiten sollen, einschreiten müssen, und hätte das nicht nur die Dinge beschleunigt?

Sehr spät noch redete sie auf dich ein und sprach dabei mit monotoner oder leidenschaftlicher Stimme. Ich weiß nicht mehr, an welchem Abend es genau war, daß du dich heimlich aus dem Zimmer geschlichen hattest und sie dich verfolgte. Du warst flink und behende. Ich sah dich, nicht bei dieser ersten Flucht, sondern bei den folgenden, wie du schmächtig in deinem hellblauen Pyjama die Treppen hinabliefst, die Gänge entlang, um dich in den riesigen Abstellräumen oder im Keller zu verstecken.

Deine Mutter blies zum Gefecht, will sagen trommelte das ganze Personal zusammen, das sich auf die Suche nach dir machte.

Wenn man dich endlich entdeckt hatte, hinter einem der Koffer in der Rumpelkammer oder im Keller in eine Ecke des Spielzimmers gekauert, bemühtest du dich zu lächeln, als wenn das alles nur ein Spiel gewesen wäre. Ein Spiel, das mir Angst einjagte, wenn ich durch Zufall davon erfuhr oder es miterlebte.

Um eintönige schlaflose Nächte zu vermeiden, nahm ich seit vielen Jahren allabendlich vor dem Schlafengehen das harmlose Schlafmittel ein, das meine Ärzte mir empfohlen hatten und das mir einen friedlichen Schlaf bescherte. Das hatte mir in Echandens sehr geholfen, wenn deine Mutter sehr spät von einer Etage zur nächsten und von einem Zimmer zum anderen lief wie eine gequälte Seele. Damals wußte ich nicht einmal, wann sie sich endlich am äußersten Rand unseres großen Bettes schlafen legte.

Wie oft wurde ich jetzt in Epalinges durch Zufall wach und glaubte, trotz der Schalldämmung Schreie zu hören! Ich lief hinaus, um nachzusehen, was da los war.

Das ganze Personal, deine Mutter voderneweg, war auf der Suche nach dir, und das glich einer Hetzjagd. Ich hatte dich aus dem Haus laufen und barfuß die verschneite Straße überqueren sehen, und deine Mutter war die erste, die sich, ebenfalls barfuß wie du, in den verharschten Schnee stürzte. Du warst schon weit, ganz außer Atem. Du drehtest dich um und hattest Mitleid, bliebst stehen, bekamst Gewissensbisse, liefst zurück und batest sie um Verzeihung.

Wenn deine Brüder früh am Morgen aufstanden, hatte das Personal die Couch schon wieder verschwinden lassen.

Ich hinkte immer noch, wegen der Arthrose im rechten Fuß. Auch du,

Marie-Jo, hattest ebenso wie Johnny und mehrere Bedienstete D. mit pathetischer Stimme zu unserem Gärtner sagen hören:

»Versprechen Sie mir, meinen Mann niemals zu verlassen. Eines nicht zu fernen Tages wird er Sie brauchen, um sich von Ihnen in einem kleinen Gefährt spazierenfahren zu lassen . . .«

Das kleine Gefährt: der Rollstuhl; alle hatten verstanden, auch du, kleines Mädchen, und ich kann mir die Resonanz vorstellen, die diese Worte in deinem Innersten gefunden haben. Ich war einundsechzig Jahre alt, und ich erinnere mich an das Bild, das ich mir in deinem Alter von einem so alten Mann machte. In meinen ersten Romanen waren die Greise knapp fünfzig bis fünfundfünfzig Jahre alt, und ich beschrieb sie als hinfällig. Heute kann ich das Alter eines Schriftstellers am Alter seiner »Greise« ablesen!

Bei unserer Ankunft in Epalinges fanden meine Ärzte mich jedoch in Hochform; die Blutuntersuchungen und die Röntgenaufnahmen bestätigten das.

Was ich damals noch nicht wußte, wofür ich heute aber den Beweis habe, das war, daß eure Mutter euch schon seit zwei Jahren ermahnte, mich zu schonen, »weil ich krank sei«, und es gelang ihr, einen großen Teil des Personals davon zu überzeugen.

Ich habe in diesem Moment den Eindruck, wieder in diese Abgründe hinabzustürzen, deren Tiefe mir erst so viel später offenbar geworden ist. Ich litt unter den schmerzlichen Wahrheiten, von denen ich nur eine Ahnung hatte. Ich weiß endlich Bescheid, und es bleibt mir nichts anderes übrig, ob ich es will oder nicht, bis ans Ende zu gehen, wenn ich es schaffe.

Für dich, Marie-Jo, für deine Brüder, für die kleine Gruppe von Menschen, in der wir lebten, für unseren kleinen Clan.

Am zehnten Januar zeigte der sanfte Walther sich besorgt über dein Aussehen und dein nächtliches Ausreißen, von dem deine Mutter ihm lang und breit erzählt hatte. Er rief in Prangins an, und Dr. Durand, der unabkömmlich war, schickte seinen engsten Mitarbeiter nach Epalinges, einen Psychiater wie er selbst. Walther war dabei, und die Erinnerung an diesen Nachmittag ist mir sehr genau im Gedächtnis geblieben.

Der junge Psychiater bat sofort, sich allein in deinem Schlafzimmer mit dir zu unterhalten. Walther und ich befanden uns mit deiner Mutter in deren großem Büro, von wo aus wir durch die »Panorama«-Fenster die verschneiten Wiesen und Bäume sahen.

Wir waren schweigsam, da wir uns nichts zu sagen hatten, während du eine Etage tiefer dein »Examen« zu bestehen hattest. Ich sehe deine Mutter wieder vor mir, wie sie mit entschlossenem Schritt zur Wechselsprechanlage ging, um den Knopf zu drücken, der uns erlaubt hätte, alles, was in deinem Zimmer gesprochen wurde, genau so deutlich zu hören, als wenn wir dabei gewesen wären.

Ich sprang auf und lief nach vorn, um sie daran zu hindern, den Knopf zu betätigen. Der gute Walther war rot geworden und öffnete den Mund, um gegen diese Indiskretion zu protestieren, die jeder medizinischen Ethik widersprach.

Sie drehte sich zu mir um und forderte mich mit ihrem düsteren Blick heraus.

»Ich bin ihre Mutter. Wenn das jemanden etwas angeht, dann mich . . .«

Unser Kinderarzt war zu schüchtern, um einzuschreiten. Er senkte den Kopf, verwirrt und beschämt, während man plötzlich dein selbstsicheres Stimmchen hörte, meine kleine Tochter.

Ich versuchte noch einmal, den Knopf zu erreichen und dir den Schutz des Berufsgeheimnisses zu sichern, auf den du Anspruch hattest.

Mir war, als müßte ich einer geistigen Vergewaltigung beiwohnen, deren Opfer der Psychiater und du waren, ohne es zu wissen. Hattet ihr nicht beide, einer wie der andere, ein Recht auf Geheimhaltung? Ich zog es vor, hinauszugehen und in mein Büro zu flüchten, von dem aus ich nichts mehr hören konnte.

Mehr als eine Stunde verging, vielleicht auch zwei, denn Dr. Verlomme war ein gewissenhafter Arzt, deine Mutter wußte es aus eigener Erfahrung, denn er hatte sich auch um sie gekümmert.

Ich war ihm ein bißchen böse, aus einem Grund, der nichts mit dir zu tun hatte. Als deine Mutter letztes Jahr in Prangins war, hatte unser Freund Dr. Durand ihm irgendwann einmal seine Patientin anvertraut, um anschließend ihre Meinungen über sie auszutauschen. Bei dem letzten Aufenthalt im Jahre 1963 war ich dem jungen Psychiater begegnet, als ich zu meinem Wagen ging. Wir hatten einen Augenblick geplaudert. Ich hatte ihm keine Fragen gestellt, denn ich stelle den Ärzten, die einen der Meinen behandeln, niemals Fragen. War es nicht an ihnen, zu entscheiden, was sie offenbaren durften?

»Ich möchte Ihnen einen Rat geben, Monsieur Simenon. Sie versteifen sich darauf, eine Liebe aufrechtzuerhalten, die schon seit langem nicht mehr existiert. Sie sprechen von Liebe zu jemandem, für den dieses Wort keinen Sinn mehr hat. Sie tun sich unnötig weh, und das führt zu nichts. Seien Sie ein Realist. Sehen Sie den Dingen endlich ins Auge und finden Sie sich mit der ungeschminkten Wahrheit ab.«

Ich war nicht bereit, diese Worte zu hören, und ich wiederhole, daß ich sie ihm lange übelgenommen hatte, viel zu lange, jahrelang, bis ich gezwungen war, das aufzugeben, was der Arzt mit einem beinahe spöttischen Lächeln »meine romantischen Träume« genannt hatte.

Um so schlimmer, wenn meine Gefühle so bezeichnet wurden. Ich wollte sie retten, und ich erkenne heute an, daß ich unrecht hatte und daß vielleicht, wenn ich anders reagiert hätte . . .

Ich werde später darauf zurückkommen. Der Psychiater und Walther besprachen deinen Fall, unter vier Augen diesmal, in dem Büro, das deine Mutter nur widerstrebend verlassen hatte.

Was hatte sie von deinen Geständnissen mitgehört, sofern du welche gemacht hattest? Denn du wußtest Geheimnisse für dich zu behalten, du hast sie zu viele Jahre lang für dich behalten, und du hast es mit deinem Leben bezahlt.

Deine Mutter war sichtlich verstört, während die beiden Ärzte sich unterhielten. Ihr schriftliches Gutachten, das ich vor mir liegen habe, beweist mir, daß du nicht viel verraten hattest. Sie sprechen darin beiläufig von einem »Angstsyndrom« mit »nächtlichen Schreckensvisionen und unkontrollierbarer Angst vor Krankheit und Tod«.

Weiter heißt es in dem Bericht:

»Dies alles infolge der Sorgen, die sie sich seit zwei Jahren um ihren Vater und seit einem Jahr um die Gesundheit und ›Anfälligkeit‹ ihrer Mutter macht.«

Nicht ich habe die Anführungszeichen hinzugesetzt, um das mehrdeutige Wort ›Anfälligkeit‹ hervorzuheben.

»Therapie: Entspannungskur im Bett für mindestens eine Woche, dann Aufenthalt in den Bergen und allmähliche Wiederaufnahme ihrer Aktivitäten je nach ihrem Zustand.«

Prof. Durand würde mir bald sagen:

»Ihre Frau besitzt eine diabolische Intelligenz, und ich bin mehr als einmal auf ihr Spiel hereingefallen.«

Die beiden Ärzte auch, die den Bericht unterschrieben hatten, denn sie fügten hinzu:

»Es ist unbedingt erforderlich, daß ihre Mutter Tag und Nacht in ihrer Nähe bleibt.«

Sie hatte gewonnen, was mir beweist, daß du dein Geheimnis bewahrt hattest, mein kleines Mädchen. Sie würde dir also bis Mitternacht und noch später von deinem alten kranken Vater erzählen können, von Evolti, der seinen Rollstuhl schieben würde, und dich auf den Tod dessen vorbereiten, an den du immer dachtest, wenn du »Tennessee Waltz« summtest und später auf Band aufnahmst. Und hattest du nicht bis zuletzt einen gewissen, mehrfach geweiteten goldenen Ring bewahrt?

Man empfahl dir die Berge? Am fünften Februar fuhr deine Mutter mit dir hin, mit Zustimmung des Dr. Walther, der nichts dazu konnte. Sie hatte beschlossen, nicht in dem Hotel abzusteigen, in dem wir früher glücklich gewesen waren, wo Serge alle Kinder tanzen ließ und ihnen

Geschichten erzählte, die er mit Taschenspielertricks begleitete, von denen du hingerissen warst.

Sie zog es vor, ein Chalet zu mieten, das ihr beide allein bewohnen würdet, ohne Männer, denn sie lehrte dich, vor den Männern auf der Hut zu sein, deine Brüder nicht ausgenommen.

»Wir werden ein kleines Chalet ganz für uns haben, nur wir beide, und wir werden unsere Einkäufe machen, das Essen, den Haushalt . . .«

Zwei Tage lang hattet ihr, hatte sie sich um das Essen gekümmert, aber dann hatte sie keine Lust mehr und fuhr mit dir ins Hotel, in unser Hotel, um von nun an alle Mahlzeiten dort einzunehmen, auch das Frühstück. Es schneite da oben, wie in Epalinges. Während eurer Abwesenheit schrieb ich nicht, ich versuchte es auch nicht und begnügte mich damit, im Büro mit Aitken und Blinis zu arbeiten.

Ich war zwar nicht krank, aber vorübergehend behindert. Vor eurer Abreise hatte ich mir einen Muskel gezerrt, in der Nähe der Leistenbeuge, vielleicht beim Spielen mit meinen Kindern im Schnee. Das war ein Unterleibsmuskel, den man »Geraden Bauchmuskel« nennt. Er verursachte mir große Schmerzen, und ich suchte einen Orthopäden auf, der mir einen komplizierten Gips anlegte, denn er mußte gewisse natürliche Funktionen gestatten.

Ich konnte ein bißchen auf dem Weg spazierengehen, den der Schneepflug jeden Tag freimachte, einen eisenbeschlagenen Stock in der einen Hand, die andere an Teresas Arm geklammert.

Du warst es, an die ich unablässig dachte, mein kleines Mädchen, an dich und an deine Mutter, denn ich war noch weit davon entfernt, den Rat von Dr. Verlomme zu befolgen.

Wenn ich hier einen der Briefe wiedergebe, die ich dir geschrieben hatte, dann deshalb, weil er der einzige war, den du in der Hand gehalten und wahrscheinlich noch einmal gelesen hattest, bevor du deinem Leben ein Ende setztest. Hatte er dir warm ums Herz werden lassen? Ich ändere kein Wort daran.

Donnerstag morgen
Geliebte Marie-Jo, meine hübsche Kleine, mein zärtlicher Liebling – es drängt mich, den so hübschen Ausdruck hinzuzufügen, den der Daddy deiner Mama für sie verwendete und der auch so gut zu dir paßt: »mein kleiner Sonnenstrahl« . . . Ich möchte, daß alle deine Stunden rosig und froh sind. Leider steht es nicht in meiner Macht, dich die ganze Zeit glücklich zu machen, sosehr ich es auch versuche. Ich möchte, daß deine Mama und du die beiden glücklichsten Frauen der Welt seid, immer strahlend und mit einem kleinen Leuchten der Freude in euren schönen Augen.
Sei mir nicht böse, wenn ich mich dabei manchmal so ungeschickt anstelle.

Auch ich bin, genau wie Johnny, ein großer Bär mit dröhnender Stimme und schroffen Bewegungen. Das schließt aber, glaub es mir, eine unendliche Zärtlichkeit nicht aus.

Ich kann es nicht erwarten, dich in meine Arme zu schließen und dir in die Augen zu sehen. Deine Mama weiß es, daß wir uns dann, wenn wir einander in die Augen sehen, bis auf den Grund unseres Herzens sehen können und alle Wolken verschwinden. Aber ich will dich nicht drängen. Du sollst erst wiederkommen, wenn du wirklich Lust dazu hast, wenn du es für richtig hältst. Du selbst mußt es wissen.

Gute Nacht, gute Nacht, mein zärtlicher und wundervoller Liebling. Wenn dieser Brief meine ganze Zuneigung enthielte, könnte der Briefträger ihn nicht tragen.

Ich drücke dich sanft, ganz sanft in meine Arme und schweige.

Dein Daddy

Sei so gut und lasse deine wundervolle Mama an allem teilhaben, was ich hier sage und was auch für sie bestimmt ist. Ich weiß, daß du deswegen nicht eifersüchtig bist.

Romantisch, zugegeben. Unheilbar romantisch, glaube ich. Ich schäme mich dessen aber nicht und halte es nicht für eine Krankheit, derer man sich schämen müßte.

D. beschloß, daß wir unseren alten Chauffeur aus Echandens nicht mehr brauchten, um Johnny zur Schule zu fahren. Johnny war fünfzehn. Er würde daher zu Fuß den steilen Abhang hinabgehen, der zum Trolleybus nach Bèthusy führte.

Man sah ihn morgens noch vor Tagesanbruch losgehen, denn sein Unterricht, wie der einiger anderer auch, fing um sieben Uhr an. Er protestierte nicht, beklagte sich nicht und bekam vor allem, wie er es vor nun schon langer Zeit versprochen hatte, keine »Wutanfälle« mehr.

Tapferer Johnny! Eines Sonntags fuhrst du deine Mutter und deine Schwester besuchen, begleitet von Nana, und ihr gingt alle vier im Hotel gut essen.

Rückkehr aus Villars, am sechsundzwanzigsten Februar schon, und du schienst überrascht zu sein, Marie-Jo, mich aufrecht und schlank zu sehen, denn am Morgen desselben Tages hatte man mir den Gips entfernt.

»Nanu, Dad! Du kannst ja gehen!«

Hatte man dir erzählt, daß ich nie mehr würde gehen können und der Rollstuhl nicht mehr weit sei? Ich fand dich ein bißchen bläßlich, trotz der frischen Luft. Aber Villars lag schließlich kaum höher als Epalinges.

Deine Mutter würde fortfahren, mit dir in einem Zimmer zu schlafen.

Sie hatte dir einen Hund gekauft, als Ersatz für Mister, von dem wir uns zu unserem Bedauern hatten trennen müssen, denn er war in der letzten Zeit in Echandens zum Schrecken der Bauern geworden. Diese kannten uns und hatten sich damit begnügt, den Preis der Kaninchen und Hühner zu kassieren. Hier aber waren wir Fremde, die man unauffällig beobachtete. Die Gemeindesatzung duldete keine frei herumlaufenden Hunde, und ich wollte unseren Mister nicht an der Kette sehen wie die Hunde in der Nachbarschaft.

Ein Tierarzt, der ihn mehrere Male behandelt hatte und einen großen, von Mauern umgebenen Garten besaß, hatte ihn übernommen, und ich wußte, daß Mister glücklich bei ihm sein würde.

D. hatte dir bei diesem Tierarzt einen kleineren Hund ausgesucht, der kein Blutbad unter Hühnern und Kaninchen anrichten konnte, einen Tekkel, den du Jocky tauftest. Pfingsten lag in diesem Jahr sehr früh. Die Ferien rückten näher. D. beschloß, euch nach Cannes in unser großes Appartement im »Carlton« mitzunehmen, dich, Pierre und Nana. Ihr traft dort Dr. Martinon wieder, der jetzt unser Freund war, den Mann, den du bei seinem ersten Besuch mit Autorität hinausgeworfen hattest:

»Hau ab, du!«

Auf englisch, denn wir waren damals gerade erst in Europa angekommen. Martinon, der immer mit Arbeit überlastet war, würde geduldig eine ziemlich lange Qual über sich ergehen lassen. Deine Mutter rief ihn nämlich fast jeden Abend, oft auch nachts, und hielt ihn bis zwei Uhr morgens auf. Er hörte sich ohne Ungeduld die Litanei an, die sie ihm vorbetete und die er bald vorwärts und rückwärts singen konnte.

Was mich betraf, so schlug ich Johnny vor, Ferien in Spanien zu machen, und wir brachen beide noch am gleichen Tag nach Barcelona auf, wo wir uns im Hotel Ritz mit seinem marmornen Badezimmer wiederfanden, in dem man drei oder vier Stufen hinabsteigen mußte, um zu baden.

Wir waren ein bißchen wie zwei dicke Freunde auf einem Bummel. Die Essenszeiten in Spanien, das Mittagessen um zwei und das Abendessen abends um neun, hatten uns etwas durcheinandergebracht. Wir entdeckten ein kleines, unscheinbares Restaurant, das nicht für die Touristen da war, sondern für die einheimischen Stammgäste. Die Paella war dort hervorragend, und das Restaurant hatte den Vorteil, daß es um ein Uhr aufmachte. Du hattest Hunger; ich auch, mein Johnny. Jeden Tag, oder beinahe jeden Tag, verlangtest du deine Paella. Du wurdest die Spaziergänge auf den Ramblas und in den schattigen Gäßchen links und rechts von ihnen ebensowenig leid wie ich.

Eines Tages betraten wir ein Bistro, ein richtiges, in dem nur die Leute aus dem Viertel verkehrten. Du trankst eine Cola gegen den Durst, während ich den dunklen Wein des Landes probierte, den ich vorzüglich fand. Zum Wein reichte man mir auf einer Untertasse zwei dünne Scheiben einer sehr scharf gewürzten Wurst, die du so sehr mochtest, daß du mich fragtest:

»Dad, willst du nicht noch ein Glas bestellen, damit ich noch etwas Wurst haben kann?«

Wir gingen fast täglich spätnachmittags dorthin, nachdem wir um den Hafen herumgestrichen waren und unsere kleine Runde über den überdachten Markt gemacht hatten, wo du dich vor allem für die Fische interessiertest, die auf den Steinplatten ausgebreitet waren.

Große Plakate kündigten eine Corrida mit berühmten Toreros an, und ich sah deine Augen leuchten.

»Gehen wir hin, Dad?«

Der Pförtner des Ritz besorgte uns auf dem Schwarzmarkt Plätze im Schatten, gegenüber dem Einlaß der Pferde und der Toreros. Ich hatte einen Stierkampf in der Arena von Nîmes erlebt und mußte mir einen Ruck geben, mit dir zu dieser Corrida zu gehen. Es sollte sogar so weit kommen, daß ich in dem Moment, als die Banderilleros ihre Lanzen warfen und der Stier den Todesstoß erhielt, ein dringendes Bedürfnis vorgab und hinauslief. Du jedoch bliebst ungerührt.

Ein schöner Urlaub. Jeden Tag rief ich in Cannes an und sprach mit D. und Marie-Jo. Und jeden Abend, bevor wir zum Essen hinuntergingen, schrieb ich ihnen einen ziemlich langen Brief.

Am zweiten April waren wir alle wieder in Epalinges vereint, wo das Schwimmbad noch nicht ganz fertig war, denn dazu gehörte im Keller noch eine komplizierte Apparatur, die an eine Fabrik erinnerte.

Wir fanden das Becken also leer vor, und Arbeiter waren noch damit beschäftigt, die himmelblauen Mosaikfliesen anzubringen. Fast täglich gingt ihr alle drei nachsehen, wie weit die Arbeiten gediehen waren, denn ihr konntet es kaum erwarten, es mit Wasser gefüllt zu sehen. Der Sprungturm wurde errichtet.

Auf der einen Seite, unterhalb des Sprungbretts, war das Becken zwei Meter fünfzig tief. Auf der gegenüberliegenden Seite führten Treppenstufen aus blauem Mosaik mit recht sanftem Gefälle hinab, und dort würde Pierre mit fünf Jahren schwimmen lernen.

Ein Traum, nicht wahr? Aber auch die Wirklichkeit war da, und schon am einundzwanzigsten April mußten wir eure Mutter ganz dringend nach Prangins fahren. Sie bestand darauf, daß ihr alle drei sie begleiten solltet. Unser alter Chauffeur fuhr den Rolls, der noch nie eine Panne gehabt hatte. Warum bestand eure Mutter darauf, sehr aufgeregt und mit zitternden Händen, daß wir einen Umweg machten und über Nyon fuhren? Ich fühlte nicht mehr die Kraft in mir, sie daran zu hindern, denn ihr Zustand erschien mir beunruhigender als je zuvor. Und da, mitten in Nyon, passierte die Panne, von der man behauptete, sie sei gar nicht möglich.

Ich stürzte nach draußen, um eine Werkstatt, einen Mechaniker zu finden. Ich kannte diese Stadt wenig, durch die ich bisher immer nur hindurchgefahren war. Man sagte mir, ich solle einer Straße bis zum Ende folgen; dort würde ich eine Werkstatt finden. Die Straße war lang. Ich ging schnell, fing an zu laufen.

Weiße Zapfsäulen, endlich. Ein Mechaniker, der etwas von seinem Fach zu verstehen schien und behauptete, sich mit einem Rolls auszukennen. Ich stieg in seinen Lieferwagen ein, und wir fuhren zum Wagen zurück. Ich glaubte mich zu täuschen, als ich D. nicht sah, sondern nur die Kinder und Nana, während unser alter Chauffeur sich über die Motorhaube beugte.

»Wo ist Mama?«

»Sie ist ein paar Besorgungen machen gegangen.«

Ich glaubte erraten zu können, wo sie hingegangen war, und lief durch die Straßen, die ich nicht kannte, öffnete die Türen aller Bistros, aller Bars, der Restaurants. Ich suchte vergebens und fragte mich schon, ob sie nicht inzwischen zum Wagen zurückgekehrt war.

Eine einzige Bar noch, als letzten Versuch und ohne große Hoffnung. Sie war da, sah mich an, ein Glas in der Hand.

»Was ist . . . was hast . . . machst du hier?« gab sie von sich.

»Komm . . . Die Kinder warten auf dich . . .«

Sie schwankte, ich stützte sie, während ich nun nach dem Wagen suchte, den wir wenig später vor uns sahen. Offenbar hätte man nur irgendeinen bestimmten Knopf zu drücken brauchen, um ihn wieder flottzumachen.

Evolti hatte Teresa eine Stunde früher mit dem Gepäck vorausgefahren, und sie hatte das Zimmer vorbereitet. Wir blieben vor dem Eingang von »Sanssouci« stehen. Eine Krankenschwester, die schon auf uns gewartet hatte, lief uns entgegen. Mit geschultem Blick erfaßte sie D.s Zustand, rief eine ihrer Kolleginnen herbei, und zu zweit brachten sie D. sogleich auf ihr Zimmer.

Wir warteten, meine Kinder. Ich bin mir jetzt nicht mehr sicher, ob Johnny dabei war. Ich frage mich, ob er nicht wegen wichtiger Kurse im Collège hatte bleiben müssen, denn er nahm die Schule sehr ernst.

Wir warteten im Garten, am Fuße der Steintreppe. Die überstürzte Art, mit der die Krankenschwestern D. fortgebracht hatten, beunruhigte mich mehr denn je.

Eine von ihnen würde uns bald sagen:

»Man hat ihr eine Spritze gegeben. Sie schläft . . .«

»Wann werde ich sie besuchen können?«

»Rufen Sie heute am Spätnachmittag oder morgen früh den Professor an.«

Er war es, der mich als erster anrief, um mich zu bitten, am nächsten Tag herzukommen.

»Sieht es schlecht aus, Doktor?«

»Ich muß morgen ein ernstes Wort mit Ihnen reden.«

Er verabredete sich in seiner Privatvilla mit mir, die äußerst geschmackvoll eingerichtet war und in der wir vor Jahren einmal an einem sehr freundschaftlichen Abend teilgenommen hatten. Ich kannte sein privates Arbeitszimmer nicht, das hell und freundlich und sehr einfach war und in dem er mich empfing.

»Haben Sie schlechte Nachrichten für mich?«

»Weder gute noch schlechte. Das wird von der Entziehungskur abhängen, die wir gestern begonnen haben.«

»Eine Schlafkur?«

»Ja. Während der Dauer dieser Kur können Sie sie natürlich nicht besuchen. Danach werden wir sehen . . .«

»Sind Sie pessimistisch?«

»Weder pessimistisch noch optimistisch. Ich glaube allerdings, Ihnen sagen zu können, daß sie dieses Mal lange hierbleiben wird . . . Wie geht es Marie-Jo? . . .«

Er kannte meine Kinder. Ich hatte die seinen kennengelernt. Er hatte auch den Bericht seines Assistenten gelesen. Wir plauderten freundschaftlich.

»Ich möchte gern, daß Sie mir in den nächsten Tagen berichten, wie es Ihrer Tochter geht . . .«

Auch Marie-Jo machte mir Sorgen. Zu meiner Überraschung sprach sie mit mir nicht über ihre Mutter. Ihr Verhalten war verändert. Einfache Details, gewiß, denen ich aber Bedeutung beimaß. Nana und Yole erzählten mir zum Beispiel, daß sie sich angewöhnt hatte, sich jede Stunde, wenn nicht häufiger, sorgfältig die Hände zu waschen, selbst wenn sie ganz sauber waren. Bei Tisch untersuchte sie ihren Teller, hielt eine Gabel vor ihre ein wenig kurzsichtigen Augen.

»Yole, gib mir eine andere Gabel. Diese hier ist schmutzig . . .«

Es gab aber nichts Schmutziges, nichts, das auch nur Argwohn hätte erregen können in diesem Haus, das die Journalisten ironisch als »sterilisiert« bezeichnen sollten. Yole protestierte nicht und wechselte den Löffel, das Messer.

»Dieses Glas ist schmutzig, Yole . . .«

Das war es nicht, aber die gute Yole gab ihr ein anderes. Sie untersuchte ihre Nahrung wie mit der Lupe. Ich erfuhr bald, daß sie abends vor dem Einschlafen verängstigt nach Nana oder Yole rief.

»Mein Bett muß abgezogen werden. Da ist etwas Schmutziges darunter . . .«

Sie zogen es zu zweit ab, fegten mit dem Besen den nicht vorhandenen Staub auf dem Teppichboden. Die Worte *schmutzig* und *Schmutz* kehrten immer häufiger wieder, viel zu häufig, wie eine fixe Idee, und ich wußte genug davon, um diese Wiederholungen ein und desselben Wortes zu verstehen, vor allem dieses Wortes.

Ich sprach mich darüber am Telefon mit Dr. Durand aus, der die Sache ernst nahm und mir riet, einen Psychiater aus Lausanne zu Rat zu ziehen, der sich auf auffällige Verhaltensweisen im Kindesalter spezialisiert hatte.

Ich erfuhr, daß D., die eigentlich unter der Wirkung der Spritzen die ganze Nacht und den größten Teil des Tages hätte schlafen müssen, mitten in der Nacht aufstand und ins Erdgeschoß hinunterging, um die Krankenschwester zu besuchen, die dort Nachtdienst hatte. Außerdem hatte man in ihrem Zimmer ein Heft gefunden (das ich ihr bei einem ihrer früheren Aufenthalte mitgebracht hatte), das noch ganz frische, fast tägliche Aufzeichnungen enthielt. Der Professor war erstaunt, denn ein solcher Fall war ihm noch nicht vorgekommen.

Ich fragte ihn nicht, was sie so in ihr Heft schrieb, denn dafür respektierte ich das Berufsgeheimnis zu sehr, das habe ich schon gesagt.

»Und wenn die Schlafkur nicht zum Erfolg führt?« wagte ich ihn dennoch zu fragen.

»Dann müssen wir es mit der Insulinkur versuchen . . .«

Bei diesen Worten überlief es mich kalt. Was das bedeutete, wußte ich nur zu gut: jeden Tag führte man Komata herbei, die genauestens überwacht wurden, denn diese Kur kann gefährlich sein. Lebensgefährlich sogar, das wußte ich aus all den Abhandlungen über Psychiatrie, die ich im Laufe der Jahre gelesen hatte, und aus den internationalen Fachzeitschriften, die ich abonniert hatte und die ich nicht mehr las, seit D. und nun auch Marie-Jo mir Sorgen machten. Ich wollte, ich hätte mich nicht mehr an das erinnern können, was ich auf diese Weise gelernt hatte.

Dr. Henny, von dem Durand mir erzählt hatte, gab mir einen Termin mit Marie-Jo, in seiner Praxis, in der ich wieder einmal während der Untersuchung im Wartezimmer allein blieb. Als er mit meiner Tochter zu mir zurückkam, war sein Gesicht undurchdringlich, und wir sprachen in ihrer Gegenwart kein Wort. Er rief mich am Abend an und vereinbarte ein Treffen nach Feierabend mit mir, in Epalinges.

Er sprach unter vier Augen mit mir, in meinem Arbeitszimmer, indem er seine Worte sorgsam auswählte, und ich spürte, daß ich einen ernsten, gewissenhaften Mann vor mir hatte, der jedes seiner Worte kritisch überdachte.

»Ich muß Ihnen gestehen, Monsieur Simenon, daß der Fall Ihrer Tochter mich verwirrt. Ich habe ihr sehr viele Fragen gestellt, ohne sie zu bedrängen. Sie hat mir ruhig geantwortet, sehr gescheit, denn sie hat einen äußerst wachen Verstand. Alles in allem habe ich fast gar nichts herausbekommen, das gebe ich zu.«

Er ließ sich Zeit. Ich bot ihm eine Zigarette an, aber er rauchte nicht. Man ahnte einen gewissen Asketismus bei ihm, und er würde bald für alle psychischen Erkrankungen von Jugendlichen in Lausanne zuständig sein.

»Ich würde gern eine Kollegin zu Rate ziehen, die beste Spezialistin, die ich kenne, aber sie lebt und arbeitet in Paris. Ich weiß nicht, ob sie bereit wäre, hierher zu kommen. Andererseits würde ich zögern, in der gegenwärtigen Situation eine Reise mit Marie-Jo zu empfehlen. Ihre Tochter ist extrem sensibel.«

Die Professorin aus Paris kam zwischen zwei Flügen nach Lausanne, und in Epalinges hatte sie ein langes Gespräch mit Marie-Jo, in Gegenwart von Dr. Henny.

Ich erwartete ihr Urteil mit schmerzhafter Ungeduld. Es fiel ein wenig sibyllinisch aus.

»Nach meiner Ansicht, wie auch nach der meines Kollegen Henny, bewahrt Ihre Tochter in ihrem Innersten, wahrscheinlich unbewußt, Erinnerungen auf, die sie dorthin verdrängt hat. Ihre panische Angst vor Schmutz scheint das zu bestätigen. Sie schämt sich irgendeiner Sache und weigert sich, das zuzugeben. Nur eine ziemlich lange Behandlung kann uns vielleicht ihre Zwangsvorstellung offenbaren.«

»In Paris?«

»Davon kann keine Rede sein. Auch nicht in einer Klinik. Dr. Henny ist prädestiniert für diese Aufgabe, die einer Psychoanalyse gleicht, ohne ganz und gar eine solche zu sein . . .«

Da hast du es, mein kleines geliebtes Mädchen. Du warst ein »Fall«, auch du. Dr. Henny würde seine Behandlung nicht vor Dezember beginnen können. Der August stand bevor. Mir war es immer noch untersagt, und euch um so mehr, nach Prangins zu fahren, von wo aus man mich telefonisch auf dem laufenden hielt.

Die Schlafkur hatte nichts genutzt, wegen des erbitterten Widerstands eurer Mutter. Marie-Jo blieb eine Woche bei ihren Freunden, den Moinats, die sie nach Echandens eingeladen hatten. Du hattest Ferien, mein Johnny, und Pierre auch, der jetzt in den Kindergarten ging.

Ich beschloß, Johnny nach Paris mitzunehmen, während Marie-Jo bei den Moinats war, und so waren wir bald im George V.

Ein Nachmittag im Musée de l'Homme. Es war vor allem das benachbarte Marinemuseum, das dich beeindruckte und durch das wir zweimal hindurchgingen.

Ich rief jeden Abend in Prangins und bei den Moinats an, wo Marie-Jo entspannt zu sein schien und alles wissen wollte, was wir machten. Die Woche war kurz, und wir trafen uns alle in dem endlich fertiggestellten Schwimmbad wieder, in dem ihr begeistert schwimmen würdet, aber erst, nachdem Marie-Jo sich vergewissert hatte, daß das Wasser nicht gechlort war. Pierre ging mit Schwimmflügeln ins Wasser und blieb vorsichtig. Nana lernte schwimmen, ebenfalls mit Schwimmflügeln, in diesem Becken, das blau erschien und wo die Sonne, die von allen Seiten her eindrang, bis auf den Grund des Wassers leuchtete.

Marc, Francette, die wieder schwanger war, und Serge kamen uns für einige Tage besuchen.

September. Ende der Ferien. Für dich, Marie-Jo, zweimal in der Woche ein Besuch bei Dr. Henny.

Er würde sich mit seinem Wissen und seiner Erfahrung bemühen, den Ursprung deines Zustandes herauszufinden.

61

Ich fühle mich völlig erschöpft, meine Kinder, zu sehr beladen mit so bedrückenden und starken Emotionen, vor allem nachdem ich die letzten Jahre in Echandens heraufbeschworen habe, die Angst, die mich zerfraß, unseren dramatischen Einzug in Epalinges, den erneuten Auszug eurer Mutter aus dem Haus und schließlich, nach der Rückkehr Marie-Jos aus Villars, wo sie D. allein gegenübergestanden hatte, ihre ersten merkwürdigen Anwandlungen, die sich bis zur Zwangsvorstellung steigerten.

Heute habe ich weniger denn je den Mut, haarklein und wohlgeordnet, wie ich es mir vorgenommen hatte, die Ereignisse dieses Jahres 1964 zu erzählen, das einen entscheidenden Wendepunkt in unser aller Leben darstellte, und ich werde mich manchmal mit recht kurzen Anmerkungen begnügen. Anfang 1980 habe ich angefangen, wieder in die Vergangenheit einzutauchen, und ich habe sie unglücklicherweise mit der gleichen Intensität wiedererlebt wie damals, ebenso schmerzhaft, vor allem was die tragischsten Epochen betrifft, so sehr, daß ich es eilig habe, mich ihrer zu entledigen.

Mag ein jeder von euch mir verzeihen, wenn ich ihm in diesem Kapitel nicht den Platz zuweise, der ihm zukommt, den Platz, den er in meinem Herzen einnimmt und in meinen Sorgen, und wenn ich mich damit begnüge, nur die markantesten Erinnerungen zu Papier zu bringen.

Zunächst die Unterredung, die ich mit dem Direktor von Prangins hatte, auch diesmal wieder in dem privaten Arbeitszimmer seiner so hübschen Villa. Seine blauen Augen blickten freundschaftlicher als je zuvor, und seine Stimme klang gedämpft. Ich fragte ihn, kaum daß ich mich gesetzt hatte:

»Wann werde ich sie wiedersehen?«

»Vielleicht bald, aber von täglichen Besuchen kann keine Rede mehr sein, und erst recht nicht von Besuchen der Kinder . . .«

»Für lange?«

»Hören Sie, Simenon, Sie müssen den Mut haben, den Tatsachen ins Auge zu sehen. Ihre Frau ist nicht mehr die gleiche wie die, die Sie zu kennen glaubten. Sie ist eine Gefahr für ihre Kinder geworden und für Sie selbst, den sie zu hassen begonnen hat, nachdem sie sich bei dem Versuch übernommen hat, Ihnen zu gleichen und dann, Sie zu überflügeln. Allein daß Sie existieren, stört ihre Ambitionen und wird sie weiterhin stören. Ich sage nicht, daß sie hier nicht mehr herauskommen wird. Sie wird Prangins eines Tages verlassen, früher oder später. Sie hätte das Recht, noch heute von hier fortzugehen. Aber nicht, um in Ihrem Hause zu leben. Vor allem nicht, um zusammen mit ihren Kindern zu leben, solange diese noch nicht erwachsen und stark genug sind, ihrem Einfluß zu widerstehen. Ich spreche als Freund zu Ihnen, und Sie wissen, daß ich der Ihre bin. Sie müssen sich an die Vorstellung gewöhnen, daß es in Zukunft nichts mehr geben wird, das Sie mit D. verbindet.«

Ich fasse zusammen, denn die Unterhaltung war lang, sehr lang und von Freundschaft und Weisheit geprägt.

»Und Marie-Jo?«

»Sie ist in guten Händen. Halten Sie sich vor Augen, daß sie ein normales, intelligentes und sensibles Kind ist, wie mein Kollege Henny mir bestätigt. Nach seiner Ansicht hat sie ein schweres traumatisches Erlebnis gehabt, das wir noch nicht kennen, dem wir aber unbedingt auf die Spur kommen müssen. Sie zieht sich hartnäckig in sich selbst zurück, um ein Geheimnis zu wahren, an dem sie eines Tages ersticken wird . . .«

Ich murmelte:

»Wissen Sie, daß sie, seit ihre Mutter das Haus verlassen hat, früh einschläft und die Nächte friedlich und ohne aufzuwachen verbringt, ohne auch nur einmal nach ihrem Kindermädchen zu rufen, ohne einen Angstschrei?«

»Henny hat es mir gesagt.«

»Keine Flucht mehr durch das ganze Haus und nach draußen. Sie nimmt Stunden, um aufzuholen, was sie während ihrer Abwesenheit vom Collège versäumt hat, und ist entschlossen, zum Schulbeginn wieder dorthin zurückzukehren.«

Von alledem, meine Kinder, sagte ich euch damals nichts. Ich machte mich daran, dem Haus die Fröhlichkeit wiederzugeben, um die ich mich so sehr bemüht hatte. Ihr werdet vielleicht erstaunt sein, daß ich mit dem Personal beginne, aber es war zahlreicher als wir und spielte eine wichtige Rolle in unserem Leben, vor allem in dem euren.

Ich rief sie zusammen und sprach sehr einfach zu ihnen.

»Hört mal, Kinder . . .«

Ich benutzte dieses Wort, weil ich ein beinahe alter Mann war, sie aber jung, und weil ich wußte, was sie so lange ohne Auflehnung mitgemacht hatten, aus Anhänglichkeit unserer kleinen Familie gegenüber.

»Ihr alle versteht euer Handwerk. Ihr wißt auch, was im Haus zu tun ist. Ich werde euch keine Anweisungen geben. Von nun an bleibt es euch überlassen, euch untereinander zu arrangieren, und wenn es Schwierigkeiten geben sollte, stehe ich immer zu eurer Verfügung. Kein ›Rapport‹ mehr am Abend. Keine ›Wache‹ mehr, umschichtig bis Mitternacht. Für euch wird es das gleiche Menü geben wir für uns, und ihr werdet daran die Änderungen vornehmen, die euch zusagen. Ich vertraue euch . . .«

Das war alles. Allein das ließ das Haus schon fröhlicher werden. Josefa – und sie war nicht die einzige – sang bei der Arbeit in ihrer Muttersprache, auf spanisch.

Aber jetzt muß ich erst von einem Auto erzählen, dem Chrysler. Das ist fast schon eine alte Geschichte. Kurz nachdem wir ihn auf dem Internationalen Automobilsalon in Genf gekauft hatten, beklagte D. sich, daß er trotz seines sportlichen Aussehens nicht stark und schnell genug sei, und sie bestand darauf, daß ich mich bei dem Vertragshändler für die französische Schweiz beschwere. Ich gab nach, wie ihr euch denken könnt. Hatte ich nicht in allem nachgegeben, manchmal zu eurem Nachteil? Ich machte zunächst eine Probefahrt. Ich war seit 1932 mit dieser Marke vertraut, erst mit dem Chrysler »Imperial« und dann, in den Vereinigten Staaten, mit mindestens zwei »New Yorkern«.

Bei diesem Wagen war auf den Papieren, die man uns beim Kauf ausgehändigt hatte, keine Modellbezeichnung eingetragen. Nur »Chrysler« und, in kleinerer Schrift, »Karosserie Ghia«.

Ich hatte dafür fast ebensoviel ausgegeben wie für den »Imperial«, und trotz der exklusiven Karosserie des großen italienischen Designers war ich nicht auf einen Motor gefaßt, der sich von den anderen des gleichen Fabrikats, die ich so lange gefahren hatte, wesentlich unterschied und schwächer war. Ich beschwerte mich also, drohte mit einem Prozeß, und der Vertragshändler setzte sich mit den höchsten Stellen in Verbindung.

Wir waren in Epalinges, als der neue Wagen ankam, prächtig, beeindruckend, ein »Chrysler 500« diesmal, »Grand Sport«, weiß, sehr lang, mit Klappverdeck und knallroten Ledersitzen.

Eure Mutter war in Prangins, und ich lud euch ein, meine Kinder, den neuen Wagen bei herrlichem Sonnenschein einzuweihen. Wir erreichten den nahen Wald und fuhren singend hinein, auch du, Marie-Jo, die du vor Freude strahltest, und ich spendierte euch Coca-Cola an der Abtei von Montheron, zu der ich noch oft mit euch fahren würde, einem alten Kloster, das später eine Mühle war, denn ein kleiner Gebirgsbach floß mitten hindurch, und heute ist es ein Landgasthof.

Ich denke immer an dich, mein großer Marc, der du immer verträumt und so herzlich warst. Ich hatte dich beinahe verraten, indem ich dich nicht öfter zu uns nach Haus einlud, mit Francette und später mit Serge. Ich muß dir ein Geständnis machen, das mir nicht leicht fällt. Als du noch klein warst, in den Vereinigten Staaten, las D. dir jeden Wunsch von den Augen ab, erfand kleine Spiele und strömte über vor Zärtlichkeit zu dir.

Bis sie selbst einen Sohn hatte. Vor allem, bis sie Madame Simenon wurde, die einzige, unter Ausschluß deiner Mutter.

Einerseits klagte sie mir gegenüber häufig über das Schicksal, das dir vorbehalten war; andererseits aber beklagte sie sich bei ihrem Johnny und später bei ihren Kindern über »den anderen«, und das sollte eine fixe Idee bei ihr werden. In ihren Augen warst du nicht mehr der kleine Junge, den sie gehätschelt hatte: du warst der Eindringling geworden. Dieses Wort erstaunt dich? Du fragst dich warum? Weil du eines Tages deinen Vater und deine Mutter beerben wirst, während ihre Kinder nur mich beerben werden. Sie lag mir damit in den Ohren, daß das eine Ungerechtigkeit sei, daß ich Anwälte aufsuchen und etwas unternehmen solle, um dieses Unrecht juristisch zu korrigieren. Ich stellte mich taub. Sie nahm es dir um so mehr krumm, und viele Jahre lang warst du im Haus nicht mehr willkommen.

Heute ist das nicht mehr so. Epalinges ist dein Haus wie das unsere, das weißt du genau, und wir würden von diesem Winter an unsere Ferien im Schnee, später auch unseren Sommerurlaub alle zusammen verbringen, und das sollte sehr lange so bleiben, alle Simenons unter einem Dach.

Wenn du keine Freunde hattest, mein Johnny, so deshalb, weil du deine Zeit umsichtig auf zwei Aktivitäten aufteiltest, von denen die erste den Vorrang vor der zweiten hatte. Du »büffeltest« tüchtig in deinem neuen Zimmer, das zufällig das größte der Kinderzimmer war. Du hattest dir Möbel mit verstellbaren Regalen ausgesucht, die eine ganze Wand vom Fußboden bis zur Decke einnahmen und in denen sich deine Bücher stapelten, deine Schallplatten, einige deiner Bilder, die dich an deine alte Leidenschaft erinnerten. Alles war aus hellem Holz, dein Bett hatte eine Überdecke aus blauem Tweed, und wenn du aufhörtest, dich über deine Bücher zu beugen, liefst du in den Garten, um dich auszutoben, in Shorts, mit nacktem Oberkörper, und du drehtest manche Runde mit dem regelmäßigen Laufschritt der Sportler.

Im Schwimmbad würdest du mich bald bitten, die Zeit zu stoppen, die du brauchtest, um es, ich weiß nicht mehr wie oft, zu durchqueren. Auch die Musik fesselte dich, und manchmal würdest du schimpfen, weil Marie-Jo sich eine deiner Platten ausgeliehen hatte.

Es kam auch oft vor, daß du dein Fahrrad bestiegst und zum Wald eiltest, wo du die Pfade entlangradeltest. Dieser Wald und das Leben der Holzfäller, die du dort bei der Arbeit sahst, faszinierten dich so sehr, daß du mir eines Tages anvertrautest:

»Ich frage mich manchmal, ob ich nicht nach dem Studium Holzfäller werden soll, allein irgendwo inmitten der Bäume . . .«

Erinnerst du dich, Sohn?

Marc war ebenfalls verliebt in die Natur, und jedesmal, wenn er umzog, brachte ihn das wie zufällig der Natur ein Stück näher.

Im Juli schrieb ich den ersten Roman dieses Jahres, den ersten in Epalinges, denn Schreiben war mein Beruf, ich spürte das Bedürfnis danach; ich war meiner Maschine zu lange untreu gewesen. *Maigret se défend.*

Ende September beschäftigte mich ein neuer Roman. Er sollte in einem ärmlichen Viertel von Paris spielen, das ich sehr häufig besucht hatte, als ich mich, meistens mit Tigy, tagsüber und auch nachts in die verrufensten Straßen hineingewagt hatte, denn ich hatte alles in dieser Stadt kennenlernen wollen.

Es handelte sich diesmal um das Quartier Maubert, um die »Mouf«, wie man im Argot sagt, den Schlupfwinkel der Clochards, unter denen ich 1931 eine ganze Nacht verbracht hatte, dieses Mal allein, auf der Suche nach einem Mann, der auf dem Titelfoto von *Le charretier de la »Providence«* abgebildet werden sollte. Ich hatte ihn gefunden, in dem düstersten Unterschlupf derer, für die es keine Hoffnung mehr gab. Ich hatte ihn in ein Studio gebracht, wo man ihn neben einem Apfelschimmel fotografierte, den man für diesen Anlaß gemietet hatte.

Gleich daneben eine wimmelnde Straße, eine der volkstümlichsten in Paris, und, in meiner Erinnerung, hinter einem Portal, das Tag und Nacht geöffnet war, ein gepflasterter Innenhof, offenstehende Mülleimer, Abfälle, ganz hinten die Werkstatt eines Schreiners mit ihren Fenstern und rechts eine schlecht beleuchtete Treppe, die zu zwei oder drei Etagen mit armseligen Behausungen führte.

Das war der Rahmen, den ich für meinen nächsten Roman ausgesucht hatte, einen Roman, der vielleicht schäbig war, der aber optimistisch sein sollte und es auch wurde.

Hatte diese Straße, insbesondere dieses verfallene Gebäude, sich nicht im Laufe der Jahre verändert? Ich mußte es mir ansehen, wie bei *Les anneaux de Bicêtre,* und ich machte, allein, eine Reise nach Paris und zurück.

Am Nachmittag fand ich die Rue Mouffetard noch geschäftiger als damals vor, mit den kleinen Karren der Gemüsehändlerinnen, jetzt aber auch mit Läden, deren Auslagen fast den ganzen Gehsteig einnahmen. Es war ein sonniger Tag. Ich erinnere mich noch an das schillernde Spiel der Farben, ich atmete mit tiefen Zügen den Geruch der Früchte, des Gemüses und auch den des menschlichen Schweißes ein. »Mein« Haus, das Haus meiner Erinnerungen von damals, fand ich nicht wieder. Lag es vielleicht daran, daß ich es mitten in der Nacht ausfindig gemacht hatte?

Ich aß im George V und spät abends brachte mich ein Taxi in die Rue Mouffetard. Dort bat ich den Fahrer, an der Ecke auf mich zu warten. Er schien erstaunt und ein wenig besorgt, denn in der Dunkelheit gingen wenig vertrauenerweckende Schatten vorbei. Ich suchte nach meinem Haus und erkannte es schließlich wieder, so wie ich es in Erinnerung behalten hatte. Ich drang in den Hof ein und stieg die Treppe mit ihrem schwankenden Eisengeländer hinauf, während die abgetretenen Stufen unter meinen Schritten knarrten.

Im ersten Stock wurde eine Tür einen Spaltbreit geöffnet, ein Mann mit nacktem Oberkörper betrachtete mich mißtrauisch, und ich hörte Stimmen von Kindern und Frauen, die polnisch sprachen. Ich stieg weiter hinauf, bis ganz oben, lauschte und sog den stickigen Geruch des Elends ein.

Ich konnte zu meinem Taxi zurückkehren. Meine Recherchen waren beendet. Am fünften Oktober setzte ich mich an meine Maschine und am dreizehnten des gleichen Monats, neun Tage später also, setzte ich den Schlußpunkt unter den Roman mit dem Titel *Le petit saint*. Als mein Freund Nielsen mich fragte, was man auf den weißen Reklamestreifen drucken könnte, der um den Schutzumschlag herumgelegt werden sollte, war er erstaunt, mich antworten zu hören: »Endlich habe ich ihn geschrieben.«

Ein optimistischer Roman, ja, obwohl er zu einem großen Teil in diesem Haus spielte, in dem es keine Hoffnung zu geben schien. Zum ersten Mal hatte ich eine Art Hymne an das Leben geschrieben, eine Hymne der Hoffnung und Versöhnung.

Das bedeutete nicht, daß ich selbst versöhnt gewesen wäre. Ich sah D. zweimal im Garten von »Sanssouci«. Ich erkannte sie kaum wieder. Ihr Blick war fliehend, unstet, ihr Gesicht war aufgedunsen und beinahe totenbleich, und sie hatte nun den Gang und die Haltung, die ich in dieser Art von Gärten schon zu oft gesehen hatte. Sie sprach kaum, schien weit weg zu sein, in einer Welt, die mir verschlossen blieb, und als ich »zu uns nach Hause« zurückkehrte, hatte ich Mühe, meine Niedergeschlagenheit vor den Kindern zu verbergen.

Professor Durand vereinbarte einen weiteren Termin mit mir. Bei dieser Unterredung würde er ein neues Opfer von mir verlangen, das schwerste.

»Wissen Sie, Simenon, was Ihre Frau zerfrißt und vielleicht eine Besserung ihres Zustandes verhindert? Ein Gedanke ist unerträglich für sie, und sie erzählt mir bei jedem unserer Gespräche davon. Es handelt sich um Boule, die Ihre ganze Vergangenheit mit Ihnen geteilt hat. Bei der Vorstellung, daß diese in Zukunft die Herrin des Hauses ist und alles dirigiert, gerät sie außer sich.«

Ich protestierte heftig:

»Boule ist nicht die Herrin des Hauses. Sie . . .«

»Ich weiß, Simenon. Und trotzdem ist das eine fixe Idee geworden, und solange Boule da ist, kann ich nichts für Ihre Frau tun . . .«

»Sie wollen, daß ich sie nach mehr als vierzig Jahren . . .«

»Ich habe Ihnen das Problem aufgezeigt. Jetzt liegt es an Ihnen, es zu durchdenken und zu lösen.«

Ich kehrte erschüttert nach Hause zurück. Ich vermied es, Boule ins Gesicht zu sehen, ihr, die einen so großen Platz in meinem Leben eingenommen hatte, die es in allen seinen Phasen miterlebt hatte, einschließlich meiner schweren Anfangszeit in Paris. Mitten in der Nacht rief ich Marc an, während ich allein in dem großen Bett lag.

»Du hast ein Kind von zwei Jahren, Sohn. Deine Frau erwartet ein zweites. Würde es dir helfen, wenn Boule bei dir leben würde?«

Ich gestand dir nicht alles, mein Marc. Du warst erstaunt, aber begeistert.

Am nächsten Morgen hatte ich eine schmerzliche Unterredung mit Boule. Ich erklärte ihr die Situation mit bewegter Stimme.

»Sie wollen mich nicht mehr, mein kleiner schöner Monsieur?«

Denn sie hatte die Gewohnheit, mich so zu nennen.

Ich nahm sie in die Arme und versuchte, sie zu beruhigen.

»Sie lieben Kinder, meine kleine Boule. Sie haben sich um die meinen gekümmert, die nun groß werden. Sie vergöttern Marc, und er hat jetzt selbst Kinder . . .«

Das war ein heftiger Schmerz, für sie ebenso wie für mich. Ich spürte, daß sie mein Opfer noch immer nicht richtig begriff.

»In Zukunft werden wir einander oft besuchen, Marcs Familie und meine, und wir werden alle unsere Ferien gemeinsam verbringen . . .«

Sie trocknete ihre Tränen und bemühte sich zu lächeln, aber sie würde es mir lange übelnehmen, ich weiß es, bis sie mir das verzeihen würde, was sie als Verrat betrachtete und was dem in der Tat ähnlich sah.

Sie reiste im November ab, sobald ich einen Koch gefunden hatte, Michel. Pardon, einen »Küchenchef«, der unter anderem eine Konditorlehre gemacht hatte. Er trug die hellblaue, kleinkarierte Hose, die weiße Mütze und die Jacke seines Berufsstandes.

Boule fand sich bereit, euch zu erklären, Johnny, Marie-Jo und Pierre, daß ihr groß geworden seid, daß Marc einen Sohn habe und bald noch ein Kind haben würde, daß sie dort gebraucht werde, daß nichts endgültig sei und daß wir uns oft wiedersehen würden . . .

Du weintest viel, meine kleine Marie-Jo, denn du liebtest Boule, die ein wenig deine »Komplizin« war, der du dich gern anvertrautest und die eifersüchtig, selbst mir gegenüber, deine »kleinen Geheimnisse« wahrte. Hatte nicht eine ihrer üblichen Antworten, wenn man sie eindringlich befragte, stets gelautet: »Ich, ich plaudere nie etwas aus . . .«

Ich nahm meinen Platz im Büro wieder ein, im »großen Büro«, dem von D., vor dessen Fenster ich extra für sie die größte unserer Birken hatte pflanzen lassen.

Du spieltest viel mit deinem Bruder, mein kleines Mädchen, und du verstandest dich gut mit ihm. Ich spreche von Pierre, der fünf Jahre alt war und nicht stillsitzen konnte. Mit ihm zusammen fuhrst du mit dem Fahrrad über die Wege, gefolgt von Jocky, um den du dich nicht mehr viel kümmertest und den Pierre schließlich übernahm.

Du warst fröhlich, voller Schwung, auch wenn manchmal noch ein Schatten über dein Gesicht huschte. Wir gingen Arm in Arm im Garten und auf den benachbarten Wegen spazieren. Du hattest alle deine Zärtlichkeit wiedergefunden, und es war eine Freude für mich, zu spüren, wie deine Hand sich an meinen Arm klammerte und mich manchmal stärker drückte. Ich stellte dir keine Fragen. Mir selbst stellte ich sie jeden Tag, ohne jemals eine Antwort zu finden. Was war das für ein Geheimnis, das du seit deiner Rückkehr aus Villars so verbissen verteidigtest?

Eines Tages, während eines Spaziergangs, würdest du diese hermetisch verschlossene Tür ein wenig öffnen, aber nur ganz wenig.

»Siehst du, Dad, es gibt da etwas, das ich nie vergessen werde und dessentwegen ich mir immer schmutzig vorkommen werde . . .«

»Hast du mit Henny darüber gesprochen?«

»Nein. Ich werde ihm nichts davon erzählen, trotz seiner Ausdauer, mit der er mich danach fragt. Es ist zu scheußlich! Es handelt sich um Mama . . .«

Mehr würdest du mir nicht erzählen, und ich hatte zu große Achtung vor den Menschen, um wieviel mehr dann vor meinen Kindern, um zu versuchen, die Tür mit Gewalt aufzustoßen.

Du würdest Teresa, Nana und Yole mehr erzählen, aber ich sollte bis zum Jahr 1978 warten müssen, das du nicht mehr ganz erleben würdest, bis sie mich ins Bild setzten. Aber dann würde ich dein Geheimnis ohnehin aus deinen Briefen kennen, aus den intimen Notizen, die du mir anvertraut hast, aus deinen Gedichten und aus den Cassetten, die du mir noch wenige Stunden vor deinem Tod schicken würdest.

Du warst erst wenige Tage tot, als ich diese Cassette erhielt, und du befandest dich noch nicht in unserem kleinen Garten, eingeäschert mit deinem Ring, wie du es eindringlich verlangt hattest. Ich rief den Direktor von Prangins an, der sofort zu mir eilte. Ich spielte ihm die Cassette vor, in einem Zustand, der einer Trance glich.

»Es stimmt«, sagte er mitfühlend zu mir, »Marie-Jo hat es mir erzählt. Zum ersten Mal in meiner Laufbahn hatte ich ein so erschütterndes Geständnis gehört. Ich war mißtrauisch, weil Kinder manchmal Zwangsvorstellungen haben, die jeder Grundlage entbehren. Ich bat ihre Mutter in mein Büro. Sie sträubte sich lange, bis sie zugab, daß Marie-Jo nichts erfunden hatte . . .«

»In einem ihrer Hefte spricht Marie-Jo von einer Art ›Inzest‹ . . .«

»Auch mir gegenüber hat sie dieses Wort erwähnt.«

Beide hörten wir noch weitere Cassetten an, und ich saß da, rang nach Luft und hätte am liebsten vor Schmerz laut aufgeschrien, so sehr, daß ich ihn anflehte, diese Cassetten zu behalten, um nicht in Versuchung zu geraten, sie noch einmal anzuhören . . .

Erst zwei Jahre später, als ich mich stark genug fühlte, bat ich meinen Freund Durand, sie mir zurückzugeben, ebenso wie andere, nicht weniger erschütternde Dokumente. In mir erwachte das Bedürfnis, deine Geschichte zu schreiben, mein Liebes, deine besten Gedichte zu veröffentlichen, deine bebenden Briefe.

Wir schreiben das Jahr 1980. Es ist nun zwei Jahre her, daß du uns mit einer Ruhe, einer Klarheit und einem Mut verlassen hast, die unser Freund, der Psychiater, als erhaben bezeichnete.

Zu der Zeit, bei der ich jetzt mit diesen Memoiren angelangt bin, warst du erst zwölf, und ich werde dir weiterhin folgen, euch allen folgen, aber ich muß schon heute dein Geheimnis offenbaren.

Du bist mir deswegen nicht böse, mein kleines geliebtes Mädchen? Du wußtest es, nicht wahr? Du hast es so gewollt.

Ich bin noch immer in Epalinges, und es lagen noch viele Jahre vor dir. Ich habe meinerseits noch viel zu erzählen, über dich und deine Brüder, und auch über mein Leben, von dem ihr nur eine Seite gekannt habt.

Du hattest nicht nur gelitten, mein kleines Mädchen. Und mit deinen Worten möchte ich diese Periode unseres gemeinsamen Lebens beschließen, diese erste Epoche von Epalinges.

Ein Lied zunächst, das du mitsamt seinem Titel aufgenommen hast: Text zur Gitarre . . . Für dich . . .

> Ich konnte mich nie
> davontragen lassen

von dem, was hätte angenehm sein können.
Und ich habe mich, ohne zu wissen
ohne es verstehen zu können
mit all meinen Kräften
gegen die . . . Freude gewehrt.

Ich mußte grundlos leiden
für mich
um etwas zum Klagen
um etwas zum Jammern zu haben.

Jetzt habe ich mit meinen Tränen
das Loch so gut gehöhlt
daß ich mich darin auch begraben kann.

Dabei habe ich sie glaube ich ganz von ferne geliebt
so viele Dinge
so viele andere
aber es fehlte immer etwas
eine Lust fehlte mir am Traum
etwas Wunderbares.
Die zarteste Erinnerung
mußte gelöscht werden.
Verletzungen freilich
die ich mir noch nicht selber zugefügt
die von anderen Menschen gekommen waren
die aber verantwortlich nicht sind und
die ich nie verurteilen kann
sie haben mir weh getan
während sie glaubten, mich zu lieben.

Vielleicht habe ich deshalb jetzt
Angst
wenn ich fühle, daß auch ich
lieben kann.
Ich habe Angst zu verletzen
und da ich nicht einen anderen verletze
nehme ich den nächsten
der wirklich da ist
vielleicht aus Trägheit
nehme ich mich selbst.

Es ist wie ein zwanghaftes Ringelreihen
von Worten
Beleidigungen und Tränen
alles Karikaturen von Szenen
aus dem Theater, dem Kino
aus dem Leben
aber tausendfach ist's verstärkt
hundertfach –
doch auch nur verdoppelt
wär's schon zuviel.
Das hat nichts mehr von einer Wahrheit
nichts mehr von der Sonne
nichts mehr von all dem was mich umgibt
das hat nichts Sanftes mehr.
Es ist der ewige Alptraum
und wirklich endlos
der Tunnel
von fast fünfzehn Lebensjahren
der fünfundzwanzig.

Wenn man nachdenkt
ist das nicht wenig
man sage was man wolle
es ist immerhin mehr als die Hälfte.
Also ist es auch weiter nicht erstaunlich
daß, was von den zehn Jahren bleibt
den anderen
dem Märchen vom Dornröschen gleicht
denn im Grunde war ich wirklich noch klein
auch wenn ich mich schon
so groß fühlte.

Die Gitarre?
Ich weiß schon nicht mehr warum.
Es ist, als spielte sie von ganz alleine
so wie auch ich von ganz alleine rede
ohne zu wissen wie.
Mein Bett erwartet mich
aber es ist leer.
Nur mein Körper wird darin liegen
kein Liebhaber.
Woher sollte er auch nur den Mut nehmen

mich zu erwählen
jetzt
da ich alles getan habe
um zu entfliehen
um alle Barrieren zu schaffen
dieselben, die auch in mir sind
ich habe mir »Sperrgebiet«
vor die Stirn geschrieben.
Aber manchmal vergesse ich es
und wundere mich
daß niemand meinen Namen ruft.
Meinen Namen.
Welches ist mein Name?
Der wahre?
Er ist aus zwei Silben zusammengefügt
mit einem Bindestrich.

Eine Brücke wie zu meinem Bild
als müßte man vorsichtig eine Brücke überqueren
um von einem Ich zum anderen zu gelangen
aber auf dieser Brücke
wird mir schwindlig.
Ich bleibe in der Mitte stehen
ich schreie
ich falle schon bevor ich falle
ich sehe mich selber schon
im Graben.
Das alles nach fünfzehn Jahren.

Wie gern möchte ich zurück
nur ein einziges Mal
um die Liebe von vorher
zu sehen
um zu wissen, ob daran etwas Gutes war
ob ich bei einem Menschen, den ich
zu sehr liebte
wirklich normal
fühlen konnte.

Ende des ersten Teils
oder vielleicht schlicht ein Ende.

Und schließlich, mein kleines Mädchen, dieses zärtliche, versöhnliche Lied, das du in unserem kleinen rosa Haus am zwanzigsten Februar 1978 improvisiert hast, während du dich auf deiner Gitarre begleitetest, die du mitgebracht hattest, ohne daß wir es wußten. Das war einige Tage nach meinem Geburtstag, einige Tage vor dem deinen.

Zu einer schottischen Melodie, die in der ganzen Welt bekannt ist und üblicherweise bei Feiern gespielt wird, hast du mit deiner warmen und ergreifenden Stimme gesungen:

> Es ist nur ein auf Wiedersehen,
> denn bald schon sehn wir uns erneut,
> Brüder,
> es ist nur ein auf Wiedersehen.
>
> Wir denken aneinander heut.
>
> Und du, mein Dad, und du, Teresa,
> bald schon sehn wir uns erneut,
> denn für dich, mein Daddy, singe
> ich dies kleine Liedchen heut.
> Nach den großen, dicken Wolken
> gibt das Wiedersehen Mut,
> mehr als früher lieb ich dich
> vielleicht – das weißt du gut!
> Ich liebe dich mein ganzes Leben,
> ja, du wirst sehn, bist hundert du,
> dann steh mit fünfzig ich daneben;
> wir planen heut dies Rendezvous!
> In einem Vierteljahrhundert
> da lächeln wir verwundert:
> das Leben wird so schön sein,
> das Leben ist so schön!

Du hast uns noch andere Lieder vorgesungen, auch »Le plat pays«, das das meine ist, und ein wenig auch das deine, das eure, meine Kinder.

Entschuldigt diese Unterbrechung in meiner Erzählung. Ich mußte mich aussprechen, mußte dich zu Wort kommen lassen, Marie-Jo.

Ich verspreche euch, daß ich in einigen Tagen, wenn ich diese Memoiren weiterschreibe, zu euch zurückkehren werde, zu Marie-Jo mit ihren elf Jahren, Pierre mit fünf, Johnny mit fünfzehn und dem großen Marc mit fünfundzwanzig.

Ich werde dann einundsechzig sein, und wir werden alle zusammen in

Epalinges Weihnachten feiern. Das erste richtige Weihnachtsfest in unserem Haus.

Ich konnte das Geheimnis einfach nicht länger bewahren. Seid mir nicht böse. Es erdrückte mich. Jetzt brauche ich einige Tage der Erholung, um mit Teresa durch unsere vertrauten Straßen zu gehen, uns unter die Passanten zu mischen, an den Ufern des friedlichen Sees entlangzugehen. Ich habe mich einer Last entledigt, die zu schwer zu tragen war.

Wie wird Epalinges in der nächsten Woche schön sein! Und Crans, inmitten der weißen Berge da oben, wo wir alle zusammen unseren ersten Winterurlaub verbringen werden!

62

Mit diesem Jahr 1964 ist es wie mit den anderen: Wenn ich es zusammenfassen müßte, könnte ich das nur in Bildern tun, denn meine Erinnerung lebt vor allem von Bildern, von denen einige düster oder neblig, die meisten aber leuchtend und sonnig sind und in reinen Farben strahlen.

Dieses Jahr hatte dramatische Ereignisse mit sich gebracht, tragische sogar, was das Schicksal D.s betraf. Ich hatte sie schon seit langem befürchtet, vor allem seit den drei letzten Jahren in Echandens und D.s wahnwitzigem Einzug in das neue Haus in Epalinges. Viele Sorgen auch, in der ersten Zeit, um Marie-Jo.

Aber wenn ich auf dieses Jahr insgesamt zurückblicke, finde ich nur Licht und Klarheit. So geht es mir mit allen meinen Erinnerungen, einschließlich der Erinnerungen an meine Kindheit. Viele Leute, die ich kenne, neigen dazu, sich mit grausamer Genauigkeit an die schlechten Stunden zu erinnern, die sie durchgemacht haben. Bei mir hingegen könnte man meinen, daß mein Gehirn, ohne daß mein Willen daran beteiligt ist, sich weigert, die unangenehmen Bilder zu registrieren, und nur für das Licht empfänglich ist, für die Sonne, für die Freude.

Ich habe ein Beispiel dafür. Es stammt aus dem gleichen Jahr und betrifft nur einen kleineren, aber bedeutungsschweren Vorfall. Ich habe ihn, glaube ich, schon mit wenigen Zeilen erzählt: es handelt sich um die Ohrfeige, die ich mir von D. auf dem Höhepunkt einer ihrer häufigen Wutausbrüche eingehandelt hatte. Wir waren in ihrem großen Büro mit den weißen Wänden und dem Teppichboden mit seinem sehr warmen Rot, mit dem alle Räume des Hauses ausgelegt waren. Zwei oder drei Personen waren zugegen, was mich daran erinnert, daß diese »Szenen« fast nie ausbrachen, wenn wir allein waren.

Was war der Auslöser gewesen? Ich könnte es nicht sagen. Ich sehe vor allem das bleiche Gesicht von D. wieder vor mir, vom Haß verzerrt, ihre lächerliche Geste, ihre Hand oder ihre Faust, die in meinem Gesicht landete.

Ich ging hinaus, um Schlimmeres zu vermeiden, und hörte sie mit triumphierender Stimme sagen:

»Kein Mann hat mir je in meinem Leben widerstanden.«

Diese Worte merkte ich mir kaum, und sie wurden mir erst in der Folgezeit von Zeugen bestätigt. D. selbst hat sie viel später bestätigt, indem sie sie wie einen Siegesruf tönen ließ, in einem Buch, das sie bedauerlicherweise geschrieben hat, denn es hat mehr als dramatische Konsequenzen gehabt.

Ich für meinen Teil hatte das Blut vergessen, das mir reichlich aus der Nase lief und das ich mit beiden Händen aufzufangen versuchte, während ich mich entfernte. Ich weiß, daß ich einen gelben Pullover trug. Ich vergaß, daß dieser Pullover, den ich noch besitze, sich immer mehr mit meinem Blut färbte, je weiter ich ging.

Ich mußte zu unserem Schlafzimmer hochgehen, ohne den Kindern zu begegnen, denn das geschah mitten am Tag. Ich vergaß auch, daß diejenigen, die Zeugen dieser Szene geworden waren, kurz darauf D., die von Krämpfen geschüttelt wurde, in dieses Zimmer tragen und ins Bett legen mußten.

Mit anderen Worten, von einem grausamen, unangenehmen Ereignis hatte mein Gedächtnis nur das Bild eines finsteren Gesichts gespeichert, eines Blicks, einer Faust, die plötzlich auf meine Nase zuschnellte.

Und von »Sanssouci«, das ich nur noch selten und für begrenzte Zeit betreten durfte, lediglich eine Silhouette, die von D., ein bißchen gebeugt, mit abwesendem Gesicht.

Was Marie-Jo anging, so ließen mich ihre Freude, ihre Vitalität und ihre Augen, die seit der Abreise ihrer Mutter wieder klar waren, rasch meine sorgenvollen Tage und Nächte vergessen. Hatten Dr. Henny und Professor Durand mir nicht versichert, daß es sich nicht um einen psychiatrischen »Fall« handelte, sondern um ein Trauma, das man bald enträtseln würde und das dann keine Folgen mehr haben könnte?

Das Haus war fröhlich, so wie ich es gewollt hatte, rot und weiß überall, mit Bildern in lebhaften Farben, sogar in den Fluren.

Der weiß umzäunte Rasen war ein idealer Tummelplatz für die Kinder. Ich konnte ihnen folgen, mich an ihren Spielen beteiligen, denn die Arthrose in meinem Fuß war nur noch eine undeutliche Erinnerung. Zweimal war ich in die »Schmiede« in Zürich zurückgekehrt, um die Stahlsohlen ändern zu lassen.

Entmutigt hatte ich meinem Freund Dr. Cruchaud davon erzählt, der unser Hausarzt geworden war, auch der von D., der einzige, mit dem sie sich noch nicht überworfen hatte.

»Ich habe einen Patienten in Ihrer Lage gekannt. Er hatte alles versucht, bis er sich schließlich an einen orthopädischen Schuhmacher in Lausanne wandte, der ihm erst einen Abdruck abnahm und dann Schuhe für ihn anfertigte, die sich in nichts von gewöhnlichen Schuhen unterschieden, und seitdem hatte mein Patient keine Beschwerden mehr ...«

Ich entdeckte den engen und dunklen Laden, in dem Gipsabdrücke von unglaublich verkrüppelten Füßen ausgestellt waren. Eine Woche später konnte ich in meinen neuen Schuhen ohne jede Behinderung und ohne Schmerzen gehen. Das ist jetzt sechzehn Jahre her. Derselbe Schuhmacher fertigt mir nach wie vor meine Schuhe an, und ich spüre nichts mehr von dieser Arthrose, so daß ich mich manchmal frage, ob es sie wirklich gegeben hat.

Boules Abreise hatte mich natürlich sehr geschmerzt, und auch die Kinder vermißten sie. Aber schließlich war sie bei ihrem großen Bruder Marc und kümmerte sich um seine beiden Kinder, denn Diane war im Oktober geboren. So blieb Boule wenigstens in der Familie.

Was dieses Jahr, das bald beendet war, in meinen Augen am meisten auszeichnete, das war unser erstes »richtiges« Weihnachtsfest in Epalinges, ein Weihnachten voller Freude und ohne einen Schatten, höchstens in einem verborgenen Winkel meines Herzens.

Die Kinder schmückten im Keller unter der Leitung von Johnny den großen Weihnachtsbaum im Spielzimmer, während ich ihnen zusah und es vermied, mich einzumischen. Diesmal war es nicht mehr eine Tradition, der man sich mehr oder minder freiwillig unterzog, sondern ein Spiel, und es gab nicht den geringsten Streit.

Am Abend, als Marie-Jo und Pierre eingeschlafen waren, war es Johnny, der mir half, die Geschenke um den Baum herum aufzubauen, ohne kunstreiche Verpackungen, ohne Seidenpapier und ohne Schleifen.

Wenn ich mich nicht irre, trafen Marc, Francette und die beiden Kinder erst früh am Morgen des fünfundzwanzigsten Dezember ein. Serge war ein Junge von zwei Jahren. Was seine Schwester Diane betraf, so war sie in einer Wiege aus grobem Leinenstoff gereist und strampelte jetzt in einem der Erker des Spielzimmers.

Du sahst blendend aus, mein Marc, mit deinen fünfundzwanzig Jahren, deinen blonden Haaren, deinen hellen und lachenden Augen. Du brachtest ein Geschenk mit, das alle anderen in den Schatten stellen sollte: ein Skateboard, damals in Frankreich noch unbekannt und das Neueste in den Vereinigten Staaten. Der Raum von der Größe eines Theatersaales mit seinem spiegelglatten Tanzparkett bot sich für deine Vorführungen an, die deine Brüder und deine Schwester verblüfften – und mich auch. Sie probierten es nacheinander aus. Du halfst ihnen väterlich.

Wir waren frei, meine Kinder, ohne Kater, ohne gerötete Augen und ohne Eile, nach oben ins Bett zu gehen.

Ihr gewöhntet euch an die weiße Mütze von Michel, die zu seinen sehr professionellen Kochkünsten paßte.

Wir öffneten das Paket von »Santa Claus«, der unser aller Freund war, meinem holländischen Verleger Abs Bruna, und ihr teiltet euch Kuchen und Süßigkeiten aller Art.

Das Mittagessen, Kaviar, die traditionelle Pute und ein riesiger Kuchen, schmeckte deshalb nicht weniger vorzüglich, und den Nachmittag verbrachten wir vor allem in dem glitzernden Schnee, der unter euren neuen Schlitten und euren Skiern knirschte.

Am nächsten Morgen brachen wir alle zusammen mit Nana und Teresa mit drei Wagen zum Wintersport in Crans-sur-Sierre auf.

In jener Nacht, gegen Mitternacht, überkamen mich Zweifel. Teresa war nicht mehr das »private Zimmermädchen« von D.; sie kümmerte sich um unsere Wohnung. Gewiß, D. war nicht eifersüchtig auf sie, was unsere sexuellen Beziehungen betraf, die sie sogar gefördert hatte. Aber daß Teresa mit der ganzen Familie in die Berge fuhr, konnte das nicht ihr Mißfallen erregen und die Gefahr heraufbeschwören, daß ihr Zustand sich verschlimmerte?

Ich hatte zuvor Dr. Durand in seiner Wohnung angerufen, um ihn zu fragen, wie er darüber dachte, und er hatte mich beruhigt.

»Denken Sie vor allem endlich einmal an sich!«

»Aber die Kinder? Aber Marie-Jo?«

»Sie werden sich nichts Böses dabei denken. Noch einmal, denken Sie an sich!«

Das Hôtel Royal, das man mir empfohlen hatte, weil Kinder dort, wie in Villars, überall willkommen waren, auch im großen Salon . . .

Wir teilten das gleiche Zimmer, Teresa und ich. Johnny und Marie-Jo hatten ein eigenes Zimmer mit Bad, ganz in unserer Nähe, und Nana und Pierre hatten zusammen ein weiteres Zimmer, ebenfalls mit Bad. Was Marcs kleine Familie betraf, so war sie in einem anderen Hotel untergebracht, in Montana, denn das Hôtel Royal war bis zum Ende der Schulferien ausgebucht.

Traumferien für euch, denn Marc, der unseren Land Rover fuhr, kam schon früh am Morgen. Nana, Marie-Jo und Pierre waren als erste im Schnee, in der Nähe des Hotels. Pierre und Marie-Jo lehnten es ab, Stunden bei einem Skilehrer zu nehmen, und kamen trotzdem auf dem recht sanften Abhang zurecht, wenn auch mit zahlreichen harmlosen Stürzen.

Johnny und Marc hingegen wagten sich auf schwierigere Pisten, am anderen Ende des Ortes.

Teresa und ich gingen von den einen zu den anderen und wanderten viel im Schnee, mit Hilfe eisenbeschlagener Stöcke und in pelzgefütterten Stiefeln. Oft folgten wir einem Pfad quer durch den Wald, der uns zu der Eisbahn führte, wo wir Marie-Jo und Pierre antrafen, die unter Nanas wachsamen Blicken ihre Figuren liefen.

Freiheit für alle. Wir trennten uns und kamen wieder zusammen, wie bei einem Ballett. Gegen Ende des Nachmittags gingen wir zusammen mit den »Kleinen« die »Großen« am Fuße des Skilifts abholen. Auf dem Rückweg machten wir einen Schaufensterbummel und kauften häufig noch etwas ein, denn die Geschäfte des Ortes hatten ausgestellt, was groß und klein reizen konnte.

Wir hatten einen langen Tisch hinten im Speisesaal reserviert und bemühten uns, als erste einzutreffen, um rasch bedient zu werden.

Die Kinder freundeten sich schnell mit dem Maître d'Hôtel, den Chefs de Rang und den Kellnern an. Unsere Mahlzeiten stellten eine fröhliche Zeremonie dar. Man reichte mir die lange Speisekarte, und ich begann zu fragen:

»Wer möchte Languste?«

Hände wurden gehoben. Der Maître d'Hôtel machte sich Notizen, während er komplizenhaft lächelte.

»Wer möchte lieber *moules marinières*?«

Und so weiter, bis zum Dessert, während am Nebentisch Nana den Vorsitz bei den Mahlzeiten der Jüngsten übernahm.

Wenn die Sonne unterging, gegen vier Uhr, kamen wir alle zurück, und Marie-Jo hing sich bei mir ein wie am Bürgenstock. Hier hatte sie keine Konkurrenz mehr, denn Teresa schloß sich diskret einer anderen Gruppe an.

Im Hotel trennte sich die ganze Familie, um ein Bad zu nehmen und sich anschließend im großen Salon einzufinden, bis es Zeit für das Abendessen war. Johnny hatte seinen Platz an der Bar, wo er Coca-Cola trank und Marie-Jo mittrinken ließ, wenn sie ihn darum bat.

Am Abend ging er häufig mit, wenn Marc und Francette die Lokale besuchten, während im Hotel in Montana ein Zimmermädchen auf Serge und seine ganz kleine Schwester aufpaßte.

Die Zeit verging schnell. Im Dorf hingen Eiszapfen von den Dächern und zersprangen manchmal wie Glasscheiben auf dem harten Schnee.

Ich ging nicht ohne Krampen nach draußen, die ich an meinen Stiefeln befestigte, und hielt mich an Teresas Arm fest, was niemandem merkwürdig vorkam.

Es fällt mir schwer, über unser Intimleben zu sprechen, denn wir schnitten dieses Thema beide nicht an. Unsere sexuellen Beziehungen waren zwar intensiver als je zuvor, aber wenn ich Gefühle zum Ausdruck bringen wollte, die ich zu verstehen begann, hieß Teresa mich schweigen, und sie hatte recht. Was sie über mich dachte, wußte ich nicht und würde es auch noch lange nicht erfahren. War nicht das Wichtigste, daß sie hier war?

Sie hatte sich lange für D. aufgeopfert, als wäre das etwas ganz Selbstverständliches. Sie war noch nie Zimmermädchen gewesen, hatte diese Aufgabe aber akzeptiert, ohne zu protestieren, und sich ihr sogar so gewissenhaft gewidmet, daß ich manchmal fürchtete, sie könnte sich mit D. gegen mich stellen.

Einmal jedoch, im vergangenen Jahr oder im Jahr davor, hatte D. sich so aggressiv gezeigt, wie das dem ganzen Personal gegenüber immer wieder vorkam, daß Teresas natürliche Würde sie sagen ließ:

»Ich glaube, es ist besser, wenn ich gehe.«

Sie war in ihr Zimmer gegangen und hatte in einem Hotel in Lausanne angerufen, um ein Zimmer zu reservieren. D. suchte sie und tat so, als sei sie erstaunt:

»Was machen Sie?«

»Ich gehe . . .«

»Ich flehe Sie an, bleiben Sie, Teresa, denn ich brauche Sie zu sehr . . .«

Sie brauchte alle Leute, so viele Leute wie möglich um sich herum, und nachts kam es vor, daß sie wie ein Geist durch die Flure irrte und jemanden suchte, mit dem sie reden konnte, reden, endlos reden.

Teresa ließ sich erweichen und blieb; Gott sei Dank!

Alles das lag schon weit zurück. Wir hatten Ferien. Wir erlebten richtige Ferien. Teresa und ich gingen weiterhin von einer Piste zur anderen, oder zur Eisbahn, auf der Suche nach unserer kleinen Truppe. Teresa hätte auch skifahren können. Ich war früher viel gelaufen, mit Tigy, in Sankt Moritz und in Tirol, und noch ein wenig, sehr wenig allerdings, in Lakeville. Ich hatte die einundsechzig überschritten und die angesehensten Ärzte rieten davon ab, nach dem fünfzigsten Lebensjahr noch Wintersport zu betreiben, denn die Knochen heilen schlecht und man riskiert, nach einem Sturz viele Monate lang in Gips zu liegen und für den Rest seiner Tage unter den Folgen zu leiden.

Das war zweien meiner Freunde passiert, hervorragenden Skiläufern, die ein Jahr im Bett verbrachten, was großen Eindruck auf mich gemacht hatte. Ich begnügte mich also damit, durch den Schnee zu wandern, morgens und nachmittags, häufig auch abends nach dem Essen. Wir folgten dann einem engen Pfad, der unter unserem Hotel vorbeiführte. Ich erinnere mich an einen jener Abende. Gelbliche Lichter ließen die Fenster der kleinen Chalets erkennen, hinter denen sich Schatten bewegten, gleich jenen, die mich in meiner Jugend vom Leben zu zweit hatten träumen lassen.

Welche Schwermut überkam mich an diesem Abend? Ich stellte mir D. vor, allein zwischen Fremden, in Prangins, unsere stürmische Leidenschaft in den ersten Monaten, meine wilde Entschlossenheit während so vieler Jahre, mit ihr ein wirkliches Paar zu bilden. Ich hatte alles versucht, alles erduldet, vergebens. Sie war für mich verloren und für sich selbst wahrscheinlich auch. An jenem Abend, von plötzlicher Verzweiflung ergriffen, beschloß ich, ein Ende zu machen. Wir kamen an einem Steilhang vorbei. Ich blieb stehen, ich schwankte und stammelte so etwas wie:

»Ich kann nicht mehr . . .«

Das war keine leere Drohung. In diesem Augenblick war ich entschlossen, Schluß zu machen, doch Teresa hielt mich mit ihren glücklicherweise starken Armen rechtzeitig zurück. Von nun an ließ sie mich darauf verzichten, diesen Weg entlangzugehen, und lenkte mich sanft zu den hell erleuchteten, von Menschen wimmelnden Straßen.

Die Silvesternacht verbrachten Marc, Francette und Johnny in einem Lokal. Auf unserer Etage warteten die Kinder mit Nana und Teresa bis zum nächsten Morgen, um das neue Jahr zu feiern.

Ich ging allein hinunter, im Smoking, der an jenem Abend unerläßlich war, und während die Paare tanzten, rührte ich mich nicht von meinem Sessel weg, blickte auf die Menge, ohne sie zu sehen, und saß vor einer Flasche Champagner, die auf einem kleinen runden Tisch stand. Welche Gedanken gingen mir durch den Kopf? Ich könnte es nicht sagen. Ich sah, wie die Leute einander umarmten, sich ein frohes neues Jahr wünschten, Luftballons platzen ließen und einander Luftschlangen und Konfetti zuwarfen.

Wahrscheinlich machte ich ein düsteres, verzweifeltes Gesicht, denn meine Nachbarn kamen zu mir herüber. Sie wußten, wer ich war.

»Sie verbringen Neujahr ganz allein, Monsieur Simenon?«

Ich sah sie erstaunt an. Er war noch ziemlich jung und sein Gesicht kam mir vertraut vor, ohne daß mir ein Name dazu eingefallen wäre. Die Frau, sehr elegant, hatte einen leichten amerikanischen Akzent, allerdings mit einem geringfügigen italienischen Tonfall.

»Erlauben Sie, daß wir mit Ihnen auf das neue Jahr anstoßen?«

Ich löste mich allmählich aus meinem Stumpfsinn und erkannte den großen Schauspieler James Mason wieder, der eines Tages in England die Rolle des Raimu in *Les inconnus dans la maison* spielen würde. Die Frau, die ihn begleitete, eine Amerikanerin, war mit einem italienischen Grafen verheiratet gewesen, der einer der »großen Familien« seines Landes angehörte und von dem sie einen Sohn hatte, der ein guter Freund von Johnny werden und uns oft in Epalinges besuchen sollte. Der Zufall sollte sich als noch überraschender erweisen, denn auch die Tochter von James Mason würde zu uns zu Besuch kommen, schön und verführerisch, und Johnny würde eine Zeitlang verliebt in sie sein.

Wir hatten gemeinsame Freunde, die Chaplins, die ebenfalls häufig unsere Gäste waren, Charles, Oona und auch die Kinder, in Epalinges wie auch schon zuvor in Echandens.

Dennoch wurde ich nicht heiterer. Eine Flasche Champagner folgte der anderen, und während ich immer mehr in Trübsal versank, vertraute ich mich diesen beiden Menschen an, die ich vor einer Stunde noch nicht gekannt hatte. Was hatte ich ihnen in jener Nacht erzählt? Jedenfalls hatten sie beide alles mögliche versucht, um mich zu trösten. War ihnen das gelungen? Ich bezweifle es. Zumindest hatte ich ihnen mein Herz ausschütten können.

Ich kehrte zu Teresa zurück, die besorgt in unserem Schlafzimmer auf mich wartete und mich voller Wärme und Zärtlichkeit empfing.

Das Jahr war nun um, dieses Jahr, das so düster und beinahe tragisch begonnen hatte, bis dann nach und nach Kinderlachen das gerade fertiggestellte Haus erfüllte, in dem ein jeder seinen Platz fand und in dem die Türen niemals verschlossen waren, vor allem nicht die meines Arbeitszimmers. Außer wenn ich einen Roman schrieb, höchstens drei Stunden am Tag, und das Schild »Do not disturb« an der Klinke hing.

Die Ferien waren zu Ende, und Marc und seine kleine Familie fuhren nach Montainville zurück, das schon außerhalb von Paris lag.

Wegen der geringen Erfolge, die sie bei D. erzielten, schlugen Prof. Durand und sein erster Assistent mir vor, andere Ärzte hinzuzuziehen, zu denen sie Vertrauen hatte.

Zunächst unseren Hausarzt und Freund Dr. Cruchaud, der das Leben in unserem Haus und das der Kinder gut kannte. Ich wählte einen zweiten aus, Dr. Martinon, der ein wenig D.s Vertrauter war und sich bereit erklärte, mehrere Male nach Prangins zu kommen, um in regelmäßigen Abständen an Besprechungen teilzunehmen, die die vier Ärzte zusammenführten.

Ich schämte mich ein wenig, Martinon zu belästigen, der mit Arbeit überlastet war, häufig bis tief in die Nacht hinein, und der sich dennoch bereit erklärte, mit dem Zug bis Genf zu kommen, wo ich unten an der Treppe auf ihn wartete, morgens um sieben, und ihn ungeduldig zwischen den herausströmenden Reisenden suchte.

Diese Besprechungen sind für mich wie ein Alptraum geblieben, denn ich machte dann angstvolle Stunden durch, während ich jedesmal, gegen alle Wahrscheinlichkeit, auf ein Wunder hoffte.

Wir frühstückten hastig im Bahnhofsrestaurant, Martinon und ich, ein Martinon, den ich nie anders als in gelassener Stimmung, menschlich, den Blick voller Zuneigung, gekannt habe.

Ich fuhr ihn nach Prangins, am Steuer meines Rolls, und setzte ihn vor der Schwelle des großen Gebäudes ab, in dem sich die vier Ärzte im Büro des Professors versammelten. Was mich betraf . . . Manchmal fuhr ich nach Hause zurück, um mit meinen Kindern zu Mittag zu essen. Manchmal war ich aber auch unfähig, mich von diesem Gebäude zu entfernen, in dem eine Art Gericht tagte, dessen Urteilsspruch ich erst im Laufe des Nachmittags erfahren würde, und ich aß ganz allein in einem Gasthof in der Umgebung.

Ein fünfter Arzt, Professor der Gynäkologie, nahm nicht an diesen Versammlungen teil. Er hatte Pierre zur Welt gebracht. Seine Frau und er kamen oft zu uns zum Essen. Er betreute D. weiterhin bei zahlreichen Besuchen in Prangins, nach denen er sich mit Durand besprach. Insgesamt waren sie also zu fünft, fünf von ihresgleichen hochgeschätzte Ärzte, die sich um D.s Gesundheit kümmerten und nach allen möglichen Wegen suchten, ihr Gleichgewicht und ihre Stabilität wiederherzustellen. Hatte sie jemals Stabilität gekannt? Und Gleichgewicht?

Nach ihrer Besprechung untereinander ließen die Ärzte D. hereinbringen, und jeder einzelne stellte ihr Fragen und hörte zu, wie sie redete, stets mit einem Wortschwall. Darüber verging der ganze Vormittag, und anschließend aßen die Ärzte allein an einem Tisch des großen Speisesaals.

Ihr Meinungsaustausch setzte sich bis in den späten Nachmittag fort. Ich kam, um mich zu erkundigen, versuchte aber nicht, sie zu stören. Es genügte mir, vor dem Schiebefenster der Anmeldung im Eingang stehenzubleiben, hinter dem eine der Schwestern ihren Dienst verrichtete.

Von weitem gab sie mir ein negatives Zeichen, indem sie den Kopf schüttelte.

»Sitzen sie noch immer zusammen? Glauben Sie, daß es noch lange dauern wird?«

»Sie haben eben Ihre Frau noch einmal kommen lassen . . .«

Ich ging in den Alleen des Parks auf und ab. Patienten spazierten allein oder in kleinen Gruppen umher, und ich war überrascht, so viele junge Leute zu sehen, Studenten, die »durchgedreht hatten«, wie ich bald erfahren sollte, vor allem Medizinstudenten.

Ich versuchte zu verstehen. Viermal, fünfmal kehrte ich zu dem Vorraum mit dem Schiebefenster zurück, und das gleiche Kopfschütteln antwortete meinem ängstlich fragenden Blick. Schließlich kam der Professor selbst heraus, um mich zu holen, legte mir freundschaftlich die Hand auf die Schulter und führte mich in das Büro, in dem die anderen noch versammelt waren.

Die Neuigkeiten unterschieden sich von Mal zu Mal kaum voneinander. Ich werde die wissenschaftlichen und zu präzisen Begriffe nicht verwenden. Eine Behandlung folgte der anderen, ohne Ergebnis, und ich wagte zu fragen:

»Was halten Sie davon, sie eine Weltreise machen zu lassen, mit einer Begleiterin ihrer Wahl, vielleicht einer Krankenschwester?«

»Die Idee, sie in ein anderes Land zu schicken, ist nicht abwegig, nur ist es noch viel zu früh, um darüber zu sprechen.«

Martinons Zug fuhr erst abends gegen halb neun zurück, wenn ich mich nicht irre. Jedenfalls nahm ich ihn mit nach Epalinges, wo die Kinder, vor allem Marie-Jo, ihn wie ihren Onkel empfingen. Wir aßen rasch zu Abend, und ich brachte Martinon nach Genf zurück.

»Sie dürfen sich keine Illusionen machen, Georges . . .«

Er war einer der wenigen Freunde, mit denen wir einander beim Vornamen nannten.

»Ist das auch die Ansicht der anderen?«

»Wir sind uns darin alle einig. Sie erzählt uns viel. Nach ihrer Darstellung sind Sie ein Monstrum, mein armer Georges . . . Sie kann nichts dafür . . . Man darf es ihr nicht übelnehmen . . .«

»Ich nehme es ihr nicht übel . . .«

Sie waren vier, die sie besser kannten als ich, vier, deren Beruf das war, ohne unseren guten Freund Dubois mitzuzählen.

»Kümmern Sie sich vor allem um Marie-Jo. Sie gefällt mir schon viel besser so. Sie scheint ihre Fröhlichkeit wiedergefunden zu haben.«

»Sie arbeitet sehr viel an ihren Übungen und Hausaufgaben. Oft muß ich ihr abends um zehn sagen, daß sie aufhören soll, und sie ins Bett bringen.«

»Sie ist ein faszinierendes Kind. Ich habe die Berichte von Henny gelesen. Sie hat den Willen, da herauszukommen, und ich bin überzeugt, daß sie es schaffen wird . . . Hat sie Freundinnen?«

»Viele. Anne, die Tochter des Bauern aus Echandens, hat einige Tage bei uns verbracht . . . Einige Schülerinnen aus ihrer Klasse kommen oft zum Schwimmen zu uns, in unser Schwimmbad, wo wir ihnen Kaffee und Kuchen reichen.«

»Spricht sie nicht zu oft von ihrer Mutter?«

»Fast nie. Ihre Brüder auch nicht, und das beunruhigt mich manchmal . . .«

»Das ist ganz natürlich, eine sehr gesunde Reaktion, wie ich sie häufig bei Kindern antreffe.«

Ich nahm nur ungern auf dem Bahnsteig von ihm Abschied, denn allein seine Anwesenheit war mir ein Trost, und gleichzeitig machte ich mir Vorwürfe, daß ich ihm diese ermüdenden Reisen zumutete, obwohl ich wußte, daß er in Cannes, kaum daß er aus dem Zug gestiegen war, in das Krankenhaus stürzen würde, dessen pädiatrische Abteilung er leitete, und anschließend in seine Praxis, in der die kleinen Patienten einander oft bis elf Uhr abends folgten. Anne, seine Frau, umsorgte geduldig ihren Engel von Mann.

Vom fünfundzwanzigsten Februar bis zum neunten März schrieb ich *La patience de Maigret,* mit einigen Tagen Unterbrechung wegen einer Grippe. Vom achtundzwanzigsten Mai bis zum dritten Juni würde ich *Le train de Venise* schreiben, ohne daß man in diesem Roman meine kleine Marie-Jo wiederfinden wird, die damals in unserem Zugabteil, in dem wir gefangensaßen, so krank war.

Im Juli machte Johnny mit seiner Griechischklasse eine Reise nach Griechenland, mit dem Rucksack, und er würde meistens unter freiem Himmel schlafen.

Ich fragte Prof. Durand, ob das nicht eine Gelegenheit wäre, mit den anderen Kindern, einschließlich Marc und seiner Familie, eine Kreuzfahrt durch das Mittelmeer zu machen, und ob D. uns nicht dabei begleiten könnte. Er mußte erst darüber nachdenken und sich telefonisch mit seinen Kollegen besprechen. Schließlich gab er mir grünes Licht. Das war ein Versuch, den es zu wagen galt, dessen Ausgang man aber unmöglich voraussehen konnte.

Ich wandte mich an ein Reisebüro. Man wies mich auf eine Kreuzfahrt mit einem fast neuen, sehr modernen italienischen Schiff hin, der »Franca C.«, die von Venedig aus eine Rundfahrt durch das Mittelmeer und das Schwarze Meer machte und in Neapel, Sizilien, Athen, Istanbul, Odessa und Sotschi anlegte. Ich rief Marc an, lud seine ganze Familie ein. Nana würde uns begleiten, um sich um die Kleinsten zu kümmern.

Ich reservierte rechtzeitig Kabinen für uns alle, denn wir würden acht Personen sein. D. und ich würden eine Zweibettkabine teilen.

Bahnreise bis Genua, in zwei Abteilen. D. erschien ruhig, wenn auch wie abwesend, und in unserer geräumigen Kabine sollten sich keinerlei gefühlvolle Szenen abspielen.

Auf dem Oberdeck befand sich ein Schwimmbad, in dem die Kinder sich bei jeder Gelegenheit tummelten, während sie den Rest der Zeit in der Sonne lagen oder spielten. In Syrakus besichtigten wir alle die Stadt, die ich schon kannte, denn ich hatte hier früher einmal für längere Zeit mit der »Araldo« angelegt, in Begleitung von Tigy und Boule.

Der Speisesaal der »Franca C.« war riesig, hell, voller Lichterglanz, Geräusche und angenehmer Gerüche. Die gleiche Zeremonie wie in Crans wiederholte sich hier, und alle hoben nacheinander den Zeigefinger. Die Menüs waren reichlich und köstlich.

D. sprach wenig und nahm auch kaum am Leben der Familie teil. Sie sah sich nichts an, bewunderte nichts. Zehnmal am Morgen stieg ich zum Deck hinauf und mischte mich unter die verschiedenen Gruppen, die Kinder und Erwachsene bildeten. Den Rest der Zeit flüchtete ich mich in den Salon, wo es kühl war, und las. Am Nachmittag, gegen vier, lag ein Teil des Decks im Schatten der Brücke und des Schornsteins und ich spielte mit den Meinen Shuffleboard.

Wo war D. währenddessen? Sie spielte zweimal eine Runde Shuffleboard, aber nicht mit mir, den sie zu ignorieren schien. Ich wußte nicht einmal, um wieviel Uhr sie zu Bett ging.

Jeden Abend wurde an Deck, auf dem es endlich kühl war, ein Lottospiel organisiert, und wir spielten alle mit. Auch Marie-Jo, die auf den Augenblick wartete, in dem wir, auf demselben Deck, endlich tanzen konnten, aber nicht mehr zur Melodie von »Tennessee Waltz«, sondern zu italienischen Melodien.

Ihre Mutter schien keinen Kontakt zu ihr zu suchen. Wenn wir alle hinabstiegen, um ins Bett zu gehen, auch ich, hielt sie sich noch an Deck auf, und ich wußte nicht, wann sie schließlich in unsere Kabine kam. Wahrscheinlich sehr spät, wenn ich schon fest schlief. Das beunruhigte Marc, der sehr viel Zuneigung zu seiner »mother in law« bewahrt hatte.

Eines Nachts stand er auf, um an Deck frische Luft zu schnappen. Es war kurz vor drei Uhr morgens. Er war überrascht, D. ganz nackt im Schwimmbad zu entdecken. Er bemühte sich, sie zu überreden, sich etwas überzuziehen und schlafen zu gehen, aber vergeblich.

Wir näherten uns den Dardanellen, die eines der schönsten Panoramas der Welt darstellen und die ich ebenfalls gut kannte. Auf das, was dort geschehen sollte, war ich nicht gefaßt.

In der Nacht davor weckte D. mich auf. Sie war nackt und schlüpfte in mein Bett, indem sie einfach zu mir sagte:

»Schlaf mit mir . . .«

Ich war noch nicht richtig wach und sah sie erstaunt an. Schon seit langem hatten wir keine »ehelichen Beziehungen« mehr gehabt, und auch in den letzten Jahren in Echandens hatte sie sie nur resigniert über sich ergehen lassen. Ich hörte noch, wie sie zu mir sagte: »Mach schnell!«

Dieses Mal ließ sie nicht locker, und ohne Lust, das gebe ich zu, bemühte ich mich, sie zu befriedigen.

Vergeblich.

Das brachte mir eine schallende Ohrfeige ein, der ein Boxhieb mitten ins Gesicht folgte. Ich rührte mich nicht, während sie sich wieder anzog und die Kabine verließ. Der Funkoffizier, dessen Büro sich ganz oben auf dem Schiff befand, vor dem Schornstein, bat mich am nächsten Morgen um ein Gespräch.

»Ich fühle mich verpflichtet, Sie zu unterrichten. Letzte Nacht hat Ihre Frau von mir eine Funkverbindung mit einer Nummer in Prangins in der Schweiz verlangt.«

Er schien verlegen.

»Wissen Sie, was diese Verbindungen pro Minute kosten? Ihre Frau hat ihren Gesprächsteilnehmer schließlich erreicht. Sie hat über zwei Stunden lang mit ihm gesprochen, mit abgehackter Stimme, und mich jedesmal zurückgestoßen, wenn ich versuchte, diese Verbindung zu beenden, die immer wieder von Schluchzen unterbrochen wurde, während sie in anderen Augenblicken sehr wütend zu sein schien . . .«

»Hat sie Professor Durand angerufen?«

»Nein, einen gewissen Dr. Verlomme, in seiner Privatwohnung. Ich hätte Sie gern benachrichtigt, aber sie hinderte mich daran, die Kabine zu verlassen . . .«

Was hatte sie dem jungen Psychiater erzählt, der sich viel um sie gekümmert hatte, vor allem in der letzten Zeit? Ich weiß es nicht und werde es auch nie erfahren.

Im Morgengrauen fuhren wir in den Bosporus ein, und ich weckte die Kinder, damit sie das unvergeßliche Schauspiel des Sonnenaufgangs über dem Goldenen Horn erlebten.

D. war da, auf die Reling gestützt, das Gesicht verschlossener als je zuvor. Ich bemühte mich, mit ihr zu sprechen, in Kontakt mit ihr zu treten. Sie sah mich abweisend an, wie einen Fremden, der ihr lästig fiel.

Sie würde uns weder auf den Markt von Istanbul noch beim Besuch der großen Moschee begleiten. Würde sie wenigstens im Hilton mit uns zu Abend essen, das für seine ausgezeichnete türkische Küche bekannt war? Es ist möglich. In meiner Erinnerung saß sie nicht mit uns am Tisch. Zumindest beteiligte sie sich nicht an unserer Unterhaltung.

In Odessa, das ich auch kannte, führte ich unsere kleine Truppe zu der großen Esplanade, die den Hafen und die Bucht überblickt. Eine Frau ging an uns vorbei, drehte sich um. Ihr Sohn, ungefähr sechs Jahre alt, hielt eine Blume in der Hand. Sie beugte sich zu ihm hinab und sagte etwas zu ihm. Jetzt kam uns das Kind entgegen und zögerte, während es meine Kinder und Enkel nacheinander ansah, entschied sich schließlich für Diane, die an der Hand ihrer Mutter laufen lernte, und drückte ihr behutsam die Blume in die Hand.

Wir aßen im »Europensky« zu Mittag, dem Hotel, in dem wir fast einen Monat lang gewohnt hatten, Tigy und ich, vor etwas mehr als dreißig Jahren. Die Kinder, Marc und Francette stopften sich mit Kaviar voll.

Und D.? Man hätte meinen können, daß sie sich ganz in sich selbst zurückgezogen hatte, nicht mehr zu unserer Gruppe, zu unserer Familie gehörte, und Marie-Jo warf ihr manchmal einen beunruhigten Blick zu.

Wir waren bald in der berühmtesten Stadt am Schwarzen Meer, Sotschi, wo wir einen langen Spaziergang auf dem Hügel inmitten einer beinahe tropischen Vegetation machten. Der Empfang war herzlich. Ich kaufte Pelzmützen mit Klappen für die Ohren, wie man sie von den Kosaken kennt, und für alle kleine Geschenke.

Und D.? War sie an Bord geblieben? In meiner Erinnerung finde ich sie nirgendwo mit uns zusammen. Während der Einschiffung spielte das Bordorchester mitreißende Melodien; auch russische Melodien waren darunter. Eine dichtgedrängte Menge schaute und hörte zu und warf uns kleine Schachteln mit fünf Zigaretten entgegen, während der Bordkommissar uns Luftschlangen und Konfetti austeilte, die die Kinder freudig in die Zuschauermenge warfen.

Piräus. Athen. Die Akropolis, unter einem brennend heißen Himmel. Im Hilton trafen wir unseren Johnny wieder, mit dem wir uns dort verabredet hatten. Seine Hautfarbe war wie gebrannter Ton, und er war sehr aufgeregt, weil er eine Demonstration miterlebt und beinahe sogar daran teilgenommen hatte, die zwei Tage zuvor stattgefunden hatte und von der Polizei gewaltsam aufgelöst worden war.

Das war unsere vorletzte Etappe. Noch mehr Einkäufe, einschließlich eines Anzuges für Johnny, der in seinem Rucksack kaum etwas zum Anziehen hatte mitnehmen können und der, während er im Hilton auf uns wartete, endlich sein erstes Bad hatte nehmen können.

In Neapel, auf dem Rückweg, war es so heiß, daß D., in Begleitung von Marc, den Kindern und Nana, die zusammen die Stadt hatten besichtigen wollen, nach weniger als einer Viertelstunde an Bord zurückkehrte, völlig zerschlagen. Diesmal sehe ich D. wieder vor mir, wie sie darauf bestand, an Land zu gehen, und wie die anderen ihr folgten.

Gewiß, ich hatte die Freude der Kinder geteilt, aber für mich war diese Reise ein mißglückter Versuch gewesen, und D. kehrte freiwillig nach Prangins zurück, wo »Sanssouci« aufgelöst worden war und sie von nun an ein Zimmer im Hauptgebäude bewohnte.

Im Oktober schrieb ich *Le confessionnal.* In diesem Jahr würde ich nur drei Romane geschrieben haben.

D. verließ vorübergehend Prangins, um nach Ottawa zu fliegen, an das Sterbebett ihrer Mutter. Sie blieb dort vom fünften Oktober bis zum vierten November, und ihre Schwester übernachtete mit ihr in dem riesigen Appartement, das kurz zuvor für einen Besuch der englischen Königin renoviert worden war. Sie traf dort viele ihrer früheren Freunde wieder. Sie rief mich jeden Tag an, immer dann, wenn ich mit den Kindern am Tisch saß, so daß ich meine Abendessen allein beenden mußte.

Wieder Prangins. Keine Besuche, kein Telefon. Der Versuch war fehlgeschlagen, aber wenigstens Marie-Jo war fröhlich und verbreitete ihre

Herzlichkeit im ganzen Haus, in der Küche ebenso wie in den Büros der Sekretärinnen. Pierre besuchte die gleiche Schule wie zuvor sein Bruder und seine Schwester. Er hatte Freunde gefunden, die Söhne eines Zimmermädchens, das verheiratet war und jeden Abend nach Hause ging. Einer ihrer drei Söhne und Pierre wurden unzertrennlich, und Pierre verlangte sogar, daß er im Hause schlafen solle, in einem eigenen Zimmer.

Was Johnny betraf, so war er jetzt ein »Großer«, den ich wie einen Mann behandelte.

Am dritten November bekamen wir Besuch, von meiner Mutter, die, wie Marc und Francette, das Musik- und Fernsehzimmer bewohnte, in dem man die blaue Couch in ein Doppelbett verwandeln konnte. Man stellte dort einen Kleiderschrank auf, der für solche Gelegenheiten auf dem Dachboden aufbewahrt wurde.

<h1 style="text-align:center">63</h1>

Als ich gestern das vorige Kapitel schrieb, habe ich versucht, ein ganzes Jahr zu überfliegen, und bin dabei ohne es zu wollen einem bestimmten Rhythmus gefolgt, indem ich die strahlenden oder dunklen Bilder einander abwechseln ließ, und ich habe Ereignisse, die möglicherweise wichtig waren, mehr oder weniger bewußt beiseite gelassen. Ich hatte davon geträumt, in diesen Memoiren jedem der Hauptdarsteller beinahe von Tag zu Tag zu folgen, vor allem meinen Kindern, deren Heranwachsen ich mit leidenschaftlichem Interesse verfolgt hatte.

Dazu müßte man eigentlich auch ihre Umgebung verfolgen, die immer zahlreicher wurde, und das wäre reiner Wahnsinn. Ich weiß, daß man schon vor langer Zeit die Simultantechnik erfunden hat, aber müßte man dann nicht in mehreren Spalten schreiben, um den Weg eines jeden im Verlauf der Zeit auf einen Blick sichtbar zu machen? Das ist unmöglich, und ich bin wieder einmal gezwungen, zurückzublenden.

Während des Weihnachtsfestes 1965, das ich unser erstes richtiges Weihnachten in Epalinges genannt habe, das erste, an dem alle meine Kinder und Enkel vereint waren, hatte Marc mir eine große Neuigkeit berichtet. Er hatte, zumindest für eine gewisse Zeit, seine Stellung als erster Assistent aufgegeben und versucht, auf eigenen Füßen zu stehen, indem er seinen ersten Film konzipiert und realisiert hatte, einen Film mittlerer Länge.

Tabarly, der kühne Seefahrer, der auch heute noch das »Einhandsegeln« betreibt, hatte gerade ganz allein eine Weltumseglung erfolgreich abgeschlossen. Marc, mit dem ganzen Vertrauen seiner fünfundzwanzig Jahre, hatte ihn in der Bretagne aufgesucht und für sein Projekt gewonnen, seinen Alltag an Bord während seiner langen Reise nachzuvollziehen, diesmal mit der Kamera.

Wochenlang hatten sie weit draußen auf dem offenen Meer gearbeitet, manchmal bei schwerer See, manchmal bei Flaute; Tabarly hatte die Handgriffe der Einhandsegler getreu wiederholt und so in zahlreichen Einzelszenen die Routine dargestellt, der er sich monatelang unterworfen hatte, unter den verschiedensten Wetterbedingungen.

Marc wartete auf die endgültigen Kopien, und bereits Mitte Januar kündigte er mir an, daß er einige Tage später mit seinen Spulen kommen würde, am liebsten an einem Mittwoch, dem Tag, an dem in der Schweiz schulfrei ist, um sie uns allen zeigen zu können. Ich erhielt ohne Schwierigkeiten die Erlaubnis eines kleinen Kinos in La Sallaz, am Rande von Lausanne, an der Straße nach Epalinges, für eine private Vorführung gegen drei Uhr nachmittags. Nicht nur die Kinder waren da, sondern auch Aitken, Teresa, Yole und fast die ganze Hausgemeinschaft, während Marc, der entgegen seiner Gewohnheit bleich und nervös war, unsere Reaktionen abwartete. Diese waren begeistert, und ich persönlich war sehr bewegt von diesem Werk, das etwa eine Stunde dauerte, wenn ich mich nicht irre, und mich einen schon gereiften Marc entdecken ließ, der sich seines Berufes sicher war und eine Technik beherrschte, die ich bei einem so jungen Filmemacher nicht erwartet hätte.

Beim Hinausgehen begegnete ich Marc, der bei der Vorführung nicht dabei gewesen war und sich die Füße vertreten hatte, und umarmte ihn; dann machte ich einen langen Spaziergang mit ihm und sagte ihm, wie stolz ich auf ihn war. Um ihm einen greifbareren Beweis meines Vertrauens zu geben, fügte ich hinzu:

»Ich schenke dir die Filmrechte eines meiner Bücher: *Les dossiers de l'agence O*.«

Ein weniger bedeutendes Buch, gewiß, das aus dreizehn verschiedenen Erzählungen bestand, aber mit den gleichen Hauptpersonen, und sich daher für das Fernsehen eignete.

Nach Hause zurückgekehrt, aßen wir in bester Laune zu Abend und feierten Marcs ersten Film, diesen Markstein seiner Karriere, mit Champagner. Das französische Fernsehen würde kurz darauf die Verfilmung meines Buches von ihm kaufen. Dann, nach einem Mißerfolg beim amerikanischen Fernsehen, denn Tabarly war in den Vereinigten Staaten fast noch ein Unbekannter, verkaufte Marc seinen ersten Film in Kanada und in einigen anderen Ländern. Er hatte eine ganz junge Schauspielerin ausgewählt, die einer der gefragtesten Stars des französischen Films werden sollte.

Wir feierten also diese »Première« von Marc. Marie-Jo und Pierre gingen schlafen. Das Personal hatte sich zerstreut. Ich sehe Marc und Johnny noch vor mir, im Speisesaal, in dem Moment, als ich sie verließ, weil ich ein dringendes Bedürfnis verspürte. Um nicht in den ersten Stock hinaufgehen zu müssen, schloß ich mich in den Personaltoiletten ein, die an mein Arbeitszimmer angrenzten und sich dadurch auszeichneten, daß sie rundum, Wände, Boden und Decke, mit den gleichen Kacheln in einem ziemlich lebhaften Rot gefliest waren.

Es fehlte dort nur ein Bidet. Das war das erste Mal, daß ich diesen engen Raum zu etwas anderem benutzte, als um während eines Romans zwischendurch rasch zu pinkeln. Um mich zu waschen, schwang ich mich mit meinem Oberschenkel auf das Waschbecken, und während ich mich abseifte, rutschte ich mit diesem Oberschenkel auf dem Porzellan aus, das so glatt war wie eine Schlitterbahn. Ich fiel schwer, nicht zurück, sondern nach vorn, und ich erinnere mich, den Kopf noch nach hinten gebogen zu haben, um ihn davor zu bewahren, auf dem sehr harten Boden aufzuschlagen.

Es war meine Brust, die den Aufprall abfing. Ich lag da, keuchend, konnte kaum atmen, und versuchte, ausgestreckt wie ein Taschenkrebs, den Drehknopf zu erreichen, mit dem ich die Tür hätte öffnen können. Der Schmerz hinderte mich daran, den Arm hoch genug auszustrecken. Er fiel zurück, und ich begann, so laut ich konnte »Hilfe« zu rufen.

Niemand hörte mich. Marc und Johnny tranken wahrscheinlich noch immer jede Menge Champagner im Eßsaal, von dem mich drei Türen und der große Salon trennten. Was Teresa betraf, so wußte ich, daß sie hochgegangen war, um einen Morgenrock überzuziehen, wie jeden Abend, denn wir hatten uns angewöhnt, zusammen im Boudoir zu bleiben bis zu dem Augenblick, in dem ich ins Bett ging und sie wieder ihr Zimmer aufsuchte.

Ich fuhr fort, verzweifelt zu rufen, ohne daran zu denken, daß das Haus schallgedämmt war und ich wenig Chancen hatte, gehört zu werden. Mit einem letzten verzweifelten Versuch stützte ich mich mit einer Hand auf, während die andere die glatte Tür abtastete, ohne den Knopf zu finden.

Endlich hörte ich Teresas Stimme.

»Sind Sie da?«

Ich dachte in diesem Augenblick, daß sie den Schlüssel holen müßte, mit dem man die Tür von außen öffnen konnte, und ihre Gegenwart verlieh mir wahrscheinlich die Kraft, den Knopf zu ergreifen, ihn herumzudrehen, und gleich danach fiel ich der Länge nach auf den Boden, halb bewußtlos, jedenfalls ohne mitzubekommen, was geschah.

Ich hatte Teresa noch nie den Kopf verlieren sehen, was auch immer passiert war. Sie lief die beiden Jungen holen und trug mich mit ihrer Hilfe aus den Toiletten heraus, von denen Pierre ironisch zu sagen pflegte, daß man dort auf den Wänden und auf der Decke gehen könne, weil alles mit den gleichen roten Kacheln bedeckt sei.

Ich blutete nicht. Es gab keinerlei sichtbare Verletzung. Während man unseren Freund Dr. Cruchaud anrief, begann ich meinen schmerzenden Oberkörper abzutasten, indem ich mit dem Finger die sich abzeichnenden Rippen entlangfuhr. Ich verkündete dann ruhig:

»Mindestens sechs sind gebrochen. Wahrscheinlich sieben.«

Cruchaud eilte herbei und fand fünf. Während wir auf den Chirurgen warteten, bemühte er sich, mich zu trösten, aber merkwürdigerweise war ich ganz ruhig und jetzt ganz klar bei Verstand. Der Chirurg, Dr. Francioli, war ebenfalls ein Freund von uns, bei dem ich schon einmal zu Abend gegessen hatte. Er untersuchte mich, während Johnny Marc nach Genf fuhr, wo dieser kurz nach zehn seine Maschine nach Paris nehmen mußte.

»Sechs Rippen, würde ich sagen.«

Ich erinnere mich, zu ihm gesagt zu haben:

»Ich wette, es sind sieben . . .«

Er gab mir eine Spritze, die mich zu betäuben begann, auch mein Gehirn, und meine letzte Erinnerung an diesen Abend, der so fröhlich begonnen hatte, besteht darin, daß ich zu Francioli murmelte, der kurz zuvor seine junge Frau verloren hatte:

»Sie sind Witwer, Francioli. Das muß furchtbar sein. Aber noch furchtbarer ist es, glaube ich, ein falscher Witwer zu sein, ein Mann, dessen Frau noch lebt, aber für immer von ihm getrennt ist . . .«

Teresa half, mich ohne anzustoßen bis zum ersten Stock zu transportieren. Sie war es, die mich auszog, die ganze Nacht bei mir wachte und noch die Zeit fand, für sich und für mich Wäsche und Kleidung zurechtzulegen und in zwei Koffer zu packen.

Man reservierte ein Zimmer für mich in der Klinik Cecil, wo Francioli meistens operierte und auch heute noch operiert. Um zehn Uhr kam eine Ambulanz mich abholen, und auf einer Tragbahre wurde ich die Treppe und dann die Freitreppe von Epalinges hinuntergebracht.

Die Kinder waren in der Schule. Marie-Jo und Pierre wußten nichts von dem Unfall. In dem Moment, in dem man mich in den Krankenwagen hob, bat ich um einen Whisky, so sehr krampfte sich mein Herz dabei zusammen, auf diese Weise unser Haus zu verlassen, vor allem meine Kinder, ohne zu wissen, für wie lange ich von ihnen getrennt sein würde.

Teresa war bei mir im Krankenwagen und hielt mir die Hand, denn mein Gesicht verzerrte sich bei der kleinsten Erschütterung. Bevor man mich in der Klinik auf mein Zimmer brachte, trug man mich in den Keller, wo sich damals die Röntgenabteilung befand. Es war schwierig, mich in einer der üblichen Lagen zu röntgen. Ich sah mich auf dem Fußboden liegen und hörte die Stimme der Radiologin mit ihrem russischen Akzent:

»Hebt ihm noch etwas den Oberkörper an.«

Ich sah die Szene vom Vorabend wieder vor mir, auf dem harten Fußboden meiner roten Toiletten.

»Noch ein bißchen . . . Den Kopf anheben . . .«

Schließlich fand ich Teresa wieder, in einem Zimmer, in dem wir etwas über zwei Wochen, fast drei Wochen lang, bleiben sollten. Francioli erwartete mich dort. Nachdem er die Röntgenaufnahmen betrachtet hatte, sagte er mir:

»Sie hatten recht, Simenon. Sieben Rippen sind gebrochen, einige zweifach. Was Ihnen die größten Schmerzen bereitet, das ist der Umstand, daß eine der Bruchstellen das Rippenfell erreicht hat, glücklicherweise nur ziemlich leicht . . .«

»Wird es lange dauern?«

»Das hängt von Ihrer Entscheidung ab. Die Behandlung, die die geringsten Schmerzen verursacht, besteht darin, Ihnen die Brust einzugipsen. Die Heilung dauert länger, aber . . .«

»Und die andere Möglichkeit?«

»Es gibt zwei andere. Zunächst ein sehr enger Verband. Ein bißchen schmerzhafter als der Gips, aber fast genauso langwierig.«

»Und die dritte Lösung?«

»Die schnellste und schmerzhafteste.«

»Eine Operation?«

»Davon kann keine Rede sein. Die dritte Möglichkeit ist, Sie zu lassen wie Sie sind, mit freiem Oberkörper. Sie haben alle Chancen, schneller hier herauszukommen, aber ich verschweige Ihnen nicht, daß Sie leiden werden. Ich gestatte Ihnen nur drei Beruhigungszäpfchen in vierundzwanzig Stunden. Maximal vier. Niemals mehr . . .«

Ich entschied mich ohne Zögern für die dritte Lösung.

»Es ist immer noch Zeit, falls der Schmerz unerträglich wird . . .«

»Nein.«

Er lächelte freundlich und gab Teresa seine Anweisungen. Unser bescheidenes Leben nahm sogleich Gestalt an. Das Zimmer war geräumig, und ein Feldbett wurde neben meinem Bett aufgebaut. Wir verfügten über einen kleinen Salon und ein Badezimmer, in dem eine Badewanne von ungewöhnlichen Ausmaßen mitten im Zimmer thronte. Ich konnte sie natürlich nicht benutzen, und Teresa wusch mich, etwas, das ich nicht einer der Krankenschwestern überlassen wollte.

Zum ersten Mal lebten wir zusammen, Teresa und ich, Tag und Nacht, mit Ausnahme der halben Stunde, die sie brauchte, um im Eßsaal zu Mittag zu essen, und der anderen halben Stunde für das Abendessen. Auch wenn sie sich beeilte – diese halben Stunden in der Einsamkeit erschienen mir lang, und ich horchte ungeduldig auf das Geräusch ihrer Schritte auf dem Gang.

Ich brauchte nicht das Bett zu hüten, im Gegenteil. Am Morgen zog sie mir meinen Straßenanzug an, wie man ein Kind anzieht. Ich rasierte mich, so gut es ging, und verbrachte Stunden in meinem Sessel im Salon, während ich auf den Augenblick wartete, zum ersten Zäpfchen zu greifen, den ich so lange wie möglich hinauszögerte.

So sehr ich auch dazu neige, mir Sorgen zu machen und zu jammern, wenn es um meine inneren Organe geht, so hart bin ich andererseits, wenn es sich um eine offensichtliche Verletzung handelt, das heißt wenn Muskeln oder Knochen betroffen sind. Als Kind hatte ich mir oft etwas gebrochen oder aufgerissen, ohne zu weinen, so daß meine arme Mutter mich schließlich für ein Phänomen, wenn nicht gar für ein Monstrum hielt.

Schon in Echandens und später dann in Epalinges hatte Teresas Gegenwart einen beruhigenden Einfluß auf mich ausgeübt. Sie war die einzige Frau, abgesehen von meiner Mutter, von der ich mir intimere Pflege gefallen ließ. Vor ihr konnte ich mich nackt zeigen, sowohl körperlich als auch seelisch.

Schlief sie viel in der Nacht, auf ihrem Klappbett, das hart und unbequem sein mußte? Sie war mir so nahe, daß ich sie mit der Hand berühren konnte. Ich sehe ihren blaßblauen Pyjama wieder vor mir, mit einer schmalen Spitze gesäumt, mit kurzer Jacke und Hosenbeinen, die an den Knöcheln enger wurden.

Ich nahm mein zweites Zäpfchen, oder vielmehr sie gab es mir, kurz bevor ich einschlief, während das dritte für die Mitte der Nacht blieb, vor allem für den frühen Morgen. Es geschah, daß ich unbewußt jammerte, und ich sah sie dann vor mir stehen, eine kleine Taschenlampe in der Hand, und mir prüfend ins Gesicht blicken, während sie meine Hand hielt.

»Ist es noch nicht soweit?«

»Nein, Monsieur. Es ist erst kurz vor eins. Versuchen Sie zu schlafen.«

Ich gestand ihr eines Tages, daß sie mich so, in dem vagen Lichtschein der Taschenlampe, in ihrem an den Knöcheln zugebundenen Pyjama, an einen Clown denken ließ, einen Clown mit einem rührenden Lächeln.

Wir sprachen das Wort Liebe niemals aus. Noch Jahre später würde sie es mir verbieten, so wie sie mich unterbrach, wenn ich sie nach ihren Gefühlen fragte und mir über meine eigenen laut Fragen stellte.

In Mailand, in dem Büro der Sekretärin von Mondadori, hatte ich intuitiv geahnt, daß diese Unbekannte im Schottenmantel eine Rolle in meinem Leben spielen würde. Ich wußte nicht welche. Als wir uns in Echandens zum ersten Mal geliebt hatten, wußte ich, daß jedenfalls unsere Körper völlig miteinander harmonierten.

In Epalinges dann, wo ich in einem Flügel des Gebäudes allein war, brauchte ich ihre Nähe, am Abend, bis es Zeit für mich war, schlafen zu gehen. Wir sprachen wenig, und wenn wir es taten, dann über die Kinder. Sie war selbst Mutter, eines schon großen Jungen sogar, der in Italien geblieben war und mit dem sie fast alle ihre Ferien verbrachte. Sie verstand sich gut mit meinen Kindern, fast besser als ich, vor allem mit Marie-Jo, für die sie eine unendliche Zärtlichkeit und ein natürliches Mitgefühl empfand.

Ich habe eben ganz zufällig ein Wort geschrieben, das vielleicht erklärt, was mich an Teresa so sehr angezogen hatte. Sie war völlig natürlich, unverfälscht. Sie kleidete sich mit sicherem Geschmack, sehr einfach, ohne dabei die Mode oder den Luxus und noch weniger das Auffällige im Auge zu haben.

Wir hatten fast die gleiche Vergangenheit. Ihr Großvater war Schmiedemeister gewesen, so wie mein Großvater Simenon Hutmachermeister gewesen war. Wir stammten beide von Handwerkern ab, den Menschen, die ich mehr als alle anderen schätze, dem gesellschaftlichen Stand, wenn man so will, den ich über alle anderen stelle, so sehr, daß ich mich in manchen Interviews auch selbst als Handwerker bezeichnet habe.

In dieser Zeit, in der Besuche in Prangins nicht gestattet waren, durfte D. mit mir telefonieren und ich sie anrufen, aber auch während der Dauer unseres Aufenthalts im »Cecil« erfuhr sie nichts von meinem lächerlichen Unfall. Ich setzte mich täglich mit Aitken in Verbindung, denn ich hatte meine »Geschäfte« wieder in die Hand genommen, um ein Wort zu gebrauchen, das ich hasse, zumal so viele Journalisten und Biographen von der »Fabrik Simenon« sprechen. Aitken las mir die Post vor. Ich gab ihr Hinweise für die Antwortschreiben, und fast jeden Nachmittag suchte sie mich wegen der Unterschriften auf und um gegebenenfalls ein mehr oder minder wichtiges Problem mit mir zu besprechen.

Aus Diskretion, selbst gegenüber dem Personal der Klinik, verbrachte Teresa einen großen Teil unserer Tage damit, in unserem Schlafzimmer in der Nähe des Fensters zu nähen, während ich im kleinen Salon las. Nur eine stets geöffnete Tür trennte uns, und selbst das fand ich, was mich betrifft, noch zuviel. Oft hob ich den Kopf, um sie anzusehen, und ihr Anblick genügte mir, um mich zu entspannen.

Wenn D. mich in Epalinges anrief, antwortete Aitken, daß ich in der Stadt sei oder auf dem Land spazierenginge. Dann rief Aitken mich sofort an, und ich setzte mich meinerseits mit Prangins in Verbindung. Wir hatten uns nichts zu sagen, D. und ich. Gewiß, sie sprach von ihren Kindern, ohne bei meinen Antworten richtig zuzuhören. Ich hatte den Verdacht, daß sie den Kontakt aufrechterhielt, um ihre Gegenwart zu bekräftigen, ihren dominierenden Einfluß, selbst aus der Ferne, und ich war weniger und weniger gerührt.

Johnny kam mich von Zeit zu Zeit besuchen, herzlich und um meine Gesundheit besorgt, und er war überrascht, mich ganz angezogen im Sessel vorzufinden oder mich manchmal an Teresas Arm im Gang auf und ab gehen zu sehen. Ich bestand darauf, daß man Marie-Jo und Pierre gegenüber nur von einem unbedeutenden Sturz sprach, und ich legte Wert darauf, ihnen die Klinikatmosphäre zu ersparen, die zu großen Eindruck auf sie hätte machen können. Auch mit ihnen telefonierte ich, fröhlich und unbeschwert, so daß sie sich keine Sorgen machten.

Jeden Morgen besuchte mich der Chirurg, der sich während einiger Tage von der Schwelle des Zimmers aus mit mir unterhielt, denn er war stark erkältet und fürchtete, mich anzustecken.

Die einzige unangenehme Erinnerung an diese zwanzig Tage in der Klinik war die an eine Verstopfung, infolge der Zäpfchen. Ich hatte beinahe einen Darmverschluß, und fast zwei Stunden lang mühten Teresa und eine Krankenschwester sich ab, um mich zu erlösen.

Was Dr. Cruchaud betraf, so bewies er mir seine Freundschaft, indem er mich jeden Abend besuchen kam, nachdem er seine Praxis geschlossen hatte. Das war fast immer die Zeit, in der man mir das Abendessen servierte.

»Atmen Sie ein, Georges . . .«

Er steckte sein Stethoskop wieder in seine Tasche und verkündete gutgelaunt:

»Diese Lungen benehmen sich sehr ordentlich . . .«

Er wußte genau Bescheid, welches Drama ich durchzustehen hatte, und bemühte sich, mir meinen Optimismus zurückzugeben, indem er über eine halbe Stunde bei mir verbrachte, in seiner herzlichen, ermutigenden Art.

Nach zwanzig Tagen hatte ich kaum noch Schmerzen, und Francioli teilte mir mit, daß ich nach Hause zurückkehren könnte, daß die Kallusbildung um die Bruchstellen herum eingesetzt habe und daß ich wieder ein normales Leben führen könne, sofern ich Kraftanstrengungen und abrupte Bewegungen vermied.

Ich kehrte zu meinen Kindern zurück, zu meinem Arbeitszimmer, zu den Spaziergängen auf dem Land und in der Stadt. Aus Furcht, daß jemand mich anrempeln könnte, trug ich dabei einen Arm in einer Schlinge, beinahe wie ein Positionslicht.

Am fünfundzwanzigsten Februar begann ich *La patience de Maigret* zu schreiben, mußte aber beim fünften Kapitel wegen einer sehr starken Erkältung abbrechen. Es war der einzige meiner Romane, den ich nach einer Unterbrechung von mehreren Tagen fortsetzen und beenden konnte, und ich wurde am neunten März damit fertig.

Ich blieb gebrechlich. Es passierte mir, daß ich wie in meiner Kindheit schlafwandelte und in der Nacht auf die Mauer zuging, die der Badezimmertür gegenüberlag. Man holte ein Feldbett vom Speicher herunter, und für lange Zeit würde Teresa darauf schlafen, obwohl in meinem großen Bett so viel Platz war. Ich legte Wert darauf, und Teresa noch weit mehr als ich, daß die Kinder nicht denken sollten, der Platz ihrer Mutter sei bereits besetzt.

Anfang April schenkte ich Marie-Jo zu den Osterferien eine Reise nach Florenz. Sie war an der Reihe, denn im Jahr davor war Johnny in diesen Ferien mit mir nach Barcelona gefahren. Ich konnte mich nicht allein um ein zwölf Jahre altes Mädchen kümmern, das die Hilfe einer Frau brauchte. Teresa machte diese Reise mit uns, während Nana sich zu Hause um Pierre kümmerte.

Florenz, das ich ziemlich gut kannte, war die Stadt Europas, die mir am besten gefiel, nicht nur wegen ihrer unvergleichlichen Vergangenheit, sondern auch, weil sie nach den Zerstörungen des letzten Krieges sie selbst geblieben war.

Im Hotel bewohnte ich ein Zimmer mit Bad, während Marie-Jo und Teresa ihr eigenes hatten. Besuch der Museen, trotz der Menschenmenge, die den zahlreichen Führern von Gemälde zu Gemälde folgte. Ausflug nach Fiesole.

Marie-Jo zeigte sich fröhlich und entspannt. Obwohl sie immer eine ausgeprägte Vorliebe für die Malerei, ja sogar ein gewisses Talent bewiesen hatte, schien sie wenig begeistert angesichts der Meister des Quattrocento und Cinquecento. War es das Gewühl vor ihren Werken, das sie störte?

Auch ich spielte den Fremdenführer, denn ich wußte, wo die berühmtesten Gemälde, die bekanntesten Bauwerke zu finden waren.

Wir aßen häufig in Restaurants zu Mittag, die kaum von Touristen besucht waren, und sie war von ihnen begeistert. Der Regen hinderte uns manchmal daran, auszugehen, und ich ging ihr dann ihre Lieblings->Comics« kaufen, die »Charlie Brown«-Hefte, die ich nur auf englisch auftreiben konnte und deren Witz ich ihr zu übersetzen versuchte, denn auch ich war fast ein Fan von Charlie Brown.

Manchmal ließ sie sich von Teresa in einen Teesalon führen, wo sie sich für die Vielfalt der Kuchen und Eissorten begeisterte, auf die sie versessen war.

Sie schätzte insbesondere, am Morgen, die Läden auf dem Ponte Vecchio. Ich suchte für sie einige Korallen und vor allem bestickte Blusen in lebhaften Farben aus, die mich an die Musterkarten der Firma D.M.C. erinnerten, die ich bestellt hatte, als Tigy schwanger war und ich ohne bestimmten Grund davon ausging, daß das erwartete Kind ein Mädchen sein würde.

»Ich habe schon drei davon, Dad.«

Ich kaufte trotzdem noch mehr, ebensosehr zu meinem Vergnügen, glaube ich, wie zu ihrem. Eines Abends durfte sie ausnahmsweise einmal lange aufbleiben, um in einem Nachtlokal zu Abend zu essen, wo ich sie endlich strahlen sah, während ich mit ihr tanzte. An meine gebrochenen Rippen erinnerte ich mich kaum. Ich spürte allenfalls einen leichten Schmerz in der Brust, genau dort, wo das Rippenfell verletzt worden war, und auch das nur an Regentagen oder wenn die Luft feucht war.

Viele Bilder, fast alle farbenfroh und warm, vor allem das Bild meiner kleinen Tochter, die wie eine junge Dame auszusehen begann, deren Haltung und Selbstsicherheit sie schon hatte.

Im Grunde war sie es, die uns mit sicherer Hand führte und stets durch ihr Lächeln über uns bestimmte, durch den zärtlichen und dennoch willensstarken Blick ihrer hellen und wie durchsichtigen Augen.

Haben unsere Osterferien in Florenz in deinem Gedächtnis die gleichen Erinnerungen wie in dem meinen zurückgelassen, meine kleine Tochter? Am Abend, wenn du eingeschlafen warst, schrieb ich deiner Mutter, denn sie bestand darauf, uns gewissermaßen am Ende einer unsichtbaren Leine zu halten. Sie hatte ihren täglichen Brief verlangt. Es würde noch viel Zeit vergehen, bis diese Leine durchschnitten werden sollte und ich mich wie ein freier Mann fühlen würde.

Henny entschied, daß dir in Zukunft eine psychotherapeutische Sitzung in der Woche genügen würde. Ich weiß nicht, ob er dein so eifersüchtig gehütetes Geheimnis entdeckt hatte. Er hatte mir davon nichts gesagt, und ich selbst sollte es erst viele Jahre später erfahren. Leider, mein Liebling! Vor allem deinetwegen!

Noch eine Korrektur zu meinem letzten Kapitel. Nicht auf der Rückfahrt, wie ich geschrieben habe, sondern auf der Hinfahrt hatten wir in Athen angelegt, wo Johnny uns im Hilton erwartete, so daß er uns fast auf unserer ganzen Kreuzfahrt an Bord der »Franca C.« begleitete.

Er begeisterte sich für das Shuffleboard, so wie er sich für alles begeisterte, und es gab endlose Spiele zwischen Johnny und Marc, andere mit mir. Du, du interessiertest dich vor allem für Serge und die kleine Diane, so wie du früher in deiner schicken Kindermädchenuniform auf Pierre aufgepaßt hattest.

In Odessa hatten Johnny und Marc uns allerdings wieder verlassen und waren nach Moskau geflogen. Wir sahen sie erst wieder, als die Anker gelichtet wurden, nach unserem Aufenthalt in Sotschi, wo sie wegen einer Verspätung des Flugzeuges beinahe das Schiff verpaßt hätten und erst in letzter Minute in der Menge, inmitten der Luftschlangen und dem vielfarbenen Konfetti, der Päckchen zu fünf russischen Zigaretten und unter den mitreißenden Klängen des Bordorchesters auftauchten.

Habe ich damit dieses so bewegte Jahr 1965 abgeschlossen? Pierre war der Freund der drei Söhne von Jeanine geworden, unserem neuen Zimmermädchen, das sich vor allem um das »Reich« der Kinder kümmerte. Sein bester Freund war Jean-Jacques, der fast so alt war wie er, und die beiden wurden unzertrennlich. Auch Pierre hatte mit sechs Jahren schon seinen eigenen Kopf. Er bestand oft darauf, daß Jean-Jacques im Haus übernachtete, zunächst auf der Bettcouch im Spielzimmer, dann in seinem Zimmer selbst, in dem man diese Bettcouch abends aufbaute. Seine beiden Brüder würden auch kommen und mit euch im Garten spielen, im Spielzimmer unten im Keller, im Schwimmbad.

Auch du, Marie-Jo, würdest im Collège Freundinnen finden, und zumindest eine von ihnen würde ziemlich oft bei uns übernachten.

Wie konnten so viele Ereignisse in einem einzigen Jahr geschehen? Das verwirrt mich, denn die Bilder der Erinnerung stürmen in einem beinahe wüsten Durcheinander auf mich ein.

Auch in den Büros, wo ich meinen Platz wieder einnahm, hatte sich das Leben verändert. Zum Beispiel hatte D. verlangt, daß eine der Sekretärinnen während des Mittagessens in Bereitschaft blieb und selbst erst essen ging, wenn die anderen zurückkamen. Ich schaffte diesen »Bereitschaftsdienst« ebenso ab, wie ich den abendlichen »Rapport« des Personals abgeschafft hatte. Ich bestimmte auch, daß die Arbeit im Sekretariat nicht um sechs, sondern schon um fünf Uhr beendet sein sollte.

D. hatte es abgelehnt, meine Urheberrechte den verschiedenen Ländern des Ostblocks zu verkaufen, unter dem Vorwand, daß die Erlöse aus diesen Rechten nicht ins Ausland transferiert werden konnten. Ich hatte mich vergeblich gegen diese Einstellung gewehrt. Ich schrieb, um gelesen zu werden, und nicht, um Geld anzuhäufen. Ich unterzeichnete daher Verträge mit Jugoslawien, Polen, Ungarn, der Tschechoslowakei, Rumänien und Bulgarien, von wo ich wenig später die begeistertsten und ergreifendsten Briefe von meinen Lesern erhalten sollte.

Was Rußland betraf, das die Berner Übereinkunft über das »Copyright« noch nicht unterzeichnet hatte, so waren meine Bücher dort schon seit langem veröffentlicht worden, und Auflagen von hundertfünfzigtausend waren innerhalb eines Tages vergriffen. Was machte es schon, wenn mir das nichts einbrachte, außer der menschlichen Wärme, die mir viel mehr bedeutete als das Geld.

Ich kann mich jetzt endlich dem Aufenthalt meiner Mutter in Epalinges zuwenden, wo die arme Frau sich deplaziert fühlte. Nicht nur wegen der Größe des Hauses und wegen all der Dinge, die sie als Luxus bezeichnete, wegen des Schwimmbades, der so zahlreichen Räume und der neun Badezimmer, sondern auch angesichts der Freiheit, die meine Kinder genossen. Wie sollte sie auch nicht überrascht oder gar innerlich empört sein, wenn sie hörte, wie sie freiweg redeten und die Erwachsenen unterbrachen? Hatte ich nicht während meiner ganzen Kindheit zu hören bekommen:

»Gib dem Herrn die schöne Hand.«

»Gib deinem Onkel Schrooten einen Kuß . . .«

Dieser trug einen dichten und stachligen Bart, und ich weigerte mich, ihn zu küssen.

»Bitte die Dame um Verzeihung . . .«

Auch die Brüder in der Ordensschule hatten mir die »guten Manieren« beigebracht, die sie nun bei ihren Enkeln vermißte.

Arme Mama. Alles verwirrte, alles beunruhigte sie hier.

»Wozu brauchst du so viele Domestiken, Georges?«

Was sollte ich antworten? Bei den Frauen des Personals fühlte sie sich am wohlsten.

»Glauben Sie, daß das Haus bezahlt ist?«

Oder:

»Was meinen Sie: ob mein Sohn Schulden hat?«

Du hattest nie an mich geglaubt, Mutter. Du hattest dir immer Sorgen um mich gemacht, so als könnte es nur böse mit mir enden. Ich ging oft zu dir hinaus in den Garten, wo du dich in einem Liegestuhl ausruhtest.

»Und deine Frau, Georges?«

Sie hatte sie nie leiden können und sie hatte gute Gründe dafür. Sie hatte auch Tigy nie leiden können, die aber nur den einen Fehler hatte, ihr »den Sohn wegzunehmen«.

Ich verstand dich, Mutter. Ich war dir nicht böse, im Gegenteil. Du hattest eine unglückliche Kindheit gehabt, wie häufig, wenn man in einer Familie die Letztgeborene ist, die dreizehnte in deinem Fall. Du hattest das Elend gekannt. Du hattest viel gearbeitet und warst hart zu dir selbst gewesen, immer bereit, den anderen zu helfen.

War es richtig gewesen, dich einzuladen? Du machtest dich ganz klein in diesem zu großen Haus, in dem du auf der Suche nach einer verwandten Seele herumschlichst. Ich gab mir Mühe, es dir behaglich zu machen. Marie-Jo ebenfalls, die deine Verwirrung »spürte« und zu dir noch sanfter und zärtlicher war als zu jedem anderen.

Es waren die Jungen, die dich erschreckten, ihr ständiges Kommen und Gehen, ihre oft ungestümen Spiele. Ich glaube, daß du trotz der Mühe, die ich mir gab, mit Erleichterung den Zug nach Lüttich nahmst, kurz vor Ende November. Aitken würde dich bis Basel begleiten, wo du umsteigen mußtest und die Gefahr bestand, daß du dich in diesem großen internationalen Bahnhof verlaufen könntest.

Mit schwerem Herzen sah ich dich abreisen, in dem Bewußtsein, daß ich in deinen Augen, was immer ich auch tun würde, niemals ein »guter Sohn« wäre.

Weihnachten rückte näher. Ich kaufte für Jean-Jacques die gleichen Spielsachen wie für Pierre sowie andere für die beiden Brüder, die inzwischen auch ein wenig zur Hausgemeinschaft gehörten.

Geschenke auch für die anderen, ich habe vergessen welche, aber ich weiß, daß ihr alle zusammen, auch Marc und die Seinen, mitgeholfen hattet, den großen Baum im Spielzimmer und die kleinen Bäume für jedes der Zimmer und der Büros des Hauses zu schmücken.

Es war schon lange her, daß ich D.s großen Chrysler 500 nach Prangins hatte bringen lassen, und sie durfte ihn manchmal benutzen, um mit einer Freundin in einem kleinen Restaurant im Jura essen zu gehen. Vor der Freitreppe von Prangins stand der weiße Chrysler neben dem Luxuscadillac eines der zahlreichen berühmten Griechen.

Ich erfuhr, daß D. eines Abends an dem Hang, auf dem das Restaurant lag, vergessen hatte, die Handbremse anzuziehen und den Vorwärtsgang einzulegen. Der Wagen, in dem zum Glück niemand saß, war einen Teil des Abhangs hinuntergestürzt und an einer Mauer zerschellt.

Hatte eure Mutter in diesem Jahr die Erlaubnis bekommen, am fünfundzwanzigsten Dezember zu uns zum Mittagessen nach Hause zu kommen? Es ist möglich. Ich bin mir dessen nicht sicher. Wenn ja, so mußte es ihr mißfallen haben, Marcs Familie in Epalinges untergebracht zu sehen. Jedenfalls gab es zwischen uns kein vertrautes Beisammensein. Und wahrscheinlich nahm sie in den wenigen Stunden, die sie bleiben konnte, auch nicht an der allgemeinen Freude teil. War sie in den leeren Büros herumgeirrt, die nicht mehr die ihren waren? War sie hinaufgegangen in die Räume, die »unser« Appartement hatten sein sollen und die sie so wenig bewohnt hatte?

Jedenfalls war sie Neujahr nicht da, denn wir waren schon alle in Crans, wo wir seit dem sechsundzwanzigsten Dezember wieder an die Gewohnheiten des letzten Winters anknüpften.

Damit endete schließlich ein Jahr, in dessen Verlauf ich sehr viele Journalisten aus verschiedenen Ländern empfangen und Radio- und Fernsehinterviews über mich hatte ergehen lassen. Ich beklage mich nicht darüber. Das war eine der Begleiterscheinungen des Berufes, für den ich mich entschieden hatte, und ich nahm diese Überfälle gutgelaunt hin.

Denn ich hatte meine gute Laune wiedergefunden, und man würde mich nicht mehr einsam und finster vor einer Flasche Champagner sitzen sehen, so einsam und verzweifelt, daß meine Nachbarn im Jahr zuvor Mitleid mit mir empfanden. Sie waren Freunde geworden, die italo-amerikanische Gräfin ebenso wie der außergewöhnliche Schauspieler James Mason. Nachdem sie, ich weiß nicht wie, im letzten Januar erfahren hatten, daß ich in der Klinik Cecil war, hatten sie mich da nicht mit ihrem Besuch überrascht und mir Blumen mitgebracht, wie einer jungen Wöchnerin? Sie waren in diesem Jahr nicht in Crans, aber ich war auch nicht mehr allein und verzweifelt. Meine Kinder waren bei mir, und zum ersten Mal kam Marie-Jo in den großen Salon herunter, wo sie ihr erstes Glas Champagner trinken durfte.

Ebenfalls zum ersten Mal, nachdem wir das neue Jahr im Kreise der Familie gefeiert hatten, feierte ich es anschließend in unserem Zimmer im trauten Beisammensein mit Teresa.

Ein neues Jahr begann, das Jahr 1966.

Würde es das Jahr meiner vollständigen Genesung werden? Das war es, was ich mir, aber auch Teresa wünschte, die mich so sehr umsorgt hatte und noch umsorgte, wie selbstverständlich, als liebende und gesunde Frau, die sie war.

Ein gutes, ein ganz besonders gutes Jahr für alle die Meinen, für uns auch, für die ganze Hausgemeinschaft von Epalinges.

War ich davon überzeugt?

Ich wünschte es so sehr! Und ein friedvolles Jahr für D., trotz allem, da unten in Prangins oder sonstwo.

Ein gutes Jahr für alle Menschen, für all die kleinen Geschöpfe, die auf der Erde herumirren, auf der Suche nach ihrer Bestimmung.

Amen.

64

Evolti hatte uns verlassen, aus persönlichen Gründen, die ich nicht zu erfahren suchte, denn für mich zählt die Achtung der persönlichen Freiheit sehr viel. Jean nahm also seinen Platz ein, ein echter Waadtländer mit köstlichem Akzent, der die Landschaft kannte, denn er besaß einen kleinen Bauernhof irgendwo in den Bergen.

Hinten im Garten war auf der gegenüberliegenden Seite des Swimmingpools, noch vor dem Gewächshaus, eine bestimmte Zahl sorgsam gehegter und gepflegter Beete für die Schnittblumen bestimmt, die je nach Saison wechselten. Ich persönlich mag besonders die kleinen weißen gesprenkelten Nelken, die Wicken und die Kapuzinerkresse, aber für die Vasen in den großen Räumen überall im Haus wurden natürlich auch dekorativere Blumen benötigt wie Gladiolen, Dahlien und andere. Jean kümmerte sich von nun an darum.

Um die Kinder nicht beim Spielen zu behindern, war auf der großen Rasenfläche kein Blumenbeet angelegt worden. Nur rings um das Haus und auf einer Seite des Pools machten Frühlingstulpen, deren Zwiebeln ich zu Hunderten aus Holland kommen ließ, im Sommer Geranien Platz, für die ich das leuchtendste Rot wählte. All das wurde zur Tradition, zu einer Routine, die sich nicht ändern würde.

Die Bewässerung stellte kein Problem dar. Zahlreiche Wasseranschlüsse waren direkt in die Erde eingelassen, und der sehr starke Druck machte das gleichzeitige Einschalten eines halben Dutzends Sprengdüsen möglich, wie man sie sonst nur vom Gemüseanbau her kennt. Was das immer wieder erforderliche Mähen des Rasens betrifft, so wurde es erleichtert durch die eindrucksvolle englische Mähmaschine, die für den braven Jean mit seiner gesunden Gesichtsfarbe eines Landbewohners und seinen treuherzigen Augen zum persönlichen Feind wurde.

Das Ingangsetzen des Rasenmähers gehörte zu den einfachsten Dingen. Aber unter den Händen von Jean weigerte sich der Motor meistens, anzuspringen, und Michel, unser Koch, mußte her. Michel, für den Motoren kein Geheimnis waren, kam dann mit seiner hohen, weißen Mütze und leistete dem neuen Gärtner Pannenhilfe.

Auch andere Geräte machten gewaltigen Eindruck auf ihn, so im Winter, wenn – fast jeden Morgen – die beiden Höfe vom Schnee gesäubert werden mußten, eine Schneefräse, die ihre Schneefontänen weit versprühte und sie zu kleinen Hügeln aufhäufte. Das war ein Riesenspaß für Pierre und seine kleinen Freunde, die sich darin Iglus bauten. Ich prüfte aber jedesmal deren Festigkeit, bevor sie hineinkriechen durften.

Ich hatte noch eine andere Maschine gekauft, die wir im Keller neben dem Spielzimmer unterbrachten. Sie war fast drei Meter lang und ermöglichte die Herstellung von vier verschiedenen Sorten Speiseeis in »Containern«, die mehrere Liter aufnehmen konnten. Die Hörnchen dazu bekamen wir in großen Weißblechdosen geschickt. Im Sommer mußten wir oft neue bestellen, denn Haus und Garten wurden dann mehr und mehr zum Tummelplatz schlemmender junger Leute.

Das läßt mich an Marc denken, der uns in den Vereinigten Staaten, gleichgültig, ob es im Süden, im Westen oder in Connecticut war, in den Schulferien haufenweise seine Freunde und Freundinnen anschleppte.

Marc hatte sich als erwachsener Mann und Familienvater nicht verändert. Sein derzeitiges Haus im Wald von Rambouillet erlebte an jedem Wochenende eine Invasion von Freunden und Freundinnen, die er mit der gleichen Freude und der gleichen Großzügigkeit bei sich aufnahm. Man wußte in Paris und anderswo, daß seine Tür immer offenstand, daß man bei ihm Freßorgien à la Gargantua organisieren konnte und daß die, die über Nacht bleiben wollten, ein Eckchen zum Schlafen fanden.

Johnny hingegen entpuppte sich als Einzelgänger. Trotz der Verlokkungen des Swimmingpools und des Spielzimmers hatte er noch nie einen Freund mit nach Hause gebracht.

Pierre, der mit den Söhnen Jeanines den Anfang gemacht hatte, pflegte weiter eine Reihe von treuen Freundschaften und tut es auch heute noch.

Und was Marie-Jo angeht, so würde sie es sein, die bald das Haus mit jugendlichem Überschwang und lautstarker Freude erfüllen würde. Es begann mit ihrem Geburtstag, den ich mit Aitken vorbereitet hatte, und an dem ich dann leider nicht hatte teilnehmen können, da ich mit gebrochenen Rippen in der Clinique Cecil lag.

Über vierzig gleichaltrige Freundinnen und Freunde waren an einem schulfreien Tag eingeladen. Aitken hatte eine Liste mit den Namen und Adressen getippt und einen städtischen Autobus gemietet, der am frühen Nachmittag die ganze kleine Gesellschaft auflas.

Da zu erwarten war, daß das Schwimmbecken sich großer Beliebtheit erfreuen würde, hatte ich die Stadtverwaltung bitten lassen, mir für einige Stunden einen städtischen Bademeister zur Verfügung zu stellen, um jedem Unfall vorzubeugen.

Ich war bei dieser »Premiere« nicht zugegen, aber, wie ich später erfuhr, spielten Haus, Swimmingpool, Spielzimmer und Eismaschine ihre Rolle hervorragend. Kuchen, belegte Brote, Eiscreme, Coca-Cola, Fruchtsäfte und dazu Musik, die in den aufgeregten Kinderstimmen unterging.

Diesem Kinderfest folgten zahlreiche Parties, bei denen einige ihre Gitarre mitbrachten, oft elektrische Instrumente, zu denen dann das Schlagzeug dröhnte und wer weiß welche anderen Instrumente zur Begleitung spielten.

Die Vitalität Marie-Jos erstaunte mich, denn wenn sie auch alle Freuden ihres Alters begierig genoß, so sorgte sie doch auch dafür, daß sie möglichst viele »Zehner« in ihrem Zeugnisheft ergatterte.

Zuweilen packte mich Besorgnis, und ich fragte mich, ob diese überströmende Lebenslust nicht Sorgen verdeckte, die sie zu verdrängen suchte. Eine Bemerkung, die sie mehreren Hausbewohnern unter dem Siegel der Verschwiegenheit anvertraute und von der ich erst später erfuhr, schien meine Befürchtung zu bestätigen.

In ihrer kindlichen Art spielten Marie-Jo und Johnny Spione. War es überhaupt noch ein Spiel für Marie-Jo oder nicht eher schon ein Bedürfnis? Sie kannte besser als irgend jemand anders alle Winkel im Haus, und man ertappte sie oft dabei, wie sie geräuschlos einen der langen Korridore entlanghuschte oder unbeweglich neben einer Tür stand. Auf diese Weise mußte sie bei den Besuchen ihrer Mutter häusliche »Szenen« mitbekommen haben, in deren Verlauf D. ihre Lautstärke immer hitziger steigerte und Vorwürfe, beleidigende Worte und Drohungen ausstieß.

Soviel ist sicher, daß sie drei oder vier Frauen unseres Haushalts anvertraute:

»Ich habe Angst, daß Mama eines Tages Dad umbringt!«

D. hatte von Professor Durand, der sich deswegen mit mir abgestimmt hatte, einen wöchentlichen Besuch gestattet bekommen, und zwar mittwochs. Diese Besuche schlossen die gemeinsame Mittagsmahlzeit mit der Familie ein und mußten um sechs Uhr beendet sein.

Sie traf gegen elf Uhr vormittags ein. Anfangs kam sie immer am Steuer ihres großen Chryslers, aus dem sie, wie sie mir gestand, auf der endlich fertiggestellten Autobahn zwischen Lausanne und Genf hundertfünfzig Sachen und mehr herausholte.

Sie war fast immer dunkel gekleidet, hatte ein verschlossenes Gesicht und ließ die Schultern hängen. Ich sah sie an meinem Arbeitszimmer vorbeigehen und sich ein großes Glas einschenken, das sie mitbrachte, wenn sie zu mir hereinkam.

Ich versuchte, in herzlichem Ton mit ihr zu reden, und spürte dann, wie sie mit ihren Gedanken sehr weit fort war, entfernt besonders von mir, vielleicht von uns allen, denn sie hörte kaum zu, wenn ich ihr Neuigkeiten über die Kinder berichtete. Sie schien sich einer undankbaren Aufgabe zu unterziehen, die sie widerwillig erledigte. Ich fühlte mich stets unbehaglich in Gegenwart dieser Frau, mit der ich jahrelang zusammengelebt hatte, und die mich jetzt wie einen Fremden ansah.

Wenn ihr Glas leer war, ging sie hinaus, den Flur entlang. Von weitem hörte ich, wie sie sich mit Aitken oder Blinis unterhielt. Dann kam sie zurück, das Glas immer noch in der Hand, und setzte sich in den Sessel mir gegenüber.

Bei Tisch mit den Kindern bekam sie ein bißchen Farbe. Sie ging ein wenig aus sich heraus und fing auch eine Unterhaltung an. Was mochten Johnny, Pierre und Marie-Jo bloß denken? In bezug auf ihre Mutter habe ich ihnen nie Fragen gestellt. Auch sie waren sichtlich bemüht, eine Verbindung herzustellen, für eine echt familiäre Atmosphäre zu sorgen. Yole in ihrer schwarzseidenen Uniform mit dem Schürzchen wartete uns auf. Sie trug nicht mehr die weiße Haube. Ich hatte sie abgeschafft, als ich wieder die Zügel im Haus in die Hand nahm.

Auch sie forschte ich nicht aus. Nach dem Mittagessen stand D. auf und verkündete:

»Ich werde mein Schläfchen in Nanas Zimmer machen.«

Während ich mir auf meinen Reisen in den Tropen angewöhnt hatte, eine Siesta zu halten, hatte sie es früher nicht getan.

Sie schloß sich ein, nachdem sie mir im Befehlston zugerufen hatte:

»Weck mich um vier!«

Ich machte allein meinen Mittagsschlaf, kürzer als sie, in dem Bett, das seit Tucson unser Riesenbett, das berühmte »Hollywood Bed« war.

Nach drei Uhr ging ich hinunter, um im Arbeitszimmer mit Aitken zu arbeiten. Um vier klopfte ich an D.s Tür. Teresa mußte kommen und ihr beim Ankleiden helfen. Dann verbrachte sie ungefähr eine halbe Stunde hinter verschlossenen Türen bei Pierre und fand sich danach wieder im Erdgeschoß in Aitkens Büro oder meinem Arbeitszimmer ein, das Glas ständig in Reichweite. Die Zeit schien ihr lang zu werden, denn sie schaute des öfteren auf ihrer Armbanduhr nach der Uhrzeit.

Gab es echte Unterhaltungen zwischen uns im Verlauf dieser Besuche? Ich muß wahrheitsgemäß gestehen, daß mir jede Erinnerung daran fehlt. Doch, eines Tages erzählte sie mir von einer Baronin in Genf, zu der sie manchmal zum Bridge mit offenbar sehr bedeutenden Leuten ging. Sie ließ mich auch wissen, daß sie, wenn sie eines Tages Prangins verlassen würde, eine »Gesellschaftsdame« benötige und daß sie bereits eine gefunden habe, eine schon betagte Dame aus ersten Kreisen im Libanon, die, da sie keine Arbeitserlaubnis für die Schweiz bekomme, gern diese Stelle annehmen würde, denn sie habe ihr Vermögen in ihrer Heimat gelassen.

Neue Beratungen zwischen Durand, seinem Assistenten und meinen beiden Freunden Cruchaud und Martinon, die ich jedesmal in aller Herrgottsfrühe am Genfer Bahnhof abholte.

Man hatte es vergeblich mit fast allen Therapien versucht und probierte es auch noch einige Monate lang weiter, um D. gewissermaßen wieder ins seelische Gleichgewicht zu bringen.

Im Februar schrieb ich *Maigret et l'affaire Nahour,* im März *La mort d'Auguste.* Am siebzehnten war ich damit fertig. Ich wußte noch nicht, daß dieser Monat mir eine schlimmere Prüfung als die anderen auferlegen sollte, denn diesmal handelte es sich um Marie-Jo, die ich über alles liebte, ihre Brüder mögen es mir verzeihen. War sie nicht das verwundbarste meiner Kinder und das einzige Mädchen, das sich fast verstohlen zwischen meine jüngsten Söhne eingeschlichen hatte?

Dr. Henny suchte mich von Zeit zu Zeit abends auf, immer die Ruhe selbst, aber, wie mir schien, trotz seiner herzlichen Art undurchschaubar.

»Sie schämt sich für irgend etwas, was in früherer Zeit passiert ist. Das ist alles, was ich bisher habe herausbekommen können.«

»Ist es während ihres Aufenthaltes mit ihrer Mutter in Villars passiert?«

Ich kannte noch nicht die Wahrheit. Kannte der Arzt sie und fühlte er sich an seine ärztliche Schweigepflicht gebunden? Versuchte er, wie später Durand, mich vor einem tiefen seelischen Schmerz zu bewahren? Henny erwiderte auf meine Frage nur:

»In der Tat haben sich nach Villars die ersten Probleme eingestellt.«

Sein jüngster Besuch versetzte mir den Schlag, den ich im Unterbewußtsein bereits hatte kommen sehen. Hatte ich nicht recht gehabt, über die von meiner Tochter in letzter Zeit an den Tag gelegte hektische Energie beunruhigt zu sein?

Diesmal teilte Henny mir nicht ohne Mitgefühl mit:

»Ich möchte ein Experiment wagen und sie für einige Zeit in eine andere Umgebung holen, sie in der Gesellschaft von Kindern beobachten, deren Fälle mehr oder weniger ähnlich gelagert sind.«

»Sie wollen sie einsperren?«

Mir versagte plötzlich die Stimme.

»Ich leite in Lausanne ein Institut für ›schwierige‹ Kinder, Sie verstehen sicher, was ich damit meine. Sie leben dort ohne Zwang in einer ruhigen und freundlichen Umgebung. Viele meiner kleinen Patienten haben sich schon einer solchen Kur unterzogen und uns in guter Verfassung wieder verlassen. Ich verspreche nichts. Marie-Jo ist einverstanden . . .«

Ich glaube an die Medizin, im Gegensatz zu der Mode, die sich gegenwärtig ausbreitet. Ich glaube besonders an die Mediziner, denn ich habe viele kennengelernt. Überall in der Welt, wo ich gelebt habe, waren und sind meine besten Freunde, wie es auch hier in Lausanne der Fall ist, Ärzte. Eine Reihe von ihnen sind das, was man »Kapazitäten« nennt, die man oft abgebildet sieht, wie sie feierlich in den Krankenzimmern der Hospitäler Visite machen mit zwanzig, ja dreißig ehrfürchtigen Studenten im Gefolge.

Selbst diese Männer haben sich bei näherem Zusehen als sehr menschliche Wesen entpuppt. Ich habe sie erlebt, wie sie sorgenvoll und innerlich bewegt waren bei Fällen, die auf den ersten Blick banal zu sein schienen, und angesichts eines Problems, das sie nicht zu lösen vermochten. Ich habe in vertraulichen Gesprächen mit ihnen die Erfahrung gemacht, daß sie öfter an sich und ihrer Wissenschaft zweifeln, als sie es sich anmerken lassen können.

Ich kenne auch sehr gut die schlichten Ärzte auf dem Lande oder in ganz kleinen Orten, die überarbeitet sind, bis zu dreimal in einer Nacht herausgeklingelt werden und dann einer Bäuerin auf ihrem Hof Geburtshilfe leisten, kräftige Worte in den Mund nehmen, sich für eine Notoperation in einen Chirurgen verwandeln und, wenn es nötig ist, ein von Brand befallenes Glied unter entsetzlich primitiven Bedingungen amputieren.

»Die Klinik ist ganz bescheiden und liegt in dem sehr ruhigen Stadtteil unweit des Palais de Beaulieu. Sie zählt lediglich etwa zwanzig Betten in Einzelzimmern, und den Patienten steht ein großer Garten zur Verfügung . . .«

»Le Bercail«. Am 30. Mai, meine kleine Marie-Jo, fuhr ich dich hin und verbarg vor dir die Gefühle, die mich bewegten. Was dich betraf, so fühltest du dich sehr zu Dr. Henny hingezogen und zeigtest dich fast glücklich, seinem Rat zu folgen. Ich war bei der Besichtigung der Klinik überrascht, daß dort eine fröhliche, entspannte Atmosphäre herrschte. Ein Detail bemerkte ich indessen, das dir nicht aufgefallen zu sein schien: alle Fenster waren mit Gittern versehen, und die Zimmertüren ließen sich nur von außen schließen.

In einem graugestrichenen Korridor, an dessen Wänden Kinderzeichnungen aufgehängt waren, bemerkte ich zur gleichen Zeit wie du ein Holzgitter und eine winzige Kammer, aus der eine Stimme dir zurief:

»Marie-Jo!«

Du erkanntest einen deiner kleinen Mitschüler, der auf dem Collège der Schrecken der Lehrer gewesen war. Ihr unterhieltet euch ebenso unbeschwert wie auf dem Schulhof.

»Siehst du, in welchen Käfig sie mich gesperrt haben? Ich glaube, die haben Angst, daß ich die Bude in Brand setze!«

Er lachte. Du lachtest auch. Die Direktorin zeigte uns dann den Garten, in dem noch Haufen verharschten Schnees lagen.

»Sie können Ihre Tochter einmal wöchentlich besuchen, und zwar sonntags nachmittags von zwei bis fünf . . .«

Ich wagte kaum, dir in dein blaßes Gesichtchen zu sehen. Du drücktest mir den Arm, um mir Mut zu machen.

»Hab keine Angst, Dad! Ich werde sehr artig sein. Dr. Henny hat mir versprochen, daß er jeden Tag vorbeikommt.«

Du begleitetest mich zum Ausgang, drücktest mir dabei immer noch den Arm. Du weintest nicht. Auch mir gelang es, die Tränen zurückzuhalten, und nachdem wir uns zum Abschied umarmt hatten, jagte ich mit meinem Wagen davon. Am Steuer ließ ich meinen Tränen freien Lauf.

Was sagte ich deinen Brüdern bei der Rückkehr nach Hause? Ich weiß es nicht mehr.

Ich beruhigte sie natürlich, versicherte ihnen, daß du nicht lange wegbleiben würdest, was ich gar nicht wußte. Ihr wart zu jung, auch Johnny, um lange bekümmert zu sein. Ihr lieft davon, der eine, um seine Schularbeiten zu machen, der andere zu seinen Spielkameraden und seinem neuen Kindermädchen Marie-Claire, einem großen, dunkelhaarigen, sympathischen Mädchen, das als Lehrerin an der Ecole de l'Aurore begonnen hatte, die ihr alle drei durchlaufen habt.

Denn Nana hatte ebenfalls gekündigt. Sie hatte völlig zu Recht erklärt, du seist zu groß, mein lieber Pierre (du warst sieben), um eine ausgebildete Kinderschwester zu benötigen.

Marie-Claire beaufsichtigte dich natürlich beim Spielen, aber sie half dir auch bei den Hausaufgaben und wiederholte die Lektionen mit dir. Sie fügte sich sehr gut in unsere Hausgemeinschaft ein.

Teresa hatte ich mehr denn je nötig. Ihre bloße Anwesenheit beruhigte mich. Sie schlief immer in meinem Zimmer auf ihrem Feldbett, von dem sie aufsprang, sobald ich nachts einmal aufstand. Sie war von natürlicher Zärtlichkeit und hing besonders an Marie-Jo, deren Abwesenheit sie ebenso schmerzhaft fühlte wie ich.

Der Schlag traf uns um so unerwarteter, als ihm anläßlich der Osterferien ein einwöchiger Aufenthalt in Paris vorausgegangen war. Die Stadt war so sonnig wie damals, als ich zum ersten Mal im Alter von zwanzig Jahren dort hingekommen war, um sie kennenzulernen.

Zum letzten Male hatte Nana uns – Pierre, Marie-Jo und mich – begleitet. Sie wohnte bei uns im George V, wo man uns ein wunderhübsches Appartement im Wohntrakt reserviert hatte.

Johnny seinerseits verbrachte jene Woche bei Marc in Montainville. Wie er es von da an häufig tun sollte, auch 1980 noch, und wie ihr es auch tun würdet, Marie-Jo (leider weniger lang!) und Pierre, weil Marcs Haus zu einer Art Knotenpunkt für die Familie wurde.

Unsere Nachbarn waren sehr laut und spielten alle möglichen Instrumente. Wir erfuhren, daß es die berühmten »Beatles« waren, von denen Johnny und Marie-Jo sämtliche Schallplatten besaßen, und Marie-Jo war darüber ganz aufgeregt.

Wir besuchten gemeinsam das Musée de l'Homme am Trocadéro und an einem anderen Tag, als Johnny dabei war, das Musée de la Marine gleich nebenan. Wir schauten uns, wie ich es selbst früher getan hatte, den Kastanienbaum am Boulevard Saint-Germain an, den ersten, der in Paris zu blühen begann, und über den alljährlich die Zeitungen auf der ersten Seite berichteten, wenn seine Knospen besonders früh aufsprangen.

Wir statteten besonders Dominique einen Besuch ab, dem vielgefragten Couturier für Kinder aller Altersstufen, bei dem ich euch von Kopf bis Fuß neu einkleidete. Bei ihm hatten Tigy und ich schon vor unserer Abreise in die Vereinigten Staaten vor einundzwanzig Jahren Marcs Garderobe erneuert.

Aber jetzt schrieben wir April. Ich erhielt bald einen Anruf von einem Marc, der inzwischen siebenundzwanzig Jahre alt war. Ich wußte, daß er in Cannes war, wo gerade das Filmfestival stattfand.

Seit seiner kürzlichen Dokumentation über Tabarly interessierte sich

Marc lebhaft für das Fernsehen, für das er die dreizehn Episoden der *Dossiers de l'agence O* vorbereitete.

Ich war mit Teresa in meinem Zimmer, als er anrief, und ich fand seine Stimme heiser und leise trotz des fröhlichen Tons, den er ihr zu geben versuchte.

»Erschrick nicht, Dad . . . Ich liege mit einer infektiösen Hepatitis zu Bett, aber Dr. Martinon, der nach mir sieht, meint, daß ich bald wieder auf dem Damm bin . . .«

»Bist du im Krankenhaus oder in einer Klinik?«

»Nein, ich bin, ehrlich gesagt, in einem Motel am Stadtrand, denn wegen des Festivals sind so gut wie keine Zimmer zu kriegen.«

»Bist du allein?«

Seine Stimme klang fast triumphierend, ein bißchen spöttisch.

»Du rätst im Leben nicht, wer sich um mich kümmert und an meinem Bett Wache hält. Jemand, den du früher mal kennengelernt hast . . .«

Ich kam nicht darauf.

»Mylène Demongeot! Ich hab sie zufällig getroffen, und sie ist eine Art Krankenschwester für mich geworden.«

Mylène Demongeot war unter den geladenen Gästen gewesen, zusammen mit etwa hundert anderen Leuten, an dem Abend, als ich in unserer Villa »Golden Gate« einen großen Empfang gegeben hatte. Jemand war auf ihr langes Abendkleid getreten, dessen Naht dadurch aufgeplatzt war, und D. hatte sie in unser Schlafzimmer gebracht, wo Marioutcha den Schaden behoben hatte. Marc war an jenem Tag nicht zu Hause gewesen. In jener Zeit war er wild auf Motorräder und lehnte es ab, an Mittagessen und Diners teilzunehmen, bei denen er die berühmtesten Hollywood-Regisseure und dazu noch viele Stars kennengelernt hätte.

»Mylène hat mir die Geschichte von dem Kleid erzählt . . . Und weißt du, was das der russischen Legende zufolge (Mylènes Mutter war Russin) zu bedeuten hat? Daß man später in das betreffende Haus zurückkehrt und dann lange darin bleibt . . .«

Marc lachte, und ich glaubte im Hintergrund auch eine Frau lachen zu hören. Ich erklärte ihm:

»Ich möchte nicht, daß du krank in einem Motel liegst. Ich rufe jetzt das Carlton an, wo ich Stammgast bin. Sollen die doch mal nachsehen, ob sie ein Zimmer oder zwei für dich haben . . .«

»Ein Zimmer genügt.«

»Ich ruf dich in ein paar Minuten zurück. Gib mir deine Telefonnummer!«

Es ließ mir keine Ruhe, bis ich ihn – mit oder ohne Mylène – in einem komfortablen Zimmer oder Appartement untergebracht hatte. Ich wußte nämlich nur zu gut, wie die französischen Motels dieser Zeit ausschauten.

Im Carlton reservierte man für Marc, sobald er wollte, zwei Zimmer mit Verbindungstür. Marc und Mylène siedelten am nächsten Morgen dorthin über. Ich rief täglich an, um mich nach seinem Befinden zu erkundigen, das von nun an nicht mehr so sehr beunruhigend war.

Vom Monat Juni an verbrachte ich meine Sonntagnachmittage im »Bercail«. Marie-Jo, sehr still geworden, empfing mich liebevoll im Garten, wo sich bald die ersten Blüten zeigten. Ich brachte jedesmal Körbe voll Obst und Kuchen mit, deren Inhalt sie später mit ihren Spielkameraden und Freundinnen teilte.

Als sie endlich Mitte Juli nach Epalinges zurückkehrte, kam sie gerade rechtzeitig, um sich an den Vorbereitungen des gemeinsamen Familienurlaubs in Royan zu beteiligen.

Warum die Wahl auf Royan gefallen war? Ich war zum ersten Mal in dieser kleinen Stadt an der Mündung der Garonne gewesen, als sie noch zur Hauptsache aus hübschen Villen bestanden hatte, wo sich das gehobene Bürgertum von Bordeaux gegenseitig Besuche abstattete, in der Hoffnung, dabei eine »gute Partie« für das Söhnchen oder Töchterchen zu finden. Man war dort ringsum von Grün umgeben, und weiße Segel glitten über das ruhige Meer vor dem Strand mit seinen bunten Sonnenschirmen.

Das war vor dem Krieg gewesen, als ich in La Richardière gewohnt hatte. Dann noch einmal vor der deutschen Besetzung, ehe ich von Minister Mandel den Auftrag bekommen hatte, die Stadt ausschließlich für aus Belgien geflüchtete Diamantenhändler zu reservieren.

Drei Jahre später sah ich dann in Saint-Mesmin an einem Himmel, der traumhaft blau war, mehrere Geschwader weißer Flugzeuge in Staffeln über uns hinwegfliegen. Später hörten wir, das heißt Tigy, Boule und ich, in der Ferne gedämpfte Explosionen. Wir fragten uns, ob da wohl La Rochelle von den Amerikanern bombardiert wurde, denn in seinem Hafen La Pallice waren deutsche U-Boot-Bunker angelegt worden.

Am anderen Morgen erfuhren wir, daß es Royan gewesen war, wo es überhaupt keine militärischen Anlagen oder Einrichtungen der Marine gab. Die Stadt war völlig dem Erdboden gleichgemacht worden.

Nach dem Krieg hatte ich Bürgermeister und Kasinodirektoren der Städte an der Küste halb im Scherz, halb ernsthaft sagen hören:

»Die Leute in Royan haben wirklich Glück! Sie werden eine ganz neue, moderne Stadt bekommen, mit der es schwer sein wird, in Konkurrenz zu bleiben!«

Es war die Stadt meiner Träume, die ich für meine Kinder wiederzufinden hoffte. Was mich betraf, so begleitete ich sie zwar mit Teresa, um sie nicht allein zu lassen, tat es aber ein bißchen wider Willen, denn ich litt

seit einigen Tagen an einer durch Viren hervorgerufenen Nervenentzündung.

Wir traten trotzdem die Reise mit dem Flugzeug an, denn um Frankreich auf guten Straßen in Ost-West-Richtung zu durchqueren, hätte man
über Paris fahren, also auch dort übernachten müssen, weil die Fahrt lang
geworden wäre.

Marie-Claire begleitete uns. Marc, der wieder auf den Beinen war,
würde Francette und seine beiden Kinder mit zu uns bringen. Johnny, der
in London war, würde dagegen nur auf eine Stippvisite hereinschauen.

Man hatte mir das beste Hotel in Royan genannt, und ich hatte dort für
alle Zimmer bestellt. Ich war enttäuscht. Die berühmte »neue Stadt«,
deren Entstehung ihre Konkurrentinnen mit Sorge entgegengesehen hatten, hatte ihr vieles Grün von einst eingebüßt. Gradlinige Straßen und
Wohnblöcke aus Beton waren an die Stelle der Villen getreten.

Was das Hotel angeht, so fehlte der »moderne« Komfort, den man mir
zugesichert hatte. Das Erdgeschoß hatte indessen eine sehr heitere Atmosphäre, besonders der Speisesaal, der dadurch, daß er zum Teil verglast
war, sehr hell wirkte. Die Kinder konnten sich an den reichhaltig gebote-
nen Meeresfrüchten gütlich tun, und sie verbrachten die meiste Zeit am
Strand.

Mir hingegen bereitete die Nervenentzündung besonders nachts ziemli-
che Schmerzen. Teresa teilte das kleine Zimmer mit mir und erzählte mir,
daß es oft vorkomme, daß ich im Schlaf stöhne. Zuweilen stand ich auch
auf in der Hoffnung, daß durch ein paar Schritte, durch etwas Bewegung
die Schmerzen nachlassen würden.

Das Badezimmer bestand nur aus einer Dusche; die Waschbecken
waren vom Schlafzimmer durch einen einfachen Vorhang getrennt. Nur
mit Mühe fand Teresa dort Platz genug, um mich von Kopf bis Fuß zu
waschen. Die WCs auf der anderen Zimmerseite waren in eine ebenso
winzige Nische eingebaut und gleichfalls nur hinter einem Vorhang verborgen.

Der Aufzug war beinahe ständig außer Betrieb, und ich stand Qualen
aus, wenn ich die Steintreppe hinunterging, die mir Schwindelgefühle verursachte. Le Remblai war ein echter Jahrmarkt, auf dem sich die Buden
mit Hot dogs und Hamburgers aneinanderreihten. Ihr Duft vermischte
sich mit dem nicht weniger fettigen Geruch der Crêperies, denn die Crêpes, die sehr wenig mit den echten bretonischen zu tun hatten, waren in
Mode gekommen. Aus allen kleinen Bistros drang der ohrenbetäubende
Lärm der Musikboxen.

Marc traf mit Francette, Boule und den Kindern ein, blieb jedoch nur
drei Tage, denn er mußte irgendwo drehen. Johnny, der mit ihnen
gekommen war, reiste auch wieder ab.

Ich glaube, daß ich nur zweimal, vielleicht auch dreimal, eine gemeinsame Mahlzeit mit meiner Familie einnahm, die sich an einem langen Tisch versammelte, wie es schon zur Gewohnheit gehörte. Die Nervenentzündung – ihr Name verrät es – macht den ganzen Körper überempfindlich. Es gelang mir zuweilen, mich an Teresas Arm bis zum Strand zu schleppen, wo die starke Sonnenstrahlung mich schwindlig machte.

Wir aßen unbequem in unserem Zimmer. Ich machte dort ein Mittagsschläfchen und fand anschließend die Kraft, auf Teresa aufgestützt, etwas herumzulaufen, wenn ich das Bedürfnis dazu verspürte.

Man gab uns ein größeres Zimmer, aber es lag in der dritten Etage. Es hatte die gleichen Vorhänge, die auf der einen Seite die Dusche, auf der anderen das WC verdeckten.

Ich hatte aufs neue Gleichgewichtsstörungen und bat den Hoteldirektor, mir den besten Arzt der Stadt herzubestellen. War es wirklich der beste? Er war sehr jung, ein schöner Mann, der sich ungezwungen gab und dessen Blick in Verbindung mit seinem Lächeln leicht ironisch wirkte.

Man hätte annehmen können, daß er sich darüber freute, daß es mir schlecht ging.

»Die Beine?«

»Die Beine, die Schultern und die Arme. Die Schmerzen verlagern sich, treten ganz plötzlich auf, besonders nachts.«

Er untersuchte mich, als wäre ich eine Wachspuppe, knetete mich.

»Tue ich Ihnen weh?«

Er wußte es längst, denn ich hatte einen unfreiwilligen Schrei ausgestoßen.

»Und hier? . . . Und hier?«

Es war die reinste Tortur. Er kannte alle empfindlichen Stellen und fand Gefallen daran, bei mir Schmerzen hervorzurufen.

»Und wenn Sie gehen?«

»Wenn ich mich auf jemandes Arm aufstütze, ist es nicht zu anstrengend.«

»Dann laufen Sie möglichst viel . . .«

»Der Lärm von Remblai macht mich schwindlig.«

»Dann müssen Sie eben in ruhigeren Straßen spazierengehen.«

Mein Freund Cruchaud in Lausanne hatte mir gesagt, daß diese Krisen im allgemeinen einundzwanzig oder siebenundzwanzig Tage, ich weiß es nicht mehr genau, andauern. Ich hatte also noch eine ganze Reihe von Leidenstagen vor mir. Mit dreiundsechzig fühlte ich mich mit einem Mal sehr alt und bemitleidenswert. Ich schämte mich, auf Teresas Pflege angewiesen zu sein, die nicht mehr schlief als ich, eher weniger, wie ich vermutete.

»Glauben Sie, daß ich wieder ein normales Leben führen kann?«

»Warum nicht?«

»Doch nicht etwa im Rollstuhl?«

»Alles ist möglich, nicht wahr?«

Ich ging trotzdem manchmal bis zum Strand, wenn es auch mühsam für mich war, im Sand aufzutreten, weil die Füße einsanken. Ich schämte mich nicht nur vor Teresa, sondern noch mehr vor meiner Tochter und meinem Sohn, die einen solch erbärmlichen kranken Vater hatten.

Ich hatte dem Doktor gestanden, daß Bier eine gewisse Zeit lang meine Schmerzen linderte, und er hatte erwidert:

»Ach! Na ja, dann trinken Sie doch Bier. Es ist nicht so schädlich wie die schmerzstillenden Mittel, die ich Ihnen verschreiben könnte.«

Wir gingen also nachmittags durch ruhige Straßen spazieren, die wir entdeckt hatten, und blieben dort immer wieder vor den Schaufenstern der zahlreichen Antiquitätengeschäfte stehen. Zwei- oder dreimal wagte ich mich ins Spielkasino, wo man nur Boule spielen konnte. Ich setzte mechanisch und kümmerte mich nicht darum, ob ich gewann oder verlor.

Wir entdeckten den Fischerhafen mit der dazugehörigen Markthalle, in der ich, wie auf allen Märkten, vertraute Bilder und Gerüche wiederentdeckte. Ich fühlte mich mutlos und hatte tagsüber immer Angst vor den qualvollen Nächten. Ich ging früh zu Bett, doch in unserem Zimmer hörte man bis spätabends das lautstarke Orchester des Cafés an der Ecke, wo die Gäste auf der Terrasse saßen und unter freiem Himmel tanzten.

Ich entschloß mich, diesem Alptraum zu entfliehen. Ich brachte nicht die Kraft auf, nach Bordeaux zu fahren, dort das Flugzeug zu besteigen und in Paris noch die Maschine zum Weiterflug nach Genf zu wechseln –, um wieder nach Hause zu kommen. Teresa rief den Werkstattleiter einer der großen Autoreparaturfirmen in Lausanne an, der sich viel um meinen Wagen gekümmert hatte und zu dem ich volles Vertrauen hatte. Er erklärte sich bereit, den Rolls-Royce von Epalinges herüberzufahren und mich in Royan abzuholen.

Ich stattete noch Annette, meiner Sekretärin aus der Vorkriegszeit, einen Besuch ab, die aus Royan stammte und dort in der Urlaubszeit mit ihrer Schwester und ihrem Schwager ein wunderschönes Appartement bewohnte. Alle tranken Whisky, ich auch – und heute noch habe ich ihn in so schlechter Erinnerung, daß sein Geruch bei mir Ekel erregt. Ich fühlte mich am Ende. Ich hatte es einfach eilig, wieder zu Hause zu sein.

Der Chauffeur traf im Lauf des Abends ein, und wir brachen am nächsten Morgen gegen zehn Uhr auf. Ich bat ihn, über La Rochelle zu fahren. Die Stadt lag ohnehin an der normalen Strecke, und ich zeigte Teresa das Café de la Paix. Eine der Töchter meines alten Freundes Caspescha begrüßte uns dort.

Wir kamen auch durch Nieul, sahen jedoch von meinem alten Haus nur die Mauer vor den Nebengebäuden und die kleine Pforte, die zum Garten führt.

Ich hätte gerne mit Teresa auf diese Weise eine Art Pilgerreise unternommen. Wir nahmen die Strecke nach Poitiers, die mir so vertraut war. Anschließend ging es über andere, mir unbekannte Straßen. Ich dachte wieder an den kleinen Wagen. D. hatte dem Gärtner das Versprechen abgenommen, diesen Wagen zu schieben, wenn es soweit wäre. Brauchte ich ihn nun bald?

Meine Stimmung war auf dem Nullpunkt angelangt. Ich fragte mich, ob ich ohne Teresa, an die ich mich klammerte, überhaupt noch Lebenswillen hätte, so schwach war ich. Wo wir mittags und abends aßen? Ich weiß es nicht mehr. In Bahnhofswirtschaften, glaube ich. Wir begnügten uns mit einem Sandwich, das ich mit Bier hinunterspülte. Hatte der Arzt in Royan mir nicht gesagt . . .?

Wir fuhren langsam, wie ich es gewohnt war. Langsamer als gewöhnlich, denn der kleinste Stoß tat mir weh.

Ich döste sicher vor mich hin, vielleicht schlief ich sogar? Mehrmals ließ ich den Wagen vor einem Bahnhof oder einem Bistro halten, um zu pinkeln und ein Glas Bier zu trinken.

Es war zwei Uhr früh, als wir endlich vor der Tür unseres Hauses hielten. Wir waren beinahe siebzehn Stunden unterwegs gewesen, und es war erforderlich, daß Teresa dem Fahrer, unserem Barmherzigen Samariter, half, mich auf mein Bett zu tragen.

Wie dieser Tag verlaufen war, weiß nur Teresa; ich fragte sie lieber nicht danach.

Ich verspürte nur den Wunsch, lange zu schlafen, endlos lange, einen friedlichen Schlaf zu tun, ohne plötzliches Aufwachen und ohne Stöhnen.

Schlafen!

65

Das Haus war leer und still. Es war das erste Mal, daß ich es so vorfand. Bis heute hatte es sich so eingebürgert, daß während unserer alljährlichen Ferienmonate das ganze Personal Urlaub bekam. Nur Jean, der Gärtner, und seine Frau zogen dann in das Haus, um auf das Grundstück aufzupassen, und diese Frau würde jetzt über zwei Wochen lang für Teresa und mich kochen. Die Mahlzeiten nahmen wir erstmals beieinandersitzend im Salon ein, denn ich wollte möglichst wenig im Haus herumlaufen.

Aitken kam während der Bürostunden. Sie nahm gern ihren Urlaubsmonat in zwei Hälften, die eine im Frühjahr, die andere im Herbst.

Zufällig war mein Freund Cruchaud, den ich sofort anrief, gerade aus dem Urlaub zurückgekommen. Ich war sehr abgemagert und wog nur noch zweiundsechzig Kilogramm, so daß meine Anzüge mir förmlich um den Leib schlotterten. Er zog zwei Spezialisten zur Beratung hinzu, die ich nicht kannte, und die Ärzte beschlossen, mich durch eine Reihe von Spritzen wieder auf die Beine zu bringen. Sie sprachen immer schamhaft, wohl aus Taktgefühl, von infektiöser Neuritis. Ich weiß indessen, daß diese Nervenentzündung, beim richtigen Namen genannt, eine alkoholbedingte Neuritis ist, denn während der hinter mir liegenden Leidenszeit hatte ich zu oft auf Alkohol in jeglicher Form zurückgegriffen.

Ich rief die Kinder an, um sie zu beruhigen. Wenn ich sie in Royan zurückgelassen hatte, als ich quasi von dort geflohen war, so hatte ich das nur ruhigen Gewissens tun können, weil Boule bei ihnen geblieben war und ich volles Vertrauen zu ihr hatte. Der kurze Eindruck, den ich von Marie-Claire gewonnen hatte, die übrigens einen ausgezeichneten Eindruck auf mich machte, trug dazu bei, mich jeder Sorge zu entheben.

Ein Satz kam mir in Erinnerung, als ich ihre Stimmen am Telefon hörte. Ich weiß nicht mehr genau, ob ich ihn geschrieben oder irgendwo gelesen habe:

»Jedesmal, wenn wir ein Kind machen, schaffen wir uns damit einen Richter!«

Es sind Richter, die einen schärferen Verstand besitzen und unerbittlicher urteilen als jene im Gerichtssaal, zunächst einmal, weil sie uns in der Intimität unseres Alltagslebens ertappen, dann vielleicht auch, weil sie undeutlich spüren, ohne nötig gehabt zu haben, es in der Schule oder aus Büchern zu lernen, daß ihre Kindheit sie ihr ganzes Leben verfolgen wird.

Wegen dieser Einstellung, die auch immer die meine war, denn ich war selbst ein solcher Richter gewesen, hatte ich stets mit innerer Beklemmung auf die Reaktionen zunächst von Marc, später bei Johnny, Marie-Jo und Pierre gelauert.

Während meines Alptraum-Aufenthaltes in Royan hatte ich jeden Abend an D. geschrieben, wie ich es ihr hatte versprechen müssen, und ich fragte mich nun, was ich ihr in dem fiebrigen Zustand, in dem ich war, wohl hatte mitteilen können. Zweifellos werde ich es nie erfahren, denn im Gegensatz zu André Gide bewahre ich keine Duplikate meiner Privatkorrespondenz auf.

Vom ersten Morgen an stieg ich in das Arbeitszimmer hinunter, das heißt in das große Arbeitszimmer, denn ich verfügte damals über deren zwei: das ehemalige Büro D.s, das für »Geschäfte« (ein Wort, das ich nicht ausstehen kann) reserviert war, und das kleinere, in dem ich meine

Romane schrieb. Die Stahlrohrmöbel im großen Arbeitsraum, die D. angeschafft hatte, wurden durch schöngemaserte Holzmöbel ersetzt, zwischen denen ich mich mehr zu Hause fühlte.

Ich übertrug Aitken eine Anzahl von Aufgaben, von denen ich wußte, daß sie fähig war, sie zu übernehmen. Gemeinsam diskutierten wir Probleme, die mit der Veröffentlichung meiner Bücher, der Verfilmung und der Fernsehadaptation zu tun hatten.

Die übrige Zeit verbrachte ich in den Wohnräumen in der ersten Etage, vorzugsweise im Salon. Ich hatte mir, fast ohne Mühe, alkoholische Getränke jeder Art abgewöhnt. Vielleicht hatte teilweise zu diesem Entschluß eine vertrauliche Bemerkung Teresas beigetragen, die gefallen war, als wir, wie wir es jetzt immer hielten, einen unserer friedvollen Abende verbracht hatten, einander im Hausrock in unseren Sesseln gegenübersitzend. Wenn wir unter uns waren, duzten wir uns.

»Weißt du eigentlich, daß es nachts vorkommt, daß du zwischen Seufzern nach jemand rufst?«

War ich also noch nicht geheilt? Hatte ich es noch nicht fertiggebracht, wie Durand und Verlomme es mir nachdrücklich geraten hatten, die Fäden zu zerschneiden, die mich mit der Vergangenheit verbanden? Gab ich nachträglich D. recht, die hochtrabend behauptet hatte:

»Kein Mann hat mir je widerstanden!«

Während ich also glaubte, mich davon freigemacht zu haben, mußte ich erfahren, daß sie mich im Traum verfolgte, was ich nicht wußte.

Ich fühlte mich trotzdem entspannt nach all den Jahren, in denen ich mich darauf versteift hatte, mir die »Anzeichen« zu merken und ihr mit allen Mitteln ihr seelisches Gleichgewicht zurückzugeben.

Wie einträchtig war doch das Zusammensein mit Teresa! Ich, der ich fast immer die anderen gestützt hatte, ließ mich endlich selbst stützen.

Es kam zuweilen vor, daß ich deswegen Hemmungen hatte, denn ich verkannte nicht die Last, die ich ihren Schultern aufbürdete. Doch sie stand mir so schlicht, mit derartiger Natürlichkeit bei, als sei dies ihre Lebensaufgabe, daß ich mich dieser Betreuung einfach überließ.

Es war unbedingt notwendig, daß ich mich rasch von der Nervenentzündung und der damit zusammenhängenden Schwäche erholte. Am 8. August waren wir in unser Haus zurückgekehrt. Ende des Monats mußte ich nach Amsterdam und anschließend nach Delfzijl reisen, um dabeizusein, wenn in Gegenwart von mindestens vierzig meiner Verleger, die von überall her kamen, ein Maigret-Denkmal an der Stelle enthüllt würde, wo ich seinerzeit den ersten Roman der Maigret-Serie, *Pietr le letton*, geschrieben hatte. Meine Ärzte, besonders mein Freund Cruchaud, hatten nicht viel Zeit gebraucht, um mich wieder auf die Beine zu stellen, und Cruchaud suchte mich fast täglich am späten Nachmittag auf.

Ich erhielt auch Besuch von D., die immer noch ihren großen, weißen Wagen fuhr und angesichts meiner ausgemergelten Gestalt und meines ausgezehrten Gesichts ein triumphierendes Lächeln nicht verhehlen konnte. Kein Mann hatte ihr je widerstanden? Ich würde ihr widerstehen! Ich war fest entschlossen, ihr bis ans Ende der Tage Widerstand zu leisten, weil ich nicht duldete, daß sie mich kaputtmachte.

Ich würde leben, für mich, für meine Kinder, mit der geduldigen und zartfühlenden Hilfe Teresas, für die ich ebenfalls unbedingt weiterleben wollte. Ich legte insgeheim das Versprechen ab, ein anderer Mensch zu werden, derjenige, der ich so lange gewesen war, jemand, den sie nicht mehr zu stützen brauchte.

D.s Mutter war gestorben, ich weiß nicht mehr wann, mag sein um die Weihnachtszeit, und D. hatte nicht die Erlaubnis von Durand eingeholt, schnell nach Kanada zur Beerdigung zu fliegen. Ich hatte trotz allem diese Frau einmal sehr geliebt, hinter deren äußerer Härte sich eine große Ängstlichkeit, wenn nicht sogar eine große Schamhaftigkeit verbarg.

Diesmal traf D. ihre Schwester Madeleine in Prangins. Beide wollten von dort aus zu einer gemeinsamen Reise von zwei oder drei Wochen Dauer durch Spanien starten. Es war der letzte Versuch des Psychiaters, ein konkretes Behandlungsergebnis zu erzielen, das er im Verlauf mehrerer Jahre nicht hatte erreichen können.

Im Gegensatz zu mir wußte er, was damals in Villars mit Marie-Jo passiert war und zu dem sich schließlich diejenige bekannt hatte, die nach dem Gesetz immer noch meine Ehefrau ist. Er sprach nicht mit mir darüber, weil er sich dem Eid des Hippokrates verpflichtet fühlte, den er an dem Tag abgelegt hatte, an dem er in die Ärzteschaft aufgenommen worden war. Wußte er noch weitere Dinge, von denen ich keine Ahnung hatte?

Ein spanischer Marquis suchte mich auf, ein sehr ansehnlicher Mann mit den vornehmen äußeren Merkmalen des alten iberischen Adels. Er hatte ein riesiges, sehr schweres Paket mitgebracht, das er mit genießerischer Miene auspackte. Es schien ein dickes Buch zu sein, größer noch als die Evangelienbücher, aus denen der Priester am Altar stehend vorsingt und die nach den Festkreisen des Kirchenjahres verschiedenen Inhalt haben.

Das Werk war aufwendig in rotes Saffianleder eingebunden, und ich entzifferte darauf in Goldbuchstaben, die von zierlichen Arabesken umrankt waren: »Sämtliche Werke von Georges Simenon«. Ich begriff nicht recht. Er öffnete das Buch, das sich als eine Büchse der Pandora erwies, denn in ihm waren acht kleinere, ebenfalls rot eingebundene Bände angeordnet, auf denen derselbe Titel jeweils in einer anderen Sprache aufgedruckt war.

Der Marquis hatte auf den Überraschungseffekt gezählt, um an sein Ziel zu kommen, denn er hatte natürlich nicht umsonst solche Kosten aufgewendet. Eine Havanna zwischen den Lippen, bequem in einem der neuen, von Le Corbusier entworfenen Bürosessel sitzend, erklärte er mir mit kaum einer Spur von Akzent, denn er hatte in fast allen Hauptstädten der Welt gelebt:

»Ich bin der Auffassung, daß es an der Zeit ist, Ihre sämtlichen Werke nicht nur in Französisch, sondern auch in all den anderen Weltsprachen herauszugeben, in die Ihre Bücher übersetzt worden sind.«

Aitken war bei diesem Gespräch zugegen, weil ich beschlossen hatte, sie jedesmal hinzuzuziehen, wenn es um Diskussionen zum Thema »Geschäft« ging. Wir zwinkerten uns unauffällig zu. Der Marquis hatte eine wohlklingende, einschmeichelnde Stimme. Er war sich seines Erfolges sicher.

»Es ist eine große Sache, die Ihnen beträchtliche Gewinne einbringt. Ich habe das Projekt seit einigen Monaten mit Leuten vom Fach studiert und habe die dafür notwendigen Kapitalmittel aufgebracht, ja schon erhalten. Ich habe hier einen Vertrag, den Sie nur noch zu unterzeichnen brauchen.«

Er holte ihn aus seinem luxuriösen Diplomatenköfferchen, denn alles war Luxus bei diesem Menschen, bis hinab zu seinen Schuhen, die aus der Werkstatt eines hocheleganten Maßschuhmachers in London oder Florenz stammten.

Ich faßte das Dokument, das er mir hinhielt, gar nicht an.

»Ihr Vorhaben ist nicht durchführbar«, bedeutete ich ihm in aller Ruhe. »Und zwar aus einem ganz wichtigen Grund, den Sie nicht zu kennen scheinen. Die Länder, die meine Übersetzungen herausbringen, sind nicht alle auf dem gleichen Stand. In Deutschland beispielsweise, wo ich nach der Machtergreifung Hitlers weitere Veröffentlichungen meiner Romane abgelehnt habe, ist man mehrere Jahre im Rückstand, und folglich wäre es verfrüht, hier das Gesamtwerk aufzulegen. In Italien andererseits bereitet Mondadori bereits eine sehr schöne Ausgabe meiner gesamten Veröffentlichungen vor. Ich habe schon Blindbände gesehen. Spanien verzeichnet ebenfalls einen Rückstand wegen des Franco-Regimes. In den Vereinigten Staaten bringt man so gut wie nie das Gesamtwerk eines Autors heraus, denn die Bibliophilen sind dort rar. Der größte Verleger in New York hat mir gestanden, daß die Gesammelten Werke Hemingways zum Beispiel oder Steinbecks oder des großen Faulkner sich nicht verkaufen lassen . . .«

»Lesen Sie!«

Ich überflog den Vertrag, den ohne Zweifel seine Anwälte ausgearbeitet hatten. Zu meiner Überraschung entdeckte ich keine der üblichen Fallen. Das Ganze hätte mir theoretisch ein kleines Vermögen einbringen müssen. Das Papier sicherte mir bei Unterzeichnung eine ziemlich beträchtliche Vorauszahlung zu.

»Ist das nicht verlockend für Sie?«

»Nein. Ich habe immer das Prinzip verfolgt, meine Verleger kein Geld verlieren zu lassen, zumal ich ihnen gegenüber oft sehr anspruchsvoll bin. Ich möchte da bei Ihnen keine Ausnahme machen!«

»Ich weiß, was ich tue, und auf jeden Fall gehen Sie doch persönlich keinerlei Risiko ein!«

Das Gespräch dauerte über zwei Stunden. Ich war auf der Hut vor einem Mann, der mit so wohlgesetzten Worten sprach und soviel Selbstvertrauen an den Tag legte.

»Sie wollen also unbedingt Geld verlieren?«

»Das ist doch wohl meine Angelegenheit, oder?«

Ich gab schließlich nach, und er zog ein Scheckheft aus der Tasche. Da ergriff ich noch eine letzte Vorsichtsmaßnahme, auf die Gefahr hin, seine Würde damit zu verletzen.

»Ich werde nicht vor morgen unterschreiben, wenn Sie dann noch Interesse daran haben, und unter der Voraussetzung, daß Sie mir einen von einer Schweizer Bank beglaubigten Scheck beibringen.«

Er zuckte mit keiner Miene. Wenn ich diese Bankgarantie verlangte, so geschah das aus dem Grunde, daß ich im Leben schon mehrmals ungedeckte Schecks bekommen hatte, besonders von Filmproduzenten. Noch nie von Verlegern, das stimmt schon, aber mein Marquis war kein Verleger, eher eine Art *promoter,* der im Buchwesen keinen Namen hatte.

Am nächsten Tag kam er mit dem beglaubigten Scheck wieder. Ich setzte meine Unterschrift unter den Vertrag, nachdem ich ihn ein letztes Mal auf mögliche Konsequenzen aufmerksam gemacht hatte. Ich übergab den Scheck Aitken, die ihn meiner Bank zusenden sollte, und der Marquis verabschiedete sich mit seiner ebenso aufwendigen wie kostspieligen Maquette.

Ich hörte danach wenig über das Projekt. Ich erfuhr später durch Indiskretionen, daß er um die ganze Welt reiste, um es zu realisieren. Ich hatte dem Vertrag eine Klausel hinzugefügt, die vorsah, daß nach Ablauf von zwei Jahren die Abmachung ihre Gültigkeit verlieren würde, wenn bis dahin die verschiedenen darin genannten Ausgaben meiner Bücher nicht das Stadium der Verwirklichung erreicht haben würden. Ich sollte von diesem eleganten, imposanten Mann nie wieder hören.

Aitken fuhr nach Royan, um meine Kinder abzuholen und sie auf der Rückreise zu begleiten. Sie würden Boule, Francette und ihre beiden Kinder in Paris zurücklassen und auf ein anderes Flugzeug warten, das sie nach Genf bringen sollte.

»Aber du bist ja wieder gesund, Dad!« rief Marie-Jo aus, als sie mich sah. »Weißt du, daß ich dich noch mehr liebe, wo du jetzt so schlank geworden bist?«

Pierre hatte wieder seine Spielkameraden, allen voran seinen unzertrennlichen Jean-Jacques mit dem rosigen Gesicht und den blauen Augen. Marie-Jo verbrachte viel Zeit mit Marie-Claire am Swimmingpool. Das Personal war auch wieder vollzählig zurück, und Marie-Jo bat manchmal Yole, ihr, ihrem Bruder und dessen Freund neben dem türkisblauen Wasser einen Happen hinzustellen.

Johnny war ebenfalls wieder da und nahm seine Kurse am Gymnasium wieder auf. Er wollte zwei Reifeprüfungen gleichzeitig ablegen: die altsprachliche mit Lateinisch und Griechisch und die naturwissenschaftliche mit höherer Mathematik, denn er wollte sich seine Berufswahl noch offenhalten und auf verschiedene Richtungen vorbereitet sein. Ich glaube, nur zwei, höchstens drei junge Leute gehen nach zweijähriger Vorbereitung in diese sehr schweren Examina.

Ich bat Cruchaud, uns nach Holland zu begleiten, denn ich erwartete dort viel Wirbel und fühlte mich noch nicht so sehr standfest.

Wir reisten also zu viert – Cruchaud, Johnny, Teresa und ich – mit einer direkten Linienmaschine, und gleich bei unserer Ankunft fing tatsächlich der Wirbel an. Journalisten und Fotografen erwarteten mich und auch Abs Bruna, unser »Santa Claus« und holländischer Verleger. Ich wurde in einen kleinen Salon im Flughafengebäude geschoben, der uns zur Verfügung gestellt worden war, und beantwortete, so gut ich konnte, die auf mich abgeschossenen Fragen, während die Fotoapparate klickten und die Blitzlichter mich immer wieder die Augen zukneifen ließen. Teresa hielt sich wie stets diskret zurück und wartete unterdes draußen. Ich weiß nicht mehr, wie ich sie schließlich im Amstel-Hotel wiederfand, das Johnny und ich schon kannten.

Mehr als vierzig meiner Verleger hatten sich eingefunden, darunter eine Reihe von Männern, die ich zu meinen Freunden zählte und herzlich begrüßte, sowie auch andere, die ich noch nie gesehen hatte. Der alte Arnoldo Mondadori war in Begleitung seiner Frau gekommen, und wir umarmten uns. Helen Wolff, meine alte Freundin, die meine Bücher bei Harcourt Brace Jovanovich in New York betreute, war eigens über den Atlantik geflogen, und Hamish Hamilton war mit seiner entzückenden Frau aus London herbeigeeilt. Natürlich waren auch Sven und Lolette Nielsen mit von der Partie. Sie sah ich gewöhnlich mindestens zweimal jährlich in Lausanne, das erste Mal im Februar zur Feier meines Geburtstages, die sie nie versäumten. Ich sah Bernard de Fallois wieder und noch weitere Freunde. Nach dem Aperitif, bei dem ich mich mit einem Glas Wasser begnügte, fuhren wir hinauf, um uns für ein Galadiner umzuziehen.

Teresa hatte schon die Koffer ausgepackt und meinen Smoking herausgehängt. Sie schaute mir zu und freute sich, daß ich bei Kräften und gutgelaunt war. Alle Geladenen waren im selben Hotel untergebracht, als wäre es das, was die Amerikaner eine *convention* nennen, mit anderen Worten ein Kongreß, aber wir trugen kein Namensschild an unseren Revers.

Die Bulgaren waren, wie ich zu meinem Erstaunen erfuhr, zu viert hergekommen. Sie sprachen fließend Englisch und zwei von ihnen sogar ein hervorragendes Französisch.

Uns hatte man zu meiner Überraschung ein riesengroßes Appartement zugewiesen, das es bei meinen früheren Aufenthalten im Amstel noch gar nicht gegeben hatte. Es war, wie man mir sagte, für den noch nicht lange zurückliegenden Besuch der englischen Königin in den Niederlanden ausgebaut und eingerichtet worden, und wir fühlten uns darin verloren, zumal ein Salon, der für einen ganzen Hofstaat bestimmt war, zwischen unseren Zimmern lag.

Teresa benutzte ihr Bett nicht, aber achtete darauf, es jeden Morgen in Unordnung zu bringen. Die über und über vergoldete Ausstattung meines Badezimmers war um so beeindruckender, als man sich dort in einer ganzen Reihe von Spiegeln sehen konnte.

Wir lachten viel. Teresa half mir beim Ankleiden. Sie nahm kein einziges Mal die Mahlzeiten mit mir gemeinsam ein, sondern setzte sich im Speisesaal für sich allein irgendwohin. Sie trennte sich an der Tür zum Restaurant von mir und ließ mich dadurch an eine junge Mutter denken, die zum ersten Male ihr Kind zur Schule bringt.

Ihre Fürsorge rührte mich, denn ich war daran nicht gewöhnt und hatte nicht das Gefühl, solch eine Zuneigung zu verdienen.

Ihr Sohn wuchs unterdessen nicht weit von Venedig in der kleinen Stadt auf, in der er bei ihrer Familie lebte. Ich wußte, wie sehr sie ihn liebte. Trotzdem kam es vor, daß sie meinetwegen, um mich nicht allein zu lassen, hinreiste und ihn nur zwischen zwei Nachtzügen besuchte und ihren Eltern guten Tag sagte.

Das große Diner fand statt; als Tischnachbarin hatte ich Madame Mondadori. Viele Reden. Ich hielt auch eine und tat es aus dem Stegreif, denn ich bin nie im Leben fähig gewesen, eine Rede vorher schriftlich zu entwerfen. Ich hob besonders die Verdienste Arnoldos, meines ältesten Verlegers, hervor, weil er seit 1925 meine Bücher herausbrachte, seinerzeit noch die Unterhaltungsromane, und Italien das einzige Land war, in dem ich nie den Verleger gewechselt hatte. In Frankreich hatte ich deren drei gehabt, in den USA vier oder fünf, in Holland ebenfalls einen einzigen, nämlich Abs Bruna, der aber erst mit den frühen Maigrets angefangen hatte.

Es wurde getanzt. Ich glaube mich zu erinnern, daß ich nur, so gut ich konnte, mit der alten Madame Mondadori tanzte. Ein Wein nach dem anderen wurde serviert, dann Champagner und Liköre. Die Gesichter röteten sich. Ich gab Cruchaud, der in der Nähe von Johnny saß, einen versteckten Wink und zeigte ihm mein Glas, das nur Wasser enthielt und auch für den Rest des Abends enthalten würde.

Ich hatte es eilig, wieder zu Teresa in unser allzu zauberhaftes Appartement zu kommen. Ich ging von einem Tisch zum anderen und brachte es schließlich, als es schon sehr spät geworden war, fertig, mich zu verabschieden.

Wie gut es tat, Teresa wiederzusehen, die mich ganz schlicht in ihrem Morgenrock ohne Ungeduld erwartete und glücklich war, daß ich bei guter Gesundheit war nach diesem Abend. Royan war weit weg. Royan war nur noch ein Alptraum, den ich vergessen wollte.

Das Bett war groß. Wir schliefen zusammen darin. Am nächsten Morgen suchten die Ehrengäste einander in den Hotelkorridoren. Man schleppte uns zu irgendeinem Empfang, wo es auch wieder von Reportern und Fotografen wimmelte. Das Ehepaar Mondadori seinerseits hatte es vorgezogen, Den Haag zu besichtigen, das es noch nicht kannte. Arnoldo, dem Alter nach der Doyen unserer Runde, erwies sich als der aktivste und wißbegierigste.

Das Diner – wir trugen immer noch »schwarze Fliege«, das heißt den Smoking – fand in einem historischen Schloß in der Umgebung statt. Vorangegangen waren mehrere Interviews in unserem Salon und in denen im Erdgeschoß.

Tags darauf brachte uns am Vormittag ein Sonderzug, der mit den Flaggen der verschiedenen Nationen geschmückt war, alle zusammen durch die Kiefernwälder der Provinz Drente und später durch das von Kanälen in Quadrate zerschnittene Friesland nach Delfzijl. Die Honoratioren der Stadt erwarteten uns. Man geleitete uns auf ein sehr schönes Schiff, das bald ablegte und in der Ems-Mündung kreuzte, von zahlreichen Segelyachten eskortiert. Es gab ein kaltes Büfett an Bord. Vom Deck gelangte man in den Salon, wo das Büfett angerichtet war. Die Fotografen nahmen mich unablässig unter Beschuß. Unbekannte sprachen mich bald auf englisch, bald auf französisch, dann wieder in irgendeiner Sprache an, die ich gar nicht zu verstehen suchte.

Wo nur Teresa war? Im Zug waren wir zu viert in einem Abteil. Man servierte uns ein üppiges und abwechslungsreiches holländisches Frühstück. Johnny und Cruchaud saßen bei uns, Teresa gleich neben mir. Seitdem sah ich sie beinahe gar nicht mehr.

Aber da kam sie schon und brachte mir einen Teller mit Aufschnitt, denn ich hatte noch keine Möglichkeit gehabt, ans kalte Büfett heranzukommen. Sie hatte mich die ganze Zeit über nicht aus den Augen verloren. Sie holte mir später auch Kaffee und danach noch Sprudelwasser.

Rückkehr nach Delfzijl. Der Hafen war beflaggt. Man geleitete uns an das Ufer des alten Kanals, den ich so gut kannte und der noch immer von Flößholz verstopft wurde. Menschenmengen auf den Kais. Häuser, die ich wiedererkannte. Ein Stück Rasenfläche, das seinerzeit noch nicht existiert hatte, ein Steinsockel, eine Statue, deren Höhe mich überraschte und die noch von einem weißen Tuch verhüllt war.

Fünf der Schauspieler, die die Rolle des Kommissar Maigret gespielt hatten, waren versammelt, darunter mein Freund Rupert Davies, der einzige übrigens, der bis heute die Rolle in zweiundfünfzig Filmen – Fernsehfilmen – verkörpert hat.

Ein Fanfarenstoß. Vertreter der Stadtverwaltung. Reden. Ich sichtete Johnny und Cruchaud in der Menge, aber entdeckte nicht Teresa, die sich wie gewöhnlich abseits hielt. Ein Trupp Fotografen. Kameraleute vom Fernsehen. Man drückte mir eine Schnur in die Hand und bat mich, daran zu ziehen, um das Denkmal zu enthüllen.

Ich zog vergeblich. Alles lachte. Ich auch. Ich versuchte es ein zweites Mal. Jemand kam hinzu, brachte eine schlecht angebrachte Schlaufe in Ordnung, und als ich dann noch einmal an der Kordel zog, fiel endlich das Tuch und gab den Blick auf einen Maigret frei, der dank der Arbeit eines holländischen Bildhauers soweit wie möglich demjenigen glich, den ich erdacht hatte und den nur ich kannte.

Noch ein Fanfarensignal. Beifall. Reden. Dann kam die Reihe an mich, einige Worte zu sagen. Meine Rührung war nicht gespielt.

Der Festzug steuerte auf den »Pavillon« zu, das Restaurant am Emsufer, auf dessen Terrasse ich mir damals bei einem Glas Genever die Figur des Kommissars ausgedacht hatte, bevor ich auf einer im Kanal verankerten, verlassenen Barke *Pietr le letton* zu schreiben begann.

Wir vier fanden uns auf dem Weg durch die mit rosaroten Backsteinen gepflasterten Straßen wieder, und in mir wurden Erinnerungen an die Zeit wach, als ich fünfundzwanzig Jahre alt gewesen war.

Aber im Restaurant, das vergrößert worden war, wartete eine festliche Menge auf uns. Zahlreiche Studenten der nahegelegenen Universität Groningen waren hergekommen, um mich zu begrüßen. Champagner. Ansprachen. Der Empfang zog sich in die Länge. Ich vermochte mich mit Teresa nach draußen zu stehlen. Wir schlenderten durch die backsteingepflasterten Straßen und trafen Johnny und Cruchaud, die auch heimlich weggegangen waren.

Ein Augenblick der Entspannung. Ein wenig später wurden wir zum Bahnhof gebracht. Dort stand ein Sonderzug für uns bereit, der wirklich etwas Besonderes war. Ein Wagen des Zuges war für die Vertreter von Radio und Fernsehen reserviert. Über Lautsprecher wurde Musik in alle Abteile übertragen. Ein Waggon war zum Tanzwagen umgerüstet worden. Die Techniker entwickelten und schnitten bereits den während der Zeremonie aufgenommenen Film, der uns nach der Ankunft im Bahnhof von Amsterdam vorgeführt werden sollte.

Man servierte Getränke und Speisen in allen Abteilen, deren Türen weit offenstanden. Es herrschte ein ständiges Kommen und Gehen. Der holländische Genever floß aus vollen Kruken. Selbst Cruchaud und Johnny ließen sich verleiten, mitzutrinken.

Ein Conférencier erzählte lustige Geschichten in zwei oder drei Sprachen. Nach zweistündiger Fahrt verkündete er mit ernster Stimme:

»Wir haben uns entschlossen, weil wir so fröhlich beisammen sind, noch nicht sofort nach Amsterdam zurückzufahren. Der Zug wird uns noch etwas spazierenfahren.«

Viele glaubten es. Fast alle waren beschwipst. Es wurde getanzt, nicht nur im Tanzwagen, sondern auch in den Gängen. Eine Reihe unserer Freunde tobte ausgelassen herum. Neue Steinflaschen mit Genever wurden unablässig herangebracht. Teresa und ich waren ohne Zweifel die einzigen, die gar nichts tranken, denn man hatte an alles gedacht, nur nicht an die Mineralwassertrinker.

In den späteren Rückerinnerungen an jenen Tag bekam der Zug von uns den Namen »Narrenzug«, denn seine Passagiere waren wirklich närrisch geworden.

Um Mitternacht hielt er, aber nicht in der großen Ankunftshalle des Amsterdamer Hauptbahnhofs, sondern auf einem Gleis, zu dem das Publikum keinen Zutritt hatte, vor einem nüchtern aussehenden Bürogebäude. Das Radio spielte immer noch, und der Tanz wurde auf dem Bahnsteig in Erwartung der Vorführung des in Delfzijl gedrehten Films fortgesetzt. Jeder sah sich darin wieder und machte die anderen unter lautem Jubel darauf aufmerksam. Autos fuhren uns danach in das Hotel zurück, wo Teresa und ich dann endlich in dem pompösen Appartement unter uns waren.

Unser Flugzeug ging am nächsten Morgen um neun. Wir zogen uns aus und duschten. Teresa packte schon die Koffer.

Alles rannte am Morgen unten in der Halle, in den Hotelkorridoren, in den Salons herum. Einige übernächtigte Gesichter fielen einem auf. Die verschiedenen Maschinen starteten binnen weniger als einer Stunde. Wagen fuhren uns zum Flughafen. Namen wurden aufgerufen; man sagte sich auf Wiedersehen und umarmte sich.

Teresa und ich saßen als einzige Passagiere in der letzten Reihe des Flugzeuges. Ich betrachtete sie lange und war sehr ergriffen. Ich wagte nicht, das Wort Liebe auszusprechen, das sie mir verboten hatte, aber meine Augen suchten die ihren.

Ob sie mich verstand, wie ich sie zu verstehen glaubte? Wir unterhielten uns nur über banale Dinge, aber ich möchte schwören, daß wir da zwischen Himmel und Erde nach diesen Tagen der Unruhe und Hast, während derer wir uns gesucht hatten, eine der wichtigsten Stunden unseres Lebens verbrachten.

Als ich Jahre später mit ihr darüber sprach, würde Teresa mir antworten, wie mein Vater es früher bei meiner Mutter getan hatte:

»Ich bin doch noch da, nicht?«

Sie ist es auch heute noch, so viele Jahre später, in dem Augenblick, in dem ich in unserem kleinen rosafarbenen Haus, das ich in meinen Romandiktaten so oft erwähnt habe, diese Zeilen zu Papier bringe.

Marc lebte mit Mylène in Neuilly zusammen in demselben großen Gebäude, in dem auch Francette und ihre Kinder wohnten. Er bereitete eine neue Folge der Fernsehreihe *Les dossiers de l'agence O* vor.

Lange Aussprache mit Durand in seiner Villa. Er hatte die übrigen Ärzte zusammengerufen. Sie hatten eine Unterredung mit D. gehabt, die in die Klinik zurückgekehrt war.

»Hören Sie mir zu, Simenon: Wir alle sind davon überzeugt, daß nichts den Zustand Ihrer Frau ändern kann.«

»Heißt das, daß sie unheilbar ist?«

Er ging nicht auf diese Frage ein, doch sein Gesichtsausdruck sprach für sich.

»Wir haben ihr mitgeteilt, daß es keinen Grund mehr gibt, sie weiter hier zu behandeln, unter der ausdrücklichen Bedingung, daß sie nicht mehr mit Ihnen oder mit ihren Kindern zusammen wohnt und daß sie die Kinder nur noch von Zeit zu Zeit kurz sehen darf, bis diese erwachsen sind.«

»Ist sie darauf eingegangen?«

»Ja . . . Was Sie angeht, so können Sie sie jetzt wieder bei sich aufnehmen, wenn Sie Lust haben, sich das Leben zu nehmen.«

Ich begriff, reagierte aber nicht mehr, weil ich es hatte kommen sehen.

»Wohin wird sie gehen?«

»Wohin sie will, außer nach Lausanne und Umgebung . . .«

»Hat sie Ihnen nichts Genaues mitgeteilt?«

»Eine unserer Krankenschwestern, mit der sie sich angefreundet hat, bewohnt ein kleines Haus in dem Dorf Prangins. Die beiden Frauen scheinen vereinbart zu haben, dort zusammen zu leben. D. spricht sogar davon, zum Einkaufen auf den Markt zu gehen, den Haushalt zu führen und zu kochen.«

»Wie in Villars?«

Der Blick Durands verdüsterte sich leicht.

»Das dauert halt so lange, wie es dauert . . .«

Es wurde Ende September, bis D. Prangins verließ. Sie setzte ihre Mittwochbesuche in Epalinges fort. Sie verliefen fast immer einer wie der andere. Sie kam aber nicht mehr am Steuer ihres Chryslers. Ich hatte ihr einen Wagen der Marke Austin Princess gekauft, der in Wirklichkeit ein kleiner Rolls-Royce war. Ein Chauffeur aus Nyon brachte sie her und holte sie wieder ab.

Marie-Jo betrachtete sie mit einem gewissen Mitleid, aber auch mit einem Gefühl, das nach Furcht aussah. Später würde ich noch erfahren, daß sie mehreren Leuten anvertraute:

»Ich habe Angst vor Mama.«

Ich auch. Das schlichte Leben, das sie bei der Krankenschwester zu führen versuchte, machte ihr keinen Spaß. Mitte Dezember hustete sie viel, und Cruchaud, den ich rief, stellte eine ziemlich weit fortgeschrittene Bronchitis fest. Mußte sie trotz des Verbotes von Durand drei bis vier Tage in meinem Haus verbringen? Auf jeden Fall nicht bei den Kindern. Wahrscheinlich im Musikzimmer, in dem auch schon Marc und Francette und meine Mutter geschlafen hatten.

Noch um die Mitte des Monats Dezember legte sie sich in die Klinik Montchoisi, die von unserem Freund Dubuis geleitet wurde. Sie verlangte zwei nebeneinanderliegende Zimmer mit Verbindungstür, denn die Gesellschafterin, von der sie mir vor einigen Monaten oder einigen Wochen erzählt hatte, war aufgetaucht und wohnte jetzt mit ihr zusammen.

Ich besuchte sie. Sie lag mit fiebrig glänzenden Augen zu Bett. Die Exildame aus dem Vorderen Orient machte einen Schrank auf, um irgend etwas herauszuholen, und ich sah dabei zwischen den Wäschestapeln zwei Flaschen Wodka, eine volle und eine zu drei Viertel geleerte.

Ich fuhr zwei oder drei Mal nach Montchoisi zu Besuch zu ihr. Ihre Ärzte dort waren nicht beunruhigt.

Bald kam Weihnachten heran. Marc weilte mit Francette und den Kindern bei uns. D. lag immer noch in der Klinik Montchoisi. Am 26. Dezember erfolgte die Abfahrt der ganzen Familie nach Crans, wo wir unsere Zimmer und unsere angenehme Routine wiederfanden.

Marie-Jo erklärte sich diesmal damit einverstanden, Skiunterricht bei einem Privatlehrer zu nehmen. Er war nur um neun Uhr morgens noch frei, und Teresa fuhr mit ihr im Taxi ans andere Ende der Stadt. Marc und Johnny liefen getrennt Ski und verbrachten, abgesehen von den Mahlzeiten, auch sonst die Tage jeder für sich. Sie gingen oft abends aus und kamen spät ins Bett. Marc gab den Kindern auf einem Teich auf hal-

bem Wege zwischen Crans und Montana Unterricht im Schlittschuh-
laufen und im Eishockey.

Geräuschvolle Mahlzeiten an dem langen Tisch, um den herum wir
saßen. Auch Boule war dabei.

Was Teresa und mich betrifft, so waren wir die ersten, die morgens aufstanden, und wir waren schon draußen im Schnee, wenn die anderen noch
ihr Frühstück einnahmen. Oft arbeitete Marc spätnachmittags, auf dem
Bett liegend, die Blätter seines neuen Drehbuchs um sich herum ausgebreitet, während seine Kinder um ihn herum kletterten und tobten.

Wie im vergangenen Jahr gingen wir untergehakt von einer Gruppe zur
anderen. Es tat herrlich gut, zu leben, sich zu unterhalten und sich früh
am Abend wieder in unserem Zimmer einzufinden.

Besonders, weil Marie-Jo, die ein großes Mädchen von vierzehn Jahren
geworden war, ihr Leben in vollen Zügen genoß.

Im Oktober jenes Jahres hatte ich übrigens einen Roman, *Le chat*,
schreiben können, zu dem ich die Idee seit mehreren Monaten in mir
getragen hatte. Im November kam noch *Le voleur de Maigret* dazu.

66

Ich bin jedesmal aufs neue überrascht, festzustellen, wenn ich mich daran
mache, meine Erinnerungen eines Jahres abzuspulen, wie viele große und
kleine Ereignisse ein Mensch im Verlauf von dreihundertfünfundsechzig
Tagen erleben kann und wie viele erst eine Familie, eine Hausgemeinschaft wie die unsere, die sich andauernd vergrößerte, obwohl in ihr keine
Kinder mehr zur Welt kamen.

Nach dem zu ereignisreichen, oft schmerzbringenden Jahr 1966 erwartete ich ein ruhigeres Jahr mit äußerst wenig Veränderungen. Doch ein
Blick auf die Chronologie Aitkens, nach der ich in meinem Mitteilungs-
drang nicht immer genau vorgehe, hat mir soeben gezeigt, daß selten so
viel Wirbel um mich herum geherrscht hat. Vor allem meine Kinder sollten die Hauptakteure sein, denn 1967 wurde für jedes von ihnen zu einer
wichtigen Etappe in ihrem Leben.

Was D. angeht, so hatte sich gewiß ein Wechsel vollzogen, aber ich
gestehe, daß ich mich davon immer weniger betroffen fühlte. Ich hoffte
sogar, daß ich endgültige Heilung fände. Würde die Zukunft mir recht
geben? Ich wußte es noch nicht.

Ich sah sie in der Klinik Montchoisi wieder, nach wie vor in Begleitung
ihrer sehr würdevollen Gesellschaftsdame. Die schwerste Zeit lag hinter

ihr; sie würde die Klinik Ende Januar verlassen können. Aus unerfindlichen Gründen hatte sie sich dafür entschieden, ins Hôtel du Golf in Divonne-les-Bains zu ziehen, einer Stadt, die ich nur kannte, weil ich dort einen Abend mit ihr verbracht hatte, als wir noch in Echandens wohnten. Wir hatten damals plötzlich Lust verspürt, im Restaurant des Spielkasinos zu Abend zu essen. Ich hatte nicht gewußt, daß dieses Kasino nach seinem Umsatz in Frankreich an erster Stelle der Statistik lag. Man hatte uns jedoch den Zutritt verweigert, weil ich keine Krawatte trug und man seinerzeit noch nicht auf die Idee gekommen war, in derartigen Etablissements Krawatten zu verleihen oder zu verkaufen. So hatten wir an jenem Abend in einem sympathisch wirkenden Bistro gespeist und, soviel ich weiß, unter anderem, auch eine Amselpastete verzehrt.

Ich war später nie mehr nach Divonne gekommen und hatte weder die dortigen Hotels noch den See und auch nicht die Pferderennbahn kennengelernt. Wer hatte sie bloß auf Divonne gebracht? Welche Gründe steckten hinter dieser Wahl? Es war mir im Grunde gleichgültig, und ich erhob daher keine Einwände gegen ihre Absicht. Der Ort lag nur gut fünfzehn Kilometer von Genf entfernt, wo sie ihre Freundinnen und Freunde hatte. Und nach Epalinges waren es nur vierzig Kilometer, denn sie setzte ihre Mittwochsbesuche fort.

Sie fuhr nicht mehr selbst ihren Princess und wechselte bald, ebenfalls aus unerklärlichen Gründen, ihren Fahrer. Ihr neuer Chauffeur war ein großer, kräftiger Mann, ein sehr gutaussehender Bursche mit ironischem und zugleich arrogantem Blick. Seine Frau führte ein kleines Restaurant am Fuße des Jura. Der Chauffeur war vor allem ein passionierter Jäger und lehnte es ab, während der Jagdzeit zu arbeiten.

Mich interessierte vor allen Dingen das Leben meiner Kinder. Mit welchem Tier hatte sich unsere Hausgemeinschaft eigentlich zu vergrößern begonnen? War es die Boa Johnnys, die er sich wer weiß woher beschaffte, oder das Kanarienvogelpärchen im Käfig, das Pierre unbedingt haben wollte, weil er sie bei seinen Spielkameraden gesehen hatte?

Jedenfalls stand fest, daß diese Tiere viel Platz in einem Teil des Hauses einnehmen würden, wobei noch die Goldhamster dazukamen, die Marie-Jo sich von mir in einem Fachgeschäft in der Rue Centrale besorgen ließ.

Man sollte meinen, daß meine Söhne und meine Tochter unbewußt einer Familientradition folgten. In La Richardière in der Nähe von La Rochelle hatte ich aus Anatolien stammende Wölfe und wilde Hunde gehabt und einen Ichneumon großgezogen. Aus Malta hatte ich dazu exotische Vögel aller Arten mitgebracht. In den Vereinigten Staaten hatte Marc seinen »Zoo« mit Schlangen, Schildkröten und noch irgendwelchen Tieren gehabt.

Da lief also mein großer Johnny mit seinen achtzehn Jahren mit einer Boa um den Hals durchs ganze Haus, zum Schrecken der Dienstmädchen. Er sperrte vergeblich seine Schlange ein, wenn er nicht da war. Es gelang ihr immer wieder, sich selbständig zu machen wie Marie-Jos Hamster und die Kanarienvögel Pierres, die die Hülsen ihres Samenfutters bis zu zwei Meter weit aus ihrem Käfig herausschleuderten.

Das hinderte Johnny nicht, verbissen für die Schule zu arbeiten, denn das Jahr würde entscheidend für ihn sein, wollte er doch in Kürze die doppelte Reifeprüfung ablegen. Ich konnte nicht umhin, seine Organisationsgabe zu bewundern. Er plante und erledigte seine Hausaufgaben minuziös und behielt noch Zeit genug übrig für Geländelauf rund um unser Grundstück, für Schwimmen und bald auch für Reiten.

Selbstsicher verkündete er mir:

»Ich schaff es schon, Dad, mach dir da keine Gedanken. Ich weiß genau, wieviel Punkte ich in jedem Fach brauche und wieviel Stunden ich täglich dafür arbeiten muß.«

Unweit von Epalinges, in Chalet-à-Gobet, gab es einen Reitklub, in dem man Kurse belegen konnte. Wir beobachteten manchmal die Schüler, Jungen und Mädchen, die im Gänsemarsch an unserem Haus vorbeizogen.

Alte Erinnerungen wurden in mir wach, wenn ich manchmal meinen großen Sohn zur Reitschule begleitete, denn er war inzwischen so alt, wie ich es damals gewesen war, als ich den gleichen Unterricht in der Ulanen-Kaserne in Lüttich im Rahmen meiner Wehrpflichtzeit bekommen hatte. Diese Reitschule hier war weniger düster, sie war im Gegensatz zu damals hell und gut belüftet, und die Lehrer hatten nichts mit den Wachtmeistern gemeinsam, die uns Rekruten schikaniert und für leichte Fehler ganze Tage und Nächte »Bau« verhängt hatten.

Johnny machte so schnelle Fortschritte, daß er schon bald an den Ausritten durch den Wald teilnehmen konnte. Auch Marie-Jo entschloß sich, die Geheimnisse der Reitkunst zu erlernen.

Ich kaufte ihr ein Amazonenkostüm: Reistiefel, schwarzweißkarierte Reithosen mit dazu passender, lustiger gelber Weste, ein schwarzes Jacket und die traditionelle schwarze »Melone«. Sie sah darin bezaubernd aus und wirkte trotz ihrer vierzehn Jahre wie ein ganz kleines Mädchen. Ich begleitete sie zu jeder Reitstunde. Bald waren es zwei, die einer nach dem anderen Reitunterricht bekamen, denn Pierre war ebenfalls mit von der Partie. Ich hatte im Leben ziemlich viel Reitsport getrieben und war ein begeisterter Anhänger geblieben, so daß ich voll Freude, ja mit gewissem Stolz beobachtete, wie rasch sie lernten, ohne das Vergnügen zu zählen, wieder einmal würzige Stalluft atmen zu können.

Am 19. Februar traf Pierre Desgraupes mit einem vielköpfigen Fernsehteam in Epalinges ein, um eine Folge der renommierten Serie meines Freundes Lazareff, dem ich nichts abschlagen konnte, aufzunehmen. Die Sendung hieß »Cinq colonnes à la une«.

Ich sehe noch Desgraupes vor mir, wie er in einem meiner beiden Arbeitszimmer saß, seine enorme Leibesfülle in einen der roten Sessel gezwängt.

»So, Simenon. Ich habe mein Drehbuch jetzt fertig. Sie kehren am Steuer Ihres Rolls von einer Reise zurück. Das ganze Personal empfängt Sie in festlicher Dienstkleidung auf der Freitreppe und bildet Spalier. Ich will unsere Fernsehzuschauer erleben lassen, wie ein ›normaler Tag‹ bei Simenon verläuft. Zuerst zeigen die Kameras Sie bei der Abfassung eines Romankapitels an Ihrer Schreibmaschine, die auf Ihrem sogenannten Arbeitstisch steht . . .«

Er hatte zu viele Interviews mit mir gelesen, die fast immer die Tatsachen entstellten und verzerrten.

»Dann kommen Sie mit Ihren drei Sekretärinnen im großen Arbeitszimmer ins Bild . . .«

»Es sind nicht mehr als zwei Sekretärinnen . . .«

»Also gut, dann eben zwei. Sie sehen die Post durch. Sie diktieren . . .«

»Was diktiere ich?«

Spürte er meine Ironie, die ich nicht zu verbergen trachtete? Er faßte sich kürzer.

»Sie diktieren, was Sie wollen. Dann Mittagessen mit den Kindern, die Siesta, ein Spaziergang . . .«

Ich schnitt ihm einfach das Wort ab.

»Nichts von alledem! Zunächst einmal empfängt mich nie das gesamte Personal in Festkleidung auf der Freitreppe. Dann hat mich noch nie jemand auf der Maschine schreiben sehen, selbst meine Kinder nicht, ausgenommen Marc in Arizona, als er noch klein war.

Ferner werden meine Kinder nicht ins Fernsehen kommen, denn ich lehne es ab, Äffchen aus ihnen zu machen. Sie tun, was ihnen Spaß macht. Schließlich gibt es keinen festen Plan für meinen Tagesablauf, also auch keinen ›Tag im Leben Simenons‹. Ich bin bereit, vor der Kamera Ihre Fragen zu beantworten und, wenn Sie darauf bestehen, durch den Schnee zu laufen, was nicht sehr originell ist.«

Er wurde puterrot wie der Sessel und erhob sich.

»Schön! Ich werde mir etwas anderes einfallen lassen, weil Sie nicht zur Zusammenarbeit bereit sind . . .«

Eine Stunde lang lief er mit großen Schritten auf dem verschneiten Weg vor dem Haus auf und ab. Überall glitzerte der Schnee in der Sonne.

Als er zurückkam, erklärte er schlechtgelaunt:

»Ich beschränke mich also darauf, Sie zu interviewen. Aber da wir ja nicht eine oder anderthalb Stunden lang mit derselben Einstellung arbeiten können, müssen Sie mir das Recht zugestehen, in den verschiedenen Teilen des Hauses Aufnahmen zu machen, bei denen Sie nicht im Bild sind.«

Die Leute aus der Gegend fanden, daß dieses Haus, weiß und gleichmäßig, wie es war, einer Molkerei oder einer Heilanstalt glich. Die Zeitungen hingegen sprachen von einem Milliardärpalast oder von einem unheimlichen, keimfrei gemachten Bau. Was Desgraupes seinerseits, der mich bereits zusammen mit Dumayet in einer literarischen Sendung interviewt hatte, der einzigen übrigens, zu der ich ins Studio in der Rue Cognacq-Jay gefahren war, darüber dachte, weiß ich nicht.

Die Kameras, Scheinwerfer und Mikrofone wurden installiert.

Um die Mittagsstunde kündigte ich an, daß ich mit den Kindern essen wollte, und empfahl den Fernsehleuten ein einigermaßen passables Restaurant in einem nahegelegenen Motel. Nach meinem Mittagsschlaf ging es weiter, und die Kinder sahen bei ihrer Rückkehr aus der Schule und vom Gymnasium durch die Tür zum Salon beim Interview zu.

Ich erinnere mich nicht mehr an die Fragen und Antworten. Ich habe auch die Sendung, ebensowenig wie die meisten anderen, nicht gesehen. Das ganze Team blieb noch in Epalinges bis zum Freitagabend und filmte in einem Wirrwarr von Apparaturen und Kabeln alles mögliche, wie die Küche, das Spielzimmer im Souterrain und die Zimmer in der oberen Etage. Was macht's, solange sie nur meine Kinder in Ruhe ließen.

Ich hörte nie mehr von Desgraupes, der mich in schlechter Erinnerung behalten haben mußte. Ich nahm ihm das gar nicht weiter übel. Hatten andere Regisseure nicht darauf bestanden, mich in der Badewanne oder beim Rasieren aufzunehmen? Sie waren lange im Swimmingpool geblieben, der ihnen wohl sehr spektakulär vorkam. Ob ich denn nicht bereit sei, ein paarmal hineinzuspringen?

Marie-Jo legte eine erstaunliche Aktivität an den Tag. Trotz ihrer Schulaufgaben, die sie sehr ernst nahm, und zwar so stark, daß ich sie bremsen mußte, wollte sie unbedingt zu ihrem Geburtstag eine große Party, ähnlich der im vorigen Jahr, geben, die ich organisiert hatte, und an der ich wegen meiner gebrochenen Rippen nicht hatte teilnehmen können.

Wieder ein städtischer Autobus, um Freunde und Freundinnen aufzulesen und wieder nach Hause zu fahren. All die lieben Kleinen waren größer geworden. Daher würde die Party diesmal bis zehn Uhr abends dauern.

Auch diesmal gut vierzig geladene Jungen und Mädchen. Johnny half mir, Bademeister zu spielen. Wir riefen diesmal nicht mehr den Schwimmmeister aus der Stadt zu Hilfe. Wir zählten beide ständig die Leiber, die im Wasser strampelten, ins Wasser sprangen und wieder auftauchten, und vergewisserten uns, daß keiner unter Wasser blieb. Yole und Marie-Claire verteilten Eis und Süßigkeiten. Später gab es im großen Spielzimmer ein kaltes Büfett, Musik und Tanz.

Tänzer und Tänzerinnen hatten ihre Befangenheit abgelegt. Ich warf nur einen Blick auf die Fête, denn ich hatte es mir zum Prinzip gemacht, die Kinder nicht durch meine Anwesenheit in Verlegenheit zu bringen. In der Küche wurde eifrig gearbeitet, um neuen Proviant heranschaffen zu können. Jungen und Mädchen liefen durchs ganze Haus und betraten die Zimmer der Kinder.

Und ein Wunder geschah! Johnny, der sonst so ernste Johnny, der noch nie eine Party mitgemacht hatte, sorgte für Stimmung, tanzte, setzte sich ans Schlagzeug. Es war natürlich nicht zu übersehen, daß einige Freundinnen Marie-Jos schon richtige »Backfische« waren und daß Johnny sich in eine von ihnen verliebt hatte.

Marie-Jo hatte auch einen Verehrer, einen jungen Mann, der äußerst sympathisch war. Er war wahnsinnig verliebt in sie und vertraute mir an, daß sie ihn durch ihre gespielte Gleichgültigkeit leiden ließ.

So belebte sich das Haus immer mehr. Die Kinder änderten gewissermaßen ihre Alterskategorie. Marie-Jo zeichnete und malte viel und bewies dabei einen Instinkt, der mich überraschte und mir Freude machte.

Anfang April hatte ich den Gründer und Verlagsinhaber der Editions Rencontre zu Gast. Sein Haus hatte sich auf das Buchversandgeschäft spezialisiert und hatte damit in der Schweiz wie auch in Frankreich einen großen Erfolg. Er schlug mir eine gebundene Ausgabe meiner sämtlichen Werke in französisch zu einem für die Käufer erschwinglichen Preis vor, nicht in acht Sprachen auf einmal wie mein spanischer Marquis. Dieser hatte, wie ich es vorausgesehen hatte, auf seine Rechte verzichtet, die nun wieder in vollem Umfang mir gehörten.

Ich zeigte mich nicht begeistert.

»Wissen Sie, daß meine sämtlichen Werke, wohlgemerkt nur die unter meinem Namen veröffentlichten, über zweihundertzwanzig Romane umfassen?«

»Wir haben bereits eine Liste dieser Bücher aufgestellt. Ein Freund von Ihnen, Gilbert Sigaux, der sich in Ihrem Werk auskennt, hat sich bereits daran gemacht, die Romane zu klassifizieren, denn jeder Band soll auf Bibel-Dünndruckpapier drei oder vier Romane enthalten.«

Ich kalkulierte schnell.

»Das würde doch mehr als siebzig Bände bedeuten? Glauben Sie denn, daß Leser so viele Bücher auf einmal subskribieren?«

»Wir haben Meinungsforschung betrieben . . .«

Rencontre genoß den Ruf, ein seriöses Unternehmen zu sein, aber ich wollte nicht, daß sich die komplette Ausgabe meiner Bücher als *flop* für den Verleger und für mich herausstellen würde.

Er sagte mir eine ebenso namhafte Vorauszahlung zu wie der Marquis, der, wie es abzusehen gewesen war, bei seinem Wagnis einen hohen Verlust erlitten hatte. Ich bemühte mich, meinen Gesprächspartner zu ermutigen, den ich im übrigen sehr sympathisch fand.

»Denken Sie einige Tage darüber nach! Ich komme nächste Woche wieder.«

Er kam tatsächlich noch einmal, als gerade Jean Renoir, mein bester Freund, der zu einem kurzen Besuch in Europa weilte, bei mir zu Gast war. Jean war zusammen mit Aitken bei dieser Unterredung zugegen. Meine Romane sollten also aufgeteilt werden, aber nicht nach strenger chronologischer Reihenfolge, sondern in zwei große Kategorien: die Maigret-Romane einerseits, deren Bände fortlaufend mit römischen Ziffern numeriert sein würden, und die Non-Maigret-Romane, die arabische Zahlen bekommen sollten. Oder umgekehrt; ich weiß es nicht mehr, und es spielt ja auch keine Rolle.

Sigaux kümmerte sich um die Zusammenstellung, die Einleitungen und die Anmerkungen. Die Blindbände, die man mir vorlegte, waren sehr schön, und ich diktierte schließlich Aitken zum großen Erstaunen Jeans einen kurzen, aber nichtsdestoweniger exakten Vertragsentwurf, der sich als einer der wichtigsten herausstellen sollte, die ich je unterzeichnet habe.

Abends fuhren Jean und ich zum Essen bei Charles und Oona Chaplin. Es war ein intimes Diner zu viert. Auch hier hatten die Kinder begonnen, sich in alle Winde zu zerstreuen. Die jüngsten waren schon zu Bett gebracht worden. Ein großes Kaminfeuer, eine gemütliche Atmosphäre, ein fantastischer Chaplin, der uns nach der Mahlzeit seinen neuesten Film, dessen Drehbuch er begonnen hatte zu schreiben, erzählte, die Darsteller mimte, ja buchstäblich vorspielte und das Drehbuch so »zum Leben erweckte«.

Neben ihm auf dem großen Sofa sitzend, strahlte Oona mit ihrem bezauberndsten Lächeln, das so sehr Liebe, Sanftmut und, wenn ich so sagen darf, Nachsicht für ihren genialen Gatten verriet. Ein wunderbarer Abend, der einem das Herz erquickte und an den ich oft mit meinem anderen genialen Freund, mit Renoir, zurückdachte.

Im Juni schrieb ich einen nostalgischen Roman über mein gutes altes Marais-Viertel, das an der Place des Vosges anfängt und das ich verändert vorfand. Denn ich war mit Teresa aus einem unerfindlichen Grund für drei Tage nach Paris gereist. Ich wurde Hals über Kopf zu den aktuellen Nachrichtensendungen von O.R.T.F. und Europe N° 1 als Studiogast eingeladen. Ein Journalist, den ich seit meiner Frühzeit in Paris kannte, interviewte mich in herzlicher Manier im George V. Unglaublich viele

Dinge in drei Tagen, darunter auch noch eine Fernsehaufnahme in unserem Salon im George V.

Unaufdringlich wie immer drängte Teresa sich nicht in den Vordergrund, sondern zog sich zurück, ganz wie zu Hause, wo sie immer bemüht war, sich ganz winzig zu machen.

Mit meiner Gesundheit war es nicht gerade zum besten bestellt. Ich litt unter Aerophagie, also Luftschlucken, und Teresa schlief ganz offen in unserem Zimmer, aber wie stets auf ihrem harten und engen Feldbett. Wenn ich aufwachte, hatte sie schon gebadet und einen weißen Kittel angezogen, der sie wie eine Krankenschwester ohne Haube aussehen ließ.

Die Kinder wußten Bescheid. Sie merkten sehr wohl, wie sehr ich Teresa brauchte, und wenn wir auch unsere Gefühle füreinander nicht offen zeigten, so konnten sie sich doch ihren Teil denken.

Offiziell gehörte sie weiterhin zum Personal, mit dem sie auch ihre Mahlzeiten einnahm, nicht ohne sich gewisse Anspielungen und schlüpfrige Bemerkungen anhören zu müssen.

Ich wußte, daß Marie-Jo auf sie eifersüchtig war. Sie gestand es mir indirekt.

»Dad, warum kann ich bei dir nicht dieselbe Rolle spielen wie sie?«

Seit ihrer frühesten Kindheit hatte sie mich in einen wahren Kult einbezogen, an dem sie unbeirrt festhielt. Ihr war indessen kein Aspekt der zwischenmenschlichen Beziehungen fremd, denn sie war wie ihre Brüder zwanglos und frei erzogen worden. Sie hatte ihre Augen und Ohren einfach überall, auch im Arbeitszimmer, wo ziemlich offen geredet wurde, und wußte darum auch sehr wohl um bestimmte Dinge des Intimlebens zwischen Teresa und mir.

Im Laufe der Jahre wiederholte sie zu meiner großen Verlegenheit trotzdem oft die Frage:

»Warum nicht ich?«

Hatte sie nicht, als sie acht war, verlangt, daß ich ihr einen Ehering kaufte, dessen Bedeutung sie bestimmt kannte, und würde sie ihn nicht bis zum Ende ihres Lebens tragen?

»Warum nicht ich, Dad?«

Was sollte ich antworten, wenn sie mich mit ihren hellen Augen unverwandt anblickte?

»Du weißt sehr gut, daß das nicht möglich ist, meine liebe Tochter . . .«

Dann wurde ihr Blick starr, und sie verließ mich brüsk. Sie war es, die durch den Platz, den Teresa in meinem Leben spielte, am meisten enttäuscht war. D. begnügte sich damit, wenn sie mittwochs zu uns kam, Teresa zu empfehlen, ihre »Pille« nicht zu vergessen. Nicht vor Teresa hatte D. Angst, sondern vor verschiedenen Frauen, die sie in ihren Alpträumen verfolgten.

Zum Beispiel hatte ich während einer bestimmten Zeitspanne die Wohnung einer jungen Frau aufgesucht, die in Wirklichkeit die Rolle einer Kupplerin gespielt und mich jedesmal mit einer ihrer »Freundinnen« bekanntgemacht hatte. Für mich war das praktisch gewesen und hatte keine Komplikationen gebracht. D. war schließlich darüber nicht wenig beunruhigt gewesen und hatte jemandem im Haus ihre Befürchtungen anvertraut.

»Ich frage mich, ob er von dieser Frau da nicht ein Kind hat?«

Sie hatte befürchtet und befürchtete noch, daß ich Aitken heiraten würde, die eine wichtige Rolle im Büro spielte und für die ich eine aufrichtige Freundschaft hegte.

Es fehlte bloß noch, daß sie auch meine italo-amerikanische Komtesse noch mit einbezog. Diese hatte sich angewöhnt, mich von Zeit zu Zeit besuchen zu kommen. Sie und die Chaplins trafen sich bisweilen mit mir in der winzigen Villa, in der James Mason zwischen zwei Dreharbeiten irgendwo in der Welt wohnte. Es kam vor, daß ich dort mit Charles und Oona zu Mittag oder zu Abend aß. Die Komtesse brachte auch einmal die bildhübsche Tochter Masons mit, deren Fotografie Johnny in den amerikanischen Illustrierten bewundert hatte, die ich bezog. Er wußte, daß sie kommen würde.

»Nimmst du mich mit, Dad? Ich würde sie so gern kennenlernen . . .«

Schade, mein armer Johnny, daß du mit einer Stirnhöhlenvereiterung das Bett hüten mußtest, als sie schließlich da war. In dem Jahr mit den beiden Examen hattest du wirklich kein Glück. Im Februar hattest du dir bei einer Klassenfahrt zum Skilaufen in die Berge den Fuß gebrochen und mußtest nach kurzem Aufenthalt im Hôpital Nestlé eine Zeitlang mit einem Gehgips deine Kurse besuchen.

Und Pierre seinerseits brach sich bei einem Sturz vom Pferd das Handgelenk, als wir in Italien waren.

Diesen Italien-Aufenthalt oder besser: diese Tour durch Italien, die zwei Wochen dauerte, hatte ich Mondadori versprochen, der sie organisierte. Meine Maigret-Romane verkauften sich dort unten wie »warme Semmeln«. Was die anderen Bücher betrifft, so hatte die italienische »Intelligenzija« nur wenig Neigung, sie zu lesen. Mondadori wollte daher zu einem großen Schlag ausholen und mich Vorträge in den Universitäten und Kulturinstituten halten lassen. Diese Tournee, das möchte ich betonen, hatte keinerlei kommerzielle Aspekte. Keine Autogrammstunden in Buchhandlungen oder Warenhäusern, wie sie bei so vielen meiner Kollegen, selbst den angesehensten, üblich sind.

Teresa und ich fuhren im Wagen mit Gino. Die Tournee begann in Mailand, wo ich hintereinander drei Vorträge hielt. Der erste fand im weltbekannten Piccolo Teatro statt, das beinahe eine nationale Institution ist. Ich las dort aus dem *Roman de l'homme,* der noch nicht veröffentlicht war und den ich bisher nur in Brüssel vor Publikum vorgetragen hatte. Anschließend beantwortete ich Fragen, die man mir stellte.

Ich aß mit der gesamten Familie Mondadori in einem ausgezeichneten Restaurant zu Abend, das ich nicht kannte und das seinerzeit von der *gentia* der Stadt favorisiert wurde. Einige geladene Gäste von Rang, an deren Namen ich mich nicht mehr erinnern kann. Im Hotel und am Saalausgang nach den Vorträgen Journalisten und *paparazzi.*

Schauplatz meines zweiten Auftritts in Mailand war das Centre Culturel Français. Hier sagte ich nur einige wenige Worte über den Roman und über den Menschen, die beiden einzigen Sujets, in denen ich mich ein wenig auskenne, und beantwortete anschließend, so gut ich konnte, die Fragen, die von allen Seiten abgeschossen wurden. Kurz und gut: Ich ahmte die Gattung der *lecture* nach, wie ich sie an verschiedenen amerikanischen Universitäten gehalten hatte.

Das europäische Publikum war mit diesen improvisierten Dialogen noch nicht vertraut, und zu Beginn hatte ich doch große Angst. Eine junge Italienerin saß neben mir, um mir bestimmte Fragen zu übersetzen. Meist antwortete ich aber, ohne auf sie zu hören, denn ich hatte die Frage erraten oder sogar verstanden.

Das machte mir Mut für die Vorlesung, die ich im vollbesetzten Auditorium maximum der Mailänder Universität halten sollte. Die Studenten wollten mir so viele Fragen stellen, daß sich nach mehr als zwei Stunden der Rektor diskret zu mir hinüberbeugte und mir zu verstehen gab, daß im Auditorium anschließend noch eine andere Veranstaltung stattfinde und die Leute bereits draußen warteten.

Überall, in Mailand wie in den übrigen Städten, gelang es Teresa, sich durch die Menge zu winden, ohne mir vorher Bescheid zu sagen, denn sie saß nicht bei mir im Auto, das Gino steuerte. Dieser erwies sich als wertvolle Hilfe. Er kannte alle Großstädte des Landes. Vor einem Vortrag, einem Diner oder einem Empfang schätzte er genau die Zeit, die ich für die Anfahrt brauchte. Auf diese Weise kamen wir nie zu spät.

Manchmal erkannte ich Teresa ganz hinten im Saal. Bei anderer Gelegenheit sah ich sie gar nicht. Sie nahm an keinem Frühstück oder Diner teil und zog sich in eine hintere Ecke unseres Hotelappartements zurück, wenn die Journalisten oder die Fernsehkameraleute uns bis dorthin verfolgten.

Zum ersten Mal ließ ich es zu, daß ein Verleger oder eine Organisation, sei es ein Festivalkomitee oder ein anderes Gremium, die Kosten für meine Reise trug. Mondadori erledigte das in wahrhaft königlicher Weise. In Mailand erreichte mich noch die Nachricht vom Reitunfall Pierres, und ich rief ihn sofort in der Klinik Montchoisi an, die unser Freund Dubuis leitet. Pierre war von seinem Sturz vom Pferd überhaupt nicht mitgenommen. Ich war überrascht, wie er mir am Telefon alles verständig berichtete und wie ein kleiner Mann wirkte, obgleich er erst acht Jahre zählte.

Der Rolls und Gino geleiteten uns nach Neapel, wo wir in unserem Hotelappartement ein vorzügliches Abendessen genossen, während es in Strömen goß. Vortrag. Fragen. Antworten. Reporter und Fotografen. Teresa fast versteckt in einer Saalecke. Ich habe mich geirrt: Wir waren zunächst nach Florenz gereist, der Stadt, die ich so sehr liebe, wo ich zwischen meinen Vorträgen die neuen Redaktionsräume einer angesehenen Zeitung besuchen mußte.

Anschließend also Neapel und der Regen. Wir sahen nur bei Nacht von unseren Hotelzimmerfenstern aus die Lichter des Hafens und der Bucht.

Von Neapel nach Rom, gleichfalls mit dem Wagen. Im Excelsior, das mir seit mindestens dreißig Jahren vertraut war, wurde mir zu Ehren ein offizielles Essen gegeben. Wieder Vorträge. Journalisten und *paparazzi*. Ich verstand jetzt, wie anstrengend das Leben von Schauspielern, Sängern und Musikern ist, die während der Sommermonate »über Land ziehen« und jeden Tag in eine andere Stadt kommen. Ich döste im Auto vor mich hin und erlitt einen leichten Anfall von Stumpfsinn, doch von der ersten Kontaktaufnahme mit dem Publikum an fand ich automatisch meine Sinne und mein Selbstvertrauen wieder.

Wir beschlossen, um uns etwas Ruhe zu gönnen, nach Venedig mit dem Flugzeug weiterzureisen, während Gino mit dem Wagen vorausfuhr. In Amsterdam waren wir uns in einer königlichen Hotelsuite verloren vorgekommen. Im Hotel Gritti in Venedig, bei dem man mit einer Motorgondel am Fuß der Freitreppe vorfuhr, war es das Appartement von de Gaulle, das Mondadori uns hatte reservieren lassen. Ein Journalist, der auch Romane schrieb, verriet in einem vielfach nachgedruckten Artikel die Kosten unserer Übernachtung in dieser Zimmerflucht.

Vortrag, großer, ultramondäner Empfang im Abendanzug im Palazzo Cini. Graf Cini persönlich empfing mich, als ich aus seiner wappengeschmückten Gondel kletterte und die Treppe betrat, deren unterste Stufen vom Wasser des Kanals umspült wurden. Ich hatte vor allem die zahllosen Fresken an den Wänden und Decken in Erinnerung, die von Tiepolo stammten. Es war ein wahres Museum, und auch der Schmuck der weiblichen Gäste hätte einem Museum Ehre gemacht.

Teresas Eltern wohnten nur gut hundert Kilometer entfernt. Ich hatte Teresa vorgeschlagen, sie an diesem Abend zusammen mit ihrem Sohn einzuladen. Ich schätze solch mondäne Abendempfänge ebensowenig wie die offiziellen Parties, an denen ich so oft in meinem Leben teilnehmen mußte. Ich kannte nicht die Namen meiner schwer mit Brillanten behängten Nachbarinnen, deren Namen im Gotha stehen mußten, und ich gestehe, daß ich mich langweilte. Ich hatte Langeweile und trank, um mir Mut zu machen. Diener in seidenen Kniehosen mit weißen Strümpfen und dazu passenden Jacken mit Goldlitze gingen herum, und nur selten hörte man ein Lachen aufklingen, das aber sofort wieder unterdrückt wurde. Sonderbarerweise mußte ich an meine Kindheit denken, in einer gänzlich anderen Umgebung. Ich hörte die Stimme meiner Mutter:

»Man lacht nicht und hustet nicht bei Tisch!«

Dabei hätte es jetzt so gutgetan, laut zu lachen! Dieser ganze Pomp, der eher zu einer großen Opernaufführung in der Scala gepaßt hätte, kam mir lächerlich vor, und ich war der erste, der den Empfang verließ. Teresas Familie war noch im Hotel und gerade dabei, sich zu verabschieden, denn ich kam sehr viel früher als vereinbart zurück. Es war erfrischend, endlich wieder ganz schlichte menschliche Wesen zu sehen.

Am nächsten Tag mußte ich auf der Rückfahrt noch einmal haltmachen. Ich war zu einem großen Essen auf dem Besitz der Prinzessin Fürstenberg, einer geborenen Agnelli, eingeladen, die mich mit Tochter und zahlreichen Gästen empfing. Teresa aß unterdessen in einem nahegelegenen Gasthof, denn wir hatten Venedig schon weit hinter uns gelassen und das Gepäck ins Auto geladen.

Das Haus war im Barockstil erbaut, sehr heiter, und auch die Gesellschaft war beschwingt. Es waren meist jüngere Leute. Endlich hörte ich wieder befreiendes Lachen, und ich konnte auch selber lachen. Die Zeit verging so schnell, daß Teresa mich durch den Hausverwalter darauf aufmerksam machen ließ, daß es an der Zeit war, aufzubrechen. Wir mußten zu einer bestimmten Zeit am Simplontunnel eintreffen, um den Zug zu erreichen, auf den wir den Rolls-Royce luden und mit dem wir auch selbst fuhren.

Ich war erschöpft. Wir fuhren viel schneller, als ich es gewöhnlich zuließ. Aber ich hatte derart Angst, diesen Zug zu versäumen, daß ich Gino fahren ließ, wie er wollte. Teresa beobachtete meinen Gesichtsausdruck und war zärtlich, fast mütterlich zu mir. Irgendwo auf halbem Wege ließ ich den Wagen anhalten, um meine Harnblase zu entleeren. Teresa begleitete mich, um mich vor den Augen der pausenlos vorbeibrausenden Autofahrer zu schützen. Mir drehte sich der Kopf vor Müdigkeit.

Ich mußte noch bis zum Simplon durchhalten, wo wir beinahe schon zu Hause waren. Also hieß sie mich auf dem Gras an der Böschung niedersitzen und zog aus einer seltsamen, mit Eis gefüllten Umhüllung eine Flasche Champagner. Sie goß mir ein Glas ein, ein zweites, vielleicht noch mehr. Jedenfalls brachte sie es fertig, daß ich auf meinem Sitz einschlummerte und später kaum merkte, daß unser Auto auf eine fahrende Plattform gehievt wurde und daß wir, von einer Lokomotive gezogen, den Tunnel durchquerten.

Teresa kannte mich zu gut, um nicht zu wissen, wann ich trinken konnte und wann nicht. Sie wußte auch, daß ich imstande war, mich von einem Tag zum anderen wieder auf Wasser umzustellen.

Das Haus schlief, als wir heimkehrten, und sie half mir, mich auszuziehen und mich ins Bett zu legen.

Im Juli bestand mein großer Johnny in brillanter Manier sein doppeltes Abitur. Er hatte sich noch nicht festgelegt in bezug auf sein Universitätsstudium, das er in Angriff nehmen wollte. Die Biologie interessierte ihn, besonders die Ozeanographie. Wo sollte er sein Studium aufnehmen? Seine Zeugnisse öffneten ihm die Tore aller Universitäten der Welt.

Ich bat um ein Gespräch mit dem Rektor der Universität Lausanne, einem bekannten Biologen, von dem ich mehrere Bücher gelesen hatte. Er empfing mich ganz zwanglos. Ich berichtete von Johnnys Problem und schilderte kurz seinen Lebenslauf. Ich wußte, daß ich einen ziemlich unkonventionellen Mann vor mir hatte, eine Eigenschaft, die viele ihm vorwarfen, denn seine Antrittsrede hatte seinerzeit einen kleinen Skandal ausgelöst.

»Wie alt ist denn Ihr Sohn?«

»Er wird im Herbst achtzehn.«

»Ich will aufrichtig zu Ihnen sein. Ich habe viele junge Leute wie ihn kennengelernt. In meinen Augen ist es ganz normal, daß sie sich in diesem Alter noch unschlüssig über ihren künftigen Lebensweg sind. Sie kennen sicher die Einrichtung, die wir in unserem Hochschuljargon mit ›Sabbatjahr‹ bezeichnen?

Es ist bekanntlich die einjährige Ruhepause, die von Zeit zu Zeit einem Hochschullehrer gewährt wird, damit er sich von der Routine des Lehrbetriebes freimacht und Gelegenheit hat, zu forschen und Dinge zu überdenken.

Soll doch Ihr Sohn auch ein solch wohlverdientes Jahr Pause machen! Lassen Sie es ihn nach seinem Gutdünken irgendwo verbringen!«

Ich kaufte Johnny sein erstes Auto, einen bescheidenen roten Mini. Gino hatte ihm schon heimlich Fahrunterricht gegeben, aber er konnte seinen Führerschein erst im Herbst machen, wenn er achtzehn geworden war.

Inzwischen machte er eine kurze Reise nach Montreal und besuchte seine Onkel, Tanten und Kusinen.

Marie-Jo hingegen verbrachte ihre Ferien in einem »Zeichenlager«, einem Feriencamp, das von ihrem Lehrer für Kunsterziehung organisiert wurde. Marie-Jo nannte ihn Kim, denn sie redete die jüngsten Lehrer an ihrer Schule alle mit dem Vornamen an. Es kam auch vor, daß sie entgegen der Schulordnung eine Zigarette im Treppenhaus rauchte. Oft verließ sie auch während der Zehn-Uhr-Pause den Schulhof, was ebenfalls verboten war, und ging in ein Café an der nächsten Straßenecke, wo sie sich zu Kim oder anderen Mitgliedern des Kollegiums setzte. Ich machte ihr deshalb keine Vorwürfe, denn ich spürte bei ihr ein übermäßiges Bedürfnis nach Freiheit. Spürten ihre Lehrer es auch? Bei einigen wie zum Beispiel Kim bin ich mir fast sicher.

Er fuhr alljährlich mit einem guten Dutzend Schüler, die Lust und Liebe für die Malerei mitbrachten, in eine landschaftlich besonders schöne Ecke der Provence, wo die Jungen und Mädchen ziemlich ungezwungen leben und malen und von den Ratschlägen Kims profitieren konnten.

Ich hatte in der Schule eine Ausstellung der Bilder gesehen, die die Teilnehmer dieses Ferienlehrgangs im Jahr davor gemalt hatten, und ich war beeindruckt von der Qualität der Werke.

Wir warteten auf dich, um dann vom 25. Juli bis zum 25. August gemeinsam Ferien zu machen, während Jean und seine Frau abermals das leere Haus hüten würden.

Eine erste Änderung in unseren Gewohnheiten: Marie-Claire hatte eine Stellung als Erzieherin gefunden und uns verlassen. An ihre Stelle trat eine junge Holländerin mit flammend rotem Haar, ein lebhaftes, stets quirliges Mädchen, das Kleider mit grellen Farben trug und immer ein Lächeln auf den Lippen hatte.

Vor der Abreise fuhr ich mit dir nach Genf, Marie-Jo, wo ein Modehaus für junge Mädchen aufgemacht worden war. Ich ließ dich dort Kleider, Wäsche und verschiedene andere Kleidungsstücke aussuchen.

Unser Familienurlaub fand in Vichy statt. Warum gerade in Vichy? Es galt einen Ort zu finden, der ebenso attraktiv für die Kinder, einschließlich der von Marc, wie für die Erwachsenen war. Bei einem Paris-Aufenthalt war mir auf den Grands Boulevards in einem Schaukasten ein Modell des neuen Vichy aufgefallen. Mir sagten die Parks und vor allem die große, abgegrenzte Fläche auf dem Allier zu, auf der man Wassersport jeglicher Art, darunter auch Segeln und Wasserski, treiben konnte.

Für Kinder waren eigene große Spielplätze geschaffen worden. Es gab ein schönes Schwimmbad mit mehreren Tennisplätzen, und man hatte sogar am Ende des Flußufers eine Galopprennbahn angelegt. Zahlreiche schattige Parks luden zum Verweilen ein, und man konnte sich auf die verschiedenste Weise vergnügen. Ich hatte längere Zeit im Département Allier gelebt, als ich noch Sekretär beim Marquis de Tracy unweit von Moulins gewesen war. Die kulinarischen Schätze dieser Region waren berühmt, angefangen bei den Ochsen aus der Gegend von Charolles bis zu den Lämmern und dem Geflügel, gar nicht zu reden von dem nicht minder schmackhaften Ziegenkäse. Die Prospekte wiesen ein Fünf-Sterne-Hotel aus, in dem ich Zimmer für uns alle bestellte.

Wir fuhren in zwei Wagen, dem Rolls-Royce und dem kürzlich gekauften Jaguar GS. Gino saß am Steuer des Rolls, und den Jaguar fuhr ein Chauffeur, den man mir als seriösen und vorsichtigen Mann empfohlen hatte, und der sich dieses Rufes würdig erwies.

Der Rolls reizte weder Marie-Jo noch Pierre. Beide saßen lieber im Jaguar mit seinen sportlicheren und moderneren Formen. Die junge Holländerin setzte sich also zu euch; Teresa und ich begnügten uns mit dem Rolls.

Wir fuhren langsam, aßen unterwegs auf halber Strecke mit gutem Appetit zu Mittag und trafen am späten Nachmittag in Vichy ein. Das Hotel ähnelte auf den ersten Blick einer vornehmen alten Dame, die schon bessere Tage gesehen, jedoch gut geschminkt noch eine gewisse Ausstrahlung besitzt.

Der Hoteldirektor zeigte uns unsere Zimmer, die fast alle auf einen im Innenhof angelegten Garten hinausgingen, der von einer Terrasse umsäumt wurde. Unter dem Teppich, der von den »Vichy-Ministern« abgenutzt worden war, knarrten die Dielen leicht, und Pierre rief zur Betroffenheit des Direktors:

»Aber das ist ja eine alte Bruchbude, Dad!«

Die Zimmer waren vielleicht altertümlich eingerichtet, dafür aber geräumig und hell. Pierre und Marie-Jo hatten jeder ihr Zimmer, Yvonne das dazwischen, alle mit Verbindungstüren.

Auch Teresa und ich hatten getrennte Zimmer, die durch den Gang getrennt waren. Teresa benutzte ihr Zimmer, dessen Fenster auf die Kurhausseite hinausgingen, wo sich die Kurgäste frühmorgens ihr Glas Wasser holten, nur, um sich darin abends umzuziehen, zu baden und morgens anzuziehen. Unser wirkliches Zimmer, das zum Innenhof hin lag, wurde durch einen Vorhang in zwei Hälften geteilt, der das eigentliche Schlafzimmer von einem kleinen Salon abteilte.

Kaum hatten wir uns in dem Hotel eingerichtet, da trafen Francette und Boule mit Serge und Diane ein. Marc, Johnny und Mylène dagegen machten nur drei Tage Station bei uns, denn Marc mußte irgendwo mit den Dreharbeiten für die erste Folge des *Dossiers de l'agence O* beginnen.

Ich erfuhr, daß Francette und Mylène in derselben Villa wohnten, die Marc in Saint-Cloud gemietet hatte.

Die Küche war ganz hervorragend, und wir bildeten wieder einmal eine eindrucksvolle Tafelrunde. Bei unserer Holländerin begannen die übrigen Hotelgäste bald, auf deren immer sensationellen Auftritt im Speisesaal zu lauern. Die Farbe ihrer Kleider reichte von apfelgrün bis zitronengelb. Das Stirnband, mit dem sie ihre ohnehin schon auffälligen Haare bändigte, wechselte sie täglich. Es hatte jedesmal eine noch herausforderndere Farbe.

Wir alle hatten jetzt Muße, die Stadt zu entdecken, ihre Gärten und Parks, das Schwimmbad, die Tennisplätze und besonders die große Wasserfläche des Flusses, der große Bedeutung für unseren Ferienaufenthalt erlangen sollte, nicht zu erwähnen andere Vergnügungen, die ebenso wichtig für uns waren, die ich aber erst später kennenlernte.

Wie überall, wo wir hinfuhren, kristallisierte sich sehr bald eine Routine des Tagesablaufs heraus, oder vielmehr gab es mehrere Routineeinteilungen, denn fast jeder folgte der seinen.

Mit Ausnahme von Teresa und mir, denn wir verbrachten die meiste Zeit wie in Crans damit, uns mal dem einen, mal dem anderen der Kinder anzuschließen.

67

Bevor ich Erinnerungen an den Vichy-Aufenthalt fast unserer gesamten Familie wachrufe, muß ich noch zwei Ereignisse schildern, die vor unseren Ferien eintraten und die ich in meiner Erinnerung später eingeordnet habe. Zunächst der zweite Besuch meiner Mutter, die ich drängen mußte, überhaupt zu kommen. Ich bestand dabei vor allem darauf, daß sie von einer vertrauenswürdigen Person begleitet wurde, denn meine Mutter war schließlich siebenundachtzig Jahre alt, und ich hatte ein bißchen Angst um sie vor dieser Reise, die sie mit dem Flugzeug antreten würde.

Der Direktor der Bank in ihrem Wohnviertel hatte ihr eine große, blonde, robuste Dame besorgt, die sehr behutsam mit alten Leuten umgehen konnte und daran gewöhnt war.

Ich holte die beiden mit Gino am Genfer Flughafen ab. Meiner Mutter schien die Reise nichts ausgemacht zu haben. Sie trug wie immer ein etwas rätselhaftes Lächeln zur Schau und war augenscheinlich erfreut, wieder einmal mit meiner »Staatskarosse«, wie sie den Rolls bezeichnete, zu fahren. Sie war noch sehr rüstig und geistig sehr klar für ihr Alter. Ihre Begleiterin reiste nach dem Mittagessen in Epalinges wieder ab, wo die Kinder freudig ihre Großmutter begrüßten.

Ich schrieb ihr häufig, aber die tatsächlichen Neuigkeiten erfuhr ich von meiner Kusine Maria, die zwei Jahre jünger als sie war.

Seit Jahren wirkte ich beharrlich auf meine Mutter ein, sich damit einverstanden zu erklären, in ihr kleines Haus, das sie im Alter erwerben konnte, eine Dame aufzunehmen, die sie betreute. Sie lehnte es kategorisch ab, erklärte, daß sie niemanden nötig habe, ihren Haushalt ganz gut allein führen und auch die Einkäufe in ihrem Viertel selbst erledigen könne. Maria Croissant verriet mir indessen in ihren Briefen, daß es vorkam, daß sie bei meiner Mutter verschimmelte Lebensmittel im Kühlschrank entdeckte.

Ich gebe zu, einen Hintergedanken gehabt zu haben, als ich sie so hartnäckig zu mir einlud. Die französische Schweiz ist reich sowohl an Pensionaten für junge Mädchen, die aus der ganzen Welt kommen, als auch an gemütlichen und schön gelegenen privaten Altersheimen, in denen alte Leute in angenehmer und fröhlicher Atmosphäre alle notwendige Pflege und Betreuung erhalten. Ich sprach aber nicht sofort über dieses Thema.

Sie stieg die Treppe hinauf, um sich im Musikzimmer etwas hinzulegen, in dem auch Marc bei seinen sporadischen Besuchen und rare Freunde wie Bernard de Fallois, der oft für eine Nacht unser Gast war, schliefen.

Bevor sich meine Mutter von Yole nach oben führen ließ, mußte Teresa ihr versprechen, sie zu wecken, bevor sie mich nach meinem Mittagsschlaf aufweckte. Wer beschreibt den Schreck meiner Lebensgefährtin, als sie meine Mutter mit blutüberströmten Gesicht in einem Sessel sitzend fand!

»Es ist nicht schlimm, liebes Mädchen! Ich habe mir etwas weh getan, aber ich spüre schon keinen Schmerz mehr. Gehen Sie jetzt Georges wecken!«

Ich stürzte sofort herbei und sah den aus leichtem Holz gefertigten Kleiderschrank zusammengebrochen am Boden liegen.

»Was ist passiert, Mutter?«

Ich war beunruhigt und verstört. Ich konnte es nicht begreifen. Da hielt sie mir mit einem beinahe triumphierenden Lächeln vier Beutelchen aus rosa Seide entgegen, die sie selbst gehäkelt hatte. Jedes war prall mit Goldstücken gefüllt.

»Das ist das Geld, das du mir geschenkt hast und das ich nie ausgegeben habe. Während des Krieges hatte ich es im Keller unter den Kohlen versteckt. Für jedes deiner Kinder ist ein Säckchen bestimmt. Man weiß ja nie, was noch passiert...«

Ich sah in ihren Augen den ganzen Stolz der »kleinen Leute«, im Kreise derer ich zur Welt gekommen bin. Fühlte ich mich nicht noch immer zu ihnen gehörig? Sehr bewegt schloß ich meine Mutter zart in die Arme.

»Aber was ist mit dem Blut?... Mit dem Schrank hier?«

»Als ich heraufkam, habe ich die Beutel auf das oberste Regal im Schrank gelegt. Als ich sie wieder herausnehmen wollte, mußte ich mich auf den Schrankboden stellen und dabei ist der Schrank umgekippt...«

»Auf dich drauf?«

»Das macht doch nichts, mein Sohn!«

»Warum hast du denn nicht gerufen?«

»Du siehst ja, ich habe mir ganz allein geholfen. Ich habe nur ein paar Schrammen.«

Ich rief Teresa, die ihr das Gesicht wusch, worauf tatsächlich nur einige Schrammen zum Vorschein kamen, die offenbar oberflächlich waren, obschon sie stark geblutet hatten. Unterdessen rief ich Dr. Francioli an, der schon beinahe jeden von uns mal betreut hatte, doch konnte ich ihn nicht erreichen.

Ich ließ darauf sofort einen Krankenwagen kommen, um sie nach Longeraie zum ärztlichen Notdienst zu bringen.

»Hast du nirgendwo Schmerzen?«

»Etwas . . . Im Nacken und an den Schultern . . .«

Die Kinder waren in der Schule, denn wir schrieben den 1. Juni, und die Ferien hatten noch nicht begonnen. Teresa und ich stiegen mit in die Ambulanz und warteten später, bis die Ärzte meine Mutter untersucht und geröntgt hatten.

Die Röntgenbilder zeigten, daß nichts gebrochen war. Nur Blutergüsse wurden festgestellt. Man sah keinen Grund, die alte Dame dazubehalten. Ich atmete erleichtert auf.

»Was habe ich dir gesagt, Georges? Wie du siehst, ist deine Mutter widerstandsfähig wie alle Brülls.«

Ich suchte trotzdem noch Dr. Francioli auf, der die Knochenbrüche fast der gesamten Familie wieder in Ordnung gebracht hatte und der mein vollstes Vertrauen genoß. Er eilte herbei, untersuchte meine Mutter und kam in sein Büro zurück, wo ich gewartet hatte.

»Tatsächlich nichts gebrochen«, verkündete er. »Zum Glück war es wohl nur ein leichter Schrank. Mir ist trotzdem schwer verständlich, wie sie sich nach einem derartigen Schock wieder aufraffen, zu einem Sessel kriechen, sich hochziehen und hineinsetzen und warten konnte, daß es drei Uhr wurde. Ich habe ihr ein Beruhigungsmittel gegeben, denn an der Brust und am Rücken werden sich Schmerzen einstellen. Ihr muß jetzt schon der ganze Brustkorb weh tun, aber sie weigert sich, es zuzugeben . . . Frauen ihres Alters jammern entweder beim geringsten Wehwehchen aus purer Freude am Jammern, oder, was seltener vorkommt, sie sind wie Ihre Mutter imstande, alles zu erdulden, ohne mit der Wimper zu zucken . . .«

Er gab mir den Rat, sie nicht allein zu lassen. Selbst nachts sollte besser eine kompetente Person in ihrer Nähe sein, meinte er.

Ich hatte auch schon an diese Möglichkeit gedacht und die junge Sekretärin um Rat gefragt, die an die Stelle von Blinis getreten war, als diese geheiratet hatte. Aitken war noch für einige Tage in Urlaub. Pasquinette, wie die »Neue« von uns allen genannt wurde, hatte eine Hauswirtin, die Nachtwachen bei Alten und Kranken übernahm. Sie konnte wohl sehr gut mit den ihr Anvertrauten umgehen.

Ich beriet mich mit Francioli, und der stimmte zu. Die Hauswirtin würde sich um meine Mutter kümmern und sie nicht nur nachts, sondern auch bei Tage beaufsichtigen, denn jeder im Haus war von früh bis spät anderweitig beschäftigt.

»Du solltest es deinen Kindern erst später geben, wenn du voraussetzen kannst, daß sie es nicht verschwenden!«

Arme Mama! Wir haben uns nicht immer gut verstanden. Ich habe mich oftmals über dich geärgert. Heute bewundere ich dich. Die vier rosa Beutelchen, bei deren Anblick ich gerührt war, weil du dir ihren Inhalt bestimmt vom Munde abgespart hattest, würde ich in den kleinen Safe zwischen meinem Arbeitszimmer und dem Sekretariat legen.

Du bliebst nur zwei oder drei Tage auf deinem Zimmer und bestandest darauf, dort auch mit der Pflegerin die Mahlzeiten einzunehmen. Ich machte mir Sorgen, weil du so wenig aßest. Ich wußte noch, daß es früher bei uns zu Hause jeden Tag fünf Mahlzeiten gegeben hatte. Andererseits fiel Teresa auf, daß du, wenn man dich beim Mittag- oder Abendessen einen Augenblick allein ließ, die Schüsseln ratzekahl leer aßest.

Ich weiß noch, als mein Bruder Christian und ich noch Kinder waren, wie du uns eines Tages daheim das erste Mal zum Abendessen an den Tisch der Großen setztest, bevor du uns zum Essen bei einer Tante mitnahmst. Wir sollten dort nicht als Vielfraße auffallen, denn die Simenons haben immer guten Appetit gehabt.

»Danke, ich bin satt . . .«

In Gegenwart der Pflegerin oder wenn Teresa oder Yole dabei waren, die genau wie ich oft nach dir sahen, aßest du nur ein paar Häppchen. Das kam von der »guten Erziehung«, die man dir eingetrichtert hatte und die du vergeblich auch uns angedeihen zu lassen versucht hast.

Der Monat Juli war herrlich und bescherte üppiges Wachstum. Unsere Birken waren gewachsen und spendeten einen angenehmen, leichten Schatten, besonders in der Nähe des Swimmingpools, wo du bald einen großen Teil deiner Tage bei uns zubrachtest.

Cruchaud kam zur Visite zu dir und konstatierte, daß deine Erregung sich gelegt hatte und du von deinen Quetschungen geheilt warst. Ich nutzte seinen Besuch, um mit ihm unter vier Augen über deine Zukunft zu sprechen.

»Ich habe mehr denn je Angst, sie allein in ihrem Haus zu lassen. Seit Jahren dringe ich in sie, sich damit einverstanden zu erklären, daß jemand ihr zur Hand geht. Vergangenes Jahr hat sie sich nicht davon abbringen lassen, ihr Treppenhaus selber zu streichen . . .! Meinen Sie nicht auch, daß sie in einer dieser Schweizer Einrichtungen besser aufgehoben wäre, die . . .«

Cruchaud schüttelte den Kopf.

»Ich habe mich ausführlich mit Ihrer Frau Mama unterhalten. Sie hat mir viel erzählt. Sie hängt an ihrem Häuschen ›wie an ihrem Augapfel‹. Das sind ihre eigenen Worte. Jede Hilfe würde sie nur demütigen. Im bestmöglichen Heim nämlich, selbst hier in der Nähe, wo Sie sie häufig besuchen kämen, würde sie nur an ihr heimatliches Belgien denken. Übrigens ist es im allgemeinen gefährlich, und ich habe da Erfahrung, Leute ihres Alters noch zu verpflanzen. Sie redet schon ständig von der Abreise . . .«

»Ich weiß. Schon in der nächsten Woche . . .«

»Suchen Sie nicht, sie zurückzuhalten! Widersprechen Sie ihr nicht!«

»Ich fürchte immer, ein Unfall . . .«

»Besser dieses Risiko eingehen, als sie gegen ihren Willen zu nötigen. Glauben Sie mir, Georges, ich habe ebenfalls alte Eltern gehabt . . .«

Ich sehe dich noch vor mir, Mutter, wie du ausgestreckt in einem dieser Gartensessel unter den Birken liegend, mir zulächeltest, sobald ich mich zu dir setzte. Es war ein Lächeln, das ich nie verstanden habe.

Ich gab schweren Herzens nach, und am 8. Juli brachte dich Aitken mit dem Flugzeug wieder zurück in dein kleines Haus in der Rue de l'Enseignement.

Anfang Juli kam neuer Besuch völlig anderer Natur. Meine russische Hauptübersetzerin hatte nicht ohne Mühen ein Ausreisevisum zu einem Besuch bei mir bekommen. Sie war Professor an der Universität Leningrad, hatte mehrere Romane von mir übersetzt, weitere von Kollegen übertragen lassen und stand seit längerer Zeit mit mir in regelmäßigem Briefwechsel.

Ich brachte sie im Lausanne-Palace unter und ließ sie jeden Morgen mit dem Rolls abholen. Alles in der Schweiz verwunderte sie. Im großen Arbeitszimmer führten wir zahlreiche Gespräche, bei denen Aitken zugegen war. Sie hatte sich mit einer endlosen Liste von Fragen bewaffnet, die ich nicht immer beantworten konnte.

Es war eine kultivierte Frau mittleren Alters, drall und blond wie viele Russinnen, und immer lächelnd.

Gino fuhr sie oft mit dem Rolls, den sie bestaunte, in die Stadt. Sie verbrachte dort viel Zeit damit, sich die Schaufensterauslagen anzusehen, und wandte auch viel Zeit für den Besuch von Buchhandlungen auf, wo alles sie interessierte und sie bergeweise Bücher kaufte. Die Kinder hatte sie rasch für sich gewonnen. Sie hatte keine eigenen und vergötterte die anderer Leute.

Sie hatte die furchtbare Belagerung von Stalingrad erlebt, einer Stadt, in der die Russen viele tausend Tote zu beklagen hatten, ehe sie schließlich die Deutschen verjagten, die dort eine ihrer schlimmsten Niederlagen einstecken mußten.

Die Dame verließ uns erst kurz vor unserer Abreise nach Vichy, und damit komme ich endlich zu der erwähnten Routine, der wir uns dort überließen.

Teresa war die erste, die morgens aufstand. Sie schlüpfte aus unserem Bett, ohne daß ich es gewahr wurde, und ging in ihr Zimmer auf der anderen Seite des Korridors hinüber, wo sie in aller Ruhe badete und sich ankleidete, bevor sie, ganz frisch und herrlich nach guter Seife duftend, zu mir kam und mich weckte. Von ihrem Fenster aus hatte sie die Kurgäste beobachten können, die, oft mit Pyjama und Morgenrock bekleidet, ihr erstes Glas Wasser an der Quelle tranken, die sich unterhalb von Teresas Fenster befand.

Das Essen in unserem Hotel war seiner Sterne würdig. Nur der Morgenkaffee war ziemlich schlecht. Ich badete, rasierte mich und zog mich rasch an, damit wir beide möglichst schnell in ein nur wenige Schritte entfernt liegendes, ganz drolliges kleines Café kamen.

Es war fast die ganze Nacht geöffnet, denn seine Kundschaft bestand größtenteils aus den Croupiers und anderen Angestellten des Kasinos. Auch Sänger waren dabei, vor allem Opernsänger, die vom Publikum in Vichy ganz besonders verehrt wurden. Der Besitzer hatte in einem Chor gesungen und tat es noch, ebenso wie seine Frau, die am Schanktisch stand. Alles kannte sich hier und duzte sich. Es war die Stunde, da die Straßen von Sprengwagen gesäubert, die Alleen in den Parkanlagen gefegt wurden, da die kleine Stadt ihre Morgentoilette machte, eine Stunde, die ich seit meiner Kindheit überall, wo ich lebte, besonders gern hatte.

Die Luft war ebenso gut wie unsere Stimmung. Wir wußten, daß die gute Boule, die auch früh aufgestanden war, die Kinder von Marc wusch und anzog, bei denen sie schlief.

Francette schlief gern lang, und wir störten sie nicht. Marie-Jos Gesicht war noch vom Schlaf gezeichnet, wenn ich mich auf Zehenspitzen zu ihr hineinschlich und ihr einen Kuß gab.

Unsere Holländerin machte inzwischen Pierre für seinen ersten morgendlichen Ausgang fertig. Die Etagenkellner machten ihr den Hof und behandelten sie mit einer Vertraulichkeit, die mich nicht lange verwunderte. Trotz ihrer Jugend war dieses appetitliche Mädchen mit seinen bunten Kleidern, die es aussehen ließen wie ein Papagei, nicht imstande, den Avancen eines Mannes zu widerstehen, und ich erfuhr bald, daß alle Etagenkellner, die abwechselnd Dienst hatten, davon in aller Frühe profitierten.

»Kommst du mit schwimmen, Marie-Jo?«

Sie gähnte. In Epalinges stand sie früh auf. Ist Lausanne nicht eine

Stadt, in der das Leben von acht Uhr morgens an in vollem Gang ist, sobald alle Geschäfte, alle Büros und die Banken ihre Türen öffnen?

»Nicht jetzt gleich, Dad . . . Um elf habe ich eine Trainingsstunde beim Tennis . . .«

»Da hast du doch Zeit, vorher noch zu schwimmen.«

»Geht Ihr doch schon voraus . . . Ich komme später zum Swimming-pool nach. Ist Pierre schon auf?«

»Er hat schon gefrühstückt und ist ganz ungeduldig.«

Wir hatten die beiden Autos, mit denen wir hergekommen waren, nach Hause zurückgeschickt und machten alle Wege in Vichy zu Fuß, außer Francette, die ihren Wagen dabehalten hatte.

Meist brachen wir zu viert auf. Das Schwimmbad lag jenseits der Brücke, an die wir kamen, wenn wir das schattige Flußufer entlanggingen. Die Damen hatten ihre Umkleideräume auf der einen, die Herren auf der anderen Seite, und Pierre zog sich mit mir zusammen um. Er brauchte keine Hilfsmittel mehr, um zu schwimmen, aber er traute sich vorläufig nur in den flachsten Teil des Beckens. Die Luft war frisch, das Wasser auch; um diese Stunde waren die Badegäste noch nicht sehr zahlreich. Schöne alte Bäume standen ringsum, wie man sie fast überall in Vichy sah. Von den nahegelegenen Tennisplätzen drang das dumpfe Geräusch der hin- und hergeschlagenen Bälle herüber.

Wir gingen anschließend spazieren, während Marie-Jo nach dem Baden zu den Tennisplätzen eilte. Wir waren dann wieder vier, wenn wir die Brücke in umgekehrter Richtung überquerten. Es kam auch vor, daß Pierre etwas anderes vorhatte, als am Fluß entlangzulaufen. Ich war dafür, daß jeder sich zwanglos gab, das tat, worauf er Lust hatte, und die Freizeit seinem Alter und seinen Neigungen entsprechend verbrachte.

Samstags begleitete uns Pierre fast immer ohne seine Holländerin, und wir marschierten zum anderen Ende der Stadt, wo die große Markthalle Pierre beinahe ebenso anzog wie mich.

Das Erdgeschoß mit seinen zahlreichen Ständen für Gemüse, Obst, Käse und den Läden mit Fleisch- und Wurstwaren interessierte ihn nicht so sehr. Was ihn in Bann zog, war die Galerie, die rund um das Gebäudeinnere läuft und auf der lebende Tiere verkauft wurden. Hühner und Hähne in ihren Gitterkästen erfreuten sich seiner besonderen Gunst, noch mehr aber Kaninchen aller Rassen, die er mit dem Finger hinter ihrem feinen Maschendraht streichelte und neckte.

»Sag mal, Dad, warum kaufst du mir eigentlich kein Kaninchen? Es ist ganz weich, wenn man es streichelt, und sie gucken einen alle mit so schönen Augen an.«

»Wo sollen wir es denn hintun?«

»In mein Zimmer.«

»Das Hotel erlaubt das nicht. Nicht mal Hunde darf man mitbringen.«
Das stimmte und hatte ein kleines Drama heraufbeschworen. Denn
obwohl Marc alle Arten von Tieren hielt, darunter eine Eule, eine lahme
Elster und einen deutschen Schäferhund, den er »auf den Mann« dres-
sierte, wie es in der Zirkussprache heißt, hatte Boule, die inzwischen über
sechzig war und schönes graues, fast weißes Haar hatte, darauf bestanden, ein eigenes Haustier zu besitzen, einen winzig kleinen, schneeweißen
Hund mit spitzer Schnauze und sanften Augen, den sie überallhin mitnahm.

Sie hatte ihn auch nach Vichy mitgebracht. Als sie von der Hotelord-
nung erfuhr, hoffte sie, das Tier in ihrem Zimmer verstecken zu können.
Ich mußte sie davon überzeugen, daß das nicht möglich war. Es war also
nicht zu vermeiden, daß sie tränenreichen Abschied von ihrem Pablo, wie
sie ihn getauft hatte, nahm und ihn für die Dauer unseres Aufenthaltes zu
einem örtlichen Tierarzt in Pflege gab. Sie besuchte ihn mit ebensoviel
Rührung wie eine Mutter, die ihr krankes Kind im Krankenhaus besucht.

Brave und treue Boule, die einen so wichtigen Platz in meinem Leben
und in dem der ganzen Familie eingenommen hat und es, so hoffe ich
inständig, noch sehr lange tun wird!

Marc filmte in der Auvergne, wenn ich mich nicht irre, und wurde von
Mylène und Johnny begleitet.

Teresa und ich gingen viel spazieren. Wir waren schon immer viel
gewandert und taten es auch diesmal, dazu noch rüstiger. Ich glaube
sogar, daß wir noch nie so viele Kilometer Arm in Arm zurückgelegt hatten wie in Vichy, wo wir bald alle Ecken und Winkel kannten.

Das Mittagessen vereinte uns alle im großen Speisesaal. Wenn die Holländerin hereinkam, wurde das von Tag zu Tag zu einem auffälligeren
Ereignis. Vor der Abreise von Epalinges hatte ich ihr eine bestimmte
Summe zum Kauf von Feriengarderobe bewilligt. Wo hatte sie bloß in
Lausanne Kleider mit derartig schreienden Farben aufgetrieben? Die
Stirnbänder oder Haarschleifen, die mit einem großen Knoten oben auf
dem Kopf inmitten der nordisch blonden Haare zusammengebunden
waren, setzten mich täglich in neues Erstaunen, denn sie hatte sich davon
eine ganze Menge gekauft.

Nachmittags verließ Marie-Jo als erste ihr Zimmer, um einen Kilometer
vom Hotel entfernt Wasserski zu laufen. Ich für mein Teil brauchte ein
kurzes Mittagsschläfchen. Dann durchstreiften wir, Teresa und ich,
zusammen die Alleen der verschiedenen Parks und blieben zuweilen an
einer der Mineralquellen stehen, ohne allerdings auch nur ein einziges
Glas zu trinken. Unsere Erholungspausen verbrachten wir in den kleinen
Bistros des Viertels, wo wir je nach der Uhrzeit einen Kaffee oder eine

Cola tranken, denn während unseres Aufenthaltes trank ich nichts anderes. Weil wir in Frankreich waren, kauften wir zum Spaß Lose der »Loterie Nationale« – die Tiercé-Pferderennwette existierte damals noch nicht – und kauften unsere Rauchwaren immer im selben Tabakladen.

Pierre hatte einen kleinen Vergnügungspark am Rande des Wassers entdeckt, sozusagen ein Jahrmarkt *en miniature*. Er wurde nicht müde, auf Tonpfeifen und künstliche Kanarienvögel zu schießen und Bälle auf große Pappmachéköpfe zu werfen, die so gräßlich lachten, wenn sie getroffen wurden. Alle Spiele amüsierten ihn, und ich sorgte dafür, daß seine Holländerin immer mit dem nötigen Kleingeld versehen war. Wir gingen einmal hin, um ihm zuzusehen, aber es machte ihn nervös, wenn er Zuschauer hatte.

Inzwischen war es vier oder fünf Uhr nachmittags, und jetzt war Marie-Jo an der Reihe, der Wasserski nicht übermäßig gefiel. Wir trafen sie ständig im Bug des Criss-Craft-Motorbootes aus lackiertem Mahagoniholz an, das die Skiläufer über das Wasser zog. Es wurde von einem großen, gutgebauten jungen Mann gesteuert, der dunkelhaarig war und ein sympathisches Gesicht hatte. Marie-Jo hockte neben ihm, wenn er seine Kunden den Allier entlangzog.

»Hello, Dad!«

Sie blieb auf diese Weise stundenlang vorn im Boot sitzen, das in der Strömung schaukelte. Mal war sie allein, mal saß der gutaussehende, dunkelhaarige, von der Sonne gebräunte junge Mann neben ihr. Eigentlich war dies jetzt nicht meine Zeit zum Spazierengehen. Wir beide wußten es, und sie lächelte mir verständnisvoll zu, während Teresa und ich uns auf die Suche nach einem Stadtteil machten, den wir noch nicht kannten. Wir waren inzwischen mit allen Läden und Boutiquen in den Geschäftsstraßen und in den Markthallen vertraut. Marie-Jo beauftragte uns öfter mit kleinen Besorgungen wie Wäsche, Bonbons und sogar Monatsbinden, denn sie war inzwischen zur Frau herangereift.

Am anderen Ende der Stadt lag entlang des Flusses ein weiterer Park mit einer anderen Mineralquelle. In den Alleen waren die Boule-Spieler am Werk, fast alles Pensionäre. Wir blieben eine Zeitlang bei ihnen stehen. Später kannten wir sie vom Sehen genau wie sie uns, und einige von ihnen nickten uns freundlich zu.

Wir kehrten durch ein ruhiges Wohnviertel mit bescheidenen, aber farbenfrohen Häusern zurück. Wir hatten dort ein kleines, gemütliches Café entdeckt.

An einem Tag, an dem es in Strömen regnete, wanderten wir sehr weit am Allier entlang, bis wir dorthin kamen, wo das Ufer beinahe menschenleer war. Auf der gegenüberliegenden Seite beobachteten wir Campingwagen und Zelte in allen möglichen Größen und stellten uns vor, wie die

Leute fröstelnd zusammenhockten und mit melancholischem Blick den fast schwarzen Himmel musterten.

Ein Fährmann wartete in seinem flachen Kahn. Er trug Ölzeug und einen wasserdichten Seemannshut, wie ihn die Fischer haben, die in der Nordsee auf Fang gehen. Wir sahen uns fragend an. Wir interessierten uns für alles. Nachdem der Fährmann mit einer Kelle das Wasser aus seinem Boot geschöpft hatte, stiegen wir die Böschung hinunter und ließen uns zum jenseitigen Flußufer bringen, wo wir in den Matsch zwischen Zelten und Wohnwagen hineingerieten. Wir fühlten uns leicht und beschwingt und wanderten weiter die verlassene Uferstraße entlang. Ein großes Backsteingebäude machte uns neugierig. Wir gingen hinein und entdeckten ein Schwimmbad, aber kein weiteres Schwimmbecken für Feriengäste, sondern das große, städtische Bad, in dessen Bahnen die einheimischen Sportler trotz des schlechten Wetters trainierten.

Wir marschierten und marschierten. Zurück ins Hotel. Eine Dusche oder ein Bad. Wir zogen uns um für das Abendessen im Familienkreis.

Dann kam die Stunde Marie-Jos, unsere Stunde, meine geliebte Tochter, aber hier in Vichy brauchtest du sie mit niemandem sonst zu teilen. Die Nacht brach herein. Die Kandelaber im Park erstrahlten. Ihr Licht ließ die Blätter der Bäume glitzern. In einem Musikpavillon spielte ein Orchester von der »guten alten Zeit«, und Dutzende von Männern und Frauen, die auf kleinen verschnörkelten eisernen Stühlen, wie es sie früher an der Avenue du Bois gab, davorsaßen, hörten zu.

»Glücklich?«

»Ja, Dad!«

Ich wagte nicht, sie zu fragen, ob ihr Jungmädchenherz schon für den netten jungen Mann schlug, der sein Motorboot so elegant steuerte und zuweilen, wenn er das Steuer einem Freund überließ, auch so meisterlich Wasserski fuhr. Wir gingen ins Hotel zurück, und du wartetest darauf, daß ich kam und dir gute Nacht sagte. Doch soweit war es noch nicht. Zunächst machte ich mich mit Teresa auf, um Pierre wiederzutreffen, der nicht weit vom Hotel entfernt leidenschaftlich Japanisches Billard spielte, dessen Regeln ich einfach nicht begriff.

»Noch eine Partie, Dad!«

Dann noch eine. Warum nicht eine letzte?

Teresa und ich spazierten um den Musikpavillon herum. Ich war fasziniert von einigen Gesichtern, besonders von dem einer ziemlich mageren, sehr bleichen Frau, die wir jeden Abend auf demselben Platz sitzen sahen. Hatten ihre Augen nicht einen dramatischen Ausdruck?

Wir stellten aus Spielerei Theorien auf, wer und was sie wohl war, wie wir es häufig bei einem Passanten, einer vorübergehenden Dame und bei den Boule-Spielern taten.

Nacheinander Besuch in den Zimmern der Kinder, den ich allein machte. Ich fing bei den jüngsten an, legte Bonbons auf den Nachttisch. Flüchtige Küsse auf die Stirn, wenn sie schon schliefen oder sich schlafend stellten. Ich beendete meine Runde bei Marie-Jo, die immer bis zum Kinn zugedeckt war und die Augen geschlossen hatte. Ich küßte sie und sagte ihr zärtlich gute Nacht, was sie mit zarter Stimme erwiderte.

Zurück in unseren kleinen, ziemlich dunklen Salon, wo ich ohne große Begeisterung die Lokalzeitung durchblätterte. Teresa ging in ihr Zimmer hinüber, aus dem sie in Nachthemd und Morgenmantel zurückkam. Hinter dem Vorhang wartete unser Ehebett auf uns, zwei zusammengeschobene Einzelbetten. Um zehn Uhr legte ich mich schlafen und Teresa auch, aber hier nicht auf ein hartes, eisernes Klappbett.

Im Hotel war Ruhe eingekehrt, und draußen hörte man nur ganz selten ein Auto vorbeifahren. Wir schliefen friedlich ein, nachdem wir das Licht ausgemacht hatten. Hörten wir nicht manchmal, wenn wir nicht sofort einschlafen konnten, verstohlene Schritte im Korridor? Der Gedanke beunruhigte mich, denn der Gang führte nur zu den Zimmern unserer Familie.

Eines Tages, Jahre später, gestand mir dann Marie-Jo, daß sie, wenn ich sie unter ihrer bis zum Kinn gezogenen Bettdecke kurz vor dem Einschlafen glaubte, in Wirklichkeit vollständig angezogen in ihrem Bett lag. Sie schlich sich später zu Francette hinüber, die auf sie wartete. Beide paßten den Augenblick ab, wenn die geringste Spur von Lichtschein unter unserer Tür verschwand, und stahlen sich dann auf Zehenspitzen und mit angehaltenem Atem zur Treppe.

Francettes Auto stand an der Straßenecke. Ihr beide suchtet auf diese Weise fast allabendlich ich weiß nicht welches Tanzlokal auf, dessen Atmosphäre von stickiger Luft und Lärm geprägt wurde. Ihr traft Euch dort mit Freunden. Allerdings nicht mit dem schönen jungen Mann mit dem Criss-Craft, denn das war ein zurückhaltender Junge, der das ganze Jahr über in Vichy bei seinen Eltern wohnte. Sein Vater war Arzt, wenn ich mich recht erinnere.

Wer war es dann? Ich weiß darüber nichts. Du erzähltest mir später auch, Töchterchen, von einer sonderbaren Kaninchenjagd in einem Sumpfgelände am Allier weit draußen vor der Stadt. Mit drei oder vier Autos jagtet ihr mit aufgeblendeten Scheinwerfern durch das Gelände, bis ein Kaninchen so geblendet war, daß es nicht mehr weiter wußte und dann . . .

Schwamm drüber! Ja, meine geliebte Marie-Jo, ich bin dir deswegen nicht böse. Ich bin niemandem böse. Du lerntest in Vichy eben andere Spiele als die unschuldigen Vergnügungen auf deinen Parties. Ich hatte Angst, Angst um dich, die du vor wenigen Monaten erst vierzehn Jahre alt geworden warst. Ich hielt dir keine Standpauke und machte dir keine Vorwürfe. Außerdem war, als du mir das Ganze beichtetest, schon ein Wendepunkt erreicht. Meine Marie-Jo emanzipierte sich, nicht bis zum Letzten allerdings, wie du mir versichertest, und ich glaubte dir.

Dein Bonbon, unser Gutenachtkuß, deine ein wenig matte Stimme ... Du bleibst darum nicht weniger mein geliebtes Töchterchen.

Sven und Lolette besuchten uns und blieben ein paar Tage da. Sie waren in einem kleinen, supernoblen Hotel abgestiegen, das in einem Park verborgen lag und in dem die Böden nicht knarrten, lieber Pierre, und die Teppiche nicht fadenscheinig waren. Es gab nicht genügend Zimmer in diesem süßen, kleinen Schmuckstück für unseren ganzen Clan, und ich bezweifelte auch, daß man dort duldete, daß Kinder lärmend durchs Haus tobten.

Zuweilen zogen Sven und ich uns bei Spaziergängen im Park gegenseitig ins Vertrauen und sprachen über Dinge, die uns berührten. Er hatte fast mein Alter, begann aber sich alt zu fühlen. Er hoffte, daß sein Sohn Claude einmal seine Nachfolge antreten würde, aber das Unternehmen Presses de la Cité, zu dem damals sieben Verlagshäuser gehörten, hatte einen derartigen Umfang angenommen, daß er einen leitenden Mitarbeiter suchte, der ihn in der Geschäftsführung unterstützte.

Ich erzählte ihm von Bernard de Fallois, der bei Hachette eingetreten war, um die Leitung der Reihe »Le Livre de Poche Classique« zu übernehmen, inzwischen Chef der gesamten Taschenbuchproduktion dieses Hauses war und diesem Zweig zu neuem Aufschwung verholfen hatte.

Sven hatte eine wichtige Entscheidung zu treffen, zumal Hachette zu jener Zeit, wie auch heute noch, der einzige Konkurrent der Presses war. Sven mußte gründlich darüber nachdenken.

Einige zufällige Begegnungen im Hotel oder im Park. In der Eingangshalle des Hotels traf ich Tino Rossi. Er erzählte mir, daß er nur eine Nacht in Vichy blieb und hier ein einziges Konzert gab, eine geschlossene Vorstellung, bevor er weiterreiste und woanders sang. Sein Sohn, den ich kennengelernt hatte, als er so alt wie Pierre gewesen war, war ein großer junger Mann mit offenem Gesicht geworden, der seinen Vater auf dessen Tourneen begleitete und, wenn ich richtig verstanden hatte, für ihn als Impresario fungierte.

Ein Chansonnier vom Montmartre, den ich von Paris her kannte ...

Ein Kommissar von der Polizeipräfektur, der eine bedeutende Persönlichkeit geworden war ...

Und auch den Gastronomen Courtine sah ich hier wieder, der in meinen Augen ein sehr würdiger Nachfolger meines Freundes Curnonsky war ...

Wen noch? Es spielte ja auch keine Rolle. Unsere tägliche Runde behielten wir bis zum letzten Tag unseres Urlaubs bei. Sie führte uns von einem Kind zum anderen. Boule kümmerte sich um den Nachwuchs von Marc, unsere Holländerin um Pierre und im Prinzip auch um Marie-Jo. Sie selbst beschäftigte sich hauptsächlich mit den Kellnern unserer Etage, ja sogar von allen Etagen.

Unsere beiden Autos holten uns ab und brachten uns nach Epalinges zurück. Das Personal war überrascht und amüsiert, als es mich mit einem pfeffer-und-salz-farbenen, das heißt eher salzfarbenen Schnurrbart sah, der mir das Aussehen eines Engländers verlieh. Marie-Jo war es gewesen, die mich gebeten hatte, mir einen Schnurrbart stehenzulassen, und ich gewöhnte mich daran und ertappte mich unwillkürlich bei der mechanischen Geste, während eines Gespräches mit dem Finger darüberzufahren.

Johnny, der bald zurückkam, mokierte sich in dezenter Weise über mich, ohne zu ahnen, daß er selbst eines Tages einen noch längeren Schnurrbart als ich tragen würde, während ich meinen längst wieder abrasiert habe. Das hindert jedoch nicht die englischen Zeitungen und Zeitschriften daran, noch heute, im Jahre 1980, vorzugsweise Bilder von mir zu veröffentlichen, auf denen ich noch den Schnurrbart habe.

Im September, nachdem ich längst wieder im großen Arbeitszimmer mit Aitken gearbeitet hatte, spürte ich noch die Nachwirkungen unseres Lebens in Vichy, wo ich mir bei den vielen Spaziergängen buchstäblich die Hacken abgelaufen hatte. Um die schmerzenden Fersen in die Schuhe zu zwängen, hatte ich eigens kleine Gummieinlagen gekauft.

Ich schrieb aus der noch frischen Erinnerung *Maigret à Vichy*, wobei die rätselhafte Dame vom Musikpavillon die Heldin des Buches wurde.

Johnny reiste nach Paris, kam im Oktober zurück und belegte einen audiovisuellen Englischkurs.

Anfang November verfaßte ich *La prison.*

Weihnachten kam heran, aber wir fuhren dieses Jahr, ich weiß nicht, aus welchem Grund, nicht nach Crans. Am 1. Januar aßen wir alle im Speisesaal des Motels in Vert-Bois zu Mittag. Wir liefen zu Fuß quer durch die Wiesen dorthin und sanken bei jedem Schritt im Schnee ein.

Nahm D. an diesem Neujahrsessen teil? Es ist wahrscheinlich, denn sie hatte ihre wöchentlichen Besuche wiederaufgenommen. Wenn ich es nicht mehr genau weiß, so zeigt das, daß ich mich befreit fühlte.

Prost Neujahr, meine Kinder! Ein gutes neues Jahr ganz besonders für dich, Marie-Jo, deren Entwicklung ich mit Rührung und Besorgnis verfolgte. Und für dich, Teresa, die du mich so sehr umsorgt hattest und es auch weiterhin würdest tun müssen.

Ende Januar begann ich mit *Maigret hésite.* Und im Februar bat mich

Marie-Jo, die hellen Möbel in ihrem Zimmer einschließlich der gelben Vorhänge, die das Tageslicht nur gedämpft durchließen und immer golden erscheinen ließen, auswechseln zu dürfen. Du suchtest dir, meine große Tochter, in der Maison Danoise ziemlich formstrenge Möbel aus Palisanderholz aus und ließest dir durch mich einen langen Zeichentisch, einen großen Hocker, eine Staffelei, alles ebenfalls in Palisander, sowie einen Sessel mit schwarzer Lederpolsterung bestellen, in dem ich saß, wenn ich dir gute Nacht sagen kam.

Zu Weihnachten hattest du dir Reproduktionen von Gemälden von Utrillo, Renoir und Vlaminck gewünscht, die ich wie alle meine Kupferstiche, Radierungen und Lithographien in schmalen Goldrahmen mit quadratischem Profil rahmen ließ.

Ein Jahr noch, und auch Pierre würde wie sein Bruder und seine Schwester auf das Collège de Béthusy kommen.

Bernard de Fallois besuchte mich im März. Ich erzählte ihm nichts von meinen Gesprächen über ihn mit Sven, denn dieser hatte noch keine Entscheidung getroffen.

Im Haus ging alles seinen gewohnten Gang. Johnny fuhr dauernd zwischen Lausanne und Paris hin und her. Im April schrieb ich aus wer weiß welchen Gründen einen amerikanischen Roman nach den Erinnerungen an die Shadow Rock Farm. Der Originaltitel lautete »The Man on the Bench in the Barn«, wörtlich also »Der Mann auf der Bank in der Scheune«. Im Französischen ruft das nicht die gleichen Bilder wach wie im Englischen, und zu alledem heißt der Roman in Frankreich ganz einfach *La main,* was mich nur halbwegs zufriedenstellt.

Wir näherten uns den Ereignissen vom Mai 1968, die in die Geschichte eingegangen sind und die ich atemlos am Radio und am Fernsehapparat verfolgte, um so mehr, weil sich Johnny gerade wieder in Paris aufhielt und, als er sich aus Neugier die Barrikaden aus der Nähe ansehen wollte, einen Hieb mit dem Schlagstock auf den Kopf bekam.

Das war ein Schlag, den er nicht verdiente, denn meine Söhne, die »mit einem silbernen Löffel im Mund geboren sind«, haben nicht dieselben Ideen wie ich. Das ist ihr gutes Recht. Ich habe auch nie versucht, sie bei irgend etwas zu beeinflussen. Es wäre schlecht von mir bedacht, wenn ich ihnen deswegen böse wäre.

Im Juni stellte ich *L'ami d'enfance de Maigret* fertig, und wir beschlossen, uns diesmal in den Sommerferien alle an der See, in La Baule, einzufinden.

68

In La Baule brauchte ich D. nicht mehr täglich anzurufen. Sie begnügte sich mit einem Brief, den ich mehr oder minder regelmäßig jede Woche schrieb, um ihr Nachricht von den Kindern zu geben. Man könnte sagen, daß sie selbst sich mehr und mehr von uns entfernte. Über ihr Leben in Divonne wußte ich überhaupt nichts. Sie war finanziell unabhängig, denn obwohl wir bei der Eheschließung Gütertrennung vereinbart hatten und sie kein eigenes Vermögen besaß, hatte ich aus praktischen Gründen unser Bankkonto auf unser beider Namen einrichten lassen. Ich kümmerte mich nie um den Kontostand, es sei denn, daß ich Aitken ab und zu bat, anhand der Auszüge festzustellen, ob genügend Deckung vorhanden war.

Sie genoß somit völlige Freiheit, und ich bekam nur hin und wieder ein Echo von dem, was sie gerade tat. Ende vorigen Jahres hatte sie mehrere Wochen in einer Klinik verbracht, nicht, weil sie krank war, sondern um sich die Nase, die ihrer Ansicht nach zu spitz war, verkürzen zu lassen, so daß sie, als ich sie das letzte Mal sah, fast eine Stupsnase wie Juliette Gréco hatte. Aus dem gleichen Grund hatte sie früher bereits die Schönheitschirurgen bemüht, um sich die Brüste heben und die Haut um die Bauchpartie und auch am Hinterteil, glaube ich, straffen zu lassen.

Die Epoche in Prangins lag weit zurück, und die Kinder stellten mir keine Fragen und sprachen nie von ihr. Auf diese Weise ging ich in gelöster Stimmung in diesen Urlaub nach La Baule.

Die Anreise von Epalinges war ziemlich lang und beschwerlich. Zwei Autos beförderten uns zum Genfer Flughafen, wo wir eine Linienmaschine nach Paris bestiegen. Die charmante Yole betreute diesmal Pierre anstelle unseres holländischen Papageis, zur großen Zufriedenheit Marie-Jos und Johnnys, die sich, wie zu erwarten gewesen war, mit ihr gut verstanden.

Yole flog zum allerersten Mal und hatte Angst, was meine Tochter amüsierte, die sich den Kopf darüber zerbrach, wie sie ihr auf lustige Weise einen Schreck einjagen konnte. Mittagessen im Flughafenrestaurant in Orly. Dann mußten wir weiterfliegen zum Flughafen Nantes, der La Baule, das noch keinen besaß, am nächsten liegt.

Die Maschine, die uns sehr klein vorkam, war noch ein zweimotoriges Propellerflugzeug. Es war, wie man mir sagte, eine Broussard, die ursprünglich zum Einsatz in der afrikanischen *brousse*, also im Busch, konzipiert worden war. Man war darin auf sehr geringem Raum eingepfercht, und der Lärm der beiden Motoren verhinderte praktisch jede Konversation. Und so etwas mir, wo ich doch so leicht an Klaustrophobie leide!... Wir benötigten auf dieser Strecke mehr Zeit als für den Flug nach Paris.

Zwei Leihwagen erwarteten uns in Nantes, und es dauerte fast weitere anderthalb Stunden, bis wir endlich in La Baule waren. Im Gänsemarsch besichtigten wir die vor langer Zeit vorausbestellten Zimmer. Unseres, das ganz am Ende des Korridors lag, ging nach zwei Seiten hinaus und bot einen herrlichen Ausblick. Die Kinder diskutierten, trafen ihre Wahl, inspizierten die Badezimmer und wollten auch die Zimmer von Mylène und Marc, Boule, Serge und Diane sehen, die in ein bis zwei Tagen ankommen würden.

Ich hatte La Baule in der Vorkriegszeit kennengelernt, als mein Freund André, Herr über die Kasinos in Deauville und Cannes, diesen Strand und die Spielbank ins Leben gerufen hatte. Er hatte mir damals anvertraut:

»Ich wollte ein kleines Deauville für die Kinder meiner Gäste schaffen!«

Seine Frau leitete dann das Kasino von La Baule, und André telefonierte täglich mit ihr. Ich erkannte den vier oder fünf Kilometer langen Strand mit seinem hellgelben, feinen Sand gut wieder, der in einer windgeschützten Bucht lag, und die Promenade, die von einem Kap zum anderen führte. Neue Appartementhäuser aus Beton, die vier oder fünf Stockwerke hoch waren, verdeckten inzwischen die Pinienwäldchen, in denen man noch, fast erdrückt, die luxuriösen Villen aus alter Zeit erspähen konnte.

Unser Hotel war das älteste und das größte. Es lag an dem einen Ende des Strandes, und alle unsere Zimmer hatten Meeresblick.

Einige Tage genügten uns, um einen idealen Tagesablauf zu finden, den wir beibehielten. Wenn ich so viel Wert auf gemeinsame Familienferien legte, so geschah das zunächst mal deswegen, weil alle sich wiedersahen, die Kinder von Marc und meine eigenen, und jeder sich gänzlicher Freiheit erfreute und dabei am besten seinen Geschmack und seinen Charakter verriet. Und nahmen denn nicht auch die Ferien einen wichtigen Platz in unseren Erinnerungen an die Kindheit ein, Erinnerungen, die wir unser Leben lang bewahren?

Außerdem stellte ich zur Ferienzeit am besten das Heranwachsen meiner Kinder und Enkelkinder fest. Jedes Jahr näherten sie sich einer nach dem anderen mehr dem Erwachsenenalter.

Marc widmete dem Spiel mit seinen Kindern viel Zeit. Diese trieben zusammen mit Pierre unter Anleitung eines Sportlehrers an einem sehr schönen, im Sand errichteten Turngerüst Gymnastik.

Boule hatte sich wieder einmal kummervoll von ihrem Pablo trennen müssen, den wir zusammen zu einem Tierarzt gebracht hatten, denn in unserem Hotel waren ebensowenig wie in dem in Vichy Haustiere zugelassen.

Das Hotelpersonal entdeckte indessen nicht Johnnys Haustier, seine Boa, die er in einem Koffer versteckte und die er sich oft um den Hals legte, wenn er zum Strand ging, was bei jungen Frauen, die sich in der Sonne bräunten, kleine Entsetzensschreie auslöste.

Auch hier war Teresa diejenige, die morgens als erste aufstand. Diesmal konnten wir nicht auf ein Alibizimmer zurückgreifen. In der strahlenden Sonne, derer wir uns fast täglich erfreuten, lag der Strand, von Ebbe und Flut reingewaschen, kahl und menschenleer bis auf die Liegestuhlverleiher, die die Kabinen und Windschutzwände aus Segeltuch einzupflocken begannen. Beim Frühstück (der Kaffee hier war vorzüglich) beobachteten wir, wie eine lange Reihe junger Reiter und Reiterinnen vorbeizog. Ihre Pferde gerieten dabei öfters von den Hufen bis zu den Sprunggelenken ins klare Wasser. Einige kleine weiße Segelboote begannen aus dem Hafen auszulaufen.

Ein kurzer Besuch bei Yole und bei Pierre, die sich gerade anzogen, und bei Boule und meinen Enkeln. Dann spazierten wir die Promenade entlang, die uns zum Hafen brachte, der voll von Segelschiffen und Motoryachten aller Größen war.

Eine Brücke. Wir waren jetzt in Pouliguen, wo ein richtiger Markttag stattfand mit echten Bäuerinnen, Obst, Gemüse, und besonders Fischen, die während der Nacht gefischt worden waren und zum Teil noch auf den Steinplatten zuckten. Hier war ein echt bretonisches Dorf mit den dazugehörigen Händlern, die Kleider, Wäsche und Schuhe zu nicht zu unterbietenden Preisen verkauften und die Passanten anhielten. Auch mehrere dörfliche Bistros gab es, die nach Cidre, Schnaps und Kaffee dufteten.

Unser Lieblingslokal war ein kleines Café mit seiner Stammkundschaft, der überschwenglichen und ungezwungenen Wirtin, den alten Fischern und den Bäuerinnen, die hier einen Imbiß einnahmen. Wir gingen wie in Vichy lange spazieren und kehrten über andere Wege rechtzeitig zum gemeinsamen Baden mit der Familie an den Strand zurück.

Unsere Badezeiten richteten sich nach den Gezeiten. Wir hatten drei oder vier Umkleidekabinen gemietet. Yole hatte Pierre ein aufblasbares Gummiboot gekauft, mit dem er von einem zum anderen paddelte. Ein Stück weiter weg nahm Serge ganz verbissen seinen Schwimmunterricht, und ich stellte fest, daß er alles, was er tat, ernst nahm, daß er immer gemessen und forschend dreinblickte.

Bei Ebbe strömten Leute, die wer weiß woher gekommen waren, Männer und Frauen jeglichen Alters, auf die riesige Fläche nassen Sandes. Sie hatten einen Eimer oder einen Beutel in der Hand und füllten diese Gefäße mit Muscheln. Einige waren zweifellos professionelle Händler, die diese schmackhaften Schalentiere weiterverkauften. Aber die übrigen? Diejenigen, die oft mit zwei Eimern voll Muscheln zurückkamen? Die meisten wohnten in den kleinen Einfamilienhäusern, die sie sich nach einem arbeitsreichen Leben hatten bauen lassen. Ihre Namen sprachen für sich: »Havre de Paix«, »Chez nous«, »Sam' suffit«, und einer, der wohl rührendste, lautete »Enfin«! Es war ein Viertel der kleinen Leute, von Pariser Arbeitern und Rentnern. Hier gingen Teresa und ich, wie immer Arm in Arm, besonders gern spazieren.

Wegen der wechselnden Stunden von Ebbe und Flut badeten wir manchmal erst am Nachmittag. Wir kauften Kugeln, um auf dem Sandstrand Pétanque mit dem einen oder anderen Kind oder unter uns »Großen« zu spielen.

Marie-Jo ihrerseits gewöhnte sich an, sehr spät aufzustehen, in ihrem Zimmer herumzutrödeln und als letzte mit noch schlaftrunkenen Augen zum Schwimmen zu kommen.

Alle blieben stundenlang im Badeanzug am Meer, um sich in der Sonne zu bräunen, außer mir und Teresa, die mich beim Spaziergang begleitete. Ich habe nie besonderen Geschmack am Sonnenbaden gefunden. Wir gingen am äußersten Rand des Wassers den Strand entlang bis zur Mitte der Bucht und oft noch erheblich weiter bis Pornichet.

Hier änderte sich plötzlich die Atmosphäre. Die Wohnhäuser wurden weniger luxuriös, und die Menschen sahen einfacher aus.

Nach und nach erlernten wir die Geographie von La Baule, Pornichet und Pouliguen, denn wir wurden nicht müde, überall herumzuwandern.

Das Menü war im großen Speisesaal angeschlagen. Die Kinder lasen es oder ließen es sich vorlesen, ehe sie an unserer langen Tafel Platz nahmen.

In der Hotelhalle trafen wir oft bekannte Schlagerstars, die ich als einziger nicht kannte, aber die die anderen neugierig anstarrten, denn allabendlich gab es im Kasino eine andere Vorstellung.

Die Küche war noch abwechslungsreicher als die in Vichy. Es gab reichlich eßbare Meerestiere, Krebse und Muscheln, von denen jeder schwärmte.

Sonntag am Mittag immer ein »Déjeuner de Gala« mit Beigaben. Man konnte Hummer und Langusten essen, so viel man wollte.

Marc konnte seiner Leidenschaft für den Fischfang nicht widerstehen. Er nahm alle Kinder nach Croisic mit und mietete dort ein Fischerboot mit zwei Mann Besatzung. Als sie todmüde zurückkehrten, brachte Marc für die Küche eine eindrucksvolle Anzahl von Fischen mit, von denen wir einen Teil selbst verzehrten.

»Der da«, sagte dann Pierre oder Serge, »den hab ich selber gefangen.«

Eines Tages erlebte ich zu meiner Überraschung, daß man mir mit beinahe feierlichem Zeremoniell eine riesige Krabbe servierte.

»Die ist für Sie allein bestimmt«, verkündete mir der Oberkellner. »Ihr Sohn hat sie eigens für Sie gefischt, weil Sie anscheinend versessen darauf sind . . .«

Mein aufmerksamer Marc! Alle zusammen machtet Ihr mir ein Geschenk, das ich nach dem Baden gut gebrauchen konnte: eine kurze Hose und eine Jacke aus Frotteestoff in einem schönen Beige, die ich von nun an oft auf meinen Promenaden am Sandstrand trug.

Hinter den langen Reihen der Betonwohnhäuser entdeckte man die Pinien von früher wieder und die Wege, von denen aus man die Villen der alten Bürgerfamilien sehen konnte, erbaut zu Beginn unseres Jahrhunderts, mit schönen Gärten und oftmals richtigen Parks, in die noch die Kinder und Enkelkinder der ursprünglichen Besitzer kamen.

Eine von Geschäften wimmelnde Straße, die vom Strand zum Bahnhof führte, trennte das reiche La Baule von dem bescheidenen Pornichet. Jeder von uns machte dort für sich seine Einkäufe, so daß unsere Kabinen von Spielzeug für den Strand überquollen.

Marie-Jo hingegen sah man außer beim gemeinsamen Baden und bei den Mahlzeiten wenig während des Tages. Sie schlief viel und las auch viel in ihrem Zimmer, am liebsten bäuchlings auf ihrem Bett liegend.

Eine mir liebgewordene Tradition blieb indessen erhalten. Nach dem Abendessen kam unser Spaziergang zu zweit an die Reihe, der uns um den Häuserblock führte. Marie-Jo war immer zärtlich und hängte sich stets bei mir ein oder besser gesagt, wo sie jetzt groß geworden war, schmiegte sich an meinen Arm, statt sich einzuhängen.

War sie nicht in einem Umbruch begriffen, dabei, sich ihrer selbst bewußt zu werden, sich allmählich ihr eigenes Leben aufzubauen?

Ein anderes Leben, das oft nach unserem Spaziergang begann, wenn sie mit ihren beiden großen Brüdern und Mylène ins Kasino ging oder lieber noch in eine Tanzbar, den Treffpunkt der lärmenden Jugend. Alle vier kamen sehr spät zurück. Das war die Erklärung dafür, warum Marie-Jo so spät zum morgendlichen Baden zum Strand kam und warum sie nachmittags so benommen war, was sie allerdings nicht daran hinderte, gegen fünf Uhr Tennis spielen zu gehen.

Johnny dagegen entschied sich für das Reiten, und ich rief Aitken an (die mir sagte, daß in Epalinges das Wetter furchtbar schlecht und kalt sei), um sie zu bitten, ihm eilends mit dem Flugzeug seine Jockeymütze zu schicken. Diese traf auch bald ein, aber er setzte sie kein einziges Mal auf, denn er hätte fürs Reiten zu früh aufstehen müssen.

Es war für Teresa und mich ein amüsantes Spiel, gegen zehn oder elf Uhr vormittags, wenn wir gerade schwammen oder am Strand entlangliefen, zu bestimmten Fenstern unseres Hotels hochzuschauen, die wir gut kannten.

»Marie-Jo schläft noch.«

Denn ihre Vorhänge waren noch zu. Die von Johnny wurden gerade ein wenig zur Seite gezogen. Die von . . .

Wir verfolgten auf diese Weise die Aktivitäten des gesamten Clans, der sich immer mehr während des Tages verstreute. Serge und Pierre bauten Sandburgen, angespornt durch einen großen Wettbewerb, den eine Pariser Tageszeitung veranstaltete.

Die Verlockungen waren für alle groß. Eine nahegelegene Pizzeria bildete vor allem für die Erwachsenen einen Anziehungspunkt. Ein Italiener lief am Strand herum und verkaufte heiße *crêpes bretonnes*. Er mußte sich zwischen nackten Körpern durchwinden, die nach Sonnenöl rochen.

Ein Kino in der Rue Charles-de-Gaulle zeigte nachmittags Kinderfilme. Unsere Kleinen kamen und gingen, trennten sich und fanden sich wieder. Boule und Yole hatten alle Hände voll zu tun, denn die Kinder wollten am liebsten alles kaufen. Alles erregte ihr Interesse, und ich konnte sie gut verstehen. Teresa und ich nahmen einmal Pierre zum Markt mit, nicht zu dem weitentfernten in Pouliguen, sondern zur Markthalle nach La Baule. Er konnte dort keine Kaninchen entdecken, und alles übrige ließ ihn kalt.

Teresa und ich setzten nur einmal unseren Fuß ins Kasino, ich aus beruflichen Gründen, denn ich sollte an einer Fernseh-Direktsendung teilnehmen. Wir gingen dort auch einmal nachmittags hin, als man eine Vorführung für Kinder veranstaltete, und beobachteten, im Korridor verborgen, ihre Reaktionen.

Wie es schien, spielte man hier viel Boule, Chemin-de-Fer und Trenteet-Quarante. Wir konnten kaum die Lage des Spielsaals erahnen.

Um das Kasino herum fand man Luxusgeschäfte, auch Antiquitätenhändler. Bei einem von ihnen, es kann aber auch ein Juwelier gewesen sein, kaufte ich als Souvenir einen drei bis vier Zentimeter hohen Buddha aus Koralle, der heute noch auf unserem Kamin steht. Hatte Marie-Jo nicht damals in Florenz Teresa ein winziges Pferdchen aus Gold geschenkt? Sie steckte es häufig ans Revers eines Jackenkleides.

Ich trug noch immer meinen Schnurrbart, der endlich eine schöne weiße Farbe angenommen hatte. Ich war fünfundsechzig Jahre alt und hätte auch gern weißes Haar gehabt, aber man sah kaum die wenigen weißen Strähnen an den Schläfen.

Wir kehrten alle auf dem gleichen Wege nach Epalinges zurück, auf dem wir hergekommen waren. Johnny war noch bei uns, aber nicht mehr für lange, denn er würde bald flügge werden und das Nest verlassen. Du, geliebte Marie-Jo, hattest soeben die letzten Jungmädchenferien deines Lebens verbracht, aber das ahntest weder du, noch konnte ich es wissen.

Ich nahm wieder die fast zur Tradition gewordenen »Doktorendiners« auf, die ungefähr einmal monatlich stattfanden und die ich vor zwei oder drei Jahren ins Leben gerufen hatte. Ich lud dazu fünf bis sechs befreundete Ärzte mit ihren Frauen ein. Auch in Paris in der Avenue Richard-Wallace hatten wir sonntags einige Ärzte aus unserem Freundeskreis zu Tisch gebeten, und Boule hatte sich ein Bein ausgerissen, denn die meisten Mediziner sind auch Gourmets.

In Lakeville waren oft praktische Ärzte aus der ganzen Umgebung unsere Essensgäste gewesen. Es war für mich ein liebgewordener, alter Brauch.

Die Aufgabe meines Kochs Michel war es, mit mir die Menüfolge abzusprechen. Ich hatte alte Weine aus berühmten Lagen im Keller, dazu ehrwürdigen Cognac und Armagnac.

Das Speisezimmer belebte sich. Man sprach über viele Dinge, aber ganz wenig über medizinische Probleme. Wenn das Telefon läutete, sahen sich meine Gäste fragend an: wer von ihnen mußte wohl wegen eines dringenden Falls die Tafel verlassen? Die treuesten Freunde waren Cruchaud und Dubuis. Sie kannten sich alle untereinander, manche hatten sogar im selben »Haufen« studiert, und die Stimmung war freundschaftlich und lebendig.

Auch im großen Salon herrschte Leben. Die Damen setzten sich besonders gern in die *bow-windows*. Diese Abende gingen meist um zwei oder drei Uhr früh zu Ende, was aber meine Gäste nicht daran hinderte, pünktlich um acht in ihrer Praxis, in der Klinik, im Krankenhaus oder sogar im Operationssaal zu sein. Ich bewunderte sie, weil ich selbst täglich acht Stunden Schlaf brauchte.

Andere Ärzte waren ebenfalls schon im Frühjahr bei uns zum Essen, wenn auch aus anderem Grunde. Dabei spielte ebenfalls die gastronomische Seite eine Rolle, allerdings eine sehr zweitrangige.

Ein Arzt aus Genf, Dr. Rentchnik, der zugleich Herausgeber einer bedeutenden medizinischen Wochenzeitschrift war, hatte die Idee gehabt, mich für ›Médecine et Hygiène‹ zusammen mit einigen seiner Kollegen zu interviewen. Cruchaud gehörte zur Gruppe der praktischen Ärzte und kam mit Rentchnik, der auch einer war. Mein Freund Durand, der mich gut kannte, wurde von einem Professor für Neurologie aus Genf begleitet.

Sie trafen vor elf Uhr vormittags ein, stellten auf einen Tisch im Salon ein beeindruckendes Tonbandgerät, das eingeschaltet wurde, sobald wir alle Platz genommen hatten. Zwei Stunden lang wurde ich mit Fragen bombardiert, die ich nach bestem Wissen und Gewissen beantwortete und mich dabei wie gewohnt völliger Offenheit befleißigte.

Yole kündigte an, daß das Mittagessen serviert sei, und ich glaubte, jetzt eine lange Ruhepause zu haben. Weit gefehlt. Rentchnik nahm das Magnetophon mit und installierte es statt des mit schönen Blumen geschmückten Tafelaufsatzes auf dem Eßzimmertisch. Unsere Unterhaltung während des Essens wurde also aufgenommen, wie auch deren Fortsetzung im Salon, in den wir anschließend zurückkehrten. Unser Gespräch dauerte dann noch bis sechs Uhr abends.

Es war das längste, aber auch das aufregendste Interview, das ich jemals gegeben habe. Wenn meine Ansichten in voller Länge hätten veröffentlicht werden müssen, hätten sie bestimmt ein dickes Buch gefüllt. Rentchnik faßte sie zusammen, veröffentlichte sie in einem Sonderheft von ›Médecine et Hygiène‹ und brachte später eine Broschüre mit dem Titel »Simenon auf dem Grill« heraus. Und das Wort »Grill« war nicht übertrieben, denn als ich hinterher in unser Schlafzimmer ging, mußte ich meine Wäsche wechseln, die durchgeschwitzt war wie nach jedem Kapitel eines Romans.

Wo ich gerade von Wäsche spreche, möchte ich die Gelegenheit benutzen, gleichzeitig eine übrigens für mich wichtige Legende zu zerstören. Die Zeitungen haben geschrieben, nicht nur in Frankreich, sondern auch in anderen Ländern, während der Arbeit an einem Roman würde ich nicht das Hemd wechseln, was natürlich zu witzigen Anspielungen geführt hat. Es stimmt, daß ich an jedem Arbeitstag für einen neuen Roman dasselbe, früher einmal in New York gekaufte Sporthemd trug. Es war weit gearbeitet, weich und angenehm zu tragen, eigentlich ein Hemd für Jäger, mit großen schottischen Karomustern auf rotem Grund. Ich zog es schweißnaß bei Fertigstellung jeden Kapitels aus, oder vielmehr Teresa zog es mir aus, und ich fand es am nächsten Tag gewaschen und gebügelt bereitliegen.

Madeleine, D.s Schwester, deren Humor und manchmal brutale Offenheit ich schätzte, besuchte mich im August. Sie hatte mit D. eine längere Aussprache gehabt und teilte mir ihre Besorgnis mit. Ich berichtete ihr meinerseits von den Beobachtungen der vier Ärzte, die sich mit D. beschäftigt hatten, und nannte den Grund für die Maßnahmen, die sie eingeleitet hatten.

Die Kinder schätzten Madeleine sehr, besonders Marie-Jo, die mit ihr mehrfach auf dem Schloß in Echandens zusammengekommen war. Wenn ich mich nicht irre, verbrachte meine Schwägerin eine Nacht im Haus, im »Musikzimmer«, bevor sie nach Divonne zurückfuhr. Ich behielt ihre freundschaftliche, ja herzliche Art in dankbarer Erinnerung.

Marie-Jo war ins Collège zurückgekehrt, aber ich merkte, wenn ich sie beobachtete, daß die Schule sie immer weniger interessierte.

Am 16. September reiste sie allein nach Paris zur Hochzeit von Marc und

Mylène auf einem Schloß, das einem Freund von Marc gehörte. Ich hatte bei der ersten Hochzeit meines Ältesten nicht dabeisein können. Ich würde es auch bei der zweiten nicht sein. Ich glaube nicht an die Ehe. Ich habe nie daran geglaubt. Aus familiären Gründen habe ich das erste Mal in Lüttich die Ehe nicht nur auf dem Standesamt, sondern auch in der Kirche geschlossen. Aus ganz anderen Gründen, hauptsächlich wegen der Geburt Johnnys, habe ich D. vor einem »Western«-Richter in Reno geheiratet.

Ich würde auch nicht zur Hochzeitsfeier meiner übrigen Kinder kommen, wenn diese es für notwendig hielten, sich zu verheiraten. Was Teresa und mich betrifft, so ist uns an einer offiziellen Sanktionierung überhaupt nicht gelegen. Aus diesem Grunde habe ich auch gar nicht versucht, mich von D. scheiden zu lassen. Hinzu kommt, daß Teresa keinerlei Wert darauf legt, Madame Georges Simenon zu werden oder meinen Besitz zu erben, falls etwas übrigbleibt.

Mehr als hundert Gäste waren zu Marcs Hochzeit im Park des Schlosses in der Nähe von Paris geladen. Lämmer wurden am Spieß über Freudenfeuern gebraten. Fast alle geladenen Freunde waren jung. Viele gehörten zur Welt des Films und des Theaters, in der ja Marc und Mylène zu Hause waren. Johnny war auch mit von der Partie, aber nicht aus seinem Munde erfuhr ich, was in einem Badezimmer des Schlosses passierte. Marie-Jo selbst berichtete es mir mit verhärteter Miene, als sie einige Tage später zu mir zurückkehrte.

Sie hatte sich einen Augenblick lang in ein Badezimmer zurückgezogen. Da drang ein Freund Marcs dort ein und verführte sie, ohne allerdings bis zum Letzten zu gehen. Diese Szene sollte Marie-Jo später in ihren intimen Tagebuchaufzeichnungen schildern, die sie mir anvertraute.

Am nächsten oder übernächsten Tag kam derselbe Freund herein, als sie gerade im Appartement Marcs allein war, und machte sie diesmal auf dem Bett ihres Bruders vollends zur Frau.

In einem anderen Heft, das sie viel später vollschrieb und mir ebenfalls vermachte, stellte Marie-Jo, damals bereits am Ende ihres jungen Lebens, Listen mit den Namen ihrer Liebhaber auf, die naive Bemerkungen enthielten, die mir das Herz zerrissen, als ich sie las:

»Der und der – eine Woche, X – zwei Monate, Y – nur einmal . . .«

Und so weiter. Was mich beunruhigte bezüglich dieses Freundes von Marc, war der Zusatz »anderthalbmal«. Das bedeutete, daß der Akt im Badezimmer des Schlosses während einer turbulenten Nacht nicht ganz vollzogen wurde, sondern dies »einmal«, also ein ganzes Mal, auf dem Bett meines Sohnes geschah.

Du konntest nichts dafür, mein guter Marc. Du brauchst dir also deswegen keine Vorwürfe zu machen.

Mit wem hatte dann wohl Marie-Jo hinterher darüber gesprochen? Mit ihrem älteren Bruder? Man nahm den Freund ins Verhör, der alles abstritt. Marie-Jo erzählte von verräterischen Flecken auf der Bettdecke. Ich habe über die Angelegenheit nie mit einem meiner Söhne gesprochen, aber ich weiß, daß niemand, außer vielleicht Johnny, meiner Tochter geglaubt hat.

Später, wenn wieder von ihr die Rede sein wird, werde nicht mehr ich von ihr sprechen oder über sie schreiben, sondern Marie-Jo selber – in ihren Briefen, ihren Tonbandaufnahmen, ihren Heften.

Ich selbst habe nicht mehr den Mut dazu, denn man verschmerzt nie den Verlust einer Tochter, die man geliebt hat und die in einem eine Leere zurückläßt, die nichts ausfüllen kann.

Sicher, das Leben geht weiter . . . Ist es dasselbe?

Teresa und ich hatten die Gewohnheit, einen Weg hinabzugehen, an dessen Rand Haselnußsträucher standen. Teresa liebte es, die Nüsse zu pflücken, an die wir unter Mühen heranreichen konnten. Diese Gewohnheit stammte aus unseren ersten Monaten in Epalinges. Ich hatte das Bild in La Baule im Verlauf unserer Spaziergänge ohne Haselnußstauden wieder vor Augen und schrieb, denn ich hatte das Schreiben dringender nötig denn je, *Il y a encore des noisetiers,* einen Roman, den ich für zartfühlend halte und in dem ein junges Mädchen . . .

Ebenfalls im Oktober entschloß sich Johnny, sich an der Faculté des Sciences der Pariser Universität einzuschreiben, und mietete eine kleine, unmöblierte Wohnung in der Rue Suger mitten im Quartier Latin, ganz in der Nähe der Seine. Er bat mich, ihm seine Möbel und seine ganze Habe nachzusenden. Ich betraute ein Möbeltransportgeschäft damit.

Sobald die Möbel aus dem Haus waren, ging ich nicht mehr durch den »Kindertrakt«, ohne vor der von nun an verschlossenen Tür stehenzubleiben. Und ich vertraute Teresa, die ebenso gerührt war wie ich, an:

»Eine erste freie Hütte!«

Aitken heiratete. Aber ihr Platz am Schreibtisch verwaiste nicht, denn sie blieb bei mir und leitet auch heute noch mein Sekretariat.

Anfang Dezember hielt ich in Genf vor Anwälten, Juristen und »Wohltätigkeitsdamen« einen Vortrag mit anschließender Diskussion über ein Thema, das mir seit langem am Herzen lag: die Notwendigkeit der Anpassung der veralteten Strafgesetze, die mehr oder weniger aus der Zeit Napoleons stammten, an den heutigen Moralkodex. Die meisten Länder unternahmen erste Schritte zu einer Reform, aber die Aufgabe war derart schwierig, daß beinahe alle zurückschreckten, Änderungen hinausschoben und sich mit bescheidenen Überarbeitungen begnügten, aus Furcht, das ganze Gebäude einstürzen zu sehen.

Man zeichnete ein Fernsehinterview mit mir für Belgien auf, fünf Sendungen von jeweils einer Stunde Dauer, das mich eine ganze Woche Zeit kostete. Jede Folge hatte ein bestimmtes Thema zum Inhalt. Mein alter Freund Moremans, der Redakteur an der ›Gazette‹ gewesen war, als ich dort meine ersten Sporen verdient hatte, befragte mich über meine Kindheit und Jugend in Lüttich; Guillemin über meine religiöse und philosophische Einstellung; Bernard de Fallois und Sigaux unterhielten sich mit mir über mein Werk und den Beruf des Romanciers; mit Frédéric Pottecher diskutierte ich das Thema Kriminalität und schließlich mit dem Stellvertreter Cohn-Bendits, des vielgeschmähten Helden der Ereignisse vom Mai, über die streitenden Parteien bei diesen Unruhen, die Geschichte machten. Er war verwundert, als er erfahren mußte, daß ich in meinem Innersten voll und ganz auf der Seite der Studenten stehe, außer daß ich die Gewalt verurteile, von welcher Seite sie auch kommt.

Am 12. Dezember bat mich der Direktor des Collège de Béthusy zu einer Unterredung in sein Büro. Ich fragte mich, was er mir wohl mitzuteilen hatte. Er war ein höflicher Mann, der bei dieser Gelegenheit ein außergewöhnliches Taktgefühl zeigte.

»Sie können sich doch denken, daß ich mich mit Ihnen über Ihre Tochter unterhalten will? Sie hat eine sehr wache Intelligenz, ist äußerst sensibel und zählt in diesem Hause nur Freunde.«

»Sie können mit mir ganz offen sprechen!«

»Ich habe mich über ihre Zensuren informiert und mit ihren Lehrern gesprochen. Dabei habe ich die Gewißheit gewonnen, daß sie ihre Prüfungen zum Jahresende, die letzten für sie an unserer Schule, nicht bestehen wird . . .«

Dazu muß man wissen, daß zur damaligen Zeit das Schuljahr an den Schweizer Gymnasien zeitlich anders lag als in den übrigen Ländern und als heute in der Schweiz. Es endete nämlich zu Ostern.

»Ich habe da eine Gewissensfrage vor mir, Monsieur Simenon. Gerade wegen dieser extremen Sensibilität Ihrer Tochter und ihres Selbstbewußtseins, für das ich volles Verständnis habe. Sie könnte die sechste Klasse wiederholen, aber mir scheint sie zu reif zu sein, um sich in einer Klasse mit Schülern, die jünger sind als sie, zurechtzufinden. Sie würde darin begreiflicherweise eine Demütigung erblicken . . .«

»Ich verstehe Sie und teile Ihre Ansicht . . .«

Ich hatte um so mehr Verständnis, Marie-Jo, da ich seinerzeit in deinem Alter in der gleichen Lage gewesen war. Auch ich hätte bestimmt nicht meine Examen in der dritten Klasse des Gymnasiums, die der sechsten hier entspricht, geschafft. Aber unser Hausarzt hatte mir ja wegen der unheilbaren Krankheit meines Vaters den Rat gegeben, mich nach einer Arbeit umzusehen.

Ich war damals drei Monate vor den Prüfungen vom Collège Saint-Servais abgegangen. Wie du es deinerseits auch tun würdest. Aber hattest du nicht alle geistigen Fähigkeiten, während ich mir damals keiner bewußt war? Ich sprach an diesem Abend sehr sanft und zärtlich mit dir und glaubte am Ende, daß du dich erleichtert fühltest.

Drei Tage später mußte ich nach Paris reisen, um dort zwischen zwei Flugzeugen Johnnys Wohnung zu besichtigen, die er sich mit Hilfe Francettes mit allergrößter Phantasie eingerichtet hatte. In dem alten Haus, das Pierre als alte Baracke bezeichnet hätte, war Johnny fast der einzige Mieter.

Die Farben waren grell, beinahe aggressiv. Du warst glücklich, ein Zuhause zu haben, mein Sohn. Wir beglückwünschten dich, Teresa und ich. Ich erinnere mich noch, daß wir drei in dem Bistro an der Ecke, wo du jeden Morgen zum Frühstück hingingst, im Stehen einen Happen aßen.

Lebenswege vollendeten sich, der von Marc, der von Johnny, auch der von Marie-Jo, so wie sich heute das spätere Leben Pierres abzuzeichnen beginnt. Ich dachte schon an den Tag, an dem nur noch Teresa und ich im Haus sein würden, in diesem großen Haus, das für eine große Familie geschaffen war, in der . . .

Wie sehr hatte ich dich nötig, Teresa, dich und deine Liebe, denn wir wagten endlich, von Liebe zu sprechen, fast flüsternd, wenn alle Türen geschlossen waren.

Du würdest mir helfen, Teresa, so lange, wie wir konnten, für die beiden Kinder, die mir verblieben waren, zu sorgen, bis auch sie davonfliegen und der lange Korridor nur noch zu verschlossenen Türen führen würde.

Wir werden immer zwei sein, nicht wahr? Egal, was mir wo zustößt, denn ich bin bereits ein alter Mann, und du stehst deinerseits in der vollen Blüte deiner Jahre.

Wirst du, wenn ich einmal . . .

Doch Schluß damit!

Verzeih mir all die Sorgen, mit denen ich dich belaste und mit denen ich dich auch künftig noch belasten muß.

Ich . . .

Ich hätte beinahe das »Simenonsche Taktgefühl« vergessen!

69

1969. Ich war sechsundsechzig Jahre alt, aber es ist der Mann von heute, der Mann des Jahres 1980, mehr als siebenundsiebzig Jahre alt, der das Bedürfnis verspürt, sich über seine Lage klarzuwerden.

Wir hatten sechs Jahre in Epalinges verbracht, und ich wußte noch nicht, daß ich nur noch drei weitere Jahre in diesem Haus leben würde, das ich für die Freude und Fröhlichkeit gebaut hatte, um die Erinnerung meiner Kinder mit leuchtenden Bildern anzufüllen, die ihnen eines Tages neue Kraft verleihen sollten, wenn sie diese nötig haben würden.

Wie stand es um mich selbst in diesem Zeitraum? Ich bin gezwungen, von meinem Gesundheitszustand zu sprechen, der weniger zufriedenstellend war, als ich ihn gerne gehabt hätte, nicht nur für mich, sondern auch für diejenigen, die um mich waren und für die ich Verantwortung trug, wie ich es mein Leben lang getan habe.

Die drei letzten Jahre in Echandens waren düster, manchmal sogar schmerzhaft gewesen. Unsere Art Flucht nach Lyon mit Pierre, der damals noch ein Säugling gewesen war und dem die Ärzte bestenfalls fünfzig Prozent Überlebenschancen eingeräumt hatten, vorausgesetzt, daß wir viel beteten, hatte mich, wie geschildert, derart angegriffen, daß Schwindelgefühle mich nötigten, belebte Straßen nur inmitten anderer Passanten zu überqueren, als suchte ich auf diese Weise Schutz.

Was den Zustand von D. betrifft, so verschlimmerte er sich sichtlich, und ich war tief bedrückt Zeuge dieses rasch fortschreitenden Zusammenbruchs, der seinen Höhepunkt unmittelbar nach ihrem von Wahnvorstellungen begleiteten Einzug in unser neues Haus in Epalinges erreichte.

Ein altes chinesisches Sprichwort will mir nicht aus dem Sinn:
Wenn das Haus gebaut ist, kommt das Unglück herein...

Hatte ich mit ihr Tage voll Glück und Fröhlichkeit erlebt? Ein gewisses Glück dank Marc, Johnny und später Marie-Jo gewiß, aber war dieses Glück nicht stets von »kleinen Anzeichen« überschattet gewesen, Warnsignalen für die Zukunft, die ich widerwillig aufgenommen hatte?

Wann fingen diese »kleinen Anzeichen« an? In Wirklichkeit bereits im November 1945 bei meiner ersten Begegnung mit D. im Brussel's in New York, bei unserer ersten verrückten Nacht im Café Society Downtown, anschließend die gesamte Fifth Avenue entlang, um in meinem Appartement in der Park Avenue abzuklingen.

Die Freuden der Leidenschaft, aber auch ihre bitteren Seiten. Ich war immer der Auffassung, daß die leidenschaftliche Liebe, ja, daß alle Leidenschaften eine echte Krankheit sind, und das ist auch die Meinung der größten Philosophen. Die Leidenschaft hatte mit den Jahren nachgelassen, war gänzlich erloschen, während D. und ich trotzdem wie aneinandergefesselt blieben. Vielleicht aus dem Grunde, daß ich mich für sie verantwortlich fühlte oder weil ich bis zum Schluß auf ein Wunder hoffte?

Es hatte während neunzehn Jahren gemeinsamen Lebens Höhen und Tiefen, Ruheperioden und Stürme gegeben.

Ob diese unterschwelligen Sorgen nicht nach und nach ohne mein Wissen meine Gesundheit untergraben hatten? Ich war damals kein kranker Mann gewesen. Keines meiner lebenswichtigen Organe war irgendwie angegriffen. Das bewiesen die jährlichen und später alle zwei Jahre stattfindenden medizinischen *check-ups,* denen ich mich unterzog.

Ich hatte niemanden, dem ich mich anvertrauen konnte. Dadurch hätte ich mich vielleicht von dem allzuschweren Gewicht, an dem ich vor allem in den letzten Jahren trug, etwas befreien können. Niemand ahnte etwas von meinen Ängsten, von meinem zeitweilig auftretenden inneren Schmerz. Im Gegenteil. Vor allem für meine Kinder zwang ich mich, mich gelöst zu geben, und D. zuliebe hatte ich oft, wie in *Quand j'étais vieux,* von Liebe und Glück gesprochen.

Dann kam Prangins und das mich immer wieder verfolgende Bild einer geschwächten, fast gestörten D. im Garten des Sanssouci, das, obwohl sie es später behauptete, zu keiner Zeit ein »Erholungsheim« gewesen war.

Meine Schwindelanfälle traten häufiger auf. Ich litt neuerdings an Krämpfen in der Brust, besonders, nachdem ich mir sämtliche Rippen auf der linken Seite gebrochen hatte. Diese waren wieder zusammengewachsen, aber nicht in ihrer ursprünglichen Form. Die Röntgenaufnahmen zeigten, daß mein Zwerchfell jetzt nicht mehr waagrecht, sondern diagonal im Körper lag. Ich mußte mich ins Nestlé-Hospital begeben, um von einem Professor normal atmen zu lernen, und im Krankenzimmer in Epalinges täglich unter Teresas Kontrolle Atemübungen machen.

Eines Nachmittags mußte eilends mein Freund Cruchaud und später noch ein Magen- und Darmspezialist geholt werden, denn ich hatte einen schweren Darmverschluß, und die beiden Ärzte hatten fast drei Stunden zu tun, bevor sie ihn beseitigt hatten.

Infolge dieser Erkrankung stellte sich bei mir ein Phänomen ein: Bei jedem »schwierigen« Roman, den ich schrieb, verstopften sich meine Eingeweide unter dem Druck der nervösen Spannung, und am Abend setzte mir Teresa, bevor ich mich ins Bett legte, ein Klistier, was ich mir bis dahin noch von keiner Frau hatte gefallen lassen. Wahrscheinlich, weil Teresa ganz einfach eine wirklich natürliche, eine naturverbundene Frau ist.

Diese Episoden rufen in mir sehr alte Erinnerungen wach an die Abende nach meinem Eintreffen in Paris mit neunzehn Jahren, die ich damit zubrachte, »für mich« kurze Texte zu schreiben. Ich tat das mit

solcher Intensität, daß ich mich jedesmal, noch bevor ich fertig war, übergeben mußte.

Ich habe mich anderen medizinischen Untersuchungen unterzogen, die
immer von qualifizierten Fachärzten vorgenommen wurden. Ich wußte
zum Beispiel seit Cannes, daß ich eine Hiatus-Hernie hatte, einen
Durchtritt von Magenteilen aus der Bauch- in die Brusthöhle. Sie war etwas Alltägliches, wie man mir sagte. Ich war zu jener Zeit um so weniger
darüber beunruhigt, weil ich von einem Freund, einem Gerichtsmediziner,
der täglich, mit der Zigarette im Mund, mehrere Autopsien vornahm, erfahren hatte, daß achtzig Prozent aller Menschen, oft seit ihrer Geburt,
eine solche Hernie haben und es ihr Leben lang nicht wissen.

Meine Hernie hingegen wurde leider von 1967 an immer dicker. Nach
Untersuchungen, die ebenso gründlich wie schmerzhaft waren, erklärte
mir der Facharzt:

»Ich habe selten eine ›so schöne‹ Hiatus-Hernie gesehen. Die Ihre, lieber Simenon, hat schon die Größe einer Apfelsine erreicht . . .«

»Lassen sich darauf meine Anfälle von Aerophagie zurückführen?«

»Bestimmt. Und Ihre nervöse Spannung ist der Grund für die Hernie.«

»Wollen Sie sie mir entfernen?«

»Das wäre zu riskant. Ich verschreibe Ihnen lieber schmerzstillende
Mittel.«

»Und später?«

»Später werden wir sehen . . .«

Das war nicht alles in bezug auf das, was ich meine Wehwehchen
nannte. Es geschah oft, daß ich nachts sechsmal und öfter rausgehen
mußte. Mein ganzes Leben lang hatte ich von Prostataleiden sprechen
hören, schon bei Freunden meiner Eltern. Ich wußte, daß es nur wenige
Männer gab, die alt wurden, ohne daß sie sich einer – früher sehr
schmerzhaften – Operation unterziehen mußten, die sie impotent machte.
Ist das nicht der Alptraum aller Männer, sobald sie ein gewisses Alter
erreicht haben? Es war auch meiner, ich gestehe es; ich gestehe auch, daß
ich meinem Sexualleben zuviel Bedeutung beimaß, als daß ich von dieser
Aussicht nicht hätte bedrückt sein sollen.

Bei einem Urologen ließ ich neue Untersuchungen über mich ergehen,
schmerzhaftere noch, und sie ergaben, daß ich tatsächlich an Prostatitis
litt. Der Schlag war hart. Der Arzt wollte mich vorerst nicht operieren,
sondern mit anderen Mitteln behandeln.

Aus Angst vor seiner Antwort wagte ich nicht, ihn zu fragen, ob ich
durch eine Operation impotent würde. Ich hatte unrecht. Ich sollte es erst
später erfahren, wenn die Stunde gekommen war. Ich weiß heute, daß
man in vielen Fällen, darunter auch meinem eigenen, seit kurzem nicht
mehr die Prostata entfernt, sondern eine Art Auskratzen der Drüse vor-

nimmt, was dem Patienten nichts von seiner Zeugungskraft nimmt – *im Gegenteil!* Warum hatte ich vor den Ärzten, die oft meine Freunde waren, solch eine Scheu? Weil ich mich fast schämte, zuviel von ihrer Zeit in Anspruch zu nehmen, wo ich wußte, daß sie schwerere Fälle als den meinen behandeln mußten.

Waren alle »Wehwehchen« auf die Spannung zurückzuführen, unter der ich seit so langer Zeit stand? Auf jeden Fall viele von ihnen, selbst die Grippeerkrankungen und Bronchialkatarrhe, die immer wieder auftraten und chronisch wurden.

Ich bewahrte trotzdem in Epalinges Haltung in Gegenwart von Marie-Jo und Pierre und vor dem Personal. Wenn ich mich übel fühlte, wie es der Fall war bei meinen Bronchienentzündungen, zog ich mich in mein Appartement zurück. Dabei kam es vor, daß ich mir meine Schreibmaschine heraufbringen ließ und anfing, einen Roman zu schreiben. Teresa versorgte mich dann mit Essen, und die Kinder besuchten mich. Abends betrat ich die beiden noch bewohnten Zimmer der Kinder für den Gutenachtgruß und das Verteilen der Bonbons.

Marie-Jo machte mir mehr und mehr Sorgen. Ich beobachtete sie aufmerksam, denn ich hatte den Eindruck, daß sie zum »schwachen Kettenglied« der Familie geworden war.

Die »Großen«, Marc und Johnny, gingen ihren eigenen Lebensweg, und wenn sie auch häufig auf Besuch zu mir kamen, so erlaubte ich mir doch nicht, ihnen gute Ratschläge zu geben, weil sie in einem Alter waren, in dem jeder frei über seine Zukunft entscheiden sollte. Marc kam gut in seiner Karriere in der Filmindustrie voran, die er mit zwanzig Jahren mit Hilfe der Patenschaft Jean Renoirs eingeschlagen hatte.

Im Juni stellte mir Johnny, der sein erstes Jahr an der Faculté des Sciences beendet hatte, eine ganz merkwürdige Frage:

»Weißt du, Dad, welche Branche nach meiner Ansicht bald eine hervorragende Bedeutung, vielleicht sogar die hervorragendste, erlangen wird?«

Er wirkte selbstsicher und schien zu wissen, was er sagte, als er zu meiner Überraschung erklärte: »Die Vergnügungsindustrie.«

Er legte mir dar, daß die Freizeit eine immer wichtigere Rolle im Leben aller Menschen einnehmen und ihre Bedeutung angesichts längerer Urlaubszeiten und der Verkürzung der Arbeitsstunden noch zunehmen würde. In seinen Augen umfaßte die Freizeit- oder Vergnügungsindustrie ein sehr weites Feld: Buchhandel, Kino, Radio, Fernsehen, Sport . . .

»Wofür hast du dich entschieden?«

»Ich möchte zunächst das Verlagswesen näher kennenlernen.«

Ich ließ mich überzeugen. Sven Nielsen war gern bereit, ihn in seinem immer größer werdenden Verlagskonzern unterzubringen, und Johnny würde bei ihm ein Jahr bleiben und dabei nach und nach von unten nach oben alle Abteilungen durchlaufen, von der Verpackung und vom Versand der Bücher bis zum Blick hinter die Kulissen der Geschäftsleitung. Sven wollte ihn sogar damit beauftragen, die Veröffentlichung eines meiner Bücher vorzubereiten, und mein guter Johnny setzte eine neue Idee durch, als er für die Buchhandlungen in ganz Frankreich einen Wettbewerb für die beste Schaufenstergestaltung ausschrieb, der mit ansehnlichen Preisen dotiert war. Abends nahm er an Kursen über Verlagswesen und Buchhandel in einer Schule teil, die von der Vereinigung der französischen Verleger gegründet worden war.

Noch einer, um den ich mir keine Sorgen mehr zu machen brauchte. Mein Sorgenkind blieb Marie-Jo, die jetzt sechzehn Jahre alt war und sich mit beängstigendem Elan zahlreichen Aktivitäten zuwandte, für die sie aber tatsächlich irgendwelche Anlagen mitbrachte.

Sie begann mit klassischem Tanz bei einer ehemaligen Primaballerina des Russischen Balletts, die ein Institut in Lausanne aufgemacht hatte. Viele Elevinnen fingen bei ihr mit zwölf Jahren an. Um die verlorene Zeit aufzuholen, entschloß sich Marie-Jo, Privatunterricht zu nehmen, statt zu den Ballettstunden mit der Gruppe zu gehen.

Bei einem Tanzpädagogen, der an einer anderen Schule unterrichtete, belegte sie einen Kursus für modernen Tanz.

Sie ging oft mit mir allein, bei mir untergehakt, in der ländlichen Umgebung spazieren. Alles, was mit Kunst zu tun hatte, erregte ihr Interesse. Sie war zart, von einer Zartheit, die mich zuweilen erschreckte.

»Wie denkst du darüber, Dad? Ich muß dich doch viel Geld kosten und schäme mich deshalb . . .«

Sie erzählte mir alles über ihr Intimleben, mit Ausnahme ihres Geheimnisses, das ich so lange Jahre nicht kennenlernte und das sie weiterhin in ihrem tiefsten Inneren vergrub. Ich spürte, wie sie darunter litt und daß sie die vielfältigen Betätigungen ausübte, um zu versuchen, es zu vergessen.

Abends lernte sie Englisch nach der audiovisuellen Methode, eine Sprache, die ihr vielleicht ihre früheste Jugend in Erinnerung rief und die sie ihr ganzes Leben lang so häufig verwandte, daß sie viele ihrer Gedichte und Chansons und selbst ihre später an mich gerichteten vertraulichsten Briefe auf englisch verfaßte.

Zur gleichen Zeit lernte sie bei einem spanischen Musiklehrer Gitarre spielen und übte stundenlang in ihrem Zimmer. Schließlich empfahl ich ihr noch, um ihren Mangel an klassischer Bildung auszugleichen, sich mit der Kulturgeschichte der Menschheit vertraut zu machen. Wie durch ein Wunder erfuhr ich, daß die Bücher über dieses Thema, denen ein kalifornischer Professor sein ganzes Leben gewidmet hatte und die ein literarisches Denkmal darstellen, endlich ins Französische übersetzt und von den

Editions Rencontre herausgebracht worden waren, die mein Gesamtwerk veröffentlichten.

Ich zog Erkundigungen an der Universität Lausanne ein, die mir einen Studenten vermittelte, der imstande war, Marie-Jo beim Studium dieses ziemlich schwierigen Werks zu helfen. Die ersten Unterrichtsstunden fanden im Zimmer meiner Tochter statt. Bald entschloß sich Marie-Jo dazu, diese Arbeit nicht mehr in Epalinges, sondern in der im Souterrain gelegenen Bar eines großen Lausanner Restaurants fortzusetzen, die vormittags immer leer war.

Wie verkraftete sie diese vielfältigen, zur gleichen Zeit in Angriff genommenen Aktivitäten? Unser Kontakt war sehr eng und vertraulich, und ich versuchte nicht, ihre Neugier zu zähmen. Ich wußte zu gut, daß sie von dem brennenden Bedürfnis erfüllt war, den Versuch zu unternehmen, sich in jeder möglichen Form zu äußern. Das Erstaunlichste daran war, daß sie auf allen Gebieten, für die sie sich interessierte, Erfolg hatte.

Auch das Leben interessierte sie, das Leben in der Welt draußen, der Kontakt zu den verschiedenen Milieus. Sie ging abends aus. Ich hinderte sie nicht daran. Eines Tages bekam ich einen sehr freundlichen Brief von der Genfer Polizei. Sie teilte mir mit, daß meine Tochter in einem Nachtlokal angetroffen worden sei, in dem sie sich in Anbetracht ihres Alters laut Gesetz nicht aufhalten durfte.

»Ich bitte dich um Verzeihung, Dad.«

»Ich mache dir ja keine Vorwürfe, mein kleines Mädchen. Wenn ich dich diesen Brief habe lesen lassen, dann geschah das, um dich zu warnen, um dich darauf aufmerksam zu machen, daß du beim nächsten Mal großen Ärger bekämst.«

Da kuschelte sie sich in meine Arme.

»Bist du mir böse?«

Ich lächelte sie an.

»Ich bin ein schlimmes Mädchen, was?«

»Du bist ein reizendes Mädchen, das eben auf alles neugierig ist.«

Im Juli verbrachte sie kurze Ferien im Club Méditerranée mit ihrer seinerzeit besten Freundin Véronique und deren Mutter. Sie kam dann nach La Baule nach, wo wir ein weiteres Mal den Sommer mit der ganzen Familie, Boule, Yole und Teresa verbrachten.

In Marokko hatte sich Marie-Jo am Fuß verletzt und konnte nicht Tennis spielen. Sie kam auch nicht zum gemeinsamen Mittagessen mit uns in den großen Speisesaal. Das Hotel hatte direkt am Strand eine Art Bar errichtet, wo man sich einfache Gerichte servieren lassen konnte. Marie-Jo lebte den ganzen Tag im Badeanzug am Strand und nahm in diesem Restaurant ihre Mahlzeiten ein, um sich nicht anziehen zu müssen.

Sie machte eine Ausnahme, wenn sie nachts von einem Bummel mit

Freunden spät zurückkam. Wenn ich ein Frühschläfer und ein Morgenmensch bin, war sie das Gegenteil: ein Abend- und Nachtmensch. Sie brachte es häufig fertig, bis zwei oder drei Uhr nachmittags zu schlafen und sich das Essen auf ihr Zimmer bringen zu lassen.

An unserem Abreisetag dagegen, an dem wir morgens zeitig aufbrechen mußten, kam sie in unser Zimmer, warf einen Blick auf die Bucht, den noch menschenleeren Strand und die Pferde, die hintereinander hertrabten und rief überrascht aus: »Ist das immer so schön, Dad?«

Sie hatte hier nie die Morgenröte erlebt und schien jetzt der verlorenen Zeit nachzutrauern.

Teresa und ich wanderten unentwegt durch die schon wohlbekannten Straßen und über die Wege, marschierten am Strand entlang, schwammen und blieben zum ersten Mal sogar eine ganze Nacht lang auf. Kurz nach Mitternacht nämlich, man wußte nicht genau wann, würden Männer, Menschen wie wir, den Mond betreten, und der Fernsehapparat in unserem kleinen Salon würde uns sie zeigen von dem Augenblick an, da sie in seltsamem Harnisch aus ihrem Raumfahrzeug stiegen.

Die Kinder schliefen lieber. Um Mitternacht wurde ich ungeduldig und entschloß mich, mich zu rasieren und anzuziehen. Yole kam zu uns herüber. Als die Übertragung aus dem Weltraum auf dem Fernsehschirm begann, bat ich telefonisch den Oberkellner, uns eine Flasche Champagner heraufzubringen. Als er sie uns servierte, gestand er uns:

»Ich habe noch nie im Leben in einer Nacht den Gästen so viele Flaschen gebracht.«

Im ganzen Hotel erlebten die Leute atemlos das Schauspiel, wie diese Menschen zum ersten Mal den Boden eines fremden Gestirns betraten.

Die Sendung dauerte lange. Die Berichterstattung zog sich bis in die frühen Morgenstunden hin. Die Kinder schliefen noch. Teresa und ich unternahmen, statt uns zur Ruhe zu legen, einen Spaziergang in der frischen Luft des neuen Tages. Wir waren immer noch ergriffen. Wir liefen bis Pouliguen, wo das kleine Bistro am Markt geöffnet war und vermutlich die Nacht über wegen seines Fernsehapparates gar nicht geschlossen hatte. Fischer, jung und alt, diskutierten das Ereignis, während die Frauen an den Ständen Fische, Krebse, Gemüse und Obst auslegten.

Als wir in das Hotel zurückkamen, gingen wir gleich zum Strand, um zu baden, und spazierten dann noch einmal herum, von neuer Begeisterung angetrieben. Erst zum Mittagsschlaf kamen wir endlich ins Bett.

Ein kleiner Zwischenfall ereignete sich während unserer Ferien in La Baule, der weniger aufregend als die Männer auf dem Mond war und von dem nur Teresa und ich etwas erfuhren. Ich bekam einen Anruf vom stellvertretenden Direktor des Hôtel du Golf in Divonne. Er teilte mir höflich, eine gewisse Verlegenheit in der Stimme, mit, »meine Frau« sei krank, werde nicht mehr von ihrer Gesellschaftsdame betreut – was ich bis dahin nicht wußte –, und das Hotel könne sie unter diesen Umständen nicht länger als Gast behalten.

»Woran leidet sie denn?«

Er zögerte und nannte mir den Namen des Arztes, den man gerufen hatte, und ich setzte mich sofort mit diesem telefonisch in Verbindung. Er erwies sich ebenfalls als freundlich und wortkarg.

»Ich glaube, es handelt sich um eine einfache Bronchitis . . .«

»Sind Sie sicher, daß es nichts Ernsteres ist, daß sie nicht ins Krankenhaus muß?«

»Beruhigen Sie sich, Monsieur Simenon. Ich glaube, ich kann sie an Ort und Stelle behandeln. Lassen Sie mich mal mit dem Hoteldirektor sprechen . . . Sie können mich, sooft Sie wollen, anrufen.«

Das erinnerte mich an eine andere Episode, die anscheinend ohne große Bedeutung war, die ich jedoch unbewußt mit der »Krankheit« D.s in Verbindung brachte.

Im April hatte sie den Chauffeur gewechselt. Sie hatte auch einen anderen Wagen haben wollen, und ich hatte ihr einen Commodore gekauft, der fast ebenso lang und breit war wie der Rolls und von dem ich noch nie gehört hatte. Er war das »Spitzenprodukt« der Firma Opel, die, wenn ich mich nicht täusche, von den Amerikanern übernommen worden war oder noch werden sollte. Sie hatte sich selbst für diese Marke und dieses Modell entschieden, was mich nicht wenig überrascht hatte.

An einem Besuchstag in Epalinges saß mir D. in meinem Arbeitszimmer sorgenvoller als sonst gegenüber.

»Du bist doch mein Freund geblieben, nicht wahr, Georges? Versprich mir, daß du auf den Vorschlag eingehst, den ich dir jetzt mache. Versprich mir auch, mir keine Fragen zu stellen!«

Nachdem sie ihr Glas mit einem Zug geleert hatte, fügte sie hinzu:

»Es ist für mich sehr wichtig, fast eine Art Lebensfrage.«

»Bist du sicher, daß du mir darüber nicht mehr sagen kannst?«

»Na schön denn . . . Ich werde dir alles gestehen. Ich brauche sofort fünfundzwanzigtausend Francs!«

Ich dachte an den fast neuen Princess, den sie für ein Butterbrot weiterverkauft hatte, um ihn durch den Commodore zu ersetzen. Ich dachte an den argwöhnischen Blick, den mir bei jedem Besuch ihr neuer Chauffeur zuwarf, der sich nichts daraus machte, einfach in mein Arbeitszimmer hineinzuplatzen, wenn D. sich dort verspätete, und im Befehlston zu ihr zu sagen:

»Es ist Zeit!«

Sie stand dann wie ein Roboter auf und folgte ihm.

»Wirst du von jemandem erpreßt?«

Sie weinte, antwortete weder mit Ja noch mit Nein. Sie hatte es immer verstanden, sich pathetisch zu geben, doch diesmal spürte ich, daß sie aufrichtig war.

»Er will, daß ich ihm den gleichen Wagen kaufe, wie ich ihn habe. Sag nicht nein! Meine ganze Existenz steht auf dem Spiel!«

Ich stellte einen Scheck aus. Aber ja! Was hätte ich sonst tun sollen? Ob man jetzt versteht, warum die Nachricht von ihrer »Bronchitis« nicht völlig überzeugend für mich war?

Am Telefon beruhigte mich jedoch der Divonner Arzt. D. ging es besser. Das Hotel hatte sich einverstanden erklärt, sie weiter als Gast im Hause zu dulden. Sie bewohnte also zwei Zimmer mit zwei Bädern und einem Salon. Ganz allein?

Nicht immer, wie sie mir eines Tages lachend gestand, als wäre es eine »drollige Geschichte«. Eines Abends hatte sie – ich vermute im Spielkasino – die Bekanntschaft eines »sehr eleganten« Herrn, eines »echten Gentleman« gemacht. Ich gebe das Ganze so wortgetreu wie möglich mit D.s eigenen Worten wieder:

»Alles ließ sich ganz gut an. Der Mann gefiel mir. Als wir etwas in meinem Salon tranken, fiel mit einem Male sein Blick auf dein Foto. Er fragte mich daraufhin stirnrunzelnd:

»Kennen Sie ihn?«

»Natürlich. Das ist mein Mann.«

»Sie sind die Frau von Georges Simenon?«

»Ja.«

Und D. fügte lachend, mit einem leicht bitteren Unterton hinzu:

»Weißt du, was er getan hat? Er ist aufgestanden, hat sich verbeugt und gesagt: ›Entschuldigen Sie, aber ich muß leider gehen!‹ Du siehst, Jo, du stellst mir trotz unserer Trennung immer noch nach, selbst wenn es nur dein Bild ist!«

Im Juni schrieb ich den Roman *Novembre* und im September *Maigret et le marchand de vin*. Im November erreichte mich abermals ein Anruf des stellvertretenden Hoteldirektors in Divonne.

»Ich halte es für meine Pflicht, Monsieur Simenon, Sie zu informieren, daß Ihre Frau einen Unfall gehabt hat.«

»Einen Verkehrsunfall?«

»Nein. Ich kann Ihnen nicht viel darüber sagen. Man hat sie heute früh verletzt mit blutüberströmtem Gesicht neben einer zerbrochenen Flasche in ihrem Zimmer aufgefunden . . . Ihr Arzt, den wir benachrichtigt haben, hat sie sofort mit einem Krankenwagen in eine Genfer Klinik bringen lassen. Es sei nichts Lebensgefährliches, hat er mir gesagt . . .«

»Sie wissen nicht, was genau und wann es passiert ist?«

»Alles, was ich weiß, ist, daß sie im Nachthemd war . . . Ich wollte Sie, wie gesagt, nur benachrichtigen. Ich möchte noch hinzufügen, daß ich es nicht für wünschenswert halte, daß sie in unser Hotel zurückkommt!«

Als ich darauf bestand, Einzelheiten zu erfahren, erwiderte er schroff: »Alles übrige erfahren Sie von der Polizei!«

»Ach, die Polizei hat sich eingeschaltet?«

»Ich wiederhole: Sie erfahren alles von der Polizei!«

Ich rief aus Zurückhaltung die Polizei nicht an. Hatte nicht auch sie das Recht, ihr Leben so zu gestalten, wie sie es wollte?

Ich rief in der Klinik an und sprach mit ihrem Arzt, der mich beruhigte. In ein bis zwei Wochen würde D. wieder auf dem Damm sein. Sie würde nicht wieder ins Hôtel du Golf ziehen, sondern ein Appartement im Hôtel Président in Genf beziehen.

Von November an belegte mich Marie-Jo mit Beschlag, eine vor Lebenslust sprühende und fröhliche Marie-Jo. Sie hatte plötzlich ihre Leidenschaft für den Steptanz entdeckt und mich gebeten, ihr einen Frack für die Show zu kaufen, die sie für uns vorbereitete. Sie benötigte auch ein gestärktes Frackhemd mit passendem Kragen mit umgeknickten Ecken, eine weiße Schleife und einen Klappzylinder – alles, was Fred Astaire trug, der ihr Idol geworden war. Da es unmöglich war, einen Frack in ihrer Größe zu finden, ließ ich ihr einen bei meinem Schneider anfertigen.

Sie entwickelte viel Aktivität im großen Spielzimmer im Untergeschoß, in das sie in den letzten Tagen vor Weihnachten niemanden mehr hereinließ. Sie hatte Holz, Leinwand und mehrere Töpfe mit Farbe gekauft.

Dieses Weihnachtsfest verbrachte Marc mit seiner Familie in Avoriaz, seinerzeit Treffpunkt der Leute vom Film. Marie-Jo, Pierre und Yole sollten am 26. Dezember dorthin nachkommen.

Für Heiligabend hatte Marie-Jo uns sowie ein paar Freunde und Freundinnen eingeladen. Kam D. auch? Möglicherweise. Mein Gedächtnis läßt mich in diesem Punkt im Stich. Jedenfalls erlebte auch das gesamte Hauspersonal die Aufführung.

Jetzt kamen wir endlich hinter das Geheimnis der wochenlangen Beschäftigung Marie-Jos. Sie hatte eine kleine Bühne gebaut und eine bunte, ein wenig nostalgisch anmutende Kulisse gemalt. Nach den traditionellen drei Schlägen vernahmen wir eine wohlbekannte Musik, zu der eine strahlende Marie-Jo mit echten Stepschuhen eine Tanznummer hinlegte. Sie sah mit ihrem Bühnen-Make-up, groß und gelenkig, wie sie war, den Zylinder ein wenig schräg auf dem Kopf, wunderbar aus.

Sie bekam großen Beifall. Sie tanzte noch einmal. Ihre Augen leuchteten, und ich war genauso aufgeregt wie sie. Danach sang sie noch ein Lied und begleitete sich selbst auf der Gitarre.

Am Neujahrstag 1970 waren Teresa und ich allein im Haus. Die großen und kleinen Kinder riefen mich der Reihe nach an, um mir ein gutes neues Jahr zu wünschen.

Für Teresa und mich war es ein ruhiges Neujahrsfest, das eigentlich ein heiterer Abend sein sollte. Aber ich konnte nichts dazu, daß ich traurig war, denn mir war bange vor der Zukunft, vor allem wegen meiner Tochter, aber auch wegen D., die sich erneut verletzt hatte, diesmal am Fuß, als sie die Treppenstufen des Hôtel Président hinuntergegangen war.

War es eine Vorahnung? Dieses Jahr würde mit sich bringen, daß sich ein weiteres Zimmer im Hause leerte, eine zweite Tür im Korridor vor den Kinderzimmern geschlossen bleiben würde.

Und D. ihrerseits würde in ein fast vollkommenes Chaos absacken.

Ich würde liebend gern so schnell wie möglich damit zu Ende kommen, meine eigene Darstellung von den Geschehnissen zu geben, die die eine wie die andere betrafen. Ich trachte eilig danach, mich nicht länger selbst zu quälen, indem ich die schmerzlichen Jahre vor meinen Augen wiedererstehen lasse, die schließlich dazu führten, daß ich mit meinen Kräften am Ende war.

Wenn ich es dennoch tue, dann geschieht es aus der Überzeugung heraus, daß ich die Pflicht habe, es zu tun, besonders Marie-Jo zuliebe, für alle meine Kinder, vielleicht aber auch für mich selbst.

Noch eine letzte Anstrengung, und dann werde nicht mehr ich der Erzähler sein, sondern Marie-Jo selber, die dies gewollt, die mir ausdrücklich diese Aufgabe anvertraut hat.

Was ihre Mutter angeht, so gebe ich gleich, bevor ich auf bestimmte Details zu sprechen komme und um zu vermeiden, daß ich mich bei ihnen zu lange aufhalten muß, einen von ihr handschriftlich verfaßten Brief vom 23. Januar 1971 wieder, der von Gegenwärtigem und Vergangenem spricht und der bestätigt, was die »kleinen Anzeichen« mich seit November 1945, d. h. seit fünfundzwanzig Jahren, befürchten ließen.

Zuvor muß ich noch mitteilen, daß meine Mutter im Krankenhaus von Bavière starb, demselben, in dessen Kapelle ich einmal Meßdiener gewesen war. Teresa und ich waren zugegen, als sie acht Tage lang friedlich und ohne Schmerzen auf dem Sterbebett lag.

Wir hatten sie während ihrer letzten Lebensjahre in einem schönen Altersheim in der Hochebene von Herve unterbringen können, das von Ursulinen geleitet wurde und zu dem ein Bauernhof und große Grünflächen gehörten.

Ich hatte einen Teil einer Mauer einreißen, ein Badezimmer und einen kleinen Salon einrichten und schließlich, damit meine Mutter sich zu Hause fühlte, ihre Möbel dorthin bringen lassen.

Wir hatten sie dort mehrmals besucht. Sie war glücklich gewesen, denn die Ursulinen hatten sie »um die Wette« verhätschelt.

Die Sterbemesse fand in derselben Kapelle statt, in der ich als Kind so oft an der feierlichen Absolution teilgenommen hatte. Später trieb mich ein innerer Zwang, dem Tonband eine *Lettre à ma mère* anzuvertrauen, in dem ich mir über all das klarzuwerden suchte, was uns seit meinen ersten Schritten im Leben getrennt hatte.

Und nun zu D., die sich endlich einmal in einem Augenblick der Klarheit oder der Aufrichtigkeit, wie sie leider bei ihr nicht lange anhielten, zu rechtfertigen suchte.

Der handgeschriebene, vier Seiten lange Brief trägt das Datum des 23. Januar 1971.

Beginnend mit »Lieber Jo« und unterschrieben »Wieder herzlich, Denise« brachte er mich doch ziemlich aus der Fassung, denn er war in gewisser Hinsicht ein schmerzvolles Geständnis, das mir all die »kleinen Anzeichen« bestätigte, die charakteristisch waren für die Jahre unseres Ehelebens und in mir den Wunsch weckten, sie von ihren Ängsten zu befreien.

Sie betonte ihre »große Aufrichtigkeit« und berichtete dann in der Annahme, daß ich die Dinge zweifellos seit langem geahnt hatte, von ihrer Zerstörungswut im besorgniserregenden Zustand des Alkoholismus und von der Gefahr, die ihr dadurch drohte, in den Tod getrieben zu werden oder einer Gehirnstörung zu erliegen.

Sie wolle keine Komödie mehr spielen und auch keine großen Worte mehr machen. Niemand sei verantwortlich für ihren Zustand und den *break-down*, der das Ende hätte bedeuten können.

Sie schilderte ihr Leben in Avignon, ihre Angst vor einem Zusammenbruch, ihre wahnsinnigen Geldausgaben einschließlich des unglückseligen »Zwischenfalls mit dem Teppich« und der Nachsicht, die ich wegen meiner Befürchtungen immer wieder unter Beweis gestellt habe.

Zum Schluß dankte sie mir und bat mich um Verzeihung, fand also dieses Wort passend für ihr Verhältnis zu mir. Sie versicherte mich ihrer Zuneigung und noch engeren Freundschaft, die sie nie wieder zur Last für mich werden lassen wolle.

Ich antwortete ihr mit folgendem Brief:

25. Januar 1971

Liebe Denise,

Deinen Brief vom 23. Januar habe ich gelesen, und ich gestehe Dir, daß ich sehr erleichtert über ihn bin.

Seit langem hoffte ich, daß Du verstehen würdest, daß ich mich Deinetwegen sehr sorgte. Jetzt hast Du, wie Du schreibst, die Talsohle erreicht und bist wieder auf dem Weg nach oben. Du mußt durchhalten. Deine Kur in Avi-

gnon scheint Dir sehr gut zu tun, und Du solltest sie unter keinen Umständen unterbrechen.

Das Deutsche Fernsehen ist bei mir. Es ist eine der letzten Verpflichtungen vorläufig. Danach werde ich in ungefähr einer Woche, wenn alles gutgeht, meinen Roman schreiben können.

Man erwartet mich vor den Kameras. Ich werde Dir ausführlich nach Erhalt des Briefes schreiben, den Du ankündigst.

Herzlichst Georges

Ich habe in bezug auf D. dem Lauf der Zeit vorgegriffen. 1970 war mein wirkliches Sorgenkind Marie-Jo, die wenige Tage nach meinem siebenundsechzigsten Geburtstag siebzehn wurde.

70

Verzeih mir, meine kleine Marie-Jo, wenn ich dich zu Beginn dieses Jahres 1970, das einen solch entscheidenden Wendepunkt in deinem jungen Leben darstellen sollte, kurz verlasse. Es geschieht gerade wegen der Bedeutung der Dinge für dich und auch für mich, die du in diesem Jahr und in den folgenden erleben solltest, daß ich den Weg durch schmutzige Anmerkungen freimachen will, um bald nur noch von dir zu berichten, ohne mich oder deine eigenen Schilderungen unterbrechen zu müssen.

Hab keine Angst, ich verlasse dich nicht für lange, im Gegenteil, und ich beeile mich, im Geist wieder zu dir zu finden, wenn ich dich schon nicht an die Hand nehmen kann dort, wo du in diesem Augenblick lebst.

Deine älteren Brüder waren aus dem Haus und flogen auf eigenen Schwingen. Ich verfolgte ihre Entwicklung mit der gleichen Liebe wie seit dem Tag, an dem sie geboren wurden. Nur Pierre blieb mir noch, der mir unschuldigerweise als Baby so viel Sorgen verursacht und so viel Befürchtungen geweckt hatte. Er war jetzt ein elfjähriger Gymnasiast, ein stämmiger Kerl, der offen war gegenüber dem Leben sowie allen, die um ihn herum waren und mit denen er sich umgab. Ich werde zu gegebener Zeit auch auf ihn wieder zu sprechen kommen.

Was es mich niederzuschreiben drängt, ist ein letztes Wort über einen vergangenen Zeitraum, der nur zu lange gedauert hatte und mich hätte zugrunde richten können, wenn ich nicht euch um mich gehabt hätte, euch, meine vier Kinder, und wenn ich nicht Teresas Liebe verspürt hätte.

Es wird also von D. die Rede sein, von D. allein, die sich alle Mühe gibt, nicht in Vergessenheit zu geraten, und das mit allen Mitteln, die mich nicht mehr überraschen können.

Ich habe den Ereignissen ein wenig vorgegriffen, als ich auf den vorangehenden Seiten den Brief schilderte, den sie mir im Januar 1971 sandte. Es ist ganz gut, zeitlich noch einmal etwas zurückzugehen, denn auch für sie bedeutete das Jahr 1970 einen folgenschweren Wendepunkt.

Während sie im Hôtel Président in Genf lebte, wohin ihr der neue Chauffeur mit dem autoritären Auftreten gefolgt war, schlug ich ihr vor, für sie ein Appartement in dieser Stadt oder in Lausanne, ganz nach ihrem Wunsch, zu kaufen, aber sie wollte nichts von einer dieser beiden Städte hören.

Sie ließ mich wissen, daß in Begnins, einem Dorf unweit der französischen Grenze und von Divonne, eine Villa zum Kauf angeboten wurde. Warum sie gerade diesen Vorschlag machte, würde ich nie erfahren. Die Villa, die fast neu war und zu der, so schien es, ein schöner Garten gehörte, lag neben dem im gleichen Stil erbauten Haus eines sehr berühmten Automobilrennfahrers der Formel I. Es gab andere Kaufinteressenten, und ich mußte rasch eine Entscheidung treffen. Sie bestand auf ihrem Wunsch. Ich kaufte also auf ihr Drängen hin innerhalb von drei Tagen diese Villa, die ich nie gesehen hatte und nie sehen würde. Ich traf allerdings die Vorsichtsmaßnahme, sie auf meinen Namen zu erwerben, erklärte mich aber bereit, sie darin so lange wohnen zu lassen, wie sie wollte, und kostenmäßig die von ihr gewünschten baulichen Veränderungen sowie die Inneneinrichtung zu übernehmen.

Die Umbauten waren zahlreich, denn was einem Formel I-Rennfahrer und seiner Familie gefällt, entspricht nicht notwendigerweise D.s Geschmack, die bescheiden ihre Villa in Goldbuchstaben »Villa D.« nannte.

Also meinetwegen »Villa D.«! Sie hatte dort weder ein Zimmermädchen noch eine Gesellschafterin. Die einzige Person, die dort mit ihr ziemlich lange wohnte, war ein Mann, den ich ebenfalls nie kennenlernte und der sich am Telefon – ich machte selbst das Experiment – meldete mit:

»Hier ist der Hausverwalter von Madame Simenon!«

Meinetwegen auch *Hausverwalter!* Ich erfuhr durch Zufall, daß dieser Mann Franzose war, daß er verheiratet war und daß seine Frau mit den Kindern in Frankreich lebte, schließlich noch, daß sie ihn im »Président« kennengelernt hatte, wo er Etagenkellner gewesen war.

Das wäre mich alles nichts angegangen, wenn ich nicht eine Lawine von manchmal bestürzend hohen Rechnungen von Lieferanten erhalten hätte, an die D. sich wegen der Möblierung der Villa wandte, die ihren Namen trug. Eine dieser Rechnungen überraschte mich besonders und ließ mir keine Ruhe. Sie lautete auf über hunderttausend Schweizer Franken und war für einen einzigen Orientteppich ausgestellt, der, wie ich erst später hörte, mottenzerfressen und völlig zerschlissen war. Den raffinierten Verkäufer, der an jenem Tag seine Zeit nicht verschwendete, habe ich nie getroffen.

Ich zahlte. Trotzdem hatte D. noch das Scheckheft für das gemeinsame Konto in Händen, das ich bei meiner Ankunft in der Schweiz sofort aus praktischen Gründen angelegt hatte, denn wir hatten trotz allem bei der Eheschließung Gütertrennung vereinbart, und sie hatte ihrerseits nichts in die Ehe eingebracht.

Es spielte ja keine große Rolle. Sollte sie doch mit ihrem Hausverwalter glücklich sein!

Mitte November traf sie eine Krankenschwester wieder, die sie in Prangins kennengelernt hatte. Diese Dame, die mir sehr sympathisch vorkam, hatte in einem abgelegenen Dorf zwischen Avignon und den Alpen ein Haus eröffnet, in dem sie »Lebensfremde« aufnahm, Personen, die mit der Umwelt nicht fertig wurden.

Sie nahm D. nach Avignon mit, und diese fand eine Unterkunft nicht weit von der Stadt bei Leuten in Isle-sur-la-Sorgue. In welches Milieu geriet sie wohl hinein? Größtenteils junge Menschen, mehr oder weniger Bohémiens, mehr oder weniger »Randgruppen der Gesellschaft«.

Aber vor allem gehörte ein nach eigenen Aussagen früherer Schweizer Pastor dazu, der in einer alten Wohnung ein »Institut für Geisteswissenschaften« ins Leben gerufen hatte. Ich fand heraus, ebenfalls erst später, daß er nie Geistlicher gewesen war und daß er sich mehr oder minder mit Psychoanalyse beschäftigte, obwohl er weder Arzt noch Psychologe war. Vergeblich bemühte ich mich um Auskünfte über dieses Institut, das niemand kannte, nicht einmal in Avignon.

Ein erster Telefonanruf löste Alarm bei mir aus. Es war eine Kassiererin des Crédit Lyonnais in Cannes, bei dem ich auch ein gemeinsames Konto unterhielt. Wörtlich teilte sie mir mit:

»Monsieur Simenon, ich weiß nicht mehr, was ich tun soll und rufe Sie lieber vorher an. Ihre Frau ist dabei, Ihr Konto ›nach Strich und Faden‹ zu plündern!«

Wie durch Zufall ließ mich um die gleiche Zeit meine Bank in Lausanne wissen, daß Schecks mit der Unterschrift meiner Frau in rauhen Mengen hereinkamen und daß ich Schritte unternehmen solle, damit mein Kontostand nicht auf Null zurückginge oder sogar einen Minussaldo ausweise. Eine einzige Abhilfe wurde mir von beiden Banken empfohlen: ich sollte die gemeinsamen Konten auflösen und ihre Salden auf ein Konto überschreiben lassen, das nur meinen Namen trug.

Ich informierte D. entsprechend und setzte sie von den finanziellen Verfügungen in Kenntnis, die ich in bezug auf sie angeordnet hatte. Pro

Quartal wurde ihr eine ansehnliche Unterhaltsbeihilfe auf ihr persönliches Konto in Nyon (in der Nähe von Begnins) überwiesen. Ich verpflichtete mich darüber hinaus dazu, Arzt- und Arzneimittelkosten, ihre Steuern, die dem Eigentümer der Villa D. zufallenden Instandsetzungsarbeiten und schließlich ihre immer länger dauernden und häufiger werdenden Klinikaufenthalte zu bezahlen.

Ich nenne keine Ziffern. Das Ganze übertraf bei weitem die Aufwandsentschädigung des Präsidenten der Schweizerischen Eidgenossenschaft und um noch viel mehr das Einkommen des Ministerpräsidenten der Französischen Republik.

Ich erklärte mich ebenfalls bereit, die Begleichung der Honorare des Gründers und Leiters des mysteriösen Institutes für Geisteswissenschaften zu übernehmen, der mit D. psychotherapeutische Sitzungen veranstaltete, im Durchschnitt fünf Stunden täglich. Was mochte sie diesem Mann erzählen, den ich gleichfalls nie gesehen habe? So viel ist sicher, daß er mir in einem langen Brief schwere Vorwürfe machte und mich aller Sünden dieser Welt zieh. Ich überwies ihm trotzdem seine Honorare, für deren Höhe – immerhin achtzigtausend Schweizer Franken – ich diesmal eine genaue Aufschlüsselung verlangte. Die Summe sollte nicht seinem Bankkonto, sondern dem seines Bruders gutgeschrieben werden, der in der Schweiz lebte.

War es ihm zu verdanken, daß D. lichte Momente erlebte? Möglich ist es schon. Jedenfalls erhielt ich um diese Zeit, im Jahre 1971, zwei Briefe von ihr, die mich, wenn auch leider nur kurz, Hoffnung schöpfen ließen. Ich habe zu Ende des vorangehenden Kapitels den ersten zitiert und gebe hier den Inhalt des zweiten Briefes wieder, der den des ersten zu bestätigen scheint.

Er ist vom 4. März 1971 und spricht von dem Abgrund, an dessen Rand sie zu Beginn der Psychoanalyse gestanden habe, der sie sich unterzog.

Anscheinend hatte sie mit dem Trinken aufgehört und verstand ihre »geistige Abwesenheit« als Folge einer bestimmten Verirrung. Ihre Hoffnung sei gegenwärtig – aber dazu brauche es Zeit, viel Zeit! –, das Vergangene hinter sich zu lassen. Ihr Brief schließt mit vielen Küssen für uns alle.

Ich glaubte endlich aufatmen zu können, wenn auch mein Instinkt und die lange Bekanntschaft mit D. mich trotz meiner optimistischen Einstellung auf der Hut sein ließen. Im übrigen hatte ich andere Sorgen, die mir ganz ohne ihr Zutun meine kleine Marie-Jo verursachte.

Trotz allem kam ich zum Schreiben. Tat ich das, weil es für mich ein Refugium darstellte? Diese Frage beantworte ich mit einem kategorischen Nein. Ich schrieb seit meinem sechzehnten Lebensjahr und tat es ohne anderen Ehrgeiz als den, mich zu äußern und weil mir persönlich dafür nur die Schrift zu Gebote stand.

Im Oktober 1970 entstand ein Roman, *La disparition d'Odile*, bei dessen Inhalt man fälschlicherweise Parallelen zu meinem Privatleben zieht. Vielleicht aus einer Art Vorahnung? Ich weiß es nicht und forsche nicht weiter nach.

Vom 1. bis zum 7. Februar 1971: *Maigret et l'homme tout seul.* März: *La cage de verre.* Juni: *Maigret et l'indicateur.* Zum Glück beendete ich diesen Roman vor Ende Juni. Ich bekam nämlich einen Brief von D., datiert vom 23. Juni, der diesmal nicht mit der Hand geschrieben, sondern auf der Maschine getippt worden war, und dessen Stil mich vermuten ließ, daß sie ihn nicht allein verfaßt hatte.

Diesmal kam der Brief »per Einschreiben« mit »Empfangsschein«, und ich witterte – zu Recht, wie sich herausstellen sollte – eine Drohung.

Sie zog darin dritte Personen von einwandfreiem Ruf mit beleidigenden, ja vulgären Formulierungen mit ins Spiel, wie sie es sieben Jahre später in einem Buch tun würde, dessen Bauchbinde bereits einen Betrug darstellte, denn sein Werbetext verkündete: »Die Ehe der Madame Maigret«.

War D. nicht ihr Leben lang die Antithese der sanftmütigen Ehefrau des Kommissars gewesen?

Jedenfalls ließ sie mich in diesem Brief wissen, daß sie nach ihrem letzten Aufenthalt in der Schweiz von dem alleinbefugten Repräsentanten einer namhaften internationalen Presseagentur, die sie im übrigen nicht namentlich nannte, aufgesucht worden war.

Er hatte ihr in eindringlicher Weise das Angebot gemacht, eine Artikelserie über ihr Leben an meiner Seite zu verfassen, und sie hatte ihre Antwort darauf einstweilen zurückgestellt, weil sie wohl befürchtete, die Artikel nicht schreiben zu können, ohne darin eine gewisse Animosität in bezug auf mich zum Ausdruck zu bringen.

Es folgten seitenlange Vorwürfe, Beleidigungen und Unwahrheiten. Das Schlußfeuerwerk dieses endlosen Briefes war in rein juristischen Formulierungen gehalten.

Es lief auf einen Vorschlag für eine gütliche Einigung zwischen ihr und mir hinaus, die uns zunächst einmal verpflichtete, uns nie mehr wiederzusehen.

Sodann sollte ich mich bereit erklären, ihr an jedem Monatsende je zur Hälfte auf ihr Bankkonto in Avignon und ihr Konto in der Schweiz eine Summe von achtundvierzigtausend Schweizer Franken (also mehr als eine halbe Million Schweizer Franken jährlich) vom 30. Juni 1971 an zu zahlen, wobei eine Klausel die Erhöhung dieser Summe im Falle einer Steigerung der allgemeinen Lebenshaltungskosten und einer Währungsabwertung vorsah.

Wenn ich auf diesen Vorschlag einginge, würden die »Gerüchte« (?) über mich kraft der von ihr richtiggestellten Wahrheit (?) aus der Welt geschafft. Sie würde dann, wie sie versicherte, für alle Zeiten über die Vergangenheit schweigen und unverzüglich das handgeschriebene Original und die Kopien der beiden ersten, in Avignon geschriebenen und in aller Eile mit der Post nach der Schweiz aufgegebenen Manuskripte vernichten. Diese seien in sicheren Händen und enthielten auch Anweisungen über ihre mögliche Verwendung. An die gleiche Adresse ginge auch ein Durchschlag dieses Schreibens.

Sollte ich die genannte Regelung ablehnen, dann werde sie – ohne Gehässigkeit und Groll – die in der Öffentlichkeit kursierenden Gerüchte (?) in objektive Informationen (!) umwandeln.

Im Postskript dieses Ultimatums wurde eine *befriedigende Antwort* bis spätestens zum 29. Juni verlangt. Sollte diese nicht eintreffen, so werde sie unverzüglich unwiderrufliche Schritte unternehmen.

Wie zum Hohn endete dieser Brief mit einem »Freundschaftlichen Gruß«.

Diesmal beleidigte und drohte das verzweifelte kleine Mädchen, das sie in den vorangegangenen Briefen gewesen war, nicht nur. Sie verwendete Formulierungen, die eines Erpresserbriefes würdig waren, den ihr Schreiben ja auch darstellte.

Der Brief trug, wie gesagt, das Datum des 23. Juni. Vermutlich bekam ich ihn zwei Tage später. Nun kündigte sie aber mit unmißverständlichen Worten sofortige, *unwiderrufliche* Schritte für den Fall an, daß ich ihr nicht bis spätestens zum *29. Juni* eine befriedigende Antwort zukommen ließ.

Ich antwortete mit dem untenstehenden Telegramm und setzte trotz meines Widerwillens ebenfalls einen »freundschaftlichen Gruß« darunter.

deinen brief erhalten freitag fünfundzwanzigster juni kurz vor dienstschluß der sekretärinnen stop antwort unmöglich vor neunundzwanzigstem stop weiß übrigens nicht welche antwort solcher schwall von ungenauigkeiten und sinnlosen drohungen verdient stop annahme erstaunlicher sechs punkte deines vorschlags selbstverständlich außer frage stop unternimm doch angekündigte unwiderrufliche schritte stop freundschaftlicher gruß georges

Ich wartete auf das Hochgehen der angedrohten gewaltigen Bombe, aber nichts tat sich. D. hatte endlich ihr wahres Gesicht gezeigt, und ich machte mir in bezug auf sie keine Illusionen mehr. Sie hatte den Krieg erklärt. Ich zog nicht gegen sie zu Felde, sondern beschränkte mich auf die Abwehr ihrer Angriffe.

Eine einzige Anmerkung sei hier aber noch gestattet.

In den Vereinigten Staaten erlegte mir, wie es üblich war, mein *agreement* mit Tigy bei der Scheidung die Verpflichtung auf, neben der Unterhaltszahlung an Tigy bis an mein Lebensende auch eine Lebensversicherung zu ihren Gunsten abzuschließen, was ich auch tat. Ich überwies die Prämien fast zwei Jahre lang. Während einer unserer Reisen nach New York lernte D. dann den Vertreter einer Konkurrenzgesellschaft kennen, der ihr, wie sie behauptete, bessere Bedingungen versprach.

Finanzielle Dinge waren mir immer zuwider. Ich ließ sie gewähren, und sie konferierte zwei volle Nachmittage im Salon unseres Appartements im Plaza mit dem neuen Versicherungsmann. Natürlich verlor ich beim Wechsel der Versicherungsgesellschaft die beiden an die erste Gesellschaft geleisteten Zahlungen, aber damals hegte ich noch Hoffnungen hinsichtlich D.

Ich unterzeichnete also die neue Police, ohne darauf zu achten, daß mit einemmal D. darin als Begünstigte genannt war. Die ausgleichende Gerechtigkeit wollte es, daß man ihr, als ich siebenundsechzig Jahre alt war und sie Anspruch auf die Tigy zustehende Summe erhob, kurz und bündig mitteilte, die Gesellschaft schulde ihr keine Leistungen, sondern ausschließlich Tigy habe rechtlichen Anspruch auf das Geld nach meinem Tode. Von der Gesellschaft rechtzeitig benachrichtigt, hatte ich längst dafür gesorgt, daß die Klausel, die man mir in New York vorenthalten hatte, geändert wurde.

Von nun an sollte D. nur noch unter Zwischenschaltung einer erstaunlichen Reihe immer neuer Anwälte mit mir verkehren. Und entsprechend den Gepflogenheiten wurden deren Briefe von meinem Anwalt beantwortet.

Dennoch erreichte mich noch einmal ein letzter Brief von ihr, der am 18. Oktober 1971 geschrieben worden war. Wieder ging es um Gelddinge. Und zum Schluß kam eine neue Drohung.

Es tue ihr leid, zu Mitteln greifen zu müssen, deren Echo mich bei meinem Leserpublikum in Verruf bringen würde. Sie nehme auch ungern die ihr von verschiedenen Seiten (?) gemachten Vorschläge an, Buchverträge abzuschließen, die ihr die finanzielle Unabhängigkeit sichern würden, die ich ihr nicht gewährte.

Ihre Enthüllungen waren demnach sehr begehrt. Was wartete sie noch darauf, sie zu verkaufen und so »finanziell unabhängig« zu werden?

Ich antwortete ihr wiederum telegrafisch:

deinen brief vom achtzehnten oktober 1971 erhalten stop meine position hinsichtlich monatlicher zahlungen unverändert ebenso bereit arztrechnungen direkt zu begleichen stop marie-jo in paris wohlauf stop derzeit ohne adresse

weil ständig hotelwechsel stop pierre blendend in form johnny auch grüße
georges

Dann endlich der erste Brief von einem Anwalt, aber es ging nicht mehr
um Geld und Drohungen.

1. Dezember 1971

Sehr geehrter Herr Simenon,

*Ihre Gattin hat mich in Sachen Ihrer gemeinsamen Tochter Marie-Jo um
Rechtsbeistand gebeten.*

*Madame Simenon gibt an, daß Sie ihr als Adresse dieses Kindes, das erst
18 Jahre alt ist, das Hôtel Univers, Rue Duperré 15, in Paris (9e) genannt
haben.*

*Meine Nachforschungen haben ergeben, daß dieses Kind nur einige Tage
lang in dem genannten Hotel verblieben und es dann mit unbekanntem Ziel
verlassen hat, ferner, daß das oben bezeichnete Hotel sich in einem wenig
empfehlenswerten Stadtteil befindet und zwischen zwei Nachtklubs liegt, und
drittens, daß Ihr Kind Marie-Jo nicht allein war, sondern von einer oder
mehreren Personen begleitet wurde.*

*Angesichts dieser Tatsachen bin ich ermächtigt, Sie im Namen von
Madame Denise Simenon um Auskunft zu folgenden Fragen zu ersuchen:*

Wie lautet die gegenwärtige Adresse des Kindes Marie-Jo?

In der Obhut welcher Personen hält sich dieses Kind auf?

Ich danke Ihnen im voraus für Ihre Antwort.

*Gemäß den Gepflogenheiten des Anwaltstandes wäre ich Ihnen für die
Mitteilung, wie der Name Ihres Rechtsberaters lautet, verbunden.*

Ich erwiderte ohne Einschaltung eines Anwalts, denn zu diesem Zeitpunkt
hatte ich noch gar keinen:

*in beantwortung ihres schreibens vom ersten dezember stop meine tochter
wohnt derzeit boulevard de la madeleine 8 paris stop richtet sich gerade wohnung ein stop ihr umgang mir unbekannt stop vorzügliche hochachtung*
georges simenon

D.s Anwälte lösten einander ab, sowohl in Avignon als auch in Paris, in
Genf und in Lausanne. Eine Reihe von ihnen weigerte sich, sie länger zu
vertreten. Gründe dafür gaben sie nicht an, aber ich kann sie mir denken.
Ein weiterer Rechtsanwalt nämlich, den sie zu engagieren versuchte,
lehnte mit Hinweis auf die Ethik seines Berufsstandes ab und enthüllte
auch den wahren Grund: sein Vorgänger hatte von ihr seine Honorare
nicht bekommen.

Sie verlangte manchmal anderthalb Millionen, dann wieder zwei Millionen Schweizer Franken über ihre Unterhaltsbeiträge hinaus mit der Begründung, ihre Unabhängigkeit und ihren *Status* wahren zu müssen. Sie redete viel von *Status*. Sie beharrte darauf, wie sie auch darauf bestand, für alle und jedermann, was mir egal war, Madame Georges Simenon zu bleiben. Hatte sie nicht auch verlangt, daß Tigy diesen Namen nicht verwenden dürfe?

»Es gibt nur eine Madame Georges Simenon! Mich!!!«

Was gar nicht stimmt, denn in Brüssel existiert eine Madame Georges Simenon, die Frau meines Neffen; mein Bruder hat nämlich seinem Sohn meinen Vornamen gegeben.

Sie zitierte mich vor das Zivilgericht in Lausanne, vor dem sie auf Offenlegung der Höhe meines Einkommens, meines Vermögens und meiner privaten Ausgaben klagte.

Ich sah sie von fern in dem sehr langen Vorzimmer, in dem wir beide warten mußten, und erkannte sie gar nicht sofort.

Bei einem Zivilprozeß wird bekanntlich die Verhandlung zwischen dem Vorsitzenden und den Anwälten der beiden Parteien stets mit vollendeter Höflichkeit und in juristischer Fachsprache geführt. Im Gegensatz zum Schwurgerichtssaal gibt es hier keine Gefühlsausbrüche und kein Stimmengewirr, und die Betroffenen selbst haben kein Wörtchen mitzureden.

Ich sehe sie noch vor mir, schwarz gekleidet, die Haare beinahe kurz geschoren, wie sie sich erhob und ihren Anwalt unterbrach, um selbst das Wort zu ergreifen. Sie gestikulierte, und ihre Stimme überschlug sich fast. Der Vorsitzende der Kammer versuchte, sie zu beruhigen, ihr das Wort zu entziehen. Sie setzte sich schließlich wieder hin, stand aber noch zwei- bis dreimal auf und schaltete sich in die Verhandlung ein.

Das Resultat: Ihre Klage wurde abgewiesen, und die Verfahrenskosten gingen zu ihren Lasten.

Während der folgenden acht Jahre würde sie mich auf diese Weise fortwährend attackieren, immer drohend, einmal auf diesem Gebiet, dann wieder in einer anderen Sache, immer durch Briefe ihrer ständig wechselnden Anwälte. Jedenfalls mied sie die Gerichte, vor denen sie sich von nun an in acht nahm.

Sie verbreitete über mein Vermögen Gerüchte, in denen von unglaublichen Summen, Zigmillionen, ja sogar Milliarden, die Rede war.

Sie erinnerte mich an die alten Frauen, Witwen oder alten Jungfern auf dem Lande oder in französischen Kleinstädten, die an Markttagen oder bei Jahrmärkten in der Kreisstadt ihrem »Rechtsgelehrten« einen Besuch abstatten. Andere vor Gericht zu bringen und zu prozessieren ist ihre letzte Leidenschaft. Da kann es sich um eine Nachbarin handeln, deren Hund ein Huhn getötet hat, um einen Baum, dessen Astwerk über die

Einzäunung ihres Gartens ragt, oder um eine Wiese, bei der sich die Feld-
messer zu Ungunsten der Besitzerin um ein paar Meter Boden vertan
haben, kurz: sie klagen wegen wer weiß was. Vielleicht möchten sie auch
jemandem das Wegerecht verwehren, oder sie sind von einer Schwiegertochter in Gegenwart anderer Leute beleidigt worden . . .

Das »Prozessieren« beschert in den größeren Städten der Bezirke den
»Rechtsgelehrten«, Anwälten, die nicht unbedingt zum Plädoyer zugelassen sein müssen, Notaren oder Rechtsanwälten eine ständig sprudelnde
Einkommensquelle. Man sucht sie auf, so wie man Heilpraktiker auf-
sucht.

Die Forderungen D.s reißen nicht ab, und der Aktendeckel ist dadurch
schon so dick gefüllt, daß ich nicht den Mut aufbringe, seinen Inhalt noch
einmal zu lesen.

Die juristischen Drohungen haben 1972 begonnen. Ich habe keiner einzigen von ihnen nachgegeben. Nach sechsjährigem »Prozessieren« entschloß sich D. endlich, das Buch zu schreiben, von dem sie so viel gesprochen hatte. Sie verfaßte es übrigens nicht allein, sondern mit Hilfe zweier
verschiedener »Ghostwriter«, deren Namen mir bekannt sind. Bei ihr
lösten die »Mietschreiber« einander ab wie die Advokaten, und ich hielt
die Korrekturbögen ihres Buches fast zur gleichen Zeit in Händen wie sie.

Zum Verleger, der einen ganz kleinen Verlag mit nicht für einen roten
Heller internationaler Erfahrung besaß, wäre zu sagen, daß er wenige
Monate darauf in Konkurs gehen sollte. Ob D. zumindest ihr Geld
bekam? Und ob sie wohl endlich die »finanzielle Unabhängigkeit«
erlangte, von der sie in ihren Briefen immer sprach?

»Lügt nur, lügt, es bleibt schon etwas hängen!«

In ihren Interviews dichtete sie bereitwillig immer neue Dinge dazu,
und einige Journalisten gingen ihr auf den Leim, darunter sogar ausländische Reporter, die sie mit offenen Armen empfing.

Sie trat sogar im französischen Fernsehen in einer Sendung von Phi-
lippe Bouvard auf. Ich fand sie dabei bejammernswert, denn sie bewegte
sich und sprach mit dumpfer Stimme, wie ein Roboter.

Das kleine Mädchen von einst, das von seinen Brüdern und seiner
Schwester »La Diva« genannt wurde – war endlich sein Traum wahr
geworden? Auf dem Bildschirm machte sie für mich einen traurigen,
abwesenden Eindruck, als habe man sie unter Drogen gesetzt.

Hatte ich deswegen Mitleid mit ihr? Es kann sein. Aber nicht lange,
denn die unbändige Leidenschaft, die schon so lange in ihr gewohnt hatte,
würde mehr oder weniger direkt tragische Folgen haben.

Nicht für mich zum Glück, der ich schon ein langes Leben gelebt habe.

Aber für dich, mein kleines geliebtes Mädchen, das du mir auf englisch
die Worte vorsangst und dich selbst auf der Gitarre dazu begleitetest:

»Wenn du hundert Jahre alt sein wirst, werde ich fünfzig sein . . .«

Jetzt bist du an der Reihe, schöne und zerbrechliche Marie-Jo! Ich habe den Weg freigemacht.

Aber die Strecke, die ich mit dir noch einmal gehen will, Etappe für Etappe, von 1970 an, als du siebzehn Jahre alt warst und ich fünfzig Jahre mehr als du zählte, wird von fröhlichen Stunden und von Stunden der Sorge gekennzeichnet sein, die ich neu erleben muß, wenn ich die Kraft dazu habe.

Zumindest schreibe ich diesmal ohne Übelkeit.

Und mit sehr viel Liebe.

71

Nun ist also die Reihe an dir, meine geliebte kleine Marie-Jo, jetzt, nachdem ich das, was es an Gemeinem und Schmutzigem in meinen Erinnerungen gab – an »Schäbigem«, wie du gesagt hättest –, losgeworden bin. Ich wollte nicht deine Lebensgeschichte malen und dabei dieselben Farben auftragen. So kann ich mit einer ganz neuen Palette beginnen.

Denn weißt du, daß es *dein* Leben ist, das ich, seit zwei Jahren und mehr, mir vorgenommen habe zu schreiben, dein leidenschaftliches und erschütterndes Leben, das ein großer Riß in mir mich nicht schon längst in Erinnerung rufen ließ?

Die ersten beiden dieser Hefte, von denen dies das neunte ist, tragen einen einzigen Namen, einen einzigen Titel:

Marie-Jo

Doch vermöchte ich deine Geschichte aufzuzeichnen, ohne gleichzeitig zu berichten – wie in *Stammbaum*, dem für Marc bestimmten Buch, als dieser knapp zwei Jahre war und ein ungebildeter und eingebildeter Arzt mir nur noch zwei Jahre zu leben gegeben hatte –, könnte ich deine Lebensgeschichte schreiben, fragte ich mich, ohne zugleich die deines Vaters, deiner Mutter, deiner Brüder, deiner Umgebung? Ein anderer Titel ist mir in den Sinn gekommen:

Marie-Jo und ihre Brüder

Aus dem gleichen Grund habe ich auch ihn verworfen, und so tragen heute, im September 1980, diese Kladden mit gelbem, beinahe goldfarbenem Umschlag überhaupt keine Aufschrift.

Ich habe vier Kinder. Ich habe sie alle vier mit der gleichen Sorgfalt und zärtlichen Liebe »ausgebrütet«. Denn von eurer Geburt an und später nach euren ersten Schritten habe ich versucht, euch einen wie den anderen zu verstehen, das erregende Geheimnis zu ergründen, das jedes menschliche Leben darstellt.

Wenn ich dir mehr Platz einräume als deinen Brüdern, mein kleines Mädchen, dann geschieht das vielleicht unbewußt, weil du dein Leben lang das kleine Mädchen warst und geblieben bist, das ich mir stets gewünscht hatte, so sehr, daß ich mir vor Marcs Geburt aus aller Welt Stickereialben bestellt hatte, um Anregungen für die ersten Kleider meiner Tochter zu bekommen.

Das Schicksal hat mir vor dir zwei Söhne beschert, und ich bin nicht enttäuscht gewesen. Marc und Johnny, die kleinen Kerlchen, sind ebenso freudig begrüßt worden wie später nach dir dein Bruder Pierre. Und trotzdem habe ich mich sehr lange nach einer Tochter gesehnt, einem kleinen Menschenweibchen, dessen Aufwachsen ich genau verfolgen konnte.

Darüber hinaus warst du von meinen vier Kindern das zarteste, genauer gesagt: das sensibelste, mit einer solchen Sensibilität ausgestattet, daß sie mir manchmal Angst einjagte und ich in Versuchung geriet, nur im Flüsterton mit dir zu sprechen.

Ich habe es vom Ende deines ersten Lebensjahres an gewußt, als ich in Lakeville infolge eines ärgerlichen Zufalls meinen Wagen nicht an der Wegecke zum Stehen bringen konnte, während du dich in Begleitung deiner amerikanischen Kinderschwester mühtest, deinen Kinderwagen selbst zu schieben. Ich hätte dich gern in die Arme genommen, wie ich es jeden Tag auf dem Weg zum Postamt tat.

Ich habe es bereits, vielleicht schon mehrmals, erzählt. Diese Episode, dem Anschein nach völlig unbedeutend, sollte kennzeichnend für alle meine Beziehungen zu dir sein. Bei meiner Rückkehr fand ich das ganze Haus in Aufregung um ein kleines lebloses Wesen geschart, das keinen Mucks von sich gab, wofür unser Freund Dr. Wyller zunächst keine Erklärung hatte. Plötzlich kam ihm eine Idee: er legte dich mir in die Arme.

Und das Wunder geschah. Du hobst die Wimpern, schautest mich an, und ein leichtes, ganz leichtes Lächeln zeichnete sich auf deinen Lippen ab, das derart rätselhaft war, daß ich ziemlich viel Zeit brauchte, um es zu deuten.

Sicherlich war deine Leblosigkeit nicht gespielt. Aber hatte es nicht den Anschein, als wolltest du mir durch dieses Lächeln sagen:

»Ich habe dich ganz schön reingelegt, was?«

Du warst nicht nur ein hypersensibler Typ, Marie-Jo, sondern du warst, wie ich später feststellen sollte, liebebedürftig, nicht nur bedürftig, Liebe zu empfangen, sondern auch, sie zu geben.

Mein ganzes Leben lang hast du mich an ein *filly* erinnert, ein Wort, das du selbst oft in viel späterer Zeit verwandtest, als du mir die schwermütigen Western Songs vorsangst und dazu auf der Gitarre spieltest. Das ist auch der Grund, warum ich mich heute zurückhalten muß, um nicht englisch mit dir zu sprechen, wie du es dir angewöhnt hattest, wenn es um vertrauliche Dinge und Gefühle ging.

Ein *filly* ist im Lande der Cowboys ein junges Stutfohlen, und dort drüben ist es Sinnbild der Zartheit, denn es läßt einen an das junge, noch ungezähmte weibliche Tier denken, das aus großen Augen das Leben und die Lebewesen mit ängstlicher Neugier betrachtet, stets bereit, bei der kleinsten Gefahr auf seinen langen, noch kraftlosen Beinen in Galoppsprüngen Reißaus zu nehmen.

Während deines ganzen Lebens, geliebte Marie-Jo, hast du mich beständig an diese jungen Fohlen denken lassen. Du besaßest wie sie eine natürliche Sensibilität und zugleich den Drang, dich schüchtern Menschen zu nähern, um ein wenig Zuneigung zu erbetteln.

Über deine Kindheit habe ich in diesen Heften viel berichtet. Du hast es auch selbst getan, selbst in deinen Schulaufsätzen, in denen du dich ohne falsche Scham seitenlang prophetisch offenbartest.

Jene Seiten, die Seiten in deinen Heften mit intimen Aufzeichnungen, deine Briefe und deine Tonbänder sollen gebührend gewürdigt werden, wenn die Reihe an dir ist, dich selbst darzustellen.

Erlaube mir vorher noch, mit meinen Worten zu erzählen, was ich gesehen habe, was ich mit dir erlebt habe, oft nach einer Wahrheit forschend, die ich nicht fand und die du mir dann eines Tages enthülltest. Diese Wahrheit kannte ich 1970 noch nicht und auch nicht in den Jahren darauf. Ich tappte im dunkeln, bemühte mich, deine mir gegenüber nur angedeuteten Geheimnisse zu entschlüsseln. Wenn es mir dabei passiert ist, mich zu irren, und ich dich enttäuscht haben sollte, bitte ich dich um Vergebung, mein reizendes und scheues *filly.*

1970 verbrachtest du also deine Winterferien in Avoriaz mit deinen Brüdern, mit Boule und der jungen Yole, die dich liebgewonnen hatte.

Meine Gesundheit hatte mir nicht gestattet, euch in diesen französischen Wintersportort zu folgen, wo keine Autos mehr fahren dürfen und wo man auf Skiern das Hotel oder das möbliert gemietete Haus verläßt.

Ich telefonierte viel mit euch, gewiß, aber ich hatte doch Mühe, mir euer Leben in dieser möblierten Wohnung vorzustellen, in der jeder sich mehr oder weniger um das Kochen kümmerte, oder in einem Nachtklub voller Leute vom Film, wo sich jede Nacht deren Fans versammelten, zu denen du damals auch gehörtest.

Du warst siebzehn Jahre alt. Du hattest eine erste enttäuschende sexuelle Erfahrung in einem Badezimmer hinter dir, mit einem attraktiven Mann zwar, aber einem, der von einer Frau zur nächsten ging und ihnen auf gut Glück wie ein Kuckuck Kinder machte. Ich hätte mir so sehr für dich eine andere Aufklärung gewünscht als diejenige, die dir dort während einer Nacht allgemeiner Ausgelassenheit zuteil wurde zwischen einem WC und einem Waschbecken, während draußen mehr oder weniger betrunkene Leute vorbeitorkelten.

Hinzu kam noch, daß dein erster Liebhaber (wie dieses Wort in einem solchen Zusammenhang doch schlecht zu ihm paßt!) in Gegenwart deiner Brüder alles abstritt, dich als Lügnerin hinstellte, als junges Mädchen mit übergroßer Einbildungskraft. Ich erfuhr aus deinem eigenen Munde, wie sehr dich das getroffen hatte.

In Epalinges hattest du bei deinen Parties andere Liebeleien gehabt, mit zwei Jungen deines Alters oder etwas älter als du, aber die Sache war beidemal nicht weit gediehen, was diese zwei jungen Männer noch lange bedauerten. In ihren Briefen beklagten sie sich darüber, daß du dein Spiel mit ihnen getrieben hättest. Einer von ihnen, der sehr sympathisch war, machte sich noch zwei Jahre lang Hoffnungen. Ihm wie dem anderen bliebst du trotzdem freundschaftlich verbunden.

Du nahmst in deinem Zimmer Zeichen- und Malunterricht bei deinem Lehrer vom Gymnasium. Der schwarze Ledersessel dort wurde zu seinem. Dein Zimmer erhielt an den Unterrichtstagen sein Erkennungszeichen, denn es duftete noch lange süßlich nach dem holländischen Tabak, den er sich in die Pfeife stopfte. Er half dir viel bei deinen Malversuchen. Ich glaube auch, daß er dir durch seine herzliche Freundschaft half.

Denn du warst auf der Suche nach dir selbst, mein Liebling. Du suchtest dich selbst in jeglicher Bedeutung dieses Wortes. Du brauchtest Kontakt zu anderen Menschen, deren Aussehen du zunächst eingehend prüftest. Du hattest auch das Bedürfnis, ein noch weitaus unwiderstehlicheres Bedürfnis, deine eigene Persönlichkeit zu entdecken, dich zu erkennen, und dieses Bedürfnis sollte dich dein ganzes Leben lang verfolgen.

Zu dir selbst warst du am unnachgiebigsten, das habe ich immer gemerkt, und nach einer heftigen Auseinandersetzung beispielsweise, die meist auf einem Mißverständnis beruhte, schlossest du dich in deinem Zimmer ein. Es kam vor, daß du dort, auf deinem Bett ausgestreckt, stundenlang die Zimmerdecke anstarrtest, als wolltest du dich bestrafen.

Du würdest meine Wutanfälle erwähnen. Du sollst wissen, daß ich mich nie deinetwegen oder wegen deiner Brüder geärgert habe. Eine einzige Frau, das weißt du wohl, hat es manchmal mit Absicht fertiggebracht, daß ich »aus der Haut fuhr«. Es passierte mir natürlich, daß ich bei dem einen oder anderen von euch vieren laut wurde, wenn ich Angst um euch hatte. Und ich habe oft Angst um dich gehabt, mein Töchterchen, eben gerade wegen deiner übergroßen Sensibilität.

Ich machte mir auch Sorgen um deine Gesundheit, von der ich wußte, daß sie schwach war, als du dir hartnäckig den Schlaf verweigertest, als habest du Angst vor ihm, bis tief in die Nacht aufbliebst und aufgeschreckt und mißvergnügt warst, wenn man dich morgens weckte.

Ich habe dich nie gedrängt, dich mir anzuvertrauen, und es auch bei deinen Brüdern nicht getan, weil ich die Persönlichkeit jedes meiner Kinder respektiere. Zeitweise erzähltest du mir selbst die intimsten Dinge mit entwaffnender Aufrichtigkeit, entweder unter vier Augen in deinem Zimmer, ich in Kims Sessel sitzend, du auf deinem Diwan liegend oder sitzend, oder wenn du mit mir Arm in Arm durch die Felder spazierengingst.

Es gab auch Zeiten, in denen du dich mir verschlossest, ich meine, daß du mir gegenüber zugeknöpft warst, als empfändest du gegen mich ein Ressentiment, dessen Grund ich nicht kannte und das ich schmerzhaft empfand.

Ich wußte, daß deine Mutter, als sie sich noch mit dir verstand, oft abends in dein Zimmer kam und sich bis spät in die Nacht hinein mit dir unterhielt. Nun hatte sie aber an solchen Abenden bereits lange im Büro mit Aitken gequatscht und war selten nüchtern.

Sie hatte dir von deiner Geburt erzählt, wie du wie eine »Kanonenkugel« aus ihrem Bauch gekommen warst, und du hattest daraus gefolgert, daß sie es eilig gehabt hatte, sich deiner zu entledigen. Sie hatte dir auch berichtet, daß sie damals im Krankenhaus von Sharon nicht wie die anderen Frauen mit einem Köfferchen mit Toilettenartikeln angekommen war, sondern mit einem Reisekoffer voll Geschäftspapieren.

Sie war stolz darauf, stolz auch auf die Tatsache, daß sie weniger als eine Stunde nach deiner Geburt mit ihrer Mutter in Kanada telefoniert und anschließend ein langes Ferngespräch mit meinem Verleger in New York wegen irgendeines Vertrages geführt hatte.

Diese Geschichte mit deiner Geburt erzählte sie überall herum wie eine Heldentat. Man stelle sich nur die Bestürzung jenes Verlegers vor, der sich nach einem endlosen, vollkommen unnötigen Gespräch nach ihrer Schwangerschaft erkundigte und die Antwort zu hören bekam:

»Es ist ein Mädchen. Vor zwei Stunden ist es auf die Welt gekommen!«

»Oh! . . . (Pause, die seinen Schrecken, seine Verständnislosigkeit und sein Unbehagen zum Ausdruck brachte) I am sorry, Mrs. Simenon, very, very sorry!«

»Why?«

Ja, warum eigentlich? Ist es nicht natürlich, an geschäftliche Dinge zu denken, kaum daß man ein Kind in die Welt gesetzt hat?

Du zogst in deinem kindlichen Gehirn daraus den Schluß, daß du nicht erwünscht, daß du nur das Produkt einer bedeutungslosen Episode warst und daß sich deine Mutter, kaum daß sie dich losgeworden war, eiligst anderen Angelegenheiten zuwendete.

Du littest darunter, das weiß ich. Du sprachst mehrfach mit mir darüber. Du gestandest mir auch, daß sie sich mit dir oft über die Männer unterhielt und dir den Rat gab, sich vor ihnen in acht zu nehmen, denn sie seien nur egoistische Bestien.

Du warst bemüht, dich selbst zu verstehen, aber du versuchtest auch mit leidenschaftlicher Energie, andere zu verstehen, vor allem die dir am nächsten stehenden Menschen. Du erfandest das »Spion spielen«, bei dem du dich mit deinem Bruder Johnny amüsiertest. Amüsiertest? Johnny vielleicht, der es als der ältere und robustere von euch beiden nicht ernst nahm. Für dich hingegen war es wie eine Suche, eine bange Suche nach der Wahrheit, nach der du hungertest. Du horchtest an den Türen, du zwängtest dich, gelenkig und schlank wie du warst, in die Durchreiche zwischen Küche und Speisezimmer.

Ich wußte Bescheid. Ich machte dir jedoch niemals Vorwürfe, weil ich ahnte, daß eine beinahe gebieterische Notwendigkeit, dich zu beruhigen, dich dazu trieb, auf diese Weise auf Zehenspitzen in den Korridoren umherzuirren und mit angehaltenem Atem stehenzubleiben, sobald du Stimmen vernahmst.

Was schnapptest du auf diese Weise auf? Sicherlich eine Reihe von häuslichen Szenen, stürmischen Auseinandersetzungen, wie deine Mutter sie liebte, Ohrfeigen, Schläge, aber war es wirklich meist ich, der sie austeilte?

Vielleicht warst du Zeuge geworden, wie wir uns in Marcs Zimmer liebten, hattest deine Mutter resigniert, mit fast angeekelter Miene seufzen hören:

»Mach doch endlich Schluß!«

Du warst von den Männern fasziniert und hattest zugleich Angst vor ihnen. Kim wirkte auf dich beruhigend durch seine bedächtige Art, seine Zurückhaltung. Du bewundertest auch seine Geduld und die Besessenheit, mit der er seinen Schülern künstlerischen Geschmack zu vermitteln suchte.

Eines Tages nahm er mich nach einer Unterrichtsstunde beiseite.

»Hören Sie, Monsieur Simenon. Ich bin in einer großen Verlegenheit. Ich habe fast den unangenehmen Eindruck, Ihnen Ihr Geld zu stehlen. Marie-Jos natürliches Talent bedarf nicht der Anleitung. Der größte Teil der Stunden besteht aus Unterhaltung, oft über vertrauliche Dinge . . .«

Klammertest du dich nicht an ihn, der schon ein reifer Mann war, Marie-Jo, weil man dir dein Vaterbild beschmutzt hatte?

Auch das spürte ich, und du hattest es mir später bestätigt. Ich bat Kim, so gut zu sein und die Unterrichtsstunden fortzusetzen, die dir wohltaten, selbst wenn sie dir nur und besonders weil sie dir nur dazu dienten, dein übervolles Herz auszuschütten.

Bei der Rückkehr von Avoriaz hielt es dich nicht mehr bei uns. Die Leidenschaft für den Skilauf hatte dich gepackt, über den du in Crans so oft gespottet hattest, als wir dort mit der ganzen Familie waren. Schon am 4. März batest du mich, nach Montana unweit von Crans fahren zu dürfen, wo Wintersportferien für junge Mädchen stattfanden.

Ich weiß, daß manche mir meine, wie sie es nennen, »Laxheit« vorwerfen werden, das heißt meine antiautoritäre Erziehung, wie man heute sagt, die ich euch vieren angedeihen ließ. In ihren Augen wäre das bei Jungen noch verzeihlich, aber bei einem Mädchen!

Ich schäme mich ihrer nicht und gestehe sogar, daß ich sie nicht bedauere. Die »gute Erziehung« löst viel Aufsässigkeit aus, wie es bei mir der Fall war, und mir ist unbehaglich zumute in einer Gesellschaft, in der die »guten Manieren« ein »schändliches« Verhalten nicht verhindern, weil man es nämlich nicht berichtigt, sondern unter den Teppich kehrt.

Vor dir hatte ich keine Geheimnisse, Marie-Jo. Ich ließ dir deine Freiheit, wie ich auch deinen Brüdern jede Freiheit ließ, denn meine Kinder waren es, die in der Welt von morgen leben würden, mit der Moral von morgen, die nicht aufhört, sich von Generation zu Generation zu verändern.

»Gib Monsieur die schöne Hand!«

Ich brachte euch nicht bei, irgendeinem Monsieur oder einer Dame die schöne oder die schlechte Hand zu geben, und bei uns war nie die Rede gewesen von edlen (?) Körperteilen und von Scham(?)teilen, wie man es mich von meiner frühesten Kindheit an gelehrt hatte.

Zum Beispiel weiß ich, daß du im Jahr zuvor in Marokko, wohin du mit deiner Freundin Véronique und ihrer Mutter fuhrst, einen jungen Liebhaber hattest. Er brachte dich nach Epalinges zurück, und du ließest ihn in deinem Zimmer schlafen.

Später enttäuschte er dich. Wäre deine Enttäuschung weniger groß gewesen, wenn ihr heimlich in irgendein Hotel in Lausanne gegangen wärt? Ist es nötig, eine Nacht miteinander zu verbringen und sich zu lieben, um später festzustellen, daß es für den Partner nur ein kurzes Abenteuer gewesen ist, das er zusammen mit seinen anderen als Jagdbeute abhaken kann?

Du verbrachtest über einen Monat in Montana, wohin ich dir oft schrieb und von wo aus du mir seltener und weniger ausführlich antwortetest. Es war deine Jugend, die du verbrachtest, deine Jugend, die dir gehörte und sonst niemandem, vor allem nicht Leuten, deren Jugend seit langem verflogen war, außer manchmal der des Herzens, eben jener, die

es mir ermöglichte, dich zu verstehen und bei dir die Zügel schießenzu-
lassen, mein ungestümes und immer sprungbereites *filly!*

Ich hatte trotzdem sehr große Angst um dich. Du zogst mit so viel Wil-
lenskraft an deinem Lebensfaden, daß ich befürchtete, ihn reißen zu
sehen.

Kaum warst du zurückgekehrt, da nahmst du die Englischstunden wieder auf und übtest dich in der Sprache deiner Kindertage, die du jetzt
gründlich erlernen wolltest. Unterricht im Steptanz. Und stundenlang
schriebst du auf deinem Zimmer die Kladden voll, die du mir später über-
gabst und die mir nun das Herz zerreißen.

Du weißt es sehr gut, Marie-Jo: dies hier ist kein Plädoyer; du weißt
auch, daß ich, selbst wenn ich außerstande gewesen bin, dir aus einer
schwierigen Lage herauszuhelfen, mir nichts vorzuwerfen habe. Man
»zähmt« eben kein Füllen. Man bändigt es nach und nach, gewöhnt es
daran, unter Menschen zu leben. Das erfordert viel Liebe und viel
Geduld.

Am 28. April unterhieltst du dich lange mit mir unter vier Augen. Du
warfst dir vor, deiner Mutter zu ähneln, die es dir oft genug eingeredet
hatte, und wolltest nach Prangins fahren und dich dort erholen.

Nun warst du in keiner Hinsicht deiner Mutter ähnlich, die sich selbst
etwas vormachte und anderen eine Komödie vorspielte. Ihr ganzes Leben
lang schauspielerte sie, selbst dann, wenn sie ihr Herz auszuschütten und
vor Zärtlichkeit dahinzuschmelzen schien.

Ich hatte Vertrauen zu Durand, den ich anrief. Ein wenig überrascht,
weniger indessen, als ich erwartet hatte, willigte er ein, daß ich dich am
Tag darauf in seine Klinik bringen konnte.

Ich gebe mir in diesem Augenblick Mühe, ruhig und ohne spürbare
Emotion davon zu berichten. Ich erinnere mich ebensogut an eine andere
Abreise einige Jahre zuvor. Jetzt war es meine kleine Tochter, die ich mit
demselben Rolls dorthin fuhr.

Durand empfing uns ohne viel Aufhebens, freundschaftlich. Wir schienen alle drei gelassen zu sein, als handele es sich um einen unerwarteten
Zwischenfall. Sofort nach meiner Rückkehr telefonierte ich mit ihm.

»Lassen Sie den Kopf nicht hängen, Simenon! Ich habe mich gerade
ausführlich mit ihr unterhalten. Ich bin so gut wie sicher, daß Marie-Jo
kein psychiatrischer Fall ist! Ich werde sie täglich aufsuchen, um sie zu
beruhigen . . .«

»Hat sie ihre Mutter imitieren wollen?«

»Eher vor ihr davonlaufen, sich in Sicherheit bringen . . . Ich glaube,
daß sie Angst vor ihr hat . . . Rufen Sie mich jeden Morgen gegen zehn
Uhr in der Klinik an.«

»Kann ich sie besuchen?«

»Jetzt noch nicht. Wir wollen ihr Zeit lassen, sich von dem zu befreien, was sie bedrückt!«

In jenem Jahr, kleines Mädchen, fuhren wir nicht in Urlaub, denn ich zog es vor, nicht weit von dir zu bleiben. Ich hatte dich mehrere Male in Prangins besucht und mußte sagen, daß du ganz und gar nicht denselben Eindruck wie deine Mutter machtest. Du sondertest dich nicht von den anderen ab. Die Krankenschwestern waren schon deine Freundinnen geworden, und du schlossest noch weitere Freundschaften mit anderen jungen Patientinnen. Über Durand berichtetest du mir wie über einen Freund, so wie du mir früher von Kim erzählt hattest.

Im Juli war das gesamte Hauspersonal auf Urlaub, und wir zogen ins Lausanne-Palace, wo wir ein Appartement mit einem kleinen Salon hatten.

Der Chauffeur machte ebenfalls Ferien, und ich hatte für ihn einen Vertreter eingestellt. Der Rolls wartete den ganzen Tag auf dem Parkplatz des Hotels auf uns. Wir benutzten ihn nicht sehr oft, mein Liebling. Unsere Tage verbrachten wir damit, endlos lange durch die Avenuen und Straßen zu streifen und auf Nachrichten von euch zu warten, besonders von dir. Von Pierre, den ich mit Yole nach Dinard geschickt hatte. Das ist ein kleiner französischer Badeort in der Bretagne, der direkt am Meer liegt und hauptsächlich von Familien aufgesucht wird. Johnny, Marc, Mylène und die Kinder waren in Cefalù auf Sizilien in einem Club Mediterranée.

Eines Nachmittags gegen halb drei läutete das Telefon, während Teresa und ich in unserem Zimmer gerade Siesta machten. Der Hotelportier war am Apparat, und ich fuhr hoch, als ich ihn sagen hörte:

»Mademoiselle Marie-Jo fragt, ob sie heraufkommen kann, Monsieur Simenon.«

»Selbstverständlich!«

Zum Glück hatten wir uns angezogen hingelegt. Ich stürzte in den Salon, entriegelte die Tür, und du standest vor mir, groß, schlank, ein wenig bleich.

»Ich störe dich doch nicht, Dad?«

»Komm schnell herein . . .«

Ich umarmte sie.

»Kann ich mal aufs Klo gehen?«

Du bliebst lange dort. Ob du dich übergeben mußtest? Als du zurückkamst, war dein Gesicht frischer und hatte mehr Farbe.

»Ich habe Hunger, Dad!«

Ich ließ belegte Brote und Coca-Cola für dich heraufkommen. Der Imbiß wurde im kleinen Salon serviert, wo Teresa uns, wie sie es immer zu tun pflegte, allein ließ. Ich wagte nicht, dir Fragen zu stellen. Endlich redetest du, und zu meiner Erleichterung mit einem Schuß Ironie.

»Ich bin abgehauen, ohne jemandem etwas zu sagen, Dad . . . Auf der Landstraße habe ich einen Autofahrer angehalten, der allein war. Er hat mich mitgenommen, ohne daß ich wußte, wohin es ging.«

Ich traute mich nicht, dich zu fragen:

»Warum?«

»Zufällig ist er nur nach Lausanne hineingefahren, und ich hab wohl oder übel aussteigen müssen. Ich habe nicht mal Geld bei mir . . .«

»Du wärst also sonst irgendwohin gefahren?«

»Ja. Bist du mir böse?«

Wie ruhig du warst, meine kleine Tochter, und so gleichgültig gegenüber allen Dingen!

»Was gedachtest du zu tun?«

»Was hätte ich denn nach deiner Auffassung tun sollen?«

»Hast du mit Durand Streit gehabt?«

»Nein.«

»Du hast ihm nichts von deiner Abreise gesagt?«

»Nein. Die Idee ist mir heute morgen so gekommen . . .«

»In diesem Fall solltest du selbst hingehen und ihm deinen Wunsch mitteilen, Prangins zu verlassen. Niemand hat sich dort wegen deines Ausbleibens Sorgen gemacht. Die Gittertore sind auf. Du bist frei . . .«

»Ich weiß.«

Ich war nicht in der Lage, das Problem allein zu lösen.

»Ich werde dich bis zum Eingangstor des Parks zurückfahren. Du kehrst dann allein zurück und teilst Durand deinen Entschluß mit!«

»Wenn du meinst . . .«

Du schienst gegenüber allem gleichgültig zu sein, mein Liebling, und ich versuchte nicht, dir zu beschreiben, was in mir vorging. Du warst, wie man es nennt, ausgerissen. Es lag an dir, darüber zu entscheiden, aber ich bestand darauf, daß alles geregelt ablief, vor allem ohne Demütigung für dich, was ich auf jeden Fall vermeiden wollte.

Du aßest mit gutem Appetit. Du warst nicht nur ohne Geld, sondern auch ohne jegliches Gepäckstück losgefahren, und deine Rückkehr nach Prangins würde kein Aufsehen erregen. Waren sie sonst nicht verpflichtet, eine polizeiliche Suchmeldung nach dir aufzugeben? Ich wußte es nicht genau. Du warst es, die darum bat, daß Teresa uns begleitete, und wir fuhren dich bis kurz vor das offene Gittertor. Ich drückte dich fest in meine Arme.

»Nur Mut, Töchterchen! Entscheide dich, wie du willst, aber laß es Durand wissen . . .«

»Ja, Dad . . .«

»Ich warte hier eine halbe Stunde lang für den Fall, daß du mitkommen willst. Ich werde dann wieder im Lausanne-Palace sein, wohin du jederzeit kommen kannst.«

Wir warteten auf dem abschüssigen Weg. Ich folgte mit den Augen deiner Silhouette, die sich sehr aufrecht entfernte . . .

Mehr als eine halbe Stunde hatten wir vermutlich dort gestanden und waren dann schweigend in unser Hotel zurückgekehrt. Von dort aus rief ich später Durand an.

»Beruhigen Sie sich, Simenon. Ich habe sie bei mir gehabt. Wir haben uns ganz ruhig unterhalten. Sie kann sich nicht erklären, was mit ihr los war. Jedenfalls ist das kein Grund zur Beunruhigung. Sie hat sich aus eigenem Antrieb entschlossen, hierzubleiben . . .«

Ich bekam erst drei Wochen später die Erlaubnis, dich zu besuchen, doch ich erkundigte mich nichtsdestoweniger täglich nach deinem Befinden.

Das Leben in Epalinges war weitergegangen, mit einer zweiten geschlossenen Tür in dem Gang, in dem ich jetzt nur noch bis zu Pierres Zimmer ging.

Johnny hatte eine Reise nach Japan gemacht. Nach seiner Rückkehr schwärmte er von einem Motorrad mit großem Hubraum, was mich so erschreckte, daß ich ihm statt dessen lieber einen Triumph VI schenkte, der gerade neu auf dem Markt und zu jener Zeit der schnittigste Sportwagen war. Er blieb nur drei Tage im Haus, fand gerade Zeit, sein neues Auto auszuprobieren und fuhr vergnügt nach Paris zurück.

Marc und seine kleine Familie siedelten nach Poigny-la-Forêt in der Nähe von Compiègne über, diesmal mitten ins Grüne. Er wohnt noch heute, nach zehn Jahren, dort und ist sehr glücklich.

Was mich angeht, Marie-Jo, so hatte ich bereits *La disparition d'Odile* geschrieben und ohne mein Wissen die Realität vorweggenommen.

Ich besuchte dich, sobald mir die Erlaubnis erteilt wurde, und fand dich stark beschäftigt mit den Proben zu *Antigone* von Anouilh. Bei der Aufführung zu Weihnachten würdest du eine größere Rolle spielen, aber die Eltern waren nicht eingeladen.

Wir verbrachten also Weihnachten zu Hause mit Pierre und seinen gleichaltrigen Freunden. Anschließend Abreise nach Crans, wohin Marc mit seiner Familie mit dem Zug nachkam und wo auch Johnny einige Tage zu Besuch war.

Und du, meine kleine Tochter, der ständig meine Gedanken galten? Es schien, daß du dich »da unten« wie im Gymnasium aufführtest, das heißt ungeniert, ohne dich um die Vorschriften des Instituts viel zu kümmern.

Warst du verliebt in Durand, wie es so häufig vorkommt? Du gingst so vertraulich mit ihm um, daß er sich genötigt sah, seinen Assistenten Verlomme mit deiner Behandlung zu beauftragen.

Ich weiß nicht, in welchem Augenblick du meinem Freund dein großes Geheimnis anvertrautest, das endlich dein ganzes Verhalten erklärte. Ich persönlich erfuhr erst 1978 durch einen deiner Briefe die Geschichte von Villars, die bei dir ein schweres Trauma ausgelöst hatte.

Auf jeden Fall schien dir, als ich dich besuchte und wir Arm in Arm durch den Park spazierten, eine große Last abgenommen zu sein, und ich hatte den Eindruck, mein kleines Mädchen vom Bürgenstock und vom »Tennessee Waltz« wiederzuhaben.

Wir waren im Jahr 1971, und ich schrieb *Maigret et l'homme tout seul*, dann *La cage de verre* und schließlich *Maigret et l'indicateur*.

Endlich ein großer Freudentag: der 22. Juni! Mit Einverständnis Durands holte ich dich nach Hause zurück!

Wir hatten eine lange Aussprache über dich, er und ich. Er hatte dich liebgewonnen. Er bestätigte noch einmal, daß dein Fall kein Fall für die Psychiatrie war, daß du vor einiger Zeit eine Schicksalsprüfung erfahren und diese so tapfer wie möglich hingenommen hattest. Wenn er mir nichts über Villars erzählte, dann deshalb, weil er durch die ärztliche Schweigepflicht gebunden war.

Wir verbrachten dann den Juli in La Baule, wie ich schon geschrieben habe. Ich ließ dir dort wie gewöhnlich jegliche Freiheit, wie es mir auch Durand angeraten hatte.

Es war unser letzter Aufenthalt dort. Innerhalb von zwei Jahren war unsere Hausgemeinschaft völlig auseinandergerissen worden und sollte es nach unserer Rückkehr auf grausame Weise noch mehr werden.

Du warst in dein Zimmer, zu deinen mannigfaltigen Beschäftigungen zurückgekehrt. Am 9. September gab ich dir wie auch Pierre den Gutenachtkuß und legte mich, ohne Böses zu ahnen, schlafen.

Johnny war nach Kalifornien abgeflogen, um dort sein Studium fortzusetzen, das er an der Business School in Harvard abschließen würde.

Am anderen Morgen blieb deine Zimmertür geschlossen, was nichts Beunruhigendes war, weil wir deine Gewohnheit kannten, lange im Bett zu bleiben.

Ich ging in mein Arbeitszimmer hinunter, und Yole brachte mir einen Brief mit deiner Handschrift, die ich unter Tausenden erkennen würde und die so sehr zu dir paßte. Sie hatte ihn auf deinem Bett gefunden, als sie in dein Zimmer ging, um dich zu wecken. Er war an mich adressiert:

AN DAD
PERSÖNLICH!!!
Schalte bitte, bitte nicht die Polizei ein. Ich bleibe nicht allzulange weg!

O Dad!

Ich bin derart durcheinander und meine Hand zittert so stark, daß ich nicht weiß, ob ich diesen Brief zu Ende schreiben kann. Womit soll ich überhaupt anfangen, was soll ich sagen, wie soll es mir gelingen, Dir mit armseligen, auf ein paar Stückchen Papier hingekritzelten Worten alles zu erklären?

Wenn Du diesen Brief liest, bin ich nicht mehr im Haus, mein Zimmer ist leer und – ich weiß nicht, wie Deine Reaktion sein wird. Aber vor allen Dingen mußt Du keinen Schrecken bekommen oder Schmerz empfinden. Ich gehe nicht wie »Odile« davon, um mich umzubringen. Ich gehe nur, weil ich mich innerlich in einem Zustand der Labilität dem Leben gegenüber befinde, der es nötig machte, daß ich noch einmal ins Krankenhaus zurück muß, was ich nicht ertragen könnte. Morgen hätte ich normalerweise in der Lage sein müssen, mit den Menschen, die mich gepflegt, mir geholfen haben, in Ruhe zu überlegen, was für ein Leben ich ab sofort draußen führen könnte, wie ich es jetzt tue, ob ich ein Zimmer in Prangins behalten sollte und so weiter, also über eine Zukunft zu entscheiden, die ich mir nicht vorstellen kann, die mich ängstigt, und ich hätte sicher »Mist gebaut«.

Ich hab's Dir gestern erzählt: es sind jetzt schon fast zwei Wochen her, daß ich mich allmählich mehr oder weniger zugrunde gehen fühle, daß ich die Zähne zusammenbeiße und mir selbst und anderen ein Mädchen vorspiele, das dabei ist, ihr seelisches Gleichgewicht wiederzubekommen, während es in Wirklichkeit spürt, daß es langsam verlorengeht.

Nein, Dad! Du siehst, ich habe alles versucht. Ich habe mein möglichstes getan während der Ferien, dann danach in Paris und schließlich hier. Um zu der bitteren Überzeugung zu kommen, die so weh tut, daß ich weit entfernt davon bin, wieder gesund zu sein. Ich bin zuweilen noch derart »sonderbar«, derart »crazy«. Ich bringe es nicht mehr fertig, mich selbst in diesem Zustand zu ertragen und vor allem nicht angesichts von Leuten, die ich gern habe und bei denen ich so manches Mal ganz anders hätte sein mögen. Ich habe auch keine Lust mehr, von Pflegern mehr oder minder »wie ein rohes Ei« behandelt zu werden, von übrigens phantastischen Menschen, die versuchen, dir herauszuhelfen, aber denen du dich so schwer ebenbürtig fühlen kannst. Ich mag die Vorstellung nicht länger ertragen, daß ich anderen die Sorge dafür überlasse; daß ich lebe, diese Verantwortung für sich selbst, die die höchste ist, die jedem »mündigen« Menschen oder jedem, »der im Begriff ist, es zu werden«, mit eigenen Mitteln zu übernehmen die Selbstachtung gebietet. Meine Mittel sind eben bis heute mehr als ungenügend gewesen, und das wird sich bestimmt nach meinem Weggang nicht ändern. Aber zumindest habe ich dann nur noch das Mittel, mich durchschlagen zu müssen, und selbst wenn ich wirklich vor die Hunde gehe, so hat das keine Bedeutung mehr, denn es geschieht nicht vor deinen Augen, Dad.

Du wirst dies alles lesen, und alles, was ich geschrieben habe, ist so weit von dem entfernt, was ich im Inneren denke und was ich nicht ausdrücken, anderen verständlich machen kann.

Erinnerst Du dich daran, was Du mir selbst einmal erzählt hast, als ich klein war? Ein verletztes oder krankes Tier zieht sich meist weit von seinen Artgenossen zurück, um ganz für sich zu gesunden oder zu sterben. Auch ich muß allein sein und mich ein wenig verstecken; ich will mich nicht mehr den Leuten zeigen, die ich kenne! Die Blicke anderer Leute, der anonymen Masse, sind mir piepegal!

Aber Du erkennst, wie ich weiß, daß ich mich noch nicht (nur zeitweise?) imstande fühle, etwas zu tun, irgend etwas Gutes, Vernünftiges, Wertbeständiges zu unternehmen. Soweit ich auch zurückschaue, mir bleibt nichts aus meinem bisherigen Leben. Ich stehe mit leeren Händen da, die es vorläufig nicht vermögen, eine solide Zukunft für mich aufzubauen. Ich bin immer ein unbedeutender Mensch gewesen und bin es noch, unfähig zu irgendeinem wertvollen Kontakt mit den anderen, unfähig, etwas zu beeinflussen, was um mich herum vorgeht. Ich bin in einer Welt fernab der normalen Realität eingesperrt, einer Welt, die die meisten Leute nicht begreifen können. Von dort her kann ich nicht zu ihnen kommen (und sie können auch nicht zu mir vordringen). Ich empfinde Liebe, ohne sie weitergeben oder zum Ausdruck bringen zu können, und Freundschaft, die immer mit Treulosigkeit endet, weil sie allzuoft unter der Belastung leidet, ein unsicheres inneres Gleichgewicht wiederherzustellen, und sie dann von neuem in meinem Inneren fern des eigentlichen Lebens eingemauert ist.

Nichts dringt heraus, Dad, ich »kann« es nicht erklären, aber . . . ich muß fortgehen. Um so schlimmer, wenn ich Schiffbruch erleide und versinke; das hat im Grunde doch so wenig Bedeutung. Irgendwo in einer anderen Stadt, in einem anderen Land oder hier – das ist doch auf alle Fälle das gleiche. Ich bringe es nicht fertig, gesund zu werden, also versuche ich es mit der Flucht, einer im Grunde irrealen Flucht, weil ich überall, wo ich auch hingehe, mir selbst gegenüberstehe, also einer törichten Flucht. Aber ich werde ein wenig die Hände in den Schoß legen können, ohne das Gefühl zu haben, meine Selbstachtung vor Dir zu verlieren. Ich fühle mich zu krank, weißt Du. Dieser Kampf, den ich seit über sieben Jahren mit mir selbst austrage, ist zu hart und auch zu absurd. Ich kann nicht mehr, verstehst Du? Und das Krankenhaus kann auch nicht mehr helfen. Ich habe dort anderthalb Jahre verbracht, um mich heute in diesem Zustand wiederzufinden, praktisch »wie vorher«, genauso voller Ängste und unfähig, »normal« zu handeln. Mir scheint es jetzt unmöglich geworden zu sein, eines Tages wieder gesund zu werden. Das ist alles. Also ist es nicht nötig, ein Leben lang in Prangins zu bleiben und dort wegen solch geringer Heilerfolge zu leiden.

Ich gehe trotzdem in der Hoffnung fort, daß neue Ereignisse mich zu einer

Umstellung zwingen. Ich schreibe Dir, als nähme ich im Grunde nicht an, Dich wiederzusehen, oder fast so, und das ist lächerlich. Ich beabsichtige nicht einmal, lange von Dir wegzubleiben, denn sonst wäre ich nicht so ruhig und gelassen, und andere Worte würden mir aus der Feder fließen.

Nur eines macht mir offengestanden Sorge: Ich weiß nicht, wie ich es anstellen soll, mich nicht richtig ekelhaft zu finden, wenn ich zurückkomme. Ich habe Dir beinahe 1 000 Franken für meine Reise »gestohlen« – so heißt das leider – und ... Es ist schrecklich; zum ersten Mal in meinem Leben nehme ich mir damit etwas, was jemand anders gehört. Ich kann Dich nicht bitten, mir nicht böse zu sein, aber ... ich weiß nicht, wie ich es anders hätte anfangen sollen. Ich ... ich kann Dich nicht anflehen, mir zu verzeihen, weil das auch nicht möglich ist, aber ich gebe Dir das Geld auf irgendeine Weise zurück, Dad, das schwöre ich Dir, dem, was ich am liebsten auf der Welt habe!

Mir fehlt der Mut, das bisher Geschriebene noch einmal zu lesen, doch ich bin gewiß, daß alles, was ich Dir jetzt sage, miserabel formuliert ist. Meine Sätze verschachteln sich in meinem Kopf, meine Finger, die den Füllhalter umklammern, sind ganz schlaff, und meine Brust fühlt sich an, als stünde sie in Flammen.

Ich bitte Dich nur, Dad, mich nicht von der Polizei suchen zu lassen! Ich flehe Dich an: tu es nicht! Eher würde ich alles andere erdulden, als mich hiernach von Polypen nach Hause bringen zu lassen.

Erklär auch denen in Prangins, warum ich die Verabredung um 11.15 Uhr nicht einhalten kann und entschuldige mich bei Durand. Jedenfalls nehme ich an, daß Du ihn auch diesen Brief lesen läßt. Er wird, glaube ich, besser als irgend jemand sonst verstehen, was mich in diesem Augenblick quält.

Verzeih, Dad! Verzeih mir für das, was ich gewesen bin, was ich bin, für alles, was ich durch meine Schuld bei Dir verpfuscht habe! Ich liebe Dich, doch das wirst Du bestimmt nie glauben, und das ist vielleicht der Grund, daß es mir so schlecht geht.

Dad, ich hätte Dich nötig gehabt, aber ich habe es nicht verstanden, Dich zu suchen. All meine Zärtlichkeit ist immer in meinem Inneren geblieben und hat es niemals fertiggebracht, vor Dir aufzublühen. Du hast meine Liebe niemals erlebt. Ich weiß nicht, ob ich es fertigbringe, sie Dich eines Tages erleben zu lassen.

Ich umarme Dich, weißt Du, und ... Selbst wenn dieser Brief lächerlich ist, selbst wenn er nicht die Bedeutung hat, die ich ihm gern gegeben hätte, so hab vor allem keine Wut auf mich, denn das bin ich nicht wert!

Bis bald, mit ... all meiner ganzen Liebe

Marie-Jo

Wie ich jenen Tag damals verbracht habe, meine kleine Tochter, weiß ich heute nicht mehr. Ich erinnere mich, mit Durand telefoniert zu haben, der mich beruhigte und von einer vorhersehbaren Reaktion sprach und meinte, du würdest dich schon von allein melden.

Ich hielt es für meine Pflicht, deine Mutter anzurufen und sie zu informieren, und machte mir hinterher schwere Vorwürfe deswegen. Ohne mir ein Wort zu sagen, alarmierte sie einfach die Jugendpolizei in Paris und setzte das offizielle Räderwerk in Bewegung, das Spuren hinterläßt.

Am frühen Abend um Viertel nach sechs – uff! Du riefst an, warst verlegen, wolltest mich um Verzeihung bitten, als ob du das bei mir nötig gehabt hättest! Du erzähltest mir, daß du auf dem Bahnsteig im Bahnhof lange auf einen Nachtzug gewartet hattest, daß du dann im Morgengrauen, deinen Koffer mit dir schleppend, in Paris auf der Suche nach einem Hotelzimmer durch die Straßen geirrt warst. Alle Hotels waren belegt gewesen.

Du hattest endlich eine Unterkunft in einem Hotel gefunden, dessen Namen und Adresse im 2. Arrondissement du mir gabst. Ich stellte sofort fest, daß du völlig nichtsahnend in ein Stundenhotel geraten warst.

Ich flehte dich nicht an zurückzukommen, kleines Mädchen, der ich dich mehr als je zuvor liebte! Ich versprach, dir telegrafisch Geld zu überweisen, und bat dich, dir ein anderes Hotel in einem ruhigeren Stadtteil zu suchen.

Ich versuchte dir verständlich zu machen, daß ich dir nicht böse war, daß du mit achtzehn Jahren ein erwachsenes Mädchen warst und Bewegungsfreiheit genossest, daß aber dein Zimmer in Epalinges immer für dich reserviert blieb.

Du fandest ein friedlicheres Hotel im Montparnasse-Viertel. Ich rief die Jugendpolizei an, um die Suche abblasen zu lassen.

Was konnte ich sonst noch tun?

Ich war mir bewußt, daß du nicht mehr in unserem Haus wohnen wolltest, daß meine kleine Tochter aus eigenem Entschluß einfach davongeflogen war, und ich weiß nicht, was ohne die unaufdringliche und zartfühlende Hilfe Teresas aus mir geworden wäre.

Trotzdem kamst du im Oktober für drei Tage zu mir. Wir waren sehr liebevoll zueinander. Du vertrautest mir an, daß du eine neue große Liebe gefunden hattest, einen jungen Schauspieler, den du bei einer Vorstellung von *Oh! Calcutta!* kennengelernt hattest, der gerade laufenden Erfolgsshow, bei der man zum ersten Mal in Paris die Darsteller völlig nackt auf der Bühne sehen konnte.

Du hattest dir die Aufführung fast jeden Abend angesehen, wegen eines Schauspielers, in den du wirklich verliebt warst und mit dem du die Wohnung teiltest. Er hieß mit Vornamen Roger. Er hatte in *Oh! Calcutta!* seine erste Rolle übernommen, um sein Brot zu verdienen, und bereitete sich auf eine echte Schauspielerkarriere vor.

Ihr lebtet nach Art der Bohémiens zusammen und kochtet euer Essen auf einer Kochplatte, wie Tigy und ich es früher auch gemacht hatten.

Obwohl er spät ins Bett kam, stand er morgens früh auf, um im Bois de Boulogne Jogging zu betreiben.

Also hattest du jetzt deinen »eigenen Haushalt«, mein Liebling, und begleitetest allabendlich »deinen Mann«, wie du stolz sagtest, ins Theater, wo du von nun an deinen Platz hinter den Kulissen hattest.

Nach deinem Besuch, der mir wohlgetan hatte, empfand ich das Bedürfnis zu schreiben. Es wurde *Les innocents*, mein letzter Roman ohne Maigret, doch das wußte ich damals noch nicht.

Gute Nacht, Liebling!

Viel Glück für dich!

72

Erinnerst du dich, meine kleine Marie-Jo, an einen sonnigen Morgen im großen, lichtdurchfluteten Salon? Es war entweder an einem Mittwoch, denn du hattest frei, oder einem Sonntag, und du gingst damals gerade erst im ersten oder zweiten Jahr aufs Collège. Du trugst ein hübsches Kleid mit Blumenmustern und fragtest mich fröhlich und rührend:

»Kennst du die Dichter, Dad?«

»Ein bißchen. Warum?«

»Ich muß in der Schule ein Gedicht vortragen. Welchen Dichter soll ich nehmen?«

Ich sah mir die Buchrücken in den Regalen an, die fast eine ganze Wand in dem großen Zimmer ausfüllten, und reichte dir einen Band von Prévert, den du lächelnd durchblättertest.

»Dies hier. Hör mal zu . . .«

Und du lasest mir das Gedicht vor, dessen Strophen so enden (ich zitiere aus dem Gedächtnis):

». . . und hundert kleine Waschbären.«

»Es ist sehr lang«, wendete ich ein. »Glaubst du denn, daß du es behalten kannst?«

Eine halbe Stunde darauf sagtest du es mir triumphierend auswendig auf. Du wolltest noch einen anderen Dichter wissen, für »später«, und ich suchte dir die Werke von Eluard heraus.

Wie glücklich ich an jenem Tag war, und wie glänzend warst du!

Ich stellte mir dich nun in Paris vor, in der neuen Wohnung, die ich für dich auf dem Boulevard de la Madeleine gemietet hatte, mit deinem jungen Freund Roger, als junges Paar. Als du mich im Februar besuchen kamst, warst du voller Pläne. Du dachtest nicht mehr ans Schreiben oder Malen, sondern ans Theater und eventuell an den Film.

Das Conservatoire, dessen Ausbildung hauptsächlich an die Comédie Française führt und das klassische Repertoire berücksichtigt, reizte dich nicht.

»Was hältst du von den ›Cours Simon‹, Dad?«

»Das ist eine ausgezeichnete Schule, die schon eine Reihe großer Schauspieler hervorgebracht hat.«

»Meinst du nicht, daß sie zu teuer ist?«

Sie hatte immer Angst, zuviel Geld auszugeben. Um sie zu beruhigen, machte ich sie mit der Art Pakt vertraut, den ich mit meinen beiden Ältesten abgeschlossen hatte. Er war auch für sie gültig und würde es später für Pierre ebenfalls sein.

Ich verpflichtete mich gegenüber jedem von ihnen, für alle ihre Ausgaben bis zu dem Alter aufzukommen, in dem normalerweise die Universitätsstudien beendet sind, das heißt bis zum fünfundzwanzigsten oder sechsundzwanzigsten Lebensjahr, gleichgültig, ob sie studierten oder nicht.

»Wie du siehst, Marie-Jo, kannst du ein ruhiges Gewissen haben. Du bist gerade erst neunzehn und hast noch einige Zeit vor dir! Außerdem wird es, was dich betrifft, nie eine Altersgrenze geben!«

Mit welcher Freude hattest du mich umarmt und welche Freude hattest du mir gemacht!

Deine Besuche waren kurz, im Durchschnitt kamst du für drei Tage, in jenem Jahr insgesamt fünfmal.

Meine Gesundheit ließ zu wünschen übrig. Wegen meiner Bronchitis, meines Prostataleidens und meiner da und dort auftretenden Schmerzen stopften mich die Ärzte mit Antibiotika und schmerzstillenden Mitteln voll.

Anfang Februar hatte ich, kurz vor deinem Besuch, *Maigret et Monsieur Charles* geschrieben, ohne zu wissen, daß dies mein letzter Roman werden würde. In deiner Gegenwart und wenn deine Brüder da waren, die mich auch besuchen kamen, gab ich mir Mühe, zufrieden auszusehen, um nicht zu sehr den Eindruck eines »alten Trottels« zu machen.

Ein zweites Mal kamst du im April, immer noch guter Dinge. Ein weiterer Besuch, diesmal mit Roger, einem sympathischen und sehr freimütigen Jungen, im Mai.

Du besuchtest mich im Mai noch einmal, dann im Juli wieder mit Marc, Mylène, Serge und Diane. Du trafst als erste ein. Es fehlte nur noch Johnny, der immer noch in Kalifornien studierte, aber im Laufe des Jahres zweimal mit dem Flugzeug nach Epalinges kam.

Pierre und Yole hatten während der Ferien eine Kreuzfahrt gemacht, die sie nach Palma, Dakar, den Kanarischen Inseln und Nordafrika führte.

Marc war seinerseits in Kanada und Venezuela gewesen.

Alle reisten herum, außer mir, und ich vermied es, mit euch über die Quälerei zu sprechen, der ich seitens eurer Mutter ausgesetzt war. Wenig Briefe kamen von den einen wie den anderen, aber sie telefonierten öfters mit mir, auch Johnny, der besonders gern Überseegespräche führte.

Nach *Maigret et Monsieur Charles* schrieb ich das ganze Jahr über nichts mehr. Man konnte meinen, daß all meine Sorgen in den vergangenen Jahren mit einem Male schmerzlich auf mir lasteten. Besonders meine Schwindelanfälle machten mir zu schaffen, und so flüchteten wir uns, Teresa und ich, in die Clinique Valmont oberhalb von Montreux, die eher einem Hotel als einer richtigen Klinik gleicht und von der aus man einen Blick auf einen großen Teil des Genfer Sees und die Alpen hat. Sie liegt inmitten von Waldungen, in denen wir uns durch zahlreiche Spaziergänge entspannten.

Im September ging es nach Epalinges zurück. Am 18. September, einem Feiertag wegen des Eidgenössischen Dank-, Buß- und Bettages, ging ich in mein Arbeitszimmer hinunter, um dort den »gelben Umschlag« für einen neuen Roman vorzubereiten, den zu schreiben ich mich entschlossen hatte. Es war neun Uhr, als ich mich einschloß. Es ging darum, die Namen für die in meinem Roman auftretenden Personen festzulegen, ihre Personalien, ihre Herkunft, manchmal auch die Namen ihrer Spielkameraden in der Kinderzeit – alles Angaben, von denen ich später gewöhnlich nur einen kleinen Teil verwendete. Ich mußte es aber wissen, mußte die Leute kennen, und zeichnete einen Grundriß von ihrem Haus auf, oft auch einen Plan von dem Viertel, in dem sie wohnten.

Teresa war oben geblieben und begann sich um zehn Uhr zu beunruhigen, denn diese Vorarbeit kostet mich normalerweise nicht mehr als eine Stunde Zeit. Auf meinen großformatigen Umschlag aus rauhem Papier hatte ich den Namen meiner Hauptperson geschrieben, der zugleich den Titel hergeben sollte: »Victor«.

Noch ein paar Namen, einige Notizen. Das, was ich als meine »Pläne« bezeichnete, waren in Wirklichkeit nie solche in der Bedeutung des Wortes gewesen, denn ich erdachte die Aktionen und Reaktionen meiner Helden je nach Bedarf, Kapitel für Kapitel, und deckte stets die Lösung erst auf der letzten Seite auf.

Bei »Victor« sollte es nicht so ablaufen. Ungefähr zweihundertzwanzigmal hatte dieses System tadellos funktioniert.

Als ich in die Wohnung hinaufging, wo ich Teresa voll Angst antraf,

versicherte ich ihr, daß alles glattlaufe, und wir setzten uns an den Mittag-
stisch.

Am Tag darauf nahm ich mir Zeit und dachte, wie ich es immer tat,
über meinen Ausgangspunkt nach, das heißt über den »Auslöser«, der
meine Hauptperson dazu brachte, bis ans Ende ihrer Kräfte durchzuhalten.

Da erreichte mich am Nachmittag ein Anruf meiner Bank, die mir mitteilte, daß deine Mutter, Marie-Jo, Auskunft über alle Bewegungen, Ein-
zahlungen wie Auszahlungen, unseres ehemaligen »gemeinsamen Kontos«
verlangte und für die Nachforschungen zahlen wollte. Ich habe bereits
davon berichtet, um sie nicht mehr erwähnen zu müssen. Jetzt muß ich
doch noch einmal auf das Thema zurückkommen.

Ich rief meinen Anwalt an.

Ich war des Kämpfens müde und erinnerte mich, daß sie eines Tages
damit geprahlt hatte, sie würde »mir die Feder zerbrechen«.

Es war ihr gelungen, aber ich hatte nicht den Mut verloren. Ich ging zu
Teresa:

»Morgen werde ich dir sagen, wenn ich noch so denke wie heute, ob
ich weiterschreiben werde oder nicht.«

Und am nächsten Tag, als ich immer noch niedergeschlagen war, bestätigte ich ihr gegenüber meinen Entschluß.

D. hatte bekommen, was sie seit langem wollte. Sie war es von nun an,
Madame Georges Simenon, die schreiben und alle Anstrengungen unternehmen würde, um mich endgültig zu vernichten.

War es nicht seit langer Zeit ihr Traum, die »Frau Witwe« Georges
Simenon zu werden und in die glorreiche Welt der »erbschleicherischen
Witwen« einzuziehen?

Ich kündigte kurz darauf Teresa, die sicher schon darauf wartete, denn
wir brauchten nicht mehr zu sprechen, um einander zu verstehen, eine
weitere Entscheidung an, die nicht einer verrückten Idee entsprang, sondern nach reiflichen Überlegungen gefallen war:

»Wir werden Epalinges verlassen!«

Nicht für eine kurze Reise. Für immer. Ich sprach mit keinem anderen
Menschen darüber, aber wir suchten über eine Agentur ein Appartement
in der Stadt, nach Möglichkeit in einem ruhigen Wohnviertel. Man ließ
uns eine Wohnung besichtigen, die fast so groß war wie die in Epalinges
und ebenso luxuriös, mit einem Swimmingpool auf dem Dach und einem
Portier mit tressenbesetzter Uniform an der Tür. Ich sah mir nicht einmal
das ganze Appartement an.

Epalinges, für eine große Familie gedacht, war nicht mehr der Maßstab
für die kleine Gruppe, die wir jetzt bildeten: Teresa und ich einerseits und
Pierre, der inzwischen dreizehn war, und seine getreue Yole andererseits.

Wir fanden endlich eine Wohnung mit sieben Zimmern in einem ganz neuen Hochhaus ganz am Ende der Avenue de Cour, mit einem wunderbaren Ausblick aus jedem Fenster auf den Parc de Vidy, den Hafen und den See.

Wenn die Fäden zu einem Ort, an dem ich gelebt hatte, zerschnitten waren, wurde ich von einer fieberhaften Ungeduld gepackt, und bereits einen Monat später waren die Möbel aus Epalinges, mein Schreibtisch, das Eßzimmer sowie die Sessel und Tische aus dem Salon herübergeschafft.

Pierre, der sich die Örtlichkeiten angesehen hatte, war begeistert von seinem Zimmer, das neben dem Yoles lag, und freute sich über seinen Spiel- und Arbeitsraum und sein Badezimmer, das größte der drei, die wir hatten.

Im Oktober zogen wir mit den restlichen Sachen um, und du, Marie-Jo, warst die erste, die uns in unserer neuen Behausung besuchte. Pierre hatte mehrere Gemälde ausgesucht, die er gern aufgehängt sehen wollte, besonders Vlamincks, denn er hatte Sehnsucht nach diesen Bildern.

Ich hatte den wohltuenden Eindruck, zu mir selbst zurückzukehren, in einen Rahmen, der meinen jetzigen Maßstäben entsprach. Ich war so sehr sicher, kein berufsmäßiger Schriftsteller mehr zu sein, daß ich Aitken beauftragte, in meinen Personalpapieren einschließlich meines belgischen Passes die nun überholte Bezeichnung »Romancier« in die Angabe »ohne Beruf« ändern zu lassen, die der Wirklichkeit näherkam.

Das Sekretariat blieb vorerst in Epalinges, bis Aitken geeignete leere Räume irgendwo in Lausanne gefunden hatte, denn ich wollte meine Bücher und meine Unterlagen nicht mehr sehen und beantwortete meine Post per Telefon.

Die kostbaren Möbel, die Gemälde, die Nippsachen und der größte Teil meiner Bibliothek wanderten in ein Möbellager, wo sie noch heute – 1980 – eingelagert sind.

Kaum hatten wir uns in der Avenue de Cour häuslich eingerichtet, fuhren Teresa und ich mit einem Leihwagen nach Valmont. Denn ich hatte auch meine fünf Autos an einem einzigen Tag verkauft. Es gab keinen Chauffeur mehr, keinen Gärtner, keinen Küchenchef mehr mit weißer Mütze und zahlreichem Personal. Wir waren hier nur zu viert, und wenn die Kinder zu Besuch kamen, brachte ich sie im piekfeinen und komfortablen Hotel Carlton am anderen Ende unserer Straße unter.

Wie hattest du beim Anblick unserer Wohnung reagiert, Marie-Jo? Du schienst mir nervös zu sein, ein bißchen deprimiert, und ich ahnte Schwierigkeiten in deinem jungen Haushalt.

Ich war erschöpft und begab mich in Valmont in die Hände des Chefarztes Dr. Suryong, der asiatischer Abstammung war, jeden Morgen zu einem Schwätzchen in unser Zimmer kam und sich alle Mühe gab, mich wieder auf die Beine zu bringen.

Zu Beginn des Monats Januar besuchte mich die ganze Familie, die den Winterurlaub mit Ausnahme von dir, Marie-Jo, in Crans verbrachte, zweimal. Beim zweiten Mal gab ich den Kindern meine feste Absicht bekannt, keine Romane mehr zu schreiben, und alle waren deswegen erschüttert. Ferner ließ ich sie wissen, daß Epalinges zum Verkauf stehe. Ich glaubte bei ihnen Trauer um dieses Haus zu spüren, das für sie gebaut worden war, in dem sie glücklich gewesen waren, und ich beschloß bald, es doch nicht zu verkaufen. War dieses Haus nicht ein Teil eures Erbes? Ihr solltet später selbst entscheiden, was mit ihm geschieht.

Am 5. Februar 1973 empfing ich in Valmont, wo wir ein freundliches und komfortables Appartement bewohnten, einen Lausanner Journalisten, der zu meinen Freunden zählte und ein gebildeter Akademiker war. Ihm diktierte ich langsam, meine Worte wägend, eine Art Botschaft, mit der ich meinen Rücktritt vom aktiven literarischen Leben bekanntgab. Ich wollte damit vermeiden, daß die Zeitungen mehr oder weniger »wohlwollende« Artikel bringen und die Reporter gerannt kommen und über mich herfallen würden. Der Artikel, der im ›Feuille d'Avis‹ erschien, wurde von den Nachrichtenagenturen aufgegriffen und ging als Meldung um die ganze Welt.

Am 10. Februar kehrten Teresa und ich in die achte Etage des »Turms« zurück. Zu meinem siebzigsten Geburtstag am 13. Februar schenkte ich mir selbst ein Gerät, das ich bisher nur dem Namen nach kannte, ein Magnetophon, das simpelste Modell, das ich auftreiben konnte. Am gleichen Tage noch begann ich damit, auf das Tonband, wann immer ich Lust dazu hatte, persönliche Bemerkungen zu diktieren, über unsere Spaziergänge und die kleinen und großen Freuden, die uns vergönnt waren.

Das Appartement war freundlich. Die Vorhänge hatten Blumenmuster. Pierre und Yole hatten den größeren Teil der Wohnung für sich. Unser kombiniertes Arbeits- und Wohnzimmer sowie das Schlafzimmer waren die kleineren Räume.

Zwei Tage nach meinem Geburtstag kamst du zu uns zu Besuch, Marie-Jo, leider nur für vierundzwanzig Stunden, und wir feierten unsere beiden Geburtstage gemeinsam.

Du kamst das nächste Mal für zwei Tage im April wieder, warst nervös und rastlos, und ich ahnte, daß diesmal eure junge Lebensgemeinschaft endgültig in die Brüche gegangen war. Was konnte ich für dich tun, mein Liebling, ich, der ich durch die Schwindelanfälle am Reisen gehindert bin, bis auf die fünfundzwanzig Kilometer, die uns von Valmont trennen? Ich hielt vor dir, so gut ich es vermochte, meine körperlichen Beschwerden geheim, die mich abermals in der Nacht zum Aufstehen zwangen und mich in unserem Schlafzimmer und meinem Arbeitszimmer hin und her laufen ließen.

Am 1. Juni spieltest du zum ersten Mal eine kleine Rolle in einem Film. Im August warst du in einem Film dabei, den Marc im Département Corrèze drehte. Pierre verbrachte hingegen seine Ferien in Palma de Mallorca in Begleitung seines Freundes Christian und selbstverständlich Yoles.

In diesem Jahr 1973 legte Johnny zweimal die Strecke von Kalifornien zur Schweiz mit dem Flugzeug zurück und war bei einem seiner Aufenthalte bei den Dreharbeiten für Marcs Film als »Tonmixer« dabei, während die gute Boule als Garderobiere fungierte.

Von einem der Balkons unseres Appartements aus sahen wir durch das Blattwerk der Bäume auf ein kleines, im Stil des 18. Jahrhunderts gebautes rosafarbenes Haus hinunter, zu dem ein ebenfalls in Privatbesitz befindlicher Hof gehörte, der noch nach ländlicher Idylle aussah. Es kam häufig vor, daß Teresa und ich davon träumten. Doch das Haus wurde leider seit fünfundzwanzig Jahren von einem Arzt bewohnt. Im Nachbarhaus, das ebenfalls zu einem alten Landsitz gehörte, wohnte früher mein Freund, der Chirurg Francioli, bei dem ich einmal, wie ich mich erinnerte, vor mehr als zwanzig Jahren, zu Abend gegessen hatte.

Auf der anderen Seite, gegenüber diesen drei in Wohnhäuser umgewandelten Bauten, die einmal die Hauptgebäude des großen Hofes darstellten, stand eine Reihe von Ställen. Drei davon waren zu Garagen geworden, aber man hatte ihre hohen, eisenbeschlagenen Tore belassen. In dem vierten war ein Pferd untergebracht.

In Valmont verliehen mir im Juli und August lange Wanderungen in den Wäldern etwas Farbe und ließen mich die Quälereien deiner Mutter vergessen, ohne daß ich meine Sorgen um dich verdrängen konnte.

Du riefst mich oft an und unterhieltst dich lange mit mir. Du kamst erneut im September auf Besuch zu uns in das Hochhaus, aber ich wagte dir nicht einmal vorzuschlagen, nach Lausanne zurückzukommen. Ich wußte zu gut, daß du dir dein Leben selbst gestalten wolltest; du schämtest dich sogar ein bißchen wegen des Geldes, das du ausgabst, weil dich der Gedanke quälte, daß du es nicht selbst verdient hattest.

Du warst zwanzig Jahre alt. Du warst schön. Bei den »Cours Simon« warst du sehr beliebt, und deine Lehrer stellten dir eine brillante Karriere in Aussicht. Du hattest alles, was dazugehört. Alles außer – außer ich weiß nicht was. Den Willen? Manchmal konntest du einen unbändigen Willen unter Beweis stellen, eine Energie an den Tag legen, die mich geradezu erschreckte, denn sie führte bei dir unweigerlich zu Perioden der Niedergeschlagenheit. All dies wirst du bald besser als ich mit deinen eigenen Worten, in deinem eigenen so persönlichen Stil ausdrücken.

Im November stieß Teresa, die kaum Zeitungen las, weil sie zuviel damit zu tun hatte, mich in mehr oder weniger guter Verfassung zu halten, zufällig auf eine kleine Anzeige, die sie mir mit freudigem Gesicht vorlegte. Ein kleines Haus war in Lausanne zu verkaufen, in einem verborgenen Winkel, ringsum von Grün umgeben.

Vom Balkon aus sahen wir uns »unser rosafarbenes Häuschen« an, das dem Text der Anzeige zu entsprechen schien, und ich telefonierte mit der Société Immobilière, derselben Maklerfirma, durch die wir das Appartement im Hochhaus gekauft hatten.

»Sie sind mindestens der dreißigste Interessent, der uns seit heute morgen anruft, Monsieur Simenon. Weil Sie schon unser Kunde sind, sind wir bereit, Ihnen das Vorrecht einzuräumen.«

Wir inspizierten das Häuschen. Eines der Zimmer zu ebener Erde liegt mit zwei Fenstern und einer großen Glastür zur Gartenseite hin. In diesem Garten steht die älteste Libanon-Zeder der Stadt, die über zweihundertfünfzig Jahre alt ist.

Eßzimmer, Küche, Speisekammer. In der ersten Etage ein weiteres großes Zimmer, das auf Hof und Garten hinausgeht und Pierres Arbeitszimmer werden würde. Zwei Zimmer daneben, eines für Pierre, das andere für Yole, jedes mit eigenem Bad.

Ich schloß den Kauf sofort ab. Es würde genügen, vom Hausflur, der zu lang war, etwas wegzunehmen und stattdessen dort ein zusätzliches WC mit Dusche unterzubringen, das von unserem Wohnraum-Büro-Schlafzimmer zugänglich sein würde.

Eine Bronchitis erwischte mich in dem Augenblick, als ich mich um die Handwerkerarbeiten kümmern wollte. Ich blieb mit Teresa oben, während Aitken die Handwerksmeister, Maurer, Anstreicher, Installateure und Elektriker dirigierte und dann die einheitlich in Weiß gehaltenen schwedischen Möbel aufstellen ließ, die wir ausgesucht hatten.

Am Weihnachtsfest versammelte sich die Familie im »Turm« mit Ausnahme von dir, Marie-Jo, um ein üppiges kaltes Büffet. In diesem Jahr hatten Marc und seine Familie, Boule und Johnny für ihre Winterferien St. Moritz gewählt. Pierre fuhr mit ihnen, und Yole besuchte ihre Eltern in Italien.

Ein ziemlich trauriger Jahresausklang für Teresa und mich wegen meines Gesundheitszustandes und meiner Sorgen.

Johnny kehrte nach Harvard zurück, wo er an der Business School Vorlesungen hörte.

Und du, Marie-Jo, wo verbrachtest du dieses Jahresende? Du riefst mich an, um mir ein gutes neues Jahr zu wünschen. Ich wußte, daß du zur Zeit in der Rue Deparcieux wohntest, aber ich wagte nicht dich zu fragen, ob du allein warst. Du versprachst mir, bald zu kommen.

Die Arbeiten in dem kleinen Haus gingen weiter. Wir zogen dort am 8. Februar 1974 ein, an demselben Tag, an dem du eintrafst. Unser großes, so intimes Wohn- und Schlafzimmer, in dem wir, Teresa und ich, unsere Tage und Nächte verbringen und es nur zur Essenszeit verlassen, um ins Speisezimmer zu gehen, schien bei dir so etwas wie einen Schock auszulösen.

Als Teresa uns, wie es ihre Art ist, allein gelassen hatte, schautest du mich beinahe unfreundlich an, und ich fürchtete, dich zu verstehen . . .

Du fragtest mich tatsächlich, wie um deine Wut zu unterdrücken:

»Warum sie und nicht ich?«

»Verstehst du denn nicht, meine kleine Tochter?«

»Was verstehen?«

Ich deutete auf das Bett.

»Teresa teilt mein *ganzes* Leben mit mir!«

»Na und?«

Ich hatte immer Angst vor dem gehabt, was ich plötzlich feststellte. Du zeigtest mir den goldenen Ring, den du dir von mir gewünscht hattest, als du acht Jahre alt warst, den du mehrmals hattest ausweiten lassen und den du immer noch trugst, den du sogar anhaben würdest, nachdem . . .

Was sollte ich dir antworten? Eines Tages berichtetest du mir in Zusammenhang mit deiner Mutter von Blutschande und schildertest mir eine scheußliche Szene, die bei dir ein schweres Trauma bewirkt hatte. Und jetzt wolltest du . . .

»Alles, was sie für dich getan hat, hätte ich doch auch tun können, nicht?«

Verzeih mir, Marie-Jo, daß ich diese Szene wiedergebe, die mich besser verstehen ließ, warum du von da an amouröse Verbindungen vorzugsweise zu reifen Männern hattest.

Es kam in Paris oft vor, daß du dich zu Marc flüchtetest. Boule wurde dabei deine Vertraute.

Ich hatte meinerseits am Tag nach deinem Besuch einen lächerlichen, aber schmerzhaften Unfall. Teresa und ich hielten wie gewohnt unser Mittagsschläfchen, das erste in unserem kleinen Haus. Irgendwann stand ich schlaftrunken auf, um Pipi machen zu gehen. Ich war noch nicht mit dem Haus vertraut, von dem wir so viel geträumt hatten, stolperte über die Türschwelle, von deren Existenz ich nichts wußte, und schlug der Länge nach auf den Fliesenboden hin.

Teresa kam herbeigestürzt, bückte sich, sah mich unbeweglich, komatös, mit einem verrenkten Bein liegen. Sie telefonierte nach einem Krankenwagen, konnte aber nicht sofort einen freien Wagen bekommen. Da kam sie auf die Idee, die Polizei anzurufen, die, wie wir später erfuhren, über die besten Ambulanzfahrer der Stadt verfügt.

Man transportierte mich auf einer Tragbahre in das Unfallkrankenhaus, das die bei Unfällen im gesamten Gebiet um Lausanne verunglückten Personen aufnimmt, und ich blieb zunächst einmal liegen und wartete darauf, daß ich an die Reihe kam, während Teresa mir die Hand streichelte.

Ein Arzt untersuchte mich. Röntgenaufnahmen. Ich habe an das Ganze nur noch eine verschwommene Erinnerung, und es scheint mir eine Ewigkeit gedauert zu haben. Schließlich wurde festgestellt, daß ich mir beim Sturz einen glatten Bruch des »großen Trochanters«, mit anderen Worten des sogenannten Rollhügels am Oberschenkelknochen, zwei Zentimeter vom Schenkelhals entfernt, zugezogen hatte.

Der Schädel hatte nichts abbekommen, die Brust auch nicht. Teresa telefonierte vom Krankenhaus aus mit der Clinique Cecil, die einen Krankenwagen schickte, um uns abzuholen.

Ich traf meinen Freund Francioli wieder, der in unserem Nachbarhaus mit dem kleinen gepflasterten Hof wohnte, und erfuhr von ihm, daß der Heilprozeß langwierig sein würde. Ich durfte mich vor allen Dingen nicht bewegen, selbst nachts nicht, und wurde in ein Gitterbett gelegt, das ich nahezu fünf Wochen lang nicht mehr verließ.

Um die intime Körperpflege kümmerte sich Teresa. Es scheint, daß ich in der Nacht oft zitterte und vergeblich versuchte, mich umzudrehen. Sie stand immer wieder auf, um mir die Schweißtropfen von der Stirn zu wischen. Dennoch ist mit der Erinnerung an diese fünf Wochen nichts Düsteres, Unschönes verbunden. Wir hatten ein sonniges Zimmer mit Veranda, auf die Teresa die Coca-Cola-Flaschen zur Kühlung stellte. Wenn ich mich auch nicht aufrecht setzen konnte, so durfte ich doch, durch Kopfkissen gestützt, meine Pfeife rauchen. Ich hatte ständig Durst.

Panik befiel mich dann, als der Chirurg mich wissen ließ:

»Ihre langen Wanderungen können Sie sich von nun an aus dem Kopf schlagen, mein lieber Simenon! Sie müssen künftig mit kurzen Spaziergängen vorliebnehmen . . .«

»Mit einer Krücke? Oder einem Stock?«

»Oder an Teresas Arm!«

Wir gingen zuerst auf der privaten Allee spazieren, die zur Avenue des Figuiers führt. Dann dehnten wir unsere Promenaden aus. Ich gewöhnte mir an, auf den Boden vor mir zu blicken und mich auf den Arm Teresas aufzustützen, die mir noch nie so nahe gewesen war.

Man könnte meinen, daß durch diesen Unfall die Bande noch enger geworden sind, die uns ohnehin schon miteinander verknüpfen. Was habe ich im Grunde mein Leben lang gesucht? Welchem Ziel bin ich eigentlich nachgejagt, neugierig auf alle Frauen, zweimal verheiratet, zweimal enttäuscht, immer ein Ziel vor Augen, das mir unbekannt war und das ich jetzt endlich kenne?

Das Ziel meiner unablässigen Suche war im wesentlichen nicht eine Frau, sondern »die« Frau, die wahre Frau, eine, die Geliebte und Mutter zugleich war, ohne Künstelei, ohne falschen Glanz, ohne Ehrgeiz, ohne Angst vor dem Morgen, ohne »Status«.

Ich habe sie gefunden, ohne es zu wissen, rein zufällig, und habe lange gebraucht, um zu merken, daß ich endlich mein Ziel erreicht hatte. Es ist schon eine Reihe von Jahren her, daß ich nicht mehr auf »Frauenjagd« gehe, nicht aus Mangel an Appetit oder infolge physischen Unvermögens. Weil ich eine gefunden habe, die alle anderen ersetzt.

Ich diktierte viel. Weil ich nicht imstande war, mit unserem Tonbandgerät umzugehen, obwohl es das am wenigsten komplizierte war, das man bekommen konnte, überwachte Teresa, die mir gegenübersaß, das Abspulen des Bandes, nahm die Justierung vor und gab mir ein Zeichen, wenn es Zeit wurde, mit dem Diktat kurz aufzuhören.

Begreifst du, meine kleine Marie-Jo, daß du trotz deiner Liebe für mich, trotz der Verehrung, die du für mich hegtest, eine solche Rolle nicht spielen konntest? Eines Tages würdest du es aber bestimmt einsehen und Teresa dankbar dafür sein, daß sie aus mir einen neuen Menschen gemacht hat.

Während wir ruhig in unserem rosafarbenen Haus lebten, wie ich mir angewöhnt habe, es zu nennen (die Wände unseres Wohnzimmers sind ebenfalls rosafarben mit einem Schuß ins Orangefarbige), während wir unsere Spaziergänge immer weiter ausdehnten, nahmst du Englischunterricht nach der Immersionsmethode, das heißt du sprachst nur englisch mit deinem Lehrer, mit dem du den ganzen Tag zusammen warst.

Du riefst mich oft an und unterhieltst dich auch mit mir auf englisch, und ich spürte, daß du wieder heiter geworden warst. Im Oktober nahmst du wieder den Schauspielunterricht auf und setztest auch die Kurse in klassischem Tanz fort.

Ich hingegen erlitt vor dem Herbst einen Rückfall mit schmerzhaften Schwindelanfällen und Schmerzen am ganzen Körper.

Ich schleppte mich deswegen trotzdem herum, so gut ich konnte, schlief nachts wenig, stand oft gegen zwei Uhr früh auf, um mich in meinen Sessel zu setzen und um Kaffee zu bitten, den ich trank, während ich mehrere Pfeifen rauchte. Die liegende Stellung war mir während der Nacht nur unter Schmerzen möglich, und erst am Tage fand ich, völlig bekleidet, einige Stunden lang Schlaf auf unserer Bettcouch.

Durch meine Schmerzen war ich derart gleichgültig gegenüber meiner Umwelt, daß ich nicht merkte, daß auch Teresa kaum noch schlief, weder bei Nacht, wenn sie bei mir Nachtwache hielt, noch tagsüber, wenn sie sich um mich kümmerte.

In welchem Moment zwischen Juni und November fand ich dann nur die Kraft, eine neue Auswahl von Texten zu diktieren, denen ich den Titel *Les petits hommes* gab?

Ende August fühlte ich mich besser, und wir nahmen unsere Spaziergänge, unser bescheidenes, von Zärtlichkeit erfülltes Leben wieder auf.

Im November kamst du für eine Woche zu uns auf Besuch, mein Töchterchen, sieben Tage lang, in deren Verlauf du dich sanft und liebevoll gabst. Du beobachtetest nachdenklich, wie wir zusammen lebten und begannst zu begreifen, was Teresa für mich bedeutete, wenn du sie auch noch nicht liebtest, was eines Tages geschehen würde.

Du übernachtetest wie üblich im Carlton, wie auch deine Brüder, wenn sie uns besuchten, wie die wenigen Freunde, die zu mir kamen. Ihr wart dort wie zu Hause, und man gab euch stets dieselben Zimmer, so daß sich das Hotel allmählich zu einer Art Anbau unseres räumlich zu kleinen Hauses entwickelte. Es tat gut, mein Töchterchen, dich ruhig zu sehen, zuweilen dein Lachen zu hören, das mich an dein Lachen erinnerte, als du noch klein warst.

Nach deiner Abreise machte ich mich wieder ans Diktieren. Ich tat es zu meinem Vergnügen, um endlich ungezwungen alle Ideen niederzulegen, die in meinen Romanen nur unterschwellig zum Ausdruck kommen, und sie deutlich zu formulieren, was mir später die Feindschaft des Großbürgertums und mit um so größerem Recht die der Rechten und extrem Rechten eintragen sollte.

Ich entdeckte aufs neue die schlichten Ansprüche, die kleinen täglichen Freuden meiner Kindheit, und Teresa teilte sie mit mir. Ich bin wie sie unter, wie ich sie nenne, »kleinen Leuten« auf die Welt gekommen, und ich spürte in immer stärkerem Maße, daß ich trotz der Paläste, trotz des Rolls Royce und trotz der vornehmen Welt, in die ich Aufnahme gesucht hatte, um sie kennenzulernen, dieser Welt der bescheidenen Menschen angehöre und immer angehört habe, die den Frieden in sich selbst finden. Ich glaube, ich habe trotz aller Aufregungen, trotz meiner Ängste um dich, mein Töchterchen, über heitere Dinge gesprochen.

Und es ist wirklich wahr: Zwischen zwei harten Schicksalsschlägen und trotz meiner zeitweiligen Erkrankungen hatte ich einen tiefen inneren Frieden gefunden, vielleicht weil ich endlich mit mir selbst ins reine gekommen war.

Ich verspürte angesichts der wachsenden Blätter draußen, beim Betrachten einer Blüte, aus der eine Biene Honig saugte, oder beim Füttern der zwei- bis dreihundert Vögel in unserem kleinen Garten jene Freude wieder, die ich als Kind während der Ferien in Embourg empfand.

Ich atmete alles Leben um mich herum ein, fühlte mich in völliger Übereinstimmung mit der Natur, in intimem Kontakt und voll Vertrauen zu ihr wie zu Teresa, die ein Teil dieser Natur ist.

Ich wußte, daß du meine *Dictées* lasest, Marie-Jo, deren Veröffentlichung begonnen hatte, daß du, seit du zehn Jahre alt warst, alle Bücher von mir verschlungen, sie später noch mehrfach gelesen und mit Anmerkungen versehen hattest.

Im Juni schloß Johnny sein Studium in Harvard ab und brauchte nur noch unter den Angeboten zu wählen, wie sie alle Diplominhaber seines Studienfachs von den großen internationalen Unternehmen erhalten.

Im Oktober kam er für ein paar Tage nach Lausanne und ließ mich wissen, daß er einen Posten bei der United Artists in deren Brüsseler Büro übernehmen würde. Ob er wieder Appetit auf Waffeln mit Schlagsahne bekommen würde, von denen er als Junge bei unserem Aufenthalt dort so viele hinunterschlang, daß er davon Bauchweh kriegte?

Mit sechsundzwanzig Jahren war er nun ein seriöser Mann, besorgt um seine Zukunft und verantwortungsbewußt, wie er es von jeher gewesen ist.

Warum fingst du, mein Töchterchen, im Mai aus eigener Initiative wieder mit der Psychotherapie an? Du sprachst wenig mit mir darüber, und ich meinerseits vermied es, der großen Tochter mit ihren zweiundzwanzig Jahren, die du inzwischen zähltest, indiskrete Fragen zu stellen.

Im Dezember entschlossen wir uns, zwei bis drei Wochen diesmal nicht in Valmont, sondern im Montreux-Palace zu verbringen, denn in Montreux, das windgeschützt gegen den Nordwind gelegen ist, ist der Winter milder als in Lausanne. Wegen meiner neuauftretenden Kälteempfindlichkeit hatte ich mir einen riesengroßen Pelzmantel gekauft, aber keinen Luxusmantel aus seltenen Fellen, sondern einen aus Bisamfell.

Ich hatte das Tonbandgerät mitgenommen und begann zwischen zwei Spaziergängen durch die Grand-Rue mit dem Diktat für einen Band, der *A l'abri de notre arbre* heißen sollte und von unserem Baum erzählen würde, der unzählige Vögel beherbergt, die morgens piepsen, wenn die Stunde kommt, zu der wir Körner ausstreuen, und nachmittags, sobald wir nach der Siesta die Vorhänge aufziehen. Sie kennen genau unseren Tagesablauf und rufen uns, wenn nötig, zur Ordnung. Es gibt unter ihnen mindestens sechs verschiedene Arten, die wir unterscheiden können, ohne den Namen zu erfahren zu suchen, den die Menschen ihnen gegeben haben. Für uns sind das einfach »unsere Vögel«.

Pierre verbrachte seine Winterferien in Crans, nicht ohne uns in Montreux zu besuchen.

Ein ruhiger Dezember. Wie es schien, auch für dich, Marie-Jo, mein Liebling, die du uns bald so viel Angst einjagen solltest.

Du bewohntest noch immer eine Einzimmerwohnung in der Rue Deparcieux. Du hattest kleine Rollen beim Film unter berühmten Regisseuren neben Stars der Leinwand gespielt. Mit dem einen oder anderen hattest du mehr oder weniger lange Techtelmechtel gehabt. Ihre Namen und alle Einzelheiten kenne ich heute haargenau dank der intimen Tagebücher, der Briefe und all der Dokumente, die du mir anvertraut hast.

Versprach man dir nicht eine erfolgreiche Karriere in der Richtung, die du eingeschlagen hattest, und brachtest du nicht alle Männer, denen du begegnetest, in Wallung?

Du verbrachtest Mitte Januar zwei Tage bei uns in Lausanne.

Dann aber suchtest du bald Zuflucht in einer Klinik, die sich »La Villa des Pages« nannte und in die du dich nur begabst, um zu schlafen und am Tag in deine Wohnung zurückzukehren. Am 15. Mai ...

Ich habe heute nicht mehr den Mut dazu, mein Töchterchen. Ich schreibe keinen »Spannungsroman«. Ich erlebe euer aller Leben, besonders deines, des »schwachen Gliedes der Kette«, mit einer Intensität, die ich versuche, durch die einfachsten Sätze, durch zuweilen überflüssige Details, die mir Zeit zum Atemholen verschaffen, abzuschwächen.

Ich bin heute abend zu müde. Morgen ...

Gute Nacht, Marie-Jo, mein Liebling.

Der morgige Tag wird schwer für mich!

73

Es war kurz vor sieben Uhr abends. Teresa und ich aßen jetzt immer um sechs. Wir hatten uns bereits vom Tisch erhoben und zuckten zusammen, als das Telefon läutete, denn es war Samstag, für uns fast immer ein stiller Tag.

Ich erstarrte, als ich hörte, daß das Hôpital Cochin in Paris anrief, genauer gesagt die dortige Intensivstation.

»Ist Monsieur Simenon persönlich am Apparat? Ich muß Ihnen leider mitteilen, daß Ihre Tochter Marie-Jo hier unter dem Sauerstoffzelt liegt. Wir haben schon alles getan, was in unseren Kräften steht, aber sie befindet sich immer noch im Koma. Verlieren Sie nicht den Kopf! Wir sind sicher, daß wir sie durchbekommen, aber Sie wollen sie bestimmt besuchen ...«

Die Dame am anderen Ende der Leitung konnte mir nichts Genaueres sagen. Ihre Stimme klang unpersönlich. Auf alle Fragen, die sich mir über die Lippen drängten, antwortete sie nur:

»Ich weiß es leider nicht. Der Professor kann Ihnen mit Sicherheit morgen vormittag mehr sagen . . .«

Pierre, der siebzehn war und sich zu helfen wußte, buchte für uns zwei Plätze auf einer Swissair-Maschine für denselben Abend. Teresa und ich zogen uns eilig an, ohne ein Wort miteinander zu sprechen oder zumindest nur wenig. Teresa packte eine Reisetasche. Pierre rief auch das George V an, das immer ein Zimmer oder ein Appartement für mich hatte.

Es war lange her, seit ich zum letzten Mal mit dem Flugzeug oder mit der Bahn gereist war, ja daß ich überhaupt verreist war, außer nach Valmont. Ich leide viel unter Schwindelanfällen, und Ortsveränderungen sind beschwerlich für mich. An jenem Abend dachte ich nicht daran.

Teresa umsorgte mich. Sie war natürlich auch erschüttert, aber sie vermochte doch einen klaren Kopf zu bewahren. Ein Auto brachte uns zum Flughafen, wo ich wie in einem Alptraum auf unser Flugzeug wartete, das uns gegen elf Uhr abends in Orly absetzte. Ich nannte dem Taxifahrer die Adresse des Hôpital Cochin. Wir kamen dort um Mitternacht an. Ich kannte dieses Krankenhaus nicht, und wir suchten lange nach der Intensivstation, wo sich eine Krankenschwester unserer annahm.

»Ich werde fragen, ob Sie Ihre Tochter sehen können. Normalerweise sind in der Intensivstation, in der sie noch liegt, keine Besuche erlaubt.«

Wie lang mir das alles zu dauern schien! Sie kam schließlich mit einem Arzt zurück, der mir bedeutete, daß ich sie allein aufsuchen konnte, und mir einen weißen Kittel und ein rundes Käppchen reichte. Ich folgte ihm in eine irreale Welt hinein, stille und verlassene Korridore entlang, während Teresa in einem kleinen Zimmer auf mich wartete. Er öffnete eine Tür. Ich entdeckte Marie-Jo auf einem Bett, von merkwürdigen Apparaten umgeben. Ich betrachtete sie mit solcher Anspannung, daß mir die Augen weh taten. Ihre Lider öffneten sich mit einem Mal, ihr Blick richtete sich auf mich, ihre farblosen Lippen stammelten das Wort:

»Dad!«

Ihre Stimme war so schwach, daß ich ihre Worte mehr erriet als hörte. Sie brauchte einige Zeit, bevor sie mit ebensolch entfernt klingender Stimme hinzufügen konnte:

»Du bist gekommen . . .?«

Ihre hellen, fast durchsichtigen Augen drückten Zufriedenheit aus, und ich hätte geschworen, daß sie das rätselhafte Lächeln lächelte, das ich bei ihr schon kannte.

»Hör zu, mein Töchterchen. Wie es scheint, darfst du nicht sprechen. Ich kann diese Nacht nur ein paar Minuten bei dir bleiben. Du bist außer Gefahr, und morgen nachmittag bekomme ich die Erlaubnis, mich länger mit dir zu unterhalten. Ich habe dich sehr lieb, meine kleine Tochter! Alle haben dich lieb, und du wirst leben! Verstehst du mich?«

Du zucktest mit den Wimpern. Ich berührte vorsichtig deine Hand, die mir zerbrechlich und durchsichtig vorkam. Unsere Augen waren es, die sprachen, die eine Verbindung schafften, die zwischen uns so etwas wie eine heiße Strömung herstellten. Man zupfte mich leicht an meinem weißen Kittel, und ich mußte dich in diesem geheimnisvollen Zimmer bei den zwei Krankenschwestern zurücklassen, die den Auftrag hatten, den Tod zu bekämpfen.

Das Taxi, das auf uns gewartet hatte, fuhr uns zum Georg V, wo der Nachtportier überrascht das seltsame Phantom anblickte, das ich sein mußte. Teresa half mir beim Auskleiden und bei den Vorbereitungen für die Nacht. Deprimiert wie wir beide waren, gelang es uns erst spät, einzuschlafen.

Wir wußten immer noch nicht, was eigentlich geschehen war. Am nächsten Morgen riefen wir bei Marc an. Er und Mylène waren verreist, und ich vermied es, die arme Boule in Schrecken zu versetzen, für die Marie-Jo wie eine Tochter war. Ich wußte nicht, wo Johnny war, der zwischen Brüssel und Paris hin- und herreiste. Ich telefonierte mit Pierre, um ihn zu beruhigen. Ich brauchte eine Beschäftigung, um nicht nachdenken zu müssen.

Seit Januar unterzog sich Marie-Jo einer Schlafkur in der »Villa des Pages« in Le Vésinet, wo sie unter der Obhut von Dr. Huchet war. Während des Tages stand es ihr frei, in ihre Wohnung in der Rue Deparcieux zurückzukehren, sie mußte sich aber abends wieder in der Klinik einfinden.

Ich mußte bis zum Nachmittag warten, um zu erfahren, was geschehen war. Dr. Huchet, den ich telefonisch erreichte, wußte nur, daß sich das Drama nicht in Le Vésinet, sondern in Marie-Jos Wohnung abgespielt hatte. Sie selbst hatte von dort aus den polizeilichen Notruf angewählt, und man hatte sie unverzüglich mit dem Krankenwagen ins Cochin-Krankenhaus gebracht. Zweifellos hatte sie eine starke Dosis Schlaftabletten geschluckt, hatte aber, bevor deren Wirkung einsetzte, noch die Kraft aufgebracht, telefonisch um Hilfe zu bitten. Dr. Huchet würde mich am späten Nachmittag im George V aufsuchen, um mir über sie zu berichten. Seine Stimme klang sympathisch, und er schien, jedenfalls am Telefon, sehr gern zur Zusammenarbeit bereit zu sein.

Es spielt kaum eine Rolle, wo wir zu Mittag aßen. Mit Sicherheit nicht im Restaurant. Wahrscheinlich hatten wir uns belegte Brote in unser Appartement heraufkommen lassen. Dann brachte uns ein anderes Taxi wieder zum Hôpital Cochin. Der Fahrer hatte Mühe, sich in dem großen Park zurechtzufinden, wo der Flachbau der Intensivstation zwischen den letzten Gebäuden stand.

Die Oberschwester empfing mich, teilte mir mit, daß meine Tochter außer Lebensgefahr sei, daß sie aber noch mehrere Tage lang von zwei besonders ausgebildeten Schwestern überwacht werden müsse. Sie war noch rechtzeitig, gerade eben noch zur rechten Zeit, hier eingeliefert worden, und man hatte sofort das Nötige getan: Sauerstoff, Magenauspumpen und was weiß ich. Ich durfte sie besuchen, nicht zu lange, und konnte sie beruhigt wieder verlassen.

In ein paar Tagen würde Marie-Jo die Station verlassen und nach Le Vésinet zurückkehren können. Dr. Huchet war damit einverstanden.

Kittel und Haube in Weiß. Noch einmal mußte Teresa warten, denn ich wurde nur allein ins Zimmer hineingelassen.

Du lagst mit offenen Augen da, mein Töchterchen, und deine Wangen hatten fast schon wieder Farbe bekommen. Oder bildete ich mir das nur ein? Ein bißchen ängstlich erkundigtest du dich:

»Bist du mir böse, Dad?«

»Aber nein, liebes kleines Dummchen . . .«

»Ich wollte wirklich, weißt du . . . Diesmal war es mir ernst! Im allerletzten Augenblick habe ich das Bedürfnis gehabt, um Hilfe zu rufen!«

Deine Stimme war matt, aber es war jedenfalls deine Stimme, es waren auch deine Augen, die mich von Kopf bis Fuß betrachteten, als hättest du geglaubt, mich nie mehr wiederzusehen.

»Du bist drollig so, aber ich liebe dich, mein Dad!«

Die beiden Krankenschwestern gingen nicht aus dem Zimmer.

»Ist es ein harter Schlag für dich gewesen?«

Ich sagte dir nicht, daß ich mich nur durch ein Wunder aufrecht halten konnte, daß diese Reise die schrecklichste meines Lebens gewesen war.

»Fährst du wieder nach Lausanne zurück?«

»Ich muß, mein Liebling. Ich bin gesundheitlich nicht in der Lage, in Paris zu bleiben . . .«

»Ich rufe dich an, sobald ich wieder in Le Vésinet bin. Hier ist es mir untersagt. Ich darf rein gar nichts tun . . .«

Du sahst mich herzergreifend an, wie auch der Ausdruck auf deinem Gesicht herzergreifend war. Du warst von Liebe erfüllt, und auch meine Augen strahlten Liebe aus. Man hätte meinen können, daß wir uns umklammerten, ohne uns zu berühren, außer daß wir uns sanft die Hände schüttelten, als eine der Schwestern uns bedeutete, daß die Besuchszeit vorüber war.

»Ich bin mit Dr. Huchet verabredet.«

»Das ist ein feiner Kerl, ein guter Kamerad . . . Du kennst mich, Dad . . . Ich habe immer Angst, daß die Leute mich nicht mögen . . .«

Als ich das Zimmer verließ, fast wie blind, mit einem Sausen in den Ohren und mit schwankendem Schritt, trat eine junge Krankenschwester auf mich zu und steckte mir einen an mich adressierten Umschlag zu. Sie war es, die Marie-Jo bei ihrer Einlieferung entkleidet hatte. Sie hatte dabei diesen für mich bestimmten Brief gefunden und hielt es für ihre Pflicht, ihn mir auszuhändigen.

Ich steckte ihn in die Tasche, fand Teresa wieder, die ich beruhigte, und wir fuhren ins George V zurück. In unserem Appartement öffnete ich den Brief, der in Wirklichkeit Marie-Jos Testament darstellte und am gleichen Tag geschrieben worden war, an dem sie den Selbstmordversuch unternahm, am 15. Mai 1976 und nicht 1975, wie sie infolge eines in diesem so kummervollen Augenblick ihres Lebens verständlichen Fehlers schrieb.

Ich las ihn tiefbewegt, wie man erraten kann, und ich habe auch heute, 1980, nicht den Mut, ihn zu erläutern.

STRENG PERSÖNLICH!
Auszuhändigen an M. Georges Simenon
12, Avenue des Figuiers
1012 Lausanne
(VD) SCHWEIZ

Mein »großer alter Dad«, den ich liebhabe:
Ich habe Dich eben am Telefon gehört. Ich wollte sicher sein, bevor ich für immer weggehe, daß es Dir gutgeht, daß Du glücklich bist und daß Du nicht allzu großen Kummer haben wirst.

Du brauchst überhaupt keinen zu haben. Es ist nichts Trauriges, nichts Dramatisches daran. Das Drama spielen wir alle im Leben. Ich glaube nicht, daß es im Tod existiert. Ich gehe fort, weil ich nicht mehr kämpfen, mich mit all meinen Widersprüchen akzeptieren, die anderen Leute in Frieden und brüderlich ansehen kann. Sie machen mir weiterhin Angst oder vielmehr: ihr Zustand als menschliche Wesen deprimiert mich.

Ich habe zuviel geträumt. Ich habe mich im Grunde immer den kleinen Realitäten des Lebens entzogen, jenen, die einen Zauber besitzen, wenn man in Harmonie mit sich selbst ist.

Ich bin immer feige gewesen. Ich habe mich auf meine Umgebung verlassen, auf Dich ganz besonders, als stünde mir das zu, ohne zu merken, wie egoistisch ich war. Nach und nach habe ich meine Würde verloren, die der einzige Wert ist, der der Existenz ihren Sinn verleiht.

Ich schäme mich heute, mich manchmal zu »nackt« vor Dir gezeigt zu haben, als ich, koste es was es wolle, einen letzten Kontakt herzustellen suchte, der in Wirklichkeit nur in meinem Kopf einen Sinn ergab.

Ich habe Dich leiden lassen, verzeih mir. Ich habe Dich derart oft um Ver-

zeihung gebeten, wenn ich Deine Fotos bei mir an der Wand ansah oder streichelte. Und ich habe natürlich geweint. Es schien mir, als hätte ich mit aller Kraft seit meiner Jugend, schon vor Prangins, kämpfen müssen, um ein ordentlicher Mensch zu werden. Ich greife einen Satz auf, den Du in »Les autres« verwendet hast und der mir aufgefallen ist:

»Ich war zu ehrgeizig, um es zu sein.«

Verstehst Du mich? Trotz meines Pessimismus, meiner Zeiten der Niedergeschlagenheit vermutete ich in mir einige Talente, die eines Tages zum Vorschein kommen würden.

... Seit gestern abend in der Klinik denke ich über diesen Brief nach, und mit einemmal entgleiten mir die Worte und alles, was ich Dir zum letzten Mal sagen wollte, verklemmt sich in meinem Inneren . . .!

Wenn Du diesen Brief bekommst, dann rede Dir einfach ein, daß ich endlich ganz in Deiner Nähe bin, friedlich und ohne mich weiter zu beklagen. Ich werde wieder Deine kleine Tochter geworden sein, die mit Dir Arm in Arm durch die Sonne bis zur Bar auf dem Bürgenstock ging – das kleine Mädchen des Tennessee Waltz. Behalt nur das von mir. Was den Rest betrifft, so vergiß ihn, es ist besser so, und sei vor allem glücklich, setz Dein Leben fort und genieße jede Minute, die vergeht, mit all der Sinnlichkeit, die Du hast. Das ist das wahre Leben: die Sonne auf der nackten Haut, der Blick eines Passanten, an dem man vorbeigeht, der Geruch einer erwachenden Stadt, zwei Körper, die sich ohne falsche Scham vereinen . . . Ganz besonders gilt es, für jede Minute, die vergeht, empfänglich zu sein, ohne schon an die nächste zu denken. Manchmal habe ich es verstanden, so zu sein. Ich habe es fertiggebracht, mich auf einen Stuhl zu setzen und meinen Körper zu entspannen, ohne ihn schon durch den Gedanken zu verkrampfen, daß ich wieder aufstehen wollte.

Ich habe es fertiggebracht, eine Katze zu streicheln und zu fühlen, wie nahe sie mir war. Ich habe mit einem Hund sprechen können . . .

... Ich habe es nie verstanden, mich mit einem Menschen wirklich auszusprechen! Jetzt muß ich den Mut für meine Feigheit, meine Feigheit zu leben, aufbringen. Es darf nicht passieren, daß mir mein Selbstmord mißlingt, sonst bedürfte ich noch mehr der Sorge und Rücksichtnahme von seiten der anderen.

Ich will nicht länger eine Last für irgend jemanden sein. Und da ich nicht imstande bin, so zu lieben, wie es scheint, daß man lieben muß . . . Ich bin unnütz. Warum soll ich dann für mich allein leben, mich herumschlagen, um in dieser Welt zu leben, die mir Angst einjagt und für die ich mich so schlecht gewappnet fühle?

Weißt du, wenn ich mir Deine Fotos ansehe, von denen verschiedene aus der Zeit vor meiner Geburt stammen, ertappe ich mich dabei, daß ich von der Existenz träume, die Du Dir geschaffen hast. Im Grunde hätte ich gern an Deiner Seite sein mögen.

Ich hätte Dir beweisen mögen, daß ich etwas anderes war als ein egozentrisches Wesen, das an seinen eigenen Tränen Gefallen fand.

Es ist zu spät. Ich bin zu weit abgetrieben worden, und ich bin nicht mehr in dem Alter, wo ich mich an Deine Knie schmiegte.

Ich habe meinen Brief unterbrochen, um einen Psychoanalytiker aufzusuchen. Ich habe ihm erklärt, was ich tun wollte, und habe viel geweint. Warum?

Ich habe ihm vor allen Dingen von der Unfähigkeit erzählt, in diesem Brief meine Gedanken zum Ausdruck zu bringen, und von meinem Wunsch, ruhig zu sein und einen klaren Kopf zu behalten.

Dad... Ich kann kein Testament machen, weil ich kein Geld verdient habe. Alles gehört dir. Verschenk meine Sachen an wen du willst, meine Gitarre an Serge, wenn er sie haben mag, denn er ist ziemlich musikalisch.

Ich habe in einer schwarzweißen Plastiktasche unter dem Spülbecken alle meine Aufzeichnungen und die Briefe verwahrt, die ich von dir oder anderen Leuten bekommen habe. Hebst Du sie auf? Meine Hefte hingegen sind ein bißchen verstreut. Ich habe welche in der Klinik, hier in den Schubladen, unter meinen Hosen und auch in den Schnellheftern, zusammen mit meinen Fotos.

Ich schreibe schnell und schlecht. Ich fürchte, ein weiteres Mal zu »versagen«. Ich habe Angst, in letzter Minute Angst zu bekommen. Aber ich werde ganz fest an Dich denken und alles wird gutgehen.

Ich weiß, daß Du Dich schon entschieden hast, einmal eingeäschert zu werden. Daß Du bereits Deine Urne und die Stelle ausgesucht hast, wo sie hinkommen soll.

Mir ist vor dem Sarg ebenso bang wie vor dem Feuer. Also entscheide Du für mich, und es ist dann gut so. Ich hoffe nur, und das ist mein einziger Wunsch, bis zum Schluß den goldenen Ring an meinem Finger behalten zu können. Wenn man ihn mir bei der Autopsie abnehmen sollte, würdest Du ihn mir hinterher wieder aufstecken? Dieser Ehering ist das einzige, das im Leben für mich gezählt hat. Verstehst Du das?

Im übrigen gehe ich auf Zehenspitzen davon, um niemandem mehr Schmerzen zu bereiten und um auch selbst keine mehr zu haben.

Ich bin bedrückt bei der Vorstellung, Dich zu verlassen, ohne Dich wiederzusehen, ohne Deine neuen Manuskripte kennenzulernen, ohne zu wissen, was aus der Familie wird. Hoffentlich seid Ihr alle glücklich. Ich wünsche mir, daß Marc es schafft und mit seinen Filmen Erfolg hat, daß Johnny bei seiner Arbeit das Glück findet, daß Pierre weiterhin dieser große, selbstsichere und ausgeglichene gute Kerl bleibt.

Daß Mama euch nicht zu sehr Unannehmlichkeiten bereitet und mir verzeiht, daß ich nicht zu ihrem Geburtstag kommen konnte. (Er war gestern.)

Koste mit allen Poren deine innigen Beziehungen zu Teresa aus, die ich so schlecht zu verstehen und zu akzeptieren gewußt habe!

Dad, ich habe Dich mehr als alles auf der Welt geliebt, ich sag es Dir ein letztes Mal. Bitte, glaub mir, ich bitte Dich herzlich! Es war der einzige Sinn des Lebens für mich, und ich scheide aus dem Leben, weil ich zu der Überzeugung gekommen bin, daß ich es nicht mehr fertigbringe, die Erwartungen, die Du hegst, daß ich nämlich jemand »Brauchbares« werde, in den Du Vertrauen setzen kannst, zu erfüllen.

Ich hätte es gern gehabt, daß Du mich besser kennengelernt, daß auch ich Dich besser verstanden hätte. Ich stieß mich immer an meinen inneren Hemmungen, die verhinderten, daß ich mein Herz ausschüttete.

Noch jetzt würde ich Dir gern ein wenig erzählen, was mich in jene Richtung, was in die andere und schließlich in diese Leere getrieben hat, die unerträglich geworden ist. Ich kann keinen klaren Gedanken mehr fassen. Macht nichts, oder?

Zusammen werden wir jetzt, da bin ich sicher, den Berg besteigen und uns im Gras ausstrecken und den Mond in Händen halten. Es gibt keinen Zorn mehr, kein Unverständnis, keine Scham und keine Schwächen.

Ich komme wieder zu Dir und wir sind glücklich... Neben »meinem Gott«, zu dem ich oft gebetet habe, warst Du mein konkreter Gott, die Kraft, an die ich mich klammerte.

Du bist es noch, Du bist es auf ewig!

Wie viele »Schnuff-Schnuffs« soll ich Dir noch schicken? Wie viele Küsse, wieviel Zärtlichkeiten...?

Ich rieche noch den Duft Deiner Pfeife, ich werfe mich in Deine Arme, Du beschützt mich, und ich bin glücklich...

Sei es um meinetwillen auch...

Deine »kleine Tochter«
Marie-Jo

PS: Könnte ich wohl in die Schweiz »repatriiert« werden, um nicht so weit von Dir weg zu sein?
PPS: Ich habe auch Boule, Mylène, Serge, Diane, Francette, Madame L., F. und C. sehr gern gehabt. Wenn sie es bloß erfahren könnten...!

Zurück ins George V. Dr. Huchet suchte mich gegen sechs oder sieben Uhr, genau weiß ich es nicht mehr, auf. Der Mann war jung, sympathisch, offen und direkt. Wir sprachen über eine Stunde lang in einer Ecke des großen Salons miteinander, der leer war, weil wir Sonntag hatten. Ich berichtete ihm von dem Testament, ohne es ihn lesen zu lassen, denn ich respektierte das »Streng persönlich!« meiner Tochter.

Der Arzt hatte sie aufmerksam beobachtet. Er hatte festgestellt, daß Marie-Jo jeweils von einer Phase der Aktivität und beinahe Lebensfreude in eine trübselige Phase geriet, bei der sie sich abkapselte, als wäre sie eifrig darauf bedacht, ihre Ängste für sich zu behalten.

Hing das mit ihren mehr oder minder flüchtigen Liebesabenteuern und den nachfolgenden Enttäuschungen zusammen? Es war mehr als wahrscheinlich. Er zeigte sich indessen nicht allzu beunruhigt. Im Augenblick hatte sie erst einmal innere Ruhe, völlige Erholung nötig. Er erlaubte mir, sobald Marie-Jo wieder nach Le Vésinet zurückgekehrt sein würde, ihn so oft ich wollte anzurufen, und wir verabschiedeten uns voneinander, jeder Vertrauen in den anderen setzend.

Teresa brachte es fertig, mich in ziemlich jämmerlichem Zustand nach Hause zu schaffen. Kaum hatten wir es uns dort wieder bequem gemacht, als ein Anruf aus dem Cochin mir eine neue Hiobsbotschaft bescherte. Direkt am nächsten Morgen nach unserer Abreise aus Paris hatte Marie-Jo es, der Himmel weiß wie, fertiggebracht, sich trotz der Überwachung bei Tag und Nacht ans Fenster zu schleppen und in den Hof zu springen. Zum Glück lag ihr Zimmer im Erdgeschoß, und sie war mit Schrammen davongekommen.

Sie blieb noch ungefähr eine Woche lang im Cochin. Ich wurde tagtäglich telefonisch über ihr Befinden auf dem laufenden gehalten. Danach kehrte sie nach Le Vésinet zurück, von wo mir der sympathische und umsichtige Dr. Huchet ständig Nachricht über sie gab, die er in sein Herz geschlossen hatte.

Sie durfte mit mir telefonieren. Sie war wieder ruhig geworden. Sie schrieb mir. Ihr Bruder Johnny kehrte Ende Mai in seine Pariser Wohnung zurück und besuchte sie, ebenso Boule und auch Marc und Mylène.

Danach, während der Ferienzeit, zerstreute sich meine kleine Welt wieder in alle Winde. Pierre und Johnny reisten nach Guadeloupe. Und Marie-Jo, der Dr. Huchet einen Urlaub unter der Bedingung gestattete, daß jemand sie begleitete, wollte sich in der Bretagne, in Quiberon, wieder Farbe holen. Die gute Boule fuhr mit ihr.

Teresa und ich begnügten uns damit, einige Wochen in einem zauberhaften kleinen Hotel in Saint-Sulpice zu verbringen, nur fünf Kilometer von unserem rosafarbenen Haus entfernt. Wir wanderten dort mehr und mehr, und ich stützte mich nicht mehr so stark auf Teresas Arm, den ich jedoch nach wie vor brauchte. Von der Terrasse aus sahen wir auf der anderen Seite des Sees Evian liegen, was uns auf den Gedanken brachte, dort unsere Ferien zu beenden. Ich litt immer noch an Luftschlucken, und kaum waren wir in unser Hotel oben in der Stadt eingezogen, da stellten sich große Hämorrhoiden ein, die mir das Sitzen fast unmöglich machten. Wir ließen uns deshalb unsere Mahlzeiten in unserem Salon servieren, von dem aus wir mit Hilfe eines Fernglases unseren Baum sehen konnten.

Als ich schließlich wieder laufen konnte, ergab es sich, daß wir auch das

Kasino betraten, in dem wir dann aus Langeweile manchmal Roulette spielten. Aber nur nachmittags, denn wir behielten unsere Gewohnheit bei, abends nicht mehr auszugehen, und legten uns immer um zehn Uhr schlafen.

Eines Nachmittags, als ich gerade ohne großes Interesse am Spieltisch saß, hatte ich ein so unverschämtes Glück, daß andere Spieler zum Schluß ihre Jetons auf dieselben Nummern schoben wie ich. Weil ich nicht gerne auf diese Weise Geld verdiene, spielte ich dann völlig unsinnig, um den sich vor mir auftürmenden Haufen Plättchen wieder zu verlieren. Es gelang mir nicht, und als es Zeit für das Abendessen wurde, ging ich mit Teresa zur Kasse. In dem Augenblick, als ich Jetons und Plättchen vor mir ausbreitete, war mein Gehirn mit einemmal vernebelt. Ich fühlte, wie ich hinfiel. Ich sah verschwommen Füße und Beine und fand mich, von Teresa begleitet, in einem Krankenwagen, dann im Hospital wieder.

Ich erfuhr später, daß man eine Röntgenaufnahme von meinem Kopf gemacht hatte. Schließlich führte man nach eingehenden Untersuchungen meine plötzliche Ohnmacht auf einen rapiden Rückgang des Blutdrucks zurück. Ich habe von jeher einen zu niedrigen Blutdruck und einen langsamen Pulsschlag gehabt wie merkwürdigerweise die meisten berühmten Radrennfahrer. Diesmal jedoch war der Blutdruck zu stark gefallen, und man gab mir irgendeine Spritze, bevor ich ins Hotel zurückgebracht wurde.

Teresa rief meinen Freund Cruchaud an, der mich seit Jahren behandelte, und seine Diagnose war die gleiche. Er machte darüber hinaus auch noch das gewittrige Wetter, das wir während unseres Aufenthaltes in Evian gehabt hatten, die drückende Hitze und das Kommen und Gehen im Spielsaal, das ich nicht vertragen konnte, für meinen Zustand verantwortlich.

Teresa packte nur noch unsere Sachen, und dann waren wir wieder daheim, wo Josefa, die lange Jahre in Epalinges im Haushalt tätig gewesen war und die mit uns nach Lausanne gekommen war, inzwischen das Haus gehütet, Großreinemachen veranstaltet und zweimal täglich unsere Vögel gefüttert hatte.

Vom 25. August bis zum 4. September siedelten wir in die Clinique Cecil zu einer minutiösen Generaluntersuchung über, die beruhigende Befunde ergab. Das Elektrokardiogramm, das Professor Rivier machen ließ, bei dem ich auch schon in Behandlung war, erwies sich als ausgezeichnet. Das Elektroenzephalogramm hingegen zeigte eine Sklerose mehrerer Arterien auf, was in meinem Alter nicht außergewöhnlich war. Ich war immerhin dreiundsiebzig und konnte nicht erwarten, nach den Schicksalsschlägen, die sich in jüngster Zeit häuften, frisch und munter zu sein.

Am 3. September, dem Vorabend unserer Abfahrt aus der Klinik, neue Aufregung. Marie-Jo, die sich bei Marc befand, hatte einen neuen Selbstmordversuch unternommen, wenn sie nicht etwa versehentlich zuviel Medikamente eingenommen hatte. Man hatte sie in das Krankenhaus in Chartres gebracht, sie aber nur eine Nacht dabehalten.

Boule kam zu uns zu Besuch und erzählte viel von dem Auf und Ab der Stimmung bei Marie-Jo, deren Kurve ähnlich zu verlaufen schien wie die ihrer Abenteuer und amourösen Enttäuschungen. Der letzte Suizidversuch war allerdings nach Meinung von Boule, die mit beiden Beinen fest im Leben steht, nichts weiter als ein Medikamentenmißbrauch gewesen.

Ich telefonierte viel mit Marie-Jo. Ich schrieb ihr, und sie schrieb mir wieder.

Am 25. Oktober entschloß sie sich, sich in die Universitätsklinik in Rueil-Malmaison zu legen. Es war gerade ein Tag, an dem die übrigen Mitglieder unserer Familie nicht in Paris waren. Sie fühlte sich plötzlich allein und schrieb ihrer Mutter. Diese kam mit dem Taxi zu ihr zu Besuch. Worüber unterhielten sich die beiden? Marie-Jo würde es mir vielleicht bald berichten. Inzwischen nur eine kuriose Einzelheit. Ihre Mutter, die sich immer beklagte, keine Mittel zur Verfügung zu haben, obwohl ich ihr ein übertrieben hohes Einkommen garantierte, gestand ihr, daß sie das Taxi, das draußen wartete, nicht bezahlen könne, und Marie-Jo mußte ihr das nötige Geld für die Rückfahrt nach Paris geben.

Zuvor hatte mich am 11. September (ich entschuldige mich für diese Rückblenden, aber es fällt mir bei all diesem Hin und Her schwer, eine strikte zeitliche Reihenfolge einzuhalten), also am 11. September die gesamte Familie einschließlich Marie-Jo in Lausanne besucht und ein gut Teil des Carlton belegt. Ein großes Mittagsmahl vereinte uns in dem ausgezeichneten Restaurant dieses Hotels, einem der drei besten von Lausanne, und alle sprachen unbeschwert durcheinander. Nur Marie-Jo war still und zog es danach vor, allein zu mir auf Besuch zu kommen.

Im November beschloß ich, nachdem ich mich telefonisch mit Durand beraten hatte, der meine Tochter besser kannte als ich, ihr in Paris ein Studio zu kaufen, und beauftragte eine seriöse Maklerfirma damit, mir entsprechende Vorschläge zu machen.

Johnny hatte sich entschieden, ebenfalls in Paris für »Gaumont« zu arbeiten, und Marcs Haus in Poigny-la-Forêt wurde zum Treffpunkt der Familie.

Ein bewegtes Jahr, mit zuviel Heimsuchungen. Das war vielleicht der Grund dafür, daß ich jeweils zwischen zwei Ereignissen viel diktierte. Im März beendete ich *Au-delà de ma porte-fenêtre*. Von März bis Juni entsteht: *Je suis resté un enfant de chœur*. Es folgen fast Schlag auf Schlag: *A quoi bon jurer* und *Le prix d'un homme*.

Diesen letzten Titel diktierte ich in Valmont, wohin ich mich zur Rekonvaleszenz nach meiner Prostataoperation zurückgezogen hatte, dieser Operation, die lange Jahre lang wie bei so vielen Männern mein Alptraum gewesen war. Mein Urologe, Dr. Amsler, entschied dann, daß der Moment für einen Eingriff gekommen sei, und setzte mir eingehend auseinander, daß es sich bei mir nicht um eine operative Abnahme der Vorsteherdrüse handele, sondern um die Beseitigung der gewucherten sogenannten Adenomknoten durch neue Methoden.

Winzige Instrumente, darunter auch eine kleine Lupe und eine Lampe, werden durch die Urethra im Glied in die Harnblase eingeführt, und der Arzt nimmt dann eine gründliche Ausschälung vor, die der Ausschabung bei einer Frau entspricht.

In der Clinique Bois-Cerf warfen die Ordensschwestern, die sie leiten, schiefe Blicke auf Teresa, die auf meinen ausdrücklichen Wunsch Tag und Nacht in meinem Zimmer sein sollte. Unweit unserer Fenster wurde ein neues Krankenhaus gebaut, und die Preßlufthämmer machten den ganzen Tag lang einen ohrenbetäubenden Lärm.

Nach nur fünf Tagen kehrten wir an einem Sonntag vormittag nach Hause zurück. Wir waren dort allein, glücklich, daß mit diesem Alptraum endgültig Schluß war. Abfahrt nach Valmont, wo wir Weihnachten und Neujahr verbrachten. Pierre und Johnny liefen Ski in Champéry.

Ich war überrascht, mich so gut in Form zu fühlen. Noch etwas schwach auf den Beinen, gewiß, aber zu Spaziergängen fähig, die ich nicht so schnell wieder unternehmen zu können geglaubt hatte.

Rückkehr nach Hause. Viel Arbeit mit Aitken, die mich wunderbar unterstützte und mir einen Großteil meiner Sorgen abnahm.

Das erinnert mich an eine der letzten »Attacken« von D., wie immer über Anwälte vorgetragen. Sie behauptete nun, sie hätte seit unserem Kennenlernen, also seit über zwanzig Jahren, für mich die Rolle eines literarischen Agenten gespielt, und forderte in dieser Eigenschaft von mir nicht weniger als zwanzig Prozent meiner Einnahmen während dieses Zeitraums. Das war der Grund, warum sie eine Einsichtnahme in sämtliche Auszüge meines Bankkontos verlangte.

Ich habe nie einen Agenten gehabt, außer während einiger Monate nach meiner Ankunft in New York, wo man mir versichert hatte, in den Vereinigten Staaten verhandelten die Autoren nicht ohne Mittelspersonen mit ihren Verlegern.

D. hatte bei mir als Sekretärin angefangen, ein Begriff, der in diesem Fall, wie so oft, Stenotypistin bedeutete. Sie hatte von Anfang an einen immer wichtigeren Posten einnehmen wollen, und wenn ich sie gewähren ließ, dann nur deshalb, weil ich einerseits heftige Szenen vermeiden wollte und andererseits hoffte, ihr auf diese Weise ihr Gleichgewicht wiederzugeben.

Sie hatte keinen einzigen meiner Verträge aufgesetzt, weil ich das immer selbst getan habe. Sie hatte einmal in London mit einem angeblichen Vertreter der BBC bei einer Flasche Whisky ohne mein Wissen einen Vertrag geändert und ihn derart mit darübergeschriebenen Änderungen und aufgeklebten Einschiebseln gespickt, daß ich ihn schließlich vor Übermüdung unterschrieb. Das ist dann auch der einzige Vertrag gewesen, bei dem ich Geld verloren habe.

Hinzu kommt, daß sie, wenn sie wirklich mein literarischer Agent gewesen wäre, sich in den Usancen des Verlagsgeschäftes auskennen würde und wüßte, daß ein Agent nicht zwanzig Prozent der Autorenhonorare, sondern zehn Prozent einstreicht.

Genug der Zwischenbemerkung, weil ich weiß, daß ich sie und ihre Ansprüche noch nicht los bin.

Marie-Jo war noch immer in Rueil-Malmaison, und ich teilte ihr am Telefon mit, daß ich für sie ein Studio oder, genauer gesagt, zwei nebeneinanderliegende Studios über dem Lido an den Champs-Elysées gefunden hatte. Sie erhielt die Erlaubnis, sie sich anzusehen. Sie suchte selbst den Notar auf, um den Kaufvertrag zu unterzeichnen.

Ich legte in der Tat Wert darauf, daß sie sich in einer Umgebung, die sie sich nach eigenem Geschmack einrichten konnte, zu Hause fühlte, und wenn ich die Champs-Elysées gewählt hatte, dann darum, weil ich ihre Vorliebe für das kannte, was mein Freund Chaplin »Lichter der Großstadt« nannte: ein nächtliches Kommen und Gehen, belebte Straßencafés und auch Nachtklubs, die immer ihre Faszination für sie hatten.

Einen Augenblick lang war auch die Rede davon gewesen, auf dem Land bei Poigny ein Dreifamilienhaus zu bauen: ein Teil des Hauses sollte für Marc und die Seinen sein, und zwei voneinander unabhängige Wohnungen unter dem gleichen Dach hätten Marie-Jo und Johnny beziehen können. Ich hatte jedoch den Gedanken verworfen, denn ich wußte, wie sehr Marie-Jo auf ihre Unabhängigkeit erpicht war. Mehr als einmal hatte sie mir gestanden, daß das flache Land und Wälder sie traurig stimmten.

Sie verließ Rueil-Malmaison im Februar, um im Institut Marcel Rivière in La Verrière Aufnahme zu finden. Dreimal wöchentlich fuhr sie mit dem Taxi zu einem Psychiater namens B., der eher Psychotherapie mit ihr praktizierte.

Während dieser Zeit rissen Maurer die Trennwand zwischen ihren beiden kleinen Wohnungen ein, die so ein komfortables Appartement bildeten, das zwei Badezimmer und eine kleine Küche enthielt.

Sie schloß sich diesem Arzt an und vertraute sich ihm an, ein wenig so, wie sie sich meinem Freund Durand anvertraut hatte.

Ende September kam sie kurz vor meiner Operation mit Boule nach Lausanne zu einer Generaluntersuchung im Hôpital Nestlé, wo ich sie jeden Tag besuchte.

Im Juli und August weilte Marc mit seiner ganzen Familie in den USA. Er wollte dort Mylène und den Kindern die Orte zeigen, in denen er lange gelebt hatte.

Im Dezember verließ Marie-Jo endlich das Institut Marcel Rivière und schien diesmal endgültig mit Kliniken, Sanatorien, Psychiatern und der Psychoanalyse Schluß gemacht zu haben.

Sie wohnte bei Marc, war aber meistens mit Boule in Paris, um sich ihr Appartement einzurichten. Ich eröffnete auf ihren Namen ein Konto in fast unbegrenzter Höhe, weil ich wollte, daß dieses Appartement ein gemütliches Nest wurde, in dem alles von ihr, für sie ersonnen war. Ich sandte ihr die Möbel und diversen Einrichtungsgegenstände, die sie sich gewünscht hatte, darunter auch die vollständige Ausgabe meiner Bücher mit ihrem eingedruckten Namen, wie sie auch meine anderen Kinder schon mit ihren Namen darin bekommen hatten.

Sie schlug sich mit allen möglichen Handwerkern herum, wählte Vorhänge und Teppichböden aus. Zu Weihnachten wollte sie einziehen, und jeder gab sein Bestes. Ich bestand darauf, daß sie sich ein Farbfernsehgerät kaufte. Weil das Appartement aus zwei ineinander übergehenden kleinen Wohnungen bestand, ließ sie zwei Telefone anbringen. Sie bat mich darum, daß ich für einen der Apparate, den in ihrem Schlafzimmer, einen Anrufbeantworter anschaffe, der ihr erlaubte, wenn sie aus dem Hause ging, eine Nachricht zu hinterlassen und bei ihrer Rückkehr die Mitteilungen der Anrufer abzuhören.

Denn sie hatte viele Freunde und Freundinnen. Sie rief mich oft an, mehrmals in der Woche. Die Telefonverbindungen zwischen Lausanne und Paris waren ziemlich schlecht. Auf meinem rechten Ohr konnte ich kaum noch hören, und Marie-Jo hatte die Angewohnheit, ziemlich leise zu sprechen.

»Lauter, Marie-Jo!«

Es kam vor, daß ich bestimmte Sätze gar nicht verstand. Ich empfahl ihr, mir zu schreiben, und sie tat es auch, und später riet ich ihr noch zum Kauf eines Kassettenrecorders und bekam auch eine ganze Anzahl besprochener Kassetten von ihr.

Am 17. Februar kam Marie-Jo für einige Tage zu uns nach Lausanne. Sie war liebevoll und fröhlich. Am Abend vor ihrer Abreise bereitete sie uns eine Überraschung. Als wir uns zu dritt im Arbeitszimmer unterhielten, entfernte sie sich für einen Augenblick und kam mit einer neuen Gitarre zurück.

Auf der Armlehne eines Sessels mir gegenüber sitzend, sang und spielte sie den »Tennessee Waltz«, unseren Schlager vom Bürgenstock, und dann »Le plat pays« von Jacques Brel, ein Chanson, das sie nach meiner Auffassung noch ergreifender interpretierte als der große Künstler. Ihre fast flüsternde Sopranstimme ging Teresa und mir zu Herzen. Da es mein und ihr Geburtstagsmonat war, trällerte sie auch noch mit lustig funkelnden Augen die Melodie des irischen Liedes »It's only a good-bye« mit einem frisch erdachten Stegreiftext:

> Es ist nur ein auf Wiedersehen,
> denn bald schon sehn wir uns erneut,
> Brüder,
> es ist nur ein auf Wiedersehen.
>
> Wir denken aneinander heut.
>
> Und du, mein Dad, und du, Teresa,
> bald schon sehn wir uns erneut,
> denn für dich, mein Daddy, singe
> ich dies kleine Liedchen heut.
> Nach den großen, dicken Wolken
> gibt das Wiedersehen Mut,
> mehr als früher lieb ich dich
> vielleicht – das weißt du gut!
> Ich liebe dich mein ganzes Leben,
> ja, du wirst sehn, bist hundert du,
> dann steh mit fünfzig ich daneben;
> wir planen heut dies Rendezvous!
> In einem Vierteljahrhundert
> da lächeln wir verwundert:
> das Leben wird so schön sein,
> das Leben ist so schön!

Und dann noch eine Komposition von Bob Dylan:

> How many years of my life have I lost
> Believing I was all alone?
> How many times will it take it to me
> Before I accept what I am?

The answer, I know,
Is somewhere in my brain,
The answer is my end I don't find.

How many times will I be on my knees
Falling down road after road? . . .
How much part of myself will I break
Refusing my tenderness and love?

I am scared at the light.
I try to hide my face.
I am scared of my own
Body and mind.

But maybe one day after those years of pain
I will at last understand?
Accept that I can't positively repair
All for what in the past I have failed?

The night I will sleep
Getting out of my fear.
You will maybe be proud of me?

I will stop to break my tenderness and
Love
And stand on my feet until the end.

When endly in my dreams
I see you, »Daddy«, smile,
I'll know that my shame will disappear.

When endly in my dreams
I'll see you, »Daddy«, smile,
I'll know, know, and know
Yes, that my shame will
Disappear.

Es war ein einmaliger, ein kostbarer Abend!
   Sie sang viel im Verlauf der nächsten Stunden und verriet mir dabei:
»Ich habe meine alte, rissige Gitarre nicht mitbringen können, weil sie
die Reise nicht überstanden hätte. Da bin ich einfach heute nachmittag zu

unserem Musikalienhändler gegangen, und er hat mir diese Gitarre bis morgen geliehen. Weil ich schon früh wieder abreise, wollte ich dich bitten, sie ihm zurückzubringen. Du bist mir doch nicht böse deswegen?«

Ihr böse sein? Ich nahm sie sehr fest in die Arme und unterdrückte meine Tränen.

»Weißt du, Marie-Jo, daß du als Sängerin ganz schön Karriere machen könntest? Es würde genügen, wie alle Schlagerstars es auch angefangen haben, einen Spezialisten zu finden, der deine Stimme ›herausbringt‹! Ich kenne keinen, aber es wird dir nicht schwerfallen, dich in Paris zu erkundigen.«

Diese Aussicht gefiel dir, das sah ich. Du hattest dich vom Film zurückgezogen, weil du dort zu viele Enttäuschungen deines Gefühlslebens erlitten hattest. Du schriebst viel. Du warst imstande, deine eigenen Chansons zu betexten . . .

Wir unterhielten uns lange darüber, und ich verließ dich mit hoffnungsfrohem Herzen und zärtlichen Gefühlen.

Ich ließ mich von meinem Freund Perrenoud untersuchen, der mir ein Rezept für ein Hörgerät ausstellte und mich zu einer Fachberaterin schickte. Diese nahm einen Abdruck von meinem Ohr, aber dann ließ sie mich lange warten, leider zu lange.

Im März begann ich zu diktieren: *On dit que j'ai soixante-quinze ans.*

Im April kam mich die ganze Familie außer dir besuchen. Du hattest es mir am Telefon angekündigt. Du trafst lieber allein mit mir zusammen als in Gegenwart der anderen und kündigtest dich für Ende Mai zu Besuch an.

Du hattest dich nicht damit einverstanden erklärt, daß deine Mutter dein neues Appartement betrat, aber als sie sich vorübergehend in Paris aufhielt, trafst du mit ihr am 16. Mai, wenn ich mich nicht irre, in ihrer Suite im Hotel Lancaster zusammen.

Seit März hattest du, wie du mir am Telefon und in deinen Briefen gestandest, eine schwere Last auf der Seele. Deine Mutter hatte tatsächlich »ihr Buch« veröffentlicht, mit dem sie mir seit sechs Jahren drohte. Ich hatte es kennengelernt, bevor es herauskam, weil man mir die Korrekturbögen zugesandt hatte. Ich hatte sie gelesen. Ich hätte die Beschlagnahme dieses Werkes erreichen können, das mehr unsinnige, zum Teil sogar widerliche Lügen enthält als wahre Darstellungen.

Marie-Jo hatte es auch gelesen, hatte sogar Anmerkungen hineingeschrieben, und dieser Band liegt jetzt vor mir. Sie sprach viel am Telefon mit mir darüber, entrüstete sich darüber, daß man mich derart mit Dreck bewarf, und drängte mich, nicht darauf zu antworten, weil sonst für dieses Pamphlet auch noch Werbung gemacht würde.

Eine Frauenzeitschrift druckte indessen ein angebliches Interview mit mir im Hinblick auf dieses Buch ab. Marie-Jo war es, die mich davon unterrichtete und mich drängte, ein Dementi herauszugeben. Denn ich hatte das fragliche Interview gar nicht gegeben. Es handelte sich um ein vor zwei Jahren aufgenommenes Gespräch, in dem es um völlig andere Dinge ging. Ein wenig gewissenhafter Journalist hatte darin einige Sätze aus seiner Feder zum Thema »Buch« eingebaut, die er mir zuschrieb.

Ich versuchte mühsam, mir das Heft zu beschaffen, denn es war Sonntag. Ich eilte zum Zeitungskiosk im Bahnhof. Es war nicht angekommen. Am nächsten Tag immer noch nicht. Marie-Jo rief an, wurde ungeduldig. Endlich trieb ich die besagte Nummer der Zeitschrift auf und telegrafierte dem Chefredakteur, daß ich auf einer Richtigstellung bestehe. Er sagte mir zu, es zu tun. In der nächsten Nummer kein Wort davon.

Wir waren beim 16. Mai, dem Tag, an dem Marie-Jo ihrer Mutter jenen Besuch machte, der sie schon vorher beunruhigt hatte. Ich hörte später aus sicherer Quelle, was sich an jenem Abend im Lancaster ereignet hatte. In einem bestimmten Augenblick zog sich D., die übererregt war, nackt vor Marie-Jo aus und zeigte ihr die Narben, die verschiedene Operationen auf ihrem Körper hinterlassen hatten.

»Siehst du, meine Tochter, wie eine Frau ausschaut, die altert? Du wirst eines Tages ebenso aussehen, du auch!«

D. reiste am Morgen des 19. Mai nach Avignon ab. An jenem Tag riefst du mich um elf Uhr an. Die Verbindung war wieder mal miserabel, und mein Hörgerät war immer noch nicht fertig. Ich ließ dich einige Sätze zweimal sagen. Du kamst mir ruhig vor und sagtest zum Schluß:

»Ich liebe dich, Dad . . . Sag mir auch, daß du mich liebst!«

»Ich liebe dich unsagbar, mein Liebling . . .«

»Nein. Ich möchte, daß du mir nur sagst ›Ich liebe dich‹, sonst nichts . . .«

Dein Drängen machte mich verlegen.

»Sag mir: ›Ich liebe dich!‹«

Und ich sprach es zärtlich aus:

»Ich liebe dich.«

Ich wollte noch mehr sagen, aber du hattest schon eingehängt. Am Nachmittag rief ich dich an, weil mir das Gespräch nicht aus dem Kopf ging, aber keine Antwort. Auch am nächsten Morgen nicht, aber dann gegen Viertel vor sieben die verstörte Stimme Marcs.

Er teilte mir mit, daß du – ja, daß du tot warst, daß du dir eine Kugel in die Brust geschossen hattest, vermutlich am Abend zuvor. Marc rief aus deinem Appartement an, das voller Polizeibeamter war, denn er hatte die Polizei benachrichtigen müssen, um die von innen abgeschlossene Tür öffnen zu lassen.

Auf deinem Bett ein kleiner Gruß an mich, in dem du darum batest, *mit deinem Ehering* eingeäschert zu werden, ich sollte darauf achten, und deine Asche in unserem kleinen Garten zu verstreuen, damit du für immer bei mir seist.

Mir fehlt heute die Kraft, jene Stunden von damals noch einmal in allen Einzelheiten vor mir erstehen zu lassen, und ich gebe deshalb nur die Seiten wieder, die ich den Ereignissen damals »brühwarm«, aber doch irgendwie behutsam in meinen Diktaten widmete, mit denen ich frohgestimmt am 21. März unter dem Titel *On dit que j'ai soixante-quinze ans* begonnen hatte.

Du, mein Liebling, bist fünfundzwanzig und wirst niemals fünfzig Jahre alt werden wie in deinem improvisierten Lied.

Ich habe eine Karte vor mir, die, so scheint es, von dir am Tag deines Todes geschrieben worden ist, vor oder nach unserem Telefongespräch, eher wohl hinterher, weil du ganz kurz auf das »Ich liebe dich« eingehst.

Für meinen »Daddy«
    mit allem, was es vielleicht, je nach den Umständen, an Hartem, an Grausamem mit sich bringt.
    Ich hoffe nur, er wird verstehen, daß »alles« von mir kommt, daß ich es so gewollt habe und daß ich vielleicht endlich aufhöre, mich selbst zu quälen.
    Ich liebe Dich ein letztes Mal, hinter dem »Du weißt...« und dann dem »sehr«, das den Satz »Ich habe den Mut gehabt zu sagen, daß ich Dich liebe« verbirgt! (Stimmt das?...)«
    Take care of yourself, for me, for all what I was not able to be – (by my own fault).
                                            Deine kleine?
                                            Tochter!

Du weißt... (ich sage schon wieder »Du weißt...«), daß es die außergewöhnlichste Sache gewesen sein wird, einen »Daddy« und später einen »Dad« gehabt zu haben, den »Mann« aus der Ferne geliebt zu haben wie eine Geliebte, fast alles von »Simenon« mit beklommener Brust gelesen und sich schließlich den ganzen »Menschen« vom kleinen Jungen bis heute anhand der Buchseiten und meiner eigenen Erinnerungen einverleibt zu haben...
    Ein »Monsieur« dazu, großartig in seinem Seidenanzug, der mich in seinen Armen mitreißt unter den Klängen der Musik...
    Eine zärtliche Geste, die mir sonst niemals zuteil geworden wäre...
                                            Marie-Jo (?)

Auszüge aus meinen *Dictées:*

Sonntag, 21. Mai 1978

*Gestern, um sieben Uhr abends, habe ich durch einen Telefonanruf meines
ältesten Sohnes erfahren, daß meine Tochter Marie-Georges tot ist.*

Samstag, 27. Mai 1978

Mein kleiner Liebling Marie-Jo,
   *der vergangene Samstag ist für mich der dramatischste Tag meines Lebens
gewesen. Auch die ganze Woche danach war anstrengend, und ich hatte das
Gefühl, den Atem anzuhalten.*
   *Seit heute bist du bei uns, du bist zu Hause, in unserem Gärtchen, nicht
weit von der Zeder, die du ja gut kennst, und einem Fliederstrauch, der in
voller Blüte steht. Gestern ist dein großer Kleinmädchenkörper eingeäschert
worden, und heute haben wir bei strahlendem Sonnenschein die Asche über
den Rasen unseres Gärtchens verstreut, deinem Letzten Willen gemäß.*
   *Wir sehen dich durch die große Balkontür. Wir können zu dir sprechen.
Wir wissen, daß du erlöst, daß du endlich ohne Ängste bist und nicht mehr
befürchten mußt, dich an einem »geschlossenen« Ort, wie du es nanntest, wiederzufinden.*
   *Die Sonne wärmt dich. Alle Vögel piepsen fröhlich dir zum Willkomm,
und ich bin nicht länger bedrückt, sondern fast frohgestimmt, dich endlich
und für immer in meiner Nähe zu spüren.*
   *Dies wird wahrscheinlich ein sehr langer Brief, den ich dir auf diese Weise
schreibe, doch ich werde es nach und nach in den folgenden Tagen tun.*
   *Heute drängt es mich, dir von meiner Freude zu berichten, aber ja, meiner
Freude, denn ich weiß, daß auch du fröhlich bist in dem Bewußtsein, endlich
am Ziel angekommen zu sein*
   *Guten Tag, mein Töchterchen. Du wirst von nun an unser Dasein teilen.
Du bist in der Luft, die ich atme, in dem Licht, das uns überflutet, im Rau-
schen des Kosmos, und auf diese Weise durchdringst du uns von allen Seiten.*
   Guten Tag, hübsche Marie-Jo.

Sonntag, 28. Mai 1978

Guten Tag, Marie-Jo,
   *heute morgen bin ich als erstes in den Garten gegangen, um dir guten Mor-
gen zu sagen. Die Sonne schien noch herrlicher als gestern. Man möchte meinen, daß du es bist, der wir den wahren Frühling zu verdanken haben, der so
lange auf sich warten ließ.*

Ich habe deine Gegenwart so unmittelbar gespürt, daß ich immer darauf wartete, daß du mir antwortetest.

Wir haben unseren gewohnten Spaziergang in der Nachbarschaft gemacht, aber ich habe ihn ein wenig abgekürzt, denn ich hatte es eilig, mit dir zu sprechen. So viel Ideen schwirren mir im Kopf herum; es gibt so viele Dinge, die ich dir sagen möchte, aber ich weiß nicht, wo ich anfangen soll. Es ist ein wenig so, als ob das Orchester seine Instrumente stimmte oder als ob du selber deine Finger lässig über die Saiten deiner Gitarre gleiten ließest, bevor du ein Stück spielst.

Seit einigen Tagen verfolgt mich ständig eine Erinnerung. Es handelt sich um eine Begebenheit, die sich in der Zeit abspielte, als du noch ganz klein warst. Ich weiß nicht, ob ich dir später überhaupt einmal davon erzählt habe. Damals wohnten wir auf unserem Besitz, der Shadow Rock Farm, in Lakeville in Connecticut. Du warst vermutlich anderthalb oder zwei Jahre alt. Eher wohl anderthalb. Jeden Morgen fuhr dich deine Kinderschwester in deinem kleinen Wagen spazieren, der schon kein Kleinkinderwagen mehr war.

Um diese Zeit hatte ich dich morgens noch nicht gesehen, denn ich stand immer um sechs Uhr früh auf und schloß mich in meinem Arbeitszimmer ein und saß dann an meiner Schreibmaschine. Gegen halb zehn, wenn ich ein Kapitel fertig hatte, sprang ich in meinen Wagen, um auf dem Postamt meine Post abzuholen. Wie durch Zufall trafen wir uns fast immer an derselben Stelle, ungefähr fünfzig Meter von dem Privatweg entfernt, der zu unserem Haus führte. Und fast immer saßest du nicht in deinem Wagen, sondern schobst ihn selbst mit unauffälliger Hilfe deiner Kinderschwester.

Ich hielt meinen Wagen dann an und hob dich hoch, um dir einen dicken Kuß zu geben, wonach wir jeder unseren Weg fortsetzten, ich zur Post, du zum Haus.

Eines Morgens, als ich gerade neben dir bremsen wollte, kamen zwei Autos aus entgegengesetzter Richtung und hinderten mich am Halten, denn ich hatte Mühe, einen Zusammenstoß zu vermeiden. Als ich gut zwanzig Minuten später zurückkam, war das Haus in Aufruhr, und eine dramatische Atmosphäre herrschte. Man berichtete mir, was vorgefallen war. Als ich an deinem Kinderwagen vorbeifuhr und dir bloß zuwinkte, gaben deine kleinen Beine unter dir nach, und die Kinderschwester konnte dich gerade noch packen und dich wieder nach Hause bringen.

Du warst schlaff wie eine Stoffpuppe. Die Augen waren geschlossen und die Farbe aus dem Gesicht gewichen. Du hattest Augen für nichts mehr. Du weintest nicht. Kein Wort kam aus deinem Mund. Du schienst nicht einmal zu hören, was andere sagten.

Ich alarmierte eiligst per Telefon unseren guten Dr. Wyller, der fast unverzüglich kam. Als er dich untersucht hatte, machte er ein bedenkliches Gesicht und verhehlte nicht seine Besorgnis.

»Sie muß einen sehr starken Schock erlitten haben«, erklärte er uns.

Als er dann von mir die Geschichte mit der an diesem Tag ausgefallenen morgendlichen Begrüßung erfuhr, riet er mir, dich in die Arme zu nehmen, dich ganz fest zu drücken und dir sanft zuzureden.

Das habe ich selbstverständlich getan. Mein Gesicht beinahe gegen das deine pressend, sah ich dich sorgenvoll an und hoffte auf ein Lebenszeichen bei dir. Nach wenigen Minuten öffneten sich deine Augen ein ganz klein wenig, und du schautest mir in die Augen. Und dann kam das Erstaunlichste: zu meiner großen Überraschung nahm ich ein leichtes, ganz leichtes und geheimnisvolles Lächeln auf deinen Lippen wahr. Man hätte glauben können, du hättest die ganze Zeit über genau gewußt, was um dich herum vorging, und ich habe mich sogar gefragt, ob in deinem Lächeln nicht ein ganz klein wenig Ironie lag.

Fünf Minuten später warst du, immer noch in meinen Armen, wieder völlig bei Bewußtsein, und der Rest des Tages verlief wieder normal.

Dr. Wyller konnte sich nicht erklären, was da eigentlich passiert war. Ich selbst habe es erst später verstanden, als wir beide es uns zur Gewohnheit gemacht hatten, Hand in Hand spazierenzugehen.

Du warst erst ein ganz kleines Mädchen, und ein ganz kleines Mädchen ist es auch, selbst wenn es inzwischen größer geworden ist, das heute in meinem kleinen Garten ruht.

Zu gerne würde ich mit dir so den ganzen Tag plaudern, aber in wenigen Minuten werden Marc und Mylène eintreffen. Ich hoffe allerdings, daß man mir heute nachmittag Zeit läßt, unser Schwätzchen fortzusetzen. Wenn ich so mit dir rede, wie ich es jetzt tue, habe ich manchmal tatsächlich das Gefühl, daß du mir zuhörst, und manchmal auch, daß du mir antwortest. Und dabei weißt du doch gut, daß ich weder einer bin, der an Übersinnliches glaubt, noch einer, der sehr religiös ist.

Das hindert dich nicht daran, hier in einer Weise gegenwärtig zu sein, von der ich schwören könnte, daß sie Realität sei.

Bis später, geliebtes kleines Mädchen!

Montag, 29. Mai 1978
10 Uhr vormittags

Mein kleiner Liebling, guten Morgen und einen dicken Kuß in aller Eile, denn in zehn Minuten bringt mich ein Taxi zu der Dame, die mir das Hörgerät anpassen wird, das ich wahrscheinlich dann gleich mitnehmen kann. Diese Verabredung war eigentlich für Freitag getroffen worden, doch den hatte ich ausschließlich für dich freigehalten.

Weißt du, daß sich am Samstag, dem Tag, als du dich in unserem kleinen Garten für immer ansiedeltest, zwei wunderschöne gelbe Rosen, die ersten in diesem Jahr, weit öffneten, als wollten sie dich empfangen? Zwei weitere werden wohl bis morgen aufgehen, und eine rote Rose ist ebenfalls dabei, aufzuspringen. Auch die Zahl der Vögel wird immer größer, denn die ganz kleinen, die noch ungeschickt fliegen, hüpfen mit ihrer Mutter auf dem Rasen herum und warten dann geduldig, den Schnabel weit geöffnet und ohne sich zu rühren, daß diese ihnen Körner in den Mund schiebt.

Es ist eine wahre Neugeburt der Natur, und auch du bist neugeboren; das weiß ich und spüre ich. Vergangene Woche war ich wie erschlagen und glich wahrscheinlich einem Zombie. Jetzt, wo du da bist und dein wirkliches Zuhause gefunden hast, hat sich das ganze Universum in meinen Augen gewandelt, und ich fühle mich von nun an außerstande, je wieder voll Traurigkeit an dich zu denken.

Endlich haben wir uns für immer wiedergefunden.

Bis gleich, mein Töchterchen. Die Sonne streichelt dich inzwischen mit ihren Strahlen sanft weiter und umhüllt dich mit ihrer köstlichen Wärme.

Am selben Tag,
Viertel nach fünf nachmittags

Mein Liebling,

Marc ist soeben wieder nach Paris abgefahren. Er war drei Tage zu Besuch da und wohnte im Carlton. Jetzt erwarten wir Johnny.

Weißt Du, daß es Marc gewesen ist, der dich durch einen unerhörten Zufall gefunden hat? Martinon, der dich wenige Tage vorher noch am Telefon gesprochen hatte, wollte dich erneut anrufen. Einen Tag lang versuchte er vergeblich, dich zu erreichen. Als er schließlich immer keinen Erfolg hatte, versuchte er es bei Marc und sagte diesem, daß er irgendwelche bösen Ahnungen hätte. Marc fuhr eilends nach Paris und fand deine Wohnungstür abgeschlossen. Der Schlüssel steckte von innen. Ich will dir heute die Details ersparen. Die Polizei kam usw. Aber das alles interessiert dich ja wohl nicht mehr.

Nachdem Marc mich benachrichtigt hatte, wollte ich meinerseits sofort nach Paris kommen, aber Dr. Cruchaud hat es mir nicht gestattet. Also habe ich Aitken an meiner Stelle geschickt, um alle Formalitäten zu erledigen, was ungefähr eine ganze Woche gedauert hat.

Zu diesem Zeitpunkt hatten die Zeitungen noch nichts gewußt, aber seit Freitag waren sie voll mit Berichten über dich, und ich ertrank fast in einer Flut von Briefen und Telegrammen, die zum Teil auch aus Deutschland, Italien, Holland usw. kamen.

Ich brauche dir wohl nicht zu sagen, daß ich jedes Interview abgelehnt habe und weiterhin keinen Journalisten sehen will.

Die ganze Woche ist wie ein zur Wirklichkeit gewordener böser Traum gewesen. Tatsächlich habe ich erst meine Ruhe wiedergefunden, seit du in unseren Garten gekommen bist. Allerdings haben mich dein Brief und die auf

Tonband gesprochenen persönlichen Worte auch ruhiger werden lassen, weil ich daraus entnahm, daß du ganz heiter von uns gegangen warst. Niemand sonst hat diesen Brief gelesen und keiner außer mir hat sich die Tonbänder angehört.

Ich habe Verständnis dafür gehabt, daß du deine Entscheidung mit Bedacht getroffen hattest, und zwar bereits vor mehreren Wochen und daß dein Abgang aus dieser Welt für dich eine Erlösung bedeutete.

Die ständige Begleiterin, ich hätte beinahe gesagt, deine Freundin, die dich weder bei Tag noch bei Nacht verließ und auf die du in allen Ecken und Winkeln stießest, bist du los. Ich meine damit »Madame Angst«, wie du sie nanntest und von ihr sprachst, als existiere sie wirklich und sei unerbittlich hinter dir her.

Mit unglaublicher Kaltblütigkeit hast du dich von ihr auf die einzig mögliche Weise befreit. Professor Durand, der am Sonntag lange bei mir war, bewundert dich deshalb ebenso wie ich. Er hat etwas gesagt, das mir einen Stich im Herzen gab und das du sicher auch gern hören möchtest:

»Marie-Jo war ein Mädchen mit außergewöhnlichen Verstandesgaben. Ich betrachte ihren Entschluß und die Art und Weise, wie sie ihn in die Tat umgesetzt hat, als etwas Erhabenes.«

Die Zeitungen wissen keine Einzelheiten, auch deine Mutter nicht. Aber man schickt mir von allen Seiten Telegramme und Briefe, nicht nur Familienmitglieder, Freunde und Bekannte, sondern auch Unbekannte, für die du eine Art Heldin geworden bist. Am Freitag brachte ›France-Soir‹ den Bericht über dich auf Seite eins mit einer fetten Schlagzeile darüber. Samstag veröffentlichte dieselbe Zeitung ebenfalls auf der ersten Seite ein großes Foto von dir, das Gian Carlo Botti aufgenommen hatte. Marc hat mir dessen Telefonnummer gegeben, und ich habe Botti heute morgen gebeten, mir alle Fotos von dir zu schicken.

Am Mittwoch, wenn wir wieder allein sein werden, bringt mir Aitken einen großen Koffer mit deinen Heften, Papieren und Büchern mit, die du in deinem Brief erwähnt hattest und die ich natürlich gut aufbewahren werde. Ich sage dir etwas dazu, sobald ich alles gelesen habe.

Ich sage dir gute Nacht, mein kleines Mädchen, denn du kennst ja unseren Tagesrhythmus. Ich werde jetzt die Fensterläden schließen, und in zwanzig Minuten werden wir uns an den Abendbrottisch setzen. Ich küsse dich ganz, ganz lieb und zugleich sehr sanft und versichere dich all meiner zärtlichen Gedanken.

Ich lasse eine Reihe weiterer Stellen aus, in denen mehr oder weniger von Dingen die Rede ist, über die bereits an anderer Stelle in diesen Memoiren gesprochen worden ist.

Hübsche Marie-Jo,

Eines Morgens waren wir in der Stadt, nur wir beide, um Einkäufe zu erledigen, wahrscheinlich für dich – ein Kleidungsstück, Schuhe oder sonst etwas. Mit einemmal bliebst du vor dem Schaufenster eines Juweliergeschäfts ganz oben an der Rue Saint-François stehen. In der Auslage war unter anderem eine ganze Anzahl von Trauringen ausgestellt. Du deutetest auf sie und fragtest mich:

»Willst du mir nicht einen kaufen?«

Es kam sonst ziemlich häufig vor, daß ich dir bei unseren Spaziergängen kreuz und quer durch Lausanne ein Schmuckstück für kleine Mädchen kaufte, zum Beispiel ein Halsband mit winzigen Perlen, einen Ring mit einem bunten Stein, einen Armreifen oder so etwas.

Ich glaube nicht, daß du damals etwas über die Bedeutung eines Trauerings wußtest. Ich habe dich lediglich darauf hingewiesen, daß wahrscheinlich keiner der dort zu sehenden Ringe an deine schmalen Finger passen würde. Trotzdem haben wir das Geschäft betreten. Die Verkäuferin holte den kleinsten Trauring, den sie hatten, doch auch dieser war für dich immer noch viel zu groß.

Da kam der Juwelier selbst, der mich kannte, hinzu und meinte:

»Wir können ihn der jungen Dame bis morgen auf die passende Größe bringen!«

Und so kam es, daß du mit acht oder vielleicht neun Jahren stolz einen goldenen Reif an deinem Ringfinger trugst.

Eines Tages sagtest du dann, indem du deine Hand neben meine hieltest:

»Ich trage den gleichen Ring wie du!«

Und da erst kam mir der Gedanke, daß du wohl doch über die Verwendung von Trauringen besser Bescheid wußtest, als ich geahnt hatte.

Im Lauf der Jahre mußte der Ring zwei- oder dreimal weiter gemacht werden, denn du versteiftest dich darauf, ihn immer zu tragen. Und kürzlich mußte ich deinem Brief, in dem du mich deinen Letzten Willen wissen ließest, entnehmen, daß du auch mit ihm eingeäschert werden wolltest.

Ich habe entsprechende Anweisungen gegeben, und jetzt ist in unserem Garten mit deiner Asche ein klein wenig Gold vermischt.

Das ruft bei mir eine andere Erinnerung an damit in Zusammenhang stehende, viel weiter zurückliegende Begebenheiten wach. Wenn du einmal aus irgendeinem Grund deinen Ring abstreifen mußtest, wie du es nanntest, dann wolltest du ihn dir nicht wieder selbst anstecken, sondern batest mich jedesmal, es zu tun.

Bei mir kommen weitere Briefe und Telegramme an aus immer weiter entfernt liegenden Ländern. Zur Zeit treffen welche aus USA ein, und ich warte darauf, daß sie auch noch aus Rußland und Japan kommen. Manche sind von

Leuten, die ich kenne, andere von völlig Unbekannten. Alle Briefschreiber oder fast alle nehmen an, daß ich durch dein Hinscheiden literarisch vernichtet bin; vernichtet und abgestumpft war ich in der Tat eine ganze Woche lang. Es war ein Ding der Unmöglichkeit für mich, den Mund zum Sprechen zu öffnen und nicht sogleich in Tränen auszubrechen. Mir war buchstäblich die Kehle zugeschnürt, bis ich am Samstag deine Asche in unserem kleinen Garten ausstreute und dich damit wiederfand.

Was mir auch den inneren Frieden wiedergegeben hat, waren deine Kassetten, die du mir im vergangenen Monat zugesandt hattest, und die eine, die man noch in deinem Magnetophon gefunden hat. Ich habe auf diese Weise ein Gefühl der Gelöstheit, um nicht zu sagen der Heiterkeit gewonnen und wollte mich nicht weniger tapfer zeigen, als du es gewesen bist.

Ein Detail hat mich besonders gerührt. Marc, der als erster deine Wohnung betrat, nachdem er die Tür durch die Männer vom polizeilichen Notruf hatte aufbrechen lassen, fand sie in einem Zustand vor, in dem er sie wohl noch nie angetroffen hatte. Alles war aufgeräumt, nichts lag herum, nicht einmal ein Zigarettenstummel. Es hat dich vermutlich Stunden gekostet, um alles so auf Hochglanz zu bringen, deine Wäsche zu waschen, sie zu bügeln und sorgfältig in die Schränke einzuordnen.

Bei deinem Anruf bei mir am Freitag klang deine Stimme nicht anders als sonst, aber du teiltest mir das Vorhaben nicht mit, das du dennoch schon seit mindestens einem Monat plantest.

Nein, jetzt bin ich nicht mehr am Boden zerstört. Ich meine alles verstanden zu haben, und wo du nun endlich da bist, wo du immer hattest sein wollen, würdest du es mir übelnehmen, wenn ich immer noch weinte.

Ich kann jedoch unmöglich in diesem Sinne auf die Beileidsbekundungen antworten, die mich erreichen. Man würde mich nicht verstehen oder hätte sogar den Eindruck, ich sei hartherzig, während ich in Wirklichkeit niemals so voll überströmender Zärtlichkeit gewesen bin.

Donnerstag, 1. Juni 1978

Vor meinem Mittagsschläfchen hatte ich mir vorgenommen, mich ganz intensiv den liebevollen und zugleich auch sehr sonnigen Erinnerungen an den Bürgenstock hinzugeben.

Ich habe aber zum Unglück ein neues Interview mit deiner Mutter gelesen, die nicht aufhört, der Presse Rede und Antwort zu stehen, und ich bin deshalb immer stärker angewidert. Ich weiß nicht, ob sie herumläuft und an die Redaktionstüren klopft, doch sie entwickelt eine wilde Energie, um Weltmeisterin im Interviewgeben zu werden. Abgesehen davon, was sie jetzt jedem Journalisten erzählt, der ihr zuhören will, scheint sie ihr Buch ihren eigenen

Angaben zufolge mit rosaroter Tinte geschrieben zu haben. Sie hört aber nicht auf, Lügen zu verbreiten, Dinge zu entstellen, und spart niemanden aus. Bestimmte Presseleute drucken alles, was sie sagt, doch glücklicherweise gibt es auch andere, die ihre ganzen Anschuldigungen weniger wohlwollend entgegennehmen und die Dinge wieder richtigstellen.

Anfangs maß ich dem Ganzen keine Bedeutung bei, doch wo das jetzt Tag für Tag so weitergeht, bekommt man doch am Ende einen Brechreiz.

Ich nehme auch weiter nicht zu ihren Beschuldigungen Stellung, da kannst du ganz ruhig sein. Ich möchte ihr übrigens auch nicht diese Ehre antun. Wenn sie in diesem Ton fortfährt, passiert es ihr ohne Zweifel, daß sie eines Tages wieder in eine Nervenklinik wandert, ohne daß sie dann wieder von einer Verschwörung zwischen zwei Ärzten und mir sprechen kann.

Doch sprechen wir nicht mehr davon. Entschuldige bitte, daß ich dir mein Herz ausgeschüttet habe, aber ich habe nur dich und Teresa, mit denen ich mich mit der Gewißheit unterhalten kann, auch verstanden zu werden.

Am gleichen Tag diktierte ich die folgenden Eindrücke von der Zeremonie, die nach deiner Rückkehr nach Lausanne in einem der Räume eines Bestattungsinstituts stattfand.

Es gab mehrere Sitzreihen, in der Mitte durch einen Gang getrennt. In der ersten Reihe saß ich mit deinen drei Brüdern. Hinter uns kamen Mylène, Boule und Carole, dann Teresa und schließlich Kim und Gérard.

Rechts in der ersten Reihe deine Mutter mit einer unbekannten Dame. Hinter ihr ein Geistlicher, dem ich vorher mitgeteilt hatte, daß ich weder Ansprache noch Predigt haben wollte. Dahinter folgten noch zwei Personen, die mir unbekannt waren.

Keiner von denen auf unserer Seite hat jemanden von gegenüber gegrüßt.

Und am nächsten Tag konnte ich endlich, bevor deine Brüder bei mir eintrafen, deine Asche im Garten ausstreuen, während Teresa winzigen Grassamen aussäte.

Bei einem deiner letzten Telefongespräche hattest du mir die Zusendung von selbstaufgenommenen Kassetten angekündigt, teils mit Gesang und Gitarrenbegleitung, teils mit gesprochenem Text, und dazu gesagt:

»Du wirst sehen, wie praktisch das ist! Ich schicke dir Kassetten von mir, und du antwortest mit deinen Kassetten. Wenn ich dann Lust habe, mit dir zu plaudern, brauche ich nur einen Knopf zu drücken, und du bist dann in meinem Studio. Wenn du Sehnsucht hast, mich zu hören, tust du das gleiche.«

Leider hast du mir keine Zeit gelassen, eine Kassette für dich zu besprechen. Doch nun bist du hier, ganz in meiner Nähe, und ich vermag direkt mit dir zu sprechen. Was mich betrifft, so verstärkt sich bei mir von Tag zu Tag das Gefühl, dich zu hören, ohne dazu deine Stimme zu benötigen.

Gute Nacht, kleines Mädchen!

Samstag, 3. Juni 1978

Guten Tag, Marie-Jo,

meinen ersten Morgengruß bringe ich dir sofort nach dem Aufstehen und wünsche dir gute Nacht in dem Augenblick, in dem ich die Fensterläden schließe.

Nach der Rückkehr vom Spaziergang verspüre ich trotzdem noch einmal den Drang, dir abermals guten Morgen zu sagen. Ich bin nicht imstande, den ganzen Tag lang eingesperrt zu bleiben, denn dann habe ich das Gefühl, keine Luft mehr zu bekommen. Als wir vor ein paar Minuten wieder das Haus betraten, bemerkte Teresa zu mir:

»Ich bin überzeugt, daß du während unseres gesamten Wegs nicht aufgehört hast zu diktieren.«

Das stimmt und ist doch auch falsch. Falsch in dem Sinn, als ich mir nie vorher überlege, was ich dir sagen will. Und es ist richtig zugleich, weil ich vom Morgen bis zum Abend an dich denke.

Gestern habe ich den Mut aufgebracht, mir die Fotoalben anzusehen, die Aitken mir aus Paris mitgebracht hat. Ich weiß nicht, ob ich es dir schon berichtet habe, aber sie hat die ganze Fahrt mit dir gemacht. Jetzt muß ich noch deine Kladden und all die Papiere, die du zurückgelassen hast, lesen, eventuell auch noch weitere Tonbänder abhören. Ich wollte, ich hätte die Ausdauer, es heute nachmittag zu tun. Bisher fehlten mir Mut und Kraft.

Welch schönes kleines Mädchen du gewesen bist! Ich bedaure nur, dich nicht öfter fotografiert zu haben, und es tut mir auch leid, daß es nicht mehr Bilder von uns beiden gibt, denn ich mußte meist die Rolle des Fotografen übernehmen.

Besonders schön fand ich dich auf einem Bild, das dich als junges Mädchen zeigt. Nie warst du so schön wie damals, und doch, so schien es mir, sprach aus deinen Augen schon eine gewisse Angst.

Als Durand mich aufsuchte, habe ich ihn betrübt an den Satz erinnert, den ich dir am Telefon gesagt hatte:

»In diesem Jahre trifft es sich, daß du ein Vierteljahrhundert lang gelebt hast und ich schon beim Dreivierteljahrhundert angekommen bin.«

Durand antwortete mir darauf:

»Zahlen sind immer falsch. Mit ihren fünfundzwanzig Jahren hat Marie-Jo ein ganzes Menschenleben gelebt!«

Ich bin davon überzeugt, aber ich frage mich, in welchem Augenblick die »Fremde«, von der du mit derart viel Humor und Verständnis auf einer dei-

ner Tonbandaufnahmen sprichst und die du »Madame Angst« nennst, als wäre das ein Vorname, in dein Leben getreten ist.

Es ist, so vermute ich, um dein dreizehntes Lebensjahr herum gewesen, als diese Angst dir mehr oder weniger zur Begleiterin wurde. Sie kündigte sich damals mit kleinen, vorerst noch kaum merklichen Zeichen an. Zum Beispiel empfandest du vierzig- oder fünfzigmal am Tag das Bedürfnis, dir die Hände zu waschen. Und abends vorm Zubettgehen ließest du dir plötzlich das Bett frisch beziehen, obwohl die Bettwäsche erst am gleichen Morgen gewechselt worden war, und du verlangtest, daß man genau unter deinem Bett nachsah.

Es stimmt, daß du überanstrengt warst, denn zu jener Zeit gabst du dich in der Schule mit keiner Note unter »Zehn« zufrieden.

Wir ließen eigens für dich aus Paris einen Kinderpsychiater – eine Dame – kommen. Nach ihrem Besuch batest du darum, mehrere Wochen in einer entzückenden kleinen Klinik verbringen zu dürfen, in der du dich außerordentlich wohl fühltest. Sie hatte den hübschen Namen »Le Bercail«. Du kamst danach viel entspannter zurück, aber deine Mutter ließ immer beunruhigendere Anzeichen von geistiger Verwirrung erkennen und war bereits seit zwei Jahren in der Klinik in Prangins.

Es ist anzunehmen, daß du diese Anfälle von geistiger Störung miterlebt und dadurch selbst innerlich unruhig wurdest.

Bestimmte Szenen müssen wirklich eine verheerende Wirkung auf ein kleines hypersensibles Mädchen, wie du es warst, ausgeübt haben.

Ich nehme an, und die Ärzte geben mir da alle recht, daß man um jene Zeit die Geburtsstunde von »Madame Angst« ansetzen muß.

Fest steht, daß du einige Jahre später, sehr wenige Jahre übrigens, deinerseits darum batest, in Prangins aufgenommen zu werden. Professor Durand hat dich fast zwei Jahre lang tagtäglich beobachtet. Eines Tages unternahmst du einen ersten Fluchtversuch, ohne allerdings sehr weit auszureißen, denn du kamst zu uns nach Lausanne. Eines Nachts, nachdem du längst wieder in Prangins gewesen und mit Zustimmung Durands nach Epalinges zurückgekehrt warst, warst du ganz leise aufgestanden und mit einem kleinen Koffer aus dem Haus gegangen, um den Zug nach Paris zu nehmen. Und das, obwohl du gerade mit uns glückliche Ferientage in La Baule verbracht hattest und keine Rede mehr davon war, daß du wieder in eine Klinik kommen solltest.

Du ließest nur einen ganz allgemein gehaltenen Brief zurück, in dem du dich entschuldigtest, aber mit keinem Wort Paris erwähntest.

Erst am Abend meldetest du dich am Telefon. Dein Gepäck mit dir herumschleppend, hattest du stundenlang ein Hotelzimmer gesucht und warst schließlich in einem winzigen Hotel gelandet, ohne zu ahnen, daß es eine Absteige war.

Am Mittag des darauffolgenden Tages besorgten wir dir dann ein anderes

Hotel, und weil du immerhin inzwischen ein großes Mädchen von achtzehn Jahren warst, ließ ich dir nach Rücksprache mit Durand deine Freiheit.

Ich habe immer allen meinen Kindern völlige Freiheit gewährt und erinnere mich nicht, einmal ernsthaft mit ihnen geschimpft zu haben.

Du mietetest dann ein kleines Appartement in Montparnasse und begannst mit Schauspielunterricht bei den Cours Simon.

Das hinderte dich indessen nicht, ziemlich oft zu Besuch zu mir zu kommen und mit mir in aller Offenheit über dein Leben dort und deine Zukunftspläne zu sprechen.

Siehst du, meine kleine Tochter, und jetzt spricht aus mir nicht der stolze Vater, denn alle, die dich kannten, bestätigten es: du hattest zuviel Talent. Du brauchtest dir deine Karriere nur auszusuchen, denn du hättest ebensogut Schriftstellerin wie Sängerin oder Schauspielerin werden können. Die Chansons, die du zur Gitarre vortrugst und deren Worte du aus dem Stegreif formuliertest, beeindruckten mich derart, daß ich dir noch vor knapp drei Wochen am Telefon sagte, daß darin vielleicht deine eigentliche Berufung liege.

Sei mir nicht böse, wenn ich heute morgen nicht mehr dazu sage. Das Gespräch mit dir hat mein Pensum an Emotionen vollgemacht, und ich bin nicht mehr fähig weiterzusprechen.

Vielleicht war der Grund dafür, daß sich dir »Madame Angst« an die Fersen heftete, die Tatsache, daß du zu viele Gaben besaßest?

Heute ist mein Herz irgendwie beklommen, Chérie. Ich küsse dich mit meiner ganzen alten Herzlichkeit.

Sonntagmorgen, 4. Juni 1978

Meine ganz kleine Marie-Jo,
    eigentlich hätte ich schreiben müssen:
    Meine ganz kleine und meine zugleich ganz große!

Gestern habe ich endlich, nicht ohne Beklommenheit, einen kleinen Teil der Papiere durchgesehen, die du hinterlassen hast, und bin von einer Entdeckung zur anderen gelangt. Meine Erregung war so stark, daß mir die Hände zitterten.

Mir war bewußt, daß du während des überwiegenden Teils deines Lebens gelitten hattest, aber ich hatte keine Vorstellung davon, wie unerträglich ein Leiden sein kann, und ich frage mich jetzt, wie du es überhaupt fertiggebracht hast, dich ihm derart lange zu widersetzen.

Wenn ich recht verstehe, sind die Monate, die deinem Entschluß vorausgingen, die härtesten für dich gewesen, bis schließlich im vergangenen Monat ein Punkt erreicht war, von dem an eine Art innerer Friede in die Verzweif-

lung einkehrte. Diese beiden Begriffe scheinen einander zu widersprechen,
doch du wirst verstehen, was ich auszudrücken versuche.

Schon in früher Jugend warst du eine Idealistin und zugleich ein Mensch,
der das Leben liebte und nach Zärtlichkeit verlangte.

Viele haben dich verraten, und einige haben dich mehr als andere, weil sie
dir näherstanden, zu deiner letzten Tat getrieben. (Ich frage mich, warum ich
»einige« im Plural sage.)

Den ganzen gestrigen Nachmittag über habe ich mit dir, für dich gelitten,
und mehr denn je verstehe ich heute, daß deine Entscheidung schon vor langer
Zeit getroffen war, denn vor Jahren hattest du mir schon geschrieben, daß du
dich in meinem kleinen Garten ausruhen wolltest.

Aber deinen langen Kreuzweg Station für Station mitzuerleben, ist bei-
nahe unerträglich.

Ich bin heute morgen hinausgegangen, um dir guten Tag zu sagen, wie ich
es immer tue und weiterhin tun werde. Aber ich lege mir die Frage vor, ob ich
in den Tagen, die noch kommen, den Mut aufbringen werde, es täglich zu
tun.

Sei mir deshalb nicht böse. Ich bin ein sehr alter Vater. Ich bin auch dein
Freund gewesen und habe versucht, der Beichtvater zu sein, den du so drin-
gend brauchtest.

Unglücklicherweise besitze ich nicht die Gleichgültigkeit eines professionel-
len Beichtvaters.

Nach einem kurzen Spaziergang werde ich gleich weiterlesen. Solange ich
die Kraft dazu habe, will ich mich beeilen, damit zu Ende zu kommen.

Bis zu den Alben mit den Fotos, in denen ich mit Bewunderung für mein
Töchterchen und zugleich Wut auf diejenigen Leute blättere, die es nicht ver-
mocht haben, ihr die Hand zu reichen, nachdem sie sie zugrunde gerichtet
hatten.

Verzeih mir die Bitterkeit, mit der ich heute morgen spreche, Marie-Jo. Ich
ahne jetzt schon, daß sie heute abend und in den nächsten Tagen noch größer
werden wird, denn ich habe noch viel zu lesen und zu erfahren.

Es bleibt dir meine Zärtlichkeit, die ich immer ausschließlich dir gewidmet
habe. Das ist nicht viel. Du hattest einen Ausschließlichkeitsanspruch, den
dein Dad dir nicht erfüllen konnte.

Ich küsse dich, meine kleine große Marie-Jo, und finde einzig und allein
Trost in dem Wissen, daß du nicht mehr leidest.

Montag, 5. Juni 1978

Meine kleine Schmerzensreiche,
zwei Tage habe ich damit zugebracht, wieder und wieder die vertraulichen
Aufzeichnungen zu lesen, die du seit einigen Jahren für mich niedergeschrie-

ben hattest und von deren Existenz ich keinerlei Ahnung hatte. Diese Lektüre ist für mich ein Alptraum gewesen, so wie auch ein großer Teil deines Lebens einer gewesen ist, der allerdings noch quälender war, da du so tapfer gegen deine Trugbilder ankämpftest.

Immer wieder fragte ich mich, »wie« das alles angefangen haben mochte. Ich hatte gewisse Ahnungen, besaß aber keine Gewißheit, und ich habe dir zu diesem Thema nie Fragen gestellt.

Deine Mutter war vorübergehend aus Prangins entlassen worden und hatte dich zu einem knapp einmonatigen Ferienaufenthalt mit nach Villars genommen. Als du dann zurückkamst, zeigtest du die ersten Anzeichen von innerer Unruhe. Heute weiß ich den Grund dafür.

Anschließend hat sie dich mit nach Cannes genommen, was keine Besserung brachte, im Gegenteil.

Ich spreche nicht mehr davon. Ich erzähle dir nicht mehr dein eigenes Leben, wie ich es nacherlebt habe, denn du kennst es ja besser als ich. Ich behalte auch die kleinen und großen Geheimnisse für mich, die du mir anvertraut hast.

Du sollst wissen, daß ich dich deswegen noch zärtlicher liebe und dich bewundere, weil du dich so lange tapfer gewehrt hast.

Jetzt bleiben für mich nur noch deine Randbemerkungen zu lesen, die du in Un oiseau pour le chat hineingeschrieben hast. In Wirklichkeit warst du der geopferte Vogel, aber ich war nicht die Katze, wie du richtig begriffen hast.

Ich bin nach diesen beiden Tagen innerlich völlig aufgelöst, doch ich fühle mich dir so nahe wie nie zuvor. Wie heißt es doch in dem Chanson von Gabin?

»Jetzt weiß ich es . . .«

Ich hab dich lieb, mein Töchterchen, und bin glücklich, daß du endlich den Frieden gefunden hast.

Dein Dad

Es bleibt mir, meine geliebte kleine Tochter, nur noch zu sagen, daß nach zwei Jahren deine Tür immer noch versiegelt ist.

Ungefähr ein Jahr nach deinem Tod war deine Mutter bei der Inventur zugegen, die ein Notar, die Anwälte beider Seiten, ein Experte und ein Gerichtsvollzieher vornahmen. Für diesen Anlaß, bei dem Aitken mich vertrat, waren die Siegel von deiner Schlafzimmertür entfernt worden. In diesem Zimmer sah man dann deine Mutter überall herumwühlen, um dein Bett herum, auf dem noch die Blutflecken zu sehen waren. Sie ordnete an, die Möbel von der Wand abzurücken, um festzustellen, ob dahinter nicht etwas versteckt war, und ließ Wandschränke und Schubladen aufreißen, während die Anwesenden nicht wußten, was sie dazu sagen sollten.

Die Siegel wurden anschließend wieder aufgedrückt.

1980 (wie auch jetzt, im März 1981) waren sie noch immer vorhanden. Das Appartement ist noch in genau dem Zustand, in dem du es verlassen hast, denn deine Mutter wehrt sich dagegen, daß deine drei Brüder es von dir erben. Sie besteht darauf, ihren Anteil zu erhalten, den bei weitem größten, nämlich die Hälfte, während sich Marc, Johnny und Pierre die andere Hälfte teilen sollen.

Das gerichtliche Hin und Her dauert nun schon zwei Jahre. Deine Mutter zeigt sich halsstarrig.

Was mich betrifft, so gebe ich nicht nach, und du verstehst warum, nicht wahr, meine geliebte kleine Tochter?

Du bist jetzt für immer in unserem kleinen Garten. Eines Tages komme ich dort zu dir.

Auf Wiedersehen, geliebtes kleines Mädchen!

Jetzt ist die Reihe zu erzählen an dir, und du wirst es besser können als ich, der ich nicht mehr den Mut und die Kraft dazu habe.

Memoiren, geschrieben von Februar bis November 1980.
Durchgesehen in den Monaten Februar und März 1981.

Das Buch von Marie-Jo

Dein Buch, mein kleines Mädchen,
das du so gern schreiben wolltest und
das du auf deine Art, stets zärtlich,
zuweilen lustig, oft schmerzerfüllt,
geschrieben und manchmal gesungen
hast.
Ich löse heute mein Versprechen ein,
es zu veröffentlichen.

Dad

Die kleine graue Wolke

Eine kleine graue Wolke reiste von den Winden getrieben über den Himmel. Sie hatte eine schöne dunkelgraue Farbe mit bläulichen Reflexen, war aber schwer vor lauter Tränen und Kummer und schien den Anblick der Landschaften zu ihren Füßen nicht zu genießen.

Es hatte nämlich große Sorgen, dieses Wolkenbaby! Wie gern hätte es den Menschen einen Gefallen erwiesen, sie froh und zufrieden gemacht; aber es verärgerte nur alle, und wo es vorüberzog, murrten die Leute nur.

Die einen gingen fröstelnd heim, sahen nach, ob alle Fenster gut geschlossen waren, und stöhnten: »Du liebe Zeit, schon wieder Regen!«

Die anderen, die unbedingt hinaus mußten, zogen Stiefel und Mantel an, spannten schnell den Schirm auf und schneuzten sich geräuschvoll, während sie durch Pfützen wateten.

Je trauriger die kleine Wolke über dieses Ergebnis war, desto mehr weinte sie natürlich und desto heftiger wurde auch der Regen, den sie entlud!

So ging es monatelang. Die Tage verstrichen, und die kleine Wolke wurde ganz dunkel, manchmal bedrohlich schwarz. Sie wurde vom Westwind getrieben, der stark und mächtig war und sie immer weiter forttrug.

Als sie eines Tages über Süditalien hinwegzog, über eine jener öden, äußerst trockenen Gegenden, horchte die kleine Wolke plötzlich auf, weil unten jemand zu klagen schien. Merkwürdigerweise war es nicht wie gewohnt eine kreischende, wütende Stimme, sondern sie klang traurig und müde.

»Also bin ich nicht die einzige, die weint«, sagte sich die kleine Wolke überrascht. »Sehen wir doch einmal nach, was da los ist!«

Aber dazu mußte sie zuerst den Wind um Erlaubnis fragen, was keine einfache Sache war.

»Ach bitte, lieber Westwind«, bat das Wolkenbaby leise, »könntest du nicht einen kleinen Umweg machen und mich dort hinunterblasen? Ich glaube, da weint jemand.«

Marie-Jos Texte wurden in keiner Weise redigiert. (Anmerkung der Originalausgabe)

»Meinst du, mir reicht nicht schon dein Gejammere?« antwortete der Herr Wind böse.

»Ach bitte«, flehte das Wolkenbaby, »nur ein einziges Mal.«

»Na gut, von mir aus!« brummte der Wind.

Und er blies aus vollen Kräften in Richtung des Bauernhofes, den man jetzt erkennen konnte, und schob die kleine Wolke vor sich her.

Und was erblickten sie da? Einen armen Bauern, der sich verzweifelt seine dürren Felder ansah.

»Ach, wenn es doch wenigstens ein Mal regnen könnte, dann wäre meine Ernte nicht ganz verloren«, sagte er und zog kurz die Nase hoch.

»Aber alles Hoffen ist vergebens, hier regnet es doch nie. Wie soll ich meine Frau und meine Kinder ernähren, wenn ich diesen Monat nichts verkaufen kann?«

»Entschul ... Entschuldigen Sie«, begann die kleine Wolke, die alles mit angehört hatte, zaghaft, »ich könnte Ihnen eine Menge Regen bringen, wenn Sie wünschen.«

»Ehrlich wahr?« fragte der Bauer, dessen Augen schon vor Freude strahlten.

»Ehrlich wahr«, erwiderte das Wolkenbaby. »Ich brauche nur zu weinen, und schon regnet es. Und Ihr Elend schmerzt mich so, daß mir das nicht schwerfallen wird!«

Und es weinte reichlich. Seine Tränen taten der Erde wohl, die das Wasser gierig aufsaugte.

Mit einem letzten Schluchzer hörte der Guß dann auf.

»O danke, danke«, rief der Bauer aus. »Sieh nur, wie schön meine Pflanzen jetzt sind, noch ein paar schöne Sonnenstrahlen darauf, und ich kann sie ernten und einen Käufer finden.«

Das Wolkenbaby war ebenfalls überglücklich. Zum erstenmal hatte es jemandem einen Gefallen getan.

Da aber verdüsterte sich plötzlich das Gesicht des Bauern: »Wenn du jetzt weggehst, wird es hier nie mehr regnen, und der Boden wird wieder austrocknen.«

»Das stimmt«, seufzte die kleine Wolke und ließ gleich wieder ein paar Tränen fallen.

»Richtig!« rief sie plötzlich aus. »Wenn ich hierbleiben würde, kämet ihr nie mehr in Not, denn ich würde es ja regnen lassen.«

Und an den Herrn Wind gewandt, fuhr sie fort:

»Könntest du mich nicht hierlassen und deinen Weg allein fortsetzen? Grüß mich einfach, wenn du vorbeikommst, und treib mich nicht mehr weiter fort, ja?«

Der Blick der kleinen Wolke wurde flehentlich:

»Einverstanden, ja?«

»Na gut«, hüstelte der Westwind, »es entspricht zwar nicht den Vorschriften. Aber es gibt ja genug andere Wolken, die mit mir kommen ... Also einverstanden!«

»Hurra!« rief das Wolkenbaby aus und küßte ihn. »Vielen Dank. Auf Wiedersehen und auf bald!«

»Bis zum nächsten Mal«, rief der Wind. Und er blies die Backen auf und entfernte sich.

Auf diese Weise blieb die kleine Wolke immer über dem Bauernhof. Sobald der Boden austrocknete, wurde sie so traurig, daß sie gleich einen guten wohltuenden Regen fallen ließ. Wenn die Erde aber dann keinen Durst mehr hatte, war sie so froh, daß sie nicht mehr weinte und den Platz für ein paar Tage der Sonne überließ.

Bei einer solchen Kontrolle wirkte das Wetter Wunder. Der gute Bauer wurde der reichste Landwirt der ganzen Gegend und lebte nun zufrieden mit seiner Frau und seinen Kindern.

Und die kleine graue Wolke war ebenfalls glücklich. Endlich hatte ihr Handwerk einen Sinn!

Ende

1966
Château d'Echandens, 13 Jahre

Das Leben eines Flusses

Ich bin ein kleiner Fluß, der nicht einmal die Ehre hat, im Weltatlas verzeichnet zu sein. In einer Grotte am Berghang bin ich aus der Erde herausgekommen, so mager und dürr, daß meine Mutter, ein dicker Stein inmitten vieler anderer, mich den ganzen Weg hindurch bis zum Licht, zur Freiheit unentwegt streichelte. Ich fühle noch ihre rauhen und ausgemergelten Hände, wie sie mich stumm und unglücklich zum Abschied beim Vorüberfließen berührte. Aber ich, der ganz toll war vor Freude beim Gedanken an die Reise, die ich vor mir hatte, hielt nicht einmal ein, um sie mit kleinen Wellen zu umspülen, und setzte meinen Weg egoistisch fort. Nichts konnte mich in meiner Abenteuerlust, die mich vorantrieb, aufhalten.

Ich erreichte bald den Ausgang. Die strahlende Sonne blendete mich. Rings um mich erstreckten sich Tannenwälder und Weiden, und die Berge mit schneebedeckten Gipfeln überragten alles.

Ein solches Schauspiel ließ mich gewiß nicht gleichgültig, aber weit davon entfernt, mich aufhalten zu lassen, hüpfte ich von Stein zu Stein und den großen Felsen ausweichend den gerölligen Hang hinunter ins Tal. Die frische und prickelnde Luft bekam mir gut, und ich schwoll zusehends an.

Endlich kam ich in einem Tal an und bremste ein wenig meinen wahnsinnigen Lauf. Ich war ganz außer Atem, als ich bei einem kleinen Dorf der Gegend ankam.

Die Bewohner mußten wohl Angst vor mir haben, denn sie hatten an meinen Rändern über die ganze Länge des Weilers ein Steinmäuerchen errichtet. Dabei führte ich wirklich nichts Böses im Schilde und fand diese Arbeit überflüssig. Ich kannte den Frühjahrsregen noch nicht, der einem in wenigen Stunden den Bauch aufbläht und einen wider Willen die Felder überfluten läßt.

Erst einige Kilometer hinter dem Dorf machte ich die Bekanntschaft dieses Verräters.

Der Himmel, der bei meinem Austritt aus meinem schwarzen Geburtsloch so blau gewesen war, verfinsterte sich immer mehr. Die Berge, die noch vor drei Stunden rosig in der Morgenröte geleuchtet hatten, verschwanden jetzt hinter einem dichten Nebel. Zuerst vereinigten sich dicke Tropfen mit meinem Körper. Und dann kam der Guß. Ein Wolkenbruch ging über mir nieder, durchdrang mich durch und durch. Der Wind hob den Regen hoch und schleuderte ganze Ladungen davon auf die Blätter der Bäume, die sich unter dem heftigen Aufprall duckten. Die Bauern fuhren in größter Eile ihr Heu ein, das schon geschnitten war und schon so lange zum Trocknen gebraucht hatte!

Ein merkwürdiges Gefühl erfaßte mich. Ein Gefühl der Leichtigkeit und Trunkenheit. Ich war mir dessen nicht bewußt, daß ich mit erschreckender Geschwindigkeit anschwoll, daß mich das Regenwasser, das sich mit mir vereinigte, über die Ufer des Bettes treten ließ, in dem ich fließen sollte. Ich befand mich jetzt bis zur halben Höhe zwischen den Feldern und dem Weg, den ich mir gebahnt hatte. Da war nichts zu machen! Eine unbezähmbare Kraft schob mich immer mehr in die Breite. In ein paar Minuten würde ich den einsamen Bauernhof dort unten erreichen, dessen Bewohner Türen und Läden geschlossen hatten, die mich aber nicht aufhalten würden.

Ich war entsetzt von dem Gedanken an das Unheil, das ich anrichten würde. Ich versuchte, meinen Lauf zu bremsen. Ich kämpfte im Grunde gegen mich selber, und es hätte schon eines Wunders bedurft, oder aber, daß ... Und genau das geschah: Der Regen hörte plötzlich auf. Der Wind hatte die dicksten Wolken vertrieben, und es blieben nur noch ein paar unbedeutende kleine gräulich-weiße Wolken, durch die bald die Sonne durchbrechen würde.

Ich hatte endlich aufgehört, immer weiter vorzudringen. Und ich zog mich sogar in aller Eile in mein behagliches kleines Bett zurück. Leider hatte ich bei meiner Flucht überall, je nach Mulden und Buckeln verstreut, Teile von mir zurückgelassen. Sie bildeten fürs erste kleine Pfützen, aber sie würden in der Sonne bald trocknen. Ich konnte nichts daran ändern, obwohl es mir ein schmerzhaftes Gefühl der Leere im Magen verursachte. Eine Stunde später hatte ich meinen normalen Rhythmus wiederaufgenommen und ließ die böse Erinnerung an diese unfreiwillige Erfahrung hinter mir. Die anderen hatten recht: Man muß sich vor dem Regen, dem unbarmherzigen Peiniger hüten!

Ich kann euch nicht all meine Abenteuer erzählen, obwohl eines interessanter ist als das andere. Das würde zu lange! Zu lange würde es auch dauern, euch im einzelnen all die Landschaften zu beschreiben, die vor meinen Augen vorüberzogen. Aber stellt euch abwechselnd fette Wiesen mit hohem Gras und friedlichen, dummen Kühen vor, deren Glocken bis in weite Ferne schallen, und ganze Felder von Obstbäumen, die sich vor einem blauen, leichten, duftigen Himmel abheben.

Im Vorüberfließen bewunderte ich überall die Sonnenuntergänge, die am Horizont feuerrot waren, dann von einem aggressiven Gelb in ein beruhigenderes Gelb übergingen und in jenem leicht weißlichen Blau endeten. Diese unbeschreibliche Herrlichkeit nahm mir den Atem, und mein Lauf verlangsamte sich eine Weile. Schließlich löste ich meinen Blick von dieser märchenhaften Natur und schoß wieder los, immer schneller, wobei ich Erdklumpen und kleine Steine mit mir riß.

So verging die Zeit, die mich an einem Dorf nach dem anderen vorbei, über Felsgeröll und unter Brücken hindurchführte. Und eines Tages dann ... erblickte ich plötzlich vor mir eine blaue Wasserfläche, die unendlich schien, und deren Glanz, den die Sonne hervorrief, mich blendete. Diese Wasserfläche, die meiner eigenen Beschaffenheit so ähnlich war, würde, das ahnte ich, als ich näher kam, mein Grab werden. Der Weg, den ich verfolgte, zielte geradenwegs dorthin und schien in den salzigen Wassern unterzutauchen. Mein Abenteurergeist hatte mich so manche Dinge erblicken lassen, die ich nie mehr wiedersehen würde. Das Meer, von dem ich nur noch einige Meter entfernt war, würde mich weit von der festen Erde und der reinen Luft hinwegtragen.

Und nach einem letzten Blick auf die Landschaften, die mir so teuer waren, ließ ich mich von meinem Schicksal davontragen. Ich hatte den Eindruck, in einen abgrundtiefen Schlund zu versinken. Ein wunderbares Gefühl der Frische durchdrang mich, als sich eine gewaltige Welle mit mir vereinte und sich über mir schloß, und ich glaubte, auf alle Ewigkeit zu verschwinden.

Wie unwissend ich war! Im gleichen Augenblick fand ich mich stau-

nend in der Höhle meiner Kindheit wieder, erlebte den stummen
Abschied meiner Mutter und sah eine neue Sonne erstrahlen. Ich fand den
Regen wieder und die Kühe und die Nächte im Mondschein und endlich
auch das Meer und jenes abgrundtiefe Loch. Ich schloß die Augen und
lächelte. Ich erneuerte mich seit langer Zeit immer wieder und war mir
dessen nicht bewußt gewesen!

Ende

1968
Epalinges, 15 Jahre

Den 19. November 1968

Es war an einem Donnerstag. Trostloses Wetter, Nebel oder vielmehr
eine Art Nieselregen, der einem durch alle Kleider drang, sobald man hin-
austrat, und einen mit Feuchtigkeit durchtränkte. Es war kalt.

Man hatte das Essen beendet. Sie brauchte lange, bis sie endlich ging.
Sie fand ihren Mantel nicht, suchte überall nach ihren Schlüsseln, ihrer
Handtasche.

»Bist du um drei Uhr noch da?«

»Nein, da bin ich schon weg. Aber ich komme am frühen Abend
zurück, nach meiner Verabredung.«

Ob auch er es kaum hatte abwarten können, bis sie die Tür hinter sich
geschlossen hatte und wir beide endlich allein waren? Und war er dann,
als sich ihre Schritte entfernten, ebenso befangen wie ich? Ich fühlte im
Innern, daß »es« geschehen würde, daß er es machen würde. Aber es war
unbestimmt. In Wirklichkeit wollte ich nicht, daß es so weit käme.

Er setzte sich auf die Couch.

»Wie geht's?«

Ich lächelte ihn an.

»Ich bin ein bißchen müde, aber . . . das ist ein Dauerzustand bei mir.«

Auch er lächelte. Ich fand ihn schön. Vor allem viel Charme. Dabei war
er schon vierzig und hätte leicht mein Vater sein können. Wenn ich mit
ihm zusammen war, machte ich mir das nicht klar, versuchte jedenfalls, es
zu vergessen. Ich hatte mich ihm gegenüber neben den Tisch gesetzt, und
er hielt meine Hände. Ich war so weit von ihm entfernt, daß diese Haltung unbequem war, aber ich rührte mich nicht, ich wagte es nicht. Auch
bei früheren Gelegenheiten war ich immer ein wenig erstarrt in seiner
Gegenwart und machte von mir aus keine Bewegung. Warum, weiß ich
nicht.

Wir blieben lange Zeit so sitzen. Er redete über seine Malerei, seine Frau, seine Kinder. Nicht daß mich das alles ernüchtert hätte. Im Gegenteil. Ich vergrub mich noch tiefer in einen Traum, in eine dichte und angenehme Atmosphäre. Je länger er redete, desto zärtlicher wurde er. Ich ebenfalls.

»Setz dich hierher.«

Ganz mechanisch gehorchte ich, fühlte aber doch einen leichten Stich in der Brust. Ob er . . .?

Ich war ungeschickt, erst recht, als er dann seine Lippen auf meine legte. Dabei hatte ich doch schon Übung. Es war nicht das erste Mal. Aber irgendwie war mir klar, daß es diesmal nicht ablaufen würde wie sonst und daß ich auch nichts unternehmen würde, um das zu verhindern. Ich hatte schnell die Kontrolle über mich verloren. Ich hörte, wie sein Atem rascher ging. Er hatte meine Hose aufgeknöpft, und ich ließ ihn ohne Widerstand gewähren. Ich hätte begreifen müssen, daß es für ihn nicht das gleiche war, daß . . .

»Komm . . .«

Er zog mich sanft zum Bett. Ich wurde überrollt von einer Welle der Zärtlichkeit, meine Gedanken waren wie von einem dichten Nebel umhüllt und . . .

Wir haben miteinander geschlafen. Schlecht. Es ist nicht so gelaufen, wie ich es mir vorgestellt hatte. Beim letzten Mal hatte er, als er zu seiner Überraschung bemerkte, daß ich noch Jungfrau war, noch rechtzeitig aufgehört und nicht gewagt, über einfache Berührungen hinauszugehen. Und da ich dabei überhaupt nichts gefühlt hatte, hatte ich in meiner Naivität schon befürchtet, nicht normal zu sein.

Auch da habe ich Angst gehabt. Er hatte nicht wirkliche Zärtlichkeit gezeigt, überhaupt keine Entfaltung von wirklicher Liebe. Es war rein . . . mechanisch. Am Anfang hat es mir weh getan, danach war es angenehm, nicht mehr.

Im ersten Augenblick und vor allem danach habe ich versucht, mir einzureden, daß ich wirklich ganz von Liebe erfüllt war, daß ich Dinge und Zeit vergaß und ganz in ihm aufging.

Dem war aber nicht so. Mag sein, daß ich mir auch eine recht literarische Vorstellung davon machte. Aber ich dachte zu viel, als daß es hätte wahr sein können, das Bild, das ich von ihm hatte, war so schonungslos, daß es schon anstößig wurde. Na ja, er war zu sehr um sein persönliches Vergnügen besorgt, um wirklich aufrichtig sein zu können.

Er hatte sich sofort danach gelöst, um nachzusehen, ob nicht jemand kam, und ich war ins Badezimmer gegangen. Mein Make-up war nicht mehr in Ordnung, meine Haare zerzaust. Aber mein Blick war ruhig, vielleicht ein wenig verschwommen?

»Du mußt jetzt gehen.«

»Ja . . .«

Ich seufzte. Er sah mich nett an, und ich näherte mich ihm. Ich verbot mir nachzudenken, suchte verzweifelt Entschuldigungen vor mir selbst. Ich durfte nicht an ihm zweifeln, sonst hatte das, was ich getan hatte, keinen Sinn mehr.

Er umarmte mich, küßte mich. Ich fühlte mich in seinen Armen verloren, so gut! Ob auch er . . .?

»Sag mal, liebst du mich wirklich?«

Ich streichelte ihm übers Haar, fuhr ihm sanft mit den Fingern über die Lippen.

»Ich bete dich an!«

Ich glaubte es. Ein klein wenig. Aber das kleine Wenig reichte mir. Ich war jetzt glücklich. Er gehörte mir. Ich fühlte, wie er ganz mir gehörte. Ich verbannte die andere aus meinem Sinn. Nichts existierte mehr außer uns beiden.

»Kommst du heute abend wieder? Versprichst du es?«

»Ich verspreche es!«

Er küßte mich ein letztes Mal zart auf den Mund und schloß die Tür.

Sie würde bald zurückkommen. Er mußte den Bettüberwurf in Ordnung bringen, die Kissen aufschütteln.

Ich war entspannt. Niemals hatte ich mich so entspannt gefühlt. Ich steckte eine Zigarette an, legte mich auf die Couch. Eine Art Freude, die sich mit Melancholie vermischte, durchströmte mich. Vor allem war ich stolz, weil ich zum erstenmal mit einem Mann geschlafen hatte. Ich war mir nicht bewußt, wie lächerlich das zugleich war. Ich war jetzt erwachsener, mehr Frau. Ich war eine Frau geworden, und das war das Entscheidende. Und bei diesem Gedanken hielt ich meine Zigarette auf andere Weise, meine Bewegungen wurden gemessener, was ich für graziöser hielt. Diese Überlegungen gab es in meinem Kopf nur undeutlich. Ich versuchte aus voller Kraft, an meine Liebe zu glauben, an ihn. Zu glauben, daß ich fähig war, zu lieben.

Es ist spät, nach Mitternacht. Morgen werde ich kaputt sein und schlecht arbeiten. Egal!

Ich war traurig an jenem Abend. Ich fühlte mich leer, ein wenig angeekelt. Von allem. Schon einen ganzen Monat behalte ich das jetzt für mich, und das ist hart. Niemandem würde ich wagen anzuvertrauen, daß ich Angst habe, nicht vollkommen geliebt zu haben. Ich habe versucht, mir das einzureden, aber die Gefühle, die ich empfunden habe, waren oberflächlich und vergänglich. Ich habe mich im Grunde selber betrogen, wahrscheinlich vor allem von der Neugier getrieben. Einen Abend lang, eine Nacht lang kann ich mich, in zärtliche und sanfte Musik gehüllt, verliebt fühlen . . . aber dann vielleicht in den Erstbesten. Und es ist so leicht, die Dinge währenddessen und hinterher zu beschönigen, auch wenn man dabei etwas verliert, was man nie mehr wiederbekommt!

Jedenfalls hat er mich nicht wiedergesehen. Ich vermeide es, an ihn zu denken, vor allem, ihn zu verachten. Denn ich bin ihm ein wenig böse, bereue aber nicht, was geschehen ist. Das ist subtiler, läßt sich nicht so einfach erklären. In jedem Fall ist es mein Fehler. Ich hätte mich ihm nicht in die Arme werfen sollen. Er hat das ausgenützt und, was mich betrifft, recht gehabt.

Ende

1969
Epalinges, 16 Jahre

Mein großer Dad,

ich habe vorhin ein so großes Bedürfnis gehabt, mit Dir zu sprechen. Wegen gar nichts. Aber dann doch wegen des Verhaltens, das ich Dir gegenüber fast jeden Tag zeige. Du weißt gar nicht, daß ich Dich anbete. Du kannst es nicht wissen, weil ich es Dir nicht zeigen kann und es fast immer hinter einem wenig netten Benehmen verberge. Ich weiß nicht, warum. Das heißt, vielleicht doch . . . Alles, was ich Dir jetzt schriftlich sage, habe ich Dir schon zu erklären versucht, aber ohne Erfolg. Im Grunde liegt mir das auch nicht, und ich werde leicht bockig. Du glaubst dann auch, daß ich »Theater mache«. Kann schon sein, aber dann unbewußt (meistens!).

Ich schaffe es zur Zeit nur schwer, mich in einem guten Gleichgewicht, in »meinem« Gleichgewicht zu halten. Und das weißt Du auch. Deshalb wende ich mich nur mir selber zu, denke nur an mich. Es heißt, daß das wahre Gleichgewicht nur zu zweit zu finden ist. Das schaffe ich noch nicht. Es heißt, daß man es erreicht, wenn man nur versucht, demjenigen der anderen zu helfen oder überhaupt den andern zu helfen. Das gelingt mir nicht. Ich mache, auch wenn Du mir das nicht glaubst, Anstrengungen, nicht nur nett zu sein, sondern auch die Achtung zu zeigen, die ich für den anderen habe, an ihn zu »denken«. Ich bin dann künstlich, sehe mich dabei fast wie in einem Spiegel selber – oder aber, es zerstört im Gegenteil das bißchen Standfestigkeit, das ich erworben habe.

Es ist nicht ganz das, was ich ausdrücken wollte. Was ich sagen will, ist, daß ich es im Rahmen des Möglichen brauche, mich hübsch und beliebt

zu fühlen, um lustig und freundlich sein zu können. Und das ist schwierig.
Fast immer fühle ich mich häßlich, voller Fehler, die die anderen kritisieren. Instinktiv erstarre ich und ziehe mich in mich selbst zurück. Wie viele
Stunden am Tag möchte ich mich vor Ekel ankotzen oder weinen, weil
ich mich ohnmächtig fühle, es besser zu machen. Viele »Stunden am Tag«
ist vielleicht übertrieben, aber es kommt oft vor. Natürlich ist das Selbstmitleid (oder vielleicht Selbstgefälligkeit), was nie sehr gut ist! Also, »ich
versuche«, merk Dir das gut, aber ich weiß, daß es mir nicht gelingt, mehr
an die anderen zu denken, solange ich nicht ein stabiles »Ich« gefunden
habe.

Nur ein Beispiel: Ich weiß genau, daß ich allen auf die Nerven falle,
bevor ich abends weggehe. Ich kann nicht anders. Nur sehr schwer! Das
ist furchtbar! Ich brauche immer etwas in der letzten Minute, um mich
physisch »gut« zu fühlen und einen Komplex für den Abend wegzuwi-
schen. Immer dann, wenn ich beim Weggehen in den Spiegel sehe und
mich häßlich finde, und zwar auch in meinem Innern, dann amüsiere ich
mich nicht, bin unfreundlich oder kalt. Meine ganze Feindseligkeit mir
selber gegenüber richtet sich dann gegen die anderen. Ich kapsele mich
ab. In solchen Augenblicken würde ich am liebsten losheulen (und ich
heule danach in meinem Zimmer!). Und das ist das Lächerliche. Ich brauche es so sehr, daß man mich liebt, und tue so wenig dafür!

Alles, was ich Dir hier geschrieben habe, zeigt im übrigen genau, wie
mein Charakter ist: egozentrisch. Um mich zu beruhigen, sage ich mir
immer, daß man bei den Minderwertigkeitskomplexen, die ich habe, nicht
zu viel verlangen darf. Aber im Grunde glaube ich es dann bis zu einem
gewissen Grad doch wieder. Gleich nachdem man sie zutiefst gefühlt hat,
neigt man dazu, in der anderen Richtung zu übertreiben: um sich zu beruhigen, aber auch, weil man tatsächlich eine Weile daran glaubt. Und da
wird man dann wirklich ekelhaft. Wenn ich mich hübsch fühle, dann
gleich wieder übertrieben, bin dessen allzu sicher, und nachdem ich vorher in den unteren Etagen herumgekrochen bin, ordne ich mich dann mit
einem Schlag auf einer zu hohen Stufe ein. Ich »blase mich auf«, wie man
sagt. Die anderen merken das, können mich nicht mehr ertragen und
haben vollkommen recht.

Wie weit ich durch die paar Worte, die ich Dir schreiben wollte, von
den Gedanken abgekommen bin, die ich eigentlich ausdrücken wollte!

Vor allem einmal, daß ich Dich zutiefst liebe. (Damit habe ich meinen
Brief angefangen, und das war auch richtig. Ein guter Anfang. Leider
habe ich dann . . .) Und daß ich mich, wer weiß wie oft, in Deine Arme
werfen möchte und mich, verrückt wie ich bin, mit all meinen Fehlern
gehenlassen möchte, ohne daß Du mich dafür verurteilst. Ich brauche
Dich so sehr, Deine Kraft, Deine Liebe. Ich brauche es, frei über mich

reden zu können, ohne diese verdammte Scham, die ich fühle, ohne diese Zurückhaltung, diese Steifheit, die mich idiotischerweise befällt, wenn ich mit Dir zusammen bin, wobei ich vor allem das Gefühl habe, daß ich machen kann, was ich will, und Du wirst mich nie natürlich finden. Ich weiß, daß ich mich mit meinem Bruder vielleicht affektiert verhalte, es nicht schaffe, ihn zu necken, vielleicht manchmal ein Spiel mit ihm zu spielen, aber ein lustiges, komisches, witziges (was mir an manchen Tagen mit meinen Freunden doch spontan gelingt). Das ist ein wenig das »große Mädchen« in mir. Es gibt aber auch das ganz kleine Mädchen, wie ich oben schon gesagt habe, das sich gerne noch verhätscheln lassen möchte, wie damals, als es wirklich noch klein war. Das ist nicht mehr möglich, und ich kann es nicht mehr. Ich habe die Frische verloren (sofern ich sie wirklich einmal besaß!). Vor allem in diesem Augenblick, in dem ich mich Dir gegenüber, vor allem aber mir selber gegenüber schuldig fühle. Schlechtes Gewissen. Das stimmt! Du hast recht. Zu Hause arbeite ich schlecht, ohne jede Disziplin. Der Unterricht sonst geht. Obwohl ich zweimal die Tanzstunden abgesagt und eine Verhinderung des Lehrers vorgegeben habe. Das ist nicht gerade besonders nett. All das kommt von meiner Willensschwäche. Ganz im Ernst, von meiner Willensschwäche, nach meinem Willen zu suchen! Das Schlimmste ist, daß ich mir dabei selber ebenso weh tue wie Dir.

Der Beweis: Erinnerst Du Dich noch an den Tag, als Marc und Mylène noch da waren und Du krank in Deinem Boudoir warst? Wir beide haben uns ausgesprochen. Endlich einmal war es mir gelungen, den Kontakt zu finden, was durch meine Schuld so selten vorkommt. Es war ein Freitag. Ich hatte gerade das Tanzen geschwänzt, denn ich war vollkommen erledigt und konnte mich nicht überwinden, hinzugehen. Am Schluß hast Du mich umarmt und mir auf die Schulter geklopft und zu mir gesagt: »Du bist eben doch ein feiner Kerl.« Worauf ich meinte, mit einem Spaß antworten zu müssen: »Es kommt manchmal vor.« Du hast gegrinst. Das hat mir gefallen. Auch Deine Augen haben gelacht, die meinen ebenfalls. Ich wurde von meinem Vater geschätzt, ich war glücklich. Dann hat mir aber beim Weggehen der Gedanke, daß ich Dich angelogen, daß ich Dein Vertrauen ja gar nicht verdient hatte, so weh getan! Wenn Deine Tochter endlich einmal »in Ordnung« war, zumindest Deiner Meinung nach, dann stimmte das gar nicht. Am liebsten hätte ich Dir alles gestanden, aber aus Feigheit habe ich nichts gesagt. Aus Feigheit! Ja! Denn ich besitze nicht viel Mut. Ich wage es, Dir die Geschichte jetzt zu schreiben, ganz aufrichtig, gewiß, aber dabei in meinem Innersten doch wohlwissend, daß Du jetzt nach Wochen nichts mehr sagen wirst. Es hat keinen Wert mehr an sich.

Wahnsinnig, was ich an Sch ... zusammenschreiben kann! Vor allem ist auch alles so bedeutend! Aber ich möchte Dir doch auch noch einmal sagen, daß mein schlechtes Arbeiten zum Teil von der Müdigkeit kommt. Dieser Müdigkeit, die natürlich daher kommt, daß ich spät zu Bett gehe, was keine wirkliche Entschuldigung ist. Auch hier ist vor allem wieder ein Mangel an Stabilität aufgrund einer unbestimmten Angst, eines Unsicherheitsgefühls daran schuld, daß ich das Zubettgehen hinausschiebe. Wenn ich das Licht in einem solchen Augenblick lösche, schlafe ich schwer, in jedem Fall schlecht ein. Ich muß dann ein wenig im Wachzustand träumen und mir angenehme und tröstliche Situationen ausmalen, an Personen denken und mich an sie klammern (in dem Fall sind die beiden Verben synonym), auch an Orte, die vielleicht ein wenig künstlich, in gewisser Weise aber auch »beschützend« sind. Ich muß also im Grunde aus gewissen Realitäten entfliehen, die ich aus Schwäche nicht annehmen kann, und schließlich in dieser kleinen Welt, die ich geschaffen habe, einschlafen. Das ist nicht Romantik, sondern Vitaminzufuhr und Schlafmittel in einem. Abends bin ich oft sehr angespannt, vor allem, wenn ich vorher die ganze Zeit allein war und nicht ausgegangen bin. Es ist mir auch ein bißchen übel von den Zigaretten. Das ist das einzige Mittel, um zu entspannen: mich mit einer falschen, aber warmen und angenehmen Atmosphäre zu umgeben und mit sonst nichts.

Es ist ziemlich kompliziert. Ich werde nie fähig sein, das deutlich zu erklären. Nun, aber Du hast doch wohl trotzdem verstanden? Es ist ganz sicher nicht so schwer zu kapieren, wie ich mir das vorstelle. Nur ich selber begreife es nicht besonders gut!!

Mit all dem will ich nicht erreichen, daß Du mir verzeihst (was ich bin, was ich scheine und wie ich handle). Sondern ich will mich Dir künftig näher fühlen, wissen, daß ein dummes Mädchen wie ich einen wunderbaren »Papi« hat, den sie heiß und innig liebt und bei dem sie sich ganz einfach gehenlassen würde, wenn sie nur in seinen Armen wäre ... (sie ist zwar kurzsichtig, ein Punkt zu ihren Gunsten!) ... und wenn diese Arme für sie offen wären.

Das war's. Sieben Seiten voller Blödsinn, aber sie sind wenigstens, so wie sie sind, ehrlich, glaube ich.

Ich umarme Dich ganz fest, mein Dad. Gute Reise, und lies das erst, wenn Du Zeit hast. Denn es lohnt sich nicht, dafür auch nur ein paar Minuten zu verschwenden (es ist auch so schlecht geschrieben!). Mit einem großen Schnuff-Schnuff. Ich drücke Dich in meine Arme bis Du erstickst ... Auf Freitag!

Dein kleines Mädchen

Marie-Jo

Den ? November 1970

Die Nacht war hereingebrochen. All die grellen Lichter der Stadt, die Neonreklame und die Ampeln, die von Rot auf Grün sprangen, ließen in ihr ein leichtes Schwindelgefühl aufkommen und den recht unangenehmen Eindruck entstehen, zu schweben.

Obwohl jetzt um sechs Uhr abends gerade dichter Verkehr herrschte, drang das Quietschen der Reifen auf der Fahrbahn nur wie aus weiter Ferne zu ihr. Vielleicht lag das an der Dunkelheit, die, von undeutlichen Schatten belebt, hinter den elektrischen Lichtkreisen herrschte, alles einhüllte und die Geräusche dämpfte?

Das Taxi fuhr an und bog, nachdem es die Gebäude ihres ständigen Aufenthaltes hinter sich gelassen hatte, rasch um die Ecke und schoß die Straße hinauf, die zur Kreuzung führte.

Sie schlug die Beine übereinander, zerrte ein wenig an ihren Bügelfalten und fand schließlich eine bequeme Haltung. Aber sie entspannte sich dennoch nicht, ihre verkrampften Muskeln taten ihr fast weh. Ihr Kopf war schwer. Schwer von all den Erinnerungen, die sie beim Anblick dieser vertrauten Umgebung überfielen.

Außerdem war die Heizung im Wageninnern schlecht eingestellt, so daß stickige Hitze herrschte. Trotz Novemberkälte roch es seltsamerweise nach feuchten Kleidern und Schweiß. Vor allem der Geruch ihrer Begleiterin störte sie. Sie seufzte, und ihre Lungen zogen sich schmerzhaft zusammen, als sie diesen langen Luftstrom ausstieß.

Wie lange war es jetzt schon her? Länger als sechs Monate! Ja, sechs Monate lang hatte sie diese Straßen nicht mehr benutzt, diese Cafés und Kinoplakate nicht mehr gesehen. Ein merkwürdiges, in seiner Komplexität ganz unbestimmbares Gefühl durchströmte sie, und ihr Körper schmerzte bis in die letzte Fiber. Es war nicht einfach ein körperlicher Schmerz, den das Gehirn registrieren und lokalisieren konnte, sondern ein dumpfer Schmerz, der in ihrem Innern brannte und sie durch seine Heftigkeit niederdrückte. Ein Schmerz, der durch so viele Dinge ausgelöst wurde. Einfach schon durch die Musik. Obwohl von dem Geräusch des Fahrtwindes halb verschluckt, drang sie zart und schleppend bis zu ihr und hüllte sie ein mit verwirrenden und verschwommenen Bildern, die sie an Augenblicke ihres Lebens erinnerten, in denen sie glücklich gewesen war.

Ihre Augen begannen zu brennen, und sie mußte eine Anstrengung machen, um ihre Tränen zu unterdrücken. Sie biß die Zähne zusammen, und ihre Finger verkrampften sich in einer kaum wahrnehmbaren Bewegung, mit der sie die Fäuste ballte. Sie mußte ihre Verzweiflung unbedingt verbergen, so tief diese auch war, und ihren Zusammenbruch im Innern zurückhalten.

Seit Wochen setzte sie ihre ganze Kraft und ihren Willen darein, sich den anderen näher und stärker zu zeigen. Sie hatte nicht das Recht, beim bloßen Gedanken an eine Vergangenheit, die zu nichts mehr paßte und die, schon lange bevor sie es ahnte, für sie zu Ende war, zusammenzubrechen.

Sie ertappte sich dabei, wie sie vor sich hin murmelte: »Eines Tages ... wirst du vielleicht nach Hause zurückkehren.« Ihre Lippen bewegten sich langsam, wie zur Bestätigung. Warum mußte im gleichen Augenblick ein feiner Tränenschleier die Formen vor ihren Augen verschwimmen lassen und die Farben verwischen?

Sie hatte plötzlich Angst, zu laut gesprochen zu haben, und warf einen ängstlichen Blick auf die Krankenschwester. Aber diese hatte, obwohl sie neben ihr saß, offensichtlich nichts gehört.

Sie beschloß, sich besser zu kontrollieren. Da sie in ihrem Zimmer stets Selbstgespräche führte, war das schon ein Automatismus geworden, und sie war nicht mehr sicher, ihn wirklich kontrollieren zu können, sobald ihre Gedanken etwas mehr in die Tiefe gingen.

Sie lächelte bitter: War das nicht schon ein Schritt zum sanften Wahnsinn?

Für die anderen mochte es schwierig sein, sie zu verstehen. Aber ihr erschien es ganz natürlich, innerhalb der vie· Wände ihres Zimmers auf diese Weise laut zu reden, die Töne zum Vibrieren zu bringen, die die ringsum herrschende Stille durchbrachen und ihr gewissermaßen Gesellschaft leisteten. Zuweilen bildeten die vier Wände, der Fußboden und die Decke eine Art Gehäuse, in dem sie sich wie in einer Falle fühlte. Und wenn sie sich dann auf den Widerhall ihrer eigenen Stimme konzentrierte, vergaß sie ihr Gefängnis und verlor sich bald in die einzige Welt ihres Leidens.

Es war so einfach. Und so vertraut. Sie hatte solche Augenblicke als »Krisen« bezeichnet und konnte fast mit Sicherheit voraussehen, wann die nächste kam.

Wie zum Beispiel jetzt gerade, da sie sich von dieser unerträglichen Angst ergriffen fühlte und unterdrücktes Schluchzen in ihrer Kehle brannte. Sie versuchte, sich zu beherrschen, weinte lautlos, hielt sich bei jedem neuen Krampf zurück, um nicht loszuschreien. Wie eine Obsession lag ihr dieser kleine Satz im Sinn: »Du wirst wieder nach Hause zurückkehren.« Sie hätte am liebsten aufgestöhnt wie ein verwundetes Tier. Ein Brechreiz kam zu diesem Schwindelgefühl, und ihre Kinnladen waren so verkrampft, daß gewiß die Muskeln an beiden Seiten hervortraten. Sie zwang sich, den Mund ein wenig zu öffnen und ihre Lippen zu befeuchten. Denn sie würden jetzt gleich ankommen, und dann müßte sie lächeln, sich hinter diesem Lächeln beherrschen! Es war das beste Mittel, sie hatte es vor kurzem entdeckt – angesichts der Ärzte, aber auch angesichts ihrer eigenen Person. Anfangs hatte sie sich dabei ein wenig selber betrogen und das Spiel so lange gespielt, bis es für sie wie eine zweite Wirklichkeit geworden war. Oder vielleicht sogar die Wirklichkeit selber? Und das zwang sie, eine gewisse Würde zu wahren.

Jedenfalls würde sie künftig versuchen, möglichst wenig zu analysieren. Aus Angst, die Dinge noch mehr zu verwirren oder, was noch schlimmer war, die Grenzen ihrer Intelligenz und ihre eigene Unfähigkeit zu entdecken, Antworten zu finden. Aus Angst auch vor dieser Übelkeit, die sie befiel, wenn sie sich allzu entblößt sah. Ganz einfach aus Angst vor der Wahrheit. Jedenfalls konnte man sich von ihr nicht erhoffen, daß sie sich selber eines Tages vollkommen objektiv sehen würde. Na und?

»Paß auf, eines Tages wirst du glücklich sein. Dann wirst du erfahren, was es bedeutet, wirklich du selber zu sein. Eines Tages ...« Sie hätschelte jetzt ihren Traum, so wie sie in Augenblicken der Niedergeschlagenheit zu Hause gern mit den Fingern über den Pelz auf ihrem Bett gestreichelt hatte. Diese sanfte und seidige, fast sinnliche Berührung beruhigte sie und rührte sie fast zu Tränen. Das war ein wenig so wie ihr Traum, der ihr mal weh tat und mal Trost spendete.

Sie schloß die Augen und ergab sich in das so merkwürdig gemischte Gefühl von Leid und Erleichterung. Vielleicht gefiel sie sich selber in diesem Zustand und nutzte ihn als ein Fluchtmittel ... Sie schüttelte sich, hob die Lider. Sie durfte nicht! Und sei es auch nur aus Scham. Und zwar diesmal nicht den anderen gegenüber, sondern sich selber gegenüber. Es war zu einfach, die Verantwortung von sich abzuschieben! Bei ihr klickte es noch rechtzeitig, ihr Selbsterhaltungstrieb warnte sie, bevor es zu spät war. Wie lange noch? Würde sie ihn nicht bald einschläfern, indem sie in ihre Starre zurücksank? Würde sie nicht genauso enden, wie diese Gespenster, die durch die aseptischen Gänge irrten und mit denen sie jeden Tag in Berührung kam? Auch sie hatten eines Tages vielleicht mehr oder weniger freiwillig beschlossen, »aufzugeben«. Dazu brauchte man gar nicht viel abzuschalten, diese Erfahrung hatte sie soeben erst gemacht. Sie hatten sich nur eine Weile die Ohren verstopfen müssen, bis diese Laute in ihnen nichts mehr erweckten ... Die vollkommene Unempfänglichkeit für den Widerhall von außen.

Plötzlich wurde ihr Blick hinter der Scheibe von zwei vertrauten Schatten angezogen. Man kam an. Automatisch, ohne daß sie eine Anstrengung machen mußte, trat das Lächeln auf ihre Lippen. Sie öffnete den

Schlag. Sie tauchte aus einem dichten Nebel hervor, und in der scharfen Abendluft wurde ihr plötzlich klar, wie weit sie sich vorhin von der Wirklichkeit entfernt hatte. Einige Schwaden benebelten noch ihr Hirn, sie würden länger brauchen, bis sie sich auflösten, das wußte sie. Sie konnte sich nicht zurückhalten, sich der schlafenden Landschaft zuzuwenden, bevor sie durch die Tür trat, die hinter ihrem Rücken verriegelt wurde.

»Eines Tages wirst du nach Hause zurückkehren...« Der kleine Satz erklang noch immer in ihrem Innern, einzige Hoffnung in ihrem täglichen Kampf, die sie auch alle Erniedrigungen schweigend ertragen ließ. Er würde so lange in ihrem Innern widerhallen, wie dies nötig war.

Sie stieg hinter der Krankenschwester langsam die Treppe hinauf, schwankte und mußte sich am Geländer festhalten. Sie war erschöpft, am Ende ihrer Nervenkraft, wie nach einer langen körperlichen Anstrengung. Sie zwang sich, tief durchzuatmen, um wieder einen klaren Kopf zu bekommen.

Der Arzt erwartete sie da oben in seinem Büro. Wieder würde sie ihre Worte abwägen, sich einem von ihnen noch ein wenig mehr öffnen, sich noch mehr entblößen müssen. Sie war daran gewöhnt, und auch jetzt zwang sie sich, trotz einer gewissen Scham, die sie manchmal empfand, und obwohl man es nicht von ihr verlangte, zum Lächeln. Das war ihre vorläufige Zuflucht, bis sie endlich allein in ihrem Zimmer zusammenbrechen und ohne Zuschauer alles aus sich hervorströmen lassen konnte!

»Eines Tages wirst du bei strahlendem Sonnenschein...« Sie ballte die Fäuste: »... den FRIEDEN bekommen«. Sie kreuzte die Finger, wie um diesen Gedanken zu bekräftigen und klopfte an die Tür.

Ende

1971
Paris, 18 Jahre

Brief an einen ihrer Ärzte

Dienstag, den 2. Oktober 1971

Es ist 21.15 Uhr, mein Plattenspieler spielt gedämpft eine zärtliche tahitianische Musik, und ich habe plötzlich Lust, Ihnen zu schreiben, bevor ich zum Abendessen ausgehe.

Jetzt bin ich genau eine Woche zurück in Paris, vier bis fünf Tage der Angst und der Hypernervosität, der Anpassungsschwierigkeiten, ja der

Niedergeschlagenheit. Aber dann, seit Sonntag und ganz auf Zehenspitzen, weil es noch sehr neu ist, ganz langsam ein Gefühl des Gleichgewichts, der Gelöstheit bei Unternehmungen, Kontakten im »Leben«.

(Es ist wie immer, erst wenn man sich endlich entspannt, erkennt man die starke und unnötige Anspannung der Tage zuvor, die Angst und unbewußte Depression, die aber unsere Reaktionen dennoch motiviert haben.)

Entsetzt stelle ich fest, bis zu welchem Punkt ich noch bei meinem Weggang von Lausanne aus einem großen Teil der Wirklichkeit »out« war. Ich fühlte das irgendwie, denn ich habe ja mit Ihnen darüber gesprochen, aber ich war wieder ein wenig hinter dieser »Mauer«, diesen »Scheuklappen« verschanzt, die wir beide so gut kennen.

Es tut mir jetzt leid, daß ich nicht genug in mir selber ruhte, um mich auch umsehen und mit einem klareren Bild von zu Hause, von Dad und Pierre und »leichter« abfahren zu können. Schade! Ich hätte dafür einen großen Schritt tun müssen, einen »Elefantenschritt für eine Ameise«.

Ich habe wohl bis zur letzten Minute Angst gehabt, ihn nicht mehr machen zu können . . . ich habe den Atem angehalten! Das verkrampft, wenn man den Atem anhält: man wird weiß, dann rot, manchmal blau, man ist also nicht mehr man selber und . . . man fühlt sich nicht gut! Wieder reicht ein einziger Atemzug und . . .! Es war ganz instinktiv, was ich gemacht habe, zuerst noch mit leicht verkrampften Lungen und jetzt ganz frei. Ich bin glücklich, glaube ich. Jedenfalls im Vergleich zu den letzten Jahren, die ich erlebt habe. Ich habe jetzt Selbstvertrauen, setze mich ruhig mitten unter Leute, entdecke mich zaghaft, indem ich sie entdecke, stolpere manchmal ungeschickt, finde aber früher oder später eine Stütze, an der ich mich festhalten kann. Eine wirkliche, feste Stütze, die das Künstliche, Fabrizierte leichter ortet, das schnell zusammenstürzt, und ich gewiß mit. Glücklich? Ja, ich glaube. Zum erstenmal seit . . . so langem (!) wage ich dieses Wort wieder zu benutzen, entdecke langsam, welche Bedeutung es für mich hat. Ich sage für mich, da jeder einzelne ihm seinen eigenen Sinn gibt, und dieses Wort nur als Ideal oder in dem Maße, in dem man daran glaubt, existiert.

Mit R. habe ich es letzte Nacht für etwas Wunderbares eingesetzt, etwas, für das ich noch gar nicht bereit zu sein glaubte. Ganz einfach für die Liebe, denn ich habe zum erstenmal in meinem Leben einen Orgasmus mit dem anderen erlebt, habe mich als Frau akzeptiert, habe ihn akzeptiert, voll und ganz.

Ich drücke mich schlecht aus, wie eh und je. Das ist schade! Ich möchte gern Sätze finden, die in ihrer Einfachheit vollkommen wahr sind, um Ihnen diesen . . . Augenblick meines Lebens zu beschreiben, Sie ihn mitempfinden zu lassen. Mein ganzer verworrener Briefanfang zielte nur darauf ab, und wenn ich heute abend zur Feder gegriffen habe, so um Ihnen zu sagen, daß sich dieses wunderbare Etwas, an das ich schon nicht mehr geglaubt habe, endlich verwirklicht hat! Und was das alles an Umwälzungen in meinem tiefsten Innern, an Veränderung, an Freude, an ich weiß nicht was zur Folge hat! Alle Worte, die ich schreiben kann, sind daneben leer. Es war schön, zärtlich . . .!!!!!!

Gestern nachmittag waren R. und ich zu Marc nach Rambouillet gefahren. Die Sonne schien, wir fühlten uns gut und verliebt, ich freute mich, daß ich Boule wiedersehen würde, die schon vor zwei Tagen nach Hause zurückgekehrt war, obwohl Marc und Mylène noch in Italien sind (wegen eines Kurzfilms). Francette war natürlich auch da mit den Kindern, sie wartet immer noch darauf, in ihr neues Haus einziehen zu können. Aber im Unterschied zu den sonstigen Wochenenden waren keine aufdringlichen Leute da, niemand außer diesen Freunden, und das Haus war ruhig und gemütlich, Francette entspannt, also nett zu mir. Ich glaube, das Land erscheint einem nie so schön, wie wenn man dorthin entflohen ist, um ein wenig aus dem Gewimmel von Paris herauszukommen.

Zum erstenmal auch haben wir einen ganzen Tag nur zu zweit als »Paar« verbracht und unsere anderen Freunde nicht dabeigehabt. Und auf der Hin- und Rückfahrt im Auto empfand ich »unsere Intimität« als etwas Wunderbares.

Nach dem Theater abends waren wieder Freunde um uns, aber nach der Entspannung am Nachmittag war es ein Vergnügen, mit ihnen zu lachen. Wir haben eine Gitarre genommen und sind alle fünf, sechs, vielleicht noch mehr, durch die kleinen Straßen hinter dem Pigalle bis zur Sacré-Cœur hinaufgestiegen. Auf den Treppen haben wir gesungen, Paris lag uns zu Füßen, und der Vollmond stand über unseren Köpfen. Paris lag uns nicht nur zu Füßen, sondern ich glaube, es gehörte uns einfach.

Arm in Arm sind R. und ich zurückgegangen, und das Hotelzimmer erwartete uns angenehm warm nach der Eiseskälte draußen.

All das, um die Atmosphäre zu schildern, denn ich glaube, daß alle gestrigen Ereignisse dazu beigetragen haben, daß ich mich entspannte, mich zu mir selber kommen ließ und schließlich dieses wunderbare Glück in R.s Armen erlebte. Die letzten unbewußten Widerstände in meinem Innersten existierten nicht mehr, es gab wirklich nur noch R., mich, ihn, den ich mit Leib und Seele lieben und begehren fühlte, ihn, dem ich mich endlich vollkommen hingeben wollte. Und dann . . . alles . . . und nichts. Das Gefühl, das jeder auf dem Höhepunkt der Liebe empfindet, eine merkwürdige Lust, nachher zu weinen, wenn man weiß, daß man nie zuvor so glücklich gewesen ist, daß es eben eine zu rückhaltlose, zu unbekannte Besänftigung ist, mit dem Gefühl, vielleicht zum erstenmal im gleichen Rhythmus mit der Erde zu leben, und daß die Welt selber da ist, ganz warm und mit den Händen greifbar.

Das war's. Blöd, all diese Sätze, diese armseligen Sätze! Sie sind natürlich so »wenig«, gemessen daran! Ich hatte nur einfach das Bedürfnis, sie Ihnen zu schreiben, weil ich . . . diese Nacht, die so viel in meinem Leben verändert hat, gewiß mir selber verdanke, aber mit Sicherheit auch Ihnen . . . sehr stark sogar. Ja?

Ich weiß, daß Sie sich für mich freuen, glücklich sind und daß ein solcher Brief einer dritten Person lächerlich, ja unverständlich erscheinen würde, daß Sie ihn aber verstehen werden.

Ich glaube, daß ich all das durch diese Worte und sogar zwischen den Zeilen, durch alles, was Sie an Verborgenem dahinter fühlen werden und das leider unausdrückbar ist, mit Ihnen teilen muß, daß das die Offenbarung der »Frau« ist, die ich sein kann, die Bedeutung hat, diese erste Offenbarung, die mir noch so manche andere erlauben wird.

Gut, das war's. Ich weiß sonst nichts mehr zu sagen. Es gäbe gewiß eine Menge andere Dinge, mit denen ich Ihnen mein Leben allgemein jetzt in Paris genauer schildern könnte.

Ich habe jetzt keinen Mumm mehr dazu, Uau!! Elf Uhr! Ich muß schnell etwas essen gehen, bevor ich R. um halb zwölf am Theaterausgang treffe!

Hier also mein einfältiger kleiner Brief, der aber doch trotz allem meine ganze Anhänglichkeit, Zärtlichkeit und das unendliche Vertrauen ausdrückt, glaube ich, das ich Ihnen entgegenbringe.

Ich umarme Sie (ganz fest)

Ihre Marie-Jo

P.S.: Sie sind mit Arbeit überlastet, das weiß ich selber am besten, und ich möchte nicht zu sehr auf eine Antwort hoffen. Aber vielleicht ein ganz kurzes Wort, selbst in aller Eile geschrieben? Es würde mich unendlich freuen!

Bis zu einem Wiedersehen, in diesem Winter, zwischen zwei Zügen!

M.-J.

1972
Paris, 19 Jahre

den 3. November 1972

»Guten Abend, Daddy, Guten Abend, Mama«,
nach dem Gutenachtkuß mußte man die Treppe zum Schlafzimmer ganz schnell und mit angespanntem, eiskaltem Rücken hinauflaufen, weil

der große »Christus« an seinem Kreuz an diesem Abend vielleicht wie an allen anderen Abenden versuchen würde, aus dem Bild herauszusteigen, um hinter ihr herzulaufen.

Es war ihm natürlich bis jetzt noch nie gelungen, aber wenn er nun heute . . .? Er wirkte so furchtbar, so ganz nackt und blutverschmiert, mit seinem Bart und den langen Haaren überall im Gesicht! Und dieses Bild des Leidens würde sie selber bald schon in das Grauen mit hineinziehen.

Ihre Angst hörte erst auf, wenn sie die Tür des Treppenabsatzes gut hinter sich verschlossen hatte. In ihr Bett gekrochen, gelang es ihr endlich, ihn zu vergessen und in die Wirklichkeit zurückzukehren, wobei sie die Erleichterung genoß, die sie nach diesem täglichen Schrecken empfand. Vielleicht nährte sie ihn ja unbewußt einfach deshalb, damit sie hinterher dieses Wohlbefinden erreichte? Nur, mit drei Jahren war sie noch zu klein, um schon zu versuchen, es zu analysieren.

Dieses Alter war für sie Cannes, das große Haus oben auf dem Hügel inmitten der Pinien, mit dem schmiedeeisernen, von Mimosen eingerahmten Tor, die ihm seinen Namen gegeben hatten: »Golden Gate«.

Auch das Schwimmbecken, das nur eine einzige Erinnerung weckte: die an ihren Bruder Johnny, der voll angekleidet mit seinem Fahrrad hineingefallen war, mitten unter die Seerosen des kleinen Beckens. Ein rotes Fahrrad, das sie später als winzig ansah, das aber damals viel zu schwer für sie war, wobei es ihr außerdem verboten war, es zu benutzen.

Sie sah das kurzärmelige graue Hemd, von dem das Wasser heruntertropfte, noch so komisch vor sich und auch die verdutzte Miene ihres Bruders, der unter den Beschimpfungen der Gouvernante hustete und spuckte.

Das war ungefähr alles, was das Haus betraf. Von der Schule in Cannes hatte sie aber noch eine Erinnerung, die qualvoll war, weil diese sie unmittelbar betraf. Es war eine Schule, wo die Mitschüler, wie man ihr später erzählte, doppelt so alt waren wie sie, weil sie sich geweigert hatte, länger als einen Tag in die sogenannte Vorschule zu gehen.

Allerdings nahm sie in der Klasse der »Großen« nicht wirklich am Unterricht teil, sondern man beschäftigte sie je nach Unterrichtsstoff nach ihren Fähigkeiten für sich.

Und während einer dieser Unterrichtsstunden, als sie ganz allein in ihrer Ecke vor einem Zeichenblatt und Farbtöpfen saß und selber auf eine der Fragen antworten wollte, hatte sie die Hand mit einer zu heftigen Bewegung gehoben, mit der verheerenden Folge, daß sich die ganze Tinte über den Tisch und die Schulter des vor ihr sitzenden Kameraden ergoß.

Sie konnte noch jetzt das Bild vor ihren Augen anhalten, sehen, wie sich dieser farbenprächtige Fleck mit entnervender Langsamkeit, wie

wenn man im Kino einen Film in Zeitlupe sieht, maßlos vergrößerte und
ausdehnte.

Der Zorn der Lehrerin war milde gewesen im Vergleich zu der Angst,
die sie davor gehabt hatte, und diese panische Angst vor der Reaktion
eines Erwachsenen war die erste gewesen, die sich in ihr Gedächtnis eingegraben hatte.

Sie bekam erst jetzt einen Sinn. Jetzt, da sie mit mehr als neunzehn Jahren versuchte, angesichts ihrer krankhaften Angst vor den Menschen und
den Dingen und um sie besser beherrschen zu lernen, die Gründe mit
Hilfe ihrer Vergangenheit besser zu verstehen.

War es nicht merkwürdig, daß diese in ihr nur schmerzliche und läh-
mende Gefühle weckte, so weit sie auch ihre Kindheit zurückverfolgte.
Obwohl es doch den Psychologen zufolge diese sein müßten, die die Zeit
am leichtesten auslöscht. Oder die sie zumindest allmählich so verändert,
daß sie nicht mehr so eindeutig unangenehm sind.

Sie nannte das ihre »Traumata«. Die »kleinen« und die »großen«, denn
sie konnte sie nach Kategorien einteilen, nach Größenordnung oder, wie
hier, chronologisch.

Seiner Bedeutung nach nahm der »Unfall« natürlich von selber die erste
Stelle ein. Aber dazu brauchte sie nicht so weit zurückgehen. Er geschah,
als sie schon fünf oder sechs Jahre alt war, und es war nicht mehr in Cannes, sondern in Echandens, einem kleinen Dorf zwischen Genf und Lausanne: große Platanen nehmen jetzt die Stelle der Pinien ein, das Schloß
mit seinen zwei Türmchen die des Hauses mit den Kolonnaden. Sie trägt
ihre Haare jetzt etwas länger und bleibt damit bei ihren Jungenspielen
regelmäßig irgendwo hängen. Es gibt kein Schwimmbad mehr, dafür
einen riesigen Park, der von einer großen Mauer umgeben ist, über die sie
jeden Tag steigt. Nicht, um sich zu üben oder aus Angeberei, sondern um
trotz des väterlichen Verbots gegenüber heimlich Bonbons zu kaufen. Die
Tabak- und Kolonialwarenhandlung liegt an der Ecke etwas weiter vorn,
am äußersten Punkt der Kurve.

Und genau an dieser gefährlichen Kurve, zu Füßen des großen Baumes,
der mit seinen vielen Ästen ein Hinaufsteigen vom Garten her so sehr erleichtert, sind die beiden Motorräder so unglücklich zusammengestoßen.

Sie sind im Staub und in den Tannennadeln genau unter den Fenstern
des Eßzimmers ins Schleudern geraten, haben sich überschlagen und sind
auf den grauen Steinen gelandet.

Auch das weiß sie nur aus den Erzählungen anderer, denn sie hat in
Wirklichkeit nichts gesehen, ja sie hat sich geweigert, es zu sehen.

Was sie sich in ihrer Phantasie ausgemalt hatte, war gewiß viel schreck-
licher als die Wirklichkeit, aber auch damals war sie noch zu klein, um
das zu begreifen.

Schon das Gesicht der Köchin, die plötzlich an der Tür erschienen war, hat etwas Merkwürdiges gehabt.

Und die abgehackten Worte, die sie dann gesagt hat, um die Aufmerksamkeit der Mutter zu erregen, haben allmählich ihre Angst geweckt.

»Madame, Mister (der Hund, ein herrlicher Königspudel, der ganz zur Familie gehörte), Mister ist krank. Kommen Sie schnell!«

Ihre Mutter hat schon begriffen, daß etwas Ungewöhnliches geschehen ist. Sie hat wohl auch schon einen Zusammenhang hergestellt zwischen dem Staub, der vor ein paar Minuten vor dem Fenster aufgewirbelt worden ist, und den wiederholten und ungewöhnlichen Bremsgeräuschen, die man zwischen zwei Bissen zwangsläufig registriert hatte, die aber, durch die Doppelscheiben gedämpft, doch auch wieder nicht so ungewöhnlich gewesen waren, daß man sich hätte beunruhigen müssen. Kein Grund, das Essen zu unterbrechen.

Nur, da liegen zwei Motorradfahrer in ihrem Blut auf der Straße, denn das ist es, was die Köchin unter dem Ansturm der Fragen, die Véronique und ihr Bruder unaufhörlich stellen, schließlich, allzu erschüttert, um lügen zu können, mitteilt.

Und jetzt, da ihre Mutter die Ruhe verliert, aufgeregt einen Krankenwagen ruft, jetzt, da eine von den Schreien herbeigelockte Menschenmenge sich unter der Mauer zusammendrängt, wird sie, Véronique, von Panik erfaßt.

Es kommt ihr so vor, als hätte ihre Welt sich plötzlich verengt zu einem mächtigen Schraubstock, der sie erbarmungslos zerquetscht.

Sie kann nur noch schwer atmen, nimmt die Dinge in all dieser Aufregung immer verworrener wahr und meint, gleich losschreien zu müssen.

Sie schreit nach Mama, will wissen, was ihr Bruder durch die Fensterscheiben sieht, warum er, als er sich abwendet, so bleich aussieht.

Er, ja er hat den Mut gehabt, hinzusehen. Er hat gesehen, malt sich nicht mehr in seiner Phantasie einen unerträglichen Alptraum aus.

Aber sie, sie zaudert. Sie würde sich gern, ja sie »müßte« sich Klarheit verschaffen. Aber es ist zu schwer, diese paar Schritte vom Tisch zum Fensterkreuz zu machen, und sie leistet ihrer Mutter Widerstand, die sie, selber erschreckt von den Reaktionen ihrer Tochter, drängt, sie schubst.

Ja, warum will sie denn um jeden Preis, daß sie das grauenvolle Schauspiel ansieht, die gewiß zerfetzten Körper, die Liter von Blut und das verbogene Blech?

Sie sieht es doch nur allzugut in ihrem Kopf. Sie kann es nicht mehr aushalten, das zu »sehen«, also brüllt sie los.

»Ich erkläre dir, was geschieht, Véronique. Es ist nichts mehr zu sehen, ich schwöre es dir. Du mußt zu deinem eignen Besten selber sehen. Sie sind nur ein bißchen verletzt . . . Sie werden in Krankenwagen gelegt . . .

So, jetzt sind sie weg! Die Polizei putzt ein paar Blutspuren vom Boden weg. Das ist gar nichts Tragisches. Das Wasser ist rosa gefärbt, das ist alles. Wie im Kino, weißt du?«

Véronique hat sich die Ohren zugehalten, weigert sich mit Leib und Seele, windet und verkrampft sich in den Armen, die sie übrigens voller Zärtlichkeit dem bösen Traum entgegentragen.

Sie wird gleich weinen. Sie weint und befreit sich mit einem Schlag von der ganzen unerträglichen Spannung, die sie bedrückt hatte. Sie wendet sich noch immer ab, instinktiv, und um so heftiger, je mehr ihre Mutter drängt.

Als sie endlich ihren letzten Widerstand überwindet und sich vorbeugt, ist da nur noch ein etwas leuchtender Fleck, der in der Sonne glänzt.

Die Straße hat ihr gewohntes Aussehen wieder angenommen, als wäre nichts geschehen. Nichts als der furchtbare Alptraum, aus dem sie sich mit Mühe und unter Schmerzen herauswindet, wie nach einer zu großen körperlichen Anstrengung.

Nur, wenn es unter der Mauer nichts mehr gibt, nichts außer diesem Fleck, den sie nach längerem Draufstarren schon nicht mehr unterscheiden kann, so kann eben dieses »Nichts« niemals auslöschen, was sich in ihren Geist eingegraben hat.

Es gelingt ihr nicht, auch die Sicherheit zurückzugewinnen, sie wagt nicht, mit Mama und Johnny nach unten zu den Polizisten zu gehen, und in einer verzweifelten Flucht vor den letzten Bildern, die sie verfolgen, sucht sie Schutz in den Armen ihres Vaters.

Diese Bilder, die ihren schützenden Kokon verletzt haben, hatten trotz des Familienkerns an sie herankommen können, den sie bisher für so stark und fest gehalten hatte.

»Und wenn ›sie‹ zurückkämen, Daddy?« Ja, wenn »sie« zurückkämen, Pritschen im Salon aufschlügen, die schlohweißen Körper zu Füßen des großen Sessels abstellten und ihren Vater bäten, sich mit ihr um sie zu kümmern? . . .

»Oh, Daddy . . . Daddy, ich will nicht!«

Die kleinen Arme haben sich um seinen Hals verkrampft und betteln gierig um ein wenig Kraft und Sanftheit. Der blonde Kopf ruht an der schützenden Brust, die letzten Tränen kullern beim Klang der Worte, die so gut trösten.

Dann läßt das Schluchzen nach, sanft beginnen sich ihre verkrampften Nerven zu entspannen, und sie fühlt sich endlich befreit.

Im gleichen Augenblick hört sie die Schritte ihrer Mutter auf der Treppe, kommt Johnny triumphierend zu ihr, faßt ihre Hand mit tolpatschiger Beschützergeste.

Seine Augen glänzen maßlos stolz: er, er hat alles gesehen. Er hat keine

Angst gehabt. Jedenfalls . . . fast keine! Und er hat sogar dem Polizisten gesagt, was er wußte.

Sie sind jetzt alle um sie versammelt, sie fühlt eine Wärme im Innern, und alles ist gut.

Sie würde sich vollkommen wohl fühlen, wenn sie sich nicht irgendwie ein wenig schämte, so wie man sich ein wenig schämt, wenn man nicht wirklich krank ist und trotzdem im Bett bleiben will.

Da lächelt sie, um sich nicht mehr so dumm zu fühlen, und zieht noch einmal die Nase hoch, bevor sie mit dem schwierigen Vergessen beginnt.

»Paris«

Ende

For you, little Daddy

Nur ein Stückchen Erinnerung
Überall Sonne
Du und ich ein einziges Lächeln
Und alles wurden wir.

Deine großen Schritte gingen zu schnell für mich
Ich hängte mich fest an deinen Arm
Deine zärtlichen Augen, die lachten
Deine hellen Augen, die sahen mich an.

Unsere langen Spaziergänge in jenen Ferien
Erinnerst du dich daran, sag Daddy?
An diese so erblühte, so starke Liebe
Die wir eines Tages empfunden haben?

Als wir beide tanzen wollten
Drückte ich mich an deine Brust
Nach einer Weise, die uns gehörte, wiegtest du mich
Nach »Tennessee Waltz«, der zarten alten englischen Weise.

Wir waren wie echte Liebende
So nahe bei mir erschienst du mir so stark
Wir waren so glücklich
Erinnerst du dich daran, sag Daddy?

Nur ein Stückchen Erinnerung
Überall Glück
Du und ich eine ganze Zukunft
Die hätte so süß werden können . . .
. . . Die hat von uns nichts wissen wollen!

Freitag, den 5. August 1972

Dear ol' Dad,

ich bin seit Mittwoch abend fünf Uhr in Saint-Jean-de-Luz, es ist herrliches Wetter, und ich . . . ich habe eine Mordserkältung. Gestern habe ich, obwohl schon stark verschnupft, versucht, trotzdem ein bißchen zu baden, aber heute ist es wohl doch klüger, den ganzen Tag im Bett zu bleiben. Ich glaube nicht, daß ich Fieber habe, aber ich huste stark, wie gewohnt in diesen Fällen, und es wäre idiotisch, wenn ich mir jetzt eine Bronchitis oder Angina aufhalste. Also kuriere ich mich aus, ganz allein in dem Zimmer, das R.s Eltern mir zur Verfügung gestellt haben und aus dessen Fenster ich sehnsüchtig auf das Meer hinaussehe. Nichts zu machen! Ich hoffe nur, es wird nicht die ganzen Ferien über dauern!

Montag und Dienstag sind mit Vorbereitungen für die Abfahrt vergangen, und ich habe auf dem »Flohmarkt« ein paar letzte Einkäufe gemacht. Nur hat sich dann Montagabend ein Gewitter über Paris ergossen, und ich bin naß bis auf die Knochen gewesen. Als ich um 21 Uhr den Zug nach Rambouillet nahm, klebten mir die Kleider noch am Leib, und erst um zehn Uhr abends konnte ich ein heißes Bad nehmen. Das war ein wenig spät!

Nachdem wir die letzten Dinge erledigt hatten, sind wir am Mittwoch abend um fünf Uhr mit dem Motorrad von Rambouillet aufgebrochen. Roger und ich hatten jeder mindestens drei oder vier Pullover und noch unsere Lederjacken unter diesem Angleranzug aus Nylon an, den wir uns am Abend zuvor noch gegen Regen und Wind gekauft hatten. Der Himmel versprach immer noch nichts Gutes, aber R. und Marc hatten am Abend zuvor beratschlagt und es dann doch für allzu kompliziert befunden, das Motorrad auf den Zug zu laden. Das haben wir heftig bereut, als wir dann unterwegs waren. Nach einer Stunde hat es natürlich angefangen zu regnen, und trotz all unserer Ausrüstung kroch die eiskalte Feuchtigkeit überall durch, wir waren Eisklumpen.

Um neunzehn Uhr haben wir in Vendôme in einem kleinen Hotel haltgemacht, wo wir über eine Stunde warten mußten, bis wir heißes Wasser bekamen. Es wurde langsam komisch!

Ich war vollkommen benommen vom Fahren, hatte schreckliches Schädelweh vom Wind, den ich während der ganzen Fahrt immer voll ins Gesicht bekommen hatte, und von den Wassergüssen, die auf meine Schulter heruntergeprasselt waren. R. gibt unsere Kleider zum Trocknen, und wir gehen nach dem Essen sofort schlafen.

Um halb sieben waren wir wieder auf, weil wir versuchen wollten, dem Regen davonzufahren, da er, wie man uns in der Gegend gesagt hatte, immer erst gegen zehn Uhr morgens anfing.

Nur, unsere Kleider waren noch feucht, weil dem Hotelangestellten nichts Besseres eingefallen war, als sie bei diesem Wetter hinauszuhängen! (Das war dann nicht mehr komisch, sondern schon grotesk!)

Glücklicherweise klarte der Himmel, je weiter wir nach Westen fuhren, immer mehr auf, und gegen elf Uhr zeigten sich die ersten Sonnenstrahlen. Wir waren schon gut vorangekommen und erreichten gegen ein Uhr Bordeaux, wo wir nach ein paar Kilometern auf der Landstraße anhielten, um zu essen. Ganz in Eile, denn es tauchten schon wieder neue Wolken auf, die uns mit ein paar Tropfen bedrohten, die wir aber dann glücklicherweise hinter uns ließen. Um fünf Uhr abends hielten wir endlich vor dem Haus direkt am Meer, wo R.s Eltern den ersten Stock zum Strand hin in Dauermiete haben: zwei Schlafzimmer, ein Bad, ein kleiner Vorraum, alles sehr sauber und sehr »nett«. Es gibt auch noch eine kleine Ecke mit Gasherd zum Kochen.

Also bitte! Ein phantastisches blaues Meer, eine herrliche Lage, ein paar Tage, um sich in der Sonne zu bräunen, aber eine anständige Grippe, die mich im Bett festnagelt! Man braucht sich nicht zu fragen, woher sie kommt!

Ich bin heute abend natürlich trüber Laune und fühle mich ein wenig geschwächt durch das Bett, und so ... habe ich Dir geschrieben. Meinen ersten Brief seit Ferienbeginn! So hat doch alles auch sein Gutes, oder?

Ich hatte noch keine Gelegenheit, zur Post zu gehen und den Sekretärinnen meine Adresse durchzusagen, aber ich glaube nicht, daß ich noch Geld brauche. Ich spare zur Zeit so viel ich kann, und meine zweitausend Francs dieses Monats sind noch unangetastet, obwohl ich für die Reisevorbereitungen Ausgaben hatte. Wenn es vor der Abreise nach Korsika knapp wird (sofern ich nicht überhaupt noch krank bin!), schicke ich schnell von der Côte d'Azur, wo wir nach unseren Plänen einige Tage bleiben, ein Telegramm.

Ich werde versuchen, Dich bald anzurufen, um Dir mit eigner Stimme zu sagen, wie es mir geht.

Inzwischen diesen Brief, den ich wohl so ein bißchen hingeschrieben habe, außerdem ist mein Kopf von den Medikamenten vernebelt, aber er ist voller unendlicher Zärtlichkeit, die ich durch ganz Frankreich zu Dir schicke.

Ich liebe Dich und umarme Dich ganz fest.
Ein »enooormer« SCHNUFF-SCHNUFF!
Deine »kleine«

Marie-Jo
»Saint-Jean-de-Luz«

Einem Freund

den ?/?/1972

Du hast neulich zu mir gesagt: Schreib mir ein Chanson. Als wäre das so
leicht, wie auf einen Knopf zu drücken!

> Seither kann ich lange suchen in meinem kleinen Kopf
> Und alle Winkel ausleuchten
> Ich finde darin nur dumme Ideen
> Oder Worte, die sich nicht gut reimen.

> Dann versuche ich, streiche ich durch
> Und fange brav von vorne an
> Ich spare nicht mit Schimpfworten
> Die nur für dich einen Sinn hätten.

> Ich habe als Inspiration: endlich!
> Einen schönen Anfang: Das Meer spiegelt sich . . .
> Verdammt? In meinem herrlichen Schwung
> Plagiiere ich nur schamlos Charles Trenet.

> Mit dem Meer ist es schiefgegangen
> Ich habe alle meine Ideen vergessen
> Aber die Liebe wird mir
> Ein paar gelungene Verse diktieren.

> »Sie erlebten mehr als eine große Liebe
> Merkten nicht, wie die Tage vorübergingen
> Umarmt im Schnee, schwankend alle beide
> Machten sie sich auf den Heimweg.«

> Das bringt ja eine Kuh zum Weinen
> Oder ich bin es, die dumm gafft
> Du hattest recht, mein Lieber, es läuft
> Und was den Mist betrifft, geht es sogar recht weit.

Warum soll ich mich dann beklagen
Und es nicht wie die anderen machen
Diese Sänger, die man stöhnen hört
Und die als gute Apostel gelten?

Du bekommst es, dein Chanson, mein Alter
Es wird der Hit dieses Sommers
Du wirst vielleicht dastehen wie ein Idiot
Aber du kriegst es, weine nicht, Baby!

»Pigalle«

Ende

den 13. Oktober 1972

Er ist ein wenig betrunken, das weiß er, er geht in leichtem Zickzack über den Gehsteig, nach eigenem Entschluß endlos immer weiter, ganz allein in der Abendluft.

Der Himmel über ihm scheint wie gefangen zwischen den Häuserzeilen, die die Straße auf beiden Seiten säumen.

Da ist nur ein bestirnter Himmelsstreifen, zu dem er den Kopf emporhebt, an den er sich wendet, weil er vielleicht einen allmächtigen Gott darstellt, eine höchste Wirklichkeit, die ihn durch ihre Existenz tröstet, ihn in seiner Kondition als Mensch weniger elend macht.

Er fragt sich nicht, warum er hier ist, draußen, noch was ihn in diese feuchte Kälte getrieben hat. Das ist unbedeutend geworden. Er ist sich nur einer Sache bewußt: Er ist bis zum Ende gegangen, zum Ende seiner Ängste. Er ist wieder am Ausgangspunkt angekommen, hat mit seinem langsamen und mühsamen Schritt den Mittelpunkt der Welt wieder erreicht.

Er hat den »anderen« getötet, endgültig! Jenen, der sich zermürbte, der zögerte, jenen, der so große Angst hatte. Er hat ihn da stehenlassen in einer Pfütze unter einer Lampe, und er ist weggegangen, so weit weg, daß er nie mehr zurückkehren kann.

Aber warum sollte er auch zurückkehren, jetzt, da er begriffen hatte? Das, was jeder Mensch anstrebt, besaß er jetzt in seinem Innern, mit einer neuen Sicherheit und endgültig.

Sie war auch schmerzhaft. Aber er war endlich frei, befreit von den Tabus dieser Welt und von seinem eigenen Gewicht. Frei, weil er sich in die Unendlichkeit eingefügt hatte, weil er sich in einem Taumel dieser langsamen, kaum wahrnehmbaren Bewegung angepaßt hatte, die die ganze Natur in ihrer unaufhörlichen Erneuerung bestimmte.

Er konnte nicht mehr zweifeln: Sein Herz schlägt in dem gleichen Rhythmus, in dem die Tage unendlich aufeinanderfolgen. Er brauchte sich nur hinzugeben und sich wiegen zu lassen, um das Leben zu spüren, dank eines Konzepts, das für ihn unumstößlich sein würde: dem des absoluten Glaubens, der einzigen Wahrheit jenseits von Verzweiflung, weit jenseits des feuchten Nebels, der seine Augen verschleierte.

Wieviel bittere Tränen hatte er vergossen, bevor er akzeptierte, ein Mensch in all seiner Demut zu sein.

»Poigny-La-Forêt«

den 19. November 1972, 23.25

Ich weiß, wieviel Uhr es gerade ist, denn ich habe es soeben den drei Jungen gesagt, die neben mir sitzen, so habe ich auf die Uhr gesehen. Sonst hätte ich sicher nicht daran gedacht.

Ich weiß, daß ich noch sehr lange warten muß, bis die anderen aus dem Kino kommen, sehr lange, bis ich in dem Café mit mir alleine bin.

Die Leute sind aber da, sie sind rings um mich, die Jungen einen Meter von mir entfernt am Nachbartisch und gleichzeitig so weit, wie in einem anderen Universum, zu dem ich heute abend keinen Zugang mehr finde und das für mich wie unerreichbar ist.

Meine Kurzsichtigkeit spielt dabei auch eine große Rolle. Denn ich sehe sie nur in einem komischen Nebel, der den Schleier der Tränen noch verstärkt, die ich nicht zurückhalten kann.

Warum weine ich? Selbstmitleid, Müdigkeit oder wirkliches Leiden? Wirklich ist es jedenfalls für mich selbst, und sei es nur in »meiner« Wirklichkeit. Aber warum ist sie immer so verschieden von der der »anderen«, warum rührt meine »Wahrheit« immer an eine Bruchstelle, die verhindert, daß sie mit der Wahrheit der anderen übereinstimmen kann? . . . Oder bilde ich mir auch das wieder nur ein? Ich weiß nicht mehr. Heute abend nicht. Im übrigen habe ich auf all diese Selbstanalysen nie richtige Antworten gefunden. Mich hineinverlieren, ja, das konnte ich. Wie in ein dichtes Labyrinth, wo die Logik unentwirrbar ist.

Dabei habe ich den Eindruck, bei fast allen Anlässen klar im Kopf zu sein. Selbst bei vollkommener Niedergeschlagenheit. Nur, diese Klarheit ist wieder nur eine meiner eigenen Wahrheiten, die wie alles übrige durch den Mangel an Objektivität zwangsläufig gefälscht ist.

Wie heute abend. Alles bleibt »wahr« rings um mich, nur meine Empfänglichkeit ist anders. Ich erfasse die Dinge nicht mehr auf die gleiche Weise, sie erscheinen mir wie in weiter Ferne, von wo sie mich nicht mehr erreichen, oder aber allzu hart, auf übertriebene Art: sie nehmen eine Bedeutung an, die ich ihnen in einer anderen Geistesverfassung nicht beimessen würde.

Da entstehen dann lange Selbstgespräche, Sätze, die ich in die Nacht hinausrufe, wie vorhin, bis zu den Sternen hinauf, die gleichzeitig so beängstigend und so anziehend sind – zu einem »Gott«, den ich irgendwo in mir bewahre, um durch die allzu lange zurückgehaltenen Tränen einen Trost zu finden. Es ist ein Bedürfnis. Der Gedanke an eine tröstliche Präsenz, selbst wenn diese unendlich weit entfernt ist in diesem Weltall, das ich mir ohne sie nicht einmal vorstellen kann und die jedesmal da ist, wenn ich sie rufe, jedesmal, wenn ich mich selber nicht mehr allein tragen kann, und die es mir leichter macht, mich selber zu akzeptieren. Seine Existenz verleiht der meinen einen Sinn, erklärt sie vielleicht, läßt mich an ein gewisses Ziel, an die vollkommene Entfaltung des Menschen, auch jenseits des Lebens, glauben, an eine vollkommene Liebe, die durch ihn existiert und die wir mit seiner Hilfe eines Tages erreichen, was er uns aber in dieser Welt noch nicht wissen läßt.

Es ist ganz einfach der Gedanke an das Glück. Dieses armselige Wort, das hier nur lächerlich wirken kann, ohne wirkliche Resonanz ist, weil es so ganz unerreichbar bleibt, muß seine volle Entfaltung »anderswo« finden.

Dieser »Gott« wiegt mich in seinen Armen, ebenso zärtlich, wie es Dad tun würde, wenn er bei mir wäre und ich es wagte, ihn darum zu bitten, in einer Einsamkeit, von der ich weiß, daß sie gleich ist wie alle anderen Einsamkeiten, die die Welt bevölkern, und sie mir dadurch nur noch größer erscheinen läßt. Er besänftigt mich mit der Wärme, die mir sein Glaube bringt, bei diesem wunderbaren Gedanken, daß ich mich eines Tages nur werde schlafen legen müssen, und mein ganzes Wesen wird in die Unendlichkeit eingehen und sich der Urbewegung anschließen. Nicht im Tod als solchem, zu dem das Nichts gehört, sondern in seiner vollkommenen Antithese: der Entdeckung der wahren Existenz, deren Höhepunkt ich im Absoluten endlich werde erreichen können.

»Archi-Duc«

Ende

den 20. November 1972

O Dad, wenn Du doch hier neben mir sein, mich wie als kleines Mädchen in die Arme nehmen und mich alles vergessen lassen könntest. Ich möchte alles vergessen und neu anfangen, nachdem Du all diese Vergangenheit von mir abgewaschen hast, in der ich versinke und aus der ich mich nicht mehr herausziehen kann. Diese Vergangenheit, die sich in meine Gegenwart fortsetzt, weil ich selber mich nicht genügend verändert habe und mich sicher nie werde verändern können. Der Beweis: wie ich wieder damit beschäftigt bin, diese paar Zeilen zu schreiben aus einem unleugbaren Bedürfnis heraus, um mich selber und um Probleme zu kreisen, die ich mir sicher nur ganz allein schaffe.

Ich würde so gern jetzt geboren werden und noch ein ganz neues, ganz fleckenloses Leben vor mir haben.

Daddy, sag mir, daß eines Tages ... Eines Tages, wie ich es mir in meinem Gefängnis unaufhörlich sagte, als ich mich an die Gitter festklammerte, die aus mir ein gefangenes Tier machten, eines Tages ...

Aber nichts wird je wirklich wunderbar sein können.

Das ist nur die Erinnerung an einen meiner Kinderträume.

»Archi-Duc«

Ende

den 22. November 1972

Sie tritt auf, nähert sich langsam auf der leeren Bühne, wo es keine deutlich unterscheidbaren Formen, sondern nur die Umrisse eines abgrundtiefen schwarzen Loches gibt.

Man hört eine Stimme, zuerst gedämpft, wie aus weiter Ferne, dann immer vernehmbarer und im Verlauf der Szene schließlich ganz nah.

DIE STIMME *einfach, nur feststellend*
Du bist ganz allein.

SIE
Ich glaube ja ... Ganz allein.

DIE STIMME
Du blickst dich nicht richtig um. Da sind Leute, eine wimmelnde Menschenmenge ringsum, die du nicht siehst.

SIE *eine umfassende Geste andeutend*
Ich habe schon gesehen. Aber da ist nichts, niemand.

Erklärend
Alle Leute, das ist wie niemand. Man ist noch immer ganz allein.

DIE STIMME *sehr sanft*
Du hast sicher recht ... Für dich. Aber es ist dennoch dein Fehler. Man kann die Einsamkeit abschütteln. Es ist schwierig, aber es geht. Man muß es nur wollen, sehr stark wollen ... Und es ist einfacher, zu resignieren.

SIE *heftig*
Aber ich resigniere nicht. Ich nehme doch gerade nichts hin.

Plötzlich demütiger.

Deshalb muß ich doch zu dir gelangen.

> *Sie nähert sich langsam dem Loch, deutet eine Geste an und fährt murmelnd fort.*

SIE

Aber es ist so hart, sich fallen zu lassen. Einfach so, ohne daß einen jemand am Anfang ein wenig anstößt.

> *Lauter und immer lebhafter, fast komisch.*

SIE

Einfach so, man würde mir nur einen kleinen Schubs geben *(sie deutet die Geste an)*, und ich könnte leicht fallen.

> *Wieder ernst.*

SIE

Nur, es ist nie jemand da, der einem hilft. Die einen verstehen nicht oder wollen nicht verstehen, und die anderen haben Angst. Es gibt auch solche, die sich ebenfalls gern fallen lassen würden, und sogar einen, der das manchmal macht. Aber jemandem, der sie darum bittet, einen kleinen Schubs mit dem Daumen zu geben, das kommt nie in Frage.

DIE STIMME *fast belustigt, immer noch sehr sanft*

Das ist doch fast normal, glaubst du nicht? Man hilft doch nicht jemandem beim Sterben. Ich meine . . . jemandem, der darum bittet, während er zu leben scheint.

SIE *aufbegehrend und voller Verzweiflung*

Aber ich will nicht leben. Und das willst auch du nicht begreifen. Ich weiß nicht, wie man das anstellen soll, »ihr« Leben zu leben. Sie haben es doch selbst so kompliziert gemacht. Sie komplizieren es aus Spaß!

> *Pause, dann sanfter.*

SIE

Ich bin sicher, daß es auch nicht das ist, was du am Anfang gewollt hattest. *(Immer bitterer.)* Sie haben es versucht und sogar sehr, das ist sicher! Aber sie haben nicht gewußt, welchen Weg sie gehen sollten, um dorthin zu gelangen, wo du wolltest. Das was du nur angedeutet hattest, konnten sie nicht einfach fortsetzen. Und sie tasten sich auf allen Wegen in allen Richtungen voran, ohne je das Ende zu erreichen, obwohl dies doch am sichtbarsten genau vor ihren Füßen liegt. Und selbst wenn sie es entdekken würden, gäbe es immer jemanden, der es ihnen aus persönlichem Interesse oder aus Verdruß darüber, nicht der erste zu sein, verbieten würde.

> *Ihre Stimme wird kräftiger, je mehr sie sich ereifert.*

SIE

Und du, du wußtest das alles, lange bevor sie es ahnten. Und du hast nichts getan; du tust noch immer nichts. Natürlich, du hast die Skizze ent-

worfen, die Bleistiftstriche leicht hingezeichnet, die nötig sind für die
Konstruktion. Aber ohne dich auch nur zu fragen, ob sie fähig sind, sie zu
bestätigen und das Bild zu vollenden. Weil du vergessen hast, weiterzumachen und bei ihnen zu bleiben, um ihre Hand zu führen, wird das, was
vielleicht ein Kunstwerk hätte werden können, nur ein stümperhafter
dilettantischer Versuch bleiben.

Sie ist außer Atem geraten und sehr rot und ein wenig beschämt,
weil sie so weit gegangen ist. Sie wendet sich etwas von der vermu-
teten Richtung der Stimme ab.

DIE STIMME

Hast du denn ein so großes Bedürfnis nach dem Absoluten? Dabei müß-
test du wissen, daß es genau das Gegenteil von dem ist, was ich schaffen
wollte. Und daß ich euch mit Absicht zu Menschen gemacht habe, damit
ihr immer darauf hoffen könnt, etwas zu erreichen, und zwar jenseits der
Anstrengung. Einfach »hoffen«.

Noch sanfter, wenn möglich.

DIE STIMME

Das ist die Existenz, für dich ebenso wie für sie. Eure Existenz, die nur
auf der Hoffnung beruht. Wenn du das einmal akzeptiert hast, wenn du
dich einmal entschließt, das innerlich anzunehmen, dann kannst du vielleicht langsam eine Art Glück und damit eine kleine Parzelle des Absoluten kennenlernen.

SIE *fast hart*

So verlangst du von uns, daß wir lieb und brav unser Leben Stückchen um
Stückchen, ganz langsam und ohne uns zu hetzen, aufzehren. Ohne uns
zu fragen, ob wir es eines Tages auch werden ganz schlucken können. Ich
verlange nur einen Bissen, einen einzigen. Aber der soll riesig sein und
wohlschmeckend, wenn ich ihn kaue, auch wenn es danach keinen anderen mehr geben wird. Ich will nicht mehr vor jedem Bissen zögern,
blöde zögern und Angst vor dem möglichen Geschmack des nächsten
haben.

Entschlossen, aufrecht, gestärkt nähert sie sich wieder dem Loch.

SIE

Danach könnte ich mich ohne Probleme, und ohne daß jemand mich
anstoßen müßte, fallen lassen: Aus freiem Willen zu dir kommen und
nicht, weil mich meine Beine nicht mehr tragen und ich kraftlos,
geschwächt und schwankend am Rande des Loches sitze. Hinunterfallen,
bevor die bitteren Bissen den ersten Geschmack zerstören!

Viel sanfter, wie in einem letzten Gebet fährt sie fort.

SIE

Das ist die Existenz und der Tod, den ich mir mit ganzer Seele wünsche.
Wünschen würde, denn es ist wohl schon zu spät, oder? Deshalb hätte ich

auch vorhin hinunterspringen sollen. Bevor ich in Versuchung geriet, zu hoffen, resigniert wie die anderen den langsamen Ablauf des Alters abzuwarten.

DIE STIMME

Dir fehlt es an Mut. Das ist die einzige wahre Erklärung für deine Verzweiflung. Dir fehlt es an Mut, an Mut, an Mut . . . *(Die Stimme wiederholt, während sie sich entfernt und ins Unendliche einzutauchen scheint, ständig diese Worte).*

SIE *plötzlich aufgeregt, sucht sie überall*

Warte . . . Sag das nicht! Warte . . . So komm doch zurück! Laß mich nicht allein, nicht jetzt! Sag doch was, sprich mit mir . . . ich bitte dich. Oder ich bin wirklich allein!

Die Stimme schweigt weiterhin, und sie sackt erschöpft zusammen.

SIE

Du weißt nicht, wie dringend ich . . . wie dringend ich . . . *(Sie hält ein, weil sie das Wort nicht findet, wiederholt laut schreiend:)* Ich brauche es dringend! Ich weiß nicht, was es ist, aber ich brauche es so dringend wie Trinken, Essen und Schlafen.

Eine kurze Pause, dann wie im Selbstgespräch.

SIE

Das ist nicht das erste Mal. Wenn es mich befiel, habe ich versucht, zu trinken, aber es war nicht Durst, zu essen, aber es war nicht Hunger, zu schlafen, ja zu lieben. Aber es war all dies nicht, was mein Innerstes verlangte. Dieser Ruf blieb in mir, dringender als alles andere auf der Welt. So schmerzhaft, so tief . . . unvorstellbar.

Leise, ohne daran zu glauben, fügt sie hinzu:

SIE

Vielleicht das Bedürfnis, geboren zu werden, für das Leben geboren zu werden, das ich nicht kenne.

Sie weint wie ein Kind, ohne sich zu schütteln oder zu schluchzen.

Die Stimme fängt aus großer Ferne wieder an zu sprechen.

DIE STIMME *fast liebevoll*

Mich hast du gebraucht.

SIE *mit kräftigem Kopfschütteln*

Nein, denn du warst da. Ich rief dich und du kamst zu mir. Immer. Erinnere dich. *(Pause.)* Aber das reichte nicht.

DIE STIMME *ohne Vorwurf, im Ton einer einfachen Feststellung*

Ich weiß, weil du nicht mich gerufen hast, deine Arme nicht nach mir ausgestreckt hast. Nach einem anderen. Nach deinem Vater oder einem anderen. Ich war nur ein Ersatz. Der dir erlauben sollte, dich eine Weile einer Art Zärtlichkeit hinzugeben. Und das ist auch richtig so. Da ich von mir aus nicht existiere, sondern nur im Geiste dessen, der an mich glaubt.

SIE *zu überrascht, um weiterzuweinen*

Du bist aber doch die Essenz des ganzen Lebens, der Funke, der die ganze Natur hervorbringt, der Prozeß ihrer ewigen Erneuerung.

DIE STIMME

Nein, das bin nicht ich. Das wäre zu einfach. Im übrigen hast du sie aufgezählt, das existiert als solches, denn niemand hat etwas hergestellt. Ich bin nur die Erklärung, die hinterher in der Phantasie der Menschen entstanden ist.

SIE *bestürzt, von Panik ergriffen*

Aber du sprichst zu mir. Und vorhin, als ich dir deine Schöpfung, deine so unvollkommene Welt zum Vorwurf machte, hast du selber gesagt, daß ...

DIE STIMME *fällt ihr sanft ins Wort*

Ich habe geantwortet, weil du heute daran geglaubt hast. Ich »bin«, weil du glaubst. Meine Stimme existiert, weil sie deine Sinne und deinen Geist erreicht, aber sie existiert in diesem Augenblick nur in deiner Phantasie. Zu verschiedenen Augenblicken spricht sie mit jedem Menschen, aber sie bleibt subjektiv und vergänglich. Ich bin nur eine Wandlung eines zweiten Ichs von euch, und ich sterbe jedesmal, wenn ihr mich nicht mehr braucht.

SIE

Ich verstehe nicht.

DIE STIMME

Und doch befindet sich das wenige, das ich weiß und das ich erklären konnte, in dir selbst, in deinem noch unerforschten Selbst, dessen Bedeutung du nur erahnst. Von ihm hängen die meisten deiner Handlungen ab. Ihr nennt das das Unbewußte. Du wirst dich ihm noch annähern, aber aus großer Entfernung. Meine Stimme war nur eine seiner Wandlungen, und deshalb kannst du nicht verstehen. Oder aber, es würde sich mit deiner Intelligenz vermischen, und ich glaube nicht, daß das möglich ist.

SIE *wiederholt mit verstörtem Blick*

Ich verstehe nicht ... Ich verstehe nicht. *(Sie ist aschfahl und nähert sich dem Loch, ohne es zu bemerken, immer mehr. Sie steht jetzt ganz am Rande des Loches.)*

DIE STIMME *zum erstenmal menschlich, verliert ihre fast irreale Sanftheit*

Du hast nicht das Recht zu fallen, nicht jetzt. Und du weißt es.

SIE *wie eine Schlafwandlerin*

Ich verstehe nicht ... Ich ... *(Plötzlich hochspringend, doch noch immer mit fiebrigem Blick.)* Und ich will nicht verstehen. Wenn ich schon dich nicht erreichen kann, dann doch wenigstens den Frieden, den FRIEDEN. *(Sie ist mit einem letzten verhallenden Schrei gesprungen. Danach tritt tiefe Stille ein.)*

Nichts rührt sich auf der Bühne. Nur das Loch ist geräuschlos ge-
schlossen worden, und man ahnt nicht einmal mehr, wo es war. Man
meint schon, daß alles aus ist, da hebt die Stimme ein letztesmal an.
DIE STIMME *wieder ganz sanft geworden, ohne die geringste Ironie*
Du hast vergessen, daß das nur ein Traum war. Der Kampf ist noch nicht
beendet. Er geht jetzt weiter, während du aufwächst und ich anfange einzuschlafen. Wenn ich endlich schweige. Aber es wird doch ein wenig Frieden einkehren, wenn ich in den ersten Morgennebeln endlich verschwunden sein werde, um erst bei deinem nächsten Schlummer wiederzukehren.

»Archi-Duc«

Ende

den 25. November 1972

Brief an X.

Ich schreibe mit diesem winzigen Bleistiftstummel, der mir vorhin, während ich auf Dich wartete, für meine Zeichnungen diente. Ich habe nichts
anderes gefunden, um diese paar Zeilen zu schreiben, diese paar Worte,
mit denen ich allzu gerne ein schönes Liebesgedicht schriebe. Aber leider
fehlt mir dazu das Talent. Und wie soll ich erklären, was ich jetzt in diesem Augenblick fühle? Du hast gerade erst die Tür hinter Dir geschlossen,
und ich habe Dir nicht einmal Aufwiedersehen gesagt. In meine Wärme
und in die Decken eingehüllt, wagte ich aus Angst, dieses gleichzeitig so
süße und so schmerzhafte Gefühl zu zerstören, keine Bewegung: das
Gefühl, Dir vollkommen zu gehören. Und Dir nie vollkommener gehören
zu können als vor einigen Augenblicken, als Du mich geliebt hast und
mein Innerstes beim geringsten Impuls Deines Körpers, bei der kleinsten
Andeutung einer Zärtlichkeit, auch nur bei einer einfachen Bewegung,
von der ich mir eine Zärtlichkeit erhoffte, erbebte. Dabei hast Du mich
gar nicht anders genommen als sonst. Und Du hast sicher nicht dieses
neue »Etwas« gefühlt, das mich fast zum Weinen gebracht hat.

Ich habe übrigens wirklich geweint. Ein Weinen, das herzzerreißend
ist, weil es nur im Innern geschieht: ohne Tränen und Schluchzen. Und
das einen vollkommen aufwühlt und in einem drin bleibt, weil es nirgends
herauskann.

Wegen einer Zärtlichkeit, die ich mir in meiner Phantasie vorstellte,
einer neuen Wärme Deines Körpers auf dem meinen, einer zarteren Pene-
tration, die diesen Augenblick in etwas Wunderbares verwandelt haben.

Vielleicht die Entdeckung einer wirklichen Liebe, einer völlig rückhalt-
losen Hingabe? einer Selbstaufgabe?

Was Du nicht wissen kannst, ist, daß ich das zum erstenmal empfinde. Zum erstenmal gab ich mich in Deinen Armen bis zur Vollendung meines Vergnügens hin.

Ich habe Dich ganz einfach geliebt, ich habe Dich lieben können wie eine Geliebte, und das zusätzlich zu meiner Liebe.

»Pigalle«

Ende

den 4. Dezember 1972

Was habe ich schon für Dummheiten in dieses Heft geschrieben? Und da nehme ich, die ich mir geschworen hatte, mich nicht mehr in diese spät-pubertäre Krise hineinziehen zu lassen, doch wieder die Feder zur Hand.

Ich habe Marc einige Passagen zu lesen gegeben. Und er hat sie mit den Sorgen junger Mädchen in der Pubertät verglichen. Er hat aber auch ein-geräumt, daß ich sie vielleicht deshalb jetzt erst habe, weil ich mich mit sechzehn hinter den desinfizierten Gittern nicht normal entwickeln konnte.

Das weiß ich nur zu gut! Genauso wie ich weiß, daß mir das allzuoft als Entschuldigung dient. Für meine Schwächen, meinen allwöchentlichen Mangel an Willen. Ich ruhe mich auf diesen vergangenen Leiden aus, die in meinen Augen so leicht all meine Fehler erklären. Vor allem, da es sich ja, was ich mir am schwersten vorstellen kann, um ein rein »unmotiviertes« Leiden gehandelt hat, das ich ganz allein verursacht hatte.

Aber geschieht es nicht letzten Endes immer so, bei jedem? Haben wir es nicht immer nur uns selber zuzuschreiben, wenn wir uns schlecht füh-len, unserer Art, die Ereignisse zu filtern, sie aufzunehmen, damit sie uns auf die beste Weise verletzen können? Selbst dann, wenn andere Personen im Spiel sind. Nur weil wir unsere Sensibilität für jede Emotion offen-halten.

Drücke ich mich schlecht aus? Das ist schon eine Gewohnheit! Und es ist im Grunde so vollkommen unwichtig.

Was ich heute abend vor dem Einschlafen schreiben wollte, war zunächst eine ganz bestimmte Sache. Etwas, das mich, als es geschah, ein wenig entsetzt hat: zu erkennen, daß ein Nichts genügt, damit ich die Selbstkontrolle verliere, ich wirklich an der Grenze der self-control war.

Heute abend, im Archi-Duc. Angesichts von J., der mit seinem Anis-schnaps in der Hand neben meinem Barhocker stand und sein Glas hob, während er über ich weiß nicht mehr welchen Spaß lachte.

Da kam der Schmerz, ja irgend etwas, das einen hindert, anders als unter Schmerzen zu atmen, eine Lust zu weinen, ein bitterer Geschmack zwischen den zusammengebissenen Zähnen und zugleich eine dumpfe Wut, ein plötzliches Bedürfnis, ein tiefes Leiden in einem Schrei oder einer Bewegung loszuwerden.

Das Glas auf meiner Augenhöhe, sein Lächeln genau am Rand der gelblichen Flüssigkeit und die Verlockung, die unbesonnene Tat zu begehen, nach dem Glas zu schlagen, es zu schnappen, um es auf den Boden zu werfen.

Vollkommen idiotisch! Schlechte Literatur, wollte ich schon sagen. Vielleicht sieht man sich in solchen Augenblicken bestenfalls handeln oder denken und es ist schlecht verdaute und wieder an die Oberfläche gekommene Lektüre, die . . . Pseudo-romantische Lektüre! Und dabei ist alles in dem Augenblick so wahr.

Wie ich meine Kinnladen sich verhärten fühlte, um den Impuls zurückzuhalten, um auch die Tränen zurückzuhalten, oder den Schrei!

Bitte, das ist alles! Danach bin ich weggegangen, etwas anderes konnte ich nicht tun: in die Metro stürzen, um vor dem heftigen Regen zu fliehen, sehr schnell gehen, ohne auf seine Schritte hinter mir zu horchen, die mir ja wohl folgten.

Mich hinsetzen. Dabei aber dennoch hoffen, und deshalb gleichzeitig auf mich böse sein, daß er sich neben mich auf die Bank setzen würde. Dann seine verschwommene Gestalt aus dem Augenwinkel, an der Grenze meines Sehfeldes sehen, weil ich unfähig bin, ihm ins Gesicht zu blicken. Worte, so herausgesagt, scheinbar ohne Sinn, so weit von der tiefen Wahrheit entfernt, die mich im Innern quälte.

Endlich die Metro. Absichtlich verschiedene Abteile. Kurz, wie ein Schlaglicht der Gedanke, daß dies ein kindisches Verhalten war. Flüchtige Reminiszenzen der Streitereien von Kindern. Fast Lust zu lächeln darüber, daß diese paar Minuten des Lebens, die vielleicht später nur als kurze Klammer gelten würden, so ernst genommen wurden.

Dann die Stufen der Treppe, immer noch die Gestalt, aber diesmal genau vor mir, kaum drei Schritte entfernt und mit abgewandtem, undefinierbarem Rücken.

Wieder der Schmerz, die innere Zerrissenheit, die so heftig brennt.

Ein Blick aus dem Augenwinkel, ein letzter Impuls, auch er unterdrückt. Der Impuls, mich in seine Arme zu werfen, Entschuldigungen zu stammeln, einfach alles vom anderen mit einem Lächeln hinzunehmen.

Aber dann war ich schon nach links abgebogen und wußte, daß er mir nicht folgen würde, daß das nicht seine Richtung war. Es war zu spät.

Und wie hatte er diese paar Minuten erlebt? Vielleicht hat er überhaupt nichts empfunden, was mit meinen Gefühlen übereinstimmt?

Das Brennen geht immer tiefer. Und dann der tröstliche und zärtliche

Ruf einer Musik, eine zuerst ferne und nostalgische Gitarrenbegleitung vom anderen Ende des Ganges.

Dann das dringende Bedürfnis, sich daran ein paar Augenblicke lang festzuhalten, diese menschliche Wärme und Zuflucht anzunehmen.

Ein großer blonder Junge sang, mit einer unbekannten, aber warmen Stimme, die einen friedlich stimmte. Ich setzte mich auf den Boden. Und ich fühlte, wie mein Kummer abnahm, das Brennen nicht mehr so heftig schien und sich irgendwo in mein Inneres flüchtete, wo ich es langsam einschläfern konnte.

Die Hoffnung. Morgen, das war ganz nahe. Morgen, da er vielleicht . . .

Warum schreibe ich jetzt all das? Das hat nichts zu bedeuten. Aber ich merke, wie sehr es mich befreit, mich läutert, ein wenig wie eine Beichte.

Ich habe nur Angst, daß ich mich weiterhin zu ernst nehme. Dessen bin ich übrigens sicher. Und ich habe es auch immer getan.

Als ich da noch im Luftzug inmitten der Zigarettenkippen und gebrauchten Fahrkarten am Boden saß, habe ich mir nämlich gerade versprochen, den Dingen nicht mehr so große Bedeutung beizumessen. Kontakte zu versuchen, mich zu öffnen, eben nach »außen« zu blicken. Inmitten all der Fremden, die vorübergingen und von denen ich zuerst die Füße sah, ehe ich den Kopf hob.

Ich fühle mich besser. Es wird mir gelingen . . . eines Tages!

»Pigalle«

Ende

Hier bitte! Kaum fünf Minuten, nachdem ich mich von Dir getrennt habe, bin ich in meinem Zimmer. Du könntest zufrieden sein!

J . . . Ich habe es Dir schon bei B. gesagt, aber ich habe das Bedürfnis, es Dir noch einmal zu sagen: Entschuldige bitte. Daß ich vor Dir zusammengeklappt bin und mein Weinen nicht unterdrücken konnte, obwohl ich diese Art von Schwäche verabscheue und es im allgemeinen immer schaffe, mich zu beherrschen. Ich war zu kaputt!

Schon während Du an der Theke getrunken hast, hatte ich mich im Hinterzimmer hingelegt, um meine allzu hartnäckigen Magenkrämpfe loszuwerden. Ich fühlte mich wie ausgelaugt, aber ich wollte zu gern zwei Stunden mit Dir verbringen und habe deshalb nichts gesagt. Hätte ich es lieber getan, dann wäre nichts passiert!

Sch . . . Ich wollte ja nicht das schreiben. Ich möchte gern einfach ein richtiges Gespräch mit Dir fortsetzen, ohne Papier und Feder dazwischen. Deine Anwesenheit fühlen. Die Illusion kann also nur unvollkommen sein, aber ich schiebe wenigstens den Augenblick hinaus, in dem ich mich allein mit mir und der Erinnerung an diesen Abend befinde.

Ich möchte Dich gern . . . bitten, mich nicht fallenzulassen, nicht gleich, nicht . . . jetzt. Das wäre schlimmer. Du weißt es. Ich kann es mir nicht mehr vorstellen. Ich kann mir mein gegenwärtiges Leben ohne Dich, ohne die Gedanken an Dich, Deine Anwesenheit, einen Deiner Küsse oder Deine Hand auf meiner Schulter nicht mehr vorstellen.

Also . . . Nimm es mir nicht weg, wenn es nur darum geht, Dich von der Verantwortung für meine depressiven Augenblicke freizusprechen. Tu es nicht, es sei denn, es wäre für Dich eine wahre Erleichterung, eine wahre Lust. Ich bitte Dich und bin mir gleichzeitig selber böse, daß ich Dich so ohne jede Selbstachtung bitte, aber . . . Ich weiß nicht, wie ich das, was ich in meinem Leben gerade erst angefangen habe, den Unterricht, das Beisammensein mit den Freunden, das Gefühl, ein gewisses Gleichgewicht gefunden zu haben, weitermachen könnte, wenn ich Dich plötzlich aus meinen Gedanken streichen müßte. Du bietest mir schon dadurch einen Halt, daß Du in diesen Gedanken bist, und ich verlange von Dir nicht, daß Du für irgend etwas die Verantwortung übernimmst, da Du davor so zurückscheust . . .

Ich weiß nicht mehr, wie ich mich ausdrücken soll. Ich möchte Dir gern sagen, wie unersetzlich Du für mich geworden bist, aber ich weiß zugleich, wie groß Deine Angst, Dein Unbehagen angesichts eines solchen Gefühls ist.

Ich bin so sicher, Dich zu lieben . . . voll und ganz, und weit entfernt von dem bloßen egoistischen Gefühl zu sein, an das Du wohl denkst. Du mußt verstehen . . . Ich weiß, was es bedeutet, sich an jemanden zu klammern, ohne ihn zu lieben, denn ich habe das länger als ein Jahr mit R. gemacht. Ich kann vergleichen . . . und ich war nicht so! Ich begann nicht zu vibrieren, wenn er mich berührte, wie ich vibriere, wenn Du mich berührst, ich empfand nicht diese Zärtlichkeit und dieses Bedürfnis, es ihm immer und immer wieder mitzuteilen, ohne je genug zu bekommen. Ich konnte körperlich ein gewisses Vergnügen empfinden, ja, die physische Lust überkam mich manchmal. Aber es war nicht diese wahnsinnige, unausdrückbare und fast unerträgliche Lust, die ich mit Dir erlebt habe. Das ist etwas so Verschiedenes! Ich gebe mich zum erstenmal jemandem vollkommen hin, Dir, und durch diese vollkommene Hingabe an Dich liebe ich und gelange ich zu dieser Lust. Ist das nicht Liebe? Was soll es denn sonst sein?

Ich fühle, daß ich Dich jetzt vollkommen akzeptiere, als den Mann, den ich schon kenne, als den Mann, den ich nur erahne, und sogar als den, den ich noch nicht kenne, aber von vornherein akzeptiere. Denn das ist nicht mehr ein bloßes »fleischliches« Begehren, es ist ein . . . »alles«

geworden. Ekel, plötzliche Abwehr ist nicht mehr möglich . . . Ich akzeptiere Dich voll und ganz: müde, krank, dick oder nicht dick, wie Du bist. Verstehst Du? Ich bin ein wenig verzweifelt, weil ich meine Gefühle mit Worten nie werde ausdrücken können, aber verstehst Du nicht trotzdem . . . ein wenig?

Ich sagte: ich akzeptiere Dich, wie Du bist, ich werde also auch Dein Verhalten akzeptieren, sowohl in unserer Beziehung wie außerhalb. Es fehlt mir noch, wie heute abend, an einer gewissen Ausgewogenheit, an der Kraft, es auch zu tun. Aber ich werde es sicher schaffen, mich zu verändern, mich gegen Deinen Wunsch nach Alleinsein nicht mehr aufzulehnen, unsere merkwürdige Beziehung in ständigem Auf und Ab als normal anzusehen, ebenso Deine episodische Lust, solange ich sicher bin, daß es sie überhaupt gibt. Wenn ich sicher bin, daß Du in gewissem Sinne an mir hängst. Also werde ich dasein, wenn Du willst, und werde warten können. Das verspreche ich Dir. Ist es denn diese Woche nicht doch schon besser gegangen? Nur wegen der allzu großen Müdigkeit und der Kälte habe ich mich dann gehenlassen. Das wird nicht mehr vorkommen. Ich akzeptiere, wenn Du es noch wünschst, und natürlich nur dann, wenn Du es wünschst; und vielleicht kann das trotzdem wunderbar werden. Oder?

Wie blöd! Ich habe das Gefühl, Dich um einen Gefallen zu bitten, und ich zeige mich nicht gern aus einer so erniedrigenden Perspektive! Ich bin so fest überzeugt, daß ich nicht fähig bin, jemandes Gefühle oder Aufmerksamkeit »dauerhaft« zu fesseln. Ich kenne mich zu gut! Und dann sage ich mir, daß irgend etwas Dich ja doch bei mir festgehalten haben muß, wenn unsere Beziehung bis jetzt gehalten hat, und das tröstet mich ein wenig. Oder aber . . . vielleicht warst Du einfach zu bequem, um Dir eine andere zu suchen, und wolltest die behalten, die Du zur Verfügung hattest? Ich fühle mich schlecht, aber was soll's. Ich bin selber schuld. Auch mir fehlt es an einem gewissen Mut. Auf jeden Fall sind wir quitt.

Mir fallen die Augen zu, ich sehe schon nicht mehr, was ich schreibe. Schreibe ich überhaupt wirklich? Alles kommt mir heute abend so komisch vor, so verschwommen, vielleicht träume ich und kann dies alles morgen vergessen. Ich hoffe es . . . so stark!

Diese armseligen Worte können meine Gefühle nur so schlecht ausdrücken! Es ist zum Verzweifeln.

Nur noch ein letztes Mal: willst Du mich nicht doch noch ein wenig, J.? Sag es mir . . . schnell, sehr schnell . . . Ich warte und drücke Dich ganz fest an mich.

Weißt Du . . . ich liebe Dich vielleicht ebenso stark wie meinen Vater, und das ist mehr, als ich je einem Menschen sagen kann . . .

. . . Marie-Jo
»Pigalle«

den 25. Januar 1973

Mein lieber, alter Dad,

seit Tagen versuche ich jetzt schon, Dir zu schreiben, und es gelingt mir nicht. Die Worte kommen mir nicht, ich verheddere mich schrecklich in den Sätzen und gebe schon nach wenigen Zeilen auf.

Ich kann nicht mehr, Dad. Es ist furchtbar, so etwas zu sagen, zu gestehen, vor allem Dir. Wie in einem Alptraum kommt mir alles so vor, als finge es wieder an, wie vor zwei Jahren. Ich befinde mich nach einer kurzen vorübergehenden Periode der Entfaltung wieder an demselben statischen und negativen Punkt.

Da die Ängste von überall und nirgendwo kommen, hat mich meine zunehmende Unfähigkeit, mich zu entspannen, mich inmitten der anderen »ich« selbst sein zu lassen, vor allem aber meine Unfähigkeit, diese neue Mauer einzureißen, diese neuen Scheuklappen herunterzureißen, schlagartig oder vielleicht auch schleichend, ohne daß ich es vorher gemerkt habe, aufs neue von einer gewissen Alltagswirklichkeit, der Wirklichkeit mehr oder weniger aller anderen getrennt.

Aber warum, allmächtige Götter, warum nur??...! Dabei müßte ich jetzt doch allmählich das Rezept, das Gegengift für alle meine Phantasmen kennen! Dieses Gegengift, das man mir zwei Jahre lang geduldig eingetröpfelt hat, Tag für Tag, in der Hoffnung, daß es für alle Zeit in einem Winkel meines Gehirns bereit sein würde und beim geringsten Alarmzeichen zu wirken begänne, um mir dabei zu helfen, aus einem beginnenden Alptraum wieder herauszukommen.

Nun?... War das wirklich alles umsonst? Habe ich es nach all der Mühe schon nach einem Jahr vergessen oder erweist es sich vielmehr schon nach einem Jahr als wirkungslos?

Wenn ich daran denke, Dad, beiße ich die Zähne zusammen, balle die Fäuste und schlage je nachdem auf die Wand, den Schrank oder mein Kopfkissen ein.

Ich weiß, das ist »schlechtes Theater«, Dilettantismus, und vor allem in dieser Form ausgedrückt. Aber diese Wut fällt nicht mehr von mir ab, genausowenig wie meine Ohnmacht angesichts eines Ichs, das ich nicht verstehen kann, auch keine Lust mehr habe zu verstehen und auch nicht mehr hoffe, eines Tages unter Kontrolle zu bekommen.

Es ist auch eine große Anstrengung. In einem idiotischen Kampf, den sich offenbar keiner ausmalen kann, der für mich aber allzu wirklich ist, allerdings nur in meinem Geist.

Dad, wenn Du könntest . . . Aber nein, Du hast natürlich keinen Zauberstab, Du hast nie einen gehabt, nicht einmal in den ersten Augenblicken, als ich ihn am dringendsten gebraucht hätte.

Das ist nicht Dein Fehler, es ist . . . die Nichtanpassung eines Menschen an das Leben, wie es offenbar von den anderen gelebt wird. Es ist . . .

Eine einzige Verwirrung, wie immer. Vielleicht heute abend sogar noch mehr, weil ich nicht verhindern kann, daß ich weine. Daß ich mich selbst bemitleide, wie Du sagst. Aber wenn man nicht anders kann?

Ich suche jetzt seit . . . gut zehn Jahren nach einem Rezept, das mir endlich erlauben würde, normal zu leben, nach einem Weg, der mich aus all meinen Fesseln befreien würde. Ich hatte den Eindruck, bis zur Atemlosigkeit gelaufen zu sein, aber ich bin nur kläglich auf der Stelle geblieben! Oh und dann . . . Wozu es noch erklären! Ich bin mir böse, weil ich Dir eine zusätzliche Sorge bereite, wo ich doch so gern hätte, daß Dein ganzes Leben eine gigantische Sonne wäre und ein Teil dieser Sonne von mir käme.

Es ist auch ein Traum, und zwar ein wunderbarer. Ein Traum, an den ich mich an meinen Krisen- und Verzweiflungsabenden klammere. Ein Traum, der ganz von dem Vertrauen erfüllt ist, das Du in mich haben könntest, von dem Gedanken, daß Du vielleicht auch ein bißchen stolz auf mich sein könntest. Ein Traum, in dem ich Dein kleines Mädchen wäre, einfach so, Aug in Auge mit Dir und ohne daß irgendein Bild der Vergangenheit sich heimtückisch zwischen uns drängen kann.

Aber wie idiotisch dieser Traum ist! Ich werde am Ende allzu stark daran glauben wollen, und alle neuen Enttäuschungen werden dadurch nur noch bitterer. Je mehr Zeit verstreicht, desto höher werden die Barrieren zwischen ihm und mir, und schon haben wir »unser« Haus nicht mehr.

Ich hätte ihn sehr viel früher beginnen sollen, als ich noch unter Deinen Fittichen saß, und die außerordentliche Chance wahrnehmen sollen, die mir ein Leben an Deiner Seite bot. Ich habe sie mir entgehen lassen. Ich habe nichts oder so wenig getan, um Dich zu entdecken, und vor allem das werde ich mir nie verzeihen.

Dabei lebte ich immer voller Neugier, voller Lust neben Dir, Dich genau zu ergründen, und empfand das Bedürfnis, in Dir über den Vater hinaus, den ich bewunderte und herausforderte, den Mann zu entdecken. Ich hätte es können, alle Umstände schienen dazu angetan, es mir zu erlauben. Und ich habe mich hinter meinen Problemen, meinen Phobien verschanzt und habe die beiden letzten Jahre meiner Kindheit hinter einer Barriere von Akten und weißen Kitteln verbracht.

Ich weine darüber, Dad. In einem Monat zwanzig Jahre, Tag um Tag, und zwanzig Jahre ein schwarzes Loch, das meine Erinnerung füllt oder schlimmer, Erinnerungen, die unauslöschlich von Mama geprägt sind. Darum gibt es überhaupt keinen Platz für Dich! Außer für kurze Lichtblicke, die aber so kurz sind, daß sie mir jetzt fast unwirklich erscheinen.

Verstehst Du, warum ich mich schlecht fühle? Was habe ich von Dir in Erinnerung behalten? Einen, einen einzigen Augenblick des Glücks: unsere Ferien auf dem Bürgenstock. Daran klammere ich mich verzweifelt fest, als könnte er im Laufe der Zeit all die anderen wegwischen.

Ich möchte nicht wieder davon sprechen, und man darf vor allem nicht versuchen, es zu erzählen. Es reicht mir, wenn ich den goldenen Ring an meinem Finger streichele, der mich seither nie verlassen hat.

Aber hast Du schon einmal daran gedacht, Dad? Wenn Du mir voller Wut meine Kälte, meine mögliche Unfähigkeit zu lieben vorgeworfen hast. Hast Du wirklich gar nie daran gedacht? Ich war damals klein, danach immer leicht verträumt, unordentlich. Aber ich habe ihn nie verloren und werde ihn nie verlieren können. Für mich ist er ... ein überwältigender Geschmack von Sonne und Frische im Mund, ein Zeichen der Liebe, und ich wollte schon sagen, einer gewissen Reinheit. Wirst Du eines Tages daran denken, Dad?

Ich dürfte all das nicht schreiben. Man dürfte Dinge nicht ausdrücken wollen, die, obwohl ganz einfach, auf dem Papier dennoch fast schamlos werden.

Ende

den 22. Mai 1973

Mein großer Dad,
ich bin in diesem Augenblick im Wartezimmer des Optikers, um einen zweiten Versuch mit meinen Haftschalen zu machen. Es wird drei Stunden dauern, und da ich nichts anderes zu tun habe, nutze ich die Zeit, um Dir zu schreiben.

Ich habe es nicht geschafft, die Liste fertigzustellen, die ich letzte Woche begonnen habe, wie ich Dir schrieb. Wie immer, merke ich beim Durchlesen, daß alles viel zu sehr durcheinander ist und meine tiefsten Gedanken nicht richtig ausdrückt.

Dann fange ich lieber eine neue an, auf die Gefahr hin, in den gleichen Exzess zu verfallen.

Ich habe gerade mit dem Wunsch, mich zu stabilisieren, mein Gleichgewicht und meine Gesundheit zu festigen, die an Weihnachten so sehr gefährdet waren, zwei Tage in Ruhe und Frieden bei Marc und mit Bouboule verbracht, um mich auszuruhen und ein Wochenende lang das Land zu genießen.

Ich habe meine Tätigkeiten wiederaufgenommen. Montag, also gestern, die Nachhilfestunden, dann ging ich zur Präfektur wegen meiner Arbeitskarte, hatte Termine beim Zahnarzt und anderswo.

All das in der Hoffnung, daß es mir bald besser gehen, daß ich mich in einem »neuen Zustand« fühlen und überhaupt keine kleinen Probleme mehr haben werde. Es dauert lang, ist auch hart, das habe ich Dir schon geschrieben, und in gewissen Augenblicken belastet mich ein schmerzliches Gefühl der Einsamkeit. Ich sage mir dann aber, daß das nötig ist, atme tief durch und arbeite weiter, wieder an der Eroberung eines neuen Ichs, das sich so gegen seine Entfaltung zu sträuben scheint. Ich entdecke auch Fähigkeiten in mir, die ich nicht kannte, und versuche, sie voll auszunutzen und mich auf sie zu stützen; mir Selbstvertrauen einzuflößen.

Ich denke oft an Dich. Das macht mir Mut. Die Durchhaltekraft, mit der Du Dein Leben lang versucht hast, Dir etwas aus eigner Kraft aufzubauen, Dir vor Dir selber keine Schwäche zu erlauben. Ich versuche das später und natürlich unter anderen Umständen, die an sich leichter sein müßten, vielleicht werde ich Erfolg haben, auch wenn es etwas lang dauert! Ich bemühe mich, wie Du siehst, zum erstenmal so tiefgreifend und mit so starkem Willen darum. Ich werde strenger in meiner Art zu leben, erlaube mir viel weniger Ausflüchte.

Ich habe den gleichzeitig unangenehmen und wunderbaren Eindruck, mich zu »häuten«, eine neue Haut zu bekommen, die alte langsam abschuppen zu lassen, damit eine andere, reinere nachwächst.

Das bringt zunächst ein etwas schmerzliches Unbehagen angesichts von Fragen mit sich, die sich mir plötzlich stellen und auf die ich noch keine Antwort weiß, ich fühle Unsicherheit, Angst, genau das zu werden, was ich nicht werden möchte, nicht das anzuwenden, was das Wertvollste an mir ist, sondern im Gegenteil das, was ich an meiner Person nicht sehr liebe. Denn mein Verhalten in alltäglichen Dingen verwundert mich manchmal. Ich kann sie mit meinem Wesen schlecht in Einklang bringen. Sie wundern mich, und ich lehne sie ab und erlege mir eine andere Haltung auf, die ich für besser halte. Nur . . . muß ich mich auch dann dazu zwingen, wenn sie meinem Selbst widerspricht? Das ist verwirrend . . . Ich »suche« mich voller Angst, mich zu entdecken. Man setzt ein ganzes Leben daran, sich zu »finden«, oder? Und kann man dann in einem gewissen Alter tatsächlich mit der Befriedigung zurückblicken, einige ganz bestimmte Etappen geschafft zu haben? Ich hoffe es. Wie Du so richtig geschrieben hast: Das menschliche Gewerbe ist schwierig. Das ist ein Satz, den ich nie vergessen sollte.

Ich schreibe wieder Quatsch, wie? Ich kann auch übrigens was ich schreibe kaum sehen, weil meine Augen sich noch nicht an die Haftschalen gewöhnt haben. Der Versuch dauert noch zwei Stunden, und da schönes Wetter ist, werde ich das ausnutzen, um draußen spazierenzugehen und Passanten zu beobachten, was ich selten tue, weil ich nie deutlich sehen kann.

Ich liebe Dich, mein Dad, und ich freue mich, Dich, wenn die Ferien kommen, bald als ein großes, vielleicht endlich lächelndes und entspanntes Mädchen wiederzusehen.

Ich drücke Dich fest an mich, um mich von all Deiner Zärtlichkeit durchdringen zu lassen ...

Deine kleine

Marie-Jo

Freitag, 15. Juni 1973

Mein großer, alter Dad,

ich schreibe Dir von einem merkwürdigen Ort: nach Mitternacht aus dem Parkhaus in der Rue du Colisée, gegenüber von Marcs Büros. Komisch, nicht? Ich warte auf sie, um nach Poigny zurückzufahren und dort ein ruhiges Wochenende vor der anstrengenden Woche zu verbringen, die mich ab Montag erwartet.

Ich habe meinen Mut nicht verloren, wie Du merken wirst, und habe unverdrossen meine berühmte Szene aus den »Schmutzigen Händen« für einen Wettbewerb, den ich hoffe, *vielleicht(?)* zu gewinnen, wieder vorgenommen. Ich werde das Mittwoch nach dem Eignungs-Vorsprechen, das am Dienstag abend stattfindet, wissen. Ich kreuze die Finger, aber ich denke, daß unabhängig vom Ergebnis das wichtigste doch ist, daß ich vor mir selber mein Bestes getan habe.

Ich habe nach meinem letzten Brief den schwierigen Kampf mit der undisziplinierten und »hilflosen« Marie-Jo weiter fortgesetzt, die Du meistens erlebt hast. Sie fängt langsam an, etwas klüger zu werden, auch wenn mich das manchmal große Mühe kostet. Ich bin endlich überzeugt, daß ich die Partie eines Tages gewinnen werde. Daß ich diese verlorene Heranwachsende eines Tages endgültig vergessen kann, die vor bald zwei Jahren im Oktober eines Morgens um sieben Uhr früh in Paris landete: im Zwiespalt mit dem Leben, mit ihrer Familie, im Zwiespalt mit jedem Anschein von Wirklichkeit. Unfähig, die Augen ein wenig aufzumachen und sich einen Weg durch diesen Dschungel zu bahnen, dessen einfachste Gesetze ihr selbst verborgen blieben. Ich muß »erwachsen« werden, es wäre an der Zeit, und ich versuche mein Bestes.

Marcs Film wird mir gewiß sehr helfen. Einen Monat lang habe ich so die Gelegenheit, das Handwerk auszuüben, das ich leidenschaftlich mag – oder vielmehr es zu erlernen, von Grund auf, unter Bedingungen, bei denen ich alle Trümpfe in der Hand und sogar eine gewisse Verantwortlichkeit habe. Eine Weile werde ich vor Freude hüpfen!

Uff! Wirklich schlechte Luft hier in diesem Parkhaus. Ich sitze am Steuer des Autos und halte das Papier auf den Knien, Bob Dylan singt gedämpft von der Mini-Kassette, und ich warte noch immer auf Marc und Mylène, die zum Abendessen sind und vergessen haben, mir die Adresse des Restaurants zu sagen.

Das macht nichts. Ich fühle mich trotzdem gut in der Intimität der Worte, die ich mit Dir teile, und dieser Musik, die uns beide ganz sanft einhüllt.

Ich rufe Dich vielleicht noch an, bevor Du diesen Brief erhältst, wahrscheinlich Dienstag. Aber ich habe doch Wert auf eines dieser kleinen Tête-à-têtes gelegt, weil ich weiß, welche Bedeutung Du ihnen beimißt und welche Beachtung sie in Deinen Augen verdienen. Auch in den meinen. Ich kann jetzt nur kaum mehr abwarten, sie nicht mehr brieflich, sondern mündlich zu halten.

Bis dahin drücke ich Dich ganz fest an mich, fester noch, wenn möglich, als alle früheren Male . . .

Deine kleine

Marie-Jo

Donnerstag, 5. Juli 1973

Mein großer alter Dad,

ich schreibe Dir aus meinem kleinen Café, dem ewigen »Archi-Duc«, wo ich kaum mehr hinkomme. Deshalb wollte ich auch wieder ein wenig diese Atmosphäre verspüren, ohne mich noch wie ein Teil davon zu fühlen.

Viele Dinge sind in dieser Woche geschehen, viele Dinge, von denen ich nicht glaubte, daß sie gegenwärtig noch möglich wären.

Der Wettbewerb, von dem ich Dir am Telefon erzählt habe, dann das Vorsprechen im Théâtre Antoine zuerst Samstag nachmittag, dann Dienstag abend, das mir nicht volle Befriedigung gebracht hat, weil in letzter Minute ein anderes Mädchen an meiner Stelle die Rolle bekommen hat. Das macht nichts. Ich habe das Bewußtsein, mich »gut geschlagen« zu haben, und man kann nicht alles gleichzeitig bekommen.

Das Wichtigste ist gestern abend geschehen, bei den Dreharbeiten Chabrols, wo ich meine Feuerprobe vor Scheinwerfern, anderen Spots und der Kamera bestand. Mit einer herrlichen Truppe und in einer angenehm entspannten Atmosphäre.

Ich hatte wahnsinniges Lampenfieber, wie Du Dir vorstellen kannst, und warte jetzt erst die *rushes* ab, um zu sehen, ob ich mit meinem kurzen Auftritt als türknallendes Dienstmädchen wirklich zufrieden sein kann. Auch wenn sie kurz ist, muß die Szene doch gut sein, und ich kann mir nur schwer vorstellen, wie ich auf dem Film wirke. Wir werden sehen. An den drei Tagen im August wird es lebhafter zugehen, da ich im Mittelpunkt einer gewaltigen Schlägerei zwischen Maurice Gerrel, Fabio Testi und Vivianne Romance stehen werde, die Du anscheinend in Cannes kennengelernt hast.

Das wär's, mein Dad. Ich hoffe, nächste Woche einen Sprung nach Valmont machen zu können, um Dich zu umarmen und den Geruch Deiner Pfeife zu schnuppern, der mir fehlt.

Ich liebe Dich sehr, sehr . . .

. . . Deine kleine

Marie-Jo
»Archi-Duc«

den 16. September 1973

Mein großer Dad,

ich nehme mir endlich Zeit, Dir zu schreiben, und nutze dazu diesen sonnigen Sonntagnachmittag, an dem ich mich auf einer Terrasse der Champs-Elysées aale, bis um 17 Uhr der Film anfängt.

Ich fühle mich ein bißchen allein, da mein bester Freund heute anderes vorhatte, und ich versuche, diesen Tag in aller Ruhe auszufüllen und dabei nicht allzu melancholisch zu werden. Denn ich sehne mich nach diesen herrlichen Ferien zurück, die ich gerade verbracht habe, nach den schroffen Bergen der Cevennen und ihrer scharfen Luft, der Atmosphäre bei den Aufnahmen, die mal fieberhaft, mal gelöst, aber immer spannend war.

Wie viele Dinge habe ich gesehen und gelernt! Und ich hoffe, sie so gut in Erinnerung zu behalten, daß ich sie zu gegebener Zeit für meinen Beruf nutzen kann.

Ich glaube, ich war wirklich glücklich und zum erstenmal ständiger Disziplin unterworfen. Ein bißchen allein, wie immer, wie jetzt, gewiß. Allein inmitten der anderen, weil ich niemanden zum Liebhaben neben mir hatte. Das wird vielleicht eines Tages noch kommen, und ich muß einfach im Augenblick akzeptieren, mein eigenes Leben »für mich« zu führen, ohne es mit jemandem teilen zu können.

Wo war ich stehengeblieben? Bei meinem Wiedersehen mit Paris, meinen beruflichen Kontakten. Ich habe an Lecoq geschrieben, erwarte seine Antwort nächste Woche, dann werde ich auch den Assistenten von Lee

Strasberg aufsuchen, um die beiden Methoden zu vergleichen und zu beurteilen, welche am geeignetsten ist, um mich für den Beruf zu stählen.

Die Sonne brennt heiß, obwohl eine leichte Brise weht, ich habe gerade mein Mittagessen zu verdauen und überrasche mich dabei, wie ich über meinem Blatt Papier einschlafe.

Es ist angenehm, die warme Luft auf der Haut zu spüren, und so faszinierend, die Passanten zu beobachten, einer ist anders als der andere, sein Gang, seine Kopfhaltung, sein Lächeln oder sein mürrisches Gesicht. Es ist lustig. Du hast dieses Spiel schon vor mir gespielt, und es ist in Deine Romane eingegangen. Es ist auch die beste Schule für mich, da ich sie werde verstehen müssen, bevor ich sie darstelle.

Das war's, Dad. Bald fängt das Kino an. Noch ein paar Schluck Coca-Cola, und wir sind am Ende dieser träg vollgeschriebenen Seiten. Ich habe nicht gerade etwas Intelligentes geschrieben, aber . . . ist es nicht besser so? Ich fühle mich ganz gelöst an Deiner Seite, fast in Deinen Armen und verschiebe meine Probleme auf später.

Ich liebe Dich, mein Dad, sehr . . . sehr stark. Es ist heute gut zu leben, morgen vielleicht auch, und bald in Lausanne ebenfalls.

Tausend Schnuff-Schnuffs . . .   Marie-Jo

den 7. Oktober 1973

Mein großer Dad,

ich schreibe Dir diesmal aus einer großen Brasserie beim Etoile, wo ich wieder einmal warte, bis das Kino anfängt. Jeden Sonntag, oft auch unter der Woche, nutze ich jetzt meine freien Momente dafür. Je mehr Filme ich sehe, desto unersättlicher werde ich, es ist schon eine wahre Leidenschaft. Ich habe bisher eine solche Gier nach Filmen noch nicht gekannt, aber . . . Es ist doch ein gutes Zeichen, oder? Außerdem . . . nahm ich diese Woche an drei Stunden bei Voutsines teil, und zwar mit wachsender Begeisterung, seit ich entdeckte, daß er seinen Unterricht auf Stanislavski und Strasberg aufbaut. Ich bin im übrigen sofort als Schülerin angenommen worden, nachdem ich mit zwei oder drei anderen »Neuen« auf die Bühne kam und die »sensorielle Gedächtnisübung«, die Du ja wohl kennst, gemacht habe. Er hat gesagt, daß es »very, very good« war und daß er erstaunt sei, schon beim ersten Mal meine Fähigkeiten zu sehen, mein »Objekt« Stufe um Stufe zu verfolgen, ohne es vorauszunehmen, indem ich mich ganz meiner Phantasie hingäbe. Ein guter Anfang, wie Du siehst, bei dem meine Konzentration durch keinerlei Panik oder Angst gestört worden ist. Ich habe seit diesem Sommer langsam gelernt, mich zu entspannen, und das zählt im Augenblick am meisten für mich: die Ereignisse nicht über mich ergehen zu lassen, sondern sie zu kontrollieren, indem ich mir Zeit lasse. Mit »Disziplin«!

Du kannst über dieses letzte Wort ruhig lächeln, denn ich habe ja lange genug gebraucht, wie? Es ist noch nicht perfekt, aber ich merke, daß ich meine Tage viel besser organisiere, und entdecke, daß ich plötzlich viel empfänglicher bin für das Leben.

So, Dad ... Ich habe letzte Woche drei wundervolle Tage mit Dir verbracht, und das wollte ich Dir sagen. Ich habe mich Dir sehr nahe gefühlt, voll des gegenseitigen Vertrauens, und die Tatsache, daß Du mir einen Teil Deiner Aufnahmen vorgespielt hast, hat mich sehr gerührt. Vor allem, das was Du sagtest. Nächstes Mal werde ich versuchen, in einem Kleid zu kommen und meine ewigen Blue jeans in Paris zu lassen. Vielleicht werde ich so die Illusion erleben, wieder das kleine Mädchen zu sein, das sich an Deinen Arm gehängt hat, um tanzen zu gehen?

Ich liebe Dich, mein Dad, so tief, daß ich es nie werde voll ausdrücken können. Du bist ein wundervoller Vater, weißt Du, wie ihn sich gewiß Tausende von kleinen Mädchen erträumen. Und ich habe Dich, ich habe Glück, und als Dein kleines Mädchen kuschele ich mich fest an Dich und sage Dir bis bald ...

... Marie-Jo

den 27. Oktober 1973

Mein großer Dad,

heute ist nicht Sonntag, sondern erst Samstag, aber ich habe trotzdem das Bedürfnis, Dir zu schreiben, vielleicht weil ich meinen freien Kinotag auf heute verlegt habe und nicht morgen abwarte und weil für mich ein kurzer intimer Augenblick in Deiner Gesellschaft dazugehört.

Anders als gewöhnlich ist es jetzt auch nicht Nachmittag, sondern die Uhrzeit, zu der ich sonst schlafen gehe: 22 Uhr.

Ich habe noch die Bilder des Films vor Augen, den ich gerade gesehen habe und der sowohl formal wie inhaltlich außerordentlich war: »Der Meister und Margerita« von Alexander Petrovic, in dem Ugo Tognazzi außerordentlich wahr und mit Finesse spielt.

Ich hatte es heute morgen eilig, aufzustehen. Gleich nach dem Anziehen stürzte ich zum nächsten Kiosk, um ... eine große Enttäuschung zu erleben! Wegen Streiks war die Zeitschrift »Grazia« nicht eingetroffen, und so muß ich jetzt bis Dienstag warten, um den Artikel lesen zu können, der mir gewidmet ist. Ich sage es Dir mit einem Augenzwinkern: vergiß nicht, die Nummer vom »26. Oktober« zu kaufen, in der Du Deine Tochter bewundern kannst! ... (hm!).

Ansonsten ... eine etwas verwirrende Woche, in der es auch viel Freude gab und in der ich ganze Abende lang C. wiedergesehen habe, der eine Woche in Paris war.

Eine angenehme Überraschung, die aber doch auch einen bitteren Nachgeschmack hinterließ, da sie so viele Erinnerungen in mir heraufbeschworen hat, die ich eigentlich schon für vergessen gehalten hatte.

Und dann ... hat das auch meine neue Lebensstruktur etwas ins Wanken gebracht, meine fast allzu gut funktionierende »Disziplin«, meinen strengen Stundenplan.

Und es hat mich meine Einsamkeit, in die ich mich seit diesem Sommer geflüchtet habe, stärker fühlen und mich meinen verlorenen Kontakten nachweinen lassen, obwohl ich weiß, daß es notwendig war, sie vorläufig einzustellen.

Es hat mich auch dazu veranlaßt, »Bilanz zu ziehen«, und ich kann dadurch meine jetzige Lage besser verstehen. Warum habe ich das Bedürfnis gehabt, rings um mich alles wegzukehren, auf die Gefahr hin, ohne äußere Stützen dazustehen? Ich glaube, auf der Suche nach einem »Kern«, einer Festigung meiner Person zu sein, wobei ich versuche, wie bei einem Bauwerk Stein um Stein auf soliden eigenen Grundfesten sorgfältig aufzubauen. Wohin wird es wachsen? ... Zur Sonne hoch oben am Himmel oder zu einigen beängstigenden Regenwolken? Das weiß ich nicht! Aber wenn ich gewissenhaft an dem Gerüst arbeite, werde ich eventuellen Stürmen besser trotzen können.

Ich befinde mich in einer Periode, von der ich weiß, daß sie ein »Übergang« ist, den ich aber brauche, um zu etwas »anderem« zu gelangen, zu etwas Vollkommenerem, Reicherem, und daß ich ohne diese Etappe zu einem intensiven Leben nicht fähig sein werde.

Ich habe ein wenig den Eindruck, einen »Winterschlaf zu halten«, nicht in meiner Arbeit, die aktiv bleibt, sondern in meinen Beziehungen zu meiner Umgebung, die so spärlich sind, daß man fast sagen kann, sie existieren nicht mehr.

So! Das war wieder einmal eine Menge Quatsch für Dich, mein armer Dad, und Du wirst wieder versuchen, alles bis zu Ende zu lesen. Dieser wird nicht mein »bester« Brief sein, wie Du meinen letzten so freundlich bezeichnet hast, aber ... er enthält immerhin einige Geständnisse, einige Fragen, die sich in meinem Leben stellen und die ich froh bin, mit Dir teilen zu können.

Ich habe Vertrauen, weißt Du. Das ist ganz neu für mich und überraschend, aber ich glaube zu erahnen, wie ich ruhig und unbeirrt meinen Weg gehen kann, indem ich mein Bestes tue. Und, na ja, wenn ich mal einen Augenblick stehenbleibe, um mich zu fragen: »Warum?«, dann genügt ein flüchtiger Sonnenstrahl oder daß Dein Bild in meinem Geist auftaucht, und schon kann ich mich mit einem Achselzucken selber akzeptieren wie ich bin, aus reiner Loyalität mir selber gegenüber.

Ich liebe Dich, Dad, ich würde gern noch bei Dir leben, all die wunderbaren Augenblicke, in Deinen Augen öfters diese Zärtlichkeit und diese Wärme sehen, die mich bis ins Innerste erwärmen würden. Du kannst mich so viel lehren . . . Wann werde ich Zeit haben, um all das aufzunehmen?

Dieses kleine Streicheln meiner Hand über Deine Stirn, voller Zärtlichkeit . . .

Deine kleine   Marie-Jo

den 15. November 1973

Mein großer Dad,

ich schreibe Dir heute aus Marcs Büro in einer etwas hektischen Atmosphäre, denn wir gehen heute abend zur Premiere von Guy Bedos und Sophie Daumier. Marc denkt an seinen Smoking, Mylène an ihr Abendkleid, ich . . . an meine Blue jeans!

Nein! Die Umgebung ist vor allem ein wenig ungewohnt, da wir im Schneideraum picknicken mußten, der zu diesem Anlaß in einen Speisesaal verwandelt worden ist. Streik der Einzelhändler natürlich, und kein einziges Restaurant offen, nicht einmal auf den Champs! Und da wir nicht fasten wollten! . . .

Du wirst Dich fragen, ob ich über all dem nicht meine Arbeit vergesse: Don't worry. Ich gehe brav zu meinem Unterricht und nehme auch ab nächster Woche den Tanz wieder auf, um mich ein wenig gelenkiger zu machen.

Ich habe Dir nämlich . . . eine große Neuigkeit mitzuteilen: morgen unterzeichne ich einen Vertrag für den Film von Granier-Deferre. Sechs bis zehn Drehtage zwischen dem 28. Dezember und 16. Januar, zwei oder drei Szenen mit Alain Delon persönlich! Es gibt jedenfalls die Chance, »anzukommen«, wenn ich mich der Sache gewachsen zeige, und deshalb möchte ich mir auch einen Monat lang ein vorbereitendes »Training« auferlegen, um wirklich in Form zu sein. Eine letzte Ausnahme heute abend, da ich wahrscheinlich etwas spät ins Bett gehen werde, aber dann bis zu dem Augenblick, wo es heißt: »Achtung Aufnahme« nur »Disziplin«, »Disziplin«, »Disziplin«! Ich will wirklich alle Trümpfe in der Hand haben!

Das war's, mein Dad. Vielleicht bekomme ich auch etwas in dem Film von Michel Audiard, den ich gestern persönlich kennenlernte. Aber das ist noch nicht sicher. Wir werden sehen.

Der Lärm hier wird immer stärker, und ich muß mich jetzt schnell umziehen für heute abend.

Ich umarme Dich in Eile, aber immer mit der gleichen Zärtlichkeit.

Deine kleine

Marie-Jo

den 23. November 1973

Mein großer Dad,

ich schreibe Dir wieder aus Marcs Büro, wo es aber heute ruhiger ist und weniger Durcheinander herrscht als letzte Woche.

Ich komme gerade vom Unterricht zurück, der fast fünf Stunden gedauert hat, wobei ich mich aber nicht eine einzige Minute gelangweilt habe. Es ist wirklich faszinierend!

Ich erlege mir in diesem Augenblick »meine Disziplin« auf, und fühle mich auch gleich gelöster. Sie ist das beste Mittel gegen diese übertriebene Anspannung, unter der ich vor gar nicht so langer Zeit litt, ohne sie kontrollieren zu können. Ich möchte im übrigen nicht nur für den Film von Granier-Deferre in Form sein, sondern schon vorher, am 13. Dezember für einen Drehtag mit Chabrol, der mich wieder für ein Fernsehstück engagiert. Und diesmal muß ich mich in einer kleinen drei- oder vierminütigen Szene behaupten: genau vierundzwanzig Zeilen Text. Das größte Vergnügen dabei macht mir die Tatsache, daß mich ein Regisseur, der in diesem Sommer schon mit mir gedreht hat, für geeignet hält, eine bedeutendere Rolle zu spielen. Das gibt mir neues Selbstvertrauen und spornt mich an, durch harte Arbeit rasch von einem Erfolg zum anderen voranzukommen. Nun, der Vertrag sieht 600 Francs netto vor, was fürs Fernsehen enorm ist. So daß Bébors, mein »Agent«, mich nun höher veranschlagt als zum gewerkschaftlichen Mindesttarif von 350 Francs.

Und dann ... soll ich Dienstag oder Mittwoch Probeaufnahmen für eine der Hauptrollen eines anderen Fernsehstückes machen. Wenn das klappt und wenn ich annehme, hätte ich vom 16. Januar (Drehschluß bei Granier-Deferre) bis Anfang April ununterbrochen Arbeit.

Aber es ist noch nicht sicher, und ich werde Dir so bald wie möglich Nachricht geben. Ansonsten habe ich gestern nachmittag wieder mit dem Tanzen angefangen und habe heute einen gehörigen Muskelkater!

Dabei habe ich mich vorsichtigerweise bei den Anfängern eingetragen, und ich stelle fest, daß ich eingerostet bin und noch eine Weile zu leiden haben werde, bis ich wieder so geschmeidig bin wie mit fünfzehn.

Das war's. Das ist alles (und ganz viel, wie ich glaube) für diese kleine Unterhaltung, mein Dad. Ich danke Dir für Dein Telegramm, aber ich gestehe Dir, daß ich ungeduldig auf einen Brief warte, in dem Du Dich etwas länger mit mir befaßt. Was die Bezahlung der Tanzstunden betrifft, werde ich das direkt mit Aitken erledigen, Dein Einverständnis vorausgesetzt natürlich.

Ich bin mir selber böse, daß ich davon gesprochen habe, vor allem auch noch gerade bevor ich Dir sagen wollte, daß ich immer sehr stark an Dich denke und daß es oft der Gedanke an Dich ist, der mir bei meinen beruflichen Anstrengungen Kraft gibt.

Ich liebe Dich, mein Dad, vielleicht immer noch tiefer, je älter ich werde und versuche, ebenfalls erwachsen zu werden. Das ist schwierig, aber . . . Du hast es ja auch geschafft, oder?

Mit all meiner Zärtlichkeit und einem dicken SCHNUFF-SCHNUFF . . .

Deine kleine

Marie-Jo

den 21. Dezember 1973

Mein großer Dad,

ein langer Brief folgt bald nach, ich wollte Dir nur unbedingt ein paar Worte zu Weihnachten schreiben. Ich denke immer so stark an Dich, Dad, und habe Angst, Dich damit schon zu langweilen, daß ich es immer wieder sage. Zum Glück sind es meist Gedanken, die Dich nicht alle erreichen können, sonst würde ich schnell zu aufdringlich!

An diesem Weihnachtstag sollst Du trotz der Entfernung wissen, daß ich Dir all meine Zärtlichkeit und all meine Glückwünsche für ein wirkliches Glück, für die wunderbaren und sonnbestrahlten Dinge ausdrücke, die zu erleben ich Dir für das nächste Jahr wünsche. Vielleicht werde auch ich Dir einige davon schenken können? Ich weiß noch nicht, wie ich sie finden soll. Ich werde es . . . so stark wie möglich versuchen. Um das Gefühl zu haben, Dich zu verdienen, mein Dad.

Ich liebe Dich, ich weiß nicht mehr, wie ich es schreiben soll, ich würde es gern bis in alle Ewigkeit wiederholen. Gleichzeitig weiß ich gut, daß man es nicht so laut aussprechen darf, sondern gerade nur murmeln, damit man mit dem Mund den ganzen Geschmack dieser Worte auskostet, wenn man sie ausspricht. Also murmele ich es, sage ich es Dir ganz leise, sage es Dir nicht einmal, sondern lasse diese Liebe irgendwo in mir pulsen, lege sie in einen Blick meiner Augen in Deine Augen, in ein Streicheln meiner Hand über Deine Schulter, in die Berührung dieses Papiers mit der Feder, wahrnehmbar nur für Dich.

Dazu ein Kuß auf Deine Stirn, für Dich, mein Dad, von dem ich immer das Bild meiner Kindheit bewahren möchte.

Ich lieb ... Nein! Nichts mehr. Ich möchte nichts mehr schreiben, um nicht meine Gefühle durch Worte zu schmälern.

Weihnachten ist ein seelenloses Fest der Geschäfte geworden, das nur von der Werbung gemacht wird.

Das wahre Weihnachten ist das, das in mir lebt, wenn ich Dich in meine Arme schließe ...

... Dein kleines Mädchen

Marie-Jo

Dezember 1973

Mein Dad,

das war's. Ein armseliges Jahresende mit einer noch armseligeren Bilanz. Recht wenig Dinge habe ich erreicht in diesen zwölf Monaten meiner Existenz.

Worte, nichts als Worte, Worte, vor denen mir graut, weil sie aus mir hervorquellen und ich das Gefühl habe, nicht mehr zu wissen, wie ich sie gebrauchen soll. Nicht mehr wie früher. War das damals eine Illusion oder war es mir wirklich gelungen, sie ein wenig lebendig zu machen? Sicher waren sie eher als heute ein Ausdruck meiner Gefühle oder meiner Feststellungen.

Ich habe soeben Bestandsaufnahme gemacht. Das heißt, ich habe Musik aufgelegt und mir gedacht, ich könnte einen Augenblick träumen und in eine süße Nostalgie entfliehen. Ich habe es nicht geschafft, mich zu entspannen, sondern spürte plötzlich wie ein Zentnergewicht die ganze Gespanntheit meines Wesens, die latente Angst, die mich einschnürt und die ich Tag für Tag betäube. Ich habe mich in die kommende Woche projiziert und habe mich gesehen, wie ich vor Dir stehe und die Arme senke. Denn ich habe keine Spannkraft mehr. Ich befinde mich nach einem Jahr in der Lage eines Hampelmanns, den man vergessen hat, aufzuziehen, und der in einer unbequemen, schon grotesken Pose mitten in seiner Bewegung stehengeblieben ist.

Was wollte ich eigentlich schreiben? Nicht einmal meine Feder funktioniert mehr im Einklang mit meinen Gedanken. Ich habe Mühe, sie voranzuschieben, und der Satz ist mir in dem Augenblick, in dem sie ihn schreibt, schon fremd geworden und steht wie tot auf dem weißen Blatt.

Ich sagte also: Bilanz am Jahresende: fast Null. Das ist wenigstens bis hin zum »fast« eine klare und deutliche Aussage. Ich habe bei meinen schauspielerischen Versuchen keinen Fortschritt gemacht und im Unterricht gar nicht oder wenig gearbeitet.

Seit zwei Monaten mache ich einen Bogen um mich selber, schnuppere an mir, und mir wird schlecht, wenn ich meinen eigenen Geruch rieche, und darüber vergesse ich den der Luft ringsum. Vielleicht ist es ein besonderer Spaß, mich selber auf diese Weise durch Überlegungen in ein paar Minuten zu zerstören und dann wieder Stunden, Wochen oder ein Jahr zu brauchen, um die Scherben zu kleben. Immerhin bin ich auf diese Weise beschäftigt und habe wenig Muße für andere Dinge. So komme ich immer wieder zum gleichen Punkt, zum gleichen schiefen Bild meiner Persönlichkeit, die schon beim geringsten Luftstoß wieder umfällt.

Daß ich das satt habe, ist noch gelinde ausgedrückt. Daß ich mir in einer gewissen Selbstzerstörung gefalle, ist mir bewußt. Daß ich die Mittel hätte, mit meinem Leben etwas anderes anzufangen, ist gewiß auch richtig, allerdings habe ich diese Mittel noch nicht entdeckt.

Den Beweis! Ich kann sie erahnen. Und was mich im Grunde so erbost, ist, daß ich mich fähig fühle, auf dem geraden Weg voranzugehen, in Wirklichkeit aber dauernd im Zickzack gehe und gegen die Wand taumele! Das ist eine Frage des Gleichgewichts.

1974
Paris, 21 Jahre

den 1. März 1974

Wie allein bin ich heute abend
Auf dem Weg zurück
Durch die tiefe schwarze Nacht
Nach dem wohlbekannten Zuhause.

Keiner da, der mich erwartet

Keiner da, den ich erwarte
Musik zum Anhören
Musik, die mich einwiegt
Ein Gott zum Wiederfinden
Der einzige, der mich anhört.

Ich sollte mich gewöhnen
An diese Haut, die ich herumschleppe
Mich wenigstens in ihr einrichten
Vergessen, wie schlecht ich mich drin fühle.

Wie allein bin ich heute abend
Und wenn ich einen andern Weg nähme
Der schwarzen Nacht entkäme
Ein »Anderswo« fände, das ich zu dem meinen machte?

Mit einem, der mich erwartet
Oder einem, den ich erwarte
Mit einem zum Anhören
Einem, der mich einwiegt
Einem Geliebten, der da ist
Und mit dem ich verschmelze

Aber wie mich befreien
Von dieser Haut, die ich herumschleppe?
Und wenn ich sie nicht wechseln kann
Trag ich sie im Gepäck mit!

Wie allein bin ich heute abend
Bin allein auch morgen
Ich wollte Hoffnung bewahren
Hab sie verloren, das ist ebenso gut!

»Montparnasse«

Ende

den 19. April 1974

Mein großer Dad,

hab Dir schon lange nicht mehr geschrieben, wie? Das war, glaube ich, auch besser. So konnte ich wenigstens den letzten Quatsch vergessen, den ich Dir pompös auf Papier serviert hatte.

Wie eilig ich es habe, Dein »Buch« zu lesen. Ich brenne vor Neugier und warte ungeduldig auf die ersten Fahnen. Ich bin vor allem froh, daß Du letzten Montag am Telefon guter Laune warst und daß Du mit der Revision zufrieden bist. Ich habe wieder meinen »Romanautor-Daddy« und . . . bin stolz auf ihn!

Wie ich Dir schon am Telefon sagte, habe ich in letzter Zeit viel nachgedacht und versucht, eine Bilanz meiner ersten acht Monate in der Welt des Films zu ziehen. Ich glaube, daß es dieses Jahr mehr einbringt, nicht mehr jeder kleinen Rolle hinterherzulaufen, sondern ruhig in meinem Winkel zu arbeiten, um mich zu verbessern.

Ich fühle mich noch nicht fähig, eine tragende Rolle zu übernehmen, und vor der Kamera immer nur bessere Statisterie zu machen, würde mich nicht mehr viel weiterbringen. Ein Jahr scheint mir keine zu lange Frist. Mit zweiundzwanzig ist es noch nicht zu spät, eine Karriere zu beginnen, vor allem, wenn die Trümpfe, die ich in der Hand habe, sich in der Zwischenzeit noch vermehren. Es liegt an mir selber, darauf zu achten und dafür den richtigen Weg einzuschlagen!

Und dann möchte ich auch gern (aber bitte lache nicht, ja?) dieses Jahr meine Fähigkeiten als Drehbuchautor oder überhaupt als Autor ausprobieren, ernsthaft Geschichten schreiben, die über meine sonstigen, sieben oder acht Seiten langen Anekdoten hinausgehen, und sehen, ob ich mich der Sache künftig ganz hingeben kann. Ich brauche das, habe Lust dazu. Ob das reicht? Auch da muß ich mir selber viel beweisen. Das war's, mein Dad. Ich erzähle Dir nichts von meinem allernächsten Plan, der sich, wie ich hoffe, bald in einem Drehbuch niederschlägt, das ich Dir dann zu lesen gebe. Es soll eine Überraschung werden, also verabschiede ich mich rasch ... bevor meine Feder sich verführen läßt, Dir mehr darüber zu schreiben ...

Mit all meiner Liebe ...

... Deine kleine Marie-Jo.

den 11. Juli 1974

Mein großer Dad,

es ist Viertel vor Mitternacht. Ich schreibe aus dem Kino, in dem ich arbeite. Ich sitze auf dem hartgepolsterten Stuhl vor der Tür des Vorführsaales, der den Platzanweiserinnen vorbehalten ist, und warte auf das Ende der Vorstellung, das heißt bis ein Uhr früh. Dann muß ich noch nachsehen, ob kein Besucher etwas vergessen hat, die Notausgänge schließen, meinem Direktor, nachdem ich die Summe nachgezählt habe, die Kasse der Süßwaren übergeben. Schließlich ziehe ich mich in dem engen Kabuff um, das uns als Garderobe dient, und gehe schnellstens schlafen. Arbeitsbeginn morgen um 13.30 Uhr, Spätvorstellung um halb eins nachts ... Uff! Eine harte Arbeit, undankbar, da bei den meisten Leuten schlecht angesehen und schwieriger, als es zunächst den Anschein hat. Ich bewundere diejenigen unter meinen Kameradinnen, die das das ganze Jahr über auf sich nehmen!

Ich habe übrigens Glück gehabt: wir teilen uns hier die Kontrolle der beiden Vorführungssäle zu sechst auf, und ich habe mich gleich von der ganzen Mannschaft sehr freundlich aufgenommen gefühlt. Wenn ich in zwei Wochen hier weggehe, werde ich wahrscheinlich echte Freunde verlassen.

Außerdem . . . spare ich. Sou um Sou habe ich über 1000 Francs beiseite gelegt, die ich in einem dafür reservierten Geldbeutel aufbewahre. Mein erster Verhaltenskurs war überzeugend, mein Lehrer scheint sehr nachsichtig und ein leidenschaftlicher Leser Deiner Bücher zu sein.

Kurz, ich lebe nach einem anderen, zeitweilig anstrengenden Rhythmus. Aber er zwingt mich zu eiserner Disziplin und läßt mich jeden Tag ein Stückchen Leben entdecken, das ich noch nicht kannte. Ich überrasche mich dabei, wie ich gierig alles rings um mich beobachte, wie ich mich von der Atmosphäre ganz durchdringen lassen möchte. Ich denke weniger oft an meine kleine Person, habe keine Zeit mehr dazu und fühle mich gleichzeitig merkwürdig erleichtert.

Ich kann es kaum erwarten, bis ich Dich wiedersehe, mein Dad. Wir werden über all das unter vier Augen reden, und ich werde Dich zärtlich in meine Arme schließen können . . . Bald!

Ich liebe Dich.

Dein kleines Mädchen

Marie-Jo

den 10. Oktober 1974

Mein großer Dad,

ich habe Deinen Brief vorgestern bekommen, fand aber bis jetzt noch keine Zeit zum Schreiben. Ich laufe die Produktionen ab, gehe jeden Abend zu meinem Tanzunterricht und versuche auch in aller Bescheidenheit, meine berühmte Weihnachtsgeschichte »auszubrüten«.

Nun . . . da sitze ich also vor meinem Blatt und bin ganz auf Dich eingestellt, bereit, Dir zu antworten. Mit meinem Kugelschreiber. Das ist doch praktischer, als immer die Finger voll Tinte zu haben!

Deine Vorwürfe haben mir weh getan. Ich glaube nicht, daß ich sie verdiene. Ich war in Wirklichkeit tief bekümmert von der Nachricht über all Deine Probleme und rasend vor Wut, als ich erfuhr, daß Mama mit ihren kleinlichen Intrigen fortfährt.

Warum habe ich es nicht gewagt, offen mit Dir darüber zu sprechen, und sei es auch nur schriftlich! Vielleicht aus einer Art »Diskretion« heraus, ich finde kein anderes Wort. Geldprobleme sind wichtig im Leben, das weiß ich. Jedenfalls beginne ich es zu erahnen. Trotzdem ist es für mich schwierig, eine Situation zu beurteilen, die ich nicht gut kenne, dazu auf einem Gebiet, auf dem ich überhaupt nicht zuständig bin, und dann auch noch die Folgen zu begreifen, die sie nach sich zieht.

Du weißt . . . ich liebe Dich, meinen Vater, Deine Lebhaftigkeit, den guten Geruch Deiner Pfeife, die Tonlage Deiner Stimme, Deine Art, das

Taschentuch herauszuziehen und Dich zu schneuzen. Ich liebe Dich für all das, was Du mich gelehrt hast, oder vielmehr für das, was ich als schwache Schülerin davon aufnehmen konnte. Ich hoffe, eines Tages Deine Art voll begreifen zu können, den Menschen mit einer Nachsicht zu begegnen, die man gewöhnlich nur gegenüber Kindern zeigt, wobei man allerdings vergißt, daß man im Grunde seiner Seele selber bis ins hohe Alter ein kleines Kind bleibt. Ich fühle die ein wenig bittere Gewißheit, daß das Leben zu kurz ist, um uns wirklich so reif werden zu lassen, wie es nötig wäre, und daß es nur eine Auflösung ist und wir am Ende des Weges sehr weit von dem entfernt sind, was wir angestrebt haben. Ist das nicht auch das Thema, das in Deinen Büchern immer wiederkehrt: das des braven Trottels von einem Menschen, der nach zahllosen Anstrengungen plötzlich und eigentlich zufällig begreift, daß er sich den anderen, vor allem aber sich selber nie hat offenbaren können!

Ich bewundere Deine Fähigkeit, Deine Umgebung zu wittern, den von allem Pathetischen freien Augenblick der »Wahrheit« zu erfassen und ihn auf dem Papier festzuhalten, ohne Dich dabei zum Richter zu erheben.

Ich liebe Dich und bewundere Dich jetzt genauso wie früher. Ich möchte mir nicht Situationen ausmalen, die vielleicht auf mich zukommen, und im voraus darunter leiden. Wenn ich an das Geld denke, das Dir Dein Werk einträgt, knirsche ich mit den Zähnen. Nicht das Geld ist mir wichtig. Schön für Dich, daß Du welches hast, und ich wünsche Dir immer genügend davon, um gut und bequem leben zu können. Aber das für mich Wichtige ist, daß Du Millionen von Seiten geschaffen hast, und das ist etwas, was nie seinen Wert verliert, das weiß ich sicher. Das Wesentliche liegt in der Dimension Deiner Personen, in ihrer Wahrheit. Nicht in den klimpernden Münzen, die sie in ihren Taschen herumschleppen! Ich bin Dir dankbar, daß Du noch zu meinem Lebensunterhalt beiträgst, daß Du meine tastenden Versuche in dem Milieu, das ich mir ausgesucht habe, bezahlst. Aber ich sehe das nicht als Deine selbstverständliche Pflicht an. Und wenn Du Dich morgen gezwungen sehen solltest, mir entsprechend Deinem Beispiel vom jungen Künstler in Paris »die Ration zu streichen«, dann würde ich mir sehr wohl selber den Camembert aufs Brot verdienen können. So was lernt man schnell, das kann mir keiner ausreden. Wenn es keine andere Möglichkeit gibt, gewöhnt man sich wie selbstverständlich an die Arbeit. Im übrigen begnügen sich Tausende von Menschen rings um mich mit einem harten Ei am Tag. Warum sollte ich das nicht können? Mein Magen ist auch nicht anders als der ihre, soweit ich weiß!

Du siehst, Dad, ich bin für alle Schwierigkeiten gewappnet und übertreibe absichtlich, um es Dir zu beweisen. Aus Schamgefühl, einzig und allein aus einem dummen Schamgefühl wollte ich über all das nicht mehr sprechen, über diesen Gedanken an die Erbschaft, der Dich verfolgt und der mir unerträglich ist. Wenn es legal und vor einem Notar machbar wäre (vielleicht ist es das?), würde ich sofort eine Erklärung unterschreiben, mit der ich auf alle Güter verzichte, die mir später zustehen. Zugunsten von Mama, wenn ihr das Spaß macht, warum auch nicht, und zwar nicht aus Mildtätigkeit, sondern weil mir das wurscht ist! Damit könnte ich Dir auch beweisen, daß ich aufrichtig bin, wenn ich Dir sage, daß ich Dich liebe, Dich ganz nackt, den Menschen, meinen Dad, für die Liebe, die Du mir geschenkt hast, für Deine Ratschläge zum Erwachsenwerden, für alles, was Du mich vom Leben hast entdecken und fühlen lassen, wobei Du immer versucht hast, nur die »reinen« Wahrheiten bestehen zu lassen.

Sprechen wir nicht mehr darüber, o.k.? Schnell, ganz schnell schon werde ich meinen Lebensunterhalt verdienen, ich werde mich beeilen, ich werde doppelt so schnell arbeiten. Ich nehme die Erleichterungen, die Du mir gewährst, an, solange Du meinst, sie mir bieten zu können. Wenn aber der Tag kommt, an dem Du sie mir entziehen mußt, zögere nicht! Ich werde meinen Weg weiter gehen, Du wirst sehen, und es wird danach auch nicht schlechter sein. Obwohl eines meiner Beine kürzer ist als das andere, hinke ich doch schließlich nicht! Oder?

Noch etwas zum Schluß: ein anderer, ganz einfacher Grund hat mich abgehalten, Dir früher zu schreiben. Ich hatte Angst, Angst, daß Du meinen Brief wieder für zu »literarisch« und übertrieben romantisch halten würdest, voller Sätze mit gekünstelter Lyrik. Ich befürchtete, daß Du ihn nicht besonders aufrichtig gefunden hättest, etwa so, wie die Geschichten von mir, die Du gelesen hast und die Du mir nicht glaubst.

Das war's. Heute wenigstens korrigiere ich nichts. Ich lasse die Wiederholungen, die verschmierten Stellen, das schlechte Französisch, alles stehen. Macht nichts, wenn meine Worte nur wenig »hergeben«. Ich habe viel, viel Zärtlichkeit in mir und bis in die Fingerspitzen, Du würdest sie vielleicht in einem Streicheln spüren, aber mein Stift drückt natürlich wenig davon aus. Kannst Du es ihm zum Vorwurf machen?

Mein Dad . . . wenn ich eines Tages in Deinen Armen liege, und wir beide sind in vollstem Einklang und gegenseitigem Vertrauen, werde ich endlich mein Leben »gewonnen« haben! . . .

Dein kleines Mädchen

Marie-Jo

den 29. November 1974

Ein Uhr morgens. Gedämpfte Musik dicht über dem Boden, auch dieses Heft ist auf der Erde, und ich liege bäuchlings darauf. Nur die kleine Lampe in der Ecke hinter dem Lautsprecher auf dem Teppichboden spendet mir Licht. Der Heizkörper in der anderen Ecke strahlt Wärme aus ... das sollte genügen, und dennoch ...

Die Angst ist da, dauernd gegenwärtig. Sie erfüllt das ganze Zimmer, sie breitet sich über die Wände aus, sie steigt im Laufe der Stunden in mich ein. Sie erstickt mich. Obwohl sie seit langem zu meinem Alltag gehört, gewöhne ich mich noch immer nicht an sie. Und jedesmal, wenn ich heimkomme, fordert sie mich, gleich wenn ich die Tür öffne, auf, ihre Einsamkeit zu teilen, und ich möchte fliehen.

Bräuchte ich ihr nicht einfach den Rücken zu kehren, die Tür zu verschließen und draußen in den nächtlichen Straßen unterzutauchen? Nein, natürlich nicht. Weil ich sie ja ganz offensichtlich mit mir herumschleppe und sie mir als getreue Gefährtin überallhin folgt.

Sie sitzt in meinem Bauch, in meinem Kopf, sie hat ein menschliches Wesen mit Beschlag belegt, und wenn ich abends die Wohnung aufschließe, schlüpft sie ganz einfach als erste durchs Schlüsselloch. Das ist der Grund, weshalb ich anfangs denke, daß sie mich da erwartet, daß sie das Zimmer nie verläßt. Sie schlüpft mit Hilfe eines Luftzuges kurz vor mir durch das Loch, und auf dieselbe Weise schleicht sie hinter mir her, wenn ich weggehe.

Ein Uhr morgens. Musik dicht über dem Boden, mein Heft auf der Erde und darüber auf dem Bauch ausgestreckt mein Körper. Ein bißchen Licht: da ist die kleine Lampe in der Ecke hinter dem Lautsprecher, um uns dreien zu leuchten. Pardon, uns vieren. Wie konnte ich sie vergessen? Sie, meine Angst, die größer, überwältigender, stärker ist denn je. Sie schöpft ihre Gesundheit aus der meinen. Und so entfaltet sie sich natürlich. Sie wächst, bis sie das ganze Zimmer ausfüllt, sie schwillt an und breitet sich an den Wänden aus, bietet sich sogar in meinem Bett dar, wo sie im Dunkeln ihr Spiel treibt und bald in mich eindringt bis zur endgültigen Zerreißprobe. Unersättlich und in ihrer eigenen Haut erstickend, erstickt sie mich mit. Und obwohl ich seit langem an ihre Umschlingung gewöhnt bin, zerstört sie mit ihrem siegesbewußten Lachen« noch den Rest meiner armen Intelligenz und zerrt mich jedesmal tiefer in die Schattenwelt des Nichts.

den 3. März 1975

Mein großer Dad,

hier also der Brief wie versprochen. Ich habe Dich gerade erst am Telefon gehört, aber ich habe noch ein bißchen Zeit, bevor mein Tanzunterricht beginnt, genau anderthalb Stunden. Ich muß mir im übrigen gut zureden, um überhaupt hinzugehen. Aber ich werde gehen! Ich muß doch wohl, oder?

Seit meiner Entlassung aus Prangins vor jetzt vier Jahren habe ich in den Tag hineingelebt und so getan, als wäre das Leben ein Spiel, wobei ich es aber gleichzeitig als etwas so Ernstes und Bedeutendes und auch so Auswegloses ansah, daß ich es immer wieder hinausschob, mich darin einzurichten, mir eine Zukunft aufzubauen und mich für einen Weg zu entscheiden. Ich baute mir Entschuldigungen auf. War ich nicht krank gewesen? War ich nicht in meinem körperlichen und moralischen Gleichgewicht noch gestört?

Ich habe mich also zur »Konvaleszentin« erklärt und mich durch das Gefühl der Verzärtelung, das dieses Wort hervorruft, und von dem Gedanken beruhigen lassen, daß die Zeit sozusagen wie losgelöst zwischen zwei Klammern hing und mit der Zukunft gar nicht verbunden war.

Ich war jung. Ich sagte mir: später, eines Tages, bald schon fange ich mein Leben wirklich an. Dies aber »sofort« zu tun, fühlte ich natürlich nicht genug Elan! Ich hatte Angst, wie ich auch heute noch Angst habe. Angst vor der Verantwortung, über meine Existenz zu entscheiden, Angst, eine »Jungfräulichkeit« zu verlieren, wenn ich mich als erwachsen bezeichnete.

Ich lebte im Grunde in Erwartung eines anderen Lebens, jenes Lebens, das ich als das »wahre« bezeichnete und das ich ganz leise rief. Ich berührte es nur mit den Fingerspitzen, als wäre es ein ängstliches Tier, das ich zähmen und an meinen Geruch gewöhnen wollte. Ich betrachtete es aus der Ferne, doch voller Begierde, voller Liebe, denn es zog mich so stark an, daß mir davon schwindlig wurde, und es von mir fernzuhalten, mich zu weigern, es auf der Stelle anzunehmen, war für mich ebenso schmerzhaft wie nötig.

»Das Dasein«...: ein Traum! Ein Traum für später, ein Traum, den die Frau, die ich einmal werden würde, verwirklichte, dieser »Jemand«, an dem ich Tag und Nacht beharrlich arbeiten würde. Ein unerfüllbarer Traum für das kleine Mädchen von heute, das ihn mit seiner Unbeholfenheit und seiner Schroffheit nur verpatzen konnte.

Ich ließ also Marie-Jo in diesem Zwischenraum und redete ihr beharrlich ein, daß sie an diesem Zufluchtsort während des Wartens nicht älter würde.

Sich blind zu stellen, fällt nicht immer leicht. Es wurde mir immer unbequemer in meiner Haut. Ich mußte mich ja bewegen, mich strecken, Luft schnappen!

Also habe ich ein bißchen die Nasenspitze hinausgestreckt, nicht mehr. Ich habe Film gemacht, ich habe beim Unterricht und bei den Produzenten etwas gestammelt. Die Kamera zog mich, ehrlich gesagt, an, die *spotlights* blendeten mich, und hinter der Maske, zu der ich vor lauter Lampenfieber erstarrt war, murmelte eine Stimme in meinem Innern: »Eines Tages wirst du dich in all diesem Licht den anderen und dir selber offenbaren, du wirst explodieren und diesen Schrei, den du unterdrückst und der dir in der Kehle brennt, über alle Köpfe hinweg ausstoßen. Du wirst zum ersten Mal ›DU‹ sein.«

»Eines Tages« ... Nicht jetzt. Niemals jetzt. Ich bremste meine Lust, ich flüchtete mich in die kleinen Rollen, in meine Scheu, meinen Mangel an Selbstsicherheit.

Ich trat vor Angst auf der Stelle, vor Angst, »sofort«, in dieser Minute schon SEIN zu müssen. Ich lehnte mein Gesicht jeden Morgen im Spiegel ab.

Ich gefiel mir nicht? Ich war nur noch nicht reif! Wieder versteckte ich mich, zum Zeitvertreib versuchte ich dann, Verbesserungen vorzunehmen, die aber in ihrer Unvollkommenheit meine Verzweiflung nur steigerten. Wann habe ich eigentlich kapiert? Ich hatte den Eindruck, ganz allmählich aus einem langen Schlaf zu erwachen. Ich sah hinter mich und betrachtete die vier versunkenen Jahre meines Lebens bis zum Erbrechen. Meine Existenz war ohne mich, ohne daß ich es bemerkt hatte, älter geworden. Ich hielt sie für ganz neu, gut geschützt in ihrer Traumecke, während sie sich bei vollem Tageslicht bereits als Hure erwies. Ich habe mit den Achseln gezuckt, oder zumindest sah es so aus. Ich mußte doch akzeptieren, oder? Und mich endlich für einen der tausend Wege, die sich mir boten, entscheiden.

Ich zögere noch. Alles macht mir Angst. Sie bringen alle Einsamkeit, den Egoismus des Ruhmes oder die Bitterkeit des Mißerfolges mit sich. Es sei denn, daß ich abweiche, daß ich einem anderen Weg folge? Ich habe außer den Wegen einen Pfad entdeckt. Er führt zu einem »Irgendwo« und fordert mich auf mitzukommen: zu X. und seiner Liebe, zu meiner Liebe und ihm. Oder, um nicht das Wort »Liebe« zu gebrauchen: zu diesen fast unsichtbaren Banden, die zwischen uns immer enger werden, und dem Gleichgewicht, das ich an seiner Seite fühle.

Sollte das nun letzten Endes die Wahl sein, die ich zu treffen hätte?

Aber wenn dieses »wir beide« auch nur eine Illusion wäre? Wenn ich später, wenn es wirklich zu spät wäre, entdeckte, daß ich mich getäuscht hatte?

Wann werde ich es schaffen, mich zu entscheiden? Mich so klar zu sehen, daß ich auch meine Möglichkeiten erkenne und nicht nur meine Wünsche.

Ich zerstreue mich, ich verzettele mich, ich spiele Leben, aber ich lebe nicht. Ich habe Angst, und ich konstruiere Träume. Ich möchte, daß nichts im Ernst geschieht und vor allem nichts endgültig ist. Ich weiß, daß ein einziger falscher Schritt genügt, um alles zu zerstören. Also entziehe ich mich der Wirklichkeit und klammere mich an Lächerliches. Ich laufe zu einem »Claude«, einem »Alain« oder einem anderen, Hauptsache, es ist nicht X., und ich muß mich ihnen gegenüber zu nichts verpflichten. Da ich alles Spontane in mir betäube, vergesse ich schließlich, wer ich bin. Ich täusche vor, zu sein.

Tue ich recht daran, mich so zu fragen? Müssen wir um jeden Preis wissen, wohin wir schwimmen? Reicht es nicht vielleicht, sich von der Strömung der Existenz davontragen zu lassen und . . .

Wenn Du es mir doch sagen könntest, Dad! Aber wie soll man für das Schicksal eines andern haften? Eines Tages, am Ende des Laufes muß man das Ende doch allein durchleben. Allein auch erfährt man den vollständigen Ablauf und fragt sich nach dem »Warum« so mancher Umwege.

Uff! Es tut wohl zu schreiben, sich zu erklären, selbst wenn es in konfuser Form geschieht, wie in diesem Brief.

Er entspricht meinen Problemen, mir selber. Hingekritzelt und idiotisch sentimental!

Ich mache fürs erste mein Auf und Ab in Paris weiter. Vielleicht gelingt es mir im Laufe der Zeit, es sinnvoll zu machen . . .?

Ich liebe Dich,

Dein kleines Mädchen   Marie-Jo

den 3. April 1975
(erster Psychoanalytiker)

Mein »großer Dad«,

da mein neuer Psychiater in Ferien ist, werde ich ihn erst in acht Tagen sehen. Ich warte ungeduldig darauf, mit meiner Analyse anzufangen. Ich empfinde ein vitales Bedürfnis danach, das Bedürfnis, zu lernen, vollkommen zu »SEIN«. Und auf Selbstentdeckung zu gehen, heißt auch, den anderen inniger und objektiver entgegenzugehen.

. . . X. ist gestern abend angekommen, fährt aber Sonntag schon wieder ab. Etwas Unvorhergesehenes in seiner Arbeit stellt plötzlich unsere »kleinen Ferien« in Frage.

Ich leide nicht deshalb. Ich schwelge schon zu lange in »Pseudoferien«, in Wirklichkeit seit meinem Abgang vom Collège: mehr als sechs Jahre. Wäre da nicht allmählich der Augenblick gekommen, mich um meine Existenz zu kümmern? Ernsthaft und auf soliden Grundlagen, die ich mir bauen muß.

Morgen früh werde ich mir einen Holztisch und einen Stuhl kaufen. Ich werde mir also schon ab nächster Woche parallel zu meiner Analyse und zum körperlichen Training eine Schreibdisziplin auferlegen. Ich träume davon, Seite um Seite vollzuschreiben! Dabei ist es nicht so wichtig, ob das Ergebnis gut ist oder schlecht, was zählt ist nur, daß ich Tag für Tag mein Papier fülle und mich von den Gespenstern befreie, die sich in meinem Geist eingenistet haben. Gespenster, die in meiner Kindheit, in meiner Pubertät entstanden sind und die mich noch heute quälen.

Ich möchte sie ein für allemal im hellen Tageslicht herausfordern, sie aus dem »Verschwommenen«, dem »Trüben« herausreißen, das sie beschützt und mit dem sie sich wie mit einer Aureole aus Angst umhüllen. Ich will ihre Macht bloßstellen, diese Macht, die ich ihnen, ohne es zu merken, unvorsichtigerweise selber verliehen habe, indem ich zu oft mit meiner Phantasie gespielt habe . . .

. . . Ich schreibe rasch an einer Theke, während ich meine heiße Frühstücksmilch hinuntergieße. Es ist zehn Uhr, und ich habe in fünf Minuten einen Termin.

Ist dies der Beginn eines guten oder eines schlechten Tages? Es ist grau und kalt in Paris und wird gewiß bald regnen. Da muß ich mir selber im Laufe der Stunden meine Sonne wärmen und meinen Himmel in zarteres Grau tauchen. Ein frisches Lüftchen ist nicht unangenehm. Man muß es nur hinnehmen und die nervöse Anspannung lockern. Man hält sie immer zu hoch, ebenso wie man die meiste Zeit seine Energie für Nichtigkeiten verschleudert.

Wir verstehen so schlecht zu leben! Wir möchten gern wachsen, uns entwickeln, aber wir weigern uns, im Rhythmus der Existenz mitzugehen. Mit welchem Recht beklagen wir uns dann, im immer gleichen Rahmen zu ersticken? Wir tun nichts, um ihn zu wechseln. Im Grunde unseres Herzens beruhigt er uns . . . Kann man nichts machen, wenn er uns auch anekelt! . . .

. . . Das menschliche Wesen ist seltsam. Es entzieht sich der Natur und ihren Harmoniegesetzen unablässig, es versucht so wenig, sie zu begreifen und sich ihr einzuordnen. Nur aus Angst? . . . O je, bin ich spät dran! Ich habe vergessen, Dir der Tradition entsprechend »Fröhliche Ostern« zu wünschen. Ich war in La Rochelle bei Marc und der »kleinen Familie«. Ich wollte Dich anrufen, und dann . . . You don't mind? . . .

. . . Mein Dad! . . . Ich murmele mein »Dad«, und dieses Wort trägt viel mehr in sich, als ich je werde schreiben können . . .

Dein »kleines Mädchen«

Marie-Jo

P.S. Außer dem Vater und dem Mann, den ich in Dir liebe, habe ich neuerdings so etwas wie den zaghaften Entwurf zu einem »Freund« entdeckt. Etwas wie Komplizenschaft, etwas Neues, das bei unseren Gesprächen durchscheint. Ich nähere mich Dir an, ich verstehe Dich besser, ich möchte das immer und immer mehr, bis wir . . . »erwachsen« sind, der eine angesichts des anderen »erwachsen« . . .

M.-J.

Ich liebe Dich, mein Dad, ich habe meinen Ring am Finger und fühle mich ganz nahe, Dir ganz nahe in diesem so wunderbaren Gefühl des Vertrauens und der Zärtlichkeit . . .

Dein kleines
und großes Mädchen

Marie-Jo

den 15. April 1975

Mein »großer Dad«,

ich habe seit letzten Donnerstag und bis spät in die Nacht »Un homme comme un autre« verschlungen. Ich hätte Dir am liebsten gleich geschrieben, aber ich war zu kaputt und mir schwirrte der Kopf.

Am Wochenende habe ich in Poigny mitgepinselt, um Marc bei seinen Arbeiten zu helfen, und erst heute finde ich die nötige Ruhe, um Dir etwas darüber zu sagen.

Was soll ich genau sagen? Daß das ein sehr schönes Buch ist? . . . Das wirst Du selber schon vermuten, auch wenn Du dessen nicht sicher bist.

Vor allem der erste Teil, die Beschreibungen Deiner Jugend, Deiner Entdeckung des Lebens, ist so voller Bilder und Gerüche, so dicht wie Deine besten Romane mit »Personen«. Als hättest Du Dich wieder einmal in die Haut eines anderen versetzt und instinktiv seine Gefühle erraten. Du rekonstruierst seine Welt.

Je mehr Seiten ich las, desto größere Lust bekam ich, ihn immer besser kennenzulernen, diesen »anderen«, ihm auf der Plattform eines Omnibusses zu begegnen und mit ihm zu den Nordmeeren aufzubrechen. Ich vergaß, daß »ER« Du warst, ein Du der Vergangenheit, und daß ich ihn, auch wenn er noch in den tiefsten Schichten Deiner Erinnerung und der Impulse des Mannes von heute weiterlebt, nur schwer erkennen kann.

In kurzen Augenblicken vielleicht doch. In einem Aufblitzen der Augen oder einem plötzlichen besonderen Ausdruck, der, wer weiß aus welchem Grund, anders ist als gewohnt. Wir neigen alle dazu, uns bei dem einfachen äußeren Anschein aufzuhalten, bei der Hülle des Körpers, die sich abnutzt, oder beim Bild eines Vaters, das wir uns ein für allemal geschaffen haben und bei dem wir nur sehr wenige Konzessionen machen. Wir haben Angst davor, tiefer zu schürfen und unsere kleine so bequeme Vorstellung aufzugeben. Man bleibt blind.

Ich war blind (oder vielmehr, ich wollte es sein), vor allem für einen Punkt Deines privaten Lebens und den wichtigsten: für Deine Zuneigung zu Teresa. Du sprichst von dem »Widerstand«, den Deine Kinder ihr gegenüber übten. Das stimmt. Was mich betrifft: ich habe sie nie akzeptiert und oft aus undefinierbaren Gründen, die aus meinem Unbewußten kamen.

Ich bin mir jetzt vollkommen darüber im klaren, wie egoistisch ich war: Ich wollte Dich ganz allein, offen für mich, wenn ich Dich brauchte, verfügbar für meine Launen eines kleinen Mädchens. Ich verlangte ausschließlich »meinen« Dad. Ich akzeptierte nicht den Mann, der eine andere Liebe hat.

Aber warum hast Du uns Teresa andererseits auch nie entsprechend ihrer wirklichen Stellung vorgeführt? Aus Schamgefühl? Hast Du gehofft, wir würden es selber erraten? Wir haben es nicht gewußt. Sie hatte nicht den richtigen Platz neben Dir. Seit Epalinges war sie nicht mehr ein einfaches Zimmermädchen. Sie schlief in Deinem Bett, nannte Dich aber Monsieur, und vor uns habt Ihr Euch gesiezt. Sie wurde der Reihe nach als Gouvernante, Krankenwärterin, Gesellschaftsdame bezeichnet, aber auch das kam der Wahrheit nur wenig nahe. Und dann hast Du sie von Zeit zu Zeit, wenn Du einen Augenblick nicht daran gedacht hast oder unaufmerksam warst, plötzlich in einem einzigen Satz geduzt, mit dem alle Vorstellungen, die wir hatten, zusammenbrachen.

Das sieht jetzt so aus, als wollte ich Dich anklagen, Dad. Das ist nicht der Fall. Wenn ich hier jemanden beschuldigen wollte, dann höchstens mich selber und meine Verständnislosigkeit, meine Eifersucht, meinen Egoismus. Vielleicht haben wir Dich durch unsere Haltung zu dieser Vorstellung, diesem Versteckspiel mit weißem Kittel, mit »Sie« und »Monsieur« veranlaßt, das doch in Anbetracht Eurer wirklichen Beziehung lächerlich war.

Ich werde Teresa künftig besser akzeptieren. Ich kann sie nicht weiterhin zurückstoßen und Dich lieben, denn sie ist ein Teil von Dir. Ich möchte gern sagen: in Zukunft nehme ich alles! Meinen Dad, den Mann, ebenso wie seine Liebe zu einer anderen. Ich fühle ein so starkes Bedürfnis, dich voll und ganz in mich aufzunehmen!

Ich fange an, Mist zu reden, wie? Das klingt wie der Brief einer Frau an ihren Liebhaber oder Ehemann. Ich bin nur Deine Tochter, aber ich gestehe Dir, daß es mich begeistert, das einen Augenblick lang zu vergessen und mich Dir von meiner »Weibchen«-Seite zu zeigen. Mit einem Augenzwinkern.

Der zweite Teil Deines Buches hat mich verwirrt. Ich glaube, daß man, um ihn richtig zu verstehen, der Reihe nach alles lesen müßte, was Du bis jetzt diktiert hast, also auch die vier weiteren Bände, die noch folgen. Ich habe das Gefühl, daß Du Dich zum erstenmal suchst, daß Du Dich in der Analyse versuchst, ohne sie aber wirklich zu wagen, Du, der Du immer vor allem instinktmäßig gelebt und den störenden Überschuß aus dem Unbewußten auf Deine Person abgelenkt hast. Ein Buch zu schreiben war für Dich wie eine Reinigung. Du hast Dich selber gesäubert, und ohne es allzugenau wissen zu wollen, hast Du den Staub entfernt. Woraus dieser aber zusammengesetzt war, interessierte Dich so wenig wie seine Herkunft. Du gabst ihn ganz schnell an imaginäre »andere« weiter, und ob ätzender Regen oder vergoldeter Sonnenstaub, durchdrang er die Seiten mit seiner Wirklichkeit. Wenn Du (wozu ich neige) schon als Jüngerer nach dem »Warum« Deiner Impulse, Deiner Wünsche oder Abwehrhandlungen gefragt hättest, wer weiß, ob Du dann geschrieben hättest? Du hast Dich durch den schöpferischen Akt von all dem befreit, was stört, was ängstigt, weil man es nicht verstanden oder sich mit ihm nicht hinreichend auseinandergesetzt hat. Es entsprach nicht Deiner Natur, die Dinge zu sezieren, sie unter die Lupe zu nehmen, das wäre zu erschreckend gewesen. Also hast Du, ohne eine Auswahl zu treffen, alles *en bloc* gespeichert, und all das, was Dein Gleichgewicht stören konnte, instinktmäßig auf Deine Bücher abgewälzt.

Was will ich damit genau sagen? . . . Ich habe nicht sehr viel Vertrauen in den Grad meiner Intelligenz und meiner Fähigkeiten. Ich bin erst zweiundzwanzig und habe nicht einmal ein Zehntel Deiner Erfahrungen gemacht. Außerdem habe ich nicht Dein Talent, und ich würde Dir meine Eindrücke gern sehr viel bescheidener beschreiben.

Ich war verwundert, wie unsicher Du Dir in Deinem Alter gegenübertrittst, so unsicher wie ich mir, oder vielleicht mehr. Ich war entsetzt, daß Du solche Mühe hattest, Dich selber ganz allein, ohne die Hilfe Deiner imaginären Welten, da Du ja mit dem Schreiben aufgehört hast, zurechtzufinden. Ich hatte noch Illusionen. Ich dachte, daß man am Ende eines Lebens wenigstens gewisse Fragen der eigenen Identität beantwortet hätte. Und dann habe ich einen Mann gehört: »Georges Simenon«, der sich mit zweiundsiebzig Jahren zaghaft noch immer selber suchte. Einen

Mann, der sich wunderte, wenn er seinen eigenen Namen aussprach, überrascht war, als er ihn zum ersten Mal an seinem Ohr widerhallen hörte. Stammelst Du ihn nun eigentlich oder sprichst Du ihn deutlich aus? . . . Für meine Begriffe klingt Deine Stimme seltsam naiv. Das ist amüsant, das bezaubert mich, aber es macht mir auch ein wenig Angst . . .

Ich schreibe immer größeren Mist, wie? Genau wie Du meine auch ich, eine Menge von Wahrheiten zu fühlen, aber es gelingt mir nie, sie wirklich ganz zu entwirren. Diese fast greifbaren, vor einem liegenden, aber doch immer unfaßbaren Wahrheiten! . . .

. . . »Monsieur Simenon«, Du, »der Mann«, mein Dad, ich liebe Dich und ich bewundere Euch . . .

Dein kleines Mädchen

Marie-Jo

den 29. Mai 1975

Mein »großer Dad«,

in Paris zurück, nehme ich meinen Alltagstrott wieder auf und versuche, jetzt etwas mehr Überzeugung dafür aufzubringen. Später werde ich am Quai de Branly 101 vorbeifahren, um nachzusehen, was es für Stellenangebote im Ausland gibt. Die Organisation, die sich darum kümmert, heißt »C.I.D.J.«. Keine Ahnung, was diese Abkürzung genau bedeutet, ich weiß nur, daß es sich um den Studentenaustausch in verschiedenen Ländern handelt.

Meine Angst davor, wegzugehen, ist ebenso groß wie mein Bedürfnis danach. Selbst wenn ich mich schlecht in meiner Haut fühle, schützen mich meine Gewohnheiten. Ich kenne hier niemanden im besonderen, keinen wirklichen Freund, aber ich kenne doch Namen, Gesichter, entfernte Gestalten, an die ich mich anklammern kann. Ich brauche nur anzurufen, um einen banalen Gruß auszutauschen. Allerdings lastet die Einsamkeit nach einem solchen Gespräch noch schwerer.

Am Wochenende gehe ich sicher zu Marc. Er fährt Sonntag mit Mylène nach Brüssel, und so bleibe ich mit Boule und der Intimität der Erinnerungen allein zurück, die ich sie bitten werde, mir zu erzählen. Auf diese Weise werde ich wieder an Deiner Jugend teilhaben, an Deinen langen Reisen, Deinem Gang durchs Leben. Und so wie man ein Puzzle Stück um Stück zusammensetzt, werde ich ein immer weniger unscharfes Bild des Mannes haben, der Du einmal gewesen bist.

Ob mir das wirklich helfen wird, den Mann von heute zu verstehen? Werde ich bald ein genaues Bild haben? . . . Und warum erscheint mir das so unerläßlich? Tatsache ist, daß ich überhaupt nichts weiß. Ich weiß nur, daß der Gedanke an Dich, dadurch daß er meine Angst mildert, einige meiner Schwindelgefühle verscheucht. Ich fülle die Leere mit Deiner imaginären Anwesenheit.

Ich möchte so gern handeln und nicht mehr träumen. Mich nicht mehr nur wie ein Automat bewegen. Gibt es vielleicht irgend etwas Wesentliches in der Art, wie man sein Leben führt, das ich einfach nicht begreife? Ist das der Grund, weshalb ich meine Existenzberechtigung nicht sehe, daß ich ihr hinterherlaufe, sie sich aber der Wirklichkeit entzieht? . . .

Ich habe mit Dir vor kurzem über die Zärtlichkeit gesprochen. Ich kann stundenlang eine Katze oder Marcs Hund, ja sogar das polierte Holz meines Treppengeländers streicheln, aber ich verliere jede Spontaneität in einer Liebesumarmung mit einem Mann. Da entsteht eine Barriere, die unüberwindlich ist. Meine Emotionen verlieren sich, und meine Gesten entsprechen nicht mehr meinem ersten Impuls. Am Ende biete ich nur noch eine Karikatur meiner Empfindung, die in tiefste Schichten zurückgedrängt ist und nicht mehr an die Oberfläche kommt. Fühle ich mich deshalb so schlecht? Wegen all dem, was sich seit Jahren in meinem Bauch angesammelt hat und das ich einfach nicht herausholen kann? Wie bei einer ungeheuren Schwangerschaft, die nie aufhört! . . .

. . . Ich schreibe Dir keinen Brief. Ich habe meinen Stift genommen, weil ich endlich eine Geschichte, Erinnerungen, irgend etwas schreiben wollte. Und dann habe ich festgestellt, daß ich nichts zu sagen hatte, nichts oder allzuviel, was aufs gleiche herauskommt. Und ich habe darauf verzichtet, meine Gedanken zu sammeln. Im Grunde fühle ich mich angesichts einer weißen Seite genauso wie angesichts eines Mannes. Ich habe Angst, mich gehenzulassen, mich in allzugroßer Nacktheit zu entblößen. Ich habe davor große Angst und wünsche es gleichzeitig ebensosehr. Ist unser Glaube an den Liebesakt nicht eng verbunden mit unserem Glauben an das Dasein? Nach all den Enttäuschungen erscheint es mir so, als hätte ich alle beide verloren. Ich habe mich ganz allmählich von meiner Frigidität überzeugt, von meiner Unfähigkeit, zu geben wie auch zu empfangen. So kann ich hinter meiner angespannten Maske weinen oder lachen soviel ich will, nur ich weiß es. Man ermüdet schnell daran, nur für sich selber etwas zu empfinden. Bald werde ich mir selber gegenüber ebenso gleichgültig sein, und die Leere wird endgültig meine Stelle einnehmen.

Sch . . .! Verzeih mir, daß ich wieder so viel Mist schreibe! Ich muß gegen meinen Defaitismus ankämpfen, und ich habe den Eindruck, daß ich wie ein Boxer bin, der, nachdem er sich sorgfältig die Handschuhe angezogen hat, seinen Punchingball nicht mehr findet. Worauf kann er nun mit seinen Fäusten einschlagen? Auf sein eigenes Gesicht? . . . Um sich vielleicht selber k.o. zu schlagen! . . .

Du verhältst Dich mir gegenüber sehr anständig, Dad, vielleicht sogar zu nachsichtig! Hattest Du denn mit zweiundzwanzig jemanden, auf den Du Dich stützen konntest, wenn Du den Boden unter den Füßen verlorst? Ganz sicher weder Deine Mutter noch Tigy. Wie hast Du es dann geschafft, das Gleichgewicht zu wahren? ... Ich kenne die Antwort: Du schriebst andere Dinge als das, was ich hier gerade geschrieben habe. Du hast nicht immer nur auf Deinen eignen Bauchnabel gesehen ... Mein Gott, wenn Mama sich doch hätte davon abhalten lassen können, mir bei meiner Geburt einen mitzugeben! ...

Dein kleines Mädchen

Marie-Jo

den 28. September 1975

Wenn man den Kontakt verloren hat
Oder ahnt, daß man ihn nie gehabt
Wenn man sich ein packendes Leben vorstellt
Es aber nicht lebt
Da es unerreichbar bleibt
Wie ein fremdes Herz
Wie das Pochen des Blutes
In den Adern eines Unbekannten

Wenn man an sein Gefängnis stößt
An seine eignen Schranken
An die Grenzen seines Selbst
Die man nicht überschreiten kann

Wenn man im Innern leidet
Bis man explodieren will
Einen letzten Schrei ausstoßen
Wie bei der Geburt
Ein Röcheln sterben
Ein Murmeln erlöschen lassen

Wenn man davon träumt
Ohne Zurück in den Abgrund zu stürzen
Oder wenn man in der Sonne träumt
Von der einfachen Liebe

Wenn man die Einheit erstrebt
Die man nicht mehr in Zweifel zieht
Und man den Frieden erfleht
Der von den Fingern gleitet
Von Problemen bedeckt
Die nur Trugbilder sind
Vom Staub erstickt
Der sich in unseren Gehirnen häuft

Wenn man sich Gott zuwendet
Und versucht an ihn zu glauben
Wenn man schließlich niederkniet
Die Arme schon gekreuzt
Wie um die Leere zu umschlingen
Die Wüste eines Lebens
Wo man sich ganz nackt gesehen hat
Wenn man abgestoßen wird
Von den Lichtern der Menge
Von diesem Wirbel
Der uns auf der Piste hält

Wenn man die Illusion verliert
Eine Spur zu hinterlassen vom Aufenthalt auf der Erde
Als ein Mensch inmitten anderer
Wenn man aber trotzdem beharrlich
»Anderswo« hinstrebt
Anderswo als ins Nichts
Anderswo als ins Absurde
Vor allem in ein »Irgendwo«
Das uns trösten wird

Wenn man sich blind stellt
Um nicht zu straucheln
Angesichts all des Sinnlosen
Das wir anhäufen

Wenn wir uns taub stellen
Für die Worte, die weh tun
Unvermeidliche Lügen
Oder allzu »wahre« Wahrheiten

Wenn wir stumm bleiben
Trotz unserer Ängste und Wünsche
Weil wir uns schämen
Und man so etwas nicht zugibt

Wenn man sich beobachtet
Im reflektierenden Spiegel
Und sein Bild kontrolliert
Das verzerrt ist und negativ
Ohne Natürlichkeit

Im Widerspruch zur Natur
Die in ihrem Rhythmus atmet
Keine Eitelkeiten kennt
Oder falschen Schein
Die in Details nicht mogelt
Keine Retuschen versucht
Wie ein alter Schauspieler
Wie wir alle es tun
In den gezwungenen Gesten
Der Welt der menschlichen Rasse

Wenn wir unser Leben damit vergeuden
Die Maske auszubessern
Ein Lächeln aufzusetzen
Dem der Zauber fehlt
Die Blicke zu färben
Deren Glanz erloschen ist

Wenn der Mensch immer nur
den Anschein begehrt
Die überflüssige Pracht
Das Gehabe der Chefs
Die Verzierungen des Briefumschlags
Der oft keinen Inhalt hat
Keine Botschaft für die anderen
Keine Bitte um Antwort

Wenn man weiß, daß die Zeit
Seine Ecken vergilbt
Seinen Klebstoff ableckt
Und die Adresse verwischt

Wenn unsere Kinder bald
Weil sie das Lesen satt haben
Knallbonbons machen
Aus dem wenigen was bleibt

Dann werden wir endlich frei sein
Ihnen den Platz überlassen
Und wir werden uns auflösen
Im Frieden der Sterne!

»Poigny-la-Forêt«

Ende

den 8. Oktober 1975

Das war's, mein Dad. 10 Uhr 20 abends. Ich habe zu nichts mehr Lust. Es ist aus.

Ich schreibe Dir wie als letzte Pflicht, aber ich werde es nicht wieder durchlesen, ich werde nichts durchstreichen und nicht nach neuen Wörtern suchen. Ich mache Schluß mit den Schnörkeln, wie ich Schluß mache mit meinen Wünschen und meinen Leiden.

Ich werde auch nicht mehr weinen. Das war »vorher« gut. Als mich das von meinen Ängsten befreite, von meiner zu großen Nervenanspannung.

Jetzt bin ich »geschafft«, hocke am Grunde des Lochs, zusammengekrümmt in klebrigem, dickem Schwarz, in meinem eigenen Geruch, der mich stört und mich verfolgt, dem ich aber nicht entrinnen kann.

Ich hätte Dir gestern abend vielleicht konkreter schreiben können, als mein Gehirn noch nicht so vollkommen leer war.

Es ist zu spät. Die Wörter sind ebenso leer wie mein Kopf, durchsichtig in ihrer Armseligkeit. Ich muß sie eines nach dem anderen meiner Feder entreißen, die mir, leblos in meinen Fingern, schon den Gehorsam verweigert.

Ich glaube an nichts mehr.

Meine Vergangenheit war eine einzige Lüge.

Ich habe mein Leben damit verloren, das zu erkennen.

Ich habe die anderen belogen, indem ich zuerst mich selber belog.

Mit einem winzigen Rest Aufrichtigkeit habe ich Träume aufgebaut, die ich als Wahrheit ansehen wollte.

Mich *gegen* die Welt zu schlagen, erscheint mir ungeheuerlich, *für* die Welt, die Leute utopisch und sinnlos.

Mich für oder gegen mich selber zu schlagen, erscheint mir unmöglich und mühevoll.

Als ich versuchte, mich unempfänglich für das Leiden zu machen, wußte ich noch nicht, daß ich gleichzeitig auch unempfänglich für die kleinen Freuden würde, die der Anfang des Glückes sind.

In den zweiundzwanzig Jahren meines Lebens habe ich nur einen einzigen Schritt getan, den ersten: ohne Ziel von vorn nach hinten, mit der Bewegung des Pendels, das Gefangener seiner Penduluhr ist. Ich trat von einem Fuß auf den anderen und blieb am gleichen Ort. Ich bin auf der Stelle getreten und habe nicht einmal meine Spur hinterlassen. Ich bin in einer erstarrten Landschaft vergebens auf der Stelle getreten.

Die Leute widern mich an, sie amüsieren mich nicht mehr, sie erwecken kein Mitleid mehr in mir. Wenn sie mich im Vorübergehen berühren, erkenne ich in ihnen meine eigenen Schwächen, meine eigenen Schamgefühle, meine eigene Heuchelei, die mich abstoßen. Ich sehe in ihnen nur mein eigenes Spiegelbild, und ich habe es satt, mich selbstgefällig anzusehen oder diesen Anblick zu vermeiden, indem ich die Augen abwende. Wie gern würde ich mich dafür entschuldigen, selber auch einer ihrer Spiegel zu sein und ihre Züge bis zur Unkenntlichkeit entstellt zu haben.

Ich habe genug davon. Ich kann nicht mehr. Ich glaube, ich habe es versucht. Wie lange? Ganz bewußt und in einem alltäglichen Kampf mindestens zwölf Jahre. Fast mein halbes Leben hindurch! Ist das nicht genug? Ist das nicht ausreichend, um Bilanz zu ziehen und die Waffen zu strecken?

Ich habe einige meiner Träume zerstört, andere haben sich von selber zerstört, da sie vor der Wirklichkeit nicht bestehen konnten.

Ich habe meine Ängste, meine Wünsche, meine Bedürfnisse verdrängt, ich habe Leute wegen nichts und wieder nichts bemüht und viel Staub aufgewirbelt wegen nichts. Ich habe Tränen geweint, die schon vergangen sind und doch alles von mir enthalten haben.

Ich habe meinem Körper seine Impulse ausgetrieben, meinem Herzen seine Begeisterung, meinem Wesen seine Wärme und das notwendige Maß an menschlicher Zärtlichkeit.

Ich existiere nicht mehr. Der Platz ist frei für einen Nachfolger. Jemanden, der mutig ist, zumindest beharrlich, jemanden, der zwei Lungen zum Atmen hat und nicht eine kalte Marmorplatte anstelle des Brustkorbs.

Mein Gott, verzeih mir. Ich habe weder das Leben noch die Leute zu lieben vermocht, sondern nur meine eigene Person und die bis zum Ekel.

Mache meinen Vater glücklich, ebenso meine Brüder und den Mann, der mich zuletzt unterstützt hat, ohne daß ich es ihm vergelten konnte.

Ich gebe auf, ich habe keine Würde mehr, keinen Willen. Ich sehe keine Existenzberechtigung mehr und weigere mich, mir eine neue zurechtzuzimmern.

Ich danke Dir für alles, mein Gott . . .

Marie-Jo

F.,

ich sehe Dich morgen, das ist wunderbar. Wunderbar war es auch, am Dienstag Deine Stimme am Telefon gehört zu haben, zum erstenmal seit ich in der Klinik bin.

Du hast viel über Bemühen, über Willen zu mir gesagt . . . Es gibt ein Stadium, das ich allzu gut kenne und wo diese Worte keinen Sinn mehr haben. Ich will sagen: als ich am Montag freiwillig wieder meine Einlieferung verlangt habe, war ich unfähig, normal zu leben, zu handeln wie die anderen, richtig zu empfinden.

In meinem Gehirn hat sich eine Kluft aufgetan, die mich vorübergehend wirklich »wahnsinnig« gemacht hat, eingesperrt in mein Universum, das gar nichts Beruhigendes mehr hatte. Stelle Dir ein Universum vor, in dem alles verschwommen ist, Fragen ohne Antwort, verdrängte Aggressivität, Erwachen aus Träumen mit bitterem Nachgeschmack.

Mein Leben war hinter zwei Mauern verschanzt: dem Nichts vor meiner Geburt und demjenigen nach meinem Tod, die sich vor meinen zuschauenden Augen in größter Geschwindigkeit zu treffen schienen, um zu verschmelzen und von meiner Existenz nur eine verengte Spur zu hinterlassen.

Klinik: 22 Uhr 30

Dad. Ich habe »Des Traces de Pas« noch nicht beendet, sondern erst die Hälfte gelesen und gestern abend dann, weil ich allzu neugierig war, in den Teilen am Schluß geblättert, wo ich mein Porträt fand.

Dein Unfall . . . Die schreckliche Szene am Vorabend, meine Ohnmacht, als ich Dir . . . nicht Gewalt, nicht Haß, sondern nur meine Liebe entgegenbringen wollte, die so egoistisch war, daß sie nicht akzeptierte, daß Du auch ein Leben als Teil eines »Paares« führst.

Ja sicher, ich sehe mir selber über die Schulter, und meine Gefühle mögen theatralisch sein. Aber ich habe nur sie. Ohne meine Künstlichkeit, wenn man das überhaupt so bezeichnen will, bin ich nichts. Ich habe Dir allzuviel erzählt, mich Dir allzusehr aufgeschlossen, in einer falschen Richtung, wie in einer »Einbahnstraße«, den Blick nach innen gerichtet. Aber mit den Augen einer Blinden versuchte ich, Dich zu sehen, Dad, das war meine Qual. Ich brauchte nur noch einen Schritt zu tun, um zu Dir zu gelangen, das fühlte ich . . . einen Schritt im Dunkeln, der mir unmöglich war.

Ich habe Dich so sehr gesucht, ich habe Dich verstehen wollen, ebensosehr, wie ich mich suche, wie Du tastend versuchst, Dich selber zu verstehen.

Ich habe nichts in meinem Leben. Nichts außer . . . Laß mir die Macht des Ringes, der an meinem Finger sitzt, laß mich daran glauben, laß mir meinen Traum, er ist egozentrisch, ich weiß, aber laß mir diese kleine Vermischung von Dir und mir.

Laß mich Dich lieben, ohne Dich immer zu fragen, ob ich aufrichtig bin. Laß mich . . .

Kannst Du Vertrauen haben und nicht zweifeln? . . .

Dad. Drei Briefe, Dein Name, meine Vergangenheit und die Leere in meinen Händen.

Dein kleines Mädchen

Marie-Jo
»Villa des Pages«

den 26. November 1975

18 Uhr. Ich warte auf die abendlichen Medikamente, um endlich schlafen zu können und nicht mehr »bewußt« zu denken.

In diesem Augenblick denke ich genau so, wie ich rede, als ob die Worte mit leiser Stimme in meinem Kopf von selber sprächen, als ob sie sich in Drucklettern genau hinter meinen Augen einprägten und gegen die Wände meines Schädels stießen.

Ich nehme meinen Stift, um sie eines nach dem anderen nach außen zu holen, damit sie endlich aus mir herausschlüpfen und ich die Illusion eines Kontaktes habe.

Ich bin zu sehr allein. Kann man mir vielleicht dadurch helfen, daß man mich freundlich in ein fast nacktes Zimmer bringt und mir nicht einmal sagt, was ich tun soll, mir keine Medikamente gibt und mir zur Gesellschaft nur meine eigne Präsenz läßt.

In den letzten sechs Monaten habe ich mich in einer Art selbstgefälliger Verzweiflung freiwillig in mich selber verschlossen. Ich habe mit dem Räderwerk meines Gehirns gespielt, wie man mit einem kranken Zahn spielt, und ich schleuderte meine Ideen mit lauter Stimme gegen die Wände meines Zimmers. Sie prallten nicht zurück, ich hörte kein Echo mehr. Ich weinte im Leeren. Ich rief Gott und versuchte, an ihn zu glauben, bis ich mich ein wenig beruhigte. Ich redete mit den Fotos meines Vaters und versuchte, ihn wieder allmächtig zu sehen wie in meiner Kindheit.

»Villa des Pages«

1976
Paris, 23 Jahre

Guten Tag, Monsieur
Sagen Sie doch »Guten Tag«
Aber ja, ich bin es
Erkennen Sie mich nicht? . . .
Gehen Sie nicht weiter, Monsieur
Ich bin es doch! . . .

Die Straßen, die Lichter
In diesem Betonklotz
Er prallt gegen die Stadt
Er prallt gegen die Vorübergehenden.

Sieht aus wie ein Betrunkener
Außer Atem in der Nacht
Er klammert sich den Leuten
Vergebens an die Kleider.

Guten Abend, Madame
Sagen Sie »irgendwas«
Aber ja, ich bin es
Erkennen Sie mich nicht?
Gehen Sie nicht weiter, Madame
Ich bin es doch, ich schwöre! . . .

Im Strom der Menge
Der sich über Paris ergießt
Zwischen den huschenden Schatten
Auf dem glänzenden Pflaster
Verliert er sich in der Runde
Und er läuft wie ein Wahnsinniger
Unbeachtet von diesen Leuten
Die er schreiend anruft.

Meine Damen, meine Herren
Sagen Sie mir »irgendwas«
Ich bin es, der Mensch
Gehen Sie nicht weiter . . .

Sie alle, denn es gibt mich . . .
Erkennen Sie mich! . . .

Er hat seine Fresse gezeigt
Mit den trocknenden Tränen
Er hat seine Hände ausgestreckt
Und ist zusammengebrochen.

Ein Kreis hat sich gebildet
Bis die Polizei kam
Gesichter mit leeren Augen
Die er von unten sah.

Herr Wachtmeister
Sagen Sie mir »warum«
Aber ja, ich bin es
Erkennen Sie mich nicht?
Ich stehe auf
Sie werden sehen aufrecht
Bin ich noch der alte.

Verzeihung, wie bitte?
Mein Name? . . . Meine Adresse? . . .
Warten Sie eine Sekunde
Zu dumm, ich habe ein Loch . . .
Ein schwarzes Loch in meinem Kopf . . .
Eine Sekunde, ich bitte Sie . . .
Damit ich . . .

Ich bin . . .
Ich heiße . . .
Ich wohne . . .
Warum verhaften Sie mich? . . .
Ihr alle, antwortet!
Erkennt Ihr mich?
Also dann sagt es ihm
Sagt es ihm für mich!
Mein Gott . . . mein Kopf . . .
Ich habe alles vergessen . . .!

»Poigny-la-Forêt«

Ende

Ich möchte die Sonne
In die hohle Hand nehmen
Wenn sie aus einer Nacht entsteht
In der ich nicht schlief.

Ich möchte ihre Strahlen
In den Mund nehmen wie Wasser
Wenn sich die Farben meines Zimmers
Im Fensterglas spiegeln.

Ich möchte mich in ihr warmes Licht
Einwickeln
Wenn ich ganz nackt
Am Fenster stehe.

Ich möchte mit zusammengepreßten Fingern
Festhalten die flimmernden Körnchen
Die den Staub bilden
Vom Teppich zur Zimmerdecke
In der Luft umherschwirren.

Ich möchte ihn verlängern
Diesen köstlichen Augenblick
Da ich ein Auge schließe
Und meine Hände ganz nah
Mit der Rundheit
Der Sonne verschmelzen, die wächst
Bis an meine Nasenspitze
Während sie den Himmel blau färbt.

»Lausanne«

den 30. Januar 1976

Wenn du ins Leben gehst
Ohne die anderen zu fühlen
Ohne den Kopf zu heben
Ohne einem Blick zu begegnen

Wenn dein Weg nach vorn
Dich immer nur

979

Blindlings im Kreis
Des Gefängnishofs herumführt

Mach eine kleine Anstrengung
Und streck mir die Hand hin
Und erkenne in mir
Eine, die dir gleicht

Wenn in dein Herz
Ein Übel eingepflanzt ist
Das deine Nächte weinen
Und deine Tage ertrinken läßt

Wenn du die Umarmung ablehnst
Nicht mehr darauf aus bist
In der Liebe zu suchen
Was dein Innerstes erwartet

Mach eine kleine Anstrengung
Und streck mir die Hand hin
Und erkenne in mir
Eine, die dir gleicht

Wenn du den Begriff verlierst
Von allem, was du bist
Mit einem gähnenden Loch
Als einziger Erinnerung

Wenn du endlos hinabsinkst
Im Laufe der Zeit
Auf den Grund meergrünen Wassers
Wo dein Blut sich entleert

Mach eine kleine Anstrengung
Und streck mir die Hand hin
Und erkenne in mir
Eine, die dir gleicht

Wenn im tiefen Dunkel
Deines bohrenden Wahnsinns
Jeder Spiegel dir zurückwirft
Die Maske der Angst

Gespenst des Lebens
Vom Glück gemieden
Wenn du dich sterben siehst
Vermeide zu schreien

Denn ich werde den Mut haben
Zu überleben für dich
Wenn ich fühle, daß das Vertrauen
Deine Verzweiflung verjagt

Ich schulde dir ein Geheimnis
Ich habe deine Angst erlebt
Dein Leiden, das kenne ich
Du weißt doch, ich gleiche dir

Und wenn es nicht zu spät ist
Werden wir gemeinsam versuchen
Eine Sonne zu erfinden
Die uns lieben wird

»Poigny-la-Forêt«

Ende

(Nicht genial, wie? . . . Macht nichts!)

den 4. Februar 1976

Mein Dad,

  ich schicke Dir wie versprochen einen kurzen Text, den ich neulich im Hinblick auf ein Chanson geschrieben habe. Daher findest Du darin einen Refrain, außerdem überall die gleiche »Fuß«-Zahl. Ich glaube nicht, daß es gut ist. Es ist nur ein Versuch unter anderen, eine »Übung« zur »Übung«. Ich versuche, so oft wie möglich zu schreiben und selbst dann, wenn ich gar nicht das Bedürfnis danach habe. Einzig und allein, um zu »arbeiten«.

  . . . Ich hoffe, daß sich Teresa gut von ihrer Operation erholt hat und bald wieder auf den Beinen ist.

  Ich hoffe vor allem, daß Du in Deinen kleinen alltäglichen Freuden nicht zu sehr gestört wirst.

  Ich meinerseits möchte diesen Winter endlich hinter mich bringen, möchte endlich wieder eine schöne warme Sonne sehen, allerdings ohne dabei meine Pariser Aktivitäten aufzugeben. Ich muß noch so manche Grundlage für mein Leben schaffen, bevor ich, ohne das Gefühl zu haben, vor mir selber oder vor meinen Problemen davonzulaufen, guten Gewissens Ferien machen kann.

Das war's, mein Dad.

Ich denke jedesmal fest an Dich, wenn ich merke, daß ich schwach werde. Ich sage mir: »Er hat es geschafft, das Hindernis zu überwinden. Warum sollte ich es nicht schaffen?« Und ich versuche es meinerseits ...

Mit all meiner Zärtlichkeit ...

Dein »kleines Mädchen«

Marie-Jo

den 19. Februar 1976

Ich wollte viele Dinge
Als ich klein war
Reinheit, Liebe
Die großen starken Arme
Eines Daddy für mich allein

Ich sann nach über das Lächeln
Der Wolken am Himmel
Ich betrachtete den Mond
Den ich in den Händen hielt
Und im Abendblau
Sprach ich mit den Sternen

Daddy ich hätte dir gern
Das Universum geschenkt
Alles, was bebte
In der Tiefe meines Herzens
Die Wärme einer
Mit dir geteilten Liebe

»Poigny-la-Forêt«

Ende

Mein Dad,

mein Dad, der mir gehört . . . Mein großer Dad. Dad meiner Kindheit, des Tennessee Waltz. Dad von später, als ich mich auf deine Knie kuschelte. Dad von heute, der so zärtlich ist und dem ich dennoch nichts erklären kann. Es ist mir kein Kontakt mehr möglich! Ich bin Gefangene eines Ichs, das ich nicht mehr verstehe, nicht mehr in der Gewalt habe. Ich lebe im Vakuum, ohne Erinnerung, ohne Antrieb, ohne Spannkraft.

O Dad! Heute nachmittag bin ich zu Hause, um mir die Haare zu waschen, bevor ich zu Dr. L. gehe. Danach werde ich mit der S-Bahn wieder direkt in die Klinik zurückkehren. Man läßt mich tagsüber hinaus. Das ändert aber nichts daran, daß ich vorerst und gewiß für lange Zeit dort wohne.

Es ist zwei Uhr. Ich bin gerade in meinem unaufgeräumten Apartment angekommen. Ich habe eine Platte aufgelegt und Fotos angesehen und . . . dann habe ich geweint.

Ich habe nach Dir gerufen, wie damals, als ich klein war. Ich habe Dir versprochen, alles zu tun, um da herauszukommen, damit Du endlich stolz auf mich sein kannst.

Wieviel Arbeit an mir selber, bevor ich wieder Kontakt mit den anderen aufnehmen kann! Ich lebe in der Anarchie meines Körpers und meines Kopfes. Ich bin lebendig eingemauert in eine Wahnwelt, in die die Sonne nie eindringt. Ich ersticke in meinem Wahnsinn. Ich möchte schreien und kann nicht mehr richtig sprechen und schreiben. Ich möchte Zärtlichkeit und bin unfähig, die Hand auzustrecken.

Sag, werde ich je gesund? Oh! Sag es mir laut, habe Du Vertrauen an meiner Stelle.

Eines Tages werde ich als ein großes Mädchen, vor dem Du keine Angst mehr zu haben brauchst, in Deine Arme zurückkehren.

Eines Tages . . . Wann wird er kommen, nach all der Zeit, die ich schon auf ihn warte? . . .

Ich liebe Dich, mein Dad. Ich bitte Dich, vergiß das nie, egal, was kommen oder mit mir geschehen mag. Erinnere Dich stets an mein seltenes echtes Lächeln und verbanne meine Tränen aus Deinem Gedächtnis. Es hätte sie nie geben dürfen. Warum habe ich zugelassen, daß sie sich meiner bemächtigen, ebenso wie die Angst? . . . Warum habe ich nie verstanden zu leben, selbst damals nicht, als ich Dich ganz nah neben mir hatte?

Eine Zärtlichkeit, groß und warm wie die Sonne, ein Kuß auf Deine Stirn, eine Hand auf der Deinen und ringsum Frieden . . .

Dein »kleines Mädchen«

Marie-Jo

Auszuhändigen an Monsieur Georges Simenon
12 Avenue des Figuiers
1012 Lausanne
(VD) SCHWEIZ

den 15. Mai 1976

Mein »großer alter Dad«, den ich lieb habe:

Ich habe Dich eben am Telefon gehört. Ich wollte sicher sein, bevor ich für immer weggehe, daß es Dir gutgeht, daß Du glücklich bist und daß Du nicht allzu großen Kummer haben wirst.

Du brauchst überhaupt keinen zu haben. Es ist nichts Trauriges, nichts Dramatisches daran. Das Drama spielen wir alle im Leben. Ich glaube nicht, daß es im Tod existiert. Ich gehe fort, weil ich nicht mehr kämpfen, mich mit all meinen Widersprüchen akzeptieren, die anderen Leute in Frieden und brüderlich ansehen kann. Sie machen mir weiterhin Angst oder vielmehr: ihr Zustand als menschliche Wesen deprimiert mich.

Ich habe zuviel geträumt. Ich habe mich im Grunde immer den kleinen Realitäten des Lebens entzogen, jenen, die einen Zauber besitzen, wenn man in Harmonie mit sich selbst ist.

Ich bin immer feige gewesen. Ich habe mich auf meine Umgebung verlassen, auf Dich ganz besonders, als stünde mir das zu, ohne zu merken, wie egoistisch war. Nach und nach habe ich meine Würde verloren, die der einzige Wert ist, der der Existenz ihren Sinn verleiht.

Ich schäme mich heute, mich manchmal zu »nackt« vor Dir gezeigt zu haben, als ich, koste es was es wolle, einen letzten Kontakt herzustellen suchte, der in Wirklichkeit nur in meinem Kopf einen Sinn ergab.

Ich habe Dich leiden lassen, verzeih mir. Ich habe Dich derart oft um Verzeihung gebeten, wenn ich Deine Fotos bei mir an der Wand ansah oder streichelte. Und ich habe natürlich geweint. Es schien mir, als hätte ich mit aller Kraft seit meiner Jugend, schon vor Prangins, kämpfen müssen, um ein ordentlicher Mensch zu werden. Ich greife einen Satz auf, den Du in »Les autres« verwendet hast und der mir aufgefallen ist:

»Ich war zu ehrgeizig, um es zu sein.«

Verstehst Du mich? Trotz meines Pessimismus, meiner Zeiten der Niedergeschlagenheit vermutete ich in mir einige Talente, die eines Tages zum Vorschein kommen würden.

. . . Seit gestern abend in der Klinik denke ich über diesen Brief nach, und mit einemmal entgleiten mir die Worte, und alles, was ich Dir zum letzten Mal sagen wollte, verklemmt sich in meinem Inneren . . .!

Wenn Du diesen Brief bekommst, dann rede Dir einfach ein, daß ich endlich ganz in Deiner Nähe bin, friedlich und ohne mich weiter zu beklagen. Ich werde wieder Deine kleine Tochter geworden sein, die mit

Dir Arm in Arm durch die Sonne bis zur Bar auf dem Bürgenstock ging –
das kleine Mädchen des Tennessee Waltz. Behalt nur das von mir. Was
den Rest betrifft, so vergiß ihn, es ist besser so, und sei vor allem glücklich, setz Dein Leben fort und genieße jede Minute, die vergeht, mit all
der Sinnlichkeit, die Du hast. Das ist das wahre Leben: die Sonne auf der
nackten Haut, der Blick eines Passanten, an dem man vorbeigeht, der
Geruch einer erwachenden Stadt, zwei Körper, die sich ohne falsche
Scham vereinen ... Ganz besonders gilt es, für jede Minute, die vergeht,
empfänglich zu sein, ohne schon an die nächste zu denken. Manchmal
habe ich es verstanden, so zu sein. Ich habe es fertiggebracht, mich auf
einen Stuhl zu setzen und meinen Körper zu entspannen, ohne ihn schon
durch den Gedanken zu verkrampfen, daß ich wieder aufstehen wollte.

Ich habe es fertiggebracht, eine Katze zu streicheln und zu fühlen, wie
nahe sie mir war. Ich habe mit einem Hund sprechen können ...

... Ich habe es nie verstanden, mich mit einem Menschen wirklich auszusprechen! Jetzt muß ich den Mut für meine Feigheit, meine Feigheit zu
leben, aufbringen. Es darf nicht passieren, daß mir mein Selbstmord mißlingt, sonst bedürfte ich noch mehr der Sorge und Rücksichtnahme von
seiten der anderen.

Ich will nicht länger eine Last für irgend jemanden sein. Und da ich
nicht imstande bin, so zu lieben, wie es scheint, daß man lieben muß ...
Ich bin unnütz. Warum soll ich dann für mich allein leben, mich herumschlagen, um in dieser Welt zu leben, die mir Angst einjagt und für die ich
mich so schlecht gewappnet fühle?

Weißt du, wenn ich mir Deine Fotos ansehe, von denen verschiedene
aus der Zeit vor meiner Geburt stammen, ertappe ich mich dabei, daß ich
von der Existenz träume, die Du Dir geschaffen hast. Im Grunde hätte ich
gern an Deiner Seite sein mögen.

Ich hätte Dir beweisen mögen, daß ich etwas andres war als ein egozentrisches Wesen, das an seinen eigenen Tränen Gefallen fand.

Es ist zu spät. Ich bin zu weit abgetrieben worden, und ich bin nicht
mehr in dem Alter, wo ich mich an Deine Knie schmiegte.

Ich habe meinen Brief unterbrechen müssen, um einen Psychoanalytiker aufzusuchen. Ich habe ihm erklärt, was ich tun wollte, und habe viel
geweint. Warum?

Ich habe ihm vor allen Dingen von der Unfähigkeit erzählt, in diesem
Brief meine Gedanken zum Ausdruck zu bringen, und von meinem
Wunsch, ruhig zu sein und einen klaren Kopf zu behalten.

Dad ... Ich kann kein Testament machen, weil ich kein Geld verdient
habe. Alles gehört dir. Verschenk meine Sachen an wen du willst, meine
Gitarre an Serge, wenn er sie haben mag, denn er ist ziemlich musikalisch.

Ich habe in einer schwarzweißen Plastiktasche unter dem Spülbecken alle meine Aufzeichnungen und die Briefe verwahrt, die ich von dir oder anderen Leuten bekommen habe. Hebst Du sie auf? Meine Hefte hingegen sind ein bißchen verstreut. Ich habe welche in der Klinik, hier in den Schubladen, unter meinen Hosen und auch in den Schnellheftern, zusammen mit meinen Fotos.

Ich schreibe schnell und schlecht. Ich fürchte, ein weiteres Mal zu »versagen«. Ich habe Angst, in letzter Minute Angst zu bekommen. Aber ich werde ganz fest an Dich denken und alles wird gutgehen.

Ich weiß, daß Du Dich schon entschieden hast, einmal eingeäschert zu werden. Daß Du bereits Deine Urne und die Stelle ausgesucht hast, wo sie hinkommen soll.

Mir ist vor dem Sarg ebenso bang wie vor dem Feuer. Also entscheide Du für mich, und es ist dann gut so. Ich hoffe nur, und das ist mein einziger Wunsch, bis zum Schluß den goldenen Ring an meinem Finger behalten zu können. Wenn man ihn mir bei der Autopsie abnehmen sollte, würdest Du ihn mir hinterher wieder aufstecken? Dieser Ehering ist das einzige, das im Leben für mich gezählt hat. Verstehst Du das?

Im übrigen gehe ich auf Zehenspitzen davon, um niemandem mehr Schmerzen zu bereiten und um auch selbst keine mehr zu haben.

Ich bin bedrückt bei der Vorstellung, Dich zu verlassen, ohne Dich wiederzusehen, ohne Deine neuen Manuskripte kennenzulernen, ohne zu wissen, was aus der Familie wird. Hoffentlich seid Ihr alle glücklich. Ich wünsche mir, daß Marc es schafft und mit seinen Filmen Erfolg hat, daß Johnny bei seiner Arbeit das Glück findet, daß Pierre weiterhin dieser große, selbstsichere und ausgeglichene gute Kerl bleibt.

Daß Mama euch nicht zu sehr Unannehmlichkeiten bereitet und mir verzeiht, daß ich nicht zu ihrem Geburtstag kommen konnte. (Er war gestern.)

Koste mit allen Poren deine innigen Beziehungen zu Teresa aus, die ich so schlecht zu verstehen und zu akzeptieren gewußt habe!

Dad, ich habe Dich mehr als alles auf der Welt geliebt, ich sag es Dir ein letztes Mal. Bitte, glaub mir, ich bitte Dich herzlich! Es war der einzige Sinn des Lebens für mich, und ich scheide aus dem Leben, weil ich zu der Überzeugung gekommen bin, daß ich es nicht mehr fertigbringe, die Erwartungen, die Du hegst, daß ich nämlich jemand »Brauchbares« werde, in den Du Vertrauen setzen kannst, zu erfüllen.

Ich hätte es gern gehabt, daß Du mich besser kennengelernt, daß auch ich Dich besser verstanden hätte. Ich stieß mich immer an meinen inneren Hemmungen, die verhinderten, daß ich mein Herz ausschüttete.

Noch jetzt würde ich Dir gern ein wenig erzählen, was mich in jene Richtung, was in andere und schließlich in diese Leere getrieben hat, die unerträglich geworden ist. Ich kann keinen klaren Gedanken mehr fasse. Macht nichts, oder?

Zusammen werden wir jetzt, da bin ich sicher, den Berg besteigen und uns im Gras ausstrecken und den Mond in Händen halten. Es gibt keinen Zorn mehr, kein Unverständnis, keine Scham und keine Schwächen.

Ich komme wieder zu Dir und wir sind glücklich . . . Neben »meinem Gott«, zu dem ich oft gebetet habe, warst Du mein konkreter Gott, die Kraft, an die ich mich klammerte.

Du bist es noch, Du bist es auf ewig!

Wie viele »Schnuff-Schnuffs« soll ich Dir noch schicken? Wie viele Küsse, wie viele Zärtlichkeiten . . .?

Ich rieche noch den Duft Deiner Pfeife, ich werfe mich in Deine Arme, Du beschützt mich, und ich bin glücklich . . .

Sei es um meinetwillen auch . . .

Deine »kleine Tochter«
Marie-Jo

PS: Könnte ich wohl in die Schweiz »repatriiert« werden, um nicht so weit von Dir weg zu sein?
PPS: Ich habe auch Boule, Mylène, Serge, Diane, Francette, Madame L., F. und C. sehr gern gehabt. Wenn sie es bloß erfahren könnten . . .!

Ein zerstörtes Gehirn
Ein gemarterter Körper
Angst im Gefängnis
Ersticktes Schluchzen

Das ist alles, was bleibt
Von meinem Dasein in Wahnsinn
Mein Leiden entflieht mir
Und klagt in der Nacht

Mein Herz hofft nicht mehr
Ich möchte, daß es aufhörte
In meinem Kopf zu hämmern
Der vollgespritzt ist mit Schwarz

Eine ganze Welt von Träumen
Hat meine Eingeweide zerfressen
Ich versinke im Nirgendwo
Eines Feuerschlundes – (endlos)

Ich kehre zurück ins Nichts
Ich werde wieder zu Staub
Ich bitte den Tod
Mein Schicksal zu beenden.

»La Verrière«

den 6. Oktober 1976

Mein großer Dad,

die Monotonie der Stunden, die sich endlos dahinziehen. Das Warten
auf morgen, Sonntag, da ich endlich mit Johnny für ein paar Stunden hinaus darf.

Warten auf das Verdikt der Psychologen am Dienstag, die mich schon
zweimal untersucht haben und mir mitteilen werden, welcher Behandlung
ich mich zu unterziehen habe. Psychodrama? Gruppenanalyse? Individu-
elle Psychotherapie? Die letztere Hypothese jagt mir Angst ein. Ich kann
mir kaum vorstellen, daß eine kurze Begegnung mit einem Arzt, den ich
wechseln werde, sobald ich draußen bin, etwas Gutes einbringt. Warum
kann ich nicht gleich mit B. anfangen? Antwort: meine medizinischen
Beziehungen dürfen nicht über den Rahmen der Klinik hinausgehen.

Ich bin ein bißchen verzweifelt. Fünfzehn Tage lang hat man mich
beobachtet. Ich habe den Eindruck gehabt, daß man mich ohne jede Hilfe
ließ, wenn man von den freundschaftlichen und tröstlichen Kontakten mit
den Schwestern und auch mit einigen Kranken absieht, die aber zumeist
am Wochenende schon heim dürfen oder tagsüber in der Stadt spazierengehen. Dann sind hier die Gänge menschenleer, und ich weiß nicht mehr,
mit wem ich reden soll.

Aber einen persönlichen Erfolg habe ich erzielt: ich habe meinen nervösen Heißhunger unter Kontrolle. Und dann schlafe ich zwar noch ziemlich schlecht, aber nur, weil ich fast überhaupt keine Medikamente mehr
nehme. Ich setze meinen ganzen Willen darein, zu einem natürlichen
Schlaf zurückzufinden.

Das war's. Ich versuche zu malen, es gelingt mir nicht. Ich versuche zu
schreiben, es gelingt mir nur schwer. Es gibt zu viele Interferenzen in meinem Gehirn, die mich daran hindern, meine Einfälle frei zu entfalten.
Dabei fehlt es mir wirklich nicht am Willen, mich auszudrücken. Ich
ersticke, weil ich alles in mir behalte in einer anarchischen Unordnung.
Ob ich wohl eines Tages mir selber »gleichen« werde? Bin ich je ein »normaler« Mensch gewesen? Ich nehme wahr, daß das Leben pulsierend, voller Farben, Bewegungen, Reize ist. Ich fühle es hinter der undurchdringli-
chen Wand vibrieren, hinter der ich eingemauert bin und die mich blind

macht. Ich leide darunter, von dieser Existenz ausgeschlossen zu sein, von der ich manchmal ein wenig Geruch zu erschnuppern meine. Wenn ich mich endlich selber verstehen würde, könnte ich mich da hineinstürzen, ganz nackt und ohne das Gewicht meiner Phantasmen, so wie man sich ins frische Wasser stürzt und mit der Strömung schwimmt. Ich würde mich den anderen aufschließen, könnte sie lieben . . .

Und meine Liebe zu Dir würde noch größer, ruhiger, einfacher, ohne Egoismus oder Romantik. Manchmal geht es mir schlecht, weil ich Dich vergöttere und Du mir gerade dadurch unerreichbar wirst. Wenn ich Dich endlich wieder als meinen Vater sehe, habe ich gewonnen. Ich werde Dir dann ganz nahe sein, in einer Wirklichkeit, die besser ist als alle Träume der Vergangenheit . . .

Dein »kleines Mädchen«

Marie-Jo

den 10. November 1976

Oft entsteht
Vor meinen Augen
Das Bild
Einer Vergangenheit so nahe
Daß sie Seiten füllte
Hätte ich den Mut
Von früher zu sprechen.

Erinnerst du dich noch
An den Sommer unserer Ferien?
Als die Sonne in der Ferne
Unterging ohne Klage.

Die Schatten länger wurden
Alles sanft war in der Luft
Eine warme Liebkosung
Und wir Arm in Arm zur Bar gingen
Die schon dunkel war.

Die Musik spielte
Nur für uns beide
Ein Walzer, ein Geheimnis
Zog uns zur Tanzfläche.

Ich reckte den Kopf hoch
Und sah in deine Augen
Ich las darin Zärtlichkeit
Und umklammerte deine Arme
Denn du drehtest dich zu schnell
Für meine winzigen Schritte.

Ich fühlte ein Schwindelgefühl
Das mich langsam ergriff
Ich war in deiner Wärme
Ich lachte mit dir.

Wir gingen etwas trinken
Für mich gab es Orangensaft
Ich mußte mich hoch hinauf
Auf den großen Hocker setzen.

Bevor wir aufbrachen
Hast du mit den Augen gezwinkert
Und unseren Walzerkomplizen
Noch einmal bestellt.

Man hörte ihn noch
Von draußen in der Nacht
Als wir den Weg zurück
Zum Hotel mußten.

Gewiß, ich war klein
Erst sieben Jahre alt
Aber ich spielte deine Frau
Und ich vergaß Mama.

»Le Vésinet«

den 15. November 1976

Mein großer Dad,

10 Uhr 30. Ich warte auf die Visite des Abteilungsarztes, der mit mir über meine Aktivitäten dieser Woche beschließen wird. Vielleicht darf ich Mittwoch oder Donnerstag hinaus, um mir mit Boule einen Wintermantel zu kaufen? Ich hätte auch Lust, zum Friseur zu gehen, das ist eine Frage der Eitelkeit, die aber nötig ist, damit ich mich nicht gehenlasse.

Recht guter Kontakt letzten Freitag mit meinem Psychotherapeuten. Einige Analysestunden werden ausreichen, um mir das Warum meiner Ablehnung früherer Analysen zu erklären. So werde ich mich B. schon bald stellen können, ohne Angst, mich daran stoßen zu müssen, wenn es an innerer Verwandtschaft fehlt.

Dein Brief hat mir große Freude gemacht. Nicht nur wegen der unendlichen Zärtlichkeit, die er ausdrückt, sondern weil er mir auch ganz konkret einen Blick in meine Zukunft erlaubt.

Ich befürchtete, mich lange mit Wohnungs- und Organisationsproblemen herumschlagen zu müssen. Dank Aitkens Erfahrenheit werde ich mich, sobald ich wiederhergestellt bin, schnell wieder im Leben zurechtfinden. Dann werde ich mich ernsthaft an meine Englischstudien und ans Maschinenschreiben machen, um mir ein richtiges Handwerk anzueignen. Ich gestehe, daß ich neue Versuche beim Film und in der Schreiberei nicht ausschließe. Sobald ich die soliden Grundlagen und die Sicherheit einer Nebenarbeit erworben habe, wage ich noch einige Experimente. Ich brauche es zu sehr, aus mir herausgehen zu können, und das künstlerische Milieu ist das einzige, wo das erlaubt ist.

Jedenfalls bin ich mir dessen bewußt, daß ich wieder bei Null anfangen muß. Ich muß alles neu aufbauen, neu lernen. Ich muß meine Unabhängigkeit erreichen, und einer Dreiundzwanzigjährigen sind Schönheitsfehler nicht mehr erlaubt. Ich werde für meine Entscheidungen selber verantwortlich sein. Auf welchem Gebiet werde ich mich letzten Endes am besten verwirklichen? Ich hoffe, das in der Psychotherapie zu entdecken.

Unterdessen schreite ich hier mit den Mitteln, die sich bieten, ganz langsam voran. Ich versuche, so weit wie möglich aktiv zu sein, um nicht in Monotonie zu verfallen. In der Klinik gleicht ein Tag allzusehr dem anderen. Also male ich verbissen, auch wenn es schlecht ist. Ich spiele Gitarre, und ich schreibe. Nichts Gutes, irgend etwas, das Wichtigste dabei ist, wieder in Kontakt mit dem richtigen Sinn der Wörter zu kommen und sie mit meinen Gedanken zusammenzubringen.

Mein Dad, ich will endlich an das Leben glauben, an seine alltägliche Wirklichkeit, sei sie gut oder schlecht. Meine Träume vom Absoluten waren nur eine Flucht. Ich möchte jetzt etwas »Wahres« anfassen . . .

Dein kleines Mädchen

                                                    Marie-Jo

Zwei Tropfen
Der eine von Tränen
Der andere von Blut.

Zwei Tropfen, die sich vereinen
Die sich auflösen und verschwinden.

In der Träne ein ganzes Leben
Der Weg eines Menschen, dessen Blut dahinfließt.

Die Träne war mondfarben
Das Blut wie der Sonnenuntergang.

»Rueil-Malmaison«

Bin ich die einzige Gefangene
Eines Selbst, das ich nicht kenne!
Bin ich die einzige, die einen Vater anfleht
Sie mit seinen großen Armen zu beschützen?

»Rueil-Malmaison«

1977
Paris, 24 Jahre

Mein »großer Dad«,

ich werde später telefonieren, um Dir ein »Happy New Year« zu wünschen. Trotzdem habe ich das Bedürfnis, Dir zu schreiben, weil dieser
Tag so monoton verläuft und ich ein bißchen Heimweh habe.

Ich habe an diesem Wochenende »Ausgang«, aber ich weiß nicht, was
ich damit anfangen, wohin ich ganz allein gehen soll in Rueil oder Paris.
Die »kleine Familie« verbringt das Wochenende in einem Schloß zweihundert Kilometer außerhalb von Paris, und ich habe es mir nicht zuge-
traut, ihnen so weit hinterherzufahren.

Also bin ich hier. Ich »lungere herum«, wie man sagt. Ich habe heute
morgen meine Gymnastik gemacht, dann einen ausführlichen Marsch

durch den Park und dann ... Nach dem Mittagessen ist der Nachmittag lang! ...

Heute nacht bin ich gegen halb eins aufgewacht und habe alle meine Wünsche der Harmonie und der Sonne fürs neue Jahr, die ich für Dich habe, zärtlich vor mich hin gemurmelt.

Ich kämpfe noch immer, ich verliere nicht den Mut, auch wenn eine gewisse Einsamkeit, ein Mangel an Wärme oder gegenwärtiger Zuneigung auf mir lastet. Ich möchte endlich so weit wiederhergestellt sein, daß ich Freunde wiedersehen kann, daß ich »DICH« wiedersehen kann.

Es ist heute schön, die Luft war mild draußen, die Farben der Bäume kräftig und goldbraun.

Jetzt (es ist Viertel vor fünf) wird der Himmel über den Häusern rosig, und ich höre unter meinem Fenster Kinder, die Rollschuh laufen. Was will ich! All das atmet Leben, warum rede ich da von Monotonie? ...

Ich sehe B. kommenden Freitag um 16 Uhr wieder. Ich bin froh darüber. Ich habe den Eindruck, daß wir uns verstehen und warte die weiteren Kontakte ab, um es sicher sagen zu können. So werde ich endlich meine Analyse in Angriff nehmen können, meinen vollgestopften Schädel leeren und wieder herausfinden, wer ich bin, oder mich vielleicht entdekken. In jedem Fall aber wird es besser werden.

Sehr lebendig, Deine Fotos, Dich so »konkret« an einer meiner Wände zu haben, zu sehen, wie Du mich ausschimpfst, wenn ich wieder einen Anfall von Spleen habe. Es ist Zeit, Baudelaire zu vergessen! ...

Soeben Deine Stimme am Telefon. Welche Freude, sie zu hören und zu wissen, daß es Dir besser geht. Ich hätte nicht gedacht, daß meine Zeichnungen gut sind. Du ermutigst mich, weiterzumachen, und ich hoffe auch, künftig öfter »für mich« zu schreiben, und zwar anderes als Gedichte. Mir fehlt die Spontaneität, ich halte mich am Stil auf, und plötzlich ist der Schwung meiner Gedanken ...

Ich habe tausend Ideen zu Erzählungen, Novellen. Ich habe einfach nur Angst, mich daranzumachen.

Dad, Daddy, Du, mein »father«, der mir gehört, »Monsieur l'homme«, ich liebe Dich so stark, daß ich kämpfe, um endlich zu leben. Ich strebe Dir nach wie dem Leben, immer und immer mehr und öffne mich, wie ich mich Deinen Armen öffne ...

Deine »kleine«

Marie-Jo (Schnuff-Schnuff 77!)

Mein »großer Dad«,

wie lange habe ich nichts von mir hören lassen? Ich weiß nicht mehr. Ich habe zwei etwas harte Wochen hinter mir, mit wiederkehrender Angst und großer Müdigkeit. Meine Erschöpfung rührt natürlich daher, daß ich seit zwei Monaten pro Nacht kaum mehr als fünf Stunden geschlafen habe. Die Angst kommt, wie ich vermute, von diesem neuen Jahr, das sich vor mir eröffnet und in mir Schwindelgefühle verursacht, die Befürchtung, es zu verpatzen, vor allem meine Psychotherapie nicht zu schaffen.

Dabei verliefen meine beiden letzten Gespräche mit B. positiv. Wir glauben alle beide, daß wir uns gut verstehen und bald gute Arbeit leisten können. Noch eine oder zwei »Kontaktnahmen«, und dann . . . ans Werk . . .!

Mein Schlaf ist besser, aber nur dank einer Überdosis von Medikamenten, von Neuroleptika, vor denen ich mich sonst hüte. Sie lassen einen mit schwerem Kopf erwachen und setzen die Reflexe und die Klarheit herab . . . Eine Erschlaffung, die schon fast Neurasthenie ist. Nun . . . es ist nur vorläufig, bis ich mich wieder entspannt habe und in Form bin.

Du siehst, ich habe mich gefürchtet, Dir davon zu berichten, Dich niedergeschlagen oder traurig zu stimmen. Das sollst Du nicht sein. Kleine Rückschläge wie dieser sind oft der Auftakt zu einem größeren Schritt nach vorn. Ich bleibe also optimistisch, trotz meiner gegenwärtigen Verwirrung. Die Wolken werden sich schnell wieder verziehen. Ich kreuze die Finger und denke an Dich, Du hältst mich fest, über die Berge hinweg, und sei es nur durch den goldenen Ring, den ich zärtlich streiche.

Ich liebe Dich, mein »Dad«, ich brauche Dich, und ich hoffe, Dir eines Tages durch meine Gegenwart oder meine Zärtlichkeit auch einmal helfen zu können.

Alles wird noch gut werden, man kann die Scherben immer wieder kleben. Aber ohne Hast, sonst läuft man Gefahr, daß einige kaputtgehen . . .

Schnuff-Schnuff . . .

Deine »kleine«

Marie-Jo

Mein großer Dad,

ich kann nicht mehr schreiben, verzeih mir. Das ist einer der Gründe für mein langes Schweigen. Und dann . . . ich kämpfe mit Alpträumen, mit meinen Widersprüchen, meinem Heißhunger, meiner Schlaflosigkeit.

Ich tue mein Bestes, um mit B. voranzukommen, aber das geht nicht schnell. Ich bin zeitweise verzweifelt und rufe abends in meinem Bett weinend nach Dir. Du hast Dein Äußerstes getan, um mir zu helfen. Du kannst nicht mehr tun. Nur bin ich Deinen Geschenken nicht gewachsen. Meine Wohnung steht leer, und ich frage mich, ob ich den Tag erleben werde, an dem sie bewohnt wird. Meine Gedanken reißen ab, mein Gedächtnis zerbröckelt, mein Körper gehorcht mir nicht immer, denn er ist so gespannt durch die Angst und die Weigerung, ihn so zu akzeptieren, wie er ist.

Ich vergesse, wer Marie-Jo ist. Ich kenne das Ungeheuer nicht, das ihren Platz eingenommen hat. Ich leide wegen nichts, umsonst, weil ich nicht zu leben weiß.

Dad, schreib mir ein kleines Wort, egal was. Ich brauche es. Ich verliere sogar die Hoffnung, Dich eines Tages wiederzusehen.

Ich hätte gern Deine Arme, Deine Liebe, möchte mich in Dein Vertrauen kuscheln. Gib mir die Erinnerung an Sicherheit zurück. Gibt es sie noch? Wie soll ich sie wiederfinden?

Es geht mir schlecht, weißt Du . . .

Dein »kleines Mädchen«

Marie-Jo

den 12. Juli 1977

I would have liked to live in Beauty, Peace and Harmony, to know Love again, to come in Love for the first time, with tenderness, before I die.

It's already too late. No more feelings in my heart, just emptiness. My brain is broken and my body lost somewhere, very far from me. I stop to fight, to suffer for nothing. I have spent my life to destroy myself and at last I won! I am so week now that I can't even make one more step. My destiny is there. I have to follow it. Why do I still have to breathe, with so much pain and tears.

Please, Dad, make me die. I have nothing more to say. Maybe just »bye« to my father, the only person I thought I had loved completely. It was in fact just a dream, another illusion, because I was not able to understand myself well enough and so, not able to understand him either. Sorry, Father, I have lost you, killed you forever. I stop to exist at the same time. I'm not so sure that love ever existed somewhere else than in my imagination.

Forgive me Lord for all that I have made wrong, but I've lost my strength!

I have failed. Pardon me.

Take my life in your big universe . . . I hope to join the stars, the moon, the dark blue sky so beautiful . . . Will you give me that chance? . . .

I don't have my place in the world any more! In fact, I've never had it! It's like a game, too hard to play, too complicated. And I am a bad actor.

Me? Who's »me«? »Me« was maybe never born! »Me« was dead before, many centuries ago. It was nobody, nothing. The dark is going to cover the page and the story will end here!!!!

Marie-Jo

Übersetzung:

Ich hätte gern in Schönheit, Frieden und Harmonie gelebt, die Liebe neu erfahren, zum erstenmal die Liebe mit Zärtlichkeit erlebt, bevor ich sterbe.

Es ist schon zu spät. Keine Gefühle mehr in meinem Herzen, nur Leere. Mein Gehirn ist zerbrochen und mein Körper irgendwo verloren, sehr weit weg von mir. Ich höre auf zu kämpfen, wegen nichts zu leiden. Ich habe mein Leben damit verbracht, mich zu zerstören, und endlich siegte ich! Ich bin jetzt so schwach, daß ich nicht einmal mehr einen einzigen Schritt machen kann. Mein Schicksal ist da. Ich muß ihm folgen. Warum muß ich weiter atmen bei so viel Leid und Tränen.

Bitte, Dad, mach mich sterben. Ich habe nichts anderes mehr zu sagen. Vielleicht gerade noch »auf Wiedersehen« zu meinem Vater, dem einzigen Menschen, den ich glaubte, vollkommen zu lieben. Das war in der Tat nur ein Traum, eine weitere Illusion, weil ich nicht fähig war, mich selber gut genug zu verstehen, und daher auch nicht fähig, ihn zu verstehen. Verzeih, Vater, ich habe Dich verloren, für immer getötet. Ich höre im gleichen Augenblick auf zu leben. Ich bin nicht so sicher, daß die Liebe je anderswo existiert hat als in meiner Einbildung.

996

Verzeih mir Herr für alles, was ich falsch gemacht habe, aber ich habe meine Kraft verloren.

Ich habe versagt. Verzeih mir.

Nimm mein Leben auf in Dein großes Universum ... Ich hoffe, zu den Sternen zu kommen, zu dem Mond, zu dem so wunderschönen dunkelblauen Himmel ... Wirst Du mir diese Chance geben? ...

Mein Platz ist nicht mehr in dieser Welt! In der Tat ist er nie da gewesen! Es ist wie ein Spiel, das zu schwierig, zu kompliziert zu spielen ist. Und ich bin ein schlechter Schauspieler.

Ich? Wer ist »ich?« »Ich« bin vielleicht nie geboren! »Ich« war schon vorher gestorben, vor vielen Jahrhunderten. Es war niemand, nichts. Das Dunkel legt sich jetzt über die Seite, und die Geschichte wird hier zu Ende sein!!!!

Marie-Jo

den 14. Juli 1977

Montag: grün. Nasses Gras. Regenwolken. Sieben Tage vor Augen. Entmutigendes Grün.

Dienstag: orange. Fruchtsaft. Sonnenstrahlen. Abenddämmerung. Erfrischendes Orange.

Mittwoch: rot. Vertrocknetes Blut. Leerer Horizont. Undurchsichtige Farbe. Erstickendes Rot.

Donnerstag: gelb. Schärfe. Provokation. Fehlen des Lichts. Entnervendes Gelb.

Freitag: braun. Herbst. Gemütliche Feuerstelle. Beruhigendes Braun.

Samstag: grau. Leichter Nebel. Durchsichtigkeit. Melancholie. Grau der Vergangenheit.

Sonntag: weiß. Schwindelgefühl der Leere. Übersteigerte Angst. Maßloser Raum. Schweigendes Weiß.

»La Verrière«

Ich liebe dich und wage nicht, dich anzufassen
Ich weiß nicht, wie mich dir schenken
Ich flüchte in mein Gefängnis
Aus Angst, dich zu beschmutzen.

Ich möchte dir die Maske herunterreißen
Endlich dein wahres Gesicht entdecken
Darin das meine erkennen
Und meine Alpträume verjagen.

Entwurf meiner Kindheit
Von der Zeit ausgebleichtes Pastell
Ich habe dich als Erwachsenen verleugnet
Ich habe mich geweigert, mit dir zu wachsen.

Dabei hätte ich dich zähmen können
Indem ich das Imaginäre begrub
Aber ich habe es nie geschafft
Die offne Tür zum Horizont zu durchschreiten.

Du der du das Leben jedes Menschen auf Erden bist
Du beherrschst mich auch, wenn ich glaube zu entfliehen
Du flehst mich an, deinen Weg zu wählen
Während ich mich mit jedem Buchstaben deines Namens verzettele.

»Poigny-La-Forêt«

Es gibt keine Wörter, die ich noch zusammenhängend aussprechen kann, um die »allzu volle« Leere auszudrücken, die mich im Unwirklichen erstarren läßt. Jede Logik geht mir abhanden, jede Fähigkeit zur Konzentration, Analyse und Synthese. Die vielfältigen und übersteigerten Gefühle, die ich empfand, haben sich selber zunichte gemacht, indem sie sich in einem zu großen Widerspruch zu rasch summiert haben. Seit zwei Wochen lebe ich in zwei Zyklen, die sich von einer Stunde auf die andere abwechseln: in der Nichtanerkennung meiner selbst, die mit meinen Phantasmen dessen, was zu sein oder vielmehr nicht zu sein ich imaginiere, gekoppelt ist, und in einem plötzlichen Dynamismus an der Grenze nervöser Spannung, der mir wieder die Augen für eine vielleicht (?) zugänglichere Welt öffnet. Ich versuche mit zusammengebissenen Zähnen ver-

nünftig zu sein. Ich stoße mich voran (in welche Richtung? Unwichtig!),
einzig und allein, um überhaupt weiterzulaufen, und sei es rückwärts, aus
Angst, gelähmt zu werden und zu keiner Reaktion, nicht einmal mehr
zum Kopfschütteln fähig zu sein. Ich bin an der Grenze dazu, mich lebendig zu begraben. Ich verweigere meinen Namen, mein Geld (das meines
Vaters), meine Weiblichkeit, meinen Platz neben den anderen und in dem
Leben draußen. Ich gehe weiterhin ohne Ziel, ohne etwas aufzubauen
umher und fliehe vor jeder Verantwortung.

Ich spinne. Sicherlich noch mehr, als ich mir vorstelle. Ich führe mich
auf ein Abstellgleis, um mein narzißtisches Leiden dort zu verstecken.

den 12. November 1977

Mein »großer Dad«,

endlich ein Brief! . . . Nichts ist unmöglich! Ich hoffe, daß Deine Kon-
valeszenz gut verläuft und ich Dich bald so gut in Form wiedersehe, wie
bei meiner letzten Reise.

Wie weit bist Du mit Deinem Schreiben? Wie heißen die Titel der letzten Bände, die noch erscheinen sollen? Ich gestehe, daß es mich frustriert,
das nicht zu wissen, und ich vergesse, Kontakt mit Annette aufzunehmen,
um sie zu fragen, welcher Band gerade in Druck ist. Ich habe das Gefühl,
daß sie immer dichter und knapper und immer tiefschürfender werden.
Ich bin überzeugt, daß sie bald ein Höhepunkt Deines Werkes werden.

Zwischen einem »Depressiven« und dem anderen versuche ich, diszipli-
niert zu schreiben, etwas anderes zu schreiben als »ich« und immer nur
»ich«. Ich möchte so gern die »Erzählung« schaffen, die »Novelle«, den
»kleinen Roman«. Bin ich wirklich dazu fähig, oder ist auch das wieder
nur eine Illusion?

Weißt Du, was mein Traum wäre? Daß Du mir zu Weihnachten eine
»kleine Geschichte« schriebest, als Geschenk, etwas von Dir für mich, das
mir nicht als Beispiel, sondern zur Anregung dienen würde. Und dann
könnte ich Dir vielleicht eine zurückschicken und . . . Es ist nur ein
Traum. Fühle Dich nicht verpflichtet, ihn zu verwirklichen.

Ich liebe Dich, »Monsieur Simenon – mein Dad«. Und ich bin jetzt
sicher, daß mein ganzes Leben von Deinem Werk beeinflußt sein wird. Es
liegt an mir, daraus einen »guten« Einfluß zu machen.

Es wird Zeit, daß ich mich um meine endgültige »Entlassung« kümmere. Dr. M., der mich bisher behandelt hat, fährt am 20. Dezember weg.
Ich habe wenig Lust, nach seiner Abfahrt noch lange hierzubleiben und
mit einem anderen neu anzufangen, den ich nicht kenne und in den ich
sicherlich weniger Vertrauen hätte.

Hauptsache ist, meine Kräfte nicht zu überschätzen und ohne Nervosität zu handeln, ohne mit dem Kopf durch die Wand zu wollen. Ich muß mich mit B.s Hilfe ruhig eingewöhnen, ohne mich zu erschöpfen.

Ich muß die Entscheidung treffen und mich daran halten. Denn die lange Hospitalisierung bringt auch ihre Gefahren mit sich. Ich verliere den Sinn für die Wirklichkeit draußen, bekomme Angst davor und wiege mich in einem falschen Gefühl der »Sicherheit«. Der Klick! Ich bin ihm schon ganz nahe und brauche nur noch einen gehörigen Tritt in den Hintern, um mich aufzumachen.

An Neujahr in meiner Wohnung zu sein?

O ja . . . Das würde ich zu gerne!

Warum bekräftige ich es dann nicht?

Ich will es! So, ich habe es gesagt. Jetzt muß ich es nur noch in die Wirklichkeit umsetzen . . .

Dein »kleines Mädchen«

Marie-Jo

den 22. Dezember 1977

Mein »guter alter großer Dad«,

wie schön das Leben ist, verdammt! Wie gut es ist, ohne Brille und »Verdunkelung« zu sehen. Seit zwei Stunden trage ich zum erstenmal voller Wonne meine Haftschalen, und es ist wie ein kleines zusätzliches, vorweggenommenes Weihnachten.

Ich habe gestern abend gemalt, Bretter gehobelt. Ich habe gewaschen, aufgeräumt, und jetzt . . . tippe ich auf der Maschine, um mich zu üben. Ich habe alte Sachen zum Aufräumen, bis NEUE kommen! Ich . . . ich lebe ganz einfach. Und ich glaube wirklich (I cross my fingers!), daß dieses Weihnachten das einer neuen Geburt ist (für mich, für Jesus, ich weiß nicht).

Das verdanke ich Dir, mein Daddy, Deiner Geduld, all dem, was Du mir gegeben hast, vor allem Deinem Vertrauen, mit dem Du mich selber über meine Unabhängigkeit entscheiden ließest.

Es wird immer Wolken geben, gewiß. Aber ich warte sie künftig ganz gelassen ab, bereit, mich gegebenenfalls auf die Zehenspitzen zu stellen und sie von oben zu betrachten . . .

Ich liebe Dich mit großem L, weißt Du, dem für Liebe und Lust, dem noch riesigeren für meinen »Lieben Dad«!

Merry Christmas and Happy New Year.

Dein kleines großes Mädchen

Marie-Jo
»Lido«

1978
Paris (Lido), 25 Jahre

den 16. Januar 1978

Ich möchte nichts mehr sehen noch hören, noch sprechen, nur ein letztes Mal das Vibrieren des Raumes auf meiner Haut spüren.

Ich werde eines Abends am Boden knien und auf den Mond warten, bis er in meine Hände kommt.

In der Stunde meines Todes werde ich dann keine Angst, keine Scham mehr empfinden und keine Frage mehr haben. Mitten unter der Menge, die weiter ihre Runden dreht, werde ich die Welt verlassen, ohne ihren Kreis zu sprengen, vorsichtig und lautlos, als wäre nichts. Bereits endgültig und für alle Zeit von dem Spiel ausgeschlossen, werde ich das eigentümliche Lächeln der Verlierer haben, das Lächeln, das anderen Dingen gilt als das des Siegers: dem Geheimnis, dem Unsichtbaren, dem was innen ist und plötzlich schweigt, da es an die Quelle von lange vor der Geburt zurückkehrt und durch das Ende zum Anfang zurückfindet. Wenn die einzigartige Paarung von Frieden und Harmonie sich in der faßbaren Stille wiederbildet, wenn das unendlich große Universum wieder menschlich wird, dem plötzlich veränderten Menschen greifbar nahe gerückt, der seine Normen, seine Formen und Grenzen überschreitet und zu dem zentralen Kern zurückfindet, der ihn hervorgebracht hat.

Ich werde vielleicht in meinem Kopf tausend Bücher geschrieben, für Blinde, auf Bühnen im Rampenlicht, vor diesen Fremden, den anderen scheinbar Besiegten getanzt haben. Ich werde sie verführt haben, indem ich die Huren nachahmte, vom Oberflächlichen mit seinen Zerrspiegeln geleitet.

Ich werde vor allem tausend Tode meines Vaters beweint haben, tausend imaginäre, außer dem einen wahren, und mein Leben beklagt haben, da ich mich ihm nicht einfügte.

Eine Luftblase in der Kehle macht überhaupt kein Geräusch. Dabei ist es die Explosion des Menschen, der sich im Augenblick des Abschiedes, beim Fallen des Vorhanges entdeckt, wenn er sich verlassen muß und seinen Namen hinterläßt.

»Lido«

»Lido, Januar 1978«

(Anfang fast unhörbar)

The music . . . and see how . . .
I am just going to play it again . . .
I don't care. It's already almost midnight . . .
. . . at home . . . my dinner . . . everything and
I haven't done . . .

Put the record on and after maybe to just have
a piece of quiet.

*(Nur Schallplatte mit südamerikanischer Flötenmusik, dann spricht Marie-Jo
dazu.)*

Somebody who would see me now, he would think
I am really crazy and he would be right,
because I am

He would think my mind's lost, anything and
nowhere,
any way . . .

I would like now to say no!
I don't want more.
I am not made for the life.
You gave it to me, Lord,
but I don't know what to do with it.

It may be something too, I mean or too big
for me or too simple. I try always to find
something more complicated.
I am always searching, searching, but
troubles and troubles again,
and that's why I bother every people, everybody.
You know that, Lord, don't you, since I am born.
You know why
When I am lying like that on the floor

I feel that all the rest is not more important
that all the rest is just a bullshit.

And there is no reason to be in a hurry like
we are all the time, to run and to make forward . . .
We are losing our time and life, running after
something that does not exist, that will never
exist, that you are the only one to have
and we'll never know when nor how you've got it.

I don't like to talk on the microphone
It's not the same. I have the impression to look
at myself in front of a mirror.
That's why I want to cry
and will not, I can't. I'm still waiting away
for tears, I don't know when I will have the
courage to see my father.
He will see that I am not well, it's not the
same like the telephone because when I call him
he cannot see me and I can try to have a clear
voice, I can find my words and I can say to him
it's always okay and that I am happy.
It's what he does by his own also.
He always tries to seem better than he is
on the phone I mean . . . Lord!
Do you realize that?

At first, I will have to wake up at seven o'clock
tomorrow morning, to be ready for my contact
lenses, to try to wear them and after I will have
to go to talk with B. again.
I'm sure it won't be enough . . . I am sure I will
forget the main things, the most important one.
I would like to . . . I don't know what . . . maybe
not to wait until my 30th years old to disappear.
When I try to be better
I feel one way or another like that last
week-end,
because all my efforts seem so natural for others
in fact they are,
it's not normal that's they are so hard to me.

Now it's cold on the floor
I would like to have your hand in mine
just like this on my head
to take all bad thoughts that there are in
take it like this in your fingers
and to through it away
by the window
to throw it in the space.

I don't know what I will do
I am scared of myself again
I am ashamed too for my brothers
to look like I am

It hurts also, I mean . . . in my head and my
stomach and my legs.
I would like to be able to write for example
to write a story or even just a letter
for my father.
I am scared too in front of the page and
I don't have no more ideas in my head, my broken mind.

There is nothing more, just a dark hole again,
like when I was younger.
It seems to repeat years after years,
always the same thing
always the same own step before to fall down
it's harder and harder after, too, to wake
up again to try to walk, if nowhere.

You know why the moment I have the impression
to bother everybody around me, first Mylène and
Marc they have their work and it is important,
Johnny, too, because he is somebody now, and
I am quite nothing
I will be never nothing, I mean nobody,
Why?
Because I don't know my name
Because I never recognize Marie-Jo
or I don't want to recognize her.

I would like to . . . to get peace, Lord.
Peace . . . peace . . . You know what I mean
when I say PEACE, don't you?
It's really like the moon in the sky,
or like a piece of sunshine or
like when you breathe and you have the
impression it's for the first time in the world.
You know why
I would like to be able to do things by my own
not to be always obliged to call somebody
like my father or somebody else, to say:
I don't know how to do,
I need money,
I have this appointment
I have to be in it and I have to work for him . . .
It's not true
That's not what I want
THAT'S NOT WHAT I WANT
It's like for my lessons
I try to have some English lessons
or tape machine lessons and
I don't want to be secretary
I know that's wrong to say that
but I don't want to be in an office for the
rest of my life
It does not interest me
I don't want to be closed in a business,
I, I . . .
O Lord, I am really sure what I try to get
in that fucking life don't exist.
It's not made for human beings
It is nowhere
It's too hard to try to have it in ourselves
It's a question of imagination
to try to imagine it days after days
to try to be cool all the time
to try to accept all the time, all things
to try to smile and say I am Okay
and I don't care about . . .
Because in fact I care
I suffer *(sie schluchzt)*
God never knows why that . . . I am searching

1005

so hard, this why that I repeat all the time
to you and for what you can't answer.
It would be too easy to have the answers
to know the truth
Truth *(sie weint)*
The truth for what happened between my father
and my mother
for what happened exactly
in front of my father and me
Why I have always cried like that
and why I have always felt that I was . . . well . . .
I don't know but I was somebody strange and not
like the others . . . I don't know, Lord, . . . I
don't want no more.

I made that crazy thing and I beg you pardon
for that. I have called the doctor this morning
and he said he will come at eight o'clock this
evening and I have waited, I've been waiting
until twenty past nine. And after I was so
scared and so hungry that I have run to just
eat bullshits and sugars and everything and
I have just put a note on my door with my excuses.
But it's not enough. It was stronger than I
that needing to eat food, just sugar and what
I don't like and I hate in fact,
just to be sick and to vomit and after
to lie on that floor and to be able to talk
to you.
I am sure now it comes so often, it's . . . it's
the fourth time it happens since I am out of the
clinic. I am sure it will come sooner and sooner
and now I'll be fat again or else I will tie (?)
and I will vomit once or . . . because I vomit
all the time blood and I shit blood too and all
this in troubles. I can't be worth physically
like that and mindly either.

I'll put the record player again just to hear
my music and after I will shut . . . I will shut
the microphone because I don't want to . . .
I can't be free, it's like if it would be

something else with me in my jail in that room
and it's an unagreeable impression.

I like to see the red light American player
I give it was a warmer red light
somebody, something, I mean, soft and nice.

(Legt die gleiche Platte auf wie anfangs)

O play it again
Game to my game (?)
O wake up and I will
Or go to the bottom and I will see me in front
of the mirror and try to be better.
Now it's my trousers (?) . . .
Maybe I will eat
Maybe it'll happen and I fall down on my knees
just on the sidewalk like that, in the middle
of every all people around
And I will say I can no more
Don't help me, I don't need help
Just say to you that I can't more
You don't have to care about
You don't have to call a doctor
No SPLO (??) nothing
just want to stay on the sidewalk
on my knees and wait until I die
to see that moon
my head *(sie weint)*
and wait until when I will stop breathing
I'll be able to catch it in my hands the moon
or else it's the same
the same in dreams,
something round, round, pure
and natural.

O Jesus
if it continues like that I don't know, I, . . .
you know . . .
I do not even see
I will get out of life by myself
Just hope that you will

you will take it on me soon
I am too tired
There is too much to do to be able to be useful
for people. I have so much to learn again
Too much to learn to control myself
to be able to build for others.
I will try to fight again but if it's with
no more conviction, or not enough, I . . .
You know, don't you, what I mean?
I move, I don't know where
I don't make a move
when moving
But I need a Kleenex just to . . . just a
cigarette. Those cigarettes which will kill me.

I know one thing too, and that's
I am sure to never live long enough
to be really in love with somebody,
to make the world with somebody
and to be really happy and catch the moon
like I know
I will never be able to get that instand to
my father to see him without shame or fear or
anything like that, just to be me, and he him,
and just don't say anything but to look at
each other and to be friends and confident
of ourselves.
It's not possible . . .
Walls . . . my record player . . . You Lord
You know so much about my feelings for
my father and my family and all the people
that I like, that I think that I like, but
you are the only one, you don't have the
single ideas on that because I can see it
through my attitude because I look closed
all the time.

O Lord

I think I might . . .
I would like to have a big fever,
to be able to say just I am sick . . .

and not sick in my head, no,
just sick in my health,
Just give me one . . .
to pay attention
for me it's not the same if I have something
for instance they are used to see me sick
and they always think it's in my head first
and that's true
I can't even just have a cold like somebody else
like, like they have.
For me a cold is first a thing to say to my
psychologist
You see why I am tired to death but I know
when I will wake up and try to go to bed
after I won't . . . I won't sleep very well
I am too tired
It's not a . . . I mean it's . . . o you understand
what I mean, don't you?
I don't want to explain it again . . .
I don't want to explain
It's in myself but I can't explain it
It's in myself and that's all *(sie weint)*
It will never get away
It's a part of me, and I will die with it
but I will never be able to live with it
It's worse than a cancer or something like that
It's . . . I don't know what it is
I don't know that's a fear
It's no longer a fear, it's more complicated
It's also on you . . .
You know that's like a game
that you've lost . . . a game
Even if you . . . you have to start it
you know that you've lost
and there's no reason for you to continue to play it
because it was wrong even when you, you made your
first step
the first step was wrong
and you can't change it
it will always be wrong
You can try to run after that
but the first step was wrong when you've started

You fall down sooner or later
and my first step was . . . I don't know when
Not when . . . when I was dancing with you, father,
because I am sure at that time it was all right
I am not sure you remember it . . . the same that
I remember *(sie weint)*
that dance, that special music that I don't have
here, is the only thing I've got in my life,
my price *(?oder Paris)*, all the rest with my
mother, after with you Daddy and Teresa . . . it
was wrong
Like a big mistake, or a big lie, or a big
misunderstanding.
I would like to be able to be naked in front
of you
I mean naked my brain and that you would be
able to see everything in that would be okay for
you and you won't mind and you would agree with,
I would like that it would be possible
to be with people like that
Just to feel others
I mean to feel right others and
to know when they are tired or when they . . .
to know it and to just act
like we have to to be in harmony
no discourageance more
no talkings
no problems
I mean no fight
Maybe no more languages
just a feel with the skin, the body,
with the eyes . . .
O for me it's hard because I don't see
with my eyes. I am sure I am almost blind
I'm able sometimes
to feel all right
short times but
I am unable to . . .

I don't like this apartment . . .
Just right now . . .
I heard a knocking at my door and

I was afraid . . . Naturally, it can be
just somebody in the hall
or some people that just try to get fun knocking at
my door,
but I don't feel secure . . .
anyway even if they can come in here in that
room they will never come in my jail
because for them that room will be just a room
a piece of maybe they can steal some things
or I don't know
for me it's a box
four walls, four . . ., that's just a box
and I am in it
I have always been in boxes, the smaller
the boxes, my head and my stupid brain which
does not work more or refuse to work
like if something would be blocked for ever.
You know what, Lord
It's already quarter to one
and I have such a headache
Nothing more in my stomach
I have to stop to complain
stop to talk to the microphone and
searching my words because when I am not
just in front of you I can't find my words any more
I am sure to make many mistakes and to be
not understood by other people than you
but even if I make mistakes in English
it's our language and you understand it
You understand all the languages on the earth
and in the universe
You have the secret of that universe.

(Übersetzung)
(Anfang fast unhörbar)

> Die Musik . . . und sehen wie . . .
> Ich werde sie noch einmal spielen . . .
> Macht nichts. Es ist schon fast Mitternacht . . .
> . . . zu Hause . . . mein Abendessen . . . alles und
> ich habe nichts getan . . .

Die Platte auflegen und danach vielleicht
ein wenig Ruhe haben.

*(Nur Schallplatte mit südamerikanischer Flötenmusik, dann spricht Marie-Jo
dazu.)*

Jemand, der mich jetzt sehen würde, würde denken,
daß ich wirklich wahnsinnig bin, und er hätte recht,
denn ich bin es.

Er würde denken, mein Geist ist verloren
alles und nirgends
jedenfalls . . .

Ich möchte jetzt gern nein sagen!
Ich möchte nicht mehr.
Ich bin nicht fürs Leben gemacht.
Du gabst es mir, Gott,
aber ich weiß nicht, was damit anfangen.

Es kann auch etwas sein, ich meine etwas, das entweder zu groß
ist für mich oder zu einfach. Ich versuche immer,
etwas Komplizierteres zu finden.
Ich suche immer, suche, aber
habe immer nur meine Not,
und deshalb belästige ich alle Leute, alle und jeden.
Du weißt das, Herr, nicht wahr, seit ich geboren bin.
Du weißt warum.
Wenn ich so auf dem Boden liege,
fühle ich, daß der Rest nicht mehr wichtig ist,
daß der ganze Rest nur Scheißdreck ist.

Und es gibt keinen Grund, sich zu hetzen, wie
wir es allezeit tun, zu rennen und voranzumachen . . .
Wir verlieren unsere Zeit und unser Leben, indem wir hinter
etwas herrennen, das nicht existiert, das nie
existieren wird, das nur du allein hast,
und wir werden nie wissen, wann oder wie du es bekommen hast.

Ich spreche nicht gern ins Mikrofon.
Es ist nicht das gleiche. Ich habe den Eindruck, mich selber
vor einem Spiegel zu sehen.

Deshalb möchte ich weinen
und werde es nicht. Ich kann nicht. Ich warte immer noch
auf Tränen. Ich weiß nicht, wann ich den Mut
haben werde, meinen Vater zu besuchen.
Er wird sehen, daß es mir nicht gut geht. Es ist nicht das
gleiche wie am Telefon, denn wenn ich ihn anrufe, kann er mich nicht
sehen, und ich kann versuchen, eine klare Stimme zu haben, ich kann
meine Worte finden und kann zu ihm sagen,
daß immer alles in Ordnung ist und daß ich glücklich bin.
So macht er selber es auch.
Er versucht immer, besser zu erscheinen, als er sich fühlt,
am Telefon meine ich . . . Gott!
Machst du dir das klar?

Als erstes werde ich morgen früh um sieben Uhr aufwachen müssen,
um für meine Kontaktlinsen bereit zu sein,
um zu versuchen, sie zu tragen, und danach werde ich
zu B. gehen müssen und wieder mit ihm sprechen.
Ich bin sicher, daß es nicht ausreicht . . . Ich bin sicher, daß
ich die Hauptsache, die wichtigste vergessen werde.
Ich würde gern . . . Ich weiß nicht was . . . vielleicht
nicht bis zu meinem dreißigsten Jahr warten, um zu verschwinden.
Wenn ich versuche, mich besser zu fühlen,
ist es mehr oder weniger wie an dem letzten
Wochenende,
weil alle meine Versuche den anderen so natürlich erscheinen,
in der Tat sind sie es auch,
es ist nicht normal, daß sie so streng mit mir sind.

Jetzt ist es kalt auf dem Boden.
Ich hätte gern deine Hand in der meinen,
geradeso auf meinem Kopf,
um all diese schlimmen Gedanken wegzunehmen, die drin sind,
nimm sie so in deine Finger
und wirf sie weg
zum Fenster hinaus
in den Raum hinein.

Ich weiß nicht, was ich tun werde.
Ich bin wieder erschreckt von mir selbst.
Ich schäme mich auch vor meinen Brüdern,
so auszusehen wie ich bin.

Es tut auch weh, ich meine ... in meinem Kopf und meinem
Magen und meinen Beinen.
Ich möchte gern fähig sein, zum Beispiel
eine Geschichte zu schreiben oder auch nur einen Brief
an meinen Vater.
Ich bin auch erschreckt angesichts der Seite, und
ich habe keinen Gedanken mehr im Kopf, in meinem
zertrümmerten Gehirn.

Da ist nichts mehr, wieder nur ein schwarzes Loch
wie als ich jünger war.
Es scheint sich Jahr um Jahr
immer das gleiche zu wiederholen,
immer der gleiche eigene Schritt vor dem Hinfallen,
es ist auch immer schwerer, danach
wieder aufzuwachen und zu gehen zu versuchen, und sei es
nirgendwohin.

Weißt du, warum ich im Augenblick den Eindruck habe,
allen ringsum lästig zu fallen, zuerst Mylène und
Marc, sie haben ihre Arbeit und sie ist wichtig,
auch Johnny, weil er jetzt jemand ist, und
ich bin überhaupt nichts.
Ich werde ewig nichts sein, ich meine niemand.
Warum?
Weil ich meinen Namen nicht weiß.
Weil ich Marie-Jo nie anerkenne
oder sie nicht anerkennen will.

Ich möchte gern ... Frieden haben, Herr.
Frieden ... Frieden ... Du weißt, was ich meine,
wenn ich FRIEDEN sage, nicht wahr?
Es ist wirklich wie der Mond am Himmel
oder wie ein Stück Sonnenschein oder
wie wenn du atmest und das
Gefühl hast, es ist zum erstenmal auf der Welt.
Du weißt, warum
ich gern fähig wäre, Dinge allein zu machen
und nicht immer gezwungen zu sein, jemanden zu rufen
wie meinen Vater oder sonst jemanden und zu sagen:
Ich weiß nicht, wie ich es machen soll.
Ich brauche Geld.

Ich habe diese Verabredung.
Ich muß hingehen und dafür arbeiten.
Es ist nicht wahr.
Es ist nicht das, was ich will.
ES IST NICHT DAS WAS ICH WILL
Es ist wie bei den Stunden.
Ich versuche ein paar Englischstunden zu machen
oder audovisuellen Unterricht, und
ich möchte nicht Sekretärin werden.
Ich weiß, es ist falsch, das zu sagen.
Aber ich will nicht den Rest meines Lebens
in einem Büro sitzen.
Es interessiert mich nicht.
Ich will nicht in einem Geschäft eingeschlossen werden.
Ich, Ich . . .
O Gott,
ich bin wirklich sicher, daß was ich zu bekommen versuche
in diesem Scheißleben nicht existiert.
Es ist nicht für Menschen gemacht.
Es ist nirgendwo.
Es ist zu schwer zu versuchen, es in uns selbst zu haben.
Es ist eine Frage der Vorstellungskraft
zu versuchen, es sich Tag für Tag vorzustellen,
zu versuchen, die ganze Zeit gelassen zu sein,
zu versuchen, die ganze Zeit alle Dinge zu akzeptieren,
zu versuchen, zu lächeln und zu sagen: es geht mir gut,
und es ist mir egal . . .
Weil es mir in Wirklichkeit nicht egal ist.
Ich leide. *(sie schluchzt)*
Gott weiß nie warum . . . Ich suche
so sehr, deshalb wiederhole ich dir das die ganze Zeit,
und du kannst nicht darauf antworten.
Es wäre zu einfach, die Antworten zu haben,
die Wahrheit zu kennen,
die Wahrheit. *(sie weint)*
Die Wahrheit über das, was zwischen meinem Vater
und meiner Mutter geschah,
was genau geschah
gegenüber meinem Vater und mir.
Warum ich immer so geweint habe,
und warum ich immer gespürt habe, daß ich . . . nun . . .
Ich weiß nicht, aber ich war ein seltsamer Mensch, und nicht

wie die anderen ... Ich weiß nicht, Herr ... Ich
will nicht mehr.

Ich habe diese verrückte Sache gemacht,
und ich bitte dich um Verzeihung dafür.
Ich habe heute morgen den Arzt gerufen,
und er sagte, er wird heute abend
um acht Uhr kommen, und ich habe gewartet, ich wartete
bis zwanzig nach neun. Und danach war ich so
erschreckt und hungrig, daß ich gelaufen bin und
Scheiße und Süßigkeiten gegessen habe und alles mögliche und
einen Zettel an meine Tür gehängt habe mit meiner Entschuldigung.
Aber das ist nicht genug. Es war stärker als ich,
dieses Bedürfnis nach Eßwaren, einfach Zucker und was
ich nicht mag und in Wahrheit hasse,
nur um krank zu werden und mich zu erbrechen und danach
auf diesem Boden zu liegen und fähig zu sein
zu dir zu sprechen.
Ich weiß genau, daß es jetzt oft kommt, es ist ... es ist
das vierte Mal, daß es vorkommt, seit ich aus der
Klinik bin. Ich weiß genau, es wird immer öfter kommen,
und jetzt werde ich wieder dick werden oder sonst werde ich (?)
Und ich werde mich einmal erbrechen oder ... denn ich erbreche
immer Blut und scheiße auch Blut und all das
mit Schwierigkeiten. Ich kann auf diese Weise körperlich
nichts wert sein und geistig auch nicht.

Ich werde wieder den Plattenspieler anstellen, nur um
meine Musik zu hören, und danach werde ich ausmachen ... ich
werde das Mikrofon ausmachen, weil ich nicht will, daß ...
Ich kann nicht frei sein, es ist als ob
etwas anderes mit mir in meinem Gefängnis in diesem Zimmer wäre,
und das ist ein unangenehmer Eindruck.

Ich sehe gern den amerikanischen Plattenspieler mit dem roten Licht
Ich glaube, es war ein wärmeres rotes Licht.
Jemand, etwas, meine ich, sanft und schön.

(Legt die gleiche Platte auf wie anfangs.)

Oh, spiel es noch einmal.
Komm in mein Spiel (?)

Oh, erwache, und ich . . .
Oder geh bis zum Grunde, und ich werde mich vor dem
Spiegel sehen und versuchen, besser zu werden.
Jetzt sind meine Hosen (?) . . .
Vielleicht werde ich essen.
Vielleicht wird es geschehen, und ich werde auf die Knie sinken,
einfach so auf dem Gehsteig, inmitten
all der Leute ringsum.
Und ich werde sagen, ich kann nicht mehr.
Helft mir nicht, ich brauche keine Hilfe.
Sagt euch einfach, daß ich nicht mehr kann.
Ihr braucht euch nicht darum zu kümmern.
Ihr braucht keinen Arzt zu rufen,
kein SPLO (??), nichts.
Ich möchte nur auf dem Gehsteig
auf den Knien liegen und warten, bis ich sterbe,
um diesen Mond zu sehen.
Mein Kopf *(sie weint)*
und warten, bis ich aufhöre zu atmen.
Ich werde es schaffen, ihn mit den Händen einzufangen,
den Mond,
oder sonst ist es dasselbe,
dasselbe in Träumen,
etwas Rundes, Rundes, Reines.
Und Natürliches.

O Jesus,
wenn es so weitergeht, weiß ich nicht, Ich . . .
weißt du . . .
Ich sehe nicht einmal.
Ich werde selber aus dem Leben gehen.
Ich hoffe nur, daß du,
daß du es mir bald wegnehmen wirst.
Ich bin so müde.
Es ist zuviel zu tun, um nützlich sein zu können
für die Menschen. Ich habe wieder so viel zu lernen,
zuviel zu lernen, um mich selber zu kontrollieren,
fähig zu sein, für andere zu bauen.
Ich werde versuchen, wieder zu kämpfen, aber wenn es
jetzt ohne Überzeugung oder mit zu wenig geschieht . . .
Du weißt, was ich meine, nicht wahr?
Ich bewege mich und weiß nicht, wohin.

Ich mache keine Bewegung,
wenn ich mich bewege.
Aber ich brauche ein Kleenex, um . . . nur eine
Zigarette. Diese Zigaretten, die mich umbringen.

Eines weiß ich auch, nämlich
daß ich nie lange genug leben werde,
um jemanden wirklich zu lieben,
um die Welt mit jemandem zu machen
und wirklich glücklich zu sein und den Mond einzufangen,
wie ich auch weiß,
daß ich nie fähig sein werde, in diesem Augenblick zu
meinem Vater zu gehen, um ihn ohne Scham oder Angst oder
sonst so etwas anzusehen, sondern einfach ich zu sein, und er er,
und gar nichts zu sagen, sondern einander
nur anzusehen und Freunde zu sein und gegenseitig
Vertrauen zu haben.
Es ist nicht möglich . . .
Wände . . . mein Plattenspieler . . . Du Herr,
du weißt so viel über meine Gefühle für
meinen Vater und meine Familie und all die Leute,
die ich mag, die ich zu mögen meine, aber
du bist der einzige, du denkst dir nichts besonderes dabei,
denn ich kann es an meiner Haltung sehen,
weil ich die ganze Zeit verschlossen dreinsehe.

O Herr

Ich glaube, ich könnte . . .
Ich hätte gern starkes Fieber,
um einfach sagen zu können, ich bin krank . . .
und nicht krank in meinem Kopf, nein.
Einfach krank in meiner Gesundheit,
gib mir nur eine . . .
um achtzugeben,
für mich ist es nicht dasselbe, wenn ich etwas habe,
zum Beispiel sind sie daran gewöhnt, mich krank zu sehen,
und sie denken immer, es ist vor allem in meinem Kopf,
und das stimmt,
ich kann nicht einmal eine Erkältung haben wie ein anderer,
wie, wie sie.
Für mich ist eine Erkältung etwas, das ich gleich einmal

meinem Psychotherapeuten sagen muß.
Du siehst, warum ich zu Tode erschöpft bin, aber ich weiß,
wenn ich erwachen und versuchen werde, ins Bett zu gehen,
werde ich danach nicht . . . nicht sehr gut schlafen,
ich bin zu müde.
Es ist nicht eine . . . Ich meine, es ist . . . O du verstehst,
was ich meine, nicht wahr?
Ich will es nicht noch einmal erklären . . .
Ich will nicht erklären.
Es ist in mir, aber ich kann es nicht erklären.
Es ist in mir, und das ist alles *(sie weint)*
Es wird nie weggehen.
Es ist ein Teil von mir, und ich werde damit sterben,
aber ich werde nie damit leben können.
Es ist schlimmer als Krebs oder so etwas.
Es ist . . . ich weiß nicht, was es ist.
Ich weiß nicht, es ist eine Angst.
Es ist keine Angst mehr, es ist komplizierter.
Es geht auch auf deine Kosten . . .
Weißt du, es ist wie ein Spiel,
das du verloren hast . . . ein Spiel,
selbst wenn du . . . wenn du es anfangen mußt,
weißt du, daß du verloren hast,
und es gibt keinen Grund für dich, es weiterzuspielen,
weil es schon falsch war, als du deinen
ersten Schritt gemacht hast,
der erste Schritt war falsch,
und du kannst es nicht ändern,
er wird immer falsch bleiben.
Du kannst versuchen, dem hinterherzurennen,
aber der erste Schritt war falsch, als du angefangen hast,
früher oder später fällst du hin,
und mein erster Schritt war . . . Ich weiß nicht wann,
nicht als . . . als ich mit dir getanzt habe, Vater,
weil ich sicher bin, daß damals alles in Ordnung war.
Ich weiß nicht, ob du dich daran erinnerst . . . so wie ich
mich daran erinnere. *(sie weint)*
Dieser Tanz, diese besondere Musik, die ich nicht
hier habe, ist das einzige, was ich in meinem Leben bekommen habe,
mein Preis *(? oder Paris),* der ganze Rest mit meiner
Mutter, danach mit dir, Daddy, und Teresa . . . der
war falsch,

Wie ein großer Fehler, oder eine große Lüge, oder ein großes
Mißverständnis.
Ich möchte gern fähig sein, nackt
vor dir zu stehen.
Ich meine bloßen Geistes, so daß du
darin alles sehen könntest und es in Ordnung fändest
und daß es dich nicht ärgern würde, sondern du einverstanden wärest.
Ich möchte gern, daß es möglich wäre,
so mit den Leuten zu sein,
die anderen zu erfühlen.
Ich meine, die anderen richtig zu erfühlen,
zu wissen, wenn sie müde sind und wenn sie . . .
es zu wissen, und so zu handeln,
wie nötig, um in Harmonie zu sein,
keine Entmutigung mehr,
kein Gerede,
keine Probleme,
ich meine kein Kampf,
vielleicht keine Sprachen mehr,
nur ein Fühlen mit der Haut, dem Körper
den Augen . . .
O für mich ist das schwierig, weil ich nichts sehen kann
mit meinen Augen. Ich bin sicher, daß ich fast blind bin.
Ich bin manchmal fähig,
mich gut zu fühlen,
kurze Zeit, aber
ich bin unfähig, zu . . .

Ich mag diese Wohnung nicht,
gerade jetzt . . .
hörte ich ein Klopfen an meiner Tür und
bekam Angst . . . Natürlich kann es
einfach jemand im Hausflur sein
oder irgendwelche Leute, die sich einen Spaß daraus machen,
an meine Tür zu klopfen.
Aber ich fühle mich nicht sicher . . .
jedenfalls selbst wenn sie hier in dieses
Zimmer kommen können, werden sie nie in mein Gefängnis kommen,
weil für sie dieses Zimmer eben ein Zimmer wäre,
ein Raum, oder sie könnten vielleicht ein paar Dinge stehlen
oder was weiß ich,
für mich ist es ein Kasten,

vier Wände, vier ... einfach ein Kasten,
und in dem bin ich drin,
ich bin immer in Kästen gewesen, auch in kleineren
Kästen, mein Kopf und mein dummes Gehirn, das
nicht mehr funktioniert oder sich weigert zu funktionieren,
als wäre etwas für immer blockiert.
Weißt du was, Herr,
es ist schon Viertel vor eins,
und ich habe so ein Kopfweh,
nichts mehr im Magen.
Ich muß aufhören zu jammern,
aufhören, ins Mikrofon zu sprechen und
nach Worten zu suchen, denn wenn ich dir nicht
gegenüberstehe, finde ich meine Worte nicht mehr.
Ich bin sicher, daß ich viele Fehler mache und von anderen
als von dir nicht verstanden werde,
aber selbst wenn ich Englischfehler mache,
ist es unsere Sprache, und du verstehst sie,
du verstehst alle Sprachen auf der Erde,
und im Universum.
Du hast das Geheimnis dieses Universums.

den 18. Februar 1978

Zuerst der Mensch, ganz allein, ein einziger Punkt. Und dann auf der Erde noch ein Mensch, auch er allein und einzigartig, aber er ist schon der »zweite« Punkt. Zwei winzige Punkte bewegen sich unter der Sonne, begleitet vom Dunkel ihrer beiden Schatten.

Dieses Dunkel vergrößert sich auf dem Beton: Es ist die Vielzahl anderer einzigartiger Wesen, von Wesen, die sich gegenseitig nicht beachten, ein Durcheinander von Flecken und Schatten bilden, wobei die Schatten Flecken bilden, als wollten sie den Raum kennzeichnen, und die Flecken sich unter einer Sonne, die man nicht mehr sieht, für ihre Schatten halten.

Die Angst der Einsamkeiten, die sich gegenseitig beiseite stoßen, ist kollektiv. Jeder einzigartige Punkt behauptet, noch einzigartiger zu sein. Er entzieht sich sich selber, seiner Identität, er sagt sich, daß er nie die anderen sein wird, und entwickelt Theorien auf gut Glück und strandet auf dem Klumpen einer Welt, die sich dreht, ohne zu enthüllen warum.

Die Stecknadelköpfe platzen und stechen sich in den Rücken, und die Schatten verlieren allen den Verstand und decken die Mittagssonne mit Schwarz zu.

Und dann eines Tages erhebt der Punkt-Mann, x-ter Flecken, der seinen Schatten auf die vorangegangenen Flecken wirft, erhebt der Punkt-Mann also seinen Nadelkopf und versucht, ganz allein weiter zu blicken. Er meint, seinen Schatten im Süden verschwinden zu sehen und bald darauf auch die der anderen versammelten Menschen. Eine einzigartige Arbeit erwartet die kleinen einander ähnelnden Punkte: auf der Erde beginnt jetzt ein wunderbares Weben, eine einfache Zeichnung mit Flecken nebeneinander, die sich vermischen und zu einer einzigen Farbe verschmelzen.

Die Menschen haben die Erde als einzigen Besitz, sie befreien sich von ihrem Ich, indem sie der Erde dienen.

»Carlton« Lausanne

den 20. Februar 1978

Für Dich, mein Dad, für den ich so wenig Auge und Ohr war, weil ich meine Zeit so schlecht einteilen und mich nicht verfügbar halten kann.

Es hat aber auch Augenblicke des Lächelns, ja des Lachens gegeben, und das allein ist für mich vielversprechend für bald, wenn ich weitere Fortschritte gemacht haben werde, und solche der Behaglichkeit und Harmonie in Deinem kleinen Wohn-Schlafzimmer, mit Teresa, die uns auch zulächelte oder mich, wenn ich allzu laut wurde, hinderte, meinen guten »old Daddy« zu ermüden.

Ein Dreivierteljahrhundert gegen ein Viertel.

Eines Tages, warte nur, wird ein Jahrhundert gegen ein halbes stehen, und dann wird es erst wirklich aufregend und lustig, sich wiederzutreffen!!! und den Kopf über das Schicksal der Menschen zu schütteln, die so klein, aber innerlich reich sind, wenn sie nur »wirklich« wollen!...

Deine »kleine alte«

Marie-Jo
»Figuiers 12« – Lausanne

20. Februar 1978, abends

Dad,

HEUTE ABEND ...

Es war ein Stückchen vom Mond, einem Mond für Träumer und etwas verrückte Dichter, das ich Dir gegeben habe, aus meinem Bauch, aus meiner Emotion, aus allem, was ich bin, mit dem Versprechen, künftig ...

Ich bin glücklich.

Weißt Du warum? Wie, sag?
Ganz einfach, ich habe Dich wiedergefunden...
Und das ist mehr als jedes Geschenk auf der Welt.
Deine kleine

Marie-Jo
»Lido«

den 2. März 1978

»Daddy-Daddy«,

endlich »Tennessee Waltz«! Es war wie ein heimliches Geburtstagsge-schenk, als ich letzten Mittwoch bei den »Champs-Disques« vorbeikam und ohne selbst daran zu glauben gefragt habe, ob es dieses Lied noch irgendwie gibt.

Es ist so gesungen, wie wir es in Echandens auf Deinem alten Grammo-phon gehört haben, das seither leider kaputt ist...

Heute versetzt mich der Zauber dieses Walzers wieder in die Sonne zurück, mit dem köstlichen Geschmack dieser Ferien, die wir zwischen 6 und 7 Uhr abends so seltsam »zu zweit« erlebt haben.

Ich wußte damals nicht, daß diese Musik für mich später eine Art von Zärtlichkeit, von Liebe zum Leben symbolisieren würde, das unerläßliche Thema bei den Spaziergängen am Ende des Tages, wenn wir bummelnd untergehakt gingen und an manchen Böschungen Walderdbeeren fanden. Meine Fetisch-Hymne des Wohlbefindens mit dem »anderen«, wenn das »Du« »Ich« wird, bevor man sich »wir« sagt... Ein wunderschöner Herr in seinem Abendanzug, ein Herr, der gut riecht, wenn er mich auf der Tanzfläche umfaßt, der nach Pfeife und frischer Rasur riecht, dessen wei-che Weste an meiner Wange ist, dieser Monsieur, der mein Daddy ist, ein-zigartig, unersetzlich. Der erste Mann, den ich liebe, derjenige, neben dem sich ein Liebhaber eines Tages wird behaupten müssen. Dieses Wohl-befinden »zu zweit«, das ich in meinem siebenjährigen Herzen empfand, ist noch als Erinnerung in meinem Körper einer über zwanzigjährigen Frau, die danach strebt, sich mit einem männlichen Wesen, einem Gefähr-ten zu einem Paar zu vereinen...

Ja, aber still!... Keine Worte mehr, nichts Geschriebenes. Daddy, hör Dir Tennessee Waltz an! Und wenn Du dann Lust hast, mach mir das Vergnügen und tanze einen oder zwei Schritte und nimm Teresas Hand. Du wirst den Bürgenstock wieder vor Dir sehen und wirst unsere Sonne, unsere Freude, ein Lächeln, das Klimpern des Eises in einem Glas Oran-gensaft mit ihr teilen.

Dennoch wird immer ein wenig etwas Einzigartiges in unserer Erinnerung bleiben, wie unfreiwilliger Egoismus. Ein wenig Geheimnis am Grunde unseres Herzens, da wo es warm hält und wo es endlos weiterlebt. Ein kleines Stückchen Geheimnis für Dich und für mich, ein »Wir«, das sich nach den Noten der Vergangenheit fortsetzt . . .

Ich liebe Dich . . .

Marie-Jo

Text:

> I was dancing with my darling
> To the Tennessee Waltz
> When an old friend I happened to see.
> I introduced her to my loved one
> And while they were dancing
> My friend stole my sweetheart from me.
>
> I remember the night and the Tennessee Waltz
> Now I know just how much I have lost
> Yes, I lost my litte darling
> The night they were playing
> The beautiful Tennessee Waltz . . .
>
> (But I've not lost you, Daddy! Hey?)
> Your little »old girl«

Marie-Jo
»Lido«

den 13. März 1978

Mein Dad-Daddy,

rasch einen kleinen Brief, um Dir zu beweisen, daß ich Dich trotz meiner Antibiotika und meiner Zäpfchen nicht vergesse! Was für eine Sch . . .! Eine Bronchitis, eine gehörige Stirnhöhlenvereiterung, ein bißchen Fieber und als Zugabe einige gynäkologische Wehwehchen . . . Wirklich genau das, was man so gern hat und worauf ich am Anfang einer Saison besonders scharf bin!

Kann man nichts machen, wie? . . . Die Stimmung ist noch gut, und ich hoffe, ganz schnell all die Pläne verwirklichen zu können, die ich in letzter Zeit gemacht habe.

Wegen »Jobs«, die mir einen halben »Mindestlohn« monatlich eintragen könnten, habe ich schon eine Menge Kontakte aufgenommen.

Ich hatte übrigens mit einer Bandaufnahme meiner Gitarren-Chansons für Dich begonnen. Leider mußte ich mitten im Schwung unterbrechen, da meine Stimme merkwürdig an das schmachtende Krächzen eines liebeskranken Frosches erinnerte.

Na ja! Ich hoffe, in einer Woche wieder in Form zu sein, wenn ich mich mit dem »Tabak« zurückhalte.

Ich lese »Tant que je suis vivant« immer und immer wieder. Und ich warte ab, bis mein Geist ganz klar ist, um Dir meine Eindrücke zu schreiben, die mich überfluten, während ich mich von Simenon durchdringen lasse.

Es sind fast zu viele. Ich müßte sie zuerst einmal ordnen, um sie Dir besser darlegen zu können. Jedenfalls entsteht daraus das Bild eines großen »Kerls«, das in seiner Einfachheit so vollkommen ist, daß es manchmal aufreizend wirkt: ein so »menschlicher« Mann, daß er das Maß dafür zu verlieren und sich immer an der Grenze zu Höhepunkten zu befinden scheint, die einem Angst machen, die das Alltägliche umstoßen, dieses Alltägliche, das überall voll dichter Atmosphäre ist, die Dein Leben füllt, nachdem sie Deine Bücher gefüllt hat.

Eine persönliche Angst: wirst Du die Selbstanalyse, die Du zunächst wie einen Entwurf zu einem Bild, wie eine unbedeutende Skizze angefangen hast, deren Striche aber mit jedem weiteren Diktat von sich aus wieder neue Striche nach sich ziehen und die eine Genauigkeit fordern, die Du vielleicht nie gewollt hattest, je zu Ende bringen?

Nachdem Du Dich mit dem »Menschen« bis zum Überdruß vollgestopft und ihn in einer Atmosphäre, die so dicht war, daß sie unerträglich wurde, auf Deine Romane projiziert hast, kommst Du auf den zurück, der vergessen, unbewußt verdrängt schien: ganz schlicht auf Georges Simenon. War Deine lebenslange Beschäftigung mit dem »nackten Menschen« nicht auch ein wenig eine Flucht vor Deinem ebenfalls nackten »Selbst«?

Ich bewundere Dich dafür, daß Du ganz allein versuchst, es zu entblößen, ohne Exhibitionismus, aber auch ohne falsche Scham. Einzig und allein mit einer Schamhaftigkeit, mit intimen Tabus, die im ersten Augenblick ein wenig unaufrichtig wirken. Wenn Du dabei eines Tages zu einer ebenso vollkommenen Nüchternheit gelangst, wie in einem Deiner Bücher, dann, mein »Dad«, werden wir ... nicht die Bestätigung eines Genies im üblichen Sinn und in der Maßlosigkeit, die das mit sich bringt, erleben, sondern etwas ganz »Menschliches«, was sehr viel mehr ist. Nein! Es wird Dir gelungen sein, auf einem »umgekehrten Weg«, in Gegenrichtung zur normalen Lebenskurve, zum Wesentlichen zu gelangen: vom Mann auf der Straße, der all und jeder war außer »Dir« (vor allem durch Dein Bild: das da ist beängstigend, also ... schnell einen Roman! Ich leide, es ist hart ... warum? Weil ich mir mit den Seiten selber entfliehe, die mir aber unablässig mich selber in Erinnerung rufen ...), kommst Du zu diesem »Selbst« zurück, suchst es, stellst es nach und nach in Frage ... Von ihm wirst Du dieses Mal wieder ausgehen, offen für die anderen. Für die Menschen und nicht mehr für den Menschen im Singular, der, nachdem er Person geworden war, den Mangel an wirklicher Kommunikation in Deinem einsamen Werk durch dieses unerläßliche Wiedererkennen Deines eigenen Bildes aufwog.

Deine kleine

Marie-Jo.

den 13. März 1978

Auf was warte ich denn? ... Um sechs Uhr morgens nach zwei schlaflosen Nächten voller Heißhunger, durch den ich vier Kilo mehr auf die Waage bringe, taumele ich in meinem Zimmer hin und her mit einem großen »Kotzen« im Bauch, das nicht herauskommt, wie eine Schwangerschaft, die ich nie erleben werde.

Welche Entdeckungen während meiner Delirien letzte Nacht im Morgengrauen, bevor ich ein wenig in den Tag hineinschlief. Und wie viele Klicks in meinem Schädel, wieviel Auflehnung und Scham und auch Kummer bei der Lektüre des Buches, das meine Mutter jetzt geschrieben hat.

Ich habe es soeben beendet, und mein Magen platzt fast von all dem Zeug, das ich in mich hineingefressen habe, um meine Ängste ein wenig zu besänftigen. (Heißhunger, um die andere innere »Scheiße« zu maskieren, und Erbrechen in der Illusion, sie aus mir herauszuholen.)

Sie werden im übrigen nachher vor dem Spiegel doppelt so stark sein. Ich wollte es endlich erfahren, einen Teil der Wahrheit durch ihren Bericht entdecken, durch Bilder, die jenen meiner Kindheit, meinem eigenen Erlebnis des Dramas entsprechen.

Es gibt nur wenige davon. Ich habe mein Drama auf anderen Gleisen erlebt, auf anderen auch als mein Vater, gerade so, als wären wir alle drei wahnsinnig gewordene Lokomotiven gewesen, die sich gegenseitig verfolgen, dabei aber nebeneinander herfahren und die einfachen Regeln der Logik mißachten, die klar beweisen, daß man sich auf diese Weise nie treffen kann.

Gestern zur gleichen Zeit habe ich mich ganz laut, noch lauter als sonst angeschrien und mein »Selbst«, mein anderes »Ich« angefleht, mir die Fragen meiner Vergangenheit zu beantworten. Ich war ganz sicher, daß ich mich in der darauffolgenden Stunde umbringen würde. Ich konnte also ohne Angst auch das Schlimmste an die Oberfläche holen, denn es konnte keine Auswirkung mehr auf eine Zukunft haben, wenn es keine mehr gab. Es ist mir praktisch unmöglich, meine Monologe hier auf diese Seiten zu übertragen, denn ich habe sie auf englisch, meinem Kinderenglisch gehalten. Ebenso fällt es mir schwer, meine Empfindungen auf Tonband zu sprechen, da dies den freien Fluß meiner unbewußten Sprache hemmt, indem es sich anhört wie dürftiges Schulenglisch. Die Objekte sind für mich im Grunde immer Stützen, ein Hilfsmittel gewesen, alles Projektionen meiner selbst.

Mit ihnen habe ich mir meine Welt aufgebaut, die der Liebe, der Wärme, der Zärtlichkeit und Berührung, wie die der Aggressivität, des Giftes, der Grausamkeit und Schande. Es war ein Stuhl, der mich zum erstenmal die geheime Lust meines Geschlechtes entdecken ließ. Er hat auch mein erstes Schamgefühl geweckt. Ein Blatt in einem Busch war das Symbol der Natur, des Friedens und der Erkenntnis eines Daseins auf der Erde. Er war aber gleichzeitig auch Träger kleiner roter Früchte, Symbolen des Giftes, das mich vielleicht umbringen wird, nachdem ich es berührt und meine Finger abgeleckt haben werde.

Das kommt nicht von meiner Mutter. Jedenfalls nicht in meiner Erinnerung. Ich hatte schon lange, bevor sie mir von ihrer eignen Wahnwelt sprach, meine »Objekte«, die meine Phantasmen verkörperten. Ich war bereits unnormal. Ich hatte bereits einen Gott und fühlte bereits den Widerspruch zwischen meinem Körper und meinem Geist und lehnte mich selber in all den Akten ab, die mir Schande bereiteten. Ich empfand das Bedürfnis, mich in meinen eigenen Augen zu beschmutzen, mich herabzuwürdigen, nichts mehr und vor allem nicht Marie-Jo zu sein.

Ich sehe in der Schule, als ich etwa fünf Jahre alt war, die kleinen Nasenpopel, die ich während des Unterrichts aus der Nase zog. Ich hatte nie ein Taschentuch, und mit diesem geschickt genutzten Tick vergrößerte ich den Kreis um meinen Platz mit den kleinen glitschigen Körnern, die zu Boden fielen. Das Bild ist noch da in meinem Kopf, so deutlich wie ein Foto.

Auf die gleiche Weise fing ich, wenn meine nervöse Erschöpfung allzu beängstigend wurde, unmerklich an, auf dem Stuhl hin und her zu rutschen, bis ich wie einen Blitz diese besondere Wärme in meinem Unterleib fühlte. Ob die Lehrerin und meine Kameraden das wirklich nie gemerkt haben? Ein schräg auf das zerknitterte Papier fallender Sonnenstrahl dagegen wurde für mich die Zeit einer schwierigen Unterrichtsstunde, und der kleine Hund führte mich weit weg von den Rechnungen und geschlossenen Wänden in seine wunderbare Welt.

Sieben Uhr. Ich bringe nichts zustande. Nicht schriftlich. Ich müßte endlich schlafen, vorher aber, und das ist schwierig, müßte ich versuchen, mich zu erbrechen.

Ganz leise, denn Mylène und Marc schlafen nebenan. Dann ... Ich gebe mir bis morgen Zeit, um ohne Fressen und ohne Tränen wieder zu mir zu kommen.

Auch um mein durch meine Exzesse aufgeschwemmtes Fleisch wieder abschwellen zu lassen. Sonst ... Ich bin ja wohl gezwungen, zu verschwinden, oder? Anstatt meinen eigenen Haß ewig weiterzuschleppen, der auf die anderen ja nur abfärben kann.

Antworten wird es nie geben. Dabei ist doch etwas geschehen, irgend etwas ist geschehen zwischen Mama und Dad, der Grund, weshalb sie ihre Bücher schreiben. Leider sind diese Bücher so vollgestopft mit den Lügen, die ihre Wahrheit bilden und die in mir nur Unbehagen auslösen, ja mich in zusätzliche Panik versetzen.

Wie, warum haben sie sich in dieser Weise getrennt? Warum bin ich zwischen den beiden blockiert worden?

den 11. April 1978

Mein »guter alter großer Dad« und »Daddy«,

Dein Anruf heute früh hat mir das Herz erwärmt. Du schienst meine gegenwärtige Verwirrung zwischen den Worten so gut zu verstehen, wie verloren ich mich zuletzt in der konfusen und »wahren« Vergangenheit von D.s Buch, in Deiner so tiefen aber leidensvollen Vergangenheit von »Quand j'etais vieux« und dann in Gegenwart der »Vergangenheit« von »Tant que je suis vivant« gefühlt habe, das erst 1978 die Gedanken meines Dad von 1976 in Erinnerung ruft.

All das hat mich in gewissen, noch ganz neuen Strukturen erschüttert, die ich gemeinsam mit B. in meinem plötzlich nicht mehr »hospitalisierten« Leben mit so großer Mühe versucht habe, aufzubauen.

Wie ein furchtsames Baby hatte ich die Klinik am 6. Dezember verlassen. Zwei Jahre Klinikaufenthalt, eine weitere Verlängerung konnte sich zu meinem Nachteil auswirken und mich für alle Zeit in eine unwirkliche Welt einschließen. Ich mußte also hinaus, und sei es als Baby, auf wackeligen Füßen und mir von »draußen« nur noch das Schlimmste erwartend, nachdem ich begriffen hatte, daß ich mir von Krankenhäusern gleich welcher Art nichts Gutes mehr erhoffen konnte. Auch wenn die Gewähr bestand, daß ich mir ein für allemal den Hals brach, mußte ich doch meinen Lebenskampf verbissen und mit einer gewissen Würde aufnehmen. Das ist mehr als schwierig gewesen. Da ich selber mein schlimmster Feind bin, mußte ich ihn um jeden Preis zähmen, ihm mit manchmal fast hysterischen »Selbstbeschimpfungen« beweisen, daß es keinen wirklichen Grund gab, mich pausenlos selber zu zerstören, ja daß dieses Ich doch auch einige gute Eigenschaften besaß, die man ausbeuten mußte, um die Mängel auszugleichen. Ich habe in diesen vier Monaten mehrere Pakte geschlossen, Pakte, mit denen ich mir Freundschaft mir selber und den anderen gegenüber abverlangte, außerdem Geduld, jedenfalls so wenig wie möglich »Verurteilung«. Sehr viel Nachsicht.

All diese Pakte wurden nur dazu geschlossen, um sich von Woche zu Woche wieder aufzulösen, und man mußte sie immer erneuern, dieser zerstörerischen Marie-Jo immer wieder ins Gedächtnis rufen, die verzweifelt darüber war, sich den ganzen Tag immer nur im Kreis zu drehen, die verzweifelt nach einem Stückchen Persönlichkeit suchte, das sie endlich wagen würde, den anderen zu zeigen, mit den anderen anstelle des ganzen Drecks, des Schlamms, des Unrats, den sie nur sah, ihn zu akzeptieren sich aber weigerte, weshalb sie mit einem Schlag für die Umgebung unausstehlich und intolerant wurde, weil sie sich in dieser noch unbekannten oder kaum bekannten Haut so schlecht fühlte . . . !!! Im Januar habe ich mich vor allem an der Schulter von Marc und Mylène und von Boule und . . . auch auf Deinem Geld ausgeruht, Daddy, was mich besonders beschämt. Unfähig, mein Leben »wirklich« zu organisieren, bezahlte ich gewisse Wohnkosten oft doppelt. Und diese Schande war wieder ein neuer Grund für die zerstörerische Marie-Jo, ihre Verwüstungen fortzusetzen. Sie führte zu einer vollkommenen Anarchie bei meiner Zeiteinteilung, meinen Verabredungen, meinen notwendigen Stunden Schlaf. Ich lebte die meiste Zeit im Widerspruch zu dieser Zeit und bekam mein Gleichgewicht nur durch zufällig ergriffene Chancen zurück, die aber ganz schnell schon »Illusionen« wurden.

Im Februar hatte ich, nachdem ich Dich gesehen hatte, gehofft, mich endlich besser zu akzeptieren, und (da meine Wohnung fast fertig war! . . .) stürzte ich mich mit einem Mann, der mich ebenfalls zu lieben schien und der oft bei mir war, um mir zu helfen . . . endlich . . . ins Leben. Ich machte ein bestimmtes Programm, begann, wieder Kontakte aufzunehmen, erkundigte mich nach dem Unterricht und nach . . . allzu vielen Dingen!!! Zufall? . . . Der Mann ist in Ferien gefahren, und ungefähr gleichzeitig tauchten die Gespenster in D.s Buch auf.

Ich habe es gelesen und wieder gelesen. Dann habe ich mir Aufzeichnungen gemacht, damit dieses neue Trauma mir wenigstens bei meiner psychotherapeutischen Arbeit von Nutzen war. Ich habe auch Dein Buch von Grund auf noch einmal gelesen. Ich habe verglichen. Ich habe ganze Nächte im Wahn verbracht, in denen meine Phantasmen, als wären sie befreit worden, aus meinem Unbewußten herauskamen, um mir Gesellschaft zu leisten. Ich habe die Zähne zusammengebissen. Ich wußte, daß ich auf diese Weise eine Menge Dinge lernte, eine Menge über dieses tiefe, gewöhnlich unbewußte »Ich«, das jetzt mit einemmal fast deutlich erkennbar war.

Ich schrieb wie besessen alles auf, alle meine Entdeckungen, alle Bilder, letzten Endes . . . alle meine Verzweiflungen. Denn es war ZUVIEL!!! Ich wurde schlimmer als ein »Ungeheuer«, meine ganze so bloßgestellte Vergangenheit brachte mich auf. Und die Stunden bei B. waren nie lange genug, um jedes Ding in einer gerechteren, strengeren Analyse wieder an seinen richtigen Platz zu rücken.

(unvollendet)   »Lido«

                                                                                 den 14. April 1978
Mein Daddy,
   rasch ein paar Zeilen, bevor die »Familie« aufbricht, um sich mit Dir zu treffen.

Ein »langer, langer« Brief ist in der Mache. Er ist zu lang, um bis heute fertig werden zu können. Aber ich verspreche Dir, daß Du ihn nächste Woche bekommst.

Also . . . es geht besser, wirklich. Ich werde morgen friedlich mit Boule den Samstag verbringen. Ich werde ein bißchen Landluft genießen, nachdem ich in meine Probleme »eingeschlossen« gewesen war. Es war ein Fehler, daß ich mich letzte Woche mit Mama getroffen habe. Ich ahnte nicht, daß ihre neurotische »Wahrheit« mich so tief aufrühren würde.

»Dich« liebe ich, weißt Du, ganz stark! Wirst Du Dich auch immer daran erinnern? . . .

Bis bald, sobald Du willst, wenn wir Ruhe haben und es schön sein wird, in der Sonne spazierenzugehen! . . .

Ein ganz, ganz starkes Schnuff–Schnuff und . . . verbring einen angenehmen Augenblick mit allen.

Du wirst Serge sehen . . . Er ist toll. Ein wirklich netter Junge!

                                                                                           Marie-Jo
                                                                                           »Lido«

Von Marie-Jo aufgenommene Kassette
März (?) 1978

. . . how it works. It's not easy, I mean that machine there but I think you must make it better than

next, last, I mean. I'd like to have another
micro, but I don't have it. Bull shit!

(sie gähnt)

I don't know really how to do it, I am just lying
down on my bed and I hear the birds outside,
they sing, it is quite beautiful. In fact,
I don't care.

Let me see . . . I vomit three quarters of an hour
before and now I would have to sleep a little
bit to be okay for this afternoon when I will
be in front of you.

I thought that I had many things to explain on
that microphone. I have no more ideas now
I don't know how to say them, it does not come
more in my head.

Yesterday, yesterday night it was really crazy
I was really hating myself harder than I've ever
been. I saw the doctor and I was completely out
because I slept only one hour in the morning.
It was on Wednesday morning. Wednesday night I was completely out when I saw him. Well it was maybe a
little bit of shame to show myself in that condition
but in fact I was so sure to soon really make a sui-
cide, I mean to kill myself, that it was no more
important to take pills to try to cure myself and
when he went away, when he left me, I was a little
bit anxious for sure but I just decided to eat
again and I keep my food like to punish myself more,
also because I was tired and it was very tiring
to try to vomit especially now when I have no more
reactions and my stomach does not function very
well to try to pull show (?) that food away.
It's funny what I said. I cried a little bit
here in my music, but it was not like usual.
It was out of anything real, in another
dimension maybe, I don't know how we say in
English, it was the first time also I spoke

with my mother, I mean to my mother and I was lying
down on the floor with my hands just under my stomach, and I said to her, I can't find the words
now, the words were all right, I said:

Not only just that image, it is not the worst
but all what you told me, all the phone calls
when we were at the mountain and the phone calls
with Daddy and when after you cried you were
crying and telling me that you . . . I was tiring
and I was sick. It's not only that. I spoke to
the night also and I said:

– I have known how much it can be beautiful
I know this, but now I am out, because I have
ruined my body, I have destroyed it better than
we can do and now for me it's no more possible.
And then now tonight through my window, I was . . .
I opened the window in my bathroom and I shut
all the lights inside of the apartment and it
was no moon for sure because there is no moon now,
but no stars either and only that it was just not
dark blue as it has to be, it was something
yellow but grey at the same time, a sick grey,
a sick yellow, a sick color, like smog and it
was coming maybe from the lights of the streets
all around, from the avenues, but it was like,
like if the sky would have been covered with a
wall and I had to imagine the moon up through
that dead grey colour and my stars and all
the . . .
and I felt involved again. I don't know how
to explain it . . .
Say those . . . what I have got in my life, what
I've got really nice from you. Just a smile,
a smile that maybe you don't remember, the time
you opened the door downstairs and you were
going I don't know where, I don't remember. It
was important, just before to go with your bi-
cycle and you just opened the door and you smiled

to me and . . . No! It was when you went to buy
your, to make your shopping, and it was nice
outside, nice weather, it was sun and it was
great and spontaneous, and . . . Oh, I stop
because I can't explain all this like I won't
be able to explain it in front of you in six
hours something like that.

Oh, that's only shit, I am plenty of shit and
all what I am able to do is shit also, to make
shit all around me.

I don't care, and I have to
disappear. I can't continue that way for my own,
trying to get some instant of pleasure and just
for all the other moments when I suffered and
when I can't do things right for my family and so
and so. *(sie seufzt)*. I am completely obsessed
by the money, to get money and to don't be in
front of that jalousy with Marc and Mylène and
Johnny and to have much more than they have, ah!
(sie seufzt), then I stop and see their next . . .

(Übersetzung)

. . .wie das geht. Es ist nicht einfach, ich meine dieses Gerät
hier, aber ich glaube, du mußt es besser machen, als das
nächste, ich meine das letzte Mal. Ich hätte gern ein anderes
Mikrofon, aber ich habe es nicht. Scheiße!

(sie gähnt)

Ich weiß wirklich nicht, wie ich es machen soll, ich liege
gerade auf meinem Bett, und ich höre die Vögel draußen,
sie singen, es ist sehr schön. In Wirklichkeit mache ich
mir nichts daraus.

Also wollen wir einmal sehen . . . Vor einer Dreiviertelstunde
habe ich mich erbrochen, und jetzt sollte ich ein bißchen schlafen, um heute nachmittag in Form zu sein, wenn ich dir gegen-
übersitze.

Ich dachte, daß ich eine Menge Dinge ins Mikrofon
zu sagen hätte. Jetzt habe ich keine Ideen mehr.
Ich weiß nicht, wie ich sie sagen soll, sie kommen
mir nicht mehr in den Kopf.

Gestern, gestern nacht war es wirklich wahnsinnig,
ich haßte mich selber wirklich stärker als je zuvor.
Der Arzt kam, und ich war vollkommen weg
weil ich nur eine Stunde am Morgen schlief.
Es war Mittwoch früh. Mittwoch nacht war ich vollkommen
weg, als er kam. Gut, vielleicht war es auch
ein bißchen Scham, mich selber in diesem Zustand zu zeigen,
aber in Wirklichkeit war ich so sicher, daß ich bald wirklich
Selbstmord machen würde, ich meine mich selber töten würde, daß
es nicht mehr wichtig war, Pillen zu nehmen, um zu versuchen,
mich zu behandeln, und als er wegging, als er mich verließ, war
ich gewiß ein bißchen ängstlich, aber ich beschloß doch, wieder
zu essen, und ich behalte mein Essen bei mir, wie um mich damit
noch mehr zu strafen,
aber auch weil ich müde war, und es sehr ermüdend ist,
das Erbrechen zu versuchen, vor allem jetzt, da ich keine
Reaktionen mehr habe und mein Magen nicht so gut arbeitet,
daß ich versuchen könnte, dieses Essen herauszuziehen. (?)
Es ist lustig, was ich sagte. Ich weinte ein bißchen hier
in meine Musik, aber es war nicht wie gewöhnlich.
Es war außerhalb jeder Wirklichkeit, vielleicht in einer
anderen Dimension, ich weiß nicht, wie wir auf englisch
sagen, es war auch das erstemal, daß ich mit meiner
Mutter sprach, ich meine zu meiner Mutter, und ich lag
unten auf dem Boden, mit den Händen unter meinem Magen,
und ich sagte zu ihr, ich kann jetzt die Worte nicht
finden, die Worte waren richtig, ich sagte:

Nicht nur dieses Bild, es ist nicht das Schlimmste,
sondern all das, was du mir gesagt hast, alle die Telefonanrufe,
als wir im Gebirge waren, und die Telefongespräche
mit Daddy, und als du dann geweint hast, du hast
geweint und hast mir gesagt, daß du . . . Ich war müde,
und ich war krank. Es ist nicht das. Ich sprach auch
in die Nacht, und ich sagte:

Ich habe erlebt, wie schön es sein kann.
Ich weiß das, aber jetzt bin ich erledigt, weil ich
meinen Körper ruiniert habe, ich habe ihn besser
zerstört, als wir können, und jetzt ist es für mich nicht mehr
möglich. Und jetzt habe ich heute nacht durch mein Fenster...
Ich öffnete das Fenster in meinem Badezimmer, und ich machte
alle Lichter in der Wohnung aus, und es war sicher kein Mond,
weil jetzt kein Mond ist,
aber auch keine Sterne, nur daß es nicht
dunkelblau war, wie es sein soll, es war irgendwie
gelb, aber gleichzeitig grau, ein krankes Grau,
ein krankes Gelb, eine kranke Farbe, wie Smog, und das
kam vielleicht von der Straßenbeleuchtung
ringsum, von den Avenues, aber es war als ob
der Himmel mit einer Mauer bedeckt gewesen wäre
und ich mir den Mond oben durch diese
tote graue Farbe vorstellen mußte, auch meine Sterne und
alle die...
und ich fühlte mich wieder betroffen. Ich weiß nicht,
wie ich es erklären soll...
Solche Dinge zu sagen... was ich bekommen habe in meinem Leben,
was ich wirklich Schönes von dir bekommen habe. Nur ein
Lächeln, ein Lächeln, an das du dich vielleicht nicht erinnerst,
als du die Tür unten aufgemacht hast und ich weiß nicht wohin
gegangen bist, ich erinnere mich nicht. Es war
wichtig, bevor du mit deinem Fahrrad
gegangen bist und du gerade die Tür öffnetest. Du lächeltest
mir zu und... Nein! Es war, als du zum Einkaufen
gegangen bist, und es war schön draußen,
schönes Wetter, es war Sonne, und es war
groß und spontan, und... Oh, ich höre auf,
weil ich all dies nicht erklären kann, wie ich
auch nicht fähig sein werde, dir das in sechs
Stunden oder so zu erklären.

Oh, das ist nur Scheiße, ich bin voller Scheiße, und
alles, wozu ich fähig bin, ist auch nur scheißen,
rings um mich nur Scheiße zu machen.

Es soll mir egal sein, und ich muß
verschwinden. Ich kann nicht so für mich allein weitermachen und versuchen, ein paar Augenblicke Freude zu bekommen

für all die anderen Augenblicke, in denen ich litt
und in denen ich meiner Familie nichts recht machen
konnte und so weiter *(sie seufzt)*. Ich bin vollkommen besessen
vom Geld, Geld zu bekommen und Marc und Mylène und
Johnny gegenüber nicht so eifersüchtig zu sein und viel
mehr zu haben als sie haben, ach!
(sie seufzt) Dann höre ich auf und besuche ihr nächstes . . .

den 10. Mai 1978

»Mein Daddy«,
    ein kleines mißlungenes Foto, das ich zum Spaß koloriert habe – eine
Spielerei! . . . (Ich habe nicht versucht, ihm irgendeine Ähnlichkeit zu verleihen, du brauchst nicht danach zu suchen! . . .)
    Beim Tonband Nr. 1 habe ich mit der Rückseite *(side 2)* begonnen.
Aber es ist nichts Interessantes, höchstens »Hundegeheul an den Mond«.
(Also mein Hundegeheul als seltsames Wiegenlied. Ich dachte nicht, daß
die Aufnahme schon lief. Tatsächlich habe ich bei allem, was ich da
gemacht habe, das Mikrofon freiwillig vergessen und mir eingeredet, daß
das Gerät nicht angestellt war. Das hat sich aber gerächt: der ganze
Schluß von Seite zwei mit »Das flache Land« ist praktisch unhörbar, selbst
bei voller Lautstärke – Dein armes Ohr . . . es wird eine Qual werden! Als
Geschenk wirklich gelungen! . . .)
    Side one, erstes Band: neue Gedichte oder Improvisationen nach alten
Skizzen von vor zwei Jahren – Es ist also nicht meine heutige Stimmung,
keine Angst! . . .
    Verbotene Spiele -- (Au, so schlecht gespielt)!
    Auf dem anderen, fast leeren Band nur ein Textversuch zu »Blowing in
the wind« – und dann das Elaborat weiterer unleserlicher Skizzen von vor
zwei oder sogar drei Jahren.
    Nichts Gutes.
    Die einzige richtige Sache in meinen Augen: die Improvisationen, wo
ich bei all dem Genuschel zu Dir spreche, doch ist alles wegen des Ver-
stärkers fast unhörbar, und ich habe Angst, daß Du überhaupt nie etwas
verstehen wirst . . .
    Dabei war dies endlich nun einmal etwas »Echtes« und so voll von
Dir!!!

Marie-Jo

Diese Aufnahme ist für Dich, Daddy, und sei mir nicht böse, wenn Du zeitweise nicht gut verstehst, das Band ist nicht gut gelaufen. Daher mußt Du es manchmal ganz ganz laut einstellen, auf das Maximum, vor allem auf der anderen Seite und vielleicht auch auf dieser Seite, und vielleicht mußt du dann mit dem Ohr drankleben, um zu verstehen, aber ich habe es nicht gewagt, alles neu zu machen, weil ich ehrlich gesagt zuerst einmal mit einem ganz kleinen Gerät angefangen habe, da ich es nicht wagte, gleich das große zu nehmen, zweitens war ich sehr müde, habe dabei so stark an Dich gedacht, deshalb habe ich mir gesagt, es wäre vielleicht nicht übel, Dich auf die Gefahr hin, daß etwas Schlechtes dabei herauskommt, ein bißchen meine Anwesenheit spüren zu lassen, die du aber jederzeit abstellen kannst, indem du auf den Knopf drückst. Es ist dann nicht so, wie wenn ich da bin. Wenn ich da bin, kannst du nicht auf einen Knopf drücken und mich einfach verschwinden lassen. Du mußt wenigstens zu mir sagen: Marie-Jo sei so nett, ich brauche ein wenig meine Ruhe. Während Du da einfach auf den Knopf drücken wirst, und ich werde verschwunden sein, und dann wirst Du wieder auf den Knopf drücken, und ich werde dasein. Das ist doch praktisch, oder? Und dann könntest Du mir vielleicht auf dieselbe Weise auch ein Wort schicken. Wir werden uns so gegenseitig mit den Knöpfen andrücken und uns ein wenig haben, wenn wir wollen, bevor wir uns dann wirklich sehen, ohne Knöpfe. Die Knöpfe, die sind für die Hosen da, die Knöpfe, die sind für die Anzüge da . . . aber nicht immer für das Leben und im Ernst, o. k.?

Gut, ich werde wieder ein Chanson versuchen. Ich weiß nicht, was Dir gefällt, aber vorher muß ich schnell noch einmal alles abhören und ein kurzes Stop einlegen, um zu prüfen, ob es aufgenommen hat. O. k.?

(Singt zur Gitarre:)

> Try to sing another song,
> A cowboy song, OK?
>
> The other night, dear
> As I was sleeping
> I dreamed that you were in my arms
> When I awoke, dear, I was mistaken
> So I heard my heart and cry

You are my sunshine
My only sunshine
You make me happy
When skies are grey
You'll never know, dear
How much I love you
Please don't take my sunshine away
I'll always love you
And make you happy
If you will only
Stay the same
But if you leave me
To love another
You'll regret it all some day.

Because you are my sunshine
My only sunshine
You make me happy
When skies are grey
You'll never know dear
How much I love you
So please don't take my sunshine away *(2mal)*

(Tonbandaufnahme)

Ich will dir sagen, dir, der du irgendwer oder irgendwas sein kannst, ein Stern an meinem Fenster, eine Straßenlaterne, die Tür eines Aufzugs, warum nicht, oder du, der Baum, oder alle diese unbekannten Gesichter, alle die, die mich umgeben, du, hör mir zu:

Ich fühle mich schlecht heute abend, schlecht in meinem Sein. Ich bin es leid, mein Leben so blöde zu leben wie sie, in dem falschen Komfort wie sie, in den Illusionen des Alkohols, des reichen Essens, während andere, andere draußen nichts haben, nichts zu essen, nicht einmal etwas, um zu sagen: ich esse arm. Gleich dem Fressen vergeude ich auch meine Zeit, und die Zeit zahlt es mir heim, indem sie mich auch frißt. Sie frißt mir meine Existenz weg, weil ich sie ihr überlasse, weil sie mir entgleitet, weil ich sie nicht beherrsche oder sie nicht mehr beherrsche, sofern ich sie einmal beherrscht habe.

Ich habe Liebesweh, Weh unter der Haut, angespannte Nerven, einen leeren Kopf, oder einen übervollen, das sind Worte, die von allen so oft verwendet worden sind, daß sie auch leer sind, leer, weil sie unbedingt gefüllt werden wollen.

Dir sage ich all das jetzt für alle die, denen ich es nicht sagen werde. Alle Dinge, die ich in Ruhe, an Ort und Stelle lassen werde, an der Stelle, die sie gefunden haben und die ich ihnen auf keinen Fall nehmen möchte, im Gegenteil, ich liebe die Dinge, vielleicht aus Mangel an Menschen, eben gerade, weil ein jedes an seiner Stelle ist, sie verkörpern das, was ruhig ist, was sich nicht rührt, das, was akzeptiert dazusein und das man anfassen kann, streicheln, ohne es in die Flucht zu treiben und ohne ..., zu foltern, ohne zu verletzen.

Dir, der du heute abend nicht einmal mein Liebhaber, nicht einmal ein Kamerad sein wirst, gar nichts von dem, was ich als Kind erwartete, sondern wahrscheinlich einfach mein Kopfkissen, ein klein wenig Wärme heute abend, dir, der du im Grunde abwesend sein wirst, da ich dir nicht entgegengegangen bin. Dir, den ich überall auf der Welt gegenwärtig weiß, von dem ich weiß, daß er im Plural ist, wenn ich dich im Singular will, dir sage ich guten Abend, vergiß doch, daß ich mich schlecht fühle, dann werde auch ich vergessen.

In deinen Armen zu schlafen, Joséphine, unter dem Blick deines einzigen, so lebhaften, so schönen Auges zu schlafen, das blau ist wie der Himmel vor der Nacht, wenn er von der Tiefe eingerahmt ist wie bei Ausbruch der Nacht. In deinen Armen zu schlafen, kleiner Elefant. Meine Kindheit von vorher, meine schlechte Kindheit, meine Kindheit voller Sonne und Lachen, der Wettläufe im Wald, der Kühe und Hühner, des Korns und der Kastanien, meine Sonne der Keltern und meiner nackten Füße, meine Kindheit mit meinem eigenen Garten, einem Geheimnis, unter einem gefällten Baum. Kleiner Elefant, heute abend habe ich alles dir gesagt, ich habe dich mit Tränen bedeckt, die im Grunde nur mir gehörten, Tränen einer schon Alten, mit denen ich deinen Plüsch beschmutzt habe, der ganz staubig ist, weil du von weither zu mir zurückgekommen bist. Aus einem Möbelspeicher, der ein Speicher der Vergangenheit wird. Ich habe dich mit meinen unkreativen Händen gestreichelt, die leer sind und zu nichts mehr zu gebrauchen, höchstens dazu, deine Ohren glattzustreichen, und vielleicht auch noch dazu, bald dein Auge wieder anzunähen. Nein, nicht vielleicht, sondern bald, ja, das verspreche ich dir. Dasjenige, das dir fehlt, dasjenige, mit dem du schläfst. Aber weißt du, Joséphine, der ganze Glanz dieses fehlenden Auges ist auf das andere übergegangen, das noch sanfter blickt, noch wohlwollender, manchmal auch geheimnisvoll, aber immer versöhnlich.

Kleiner Elefant, hilf mir schlafen, und nachts, wenn es erlaubt ist, wirklich zu träumen und die Träume am Tag, wenn sie verboten sind, zu verjagen.

(Singt zur Gitarre tahitianische Lieder:)

1. Tahiti
2. Eh ma doudou
3. Na teva Ohé Ana

Ich habe meinen Kopf abgeschraubt
Und ich habe ein Loch gebohrt
In den Schlamm der Erde
Meine Hände waren voll davon
Dann habe ich mich hingesetzt
Den Kopf zu meinen Knien
Ganz nahe an dem Loch
Wo ich ihn begraben wollte.

Ich gedachte, diesen Teil von mir, unter dem ich so litt
Ein letztes Mal zu betrachten
Ich habe meine Augen angesehen, die noch schluchzten
Und ich habe gesehen, daß mein Mund sich öffnete, um zu mir zu
                                                                sprechen.

Du hast nichts mehr zu sagen
habe ich ihm zugemurmelt
Ich möchte dich nicht mehr über meine Vergangenheit stöhnen hören
Dieses Gesicht aus Wachs, der Abklatsch des meinen
Hat sich ein krampfhaftes Lachen erlaubt, das mir voll Verachtung
                                                                schien.

Also ekle ich dich an
habe ich es gefragt.
Nun, das ist ganz gegenseitig
Denn du kotzt mich an
Du hast mich krank gemacht mit deinen Illusionen
Du hast mich stets betrogen durch Verwirrung meiner Gedanken
Du hast dich eifrig bemüht, doch doch, meinen Namen zu vergessen
Mich von der Welt abzuschneiden, von allen Wahrheiten
Du hast meinen Körper zerstört in all den Jahren
Indem du ihm deinen wilden Kurs auferlegt hast
Meine Revolte heute braucht dich nicht zu wundern
Ich fordere dich auf, die Hölle kennenzulernen, die ich durchlebte
Du hast nichts mehr von mir, du bist nicht mehr aus meinem Blut

So nimm dieses Ungeheuer mit ins Grab
Das du mir zugedacht hattest.

Ich hatte in blindem Zorn meine Worte
So heftig ausgekotzt, daß ich plötzlich Angst bekam
Mein Kopf hatte keine Kraft mehr, zu antworten
Seine Züge waren erstarrt, als er meine Schreie hörte
Lautlos rollte er in meine Armbeuge
Um Wärme zu suchen wie eine winzige Katze
Ich wußte nicht was tun. Ich schämte mich für uns
Und dann fühlte ich in dem Loch an meinem Hals
Einen Luftzug
Da erschauderte ich und legte meine Hand
Auf meinen leidenden Kopf
Der ganz entsetzt war von mir
Na komm, laß gut sein
Ich habe mich geirrt
Dein Platz ist nun mal da oben
Auf meinem Gipfel
Ich habe mir meinen Kopf wieder zwischen die Schultern geschraubt
Ich habe sein Sargloch mit dem Fuß wieder zugescharrt
Ich fühlte mich ganz komisch
Ich hatte eine Art Schwindelgefühl
Einen Nachgeschmack von Tränen
Tief in der Brust.

Schließlich begriff ich, daß ich trotz allen Abscheus
In einem Winkel meines Schädels Zärtlichkeit empfand
Und wie ich so an meinen Kopf dachte, lächelte ich zaghaft
Und dabei fühlte ich das Lächeln durch seine Augen hindurch.

Auf einem gemauerten Weg mit Leere beiderseits
Auf einem versperrten Weg
Geht der Mensch erschöpft ganz allein
Auf einem Schild weiter vorn stehn die Worte
»Kein Ausweg, kein Rückweg«

Rückweg wohin, fragt sich der Mensch
Den Weg der Vergangenheit umgekehrt noch einmal zu gehen?
Verlorene Jahre hindurch wieder auf der Stelle zu treten
Von vorn anzufangen, nachdem man es verdaut hat?

Der Mensch hat geschwankt. Er erblindet
Sein Gehirn versinkt in der weißen Sonne
Im Staub dieses Weges
Dieses Weges nach Nirgendwo
Zurückzuweichen ist absurd.

Versteh doch, guter Gott, ich habe keine Zeit mehr dazu
Ich habe meine Vergangenheit ausgekotzt
Ich bin vor ihrem Gestank geflohen
Wenn ich diesen Weg nicht mehr habe
Wohin soll ich dann gehen?

Alles ist jetzt verschwommen. In seinen Augen
Und in seinem Kopf
Und aus seinem Mund ertönt ein Ticktack
Ein seltsames zermürbendes Ticktack
Das Ticktack der Zeit
Das die Welt vorantreibt
Das ihn auf diesen Weg geführt hat
Für nichts
Das den Tod daran gemahnt
In seinem Namen zu kommen
Der Mensch hat seinen Schatten verloren
Trotz der weißen Sonne
Hat er nichts mehr von sich selbst
Er ist allein, ohne Seelenverwandten
Ohne Gefährten von ehemals
Als er in den Staub niederfällt
Stiehlt sich seine Identität davon
Ohne Angst vor der Flucht
Und der Mensch will schreien, um sie zurückzurufen
Sie anflehen, bei ihm zu bleiben
Aber das Bild hat gezittert wegen der Schweißtropfen
Wegen der Vermischung der Träume
Denn der Mensch kann gar nicht mehr denken
Das Ticktack verfolgt ihn schon nicht mehr
Dieses Ticktack aus seinem Mund
Eines schon, schon Sterbenden.
Die Identität, die zaghafte Identität
Kehrt zurück zu der Form auf dem Weg
Senkt sich als Schatten nieder, schlüpft unter den Menschen
Kehrt zurück wie zu einem weichen Teppich

Wie um ein wenig Sanftheit
In dieser letzten Preisgabe wiederzufinden
Die ihn endlich nach anderswo führt
Wenn auch nicht auf dem Weg
Sondern auf einem anderen, durch Rückkehr in die Vergangenheit
Wenn auch in einen anderen Teil
Als er sich je vorgestellt hätte.

(Gitarre allein: zwei Melodien)

Ende des Tonbands, mein Dad.

(Kassette)

Gedicht über mich als Elfjährige

Der Donner grollt
Der Regen fällt
Der Himmel ist düster
Ein Blitz in der Ferne

Die Bäume zittern
Die Blumen neigen sich
Die Wolken treiben
Einen kleinen Hasen
Eine wahre Sintflut ergießt sich jetzt
Als ob der liebe Gott sich vergnügte
Wie ein Kind
Er fühlt sich wohl wie in den Zeiten
Als man sich im Kettenhemd
Zu Pferde
Erbittert um eine Schöne schlug
Er führt sich auf wie Don Quichotte
Und seine Windmühlen
Mit gesenkter Lanzenspitze
dringt er wie ein Herr
und mit wirklich entschlossener Miene
gegen seinen Rivalen vor
Gewiß, Herr, König des Himmels
Du bekommst sie, deine Jungfrau
Aber sieh doch nur, ihr zuliebe

Wie es regnet
Wie es regnet.

Du bist wirklich ein kleiner Schelm
Du machst alles nur nach deinem Kopf
Siehst du jetzt das Heu
Das für die Bauern vielleicht verloren ist?
Nein, sei nicht betrübt
Man liebt dich trotzdem sehr
Übrigens, hörst du die Glocken läuten
Sie mühen sich für dich ab
Also lach doch, lache, lache
Großes Kind, das du bist
Denn im Grunde hast du wohl verdient
Daß man dir dieses kleine Fest bereitet.

(Sie singt mit Gitarrenbegleitung nach der Melodie von »Ce n'est qu'un au revoir, mes frères«:)

Es ist vielleicht nur ein »Guten Tag«
Vielleicht nur ein »Guten Abend«
Denn du, mein Dad, du weißt ja
Daß ich dich wieder besuchen werde
Manchmal, wenn ich abends allein bin
murmele ich Worte
Und dann, wenn es sehr spät ist
Gebe ich dir einen Kuß
Natürlich ist das alles in meinem Kopf
Und du weißt es nicht
Aber vielleicht fühlst du in deinem Traum
Ein bißchen was von mir
Ja, es ist nur ein »Guten Tag«
Es ist nur ein »Guten Abend«
Und dann wird ein Lachen anheben
Und dann vor allem, vor allem
Freude, wenn ich wiederkommen werde
Um dich zu besuchen
Ich werde dir alles erklären
Was du vielleicht nie verstanden hast
Alles, wozu ich so lange gebraucht habe
Fast ein Viertel Leben lang
Um nach langer Arbeit verstehen zu können

Und dann, weißt du
Nichts ist je zu Ende
Vor allem, wenn man anfängt
Über Probleme, über sich nachzudenken
In der Hoffnung, dadurch eines Tages
Die andern wiederzufinden
Dich, meinen Dad
Wiederzufinden
Es ist nur ein »Auf Wiedersehen«
Oder nein, es wird ein »Guten Abend« geben
Wenn ich bald in deinen Armen bin
Und Wiedersehn mit dir feiere.

(Sie singt das Chanson von Jacques Brel »Avec la mer du Nord«, pfeift die
Melodie und singt weiter zur Gitarre nach derselben Melodie:)

Ich werde nur einen Daddy haben
Wie phantastisch er ist
Einen Daddy, den ich nie vergesse
Einen Daddy, der für mich die einzige Erinnerung ist
Einen Daddy, den ich wiedersehen will
Einen Daddy, den ich verhätscheln möchte
Ein wenig, wie wenn er
Ein kleiner Junge wäre

Wie wenn wir Kinder
Wären alle beide
Wir würden zusammen
In der Sonne lachen
Und vergessen das Grau
Des Flachlands
Vergessen das Grau
Mancher geschriebenen Worte
Vergessen das Grau
Mancher zu oft gesagten Worte
Zu oft gesagten Worte
Zu oft gesagten Worte

Deshalb muß man das Schweigen wahren
Und schweigend auf die Wellen horchen
Und bedenken, daß das Meer
So weit fortgeht
Es trifft sich mit dem Licht

Von dem wir alle herkommen
Einem Licht, das sich angenehm anfühlt auf der Haut
Wie es auch so angenehm ist
Die Sonnenstrahlen zu fühlen
Den Wind zu fühlen
Und in den Augen eines andern
Seines Vaters ein wenig Liebe zu fühlen
Die man aus Scham Zärtlichkeit nennt
Und die man dann aus Scham gar nicht mehr nennt
Man vergißt, man kann nicht mehr sagen: Ich liebe dich
Weil das zu einer anderen Zeit gehört
Das ist für die Frauen gemacht
Das ist für die Liebenden gemacht
Da sagt man: Ich liebe dich sehr, weißt du
Dieses kleine »weißt du« soll das »sehr« verbergen
Und dann soll es verbergen das »ich habe gewagt
Zu sagen, ich liebe dich«

(Marie-Jo pfeift zur Gitarre »Où sont-ils donc tous passés«.)

Ende dieses leider sehr, sehr schlecht aufgenommenen Teils. Entschuldige Dad. Ok?

(Aufschrift auf dem Umschlag, der diese Kassette enthielt:)

»STRENG PERSÖNLICH«
Für Monsieur Georges Simenon
12, Avenue des Figuiers
1007 Lausanne
VD-SCHWEIZ

Rückseite: Lebenszeichen, das aber »Chanson«, »persönlicher Text« und *»improvisierte«* Spinnerei in einem ist.

Ich werde ein neues Chanson versuchen, das ich aber selber überhaupt nicht kenne, weil ich einen Text nach dem Chanson von Bob Dylan »How Many Roads must a man walk down usw.« erfunden habe, es ist dieselbe Melodie, aber der Text ist von mir. Ich singe es zum erstenmal, und es kann schon vorkommen, daß ich mich dabei mal irre. Na ja, das ist ja nicht schlimm!

How many years of my life have I lost
Believing I was all alone? Yes and
How many times will it take to me
Before to accept what I am?

The answer, I know
The answer is on my brain
The answer is mine
But I don't find

How many times will I be on my knees
Falling down road after road
I am scared about the light
I try to hide my face
I am scared about my own body and mind.

But maybe one day after those years of pain
I will at last understand?
Accept that I can't positively repair
All what in the past I have failed?

The night I will sleep
Getting out of my fear
You will maybe feel proud of me?
I'll stop to break my tenderness and love
And stand on my feet until the end
When endly in my dreams
I'll see you Daddy smile
I'll know that my shame will disappear

When endly in my dreams I'll see you father smile
I'll know that my shame will disappear
The answer is mine
Is somewhere in my brain
The answer is mine
But I don't find

When endly in my dreams
I'll see you Daddy smile
I'll know that my shame
Will disappear

(Sie summt und pfeift zur Gitarre
und fährt dann sehr leise fort:)

The night . . .
Sleep . . .
Getting out
My fear

You will maybe
Be proud of me
When endly in my dreams
I'll see you Daddy smile

(In entschiedenerem Ton:)

I'll know, know, know and know
Yes, that my shame
Will disappear

(Übersetzung)

Wieviel Jahre meines Lebens habe ich verloren
Weil ich glaubte, allein zu sein? Ja und
Wieviel Zeit werde ich noch brauchen
Bis ich akzeptiere, was ich bin?

Die Antwort weiß ich
Die Antwort ist in meinem Kopf
Die Antwort ist mein
Aber ich finde sie nicht.

Wie oft werde ich noch auf den Knien liegen
Straße um Straße niederfallen
Ich habe Angst vor dem Licht
Ich versuche, mein Gesicht zu verbergen
Ich habe Angst um meinen eignen Körper und Geist.

Aber vielleicht werde ich nach Jahren der Qual
Einst endlich verstehen?
Hinnehmen, was ich nicht mehr ändern kann
Und worin ich in der Vergangenheit gefehlt?

In der Nacht werde ich schlafen
Von meiner Angst loskommen
Vielleicht wirst du stolz auf mich sein?
Ich werde meine Zärtlichkeit und Liebe nicht mehr zerstören
Und auf meinen Füßen stehen bis zum Ende
Wenn ich dich, Daddy, in meinen Träumen
Endlich lächeln sehe
Weiß ich, daß meine Scham
Vergehen wird.

Wenn ich dich, Vater, in meinen Träumen endlich lächeln sehe
Weiß ich, daß meine Scham vergehen wird
Die Antwort ist mein
Ist irgendwo in meinem Kopf
Die Antwort ist mein
Aber ich finde sie nicht.

Wenn ich dich, Daddy, in meinen Träumen
Endlich lächeln sehe
Weiß ich, daß meine Scham
Vergehen wird.

(Sie summt und pfeift zur Gitarre
und fährt dann sehr leise fort):

Die Nacht . . .
Schlafen . . .
Meine Angst
Loswerden

Du wirst vielleicht
Stolz auf mich sein
Wenn ich dich, Daddy, in meinen Träumen
Endlich lächeln sehe

(In entschiedenerem Ton:)

Weiß ich, weiß, weiß und weiß ich
Ja, daß meine Scham
Vergehen wird.

(Kassette)

Ah, Musik dicht über dem Boden. Mein Heft auf der Erde, genau darüber auf dem Bauch ausgestreckt, mein Körper. Ist es auch wirklich mein Körper? Warten Sie, ich taste ihn mal ab. Ja. Ja, doch, ich glaube schon, zumindest gleicht er ihm. Sogar wenn ich ihn im Licht aus der Nähe untersuche. Denn ich habe auch Licht, dort in der Ecke hinter dem Lautsprecher, es leuchtet uns allen dreien, der Musik, dem Heft und mir. Oh, Verzeihung! Oh, ich bitte wirklich um Entschuldigung: Uns allen vieren, hätte ich sagen sollen. Wie habe ich das vergessen können? Wie nur? Und warum hat sie mich wieder befallen, nachdem es mir endlich gelungen war, sie nicht zur Kenntnis zu nehmen? Na ja, kann man nichts machen, oder?

Gut. Sie ist da. Und wie. Als gäbe es nur sie. Ich spreche von . . . ahnen Sie es nicht? . . . Ich spreche von meiner Angst. Wie, Sie kennen sie nicht? Ah! Haben Sie ein Glück! Gut! Aber ich muß Sie jetzt vorstellen. Sie müssen entschuldigen, aber sie könnte sonst böse werden, wissen Sie. Also gut, bitte sehr. Aber nein, Sie werden doch nicht fliehen, fürchten Sie sich vielleicht? Fürchten Sie sich vor meiner Angst, aber das ist doch lächerlich. Sie können sich ja gar nicht mehr fürchten als sie. Auf diesem Gebiet ist sie wirklich unschlagbar. Sehen Sie, ich selber habe es in all der Zeit nicht geschafft, besser zu sein. Also in Richtung Verzweiflung, da gibt es kein Mittel, sie auch nur um einen Grad zu schlagen. Ja, man muß tatsächlich glauben, daß . . . ich weiß nicht . . . daß sie mir auflauert, daß sie mich abhört und dann, dann zittert sie. Dann zittere auch ich. Ich sage zu mir: Also Scheiße, ich zittere doch mehr als sie, oder? Nein, überhaupt nicht, nichts zu machen. Wir haben es manchmal überprüft: gleich. Ein und dasselbe. Das ist überhaupt nicht lustig, wissen Sie. Wenn ich nun dachte, auf einem Gebiet auch einmal etwas beweisen zu können. Aber nein, nichts zu machen. Aber wissen Sie, es ist eigentlich nicht ihr Fehler. Man muß sie eher bemitleiden. Anfangs hatte ich mir gesagt: Zuerst muß ich die Spiegel verstecken. Keine Spiegel mehr, dann fürchtet sie sich vielleicht weniger. Denn vielleicht ist es mit der Angst wie mit den Tieren, das sieht sich im Spiegel und fürchtet sich, weil es nicht so recht weiß, was das ist. Also keine Spiegel, nichts mehr hier. Und dann sehe ich sie da in der Ecke, in der Wärme, ruhig wie ich, und . . . Zack! plötzlich schlägt mich was. Ich sage mir, Scheiße, was ist denn das? Ach so, das waren die Wände oder vielmehr eine Wand. Oder eigentlich auch nicht so sehr eine Wand. Also, Sie brauchen sich nur vorzustellen: sie war ganz allein, sie hatte keinen Spiegel, aber sie mußte dennoch das Bild, das sie von sich selber hatte, an die Wand werfen, und Peng! ist das zurückgekommen. Nur hat es sich ein wenig in der Richtung geirrt und ist mir aufs Gesicht gefallen. Und das fand ich natürlich nicht gut, weil, naja, sie mußte schon objektiv sein, weil, wenn man schießt und der Rückstoß, ich meine der Rückstoß der Übertragung dann subjektiv ist, kann eine Verwechslung der Flugbahn eintreten, na gut, das verstehe ich, aber . . . ah, es war nicht das erstemal, was habe ich heute schon alles auf den Kopf gekriegt. Na und dann habe ich versucht, mit ihr zu klären, ob sie nicht auch ein wenig davon abbekommen und mich in Ruhe lassen könnte. Aber das Schlimmste dabei ist, daß auch ich angefangen habe, an die Wände zu starren. Und dann mit einemmal schlug es los: knall, peng, bumm. Na, da habe ich dann ein bißchen gelächelt, denn da ich jetzt auch überhaupt nicht mehr objektiv war, fiel mein ganzes Subjektives auf sie zurück. So stand es wieder unentschieden. *(Seufzer)* Also im Grunde – ich sage Ihnen das, weil ich denke und hoffe, daß sie es nicht hört: aber was würde ich ohne diese Angst eigentlich machen? Nun, ich meine, ja, ich sprach von uns dreien, von meinem Heft, meiner Musik und mir, aber die Musik ist da, um mich vergessen zu lassen, daß ich in mein Heft nichts schreibe, denn so wie ich darauf liege, mache ich nicht gerade viel. Und so sehe ich also meine Angst an und sage mir:

»Könntest nicht auch du ein bißchen schreiben? Na, anstatt auf die Wand zu schießen, mach es doch lieber auf mein Heft.«

Ich hatte das noch nicht ausgesprochen, als ich peng! schon etwas ins Auge bekam. Es war ein Buchstabe. Nun, ich meine, ein Buchstabe aus dem Alphabet und der mir bumm! einfach so ins Auge sprang. Also sehe ich mir den Buchstaben an. Es war ein M. Na ja, ich habe wohl einfach so ohne es zu merken meinen Namen geschrieben, da ich nichts anderes zu schreiben hatte. Ja und alle anderen Buchstaben sind da auch noch durch, alle ins selbe Auge. Und da mir das allmählich zu dumm wurde, habe ich *(Seufzer)*, habe ich die Angst mit hereingebracht. Ich habe mir gesagt, wenigstens das da wird zu ihr gehen. Aber nein, zack! in mein anderes Auge. Aber das ist noch nicht alles, es gab ja auch noch die anderen Seiten darunter. Und das war jetzt wirklich unglaublich. Als wäre ein Sturm losgebrochen, begannen nun alle Wörter immer im Kreis herumzutanzen, und jetzt gingen sie aber nicht mehr in meine Augen hinein, sondern tatsächlich in meinen Kopf. Na, in meine Gedanken, in mein Gehirn. Zack! Also können Sie sich das vorstellen. Nachdem ich schon so große Mühe gehabt hatte, sie hervorzubringen, sie zu Papier zu bringen, mußte das Papier sie mir nun auch wieder durch Einmischung der anderen zurückschicken. Und das ging ebenso schnell in mein Gehirn wieder hinein, wie es herausgekommen war. Ganz übel.

Ich weiß eigentlich nicht, wozu ich Ihnen all das erzähle, wo es Ihnen doch scheißegal ist. Na ja, Sie haben Ihren kleinen Hund, der Ihnen Gesellschaft leistet. Wie heißt er denn? *(Sie lacht auf)*. Ach wie süß, Loulou! Guten Tag, Loulou. Ach, aber ich hatte auch noch nicht die Ehre zu hören, wie Sie heißen! Loulou? Ach! Monsieur Loulou und Loulou, der Hund. Das ist gut. Kommt es denn da nie zu Verwechslungen? Wenn jemand Loulou ruft, dann geht er, oder aber Sie gehen, wenn man ihn ruft, nicht? Ich sage das nur weil, na ja, wissen Sie, einem Freund ist das passiert. Oh, ich glaube schon, daß er ein bißchen daneben war, so wie ich mit meiner Angst. Er hatte einen Hund, und eines Abends sagte er zu mir:

»Ich gehe mit ihm hinaus wie gewöhnlich. Ich nehme die Leine, weil man in unserem Viertel nicht ohne Leine hinauskonnte, weil die Polizisten das nicht wollten. Was meinst du, wie ich von den Polizisten die Nase voll habe.« . . . Aber ich hörte nicht zu, weil er über Politik redete und ich damals nichts damit anfangen konnte.

Er sagte: »Gut, ich nehme die Leine, wir gehen zum gewohnten Laternenpfahl. Gut, und da bleiben wir einen Augenblick wie gewöhnlich, um . . . dann gehe ich wieder heim. Ich mache die Tür zu. Dann sehe ich meinen Hund, wie er an der Tür kratzt und stöhnt, und ich sage zu ihm:

Also hör mal, du warst doch gerade erst pissen und . . . und wie ich ihn so anschreie und das Wort pissen sage, sehe ich auf meinen Hosenschlitz und merke, daß er offen ist. Mein lieber Mann, ich hatte das gar nicht bemerkt, ich selber hatte an den Laternenpfahl gepißt, der wird sich vielleicht gewundert haben. Ich hatte wie gewöhnlich . . .« Meschugge, wie. Aber ich schnappte selber auch schon über.

Na ja, ich wollte Ihnen damit nur sagen, daß manchmal die unglaublichsten Dinge geschehen.

Na ja, gut, gut, ich lasse Sie gehen. Verabschieden Sie sich wenigstens von meiner Gefährtin. Vielleicht macht ihr das Spaß. Das heißt nein, Spaß wohl nicht, weil sie gar nicht weiß, was das ist, Spaß. Was glauben Sie denn, die Angst! Überall die Angst. Die Angst aber, selbst mit einem bißchen Spaß dabei, ist eben kein Spaß mehr. Das ist gar nichts mehr. Sie lehnt alles ab. Alles, alles, alles. Sie wird sich vielleicht nicht einmal von Ihnen verabschieden.

»Also, was ist, verabschiedest du dich von dem Herrn? Du . . . Was . . . was sagst du zu ihm?«

Sehen Sie, sie will nicht antworten. Oh, Vorsicht! Scheiße! Haben Sie gesehen? Na ja, ich wußte das. Sie hat . . . na ja, der Hund ist durchs Fenster. Wissen Sie, das ist nicht schlimm, wir sind im Erdgeschoß, er wird ja wiederkommen, er wird wiederkommen.

Komm, Loulou, komm, komm, komm her, spring durchs Fenster. Ja, sag mal! He! He! Sie sind ja vielleicht frech! Was machen Sie denn da? Ich habe doch nicht zu Ihnen gesagt, sie sollen springen!

Na, jetzt sind sie beide weg. Du bist wirklich nicht lustig, du redest nur Scheiße. Und dann hör doch mit den Wänden auf, hör mit all dem auf, hör mit deinen Worten auf . . . Ich habe es auch satt, verstehst du. Los, hau ab. Du hast das Schlüsselloch, das reicht doch wohl, oder? Du brauchst nicht viel Platz. Du nimmst dir viel, ja das stimmt, aber wenn du herein- oder hinauswillst, brauchst du trotzdem nicht viel Platz. Aber ich rede ja ohnehin in den Wind. Sag, könnten wir nicht für heute abend einen Pakt schließen? Auch da habe ich Komödie gespielt. Das weißt du im übrigen, oh, du brauchst gar nicht zu grinsen *(sie seufzt)*. Spiel doch auch du heute abend ein bißchen Komödie! Denke, daß . . . oder versuche, mit deinen Buchstaben ein anderes Wort zu bilden, ja? Könntest du nicht, auch wenn dir viele Buchstaben fehlen, das Wort Zärtlichkeit bilden? Nur für einen einzigen Abend? Du weißt, es könnte uns ins Gesicht springen. Es würde nicht weh tun. Versuche es! Du willst es doch, oder? Wir schreiben Zärtlichkeit. Und daraufhin kann man sich dann wirklich in Ruhe ausstrecken. Ok? Also dann, gute Nacht! Gute Nacht! Ich lösche das Licht.

Freie und »live« Improvisation einer Geschichte

Es war am frühen Morgen
Ja, daran erinnere ich mich sehr gut, weißt du
An einem dieser frühen Morgen in Paris
die so oft beschrieben worden sind
Mit Nieselregen
kleinen Regentropfen
und dann dieser Kälte
auf deinem Regenmantel
der so grau war wie der Regen
Und ein bißchen merkwürdig übrigens
altmodisch.

Für jemanden meines Alters
waren wir jung
alle beide
Wir hatten vielleicht ein bißchen getrunken
oh, ein bißchen wie alle
Später haben wir, um die Nacht zu vertreiben
jeder ein Hörnchen gegessen
oder vielmehr jeder die Hälfte von einem
Wir hatten nicht wirklich Hunger
Wir hatten Lust auf anderes

Hunger auf anderes
Nicht einmal auf Liebe
wenigstens nicht auf diese Liebe da
die Liebe im Bett
die Liebe der Umarmungen
Wir hatten Lust
die leeren Worte faßbar zu machen
die wir gesagt hatten
bei einem Glas nach dem anderen
die leeren Worte in der Nacht
die am frühen Morgen noch hohler klangen
Worte, auf die der Nieselregen
rann
und sie wegwischte.

Ich erinnere mich, du hast gelächelt
Warum habe ich da nicht begriffen?
Du hast zu mir gesagt:
»Also dann, leb wohl! Ich gehe zu meiner . . .
zu meiner Frau zurück, dort unten.«

Du sagtest ein wenig grinsend »meine Frau«
Sie war deine Gefährtin damals
Irgendein Mädchen
Aber gewisse Worte gebrauchtest du nicht
vielleicht aus Scham
Und du sagtest fast mit Stolz »Frau«
trotz deiner Verwirrung

Es ist wahr, du hast zu mir gesagt:
»Sie wartet dort unten auf mich«
Ich bin hinausgegangen
und habe dich von hinten gesehen
wie du in deinem Regenmantel
die Brücke betratest
Dann bin ich in einer
anderen Richtung davongegangen
Was ich nicht wußte
ist, daß die Frau
die dort unten auf dich wartete
nicht hinter der Brücke war
Es war die Seine darunter

und du bist gesprungen
und niemand
hatte etwas gehört
auch ich nicht – ich war in der Metro
Und zufällig hatte dich später
ein Angler herausgezogen
wie einen dicken Fisch
wie alle die, die nicht mehr im Fluß sind.

Du hattest gesagt:
»Man kann nicht verstehen«.
Aber wenn ich aufgepaßt hätte
gerade
bei diesem Lächeln
hätte ich es gewußt, hätte ich verstanden:
Du sprachst von . . . von all den anderen
die ohne Kontakt mit wieder anderen sind
Du sprachst von einer ganzen Welt
mit Tausenden von aufgesetzten Spiegeln
die ihre Bilder spiegeln
ohne die Schreie, die Rufe zu hören
die sich die Ohren verstopfen
um nichts von der Not zu hören
die zu dem Bild gehört, zu dem Bild
der Schauspieler.

Ich weiß es nicht mehr sehr genau, siehst du
Aber . . . Ich glaube daß ich dadurch
daß ich dich nicht am Springen gehindert habe
oder vielmehr, daß ich dir nicht geholfen habe
nicht zu springen
für mich und vielleicht auch ein wenig
für diese anderen verstanden habe:
verstanden, warum ich heute abend
zu einem verschwommenen Gesicht rede
das schon nicht mehr das deine ist.

Ich quatsche immer das gleiche
Ich habe den Eindruck, deine Beine
auf der Brüstung zu sehen
Ich habe den Eindruck, die Bewegung zu fühlen
und die Bewegung, die ich fühle, ist die

die in mir kämpft
ganz ähnlich
bereit zu handeln
bereit, mich zu zerstören
Ich werde dazu nicht die Seine brauchen
Es gibt andere Möglichkeiten
die im Grunde
schon lange vorgesehen sind
Vielleicht waren sie es schon
an jenem Morgen
als wir beide sprachen . . .

Und du, findest du jetzt nicht
daß das dumm ist?
Du, der du jetzt
vielleicht
das Wie und
das Warum kennst?

Vielleicht . .
Vielleicht weißt du
jetzt, da es zu spät ist
was wir alle
mit unserem Leben anfangen sollten
damit es
ein vibrierendes Einvernehmen
ein Glänzen der Augen gibt
das im anderen zurückstrahlt
flüchtige, aber wahrhaftige Kontakte
Kontakte, die
für allezeit
jeden falschen Anschein zerstören würden

Noch eine »merkwürdige« Geschichte

Es ist doch eine merkwürdige Geschichte.
Ich muß sie Ihnen erzählen, weil . . .
Oh, das ist eine Geschichte,
die in keiner Zeitung stand,
und nicht ohne Grund.

Niemand . . .
niemand außer mir kennt sie nämlich.

Ein Freund hat sie mir erzählt.
Wenn ich mir jetzt erlaube, darüber zu sprechen,
so nur, weil er sehr weit ist,
und ich nicht glaube, daß er zurückkommt.

Ich lasse einige Einzelheiten aus,
die trotz allem etwas über seine Identität,
über sein Privatleben aussagen und
durch die Sie ihn erkennen würden,
wenn Sie zufällig eines Tages
weit weggingen und ihm zufällig
weit weg begegneten.

Nun, er war jemand aus . . . wie man sagt
guter Familie, in Wirklichkeit aber
war es auch eine sehr schlechte Familie,
eben Leute, die tranken,
Leute, die sich nicht selten
wegen nervöser Störungen in psychiatrischen
Kliniken aufhielten, wegen . . . nun dem
ganz alltäglichen normalen Leben, das wir
alle kennen und . . . dem wir nicht entkommen.
Es ist im übrigen banal geworden.

Aber nicht für ihn.
Natürlich war seine Familie für ihn der
Mittelpunkt der Welt, und wenn er auch noch
so viel versuchte, Vergleiche zu ziehen
und um sich zu blicken
war er noch nicht sehr weit gekommen.
Er dachte dann höchstens, daß er vielleicht
verantwortlich war,
oder aber im Gegenteil nutzlos,
daß er keinen Platz hatte,
oder einen zu großen.
Kurz, für die Geschichte hatte er sich in
Paris niedergelassen. Er hatte ein nettes
Apartment, in dem ich ihn übrigens
besucht habe, und so bin ich in all

die Umstände hineingeraten
die zu dieser Geschichte gehören.

Also er hat sich einen Anrufbeantworter
gekauft und zu mir gesagt:

»Weißt du, bei dem Leben, das wir zur
Zeit führen, ist das doch nützlich: wenn ich
weggehe, weiß ich, wer mich anruft, usw. usw.«
In Wirklichkeit machte er nichts Besonderes, das
wußte er selber, und wenn er mit mir sprach
und dabei versuchte, zu lächeln und sich selber
in Aufregung zu versetzen,
um sie auch rings um sich hervorzurufen,
glaubte er nicht wirklich daran.

Während seiner nächtlichen Touren,
die er vor allem unternahm, um vor seiner
Nichtigkeit zu fliehen, um zu vergessen oder
seine Nützlichkeit nicht zu erkennen, hatte, er immer
Angst, furchtbare Angst, weil er nicht wußte, ob dieser
Anrufbeantworter richtig funktionierte, da er
in den ersten Tagen Schwierigkeiten damit gehabt hatte, und
vor allem hatte er sich in den Kopf gesetzt, herauszubekommen,
um welche Uhrzeit ihn die Leute angerufen hatten.

So kam es also vor, daß wir aus dem Kino kamen
und er sagte:

»Entschuldige, ich muß *mich* anrufen.«

Das war übrigens eine Ausdrucksweise
die er ziemlich komisch fand, er ging also anrufen
und kehrte zurück.

Gut! Und auch wenn ich nicht dabei war, weiß ich,
daß er das oft und pausenlos machte, wenn
er nicht zu Hause war, alle zwei oder drei
Stunden.
So kam es vor, daß er
fünf oder sechs Anrufe gemacht hatte,
die er dann zu Hause abhörte,

Anrufe, die von ihm selber, von seiner eigenen Stimme
kamen.

Anfangs ging es sehr gut, abgesehen von
dem Nachteil, sich zwischen den anderen
Anrufen dauernd selber reden zu hören.
Es waren Anhaltspunkte.
Dann aber bemerkte ich, daß es mit ihm
abwärtsging. Er trieb alles mögliche.
Er begann zu trinken, aß zu jeder beliebigen Tageszeit.
Er wußte, daß seine Lebensweise selbstzerstörerisch war.
Er wurde verschlossen und hart,
er, der vorher so sensibel gewesen war,
was die anderen selbst dann noch wahrnehmen
konnten, wenn er es hinter Aggressivität
verbarg. Und von Tag zu Tag wurde er mir
fremder.
Er wurde allen fremder.

Ich wollte ihn nicht ausfragen, sagte
nur zu ihm:

»Liegt es an deiner Familie,
oder an X an Y und so weiter?«

Aber er antwortete:
»Nein. Es liegt an mir selber.«

Das paßte natürlich zu den langen Diskussionen,
die wir geführt hatten und in denen wir immer
einig gewesen waren, daß wir selber
Hauptquelle unseres persönlichen
Leidens waren.
Also erschien mir seine Antwort anfangs ganz
normal, da sie unsere ewig langen
Ausführungen in drei Worten zusammenfaßte.

Eines Tages hat er dann erklärt:

»Es liegt an meinem Anrufbeantworter.«
»An deinem Anrufbeantworter?«
»Ja, doch, an meinem Anrufbeantworter.«

Das ist alles.
Danach hat er nie mehr etwas gesagt.
Er hat den Mund nicht mehr aufgemacht.

Und das war wirklich erschreckend.
Er begann sich zu verstecken, lebte wie
ein Clochard. Ein Clochard mit Geld, denn
trotz allem fand er noch immer welches, er,
der früher einmal ein netter Nassauer gewesen war, nassauerte
noch immer, obwohl die Leute
es jetzt nicht mehr gern zuließen.
Als er dann ohne Vorankündigung
fortgegangen war, führte mich der Zufall in sein
Apartment. Ich war eine der wenigen, die
einen Schlüssel besaßen, was mir im übrigen auch
ermöglicht hat, später einige seiner Angelegenheiten
zu regeln, über die ich seither nichts mehr
gehört habe.

Und alle seine Tonbänder waren noch unberührt.
Die Tonbänder seines Anrufbeantworters. Ich habe
sie abgehört. Ich könnte jetzt nicht wiederholen,
wie er darauf gesprochen hatte, aber stellen Sie sich vor,
daß er am Anfang, wenn er begann, etwa sagte:

»Es ist zweiundzwanzig Uhr. Wenn du heimkommst,
weißt du dann Bescheid. Ok?«
Und er hängte wieder ein.

Nach und nach hat er sich dann
regelrecht selber umworben
und sich selber gut zugeredet:

»Vergiß nicht, du mußt das und das machen.
Mach es. Sei nett und mach es . . .«

Es klang so viel Zärtlichkeit aus diesen Bitten, so viel Verständnis,
so viel . . . ich weiß nicht, wie ich es ausdrücken
soll . . . es war voller Emotion. Als hätte
er zu einer Geliebten gesprochen, zu . . . Es war . . .
Es war unerhört, und je sanfter die Worte,
diese Botschaften an sich selbst wurden, desto

härter zeigte er sich damals nach außen.

Auf einem Tonband mit Antworten ... in ... in Pausen
des Anrufbeantworters habe ich dann
begriffen, warum.
Seine Antworten waren Selbstbeschimpfungen,
wobei er im übrigen wußte, daß er diese
Beschimpfungen nicht hören konnte,
wenn er von außen anrief. Er beschimpfte
sich gehörig. Er warf sich alle möglichen Namen an den
Kopf. Ich würde es nicht einmal wagen, sie
zu wiederholen: sowohl aus Rücksicht auf ihn,
wie auch deshalb, weil er jetzt weit weg ist
und Sie ihn, wenn Sie einmal weit weggehen,
vielleicht treffen können. Und dieser merkwürdige
Dialog mit sich selber hat lange Monate
gedauert. Erst am Tag vor seinem Aufbruch habe ich
in gewisser Weise eine Antwort auf das Rätsel
bekommen. Sein letzter Anruf – ein Anruf
von außen für sich selber – war noch unflätiger
als alle die Antworten, die er sich sonst nach seiner Rückkehr
gab. Sie gehörten im Grunde derselben Art an,
gingen aber sehr viel weiter. Es war eine Herausforderung.
Eine grauenerregende Herausforderung ...

Alles, was noch er selber sein konnte,
was zu sein er je noch hoffen konnte, wurde
in den Schmutz gezogen. So daß ihm
keine Hoffnung mehr blieb. Es sollte ihm auch keine Hoffnung
mehr bleiben.

Ich habe versucht, ein Antwortband zu finden,
das vom darauffolgenden Tag, also dem Tag seiner
Abreise stammte. Und habe lange, sehr sehr lange
gesucht.

Ich fand immer nur Beschimpfungen von vorher, aber ...
aber keine Antwort auf diese letzte Bitte,
die von außen kam, auf diese letzten lästerlichen
Reden, aber dann hörte ich plötzlich ein Murmeln. Erst
als ich auf volle Lautstärke stellte, verstand ich einige Worte,
die wie im Traum gesprochen waren.

Er sagte:

»Ok, du hast gewonnen.
Ich weiß jetzt, wie weit ich gehen kann. Und
ich weiß auch, daß ich es akzeptieren kann und
daß ich es überwinde, wenn ich es akzeptiere.«

Hat er es überwunden, hat er diese Barriere in sich selber
übersprungen, wie er die Grenzen übersprungen hat?
Er wußte, als er seine Koffer packte, daß er sich selber auch
mitschleppen mußte. Aber ich glaube, daß er als Mensch,
als menschliches Wesen zum ersten Mal
das Bewußtsein hatte, sich weiterzubringen.
Weiter an einen Ort, wo Sie eines Tages vielleicht auch
hingehen und ihm hoffentlich, doch ohne mein Zutun
begegnen werden.

»Frei erfunden und direkt auf Tonband gesprochen.»

Marie-Jo

(Kassette)

Text zur Gitarre . . . Für dich . . .

Ich konnte mich nie
davontragen lassen
von dem, was hätte angenehm sein können.
Und ich habe mich, ohne zu wissen
ohne es verstehen zu können
mit all meinen Kräften
gegen die . . . Freude gewehrt.

Ich mußte grundlos leiden
für mich
um etwas zum Klagen
um etwas zum Jammern zu haben.

Jetzt habe ich mit meinen Tränen
das Loch so gut gehöhlt
daß ich mich darin auch begraben kann.

Dabei habe ich sie, glaube ich, ganz von ferne geliebt
so viele Dinge so viele andere
aber es fehlte immer etwas
eine Lust fehlte mir am Traum
etwas Wunderbares.
Die zarteste Erinnerung
mußte gelöscht werden.

Verletzungen freilich
die ich mir noch nicht selber zugefügt
die von anderen Menschen gekommen waren
die aber verantwortlich nicht sind und
die ich nie verurteilen kann
sie haben mir weh getan
während sie glaubten, mich zu lieben.
Vielleicht habe ich deshalb jetzt
Angst
wenn ich fühle, daß auch ich
lieben kann.
Ich habe Angst zu verletzen
und da ich nicht einen anderen verletze
nehme ich den nächsten
der wirklich da ist
vielleicht aus Trägheit
nehme ich mich selbst.
Es ist wie ein zwanghaftes Ringelreihen
von Worten
Beleidigungen und Tränen
alles Karikaturen von Szenen
aus dem Theater, dem Kino
aus dem Leben
aber tausendfach ist's verstärkt
hundertfach –
doch auch nur verdoppelt
wär's schon zuviel.

Das hat nichts mehr von einer Wahrheit
nichts mehr von der Sonne
nichts mehr von all dem, was mich umgibt
das hat nichts Sanftes mehr.
Es ist der ewige Alptraum
und wirklich endlos

der Tunnel
von fast fünfzehn Lebensjahren
der fünfundzwanzig.
Wenn man nachdenkt
ist das nicht wenig
man sage, was man wolle
es ist immerhin mehr als die Hälfte.
Also ist es auch weiter nicht erstaunlich
daß, was von den zehn Jahren bleibt
den anderen
dem Märchen vom Dornröschen gleicht
denn im Grunde war ich wirklich noch klein
auch wenn ich mich schon
so groß fühlte.

Die Gitarre?
Ich weiß schon nicht mehr warum.
Es ist, als spielte sie von ganz alleine
so wie auch ich von ganz allein rede
ohne zu wissen wie.
Mein Bett erwartet mich
aber es ist leer.
Nur mein Körper wird darin liegen
kein Liebhaber.
Woher sollte er auch nur den Mut nehmen
mich zu erwählen
jetzt
da ich alles getan habe
um zu entfliehen
um alle Barrieren zu schaffen
dieselben, die auch in mir sind.
Ich habe mir »Sperrgebiet«
vor die Stirn geschrieben.
Aber manchmal vergesse ich es
und wundere mich
daß niemand meinen Namen ruft.
Meinen Namen.
Welches ist mein Name?
Der wahre?
Er ist aus zwei Silben zusammengefügt
mit einem Bindestrich.

Eine Brücke wie zu meinem Bild
als müßte man vorsichtig eine Brücke überqueren
um von einem Ich zum anderen zu gelangen
aber auf dieser Brücke
wird mir schwindlig.
Ich bleibe in der Mitte stehen
ich schreie
ich falle schon bevor ich falle
ich sehe mich selber schon
im Graben.
Das alles nach fünfzehn Jahren.

Wie gern möchte ich zurück
nur ein einziges Mal
um die Liebe von vorher
zu sehen
um zu wissen, ob daran etwas Gutes war
ob ich bei einem Menschen, den ich
zu sehr liebte
wirklich normal
fühlen konnte.

Ende des ersten Teils
oder vielleicht schlicht ein Ende.

(Kassette)

Text für dich

Ich sage dir noch einmal gute Nacht, mein Dad.
Gute Nacht und gute Tage
und gute Abende
dein ganzes . . . so lange wie
es viel, viel, viel Sonne gibt für dich
und ich immer ein klein bißchen dasein werde
wenn du willst
in einem Widerschein am Fenstersims.
Wenn du bei Vogelgezwitscher
spazierengehst, irgendwo, wo ich
mich ein bißchen eingeschmuggelt habe

in die Natur, die ich dann endlich
wiedergefunden habe und zu schätzen weiß.

Es wird mir gutgehen.
Du mußt sagen, daß es mir gutgehen wird.
Du mußt es glauben, weil ich
dessen sicher bin. Es wird wahr sein.
Und ich werde dich immer weiter lieben
mit so einem kleinen Augenzwinkern
immer dann wenn etwas Lustiges und Angenehmes
rings um dich geschieht.

Take care of yourself
Don't forget it.

(Marie-Jo singt zur Gitarre:)

Waiting
I'm waiting to
I'm waiting to die
Before to pass away
Waiting for the stars in the sky
to go with their eyes (?)

I'm waiting for the high moon
Before to cry and die
I'm waiting for the high moon
Before to pass away

It'll be soon the end
And the end of my body
And my arms will be down
I will lay down
Under the ground.

But no tears in my eyes
No more words in my mouth
O no
I'll be in the silence
Forever well in the nature
I'll be in the high moon

Up in the sky
In the peace.

*(Marie-Jo pfeift eine Melodie mit Gitarrenbegleitung,
dann singt sie zur Gitarre:)*

It's like another sort of good-bye
Another love's good-bye
Or maybe it's also like to say
I will love you
Forever
I will remember always
Your face
Your smile
Your smell
Your pipe
and also
The dance when
I was
Really young.
I will always remember
the dance but
my fingers are wretched tired
to play more
on a
guitar.

(Übersetzung)

Es ist wie eine andere Art von Lebewohl
Von Lebewohl einer anderen Liebe
Oder vielleicht ist es auch wie wenn man sagt:
Ich werde dich lieben
Für ewig
Ich werde mich immer erinnern
An dein Gesicht
An dein Lächeln
An deinen Geruch
An deine Pfeife
Und auch
An den Tanz
Als ich

Wirklich jung war
Ich werde mich immer erinnern
An den Tanz aber
Meine Finger sind zu scheußlich müde
Um noch weiter
Auf einer Gitarre
Zu spielen.

(Improvisierte Chansons zur Gitarre. Kassette.)

When all these days will know, these days will know, these days,
When all these days

When you will see me
When I will come to you
When you will see me
I'll be to you
There won't be problems more
It will be just the end of my silly past
and I will be for the present
and I will be for the present

When the moon will take me in its arms
When the moon will be high in the sky
I will go to see her
and to follow her away
When she will go to sleep
under the roof (?)

When you will see father
it will be the end

You will see my smile
for the end of my past
and even if I can't find her with the real life
I'll find myself forever in the moon in her arms
Her arms, the moon, the high moon of the dogs
When they cry in the night all alone
I'm like a dog all alone in my apartment
When I see the high moon behind my window
I want to cry and I even can't

I want to say: Take me
She doesn't seem to understand
Or maybe she does not hear
One day I know she will hear me
When this time my world will be fort the will be first time
enough okay with a meaning for her
With a meaning for a tenderness like I say
That she is all the tenderness of all the years
and that she is more tender than my own Daddy
I know will never find your warnings
When, when I was a child I was in your arms
But that time over my past will never come more
And I have to forget my dreams when I will see the moon.
O high moon, o high moon, o high moon
You will hear me. Please you will take me
please you will take me
See my heart does not work like it has to work
See my mind does not work like it has to work
All my body all myself is already broken
I know that I can't survive in that world
of silly people
It's not me or the people
It's only I all myself but I project all my image

O no! *(Sie hört auf zu singen und spricht weiter:)*

I just want to sleep and all forget
I'll join the moon tonight
She'll take me with her for the big sleep
When she will disappear soon and go back to the dark.

Moon don't forget me
Take me as soon as it will possible
I am already tired to death
I just hope to be without fear
When trying for me to let my body and my mind here
And to go with you through the space.

Moon, high moon, I have loved you maybe more than
anybody else in that world
except my father
But say moon, my father can't be at your image

When I try through your face to see his face
Anyway it's not possible because I can't even imagine the pipe
You are a lady so you don't smoke
He's man, he smokes a pipe
That's why even if I love you so much without pipe
You'll never be him.

I will never forget that smell when I was his child, you know,
And when I was dancing with him during those beautiful vacations
It was like, like a big dream, it's also a feeling, a feeling to peace,
a feeling to be included forever in the universe, to breathe the real
air on the rythm of the nature.
I just hope when I'll join you that I will feel that again even if it's in
another way. Because when I'll be in the space again
like before my birth
maybe I'll find again that feeling to be included in something bigger
than everything even cleverest men here can imagine
and I have told you
so many things especially about my father,
maybe some times when we won't
be sleeping, maybe I will sleep, but you will wake up one night like you
do every month, maybe when you will be up high in the sky
you will say to
him some words very kindly, very softly only for himself,
you will say to him all those words that he has never heard
because he was too far from me
and I said it at night
Moon, you are like a round balloon you know,
Like a big ball, and when I see you round like this
So brilliant, white in the dark you seem to be so soft
to touch and so good to have in my arms.

Don't forget me like I'll never forget you
Please remember that I have no pain
In fact I don't suffer and the day I will join you
Will be, I think so, the heavens.

OK? I hope you keep the message for (?) death *(fast unhörbar)*

(Übersetzung)

Wenn all diese Tage wissen werden, diese Tage wissen werden,
diese Tage
Wenn all diese Tage . . .

Wenn du mich sehen wirst
Wenn ich zu dir kommen werde
Wenn du mich sehen wirst
Werde ich dein sein
Es wird keine Probleme mehr geben
Es wird einfach das Ende meiner dummen Vergangenheit sein
Und ich werde für die Gegenwart sein
Und ich werde für die Gegenwart sein

Wenn der Mond mich in seine Arme schließen
Wenn der Mond hoch am Himmel stehen wird
Werde ich zu ihm gehen
Und ihm nachfolgen
Wenn er schlafen gehen wird
Unter dem Dach (?)
Wenn du sehen wirst, Vater
Wird es das Ende sein

Du wirst mein Lächeln sehen
Über das Ende meiner Vergangenheit
Und auch wenn ich ihn mit dem wirklichen Leben nicht finden kann
Werde ich mich für immer im Mond, in seinen Armen befinden
In seinen Armen, den Armen des Mondes, des Vollmondes der Hunde
Wenn sie ganz allein in der Nacht heulen
Ich bin wie ein Hund so allein in meiner Wohnung
Wenn ich den Vollmond sehe vor meinem Fenster
Möchte ich heulen, und doch kann ich nicht
Ich möchte zu ihm sagen: Nimm mich
Er scheint nicht zu verstehen
Oder vielleicht hört er nicht
Ich weiß, eines Tages wird er mich hören
Wenn meine Welt stark und zum erstenmal so ok ist,
daß sie eine Bedeutung für ihn hat
Eine Bedeutung für eine Zärtlichkeit
Wie ich sage, daß er alle Zärtlichkeit aller Jahre ist
Und daß er zärtlicher ist als mein eigner Daddy
Oh, Daddy, ich weiß, ich werde nie deine Ermahnungen hören
Wie als Kind in deinen Armen

Aber diese Zeit meiner Vergangenheit wird nie mehr kommen
Und ich muß meine Träume vergessen, wenn ich den Mond sehe
O Vollmond, o Vollmond, o Vollmond
Du wirst mich hören. Bitte, du wirst mich nehmen
Bitte, du wirst mich nehmen.
Sieh, mein Herz funktioniert nicht, wie es sollte
Siehe, mein Kopf funktioniert nicht, wie er sollte
Mein ganzer Körper, mein ganzes Ich ist schon gebrochen
Ich weiß, daß ich in dieser Welt von dummen Menschen
Nicht überleben kann
Es geht nicht um mich oder die Leute
Es liegt alles nur an mir, aber ich projiziere mein ganzes Bild

Oh, nein! *(Sie hört auf zu singen und spricht weiter:)*

Ich möchte nur schlafen und alles vergessen
Ich werde heute nacht zum Vollmond zurückkehren
Er wird mich mit sich nehmen zum großen Schlaf
Wenn er bald verschwindet und zurückkehrt ins Dunkel

Mond vergiß mich nicht
Nimm mich so bald wie möglich
Ich bin schon zum Sterben müde
Ich hoffe nur, keine Angst zu haben
Wenn ich versuche, meinen Körper und meinen Geist hierzulassen
Und mit dir durch den Weltraum zu gehen

Mond, Vollmond, ich habe dich vielleicht mehr geliebt
als irgendeinen anderen auf dieser Welt
außer meinem Vater
Aber sag mir, Mond, mein Vater kann nicht nach deinem Bild sein
Wenn ich versuche, durch dein Gesicht sein Gesicht zu sehen
Ist es irgendwie nicht möglich, weil ich mir nicht einmal seine
Pfeife vorstellen kann
Du bist eine Dame und daher rauchst du nicht
Er ist ein Mann, er raucht Pfeife
Wenn ich dich also auch noch so sehr liebe, ohne Pfeife
Wirst du niemals er sein.

Ich werde diesen Geruch nie vergessen, den er hatte, als ich sein
Kind war, weißt du
Und als ich mit ihm getanzt habe in jenen wunderbaren Ferien

Es war wie, wie ein großer Traum, es ist auch ein Gefühl
ein Gefühl von Frieden, ein Gefühl, für immer Teil des Universums
zu sein, im Rhythmus der Natur die wirkliche Luft zu atmen
Ich hoffe nur, daß ich es wieder fühlen werde, wenn ich zu dir komme
wenn auch vielleicht auf eine andere Weise.
Denn wenn ich wieder
im Raum sein werde wie vor meiner Geburt
werde ich vielleicht wieder dieses Gefühl haben, eingeschlossen zu
sein in etwas, das größer ist, als sich auch die klügsten Menschen
vorstellen können,
und ich habe dir so viele Dinge erzählt,
besonders über meinen Vater, vielleicht wirst du manchmal,
wenn wir nicht schlafen, oder vielleicht werde ich schlafen, aber
du wirst eine Nacht wachen, wie du es jeden Monat tust, vielleicht
wirst du dann, wenn du hoch am Himmel stehst, sehr gütig, sehr
sanft ein paar Worte nur zu ihm sagen, ihm alle die Worte sagen,
die er nie gehört hat, weil er zu weit weg war von mir und ich sie
nachts sagte
Mond, weißt du, du bist wie ein runder Ballon
Wie ein großer Ball, wenn ich dich so rund sehe
so leuchtend und weiß im Dunkeln glaube ich, du bist
so weich zum Anfassen und so gut in meinen Armen zu halten

Vergiß mich nicht, wie auch ich dich nie vergessen werde
Bitte vergiß nicht, daß ich keine Schmerzen habe
Tatsächlich leide ich nicht, und der Tag, an dem ich
zu dir kommen werde
wird, glaube ich, der Himmel sein.

Ok? Ich hoffe, du bewahrst die Botschaft für (?) Tod *(fast unhörbar)*

1978 (ohne Datum)
You, Daddy, my »Lord and Father«,
  bitte verzeih mir, daß ich Dir diesen Brief schreibe, obwohl ich schon
fühle, daß meine Sinne mich täuschen und ich heute für alle Zeit dem
Wahnsinn verfalle. Warum ich es Dir sage, Dir mit meinem Leiden
Schmerz zufüge? Um einen letzten Kontakt zu haben, der so wahr sein
soll, wie nur möglich, trotz meiner Wahnwelt, die mich von der Wirklichkeit abschneidet.

Ich bin vernichtet, körperlich verbraucht und innerlich zerstört. Ich habe mich irgendwo in meinem Kopf und in meinem Körper, im unmäßigen Raum meiner Angst und meiner vergangenen Illusionen selber verloren.

Ich wünsche mir nur, Dad, daß Du hinter diesen zusammenhangslosen Worten die so schmerzhafte Liebe fühlst, die ich Dir entgegengebracht habe. Aus der Ferne, in mein Kopfkissen gemurmelt oder mit verzweifeltem Schluchzen, wenn ich nach Deinen Armen rief. Ich bin einem Traum nachgelaufen, von dem ich wußte, daß er unmöglich war: ich fühlte für Dich »als Frau«, mein Ziel, etwas »zu werden«, war nur an Dich gebunden. Ich wollte Dich als Jüngeren, als jungen Mann vor meiner Geburt oder als kleinen Jungen, den ich empfangen hatte, erleben. Ich hätte mich in Dir wiedererkennen, mich im Glanz Deiner Augen entfalten können.

»Save me Daddy« – I'm dying – I'm nothing more, I don't see my place – I'm lost in the space, the silence of the death. Forget my tears but please, believe in my smile, when I was your little girl, many years ago.

Be happy for me – Remember my Love, even if it was crazy.

That's for what I've lived and for what I die now –

Marie-Jo

(Übersetzung)

»Rette mich Daddy« – Ich sterbe – Ich bin nichts mehr. Ich sehe meinen Platz nicht – Ich bin verloren im Raum, in der Stille des Todes. Vergiß meine Tränen, aber bitte, glaube an mein Lächeln, als ich vor vielen Jahren Dein kleines Mädchen war.

Sei glücklich für mich – Gedenke meiner Liebe, auch wenn sie wahnsinnig war.

Für sie habe ich gelebt und für sie sterbe ich jetzt –

Marie-Jo

1978 (ohne Datum)

Mein Dad,

wenn Du wüßtest! Alles, was ich nicht sage, alles was Du nie wirst erfahren können und dürfen.

Um Dir nicht noch mehr Kummer zu bereiten, bis es Dich vielleicht anekelt?

Ich habe mich so gekonnt in einen selbst verursachten Wahnsinn gestürzt und ihn, dessen werde ich mir erst jetzt bewußt, in den vergangenen Monaten auch so gekonnt genährt, daß ich die Dinge, auch wenn ich wollte, nicht mehr rückgängig machen, nicht einfach meinen Kopf schütteln und von vorne anfangen könnte. Dazu ist es zu spät.

Er nährt sich schon aus sich selbst, auch wenn ich ihn anfangs bewußt ausgelöst habe. Er umringt mich bereits in einem Höllenrhythmus, dem der Voudou-Tänze oder Exorzismus-Kulte, obwohl ihn mir im Gegenteil nichts mehr exorzieren kann. Ich leide noch ein wenig. Mein Leiden war so groß, so schwer, daß ich es nicht mehr fühlte, ich war zu sehr davon überwältigt. Nur noch in kurzen Augenblicken empfinde ich als Ausgleich zu einer letzten kleinen Freude, dem Auskosten einer Erinnerung, die sich nicht vergessen läßt, die endlosen Stunden meines stufenweisen Selbstmords und meines Verfalls wie eine klaffende Wunde, wie eine Zerstückelung meiner selbst.

Ich habe Angst, daß mein Wahnsinn vor meinem wirklichen Ende allzu stark um sich greift und ich noch nicht den nötigen Mut habe, um mich anständig aus der Welt zu schaffen. Wann?... Immer heute abend, morgen... Wieder ein Aufschub. Eine Entschuldigung, um mit Heißhunger mein Essen zu verschlingen, bevor ich die notwendige Tat vollbringe.

Ich weine nicht mehr. Kotze mich mehr in meinem Kopf an als in meinem Bauch. Ich schreie ohne zu atmen, ich spreche mit geschlossenen Augen.

Gott. Wenn einer die Güte, die Barmherzigkeit besäße (von mir aus auch das Mitleid, so weit, wie ich gekommen bin, nehme ich auch das an), für mich zu schießen, so wunderbar wie in meinem Lieblingsfilm »They shoot horses, don't they«.

Die Hand eines andern in der letzten Sekunde der Bereitschaft – die Augen aufs Meer gerichtet, dicht über dem Sand.

Gott, ja!

Wenn man mir nur den Gnadenstoß geben könnte! Aber wer?...

Marie-Jo

18. Mai 1978

Ich bitte nur darum (wenn es möglich ist?) eingeäschert zu werden und daß man nicht vergißt, mir mit dem, was von mir übrigbleibt (irgendwo in einem »Garten« von Lausanne?), meinen Ehering zu lassen...

Danke

M. J.

Ich bitte nicht mehr um Verzeihung. Ich nehme an, daß man angesichts einer so feigen Tat nicht verzeihen kann?...

P. S.: Darf man wohl *ein bißchen* Asche in der Natur verstreuen?...

Um nicht *ganz* gefangen in etwas »Geschlossenem« zu bleiben, sondern wieder im Wind zu sein und ...

wahrscheinlich »Poesie«!!!!

Merie-lo.

Anmerkungen

12   *Pedigree:* autobiographischer Roman; deutsch *Stammbaum*, Diogenes 1982.
      Je me souviens: »Ich erinnere mich«; liegt deutsch nicht vor.

15   *meccanos:* Metallbaukasten für Kinder.

16   *rapins:* etwa: Kunstmaler oder (abwertend) Farbenkleckser.

17   *caque:* la caque de harengs: Heringsfaß; gemeint ist der Freundeskreis, dem
      Simenon in Lüttich eine Zeitlang angehörte und der sich »La caque« nannte.

21   *Kaldaunen à la Caen:* mit Zwiebeln, Karotten u. a. gekochte Kaldaunen.

23   *Generalprokurator des Königs:* beim Parlament mit den Interessen des Königs
      betrauter Beamter.

24   *grandvieux:* etwa: Emporkömmlinge, Neureiche, Raffkes.

27   *Outremeuse:* Arbeiterviertel in Lüttich.

32   *foire aux croûtes:* Jahrmarkt der schlechten Bilder, Schinken.

33   *bals musette:* billiges Tanzvergnügen;
      java: für den bal musette typischer Tanz.
      Roman d'une dactylo: liegt deutsch nicht vor.

36   *Log:* oder Logge: Fahrgeschwindigkeitsmesser eines Schiffs.

38   *Les treize mystères, Les treize énigmes, Les treize coupables:* Kurzkrimis; liegen
      deutsch nicht vor.

40   *Schute:* plattbodiges Flußboot.
      Pietr le letton: deutsch *Maigret und Pietr der Lette*, Diogenes 1978.
      La maison du canal, Les gens d'en face, L'âne rouge, Les Pitard: Non-Maigret-
      Romane; liegen deutsch nicht vor.

44   *Léman:* Lac Léman: Genfersee.

45   *pétanque:* Art Boccia, gespielt in Südfrankreich.

46   *chef des jeux:* Spielleiter.

53   *Cotentin:* Halbinsel in der Normandie.

55   *Le petit docteur:* Kurzgeschichten; auszugsweise deutsch in *Der kleine Dok-*
      tor, Diogenes 1982.
      Maigret revient: Maigret-Anthologie; daraus liegt bei Diogenes vor: *Maigret*
      und die Keller des Majestic, 1982.
      Les dossiers de l'agence O: Erzählungen; liegen deutsch nicht vor.
      Rue Puits-en-Sock: Straße in Lüttich, in der die Familie von Simenons Vater
      wohnte; vgl. *Stammbaum*, Diogenes 1982.

61   *Prahm:* flaches Wasserfahrzeug für Arbeitszwecke.
      Faschine: Reisiggeflecht für Befestigungsbauten.
      Pandane: Zierpflanze mit langen, schmalen Blättern.

65   *Chez Krull:* Non-Maigret-Roman; liegt deutsch nicht vor.
      Le bourgmestre de Furnes: Non-Maigret-Roman; bei Diogenes in Vorberei-
      tung.
      Les inconnus dans la maison: Non-Maigret-Roman; deutsch *Die Unbekannten*
      im eigenen Haus, Diogenes 1978.
      Malempin: Non-Maigret-Roman; liegt deutsch nicht vor.

67   *Ulanen:* früher: leichte Lanzenreiter.

76   *souper:* nach einer Abendveranstaltung (ca. 23 Uhr) etwas essen; zu Abend
      essen: dîner.

78   *»ich kam aus einem Ko-o-o-o-ohl...«:* in Frankreich erzählt man den Kin-
      dern, daß sie wie Rosenkohl auf einem Feld wachsen.

93   *Belote:* franz. Kartenspiel.
      Der seltsame Krieg: franz. La drôle de guerre: der zweite Weltkrieg vor der
      Invasion Frankreichs im Mai 1940.

96   *Il pleut bergère:* Non-Maigret-Roman; liegt deutsch nicht vor.
     Oncle Charles s'est enfermé: Non-Maigret-Roman; liegt deutsch nicht vor.
99   *H. L. M.:* franz. habitation à loyer modéré: Sozialwohnungen.
101 *Sûreté générale:* bis 1934, danach Sûreté (nationale): Sicherheitspolizei,
     Abteilung des Innenministeriums.
110 *La vérité sur Bébé Donge:* Non-Maigret-Roman; deutsch *Die Wahrheit über
     Bébé Donge,* Diogenes 1978.
118 *sous-préfecture:* »Unterpräfektur«, Verwaltungseinheit des Département in
     Frankreich und Stadt, wo der Unterpräfekt seinen Sitz hat.
138 *Le voyageur de la Toussaint:* Non-Maigret-Roman; deutsch *Ankunft Allerhei-
     ligen,* Diogenes 1979.
     Signé Picpus: deutsch *Maigret contra Picpus,* Diogenes 1982.
     L'inspecteur cadavre, Félicie est là: Maigret-Romane, bei Diogenes in Vorbe-
     reitung.
     Le bilan Malétras, La fuite de Monsieur Monde: Non-Maigret-Romane, bei
     Diogenes in Vorbereitung.
     *La fenêtre des Rouet, L'aîné des Ferchaux, Les noces de Poitiers, Le cercle des
     Mahé:* Non-Maigret-Romane, liegen deutsch nicht vor.
145 *Régie:* la Régie française des tabacs: franz. Tabakmonopol.
150 *Draisine:* Schienenfahrzeug zur Streckenkontrolle.
155 *Sahpis:* Angehörige einer aus nordafrikanischen Eingeborenen gebildeten
     französischen Reitertruppe.
163 *Remblai:* Erdwall, Aufschüttung.
165 *La rue aux trois poussins:* Erzählungen; deutsch *Gesammelte Erzählungen,*
     Diogenes 1980.
176 *La tête d'un homme:* deutsch *Maigret kämpft um den Kopf eines Mannes,* Dio-
     genes 1979.
     La grande illusion: die deutsche Übersetzung des Drehbuchs ist 1981 bei Dio-
     genes unter demselben Titel erschienen.
207 *Pouilly fumé:* Weißwein mit leicht rauchigem Bouquet.
220 *Maigret à New York:* bei Diogenes in Vorbereitung.
239 *Trois chambres à Manhattan:* Non-Maigret-Roman; deutsch *Drei Zimmer in
     Manhattan,* Diogenes 1978.
246 *Tipi:* ein mit Leder oder Leinwand überspanntes, kegelförmiges Zelt der Prä-
     rieindianer.
248 *L'Amérique en auto:* liegt deutsch nicht vor.
251 *Dominions:* frühere Bezeichnung für einen sich selbst regierenden Teil des
     britischen Reiches.
268 *Au bout du rouleau:* Non-Maigret-Roman, bei Diogenes in Vorbereitung.
     Le clan des Ostendais: Non-Maigret-Roman, liegt deutsch nicht vor.
     Maigret et l'inspecteur malgracieux: deutsch *Maigret und Inspektor Griesgram;*
     in *Maigret-Geschichten,* Diogenes 1980.
269 *Lettre à mon juge:* Non-Maigret-Roman; deutsch *Brief an meinen Richter,*
     Diogenes 1977.
     Le destin des Malou, Le passager clandestin: Non-Maigret-Romane, liegen
     deutsch nicht vor.
     Maigret et les petits cochons sans queue: Erzählungen, bei Diogenes in Vorbe-
     reitung.
282 *adobe:* span. luftgetrockneter Lehmziegel.
286 *La jument perdue:* Non-Maigret-Roman, liegt deutsch nicht vor.
     Les vacances de Maigret: bei Diogenes in Vorbereitung.

286   *Maigret et son mort:* deutsch *Maigret und sein Toter,* Diogenes 1981.

      La neige était sale: Non-Maigret-Roman; deutsch *Der Schnee war schmutzig,* Diogenes 1977.

304   *Sept petites croix dans un carnet:* Erzählung, bei Diogenes in Vorbereitung.

309   *Le fond de la bouteille:* Non-Maigret-Roman, liegt deutsch nicht vor.

312   *La première enquête de Maigret:* deutsch *Maigrets erste Untersuchung,* Diogenes 1978.

      Les fantômes du chapelier: Non-Maigret-Roman; deutsch *Die Fantome des Hutmachers,* Diogenes 1982.

      Mon ami Maigret: deutsch *Mein Freund Maigret,* Diogenes 1978.

333   *La nuit du carrefour:* Maigret-Roman, bei Diogenes in Vorbereitung.

349   *Les quatre jours du pauvre homme:* Non-Maigret-Roman, liegt deutsch nicht vor.

      Maigret chez le coroner: deutsch *Maigret beim Coroner,* Diogenes 1981.

      District Attorney: Staatsanwalt; *Coroner:* amtlicher Leichenbeschauer.

350   *Un nouveau dans la ville:* Non-Maigret-Roman, liegt deutsch nicht vor.

370   *Maigret et la vieille dame:* deutsch *Maigret und die alte Dame,* Diogenes 1978.

      L'amie de Madame Maigret: deutsch *Madame Maigrets Freundin,* Diogenes 1979.

371   *Les volets verts:* Non-Maigret-Roman; deutsch *Die grünen Fensterläden,* Diogenes 1977.

      L'enterrement de Monsieur Bouvet: bei Diogenes in Vorbereitung.

      Un Noël de Maigret: deutsch *Maigret und der Weihnachtsmann;* in *Maigret-Geschichten,* Diogenes 1980.

390   *Jack-Pot:* amerik. to hit the jack-pot: riesengroßes Glück beim Spiel haben.

422   *Tante Jeanne:* Non-Maigret-Roman, liegt deutsch nicht vor.

      Les mémoires de Maigret: deutsch *Maigrets Memoiren,* Diogenes 1978.

423   *Le chien jaune:* deutsch *Maigret und der gelbe Hund,* Diogenes 1979.

424   *Monsieur la souris, La Marie du port:* Non-Maigret-Romane, liegen deutsch nicht vor.

430   *Alavoine:* franz. l'avoine: der Hafer; *Cassegrain:* etwa: Kornfresser.

432   *Le temps d'Anaïs:* Non-Maigret-Roman, liegt deutsch nicht vor.

439   *Maigret au Picratt's:* bei Diogenes in Vorbereitung.

443   *Camelots du Roi:* militante Royalisten.

447   *Maigret en meublé:* deutsch *Maigret als möblierter Herr,* Diogenes 1979.

      Maigret et la grande perche: deutsch *Maigret und die Bohnenstange,* Diogenes 1980.

      Une vie comme neuve: Non-Maigret-Roman, liegt deutsch nicht vor.

466   *Au pont des Arches:* liegt deutsch nicht vor.

484   *La mort de Belle:* Non-Maigret-Roman; deutsch *Bellas Tod,* Diogenes 1977.

      Le revolver de Maigret: bei Diogenes in Vorbereitung.

      Les frères Rico, Antoine et Julie: Non-Maigret-Romane, bei Diogenes in Vorbereitung.

      Maigret et l'homme du banc: deutsch *Maigret und der Mann auf der Bank,* Diogenes 1978.

500   *Maigret a peur:* deutsch *Maigret hat Angst,* Diogenes 1978.

      L'escalier de fer: Non-Maigret-Roman, bei Diogenes in Vorbereitung.

      Feux rouges: Non-Maigret-Roman; deutsch *Schlußlichter,* Diogenes 1982.

      Maigret se trompe: deutsch *Hier irrt Maigret,* Diogenes 1979.

      Crimi impuni: Non-Maigret-Roman, liegt deutsch nicht vor.

      Maigret à l'école: bei Diogenes in Vorbereitung.

516 *Maigret et la jeune morte:* deutsch *Maigret und die junge Tote,* Diogenes 1978.
L'horloger d'Everton: Non-Maigret-Roman, liegt deutsch nicht vor.
Le grand Bob: Non-Maigret-Roman; deutsch *Der große Bob,* Diogenes 1978.
Maigret chez le ministre: deutsch *Maigret und der Minister,* Diogenes 1978.
Les témoins: Non-Maigret-Roman; deutsch *Die Zeugen,* Diogenes 1980.
521 *Tournants dangereux:* Erzählungen, liegen deutsch nicht vor.
523 *Maigret et le corps sans tête:* deutsch *Maigret und die kopflose Leiche,* Diogenes 1980.
532 *La boule noire:* Non-Maigret-Roman; deutsch *Die schwarze Kugel,* Diogenes 1982.
533 *Maigret tend un piège:* bei Diogenes in Vorbereitung.
535 *Licence ès lettres:* Hochschulabschluß in Philologie und Philosophie.
Striptease: Non-Maigret-Roman, liegt deutsch nicht vor.
Les complices: Non-Maigret-Roman; deutsch *Die Komplizen,* Diogenes 1980.
537 *Un échec de Maigret:* deutsch *Maigret erlebt eine Niederlage,* Diogenes 1978.
Le petit homme d'Arkhangelsk: Non-Maigret-Roman; deutsch *Der kleine Mann von Archangelsk,* Diogenes 1978.
550 *Maigret s'amuse:* deutsch *Maigret amüsiert sich,* Diogenes 1978.
Le fils: Non-Maigret-Roman, liegt deutsch nicht vor.
Le nègre: Non-Maigret-Roman; deutsch *Der Neger,* Diogenes 1979.
Maigret voyage: bei Diogenes in Vorbereitung.
Le président: Non-Maigret-Roman; deutsch *Der Präsident,* Diogenes 1979.
Les scrupules de Maigret: bei Diogenes in Vorbereitung.
584 *Un crime en Hollande:* deutsch *Maigret und das Verbrechen in Holland,* Diogenes 1980.
585 *Le passage de la ligne:* Non-Maigret-Roman, liegt deutsch nicht vor.
588 *Dimanche:* Non-Maigret-Roman; deutsch *Sonntag,* Diogenes 1977.
594 *Le roman de l'homme:* deutsch *Der Roman vom Menschen;* in *Das Georges Simenon Lesebuch,* Diogenes 1982.
595 *Maigret et les témoins récalcitrants:* deutsch *Maigret und die widerspenstigen Zeugen,* Diogenes 1980.
596 *La vieille:* Non-Maigret-Roman; deutsch *Die Großmutter,* Diogenes 1976.
Une confidence de Maigret: deutsch *Maigrets Geständnis,* Diogenes 1982.
Le veuf: Non-Maigret-Roman; bei Diogenes in Vorbereitung.
614 *Maigret aux assises:* deutsch *Maigret vor dem Schwurgericht,* Diogenes 1979.
629 *L'ours en peluche:* Non-Maigret-Roman; bei Diogenes in Vorbereitung.
638 *Quand j'étais vieux:* Tagebücher 1960–1963; deutsch *Als ich alt war,* Diogenes 1977.
648 *Maigret et les vieillards:* bei Diogenes in Vorbereitung.
650 *Betty:* Non-Maigret-Roman; deutsch *Betty,* Diogenes 1978.
655 *Maigret et le voleur paresseux:* bei Diogenes in Vorbereitung.
Le train: Non-Maigret-Roman, bei Diogenes in Vorbereitung.
La porte: Non-Maigret-Roman; deutsch *Die Tür,* Diogenes 1978.
665 *Maigret et les braves gens:* bei Diogenes in Vorbereitung.
667 *Les autres:* Non-Maigret-Roman, bei Diogenes in Vorbereitung.
673 *Maigret et le client du samedi, Maigret et le clochard:* bei Diogenes in Vorbereitung.
La colère de Maigret: deutsch *Maigret gerät in Wut,* Diogenes 1979.
678 *Les anneaux de Bicêtre:* Non-Maigret-Roman; deutsch *Die Glocken von Bicêtre,* Diogenes 1979.

685 *La chambre bleue:* Non-Maigret-Roman; deutsch *Das blaue Zimmer,* Diogenes 1979.

686 *Maigret et le fantôme:* bei Diogenes in Vorbereitung.

690 *L'homme au petit chien:* Non-Maigret-Roman; deutsch *Der Mann mit dem kleinen Hund,* Diogenes 1978.

710 *Maigret se défend:* deutsch *Maigret verteidigt sich,* Diogenes 1979.

Le charretier de la »Providence«: deutsch *Maigret und der Treidler der »Providence«,* Diogenes 1983.

711 *Le petit saint:* Non-Maigret-Roman; deutsch *Der kleine Heilige,* Diogenes 1979.

729 *La patience de Maigret:* deutsch *Maigret läßt sich Zeit,* Diogenes 1982.

Le train de Venise: Non-Maigret-Roman, bei Diogenes in Vorbereitung.

732 *Le confessional:* Non-Maigret-Roman, bei Diogenes in Vorbereitung.

750 *Maigret et l'affaire Nahour:* bei Diogenes in Vorbereitung.

La mort d'Auguste: Non-Maigret-Roman; deutsch *Der Tod des Auguste Mature,* Diogenes 1980.

772 *Le chat:* Non-Maigret-Roman, bei Diogenes in Vorbereitung.

Le voleur de Maigret: bei Diogenes in Vorbereitung.

781 *paparazzo:* ital. scherzhaft: Pressefotograf.

799 *Maigret à Vichy:* bei Diogenes in Vorbereitung.

La prison: Non-Maigret-Roman, bei Diogenes in Vorbereitung.

Maigret hésite: deutsch *Maigret zögert,* Diogenes 1982.

800 *La main:* Non-Maigret-Roman, bei Diogenes in Vorbereitung.

L'ami d'enfance de Maigret: bei Diogenes in Vorbereitung.

804 *»Havre de Paix«:* Hafen des Friedens; *»Chez nous«:* bei uns zu Hause; *»Sam' suffit«:* das reicht für mich; *»Enfin«:* endlich.

Il y a encore des noisetiers: Non-Maigret-Roman, bei Diogenes in Vorbereitung.

821 *Novembre:* Non-Maigret-Roman, liegt deutsch nicht vor.

Maigret et le marchand de vin: bei Diogenes in Vorbereitung.

824 *Lettre à ma mère:* deutsch *Brief an meine Mutter,* Diogenes 1978.

829 *La disparition d'Odile; La cage de verre:* Non-Maigret-Romane, bei Diogenes in Vorbereitung.

Maigret et l'homme tout seul, Maigret et l'indicateur: bei Diogenes in Vorbereitung.

851 *Les innocents:* Non-Maigret-Roman, liegt deutsch nicht vor.

852 *Maigret et Monsieur Charles:* bei Diogenes in Vorbereitung.

862 *Les petits hommes:* Tonbandaufzeichnungen, liegt deutsch nicht vor.

863 *Dictées:* vielbändige Tonbandaufzeichnungen. Ein Band, *Un homme comme un autre,* liegt unter dem Titel *Ein Mensch wie jeder andere* deutsch vor, Diogenes 1978.

A l'abri de notre arbre: Tonbandaufzeichnungen, liegt deutsch nicht vor.

874 *Au-delà de ma porte-fenêtre, Je suis resté un enfant de chœur, A quoi bon jurer, Le prix d'un homme:* Tonbandaufzeichnungen, liegen alle deutsch nicht vor.

880 *On a dit que j'ai soixante-quinze ans:* dito

895 *Un oiseau pour le chat:* »Ein Vogel für die Katze«; von »D.« publiziertes Buch, liegt deutsch nicht vor.

Georges Simenon
im Diogenes Verlag

Biographisches

Intime Memoiren und Das Buch von Marie-Jo. Deutsch von Hans-Joachim Hartstein, Claus Sprick, Guy Montag und Linde Birk
Stammbaum. Pedigree. Autobiographischer Roman. Deutsch von Hans-Joachim Hartstein
Als ich alt war. Tagebücher 1960 – 1963. Deutsch von Linde Birk
Briefwechsel mit André Gide. Deutsch von Stefanie Weiss
Brief an meine Mutter. Deutsch von Trude Fein
Ein Mensch wie jeder andere. Mein Tonband und ich. Deutsch von Hans Jürgen Solbrig

Außerdem liegen vor:

Über Simenon. Zeugnisse und Essays von Patricia Highsmith bis Alfred Andersch. Mit einem Interview, mit Chronik und Bibliographie. Herausgegeben von Claudia ,Schmölders und Christian Strich. detebe 20499
Das Georges Simenon Lesebuch. Ein Querschnitt durch das Gesamtwerk. Herausgegeben von Daniel Keel. detebe 20500

Sonderbände

Betty / Die Tür. Zwei Romane in einem Band. Deutsch von Raymond Regh und Linde Birk
Der Neger / Das blaue Zimmer. Zwei Romane in einem Band. Deutsch von Linde Birk und Angela von Hagen
Gesammelte Erzählungen. Deutsch von Wolfram Schäfer
Maigret hat Angst / Maigret erlebt eine Niederlage. Zwei Maigret-Romane in einem Band. Deutsch von Elfriede Riegler
Maigret gerät in Wut / Maigret verteidigt sich. Zwei Maigret-Romane in einem Band. Deutsch von Wolfram Schäfer
Maigret-Geschichten. Deutsch von Linde Birk, Angelika Essig, Hans-Joachim Hartstein, Lislott Pfaff und Gisela Stadelmann

Außerdem liegt vor:

Der kleine Doktor. Erzählungen. Deutsch von Hansjürgen Wille und Barbara Klau. detebe 21025

Romane in Erstausgaben

Die Fantome des Hutmachers. Roman. Deutsch von Eugen Helmlé. detebe 21001
Die Witwe Couderc. Roman. Deutsch von Hanns Grössel. detebe 21002
Schlußlichter. Roman. Deutsch von Stefanie Weiss. detebe 21010

Non-Maigret Romane

Brief an meinen Richter. Roman. Deutsch von Hansjürgen Wille und Barbara Klau. detebe 20371
Der Schnee war schmutzig. Roman. Deutsch von Willi A. Koch. detebe 20372
Die grünen Fensterläden. Roman. Deutsch von Alfred Günther. detebe 20373
Im Falle eines Unfalls. Roman. Deutsch von Hansjürgen Wille und Barbara Klau. detebe 20374
Sonntag. Roman. Deutsch von Hansjürgen Wille und Barbara Klau. detebe 20375
Bellas Tod. Roman. Deutsch von Elisabeth Serelmann-Küchler. detebe 20376
Der Mann mit dem kleinen Hund. Roman. Deutsch von Stefanie Weiss. detebe 20377
Drei Zimmer in Manhattan. Roman. Deutsch von Linde Birk. detebe 20378
Die Großmutter. Roman. Deutsch von Linde Birk. detebe 20379
Der kleine Mann von Archangelsk. Roman. Deutsch von Alfred Kuoni. detebe 20584
Der große Bob. Roman. Deutsch von Linde Birk. detebe 20585
Die Wahrheit über Bébé Donge. Roman. Deutsch von Renate Nickel. detebe 20586
Tropenkoller. Roman. Deutsch von Annerose Melter. detebe 20673
Ankunft Allerheiligen. Roman. Deutsch von Eugen Helmlé. detebe 20674
Der Präsident. Roman. Deutsch von Renate Nickel. detebe 20675
Der kleine Heilige. Roman. Deutsch von Trude Fein. detebe 20676
Der Outlaw. Roman. Deutsch von Liselotte Julius. detebe 20677
Die Glocken von Bicêtre. Roman. Deutsch von Hansjürgen Wille und Barbara Klau. detebe 20678
Der Verdächtige. Roman. Deutsch von Eugen Helmlé. detebe 20679
Die Verlobung des Monsieur Hire. Roman. Deutsch von Linde Birk. detebe 20681
Der Mörder. Roman. Deutsch von Lothar Baier. detebe 20682
Die Zeugen. Roman. Deutsch von Anneliese Botond. detebe 20683
Die Komplizen. Roman. Deutsch von Stefanie Weiss. detebe 20684
Die Unbekannten im eigenen Haus. Roman. Deutsch von Gerda Scheffel. detebe 20685
Der Ausbrecher. Roman. Deutsch von Erika Tophoven-Schöningh. detebe 20686
Wellenschlag. Roman. Deutsch von Eugen Helmlé. detebe 20687
Der Mann aus London. Roman. Deutsch von Stefanie Weiss. detebe 20813
Die Überlebenden der Télémaque. Roman. Deutsch von Hainer Kober. detebe 20814

Der Mann, der den Zügen nachsah. Roman.
Deutsch von Walter Schürenberg.
detebe 20815
Zum Weißen Roß. Roman. Deutsch von
Trude Fein. detebe 20986
Der Tod des Auguste Mature. Roman.
Deutsch von Anneliese Botond. detebe 20987
Die schwarze Kugel. Roman. Deutsch von
Renate Nickel. detebe 21011
Die Brüder Rico. Roman. Deutsch von Ange-
la von Hagen. detebe 21020

Maigret-Romane

Maigrets erste Untersuchung. Roman.
Deutsch von Roswitha Plancherel.
detebe 20501
Maigret und Pietr der Lette. Roman. Deutsch
von Wolfram Schäfer. detebe 20502
Maigret und die alte Dame. Roman. Deutsch
von Renate Nickel. detebe 20503
Maigret und der Mann auf der Bank. Roman.
Deutsch von Annerose Melter.
detebe 20504
Maigret und der Minister. Roman. Deutsch
von Annerose Melter. detebe 20505
Mein Freund Maigret. Roman. Deutsch von
Annerose Melter. detebe 20506
Maigrets Memoiren. Roman. Deutsch von
Roswitha Plancherel. detebe 20507
Maigret und die junge Tote. Roman. Deutsch
von Raymond Regh. detebe 20508
Maigret amüsiert sich. Roman. Deutsch von
Renate Nickel. detebe 20509
Hier irrt Maigret. Roman. Deutsch von El-
friede Riegler. detebe 20690
Maigret und der gelbe Hund. Roman.
Deutsch von Raymond Regh. detebe 20691
Maigret vor dem Schwurgericht. Roman.
Deutsch von Wolfram Schäfer. detebe 20692
Maigret als möblierter Herr. Roman.
Deutsch von Wolfram Schäfer. detebe 20693
Madame Maigrets Freundin. Roman.
Deutsch von Roswitha Plancherel.
detebe 20713

Maigret kämpft um den Kopf eines Mannes.
Roman. Deutsch von Roswitha Plancherel.
detebe 20714
Maigret und die kopflose Leiche. Roman.
Deutsch von Wolfram Schäfer. detebe 20715
Maigret und die widerspenstigen Zeugen.
Roman. Deutsch von Wolfram Schäfer.
detebe 20716
Maigret am Treffen der Neufundlandfahrer.
Roman. Deutsch von Annerose Melter.
detebe 20717
Maigret bei den Flamen. Roman. Deutsch
von Claus Sprick. detebe 20718
Maigret und die Bohnenstange. Roman.
Deutsch von Guy Montag. detebe 20808
Maigret und das Verbrechen in Holland. Ro-
man. Deutsch von Renate Nickel.
detebe 20809
Maigret und sein Toter. Roman. Deutsch von
Elfriede Riegler. detebe 20810
Maigret beim Coroner. Roman. Deutsch von
Wolfram Schäfer. detebe 20811
Maigret, Lognon und die Gangster. Roman.
Deutsch von Wolfram Schäfer. detebe 20812
*Maigret und der Gehängte von Saint-
Pholien.* Roman. Deutsch von Sibylle Po-
well. detebe 20816
*Maigret und der verstorbene Monsieur Gal-
let.* Roman. Deutsch von Roswitha Planche-
rel. detebe 20817
Maigret regt sich auf. Roman. Deutsch von
Wolfram Schäfer. detebe 20820
Maigret und das Schattenspiel. Roman.
Deutsch von Claus Sprick. detebe 20734
Maigret und die Keller des Majestic. Roman.
Deutsch von Linde Birk. detebe 20735
Maigret contra Picpus. Roman. Deutsch von
Hainer Kober. detebe 20736
Maigret läßt sich Zeit. Roman. Deutsch von
Sibylle Powell. detebe 20755
Maigrets Geständnis. Roman. Deutsch von
Roswitha Plancherel. detebe 20756
Maigret zögert. Roman. Deutsch von Anne-
rose Melter. detebe 20757
Maigret und der Treidler der »Providence«.
Roman. Deutsch von Claus Sprick.
detebe 21029